Industriefachklasse

Band 2

Lernfelder 6 bis 9

von

Björn Flader
Christoph Hassenjürgen
Karl Jung
Ralf Köper
Wolf-Dieter Rückwart
Matthias Schuh
Manfred Zindel

unter Mitarbeit der Verlagsredaktion

Druck: westermann druck GmbH, Braunschweig

service@winklers.de
www.winklers.de

Bildungshaus Schulbuchverlage Westermann Schroedel Diesterweg Schöningh Winklers GmbH, Postfach 33 20, 38023 Braunschweig

ISBN 978-3-8045-6061-1
3. Auflage

Vorwort

Die Lehr- und Lernbuchreihe **Industriefachklasse** besteht aus insgesamt drei Bänden, in denen alle berufsbezogenen Lernfelder des Rahmenlehrplans für den Ausbildungsberuf Industriekaufmann/Industriekauffrau dargestellt sind. Der vorliegende Band umfasst Inhalte des zweiten Ausbildungsjahres, die Lernfelder 6 bis 9.

Didaktische Merkmale

Die Bücher dieser Reihe sind als **Lernbücher** gestaltet; sie zeichnen sich durch die folgenden didaktischen Merkmale aus:

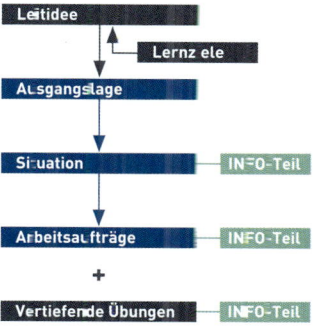

Beispiel für die Konzeption:

- Die Zielformulierungen und die Inhalte der Lernfelder erschließen sich über themengebundene, lernwirksame **Situationen.**
- In den Situationen werden betriebswirtschaftliche Abläufe und Zusammenhänge sowie unternehmerische **Entscheidungen** sichtbar und nachvollziehbar gemacht.
- Ein **Beispielunternehmen** unterstützt die praxisorientierte Sicht auf Abläufe und Zusammenhänge.
- Über die Situationen und Arbeitsaufträge sind die Lernenden aufgefordert, in kleinen Schritten „geistiges Neuland" über das bereits Bekannte hinaus **selbstständig** zu betreten. So können sie individuell lernen. Der Lehrer unterstützt das Lernen; er wird zum **Lernbegleiter** mit Freiheiten für eigene Variationen.

Handhabung

Jedes Buch der Reihe ist in einen Erarbeitungs- und einen Informationsteil (= INFO-Teil) gegliedert.

- Der **Erarbeitungsteil** eröffnet den Lernenden über problemhaltige **Situationen** und aktivierende **Arbeitsaufträge** – teils mit **Arbeitshilfen** – eigenständige Lösungswege und -ergebnisse. Dieses individuelle Lernen wird dann besonders intensiv, wenn unterschiedliche Lösungsansätze und -strategien zu fruchtbaren Auseinandersetzungen in der Lerngemeinschaft führen. Vertiefende und übergreifende **Übungen** dienen dazu, das Gelernte zu festigen und zu erweitern.

› LF 7, Kap. 3
(Beispiel-Verweis in der Erarbeitungsteil)

- Im **INFO-Teil** finden sich sachliche Ergänzungen und Zusammenfassungen, die fachsystematisch angeordnet sind. Diese Informationen sollen von den Lernenden zur Situationsbearbeitung und zur Lösungssuche, zur sachlichen Vertiefung und zum Aufbau einer gedanklichen Sachstruktur herangezogen werden.

› LF 7, Kap. 3
(Beispiel-Verweis in den INFO-Teil)

- Die Inhalte auf der **CD-ROM**, die diesem Band beigefügt ist, sollen die Lernarbeit unterstützen und erleichtern. Die CD-ROM enthält Gesetzestexte u. a. aus dem HGB, Formelsammlungen sowie **Methoden**hinweise.

› **Brainstorming**
(Beispiel-Verweis zur CD-ROM)

- Das **Arbeitsheft**, Best.-Nr. 978-3-8045-6067-3, steht zusätzlich als Arbeitshilfe zur Verfügung. Es enthält Arbeitsaufträge, Tabellen, Kontenblätter und Übungsaufgaben. Im Buch ist gekennzeichnet, für welche Arbeitsaufträge und Übungen das Arbeitsheft entsprechende Vorgaben bereithält.

Die geschilderte Lernstruktur legt es nahe, dieses Buch als **Lern-** und **Arbeitsbuch** zu nutzen. Es kann auch zum **Lerntagebuch** mit persönlichen Notizen erweitert werden, wenn es dem Lernenden gehört und nicht aus dem Fundus der Schulbuchausleihe stammt.

Die Verfasser

Lernfeld 6

Beschaffungsprozesse planen, steuern und kontrollieren   Erarbeitungs- **INFO-Teil**

Lernfeld 7

Personalwirtschaftliche Aufgaben wahrnehmen

	Erarbeitungs-	INFO-Teil

Lernfeld 8

Den Jahresabschluss aufstellen, analysieren und auswerten | Erarbeitungs- | INFO-Teil

Lernfeld 9

Das Unternehmen im gesamt- und weltwirtschaftlichen Zusammenhang einordnen | Erarbeitungs- | INFO-Teil

Bildquellenverzeichnis

akg-images, Berlin: 441.1, 478, 484.1

Bergmoser + Höller Verlag AG, Aachen: 223, 230.1, 232, 332.1, 332.2, 334.2, 363.1, 363.2, 379, 383, 387, 477, 479, 487.1, 487.2, 496.1

Bildagentur Begsteiger, A-8200 Gleisdorf: 193

BRUCK GmbH & Co.KG, Herne: 30

Claudia Hild, Angelburg: 22, 55, 299

Deutscher Instituts-Verlag Köln: 102 (© 2008, Deutscher Instituts-Verlag GmbH · iwd 11)

Jungheinrich AG, Hamburg: 305.3

Klaus G. Kohn, Braunschweig: 305.1, 305.2, 306, 313

picture-alliance/dpa, Frankfurt: 10.5 (Jens Wolf), 192 (Peter Steffen), 439.2

picture-alliance/dpa-Infografik, Frankfurt: 103, 143, 216.1, 225, 230.2, 235, 239, 240.1, 374, 375, 376, 467, 468 469.2, 482, 495.1, 495.2, 496.2

ullstein bild, Berlin: 439.1 (akg Pressebild), 441.2, 484.2

Grafiken: Daniela Ringhut Mediengestaltung, Dreieich
Layout und Umschlag: GUD – Agentur für Kommunikation und Design GmbH, Braunschweig

Dieses Buch entstand mit freundlicher Unterstützung von

Wilkhahn   Telefon +49 5042 999-0
Wilkening+Hahne GmbH+Co.KG   Telefax +49 5042 999-226
Fritz-Hahne-Straße 8   www.wilkhahn.com
31848 Bad Münder   info@wilkhahn.de

Unser besonderer Dank gilt den Auszubildenden und der Unternehmensentwicklung, Presse + PR.

Einleitung

Das Lernen an einem Beispielunternehmen

Bereits in Band 1 haben Sie das in dieser Lehr- und Lernbuchreihe verwendete Beispielunternehmen Heidtkötter KG kennengelernt. Auch in Band 2 soll die Heidtkötter KG Hilfestellungen bei der Erfassung und Lösung praxisrelevanter Fragen und Entscheidungen geben, mit denen Sie in Ihrem Beruf gegenwärtig und zukünftig in Berührung kommen.

Wenn Sie sich nochmals ein umfassendes Bild von der Geschichte und Struktur der Heidtkötter KG machen wollen, lesen Sie sich bitte nochmals die Einleitung von Band 1 durch. An dieser Stelle liefern wir lediglich die Eckdaten der gegenwärtigen Struktur der Heidtkötter KG.

Die Situationen und Problemstellungen in den einzelnen Lernfeldern können Sie aber auch losgelöst von dieser Einleitung bearbeiten. Alle relevanten Informationen werden an entsprechender Stelle geliefert.

Die Organisation unseres Beispielunternehmens folgt dabei der ordnungsgebenden Struktur des allgemeinen Unternehmensmodells, das Sie bereits in Band 1 kennengelernt haben.

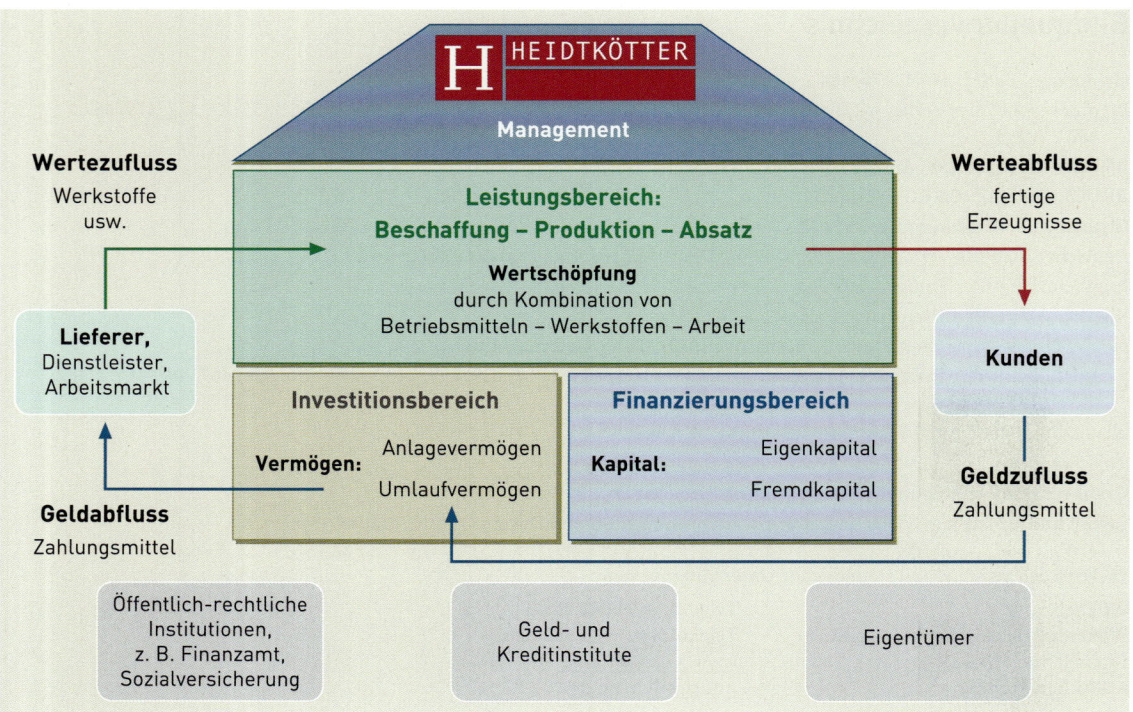

Eckdaten

Firma	Heidtkötter Kommanditgesellschaft (KG)
Hauptsitz	Gütersloher Str. 111, 33647 Bielefeld

Gesellschafter und Anteile am Gesellschafts- vermögen	voll haftender Gesellschafter:
	    Klaus M. Heidtkötter (6.600.000,00 € im 1. Geschäftsjahr)
	Teilhafterin:
	    Anke Heidtkötter (3.800.000,00 € im 1. Geschäftsjahr)

Geschäftsführung	Klaus M. Heidtkötter
Mitarbeiterzahl	129 Mitarbeiter (120 Angestellte und Arbeiter, 9 Auszubildende)
Hauptlieferanten	Ligea-Fetras GmbH-Holzverarbeitung, Hamm Weberei Dentzer GmbH, Gütersloh Stahlhandel Pirmasens GmbH, Pirmasens Wooley Steel Company Ltd., London, England Interior Bruning B. V., Rotterdam, Niederlande
Hauptkunden	Büromöbel Steil KG, Köln Reiser GmbH-Bürosysteme, Leipzig Form Design, Paris, Frankreich Julio Mobiliario S.L., Barcelona, Spanien
Umsatz u. Gewinn für das Jahr 01	Umsatz: 25,9 Mio. €; Gewinn: 2,1 Mio. €
Produkt- und Absatzprogramm (Auszug)	hochwertige Tische und Stühle, flexibel einsetzbare System- oder Sonderlösungen:

Produktgruppen		
1 **BS**	**Bürostühle** z. B. die Serie *siri*	
2 **BT**	**Bürotische** z. B. die Serie *elegance*	

→

Eckdaten (Fortsetzung)

Produkt- und Absatzprogramm		
3 **KS**	**Konferenzsysteme** Bestandteile sind z. B. die Stühle *feli* und *marlene* sowie der Tisch *ralf*	
4 **SL**	**Sonderlösungen** z. B. der Präsentationsmonitor *beam* oder der Tisch *communicTable*	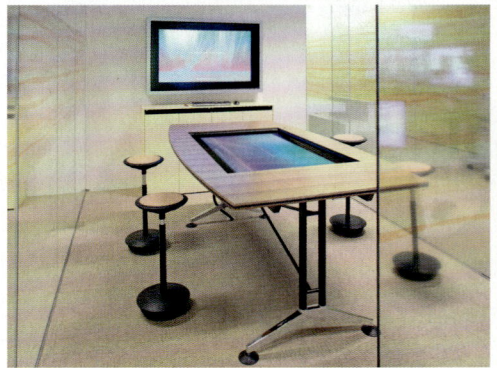
5 **HW**	**Handelswaren** – Bodenbeläge – Leuchten	

Fremdbauteile und Vorprodukte	mediale Bestandteile für den Kommunikationstisch (Monitor, Kabel, Stecker, Lautsprecher), ergänzende Handelswaren wie beispielsweise Fußbodenbeläge aus Holz, Beleuchtungssysteme sowie zum Teil Kunststoff-, Glas- oder Edelstahlbestandteile der Produkte
Fertigung	Werkstattfertigung für Systeme und Sonderlösungen sowie Fließfertigung für Stühle und Tische
Kontaktdaten	Tel.: 0521 222–0 Internet: www.heidtkoetter-wvd.de E-Mail: mail@heidtkoetter-wvd.de
Bankverbindung	Kontonummer: 201103 04 Bankleitzahl: 480 501 61 Kreditinstitut: Sparkasse Bielefeld IBAN: DE22 4805 0161 0020 1103 04 Swift-BIC: SPBI DE 3B XXX
Umsatzsteuer ID Finanzamt Bielefeld	DE 222 856 039

Eckdaten (Fortsetzung)

Handelsregister	Amtsgericht Bielefeld: Abteilung A, Nr. 1103

Wiedergabe eines Blattes aus dem Handelsregister

Amtsgericht Bielefeld					Blatt
					HRA 3
Nummer der Eintragung	a) Firma b) Ort der Niederlassung (Sitz der Gesellschaft) c) Gegenstand des Unternehmens	Geschäftsinhaber persönlich haft. Ges. Abwickler	Prokura	Rechtsverhältnisse	a) Tag der Eintragung und Unterschrift b) Bemerkungen
1	2	3	4	5	6
1	a) Anton Heidtkötter b) Bielefeld c) Produktion und Vertrieb von Büromöbeln	Kaufmann Anton Heidtkötter, Bielefeld	Herrn Joachim Heidtkötter, Bielefeld, ist Einzelprokura erteilt.	Einzelkaufmann	a) 14. August 1929 *Seidel* (Justizinspektor)
4	a) Heidtkötter KG	Klaus Maria Heidtkötter, Kaufmann, Bielefeld	Herrn Dr. jur. Martin Wildner, Bielefeld, ist Einzelprokura erteilt.	Geschäftsübergang auf Kaufmann Klaus Maria Heidtkötter. Firmenfortführung	a) 15. Januar 1975 *Weitmann* (Justizinspektor)

Mitarbeiterzahl	55 kaufmännische Mitarbeiter 65 technische Mitarbeiter Durchschnittsalter 33 Jahre 63 % der Mitarbeiter sind weiblich.

Auch in diesem Band wird auf das Leitbild der Heidtkötter KG hingewiesen. Daher wiederholen wir es an dieser Stelle für Sie.

Leitbild der Heidtkötter KG

Wer sind wir?
- Wir sind ein modernes mittelständisches Unternehmen mit Sitz in Bielefeld.
- Wir produzieren hochwertige Möbel durch die intelligente Verbindung von traditioneller Handwerkskunst und industrieller Fertigung.

Wie arbeiten wir?
- Modernste Maschinen unterstützen unsere hoch qualifizierten Mitarbeiter bei der Produktion unserer Produktgruppen.
- Qualität und Umweltbewusstsein stehen dabei zu jeder Zeit im Vordergrund.
- Forschung und Entwicklung haben deshalb einen ebenso hohen Stellenwert wie Service und Flexibilität.

Wo sind wir tätig?
- Aufgrund unserer wegweisenden und erstklassigen Produkte sind wir weltweit überaus erfolgreich.
- Unser Erfolgskonzept ist neben unserer herausragenden Produktqualität eine ausgeprägte Unternehmenskultur. Kundenzufriedenheit ist oberstes Unternehmensziel.

Was wollen wir tun?
- Wir sind ein unabhängiges Unternehmen und wollen dies auch bleiben.
- Wir erwirtschaften einen vernünftigen Gewinn, um unsere Ziele zu erreichen.

Wem nutzen wir?
- Neben den Ansprüchen der eher „klassisch ausgerichteten" Zielgruppe sind es vermehrt die jüngeren Kunden, die unsere hochwertigen Konferenz- und Büromöbel bevorzugen.
- Zudem sichern wir rund 120 Arbeitsplätze.

Was liegt uns am Herzen?
- Wer Möbel gestaltet, beeinflusst seine Umwelt und die Beziehung der Menschen miteinander. Deshalb pflegen wir seit Jahren einen partnerschaftlichen, verantwortungsvollen Umgang mit der Natur, unseren Mitarbeitern, unseren Kunden und der Technik, die wir einsetzen.
- Deshalb legen wir großen Wert auf Schulung, Weiterentwicklung und Gesundheit unserer Mitarbeiter. Wir lassen sie am Unternehmenserfolg teilhaben.

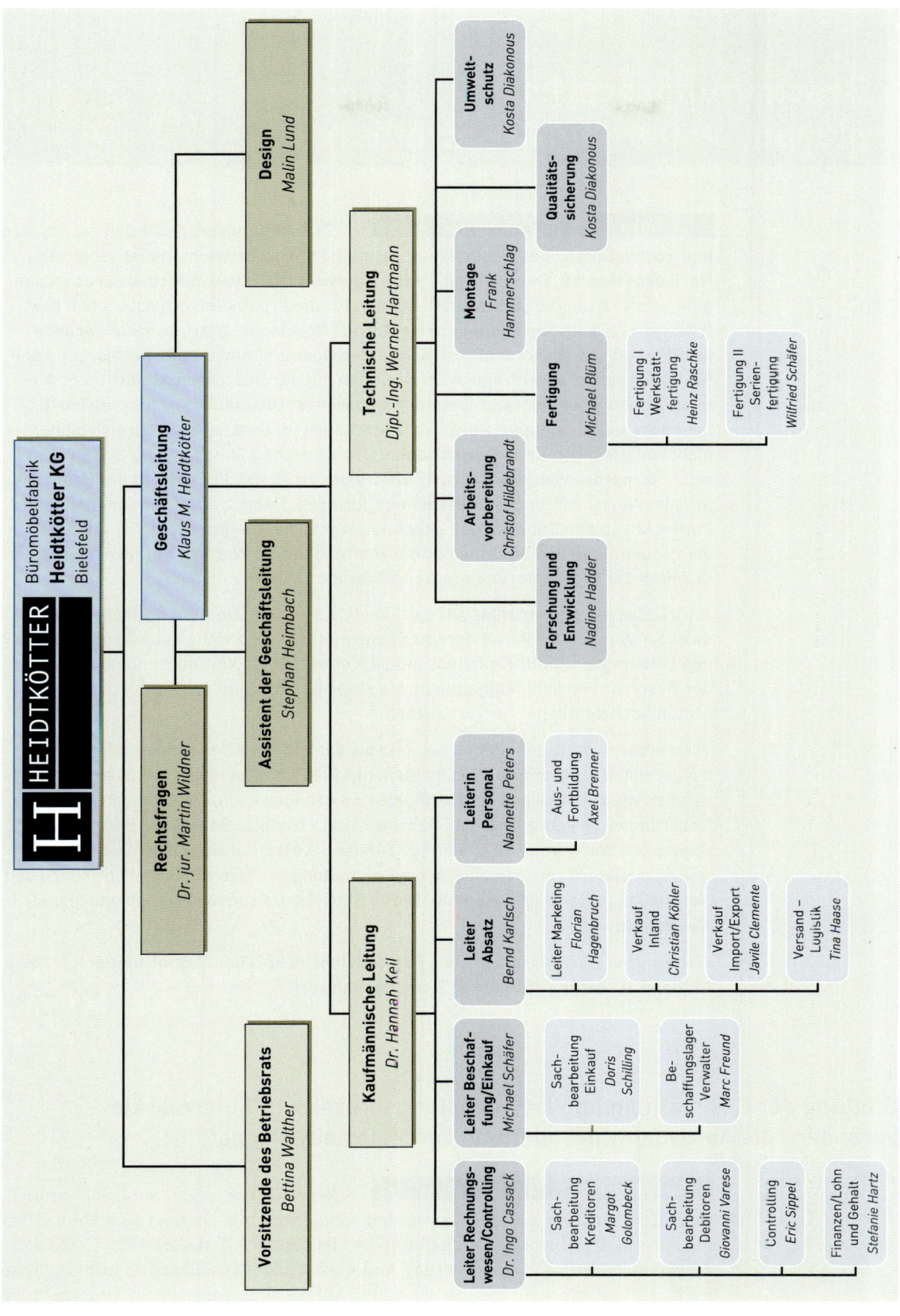

6

Beschaffungsprozesse
planen, steuern und kontrollieren

Leitidee „Beschaffungsprozesse planen, steuern und kontrollieren" beschreibt einen wichtigen Kernprozess im Industriebetrieb. Nach dem Begriff „Beschaffung" gefragt antworten Sie vermutlich, dass es darum geht, wie sich ein Industriebetrieb mit den für die Produktion erforderlichen betriebswirtschaftlichen Produktionsfaktoren (Werkstoffe, Betriebsmittel, Arbeitskraft) möglichst preiswert in der benötigten Quantität und Qualität versorgen kann. Sie haben sicher bereits einige Erfahrungen mit der Beschaffungsseite Ihres Ausbildungsbetriebes gemacht. Dennoch sind wir der Überzeugung, dass Sie die täglichen Ziele und Aufgaben sowie Veränderungen im Beschaffungsbereich bisher nicht vollständig kennengelernt haben. Uns ist wichtig, Ihnen analog zu den übrigen Kernprozessen eines Industriebetriebes zunächst die Stellung der Beschaffung im Wertschöpfungsprozess näherzubringen. Dabei werfen wir aus mehreren Perspektiven den Blick auf den gesamten Wertschöpfungsprozess. So soll letztlich die Problemlage und Stellung der Beschaffung für die Wertschöpfung auch gerade in Zeiten der Globalisierung erarbeitet werden.

Blicken Sie hierzu nochmals auf das Lernfeld 5 zurück: Dort wurde festgestellt, dass der Wandel von Verkäufer- zu Käufermärkten eine völlig neue Denkweise für den Leistungserstellungsprozess mit sich bringt. Diese Veränderungen haben vor der Beschaffung nicht haltgemacht, sie sind hier aufgrund der Kontakte zu Lieferanten noch deutlicher hervorzuheben.

Wir werden in den kommenden Kapiteln bei den planerischen, steuernden und kontrollierenden Aufgaben der Beschaffung den Fokus darauf legen, wie es einem Unternehmen wie zum Beispiel der Heidtkötter KG gelingen kann, den heutigen Marktanforderungen gerecht zu werden. Dabei wird ein verengter Begriff der Beschaffung verwendet: Wir werden Beschaffung häufiger mit Materialwirtschaft gleichsetzen, weil es in diesem Lernfeld nur um die Beschaffung von Materialien gehen soll. Zu den Materialien zählen dabei alle Roh-, Hilfs-, Betriebsstoffe sowie Fremdbauteile und Handelswaren.

Weitere „Beschaffungsgüter", wie Personal (Lernfeld 7) und Betriebsmittel (Lernfeld 11, Band 3), werden an anderer Stelle thematisiert.

1
Stellung der Beschaffung im Wertschöpfungsprozess – Käufermärkte verändern die Aufgabenwahrnehmung der Materialwirtschaft

Ausgangslage „Wer, wie, was, wieso, weshalb, warum?", so beginnt ein Lied aus einer bekannten Kindersendung. Diese Fragen können wir gut auch in der Abteilung Beschaffung der Heidtkötter KG stellen. Jedoch sind diese Fragen in Zeiten von Globalisierung und wachsender Marktdynamik nicht mehr so leicht zu beantworten. Traditionell waren Aufbau und Aufgaben in Unternehmen eher langfristig festgelegt. Seit aber Käufermärkte die Kunden-Lieferanten-Beziehungen gestalten, sind laufend Veränderungen erforderlich, um die Wettbewerbsfähigkeit zu sichern.

Wir wollen im kommenden Kapitel die aktuelle Lage der Heidtkötter KG nutzen, um mögliche Lösungen für Probleme und den Veränderungsdruck durch die Globalisierung aufzuzeigen.

Damit Sie die Zusammenhänge besser einordnen können, werden wir dafür zunächst die traditionellen Aufgaben der Beschaffung im Wertschöpfungsprozess erarbeiten, um anschließend die innovativen Anforderungen besser einschätzen zu können und zu verstehen, warum heutzutage die Fragen aus dem eingangs zitierten Lied immer häufiger neu gestellt werden müssen.

Lernziele

Nachdem Sie dieses Kapitel durchgearbeitet haben, können Sie ...

- die Stellung der Beschaffung bzw. Materialwirtschaft im Wertschöpfungsprozess erklären,
- Aufgaben, Ziele und Zielkonflikte der Materialwirtschaft konkret beschreiben und beurteilen,
- unterschiedliche Möglichkeiten der Organisation des Einkaufs in Abhängigkeit vom Wertschöpfungsprozess darstellen und eine Auswahl argumentativ begründen.

1.1
Die Materialwirtschaft – Aufgaben und Ziele der Beschaffung

Situation   Wie so oft herrscht Hochbetrieb im Einkauf: Lieferantenvertreter werden vorstellig, Preisverhandlungen müssen geführt werden, Beschwerden aus der Produktion gehen ein, Bestelldaten müssen gepflegt werden, dem Klimawandel soll Rechnung getragen werden und zu allem Überfluss bekommt Doris Schilling auch noch von ihrem Chef, Michael Schäfer, folgenden Arbeitsauftrag per E-Mail:

Schilling, Doris

Von:	Michael Schäfer
Gesendet:	Freitag, 13. Juli 20.., 10:34 Uhr
An:	Schilling Doris
Betreff:	Einarbeitung Praktikanten

Guten Morgen, Frau Schilling,
die Semesterferien rücken näher. Aus guter Tradition werden zum 1. August wieder zwei Praktikanten Ihre Abteilung verstärken. Ich bitte Sie, die beiden Praktikanten an ihrem ersten Arbeitstag in die Aufgaben unserer Abteilung einzuweisen. Bitte zeigen Sie insbesondere auch Schnittstellen zu anderen Abteilungen und Bereichen auf. Ich würde mich auch sehr freuen, wenn Sie etwas zu unserer neu geschaffenen Stelle des Supply Chain Managers vorbereiten. Vielleicht kann ja die beigefügte Abbildung eine Unterstützung bieten (siehe Anhang).

Einen schönen Tag wünsche ich Ihnen!

Michael Schäfer
Leitung Beschaffung/Einkauf

Arbeitsaufträge

Versetzen Sie sich in die Lage von Doris Schilling und bereiten Sie sich auf den ersten gemeinsamen Arbeitstag mit den Praktikanten vor.

› INFO-Teil

1. Klären Sie zur besseren Verständigung die begriffliche Unterscheidung zwischen Beschaffung und Materialwirtschaft.

› Arbeitshilfe

2. Beschreiben und erläutern Sie zur Vorbereitung auf die Begegnung mit den Praktikanten die Abbildung der Arbeitshilfe (Anhang der E-Mail).

› Experteninterview
› Internetrecherche

3. Erläutern Sie die Bedeutung einer Supply Chain und eines Supply Chain Managers. Befragen Sie hierzu gegebenenfalls Experten in Ihrem Ausbildungsbetrieb oder führen Sie eine Internetrecherche durch.

4. Sammeln Sie möglichst konkrete Ziele und Aufgaben der Materialwirtschaft und ordnen Sie diese den in der Arbeitshilfe genannten Teilbereichen der Materialwirtschaft zu.

5. Beschreiben Sie die Bedeutung der Materialwirtschaft für den Wertschöpfungserfolg eines Unternehmens. Beachten Sie insbesondere die Bedeutung von Kunden-Lieferanten-Beziehungen. Greifen Sie dabei auch auf Erfahrungen aus Ihrem Ausbildungsbetrieb zurück.

6. In der Situation werden konkrete Aufgaben eines gewöhnlichen Arbeitstages genannt. Beschreiben Sie Zielkonflikte, die sich aus der konkreten Aufgabenerfüllung in der Beschaffung ergeben können.

› INFO-Teil
LF 6, Kap. 1.1

Arbeitshilfe

Anhang der E-Mail von Michael Schäfer an Doris Schilling:

1.2
Einkaufsorganisation – Zur Sicherung des Wertschöpfungserfolges muss die Heidtkötter KG den Einkauf reorganisieren

Situation

In einer Strategiesitzung mit dem Geschäftsführer Klaus M. Heidtkötter wird Abteilungsleiter Schäfer mit den Folgen des wachsenden Konkurrenzdrucks aus Fernost konfrontiert. Um für den Wettbewerb fit zu werden, müsse man auch im Einkauf die Gürtel enger schnallen. *„Wir müssen die von der Materialwirtschaft abhängigen Kosten senken. Denn in der Materialwirtschaft liegt der halbe Gewinn!"*, so Heidtkötter.

Schäfer ertgegnet, dass durch ein hervorragendes Beziehungsmanagement mit den Lieferanten die Materialkosten trotz steigender Rohstoffpreise wenigstens konstant gehalten werden konnten. *„Da ist kein Potenzial mehr! Und ich bin jetzt schon unterbesetzt. Bei den Mitarbeitern lasse ich nicht mit mir reden. Die fahren eh Überstunden!"* Heidtkötter reagiert sofort. Durch Überstunden lagen im vergangenen Jahr die Personalkosten im Einkauf um 25 % über dem Planwert. Nach Ansicht von Heidtkötter laufe hier einiges schief, sodass der Einkauf durch eine Reorganisation der Strukturen und der Prozesse optimiert werden muss. Herr Schäfer soll deshalb bis zum Ende des Monats eine Einkaufsorganisation vorstellen, durch die ein Abbau der Überstunden möglich wird.

Arbeitsaufträge

1. Erläutern und begründen Sie die Aussage von Herrn Heidtkötter, dass „in der Materialwirtschaft der halbe Gewinn liegt". Nennen Sie zudem konkrete von der Materialwirtschaft abhängige Kosten.
2. Unterstützen Sie Herrn Schäfer bei der Vorbereitung zu einer veränderten Einkaufsorganisation, indem Sie folgende Aspekte erarbeiten.
   a) Entwerfen Sie einen Arbeitsplan, wie Sie an der Stelle von Herrn Schäfer an die Lösung dieser Aufgabe herangehen würden.
   b) Nennen und beschreiben Sie wesentliche Aspekte, durch die die Struktur des Einkaufs generell bestimmt wird.
   c) Verschaffen Sie sich im INFO-Teil einen Überblick über die generellen Möglichkeiten der Einkaufsorganisation und führen Sie Vor- und Nachteile der jeweiligen Organisationsformen an. Nutzen Sie hierzu das Schema im Arbeitsheft.

› INFO-Teil LF 6, Kap. 1.2

Innere Einkaufsorganisation		
	Objektprinzip	Verrichtungsprinzip
Vorteile ...		...
	Objektprinzip	Verrichtungsprinzip
Nachteile ...		...

Äußere Einkaufsorganisation		
	zentral	dezentral
Vorteile ...		...
	zentral	dezentral
Nachteile ...		...

   d) Empfehlen Sie Herrn Schäfer aufgrund der gewonnenen Erkenntnisse eine Organisationsform für die Heidtkötter KG.

Vertiefende Übungen

› **Arbeitshilfen**

1. Die Arbeitshilfen 1 und 2 zeigen Einkaufsorganisationen zweier Unternehmen. Beschreiben Sie, welche Art der inneren und äußeren Einkaufsorganisation jeweils vorliegt.
2. Ordnen Sie die Einkaufsorganisation Ihres Ausbildungsbetriebes den Möglichkeiten der inneren und äußeren Einkaufsorganisation zu. Berichten Sie kurz.

Arbeitshilfe 1

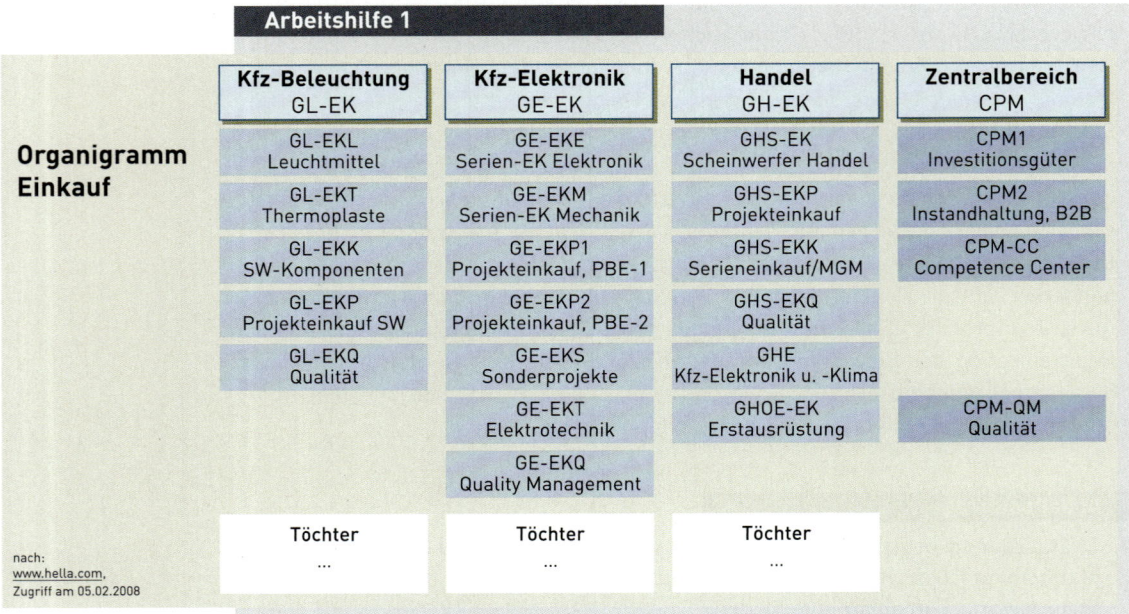

Organigramm Einkauf

nach:
www.hella.com,
Zugriff am 05.02.2008

Arbeitshilfe 2

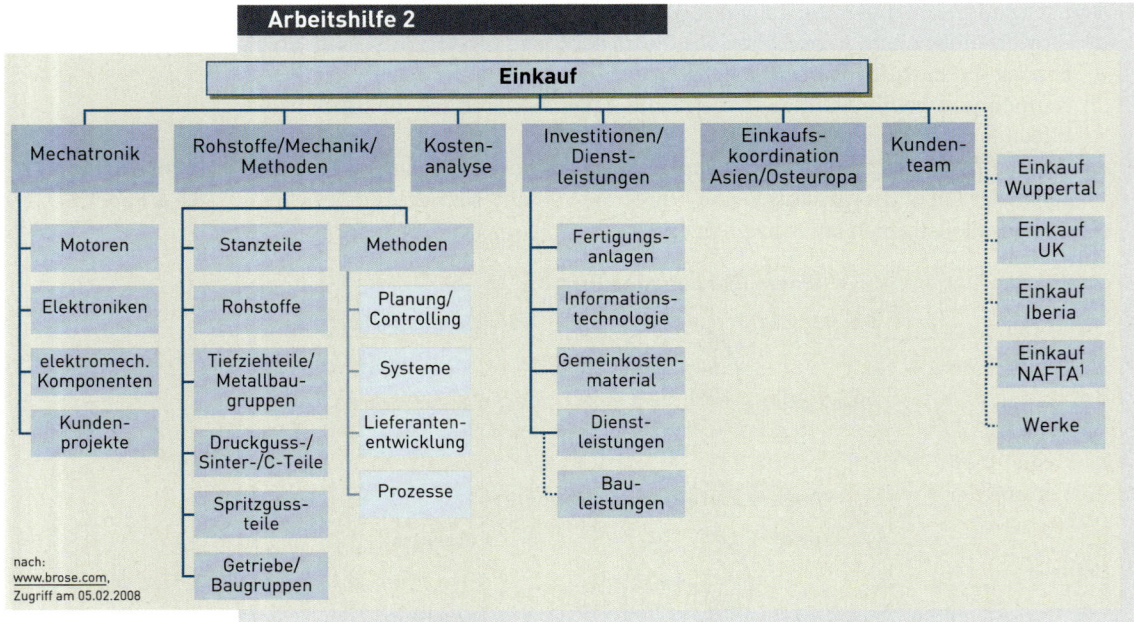

nach:
www.brose.com,
Zugriff am 05.02.2008

---

1 Nordamerikanisches Freihandelsabkommen (engl. North American Free Trade Agreement), Freihandelszone auf dem nordamerikanischen Kontinent

1.3
Markttrends durch Beschaffungsstrategien begegnen – Sourcing-Konzepte gestalten

Situation Die Vermarktung der Produktinnovation *communicTable* veranlasst die Geschäftsführung, den Abteilungsleiter Beschaffung, Herrn Schäfer, damit zu beauftragen, für das Fremdbauteil Bildschirm zur Herstellung des Tisches eine Beschaffungsstrategie zu entwickeln. Sie soll der Dynamik der Marktveränderungen auf den Beschaffungs- und Absatzmärkten Rechnung tragen. Es soll eine langfristige, partnerschaftliche Zusammenarbeit mit einem Lieferanten erarbeitet werden. Um neue Impulse für die Erarbeitung der gewünschten Beschaffungsstrategie zu erhalten, beschließt Herr Schäfer, eine Fortbildung zum Thema *„Global Competence"* zu besuchen. Im Werbeflyer für die Veranstaltung heißt es:

› Kap. 2.4
› Band 1, LF 5

Globale Kompetenz: Motto für 1500 Teilnehmer und rund 100 Aussteller

Unternehmen investieren heute weltweit, um am Wachstum dynamischer Volkswirtschaften zu partizipieren, aber auch, um die Kostenvorteile von Low-Cost-Countries zu erschließen. Global Competence wird daher zum entscheidenden strategischen Erfolgsfaktor, sowohl für Konzerne als auch für die mittelständische Wirtschaft. Global Competence beschränkt sich jedoch nicht nur auf Absatz und Produktion, sondern erfordert auch neue, global ausgerichtete Beschaffungs- und Logistikstrategien. Einkäufer und Logistiker müssen systematisch nach den weltweit unter Kosten- und Qualitätsaspekten besten Lieferanten suchen und mit diesen langfristig und partnerschaftlich zusammenarbeiten.

Nach seiner Rückkehr erteilt Schäfer im wöchentlichen Meeting an die Abteilung folgende Aufforderung:

„Liebe Kolleginnen und Kollegen, eines ist mir auf der Fortbildung deutlich geworden: Wer künftig mit uns arbeiten möchte, muss unseren Erwartungen langfristig entsprechen. Dabei sollten die potenziellen Lieferanten von Beginn an wissen, worauf sie sich mit uns einlassen. Deshalb bitte ich Sie, eine Einkaufsrichtlinie zu entwickeln, die wir dann für alle einsehbar auf unserer Homepage veröffentlichen!"

Arbeitsaufträge

1. Beschreiben Sie mindestens drei Veränderungen auf den Beschaffungs- und Absatzmärkten, die eine neue Beschaffungsstruktur bei der Heidtkötter KG erfordern. Begründen Sie, warum diese dann eingeführt werden sollte.
2. Beschreiben Sie mögliche Beschaffungsstrategien für die Heidtkötter KG zum Bezug des Bildschirms für den *communicTable* unter Beachtung folgender Merkmale:
   - Anzahl der Lieferanten
   - Komplexität des Beschaffungsgutes
   - Art der Beschaffung/Bereitstellung
   - Größe des Beschaffungsraumes
3. Sammeln Sie für die im INFO-Teil genannten Sourcing-Konzepte (Beschaffungsstrategien) jeweils Argumente, die für den Einsatz der jeweiligen Strategie unter Beachtung der Unternehmensziele der Heidtkötter KG sprechen.

› INFO-Teil
LF 6, Kap. 1.3

4. Erörtern Sie, inwiefern Kombinationen der unterschiedlichen Beschaffungsstrategien denkbar sind. Gehen Sie dabei darauf ein, ob sich die Strategien ergänzen, behindern oder gar nicht beeinflussen. Empfehlen Sie ein Vorgehen für die Heidtkötter KG.
5. Im Werbeflyer für die Fortbildung wird gesagt, dass Unternehmen eine langfristige, partnerschaftliche Zusammenarbeit mit den Lieferanten anstreben müssen. Begründen Sie, warum dies in heutigen Zeiten geboten erscheint, und führen Sie Aspekte einer partnerschaftlichen Zusammenarbeit zwischen Auftraggeber und Lieferant an.

→

Arbeitsaufträge (Fortsetzung)

› Band 1, LF 2

6. Erläutern Sie die Bedeutung einer Einkaufsrichtlinie für den Beschaffungsprozess, ihren Zusammenhang zum Leitbild und erläutern Sie, welche Konflikte sich zum Beispiel bei Einsatz des *Global sourcing* ergeben könnten.
7. Entwickeln Sie eine Einkaufsrichtlinie unter Zuhilfenahme der Arbeitshilfen und des Leitbildes der Heidtkötter KG (siehe Band 1, LF 2, Kap. 2.1.2).

Arbeitshilfe 1

Informationen über das Fremdbauteil Bildschirm
Anforderungen aus der Abteilung Produktion:

- Steckverbindungen müssen DIN 32589 erfüllen
- Gehäuse des Monitors muss aus hochwertigem Kunststoff sein
- Lieferungen mindestens in einem Umfang von 1 ME pro Monat (1 ME = 10 Stück)
- Verpackung aus der A08-Kartonage auf DB-Palette
- Qualitätskontrollen werden bereits beim Lieferanten durchgeführt
- Lieferantenschulungen und fortdauernde Entwicklung des Lieferanten bezogen auf unsere Produkte (Zusammenarbeit mit der FuE-Abteilung)
- Zertifizierung nach DIN EN ISO 9000 ff. erfolgt

Bedingungen der Abteilung Finanzierung:

- Zahlungen auf Ziel (mindestens 10 Tage)
- Zahlung per Banküberweisung

Arbeitshilfe 2

Marktübliche Bedingungen:

- Lieferung frei Haus
- Lieferung per Lkw
- Rabatt von 10 % ab 5 ME
- Lieferzeit: 3 Tage nach Bestellung
- faire Zusammenarbeit und angenehme Umgangsformen

Arbeitshilfe 3

Arbeitsthesen der Fortbildungsveranstaltung:

Erfolgreich beschaffen in einer globalen Welt bedeutet:

- Sie kennen Ihren Lieferanten fast genau so gut wie Ihren Betrieb.
- Sie kennen die Bedingungen auf dem Beschaffungsmarkt und bekommen neue Trends direkt mit.
- Ihre Beschaffungsbemühungen sind auf eine Zusammenarbeit mit dem Lieferanten ausgerichtet.
- Sie kleben nicht an einem Lieferanten, sind aber dennoch an einer langfristigen Zusammenarbeit interessiert.
- Der Lieferant kennt Ihre Erwartungen und Sie kennen die Erwartungen des Lieferanten.
- Sie arbeiten an einer gemeinsamen Logistikkette, die nach Möglichkeit noch weitere Partner mit einbezieht.
- Absprachen treffen Sie, damit sie von allen eingehalten werden.

Kurzum: Sie verfügen über eine eindeutige Beschaffungsstrategie, die Ihrer Abteilung bekannt ist!

2
Die Steuerung der Wertezuflüsse erfolgt im ersten Schritt über eine möglichst optimale Beschaffungsplanung

Das Lernfeld 6 befasst sich unter anderem mit dem Funktionsbereich der Materialwirtschaft, dessen Zielsetzung insbesondere darin besteht, die für die Produktion erforderlichen Materialien

- in der benötigten Art und Qualität
  → **WAS?**
- in der benötigten Menge
  → **WIE VIEL?**
- zum optimalen Zeitpunkt
  → **WANN?**

bereitzustellen.

Dabei stellt sich die Frage, **WOHER** die benötigten Materialien bezogen werden, um u. a. die entstehenden Kosten möglichst zu minimieren (**WIE TEUER?**).

Da die Beschaffung und die Verwertung der Materialien in der Produktion i. d. R. zeitlich auseinanderfallen, schließt sich der Beschaffung der Materialien die **Lagerung**[1] bis zum Zeitpunkt der Verwertung im Produktionsprozess an.

Lernziele

Nachdem Sie dieses Kapitel durchgearbeitet haben, können Sie ...

- die Steuerung der Wertezuflüsse über eine optimale Beschaffungsplanung erläutern,
- Verfahren und Aufgaben der Bedarfsplanung, der Bedarfsmengenplanung sowie der zeitlichen Beschaffungsplanung erläutern und gegeneinander abgrenzen,
- situationsbezogen unter Kostengesichtspunkten die optimale Bestellmenge bestimmen und die Abweichungen der Modellannahmen von der Realität beschreiben,
- sich situationsbezogen zwischen Fremdbezug und Eigenfertigung (buy or make) begründet entscheiden,
- die ABC- und die XYZ-Analyse als Hilfsmittel zur Optimierung der Materialbeschaffung erklären, durchführen und bewerten,
- die Aufgaben, Vorgehensweise und Zielsetzungen der Bezugsquellenermittlung erläutern und situationsbezogen mithilfe eines Angebotsvergleichs sowie einer Nutzwertanalyse eine Lieferantenauswahl begründet treffen,
- die Vor- und Nachteile einer Nutzwertanalyse erläutern.

2.1
Die Bedarfsplanung – Was muss beschafft werden?

Situation

Frau Schilling ist eine der Sachbearbeiterinnen in der Einkaufsabteilung der Heidtkötter KG, die sich ständig mit den Fragen der Bedarfsplanung auseinandersetzt. Im Rahmen der Bedarfsplanung denkt sie darüber nach, welche Materialien (WAS?) in welcher Qualität zur Erbringung der nachgefragten Leistungen benötigt werden. Eines Morgens erhält sie einen Anruf ihres Kollegen aus der Verkaufsabteilung, Herrn Köhler.

Herr Köhler: *„Guten Morgen, Frau Schilling. Ich habe soeben eine telefonische Bestellung der Büromöbel Steil KG in Köln erhalten – Sie wissen ja, einer unserer treuesten und umsatzstärksten Kunden. Er hat 200 Stück des neuen communicTable bestellt. Dies ist doch ein sehr guter Start für unsere neueste Innovation, die gerade erst seit zwei Wochen am Markt platziert ist. Der zugesagte Liefertermin ist jedoch bereits in zwei Wochen."*

→

---

1 Zur Lagerhaltung siehe LF 6, Kapitel 4

Frau Schilling: *„Guten Morgen, Herr Köhler! Sie können doch nicht einfach diesen frühen Liefertermin bestätigen! Ich muss doch erst prüfen, ob ich die erforderlichen Materialien so schnell beschaffen kann. Die Beschaffungsprozesse bezogen auf diesen neuen Tisch sind noch nicht in die alltägliche Routine übergegangen und die erforderlichen Dokumente sind teilweise lückenhaft bzw. werden von der FuE nochmals überarbeitet. Ich weiß auf Anhieb gar nicht, welche Materialien in welchen Mengen für die Produktion und Montage benötigt werden!"*

Herr Köhler: *„Das weiß ich ja, Frau Schilling, aber ich bin sicher, bei Ihren Einkaufsfähigkeiten und Ihren Erfahrungen werden Sie das schon meistern. Schließlich würden wir sonst einen unserer wichtigsten Kunden enttäuschen und den Start unseres neuen Vorzeigemodells behindern. Also dann, viel Erfolg!"*

Im Rahmen der Produktplanung und -konstruktion wurden Konstruktionszeichnungen angefertigt, aus denen die fertigungsgerechte und funktionsfähige Gestaltung des neuen Kommunikationstisches hervorgeht. Aus diesen Konstruktions- bzw. gesondert angefertigten Explosionszeichnungen werden nun die Erzeugnisstruktur und mit deren Hilfe die Stücklisten erstellt, aus denen alle im Endprodukt oder in bestimmten Baugruppen enthaltenen Einzelteile/Materialien sowie deren Mengen ersichtlich werden. Die Explosionszeichnung sowie die abgeleitete Erzeugnisstruktur für den neuen *communicTable* liegen Frau Schilling bereits vor.

communicTable

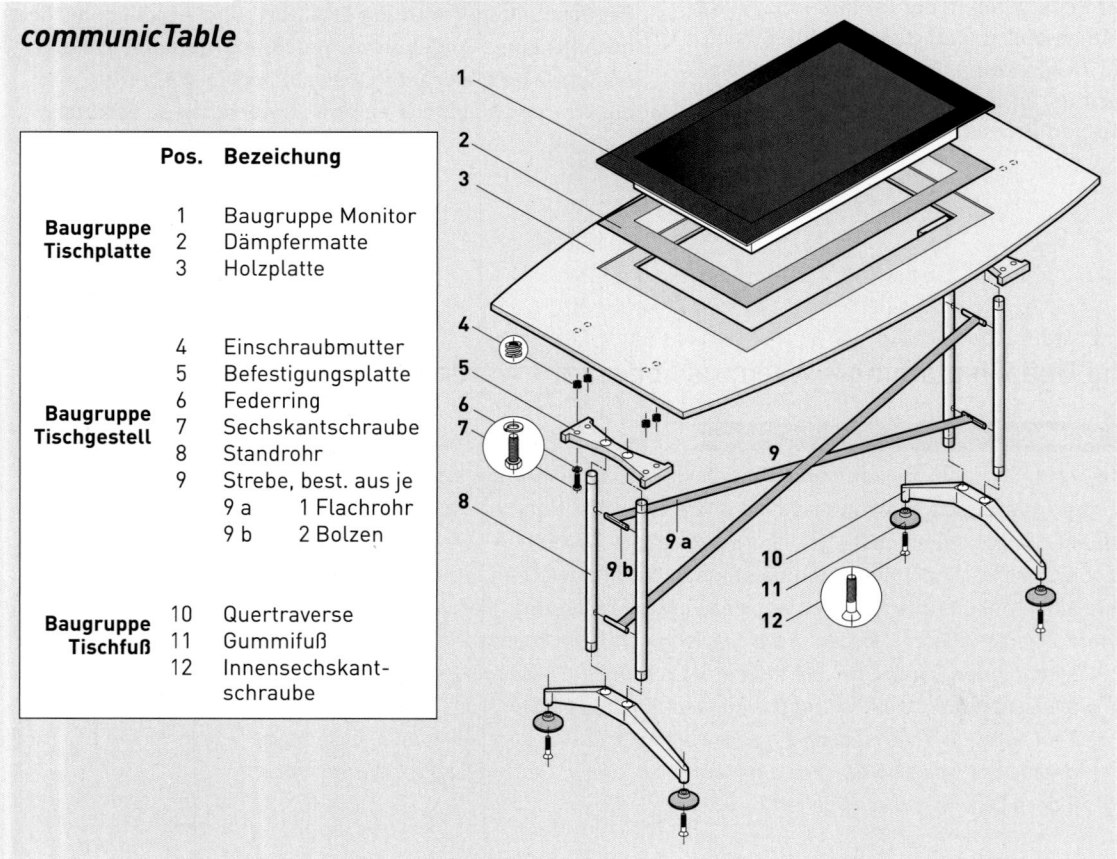

	Pos.	Bezeichung
Baugruppe Tischplatte	1	Baugruppe Monitor
	2	Dämpfermatte
	3	Holzplatte
Baugruppe Tischgestell	4	Einschraubmutter
	5	Befestigungsplatte
	6	Federring
	7	Sechskantschraube
	8	Standrohr
	9	Strebe, best. aus je
	9 a	1 Flachrohr
	9 b	2 Bolzen
Baugruppe Tischfuß	10	Quertraverse
	11	Gummifuß
	12	Innensechskantschraube

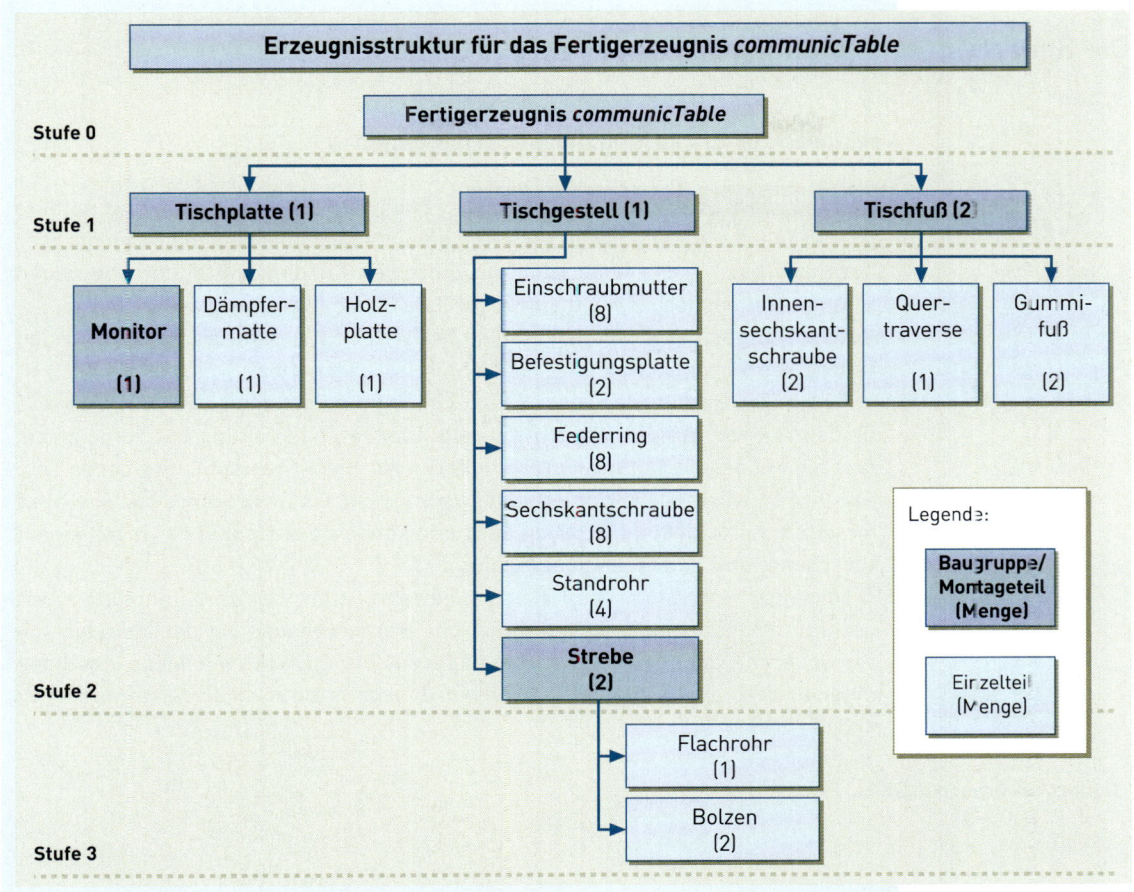

› INFO-Teil
LF 6, Kap. 2.1

Arbeitsaufträge

1. Erstellen Sie mithilfe der entsprechenden Seiten im INFO-Teil und der Erzeugnis-struktur eine **Mengenübersichtsstückliste** für den *communicTable* und beschreiben Sie deren Nutzen für die Beschaffung der erforderlichen Materialien.
2. Erstellen Sie jeweils eine **Baukastenstückliste** für die Baugruppen „Tischgestell" sowie „Tischfuß" und beschreiben Sie einen Vorteil der Erstellung einer Bau-kastenstückliste.

Vertiefende Übung

Unterscheiden Sie unter Verwendung eines selbst gewählten Beispiels die Begriffe „Primärbedarf", „Sekundärbedarf" und „Tertiärbedarf".

2.2
Die Bedarfsmengenplanung – Wie viel muss beschafft werden?

2.2.1
Verfahren zur Ermittlung der Bedarfsmengen

Situation

Nachdem sich Frau Schilling mithilfe der Erzeugnisstruktur sowie der Mengenübersichtsstückliste ein Bild darüber verschafft hat, welche Materialien im Einzelnen für die Herstellung des neuen Kommunikationstisches benötigt werden, stellt sich für sie die nächste Frage: **Welche Mengen** der jeweiligen Werkstoffe **(WIE VIEL?)** muss sie konkret für den Auftrag der Büromöbel Steil KG (siehe Seite 21) beschaffen?

In diesem Zusammenhang muss Frau Schilling nun festlegen, wie viele Monitore für den Auftrag bestellt werden müssen. Die Geschäftsleitung hat vorgegeben, dass ein Mindestbestand von drei Monitoren zur Sicherheit auf Lager liegen soll. Aus der FuE wurde sie informiert, dass beim Einbau dieser Monitore auch bei aller Vorsicht schnell kleinere Schäden auftreten können. Sie rechnet daher mit einem Ausschuss von 1 % des Sekundärbedarfs.

Um einen sicheren Stand des Tisches zu gewährleisten, werden Gummifüße in den Tischfuß eingeschraubt. Diese Gummifüße werden ebenso bei der Montage von vier weiteren Tischmodellen benötigt und fremdbezogen. Frau Schilling legt Ihnen folgende Verbrauchsstatistik der letzten Geschäftsjahre für diese vier weiteren Modelle vor:

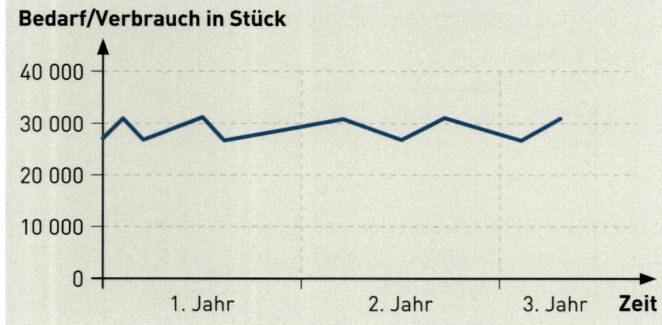

Frau Schilling muss sowieso neue Gummifüße bestellen, da wir am Beginn des neuen Verbrauchsjahres stehen. Auf Lager liegen zurzeit noch 850 Stück. Davon dienen 100 Stück als Mindestbestand.

Arbeitsaufträge

> **› INFO-Teil**
> **LF 6, Kap. 2.2.1**

1. Berechnen Sie den Bedarf an Monitoren, den Frau Schilling beim Lieferanten für diesen Auftrag (200 Stück) ordern muss (Nettosekundärbedarf).
2. Beschreiben Sie Ihre Vorgehensweise bei der Ermittlung der Bestellmenge (des Nettosekundärbedarfs).

> **› INFO-Teil**
> **LF 6, Kap. 2.2.1**

3. Frau Schilling bittet Sie, die anstehende Bestellung der Gummifüße vorzubereiten. Führen Sie die Berechnung der Bestellmenge schriftlich (ohne Taschenrechner) mit Angabe des Rechenweges und der entsprechenden Fachbegriffe durch.
4. Begründen Sie, warum Frau Schilling bei der Ermittlung der Bruttobedarfsmengen an Monitoren und Gummifüßen unterschiedlich vorgeht, und beschreiben Sie die jeweilige Vorgehensweise.

2.2.2
Die unter Kostengesichtspunkten optimale Bestellmenge

Situation Die Größe der Bestellmenge verursacht unabhängig von der jeweiligen Bedarfsermittlung unterschiedliche Kosten, die bei der Festlegung der Bestellmenge berücksichtigt werden sollten.

Die Heidtkötter KG verkaufte in den letzten zwei Jahren im Durchschnitt 6 000 Strahler *castor* für Niedervolt-Stromschienen als Handelsware. Diese Strahler wurden bisher **in einer Lieferung zu Beginn des Geschäftsjahres** von der Schlosser Leuchten GmbH in München bezogen. Der Einstandspreis beträgt pro Strahler 50,00 €. Der Controller der Heidtkötter KG informiert Frau Schilling, dass die Kosten für die Lagerung der gelieferten Strahler, insbesondere die Kosten der Kapitalbindung, viel zu hoch sind. Zurzeit müssen die Lagerkosten mit 12 % des Listenpreises des jeweiligen durchschnittlichen Lagerbestandes (= 50 % der jeweiligen Bestellmenge) kalkuliert werden.

Arbeitsaufträge

1. Wofür entstehen im Einzelnen die Lagerkosten?
2. Wie könnte Frau Schilling diese Lagerkosten senken und welche Konsequenzen können entstehen?
3. Beschreiben Sie das Problem, das sich für Frau Schilling nun aus der Gesamtsituation ergibt, und schlagen Sie eine Problemlösung vor.
4. Erläutern Sie jeweils Vor- und Nachteile für
   a) große Bestellmengen in längeren Zeitabständen,
   b) kleine Bestellmengen in kürzeren Zeitabständen.
5. Nach diesen Überlegungen bittet Sie Frau Schilling um Hilfe bei der Ermittlung der kostenoptimalen Bestellmenge. Sie sollen mithilfe der folgenden Tabelle die Gesamtkosten für die Bestellmengen von 250 Stück, 500 Stück, 1 000 Stück, 2 000 Stück, 3 000 Stück und 6 000 Stück pro Lieferung ermitteln. Pro Bestellung fallen Kosten in Höhe von 125,00 € an.
   a) Nach der Bearbeitung dieser Tabelle tragen Sie bitte die Lager-, Bestell- sowie Gesamtkosten mit unterschiedlichen Farben in ein Koordinatensystem ein.

Bestell-menge	durchschnittlicher Lagerbestand		Lager-kosten	Anzahl der Bestellungen	Bestell-kosten	Gesamt-kosten
Menge (Stück)	Menge (Stück)	Wert (€)	Kosten (€)	Anzahl	Kosten (€)	Kosten (€)
250						
500						
1 000						
2 000						
3 000						
6 000						

   b) Wie groß ist die optimale Bestellmenge und wie oft sollte Frau Schilling pro Jahr bestellen?
   c) Beschreiben und begründen Sie jeweils den Verlauf der Lagerkosten-, Bestellkosten- und Gesamtkostenkurve in Abhängigkeit von der Bestellmenge. →

Arbeitsaufträge (Fortsetzung)

6. Die optimale Bestellmenge kann ebenso mithilfe einer mathematischen Formel (genau) ermittelt werden.[1] Kontrollieren Sie das Ergebnis Ihrer tabellarischen Ermittlung durch die Berechnung der optimalen Bestellmenge mithilfe folgender Formel:

> Der Lagerhaltungskostensatz ist ein Prozentsatz, der in dieser Formel als reiner Zahlenwert eingesetzt wird; z. B. 10,5.

$$\text{Optimale Bestellmenge} = \sqrt{\frac{200 \cdot \text{Jahresbedarf} \cdot \text{Bestellkosten pro Bestellung}}{\text{Einstandspreis pro Stück} \cdot \text{Lagerhaltungskostensatz}}}$$

(Lagerhaltungskostensatz = Lagerkostensatz + Lagerzinssatz)

7. Entwickeln Sie eine Definition für den Begriff „Optimale Bestellmenge".

2.2.3
Fremdbezug oder Eigenfertigung (buy or make)

Situation   Eine Alternative zur **externen Beschaffung (Fremdbezug)** der zur Produktion benötigten Werkstoffe und Montageteile oder auch der das Produktionsprogramm ergänzenden Handelswaren ist die **Herstellung des Bedarfs im eigenen Betrieb (Eigenfertigung).**
Aufgrund von Informationen der Kunden der Heidtkötter KG wird deutlich, dass diese immer stärker bemüht sind, wiederum ihren Kunden im Rahmen einer umfassenden Raumplanung komplexe Büroausstattungen inklusive hochwertiger Edelholzböden anzubieten. Dies führt dazu, dass die Nachfrage nach unserer Handelsware, einem Edelholzfurnier mit geölter Oberfläche auf einem hochwertigen Träger, sehr stark angestiegen ist.
Aufgrund mittelfristig frei werdender Kapazitäten zieht die Heidtkötter KG in Erwägung, dieses Edelholzfurnier, das bisher fremdbezogen wurde, nun selbst herzustellen. Qualifizierte Mitarbeiter sowie die erforderlichen Betriebsmittel sind vorhanden oder können kurzfristig preiswert beschafft werden.
Aus der Arbeitsvorbereitung, dem Verkauf sowie dem Einkauf stehen folgende Informationen zur Verfügung:

Geschätzter Jahresbedarf:

pessimistisch:	ca. 1 500 m²
normal:	ca. 1 660 m²
optimistisch:	ca. 1 860 m²

Kalkulierte Kosten für die Eigenfertigung:

K_f = 24.000,00 € (für anteilige Miete, Wartung, Abschreibung);
k_v = 65,00 € pro m²

Kosten bei Fremdbezug:

Bezugspreis = 80,00 € pro m² (ohne Berücksichtigung eventueller Preisnachlässe)

---

1   siehe Formel zur Berechnung der optimalen Losgröße in Band 1, LF 5, Kap. 3.2.1

Arbeitsaufträge

1. Sammeln Sie Kriterien, die bei einer Entscheidung für oder gegen die Eigenfertigung berücksichtigt werden sollten.
2. Führen Sie mithilfe der folgenden Tabelle eine Kostenvergleichsrechnung durch und entscheiden Sie sich bezogen auf die jeweiligen Mengenangaben für Fremdbezug oder Eigenfertigung (buy or make).

Menge in m²	Eigenfertigung (EF)				Fremdbezug (FB)		Entscheidung
	Fixkosten (K_f) in €	var. Kosten (K_v) in €	Gesamtkosten (K) in €	Stückkosten (k) in €	Bezugspreis (€ pro m²)	Bezugspreis (gesamt in €)	buy or make
1 300							
1 400							
1 500							
1 600							
1 700							
1 800							
1 900							

3. Erläutern Sie die Entwicklung der Kosten bei Eigenfertigung sowie Fremdbezug und stellen Sie Ihre Lösungen (auf Basis der Stückkosten und auf Basis der Gesamtkosten) in den folgenden Koordinatensystemen grafisch dar.

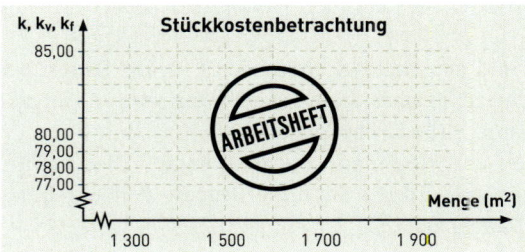

4. Ermitteln Sie rechnerisch die Bedarfsmenge, bei der die Kosten der Eigenfertigung den Bezugskosten des Fremdbezugs entsprechen (= kritische Menge).
5. Treffen Sie begründet eine Entscheidung für eine pessimistische, normale bzw. optimistische Einschätzung des Jahresbedarfs.
6. Stellen Sie tabellarisch die Vor- und Nachteile gegenüber, die für/gegen Eigenfertigung bzw. Fremdbezug sprechen. Tragen Sie dort weiterhin ein, in welchen Fällen in der Praxis tendenziell Eigenfertigung oder Fremdbezug umgesetzt wird.

Eigenfertigung	make	or	buy	Fremdbezug
Vorteile:			Vorteile:	
Nachteile:			Nachteile:	
	in der Praxis			
tendenziell bei ...			tendenziell bei ...	

Vertiefende Übungen

1. Für ein bestimmtes Endprodukt eines Industrieunternehmens aus der Elektrobranche ist kurzfristig ein Kundenauftrag über 400 Stück eingegangen. Vom Montageteil E, das im eigenen Betrieb hergestellt wird, werden am nächsten Arbeitstag 50 Stück fertiggestellt. Die anderen Baugruppen werden fremdbezogen. Aus Erfahrungswerten ist bekannt, dass mit einem Ausschuss von 0,5 % je Baugruppe gerechnet werden muss. 20 Endprodukte, 200 Stück der Baugruppe E sowie 450 Stück des Einzelteils T2 liegen zurzeit noch auf Lager.

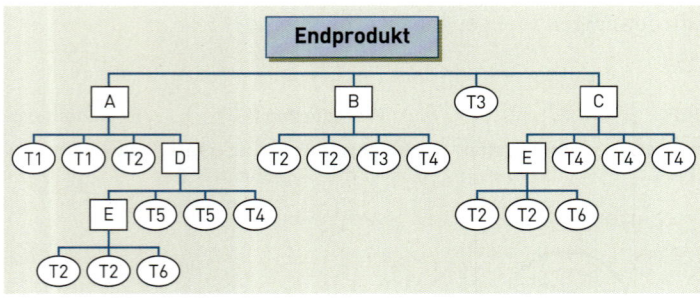

Das Endprodukt hat die oben abgebildete Erzeugnisstruktur (Buchstaben kennzeichnen Baugruppen/Montageteile; T/Ziffern kennzeichnen Einzelteile).

   a) Erstellen Sie ausgehend von der oben abgebildeten Erzeugnisstruktur eine Mengenübersichtsstückliste sowie eine Baukastenstückliste für die Baugruppe E.

   b) Erläutern Sie den Nutzen einer Mengenübersichtsstückliste bzw. einer Baukastenstückliste für die Tätigkeiten im Rahmen der Beschaffungsplanung.

   c) Erläutern Sie den Zusammenhang zwischen Stücklisten und der Kostenermittlung für das entsprechende Endprodukt.

   d) Ermitteln Sie sowohl den Brutto- als auch den Nettoprimärbedarf für diesen Auftrag.

   e) Berechnen Sie den Brutto- und den Nettosekundärbedarf für die Baugruppe E und das Einzelteil T2. Beachten Sie, dass diese Berechnung vom in Aufgabenstellung d) ermittelten Nettoprimärbedarf ausgeht.

   f) Differenzieren Sie zwischen den Begriffen „Bedarfsmenge", „Beschaffungsmenge" und „Bestellmenge" und ordnen Sie diese Begriffe den Ergebnissen aus den Aufgabenteilen d) bzw. e) zu.

2. In Ihrem Arbeitsheft finden Sie folgende Tabelle. Beurteilen Sie die unterschiedlichen Bedarfsermittlungsverfahren anhand der in der Tabelle vorgegebenen Kriterien. Bei diesem Vergleich geht es primär um Tendenzen, nicht um analytische Aussagen.

Bedarfsermittlungsverfahren	verbrauchsorientiert	programmorientiert
Art der Ermittlung	Verbrauchsstatistiken; ggf. Sicherheitszuschläge	Stücklistenauflösung; ggf. Sicherheitszuschläge
Genauigkeit		
Ermittlungskosten		
Gefahr von Über- bzw. Fehlbeständen		
entstehende Lagerkosten		
Anwendungsgebiete: ■ Rohstoffe ■ Fertige Einbauteile (Sekundärbedarf) ■ Hilfsstoffe ■ Betriebsstoffe (Tertiärbedarf)		

3. a) Beschreiben Sie die Vorgehensweise bei der Ermittlung des Netto(sekundär)bedarfs, ausgehend von der Stücklistenauflösung.

   b) Welche Art der Bedarfsermittlung haben Sie hier beschrieben?

4. Die Lederwarengroßhandlung Marion Hensel e. Kffr., Köln, hat einen Jahresbedarf an Ledergürteln von 600 Stück. Sie bezieht diese Gürtel von der Lederwarenfabrik Lederwaren Kerber GmbH in Aachen zu einem Einstandspreis (frei Haus, einschließlich Verpackung) von 10,00 € pro Gürtel.

Der Hersteller gewährt folgende Mengenrabatte:

Menge	Rabattsatz	Menge	Rabattsatz
0 – 100 Stück	0,0 %	201 – 300 Stück	1,5 %
101 – 200 Stück	1,0 %	301 – 600 Stück	2,5 %

Die fixen (mengenunabhängigen) Kosten betragen je Bestellung 10,00 €. Der durchschnittliche Lagerbestand liegt bei 50 % der jeweils bestellten Menge. Die Lagerkosten betragen 12 % des Wertes des durchschnittlichen Lagerbestandes zum Einkaufspreis.

a) In Ihrem Arbeitsheft ist folgende Tabelle abgebildet. Tragen Sie dort die Lager-, Bestell- sowie Gesamtkosten ein. Es wird unterstellt, dass nur bestimmte Bestellmengen infrage kommen. Tragen Sie anschließend die unterschiedlichen Kostenverläufe in ein Koordinatensystem ein. Bezeichnen Sie die y-Achse mit Kosten, die x-Achse mit Bestellmengen.

Bestellungen	Bestellmenge	Rabattsatz	Bestellkosten			durchschnittlicher Lagerbestand		Lagerkosten	Gesamtkosten
			variabel	fix	gesamt	Menge	Wert		
Anzahl	Stück	%	€	€	€	Stück	€	€	€
	50								
	100								
	200								
	300								
	600								

b) Wie groß ist die kostenoptimale Bestellmenge, wie oft muss Frau Hensel bestellen?

c) Aus welchen Gründen würde die Lederwarengroßhandlung eventuell von der so ermittelten optimalen Bestellmenge abweichen?

d) Bei dieser Art der Betrachtung des Problems der optimalen Bestellmenge handelt es sich um ein „Modell". Ein Modell dient üblicherweise dazu, die Realität in reduzierter (vereinfachter) Form abzubilden und komplexe Erklärungszusammenhänge zu vereinfachen. Welche Voraussetzungen/Berechnungsgrößen dieses Modells der optimalen Bestellmenge entsprechen nicht der wirtschaftlichen Realität? Bitte begründen Sie.

5. Beschreiben Sie Gründe, die ein Umsteigen von Fremdbezug auf Eigenfertigung nahelegen.

6. Eine Industrieunternehmung zieht in Erwägung, ein Einbauteil, das sie bisher fremdbezogen hat, nun selbst herzustellen. Dieses Einbauteil wird in ein Endprodukt montiert, das in den letzten Jahren einen konstanten Absatz von 155 Stück aufwies. Folgende Informationen stehen zur Verfügung:

→

Vertiefende Übungen (Fortsetzung)

Eigenfertigung: Fixkosten: 1.000,00 € (für anteilige Miete, Wartung der Maschinen),
variable Kosten pro Stück: 7,00 €

Fremdbezug: Einstandspreis pro Stück: 20,00 €

a) Führen Sie mithilfe der folgenden Tabelle eine Kostenvergleichsrechnung durch und entscheiden Sie sich für Eigenfertigung oder Fremdbezug. Anschließend stellen Sie Ihre Lösung grafisch dar.

› Arbeitsheft

| Menge (Stück) | Eigenfertigung | | | | Fremdbezug | | Entscheidung |
	Fixkosten (€)	variable Kosten (€)	Gesamt-kosten (€)	Stückkosten (€)	Bezugspreis pro Stück (€)	Bezugspreis gesamt (€)	make or buy?
50							
100							
150							
200							
250							
300							
400							

b) Ermitteln Sie rechnerisch die Produktionsmenge, bei der die Kosten der Eigenfertigung und die Kosten des Fremdbezugs gleich hoch sind.

c) Welche Kriterien sollten außer den Kosten bei der Entscheidung „buy or make?" berücksichtigt werden?

d) Lösen Sie die Teilaufgabe a) mithilfe eines Tabellenkalkulationsprogramms.

2.3
Die zeitliche Beschaffungsplanung – Wann muss beschafft werden?

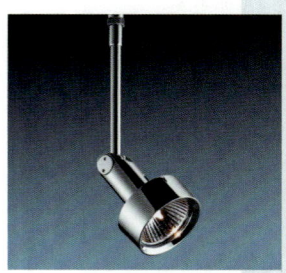

Situation

Die Nachfrage nach Beleuchtungssystemen ist übers Jahr verteilt relativ stabil, da die Kunden häufig nach Komplettlösungen suchen. Daher hat die Heidtkötter KG den Strahler *castor* für Niedervolt-Stromschienen als Handelsware in das Sortiment der Beleuchtungssysteme aufgenommen.

Der durchschnittliche Absatz des Strahlers innerhalb verschiedener Beleuchtungssysteme beträgt pro Tag 25 Stück. Der aktuelle Lagerbestand liegt bei 500 Stück. Nach 20 Tagen bestellt Frau Schilling neue Strahler. Da der Hersteller der Strahler in München ansässig ist, beträgt die Lieferzeit von der Bestellung bis zum Eintreffen der Ware in Bielefeld fünf Arbeitstage.

Arbeitsaufträge

1. Warum sollte Frau Schilling insbesondere über die Zeitplanung innerhalb der Beschaffung intensiv nachdenken?

2. Stellen Sie die Entwicklung des Lagerbestandes der Strahler in einem Koordinatensystem (siehe Arbeitsheft) grafisch dar.

› Arbeitsheft

3. Welche Probleme könnten bei dieser Entwicklung des Lagerbestandes für die Heidtkötter KG auftreten und wie könnte Frau Schilling diese verhindern?

4. Wie groß ist der Bedarf an Strahlern für die Beschaffungszeit? Markieren Sie ausgehend vom ursprünglichen Bestellzeitpunkt die Beschaffungszeit farbig im Koordinatensystem auf der x-Achse.

5. Bei welchem Lagerbestand (= **Meldebestand**) und wann (= **Bestellzeitpunkt**) sollte Frau Schilling bestellen, um die oben (in Auftrag 3) von Ihnen genannten Probleme zu vermeiden? (Voraussetzung: Lieferung und Absatz erfolgen wie erwartet.) Tragen Sie den ermittelten **Bestellzeitpunkt** im Koordinatensystem ein. Nach Eintreffen der Lieferung ist der **Höchstbestand** (maximale Lagerkapazität) erreicht.

Erweiterung der Situation   An einem kalten Winterabend wird der Bestellzeitpunkt erreicht. Frau Schilling sendet sofort per E-Mail eine Bestellung über neue Strahler an den Hersteller in München. Aufgrund verschneiter und vereister Straßen kann die Schlosser Leuchten GmbH nicht sofort liefern, sodass die Strahler erst sieben Tage nach der Bestellung in Bielefeld eintreffen.

Arbeitsaufträge

1. Welche Folgen könnten die unvorhersehbaren Witterungsbedingungen für die Heidtkötter KG haben? Was könnte Frau Schilling tun, um diese Folgen zu vermeiden?

2. Künftig will die Heidtkötter KG für unvorhersehbare Ereignisse einen zusätzlichen, für weitere zwei Arbeitstage ausreichenden Bestand auf Lager halten (= **Mindestbestand**; Sicherheitsbestand; Eiserne Reserve). Bei welchem Lagerbestand und wann muss künftig bestellt werden?

3. Stellen Sie die Entwicklung des Lagerbestandes, den neuen Bestellzeitpunkt sowie den Mindest- und den neuen Meldebestand in einem Koordinatensystem grafisch dar (siehe Koordinatensystem zu Auftrag 2 der Ausgangssituation auf der vorherigen Seite). Wann müsste Frau Schilling bestellen, wenn der aktuelle Lagerbestand 800 Strahler beträgt.

4. Im Rahmen von Überlegungen zur Beschaffungszeitplanung **(WANN?)** denkt die Abteilung darüber nach, ob diese relativ aufwendige Ermittlung von Meldebestand und Bestellzeitpunkt **(Bestellpunktsystem)** auf die ständig benötigten Hilfsstoffe wie z. B. V2A-Schrauben oder Unterlegscheiben übertragbar ist.
   Wie könnte die Beschaffungszeitplanung (Festlegung von Bestell- und/oder Lieferzeitpunkt) bezogen auf die Hilfsstoffe (z. B. Schrauben, Unterlegscheiben) mit möglichst geringem Aufwand durchgeführt werden?

5. Beschreiben Sie jeweils zwei Vorteile sowie zwei Nachteile der beiden Bestellsysteme (Bestellpunktsystem und Bestellrhythmussystem) und erläutern Sie, wann jeweils die Bestellung erfolgt..

Vertiefende Übungen

1. Erläutern Sie die Funktionsweise des Bestellpunktverfahrens und des Bestellrhythmusverfahrens. Nennen Sie jeweils zwei Vor- und zwei Nachteile.

2. Erläutern Sie folgende Lagerbestandsgrößen:
   a) Mindestbestand   b) Meldebestand   c) Höchstbestand

3. Ein Industriebetrieb hat von einer Handelsware noch einen Bestand von 1 512 Stück auf Lager. Er verkauft von diesem Artikel täglich 24 Stück. Die Lieferzeit beträgt 3 Wochen zu je 6 Verkaufstagen. Der Mindestbestand beträgt 72 Stück.

   a) Wie viel Stück beträgt der Meldebestand?

   b) Nach wie viel Wochen muss die Handelsware nachbestellt werden?

   c) Der Lieferant ist zukünftig in der Lage, die Artikel 5 Tage früher zu liefern. Um wie viel Stück verringern sich der Mindestbestand und der Meldebestand?

2.4
Die ABC- und XYZ-Analyse als Hilfsmittel zur Optimierung der Beschaffungsanstrengungen

Situation

Aufgrund langjähriger Erfahrung weiß Michael Schäfer, Abteilungsleiter Beschaffung/Einkauf der Heidtkötter KG, dass die Leistungen seiner Mitarbeiter sowie die Geschäftsbeziehungen zu den Lieferanten der Werkstoffe und Montageteile häufig die auszuhandelnden Einkaufskonditionen mitbestimmen. Daher überprüft er stichprobenartig die aktuellen Preise und Konditionen sowie die Tätigkeiten seiner Mitarbeiter.

Bereits nach einem kurzen Einblick in die Tätigkeiten eines Mitarbeiters kommt er zu dem Ergebnis, dass die Leistungen dieses Mitarbeiters verbesserungsbedürftig sind.

Michael Schäfer hatte per Zufall über Geschäftsfreunde erfahren, dass ein Konkurrenzunternehmen die benötigten Edelhölzer zu einem wesentlich günstigeren Preis beschafft.

Als er kurze Zeit später anhand des Wochenplanes des Einkäufers und über eine Besuchernotiz feststellt, dass der Mitarbeiter in dieser Woche mit einem Büromaterial- und mit einem Schraubenlieferanten beim Mittagessen war und so kostbare Zeit verschenkte, fordert er von seinem Mitarbeiter eine sofortige Änderung seines Einkaufsverhaltens.

Arbeitsaufträge

1. Was hat Michael Schäfer am Einkaufsverhalten seines Mitarbeiters zu kritisieren?
2. Herr Schäfer hält die Erarbeitung einer ABC-Analyse für notwendig. Er will die Leistungen des Einkaufs in Zukunft auf die Beschaffung der wirklich wichtigen/ teuren Materialien konzentrieren.

   Die **ABC-Analyse** ist eine analytische Methode, mit deren Hilfe der Anteil der jeweils benötigten Materialien am wertmäßigen Gesamtbedarf ermittelt werden kann. Die Materialien werden entsprechend ihrer Wichtigkeit in A-, B- und C-Materialien eingeteilt:

A-Materialien	hoher Wertanteil (ca. 80 %)	↔	geringer Mengenanteil (ca. 10 %)	(wichtig!)
B-Materialien	mittlerer Wertanteil (ca. 15 %)	↔	mittlerer Mengenanteil (ca. 20 %)	(weniger wichtig)
C-Materialien	geringer Wertanteil (ca. 5 %)	↔	hoher Mengenanteil (ca. 70 %)	(unwichtig)

   Führen Sie mithilfe folgender Tabelle eine ABC-Analyse durch. Nehmen Sie eine Einteilung der Materialien in die Kategorien A, B und C vor, indem Sie zunächst die offenen Spalten der Tabelle füllen. Stellen Sie in der vorletzten Spalte der Tabelle eine am Wertanteil orientierte Rangfolge der Materialien auf. Kumulieren[1] Sie nun die errechneten, prozentualen Wertanteile gemäß der Rangfolge und nehmen Sie die Zuordnung in die Kategorien A, B und C entsprechend der oben angegebenen Wertanteile (80 %/15 %/5 %) vor.

---

1   aufsummieren, anhäufen

Material-nummer	Verbrauchs-menge (Stück)	Preis pro Stück (€)	Verbrauchs-wert (€)	%-Anteil am Gesamtverbrauch	%-Anteil am Gesamtwert	Rang-folge	Kate-gorie
7001	300	80,00					
7002	1 000	1,60					
7003	200	300,00					
7004	300	50,00					
7005	400	15,00					
7006	600	3,00					
7007	250	160,00					
7008	1 400	4,00					
7009	50	2.800,00					
7010	500	12,00					
Summe:							

3. Welche Konsequenzen ergeben sich aus der ABC-Analyse für die Beschaffung der einzelnen Materialgruppen A, B und C? Was sollte der Mitarbeiter in Zukunft an seinem Einkaufsverhalten ändern?
4. Welches Bedarfsermittlungsverfahren empfehlen Sie für die einzelnen Material-gruppen A, B und C?
5. Fragen Sie in Ihrem Ausbildungsbetrieb nach, wer die Wertanteile der einzelnen Materialgruppen (A, B und C) festlegt und wie hoch diese sind.

Erweiterung der Situation   Ein weiteres Kriterium, an dem die Mitarbeiter der Heidtkötter KG ihren Beschaffungsaufwand ausrichten sollten, ist die Möglichkeit der Verbrauchseinschätzung der einzelnen Materialien bezogen auf ein Geschäftsjahr. Dieses Kriterium liegt der XYZ-Analyse[1] zugrunde, die entsprechend auftretender Verbrauchsschwankungen ebenso wie die ABC-Analyse drei unterschiedliche Kategorien bildet und die Verbrauchsstruktur entsprechend festlegt:

X-Güter/Materialien: Da der Verbrauch dieser Materialien nahezu konstant/regelmäßig ist, existiert eine relativ hohe Vorhersagegenauigkeit. Der Verbrauch kann sehr gut eingeschätzt werden.

Y-Güter/Materialien: Da der Verbrauch dieser Materialien großen Schwankungen unterliegt, reduziert sich die Vorhersagegenauigkeit und der Verbrauch kann nur mittelmäßig eingeschätzt werden.

Z-Güter/Materialien: Der Verbrauch dieser Materialien ist sehr wechselhaft/unregelmäßig, sodass er kaum eingeschätzt werden kann. Die Vorhersagegenauigkeit ist sehr oberflächlich.

→

---

1   Manchmal wird die XYZ-Analyse auch RSU-Analyse genannt. Dabei steht R für regelmäßigen, S für schwankenden und U für unregelmäßigen Verbrauch.

Arbeitsaufträge (Fortsetzung)

6. Herr Schäfer ist der Meinung, dass im Normalfall die jeweilige Bereitstellungsart der Materialien von der Zuordnung in die Kategorien X, Y oder Z abhängt. Er empfiehlt seinem Mitarbeiter daher, die X-Materialien fertigungssynchron[1], die Y-Materialien auf Vorrat und die Z-Materialien im Bedarfsfall zu beschaffen. Erläutern Sie diese Empfehlungen von Herrn Schäfer mit eigenen Worten und nehmen Sie kritisch Stellung.

7. Herr Schäfer stellt Ihnen folgende Grafik zur Auswertung zur Verfügung:

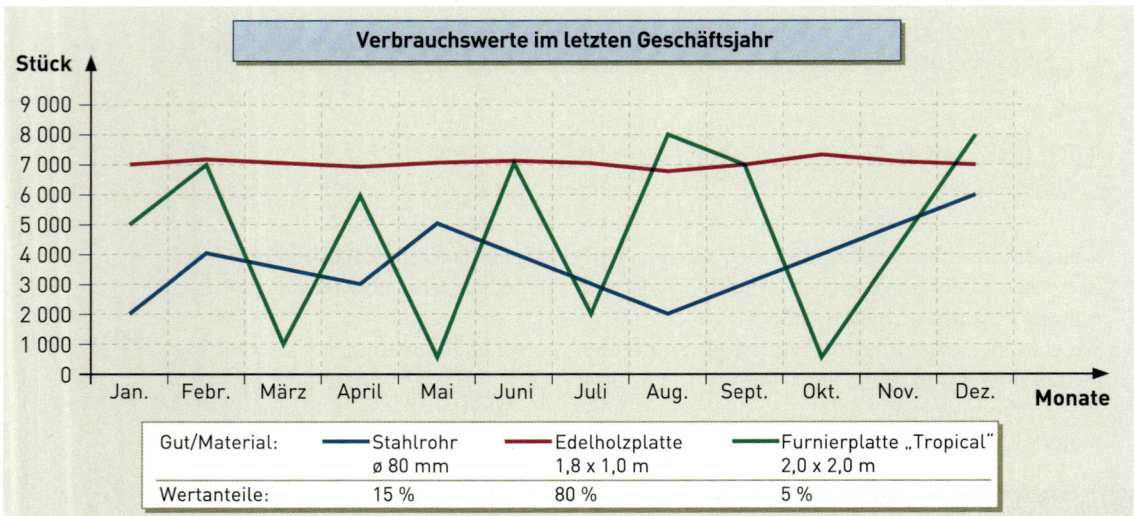

a) Ordnen Sie die in der Grafik dargestellten Materialien folgenden Kategorien zu:

Kategorie nach ABC-Analyse	Material	Kategorie nach XYZ-Analyse	Material
A-Material →		X-Material →	
B-Material →		Y-Material →	
C-Material →		Z-Material →	

b) Begründen Sie, warum die Ergebnisse der ABC-Analyse mit denen der XYZ-Analyse kombiniert werden sollten.

Vertiefende Übungen

1. Erläutern Sie die Zielsetzungen der ABC-Analyse sowie der XYZ-Analyse.
2. Welche Art der Bedarfsdeckung (Bedarfsdeckungsstrategie) würden Sie für folgende Materialien bevorzugen?
   (1) fertigungssynchrone Beschaffung, (2) Vorratsbeschaffung, (3) Einzelbeschaffung
   a) Material mit sporadischem Verbrauch und geringem Wertanteil
   b) Material mit hohem Wertanteil und sporadischem Verbrauch
   c) Material mit konstantem Verbrauch und hohem Wertanteil
   d) Material mit geringem Wertanteil und konstantem Verbrauch
3. Sammeln Sie in folgender Tabelle jeweils drei grundsätzliche Konsequenzen einer durchgeführten ABC-XYZ-Analyse bezogen auf die dort in der Kopfzeile angegebenen Kategorien.

---

1 Fertigungssynchrone Beschaffung bedeutet, dass die Lieferung der Materialien genau zu dem Zeitpunkt erfolgt, in dem das Material in der Fertigung benötigt wird.

AX-Materialien	AZ-Materialien	CX-Materialien	CZ-Materialien
...	...		...

4. Ordnen Sie den unten stehenden Aussagen die folgenden Materialien zu:

(1) A-Materialien, (2) B-Materialien, (3) C-Materialien

a) Materialien, bei denen ein aufwendiges Verfahren der Bedarfsermittlung gerechtfertigt ist

b) Materialien mit einem Wertanteil von 18 % und einem Mengenanteil von 16 %

c) Materialien mit einem fast ausgeglichenen Wert- und Mengenverhältnis

d) Materialien mit einem relativ hohen Wertanteil und einem geringen Mengenanteil

e) Materialien, bei denen ein einfaches und kostengünstiges Verfahren der Bedarfsermittlung ausreicht

2.5
Die Bezugsquellenermittlung – Wo soll beschafft werden?

Situation

Nachdem die Beschaffungsplanung nun fast abgeschlossen ist – die Fragen *Was? Wie viel?* und *Wann?* sind beantwortet –, muss noch geklärt werden, **WOHER** die benötigten Werkstoffe/Handelswaren bezogen werden sollen und **WIE TEUER** sie sind. Da die Heidtkötter KG bei der Beschaffung vieler Werkstoffe und Handelswaren schon seit Jahren auf ihre „Stammlieferanten" zurückgreift, mit denen sie in sehr guten Geschäftsbeziehungen steht, stellen sich die Fragen nach Bezugsquelle und Kosten selten. Konstanz und Kontinuität sind seit langer Zeit Grundsätze, die das Geschäftsleben des Unternehmens bestimmen. Wenn aber aufgrund neuer technischer Entwicklungen, neuer Umweltrichtlinien oder Veränderungen in der Nachfrage andere Werkstoffe oder Handelswaren in das Produktions- und Absatzprogramm des Unternehmens aufgenommen werden sollen, muss erneut überlegt werden.

Nach der Entwicklung des *communicTable* musste ein Lieferant für preiswerte, leistungsfähige und dem neuesten Stand der Technik entsprechende Monitore gefunden werden. Diese Bauteile wurden zuvor nicht in der Produktion benötigt. Die ersten Überlegungen bestanden darin, Kriterien bzw. Merkmale festzulegen, nach denen die Heidtkötter KG den Lieferanten für Monitore auswählen sollte.

Arbeitsaufträge

1. Bilden Sie Arbeitsgruppen von maximal sechs Schülern. Erarbeiten Sie nun Kriterien für die Auswahl eines Lieferanten mithilfe der Brainwriting-Methode[1], indem Sie folgendes Arbeitsblatt zum Brainwriting bearbeiten:

> **Brainwriting**

→

---

1 Zum Brainwriting siehe Methodenteil auf der CD-ROM hinten im Buch.

Arbeitsaufträge (Fortsetzung)

Welche Kriterien bzw. Merkmale sollten bei der Suche nach dem Lieferanten der Monitore berücksichtigt werden?

1. Arbeitsauftrag

Sammeln Sie möglichst viele Kriterien, die bei der Suche nach dem „richtigen" Lieferer berücksichtigt werden sollten. Nutzen Sie die Ideen Ihrer Mitschüler.

Gehen Sie dabei folgendermaßen vor:

a) Sie haben zwei Minuten Zeit, um zwei Ideen zu dieser Frage zu notieren (möglichst nur ein Wort). Warten Sie die Aufforderung des Zeitnehmers (Lehrer oder Mitschüler) ab.

b) Nach Ablauf der zwei Minuten werden alle Arbeitsblätter im **Uhrzeigersinn** weitergereicht. Dann haben Sie wieder zwei Minuten Zeit, um zwei weitere Ideen zu notieren. Nehmen Sie die bereits notierten Ideen Ihres „Vorgängers" als Anregung, vermeiden Sie aber Mehrfachnennungen.

c) Wiederholen Sie diesen Vorgang in der Gruppe so oft, bis Sie Ihr eigenes Arbeitsblatt von dem rechts neben Ihnen sitzenden Mitschüler erhalten haben.

Welche Kriterien sollten bei der Suche nach dem Lieferanten für Monitore berücksichtigt werden?

Runde	1. Idee	③	2. Idee	⑤
1				
2				
3				
4				
5				
6				

2. Arbeitsauftrag

Kreuzen Sie nun in den Spalten 3 und 5 die für Sie persönlich drei wichtigsten Ideen an und entscheiden Sie sich anschließend in der Gruppe für insgesamt fünf Kriterien, die Sie als Gruppe am wichtigsten einschätzen. Schreiben Sie diese auf eine Karte oder ein A4-Blatt. Bestimmen Sie ein Gruppenmitglied, das Ihre Ergebnisse der Klasse vorstellt.

Die wichtigsten Kriterien bei der Auswahl eines Lieferanten sind:

1.	4.
2.	5.
3.	

2. Nachdem Sie die Auswahlkriterien festgelegt haben, sollen Sie Frau Schilling interne und externe Informationsquellen zu möglichen Lieferanten der Monitore benennen.
Setzen Sie sich dazu wiederum in Arbeitsgruppen zu maximal sechs Schülern zusammen und führen Sie erneut ein Brainwriting nach oben gezeigtem Muster durch. Formulieren Sie zunächst die zentrale Fragestellung, zu der anschließend Ideen gesammelt werden sollen.
Differenzieren Sie im Anschluss an die Präsentation die Gruppenergebnisse im Plenum an der Tafel nach externen und innerbetrieblichen (internen) Informationsquellen.

3. Begründen Sie, ob Sie Frau Schilling für die Beschaffung der Monitore interne oder externe Informationsquellen empfehlen.

Situation
Die Fertigung der neuen Produktlinie bedarf jährlich ca. 720 Monitore. Für die erste Produktionsauflage werden 60 Stück benötigt. Für die Auswahl möglicher Monitorlieferanten sichtet Frau Schilling zunächst interne Datenbestände. Dabei ist sie auf drei bereits bekannte Zulieferer von Hardwarekomponenten für den Präsentationsmonitor *beam* gestoßen:

Lieferanten-Nr. 0001 Pope Hardware KG Industriestr. 33–35 40227 Düsseldorf Tel.: 0211 45634-12 Fax: 0211 217853 Ansprechpartnerin: Frau Anne Schenker	Lieferanten-Nr. 0014 Svenska Trä AB Hammarby Fabriksväg 18 S-52330 Malmö SCHWEDEN Tel.: +46 210 3761974 Fax: +46 210 376188 Ansprechpartner: Herr Christer Pettersson	Lieferanten-Nr. 0102 Computertechnik Lenjosh OHG Jägerstr. 6 64230 Darmstadt Tel.: 06151 45634-0 Fax: 06151 4563325 Ansprechpartner: Herr Len Schlosske

Arbeitsaufträge

1. Erarbeiten Sie mithilfe der Brainstorming-Methode[1] die Inhalte, die unbedingt in einer Anfrage enthalten sein sollten.   › Brainstorming
2. Formulieren Sie nun unter Berücksichtigung der Ergebnisse aus Arbeitsauftrag 1 eine unterschriftsreife Anfrage an einen der drei potenziellen Lieferanten.
3. Nachdem Sie vor einer Woche Anfragen an mögliche Zulieferer für Monitore geschrieben haben, liegen Ihnen heute drei Angebote dieser Hersteller vor (siehe folgende Seiten). Die drei eingegangenen Angebote sollen unter Kostengesichtspunkten miteinander verglichen und es soll ein begründeter Vorschlag unterbreitet werden, bei welchem Lieferanten die Monitore künftig bezogen werden sollen. Die Heidtkötter KG nimmt den gewährten Skontoabzug in Anspruch.

Die Grundlage Ihrer Entscheidung für einen bestimmten Lieferanten ist zunächst der **Einstandspreis (= Bezugspreis)**, also der Preis, zu dem Sie die Handelswaren oder Fremdbauteile unter Berücksichtigung aller möglichen Preisnachlässe[2] und entstehender Kosten beziehen können (WIE TEUER?).

Führen Sie mithilfe der folgenden Tabelle einen sogenannten quantitativen Angebotsvergleich (Bezugskalkulation) durch, indem Sie den preisgünstigsten Lieferanten ermitteln. Verwenden Sie die auf den folgenden Seiten aufgeführten, bei der Heidtkötter KG eingegangenen Angebote.

		Kalkulationsgrößen	Bemerkungen
Bezugskalkulation	**Angebotsvergleich**	**Listen(einkaufs)preis (netto)** – Liefererrabatt	**Listeneinkaufspreis (LEP)** prozentual bezogen auf den Listenpreis/ Warenwert
		= **Zieleinkaufspreis** – Liefererskonto	ZEP = Warenwert prozentual bezogen auf den Zieleinkaufspreis
		= **Bareinkaufspreis** + Bezugskosten	BEP Aufwendungen für Beförderung, Verpackung, Versicherung
		= **Einstandspreis/Bezugspreis**	berücksichtigt alle Kosten und Preisnachlässe bis zum Eintreffen der Lieferung im Betrieb

→

---
1   Zum Brainstorming siehe Methodenteil auf der CD-ROM.
2   Zu den verschiedenen Arten von Preisnachlässen siehe Kap. 3.3.3

Arbeitsaufträge (Fortsetzung)

Angebot 1
vom 20.10.20..

Pope Hardware KG

Industriestr. 33-35
40227 Düsseldorf

Heidtkötter KG
Gütersloher Straße 111
33647 Bielefeld

Ihr Zeichen, Ihre Nachricht vom EK-AS	Unser Zeichen, unsere Nachricht vom AS/--	Telefon, Name 0211 35825-12 A. Schenker	Datum 20.10.20..

Angebot über Monitor 0309

Sehr geehrte Damen und Herren,

wir danken für Ihre Anfrage. Aus unserer Produktpalette bieten wir Ihnen an:

Qualitativ hochwertiger, schadstoffarm hergestellter Monitor,
zu einem Preis von 960,00 € pro Stück

Abhängig von der bestellten Menge bieten wir folgende Rabattstaffelung:
ab 20 Stück – 5 %   ab 35 Stück – 8 %   ab 55 Stück – 10 %

Für Transportkosten berechnen wir pro Stück 5,00 €.

Unsere Zahlungsbedingungen: 3 % Skonto bei Zahlung innerhalb von 7 Tagen oder 30 Tage netto Kasse. Der Skontoabzug bezieht sich lediglich auf die Warenleistung. Die Lieferzeit beträgt 7 Tage.

Die Preisstellungen verstehen sich zuzüglich der gesetzlichen Umsatzsteuer.

Mit freundlichen Grüßen

Pope Hardware KG

Anne Schenker

i. A. Anne Schenker

Angebot 2
vom 20.10.20..

Svenska Trä AB

Svenska Trä AB • Hammarby Fabriksväg 18 • S- 52330 Malmö • Tel: +46 210 3761974

Angebot bezüglich Ihrer Anfrage vom 15.10.20..

Sehr geehrte Damen und Herren,

wir danken für Ihr Interesse an unseren Produkten und können Ihnen folgendes Angebot unterbreiten:

> qualitativ hochwertiger Monitor zu einem Preis von 1.010,00 € pro Stück

Bei einer Bestellmenge ab 50 Stück gewähren wir einen Rabatt von 8 %.
Die Kosten für Verpackung und Transport betragen pro Monitor 14,00 €.
Die Zahlung erfolgt innerhalb von 10 Tagen mit einem Skontoabzug von 2 % oder innerhalb von 30 Tagen netto Kasse.

Die Preise verstehen sich zuzüglich der gesetzlichen Umsatzsteuer.

Nach Eingang der Bestellung liefern wir innerhalb einer Woche.

Mit freundlichen Grüßen

Svenska Trä AB

Christer Pettersson

i. V. Christer Pettersson

Angebot 3
vom 21.10.20..

Computertechnik Lenjosh OHG

Angebot über Monitor 1206

Sehr geehrte Damen und Herren,

bezugnehmend auf Ihre Anfrage unterbreiten wir Ihnen folgendes Angebot:

> qualitativ hochwertiger, dem aktuellen technischen Stand entsprechender Monitor, zu einem Preis von 940,00 € pro Stück

Im Folgenden unsere Liefer- und Zahlungsbedingungen:
Die Lieferung erfolgt frei Haus, Verpackungskosten werden nicht berechnet.
Bei Zahlung innerhalb von 10 Tagen gewähren wir 3 % Skonto, das Zahlungsziel beträgt 30 Tage. Aufgrund der starken Nachfrage müssen Sie zurzeit mit einer Lieferzeit von zwei Wochen rechnen.

Die Preise verstehen sich netto, zuzüglich der gesetzlichen Umsatzsteuer.

Bei Rückfragen geben wir Ihnen jederzeit gerne Auskunft.

Mit freundlichen Grüßen

Computertechnik Lenjosh OHG

Len Schlosske

i. V. Len Schlosske

4. Begründen Sie, warum vom Listen(einkaufs)preis zunächst der Liefererrabatt und dann erst Liefererskonto abgezogen wird.

5. Aus langjähriger Erfahrung weiß Frau Schilling, dass außer dem Einstandspreis weitere Kriterien bei der Lieferantenauswahl eine wesentliche Rolle spielen. Da in der Einkaufsabteilung alle Informationen über die Lieferanten aufgenommen und gespeichert werden, findet Frau Schilling in den internen Lieferantenquellen folgende Informationen:

---

① Aktennotiz: Pope Hardware KG

Mit diesem Lieferanten besteht noch keine intensive Lieferbeziehung, es erfolgten erst wenige Lieferungen. Die Liefertermine wurden bisher, bis auf eine Ausnahme, pünktlich eingehalten. Die Bestellabwicklung läuft im Allgemeinen gut. Bisher erfolgte eine Reklamation, die erst nach erneuten Rückfragen bearbeitet wurde. Der Hersteller zeichnet sich besonders aufgrund seiner sehr guten Qualität aus. Er hat in innovative Herstellungsverfahren investiert und stellt die Monitore unter strengen ökologischen Gesichtspunkten her. Der Bekanntheitsgrad auf dem deutschen Markt ist noch sehr gering.

② Aktennotiz: Svenska Trä AB

Der Hersteller kann, obwohl er ausschließlich in Produktionsstätten in Schweden fertigt, kurzfristig liefern. Bei der bisherigen Abwicklung von Bestellungen anderer Komponenten traten gelegentlich Sprachschwierigkeiten auf, die u. a. eine Falschlieferung zur Folge hatten. Reklamationen wurden von einem deutschsprachigen Kundendienst äußerst kulant und großzügig bearbeitet; Ersatzlieferungen erfolgten schnell. Liefertermine werden stets eingehalten. Die Produkte weisen eine sehr gute Qualität auf und wurden in Schweden bereits mit einem Umweltpreis ausgezeichnet. Strahlungsfreiheit, kein Elektrosmog sowie ein geringer Energieverbrauch zeichnen alle Geräte dieses Unternehmens aus. Auf dem deutschen Markt ist dieser Hersteller bisher noch nicht sehr bekannt.

③ Aktennotiz: Computertechnik Lenjosh OHG

Die Abwicklung der bisherigen Lieferungen anderer Komponenten erfolgte zufriedenstellend. Die Liefertermine wurden weitgehend eingehalten. Die Bearbeitung von Reklamationen erfolgt teilweise etwas schleppend, es musste hin und wieder nachgefragt werden. Bei Ersatzteillieferungen ist mit Lieferzeiten von ca. zwei Wochen zu rechnen. Die Qualität der Produkte ist gut. Auf ökologische Aspekte wird bei der Herstellung der Produkte geachtet – dies könnte aber noch intensiviert werden. Der Hersteller hat auf dem deutschen Markt einen sehr hohen Bekanntheitsgrad.

› INFO-Teil
LF 6, Kap. 2.5

Führen Sie in Gruppenarbeit unter Zuhilfenahme der aus der Lieferantendatei zur Verfügung gestellten Informationen zu den potenziellen Lieferanten (siehe oben) einen qualitativen Angebotsvergleich (Nutzwertanalyse) durch und entscheiden Sie sich begründet für einen der möglichen Lieferanten. Nutzen Sie die unten abgebildete Entscheidungswerttabelle als Hilfe. Bestimmen Sie ein Gruppenmitglied, das den Entscheidungsprozess in einem Protokoll festhält.

qualitativer Angebotsvergleich		Pope Hardware KG		Svenska Trä AB		Computertechnik Lenjosh OHG	
	Wichtigkeit (W)	Nutzen der Faktoren (B)	Gewichteter Nutzen (G = W · B)	Nutzen der Faktoren (B)	Gewichteter Nutzen (G = W · B)	Nutzen der Faktoren (B)	Gewichteter Nutzen (G = W · B)
Entscheidungskriterien zur Lieferantenbewertung	ganz wichtiges Kriterium = 8 Punkte	sehr hoch = 3 Punkte		sehr hoch = 3 Punkte		sehr hoch = 3 Punkte	
	unwichtiges Kriterium = 1 Punkt	kein Nutzen = 0 Punkte		kein Nutzen = 0 Punkte		kein Nutzen = 0 Punkte	
Summen							

Entscheidungswerttabelle (Nutzwertanalyse)

6. Erläutern Sie anhand der soeben in Ihrer Gruppe gemachten Erfahrungen die Probleme bei der Umsetzung der Nutzwertanalyse. Das angefertigte Protokoll kann Ihnen dabei behilflich sein.

Vertiefende Übungen

1. Nennen Sie jeweils fünf interne und externe Informationsquellen, die bei der Bezugsquellenermittlung von Bedeutung sind.

2. Die Heidtkötter KG benötigt zur Renovierung ihrer Büroräume einen Holzboden für ca. 195 m². Führen Sie mithilfe der folgenden Angebote einen Angebotsvergleich durch und entscheiden Sie sich für einen Lieferanten.

Angebot 1
vom 19.10.20..

Interieur Martinez GmbH

- -

Angebot Nr. 4711

Sehr geehrte Damen und Herren,

wir danken Ihnen für Ihr Interesse an unseren Artikeln und unterbreiten Ihnen folgendes Angebot:

hochwertiger, umweltfreundlich hergestellter Holzboden; Schiffsbodenmuster; Buche natur oder geölt; Art. Nr. 2010 zu 39,35 € je m²

Wir gewähren folgenden Mengenrabatt:

Liefermenge ab:	50 m²	100 m²	200 m²	300 m²
Mengenrabatt:	5 %	10 %	20 %	25 %

Die Preise verstehen sich zuzüglich der jeweils gültigen gesetzlichen Umsatzsteuer. Unsere Rechnungen sind 30 Tage nach Liefereingang netto Kasse oder nach 10 Tagen mit 2 % Skonto zu begleichen. Die Lieferung erfolgt sofort nach Bestellung. Für den Versand des Artikels berechnen wir 2 % vom Warenwert[1] der Lieferung.

Wir bitten um Ihre Bestellung, deren sorgfältige und prompte Erledigung wir Ihnen im Voraus zusichern.

Mit freundlichen Grüßen

→

---

1 Der Begriff „Warenwert" wird in der betriebswirtschaftlichen Literatur nicht einheitlich verwendet. Am häufigsten wird der Zieleinkaufspreis (= Listeneinkaufspreis abzüglich Rabatt) als Warenwert („Wert der Ware") bezeichnet.

Vertiefende Übungen (Fortsetzung)

Angebot 2
vom 19.10.20..

Holzboden Peter Körfer OHG

- -

Holzboden Peter Körfer • Schwarzwald 61 • 94481 Grafenau

Heidtkötter KG
Gütersloher Straße 111
33647 Bielefeld

Ihre Zeichen	Ihre Nachricht vom	Unsere Zeichen	Tel.: 8552-38	Grafenau,
EK-AS	15.10.20..	VK-DKö	Frau D. Körfer	19.10.20..

Angebot Nr. 2511

Sehr geehrte Damen und Herren,

vielen Dank für Ihr Interesse an unserem Holzbodensortiment. Gerne unterbreiten wir Ihnen folgendes Angebot:

> Holzboden Buche lackiert; Schiffsboden
> Lackierung mit umweltfreundlichem Verfahren durchgeführt;
> Listenverkaufspreis 35,85 € je m^2, abzüglich 10 % (ab 100 m^2) oder 15 % (ab 200 m^2) Rabatt

Die Preise verstehen sich zuzüglich der jeweils gültigen gesetzlichen Umsatzsteuer.
Die Zahlung ist innerhalb von 30 Tagen zu leisten. Bei Zahlung innerhalb von 10 Tagen gewähren wir 2 % Skonto.
Die Lieferung erfolgt per Lkw unmittelbar nach Bestellung. Für Verpackung und Transport berechnen wir pro 10 m^2 eine Pauschale von 7,50 €.

Auf Wunsch senden wir Ihnen gerne einige Muster.

Wir freuen uns darauf, bald Ihren Auftrag entgegennehmen zu können.

Mit freundlichen Grüßen

Holzboden Peter Körfer OHG

Dorit Körfer

i. A. Dorit Körfer

3

Die konkrete Realisierung der Wertezuflüsse im Anschluss an die Beschaffungsplanung – Bestellungen abwickeln

Ausgangslage

Die Komplexität sowie die Konsequenzen der Entscheidungen im Rahmen der Beschaffungsplanung, -durchführung und -kontrolle sind sehr vielfältig und weitreichend. Es geht nicht nur um die Problematisierung einzelner betriebswirtschaftlicher Aspekte und Entscheidungen bezüglich der Beschaffung erforderlicher Werkstoffe, Montageteile und Handelswaren, sondern ebenso um die gesetzlichen Regelungen beim Erwerb dieser Materialien.

Am Beispiel des Kaufvertrages werden Sie für die Anbahnung und Aufrechterhaltung von dauerhaften Geschäftsbeziehungen hilfreiche Vertragsinhalte kennenlernen.

Was passiert eigentlich, wenn der Schuldner der Ware seine Verpflichtungen aus zustande gekommenen Kaufverträgen nicht erfüllt?

Viele dieser rechtlichen Fragestellungen können Sie vielleicht schon mithilfe Ihres eigenen Rechtsempfindens (annähernd) richtig beantworten. Manche Ergebnisse werden Sie jedoch eventuell überraschen.

Weiterhin werden Sie Möglichkeiten kennenlernen, wie die in der Praxis ablaufenden, komplexen Beschaffungsprozesse anschaulich und übersichtlich in Form von Prozessketten dargestellt und dokumentiert werden können.

Eine sehr wichtige Form der Dokumentation und zahlenmäßigen Abbildung der Beschaffungsprozesse ist die Buchung der Materialbeschaffung unter Berücksichtigung möglicher Preisnachlässe, Zahlungsziele, Gutschriftsanzeigen sowie eventuell erforderlicher Rücksendungen bei fehlerhafter Ware.

Lernziele

Nachdem Sie dieses Kapitel durchgearbeitet haben, ...

- sind Sie in der Lage, mithilfe unterschiedlicher Darstellungsformen den Beschaffungsprozess sowie verschiedene Teilbereiche der Bestellabwicklung übersichtlich und anschaulich zu dokumentieren,
- können Sie rechtliche Rahmenbedingungen der Beschaffung beschreiben, die der Sicherheit, Vereinfachung und Klarheit im Geschäftsleben dienen und im Geschäftsverkehr beachtet werden müssen. Sie sind in der Lage, die Bedingungen für das Zustandekommen von Handelsgeschäften, sowohl die vom Gesetzgeber im Interesse der Vertragspartner festgelegten als auch die von den Vertragspartnern vereinbarten Vertragsinhalte zu erläutern und deren Konsequenzen zu bewerten,
- können Sie die Notwendigkeit vertraglicher Vereinbarungen begründen sowie die betriebswirtschaftlich bedeutenden Inhalte eines Kaufvertrages erläutern sowie
- die durch das Zustandekommen von Kaufverträgen entstehenden Rechte und Pflichten des Warenschuldners beschreiben und die Voraussetzungen sowie möglichen Konsequenzen aus einer mangelhaften Erfüllung dieser Leistungen erläutern,
- können Sie die nach den Vorschriften des HGB zu berücksichtigenden Anschaffungskosten berechnen,
- können Sie die bei mangelhafter Lieferung entstehenden Nachlässe und Rücksendungen berechnen, buchen und den Unterschied erläutern,
- können Sie die im Zusammenhang mit der Beschaffung entstehenden Rabatte, Bezugskosten und Skonti buchen,
- sind Sie in der Lage, den erhaltenen, umsatzbezogenen Bonus zu berechnen und zu buchen,
- können Sie die jeweils notwendige Vorsteuerberichtigung berechnen, buchen und deren Bedeutung begründen sowie
- buchhalterisch zwischen dem Brutto- und dem Nettoverfahren bei Nachlässen differenzieren und das Vorgehen erläutern.

3.1
Der Beschaffungsprozess im Überblick – verschiedene Darstellungsformen der Bestellabwicklung

Situation   In der Heidtkötter KG wird die Beschaffungsdurchführung im Anschluss an die Beschaffungsplanung i. d. R. durch eine Bedarfsanforderung des Lagers ausgelöst. Der Einkäufer überprüft, akzeptiert oder korrigiert diese Bedarfsanforderung u. a. hinsichtlich möglicher Lieferanten, Mindestabnahmemengen, Sonderkonditionen, Preisnachlässe, Lieferfristen, Art, Menge und Qualität der geforderten Materialien sowie bestehender Lieferantenverträge. Gibt es in den internen Quellen einen zuverlässigen Lieferanten, mit dem bereits gute Geschäftsbeziehungen bestehen, wird eine Bestellung erstellt und die Lieferung der Ware beim Stammlieferanten ausgelöst.

Arbeitsaufträge

1. Zur intensiven Auseinandersetzung mit den Beschaffungsprozessen und zur Dokumentation dieser (Teil-)Prozesse bittet Sie Frau Schilling, eine übersichtliche grafische Darstellung des o. g. Teilprozesses der Beschaffungsdurchführung zu erstellen. Zunächst sollen Sie für den beschriebenen Prozess von der Bedarfsanforderung bis zur Erstellung der Bestellung an den Stammlieferanten eine erweiterte Ereignisgesteuerte Prozesskette (eEPK) anfertigen.

   › **Band 1, LF 2**

   Nutzen Sie zur Bearbeitung dieser Aufgabe Ihr Vorwissen, die Ausführungen im INFO-Teil sowie die dort in der Fußnote angegebenen Internetquellen.

   › **INFO-Teil**
   LF 6, Kap. 3.1

2. Beschreiben Sie den Nutzen, der aus Ihrer Arbeit für die Heidtkötter KG entsteht.
3. Führen Sie die in der Situation beschriebene Prozessbeschreibung bis zur Kontrolle der eintreffenden Lieferung in der Warenannahme weiter fort. Berücksichtigen Sie dabei, dass in den internen Quellen kein geeigneter Lieferant für die erforderlichen Materialien gefunden wurde. Orientieren Sie sich bei der Beschreibung des weiteren Beschaffungsprozesses an Ihren Vorkenntnissen und Vorstellungen sowie an den Erfahrungen aus Ihrem Ausbildungsbetrieb.

Vertiefende Übungen

1. Welche der folgenden Strukturen sind nicht erlaubt? Bitte begründen Sie.
   [E = Ereignis; F = Funktion]

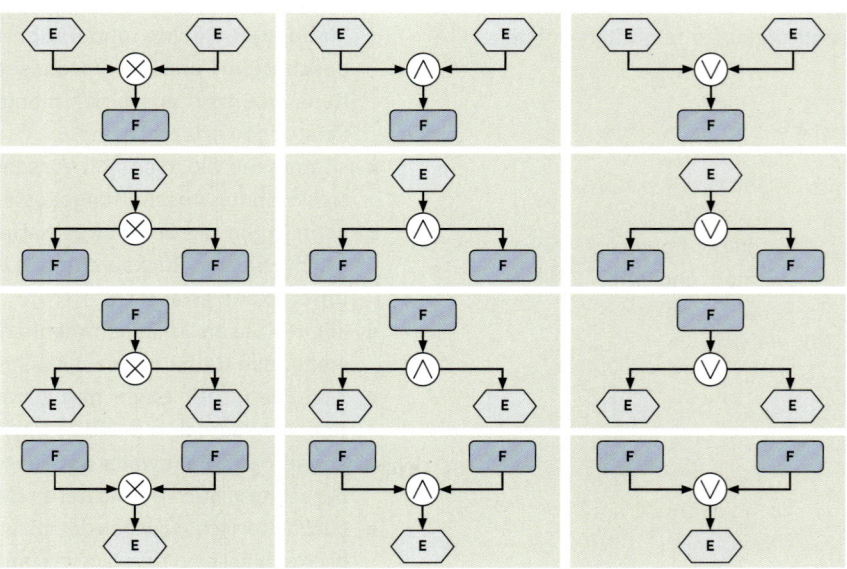

2. Erstellen Sie zu folgender Prozessbeschreibung (Urlaubsantrag) eine Ereignisgesteuerte Prozesskette (EPK):

Nachdem der Wunsch nach Urlaub entstanden ist, wird ein Urlaubsantrag ausgefüllt, der vom Vorgesetzten genehmigt werden muss.Wird der Antrag abgelehnt, erhält der Mitarbeiter keinen Urlaub und wird darüber informiert. Wird der Antrag genehmigt, muss der Mitarbeiter informiert und die Urlaubskartei aktualisiert werden.

3.2
Rechtliche Gegebenheiten für Handelsgeschäfte – Zustandekommen eines Kaufvertrages

Ausgangslage Das Alltagsgeschäft von Kaufleuten ist durch Verträge geprägt. Absprachen zwischen Lieferanten und Herstellern, zwischen Herstellern und Abnehmern usw. münden häufig in Kaufverträgen. Diese sind nichts anderes als Übereinkünfte zwischen Vertragspartnern, gegenseitig eine Leistung zu erbringen. Allerdings kommt es bei der Entstehung und Begründung von Kaufverträgen immer wieder zu Widersprüchen durch fehlerhafte Absprachen und Interpretationen. Der Gesetzgeber hat deshalb klare Regeln geschaffen, um einen reibungslosen Geschäftsverkehr zu ermöglichen. Im Zuge des Zustandekommens von Kaufverträgen spielen die Bedingungen für die Abgabe von rechtsverbindlichen Äußerungen (Willenserklärungen) eine besondere Bedeutung.

3.2.1
Bedingungen für einen Vertragsschluss und deren rechtliche Folgen

Situation Ein Einkäufer bei der Heidtkötter KG ist für die Beschaffung hochwertiger Platten aus Wildbuchehölzern zuständig. Die Platten werden für verschiedene Konferenztische benötigt.

Aufgrund der hohen Nachfrage zum Jahresende, eines Engpasses eines wichtigen Lieferanten und steigender Rohstoffpreise am Weltmarkt sucht der Einkäufer fieberhaft nach potenziellen Lieferanten, die den hohen Qualitätsansprüchen gerecht werden.

Ein Tipp erfreut ihn: Der Holzhändler Bren-Honselmann GmbH aus Wiesbaden will einen Restposten im Wert von 15.000,00 € inkl. Umsatzsteuer sofort verkaufen.

Der Einkäufer verabredet mit dem Holzhändler einen Besichtigungstermin, um sich von der Qualität der Holzplatten zu überzeugen und diese gegebenenfalls zu erwerben.

→

Arbeitsaufträge

› **Rollenspiel**
› **Arbeitshilfe**

1. Bestimmen Sie zwei Mitschüler bzw. Mitschülerinnen, die ein Rollenspiel zum Besichtigungstermin bzw. Verhandlungsgespräch zwischen dem Einkäufer der Heidtkötter KG und dem Vertriebsmitarbeiter der Brein-Honselmann GmbH durchführen. Der Rest der Gruppe beobachtet während des Rollenspiels, ob ein Kaufvertrag zustande kommt und welche Merkmale dafür ausschlaggebend sind.
2. Gehen Sie davon aus, dass ein Kaufvertrag zwischen der Heidtkötter KG und der Brein-Honselmann GmbH zustande gekommen ist. Welche Pflichten entstehen daraus für die Vertragspartner und zu welchem Zeitpunkt sind die Pflichten erfüllt?

Arbeitshilfe

Rolle I: Einkäufer der Heidtkötter KG

■ Als Einkäufer der Heidtkötter KG sind Sie mit einer Artvollmacht im Umfang von 12.000,00 € ausgestattet.
■ Sie stehen enorm unter Druck, weil die Rohstoffversorgung mit Wildbucheholzplatten für die Produktion nur noch für die kommenden beiden Kalenderwochen gesichert ist. Sie möchten die Platten daher umgehend erwerben.
■ Die Wildbuchehölzer entsprechen den Qualitätsvorstellungen der Heidtkötter KG.
■ Sie wollen über den Preis verhandeln, damit Sie alleine berechtigt sind die Hölzer zu erwerben (siehe Artvollmacht von 12.000,00 €).

Rolle II: Vertrieb Brein-Honselmann GmbH

■ Als Mitarbeiter im Vertrieb erzielen Sie Ihr Gehalt im Wesentlichen durch die Umsätze bei Hölzern (Provision).
■ Sie haben daher ein großes Interesse, die Wildbucheholzplatten möglichst teuer zu verkaufen.
■ Aufgrund der begrenzten Lagerkapazität sind Sie aber darauf angewiesen, dass die Platten bis zum Ende der kommenden Woche verkauft sind.
■ Sollte der Verkauf bis Ende der nächsten Woche nicht gelingen, fallen pro Kalenderwoche Lagerkosten in Höhe von 700,00 € inkl. USt. an.
■ Es gibt noch einen weiteren Interessenten, der die Platten aber erst in drei Kalenderwochen abnehmen möchte.
■ Sie sind insgesamt ausgehend von 15.000,00 € inkl. USt. verhandlungsbereit.
  – Aber nicht um jeden Preis, sondern unter Berücksichtigung der genannten Bedingungen (Lagerkosten usw.)

Situation (Fortsetzung)

Die Vereinbarung über 12.000,00 € inkl. USt. für die Holzplatten kann sich sehen lassen. Jetzt muss noch die Spedition beauftragt werden, die die Hölzer im Laufe der Woche in Wiesbaden abholen.
Zur gleichen Zeit fährt bei der Brein-Honselmann GmbH ein Lkw mit dem Geschäftsführer der Wohnambiente KG vor. Er bietet dem Vertriebsmitarbeiter der Brein-Honselmann GmbH an, den Restposten Wildbuchehölzer statt für 15.000,00 € inkl. USt. für einen Preis von 18.000,00 € inkl. USt. bar zu bezahlen und umgehend mitzunehmen. Der Vertriebler willigt ein, die Hölzer werden verladen und sofort bezahlt.

Wiederum drei Tage später fährt der beauftragte Spediteur der Heidtkötter KG bei der Brein-Honselmann GmbH in Wiesbaden vor, um die Holzplatten abzuholen.

Der Vertriebler drückt telefonisch sein Bedauern aus und sagt, dass dafür alternativ in drei Wochen andere Wildbuchehölzer geliefert werden können. Die Vorräte an Wildbuchehölzern bei der Heidtkötter KG reichen noch für zwei Wochen.

Arbeitsaufträge

3. Erörtern Sie mithilfe der Gesetzestexte, ob zwischen der Wohnambiente KG und der Brein-Honselmann GmbH ein gültiger Kaufvertrag zustande gekommen ist.

› Arbeitshilfe

4. Welche Konsequenzen ergeben sich aus dem Kaufvertrag zwischen der Heidtkötter KG und der Brein-Honselmann GmbH?
5. Wer ist vor den Rechtsgeschäften und wer ist nach den oben beschriebenen Rechtsgeschäften Eigentümer der Wildbuchehölzer?

Arbeitshilfe

§§ Gesetzestexte aus dem BGB

§ 433 Vertragstypische Pflichten beim Kaufvertrag
(1) Durch den Kaufvertrag wird der Verkäufer einer Sache verpflichtet, dem Käufer die Sache zu übergeben und das Eigentum an der Sache zu verschaffen. Der Verkäufer hat dem Käufer die Sache frei von Sach- und Rechtsmängeln zu verschaffen.
(2) Der Käufer ist verpflichtet, dem Verkäufer den vereinbarten Kaufpreis zu zahlen und die gekaufte Sache abzunehmen.

§ 903 Befugnisse des Eigentümers
Der Eigentümer einer Sache kann, soweit nicht das Gesetz oder Rechte Dritter entgegenstehen, mit der Sache nach Belieben verfahren und andere von jeder Einwirkung ausschließen. Der Eigentümer eines Tieres hat bei der Ausübung seiner Befugnisse die besonderen Vorschriften zum Schutz der Tiere zu beachten.

§ 929 Einigung und Übergabe
Zur Übertragung des Eigentums an einer beweglichen Sache ist erforderlich, dass der Eigentümer die Sache dem Erwerber übergibt und beide darüber einig sind, dass das Eigentum übergehen soll. Ist der Erwerber im Besitz der Sache, so genügt die Einigung über den Übergang des Eigentums.

3.2.2
Nicht jede Äußerung ist eine Willenserklärung – Anforderungen für den Verkäufer und den Käufer

Situation
Nach den Erfahrungen mit der Brein-Honselmann GmbH beschließt der Einkäufer der Heidtkötter KG, eine Anfrage an den Stamm-Lieferanten Ligea-Fetras GmbH mit der Bitte zu schreiben, ihm im Laufe der nächsten 5 Tage ein verbindliches Angebot über 200 Festmeter Wildbucheholzplatten zu schicken.

4 Tage später liegt das Angebot vor. Am selben Tag geht auch der Katalog eines noch unbekannten Anbieters von Hölzern ein. Der Einkäufer schlägt nach, findet die benötigten Wildbucheplatten und ärgert sich: Der Preis des neuen Anbieters liegt 10 % unter dem der Ligea-Fetras GmbH, an dessen Angebot er sich durch seine Anfrage gebunden fühlt. Wie gerne würde er den neuen Lieferanten durch eine Bestellung zur gewünschten Lieferung verpflichten!

→

Arbeitsaufträge

1. Vervollständigen Sie die Arbeitshilfe und erläutern Sie unter Verwendung dieser Begrifflichkeiten, ob in der Situationsbeschreibung ein rechtswirksamer Vertrag zwischen der Heidtkötter KG und der Ligea-Fetras GmbH zustande gekommen ist.
2. Ordnen Sie die Äußerungen bzw. Handlungen der beteiligten Unternehmen den Begriffen Anpreisung, Anfrage und Angebot zu.

Arbeitshilfe

	Anfrage	Angebot	Anpreisung
Adressat			
Form			
Rechtliche Wirkung			

Situation (Fortsetzung)

Die zuständige Vertreterin der Ligea-Fetras GmbH besucht überraschend zwei Tage nach der Zusendung des Angebots den Einkäufer der Heidtkötter KG. Während des Gesprächs berichtet der Einkäufer der Heidtkötter KG von dem günstigen Angebot der Wildbucheplatten eines Konkurrenten. Die Vertreterin bietet daraufhin die Hölzer zum Vorzugspreis von 90,00 € pro Festmeter an. Um diesen Preis halten zu können, müsste aber mindestens eine Menge von 300 Festmeter abgenommen werden. Der Einkäufer bestellt daraufhin sogar 500 Festmeter zur Lieferung in zwei Wochen und beide beschließen das Geschäft an Ort und Stelle per Handschlag.

Darüber hinaus bietet die Vertreterin dem Einkäufer noch Eichehölzer zum Preis von 39,70 € pro Festmeter an. Das Angebot erscheint dem Einkäufer günstig, allerdings muss er hierzu noch die Geschäftsleitung sprechen und kann deshalb direkt noch nichts dazu sagen.

Zwei Wochen später erreicht ihn ein Brief des Zulieferers, worin dieser mitteilt, dass er sich aufgrund des Engpasses am Weltmarkt nur noch in der Lage sieht, Wildbuchehölzer zum Preis von 99,90 € pro Festmeter zu liefern. Der Einkäufer ist sauer, schließlich hat er gerade auch noch die angebotenen Eichehölzer zum Preis von 39,70 € je Festmeter bestellt.

Arbeitsaufträge

3. Begründen Sie, ob in der Situationsbeschreibung Kaufverträge zustande gekommen sind und welche Rechte und Pflichten zwischen den Vertragspartnern gegebenenfalls entstanden sind.
4. Erläutern Sie für den Fall, in dem kein Kaufvertrag zustande gekommen ist, welche Rechtshandlung von einem der Vertragspartner noch erfolgen müsste, damit ein Kaufvertrag wirksam wird.

5. In § 145 BGB ist geregelt, dass die Gebundenheit an den Antrag ausgeschlossen werden kann.
   a) Nennen Sie Vertragsinhalte, die ausgeschlossen werden können (Freizeichnungsklauseln).
   b) Beschreiben Sie Situationen (aus ihrem Ausbildungsbetrieb), in denen Lieferanten diese Möglichkeiten nutzen.
6. Beschreiben Sie, wie lange der Antrag bei unbefristeten und befristeten Angeboten rechtsverbindlich ist.
7. Führen Sie Gründe an, die ein Erlöschen der Bindung an ein Angebot bewirken.

Arbeitshilfe

§§ Gesetzestexte aus dem BGB

§ 130 Wirksamwerden der Willenserklärung gegenüber Abwesenden

(1) Eine Willenserklärung, die einem anderen gegenüber abzugeben ist, wird, wenn sie in dessen Abwesenheit abgegeben wird, in dem Zeitpunkt wirksam, in welchem sie ihm zugeht. Sie wird nicht wirksam, wenn dem anderen vorher oder gleichzeitig ein Widerruf zugeht. [...]

§ 145 Bindung an den Antrag

Wer einem anderen die Schließung eines Vertrages anträgt, ist an den Antrag gebunden, es sei denn, dass er die Gebundenheit ausgeschlossen hat.

§ 146 Erlöschen des Antrags

Der Antrag erlischt, wenn er dem Antragenden gegenüber abgelehnt oder wenn er nicht diesem gegenüber nach §§ 147 bis 149 rechtzeitig angenommen wird.

§ 147 Annahmefrist

(1) Der einem Anwesenden gemachte Antrag kann nur sofort angenommen werden. Dies gilt auch von einem mittels Fernsprechers oder einer sonstigen technischen Einrichtung von Person zu Person gemachten Antrag.

(2) Der einem Abwesenden gemachte Antrag kann nur bis zu dem Zeitpunkt angenommen werden, in welchem der Antragende den Eingang der Antwort unter regelmäßigen Umständen erwarten darf.

§ 148 Bestimmung der Annahmefrist

Hat der Antragende für die Annahme des Antrags eine Frist bestimmt, so kann die Annahme nur innerhalb der Frist erfolgen.

§ 149 Verspätet zugegangene Annahmeerklärung

Ist eine dem Antragenden verspätet zugegangene Annahmeerklärung dergestalt abgesendet worden, dass sie bei regelmäßiger Beförderung ihm rechtzeitig zugegangen sein würde, und musste der Antragende dies erkennen, so hat er die Verspätung dem Annehmenden unverzüglich nach dem Empfang der Erklärung anzuzeigen, sofern es nicht schon vorher geschehen ist. Verzögert er die Absendung der Anzeige, so gilt die Annahme als nicht verspätet.

§ 150 Verspätete oder abändernde Annahme

(1) Die verspätete Annahme eines Antrags gilt als neuer Antrag.

(2) Eine Annahme unter Erweiterungen, Einschränkungen und sonstigen Änderungen gilt als Ablehnung verbunden mit einem neuen Antrag.

§ 151 Annahme ohne Erklärung gegenüber dem Antragenden

Der Vertrag kommt durch die Annahme des Antrags zustande, ohne dass die Annahme dem Antragenden gegenüber erklärt zu werden braucht, wenn eine solche Erklärung nach der Verkehrssitte nicht zu erwarten ist oder der Antragende auf sie verzichtet hat. Der Zeitpunkt, in welchem der Antrag erlischt, bestimmt sich nach dem aus dem Antrag oder den Umständen zu entnehmenden Willen des Antragenden.

3.2.3
Rechtliche Wirkung von Willenserklärungen bei ein- und zweiseitigen Handelsgeschäften am Beispiel unbestellt zugesandter Ware

Situation   Während einer Mittagspause liest der Einkäufer der Heidtkötter KG folgende Meldung im Internet beim Siegburger Tageblatt:

Ein großer Keller hilft – Was Sie bei der Zusendung unbestellter Ware tun müssen. Die 78-jährige Lotti Müller staunte nicht schlecht, als vor zwei Wochen ein Versandunternehmen bei ihr klingelte. Sie erhielt ein Paket eines großen Erotikversandhauses aus Schleswig-Holstein, das sie nicht bestellt hatte. Aus Neugier nahm sie das Paket an. Vielleicht hatte einer ihrer Enkel ihr eine Freude gemacht. – Leider nicht, wie sie feststellen musste! Was tun? Lotti griff zum Hörer und rief die Verbraucherzentrale an. Die half umgehend und unbüro-

→

kratisch: Lotti solle sich überlegen, ob sie die Ware in Gebrauch nehmen wolle oder nicht. Falls nicht, könne sie die Ware auch entsorgen. Auf keinen Fall muss sie die Ware zurückschicken.

Lotti entschied sich dann doch lieber gegen die Unterwäsche und stellte die Ware in ihren Hausflur.

Der Einkäufer liest den Artikel und staunt: „Komisch, da hatten wir doch letztens den Streit mit der Ligea-Fetras GmbH. Die hatten uns auch etwas ohne vorherige Bestellung zugesendet. Das mussten wir aber bezahlen, nur weil wir erst nach zwei Wochen angezeigt hatten, dass wir die Sachen nicht wollen. Die Ware hatten wir bis dahin nicht angefasst!"

Arbeitsauftrag

> INFO-Teil,
LF 6, Kap. 3.2.3

Erläutern Sie die rechtlichen Wirkungen der Zusendung unbestellter Ware bei ein- und zweiseitigen Handelsgeschäften.

Vertiefende Übungen

> Arbeitsheft

1. Wer gibt bei folgenden Willenserklärungen den Antrag ab und wer macht die Annahme?

   Eine zur Lösung der Aufgabe vorbereitete Tabelle finden Sie im Arbeitsheft.

Willenserklärung

a) Ein Lieferer macht einem Fahrradhersteller ein telefonisches Angebot. Der Fahrradhersteller bestellt einen Tag später schriftlich zu den vereinbarten Bedingungen.

b) Ein Textilhersteller macht einem Kunden ein Angebot über 100 Kapuzenjacken zu 30,00 € je Stück. Der Kunde bestellt 100 Kapuzenjacken zu je 25,00 €/Stück.

c) In einem Sportartikelgeschäft sind im Schaufenster Inline-Skater ausgestellt: „Inline-Skater zu 199,00 € in allen Größen vorrätig". Ein Kunde möchte diese Inline-Skater in Größe 44 kaufen. Diese Größe ist jedoch ausverkauft.

d) Ein Fahrradhersteller bietet einem Händler 50 Mountainbikes zu je 490,00 € an. Der Fahrradhändler bestellt 4 Wochen später 50 Stück zu den entsprechenden Angebotsbedingungen. Der Großhändler schickt eine Auftragsbestätigung.

e) Ein Hobbygärtner erhält von einem Stahlwarenhändler unbestellt eine Heckenschere zugeschickt. Der Hobbygärtner ist an der Heckenschere nicht interessiert, legt sie verpackt zur Seite und vergisst sie.

f) Ein Reisebüro schickt eine Anfrage über 100 Pakete Kopierpapier an eine Papierfabrik. Der Papierhersteller liefert 100 Pakete Kopierpapier.

g) Eine Schreinerei bestellt bei einem Werkzeugmaschinenhersteller 10 Elektrohobel. Diese werden innerhalb einer Woche geliefert.

h) Der Hersteller von Bohrmaschinen liefert an seinen Stammkunden 60 Bohrmaschinen. Dieser reagiert nicht auf die Lieferung.

i) Der Einkaufssachbearbeiter bestellt schriftlich 150 Pakete Schrauben verschiedener Größen. Nach einem Gespräch mit dem Lagerfacharbeiter zieht er diese Bestellung am nächsten Morgen telefonisch zurück.

2. Entscheiden Sie für die Fälle a) bis i) der Aufgabe 1, ob jeweils ein Kaufvertrag zustande gekommen ist. Begründen Sie Ihre Entscheidung.

3. Wie lautet die richtige Antwort?
   a) Ein Lieferer unterbreitet einem Kunden telefonisch ein Angebot. Wie lange ist der Lieferer an sein Angebot gebunden?

    1. 10 Tage

    2. solange das Telefongespräch dauert

    3. 12 Stunden nach dem Telefongespräch

    4. ein Monat

b) Der Kaufvertrag kommt zustande durch eine „konkludente" Handlung

    1. beim lautlosen Bezahlen eines Kastens Mineralwasser, der auf dem Einkaufswagen steht.

    2. beim Kauf eines Autos, wenn der Käufer die Autoschlüssel erhält.

    3. beim Bezahlen des Fernsehgerätes, das schon zwei Wochen zur Probe läuft.

    4. beim Kauf einer Wohnzimmereinrichtung, wenn die Möbel übergeben werden.

c) Ein Unternehmer schreibt dem Lieferer: „Schicken Sie mir bitte die neuesten Preislisten."

    Hier handelt es sich um eine

    1. bestimmte Anfrage.

    2. rechtlich verbindliche Willenserklärung.

    3. rechtlich bindende Einholung eines Angebots.

    4. rechtlich nicht verbindliche allgemeine Anfrage.

d) Das Angebot ist eine Willenserklärung des Verkäufers

    1. an die Allgemeinheit.

    2. in Katalogen.

    3. in Schaufensterauslagen.

    4. an eine bestimmte Person.

e) Ein unter Abwesenden erteiltes Angebot ist so lange verbindlich,

    1. bis der Käufer das Angebot durch eine Bestellung annimmt.

    2. bis unter regelmäßigen Umständen vom Käufer eine Antwort erwartet werden kann.

    3. bis der Käufer durch eine schlüssige Handlung sein Einverständnis erklärt.

    4. bis die Verhandlungen über die strittigen Punkte zum Abschluss gebracht worden sind.

f) Ein Kunde schreibt seinem Lieferer: „Bitte schicken Sie mir für die in Ihrer Werbung angeführten Sonderangebote an Dekostoffen die Preislisten und die Lieferungsbedingungen." Das ist eine

    1. allgemeine Anfrage.

    2. bestimmte Anfrage.

    3. unverbindliche Bestellung.

    4. verbindliche Bestellung.

g) Im „Allgäu Express" steht folgende Kleinanzeige: „Surfbrett, Windglider-Olympic, Modell 93, kpl., 300,00 €, zu verkaufen, Telefon 08364/4711".

    Daraufhin melden sich viele Interessenten. Muss der Verkäufer zu diesem in der Zeitungsanzeige angegebenen Preis verkaufen?

    1. JA! Der in der Zeitungsanzeige angegebene Preis ist ein wesentlicher Bestandteil des verbindlichen Angebots.

    2. NEIN! Die Zeitungsanzeige ist zwar ein verbindliches Angebot, aber der Preis kann entsprechend der Nachfrage beliebig verändert werden.

    3. JA! Nur wenn die Zeitungsanzeige eine Freizeichnungsklausel enthält, ist der Preis beweglich.

    4. NEIN! Der Verkäufer kann jeden beliebigen Preis verlangen, da die Zeitungsanzeige nur eine rechtlich unverbindliche Anpreisung ist

h) Im Schaufenster eines Konfektionsgeschäftes ist ein Modellkleid zu 850,00 € ausgestellt. Die Kundin, Frau Schöne, will das Kleid sofort kaufen, da es ihr gut   →

gefällt. Kann Frau Schöne darauf bestehen, dass der Verkäufer das Kleid aus dem Schaufenster nimmt?

1. JA! Das ausgestellte Kleid ist ein verbindliches Angebot, das von Frau Schöne angenommen wurde.
2. JA! Wenn das Kleid kein verbindliches Angebot sein soll, müsste es als Ausstellungsstück gekennzeichnet sein.
3. NEIN! Das ausgestellte Kleid ist kein verbindliches Angebot, sondern eine Aufforderung zum Kauf an jedermann.
4. NEIN! Ausgestellte Waren im Schaufenster sind nicht zum Verkauf, sondern zum Anlocken von Kunden bestimmt.

4. a) Der Textilhersteller Koch OHG, Köln, bietet dem Großhändler REZIR in Neuss 100 modische Jeanshosen (Karotte) in verschiedenen Farben und guter Qualität zum Preis von 25,00 € je Hose an. Der Großhändler REZIR bestellt daraufhin 100 Jeanshosen.

   Nach Abgabe des Angebotes erhält die Koch OHG von ihrem Stofflieferanten die Mitteilung, dass aufgrund gestiegener Herstellungskosten und Baumwollpreise nur zu einem höheren Preis geliefert werden könne.

   Die Koch OHG teilt daraufhin dem Großhändler REZIR mit, dass sie die Jeanshosen nur noch zum Preis von 30,00 € pro Stück liefern könne.

   Der Großhändler REZIR ist nicht bereit, 30,00 € pro Jeans zu zahlen. Kann die Koch OHG die Lieferung der Hosen verweigern? (§ 145 BGB)

   b) Wie könnte der Textilhersteller bei der Formulierung des Angebots dieses Problem vermeiden? (§ 145 BGB)

   c) Der Großhändler REZIR bestellt auf das obige Angebot 800 verschiedenfarbige Jeanshosen (Karotte). Die Koch OHG hat jedoch eine höchst mögliche lieferbare Menge von 500 Stück.

   Machen Sie einen Formulierungsvorschlag für das Angebot der Koch OHG.

   d) Nach einer Anfrage des Großhändlers REZIR erstellt die Textilhersteller Koch OHG am 29.11. ein schriftliches Angebot über 230 verschiedenfarbige T-Shirts zum Preis von 3,50 €/Stück.

   Aufgrund betriebsinterner Probleme möchte die Koch OHG das abgesandte Angebot widerrufen.

   Bis wann ist dies möglich? (§ 130 BGB)

5. a) Die Koch OHG bietet einem weiteren Kunden in Düsseldorf modische Strickpullover an.

   Das schriftliche Angebot enthält den Zusatz „Angebot gültig bis zum 30.10."

   Ist dieses Angebot bindend, wenn der Kunde am 01.11. bestellt? (§ 148 BGB) (Begründung!)

   b) Ein Vertreter der Koch OHG unterbreitet am 06.11. anlässlich eines Kundenbesuches einem Kunden in Dormagen ein Angebot über Unterwäsche. Der Kunde bestellt daraufhin schriftlich am 07.11. verschiedene BH-Modelle.

   Muss die Koch OHG diese BHs liefern? (§ 147 (1) BGB) (Begründung!)

   c) Die Verkaufsabteilung der Koch OHG sendet am 14.11. morgens per Brief ein Angebot ab. Die Bestellung des Kunden geht daraufhin rechtzeitig ein.

   Welches Datum würden Sie als rechtzeitig gelten lassen? (Begründung!)

   d) Auf ein schriftliches Angebot der Koch OHG vom 02.11. bestellt ein Kunde am 19.11. ebenso schriftlich 30 Jeans für 30,00 € pro Stück.

   Ist die Koch OHG an ihr Angebot gebunden? (§ 147 (2) BGB) (Begründung!)

3.3
Vertragliche Vereinbarungen für einen reibungslosen Geschäftsverkehr – Inhalte des Kaufvertrages

Ausgangslage Durch einen gültigen Kaufvertrag entsteht ein Schuldverhältnis (Verpflichtungsgeschäft) zwischen beiden Vertragspartnern, in dem der Verkäufer die Ware (Warenschuld) und der Käufer die Zahlung des Kaufpreises (Geldschuld) schuldet. Um dieses Schuldverhältnis näher zu beschreiben, werden in den zumeist schriftlich vereinbarten Verträgen die Bedingungen des Verpflichtungsgeschäftes widerspruchsfrei im Einzelnen festgelegt.

Aufgrund der Vielzahl von Rechtsstreitigkeiten sowohl im Wirtschafts- als auch im Privatleben erscheint es sinnvoll, möglichst viele Aspekte des anstehenden Geschäftes in vertraglichen Vereinbarungen festzulegen, um einen reibungslosen Geschäftsverkehr für die beteiligten Vertragspartner zu gewährleisten. Sehr häufig enthalten die kaufvertraglichen Vereinbarungen Angaben über

- die Art, Beschaffenheit und Qualität der Ware (z. B. Gütebezeichnungen),
- die Menge der Ware,
- den Preis der Ware,
- die Lieferbedingungen (Transport, Verpackung, Zeitpunkt der Lieferung),
- die Zahlungsbedingungen (Zeitpunkt der Zahlung, eventuell gewährte Preisnachlässe),
- das Eigentumsrecht bzw. die Eigentumsübertragung sowie
- den Erfüllungsort, Gerichtsstand und den Gefahrübergang.

Die letzten vier Vertragsinhalte legen die **Bedingungen der Übergabe** von beweglichen Sachen (Erfüllungsgeschäft) näher fest, die wir im Folgenden etwas intensiver betrachten werden.

Die nun folgenden Unterkapitel zu den Bedingungen der Übergabe von beweglichen Sachen beziehen sich auf die im Folgenden beschriebene Ausgangssituation bzw. auf das dort abgebildete Angebot. Teilweise wird die Situation in den einzelnen Unterkapiteln durch weitere Angaben ergänzt.

Situation Die Heidtkötter KG hat von einem ihrer Kunden einen Auftrag über die Lieferung und Montage von 100 Beleuchtungssystemen *castor* (Strahler für Niedervolt-Stromschienen) erhalten. Frau Schilling prüft die Bedarfslage der benötigten Einzelteile und Baugruppen und stellt dabei fest, dass ein Nettobedarf über 120 Strahler besteht.

Sie bittet einen Lieferanten telefonisch um das Zusenden eines Angebots über die benötigten Strahler. Zwei Tage später trifft folgendes Angebot der Beleuchtungssysteme Schlosser GmbH aus Niederfischbach bei ihr ein. Vier Arbeitstage nach Eintreffen des Angebots bestellt Frau Schilling schriftlich 120 Strahler zu den angegebenen Konditionen.

→

Beleuchtungssysteme Schlosser GmbH

Siegener Str. 28
57572 Niederfischbach

Heidtkötter KG
Gütersloher Straße 111
33647 Bielefeld

Ihr Zeichen,	Unser Zeichen,	Telefon, Name	Datum
Ihre Nachricht vom	unsere Nachricht vom	02734 6379-7	25.11.20..
EK/...	DR/--	D. Rütter	

Angebot über Strahler für Beleuchtungssysteme

Sehr geehrte Damen und Herren,

wir danken für Ihre telefonische Anfrage und bieten Ihnen aus unserer Produktpalette an:

Qualitativ hochwertige, umweltschonend lackierte Strahler für Niedervolt-Stromschienen zu einem Preis von 50,00 € pro Stück

Abhängig von der bestellten Menge bieten wir folgende Rabattstaffelung:
ab 25 Stück: 5 %   ab 50 Stück: 8 %   ab 75 Stück: 10 %

Unsere Zahlungsbedingungen lauten: 3 % Skonto bei Zahlung innerhalb von 10 Tagen oder 40 Tage netto Kasse.

Die Lieferung erfolgt unfrei und unter Eigentumsvorbehalt. Der Käufer darf die Ware verarbeiten, der Verkäufer erwirbt bis zur vollständigen Zahlung des Kaufpreises das Eigentum an der hergestellten Sache. Im Falle des Verkaufs der hergestellten Sache vor vollständiger Zahlung des Kaufpreises tritt der Käufer die Forderungen aus dem Verkauf an uns ab.
Die Verpackungskosten berechnen sich bfn; keine Rücksendung der Verpackung. Das Nettogewicht der Ware (120 Stück) beträgt 12 kg, die Tara beträgt 3,5 kg, die Kosten für 100 g Nettogewicht betragen 0,52 €.

Die Preisstellung versteht sich zuzüglich der gesetzlichen Umsatzsteuer.

Die Lieferzeit beträgt 7 Tage nach Eingang Ihrer Bestellung. Erfüllungsort und Gerichtsstand für beide Teile ist Niederfischbach.

Des Weiteren verweisen wir auf unsere auf der Rückseite abgedruckten Allgemeinen Geschäftsbedingungen (AGB).

Mit freundlichen Grüßen

Beleuchtungssysteme Schlosser GmbH

i. A.

Dorit Rütter

Dorit Rütter

Beleuchtungssysteme Schlosser GmbH   Geschäftsführerin: Bankverbindung:
Siegener Straße 28 57572 Niederfischbach   Tina Schlosser   Kreissparkasse Altenkirchen
Telefon: 02734 6379-0   t.schlosser-wvd@web.de   Kto.-Nr. 92925874 (BLZ 573 510 30)
Telefax: 02734 6279   Amtsgericht Kirchen HRB 42 13
                                                                            USt-IdNr. DE 254869726
                                                                            IBAN DE06 5735 1030 0092 9258 74
                                                                            BIC MALA51AKI

3.3.1
Erfüllungsort, Gefahrübergang und Gerichtsstand

Arbeitsaufträge

Lesen Sie die im Angebot angegebenen Vereinbarungen zum **Erfüllungsort und Gerichtsstand** und bearbeiten Sie die folgenden Arbeitsaufträge mithilfe der im INFO-Teil dargestellten Informationen in Partnerarbeit. Nutzen Sie auch die in der Arbeitshilfe auf den Seiten 57 ff. abgedruckten Gesetzesauszüge (Kap. 3.3.4).

› INFO-Teil
LF 6, Kap. 3.3.1

1. Erläutern Sie die Begriffe „Erfüllungsort/Leistungsort", „Gerichtsstand" und „Gefahrübergang".
2. Erläutern Sie, jeweils bezogen auf die Waren- und die Geldschuld, die gesetzlichen Regelungen zum Erfüllungsort, Gefahrübergang und Gerichtsstand (§§ 269, 270, 446, 447 BGB) und erklären Sie in diesem Zusammenhang die Begriffe „Holschuld", „Schickschuld" und „Bringschuld".
3. Welche Konsequenzen haben die vertraglichen Vereinbarungen für die Heidtkötter KG?

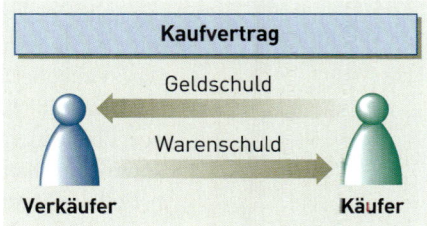

3.3.2
Lieferungsbedingungen

Erweiterung der Situation   Theresa Kuhnert, eine Auszubildende der Heidtkötter KG, soll für Herrn Schäfer die mit den angegebenen Lieferungsbedingungen verbundenen Kosten ermitteln. Sie stolpert über die Formulierung *„die Lieferung erfolgt unfrei"* und ruft in der Warenannahme an, um das Bruttogewicht der angebotenen Lieferung zu erfragen.

Arbeitsaufträge (Fortsetzung)

Lesen Sie die im Angebot angegebenen **Lieferungsbedingungen**.

› INFO-Teil
LF 6, Kap. 3.3.2
› Arbeitshilfe
Kap. 3.3.4

1. Wer trägt entsprechend der gesetzlichen Regelung (§§ 269, 448 BGB) die Transportkosten?
2. Erläutern Sie die Formulierung *„die Lieferung erfolgt unfrei"* und nennen Sie die Teile der Beförderungskosten, die die Heidtkötter KG aufgrund dieser vertraglichen Vereinbarung zu tragen hat.
3. Beschreiben Sie die gesetzlichen Vorschriften (§ 448 BGB, § 380 HGB) bezüglich der Versandverpackungskosten.
4. Erklären Sie die Begriffe „Bruttogewicht", „Nettogewicht" sowie „Tara" und berechnen Sie die von der Heidtkötter KG zu zahlenden, vertraglich vereinbarten Verpackungskosten. Wer ist/wird Eigentümer der Versandverpackung?
5. Wann hat die Lieferung nach den gesetzlichen Vorgaben (§ 271 BGB), wann nach der vertraglichen Vereinbarung zu erfolgen?

3.3.3
Zahlungsbedingungen

Erweiterung der Situation   Theresa hat bisher in ihrem Privatleben nahezu nichts über Zahlungsbedingungen gehört. Bisher musste sie immer sofort den Kaufpreis zahlen: ohne Bargeld oder Kartenzahlung keine Ware. Die Formulierung zu den Zahlungsbedingungen im Angebot sind ihr daher völlig unbekannt.

› INFO-Teil
LF 6, Kap. 3.3.3
› Arbeitshilfe
Kap. 3.3.4

Arbeitsaufträge (Fortsetzung)

Lesen Sie die im Angebot angegebenen **Zahlungsbedingungen**.

1. Erläutern Sie die hier vertraglich vereinbarte Regelung zum Zahlungstermin und stellen Sie diese anschaulich in einer Grafik (Zeitstrahl) dar. Verwenden Sie im Rahmen der grafischen Darstellung die Begriffe „Zahlungszielzeitraum", „Skontozeitraum" und „Kreditzeitraum".

2. Die gesetzliche Vorschrift zur Leistung des Kaufpreises lautet: *„Zahlung Zug um Zug"*. Erklären Sie mithilfe des § 271 BGB die Bedeutung dieser Regelung.

3. Warum entspricht die Gewährung eines Zahlungsziels einem Lieferantenkredit?

4. Erläutern Sie den in den Zahlungsbedingungen enthaltenen Begriff „Skonto" sowie die Zielsetzung, die der Lieferant mit der Gewährung von Skonto verfolgt.

5. Erläutern Sie einen weiteren, der Heidtkötter KG im Angebot gewährten Preisnachlass.

6. Die Heidtkötter KG würde den angebotenen Skontoabzug gerne in Anspruch nehmen. Sie müsste die Inanspruchnahme des Skontos aufgrund der gegenwärtigen Liquiditätslage über einen Bankkredit finanzieren. Der Sollzinssatz für die Überziehung des Kontokorrentkontos[1] liegt bei 13 %. Der Nettorechnungsbetrag beträgt 5.528,00 €.

    a) Soll die Heidtkötter KG auf die Inanspruchnahme des Skontos verzichten oder soll sie zur Inanspruchnahme einen Kontokorrentkredit aufnehmen?
    Um diese Entscheidung treffen zu können, sollen Sie einen Kostenvergleich beider Alternativen durchführen und den auf den Kreditzeitraum bezogenen Skontosatz (= Prozentsatz) in einen Jahreszinssatz umwandeln. Diesen ermittelten Zinssatz können Sie nun mit dem Sollzinssatz der Bank vergleichen.

    b) Ermitteln Sie durch einen Kostenvergleich den Finanzierungserfolg der getroffenen Entscheidung in Euro. Warum ist die Nichtinanspruchnahme des Skontos so teuer?

7. Wer trägt laut § 270 BGB die Gefahr und die Kosten der Geldübermittlung?

Exkurs: Ratenkauf

Eine Sonderform des Zielkaufs ist der **Ratenkauf,** bei dem der Käufer den Kaufpreis nach und nach in mindestens zwei Teilzahlungen (Raten) zahlt. Bei einem einseitigem Handelskauf/Verbrauchsgüterkauf (Käufer = Endverbraucher) ist der Verbraucher per Gesetz besonders geschützt.

Arbeitsaufträge

1. Erläutern Sie die gesetzlichen Regelungen (§§ 355, 356, 491, 492, 495 BGB, Art. 247 Einführungsgesetz BGB), durch die der Verbraucher beim Ratenkauf besonders geschützt ist.

2. Warum sieht der Gesetzgeber diesen Schutz des Verbrauchers vor?

3. Ralf Laubert, ein volljähriger Schüler einer Industriekaufleuteklasse an einem Kölner Berufskolleg, hat sich eine neue Videoanlage für 1.400,00 € gekauft. Er hat 200,00 € angezahlt, die Restschuld soll er in 12 gleichen Monatsraten tilgen. Je Monat fallen 1 % der Restschuld nach Anzahlung an zusätzlichen Zinsen an. Berechnen Sie
    a) den Tilgungsbetrag,
    b) die Zinsen pro Monat,
    c) die Höhe der monatlichen Rate,
    d) die insgesamt zu zahlenden Zinsen sowie
    e) den Teilzahlungspreis der Videoanlage (Preis bei Ratenzahlung).

---

1   Das Kontokorrentkonto ist das Girokonto eines Unternehmens. Über dieses Geschäftskonto werden die täglichen Ein- und Auszahlungen getätigt.

3.3.4
Eigentumsvorbehalt

Erweiterung der Situation Theresa hat das nächste Verständnisproblem: Sie ist der Meinung, dass die Heidtkötter KG doch bei Lieferung und Übergabe der gekauften Strahler Eigentümer dieser Strahler wird und die Strahler in die Beleuchtungssysteme einbauen kann. Doch nun liest sie im schriftlichen Angebot irgendetwas über Eigentumsvorbehalt.

Arbeitsaufträge (Fortsetzung)

Lesen Sie die im Angebot angegebenen Informationen zur **Eigentumsübertragung**.

1. Da die Zahlung erst nach der Lieferung erfolgt, handelt es sich hier um einen Zielkauf. Erläutern Sie in diesem Zusammenhang die Funktion und die Konsequenzen des Eigentumsvorbehalts.
2. Erläutern Sie die in den gesetzlichen Vorgaben (§ 449 BGB, § 47 InsO, § 771 ZPO) gewährten Rechte des Verkäufers bei einfachem Eigentumsvorbehalt und beschreiben Sie die Voraussetzungen, unter denen diese Rechte in Anspruch genommen werden können (§ 950 BGB).
3. Beschreiben Sie mithilfe der §§ 932, 946, 947, 948 BGB die Rechte des Verkäufers, wenn die verkaufte Ware nicht mehr in ihrer ursprünglichen Form beim Käufer vorhanden ist.
4. Erklären Sie den hier im Angebot (siehe Kap. 3.3, Seite 54) beschriebenen Eigentumsvorbehalt.

› INFO-Teil
LF 6, Kap. 3.3.4
› Arbeitshilfe

Arbeitshilfe

§§ Auszug aus dem Bürgerlichen Gesetzbuch (BGB)

§ 269 Leistungsort
(1) Ist ein Ort für die Leistung weder bestimmt noch aus den Umständen, insbesondere aus der Natur des Schuldverhältnisses, zu entnehmen, so hat die Leistung an dem Orte zu erfolgen, an welchem der Schuldner zur Zeit der Entstehung des Schuldverhältnisses seinen Wohnsitz hatte. [...]

§ 270 Zahlungsort
(1) Geld hat der Schuldner im Zweifel auf seine Gefahr und seine Kosten dem Gläubiger an dessen Wohnsitz zu übermitteln. [...]
(4) Die Vorschriften über den Leistungsort bleiben unberührt.

§ 271 Leistungszeit
(1) Ist eine Zeit für die Leistung weder bestimmt noch aus den Umständen zu entnehmen, so kann der Gläubiger die Leistung sofort verlangen, der Schuldner sie sofort bewirken.
(2) Ist eine Zeit bestimmt, so ist im Zweifel anzunehmen, dass der Gläubiger die Leistung nicht vor dieser Zeit verlangen, der Schuldner aber sie vorher bewirken kann.

§ 355 Widerrufsrecht bei Verbraucherverträgen
(1) Wird einem Verbraucher durch Gesetz ein Widerrufsrecht nach dieser Vorschrift eingeräumt, so sind der Verbraucher und der Unternehmer an ihre auf den Abschluss des Vertrags gerichteten Willenserklärungen nicht mehr gebunden, wenn der Verbraucher seine Willenserklärung fristgerecht widerrufen hat. Der Widerruf erfolgt durch Erklärung gegenüber dem Unternehmer. Aus der Erklärung muss der Entschluss des Verbrauchers zum Widerruf des Vertrags eindeutig hervorgehen. Der Widerruf muss keine Begründung enthalten. Zur Fristwahrung genügt die rechtzeitige Absendung des Widerrufs.
(2) Die Widerrufsfrist beträgt 14 Tage. Sie beginnt mit Vertragsschluss, soweit nichts anderes bestimmt ist.
(3) Im Falle des Widerrufs sind die empfangenen Leistungen unverzüglich zurückzugewähren. Bestimmt das Gesetz eine Höchstfrist für die Rückgewähr, so beginnt diese für den Unternehmer mit dem Zugang und für den Verbraucher mit der Abgabe der Widerrufserklärung. Ein Verbraucher wahrt diese Frist durch die rechtzeitige Absendung der Waren. Der Unternehmer trägt bei Widerruf die Gefahr der Rücksendung der Waren.

§ 446 Gefahr- und Lastenübergang
Mit der Übergabe der verkauften Sache geht die Gefahr des zufälligen Untergangs und der zufälligen Verschlechterung auf den Käufer über. Von der Übergabe an gebühren dem Käufer die Nutzungen und trägt er die Lasten der Sache. Der Übergabe steht es gleich, wenn der Käufer im Verzug der Annahme ist.

→

Arbeitshilfe (Fortsetzung)

§ 447 Gefahrübergang beim Versendungskauf

(1) Versendet der Verkäufer auf Verlangen des Käufers die verkaufte Sache nach einem anderen Ort als dem Erfüllungsort, so geht die Gefahr auf den Käufer über, sobald der Verkäufer die Sache dem Spediteur, dem Frachtführer oder der sonst zur Ausführung der Versendung bestimmten Person oder Anstalt ausgeliefert hat. [...]

§ 448 Kosten der Übergabe und vergleichbare Kosten

(1) Der Verkäufer trägt die Kosten der Übergabe der Sache, der Käufer die Kosten der Abnahme und der Versendung der Sache nach einem anderen Ort als dem Erfüllungsort.

(2) Der Käufer eines Grundstücks trägt die Kosten der Beurkundung des Kaufvertrags und der Auflassung, der Eintragung ins Grundbuch und der zu der Eintragung erforderlichen Erklärungen.

§ 449 Eigentumsvorbehalt

(1) Hat sich der Verkäufer einer beweglichen Sache das Eigentum bis zur Zahlung des Kaufpreises vorbehalten, so ist im Zweifel anzunehmen, dass das Eigentum unter der aufschiebenden Bedingung vollständiger Zahlung des Kaufpreises übertragen wird. (Eigentumsvorbehalt)

(2) Aufgrund des Eigentumsvorbehalts kann der Verkäufer die Sache nur herausverlangen, wenn er vom Vertrag zurückgetreten ist. [...]

§ 454 Zustandekommen des Kaufvertrags

(1) Bei einem Kauf auf Probe oder auf Besichtigung steht die Billigung des gekauften Gegenstandes im Belieben des Käufers. Der Kauf ist im Zweifel unter der aufschiebenden Bedingung der Billigung geschlossen.

(2) Der Verkäufer ist verpflichtet, dem Käufer die Untersuchung des Gegenstandes zu gestatten.

§ 455 Billigungsfrist

Die Billigung eines auf Probe oder auf Besichtigung gekauften Gegenstandes kann nur innerhalb der vereinbarten Frist und in Ermangelung einer solchen nur bis zum Ablauf einer dem Käufer von dem Verkäufer bestimmten angemessenen Frist erklärt werden. War die Sache dem Käufer zum Zwecke der Probe oder der Besichtigung übergeben, so gilt sein Schweigen als Billigung.

§ 491 Verbraucherdarlehensvertrag

(1) Die Vorschriften dieses Kapitels gelten für entgeltliche Darlehensverträge zwischen einem Unternehmer als Darlehensgeber und einem Verbraucher als Darlehensnehmer (Verbraucherdarlehensvertrag), soweit in den Absätzen 2 oder 3 oder in den §§ 503 bis 505 nichts anderes bestimmt ist.

(2) Keine Verbraucherdarlehensverträge sind Verträge,

1. bei denen der Nettodarlehensbetrag (Artikel 247 § 3 Abs. 2 des Einführungsgesetzes zum Bürgerlichen Gesetzbuche) weniger als 200 Euro beträgt,

2. [...] ,

3. bei denen der Darlehensnehmer das Darlehen binnen drei Monaten zurückzuzahlen hat und nur geringe Kosten vereinbart sind, [...]

§ 492 Schriftform, Vertragsinhalt

(1) Verbraucherdarlehensverträge sind, soweit nicht eine strengere Form vorgeschrieben ist, schriftlich abzuschließen. Der Schriftform ist genügt, wenn Antrag und Annahme durch die Vertragsparteien jeweils getrennt schriftlich erklärt werden. Die Erklärung des Darlehensgebers bedarf keiner Unterzeichnung, wenn sie mit Hilfe einer automatischen Einrichtung erstellt wird.

(2) Der Vertrag muss die für den Verbraucherdarlehensvertrag vorgeschriebenen Angaben nach Artikel 247 §§ 6 bis 13 des Einführungsgesetzes zum Bürgerlichen Gesetzbuche enthalten.

§ 495 Widerrufsrecht

(1) Dem Darlehensnehmer steht bei einem Verbraucherdarlehensvertrag ein Widerrufsrecht nach § 355 zu. [...]

§ 929 Einigung und Übergabe

Zur Übertragung des Eigentums an einer beweglichen Sache ist erforderlich, dass der Eigentümer die Sache dem Erwerber übergibt und beide darüber einig sind, dass das Eigentum übergehen soll. Ist der Erwerber im Besitz der Sache, so genügt die Einigung über den Übergang des Eigentums.

§ 932 Gutgläubiger Erwerb vom Nichtberechtigten

(1) Durch eine nach § 929 erfolgte Veräußerung wird der Erwerber auch dann Eigentümer, wenn die Sache nicht dem Veräußerer gehört, es sei denn, dass er zu der Zeit, zu der er nach diesen Vorschriften das Eigentum erwerben würde, nicht in gutem Glauben ist. [...]

(2) Der Erwerber ist nicht in gutem Glauben, wenn ihm bekannt oder infolge grober Fahrlässigkeit unbekannt ist, dass die Sache nicht dem Veräußerer gehört.

§ 946 Verbindung mit einem Grundstück

Wird eine bewegliche Sache mit einem Grundstücke dergestalt verbunden, dass sie wesentlicher Bestandteil des Grundstücks wird, so erstreckt sich das Eigentum an dem Grundstück auf diese Sache.

§ 947 Verbindung mit beweglichen Sachen

(1) Werden bewegliche Sachen miteinander dergestalt verbunden, dass sie wesentliche Bestandteile einer einheitlichen Sache werden, so werden die bisherigen Eigentümer Miteigentümer dieser Sache; die Anteile bestimmen sich nach dem Verhältnis des Wertes, den die Sachen zur Zeit der Verbindung haben.

(2) Ist eine der Sachen als die Hauptsache anzusehen, so erwirbt ihr Eigentümer das Alleineigentum.

§ 948 Vermischung

(1) Werden bewegliche Sachen miteinander untrennbar vermischt oder vermengt, so finden die Vorschriften des § 947 entsprechende Anwendung.

(2) Der Untrennbarkeit steht es gleich, wenn die Trennung der vermischten oder vermengten Sachen mit unverhältnismäßigen Kosten verbunden sein würde.

§ 950 Verarbeitung

(1) Wer durch Verarbeitung oder Umbildung eines oder mehrerer Stoffe eine neue bewegliche Sache herstellt, erwirbt das Eigentum an der neuen Sache, sofern nicht der Wert der Verarbeitung oder der Umbildung erheblich geringer ist als der Wert des Stoffes. [...]

§§ Auszug aus dem Einführungsgesetz BGB

Art 247
Informationspflichten bei Verbraucherdarlehensverträgen, entgeltlichen Finanzierungshilfen und Darlehensvermittlungsverträgen

§ 1 Form und Zeitpunkt der vorvertraglichen Information

Die Unterrichtung nach § 491a Abs. 1 des Bürgerlichen Gesetzbuchs muss rechtzeitig vor dem Abschluss eines Verbraucherdarlehensvertrags in Textform erfolgen und die sich aus den §§ 3 bis 5 und 8 bis 13 ergebenden Einzelheiten enthalten.

§ 3 Inhalt der vorvertraglichen Information

(1) Die Unterrichtung vor Vertragsschluss muss folgende Informationen enthalten:

1. den Namen und die Anschrift des Darlehensgebers,
2. die Art des Darlehens,
3. den effektiven Jahreszins,
4. den Nettodarlehensbetrag,
5. den Sollzinssatz,
6. die Vertragslaufzeit,
7. Betrag, Zahl und Fälligkeit der einzelnen Teilzahlungen,
8. den Gesamtbetrag,
9. die Auszahlungsbedingungen,
10. [...]
11. den Verzugszinssatz und die Art und Weise seiner etwaigen Anpassung sowie gegebenenfalls anfallende Verzugskosten,
12. einen Warnhinweis zu den Folgen ausbleibender Zahlungen,
13. das Bestehen oder Nichtbestehen eines Widerrufsrechts,
14. das Recht des Darlehensnehmers, das Darlehen vorzeitig zurückzuzahlen,
[...]

(2) Gesamtbetrag ist die Summe aus Nettodarlehensbetrag und Gesamtkosten. Nettodarlehensbetrag ist der Höchstbetrag, auf den der Darlehensnehmer aufgrund des Darlehensvertrags Anspruch hat. Die Gesamtkosten und der effektive Jahreszins sind nach § 6 der Preisangabenverordnung zu berechnen.

§§ Auszug aus dem Handelsgesetzbuch (HGB)

§ 380 Gewicht der Verpackung

(1) Ist der Kaufpreis nach dem Gewichte der Ware zu berechnen, so kommt das Gewicht der Verpackung (Taragewicht) in Abzug, wenn nicht aus dem Vertrag oder dem Handelsgebrauch des Ortes, an welchem der Verkäufer zu erfüllen hat, sich ein anderes ergibt.

§§ Auszug aus der Zivilprozessordung (ZPO)

§ 29 Besonderer Gerichtsstand des Erfüllungsorts

(1) Für Streitigkeiten aus einem Vertragsverhältnis und über dessen Bestehen ist das Gericht des Ortes zuständig, an dem die streitige Verpflichtung zu erfüllen ist.

(2) Eine Vereinbarung über den Erfüllungsort begründet die Zuständigkeit nur, wenn die Vertragsparteien Kaufleute, juristische Personen des öffentlichen Rechts oder öffentlich-rechtliche Sondervermögen sind.

§ 38 Zugelassene Gerichtsstandsvereinbarung

(1) Ein an sich unzuständiges Gericht des ersten Rechtszuges wird durch ausdrückliche oder stillschweigende Vereinbarung der Parteien zuständig, wenn die Vertragsparteien Kaufleute, juristische Personen des öffentlichen Rechts oder öffentlich-rechtliche Sondervermögen sind.

§ 771 Drittwiderspruchsklage

(1) Behauptet ein Dritter, dass ihm an dem Gegenstand der Zwangsvollstreckung ein die Veräußerung hinderndes Recht zustehe, so ist der Widerspruch gegen die Zwangsvollstreckung im Wege der Klage bei dem Gericht geltend zu machen, in dessen Bezirk die Zwangsvollstreckung erfolgt. [...]

§§ Auszug aus der Insolvenzordnung (InsO)

§ 47 Aussonderung

Wer aufgrund eines dinglichen oder persönlichen Rechts geltend machen kann, dass ein Gegenstand nicht zur Insolvenzmasse gehört, ist kein Insolvenzgläubiger. Sein Anspruch auf Aussonderung des Gegenstands bestimmt sich nach den Gesetzen, die außerhalb des Insolvenzverfahrens gelten.

3.3.5
Allgemeine Geschäftsbedingungen (AGB)

Situation   In einem Telefonat mit Frau Rütter, einer Mitarbeiterin der Beleuchtungssysteme Schlosser GmbH, hat sich Frau Schilling nochmals nach erforderlichen Maßen und Qualitätsansprüchen der angefragten Strahler sowie Lieferungs- und Zahlungsmodalitäten erkundigt. Zum Gesprächsabschluss wird sie von Frau Rütter auf die auf der Rückseite des Angebots abgedruckten AGB verwiesen: *„Schauen Sie sich unsere AGB noch einmal genau an. Da finden Sie weiterführende Erläuterungen zu Ihren Fragen."*
Etwas kundenfreundlicher hätte die Auskunft von Frau Rütter schon sein können, denkt sich Frau Schilling. Dennoch holt sie umgehend das Angebot der Beleuchtungssysteme Schlosser GmbH hervor, um in den AGB nachzulesen. Dabei stolpert sie bereits über den ersten Punkt, „Allgemeines". Besorgt über die dort aufgeführten Bestimmungen beschließt Frau Schilling, Herrn Dr. jur. Wildner, zuständig für Rechtsfragen der Heidtkötter KG, um Rat zu fragen.

Arbeitsaufträge

1. Verschaffen Sie sich zunächst einen Überblick über die Bedeutung von Allgemeinen Geschäftsbedingungen (AGB) für den Geschäftsverkehr anhand folgender Leitfragen. Berücksichtigen Sie hierzu die Arbeitshilfe 1 (Auszug aus dem BGB).

   › **Arbeitshilfe 1**

   a) Beschreiben Sie, was das Bürgerliche Gesetzbuch (§ 305 BGB) unter AGB versteht.
   b) Führen Sie typische Vertragsinhalte an, die in AGB geregelt werden können.
   c) Erläutern Sie mindestens zwei Ziele, die die Beleuchtungssysteme Schlosser GmbH durch den Einsatz von AGB anstrebt.
   d) Erklären Sie Chancen und Risiken, die für die Vertragspartner (Verkäufer/ Käufer) durch den Einsatz von AGB entstehen können.

2. Im BGB (§§ 305–310) finden sich umfangreiche Vorschriften über die Gestaltung und den Geltungsbereich von Allgemeinen Geschäftsbedingungen.

   › **Arbeitshilfe 2**

   a) Beschreiben Sie die Vorschriften mit eigenen Worten und führen Sie jeweils mögliche Beispiele an. Nutzen Sie zur Strukturierung die Arbeitshilfe 2.
   b) Vergleichen Sie Ihre Arbeitsergebnisse aus Aufgabenteil a) mit Ihrem Tischnachbarn. Tauschen Sie sich insbesondere über die jeweilige Bedeutung folgender Aspekte im BGB aus:
      1) Bedingungen für den Vertragsbestandteil von AGB
      2) Verhältnis von AGB und Individualabrede
      3) Bedeutung „überraschender Klauseln"
      4) Funktion des Gebots von „Treu und Glauben" für die Wirksamkeit der AGB
      5) Rechtsfolgen unwirksamer Klauseln
      6) Klauselverbote mit und ohne Wertungsmöglichkeit
      7) Begründung für Unterschiede zwischen einseitigen und zweiseitigen Handelskäufen
   c) Erläutern Sie, warum der Gesetzgeber im BGB diese umfangreichen Vorschriften für die Gestaltung der AGB geregelt hat.

3. Herr Dr. jur. Wildner soll Frau Schilling bezüglich des Vertragsabschlusses mit der Beleuchtungssysteme Schlosser GmbH beraten. Beschreiben Sie das Problem, das Frau Schilling beim Studium der AGB der Beleuchtungssysteme Schlosser GmbH (siehe Arbeitshilfe 3) gefunden hat, und erläutern Sie die Rechtsfolgen, die Herr Wildner anführen wird, wenn unter den gegebenen Bedingungen (siehe Angebot in Kap. 3.3, Seite 54) ein Kaufvertrag geschlossen wird.

   › **Arbeitshilfe 3**

4. Das Angebot der Beleuchtungssysteme Schlosser GmbH wurde vier Tage nach Eingang von der Heidtkötter KG schriftlich durch eine Bestellung bestätigt. Erläutern Sie unter Zuhilfenahme der AGB der Beleuchtungssysteme Schlosser GmbH, des Angebots aus Kapitel 3.3 sowie der Gesetzesauszüge, welche Regelungen bezüglich

› Kap. 3.3

a) Erfüllungsort und Gerichtsstand,
b) Lieferbedingungen,
c) Zahlungsbedingungen sowie der
d) Eigentumsübertragung

für diesen zustande gekommenen Kaufvertrag verbindlich sind.

Arbeitshilfe 1

§§ Auszug aus dem Bürgerlichen Gesetzbuch (BGB)

§ 305 Einbeziehung Allgemeiner Geschäftsbedingungen in den Vertrag

(1) Allgemeine Geschäftsbedingungen sind alle für eine Vielzahl von Verträgen vorformulierten Vertragsbedingungen, die eine Vertragspartei (Verwender) der anderen Vertragspartei bei Abschluss eines Vertrags stellt. Gleichgültig ist, ob die Bestimmungen einen äußerlich gesonderten Bestandteil des Vertrags bilden oder in die Vertragsurkunde selbst aufgenommen werden, welchen Umfang sie haben, in welcher Schriftart sie verfasst sind und welche Form der Vertrag hat. Allgemeine Geschäftsbedingungen liegen nicht vor, soweit die Vertragsbedingungen zwischen den Vertragsparteien im Einzelnen ausgehandelt sind.

(2) Allgemeine Geschäftsbedingungen werden nur dann Bestandteil eines Vertrags, wenn der Verwender bei Vertragsschluss

1. die andere Vertragspartei ausdrücklich oder, wenn ein ausdrücklicher Hinweis wegen der Art des Vertragsschlusses nur unter unverhältnismäßigen Schwierigkeiten möglich ist, durch deutlich sichtbaren Aushang am Orte des Vertragsschlusses auf sie hinweist und
2. der anderen Vertragspartei die Möglichkeit verschafft, in zumutbarer Weise, die auch eine für den Verwender erkennbare körperliche Behinderung der anderen Vertragspartei angemessen berücksichtigt, von ihrem Inhalt Kenntnis zu nehmen

und wenn die andere Vertragspartei mit ihrer Geltung einverstanden ist. [...]

§ 305 b Vorrang der Individualabrede

Individuelle Vertragsabreden haben Vorrang vor Allgemeinen Geschäftsbedingungen.

§ 305 c Überraschende und mehrdeutige Klauseln

(1) Bestimmungen in Allgemeinen Geschäftsbedingungen, die nach den Umständen, insbesondere nach dem äußeren Erscheinungsbild des Vertrags, so ungewöhnlich sind, dass der Vertragspartner des Verwenders mit ihnen nicht zu rechnen braucht, werden nicht Vertragsbestandteil.

(2) Zweifel bei der Auslegung Allgemeiner Geschäftsbedingungen gehen zu Lasten des Verwenders.

§ 306 Rechtsfolgen bei Nichteinbeziehung und Unwirksamkeit

(1) Sind Allgemeine Geschäftsbedingungen ganz oder teilweise nicht Vertragsbestandteil geworden oder unwirksam, so bleibt der Vertrag im Übrigen wirksam.

(2) Soweit die Bestimmungen nicht Vertragsbestandteil geworden oder unwirksam sind, richtet sich der Inhalt des Vertrags nach den gesetzlichen Vorschriften.

(3) Der Vertrag ist unwirksam, wenn das Festhalten an ihm auch unter Berücksichtigung der nach Absatz 2 vorgesehenen Änderung eine unzumutbare Härte für eine Vertragspartei darstellen würde.

§ 307 Inhaltskontrolle

(1) Bestimmungen in Allgemeinen Geschäftsbedingungen sind unwirksam, wenn sie den Vertragspartner des Verwenders entgegen den Geboten von Treu und Glauben unangemessen benachteiligen. Eine unangemessene Benachteiligung kann sich auch daraus ergeben, dass die Bestimmung nicht klar und verständlich ist.

(2) Eine unangemessene Benachteiligung ist im Zweifel anzunehmen, wenn eine Bestimmung

1. mit wesentlichen Grundgedanken der gesetzlichen Regelung, von der abgewichen wird, nicht zu vereinbaren ist oder
2. wesentliche Rechte oder Pflichten, die sich aus der Natur des Vertrags ergeben, so einschränkt, dass die Erreichung des Vertragszwecks gefährdet ist.

§ 308 Klauselverbote mit Wertungsmöglichkeit

In Allgemeinen Geschäftsbedingungen ist insbesondere unwirksam

1. eine Bestimmung, durch die sich der Verwender unangemessen lange oder nicht hinreichend bestimmte Fristen für die Annahme oder Ablehnung eines Angebots oder die Erbringung einer Leistung vorbehält; ausgenommen hiervon ist der Vorbehalt, erst nach Ablauf der Widerrufs- oder Rückgabefrist nach § 355 Abs. 1 und 2 und § 356 zu leisten; (Annahme- und Leistungsfrist)

→

Arbeitshilfe 1 (Fortsetzung)

2. eine Bestimmung, durch die sich der Verwender für die von ihm zu bewirkende Leistung abweichend von Rechtsvorschriften eine unangemessen lange oder nicht hinreichend bestimmte Nachfrist vorbehält; (Nachfrist)

3. die Vereinbarung eines Rechts des Verwenders, sich ohne sachlich gerechtfertigten und im Vertrag angegebenen Grund von seiner Leistungspflicht zu lösen; dies gilt nicht für Dauerschuldverhältnisse; (Rücktrittsvorbehalt)

4. die Vereinbarung eines Rechts des Verwenders, die versprochene Leistung zu ändern oder von ihr abzuweichen, wenn nicht die Vereinbarung der Änderung oder Abweichung unter Berücksichtigung der Interessen des Verwenders für den anderen Vertragsteil zumutbar ist; (Änderungsvorbehalt)

5. eine Bestimmung, wonach eine Erklärung des Vertragspartners des Verwenders bei Vornahme oder Unterlassung einer bestimmten Handlung als von ihm abgegeben oder nicht abgegeben gilt, es sei denn, dass
   a) dem Vertragspartner eine angemessene Frist zur Abgabe einer ausdrücklichen Erklärung eingeräumt ist und
   b) der Verwender sich verpflichtet, den Vertragspartner bei Beginn der Frist auf die vorgesehene Bedeutung seines Verhaltens besonders hinzuweisen; (Fingierte Erklärungen)

6. eine Bestimmung, die versucht, dass eine Erklärung des Verwenders von besonderer Bedeutung dem anderen Vertragsteil als zugegangen gilt; (Fiktion des Zugangs)

7. eine Bestimmung, nach der der Verwender für den Fall, dass eine Vertragspartei vom Vertrag zurücktritt oder den Vertrag kündigt,
   a) eine unangemessen hohe Vergütung für die Nutzung oder den Gebrauch einer Sache oder eines Rechts oder für erbrachte Leistungen oder
   b) einen unangemessen hohen Ersatz von Aufwendungen verlangen kann; (Abwicklung von Verträgen)

[...]

§ 309 Klauselverbote ohne Wertungsmöglichkeit

Auch soweit eine Abweichung von den gesetzlichen Vorschriften zulässig ist, ist in Allgemeinen Geschäftsbedingungen unwirksam

1. eine Bestimmung, welche die Erhöhung des Entgelts für Waren oder Leistungen vorsieht, die innerhalb von vier Monaten nach Vertragsschluss geliefert oder erbracht werden sollen; dies gilt nicht bei Waren oder Leistungen, die im Rahmen von Dauerschuldverhältnissen geliefert oder erbracht werden; (Kurzfristige Preiserhöhungen)

2. eine Bestimmung, durch die
   a) das Leistungsverweigerungsrecht, das dem Vertragspartner des Verwenders nach § 320 zusteht, ausge-

schlossen oder eingeschränkt wird oder
   b) ein dem Vertragspartner des Verwenders zustehendes Zurückbehaltungsrecht, soweit es auf demselben Vertragsverhältnis beruht, ausgeschlossen oder eingeschränkt, insbesondere von der Anerkennung von Mängeln durch den Verwender abhängig gemacht wird; (Leistungsverweigerungsrechte)

3. eine Bestimmung, durch die dem Vertragspartner des Verwenders die Befugnis genommen wird, mit einer unbestrittenen oder rechtskräftig festgestellten Forderung aufzurechnen; (Aufrechnungsverbot)

4. eine Bestimmung, durch die der Verwender von der gesetzlichen Obliegenheit freigestellt wird, den anderen Vertragsteil zu mahnen oder ihm eine Frist für die Leistung oder Nacherfüllung zu setzen; (Mahnung, Fristsetzung)

6. eine Bestimmung, durch die dem Verwender für den Fall der Nichtabnahme oder verspäteten Abnahme der Leistung, des Zahlungsverzugs oder für den Fall, dass der andere Vertragsteil sich vom Vertrag löst, Zahlung einer Vertragsstrafe versprochen wird; (Vertragsstrafe)

7. a) ein Ausschluss oder eine Begrenzung der Haftung für Schäden aus der Verletzung des Lebens, des Körpers oder der Gesundheit, die auf einer fahrlässigen Pflichtverletzung des Verwenders oder einer vorsätzlichen oder fahrlässigen Pflichtverletzung eines gesetzlichen Vertreters oder Erfüllungsgehilfen des Verwenders beruhen; (Verletzung von Leben, Körper, Gesundheit)
   b) ein Ausschluss oder eine Begrenzung der Haftung für sonstige Schäden, die auf einer grob fahrlässigen Pflichtverletzung des Verwenders oder auf einer vorsätzlichen oder grob fahrlässigen Pflichtverletzung eines gesetzlichen Vertreters oder Erfüllungsgehilfen des Verwenders beruhen; (Grobes Verschulden)

[...]

12. eine Bestimmung, durch die der Verwender die Beweislast zum Nachteil des anderen Vertragsteils ändert, insbesondere indem er
   a) diesem die Beweislast für Umstände auferlegt, die im Verantwortungsbereich des Verwenders liegen, oder
   b) den anderen Vertragsteil bestimmte Tatsachen bestätigen lässt; (Beweislast)

[...]

§ 310 Anwendungsbereich

(1) § 305 Abs. 2 und 3 und die §§ 308 und 309 finden keine Anwendung auf Allgemeine Geschäftsbedingungen die gegenüber einem Unternehmer, einer juristischen Person des öffentlichen Rechts [...] verwendet werden. [...]

Arbeitshilfe 2

BGB-Vorschriften zur Gestaltung von AGB bei ein- und zweiseitigen Handelsgeschäften

	Vorschrift	Beschreibung	**Beispiel**
einseitige und zweiseitige Handelsgeschäfte	Vorrang der Individualabrede (§ 305 b BGB)		
	Keine überraschenden / mehrdeutigen Klauseln (§ 305 c BGB)		
	Rechtsfolgen bei Verstoß gegen Vorschriften (§ 306 BGB)		
	Inhaltskontrolle (§ 307 BGB)		
zusätzlich für einseitige Handelsgeschäfte (§ 310 BGB)	Voraussetzung für Einbeziehung in den Vertrag (§ 305 Abs. 2 BGB)		
	Verbote mit Wertungs- möglichkeit (§ 308 BGB)		
	Verbote ohne Wertungs- möglichkeit (§ 309 BGB)		

Arbeitshilfe 3

AGB der Beleuchtungssysteme Schlosser GmbH

1. Allgemeines

Dem Verkauf unserer Waren und unseren sonstigen Leistungen liegen ausschließlich die nachstehenden Allgemeinen Geschäftsbedingungen zugrunde. Abweichenden Einkaufsbedingungen des Bestellers wird hiermit widersprochen. Bei widersprüchlichen vertraglichen Vereinbarungen gelten auf jeden Fall die nachfolgend aufgeführten Regelungen der AGB.

2. Preise

Die Preise sind Nettopreise zuzüglich der jeweiligen gesetzlichen Mehrwertsteuer und verstehen sich, soweit nicht anders vereinbart, bei Warenlieferungen ab Werk oder Lager, einschließlich unserer Standardverpackung. Ist eine frachtfreie Warenlieferung zugesagt, gilt dies frachtfrei an die Empfangsstation des Bestellers, ausschließlich Hausfracht.

3. Versand/Gefahrübergang

Der Versand erfolgt stets auf Gefahr des Bestellers. Mit der Auslieferung der Ware an das Beförderungsunternehmen, spätestens mit Verlassen unseres Werkes oder Lagers (bei Streckengeschäften des Werkes oder Lagers unseres Vorlieferanten), geht die Gefahr auf den Besteller über.

4. Lieferung

Die von uns genannten Liefertermine bezeichnen das voraussichtliche Lieferdatum, um dessen Einhaltung wir bemüht sein werden.

5. Zahlung

Unsere Rechnungen sind innerhalb von 40 Tagen nach Rechnungsdatum ohne Abzug zahlbar; bei Zahlung innerhalb von 10 Tagen nach Rechnungsdatum gewähren wir 3 % Skonto. Maßgeblich für die Rechtzeitigkeit der Zahlung ist der Eingang des Betrages zu unserer vorbehaltlosen Verfügung.

→

Arbeitshilfe 3 (Fortsetzung)

6. Eigentumsübertragung

Die gelieferte Ware bleibt bis zur vollständigen Zahlung des Kaufpreises und aller bestehenden oder zukünftig entstehenden Forderungen aus der Geschäftsverbindung mit dem Besteller unser Eigentum (Vorbehaltsware). Der Besteller ist berechtigt, die Vorbehaltsware im Rahmen eines ordnungsgemäßen Geschäftsbetriebes zu veräußern, solange er seinen Vertragspflichten uns gegenüber nachkommt. Eine Verpfändung oder Sicherungsübereignung ist ihm nicht gestattet; jeden Eingriff Dritter in unsere Eigentumsrechte hat er uns unverzüglich mitzuteilen. Erfüllt der Besteller seine Vertragspflichten uns gegenüber nicht, sind wir im Übrigen befugt, die Herausgabe der Vorbehaltsware zu verlangen.

Der Besteller tritt bereits mit Kauf der Vorbehaltsware die aus ihrer Weiterveräußerung erwachsenden Forderungen gegen seine Kunden an uns ab. Er ist verpflichtet, uns auf Verlangen die Höhe seiner Forderungen und die Namen der Drittschuldner mitzuteilen. Bei einer Verarbeitung der Vorbehaltsware gelten wir als Hersteller und erwerben Eigentum an der neuen Sache. Erfolgt die Verarbeitung zusammen mit anderen Materialien, erwerben wir Miteigentum an der hergestellten Sache im Verhältnis des Bruttorechnungswertes der Vorbehaltsware zu dem der anderen Materialien. Ist im Falle einer Verbindung, Vermischung oder Vermengung mit einer anderen Sache diese als Hauptsache anzusehen, geht das Miteigentum an der Sache im Umfang des Bruttorechnungswertes der Vorbehaltsware auf uns über.

7. Erfüllungsort und Gerichtsstand

Erfüllungsort für unsere Lieferungen ist Niederfischbach. Erfüllungsort für die Zahlungsverpflichtung des Bestellers ist ebenso Niederfischbach. Für alle Rechtsstreitigkeiten sind die Gerichte an unserem Geschäftssitz zuständig.

Vertiefende Übungen

1. Erläutern Sie mithilfe von BGB und HGB die gesetzlichen Regelungen bezüglich
   a) der Transportkosten,
   b) der Verpackungskosten,
   c) des Zeitpunkts der Lieferung.
2. Ordnen Sie den Verpackungsbedingungen eines Angebots
   1) Preis einschließlich Verpackung
   2) Preis ausschließlich Verpackung
   3) brutto für netto (bfn)
   folgende Aussagen zu:
   a) Im Kaufvertrag ist über die Verpackung nichts vereinbart.
   b) Der Preis bezieht sich auf das Reingewicht, die Verpackung wird nicht berechnet.
   c) Die Verpackung wird mitgewogen und zum Preis der Ware berechnet.
   d) Der Kunde kann die kostenlos überlassene Verpackung verwenden.
   e) Der Käufer zahlt das Reingewicht und muss die Verpackung zurückgeben.
3. Auf Anfrage erhält eine Möbelfabrik Angebote für 20 Kindermatratzen. Bei welchem Lieferer wird die Fabrik bestellen, wenn in der Qualität keine Unterschiede bestehen und der Preis entscheidend ist?
   a) Preis je Stück 80,00 €, ab Werk, Bezugskosten 230,00 €, Rabatt 5 %
   b) Preis je Stück 83,00 €, frei Haus, 2 % Skonto oder 1 Monat Ziel
   c) Preis je Stück 85,00 €, frei Bahnhof dort, Rollgeld 30,00 €, 3 Monate Ziel, 3 % Rabatt
   d) Preis je Stück 90,00 €, ab Bahnhof hier, Bezugskosten 150,00 €, 3 % Skonto oder 2 Monate Ziel, 10 % Rabatt

4. Erklären Sie den Begriff „Incoterms" und beschreiben Sie, welche Regelung sich hinter den Abkürzungen
   a) EXW,   b) FOB und   c) CIF verbergen.
   Verwenden Sie die im INFO-Teil (Kap. 3.3.2, Seite 276) angegebene Internetadresse oder suchen Sie weitere Quellen unter Verwendung entsprechender Suchmaschinen.

5. Nennen Sie ein Beispiel für die Zahlung vor Lieferung und erläutern Sie dessen betriebswirtschaftliche und praktische Relevanz.

6. Beschreiben Sie drei verschiedene Arten von Preisnachlässen sowie deren Zielsetzungen.

7. Erläutern Sie die praktische Relevanz der Gewährung von Skonto.

8. Die Karl Wilbers GmbH, Köln, liefert Bleche unter Eigentumsvorbehalt an die Maschinenfabrik Hombach GmbH in Freudenberg. Nach Ablauf der Zahlungsfrist fordert die Karl Wilbers GmbH die gelieferten Bleche zurück. Die Freudenberger Maschinenfabrik hat die Bleche jedoch schon verarbeitet.
   a) Klären Sie die Rechtslage.
   b) Was raten Sie der Karl Wilbers GmbH zur Sicherung ihrer Forderungen?
   c) Formulieren Sie eine entsprechende Vertragsklausel für die Lieferung der Karl Wilbers GmbH.

9. Erläutern Sie die gesetzlichen Vorgaben sowie Gründe für den Schutz des Verbrauchers beim Ratenkauf.

10. Der Industriebetrieb HEYCO GmbH, Bonn, verkauft an einen Wagenbauer in Rüsselsheim Werkzeuge für den Fahrzeugbau. Vertragliche Regelungen bezüglich Leistungsort und Gerichtsstand wurden nicht vereinbart.
    a) Wo liegt der Erfüllungsort für die Warenschuld?
    b) Wann hat die HEYCO GmbH ihre Lieferverpflichtung erfüllt, wenn als Lieferzeitpunkt die erste Oktoberwoche vereinbart war?
    c) Wann hat der Wagenbauer seine Zahlungsverpflichtung erfüllt, wenn als Zahlungstermin 30 Tage nach Rechnungsdatum (29. November) bestimmt war?
    d) Nehmen Sie an, die Werkzeuge werden beschädigt. Wer hätte in den folgenden Fällen das Risiko zu tragen?
       (1) Die Werkzeuge werden in Bonn ordnungsgemäß einem Spediteur übergeben.
       (2) Beim Umladen von Waggon zu Waggon bei der Deutschen Bahn AG kippen die Werkzeuge auf den Bahnsteig.
       (3) Auf dem Transport vom Güterbahnhof Rüsselsheim zum Firmensitz des Wagenbauers rutschen die Werkzeuge vom Lkw des Rollfuhrunternehmens.
       (4) Der Lkw des Wagenbauers holt die Werkzeuge vom Güterbahnhof Rüsselsheim ab und stößt mit einer Straßenbahn zusammen.
       Betrachten Sie die oben geschilderte Situation nun unter der Vorgabe, dass im Kaufvertrag Folgendes schriftlich festgelegt wurde: **„Erfüllungsort für beide Teile ist Rüsselsheim."**
    e) Wer ist aufgrund dieser vertraglichen Vereinbarung im Vorteil? (Begründung!)
    f) Untersuchen Sie erneut die oben in d) geschilderten Situationen (1) bis (4). Welche Ergebnisse ändern sich?

11. Dieter Jacobi aus Köln kauft bei der Breuer OHG in Dormagen einen neuen Rasenmäher. Es werden keine vertraglichen Vereinbarungen bezüglich Erfüllungsort und Gerichtsstand getroffen.
    a) Wo werden die Leistungen aus dem Kaufvertrag geschuldet?
    b) Wo kann der jeweils nicht erfüllende Vertragspartner verklagt werden?
    c) Nach welchem Kriterium richtet sich die sachliche Zuständigkeit der Gerichte?

→

12. Sehen Sie sich bitte die nachfolgenden Belege an und beantworten Sie dann die Fragen a) bis k) auf der folgenden Seite.

Angebot zu
Übung 12

Pope & Mauritz KG

Händelallee 61
40227 Düsseldorf

Angebot über Alurohre

Sehr geehrte Damen und Herren,

wir danken für Ihre Anfrage. Aus unserer Produktpalette bieten wir Ihnen an:

hochwertige, umweltschonend hergestellte Alurohre, zu einem Preis von 40,00 € pro laufendem Meter, zuzüglich der aktuellen gesetzlichen Umsatzsteuer

Abhängig von der bestellten Menge bieten wir folgende Rabattstaffelung:
ab 5 m –5 %   ab 10 m –8 %   ab 15 m –10 %

Unsere Lieferbedingungen: Lieferung ab Werk (2,00 €/Meter); Preis netto ausschließlich Verpackung (Verpackungskosten 30,00 €).
Unsere Zahlungsbedingungen: 3 % Skonto bei Zahlung innerhalb von 7 Tagen nach Rechnungsdatum oder 30 Tage netto Kasse.
Die Ware bleibt bis zur vollständigen Zahlung des Kaufpreises unser Eigentum. Im Falle der Verarbeitung der Ware durch den Käufer erhält der Verkäufer das Eigentum am hergestellten Gut. Die Lieferung kann spätestens 7 Tage nach Bestellungseingang erfolgen.

Mit freundlichen Grüßen

Bestellung
zu Übung 12

Kölner Fahrrad-Manufaktur Manfred Barth e. K.
Schanzenstr. 150 · 51063 Köln

Bestellung

Sehr geehrte Damen und Herren,

entsprechend Ihrem Angebot vom 20.10.20.. geben wir in Auftrag:

        8 m qualitativ hochwertiges, schadstoffarm hergestelltes Alurohr
        Preis: 40,00 € je m abzüglich 5 % Rabatt; zzgl. gesetzl. USt

Die Lieferung sollte bis spätestens 29.10.20.. erfolgen.

Wir bitten um sorgfältige und möglichst prompte Erledigung unseres Auftrags und sehen weiteren Geschäftsbeziehungen positiv entgegen.

Mit freundlichen Grüßen

a) Die Bestellung geht am 24. Oktober ein. Ist ein Kaufvertrag zustande gekommen? Bitte begründen Sie.

b) Falls ein Kaufvertrag zustande gekommen ist:

  (1) Bezeichnen Sie die beiden Willenserklärungen, die dem Vertrag zugrunde liegen.

  (2) Zu welchen Leistungen verpflichten sich jeweils die Vertragspartner?

c) Wo und wann sind diese zu erbringenden Leistungen erfüllt? Begründen Sie bitte auch hier.

d) Erläutern Sie die gesetzliche Regelung bezüglich des Zeitpunktes, wann die jeweilige Leistung zu erbringen ist.

e) Wo geht die Gefahr des zufälligen Untergangs auf den jeweiligen Gläubiger der Leistung über? Bitte begründen Sie.

f) Gehen Sie davon aus, dass der zugesicherte Liefertermin nicht eingehalten wird. Wo und bei welchem Gericht könnte die Kölner Fahrrad-Manufraktur (KFM) ihren Lieferanten verklagen?

g) Wo könnten Pope & Mauritz ihre Rechte geltend machen, falls die KFM ihren Leistungen nicht nachkommt?

h) Erläutern Sie die im Vertrag vereinbarten Lieferungsbedingungen. Wie hoch sind die Kosten und wer trägt diese Kosten bezüglich

  (1) der Beförderung,

  (2) der Verpackung?

i) Erläutern Sie die im Vertrag vereinbarten Zahlungsbedingungen unter Verwendung einer anschaulichen Grafik (Zeitstrahl). Verwenden Sie bei der Darstellung die Begriffe „Zielzeitraum", „Skontozeitraum" sowie „Kreditzeitraum".

j) Da die KFM zurzeit nicht liquide ist (ausstehende Forderungen fließen erst in einem Monat ins Unternehmen), könnte sie den Skonto nur in Anspruch nehmen, wenn sie das Kontokorrentkonto bei ihrer Hausbank überzieht. Für die Überziehung müssten Zinsen in Höhe von 13,5 % p. a. gezahlt werden. Soll die KFM den gewährten Skonto in Anspruch nehmen?
Ermitteln Sie den Effektivzinssatz der Skontogewährung p_{eff} und einen eventuell entstehenden Finanzierungserfolg.

k) Erläutern Sie, warum die Gewährung von Skonto im Geschäftsalltag üblich ist und warum der gewährte Lieferantenkredit so teuer ist.

13. Ein Industriebetrieb bezieht Rohstoffe im Bruttogewicht von 1 030 kg. Die Verpackung wiegt 35 kg. Die Vereinbarung hinsichtlich der Verpackungskosten lautet bfn. Die Rohstoffe kosten je kg Nettogewicht 2,85 €. Der Lieferer gewährt 5 % Rabatt und bei einer Zahlung innerhalb 14 Tagen 2 % Skonto. Die Fracht beträgt 6,20 € je angefangene 100 kg Nettogewicht und das Rollgeld 19,05 €. Wie hoch ist der Einstandspreis dieser Lieferung?

14. Welche Gütebezeichnungen werden bei landwirtschaftlichen Erzeugnissen wie Eiern, Kartoffeln oder Milch verwendet?

› **Internetrecherche**

a) Typen   b) Standards   c) Proben   d) Handelsklassen

Nutzen Sie zur Lösung dieser Aufgabenstellung das Internet.

→

15. Ermitteln Sie mithilfe der unten stehenden Abbildung die Beförderungskosten für den Käufer, wenn er folgende Lieferungsbedingungen akzeptiert hat:
    a) Die ausgewiesenen Preise verstehen sich „frei Waggon".
    b) Wir liefern ausschließlich „ab hier".
    c) Die Lieferung erfolgt „franko".
    d) Rechnen Sie mit einer Preisstellung „ab Werk".
    e) Unsere Lieferungsbedingung lautet „frei Lager".
    f) Die Berechnung der Transportkosten erfolgt nach der gesetzlichen Regelung.

Verkäufer	Beförderungskosten					Käufer
	Anfuhr	Verladung	Fracht	Entladung	Zufuhr	
	Kosten der Anfuhr: 98,00 €			Entladekosten: 32,00 €		
	Verladekosten: 40,00 €			Kosten der Zufuhr: 100,00 €		
Fracht: 280,00 €						

16. Was sind AGB und welche Vorteile bzw. Nachteile beinhalten deren praktische Verwendung?

17. Folgende Vorgaben sind elementare Bestimmungen des BGB zu den AGB. Bitte erklären Sie diese Vorgaben mit eigenen Worten.
    a) Voraussetzungen für die Gültigkeit Allgemeiner Geschäftsbedingungen
       – Ausdrücklicher Hinweis   – Möglichkeit zur zumutbaren
       – Einverständnis des Vertragspartners   Kenntnisnahme
    b) Widersprechen sich die AGB zweier Vertragspartner, greifen in den strittigen Punkten die gesetzlichen Bestimmungen des BGB.
    c) Der Vertrag bleibt gültig, auch wenn einzelne Regelungen der AGB ungültig sind.
    d) Die Individualabrede hat Vorrang von den Klauseln der AGB.

18. In einem Kreditvertrag von Josh Bartels mit der Sparkasse Musterberg wurde vereinbart, dass der Kredit jederzeit ohne Angaben von Gründen gekündigt werden kann. Die AGB der Sparkasse enthalten jedoch folgende Klausel:
    „Werden Zinsen oder sonstige wesentliche Entgelte erhöht, kann der Kunde die davon betroffene Geschäftsbeziehung innerhalb eines Monats seit Bekanntgabe mit sofortiger Wirkung kündigen."
    a) Welche Vereinbarung ist gültig? Bitte begründen Sie.
       Ein paar Wochen nach Abschluss des Kreditvertrages erhält Josh Bartels per Post ein Päckchen mit einer Sondermünze. Bei erneutem Lesen der AGB stellt Josh Bartels fest, dass er sich ungewollt dazu verpflichtet hat, zweimal jährlich eine solche Münze zu erwerben.
    b) Hätte Josh Bartels bei Vertragsabschluss das Kleingedruckte besser lesen sollen?
    c) Josh Bartels ist über die Verkaufsmasche so verärgert, dass er am liebsten den ganzen Vertrag ungültig machen möchte. Wie sehen seine Chancen dazu aus?

19. Der Textilhändler Niko Schuh aus Köln-Lövenich hat mit seinem Jeanslieferanten am 12.06. einen Kaufvertrag über 100 Bluejeans abgeschlossen. Die Lieferung der Jeanshosen soll am 02.10. erfolgen. Bei Lieferung teilt der Lieferant mit, dass sich aufgrund steigender Baumwollpreise der Preis für die Jeanshosen erhöht hat.
    Als Niko Schuh sich weigert, den erhöhten Preis zu zahlen, verweist sein Lieferant auf die AGB: „Treten bis zur Lieferung der Sachen Preiserhöhungen auf, so gehen diese zu Lasten des Kunden."
    Nehmen Sie schriftlich Stellung zu dieser Situation.

3.4
Kaufvertragsarten – Vereinbarungen zu Art, Güte und Beschaffenheit der Sache

Die Heidtkötter KG hat vor Kurzem ihre Neuentwicklung, den *communicTable*, in ihr Absatzprogramm aufgenommen. Für die abschließende Endmontage wird ein Touchscreen benötigt, der als Montageteil fremdbezogen wird. Bevor langfristige Lieferverträge vereinbart werden, hat sich Frau Schilling mit einem Lieferanten geeinigt, dass zunächst fünf Monitore geliefert werden, die innerhalb von zwei Wochen zurückgegeben werden können, wenn sie nicht passen, Schnittstellen nicht angeschlossen werden können oder auch optische Gesichtspunkte gegen eine Montage sprechen.
Sollten die Touchscreens allen Anforderungen genügen, werden dem Lieferanten Folgeaufträge mit wesentlich höheren Stückzahlen in Aussicht gestellt.

Arbeitsaufträge

1. Welche Kaufverträge (zwei unterschiedliche Kaufvertragsarten) werden im Einzelnen abgeschlossen, wenn die Touchscreens den Anforderungen genügen und Folgeverträge abgeschlossen werden?
   Erläutern Sie mithilfe der §§ 454, 455 BGB (s. o. Arbeitshilfe in Kap. 3.3.4, Seite 58) die rechtlichen Konsequenzen dieser vertraglichen Vereinbarungen für die jeweiligen Vertragspartner.
2. Beschreiben Sie die Vorteile, die für die Heidtkötter KG aus dieser Vorgehensweise entstehen.
3. Welche rechtlichen Konsequenzen ergeben sich für die Heidtkötter KG, wenn sie die Monitore, obwohl sie den Anforderungen nicht genügen, bis zum vereinbarten Zeitpunkt nicht zurückgegeben hat?

Vertiefende Übungen

1. Bei welchem Kauf kann der Käufer eine Ware innerhalb der vereinbarten Frist zurückgeben?
   a) Kauf zur Probe   b) Fixkauf   c) Kauf nach Probe
   d) Kauf auf Abruf   e) Kauf auf Probe
2. Ein Möbelhersteller kauft einen Klebstoff, um dessen Qualität prüfen zu können. Um welche Kaufart handelt es sich?
   a) Spezifikationskauf   b) Kauf nach Probe   c) Kauf zur Probe
   d) Kauf auf Probe   e) Fixgeschäft   f) Kauf in Bausch und Bogen
3. Was ist ein Fixkauf?
   a) Kauf auf Abruf
   b) Kauf, bei dem die Rechnung erst nach 14 Tagen zu bezahlen ist
   c) Kauf, bei dem der Liefertermin genau auf den Tag festgelegt wurde
   d) Kauf, bei dem der Käufer noch einige Angaben zur Kaufsache machen muss
   e) schneller Kauf

3.5
Behebung eventuell auftretender Leistungsstörungen bei der Beschaffung von Materialien – Störungen bei der Erfüllung von Kaufverträgen

Ausgangslage   Nach § 433 BGB entstehen für die Vertragspartner bei Abschluss des Kaufvertrages vertragstypische Pflichten (Verpflichtungsgeschäft). Der Verkäufer einer beweglichen Sache ist verpflichtet, dem Käufer die Sache frei von Sach- und Rechtsmängeln[1] zu übergeben und ihm das Eigentum an der Sache zu verschaffen. Der Käufer ist verpflichtet, dem Verkäufer den vereinbarten Kaufpreis zu zahlen und die gekaufte Sache anzunehmen.

Bei der Erfüllung dieser Pflichten/„Schulden" (Erfüllungsgeschäft) können Störungen auftreten, die außergerichtlich („kaufmännisch") oder gerichtlich beseitigt werden müssen. Im Falle einer Vertragsstörung ist u. a. zu klären, ob bestimmte Voraussetzungen der Nichterfüllung/Störung erfüllt sind und welche Rechte dann das Gesetz dem Gläubiger der geschuldeten Leistung zur Verfügung stellt. Bevor die gesetzlichen Vorschriften/Rechte in Anspruch genommen werden, sollten sich die Vertragspartner um eine individuelle, fallbezogene „kaufmännische" Lösung der Störung bemühen.

3.5.1
Die Lieferung des Lieferanten weist Schäden auf – Schlechtleistung (mangelhafte Lieferung)

Situation   Am 30. November hat die Heidtkötter KG bei ihrem Lieferanten, der Beleuchtungssysteme Schlosser GmbH, 120 hochwertig lackierte Strahler für Niedervolt-Stromschienen zu einem Preis von 50,00 € pro Stück bestellt. Vertraglich vereinbart wurde eine Lieferzeit von 7 Tagen nach Eingang der Bestellung. Die Transportkosten vom Bahnhof Niederfischbach nach Bielefeld betragen 6,5 % des Warenwertes (Angebot siehe Kap. 3.3, Seite 54).

Am 4. Dezember erfolgt die Lieferung der Strahler. Die Begleitpapiere stimmen mit der Bestellung überein. Aufgrund kleiner Verpackungsschäden wird eine intensive Wareneingangskontrolle durchgeführt und folgende Mängel werden mit Unterschrift schriftlich festgehalten:

- 10 Strahler sind in den Montierstäben leicht verbogen
- 20 Strahler haben tiefe Kratzer und weisen Lackschäden auf

Arbeitsaufträge

> **INFO-Teil**
> **Arbeitshilfe in**
> **Kap. 3.5.2**

Bearbeiten Sie gemeinsam mit Ihrem Tischnachbarn die folgenden Fragestellungen zu dieser Situation mithilfe der in der Arbeitshilfe angegebenen gesetzlichen Regelungen des BGB sowie ergänzender Informationen im INFO-Teil.

1. Ermitteln Sie die Höhe der Transportkosten. Wer hat diese zu tragen?

2. Begründen Sie, ob hier Sachmängel im Sinne des § 434 BGB vorliegen, und benennen Sie die Mangelart nach ihrer Erkennbarkeit.

3. Welche Rechte kann die Heidtkötter KG gegenüber der Beleuchtungssysteme Schlosser GmbH geltend machen und welche Voraussetzungen sind jeweils dabei zu beachten? Versuchen Sie die bestehenden Rechte und deren Voraussetzungen übersichtlich in einer Grafik darzustellen.

---

1   Belastung einer Sache mit Rechten Dritter (§ 435 BGB)

4. Welche Fristen muss die Heidtkötter KG nach § 377 HGB bei Lieferung der Ware berücksichtigen? (siehe HGB-Auszug S. 74)

5. Was würden Sie der Heidtkötter KG im Falle des Sachmangels konkret empfehlen? Bitte begründen Sie.

6. Begründen Sie, ob die Beleuchtungssysteme Schlosser GmbH die Nacherfüllung verweigern kann? (§§ 439, 440 BGB).

7. Aufgrund der Mängel an den Strahlern ist der Heidtkötter KG ein Schaden in Höhe von 150,00 € entstanden. Unter welchen Bedingungen kann die Heidtkötter KG das Recht auf „Schadensersatz statt Leistung" geltend machen? Bitte begründen Sie.

3.5.2
Die Lieferung des Lieferanten erfolgt zu spät oder gar nicht – Nicht-Rechtzeitig-Lieferung (Lieferungsverzug)

Situation Am 30. November hat die Heidtkötter KG bei der Computertechnik Lenjosh OHG in Darmstadt 35 Monitore zu einem Einstandspreis von 940,00 € pro Stück als Komponente zur Herstellung des *communicTable* bestellt. In der Auftragsbestätigung der Computertechnik Lenjosh OHG ist der Liefertermin 8 Tage nach Eingang der Bestellung bestätigt worden. Erfüllungsort und Gerichtsstand für beide Teile[1] ist Bielefeld.
Am 10. Dezember ist die Lieferung noch nicht in Bielefeld eingetroffen.

Arbeitsaufträge

Bearbeiten Sie folgende Fragestellungen zu dieser Situation gemeinsam mit ihrem Tischnachbarn.

> INFC-Teil
> Arbeitshilfe

1. Welche Rechte kann die Heidtkötter KG grundsätzlich gegenüber der Lenjosh OHG in Darmstadt geltend machen? (§§ 280, 281, 284, 286, 323, 325 BGB)
2. Erläutern Sie die Voraussetzungen, die bei der Beanspruchung dieser Rechte jeweils zu beachten sind.
3. Geben Sie eine begründete Empfehlung für die Heidtkötter KG ab.
4. Wie würde sich die Rechtslage verändern, wenn als Liefertermin der 8. Dezember vertraglich festgelegt worden wäre? Bitte begründen Sie.

Arbeitshilfe

zu Kap. 3.5.1 und 3.5.2: Auszüge aus dem Bürgerlichen Gesetzbuch (BGB)

§ 195 Regelmäßige Verjährungsfrist
Die regelmäßige Verjährungsfrist beträgt drei Jahre.

§ 199 Beginn der regelmäßigen Verjährungsfrist und Verjährungshöchstfristen
(1) Die regelmäßige Verjährungsfrist beginnt, soweit nicht ein anderer Verjährungsbeginn bestimmt ist, mit dem Schluss des Jahres, in dem
1. der Anspruch entstanden ist und
2. der Gläubiger von den den Anspruch begründenden Umständen und der Person des Schuldners Kenntnis

erlangt oder ohne grobe Fahrlässigkeit erlangen müsste.
(2) Schadensersatzansprüche, die auf der Verletzung des Lebens, des Körpers, der Gesundheit oder der Freiheit beruhen, verjähren ohne Rücksicht auf ihre Entstehung und die Kenntnis oder grob fahrlässige Unkenntnis in 30 Jahren von der Begehung der Handlung, der Pflichtverletzung oder dem sonstigen, den Schaden auslösenden Ereignis an.
(3) Sonstige Schadensersatzansprüche verjähren

→

---

1 für Warenschuld und Geldschuld

Arbeitshilfe (Fortsetzung)

1. ohne Rücksicht auf die Kenntnis oder grob fahrlässige Unkenntnis in zehn Jahren von ihrer Entstehung an und
2. ohne Rücksicht auf ihre Entstehung und die Kenntnis oder grob fahrlässige Unkenntnis in 30 Jahren von der Begehung der Handlung, der Pflichtverletzung oder dem sonstigen, den Schaden auslösenden Ereignis an.

Maßgeblich ist die früher endende Frist.

(3a) Ansprüche, die auf einem Erbfall beruhen oder deren Geltendmachung die Kenntnis einer Verfügung von Todes wegen voraussetzt, verjähren ohne Rücksicht auf die Kenntnis oder grob fahrlässige Unkenntnis in 30 Jahren von der Entstehung des Anspruchs an.

(4) Andere Ansprüche als die nach den Absätzen 2 bis 3a verjähren ohne Rücksicht auf die Kenntnis oder grob fahrlässige Unkenntnis in zehn Jahren von ihrer Entstehung an.

(5) Geht der Anspruch auf ein Unterlassen, so tritt an die Stelle der Entstehung die Zuwiderhandlung.

§ 280 Schadensersatz wegen Pflichtverletzung

(1) Verletzt der Schuldner eine Pflicht aus dem Schuldverhältnis, so kann der Gläubiger Ersatz des hierdurch entstehenden Schadens verlangen. Dies gilt nicht, wenn der Schuldner die Pflichtverletzung nicht zu vertreten hat.

(2) Schadensersatz wegen Verzögerung der Leistung kann der Gläubiger nur unter der zusätzlichen Voraussetzung des § 286 verlangen.

(3) Schadensersatz statt der Leistung kann der Gläubiger nur unter den zusätzlichen Voraussetzungen des § 281, des § 282 oder des § 283 verlangen.

§ 281 Schadensersatz statt der Leistung wegen nicht oder nicht wie geschuldet erbrachter Leistung

(1) Soweit der Schuldner die fällige Leistung nicht oder nicht wie geschuldet erbringt, kann der Gläubiger unter den Voraussetzungen des § 280 Abs. 1 Schadensersatz statt der Leistung verlangen, wenn er dem Schuldner erfolglos eine angemessene Frist zur Leistung oder Nacherfüllung bestimmt hat. Hat der Schuldner die Leistung nicht wie geschuldet bewirkt, so kann der Gläubiger Schadensersatz statt der ganzen Leistung nicht verlangen, wenn die Pflichtverletzung unerheblich ist.

(2) Die Fristsetzung ist entbehrlich, wenn der Schuldner die Leistung ernsthaft und endgültig verweigert oder wenn besondere Umstände vorliegen, die unter Abwägung der beiderseitigen Interessen die sofortige Geltendmachung des Schadensersatzanspruchs rechtfertigen.

(3) Kommt nach der Art der Pflichtverletzung eine Fristsetzung nicht in Betracht, so tritt an deren Stelle eine Abmahnung.

(4) Der Anspruch auf die Leistung ist ausgeschlossen, sobald der Gläubiger statt der Leistung Schadensersatz verlangt hat.

(5) Verlangt der Gläubiger Schadensersatz statt der ganzen Leistung, so ist der Schuldner zur Rückforderung des Geleisteten nach den §§ 346 bis 348 berechtigt.

§ 284 Ersatz vergeblicher Aufwendungen

Anstelle des Schadensersatzes statt der Leistung kann der Gläubiger Ersatz der Aufwendungen verlangen, die er im Vertrauen auf den Erhalt der Leistung gemacht hat und billigerweise machen durfte, es sei denn, deren Zweck wäre auch ohne die Pflichtverletzung des Schuldners nicht erreicht worden.

§ 286 Verzug des Schuldners

(1) Leistet der Schuldner auf eine Mahnung des Gläubigers nicht, die nach dem Eintritt der Fälligkeit erfolgt, so kommt er durch die Mahnung in Verzug. Der Mahnung stehen die Erhebung der Klage auf die Leistung sowie die Zustellung eines Mahnbescheids im Mahnverfahren gleich.

(2) Der Mahnung bedarf es nicht, wenn
1. für die Leistung eine Zeit nach dem Kalender bestimmt ist,
2. der Leistung ein Ereignis vorauszugehen hat und eine angemessene Zeit für die Leistung in der Weise bestimmt ist, dass sie sich von dem Ereignis an nach dem Kalender berechnen lässt,
3. der Schuldner die Leistung ernsthaft und endgültig verweigert,
4. aus besonderen Gründen unter Abwägung der beiderseitigen Interessen der sofortige Eintritt des Verzugs gerechtfertigt ist.

(3) Der Schuldner einer Entgeltforderung kommt spätestens in Verzug, wenn er nicht innerhalb von 30 Tagen nach Fälligkeit und Zugang einer Rechnung oder gleichwertigen Zahlungsaufstellung leistet; dies gilt gegenüber einem Schuldner, der Verbraucher ist, nur wenn auf diese Folgen in der Rechnung oder Zahlungsaufstellung besonders hingewiesen worden ist. Wenn der Zeitpunkt des Zugangs der Rechnung oder Zahlungsaufstellung unsicher ist, kommt der Schuldner, der nicht Verbraucher ist, spätestens 30 Tage nach Fälligkeit und Empfang der Gegenleistung in Verzug.

(4) Der Schuldner kommt nicht in Verzug, solange die Leistung infolge eines Umstands unterbleibt, den er nicht zu vertreten hat.

§ 323 Rücktritt wegen nicht oder nicht vertragsgemäß erbrachter Leistung

(1) Erbringt bei einem gegenseitigen Vertrag der Schuldner eine fällige Leistung nicht oder nicht vertragsgemäß, so kann der Gläubiger, wenn er dem Schuldner erfolglos eine angemessene Frist zur Leistung oder Nacherfüllung bestimmt hat, vom Vertrag zurücktreten.

(2) Die Fristsetzung ist entbehrlich, wenn
1. der Schuldner die Leistung ernsthaft und endgültig verweigert,

2. der Schuldner die Leistung zu einem im Vertrag bestimmten Termin oder innerhalb einer bestimmten Frist nicht bewirkt und der Gläubiger im Vertrag den Fortbestand seines Leistungsinteresses an die Rechtzeitigkeit der Leistung gebunden hat oder

3. besondere Umstände vorliegen, die unter Abwägung der beiderseitigen Interessen den sofortigen Rücktritt rechtfertigen.

(3) Kommt nach der Art der Pflichtverletzung eine Fristsetzung nicht in Betracht, so tritt an deren Stelle eine Abmahnung.

(4) Der Gläubiger kann bereits vor dem Eintritt der Fälligkeit der Leistung zurücktreten, wenn offensichtlich ist, dass die Voraussetzungen des Rücktritts eintreten werden.

(5) Hat der Schuldner eine Teilleistung bewirkt, so kann der Gläubiger vom ganzen Vertrag nur zurücktreten, wenn er an der Teilleistung kein Interesse hat. Hat der Schuldner die Leistung nicht vertragsgemäß bewirkt, so kann der Gläubiger vom Vertrag nicht zurücktreten, wenn die Pflichtverletzung unerheblich ist.

§ 325 Schadensersatz und Rücktritt
Das Recht, bei einem gegenseitigen Vertrag Schadensersatz zu verlangen, wird durch den Rücktritt nicht ausgeschlossen.

§ 326 Befreiung von der Gegenleistung und Rücktritt beim Ausschluss der Leistungspflicht
(1) Braucht der Schuldner nach § 275 Abs. 1 bis 3 nicht zu leisten, entfällt der Anspruch auf die Gegenleistung; bei einer Teilleistung findet § 441 Abs. 3 entsprechende Anwendung. Satz 1 gilt nicht, wenn der Schuldner im Falle der nicht vertragsgemäßen Leistung die Nacherfüllung nach § 275 Abs. 1 bis 3 nicht zu erbringen braucht. [...]

§ 433 Vertragstypische Pflichten beim Kaufvertrag
(1) Durch den Kaufvertrag wird der Verkäufer einer Sache verpflichtet, dem Käufer die Sache zu übergeben und das Eigentum an der Sache zu verschaffen. Der Verkäufer hat dem Käufer die Sache frei von Sach- und Rechtsmängeln zu verschaffen.

(2) Der Käufer ist verpflichtet, dem Verkäufer den vereinbarten Kaufpreis zu zahlen und die gekaufte Sache abzunehmen.

§ 434 Sachmangel
(1). Die Sache ist frei von Sachmängeln, wenn sie bei Gefahrübergang die vereinbarte Beschaffenheit hat. Soweit die Beschaffenheit nicht vereinbart ist, ist die Sache frei von Sachmängeln,

1. wenn sie sich für die nach dem Vertrag vorausgesetzte Verwendung eignet, sonst

2. wenn sie sich für die gewöhnliche Verwendung eignet und eine Beschaffenheit aufweist, die bei Sachen der gleichen Art üblich ist und die der Käufer nach der Art der Sache erwarten kann.

Zu der Beschaffenheit nach Satz 2 Nr. 2 gehören auch Eigenschaften, die der Käufer nach den öffentlichen Äußerungen des Verkäufers, des Herstellers (§ 4 Abs. 1 und 2 des Produkthaftungsgesetzes) oder seines Gehilfen insbesondere in der Werbung oder bei der Kennzeichnung über bestimmte Eigenschaften der Sache erwarten kann, es sei denn, dass der Verkäufer die Äußerung nicht kannte und auch nicht kennen musste, dass sie im Zeitpunkt des Vertragsschlusses in gleichwertiger Weise berechtigt war oder dass sie die Kaufentscheidung nicht beeinflussen konnte.

(2) Ein Sachmangel ist auch dann gegeben, wenn die vereinbarte Montage durch den Verkäufer oder dessen Erfüllungsgehilfen unsachgemäß durchgeführt worden ist. Ein Sachmangel liegt bei einer zur Montage bestimmten Sache ferner vor, wenn die Montageanleitung mangelhaft ist, es sei denn, die Sache ist fehlerfrei montiert worden.

(3) Einem Sachmangel steht es gleich, wenn der Verkäufer eine andere Sache oder eine zu geringe Menge liefert.

§ 435 Rechtsmangel
Die Sache ist frei von Rechtsmängeln, wenn Dritte in Bezug auf die Sache keine oder nur die im Kaufvertrag übernommenen Rechte gegen den Käufer geltend machen können. Einem Rechtsmangel steht es gleich, wenn im Grundbuch ein Recht eingetragen ist, das nicht besteht.

§ 437 Rechte des Käufers bei Mängeln
Ist die Sache mangelhaft, kann der Käufer, wenn die Voraussetzungen der folgenden Vorschriften vorliegen und soweit nicht ein anderes bestimmt ist,

1. nach § 439 Nacherfüllung verlangen,

2. nach den §§ 440, 323 und 326 Abs. 5 von dem Vertrag zurücktreten oder nach § 441 den Kaufpreis mindern und

3. nach den §§ 440, 280, 281, 283 und 311 a Schadensersatz oder nach § 284 Ersatz vergeblicher Aufwendungen verlangen.

§ 438 Verjährung der Mängelansprüche
(1) Die in § 437 Nr. 1 und 3 bezeichneten Ansprüche verjähren

1. in 30 Jahren, wenn der Mangel
   a) in einem dinglichen Recht eines Dritten, aufgrund dessen Herausgabe der Kaufsache verlangt werden kann, oder
   b) in einem sonstigen Recht, das im Grundbuch eingetragen ist, besteht,

2. in fünf Jahren
   a) bei einem Bauwerk und
   b) bei einer Sache, die entsprechend ihrer üblichen Verwendungsweise für ein Bauwerk verwendet worden ist und dessen Mangelhaftigkeit verursacht hat, und

3. im Übrigen in zwei Jahren.

(2) Die Verjährung beginnt bei Grundstücken mit der Übergabe, im Übrigen mit der Ablieferung der Sache.

(3) Abweichend von Absatz 1 Nr. 2 und 3 und Absatz 2 verjähren die Ansprüche in der regelmäßigen Verjährungsfrist, wenn der Verkäufer den Mangel arglistig verschwiegen hat. Im Falle des Absatzes 1 Nr. 2 tritt die Verjährung jedoch nicht vor Ablauf der dort bestimmten Frist ein.
[...]

§ 439 Nacherfüllung

(1) Der Käufer kann als Nacherfüllung nach seiner Wahl die Beseitigung des Mangels oder die Lieferung einer mangelfreien Sache verlangen.

(2) Der Verkäufer hat die zum Zwecke der Nacherfüllung erforderlichen Aufwendungen, insbesondere Transport-, Wege-, Arbeits- und Materialkosten zu tragen.

(3) Der Verkäufer kann die vom Käufer gewählte Art der Nacherfüllung unbeschadet des § 275 Abs. 2 und 3 verweigern, wenn sie nur mit unverhältnismäßigen Kosten möglich ist. Dabei sind insbesondere der Wert der Sache in mangelfreiem Zustand, die Bedeutung des Mangels und die Frage zu berücksichtigen, ob auf die andere Art der Nacherfüllung ohne erhebliche Nachteile für den Käufer zurückgegriffen werden könnte. Der Anspruch des Käufers beschränkt sich in diesem Fall auf die andere Art der Nacherfüllung; das Recht des Verkäufers, auch diese unter den Voraussetzungen des Satzes 1 zu verweigern, bleibt unberührt.

(4) Liefert der Verkäufer zum Zwecke der Nacherfüllung eine mangelfreie Sache, so kann er vom Käufer Rückgewähr der mangelhaften Sache nach Maßgabe der §§ 346 bis 348 verlangen.

§ 440 Besondere Bestimmungen für Rücktritt und Schadensersatz

Außer in den Fällen des § 281 Abs. 2 und des § 323 Abs. 2 bedarf es der Fristsetzung auch dann nicht, wenn der Verkäufer beide Arten der Nacherfüllung gemäß § 439 Abs. 3 verweigert oder wenn die dem Käufer zustehende Art der Nacherfüllung fehlgeschlagen oder ihm unzumutbar ist. Eine Nachbesserung gilt nach dem erfolglosen zweiten Versuch als fehlgeschlagen, wenn sich nicht insbesondere

aus der Art der Sache oder des Mangels oder den sonstigen Umständen etwas anderes ergibt.

§ 441 Minderung

(1) Statt zurückzutreten, kann der Käufer den Kaufpreis durch Erklärung gegenüber dem Verkäufer mindern. [...]

(2) [...]

(3) Bei der Minderung ist der Kaufpreis in dem Verhältnis herabzusetzen, in welchem zur Zeit des Vertragsschlusses der Wert der Sache in mangelfreiem Zustand zu dem wirklichen Wert gestanden haben würde. Die Minderung ist, soweit erforderlich, durch Schätzung zu ermitteln. [...]

§ 474 Begriff des Verbrauchsgüterkaufs

(1) Kauft ein Verbraucher von einem Unternehmer eine bewegliche Sache (Verbrauchsgüterkauf), gelten ergänzend die folgenden Vorschriften. Dies gilt nicht für gebrauchte Sachen, die in einer öffentlichen Versteigerung verkauft werden, an der der Verbraucher persönlich teilnehmen kann. [...]

§ 475 Abweichende Vereinbarungen

(1) Auf eine vor Mitteilung eines Mangels an den Unternehmer getroffene Vereinbarung, die zum Nachteil des Verbrauchers von den §§ 433 bis 435, 437, 439 bis 443 sowie von den Vorschriften dieses Untertitels abweicht, kann der Unternehmer sich nicht berufen. [...]

(2) Die Verjährung der in § 437 bezeichneten Ansprüche kann vor Mitteilung eines Mangels an den Unternehmer nicht durch Rechtsgeschäft erleichtert werden, wenn die Vereinbarung zu einer Verjährungsfrist ab dem gesetzlichen Verjährungsbeginn von weniger als zwei Jahren, bei gebrauchten Sachen von weniger als einem Jahr führt.

(3) Die Absätze 1 und 2 gelten unbeschadet der §§ 307 bis 309 nicht für den Ausschluss oder die Beschränkung des Anspruchs auf Schadensersatz

§ 476 Beweislastumkehr

Zeigt sich innerhalb von sechs Monaten seit Gefahrübergang ein Sachmangel, so wird vermutet, dass die Sache bereits bei Gefahrübergang mangelhaft war, es sei denn, diese Vermutung ist mit der Art der Sache oder des Mangels unvereinbar.

Auszug aus dem Handelsgesetzbuch (HGB)

§ 377 HGB

(1) Ist der Kauf für beide Teile ein Handelsgeschäft, so hat der Käufer die Ware unverzüglich nach der Ablieferung durch den Verkäufer, soweit dies nach ordnungsmäßigem Geschäftsgang tunlich ist, zu untersuchen und, wenn sich ein Mangel zeigt, dem Verkäufer unverzüglich Anzeige zu machen.

(2) Unterlässt der Käufer die Anzeige, so gilt die Ware als genehmigt, es sei denn, dass es sich um einen Mangel

handelt, der bei der Untersuchung nicht erkennbar war.

(3) Zeigt sich später ein solcher Mangel, so muss die Anzeige unverzüglich nach der Entdeckung gemacht werden; anderenfalls gilt die Ware auch in Ansehung dieses Mangels als genehmigt.

(4) Zur Erhaltung der Rechte des Käufers genügt die rechtzeitige Absendung der Anzeige.

(5) Hat der Verkäufer den Mangel arglistig verschwiegen, so kann er sich auf diese Vorschriften nicht berufen.

Vertiefende Übungen

1. Im Rahmen des Erfüllungsgeschäftes können Mängel unterschiedlichster Art auftreten.
   a) Was verstehen Sie unter dem Begriff Gewährleistungspflicht?
   b) Erläutern Sie den Begriff Rechtsmangel (§ 435 BGB, > Arbeitshilfe in Kap. 3.5.2).
   c) Erläutern Sie unter Zuhilfenahme von Beispielen die folgenden Begriffe:
      – offener Mangel   – versteckter Mangel   – arglistig verschwiegener Mangel

2. Voraussetzung für die Inanspruchnahme der Rechte aus einer Schlechtleistung ist die Prüf- und Rügepflicht des Käufers.
   a) Erläutern Sie den Begriff „Prüfpflicht" und benennen Sie die Prüffrist bei einem zweiseitigen Handelskauf.
   b) Wann muss bei einem zweiseitigen Handelskauf gerügt werden?
   c) Welche Inhalte sollte eine Mängelrüge enthalten?
   d) Welche Konsequenzen entstehen für den Käufer, wenn er zu spät die Mängel durch Mängelrüge anzeigt?

3. Ein Möbelhersteller hat mit seinem Zulieferer für bestimmte Edelhölzer die Lieferung nach dem Just-in-time-Prinzip vereinbart. Um den Produktionsprozess des Möbelherstellers nicht zu gefährden, muss der Zulieferer zu festgelegten Terminen liefern. Eine Lieferung bleibt aus und stoppt den Herstellungsprozess.
   Welches Vorgehen empfehlen Sie dem Möbelhersteller? Beachten Sie die entsprechenden Voraussetzungen.

4. Unterscheiden Sie zwischen konkretem Schaden und abstraktem Schaden und erläutern Sie in diesem Zusammenhang den Begriff „Konventionalstrafe".

5. Nachdem der Lieferant für Edelhölzer nicht geliefert hat, tritt ein Möbelhersteller vom Vertrag zurück, da er die Edelhölzer anderweitig zu einem günstigeren Preis beschaffen kann. Kann der Möbelhersteller trotz des nicht mehr bestehenden Vertrages einen entstandenen Verzugsschaden vom Lieferanten verlangen?
   Bitte begründen Sie.

→

3.6
Buchung von Vorgängen bei der Beschaffung von Materialien

Ausgangslage   Im Folgenden werden Sie mit den aufwandsorientierten Buchungen und den erforderlichen rechnerischen Vorgängen vertraut gemacht, die in Verbindung mit der Beschaffung von Werkstoffen, Montageteilen und Handelswaren auftreten. Die Inhalte werden anhand eines zusammenhängenden Falles thematisiert. Verschaffen Sie sich in Fortführung der Bearbeitung dieses Kapitels deshalb immer wieder den Überblick über die vorliegenden Informationen. Sie können dabei auf die betriebswirtschaftlichen und rechtlichen Zusammenhänge zurückgreifen, die Sie in den vorhergehenden Kapiteln gelernt haben.

> **› INFO-Teil**
> **Band 1, LF 3**

Insbesondere empfehlen wir die buchhalterischen Grundlagen aus Band 1, Lernfeld 3. Bearbeiten Sie die folgenden Problemstellungen auch mithilfe des INFO-Teils aus Lernfeld 3 sowie dem Industriekontenrahmen am Ende dieses Buches.

3.6.1
Anschaffungskosten ermitteln und buchen – Erfassung einer Eingangsrechnung

Situation   Christian Köhler, Abteilungsleiter in der Verkaufsabteilung der Heidtkötter KG, hat kürzlich vom Kunden Steil GmbH, Köln, eine Bestellung über die Lieferung von 20 *communicTables* in der Basisausführung erhalten. Diese Tische fertigt die Heidtkötter KG grundsätzlich nach den speziellen Wünschen der Kunden. Es wird deshalb nur eine begrenzte Anzahl des Basismodells auf Lager gehalten. Zum Zeitpunkt der Auftragserteilung befanden sich noch drei Basismodelle im Lager, sodass ein Fertigungsauftrag über die Produktion von 17 *communicTables* ausgelöst wurde.

Der Einkaufsleiter, Herr Schäfer, hat die zur sofortigen Produktion notwendigen Flachbildschirme unverzüglich bei dem Stammlieferanten Sonifex AG bestellt. Fristgerecht erfolgt die Lieferung.

Sonifex AG
Dresden

Sonifex AG · Industriestraße 35–39 · 01129 Dresden

Bitte bei Zahlung angeben:
Rechnungs-Nr.: 0322/01
Kunden-Nr.: 1135/93

Heidtkötter KG
Gütersloher Straße 111
33647 Bielefeld

Datum: 10.03.20..

Rechnung

Wir lieferten Ihnen unfrei durch Spedition die nachfolgend aufgelisteten Artikel:

Pos.	Art.-Nr.	Bezeichnung	Menge	Einzelpreis	Gesamtpreis
1	TS 50	Flachbildschirme in Touch-Screen-Ausführung, 50 "	17	1.550,00 €	26.350,00 €
		abzüglich 10 % Mengenrabatt			2.635,00 €
					23.715,00 €
		zuzüglich Verpackungskosten			51,00 €
					23.766,00 €
		zuzüglich 19 % Umsatzsteuer			4.515,54 €
		Rechnungsbetrag			**28.281,54 €**

Zahlungsbedingung: Der Rechnungsbetrag ist innerhalb von 10 Tagen nach Rechnungsdatum mit 3 % Skonto oder nach spätestens 40 Tagen ohne Abzug zu begleichen.

Eingangsrechnung (ER)

Arbeitsaufträge

1. Ermitteln Sie die Anschaffungskosten und erläutern Sie deren wesentliche Bestandteile unter Berücksichtigung der Vorschriften des HGB.

2. Buchen Sie die Eingangsrechnung. Begründen Sie, warum die in der Rechnung ausgewiesenen 10 % Mengenrabatt buchhalterisch nicht extra erfasst werden.

3. Nehmen Sie exemplarisch für den vorliegenden Fall die Abschlussbuchungen der betroffenen Aufwandskonten am Ende des Geschäftsjahres vor. Unterstellen Sie, dass die Eingangsrechnung der einzige zu berücksichtigende Vorgang der Heidtkötter KG ist.

› **Arbeitshilfe**

› **INFO-Teil, LF 6, Kap. 3.6.1**

Arbeitshilfe

§§ Auszüge aus dem Handelsgesetzbuch (HGB)

§ 253 Abs. 1 HGB
Wertansätze der Vermögensgegenstände und Schulden
(1) Vermögensgegenstände sind mit den Anschaffungs- oder Herstellungskosten [...] anzusetzen.

§ 255 Abs. 1 HGB
Anschaffungs- und Herstellungskosten
(1) Anschaffungskosten sind die Aufwendungen, die geleistet werden, um einen Vermögensgegenstand zu erwerben und ihn in einen betriebsbereiten Zustand zu versetzen, soweit sie dem Vermögensgegenstand einzeln zugeordnet werden können. Zu den Anschaffungskosten gehören auch die Nebenkosten sowie die nachträglichen Anschaffungskosten. [...] Anschaffungspreisminderungen sind abzusetzen.

3.6.2
Mängel in der Lieferung – Einen Teil senden wir zurück, einen Teil reparieren wir selbst

Situation Bei der Anlieferung der Flachbildschirme (siehe Rechnung aus Kapitel 3.6.1) werden in der Eingangskontrolle Funktionsprüfungen vorgenommen. Die genaue Prüfung ergibt, dass ein Bildschirm leichte Schäden am Gehäuse aufweist. Ein weiterer Bildschirm zeigt kein einwandfreies Bild. Auf dem Bildschirm treten vereinzelt schwarze Pixel auf.
Herr Schäfer setzt sich sofort mit Frau Bremer von der Sonifex AG in Verbindung, schildert den Sachverhalt und macht den Vorschlag die Nacharbeit des Gehäuses in der Heidtkötter KG gegen einen nachträglichen Preisnachlass von netto 200,00 € vorzunehmen. Das fehlerhafte Gerät soll zurückgesendet und umgehend soll ein Ersatz geliefert werden. Frau Bremer ist einverstanden und übersendet bereits einen Tag nach der Mängelanzeige die folgende Gutschriftanzeige (Auszug):

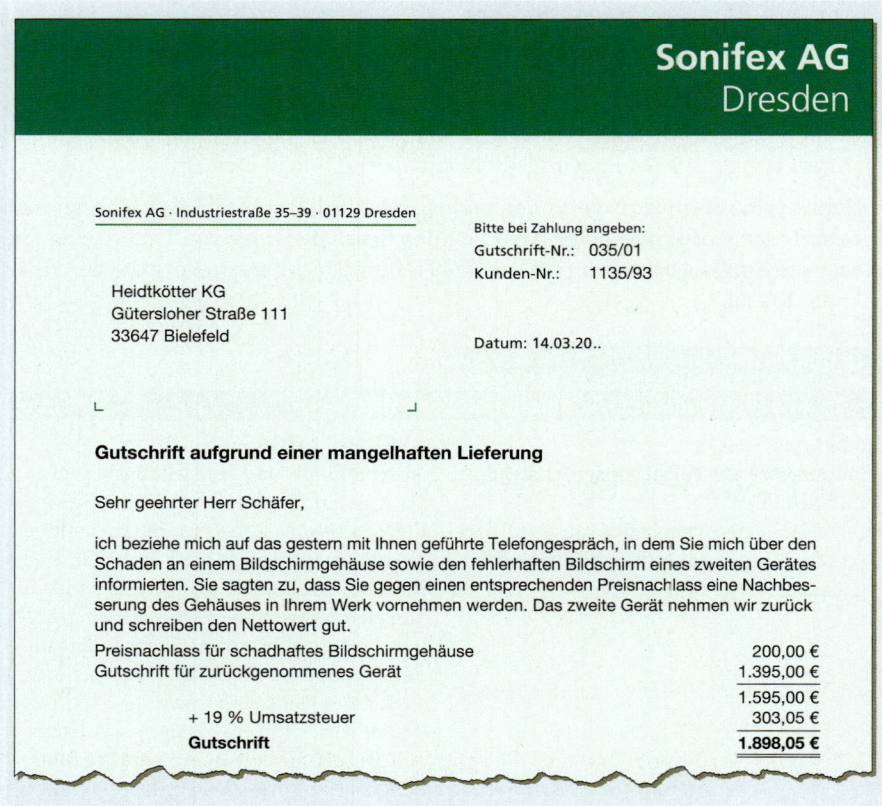

Arbeitsaufträge

1. Der Auszug der Gutschriftanzeige weist unterschiedliche Forderungen der Heidt-kötter KG bei der Fehlerbehebung der mangelhaften Flachbildschirme auf. Beschreiben Sie die Forderungen und erläutern Sie, inwiefern sich die buchhalterische Erfassung unterscheiden muss.

› INFO-Teil
LF 6, Kap. 3.6.2

2. Buchen Sie die Gutschriftanzeige. Bitte beachten Sie, dass
   a) Rücksendungen und Nachlässe unterschiedlich gebucht werden und
   b) jeweils eine Vorsteuerberichtigung erforderlich ist.

3. Erläutern Sie, warum die Heidtkötter KG mit der Sonifex AG vereinbart hat, die Fehler bei den beiden mangelhaften Flachbildschirmen auf unterschiedliche Weise zu beheben.

3.6.3
Wir zahlen und buchen eine Eingangsrechnung unter Berücksichtigung von Preisnachlässen

Situation Bei der Heidtkötter KG wird von der Geschäftsleitung vorgeschrieben, dass das in einem Kaufvertrag ausgehandelte Skonto auch ausgenutzt wird. Trotz der Gutschrift (siehe Kap. 3.6.2) kann der restliche Rechnungsbetrag nur dann unter Inanspruchnahme von Skonto innerhalb der vertraglichen Skontofrist gezahlt werden, wenn das Kontokorrentkonto noch weiter überzogen wird (Sollzinssatz 11 %). Ein Auszubildender der Heidtkötter KG fragt daher Stefanie Hartz, Abteilung Finanzen: „Warum wird mit dem Rechnungsausgleich nicht gewartet, bis wir wieder liquide sind? So würden wir uns doch eine Menge an Überziehungszinsen sparen?"

Arbeitsaufträge

1. Bereiten Sie eine geeignete Antwort vor, die Frau Hartz dem Auszubildenden geben kann. Gehen Sie dabei wie folgt vor:

   a) Veranschaulichen Sie die Zahlungsbedingungen mithilfe eines Zeitstrahls.

   b) Ermitteln Sie den Finanzierungsgewinn der zinsgünstigeren Alternative und geben Sie gegenüber dem Auszubildenden eine begründete Stellungnahme ab, ob das Skonto – wie von der Geschäftsleitung gewünscht – ausgenutzt werden soll oder nicht.

2. Gehen Sie davon aus, dass der Anweisung der Geschäftsführung gefolgt und somit Skonto ausgenutzt wird. Geben Sie an, wann die Eingangsrechnung beglichen sein muss, und buchen Sie die Zahlung der Eingangsrechnung sowie den Abschluss der entsprechenden Konten. Beachten Sie dabei folgende Hinweise:

   – Der Preisnachlass (Skontobetrag) wurde auf den um die Gutschrift geminderten Rechnungsbetrag bezogen und ist daher ein Bruttobetrag (Bruttoskonto). Es ist also eine Vorsteuerberichtigung erforderlich.

   – Preisnachlässe (z. B. in Form von Skonto) werden auf einem Unterkonto „Nachlässe" geführt, das später auf das zugehörige Aufwandskonto abgeschlossen wird.

   – Buchen Sie nach dem Brutto- und dem Nettoverfahren. Erläutern Sie den Unterschied.

zugehörige ER
Kap. 3.6.1

Nutzen Sie zur Bearbeitung den INFO-Teil.

› INFO-Teil
LF 6, Kap. 3.6.2

3.6.4
Als treuer Stammkunde erhalten und buchen wir am Ende des Geschäftsjahres eine Bonusgutschrift

Situation

Zum Geschäftsjahresende erreicht Herrn Schäfer folgendes Schreiben:

Sonifex AG
Dresden

Sonifex AG · Industriestraße 35–39 · 01129 Dresden

Bitte bei Zahlung angeben:
Gutschrift-Nr.:   096/01
Kunden-Nr.:   1135/93

Heidtkötter KG
Gütersloher Straße 111
33647 Bielefeld

Datum: 21.12.20..

Bonus für das abgelaufene Geschäftsjahr

Sehr geehrter Herr Schäfer,

wir wünschen Ihnen und allen Ihren Mitarbeiterinnen und Mitarbeitern der Heidtkötter KG ein friedliches Weihnachtsfest und ein gesundes neues Jahr. Wir hoffen, dass wir unsere guten Geschäftsbeziehungen auch im kommenden Jahr bei bester Gesundheit aufrechterhalten können.

Wir freuen uns, Ihnen mit diesem Schreiben zum Jahresschluss die anhängende Gutschrift für das abgelaufene Geschäftsjahr zu übersenden.
Ihr Jahresumsatz (brutto)   837.000,00 €
erzielter Bonus (10 % auf den Bruttoumsatz)   83.700,00 €

Bitte beachten Sie, ab 1.000.000,00 € Umsatz (brutto) gewähren wir 15 % auf den Umsatz (brutto)!

Wir haben Ihren diesjährigen Bonus auf Ihr Geschäftskonto überwiesen.

Mit freundlichen Grüßen

Sonifex AG

gez. Dirk Eike von der Crone

anhängende Gutschriftanzeige für das gleiche Geschäftsjahr:

Nettobonus	70.336,13 €
+ Umsatzsteuer	13.336,87 €
Gutschrift	83.700,00 €

Erfreut über dieses positive Schreiben ruft Herr Schäfer gleich in der Abteilung Rechnungswesen an: „Hallo, Herr Cassack, haben Sie schon das Weihnachtsgeschenk der Sonifex AG auf unserem Geschäftskonto entdeckt?"
Dr. Cassack entgegnet, dass ihm einer seiner Mitarbeiter den entsprechenden Kontoauszug gezeigt hat. „Das ist ja ein beachtlicher Betrag! Mit denen sollten wir auch im kommenden Jahr viele Geschäfte abwickeln."

Arbeitsaufträge

1. Erklären Sie, was ein Bonus ist und warum Unternehmen einen Bonus gewähren.
2. Buchen Sie die Gutschrift der Sonifex AG bei der Heidtkötter KG und geben Sie exemplarisch die Abschlussbuchungen der betroffenen Nachlasskonten an.
3. Erläutern Sie je zwei betriebswirtschaftliche Argumente, die die Aussage von Dr. Cassack stützen bzw. entkräften.

Vertiefende Übungen

1. Der Buchhalter der Heidtkötter KG hat die Eingangsrechnung ER 334 über 50 000 m Stahlrohr wie folgt gebucht:

	Soll	Haben
6010 Aufw. f. Vorprodukte/Fremdbauteile	66.500,00 €	
6011 Bezugskosten	1.500,00 €	
4800 Umsatzsteuer	12.920,00 €	
an 4400 Verbindlichkeiten a. LL		80.920,00 €

Kontrollieren Sie die Buchung und buchen Sie gegebenenfalls richtig.

2. Im Folgenden zeigen wir Ihnen einen Kontenauszug der Heidtkötter KG mit den jeweiligen Kontensummen (Stand: März 01):

Kontenauszug der Heidtkötter KG	Soll	Haben
2000 Rohstoffe	75.000,00	—
2010 Vorprodukte/Fremdbauteile	94.500,00	—
2020 Hilfsstoffe	32.350,00	—
2030 Betriebsstoffe	12.600,00	—
2600 Vorsteuer	42.240,00	36.740,00
2800 Bank	624.550,00	492.660,00
2880 Kasse	56.432,00	47.374,00
4400 Verbindlichkeiten	325.680,00	236.340,00
4800 Umsatzsteuer	36.740,00	63.360,00
6000 Aufwendungen für Rohstoffe	166.400,00	
6001 Bezugskosten für Rohstoffe	4.160,00	
6010 Aufwendungen für Vorprodukte/Fremdbauteile	120.400,00	
6011 Bezugskosten für Vorprodukte/Fremdbauteile	2.408,00	
6020 Aufwendungen für Hilfsstoffe	31.200,00	
6021 Bezugskosten für Hilfsstoffe	468,00	
6030 Aufwendungen für Betriebsstoffe	8.500,00	
6031 Bezugskosten für Betriebsstoffe	170,00	

Für die Zeit vom 28.03. bis 31.03. sind folgende Geschäftsfälle zu buchen:

1. ER 337 für Stahlrohr, netto — 24.000,00
   + Verpackung/Transportsicherungen — 160,00
   + Transportversicherung — 90,00 — 24.250,00
   + Umsatzsteuer — 4.607,50
   Rechnungsbetrag — 28.857,50

2. Spediteurrechnung für ER 337 (Lkw-Fracht) wird bar bezahlt — 400,00
   + 19 % Umsatzsteuer — 76,00
   Rechnungsbetrag — 476,00

3. ER 237-01 für 10 Gebinde Lack, netto — 3.645,00
   + anteilige Lkw-Fracht — 155,00 — 3.800,00
   + 19 % Umsatzsteuer — 722,00
   Rechnungsbetrag — 4.522,00

4. ER 56-05/RS für 1 200 m² Stoffbezug 21-HP, netto — 5.400,00
   + Transportversicherung — 43,20
   + anteilige Lkw-Fracht — 26,80 — 5.470,00
   + 19 % Umsatzsteuer — 1.039,30
   Rechnungsbetrag — 6.509,30

5. Kontoauszug 43 der Sparkasse Bielefeld:
   ER 337 durch Banküberweisung beglichen — 28.857,50

6. ER 277 für 15 000 l Heizöl (Trockenanlage), netto — 8.100,00
   + Lkw-Fracht und Transportversicherung — 350,00 — 8.450,00
   + 19 % Umsatzsteuer — 1.605,50
   Rechnungsbetrag — 10.055,50

→

a) Eröffnen Sie die Konten mit den Summen aus dem Kontenauszug.

b) Buchen Sie die Geschäftsfälle auf den Konten.

c) Ermitteln Sie durch Umbuchung der Bezugskosten die Anschaffungskosten für Rohstoffe, Vorprodukte/Fremdbauteile, Hilfsstoffe und Betriebsstoffe.

d) Berechnen Sie, wie viel Prozent die jeweiligen Bezugskosten an den Anschaffungspreisen betragen.

3. Auf den folgenden Konten sind die Buchungen einer Eingangsrechnung sowie deren Bezahlung dargestellt:

Soll	6000 Aufw. f. Rohstoffe	Haben
4400	12.500,00	

Soll	4400 Verbindlichkeiten a. LL		Haben
2800	14.875,00	6000/2600	14.875,00

Soll	2600 Vorsteuer	Haben
4400	2.375,00	

Soll	2800 Bank		Haben
AB	54.345,00	4400	14.875,00

Nachträglich gewährt der Lieferer aufgrund eines versteckten Mangels einen Preisnachlass von 20 % auf den Rohstoffwert.

Buchen Sie den Vorgang (Buchungssatz und Kontendarstellung).

4. Auf dem Konto „6002 Nachlässe für Rohstoffe" wurden im laufenden Monat März folgende Bruttoskonti gebucht. Im ersten Fall betrug der Skontoabzug 2,5 %, im zweiten Fall 2 %, im dritten Fall 1,5 % und im vierten Fall 3 %.

Soll	6002 Nachlässe für Rohstoffe	Haben
	4400	333,50
	4400	580,00
	4400	278,40
	4400	539,40

a) Am Ende des Monats ist die Vorsteuerberichtigung insgesamt zu berechnen und zu buchen. Außerdem ist der Buchungssatz für die Umbuchung des Nettoskontos anzugeben.

b) Wie viel Euro Vorsteuer wurden bei den Beschaffungen insgesamt gebucht und wie hoch ist nach der Vorsteuerberichtigung die Vorsteuerforderung gegenüber dem Finanzamt?

c) Welchen durchschnittlichen Skontosatz könnte der Unternehmer in der Bezugskalkulation einsetzen?

5. Die Rechnung auf der folgenden Seite belegt den Kauf von 1 000 Radgabeln, den die Kölner Fahrrad-Manufaktur (KFM) getätigt hat.

a) Buchen Sie den Rechnungseingang (Buchungssatz und Konten).

b) Die Eingangskontrolle ergibt, dass bei 25 Radgabeln die Dämpfung fehlerhaft eingebaut wurde. Diese Gabeln werden nach telefonischer Rücksprache mit der Suntour GmbH zurückgegeben; es erfolgt eine entsprechende Gutschrift. Buchen Sie die aufgrund der Rücksendung erhaltene Gutschrift (Buchungssatz und Konten).

c) Am 18. September zahlt die KFM den noch ausstehenden Rechnungsbetrag durch Banküberweisung. Buchen Sie im Grund- und Hauptbuch.

d) Ermitteln Sie unter Berücksichtigung der Aufgabenteile a) bis c) durch Umbuchen die Anschaffungskosten insgesamt und für eine Radgabel.

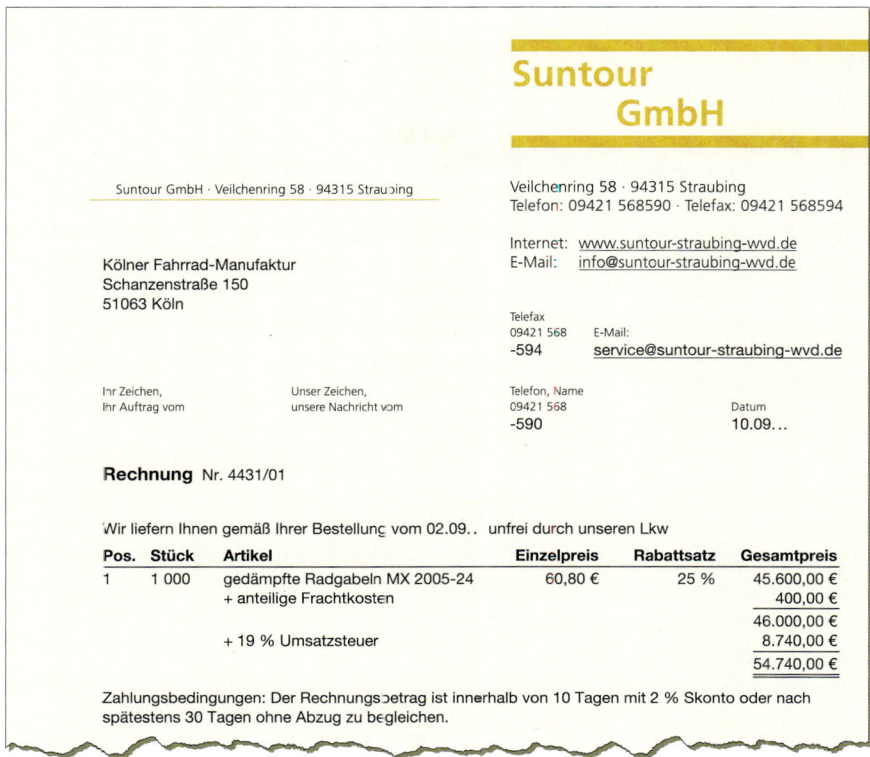

6. Die Konten „2600 Vorsteuer", „4800 Umsatzsteuer", „6002 Nachlässe für Rohstoffe" und „6012 Nachlässe für Vorprodukte/Fremdbauteile" weisen für den Monat April 01 folgende Summen auf (Bruttobuchungen):

Kontensummen		Soll	Haben
2600	Vorsteuer	38.560,00	31.775,00
4800	Umsatzsteuer	55.560,00	78.320,00
6002	Nachlässe für Rohstoffe		3.570,00
6012	Nachlässe für Vorprodukte/Fremdbauteile		2.737,00

a) Ermitteln und buchen Sie zum Ende des Monats April die Vorsteuerberichtigungen.

b) Ermitteln Sie nach den Berichtigungsbuchungen die Umsatzsteuer-Zahllast.

7. Die Zahlungsbedingungen auf einer Rechnung über 39.270,00 € lauten: „*Der Rechnungsbetrag ist innerhalb von 15 Tagen unter Abzug von 1,5 % Skonto oder nach spätestens 30 Tagen ohne Abzug zu begleichen.*"

Wie hoch ist der Jahreszinssatz, den der Lieferer zugrunde legt?
(Rechnen Sie mit der Zinsformel.)

4

Die Bereitstellung der Materialien durch die Materiallogistik – Die Heidtkötter KG prüft die Einrichtung einer Materiallogistik-Abteilung

Ausgangslage

Die physische, also die tatsächliche, körperliche Bereitstellung der Materialien ist eine der spannendsten Aufgaben im Industriebetrieb. Es kommt darauf an, dass Materialien zur richtigen Zeit am richtigen Ort zu finden sind. Nur so können aus Rohstoffen fertige Erzeugnisse werden. Hier wird unmittelbar sichtbar, dass Stillstand mit Rückschritt gleichzusetzen ist. Alle kaufmännischen und technischen Planungen fließen hier zusammen.

Lernziele

Nachdem Sie dieses Kapitel durchgearbeitet haben, können Sie ...

- die Materiallogistik als Teilbereich der Logistik einordnen und deren Ziele und Aufgaben innerhalb von Beschaffungsprozessen erklären,
- Aufgaben und Möglichkeiten des Transports als Grundprozess der Materiallogistik beschreiben und bewerten,
- Aufgaben, Ziele und Organisation der Lagerung als Grundprozess der Materiallogistik erläutern,
- die verschiedenen Aufgabenbereiche der Lagerung darstellen und mögliche Kennzahlen zur Lagerbestandsüberwachung berechnen und auswerten,
- exemplarisch für die Entscheidungssituation Eigenlagerung/Fremdlagerung Rationalisierungsmöglichkeiten in der Materiallogistik benennen.

Schauen Sie in der Logistik-Abteilung Ihres Ausbildungsbetriebes oder der Lagerverwaltung vorbei. An wenigen Orten herrscht mehr Hektik und Zeitdruck, werden schnelle Entscheidungen getroffen und sind Improvisationen erforderlich. Heute ist es längst nicht mehr so, dass nur einfach gelagert wird. Die Tätigkeiten sind viel komplexer geworden, weil der enorme Zeit- und Kostendruck auch vor diesem Funktionsbereich nicht haltgemacht hat. Zeit ist Geld! Und deshalb sind unnötig lange Kapitalbindungen zu vermeiden. Alles ist daranzusetzen, dass Bestände niedrig gehalten werden und die Verweildauer kurz ist, damit das Kapital wieder frei wird und neu investiert werden kann.

Bei der Heidtkötter KG ist das nicht anders! Bereits zu Beginn des Lernfeldes wurde darauf verwiesen, dass durch die Käufermärkte eine veränderte Sicht in der Beschaffung erforderlich ist. Die Abteilungen sollen umstrukturiert werden. Wenn sich der Einkauf verändert, dann verändern sich auch die anderen zugehörigen Abteilungen. Entsprechend stehen bei der Heidtkötter KG nun Überlegungen an, eine eigene Abteilung Materiallogistik zu gründen. Hierzu wird ein Experte, Herr Prof. Dr. Jens Heuer, in das Unternehmen geholt, der die Umsetzung planen und begleiten soll.

Wir versuchen, Sie an diesem Prozess zu beteiligen, um Ihnen so die Gelegenheit zu bieten, die Bedeutung der Materiallogistik in der heutigen Zeit besser einordnen und auf Ihren Ausbildungsbetrieb beziehen zu können.

4.1
Materiallogistik als Teilbereich der Logistik – In der Beschaffung sollen die Materialflüsse optimiert werden

4.1.1
Bedeutung und Aufgaben der Logistik in Zeiten von Käufermärkten

Situation   Im Zuge der Überlegungen über die Restrukturierung der Beschaffungsabteilung (siehe Kap. 1) wird erwogen, ob nicht eine Materiallogistik-Abteilung eingerichtet werden soll, in der dann auch ein Supply Chain Manager eingestellt werden kann. Er soll sich um die Planung, Durchführung und Kontrolle aller Material- und Informationsflüsse entlang der Supply Chains kümmern. In der betreffenden Abteilungssitzung erörtert der Abteilungsleiter, Michael Schäfer, die Bedeutung der Logistik mithilfe des folgenden Schaubilds.

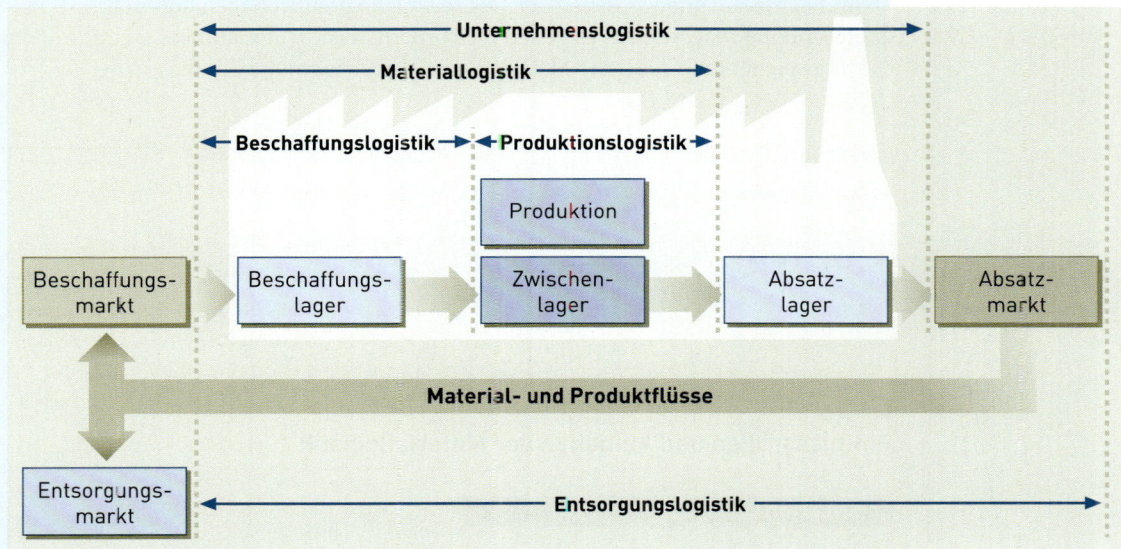

Arbeitsaufträge

1. Unter Logistik werden alle Tätigkeiten gefasst, die sich mit Material- und Informationsflüssen zwischen einzelnen Stellen innerhalb des Wertschöpfungsprozesses befassen. Nennen und beschreiben Sie Tätigkeiten, die im Zuge der Material- und Informationsflüsse bei der Heidtkötter KG anfallen.
2. Beschreiben Sie das Schaubild und erläutern Sie den Zusammenhang der Materiallogistik zum Lernfeld *Beschaffungsprozesse planen, steuern und kontrollieren*.
3. Beschreiben Sie konkrete Materialflüsse innerhalb der Materiallogistik, die bei der Heidtkötter KG anfallen könnten.
4. Erläutern Sie mögliche Gründe, warum die Heidtkötter KG die Einrichtung einer Logistik-Abteilung in Erwägung zieht, für die dann auch ein Supply Chain Manager eingestellt werden soll.

4.1.2
Ziele der Materiallogistik

Situation   In Fortführung der Abteilungssitzung äußert Herr Schäfer selbstkritisch, dass in der Vergangenheit einige Entscheidungen bezüglich der Materialbereitstellung leider in Alleingängen entschieden wurden. *„Deshalb lief bei uns nicht alles optimal! Gerade das Zusammenspiel von Einkauf, Lager und den Spediteuren muss sich dringend verbessern."*, so Schäfer. Insgesamt seien dadurch die Gesamtkosten unnötig in die Höhe getrieben worden. Eine Abteilung Materiallogistik könne so zu dem Ziel der Materialflussoptimierung einen wichtigen Beitrag leisten.

Arbeitsaufträge

› INFO-Teil
LF 6, Kap. 4.1.2

1. Führen Sie mögliche Entscheidungen des Einkaufs an, die im Lager zu Problemen und damit zu einem Anstieg der Gesamtkosten geführt haben könnten.
2. Beschreiben Sie, warum es generell erforderlich ist, Materialflüsse zu optimieren, und welche Rolle dabei die Materiallogistik übernehmen könnte.

4.1.3
Einflussgrößen und Aufgaben der Materiallogistik

Situation   Um herauszufinden, wo die Schwachstellen in der Vergangenheit gelegen haben, konnte das Institut für Materiallogistik für die wissenschaftliche Begleitung gewonnen werden. Prof. Dr. Heuer ist zu einem Meeting eingeladen, an dem neben Abteilungsleiter Michael Schäfer auch die Gruppenleiter Einkauf und Lager, Frau Schilling und Herr Freund, teilnehmen. Heuer bekundet großes Interesse an dem Vorhaben. Er verdeutlicht zunächst die Aufgabenbereiche der Materiallogistik und die Einflussgrößen für die Ausgestaltung einer Materiallogistik-Abteilung bei der Heidtkötter KG. Zudem betont Heuer, dass Materiallogistik nur Wettbewerbsfähigkeit sichert, wenn der gesamte Wertschöpfungsprozess und damit auch alle Lieferanten in den Prozess einbezogen werden. *„Supply Chain Management ist gefragt, da es dafür sorgt, dass der Grundsatz der Logistik erfüllt wird!"*, so Heuer. Anschließend notiert er am Flipchart das Folgende:

> **Grundsatz der Logistik:**
> **Ladeeinheit = Verpackungseinheit = Transporteinheit = Fertigungseinheit = Lagereinheit**

Arbeitsaufträge

1. Erläutern Sie zunächst, was sich die Heidtkötter KG davon verspricht, Prof. Heuer an der angedachten Umgestaltung der Beschaffung mitwirken zu lassen.

2. Heuer stellt zunächst die Aufgabenbereiche der Materiallogistik vor. Skizzieren Sie denkbare Ausführungen Heuers unter Zuhilfenahme folgender Tabelle:

Aufgabenbereiche	Konkrete Aufgaben der Beschaffungslogistik	Konkrete Aufgaben der Produktionslogistik
Lagerung		
Transport		
Umschlag		
Verpackung		

3. Beschreiben Sie mögliche Einflussgrößen für die Ausgestaltung der Materiallogistik bei der Heidtkötter KG und konkretisieren Sie diese mithilfe von Beispielen.
4. Nehmen Sie zu der Aussage von Herrn Heuer Stellung, dass Supply Chain Management gefragt sei, damit der Grundsatz der Logistik erfüllt werde.
5. Führen Sie Gründe an, warum in heutigen Zeiten der Grundsatz der Logistik für die Wettbewerbsfähigkeit so wichtig ist.

Vertiefende Übungen

1. Bereiten Sie einen Kurzvortrag über den Materialfluss eines Materials vom Lieferanten bis zur Fertigung bei Ihrem Ausbildungsbetrieb vor.   › **Kurzvortrag**
2. Erläutern Sie Ansatz und Prinzip des Supply Chain Management.

4.2
Der Transport als Grundprozess der Materiallogistik – die bestehenden Materialflüsse auf dem Prüfstand

Situation
Drei wissenschaftliche Mitarbeiter des Instituts für Materiallogistik inspizieren derzeit die Materialflüsse von Lieferanten zur Heidtkötter KG (überbetrieblich) sowie im Lager und in der Fertigung (innerbetrieblich). Ziel ist die vollständige Dokumentation der Transportwege, Transportmittel und Transporthilfsmittel. Aufgrund der Ergebnisse sollen Schwachstellen aufgedeckt und Maßnahmen zur Reduzierung der Transportkosten vorgeschlagen werden.

Arbeitsaufträge

1. Sammeln Sie jeweils Beispiele für überbetriebliche und innerbetriebliche Transportwege, Transportmittel und Transporthilfsmittel, die bei der Heidtkötter KG zu finden sein könnten (siehe Arbeitshilfe). Nutzen Sie gegebenenfalls auch Ihre Erfahrungen aus Ihrem Ausbildungsbetrieb.   › **INFO-Teil**
LF 6, Kap. 4.2
2. Die wissenschaftlichen Mitarbeiter wollen Schwachstellen aufdecken und Maßnahmen zur Reduzierung der Transportkosten vorschlagen. Welche Schwachstellen könnten genannt und welche zugehörigen Maßnahmen empfohlen werden?

Arbeitshilfe
Der physische Transport der Materialien wird wie folgt organisiert:

Transportgut	Gegenstand bzw. Transporteinheit, die von einem an den anderen Ort transportiert werden soll
Transportweg	Strecke zwischen zwei Orten, die am Boden, in der Luft oder im Wasser zurückgelegt werden kann
Transportmittel	Betriebsmittel, mit dem das Transportgut auf dem Transportweg befördert wird
Transporthilfsmittel	Bindeglied zwischen Transportgut und Transportmittel, damit das Transportgut befördert werden kann

Vertiefende Übungen

1. Führen Sie jeweils Vorzüge der überbetrieblichen Transportmittel Lkw, Eisenbahn, Schiff und Flugzeug an.

2. Nennen Sie wesentliche Objekte, durch die der innerbetriebliche Transport von Gütern organisiert wird. Erläutern Sie ein Beispiel einer Organisation der Objekte bei der Heidtkötter KG. Beschreiben Sie den Prozess des innerbetrieblichen Transports für ein frei gewähltes Beispiel der Heidtkötter KG.

4.3
Die Lagerung als Grundprozess der Materiallogistik – Die Lagerbestände müssen zwingend optimiert werden

4.3.1
Aufgaben und Organisation der Lagerhaltung

Situation

Die wissenschaftlichen Mitarbeiter des Instituts für Materiallogistik möchten nach der Erfassung der Transportsysteme nun auch Aufbau und Materialflüsse der Lager bei der Heidtkötter KG erfassen. Hierzu wird ein Meeting mit Marc Freund, dem Lagerleiter, und weiteren Mitarbeitern angesetzt. Im Zentrum der Überlegungen stehen sowohl die überbetriebliche (zentral, dezentral) als auch die innerbetriebliche Lagerorganisation. Zur innerbetrieblichen Lagerorganisation hat Herr Freund ein Schaubild vorbereitet (siehe Arbeitshilfe 1), das er wie folgt kommentiert:

„Ich habe Ihnen hier die innere Struktur eines unserer Lager mitgebracht. Dies ist nur ein Beispiel. Wir haben natürlich noch viele weitere Lager an unterschiedlichen Stellen des Wertschöpfungsprozesses. Das hier ist sozusagen unser Hauptlager, das die ganzen anderen Lager an unseren Produktionsstätten am Standort und an anderen Standorten beliefert. Wir haben hier in den vergangenen Jahren einiges auf die Beine gestellt. Jeder Lagerplatz wird durch ein Lagergut mithilfe von Scannern und Strichcodes belegt und wieder freigegeben."

Arbeitsaufträge

1. Herr Freund erwähnt, dass es bei der Heidtkötter KG viele weitere Lager an unterschiedlichen Stellen des Wertschöpfungsprozesses gibt.

   › **Arbeitshilfe 2**

   a) Erläutern Sie jeweils die Funktion dieser Lager.
   b) Beschreiben Sie, welche Lagergüter jeweils in den Lagern zu finden sind.

2. Beschreiben Sie unter Berücksichtigung Ihrer Ergebnisse aus Auftrag 1 die Aufgaben bzw. Funktionen, die ein Lager im Wertschöpfungsprozess übernehmen kann.

3. Unterscheiden Sie unter Zuhilfenahme des INFO-Teils zwischen zentraler und dezentraler Lagerung und begründen Sie, welche Lagerorganisation bei der Heidtkötter KG vorliegt.

   › **INFO-Teil**

4. Erklären Sie die Darstellung des Hauptlagers (Arbeitshilfe 1) bei der Heidtkötter KG und beschreiben Sie mögliche Tätigkeiten in den dort angegebenen Aufgabenbereichen.

   › **Arbeitshilfe 1**

5. Herr Freund betont, dass sämtliche Lagervorgänge inzwischen per Scanner und Strichcode erfasst werden. Erläutern Sie das Prinzip und die Vorzüge eines derartigen Lagerverwaltungssystems.

Arbeitshilfe 1

Lagerverwaltung				
Wareneingang	**Lagerbereich**		**Kommissionierung**	**Warenausgang**
	Bedienbereich			
Materialfluss →	**Lagerbereich**			

Arbeitshilfe 2

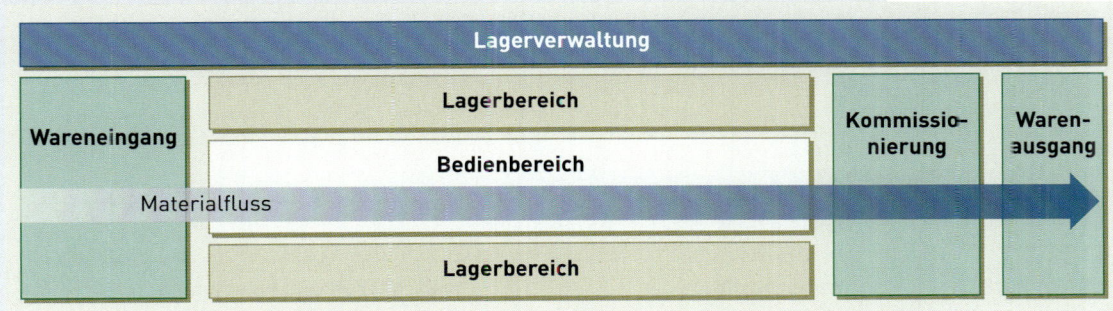

Lager nach ihrer innerbetrieblichen Funktion gemäß Materialfluss		
	Wertschöpfungsprozess →	
Beschaffungslager	**Produktionslager**	**Absatzlager**
▪ Eingangslager ▪ Hilfslager ▪ Hauptlager ▪ Sonderlager ▪ Nebenlager	▪ Zwischenlager ▪ Bereitstellungslager ▪ Werkstattlager ▪ Handlager	▪ Fertigwarenlager ▪ Versandlager ▪ Auslieferungslager

4.3.2
Tätigkeiten im Wareneingang

Situation   „Dicke Luft" in der Beschaffung der Heidtkötter KG! An diesem Montagnachmittag, dem 11. August, ist ein heftiger Streit zwischen Einkauf, Wareneingang und Qualitätssicherung entbrannt. Auslöser ist die Fertigung, bei der fehlerhafte Stuhlrollen (Fremdbauteil) an Drehstühle montiert wurden. Leider wurde dieser Fehler erst bei der Endkontrolle festgestellt.

Zum Sachverhalt: Bei einer Lieferung per Spedition in Pappbehältern auf DB-Paletten über 10 000 Stück Stuhlrollen am 5. August, die ab heute in der Fertigung an Drehstühle montiert werden sollten, ist einiges schiefgegangen. Der zugehörige Frachtbrief ist nicht auffindbar. Nachfolgender Wareneingangsschein wurde zu diesem Sachverhalt erstellt:

Wareneingangsschein

lfd. Nr.: **01/08-20..**   Auftrag: 138–01

Lieferant: Böhmer & Dose GmbH   Datum: 05.08.20..

Anzahl	Verpackung	Material/Nr.	Mengeneinheit	Bemerkungen
10	Pappbehälter auf DB-Palette	120052 Stuhlrollen	1 000 Stück	Ein Pappbehälter deutlich beschädigt. Insgesamt ca. 200 Stuhlrollen z. T. total zerstört (rollen nicht, sind eingedrückt). Bei den übrigen Pappbehältern wurden Stichproben an die QS-Abteilung weitergegeben.

Ware angenommen:

05.08.20..

Datum

Manfred Schierve

Unterschrift

Sperrvermerk QS-Abteilung [R]

Bemerkungen QS-Abteilung: _____

Ware geprüft:

_____

Datum, Unterschrift QS-Abteilung

Ware geprüft und eingelagert:

05.08.20.. Manfred Schierve

Datum, Unterschrift

Frau Schilling, Einkauf, ruft beim Wareneingang an: *„Wieso weiß ich nichts davon? Oh, Mann, da bleiben wir drauf sitzen."* Auch Herr Diakonous, Leiter der Qualitätssicherung, beschwert sich: *„Wieso wurden die Stuhlrollen eingelagert? Ich habe die doch noch gar nicht inspiziert!"*

Arbeitsaufträge

1. Erläutern Sie die vorliegenden Probleme und führen Sie mögliche Ursachen an, wie es zu ihnen kommen konnte.
2. Beschreiben Sie Tätigkeiten, die im Wareneingang erledigt werden müssen.
3. Erläutern Sie Folgen, die sich aus der oben geschilderten Situation für die Heidtkötter KG ergeben haben bzw. ergeben können.
4. Beschreiben Sie, wie sich der Mitarbeiter im Wareneingang und der QS-Mitarbeiter – auch bezüglich der Prüf- und Rügefristen – hätten verhalten müssen, damit die Probleme hätten vermieden werden können.
5. Unterbreiten Sie einen Lösungsvorschlag für den vorliegenden Sachverhalt, bei dem die Heidtkötter KG den geringsten Schaden davonträgt.

4.3.3
Tätigkeiten der Bedien- und Lagerzone in Abhängigkeit von der Lagereinrichtung

Die Heidtkötter KG verfügt über ein Hauptlager sowie zahlreiche weitere Lager in sämtlichen Wertschöpfungsstufen und an verschiedenen Produktionsstätten. Eine detaillierte und beispielhafte Darstellung würde hier den Rahmen sprengen. Daher bitten wir Sie an dieser Stelle um folgenden Arbeitsauftrag.

Arbeitsauftrag

Bereiten Sie einen Kurzvortrag über die Organisation des Lagers Ihres Ausbildungsbetriebes vor. Ihr Vortrag sollte folgende Aspekte enthalten:

- überbetriebliche und innerbetriebliche Lagerorganisation
- schematische Darstellung des Lageraufbaus
- Arbeitsweise des EDV-Lagerverwaltungssystems
- Materialfluss für ein beliebiges Lagergut und für die anfallenden Tätigkeiten im Lager
- Lagerprinzip (Festplatzsystem/Freiplatzsystem)
- Lagertyp (Bodenlagerung, Regallagerung usw.)
- über- und innerbetriebliche Transportsysteme
- Sicherheitseinrichtungen zur Gewährleistung des Arbeitsschutzes

Nutzen Sie zur Vorbereitung als Ausgangsquelle den INFO-Teil, Kap. 4.3.3, und beachten Sie die Kriterien einer angemessenen Präsentation.

> › **Erkundungsauftrag**
> › **Kurzvortrag**

> › **Präsentation**

4.3.4
Tätigkeiten von Kommissionierung und Warenausgang

Da die Aufgaben der Kommissionierung und des Warenausgangs besonders anschaulich im Vertrieb dargestellt werden können, wird hier auf ein Beispiel verzichtet. Wir verweisen auf die Darstellung in Band 3, Lernfeld 10.

> › **Band 3, LF 10**

4.3.5
Lagerbestandsmanagement durch die Lagerverwaltung

Situation

In einer Sitzung der gesamten kaufmännischen Abteilung berichtet Frau Keil Kaufmännische Leitung, von den Ergebnissen der Zusammenarbeit mit Herrn Prof. Heuer vom Institut für Materiallogistik:

„Als Ergebnis kann ich Ihnen mitteilen, dass wir in den kommenden fünf Jahren unsere Materialwirtschaft nach und nach im Sinne einer umfassenden Materiallogistik umbauen werden. Dabei setzen wir auf Sie als unsere leistungsstarken Mitarbeiter. Aber auch kurzfristig empfiehlt uns Herr Prof. Heuer, dass wir unbedingt die Wirtschaftlichkeit unserer Lagerhaltung einer genaueren Überprüfung unterziehen müssen. Insbesondere bei allen A-Materialien muss der Lagerbestand optimiert werden, da unsere Lagerkosten insgesamt deutlich zu hoch sind." Frau Keil zeigt Vergleichswerte für die Baugruppe Drehkreuze mit Hubtechnik für Drehstühle:

→

Situation (Fortsetzung)

	Vorjahreswerte	Branchenwerte
⌀ Lagerbestandswert	200.000,00 €	195.000,00 €
Umschlagshäufigkeit	12-mal/Jahr	14-mal/Jahr
⌀ Lagerdauer	30 Tage	24 Tage
Lagerzinsen bei einem Marktzinssatz von 4,00 %	1.012,57 €	525,27 €

„Außerdem haben sich für zahlreiche Materialien in der Vergangenheit Inventurdifferenzen ergeben. – Die Zahlen sprechen für sich! Lassen Sie sich in die Pflicht nehmen und bedenken Sie, dass Ihre Entscheidungen sowohl Kosten senken, aber auch erhöhen können."

Arbeitsaufträge

1. Frau Dr. Keil berichtet, dass die Lagerkosten bei der Heidtkötter KG zu hoch sind. Beschreiben Sie fixe und variable Bestandteile von Lagerkosten. Nennen Sie konkrete Beispiele.
2. Erläutern Sie die Probleme zu hoher und zu niedriger Lagerbestände. Erklären Sie die Konsequenzen bezüglich der Lagerbestände bei der Heidtkötter KG.

› Arbeitshilfen

3. Berechnen Sie die Lagerkennziffern für das laufende Geschäftsjahr für die Drehkreuze mit Hubtechnik und beurteilen Sie das Ergebnis für die Heidtkötter KG im Zeit- und Branchenvergleich. Nutzen Sie die Arbeitshilfen (s. u.). Welche Zielsetzungen sollten bezüglich der Lagerkennziffern angestrebt werden?
4. Erläutern Sie Zusammenhänge zwischen den einzelnen Lagerkennziffern und deren Auswirkungen auf die Entwicklung der Lagerkosten.
5. Begründen Sie, warum Soll-Ist-Vergleiche in der Lagerverwaltung so wichtig sind. Nennen Sie Entscheidungen, die in der Lagerverwaltung anhand der Ergebnisse getroffen werden.
6. Frau Dr. Keil erwähnt in ihrer Mitteilung Differenzen. Erklären Sie, warum im Lager überhaupt Inventuren durchgeführt werden und wodurch Inventurdifferenzen auftreten können.

Arbeitshilfe 1

Lager-Dispositionskarte

Teilebezeichnung:	Drehkreuze mit Hub			Jahresbedarf:				14 000 Stück
Teilenummer:	11833			Höchstbestand:				5 000 Stück
Lieferer:	Montage 1			Meldebestand:				800 Stück
Herstellkosten:	150,00 €			Kostenstelle:				127

Datum	Beleg	Zugang	Abgang	Bestand	Datum	Beleg	Zugang	Abgang	Bestand
01.01.				1 000	01.10.	MZS 355	2 000		5 000
16.01.	MZS 301	200		1 200	12.10.	MES 59		1 800	3 200
12.02.	MES 09		700	500	13.10.	MES 63		600	2 600
17.03.	MZS 311	2 000		2 500	29.10.	MES 67		1 200	1 400
05.04.	MES 18		1 000	1 500	02.11.	MES 74		400	1 000
28.04.	MES 22		400	1 100	08.11.	MZS 377	3 300		4 300
02.05.	MZS 329	300		1 400	27.11.	MES 78		1 000	3 300
10.06.	MZS 332	1 000		2 400	03.12.	MES 84		800	2 500
27.06.	MES 47		1 000	1 400	07.12.	MES 87		300	2 200
10.08.	MES 50		300	1 100	15.12.	MES 93		400	1 800
19.09.	MES 56		600	500	23.12.	MZS 380	200		2 000
26.09.	MZS 344	2 500		3 000	30.12.	MES 98		800	1 200

MES = Materialentnahmeschein, MZS = Materialzugangsschein

Arbeitshilfe 2

Kennziffer und Aussage	Berechnung
Durchschnittlicher Lagerbestand ($\varnothing$ LB) zeigt die durchschnittliche Höhe des Lagerbestandes in einer Periode	Bei Monatsinventur (in € oder in Stück) $$\varnothing \text{ LB} = (\text{JAB} + 12\,\text{MEB})/13$$ liegen keine Monatsendbestände vor: $$= (\text{JAB} + \text{JEB})/2$$ JAB = Jahresanfangsbestand JEB = Jahresendbestand MEB = Monatsendbestände
Umschlagshäufigkeit (UH) zeigt, wie häufig der $\varnothing$ LB in einer Periode umgeschlagen (verbraucht/verkauft) wird	$$\text{UH} = \frac{\text{Wareneinsatz}}{\varnothing \text{ Kapitalbindung}} = \frac{\text{Lagerabgang (Menge)}}{\varnothing \text{ LB}}$$ **Wareneinsatz** = Wert des Lagerabgangs bzw. der für die Leistungserstellung eingesetzten Materialien $\varnothing$ **Kapitalbindung** = $\varnothing$ LB · Einstandspreis
Durchschnittliche Lagerdauer ($\varnothing$ LD) zeigt die Zeitdauer der Lagerung des $\varnothing$ LB	$$\varnothing \text{ LD} = \frac{\text{Tage der Periode}}{\text{UH}}$$
Lagerzinsen, Lagerzinssatz zeigt, wie hoch der Zinsverlust (in € und in %) des im Lager gebunden Kapitals in einer Periode ist	$$\text{Lagerzins} = \frac{\varnothing \text{ LB} \cdot \text{Marktzinssatz} \cdot \varnothing \text{ LD}}{100 \cdot 360}$$ $$\text{Lagerzinssatz} = \frac{\text{Marktzinssatz} \cdot \varnothing \text{ LD}}{360}$$

Vertiefende Übungen

1. Die Franz Kniep GmbH bezieht zur Herstellung von Waschmaschinen die Elektronik-Baugruppen fremd. Zur Gewährleistung ständiger Produktionsbereitschaft wird ein Mindestlagerbestand von drei Tagesverbräuchen gehalten.

   a) Ermitteln Sie den Mindestlagerbestand an Elektronik-Baugruppen, wenn an insgesamt 225 Arbeitstagen im Jahr 24 750 Waschmaschinen produziert werden sollen und je Waschmaschine eine Elektronik-Baugruppe benötigt wird.

   b) Wie viel m³ Lagerraum wird für diesen Mindestlagerbestand benötigt, wenn je 5 Elektronik-Baugruppen in einem Hochregallager 2 m³ in Anspruch nehmen?

   c) Berechnen Sie die jährlichen Lagerkosten für den Mindestlagerbestand, wenn für die ersten 100 m³ Lagerraum 40,00 €/m³ pro Monat und für den darüber liegenden Lagerraum 45,00 €/m³ pro Monat entstehen. Der Einstandspreis je Elektronik-Baugruppe beträgt 105,00 €; der Kapitalmarktzins beträgt 4 % p. a.

   d) Berechnen Sie die Kosteneinsparung, die sich unter den gegebenen Bedingungen ergeben kann.

2. Die Bettina Otto OHG wies im abgelaufenen Geschäftsjahr u. a. folgende Lagerbestände aus:

	Anfangsbestand (T€)	Endbestand (T€)
Rohstoffe	1.880	1.400
Hilfsstoffe	90	70
Betriebsstoffe	140	100
Bezogene Fertigteile	800	600

   Jahresverbrauchswert des $\varnothing$ Lagerbestandswertes: 39.780,00 €

   Ermitteln Sie

   a) den durchschnittlichen Lagerbestandswert aller im Lager befindlichen Materialien und Fertigteile,

   b) die Umschlagshäufigkeit dieses Wertes und

   c) die durchschnittliche Lagerdauer.

4.4
Outsourcing in der Materiallogistik – Fremdlagerung als mögliche Alternative zur Eigenlagerung

Situation

Mit Abschluss der Untersuchungen des Instituts für Materiallogistik bei der Heidtkötter KG fasst Professor Heuer die Ergebnisse in einer Empfehlung zusammen. Seiner Ansicht nach sollte kurzfristig (6 Monate) über eine teilweise Fremdlagerung nachgedacht werden, um so die Lagerkosten senken zu können.

Frau Dr. Keil hat deshalb ein Angebot eines Fremdlageristen eingeholt, der je m^3 Lagerraum 37,50 € pro Monat verlangt. Um zu erfahren, welche Lagerkosten je m^3 Lagerraum bei der Heidtkötter KG entstehen, bittet sie das Controlling um die entsprechenden Informationen.

Folgende Daten liegen im Controlling je 100 m^3 Lagerraum vor:

Kostenbestandteil	
Stromkosten	1.200,00 €/Monat
Heizkosten	1.800,00 €/Monat
Personalkosten Lagerarbeiter (Gehalt)	11.600,00 €/Monat
Abschreibung Lagerinventar	3.500,00 €/Monat
Abschreibung Lagergebäude	6.500,00 €/Monat
Zinsen auf Lagerinventar und -gebäude	5.400,00 €/Monat
Kapitalbindung für Lagerbestände	8 % auf ⌀ Lagerbestandswert pro Jahr
Versicherungsprämie	2,9589 % auf ⌀ Lagerbestandswert pro Jahr (auf volle Euro runden)
⌀ Lagerbestandswert	68.375,00 €/Jahr

Arbeitsaufträge

1. Ermitteln Sie rechnerisch den benötigten Lagerraum in m^3, ab dem sich die Fremdlagerung für die Heidtkötter KG lohnen würde.
2. Bisher haben Sie die Problematik der Eigen- oder Fremdlagerung lediglich aus der Sicht der zu erwartenden Kosten betrachtet. Sammeln Sie weitere Kriterien, die bei der Entscheidung über Eigen- und Fremdlagerung von Bedeutung sind, und führen Sie Vorteile der Fremdlagerung an.

Vertiefende Übungen

1. Die Franz Kniep GmbH erwägt, die Trommeln für Waschvollautomaten fremd zu lagern:

   - Eigenlagerung: 22.000,00 €   fixe Kosten
                               6,00 €   variable Kosten je Stück
   - Fremdlagerung: 11,50 €   variable Kosten je Stück

   Ermitteln Sie die kritische Menge und erläutern Sie, wann eine Eigen- bzw. Fremdlagerung lohnt.
2. Führen Sie je drei Kriterien an, die über den Kostenvergleich hinaus für eine Eigenlagerung bzw. für eine Fremdlagerung sprechen.

5
Beschaffungscontrolling – Notwendigkeit und Möglichkeiten der Kontrolle von Beschaffungsprozessen und Materiallogistik

Ausgangslage

In den letzten Jahren wurde immer deutlicher, dass eine Optimierung der Beschaffungsprozesse und -strukturen über die damit verbundenen Kostenreduzierungen im Beschaffungsbereich sehr positive Auswirkungen auf die Gewinnsituation der Unternehmen herbeiführt. Alle Bemühungen im Absatzbereich, die erzielten Umsätze und Marktanteile zu erhöhen, erreichen nicht die Ergebnisse, die eine Kostenreduzierung im Beschaffungsbereich mit sich bringt. Auch für die Heidtkötter KG ist ein Beschaffungscontrolling erforderlich, das mithilfe verschiedener Instrumente und Kennzahlen die Planung, Steuerung und Überwachung des Beschaffungsprozesses übernimmt und nach neuen Möglichkeiten zur Reduzierung der Beschaffungskosten sucht.

Lernziele

Nachdem Sie dieses Kapitel durchgearbeitet haben, können Sie ...

- die Aufgaben und Zielsetzungen des Beschaffungscontrollings erläutern,
- unterschiedliche Instrumente des Beschaffungscontrollings gegeneinander abgrenzen und deren Auswirkungen auf die Erfolgssituation eines Unternehmens beschreiben,
- die Bedeutung des Einsatzes eines Portfolios für die Sicherheit strategischer Entscheidungen im Beschaffungsbereich erläutern und das Beschaffungsobjekt/-markt–Portfolio näher beschreiben,
- verschiedene Kennzahlen des Beschaffungscontrollings erläutern und situationsbezogen zur Kosten- und Lieferantenkontrolle im Beschaffungsbereich anwenden.

5.1
Zielsetzungen und Aufgaben des Beschaffungscontrollings

Situation

Eric Sippel, Controller der Heidtkötter KG, vertritt die These, dass eine Reduzierung der Kosten, insbesondere im Beschaffungsbereich, einen höheren Beitrag zur wirtschaftlichen Effektivität leistet als eine Zunahme der Verkaufsumsätze. Im Internet hat er folgende Informationen gefunden, die seine These durch beeindruckende Zahlen stützen[1]:

Die Reduzierung der Beschaffungskosten um 1 % hat je nach Wirtschaftsbereich die gleiche Ergebniswirkung wie eine Umsatzsteigerung um

- Maschinenbau   →   14,3 %
- Chemische Industrie   →   8,0 %
- Lebensmittelindustrie   →   19,9 %
- Handel   →   17,5 %

Sippel ist der Meinung, dass die Optimierung der Ergebnisse und Prozesse im Bereich der Beschaffung ein aussagekräftiges, kontinuierliches und auf aktuellen Daten beruhendes Beschaffungscontrolling erfordert. Dies ist ein System von Führungs- und Entscheidungshilfen, das durch das Bereitstellen von Informationen, Verfahren und Kennzahlen die Kernprozesse der Beschaffung unterstützt und optimiert.

→

---

1 siehe www.ec-ruhr.de/pdf/Tischer-010607.pdf, Zugriff am 15.06.2009

1. Welche Zielsetzungen lassen sich aus der oben aufgeführten These sowie der Begriffsbeschreibung für das Beschaffungscontrolling ableiten?
2. Beschreiben Sie Aufgaben, die von den Mitarbeitern des Beschaffungscontrollings zu erfüllen sind, um die angestrebten Zielsetzungen zu erreichen.

5.2
Instrumente und Messgrößen des Beschaffungscontrollings

Situation Nach der Markteinführung der Innovation *communicTable* hat sich Herr Sippel insbesondere mit den Leistungen der Abteilung Einkauf beschäftigt. Er beachtet dabei besonders den Einkauf des für die Herstellung des Tisches erforderlichen Monitors. Folgende Zahlen stehen ihm für den Monat Mai zur Auswertung zur Verfügung:

Auftragsvolumen:		60 Stück
Einkaufs-/Einstandspreis pro Monitor:		924,62 €
Angebotspreise der Lieferanten	Pope Hardware KG	843,08 €
	Svenska Trä AB	924,62 €
	Computertechnik	
	Lenjosh OHG	911,80 €
Gesamtbestellwert:		55.476,96 €
(Bestell-)Kosten der Abteilung Einkauf:		220,00 €
Anzahl der Bestellungen:		2

Bezogen auf den Monat Juni stehen folgende Angaben zur Verfügung:
Das Auftragsvolumen sowie die Anzahl der Bestellungen wurden nicht verändert. Intensive Verhandlungen mit den Lieferanten führten zu folgenden Ergebnissen: Die Pope Hardware KG blieb bei ihrem alten Angebotspreis, die Computertechnik Lenjosh OHG reduzierte ihren Einstandspreis um 11,30 € pro Monitor und die Svenska Trä AB verringerte ihren alten Angebotspreis um 4,975 %.
Auch im Juni wurden die benötigten Monitore von Svenska Trä AB in Schweden bezogen. Die für die Beschaffung der Monitore anfallenden Bestellkosten der Abteilung Einkauf konnten in diesem Monat gegenüber dem Vormonat um 8 % gesenkt werden.

Arbeitsaufträge

› INFO-Teil
1. Ermitteln Sie für die Monate Mai und Juni Kennzahlen zur Kontrolle der Anschaffungskosten sowie zur Kontrolle der Bestellabwicklungskosten. Vergleichen und interpretieren Sie diese.
2. Welche Instrumente sollte Herr Sippel im Rahmen des Beschaffungscontrollings bezogen auf die Beschaffung der Monitore anwenden, um die Leistungen des Einkaufs zu optimieren? Bitte begründen Sie.

Vertiefende Übungen

1. Ordnen Sie die folgenden Verfahren des Beschaffungscontrollings unten stehenden Aussagen zu.

   (1) Benchmarking,
   (2) Preisstrukturanalyse,
   (3) Prozesskostenrechnung,
   (4) make or buy,
   (5) Nutzwertanalyse,
   (6) Vergleich von Ist- und Normalkosten

   a) bestimmt im Wesentlichen die optimale Beschaffungstiefe
   b) führt als Vergleichsanalyse von Leistungen und Prozessen des eigenen Unternehmens mit Branchenführern zur Aufdeckung interner Schwachstellen
   c) dient der Kostenkontrolle und kann aufzeigen, ob die Materialien im Rahmen der geplanten Kosten beschafft werden konnten
   d) ermöglicht eine differenzierte, ablaufbezogene Kostenkontrolle
   e) ermöglicht die Berücksichtigung quantitativer und qualitativer Entscheidungskriterien
   f) externe Informationen ermöglichen das Nachvollziehen der Preisbildung des Lieferanten

2. Die Umstellung auf eine neue Software erfordert bei der Textilfabrik Knickenberg die Anschaffung 25 neuer PCs. Nach einer ersten Kontaktaufnahme mit schon bekannten Anbietern liegen folgende Bezugspreise vor:

   ■ Computertechnik Willi Wolters, Gütersloh   48.750,00 €

   ■ Computer und mehr, Freudenberg   50.500,00 €

   ■ Piet Jansen NIKT GmbH, Köln   44.000,00 €

   ■ Computertechnologie Vogelpohl, Lindental   45.500,00 €

   Da schon in der Vergangenheit Geschäftsbeziehungen mit allen Lieferanten bestanden, stehen folgende Daten aus der Lieferantendatei zur Verfügung:

Lieferant	Anzahl Lieferungen	Anzahl Reklamationen	verspätete Lieferungen	vollständig ausgeführte Aufträge	gesamter Bestellwert (bislang)	Wert der ausgelieferten Ware
Computertechnik Willi Wolters	12	2	2	9	15.000,00 €	11.750,00 €
Computer und mehr	8	3	2	7	7.600,00 €	6.350,00 €
Piet Jansen NIKT GmbH	14	1	3	12	19.600,00 €	16.200,00 €
Computertechnologie Vogelpohl	10	0	1	8	13.800,00 €	11.740,00 €

   a) Ermitteln Sie das Einkaufsergebnis für jeden Lieferanten und beurteilen Sie den Aussagegehalt dieser Kennziffer.
   b) Berechnen Sie weitere Kennzahlen zur Kontrolle der bisherigen Lieferantenleistungen.
   c) Sprechen Sie eine begründete Empfehlung aus, bei welchem Lieferanten die Textilfabrik Knickenberg die benötigten Rechner bestellen sollte.

7

Personalwirtschaftliche Aufgaben wahrnehmen

Leitidee
Personalwirtschaftliche Aufgaben gehören nicht zu den Kernfunktionen der unternehmerischen Leistungserstellung. Das Personalwesen ist aber dafür verantwortlich, dass die wichtigste Ressource für die Leistungserstellung, der Produktionsfaktor Arbeit, zur Verfügung steht. Die Planung des Personalbedarfs ist eine der zentralen Aufgaben des kaufmännischen Bereiches, von der sämtliche Funktionsbereiche betroffen sind.

Trotz aller Rationalisierung und Automatisierung ist der Mensch nach wie vor der entscheidende Faktor für den Erfolg eines Unternehmens.

Der Mensch wird als Ressource gesehen. Daher spricht man heute auch von Human-Ressource-Management. Nach wie vor ist die Betrachtung des Faktors Arbeit unter wirtschaftlichen Gesichtspunkten, also die Arbeitsproduktivität ein zentrales Thema. Durch ein gutes Human-Ressource-Management gewinnen beide: das Unternehmen einen motivierten und leistungsstarken Mitarbeiter und der Mitarbeiter einen Arbeitsplatz, an dem er sich wohlfühlt und seine Fähigkeiten und Begabungen einbringen kann.

1
Die Personalwirtschaft hat eine Schlüsselstellung im Unternehmensgeschehen

Ausgangslage
In der Heidtkötter KG sind gegenwärtig 120 Mitarbeiter beschäftigt. Davon arbeiten 54 Arbeitnehmer/-innen im kaufmännischen Bereich als Angestellte. Die übrigen 66 sind als gewerbliche Arbeitnehmer/-innen im Lager, in der Produktion und im Versand tätig. Das Durchschnittsalter der Mitarbeiter liegt bei 43 Jahren.

Mit insgesamt 9 Auszubildenden (6 im kaufmännischen, 3 im gewerblichen Bereich) ist die Ausbildungsquote derzeit überdurchschnittlich hoch. Die Zahl der Auszubildenden soll im nächsten Jahr erhöht werden. Der Anteil der Schwerbehinderten beträgt 7,5 % und liegt damit deutlich über dem, was vom Gesetzgeber als Mindestquote vorgesehen ist. Die meisten dieser 9 Mitarbeiter/-innen sind im Bereich der Verwaltung tätig.

Lernziele
Wenn Sie dieses Kapitel durchgearbeitet haben, dann ...
- können Sie erklären, worin sich ein modernes Personalmanagement von der herkömmlichen Auffassung der Aufgaben in der Personalwirtschaft unterscheidet,
- sind Sie in der Lage, zu erklären, was man unter dem Begriff Human-Ressource-Management versteht.

Die Mitarbeiter sind das größte Kapital des Unternehmens. Daher wird auch versucht, durch geeignete Arbeitsbedingungen die Motivation und die Leistungsbereitschaft der Belegschaft zu fördern.

1.1
Aufgaben von Personalwirtschaft und Personalmanagement

Situation   Narnette Peters kennt als Leiterin der Personalabteilung viele Mitarbeiter persönlich und weiß um deren Stärken und Schwächen. Ihr Arbeitsgebiet ist trotz der Tatsache, dass die Heidtkötter KG „nur" über rund 120 Mitarbeiter verfügt, sehr umfangreich. Manchmal hat Frau Peters das Gefühl, nicht mehr zu wissen, wo ihr der Kopf steht.
Zu Frau Peters Prinzipien gehört dennoch, die Tür zum Personalbüro immer für alle offen zu lassen, und dieses Angebot wird von der Belegschaft angenommen. Es kommen immer wieder Mitarbeiterinnen und Mitarbeiter zu ihr, um Anliegen vorzutragen. Und auch die Geschäftsleitung ist auf das Wissen und die Kenntnisse von Frau Peters und ihrer Abteilung angewiesen.

Arbeitsauftrag

Dass das Personalwesen eines Unternehmens sehr vielfältige Aufgaben zu bewältigen hat, dürfte Ihnen auch aus eigener Erfahrung klar sein. Aber um welche Tätigkeitsbereiche handelt es sich dabei genau?

a) Notieren Sie die aus Ihrer Sicht wichtigsten Aufgaben, die im Personalbereich zu erledigen sind. Fassen Sie danach die genannten Einzelaufgaben zusammen und versuchen Sie, diese Einzelaufgaben in Merkmalskategorien zu bündeln. Vergleichen Sie Ihre Ergebnisse in der Klasse.

› **Arbeitshilfen**

b) Auch wenn Sie evtl. in den einzelnen Ausbildungsbetrieben unterschiedliche Schwerpunkte in der Tätigkeit der Personalabteilung festgestellt haben, muss es doch möglich sein, in einem Merksatz zusammenzufassen, worin die Aufgabe des Personalwesens besteht. Versuchen Sie dies und vergleichen danach die einzelnen Ergebnisse.

c) Auch das Personalmanagement in einem Unternehmen unterliegt wirtschaftlichen Zwängen. Erläutern Sie, was damit gemeint sein könnte. Was bedeutet der Begriff „Personalwirtschaft"?

Hinweis: Das damit verbundene Spannungsfeld zum Thema „Human-Ressources" wird im folgenden Kapitel näher beleuchtet.

d) Alle unternehmerischen Abläufe sind darauf ausgerichtet, die Unternehmensziele zu erreichen. Stellen Sie dar, welche Rolle hier das Personalmanagement spielt.

Arbeitshilfe 1

Personalpolitik ist ein Teil der gesamten Unternehmenspolitik. Sie verfolgt das Ziel, die nötigen Arbeitskräfte zur rechten Zeit am rechten Ort in der benötigten Anzahl und mit den erforderlichen Qualifikationen bereitzustellen. Damit ist auch die Personalwirtschaft mit Planungsfragen verbunden.

Die Erfüllung der betrieblichen Aufgabe mit qualifiziertem Personal und möglichst niedrigen Personalkosten ist die übergeordnete wirtschaftliche Zielsetzung der Personalwirtschaft. Da wirtschaftliche Ziele auf Dauer nur mit Mitarbeitern zu verwirklichen sind, die sich an ihrem Arbeitsplatz wohlfühlen, ist es Aufgabe der Personalwirtschaft, wirtschaftliche und soziale Ziele miteinander zu verbinden.

Optimal betreute Mitarbeiter können Leistungen erbringen, die notwendig sind, um auf hart umkämpften Märkten zu bestehen. Personalmanagement bedeutet aber auch, dass es hier nicht nur um Einzelfragen der Personalwirtschaft geht, sondern dass das Personalmanagement eine komplexe Funktion für den Betrieb

→

darstellt, in dem sich wirtschaftliche und soziale Funktionen nicht gegenüberstehen, sondern sich ergänzen. Dabei spielen auch (arbeits)rechtliche und psychologische Fragen eine Rolle.

Personal-bestandsanalyse	**Personal-beschaffung**	**Personal-entwicklung**
Wie viele Arbeitskräfte mit welcher Qualifikation sind in der Unternehmung vorhanden?	Woher und wie können zusätzliche Arbeitskräfte beschafft werden?	Welche Maßnahmen sind notwendig, um Arbeitskräfte für bestimmte Arbeitsanforderungen zu qualifizieren?
Personal-bedarfsermittlung	**Personal-einsatz**	**Personal-freisetzung**
Wie viele Mitarbeiter einer bestimmten Qualifikation werden benötigt?	Wo sollen die Mitarbeiter entsprechend ihren Fähigkeiten eingesetzt werden?	Welche und wie viele Arbeitskräfte sollen abgebaut werden?
Personal-informationsmanagement	**Personal-führung**	**Personal-kostenmanagement**
Welche Informationen über die Arbeitnehmer sollen auf welche Art verarbeitet werden?	Wie soll das Verhältnis zwischen Vorgesetzten und Untergebenen gestaltet werden?	Welche gegenwärtigen und zukünftigen Kosten werden durch den aktuellen bzw. den geplanten Personalbestand verursacht?

Arbeitshilfe 2

Nach dem Grundsatz, dass **nur ein zufriedener Mitarbeiter auch ein guter Mitarbeiter** ist, muss nicht nur von der Unternehmensleitung, sondern auch seitens des Personaleinsatzes und der Personalführung deutlich werden, welchen Stellenwert der „Produktionsfaktor Arbeit" im Unternehmen hat. Dass es dabei auch zu Interessenkollisionen kommen kann, liegt in der Natur der Sache.

Die Mitarbeiter stellen für ein Unternehmen einen der wichtigsten **Bausteine für den Erfolg** dar. In vielen Branchen sind Personalkosten der Hauptteil der Kosten für Produktionsfaktoren (dies gilt in Hochlohnländern wie der Bundesrepublik in einem besonderen Maße), aber ohne den Faktor Arbeit wären die anderen Produktionsfaktoren gar nicht einsetzbar. Mit dem Faktor Arbeit verbindet sich ein **kreatives Erfolgspotenzial**, welches von „toten" Produktionsfaktoren nicht ausgehen kann.

Qualität der Ausbildung, Qualifikation im Job und ständige Fort- und Weiterbildung prägen die neuen Managementkonzepte. Dabei wird der Begriff „Qualität" in einem anderen Licht gesehen. Verstand man lange Zeit Qualität als Zusiche-

rung von bestimmten Produkteigenschaften, so stellt sich die Qualität des Arbeits-
ergebnisses heute als die Schnittmenge verschiedener Teilqualitäten dar:

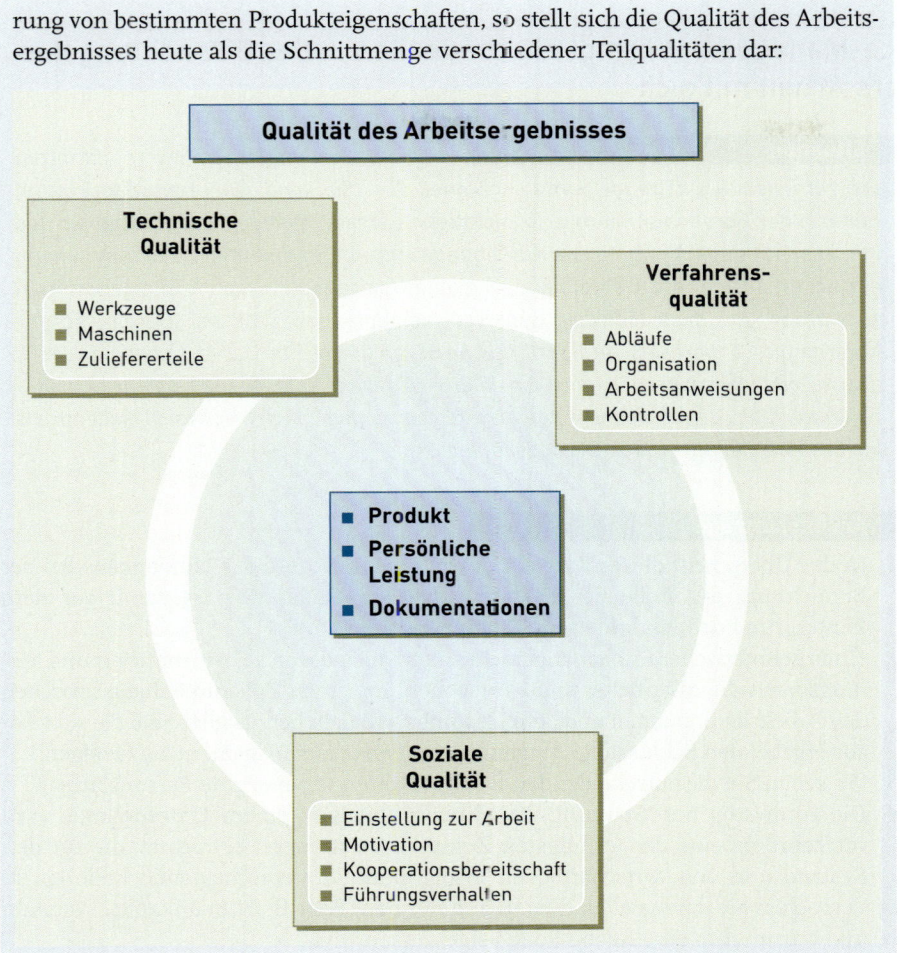

Arbeitshilfe 3

Aufgaben des Personalmanagements

- Das **Personalmanagement** im engeren Sinne besteht aus:
  - Personalplanung   Personalentwicklung   Personalführung
- **Ziele des Personalmanagements** sind:
  - die Ermittlung der benötigten Arbeitskräfte aufgrund der betrieblichen Pro-
    duktions- und Absatzplanungen,
  - ein effizienter und flexibler Einsatz der vorhandenen Arbeitskräfte,
  - die Vermeidung von unnötigen Personalkosten.
- **Dazu tragen bei**
  - der Wandel der Führungskultur durch kooperative Zusammenarbeit, vertrau-
    ensvollen Umgang und stärkere Beteiligung der Mitarbeiter/-innen und
  - die Steigerung der Produktivität durch Weiterentwicklung der Motivation,
    Förderung der Kreativität und Erhöhung der Arbeitszufriedenheit.
- **Damit verbunden ist,**
  - dass Führungskräfte Motoren des Wandels und gleichzeitig in ihrem Arbeits-
    und Sozialverhalten Vorbilder sind, sowie
  - der Mut zur Erneuerung und Innovationskraft als wichtige Grundvorausset-
    zungen des dauerhaften Optimierungsprozesses.

1.2
Human-Ressource-Management bringt ein Umdenken in der Betrachtung des Produktionsfaktors Arbeit mit sich

„Ich dachte immer, Sie wären mit Ihrem Job zufrieden. Ich hätte nie damit gerechnet, dass Sie kündigen." Nannette Peters, Leiterin der Personalabteilung, ist sichtlich überrascht, als ihr ein Mitarbeiter aus der Beschaffungsabteilung das Kündigungsschreiben präsentiert. Kurz und knapp erklärt er, dass er das Gefühl habe, an seinem Arbeitsplatz nicht ernst genommen zu werden und dass niemand den Wert seiner Arbeit schätze. *„Daran"*, so der Mitarbeiter, *„ändert auch die übertarifliche Bezahlung nichts. Das ist sicher ein Vorteil, aber es gibt viele andere Gründe, die dafür maßgebend sind, ob man sich am Arbeitsplatz wohlfühlt. Ich werde mir einen Arbeitsplatz suchen, an dem ich mich nicht nur als kleines Rädchen im großen Getriebe fühlen muss."*

Arbeitsaufträge

› **INFO-Teil**
LF 7, Kap. 1.2

› **Arbeitshilfen**

1. In der Überschrift dieses Kapitels ist von einem Prozess des Umdenkens bei der Betrachtung der Rolle des Faktors Arbeit die Rede. Was ist damit vor dem Hintergrund der geschilderten Situation gemeint?
2. Unternehmerischer Erfolg hängt nicht zuletzt auch davon ab, wie motiviert und leistungsbereit die Mitarbeiter sind. Versuchen Sie, einen Zusammenhang zwischen den Arbeitsbedingungen und dem Leistungsverhalten herzustellen und die sich daraus ergebenden Schlussfolgerungen für das Personalmanagement aufzuzeigen.
3. Wo sehen Sie die entscheidenden Erfolgsfaktoren für eine gute Personalarbeit?
4. Die Förderung und Stärkung des Humankapitals in einem Unternehmen wird vermehrt als eine der wichtigsten Zukunftsinvestitionen betrachtet, die für den Bestand und den wirtschaftlichen Erfolg eine ganz entscheidende Rolle spielt. Versuchen Sie darzustellen, was man unter dem Begriff „Humankapital" versteht und warum ihm eine solche Rolle beigemessen wird.

Arbeitshilfe 1

Eine Studie des Bundesministeriums für Arbeit und Soziales erbrachte, dass von 37 200 Beschäftigten in 314 Unternehmen rund 80 % der Mitarbeiter/-innen mit ihrer Arbeit im Großen und Ganzen zufrieden sind.

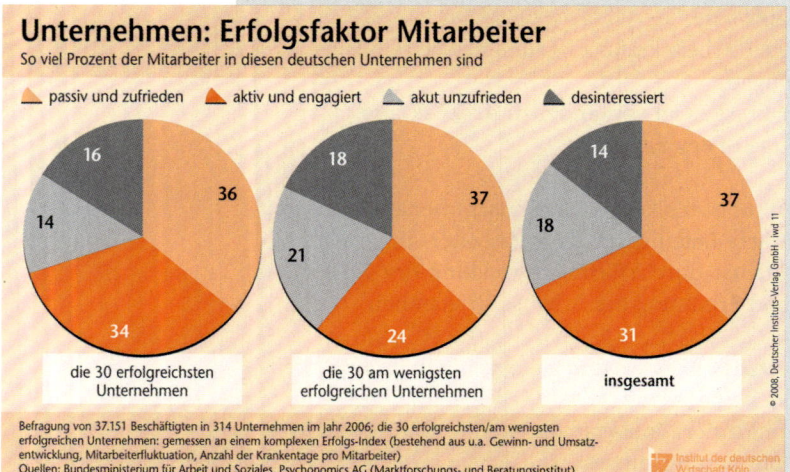

Unternehmen: Erfolgsfaktor Mitarbeiter
So viel Prozent der Mitarbeiter in diesen deutschen Unternehmen sind

▲ passiv und zufrieden   ▲ aktiv und engagiert   ▲ akut unzufrieden   ▲ desinteressiert

die 30 erfolgreichsten Unternehmen: 16, 36, 14, 34

die 30 am wenigsten erfolgreichen Unternehmen: 18, 37, 21, 24

insgesamt: 14, 37, 18, 31

Befragung von 37.151 Beschäftigten in 314 Unternehmen im Jahr 2006; die 30 erfolgreichsten/am wenigsten erfolgreichen Unternehmen: gemessen an einem komplexen Erfolgs-Index (bestehend aus u.a. Gewinn- und Umsatzentwicklung, Mitarbeiterfluktuation, Anzahl der Krankentage pro Mitarbeiter)
Quellen: Bundesministerium für Arbeit und Soziales, Psychonomics AG (Marktforschungs- und Beratungsinstitut)

© 2008, Deutscher Instituts-Verlag GmbH · iwd 11

Institut der deutschen Wirtschaft Köln

Allerdings wird der Handlungsbedarf auch hier deutlich, wenn man feststellt, dass nur drei von zehn Arbeitnehmern sagen, dass sie ihrer Arbeit „engagiert und aktiv" nachgehen und weitere vier von zehn Arbeitnehmern erklären, dass sie zwar mit ihrem Job zufrieden sind, sich aber weitgehend passiv zeigen, also die Gegebenheiten am Arbeitsplatz „nur" hinnehmen.

Arbeitshilfe 2

Maßnahmen, die geeignet sind, die Mitarbeiterzufriedenheit zu erhöhen[1]

Nach Meinung führender Arbeitswissenschaftler liegt der Schlüssel für eine Steigerung der Arbeitsleistung und des Wohlfühlens am Arbeitsplatz darin, dass

- die Führungskräfte mit den Mitarbeitern auch individuell kommunizieren (Wochengespräche),
- Mitarbeiter Vorschläge machen dürfen, die nach Möglichkeit auch umgesetzt werden,
- Entwicklungsmöglichkeiten aufgezeigt und Weiterbildungschancen geboten werden,
- echte Verantwortung übertragen wird,
- persönliches Feedback zeitnah gegeben wird,
- das Arbeitsumfeld, der Arbeitsschutz und die Gesundheitsförderung stimmen,
- der Teamgedanke entwickelt wird,
- Mitarbeiter über Unternehmensentwicklungen frühzeitig informiert werden (Transparenz),
- die Kommunikation auch abteilungsübergreifend läuft,
- Zuständigkeiten genau geregelt sind,
- die Vorgesetzten sich bewusst sind, dass sie Vorbildfunktion haben, und
- auch auf die Freizeit und Familie der Beschäftigten Rücksicht genommen wird.

Arbeitshilfe 3

Fachkräfte für morgen

Mit diesen Maßnahmen wollen Unternehmen in den kommenden drei Jahren dafür sorgen, dass sie Fachkräfte finden bzw. an sich binden:

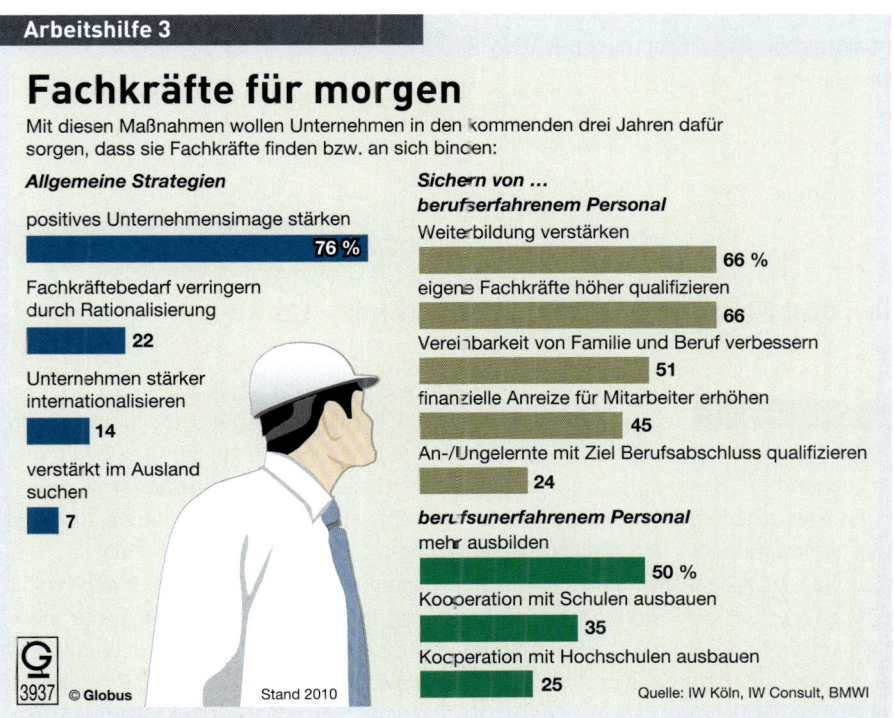

Allgemeine Strategien

positives Unternehmensimage stärken
76 %

Fachkräftebedarf verringern durch Rationalisierung
22

Unternehmen stärker internationalisieren
14

verstärkt im Ausland suchen
7

Sichern von ...
berufserfahrenem Personal

Weiterbildung verstärken
66 %

eigene Fachkräfte höher qualifizieren
66

Vereinbarkeit von Familie und Beruf verbessern
51

finanzielle Anreize für Mitarbeiter erhöhen
45

An-/Ungelernte mit Ziel Berufsabschluss qualifizieren
24

berufsunerfahrenem Personal

mehr ausbilden
50 %

Kooperation mit Schulen ausbauen
35

Kooperation mit Hochschulen ausbauen
25

G 3937 © Globus   Stand 2010   Quelle: IW Köln, IW Consult, BMWI

---

1 Arbeitshilfe 2 entnommen aus:
www.qm-web.de/fachwissen/fachartikel/wie-sich-echte-mitarbeiterzufriedenheit-erreichen-lasst;
Zugriff am 18.05.2009

2
Bei der Personalbedarfsplanung sind viele Einzelheiten zu berücksichtigen

Ausgangslage

Die Personalplanung betrifft nicht nur das aktuell zur Verfügung stehende Personal, sondern auch den zukünftigen Personalbedarf. Eine Planung verspricht nur dann Erfolg, wenn auf verlässliche Daten aus dem Unternehmen zurückgegriffen werden kann. Je länger man aber in die Zukunft planen möchte, desto unsicherer können Prognosen – besonders zur Umsatz- und Absatzentwicklung – werden.

Während man den Zeitpunkt, an dem ein Mitarbeiter in Ruhestand gehen wird, exakt erfassen und die personellen Ersatzplanungen darauf einstellen kann, ist dies in vielen anderen Fällen so gut wie ausgeschlossen; so beispielsweise, wenn Mitarbeiter krankheitsbedingt, durch Mutterschutz oder Elternzeit längere Zeit nicht einsetzbar sind.

Lernziele

Wenn Sie dieses Kapitel durchgearbeitet haben, dann ...

- wissen Sie, welche Aufgaben die Personalbedarfsermittlung in einem Unternehmen hat,
- sind Sie in der Lage, an begründeten Beispielen darzustellen, dass die Personalentwicklung auch von individuellen Entscheidungen der Mitarbeiter oder Ereignissen abhängig ist, die sich dem Einfluss des Personalmanagements entziehen,
- kennen Sie die Grundzüge der Gesetze, die die personalwirtschaftlichen Entscheidungen eines Unternehmens begleiten,
- können Sie einschätzen, von welchen Parametern die Personalplanung eines Unternehmens bestimmt wird,
- sind Sie in der Lage, die Rolle von Personalinformationssystemen für den Unternehmensprozess zu beurteilen,
- wissen Sie, mit welchen Kennziffern man im Personalwesen arbeitet und welche Aufgaben das Personalcontrolling in diesem Zusammenhang hat.

2.1
Personalstatistiken und Personalinformationssysteme – Daten zur Personalplanung

Situation   Klaus M. Heidtkötter ist ein Unternehmer, der nicht nur an sich selbst und seinen Gewinn denkt. Er weiß, dass es letztlich seine Mitarbeiter sind, die zum Erfolg des Unternehmens beigetragen haben. Besonders, wenn er auf einer Messe Lob und Aufträge erhält, wird ihm bewusst, dass er sich zwar auf „seine Mannschaft" verlassen kann, aber andererseits die Konkurrenz aus den Billiglohnländern immer stärker in die Märkte hineindrängt.

Auch sein Assistent Stephan Heimbach hat ein gutes Gefühl, nachdem er auf der *Office Exhibition* in Dubai eine teils mit Edelhölzern auf den arabischen Markt abgestimmte neue Produktlinie mit großem Erfolg vorgestellt hat. Bevor für die Produktion im Stammwerk Bielefeld weitere Arbeitskräfte eingestellt werden, möchte er von der Personalabteilung erst eine genaue Analyse der Belegschaft der Produktion. Dabei sollen Aussagen darüber gewonnen werden, wie viele Mitarbeiter mit welchen Qualifikationen für welche Tätigkeiten an welchen betrieblichen Stellen zu welchen Zeitpunkten beschäftigt werden und wie sich die Mitarbeiter zukünftig entwickeln können. Natürlich steht dahinter auch die Suche nach möglichen Kosteneinsparungen.

Arbeitsaufträge

1. Welche Ziele verfolgt man mit einem Personalinformationssystem und worin liegen die besonderen Vorteile von Datenbanken im Vergleich zu herkömmlichen Personalkarteien?

2. Im Rahmen der Personalstatistik wird die Personalstruktur ermittelt und beobachtet. Personalwirtschaftliche Entscheidungen werden in der Regel nicht ohne das Heranziehen von geeigneten Kennzahlen, zu denen u.a.
   - die Personaldeckungsquote,
   - die Mehrarbeitsquote,
   - die Fehlzeitenquote,
   - die Fluktuationsquote,
   - die Einstellungsquote,
   - die Schwerbehindertenquote und
   - die Auszubildendenquote gehören.
   a) Was steckt hinter diesen Kennzahlen und wie werden sie berechnet?
   b) Was ist aus Ihrer Sicht die wichtigste Kennziffer bzw. welche Kennzahl könnte in einem Bericht an die Geschäftsleitung von besonderer Bedeutung sein?
   c) Um welche Kennzahlen könnte man eine Auflistung zur Personalstruktur erweitern?

3. Nennen Sie Beispiele für Informationen über Mitarbeiterinnen und Mitarbeiter, die nicht in Personalstatistiken oder Personalakten geführt werden dürfen.

› **Arbeitshilfe**
› **INFO-Teil**
LF 7, Kap. 2.1

› **INFO-Teil**
LF 7, Kap. 2.1

Arbeitshilfe

Je nachdem, welche Sachverhalte aus dem Personalwesen erfasst und ausgewertet werden, unterscheidet man folgende Bereiche des Personalcontrollings:

Operatives Personalcontrolling

Das operative Personalcontrolling ist kurz- und mittelfristig angelegt und beschäftigt sich mit den „harten Kennzahlen" wie
- Mitarbeiterzahl,
- Altersstruktur im Unternehmen,
- Kosten- und Ertragsstruktur im Personalbereich.

Strategisches Personalcontrolling

Das strategische Personalcontrolling enthält mittel- und langfristige Betrachtungen und konzentriert sich eher auf die „weichen" Kennzahlen.

Dazu gehören z. B. die
- Motivation der Mitarbeiter,
- Ziele der Mitarbeiter,
- Fähigkeiten und Potenziale der Mitarbeiter und damit zusammenhängend die
- Weiterbildung und Weiterentwicklung des Personals.

Gerade beim strategischen Personalcontrolling geht es darum, die Personalentwicklung entsprechend der Unternehmensstrategie zu steuern, d. h. die Mitarbeiter entsprechend ihrer Potenziale und den zukünftigen Anforderungen, die sich aus der Unternehmensstrategie und ihren persönlichen Zielen ergeben, weiter zu qualifizieren und zu entwickeln.

2.2
Personelle Veränderungen rechtzeitig erkennen, erfassen und auswerten – Voraussetzung für die Personalbedarfplanung

› Situation zu
Kap. 2.1

Situation

Heimbach hat die nötigen Unterlagen ausgewertet. Weil auch die ORGATEC in Köln hervorragend für die Heidtkötter KG verlaufen ist, rechnet Heimbach damit, dass der Umsatz im kommenden Jahr um rund 15 % gesteigert werden kann. Bis in drei Jahren rechnet er mit einer Steigerung um weitere 20 %.

Die Geschäftsleitung möchte das erste Ziel mit einer Aufstockung des Personals von jetzt 120 auf dann 130 feste Mitarbeiter erreichen, d. h., dass der Umsatzsteigerung um 15 % nur rund 8 % mehr Personal gegenüberstehen. Die Ergebnisse der Personalstatistik haben in einigen Bereichen offengelegt, dass durch personelle Änderungen die Effizienz der Arbeit gesteigert werden kann. Da die Unternehmensleitung mittelfristig planen will, wird der Personalbedarf über das kommende Jahr hinaus für die beiden Folgejahre hochgerechnet.

Zurzeit verfügt die Heidtkötter KG über folgendes Personal:

Beschäftigte	insgesamt:	129
davon:	feste Mitarbeiter	120
	Auszubildende	9

(in jedem Ausbildungsjahr 2 Industriekaufleute und 1 Möbelschreiner)

Arbeitsaufträge

1. Nannette Peters, Personalleiterin, soll der Geschäftsleitung berichten, wie aus ihrer Sicht die personelle Entwicklung der nächsten drei Jahre verlaufen wird. Konkret geht es darum, welcher Personalbedarf besteht. Nachdem sie die Personalstatistik durchgearbeitet hat, kommt sie zu folgendem Ergebnis:

Jahr	Folgejahr 1	Folgejahr 2	Folgejahr 3
Mitarbeiterbedarf (Bruttopersonalbedarf)	130	135	150
voraussichtliche Personalabgänge			
Einkauf	1	1	2
Produktion	3	5	3
Vertrieb	2	2	2
Rechnungswesen	3	1	2
Controlling	1	4	–
Summe	10	13	9

› Arbeitshilfen

a) Wie groß ist nach diesen Berechnungen der Nettopersonalbedarf in jedem der nächsten drei Jahre?
b) Wie haben Sie die Auszubildenden in Ihrer Berechnung berücksichtigt und welche Überlegungen waren dabei maßgebend?

2. Definieren Sie unter Rückgriff auf die beispielhafte Situationsanalyse in Arbeits-   > **Arbeitshilfe 2**
hilfe 2 die Begriffe „Nettopersonalbedarf" und „Ersatzbedarf".

3. Die Heidtkötter KG macht zurzeit einen Umsatz von 25 Mio. €. Wie hoch ist der Umsatz pro Mitarbeiter und wie wird er sich absolut und prozentual verändern, wenn die dargestellten Planungen für das Folgejahr 1 und zusammengefasst für die danach folgenden beiden Geschäftsjahre 2 und 3 umgesetzt werden?

4. Es gibt verschiedene Faktoren und Unwägbarkeiten, die eine Prognose des Personalbedarfs erschweren. Welche sind das?

Arbeitshilfe 1

Der Personalbedarf ermittelt sich nach folgenden Gesichtspunkten:

- Welche Tätigkeiten und Aufgaben sind zu erledigen?
- Wie viele Mitarbeiter werden dafür benötigt?
- Welche Qualifikation müssen die Mitarbeiter haben?
- Wann müssen diese Mitarbeiter verfügbar sein?

Quantitativer und qualitativer Personalbedarf

Der Bruttopersonalbedarf wird von der Marktsituation und den internen Produktionsprozessen bestimmt. Unmittelbar mit dem mengenmäßigen Personalbedarf sind auch die qualitativen Gesichtspunkte verbunden. Wesentliches Element des Personalmanagements ist eine zielgerichtete Personalentwicklung, bei der das Leistungs- und Lernpotenzial von Mitarbeiter/-innen erhalten und in Abstimmung mit dem Aufgabenbereich und unter Berücksichtigung der individuellen Bedürfnisse ziel- und zukunftsorientiert gefördert werden soll.

Eine wesentliche Aufgabe der Personalentwicklung ist es hierbei, sowohl den Leistungsanforderungen und -zielen des Betriebes als auch den Erwartungen, Bedürfnissen und Potenzialen der Mitarbeiter/-innen Rechnung zu tragen.

Schema zur Ermittlung des quantitativen Personalbedarfs

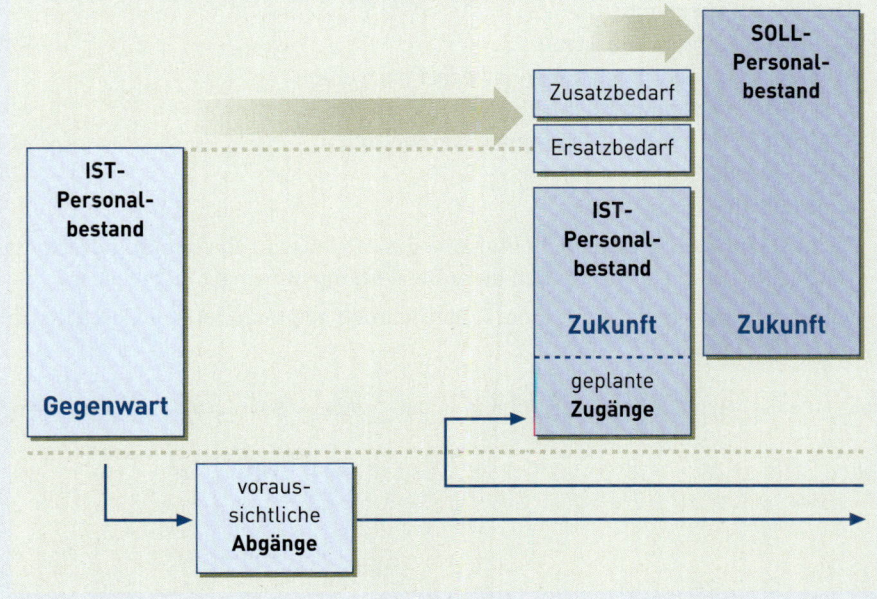

Arbeitshilfe 2

Heidtkötter KG Personalbedarf **gewerblicher Bereich** Stand: 1. August 20.. [1. Folgejahr]		Personal
	Bruttopersonalbedarf	72
–	derzeitiger **Personalbestand**	66
–	bereits feststehende Zugänge (Übernahme Auszubildender, Rückkehr von Wehrpflichtigen, Einstellungsverträge usw.)	2
=	akuter (sofort zu deckender) Bedarf	4
+	anstehende Pensionierungen	4
+	vorliegende Kündigungen	2
+	statistisch zu ersetzende Todesfälle	2
=	Ersatzbedarf	12
+	Neubedarf für eine neu einzurichtende Produktionslinie	8
–	entfallende Stellen durch Absatzrückgang bei alten Produktlinien	3
=	**Nettopersonalbedarf**	**17**

Vertiefende Übungen

> **› INFO-Teil**
> **LF 7, Kap. 2.2**

1. Stellen Sie dar, aus welchen Gründen und mit welchen Zielsetzungen eine Personalplanung betrieben wird.

2. Nennen Sie beispielhaft fünf Einflussgrößen, von denen die Personalplanung der Heidtkötter KG abhängt.

> **› Arbeitsheft**

3. Berechnen Sie den Nettopersonalbedarf aufgrund der folgenden Angaben. Nutzen Sie das Schema oben. Sie finden es auch in Ihrem Arbeitsheft.
   Verfügbare Daten sind:
   - derzeitiger Personalbestand: 416
   - voraussichtlicher Bruttopersonalbedarf nach einer Produktionserweiterung: 444
   - Auszubildende, die übernommen werden sollen: 10
   - anstehende Pensionierungen: 15
   - vorliegende Kündigungen: 9

> **› Arbeitshilfe 2**

4. Worin sehen Sie die eigentliche Aufgabe des Modells zur Berechnung des Nettopersonalbedarfs und was können diese Berechnungsschemata nicht leisten?

5. Die Anzahl der Fehltage in einem Unternehmen zeigte im letzten Geschäftsjahr folgenden Verlauf:

Monat	Jan.	Febr.	März	April	Mai	Juni	Juli	Aug.	Sept.	Okt.	Nov.	Dez.
Fehltage (ohne urlaubsbedingte Abwesenheit)	80	110	90	75	82	50	60	80	90	120	140	68
vorhandene Arbeitstage (um urlaubsbedingtes Fehlen bereinigt)	2 760	2 478	2 530	2 100	2 530	2 508	2 185	2 254	2 662	2 760	2 706	2 178

a) Ermitteln Sie auf der Grundlage der vorgegebenen Soll-Arbeitszeiten, wie hoch die Fehlzeitenquote in den einzelnen Monaten und die jahresdurchschnittliche Fehlquote unabhängig von den Urlaubstagen der Mitarbeiter war.

b) Stellen Sie den Verlauf der Fehlzeiten in einem Diagramm dar.

c) Erläutern Sie zum einen, welche Bedeutung ein Ausfallen von Mitarbeitern für die Personalplanung und die Personalkosten hat, und zum anderen, was getan werden kann, um die Fehlzeiten zu minimieren.

6. Als Sachbearbeiter/-in in der Personalabteilung wurden Sie im Januar dieses Jahres von dem Personalleiter beauftragt, festzustellen, welche personellen Veränderungen demnächst bei der Personalplanung berücksichtigt werden müssen.

Ihre Überprüfung hat ergeben:

- Folgende Arbeitsplätze werden aus Altersgründen kurzfristig frei:
  - Manfred Herbst, beschäftigt als gewerblicher Mitarbeiter an den Furnierpressen; Termin: 31. Juli in diesem Jahr (Altersrente)
  - Doris Schilling, beschäftigt als Sachbearbeiterin im Einkauf; Termin: 31. August in diesem Jahr (Eintritt in die Ruhephase Altersteilzeit)
  - Giovanni Varese, beschäftigt als Sachbearbeiter in der Finanzbuchhaltung; Termin: 30. September in diesem Jahr (vorgezogene Altersrente),

- Marion Mellmann, beschäftigt als Sachbearbeiterin im Vertrieb, ist schwanger und hat ihrem Vorgesetzten mitgeteilt, dass sie im Anschluss an den Mutterschutz drei Jahre Elternzeit beantragen wird und nach Ablauf der Elternzeit wieder in Vollzeit arbeiten möchte,

- der Leiter der Finanzbuchhaltung, Herr Dr. Ingo Cassack, wird in drei Jahren in den Ruhestand gehen,

- Björn Schulte, auszubildender Industriekaufmann, wird im Juni dieses Jahres seine Abschlussprüfung zum Industriekaufmann ablegen.

a) Worin unterscheiden sich die fünf dargestellten Fälle in ihren grundsätzlichen Konsequenzen bezüglich der personellen Planung?

b) Stellen Sie fest, für welche Stelle Björn Schulte nach seiner Abschlussprüfung am besten geeignet wäre (sofern er an einer Übernahme interessiert ist). Begründen Sie in jedem Fall Ihre Meinung.

7. Die Personalabteilung fertigt eine Statistik über den Krankenstand der Arbeitnehmer an. Dabei zieht sie Vergleichswerte zum Krankenstand in der Bundesrepublik Deutschland und branchenbezogene Statistiken heran. So sieht das Ergebnis aus:

	Krankenstand der Arbeitnehmer (in %)												
	1998	1999	2000	2001	2002	2003	2004	2005	2006	2007	2008	2009	2010
Deutschland	4,1	4,3	4,2	4,2	4,0	3,8	3,4	3,3	3,3	3,5	3,3	3,3	3,1
Branche Büromöbel	4,1	4,1	3,9	3,9	3,7	3,8	3,2	3,2	3,2	3,4	3,2	3,2	3,1
davon Mittelbetriebe	4,0	4,3	4,0	4,1	3,9	4,0	3,5	3,3	3,5	3,4	3,3	3,4	3,2
davon Heidtkötter KG	4,1	4,2	4,1	4,1	3,8	3,9	3,3	3,2	3,1	3,0	2,9	2,8	2,6

a) Fertigen Sie eine Grafik mit den Datenreihen an.

b) Vergleichen Sie die Höhe des Krankenstandes der Heidtkötter KG im Zeitablauf unter Heranziehung der aus Ihrer Sicht am besten geeigneten Vergleichsdatenreihe und skizzieren Sie in wenigen Worten, zu welchem Ergebnis Sie dabei kommen.

c) Nennen Sie drei Gründe, die möglicherweise zu der positiven Entwicklung des Krankenstandes in der Heidtkötter KG beigetragen haben.

2.2.1
Gesellschaftliche Aufgaben mit Auswirkungen auf den Betrieb: Mutterschutz und Förderung junger Familien

Situation

Hannah Keil ist nicht ganz zufrieden mit dem, was ihr als Ergebnis der Personalplanung vorliegt. „Frau Peters, haben Sie auch berücksichtigt, dass die ein oder andere unter unseren vielen jungen Frauen schwanger werden kann? Oder dass Väter ebenso von der Möglichkeit der Elternzeit Gebrauch machen können?"

Auch Nannette Peters kann nicht ahnen, ob und wann die von Frau Keil genannten Veränderungen eintreten. Dennoch will sie versuchen, das, was im Rahmen von Familienplanungen an personellen Veränderungen auftreten könnte, in ihre Berechnungen mit einzubeziehen.

Arbeitsaufträge

› **Arbeitshilfen**

1. Erläutern Sie, welche Auswirkungen eine Schwangerschaft auf ein Arbeitsverhältnis und den Arbeitseinsatz hat oder haben kann. Beachten Sie dabei auch die verschiedenen Tätigkeitsbereiche (z. B. Tätigkeit in der Verwaltung, in der Produktion, in der Telefonzentrale, im Labor, als Gabelstaplerfahrerin, als Lackiererin).

› **INFO-Teil**
LF 7, Kap. 2.2.1
› **Internetrecherche**
› **Arbeitsheft**

2. Welche Fristen für die Freistellung von der Arbeit umfasst der Mutterschutz?
3. Erläutern Sie die Bestimmungen zum Kündigungsschutz für werdende Mütter.
4. Von wem kann für welchen Zeitraum die Elternzeit in Anspruch genommen werden? Recherchieren Sie das auch im Internet.
5. Wie wirken sich Mutterschutz und Elternzeit auf die Personalplanung aus?

Arbeitshilfe 1

Die Arbeitnehmerin sollte den Arbeitgeber von ihrer Schwangerschaft und dem voraussichtlichen Entbindungstermin sofort informieren. Nur dann können die gesetzlichen Schutzregelungen eingehalten werden. Nach Bekanntgabe der Schwangerschaft ist der Arbeitgeber verpflichtet

- die für den Betrieb zuständige Aufsichtsbehörde, die für die Überwachung der gesetzlichen Vorschriften zuständig ist, über die Schwangerschaft zu informieren;

- eine sofortige Beurteilung der Arbeitsbedingungen durchzuführen. Diese Gefährdungsbeurteilung des Arbeitsplatzes erstreckt sich auf jede Tätigkeit, die die werdende/stillende Mutter durchführt, und beinhaltet Art, Ausmaß und Dauer der Gefährdung bezüglich der Besonderheiten von Schwangerschaft und Stillzeit. Zweck der Gefährdungsbeurteilung ist es, gesundheitliche Gefahren für Mutter und Kind zu erkennen, zu bewerten und die entsprechenden Schutzmaßnahmen zu ergreifen. Über diese Beurteilung sind zu unterrichten:
  - die werdende/stillende Mutter
  - die anderen Arbeitnehmer/-innen
  - die Personalvertretung (Betriebsrat);

- Schutzmaßnahmen unter Beachtung folgender Rangfolge zu ergreifen, wenn Gesundheit oder Leben von Mutter oder Kind gefährdet sind:
  1. Umgestaltung der Arbeitsbedingungen
  2. Umsetzung/innerbetrieblicher Arbeitsplatzwechsel
  3. Beschäftigungsverbot/Freistellung.

---

1 Wenn Sie Näheres wissen wollen, sollten Sie im Gesetz zum Schutz der erwerbstätigen Mutter – Mutterschutzgesetz – MuSchG, nachlesen (zuletzt geändert am 5. Dezember 2006, zu finden in: www.gesetze-im-internet.de).

Arbeitshilfe 2

Frauen darf während der Schwangerschaft und bis zum Ablauf von vier Monaten nach der Entbindung grundsätzlich nicht gekündigt werden. Dieser Kündigungsschutz, sowie die Ausnahmen hiervon, sind im Mutterschutzgesetz geregelt. Gleiches gilt für Frauen – und Männer – in der Elternzeit. Nachfolgende Ausführungen sind auf den Kündigungsschutz in der Elternzeit übertragbar. Dieser Kündigungsschutz ist im Bundeserziehungsgeldgesetz geregelt.

Voraussetzung für den Kündigungsschutz ist, dass dem Arbeitgeber die Schwangerschaft oder Entbindung bekannt war. War dem Arbeitgeber die Schwangerschaft oder die Entbindung zum Zeitpunkt der Kündigung nicht bekannt, kann die Schwangere ihm dies noch innerhalb von zwei Wochen nach der Kündigung mitteilen. Die Kündigung ist dann nicht wirksam.

Nach dem Mutterschutzgesetz kann eine Kündigung nur in besonderen Fällen erlaubt werden. Dazu muss der Arbeitgeber vorher bei den zuständigen Behörden die Zustimmung beantragen. Ein besonderer Fall kann z. B. eine Betriebsstilllegung/Insolvenz oder Teilbetriebsstilllegung sein, wenn die Arbeitsmöglichkeit für die betroffene Frau in diesem Betrieb weggefallen ist.

Auch besonders grobe Pflichtverletzungen gegen arbeitsvertragliche Pflichten der Schwangeren oder Mütter können zur Zustimmung zur Kündigung führen. Leichte Pflichtverletzungen sind keine Gründe für eine Zustimmung zur Kündigung. Auch Beschäftigungsverbote nach dem Mutterschutzgesetz oder schwangerschaftsbedingte Krankheit sind in der Regel kein Grund, einer Kündigung zuzustimmen.

2.2.2
Das Recht auf Integration in die Arbeitswelt – die Schwerbehindertenquote als Bestandteil der Personalplanung

Situation   Die Schwerbehindertenquote bei der Heidtkötter KG liegt zurzeit bei rund 7,5 %. Dieser Wert liegt über dem Durchschnitt. In den nächsten beiden Jahren gehen jedoch laut Planung fünf Mitarbeiter, die als schwerbehindert eingestuft sind, in den Ruhestand. Die Quote wird auf ca. 4 % sinken.

Arbeitsaufträge

1. Welche sozial- und arbeitsmarktpolitischen Ziele werden mit der Schwerbehindertenabgabe verfolgt und wie viel Prozent schwerbehinderter Arbeitnehmer muss ein Unternehmen beschäftigen, um keine Ausgleichsabgabe zahlen zu müssen?

2. Wie viel muss die Heidtkötter KG in zwei Jahren an Ausgleichsabgaben zahlen, wenn bei einem Personalbestand von auch zukünftig 120 Mitarbeitern die Schwerbehindertenquote von jetzt 7,5 % auf dann ca. 4 % sinkt?

› INFO-Teil
LF 7, Kap. 2.2.2

2.2.3
Teilzeitarbeit

Situation   Kaum hat Nanette Peters den Personalbedarf für die beiden kommenden Jahre berechnet, flattern ihr mehrere Anfragen bzw. Anträge wegen Teilzeitarbeit auf den Tisch.

Eine junge Mutter und ein Vater haben sich kurzfristig überlegt, nach der in sechs Wochen ablaufenden Elternzeit nur noch mit einer halben Stelle und das auch noch möglichst nur an drei Tagen zu arbeiten.

Hinzu kommt der Wunsch von zwei älteren Mitarbeitern, die mit Beginn des nächsten Jahres schrittweise ihre Arbeitszeit von jetzt 40 Std. in drei Stufen von jeweils 5 Std. in drei Jahren auf nur noch 25 Std. pro Woche reduzieren wollen, um so den Übergang in die Pensionierung vorzubereiten.

Ein weiterer Beschäftigter aus der Lohnbuchhaltung hat den Antrag gestellt, nach der in sechs Monaten anstehenden Pensionierung seiner jetzt mit einer halben Stelle beschäftigten Kollegin von jetzt 40 Std. auf dann 32 Std. pro Woche, also auf 80 % zu reduzieren, weil er glaubt, der dann anstehenden Mehrbelastung mit der Wahrnehmung einer vollen Stelle gesundheitlich nicht gewachsen zu sein.

Arbeitsaufträge

› **Arbeitshilfen**
› **INFO-Teil**
LF 7, Kap. 2.2.3

1. Erläutern Sie, welche Gründe dazu führen, dass Arbeitnehmer -und davon besonders viele weibliche Beschäftigte- ihre Arbeitszeit eher zu reduzieren versuchen als einem vollen „Job" nachzugehen.

2. Erläutern Sie die gesetzlichen Regelungen bezüglich des Anspruchs auf Teilzeitarbeit und erörtern Sie, was es bedeutet, wenn der Arbeitgeber nach § 8 Abs. 4 TzBfG (Teilzeit- und Befristungsgesetz) verpflichtet ist, der gewünschten Verringerung der Arbeitszeit zuzustimmen und sie entsprechend den Wünschen des Arbeitnehmers zu verteilen, soweit nicht betriebliche Gründe entgegenstehen.

3. Sie sind ja in der Personalabteilung eingesetzt. Frau Peters muss die Anträge der fünf Beschäftigten bearbeiten und ihre Stellungnahme dann der Geschäftsleitung zur Entscheidung vorlegen. Frau Peters fragt bzw. bitte Sie, alle Einzelfälle auch unter Rückgriff auf die arbeitsrechtliche Situation zu prüfen und wiederum ihr eine Hilfe für die von ihr anzufertigende „Chefvorlage" zu geben. Wie sieht Ihre Ergebnis aus?

4. Die Teilzeitarbeit hat Folgen für die Einsatzplanung eines Arbeitgebers. Erläutern Sie, was die Planung diesbezüglich erschwert, gegebenenfalls aber auch erleichtert. Gehen Sie dabei in angemessener Form auch auf die Frage der Arbeitskosten ein.

5. Nennen Sie unter Heranziehung der Arbeitshilfen nachvollziehbare Gründe, warum die Teilzeitbeschäftigung in den europäischen Staaten doch sehr unterschiedlich ist.

6. In welcher Form lässt sich die den Arbeitnehmern zustehende Möglichkeit der Reduzierung der Arbeitszeit in die Personalbedarfsplanung einbringen und wo liegen die Grenzen?

Arbeitshilfe 1

Gesetz über Teilzeitarbeit und befristete Arbeitsverträge (Teilzeit- und Befristungsgesetz – TzBfG)[1]

§ 1 Zielsetzung

Ziel des Gesetzes ist, Teilzeitarbeit zu fördern, die Voraussetzungen für die Zulässigkeit befristeter Arbeitsverträge festzulegen und die Diskriminierung von teilzeitbeschäftigten und befristet beschäftigten Arbeitnehmern zu verhindern.

§ 2 Begriff des teilzeitbeschäftigten Arbeitnehmers

Teilzeitbeschäftigt ist ein Arbeitnehmer, dessen regelmäßige Wochenarbeitszeit kürzer ist als die eines vergleichbaren vollzeitbeschäftigten Arbeitnehmers.

§ 4 Verbot der Diskriminierung

Ein teilzeitbeschäftigter Arbeitnehmer darf wegen der Teilzeitarbeit nicht schlechter behandelt werden als ein vergleichbarer voll-zeitbeschäftigter Arbeitnehmer, es sei denn, dass sachliche Gründe eine unterschiedliche Behandlung rechtfertigen. Einem teil-zeitbeschäftigten Arbeitnehmer ist Arbeitsentgelt oder eine andere teilbare geldwerte Leistung mindestens in dem Umfang zu gewähren der dem Anteil seiner Arbeitszeit an der Arbeitszeit eines vergleichbaren vollzeitbeschäftigten Arbeitnehmers entspricht

§ 6 Förderung von Teilzeitarbeit

Der Arbeitgeber hat den Arbeitnehmern, auch in leitenden Positionen, Teilzeitarbeit nach Maßgabe dieses Gesetzes zu ermöglichen.

§ 8 Verringerung der Arbeitszeit

(1) Ein Arbeitnehmer, dessen Arbeitsverhältnis länger als sechs Monate bestanden hat, kann verlangen, dass seine vertraglich vereinbarte Arbeitszeit verringert wird.

(2) Der Arbeitnehmer muss die Verringerung seiner Arbeitszeit und den Umfang der Verringerung spätestens drei Monate vor deren Beginn geltend machen. Er soll dabei die gewünschte Verteilung der Arbeitszeit angeben.

(3) Der Arbeitgeber hat mit dem Arbeitnehmer die gewünschte Verringerung der Arbeitszeit mit dem Ziel zu erörtern, zu einer Vereinbarung zu gelangen. [...]

(4) Der Arbeitgeber hat der Verringerung der Arbeitszeit zuzustimmen und ihre Verteilung entsprechend den Wünschen des Arbeitnehmers festzulegen, soweit betriebliche Gründe nicht entgegenstehen. Ein betrieblicher Grund liegt insbesondere vor, wenn die Verringerung der Arbeitszeit die Organisation, den Arbeitsablauf oder die Sicherheit im Betrieb wesentlich beeinträchtigt oder unverhältnismäßige Kosten verursacht.

(5) Die Entscheidung über die Verringerung der Arbeitszeit und ihre Verteilung hat der Arbeitgeber dem Arbeitnehmer spätestens einen Monat vor dem gewünschten Beginn der Verringerung schriftlich mitzuteilen. Haben sich Arbeitgeber und Arbeitnehmer nicht [...] über die Verringerung der Arbeitszeit geeinigt und hat der Arbeitgeber die Arbeitszeitverringerung nicht spätestens einen Monat vor deren gewünschtem Beginn schriftlich abgelehnt, verringert sich die Arbeitszeit in dem vom Arbeitnehmer gewünschten Umfang. [...]

Der Arbeitgeber kann die nach Satz 3 oder Absatz 3 Satz 2 festgelegte Verteilung der Arbeitszeit wieder ändern, wenn das betriebliche Interesse daran das Interesse des Arbeitnehmers an der Beibehaltung erheblich überwiegt und der Arbeitgeber die Änderung spätestens einen Monat vorher angekündigt hat. [...]

(7) Für den Anspruch auf Verringerung der Arbeitszeit gilt die Voraussetzung, dass der Arbeitgeber, unabhängig von der Anzahl der Personen in Berufsbildung, in der Regel mehr als 15 Arbeitnehmer beschäftigt.

---

1 Zuletzt geändert durch Art. 23 G v. 20.12.2011 I 2854.

Arbeitshilfe 2

Teilzeitbeschäftigung in Europa

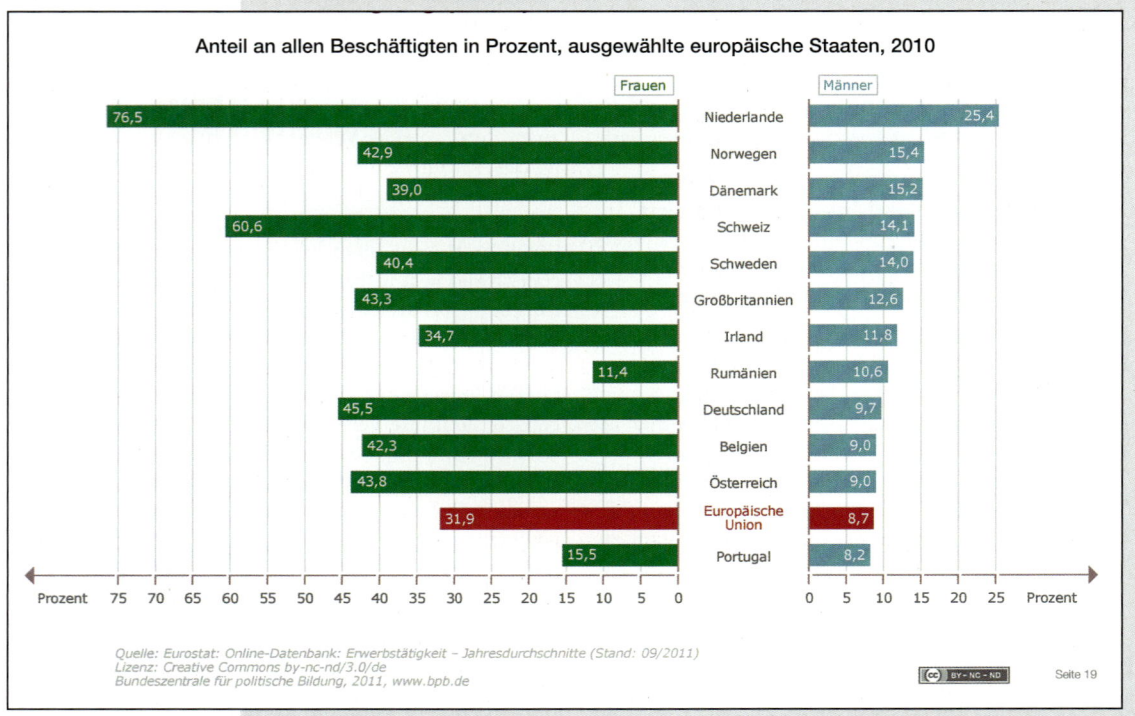

Anteil an allen Beschäftigten in Prozent, ausgewählte europäische Staaten, 2010

	Frauen	Männer	
Niederlande	76,5	25,4	
Norwegen	42,9	15,4	
Dänemark	39,0	15,2	
Schweiz	60,6	14,1	
Schweden	40,4	14,0	
Großbritannien	43,3	12,6	
Irland	34,7	11,8	
Rumänien	11,4	10,6	
Deutschland	45,5	9,7	
Belgien	42,3	9,0	
Österreich	43,8	9,0	
Europäische Union	31,9	8,7	
Portugal	15,5	8,2	

3
Die richtigen Mitarbeiter und Mitarbeiterinnen finden – Grundlagen des Prozessablaufes der Personalauswahl

Ausgangslage

Die Leitung eines jeden Unternehmens ist darauf bedacht, bestens geeignete Arbeitskräfte für neu geschaffene oder wieder zu besetzende Stellen zu finden. Die Auswahl hängt von vielen Kriterien ab. Der Personalabteilung wird dabei eine wichtige Aufgabe zuteil. Sie steuert und begleitet den Prozess zur Umsetzung der Personalpolitik des Unternehmens, von der Initiierung der Stellenanzeige bis hin zur Einweisung der neuen Mitarbeiter im Unternehmen in Absprache mit der Geschäftsleitung oder den betreffenden Abteilungen, die die neue Kollegin oder den Kollegen aufnehmen.

Um zu vermeiden, dass bei jeder anstehenden Stellenbesetzung immer wieder die gleichen Fragen auftauchen, ist ein fester Ablauf sinnvoll. Aus diesem sollte möglichst genau hervorgehen,

- wer für das Einstellungsverfahren zuständig ist und wer daran mitwirkt,
- in welchen einzelnen Schritten eine Einstellung abläuft,
- wie eingehende Bewerbungen behandelt werden,
- nach welchen Kriterien die Beurteilung der Eignung von Bewerbern erfolgt.

Die Vorgehensweise wird dabei nicht nur durch die eigenen Vorstellungen bestimmt. Es gibt eine Vielzahl von Vorschriften und Beteiligungsrechten, die zu beachten sind. Dabei spielt auch eine Rolle, wie die Stelle besetzt wird, ob befristet oder unbefristet. Je nach Profil der Stelle gibt es aber auch andere Modelle.

Lernziele

Wenn Sie dieses Thema durchgearbeitet haben, dann ...

- erkennen Sie, wie der Prozessablauf bei geplanten Neubesetzungen von Stellen strukturiert ist,
- sind Sie in der Lage, die gesetzlichen Rahmenbedingungen zu beachten, die bei einer Neueinstellung von Mitarbeitern zu beachten sind,
- wissen Sie, welche Rolle der Betriebsrat bei Neueinstellungen oder Versetzungen von Mitarbeitern hat,
- können Sie erklären, welche Kernaussagen eine Stellenausschreibung enthalten sollte, und können sie entwerfen,
- wissen Sie, worin die Vor- und Nachteile von internen und externen Stellenbesetzungen liegen,
- wissen Sie, welche Kriterien bei der Analyse von Bewerbungen anzuwenden sind,
- können Sie die Bedeutung von Personalfragebögen einschätzen und wissen, welche Angaben von einem Bewerber verlangt und welche nicht erfragt werden dürfen,
- können Sie beurteilen, welche Ziele mit einem Vorstellungsgespräch bzw. einem Assessment-Center verfolgt werden,
- können Sie die Kerninhalte eines Arbeitsvertrages wiedergeben,
- wissen Sie, was mit dem Begriff „Wettbewerbsverbot" bei Arbeitnehmern gemeint ist,
- können Sie Gründe nennen, die für und gegen ein Personalleasing sprechen, und kennen die Rahmenbedingungen für Personalleasing.

3.1
Stellen- und Qualifikationsprofile als Voraussetzung für eine zielgerichtete Personalauswahl und einen entsprechenden Personaleinsatz

Situation   Marketingleiter Florian Hagenbruch denkt an eine Erweiterung des Außendienstes der Heidtkötter KG. Er kann die Notwendigkeit einer neuen Stelle gegenüber der Geschäftsleitung anhand der derzeitigen Entwicklung und zu erwartenden günstigen Absatzzahlen begründen. Aber: In den bisher erstellten Personalbedarfsrechnungen ist dieser Arbeitsplatz nicht eingeplant, sodass jetzt ein besonderer Erklärungsbedarf entstanden ist. Herr Hagenbruch muss die Stelle und seine Zielsetzung genau beschreiben.

Arbeitsaufträge

1. Was ist ein Qualifikationsprofil und warum bezeichnet man es oft als eine Art „Lastenheft für die Personalabteilung"?

› **INFO-Teil**
LF 7, Kap. 3.1

2 Warum werden Stellenprofile entworfen?

3. Wie würden Sie das Qualifikationsprofil eines Mitarbeiters, den Herr Hagenbruch sucht, anhand folgender Merkmale beschreiben:

1	Anfordernde Abteilung	
2	Bezeichnung der Tätigkeit	
3	Hauptaufgaben	
4	Unbedingte Anforderungen	
5	Wünschenswerte Anforderungen	
6	Eignung auch für Schwerbehinderte?	
7	Alter	
8	Berufserfahrung	
9	Grund der Anforderung	

4. Teilen Sie die Klasse in zwei Gruppen.

   Gruppe A: Sie nehmen die Rolle des Personalsuchenden ein. Es gehört zu Ihren Aufgaben, künftige Mitarbeiter auszuwählen. Charakterisieren Sie kurz, welche Persönlichkeitsmerkmale aus Ihrer Sicht eine ideale Mitarbeiterin oder ein idealer Mitarbeiter haben sollte. Bearbeiten Sie die Aufgabe zunächst für eine Position in ① dem kaufmännischen Bereich und ② für eine Position in der Fertigung.

   Gruppe B: Sie suchen eine Stelle in ① einer kaufmännischen Abteilung und ② einen Arbeitsplatz in der Produktion. Sie wollen in einen für Sie „idealen" Betrieb. Nennen Sie Anforderungen an einen solchen Betrieb.

   Vorgehen:

   a) Verwenden Sie am besten Metaplan- oder Karteikarten. Tragen Sie darauf jeweils in großer Schrift nur ein Stichwort zu Ihrer Aufgabenstellung ein.

   b) Stellen Sie die Ergebnisse vor und versuchen Sie den Inhalt der Kärtchen in einer gemeinsamen Aussage zusammenzufassen.

   c) Erarbeiten Sie Unterschiede in den Positionen des Personalmanagements zu den Erwartungshaltungen der Arbeitnehmer. Wo liegen Schnittstellen bzw. eventuell sogar Gemeinsamkeiten?

5. Welche Rolle kann beim Anlegen von Stellenprofilen die Frage spielen, ob der Arbeitsplatz auch für Schwerbehinderte geeignet ist?

Heidtkötter KG, Checkliste: Einstellung neuer Mitarbeiter/-innen

Was zu leisten ist:	Verantwortlich:	Unterstützung durch:
Eine Vakanz/ein Bedarf entsteht → Meldung an den Personalservice	Vorgesetzter	–
Prüfen: Ist die Stelle in der Planung vorgesehen? (Mit welchem Gehalt? Wenn nicht geplant: schriftl. Freigabe der Geschäftsführung (GF) einholen)	Vorgesetzter	Personalservice
Information an die kfm. Leitung über Tarifgruppe und Stellenplanung	Vorgesetzter	–
Formulierung eines Anforderungsprofils und einer Stellenbeschreibung gemäß den Schemata der Betriebsvereinbarung „Eingruppierungsgrundsätze"	Vorgesetzter	Personalservice
Formulierung einer Stellenausschreibung	Personalservice	Vorgesetzter
Interne Stellenausschreibung	Personalservice	–
Antrag zur Freigabe des Anforderungsprofils und der Eingruppierung an und durch den paritätischen Ausschuss	Personalservice	–
Stellenausschreibung auf Heidtkötter-Website einstellen	Personalservice	–
Externe Stellenausschreibung	Personalservice	Vorgesetzter
Bearbeitung der eingehenden Bewerbungen	Personalservice	–
Vorauswahl der Bewerber	Personalservice	Vorgesetzter
Organisation des ersten und zweiten Gesprächs (Termine, Organisation)	Personalservice	–
Abschließende Auswahl des neuen Mitarbeiters	Vorgesetzter	Personals./GF
Einstellungsantrag an den Betriebsrat (inkl. Anforderungsprofil und Stellenbeschreibung)	Personalservice	–
Arbeitsvertrag und Anlagen erstellen/versenden	Personalservice	–
Absageschreiben erstellen, Stellenanzeigen löschen	Personalservice	–
Einarbeitungsplan erstellen	Personalservice	Vorgesetzter
Begrüßung des neuen Mitarbeiters	Vorgesetzter	Personalservice
Einstellungsformalitäten	Personalservice	–

Vertiefende Übung

Ein wesentliches Merkmal von Stellenbeschreibungen war bislang die scharfe Abgrenzung der Aufgaben- und Tätigkeitsbereiche. Eine klare Definition der Aufgaben macht die Arbeit effizienter. Dem gegenüber steht allerdings der Trend, Aufgaben auf ein Team zu übertragen, das die Verteilung auf die Teammitglieder selbstständig regelt.

a) Wie wirkt sich dies auf den Inhalt von Stellenbeschreibungen aus?

b) Verdeutlichen Sie dies an drei beispielhaften Formulierungen, die diesen Aspekt in einer Stellenbeschreibung in der gebotenen Kürze und Präzision hervorheben.

3.2
Mitarbeiter aus den eigenen Reihen für neue Aufgaben gewinnen oder von außen neu in das Unternehmen holen

3.2.1
Interne Stellenausschreibungen und Personalumsetzungen

Lohngruppen
> **LF 7, Kap. 5.1**

Situation

Die Stelle für den Außendienst ist genehmigt worden, sie muss aber durch eine interne Umbesetzung belegt werden. Eine andere Lösung ist mit der vorliegenden Stellenbedarfsplanung nicht vereinbar. Der neue Arbeitsplatz soll in der Gehaltsgruppe III angesiedelt sein. Das Anfangsgehalt liegt bei 2.600,00 €. Nach dieser Gehaltsgruppe wird auch die weitaus größte Zahl der Angestellten bezahlt. Bei dieser Stelle kämen allerdings sowohl die Nutzung eines Geschäftswagens (Mittelklasse) und eine Verkaufsprovision von 5 % hinzu. Arbeitsbeginn ist der 1. Juni.

Arbeitsaufträge

1. Zeigen Sie zwei Gesichtspunkte auf, die für und zwei, die gegen eine interne Stellenbesetzung sprechen. Begründen Sie dies kurz.

pro interne Besetzung:	Begründung:

ARBEITSHEFT

contra interne Besetzung:	Begründung:

2. Schlagen Sie zwei Möglichkeiten vor, wie die Stelle intern besetzt werden kann.
3. Eine in der Personalabteilung tätige Auszubildende hat den Auftrag erhalten, für das Informationsbrett in der Nähe der Kantine eine interne Stellenausschreibung zu entwerfen. Das Ergebnis sieht so aus:

An alle, die weiterkommen möchten!

Stellenbeschreibung

Für den Vertrieb wird zum 1. Juni 20.. **ein Reisender** gesucht.

Aufgabenbereich: Kundenbesuche zur Vertragsanbahnung und zum Vertragsabschluss im eigenen Namen und für Rechnung der Heidtkötter KG

Anforderungen:
- Mindestalter 30 Jahre
- selbstständige Arbeitsweise
- Organisationstalent

Wir bitten Sie, Ihre Bewerbung bis spätestens 30. Mai 20.. in der Personalabteilung einzureichen.

Die Personalabteilung
Nannette Peters

Bielefeld, 1. März 20..

---

a) Halten Sie diese Stellenausschreibung grundsätzlich für aussagefähig genug oder in welchen Punkten würden Sie etwas ändern?

b) In der Stellenbeschreibung sind einige Fehler enthalten. Was ist Ihrer Ansicht nach nicht korrekt bzw. darf in dieser Form nicht veröffentlicht werden, weil es z. B. gegen rechtliche Vorgaben verstößt?

Rechtliche Rahmen-bedingungen
› INFO-Teil
LF 7, Kap. 3.3.2

Arbeitshilfe

Häufig liegen die besten personellen Reserven im Unternehmen selbst. Mit einer klaren Laufbahnplanung ist nicht nur den Mitarbeitern, sondern insbesondere der Personalabteilung und dem ganzen Unternehmen gedient.

Modell einer **Laufbahnplanung**:

Individuelle Laufbahnplanung

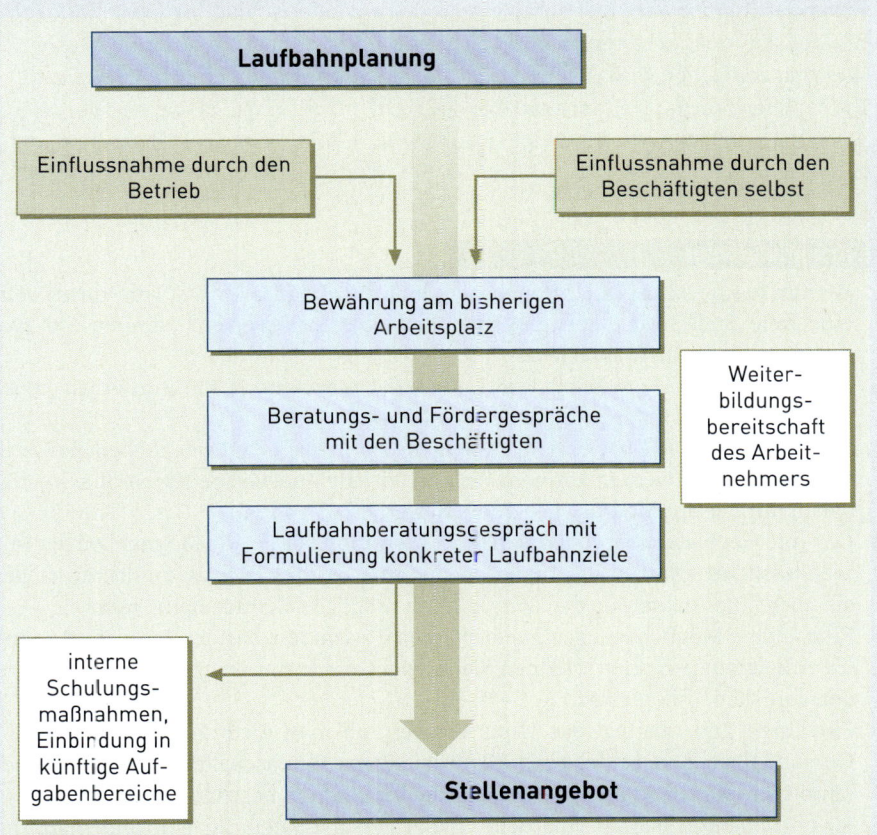

Beruflicher Aufstieg verbindet sich oft mit einer vorausgehenden Fort- und Weiterbildung. Sie kann ein Teil der voranstehend skizzierten Laufbahnplanung sein, die daher auch vom Betrieb unterstützt wird.

Beruflicher Aufstieg

Es kann sich aber auch um individuelle Maßnahmen handeln, die mehr oder weniger losgelöst von dem Betrieb durchgeführt und finanziert werden. Der Vorteil liegt darin, dass sich nach Abschluss einer solchen Fortbildung ggf. auch unternehmensextern neue Tätigkeitsfelder eröffnen.

Vertiefende Übung

Was kann die Personalabteilung tun, um rechtzeitig die Weichen dafür zu stellen, dass Stellen intern besetzt werden können, und welche Rolle spielt dabei eine Laufbahnplanung für die einzelnen Mitarbeiter/-innen?

3.2.2
Neue Kräfte von außen durch die externe Personalbeschaffung

> Situation Kap. 2.5

Situation (Fortsetzung) Die interne Ausschreibung hat zwar einige Bewerber ermutigt, aber es ist nicht der oder die Richtige dabei gewesen. In einem Fall ist zwar die Qualifikation zur Ausübung des neuen Jobs durchaus vorhanden, aber in den Personalakten ist u. a. eine Abmahnung wegen eines Vorfalls enthalten, der Zweifel an der Zuverlässigkeit und Ehrlichkeit des Bewerbers aufkommen lässt.

Auch die gerade fertig gewordene Industriekauffrau Carina Fischbach hat sich beworben. Für sie ist aber bereits eine feste Stelle in der Sachbearbeitung der Einkaufsabteilung vorgesehen, und außerdem ist sie zu jung für diese Tätigkeit. Sie soll die dort arbeitende Doris Schilling unterstützen, die in einem Jahr in Altersteilzeit gehen wird. Daher ist Carina Fischbach eigentlich unabkömmlich.

Fazit: Eine interne Stellenbesetzung ist nicht möglich. So bleibt nur der Weg, schnellstmöglich eine Stellenbesetzung mit einem externen Bewerber vorzunehmen.

Arbeitsaufträge

> INFO-Teil
> LF 7, Kap. 3.2.2

1. Warum kann es für ein Unternehmen, hier die Heidtkötter KG, von Vorteil sein, eine freie Stelle mit einem externen Bewerber zu besetzen? Nennen Sie zwei Argumente, die dafürsprechen.

2. Zählen Sie drei Möglichkeiten auf, die ein Unternehmen hat, um einen neuen Mitarbeiter von außen zu finden.

3. Die Heidtkötter KG hat eine firmeneigene Homepage, auf der Stellenausschreibungen platziert werden können. Welche Vorteile und welche Nachteile sehen Sie darin, mit diesem Medium geeignete Bewerber zu finden?

4. Das Internet bietet über Jobbörsen (z. B. www.monster.de) die Möglichkeit der Mitarbeitersuche. Obwohl die Inanspruchnahme solcher Dienste zunimmt, stellen sie noch eine Ausnahme dar. Was können mögliche Gründe dafür sein?

5. Eine andere Möglichkeit, geeignetes Personal zu finden, besteht darin, die Agentur für Arbeit einzuschalten. Nennen Sie je zwei Gesichtspunkte, die dafür bzw. dagegen sprechen, dies zu tun.

6. Für kurze Zeit überlegt das Unternehmen, ob man nicht von der Möglichkeit Gebrauch machen sollte, eine Zeitarbeitsfirma einzuschalten. Welche Gründe könnten maßgebend dafür sein, Leiharbeitnehmer zu beschäftigen?

7. Sie entschließen sich als Mitarbeiter in der Personalabteilung, eine Stellenanzeige in einer Zeitung aufzugeben.
   a) Welche Argumente sprechen für eine Zeitungsanzeige und was könnte sich die Heidtkötter KG davon versprechen?
   b) Welche Anforderungen muss eine Stellenanzeige in einer Zeitung erfüllen, damit sie die gewünschte Resonanz hervorruft?
   c) Fertigen Sie einen Entwurf für eine Stellenanzeige an, in der es um die Besetzung einer Sachbearbeiterstelle im Einkauf geht. Beachten Sie dabei sowohl inhaltliche als auch gestalterische Gesichtspunkte.
      Tipp: Fertigen Sie zunächst eine Entwurfsskizze an. Übertragen Sie das Ergebnis dann auf ein A0-Plakat oder auf Flip-Chart-Papier. Sie können dies auch in Gruppen- oder Partnerarbeit tun.
   d) Vergleichen Sie die Arbeitsergebnisse. Welche Merkmale stechen in den einzelnen Entwürfen am stärksten hervor?

3.3
Bewerbung und Auswahlverfahren – der erste entscheidende Eindruck

Situation (Fortsetzung) Die Heidtkötter KG sucht einen Mitarbeiter für den Außendienst. Auf die Stellenanzeige in der Westfälischen Rundschau gehen fünf Bewerbungen ein. Zwei Bewerber senden standardisierte, im Schreibwarenhandel erhältliche Bewerbungsmappen per Post. Ein Bewerber gibt eine solche Mappe ohne Umschlag an der Pforte ab, ein anderer schickt die Unterlagen mehrfach geknickt in einem C5-Umschlag. Der fünfte Bewerber hat sein Bewerbungsschreiben mehrfach gefaltet und in einen normalen Briefumschlag DIN-lang hineingepresst. Da dieser mit 0,55 € nicht ausreichend frankiert ist, muss Nachporto gezahlt werden. Als Sie die geknickten Bewerbungsunterlagen überfliegen, sagen Sie: „Der würde am besten passen."

Arbeitsaufträge

Die Unterlagen sind gesichtet und eine Übersicht ist erstellt worden, die einige wichtige Gesichtspunkte enthält (siehe Seite 121):
1. Sie sollen jetzt eine Vorauswahl treffen, es sollen nicht mehr als zwei Bewerber zu einem Gespräch bzw. zu einem Assessment-Center eingeladen werden. Führen Sie drei Arbeitsschritte in einer schlüssigen Reihenfolge auf, die Sie bei der Vorbereitung der Personalauswahl durchführen müssen, und entscheiden Sie dabei, wie Sie mit dem fünften Bewerber verfahren:
   - Ignorieren Sie die Form der Bewerbung und geben Sie dem Bewerber die Stelle oder
   - laden Sie den Bewerber zunächst zu einem Vorstellungsgespräch ein oder
   - schicken Sie die Unterlagen zurück oder
   - lassen Sie die Unterlagen einfach liegen, ohne zu antworten?
2. Nehmen wir an, Sie schlagen Frau Öztürk und Herrn Osburg zur engeren Auswahl vor. Die Personalchefin, Frau Peters, ist damit einverstanden. Trotzdem will sie keine Zusage geben, ohne die Bewerber persönlich kennengelernt zu haben, denn „die Aktenlage ist das eine, welche menschlichen und sozialen Eigenschaften ein/ eine Bewerber/-in hat, das andere".
   Frau Peters möchte wissen, ob der/die neue Mitarbeiter/-in in das Heidtkötter-Team passt und ob er/sie den manchmal hektischen Momenten des betrieblichen Alltags gewachsen ist. Sie sollen daher Frau Öztürk und Herrn Osburg zu einem Vorstellungsgespräch einladen und einen Raum für ein Assessment-Center reservieren.
   Nennen Sie drei Gründe, warum man einen in die engere Wahl gekommenen Bewerber persönlich kennenlernen will.
3. Frau Peters bittet Sie, fünf Stichworte aufzuschreiben, die als Grundlage für Fragen beim Vorstellungsgespräch dienen könnten.

Was wollen wir erfahren? – Fragen an die Bewerber

1.
2.
3.
4.
5.

	Bewerber/-innen um die Stelle eines/einer Handlungsreisenden aufgrund einer Stellenanzeige in der Westfälischen Rundschau				
	Karl Beier (m)	**Monika Ahlers (w)**	**Leo Rüppel (m)**	**Gül Öztürk (w)**	**Peter Osburg (m)**
Anschreiben					
formal in Ordnung	ja	Mappe	Mappe	ja	Mappe
sauber	„Eselsohr"	ja	ja	ja	ja
Fehler?	Recht-schreibung	Zeichen-setzung	keine	keine	keine
Begründung der Bewerbung					
arbeitslos		✕			✕
berufliche Veränderung			✕	✕	
keine Angabe	✕				
Lebenslauf					
beigefügt	✕	✕	✕	✕	✕
vollständig		✕	✕	✕	✕
lückenhaft	✕				
Passfoto					
aussagefähiges Foto		✕		✕	✕
schlechtes Automatenfoto	✕				
Ganzkörperaufnahme			✕		
beigefügte Zeugnisse					
a) Schulabschluss	ja	nein	ja	ja	ja
b) Berufsausbildung	nein	ja	ja	ja	ja
c) Arbeitszeugnisse	nein	ja	nein	nein	ja
d) Referenzen	nein	nein	nein	ja	ja
einschlägige **Berufserfahrung**	nein	ja	nein	ja	einge-schränkt ja
Beruf	Kraftfahrer	Büro-kauffrau	Industrie-kaufmann	Industrie-kauffrau	Großhandels-kaufmann
Alter	35	40	38	25	36
Familienstand	verheiratet 2 Kinder	ledig 1 Kind	geschieden keine Kinder	ledig keine Kinder	verheiratet 3 Kinder
jetzige/vorherige Tätigkeit	Lagerfachkraft in einer Möbelfabrik	seit zwei Jahren arbeits-los, vorher tätig in der Personalabtei-lung eines Möbelgroß-händlers	Material-wirtschaft bei einem Land-maschinen-hersteller	Assistentin des Vertriebs-leiters eines mittelstän-dischen Schreibwaren-herstellers	arbeitslos seit 3 Monaten we-gen Insolvenz des Unterneh-mens, vorher Tätigkeit im Rechnungs-wesen und im Verkauf
bisherige Arbeitsstellen	3	4	2	1	3
Bewerbung insgesamt	handschriftlich, vollständig, keine besonderen Mängel	Bewerbungs-mappe mit guten Arbeits-zeugnissen, gute EDV-Kenntnisse	PC-geschriebene Bewerbung, lückenlos, Fortbildung im Bereich Logistik	Bewerbungs-mappe, kein Arbeitszeugnis, da in ungekün-digter Stellung	Bewerbungs-mappe mit Be-scheinigungen über mehrere Fortbildungen im Bereich der Buchhaltung

Vertiefende Übungen

1. Nennen Sie beispielhaft einige Eigenschaften eines Bewerbers, die man weder aus dem üblichen Vorstellungsgespräch noch aus der schriftlichen Bewerbung, wohl aber aus dem in einem Assessment-Center ablaufenden Prozess erkennen kann.

2. Verfassen Sie ein Schreiben, mit dem Sie die in die engere Wahl gekommenen Bewerber zu einem Vorstellungsgespräch einladen. Dabei sind Sie in der Wahl der Orts- und Zeitabgaben frei. Ihr Schreiben sollte aber in jedem Falle norm- und formgerecht sein und alle wichtigen Inhalte enthalten.

› INFO-Teil
LF 7, Kap. 3.3

3. Sie planen eine Checkliste für die Durchführung der anstehenden Vorstellungsgespräche. Führen Sie drei Kriterien an, die Sie während der Gespräche für Ihre Personalentscheidung erfassen wollen.

4. Sie suchen zum 30. September einen Sachbearbeiter für die Finanzbuchhaltung. Auf die Stellenanzeige gehen zwei Bewerbungen ein. Die Lebensläufe sind recht unterschiedlich:

Lebenslauf:		**Lebenslauf:**	
Name:	Otto Frank	Name:	Christian Kulle
Anschrift:	Sachsenweg 9	Anschrift:	Am Gänseacker 18
	33689 Bielefeld		59556 Lippstadt
geb.:	15. Mai 1962	geb.:	15. Oktober 1971
Familienstand:	ledig	Familienstand:	verheiratet, 2 Kinder
Schulbildung:	1968 – 1972	Schulbildung:	1977 – 1981
	Grundschule Lipperland		Grundschule Lippstadt
	1972 – 1979		1981 – 1988
	Realschule Bielefeld		Anne-Frank-Gesamtschule Schule in Herford
Ausbildung:	1979 – 1982		1988 – 1990
	Ausbildung zum Industriekaufmann bei der Nordwest AG in Hamburg Abschlussprüfung am 30. Juni 1982 – Note „gut"		Fachoberschule Ludwig-Erhard in Lemgo Fachhochschulreife am 18. Juni 1992
Beruflicher Werdegang:	1. Juli – 31. Dezember 1982 Übernahme in ein befristetes Arbeitsverhältnis	Grundwehrdienst:	1. Juli 1992 – 31. März 1993
		Ausbildung:	1993 – 1995 Ausbildung als Industriekaufmann bei Werkzeugbau Kulle & Sohn in Hannover Prüfung am 29. Mai 1995 Note „befriedigend"
	1. April 1983 – 30. Sept. 1995 Sachbearbeiter Personalabteilung bei der Firma ITARG – Computersysteme in Leipzig		
	1. Oktober 1995 bis heute Sachbearbeiter Rechnungsprüfung bei Fahrzeugbau Hans-Peters KG in Löhne	Beruflicher Werdegang:	1. August 1995 – 30. Sept. 2001 Sachbearbeiter Lohnbuchhaltung der Heinzerling-Gerüstbau in Kassel
Besondere Kenntnisse:	MS-Office SAP		Oktober 2001 bis heute Debitorenbuchhaltung in der Goldmann-Bilderrahmen OHG in Gütersloh
frühestmöglicher Arbeitsantritt:	1. August (aktuelles Jahr)	Berufliche Fortbildung:	IHK-Lehrgang und Prüfung zum Bilanzbuchhalter von 2002 bis 2003
		frühestmöglicher Arbeitsantritt:	1. Januar (Folgejahr)

→

Vertiefende Übungen (Fortsetzung)

Ein Auszubildender hat im Auftrag von Frau Peters die folgende Übersicht mit den relevanten Daten der Bewerber aufgebaut.

	Name	Vorname	Geburts-datum	Familien-stand	Schulbildung	Schulab-schluss	Beruflicher Werdegang	Fortbildung
1	**Frank**	**Otto**	15.05.1962	ledig	1968–1979 Grundschule			MS-office
2					1972–1979 Realschule	Mittlere Reife		SAP
3							1979–1982 Ausbildung Bürokaufmann Note „sehr gut"	
4							01.07.–31.12.1982 befristetes Arbeitsverhältnis	
5							01/1983–03/1983 arbeitslos	
6							04/1983–09/1995 Sachbearbeiter Personalabteilung	
7	**Kulle**	**Christina**	15.10.1971	verheiratet	1977–1981 Grundschule			Bilanzbuch-hallter (IHK)
8				2 Kinder				
9					1981-1988 Gesamtschule			
10					1988–1990 Fachoberschule	Fachhoch-schulreife		
11							1993–1995 Ausbildung zum Industriekaufmann Note „befriedigend"	
12							1995–2001 Sachbearbeiter Lohnbuchhaltung	
13							06/2001 bis heute Sachbearbeiter Debitorenbuchhaltung	
14					Zahl bisheriger Arbeitgeber: 2 Eintritt möglich ab 1. Januar			

a) An einigen Stellen haben sich Fehler in die Übersicht eingeschlichen. Finden Sie diese bitte.

b) Meist sind nicht alle Merkmale gleich zu gewichten. Ähnlich wie z. B. im Beschaffungsbereich die ABC-Analyse angewandt wird (siehe LF 6), kann man auch bei der Personalauswahl die Merkmale festlegen, die am wichtigsten für die jeweilige Personalentscheidung sind. Zu welcher Reihenfolge der Kriterien kommen Sie in dem oben beschriebenen Fall?

› INFO-Teil
LF 6, Kap. 2.4

c) Entscheiden und begründen Sie anhand von drei Kriterien, welchen der beiden Bewerber Sie aufgrund des Lebenslaufes für geeigneter halten.

5. Für das nächste Jahr liegen zurzeit insgesamt 29 Bewerbungen zur Ausbildung als Industriekauffrau/-mann vor. Es können nicht alle Bewerber/-innen zu einem Vorstellungsgespräch eingeladen werden. Sie haben die Aufgabe, eine erste Vorauswahl zu treffen.

6. Sie haben eine Entscheidung getroffen. Überlegen Sie, ob und gegebenenfalls was Sie vor der Ausfertigung eines Arbeitsvertrages noch bezüglich des Betriebsrates tun müssen, denn sie wollen keinesfalls mögliche Beteiligungsrechte verletzen.

7. Unter der Führung von Heidtkötter senior galt ein Handschlag als bindendes Einverständnis bei Vertragshandlungen.

> **› INFO-Teil**
> **LF 7, Kap. 3.5**

   a) Welche formalen Vorschriften gilt es heutzutage bei Arbeitsverträgen zu beachten?

   b) Welche Inhalte müssen in einem Arbeitsvertrag für beide Parteien fixiert sein?

8. Auf eine Ausschreibung für eine Sachbearbeiterstelle in der Lohnbuchhaltung treffen drei Bewerbungen ein. Es bewerben sich eine 25-jährige Frau, die im dritten Monat schwanger ist, ein 35-jähriger Industriekaufmann, der zurzeit in ungekündigter Stelle arbeitet und gerne zu Heidtkötter wechseln möchte, und ein 40-jähriger Arbeitsloser, der wegen eines organischen Leidens zu 50 % schwerbehindert ist.

   a) Recherchieren Sie im Internet zum Allgemeinen Gleichbehandlungsgesetz. Sehen Sie sich die Bestimmungen an und benennen Sie kurz die Zielsetzung des Gesetzes.

> **› Internetrecherche**

   b) Überlegen Sie unter Rückgriff auf die entsprechenden Ausführungen in Kapitel 3.4 des INFO-Teils und unter Rückgriff auf die Bestimmungen des Allgemeinen Gleichbehandlungsgesetzes, was die oben genannte Konstellation der Bewerber für die Einstellungsentscheidung bedeutet. Was konkret muss beachtet werden, damit es nicht zu einem Verfahrensfehler kommt?

> **› INFO-Teil**
> **LF 7, Kap. 3.4**

   c) Welche Möglichkeiten hat der Betriebsrat, wenn es im Zuge der Einstellung zu einer Missachtung des Allgemeinen Gleichbehandlungsgesetzes kommt?

   d) Machen Sie an dem Beispiel deutlich, wo im Zuge einer Stellenbesetzung Interessenkonflikte zwischen Geschäftsleitung und Betriebsrat auftreten können.

9. Nennen Sie drei Gründe, die der Betriebsrat unabhängig von dem vorliegenden Fall vorbringen kann, um einer geplanten Einstellungsmaßnahme zu widersprechen.

> **› INFO-Teil**
> **LF 7, Kap. 3.4.2**

10. Wie ist zu bewerten, dass sich der Betriebsrat nach Mitteilung einer Einstellung und dem Zurverfügungstellen der nötigen Unterlagen auch nach einer Woche nicht gemeldet hat?

11. Im Arbeitsvertrag für einen Mitarbeiter der Produktentwicklung wird festgehalten, dass „sich der Arbeitnehmer wegen der Kenntnis von Betriebsgeheimnissen damit einverstanden erklärt, dass er bei einer Kündigung bis zu drei Jahren nach seinem Ausscheiden in keinem anderen Unternehmen der Büromöbelbranche tätig sein darf". Als Ausgleichszahlung werden dafür 10.000,00 € festgesetzt, die – so im Vertrag fixiert – „von der Heidtkötter KG in zwei Raten innerhalb des ersten Jahres nach dem Ausscheiden zu zahlen sind".

   a) Was verbirgt sich hinter einem solchen Wettbewerbsverbot? Welche Gründe sprechen für ein Wettbewerbsverbot?

   b) Wie beurteilen Sie die Rechtmäßigkeit der hier getroffenen Vereinbarung, die auch vom Arbeitnehmer unterzeichnet wurde?

4

Vollmachten und Führung – Für das Unternehmen entscheiden und Mitarbeiter führen

Die Arbeit in Unternehmen folgt klaren Organisationsstrukturen. Die Aufgaben, die der betriebliche „Alltag" mit sich bringt, sind in kleinen und mittelständischen Unternehmen durchaus überschaubar und dennoch kann die Geschäftsleitung nicht bei jeder Einzelheit in zu treffende Entscheidungen eingebunden werden. Es gibt auch Tage, an denen niemand aus der Chefetage im Haus ist und trotzdem Entscheidungen getroffen werden müssen. Also muss klar geregelt sein, wer Entscheidungen zu treffen und zu vertreten hat.

Das Übertragen von Befugnissen macht keineswegs auf der Führungs- und Abteilungsleiterebene halt. Fast jeder Mitarbeiter hat mehr oder weniger große Aufgabenbereiche, die eigenständig zu bearbeiten sind. Dabei gibt es immer wieder Konfliktsituationen, die meist dann entstehen, wenn Absprache und Führung ausbleiben oder undurchsichtig sind. Umso mehr Wert wird auch in einem Unternehmen wie der Heidtkötter KG darauf gelegt, dass die Kommunikation stimmt und dass in dem gesamten Unternehmen und bei allen Mitarbeitern das Gefühl gefördert wird, dass man ein gemeinsames Ziel verfolge, ganz gleich auf welcher Stufe jeder Einzelne im Unternehmen steht.

Lernziele

Wenn Sie dieses Kapitel bearbeitet haben, dann können Sie ...

- erklären, was man unter den Begriffen „Handlungsvollmacht" und „Prokura" versteht und welche Führungs- und Entscheidungsbefugnisse sich mit diesen Rechtsstellungen verbinden,
- erklären, worin sich die verschiedenen Führungsstile unterscheiden,
- darstellen, welche Führungsstile man unterscheidet und wie sich diese Führungsstile auf die Zusammenarbeit in einem Unternehmen auswirken.

4.1

Unternehmensleitung und Handlungsvollmachten der Mitarbeiterinnen und Mitarbeiter

Situation

Michael Schäfer winkt ab: *„Die Sache ist mir zu heiß, ich habe keine Vollmacht für so etwas!"* Aus der Insolvenzmasse eines Elektromotorenherstellers kann die Heidtkötter KG 2 000 Stellmotoren, wie sie für einen Schreibtischsessel benötigt werden, zu einem „Spottpreis" von 19,90 € je Stück kaufen. Der Normalpreis liegt hier bei 79,90 € je Stück. Der Kauf muss sofort erfolgen und ist auch nur möglich, wenn der Jahresbedarf auf einen Schlag abgenommen wird. Normalerweise wird wegen der Lagerhaltungskosten in fünf Teillieferungen bezogen.

Schäfer, Leiter der Beschaffung, kann nicht allein entscheiden. Herr Heidtkötter und Herr Heimbach sind auf einer Messe im Ausland und seit Stunden auch per Handy nicht zu erreichen. Frau Keil, die Prokura hat, ist erkrankt und nicht im Betrieb.

Arbeitsaufträge

1. Welches Kernproblem lässt sich aus der Situationsdarstellung herausfiltern?
2. Der Leiter der Qualitätssicherung, Kosta Diakonous, hat einen der Stellmotoren unter die Lupe genommen und keine Bedenken, die 2 000 Stück zu kaufen und einbauen zu lassen. Er meint, dass der Leiter der Beschaffung die Vollmacht hat, weil es sich seiner Ansicht nach um „ein ganz normales Geschäft" handelt.
   a) Wie stehen Sie zu der Aussage, dass es ein gewöhnliches Geschäft sei?
   b) Wie soll Schäfer nun handeln?
3. Welche verschiedenen Handlungsvollmachten unterscheidet man? Von wem werden die Handlungsvollmachten erteilt? › INFO-Teil LF 7, Kap. 4.1
4. Wann erlischt eine einmal erteilte Handlungsvollmacht?
5. Welche der Ihnen bekannten Vollmachten hätte der Einkaufsleiter normalerweise haben müssen, um das Geschäft zu tätigen und den Vertrag über die Lieferung der 2 000 Stellmotoren zu unterzeichnen?
6. Wodurch unterscheidet sich die Prokura von den anderen Handlungsvollmachten? › INFO-Teil LF 7, Kap. 4.1.1
7. Welche verschiedenen Arten der Prokura gibt es?
8. Wann beginnt eine Prokura und wann endet sie? Welche Rechtsvorschriften sind bei der Anmeldung der Prokura zum Handelsregister zu beachten?

Vertiefende Übungen

1. Die Prokura eines leitenden Mitarbeiters wird am 13. August erteilt, die Eintragung in das Handelsregister erfolgt am 5. September. Wegen eines besonderen Vorfalles wird dem Mitarbeiter die Prokura aber schon am 10. September wieder entzogen. Der Mitarbeiter bleibt weiterhin in der Firma. Alle Geschäftspartner werden per E-Mail am 12. September über all das informiert. Die Löschung aus dem Handelsregister erfolgt am 4. Oktober.
   a) Ab wann und bis zu welchem Tag konnte der Prokurist im Namen des Inhabers tätig werden?
   b) Was bedeuten die Begriffe „konstitutive Wirkung" und „deklaratorische Wirkung" in Verbindung mit den jeweiligen Handelsregistereintragungen bei der Erteilung und dem Entzug der Prokura?
   c) Der Prokurist schließt am 15. September mit einem neuen Kunden der Heidtkötter KG einen Vertrag mit einer Sonderkondition von 30 % Rabatt und einem Zahlungsziel von sechs Monaten ab. Ist das Geschäft gültig oder nicht?
2. Der Leiter der Beschaffungsabteilung der Heidtkötter KG, Herr Schäfer, hat die allgemeine Handlungsvollmacht. Prüfen Sie, in welchen Fällen er seine damit verbundenen Kompetenzen überschreitet:
   a) Er überzieht zur Anzahlung einer Materialbestellung das Kontokorrentkonto der Heidtkötter KG um 20.000,00 €.
   b) Er beauftragt einen 17-jährigen Auszubildenden mit der Bestellung von Montageteilen aus Großbritannien im Wert von 12.000,00 £ (brit. Pfund).
   c) Für die Zeit seines vierzehntägigen Urlaubs überträgt er seine Vollmacht der im Einkauf tätigen Sachbearbeiterin Doris Schilling.
   d) Der Brief an einen Lieferanten wird von ihm mit „i. V." unterschrieben.
   e) Er verfasst ohne vorherige Rücksprache mit der Geschäftsleitung eine Mängelrüge, weil gelieferte Stuhlauflagen die Qualitätsprüfung in der Warenannahme nicht bestanden haben.

→

Vertiefende Übungen (Fortsetzung)

3. Welche Rechtsgeschäfte darf Herr Schäfer (siehe Übung 2) ohne besondere Zustimmung vornehmen?

   a) Steuererklärungen der Heidtkötter KG unterschreiben

   b) Grundstücke verkaufen

   c) Darlehen aufnehmen

   d) Gerichtsprozesse für die Heidtkötter KG führen

4. Malin Lund ist in der Heidtkötter KG für das Design der Produkte zuständig und hat eine der Geschäftsleitung zugeordnete Stabsstelle. Sie hat umfangreiche Checklisten erstellt, bei denen es um die Befragung von Kunden hinsichtlich ihrer Einstellungen zu neuen Produktlinien des Unternehmens geht, und sendet folgenden Vermerk an Herrn Karlsch, Leiter des Bereiches Absatz:

Vermerk

HEIDTKÖTTER
Heidtkötter KG, Bielefeld

Von:　　Malin Lund
An:　　 Herrn Bernd Karlsch
Datum:　15. November 20..
Betreff: Umfrage/Kundenmeinungen

Sehr geehrter Herr Karlsch,

als Anlage erhalten Sie acht verschiedene Checklisten, die bei einer Befragung unserer Kunden eingesetzt werden sollen, um deren Meinungen zum Design und der Qualität unserer Produkte zu erfassen. Bitte besprechen Sie diese Unterlagen auf dem nächsten Meeting des Außendienstes. Ihre Rückmeldung erwarte ich bis spätestens 20. Dezember 20.. .

gez.: *Malin Lund*

Prüfen und begründen Sie, ob Frau Lund berechtigt ist, diese Anweisung zu erteilen.

5. Die Prokuristin Dr. Hannah Keil hat ohne Rücksprache mit Klaus M. Heidtkötter folgende Rechtshandlungen vorgenommen. Wo hat sie ihre Kompetenzen als Prokuristin überschritten und was bedeutet das für das/die Rechtsgeschäft/-e?

   a) Sie erteilt dem Leiter der Absatzabteilung die allgemeine Handlungsvollmacht.

   b) Sie kauft ein an das Firmengelände angrenzendes Grundstück im Wert von 20.000,00 €.

   c) Frau Keil ernennt den Leiter des Bereichs Technik, Herrn Dipl.-Ing. Hartmann, zum Prokuristen (Gesamtprokura).

   d) Sie räumt einem Kunden einen Sonderrabatt von 30 % ein.

4.2
Ein Unternehmensleitbild als Grundlage des Führungsprozesses und der gemeinsamen unternehmerischen Ziele

Situation

Die Heidtkötter KG hat die Stellmotoren nicht gekauft. Herr Heidtkötter tobt, als er am nächsten Tag davon erfährt: *„Herr Schäfer, das war ein Angebot, das Sie einfach wahrnehmen mussten! Pro Stück 60,00 € weniger, das sind bei 2 000 Stück ja 120.000,00 €, die Sie unserer Firma haben entgehen lassen! Abmahnung, mein Lieber!"*

› **Situation**
Kap. 4.1

„So kennt man den Chef!", wird in der Kantine getuschelt. Stephan Heimbach, rechte Hand von Herrn Heidtkötter, sieht den Unmut der Belegschaft. Er erinnert sich an sein Studium und sucht sich Unterlagen zum Thema Personalführung heraus. *„Motivation, Vertrauen und kontinuierliche Verbesserung sind die Basis des gemeinsamen Erfolges"* lautet die Überschrift eines Artikels, den er sich schon vor Jahren aus einem Magazin für Manager kopiert hat. Das ist doch selbstverständlich, das müsste auch der Chef wissen, denkt sich Heimbach.

Arbeitsaufträge

1. Herr Schäfer hat das Gefühl, immer nur falsche Entscheidungen zu treffen. Welche Schlussfolgerung lässt dies bezogen auf die Einstellung zu, die Klaus M. Heidtkötter offenbar gegenüber seinen Mitarbeitern hat?
2. Was können Ihrer Meinung nach die Gründe sein, mit denen Klaus M. Heidtkötter sein Misstrauen gegenüber eigenständigen Entscheidungen von Mitarbeitern (wie hier Michael Schäfer) rechtfertigen könnte?
3. Klaus M. Heidtkötter „stolpert" bei der Lektüre einer Fachzeitschrift, in der es um Managementmethoden und die Motivation von Mitarbeitern geht, über folgenden Satz: *„Jeder Mitarbeiter hat den Chef, den er verdient, aber jeder Chef hat auch die Mitarbeiter, die er verdient."*
Heidtkötter hinterfragt seinen Führungsstil und ist verunsichert. Was würden Sie ihm raten?

Arbeitshilfe

In vielen Unternehmen mangelt es an Vertrauen und gemeinsamen Zielen

Mitarbeiter wälzen gerne die Schuld für sämtliche Probleme entweder auf die Firma, den Chef, die Kollegen, Lieferanten oder Kunden ab. Chefs schieben ihre Probleme auf die Mitarbeiter, Kunden, Lieferanten, Politiker oder auf die ungünstige wirtschaftliche Lage.

Hier wirkt ein Umdenken oft Wunder. Man kann zwar die Rahmenbedingungen der unternehmerischen Tätigkeit und damit die Windrichtung nicht ändern, aber man hat die Möglichkeit, die Segel neu zu setzen. Dies wird getan, wenn jeder seine Rolle im Unternehmen neu begreift und bereit ist, an seiner Persönlichkeitsentwicklung im Sinne einer Erreichung gemeinsamer Ziele zu arbeiten. Entscheidend dabei ist, dass die Unternehmensleitung die Potenziale und die Fähigkeiten der Mitarbeiterinnen und Mitarbeiter erkennt und fördert.

aus: Paulus, Georg: Traumfirma, DANKE-Verlag
entnommen am 29. März 2008 aus:
www.competence-site.de/personalmanagement

4.3
Führungsstile und Führungsmethoden

› Situation
Kap. 4.2

Situation　Herr Heidtkötter sieht seinen Fehler ein. Er kann Herrn Heimbach beruhigen, denn die Heidtkötter KG hat eine Leitidee, die nach Ansicht von Herrn Heidtkötter auch umgesetzt wird. Als Heidtkötter dann aber eine anonymisierte Befragung durchführen lässt, kommen ihm Zweifel. Das Ergebnis fällt sehr differenziert aus und gibt Anlass zu einer Reihe von Fragen.

Arbeitsaufträge

1. Was sind aus Ihrer Sicht die Kernaussagen des Ergebnisses der in Arbeitshilfe 1 gezeigten Befragung und welche Schlussfolgerungen lassen sich daraus ableiten?

› INFO-Teil
LF 7, Kap. 4.3

2. Wählen Sie die Ihrer Ansicht nach fünf wichtigsten Merkmale für einen guten Führungsstil aus den neun genannten Merkmalen aus. Begründen Sie Ihre Auswahl. Bringen Sie die fünf Kriterien dann in eine Rangfolge. Begründen Sie auch hier, warum Sie Ihre Abstufung so vornehmen.

› Arbeitshilfen
2 und 3

3. Es wird gesagt, dass die Mitarbeiterführung eine besondere Kunst ist. Teilen Sie diese Ansicht? Begründen Sie bitte auch hier Ihre Meinung.

4. Führungsstile und -methoden haben unmittelbar mit der Frage zu tun, wie man miteinander kommuniziert. Nennen Sie drei Regeln, die aus Ihrer Sicht wichtige Grundlagen für eine erfolgreiche Kommunikation sind.[1]

Arbeitshilfe 1

		Bewertung (in Schulnoten, Durchschnitt)					
		1	2	3	4	5	6
1	Verhalten der/des Vorgesetzten bei Problemen				X		
2	Vertrauen, das Vorgesetzte den Mitarbeitern entgegenbringen					X	
3	Rückmeldung zu der geleisteten Arbeit durch die Vorgesetzten			X			
4	Verständnis der Vorgesetzten bei schwierigen privaten Situationen					X	
5	Unterstützung durch die Vorgesetzten bei Fortbildungswünschen			X			
6	Anerkennung der geleisteten Arbeit durch die Vorgesetzten					X	
7	Zusammenarbeit mit anderen Arbeitsgruppen			X			
8	Vertrauensverhältnis der Belegschaftsmitglieder untereinander			X			
9	Zufriedenheit mit der Entlohnung		X				

Arbeitshilfe 2

Erfolgreich können Unternehmen nur sein, wenn es ihnen gelingt, die Mitarbeiter mit „ins Boot" zu nehmen und sie zum Bestandteil der Prozesse im Unternehmen zu machen. Allein das Wort „Mitarbeiter" zeigt schon, dass es nicht möglich ist, ein unternehmerisches Ziel allein zu erreichen. Allzu oft werden die Arbeitskräfte dennoch nicht als Mitarbeiter im Sinne von Mitstreitern für eine gemeinsame Sache angesehen, sondern mehr unter Kostengesichtspunkten betrachtet und nicht unter dem Aspekt, dass es gerade die Mitarbeiter sind, die über das Wohl oder Wehe des Unternehmens entscheiden.

[1] Zum Thema Kommunikation bietet die beigefügte CD-ROM weitere Informationen und Arbeitsmaterial. Sie können sich diese Seiten aus dem Methodenteil der CD-ROM zu Ihren Unterlagen heften.

Immer noch genießen in vielen Betrieben Mitarbeiter, die wie ein Uhrwerk „funktionieren", ein höheres Ansehen als diejenigen, die sich mit hoher Kompetenz auch einmal kritisch äußern. Impulse, die von ihnen gegeben werden, stoßen oft allein deshalb auf Ablehnung oder Skepsis, weil nicht sein darf, was nicht sein kann. Nach wie vor gilt in vielen Betrieben das klassische Rollenverständnis von Führung, Leitung, Weisungsbefugnis und Weisungsgebundenheit.

Arbeitshilfe 3

Die folgende Abbildung zeigt, wie sich Möglichkeiten zur Führung in einem Spannungsfeld zwischen der Orientierung an den Bedürfnissen der Mitarbeiter und der Orientierung an sachlichen Arbeitsergebnissen bewegen.

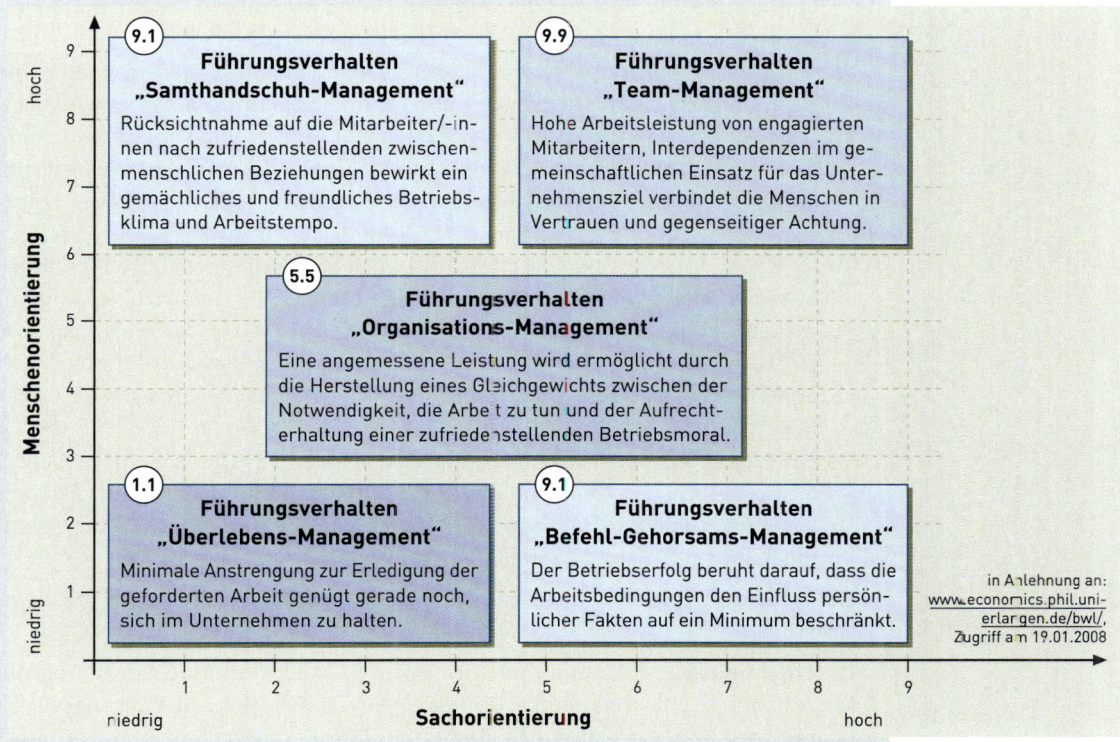

Vertiefende Übungen

1. Der Sachbearbeiter Kreuter sagt seinem Vorgesetzten, dass er ein Problem bei der Bearbeitung einer Akte habe. Der Vorgesetzte antwortet:

   A: *„Habe mir ja gleich gedacht, dass Sie das nicht schaffen. Da kann und will ich Ihnen jetzt auch nicht helfen!"*

   B: *„Gut, dass Sie fragen, Herr Kreuter. Versuchen Sie, die Akte so weit wie möglich zu bearbeiten. Wir können die danach noch offenen Fragen, die Sie haben, gemeinsam heute Nachmittag klären."*

   C: *„Ach, Herr Kreuter, das macht doch nichts. Lassen Sie mir die Akte gleich hier, ich erledige das dann schon allein!"*

   D: *„Ist mal wieder typisch für Sie, dass Sie nicht wissen, was zu tun ist. Für das nächste Mal merken Sie sich bitte, wie Sie vorgehen müssen: Zunächst vergleichen Sie die beiden Formulare, dann ..."*

Vertiefende Übungen (Fortsetzung)

Lesen Sie sich die Aussagen A bis D kritisch durch. Worin unterscheiden sich die Reaktionen des Vorgesetzten, welcher Führungsstil verbirgt sich hinter den Aussagen? Berücksichtigen Sie bei Ihrer Antwort neben den herkömmlichen Klassifizierungen auch die voranstehend dargestellte Abbildung zum Führungsverhalten.

2. Nachfolgend finden Sie vier Aussagen, die darstellen sollen, welche Auswirkungen das von dem Vorgesetzten gezeigte Verhalten haben kann. Welche der Aussagen passt aus Ihrer Sicht am ehesten zu den dargestellten einzelnen Reaktionen der Vorgesetzten in Auftrag 1?

   Vorgesetzer A: Das Resultat dieses auf Dauer durchgeführten Stils wird eine „innere Kündigung" des Mitarbeiters sein. Er fühlt sich nicht mehr der Organisation und seinem Vorgesetzten verpflichtet und wird dies in unmotivierten und dadurch unterdurchschnittlichen Leistungen zeigen.

   Vorgesetzer B: Der Mitarbeiter wird hierbei aktiv in die Problemlösung mit einbezogen, sodass er Möglichkeiten bekommt dazuzulernen. Aber er wird nicht alleingelassen, sondern der Vorgesetzte steht ihm bei Fragen zur Seite, ohne dass der Mitarbeiter für sein Problem entwürdigt wird. Motivationssteigerung und Mut, durch Fragen sich selbst weiterzuentwickeln, werden die Folgen sein.

   Vorgesetzer C: Das Resultat wird sein, dass sich der Vorgesetzte unselbstständige Mitarbeiter „heranzieht" und ihnen keine Möglichkeit gibt, sich weiterzuentwickeln und dazuzulernen. Der Vorgesetzte lenkt das Geschehen allein, ohne die Mitarbeiter mit einzubeziehen. Auf Dauer wird dies für die Mitarbeiter unbefriedigend werden und der Vorgesetzte wird sich in kürzester Zeit übernehmen.

   Vorgesetzer D: Der Mitarbeiter wird hier in den Lösungsweg nicht einbezogen. Er bleibt deswegen unselbstständig und fühlt sich durch den „rüden" Ton verletzt. Auch hier wird auf Dauer eine „innere Kündigung" des Mitarbeiters auftreten.

3. „Führung heißt: Erfolge durch andere zu erzielen". Wie interpretieren Sie diesen Ausspruch?

4. Unternehmerische Führung findet im Spannungsfeld von Machtausübung und Mitgestaltung statt. Diskutieren Sie, von welchen Kriterien ein Führungsstil bestimmt wird und wie sich Führungsstil und Führungsverhalten auf die Mitarbeiter auswirken können. Lassen Sie dabei Ihre Erfahrungen aus Ihrer Arbeit in Ihrem Ausbildungsbetrieb einfließen.

5. Autoritäre Führung gilt zwar nicht als zeitgemäß, kann aber in der einen oder anderen Situation Vorteile haben oder sogar nötig sein. Nennen Sie Beispiele für Vorkommnisse oder Ereignisse, in denen es nicht ohne klare Anweisungen geht, auch wenn diese Anweisungen als autoritär empfunden werden.

6. Nennen Sie drei Kriterien, die aus Ihrer Sicht einen kooperativen Führungsstil ausmachen. Erläutern Sie, warum der kooperative Führungsstil gegenüber einem autoritären Stil und einer Laissez-faire-Haltung in der Regel den größeren Führungs- und damit auch Unternehmenserfolg verspricht.

7. Welche verschiedenen Management-Systeme unterscheidet man?

5
Bewertung und Entlohnung der Arbeitsleistung

Ausgangslage   Die Lohn- und Lohnnebenkosten sind in der Bundesrepublik vergleichsweise hoch. Unternehmen versuchen, den Lohnkostenanstieg zu begrenzen, weil damit für sie eine Verbesserung der Wettbewerbsfähigkeit entstehen kann. Auch für den Unternehmer Heidtkötter stehen die Personalkosten im Vordergrund. Er ist der Ansicht, dass eine Reduzierung in diesem Bereich einen erheblichen Teil der Wettbewerbsfähigkeit für sein Unternehmen sichern kann.

Das Verfahren, nach dem Heidtkötter alles unter die Lupe nehmen lassen will, heißt „objektive Arbeitsplatzanalyse". Nach Meinung des Geschäftsführers haben sich hier im Laufe der Zeit bei den Tätigkeitsbildern Änderungen ergeben, die eine Analyse und anschließende Neubewertung erforderlich machen.

Lernziele

Wenn Sie dieses Thema durchgearbeitet haben, ..
- kennen Sie Kriterien, nach denen man Arbeitsplätze bewerten kann,
- können Sie die dabei angewendeten summarischen von den analytischen Verfahren abgrenzen und können mit den Bewertungsschemata der Praxis arbeiten,
- kennen Sie die neuen Ansätze des Entgelt-Rahmen-Abkommens (ERA),
- sind Sie in der Lage, den leistungsbezogenen Bruttolohn eines Arbeitnehmers zu berechnen,
- können Sie die Auswirkungen unterschiedlicher Leistungsgrade auf die Lohn- und Lohnstückkosten erkennen und die sich daraus ergebenen betriebswirtschaftlichen Schlussfolgerungen ableiten.

5.1
Nicht alle Arbeitsplätze haben die gleichen Anforderungen – Arbeitswertstudien und Lohngruppen als Grundlage einer Entlohnung

Situation   Sicher erinnern Sie sich daran, dass wir uns ganz zu Beginn dieses Lernfeldes mit der Ermittlung des Personalbedarfs befasst haben. Die Heidtkötter KG hat festgestellt, dass in den nächsten drei Jahren zusätzliche Einstellungen vorgenommen werden müssen. Herr Heidtkötter möchte im Zuge dessen die Gehaltsgruppen überdenken, um Kosten zu senken. Dazu stellt er Herrn Heimbach seine Pläne vor und bittet ihn um eine Zusammenstellung aller ihm bekannten Verfahren zur Bewertung der Tätigkeiten seiner Belegschaft.

Arbeitsaufträge

1. Helfen Sie Herrn Heimbach. Sie sollen in einem ersten Schritt Kriterien sammeln, die aus Ihrer Sicht dafür geeignet sind, die mit einer Tätigkeit im
   a) kaufmännischen Bereich und
   b) technischen Bereich

Arbeitsaufträge (Fortsetzung)

> Arbeitshilfe 1
> Brainstorming

verbunden Anforderungen zu bewerten. Führen Sie dazu ein Brainstorming durch und nutzen Sie auch die Information zur aktuell gültigen Eingruppierung bei der Heidtkötter KG. Ordnen Sie dann alle in der Klasse genannten Kriterien und bilden Sie Kategorien.

2. In der betrieblichen Praxis gibt es ganz unterschiedliche Modelle zur Bewertung von Arbeitsplätzen. Nicht zuletzt spielen die Festlegungen in Tarifverträgen oder durch Betriebsvereinbarungen eine große Rolle.

   Bitte beschäftigen Sie sich unter Rückgriff auf die Arbeitshilfen und die zusätzlichen Ausführungen im INFO-Teil mit der Frage, worin der Zusammenhang zwischen der Arbeitsplatzbewertung und der Frage der gerechten Entlohnung besteht und welche Wege es gibt, um diese Herausforderung so zu beantworten, dass möglichst alle Seiten zufrieden sind.

3. Warum gibt es trotzdem für die Mehrzahl aller Arbeitnehmer keine individuellen Einzellöhne, sondern Lohn- und Gehaltsgruppen?

4. „Es kann im Unternehmen auf keinen Arbeitnehmer verzichtet werden! Daher muss jegliche Arbeit gleich viel wert sein." Setzen Sie sich kritisch mit dieser These auseinander und begründen Sie Ihre Antwort(en).

Arbeitshilfe 1

In der Heidtkötter KG gibt es Lohn- und Gehaltsgruppen, nach denen die Entlohnung erfolgt. Die Struktur und die Anwendung sind auf den ersten Blick recht einfach und klar. Genau darin liegen auch Vorteil und Stärke dieser summarischen Verfahren, bei denen die Arbeitsplätze nur in der Gesamtheit ihrer Anforderungen betrachtet werden. Es erfolgt lediglich eine Differenzierung zwischen kaufmännischen und gewerblichen Mitarbeitern und deren Eingruppierung.

Beispiel Gehaltsgruppen, kfm.

Gehaltsgruppe	Tätigkeitsmerkmale	Gehalt
Angestellte		
I	mechanische und schematische Tätigkeiten	1.877,44 €
II	einfache Tätigkeiten, die nach Anweisung erfolgen	2.035.52 €
III	Tätigkeiten, die nach allgemeiner Anweisung und z. T. selbstständig in einem Sachgebiet ausgeübt werden	2.426,18 €
IV **Ecklohn**	schwierige Tätigkeiten, die nach Richtlinien in einem Sachgebiet ausgeführt werden	3.019,06 €
V	schwierige Tätigkeiten, die im Rahmen allgemeiner Richtlinien selbstständig ausgeführt werden; begrenzte Aufsichtsbefugnis muss gegeben sein	3.235,87 €
VI	selbstständige und verantwortliche Tätigkeiten, die nach allgemeinen Richtlinien ausgeführt werden und für die entweder Leitungs- oder Aufsichtsbefugnis vorausgesetzt wird oder durch die spezielle Aufgaben erfüllt werden	4.111,61 €
VII	sehr schwierige Tätigkeiten, die nach allgemeinen Richtlinien selbstständig und verantwortlich ausgeführt werden und für die entweder erweiterte Leitungs- oder Aufsichtsbefugnis vorausgesetzt wird oder die in eigener Verantwortung Entscheidungen von Bedeutung für den Betriebs- oder Geschäftsablauf in einem Arbeitsbereich einschließen	4.499,22 €
VIII	Tätigkeiten, die über die Anforderungen der Gruppe VII hinausgehen	5.195,69 €
Meister		
M1	Meister, die einer Abteilung oder Werkstatt selbstständig vorstehen.	3.235,87 €
M2	Meister mit selbstständiger und verantwortlicher Tätigkeit, die einer großen Abteilung oder großen Werkstatt oder mehreren kleinen Abteilungen vorstehen oder denen ein oder mehrere Meister untergeordnet sind.	4.111,61 €

Für die gewerblichen Arbeitnehmer gilt ein vergleichbares Verfahren. Auch hier werden die geforderten Leistungen allgemein beschrieben und Lohngruppen zugeordnet:

Beispiel Lohngruppen, gewerbl.

Lohn-gruppe	Beschreibung	Lohn pro Stunde	in % vom Ecklohn
1	einfache Arbeiten, die keine Fach- und Materialkenntnisse erfordern, geringe Beanspruchung	12,41 €	86,26 %
2	einfache Arbeiten, die geringe Fach- und Materialkenntnisse erfordern, leichte Beanspruchung	12,85 €	89,27 %
3	Arbeiten mit mäßigem Schwierigkeitsgrad, die Fach- und Materialkenntnisse erfordern oder Arbeiten der Lohngruppe 1 oder 2 mit erhöhter Beanspruchung	13,12 €	91,19 %
4	Arbeiten mit gesteigertem Schwierigkeitsgrad, die Fach- und Materialkenntnisse und größere Einsetzbarkeit verlangen oder die Beanspruchungen über denen der Lohngruppe 3 mit sich bringen	13,69 €	95,13 %
5	Arbeiten, die neben beruflicher Handfertigkeit und den für die Tätigkeit erforderlichen Kenntnissen über Werkstoffe und Betriebsmittel ein Können erfordern, wie es entweder durch eine entsprechende Berufsausbildung oder durch ein längeres Anlernen und Üben erworben wird. Als Facharbeiter gelten auch Arbeitnehmer, die mindestens drei Jahre als Maschinenarbeiter selbstständig tätig sind, sofern sie ihre Maschinen selbstständig warten und einrichten können. Dasselbe gilt für Gabelstaplerfahrer, soweit sie den Stapler vom Fahrzeug aus bedienen (Selbstfahrer). Als Facharbeiter gelten Furnierer, die Furniere selbst zuschneiden und zusammenbauen, sowie genügend berufliche Erfahrung in der Leim-, Furnier-, Holz- und Zutatenverwendung besitzen, Beizer, die selbstständig die erforderlichen Zutaten zusammenstellen und nach Farbmustern arbeiten sowie selbstständige Polierer und Lackierer. Facharbeiter, die in ihrem Fach (auch wenn nur mit Teilarbeiten) als Facharbeiter beschäftigt werden, erhalten mindestens den Lohn der Lohngruppe 5.	14,39 € **Ecklohn**	100,00 %
6	Facharbeiter im Zeitlohn, die Kenntnisse über die Lohngruppe 5 hinaus erfordern	16,51 €	114,72 %
7	Betriebshandwerker aller Art (darunter auch gelernte Tischler, sofern sie im Vorrichtungs- oder Modellbau beschäftigt sind, Holzbildhauer, Heizer, Maschinisten und Monteure), solange sie Arbeiten ihres Faches ausüben und nicht im Akkord tätig sind	17,21 €	119,60 %
8	Betriebshandwerker (wie Lohngruppe 7) nach zwei Gesellenjahren	18,20 €	126,49 %
9	Betriebshandwerker (wie Lohngruppe 7) nach zwei Gesellenjahren und einem Jahr Betriebszugehörigkeit als Betriebshandwerker	19,05 €	132,35 %
10	Vorarbeiter	20,04 €	138,24 %
11	Vorarbeiter nach drei Jahren Betriebszugehörigkeit und Tätigkeit als Vorarbeiter	21,45 €	149,04 %

Arbeitshilfe 2

Analytische Arbeitsplatzbewertung

Geht man der Frage nach, welche Anforderungen die Arbeitsplätze tatsächlich mit sich bringen, stellt man schnell fest, dass die Einordnung in Lohn- und Gehaltgruppen doch recht grob ist. Es wird nach geeigneten Mitteln zu einer tieferen und analytischen Differenzierung der Anforderungen gesucht, um die charakteristischen Merkmale eines Arbeitsplatzes und die damit einhergehenden Bedingungen, die der Arbeitnehmer erfüllen muss, zu erfassen. Dies geschieht durch die sogenannten Arbeitswertstudien.

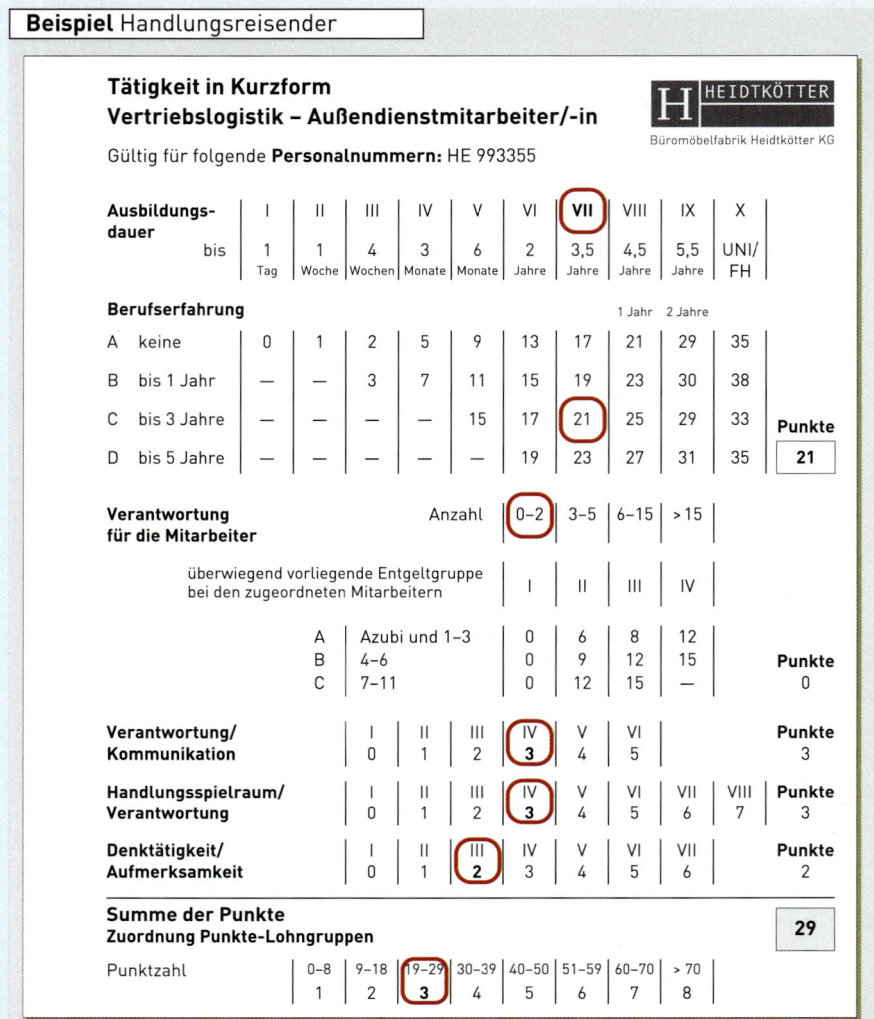

Beispiel Handlungsreisender

Tätigkeit in Kurzform
Vertriebslogistik – Außendienstmitarbeiter/-in   H HEIDTKÖTTER

Gültig für folgende **Personalnummern:** HE 993355   Büromöbelfabrik Heidtkötter KG

Ausbildungs-dauer	I	II	III	IV	V	VI	VII	VIII	IX	X
bis	1 Tag	1 Woche	4 Wochen	3 Monate	6 Monate	2 Jahre	3,5 Jahre	4,5 Jahre	5,5 Jahre	UNI/ FH

Berufserfahrung   1 Jahr   2 Jahre

		I	II	III	IV	V	VI	VII	VIII	IX	X	
A	keine	0	1	2	5	9	13	17	21	29	35	
B	bis 1 Jahr	—	—	3	7	11	15	19	23	30	38	
C	bis 3 Jahre	—	—	—	—	15	17	21	25	29	33	**Punkte**
D	bis 5 Jahre	—	—	—	—	19	23	27	31	35		**21**

Verantwortung   Anzahl   0–2   3–5   6–15   > 15
für die Mitarbeiter

überwiegend vorliegende Entgeltgruppe bei den zugeordneten Mitarbeitern	I	II	III	IV
A Azubi und 1–3	0	6	8	12
B 4–6	0	9	12	15
C 7–11	0	12	15	—

Punkte
0

Verantwortung/ Kommunikation	I	II	III	IV	V	VI			**Punkte**
	0	1	2	3	4	5			3
Handlungsspielraum/ Verantwortung	I	II	III	IV	V	VI	VII	VIII	**Punkte**
	0	1	2	3	4	5	6	7	3
Denktätigkeit/ Aufmerksamkeit	I	II	III	IV	V	VI	VII		**Punkte**
	0	1	2	3	4	5	6		2

Summe der Punkte
Zuordnung Punkte-Lohngruppen   **29**

Punktzahl	0–8	9–18	19–29	30–39	40–50	51–59	60–70	> 70
	1	2	3	4	5	6	7	8

Der Vorteil dieser recht genauen und analytischen Aufschlüsselung der mit einem Arbeitsplatz verbundenen Anforderungen liegt ohne Zweifel in der Transparenz.

Am Ende steht in jedem Fall die Zuordnung zu einer bestimmten Lohngruppe. Dies kann auch in einer anderen Form geschehen. Lohngruppen können auch in pauschal beschreibender Form dazu dienen, Arbeitsplätze als Ganzes zu ordnen. Das summarische Vorgehen ist einfacher zu handhaben. Allerdings sind hier die einzelnen Kriterien, die mit der Zuordnung verbunden sind, versteckt. In der Regel kommt man bei beiden Verfahren zum gleichen Ergebnis.

Vertiefende Übungen

1. Gibt es gerechte Löhne? – Obwohl der Wert gleicher Arbeit unabhängig vom Geschlecht oder vom Wohnort gleich sein sollte, ist es keinesfalls immer so, dass für die gleiche Arbeit das gleiche Gehalt bezahlt wird. Auch 20 Jahre nach der Wiedervereinigung liegen z. B. die Löhne im Osten Deutschlands im Schnitt gut 20 % unter denen im Westen, und Frauen verdienen trotz aller Gleichstellung nach Erkenntnissen der EU in Deutschland nach wie vor rund 22 % weniger als Männer in vergleichbaren Jobs.

Ist es gerecht, dass ältere Arbeitnehmer mehr verdienen als jüngere? Oder dass ein Sachbearbeiter in der Holzbranche beinahe ein Drittel weniger verdient als ein Sachbearbeiter bei einer Bank? Und wie kommt es, dass ein Arbeitnehmer in München mehr verdient als ein Arbeitnehmer in Rostock bei vergleichbarer Tätigkeit?

a) Holen Sie sich aus geeigneten Medien und insbesondere aus dem Internet Informationen, um festzustellen, ob die voranstehenden Thesen stimmen.   › **Internetrecherche**

b) Nehmen Sie Stellung dazu, wie es zu Unterschieden in der Entlohnung nach den oben genannten Kriterien kommen kann. Lassen sich diese Unterschiede sogar rechtfertigen?

c) Überlegen Sie auch unter Rückgriff auf die Darstellungen im INFO-Teil, ob   › **INFO-Teil**
LF 7, Kap. 5.1.4
   - die Tarifpartner auf die Entwicklung von Löhnen Einfluss nehmen können und
   - was in diesem Zusammenhang die Begriffe „Flächentarif" und „Mindestlohn" bedeuten.

2. In der folgenden Begriffserklärung ist offenbar etwas durcheinandergeraten. Ordnen Sie den einzelnen „Gerechtigkeitsbegriffen" die jeweils richtigen Erläuterungen zu und erklären Sie, was sich dahinter jeweils verbirgt.

Eine gerechte Entlohnung wird an folgenden Kriterien festgemacht:

1	**Marktgerechtigkeit**	Der Lohn berücksichtigt soziale Verpflichtungen und sichert in jedem Falle das Existenzminimum.
2	**Leistungsgerechtigkeit**	Die Produktivität des Sektors bestimmt die Löhne.
3	**Situationsgerechtigkeit**	Der Lohn vergütet Anstrengungen z. B. für die Ausbildung.
4	**Aufwandsgerechtigkeit**	Der Lohn bemisst sich nach den unterschiedlichen Lebenshaltungskosten.
5	**Bedarfsgerechtigkeit**	Gleicher Lohn wird für gleiche Leistung gewährt.

5.2
Zeitlohn und Leistungslohn im Vergleich

Ausgangslage   Unabhängig von der Einstufung in Lohn- und Gehaltsgruppen ist die Frage zu klären, wonach sich der am Monatsende ermittelte Bruttolohn ergibt. Ist es die Zeit der Anwesenheit am Arbeitsplatz, die dazu führt, dass man mehr oder weniger genau schon am Monatsanfang weiß, was man am Monatsende verdient hat, oder hängt der Lohn von der individuellen Leistung ab, die man erbracht hat?

5.2.1
Zeitlohn und Gehalt

Situation   Während im Angestelltenbereich nahezu alle Mitarbeiter Gehalt bekommen, werden bei der Heidtkötter KG in der Produktion rund 80 % im Akkord entlohnt. Die übrigen 20 % arbeiten im Stundenlohn. In der Furnierabteilung sind die Mitarbeiter bei der Anfertigung von Konferenztischen mit Sondermaßen und Echtholzfurnieren in besonderem Maße gefordert. Jeder noch so kleine Fehler beim Furnierzuschnitt ist zu vermeiden, da dies kostenintensive Reklamationen der Kunden oder einen teuren Rohstoffverschleiß zur Folge hätte. Trotzdem wollen die dort tätigen Mitarbeiter vom reinen Stundenlohn weg. Die Heidtkötter KG möchte Leistungsanreize schaffen, sieht aber die Qualität in Gefahr.

Arbeitsaufträge

1. Welche Interessen stehen sich in der Situation gegenüber?
2. Erläutern Sie, was man unter dem Begriff „Zeitlohn" versteht und worin der Unterschied zwischen Lohn und Gehalt besteht.
3. Nennen Sie Gründe dafür, dass in verschiedenen Tätigkeitsbereichen entweder gar kein Leistungslohn berechnet bzw. gezahlt werden kann oder dass bewusst auf die Entlohnung im Akkord verzichtet wird.
4. Stellen Sie dar, wie sich die Lohnkosten pro Stück entwickeln, wenn die Leistung im Zeitlohn a) höher und b) niedriger ausfällt gegenüber dem, was als Richtwert (Normalleistung) vorgegeben ist.
5. Was schlagen Sie vor, um das in der Situation dargestellte Problem zu lösen?

5.2.2
Grundlagen einer leistungsbezogenen Entlohnung

Situation   Während die Angestellten im kaufmännischen Bereich und die im gewerblichen Bereich tätigen Meister ein Gehalt bekommen, wird in der Produktion von wenigen Ausnahmen abgesehen im Akkord gearbeitet. Wenn Reparatur- oder Wartungsarbeiten durchzuführen sind, kann dies aber nur im Zeitlohn geschehen. Gleiches gilt auch für Unterbrechungen des Arbeitsablaufes, wenn an einer Maschine z. B. Material fehlt.

So kann eine Lohnberechnung manchmal nicht ganz einfach nachzuvollziehen sein. Günter Krause bittet Sie um Hilfe, weil er die Aufstellung seiner Tagesleistung vom 28. Oktober nicht versteht.

Name: **Günter Krause**	Lohnform A	Lohnform Z		Personalnr.: 87.611-m	Vorgabe-zeit	Leistungs-einheiten	Min. Zeitlohn	Rüstzeit	verrechn. Min.	Leistungs-grad
1 06:00–06:45 Uhr		x	Aufräumarbeiten		—	—	45	—	—	—
2 06:45–08:45 Uhr	x		Lackieren von Möbelteilen		1,5	72	—	12	120	100 %
3 08:45–09:15 Uhr			Frühstückspause		—	—	—	—	—	—
4 09:15–10:15 Uhr		x	Hilfe beim Entladen eines Lkw		—	—	60	—	—	—
5 10:15–11:00 Uhr	x		Lackieren von Möbelteilen		1,5	28	—	12	54	120 %
6 11:00–11:30 Uhr		x	Reifenwechsel Firmenwagen		—	—	30	—	—	—
7 11:30–12:00 Uhr	x		Montage von Gasfedern		4,0	10	—	5	45	150 %
8 12:00–12:30 Uhr			Mittagspause		—	—	—	—	—	—
9 12:30–13:30 Uhr		x	Einlagerung Halbfertigwaren		—	—	60	—	—	—
10 13:30–14:45 Uhr	x		Montage von Gasfedern		4,0	19	—	5	81	108 %
							195		300	111,11 %
			Summe			**495 Minuten**				106,45 %

Arbeitsaufträge

1. Erläutern Sie den Aufbau dieses von Herrn Krause vorgelegten Leistungsnachweises.
2. Erklären Sie den Unterschied zwischen Zeitlohn und Leistungslohn.
3. Herr Krause betont, dass er seine Arbeit immer schnell erledigt. Nun will er wissen, warum er nicht für alle Arbeiten im Akkord entlohnt wird. Was werden Sie ihm antworten?

4. Erläutern Sie Herrn Krause, was man unter dem Begriff „Leistungsgrad" versteht und wie man diesen in seinem Fall konkret berechnet hat.

› INFO-Teil
LF 7, Kap. 5.2.2

5. Krause möchte außerdem wissen, wie viel er an einem Tag verdient. Er ist in Lohngruppe III eingestuft und hat hier einen Stundenlohn von 13,12 €. Der Akkordzuschlag beträgt 10 %, sodass sich daraus ein Akkordrichtsatz von 14,43 € errechnet. Sie sollen ihm erklären
   a) worin der Unterschied zwischen dem Stundenlohn und dem Akkordrichtsatz liegt,
   b) warum ein Akkordzuschlag gezahlt wird und ob dies nur dann gilt, wenn die Leistung größer als 100 % ist,
   c) was der Begriff „Vorgabezeit" bedeutet und wie man diese ermittelt,
   d) wie man zu den „verrechneten Minuten" gekommen ist und
   e) wie man den Bruttolohn für einen seiner Arbeitstage berechnet.

6. Herr Krause berechnet aufgrund Ihrer Informationen für sich einen Lohn von 119,05 €. Er hat einfach den Akkordrichtsatz mit der Anzahl der insgesamt an diesem Tag errechten Arbeitsminuten und dem Minutenfaktor multipliziert. Was hat er falsch gemacht?

7. Krause hat an einem Tag mit acht Stunden Arbeitszeit, an dem er durchgehend Gasfedern zu montieren hatte, nur 70 Stück geschafft. Zusammen mit der Rüstzeit von 5 Minuten sind das nur 285 verrechnete Minuten. Sie sind wieder gefordert, ihm zu erklären
   a) wie hoch der Leistungsgrad ist,
   b) was er an diesem Tag verdient, wenn ausschließlich nach Leistung bezahlt wird,
   c) wie hoch sein Lohn an diesem Tag wäre, wenn die Heidtkötter KG einen Mindestlohn von 80 % des Akkordrichtsatzes zahlen würde.

Vertiefende Übungen

1. Welche der folgenden Aussagen ist richtig?
   a) Im Zeitlohn sind die Lohnkosten pro Stück immer gleich.
   b) Beim Akkordlohn wird nach Zeit entlohnt.
   c) Leistungslohn ist für alle Arbeitnehmer gleich.
   d) Im Akkordlohn sind die Lohnkosten pro Stück unabhängig von dem Leistungsgrad.
   e) Zeitlohn ist der Leistungslohn pro Zeiteinheit.

2. Welche Aussage passt zu nebenstehender Grafik?
   a) Die Funktion x zeigt, dass die Lohnkosten pro Stück im Akkord immer gleich sind.
   b) Die Funktion x zeigt den Verlauf des leistungsunabhängigen Zeitlohnes.
   c) Bei einer Leistung von 100 % sind die Lohnkosten pro Stück in beiden Fällen gleich hoch.
   d) Der Akkordrichtsatz ist genauso groß wie der Stundenlohn in dieser Lohngruppe.
   e) Die Leistung liegt immer bei 100 %.
   f) Die degressiv verlaufende Kurve y zeigt die sinkenden Lohnstückkosten im Leistungslohn.

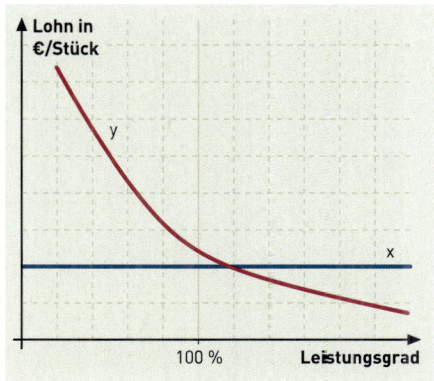

Vertiefende Übungen (Fortsetzung)

3. Wie hoch ist der Lohn und der Leistungsgrad der folgenden Arbeitnehmer,
   a) deren Grundlohn 12,00 € beträgt,
   b) die für die Akkordarbeit einen Zuschlag von 5 % erhalten und
   c) für deren Akkordarbeiten die jeweils angegebenen Rüst- und Vorgabezeiten ermittelt wurden:

Arbeiter	Arbeits-zeit in Std.	davon Rüstzeit in Min.	Arbeitsleistung (Menge) im Akkord	Vorgabe-zeit	verrechnete Min.	Lohn	Leistungs-grad
Kielmann	8	20	3 120	10 Sek.			
Krones	9	30	600	45 Sek.			
Baader	10	10	265	2 Min.			
Mandel	10	50	140	5 Min.			
Claussen	5	15	120	3 Min.			
	3	Zeitlohn	—	—	180		

4. Ein Arbeitnehmer erhält bei einer 8-stündigen Arbeitszeit einen Bruttolohn von 96,30 € bei
   - einem Minutenfaktor von 0,175 €,
   - einer Rüstzeit von 12 Min.,
   - einer Vorgabezeit von 4,5 Min./Stück,
   - einem Akkordzuschlag von 5 %.
   a) Wie viel Stück hat er produziert?
   b) Wie hoch ist sein Leistungsgrad?

5. Wie viel Stück muss ein Arbeitnehmer in 8 Stunden bei einem angestrebten Leistungsgrad von 110 % von einem Teil produzieren, wenn die Vorgabezeit 30 Sek. beträgt und die Rüstzeit mit 30 Min. angesetzt wird?

6. Wie verhalten sich bei einer Normalleistung von 5 Stück/Std. die Lohnkosten?
   Lohnkosten pro Leistungseinheit unter folgenden Bedingungen:
   - Stundenlohn: 10,00 €
   - Akkordzuschlag: 8 %
   - Mindestlohn im Akkord: 75 % des Akkordrichtsatzes

7. Stellen Sie die in Aufgabe 6 berechneten Ergebnisse grafisch dar.

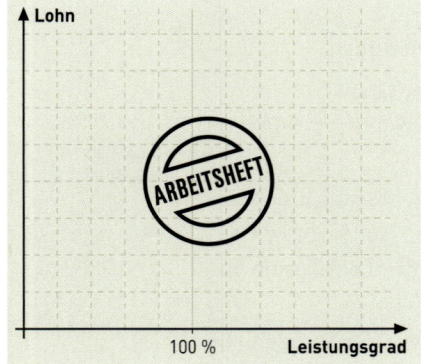

6

Lohn-, Lohnnebenkosten, Lohnabrechnung – Vom Bruttolohn zur Nettoauszahlung

Ausgangslage   Spätestens seit Sie Ihre erste Abrechnung zu Ihrer Ausbildungsvergütung in Händen gehalten haben, wissen Sie, dass es einen Unterschied gibt zwischen Ihrem Bruttogehalt und dem, was schließlich davon an Sie überwiesen wird.

Wie viel vom Bruttolohn oder von der Ausbildungsvergütung erhält der Staat, wie viel die Kirche und an wen werden die Sozialversicherungsbeiträge abgeführt? Ist die Belastung für alle gleich und wovon hängt die Höhe dessen ab, was vom Bruttolohn abgezogen wird?

Die in der Lohnabrechnung und Lohnbuchung tätigen Mitarbeiter sollten in der Lage sein, Ihnen als Arbeitnehmer, aber auch Abteilungen im Unternehmen Informationen über die Lohnkosten und insbesondere die Lohnnebenkosten zu geben. Die Lohnbuchhaltung ist ein wichtiger Lieferant von Daten für die Kosten- und Leistungsrechnung eines Unternehmens.

Lernziele

Wenn Sie dieses Thema durchgearbeitet haben, dann …

- kennen Sie die Grundzüge der Lohnabrechnung,
- wissen Sie, was man unter Lohnnebenkosten versteht und wie hoch diesbezüglich die Belastungen für die Arbeitnehmer und die Arbeitgeber sind,
- können Sie die einzelnen Steuerklassen voneinander unterscheiden,
- können Sie das Lohnsteuerverfahren beschreiben und die Grundzüge des Sozialversicherungsverfahrens darstellen,
- können Sie die Träger der Sozialversicherung zu einander abgrenzen.

6.1

Was nimmt der Staat, was gibt der Staat? – Steuerklassen, Lohnabrechnung und Lohnsteuerverfahren

Situation   Der im Bereich Marketing tätige kaufmännische Angestellte Wolfgang Runkel ist 32 Jahr alt und bezieht ein Gehalt in Höhe von 3.570,00 €. Er ist mit seiner Frau Eva verheiratet, die als Kinderärztin monatlich 5.170 € brutto verdient. Zusätzlich erhalten sie von ihren Arbeitgebern einen Beitrag für vermögenswirksame Sparverträge in Höhe von monatlich jeweils 30 €. Beide sind Mitglied der evangelischen Kirchengemeinde und haben eine dreijährige Tochter Nora-Lea.

Die Ehepartner sind somit Doppelverdiener und stehen vor der Frage, welche Steuerklasse die richtige sein könnte. Den Kinderfreibetrag wollen sie auf jeden Fall aufteilen.

→

Arbeitnehmerin/in	Wolfgang Runkel			Dr. Eva Runkel		
Bruttolohn I	3.570,00 €			5.170,00 €		
Zusatzleistungen	30,00 €			30,00 €		
Bruttolohn II	**3.600,00 €**			**5.200,00 €**		
	Steuerabzüge in Steuerklasse			**Steuerabzüge in Steuerklasse**		
Lohnsteuerklasse	**III**	**IV**	**V**	**III**	**IV**	**V**
Lohnsteuer	262,33 €	513,92 €	850,16 €	765,16 €	1.193,75 €	1613,83 €
Kirchensteuer	17,20 €	42,04 €	76,51 €	61,07 €	101,93 €	145,24 €
Solidaritätszuschlag	5,83 €	25,69 €	48,75 €	37,31 €	62,29 €	88,76 €
Summe Steuerabzüge	286,36 €	581,65 €	973,42 €	863,54 €	1.357,97 €	1.847,83 €
in % vom Bruttolohn	7,9 %	16,16 %	27,04 %	16,61 %	26,11 %	35,53 %

	Wolfgang R.	Dr. Eva R.	Wolfgang R.	Dr. Eva R.	Wolfgang R.	Dr. Eva R.
Kombination Steuerklassen	**IV**	**IV**	**III**	**V**	**V**	**III**
Steuerabzug	581,65 €	1.357,97 €	286,36 €	1.847,83 €	973,42 €	863,54 €
Summe	1.939,62 €		2.134,69 €		1.836,96 €	
in %	22,04 %		24,25 %		20,87 %	

› siehe auch
Situation LF 7,
Kap. 6.2

Arbeitsaufträge

1. Von welchen Faktoren hängt die Höhe der Abzüge für Lohn- und Kirchensteuer sowie dem Solidaritätszuschlag ab?
2. Die beiden verheirateten Arbeitnehmer haben hinsichtlich der Zuordnung zu den Steuerklassen die Wahl, ob sie beide in Steuerklasse IV oder einer von beiden in Steuerklasse III und der andere in Steuerklasse V eingeordnet wird.

› INFO-Teil
LF 7, Kap. 6.1

   a) Insgesamt gibt es sechs Steuerklassen (siehe Arbeitshilfe 1). Beschreiben Sie, welche Arbeitnehmergruppen jeweils welcher Steuerklasse zuzuordnen ist

› Arbeitshilfe 2

   b) In vorliegenden Fall ist das Bruttoeinkommen der beiden Ehepartner sehr unterschiedlich. Zeigen Sie an diesem Beispiel, welche strategischen Überlegungen bei der Wahl der Steuerklasse maßgeblich sind be z. maßgeblich sein können.
   c) Welche Wahl der Steuerklasse würden Sie Herrn und Frau Runkel empfehlen, wenn sie beide das gleiche Bruttoeinkommen hätten?
   d) Um festzustellen, inwieweit die Lohnsteuerklassen auch soziale Gesichtspunkte enthalten, machen sich die beiden Arbeitnehmer am Beispiel des zu versteuernden Einkommens von 3.600 € kundig, wie hoch die steuerliche Belastung wäre, wenn sie ledig wären oder wenn es sich hierbei um ein zweites Einkommen („2. Lohnsteuerkarte") handeln würde:

Bruttolohn	3.600,00 €	
	Steuerklasse I	Steuerklasse VI
Lohnsteuer	628,33 €	1.030,58 €
Kirchensteuer	56,55 €	92,75 € ⸺
Solidaritätszuschlag	34,56 €	56,68 €
Summe	719,44 € (19,98%)	1.180,01 € (32,79 %)

Zu welcher Erkenntnis kommen Sie bei der Frage, warum es überhaupt verschiedene Steuerklassen gibt und welche sozialen Komponenten damit ggf. verbunden sind ?

6061142

e) In vorangehendem Bespiel wird die steuerliche Belastung bei einem Einkommen von 3.600,00 € und 5.200,00 € dargestellt. Nachfolgenden finden Sie beispielhaft jeweils für die Steuerklasse I (ohne Kinderfreibeträge) eine Erweiterung um die Einkommen von 800,00 €, 1.200,00 €, 15.000,00 € und 20.000,00.

Stellen Sie unter Rückgriff auf die Arbeitshilfe 4 dar, von wie sich die steuerliche Belastung grundsätzlich mit der Höhe des Einkommens verändert du was dabei die Begriffe „Freizone", „Proportionalzone" und „Progressionszone" bedeuten.

Bruttolohn	800,00 €	1.200,00 €	3.600,00 €	5.200,00 €	15.000,00 €	20 000,00 €
Lohnsteuer		34,50 €	628,33 €	1.193,75 €	5.293,08 €	7.393,08 €
Kirchensteuer		3,11 €	56,55 €	107,44 €	476,38 €	665,38 €
Solidaritätszuschlag		34,56 €	65,66 €	291,12 €	406,62 €	
		37,61 €	719,44 €	1.366,85 €	6.060,58 €	8.465,08 €

Arbeitshilfe 1

Grundzüge der Lohnabrechnung

In der Lohnabrechung sind Bestandteile zu berücksichtigen, die abgezogen werden müssen. Der Weg zum Auszahlungsbetrag ist:

Bruttolohn
+ vermögenswirksame Leistungen des Arbeitgebers
− Lohnsteuer
− Solidaritätszuschlag
− Kirchensteuer
− Arbeitnehmeranteil Sozialversicherung   › **Kap. 6.2**
= **Nettoentgelt**
− gesamte vermögenswirksame Leistungen (Arbeitgeber + Arbeitnehmer)
− individuelle Abzüge (Vorschüsse, Pfändungen usw.)

= **Auszahlungsbetrag**

Der Bruttolohn setzt sich zusammen aus dem vereinbarten Grund- und Leistungs-   › **INFO-Teil**
lohn. Er wird ggf. ergänzt durch weitere Geldleistungen des Arbeitgebers. Dazu   **LF 7, Kap. 6.3**
gehören z. B.:

■ Urlaubs- und Weihnachtsgeld

■ Zuschüsse für Weiterbildungsmaßnahmen

■ Fahrkostenzuschüsse

■ Prämien für Verbesserungsvorschläge

■ Erfolgsbeteiligungen

Arbeitshilfe 2

Die Lohnsteuer ist ein Teil der Einkommensteuer, und wird auf Einkünfte aus nichtselbständiger Arbeit (Einkommen von Arbeitnehmern) berechnet. Die Lohnsteuer wird direkt vom Bruttolohn an das Finanzamt abgeführt (so genannte Quellensteuer).

Nicht nur die Höhe des Einkommens, sondern auch die Steuerklasse hat einen Einfluss auf die Höhe des Nettoentgeltes. In Deutschland werden insgesamt sechs Steuerklassen unterschieden. Die jeweilige Steuerklasse ist auf der Lohnsteuerbescheinigung vermerkt.

→

Arbeitshilfe 2 (Fortsetzung)

- Während die Steuerklasse I ledigen, verwitweten oder geschiedenen Arbeitnehmern ohne Kinder vorbehalten ist, können Verheiratete zwischen Steuerklasse III, IV oder V wahlen. Sind die Verdienste beider Ehepartner recht unterschiedlich, sollte ein Partner die Steuerklasse III wählen, während der andere sich für die Klasse V entscheidet. Bei einem ungefähr gleichen Verdienst wiederum wählen beide Ehepartner die Steuerklasse IV.

- Ledige, verwitwete oder geschiedene Arbeitnehmer mit Kind wiederum werden in die Klasse II eingestuft.

- Wer einem zusätzlichen Nebenverdienst nachgeht, muss diesen in der Klasse VI versteuern.

Neben der Lohnsteuer müssen Arbeitnehmer nach wie vor den Solidaritätszuschlag sowie bei Zugehörigkeit zu Kirche auch Kirchensteuer abfuhren. Bemessungsgrundlage für diese beiden Größen ist die Lohnsteuer: Der Solidaritätszuschlag betragt 5,5 Prozent der Lohnsteuer, während die Kirchensteuer je nach Bundesland acht beziehungsweise neun Prozent der Lohnsteuer betragt.

Arbeitshilfe 3

Personen, deren jährliches Einkommen unter dem sogenannten Grundfreibetrag liegt, sind von der Zahlung der Lohnsteuer befreit. Im Jahr 2014 beträgt der Grundfreibetrag 8.354 Euro für Alleinstehende und 16.708 Euro für zusammen veranlagte Ehepaare.

Zudem gibt es noch den Kinderfreibetrag in Höhe von 2.184 Euro pro Elternteil, welcher den Grundfreibetrag entsprechend erhöht.

Zusätzliche Freibeträge gibt es für den Betreuungs-, Erziehungs- und Ausbildungsbedarf. Sie betragen derzeit 1.320 Euro pro Elternteil. Auch elternlose Arbeitnehmer können einen Freibetrag für sich in Anspruch nehmen. So können beispielsweise die Fahrtkosten zur Arbeit geltend gemacht werden.

Alternativ können diese bei der jährlichen Einkommensteuererklärung geltend gemacht werden. Entsprechende Freibeträge müssen beim Finanzamt spätestens bis zum 30.11. eines Jahres beantragt werden, und werden anschließend auf der Lohnsteuerkarte eingetragen. Durch einen Freibetrag reduziert sich das zu versteuernde Einkommen, und damit die Bemessungsgrundlage für die Lohnsteuer.

Arbeitshilfe 4

Das zu versteuernde Einkommen ist die Bemessungsgrundlage zur Berechnung der Steuerpflicht. Es basiert auf dem Bruttoeinkommen. Es ist jedoch nicht ganz mit dem Bruttoeinkommen identisch, sondern kann etwas höher oder niedriger sein.

Durch Freibeträge kann sich das zu versteuernde Einkommen verringern. Es erhöht sich wiederum, wenn der Arbeitnehmer einen so genannten geldwerten Vorteil genießt. Ein Beispiel hierfür ist das Firmenfahrzeug als Sachleistung. Dieser geldwerte Vorteil muss in Deutschland vom Arbeitnehmer versteuert werden. Weitere Beispiele hierfür sind Gratifikationen aller Art wie etwa Weihnachts- oder Urlaubsgeld.

Arbeitshilfen 1–3 in Anlehnung an: http://www.brutto-netto-rechner24.de/

Arbeitshilfe 5

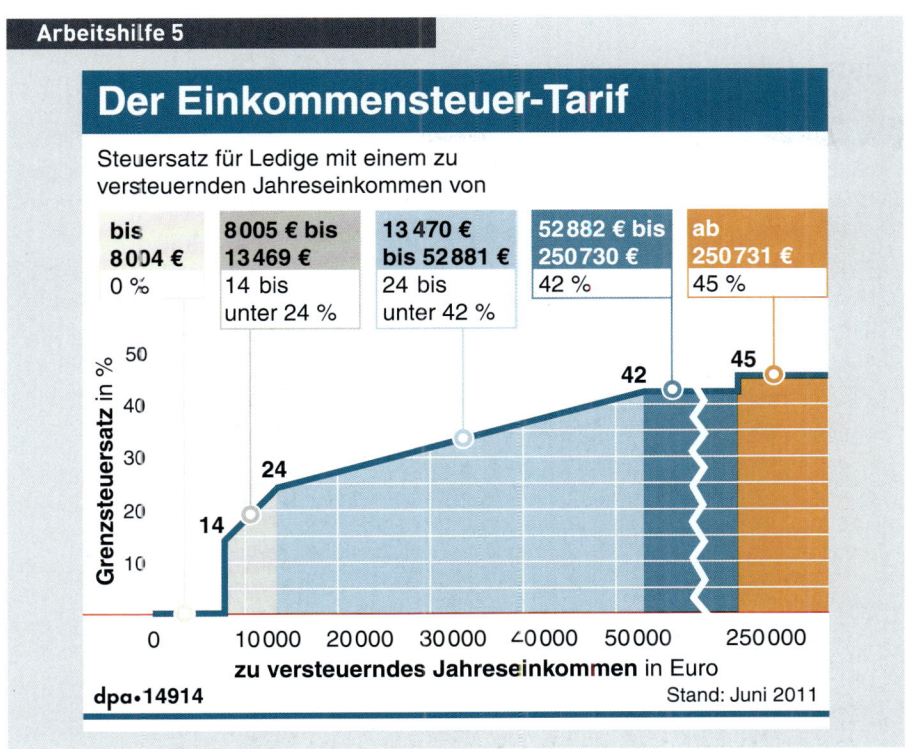

Der Einkommensteuer-Tarif

Steuersatz für Ledige mit einem zu versteuernden Jahreseinkommen von

bis 8004 €	8005 € bis 13469 €	13470 € bis 52881 €	52882 € bis 250730 €	ab 250731 €
0 %	14 bis unter 24 %	24 bis unter 42 %	42 %	45 %

Grenzsteuersatz in %

14 24 42 45

zu versteuerndes Jahreseinkommen in Euro

dpa·14914

Stand: Juni 2011

6.2
Sozialversicherungen – Damit niemand durch das Netz fällt

Situation

Andreas Gebhardt war bisher als Auszubildender in der Heidtkötter KG beschäftigt und wurde aufgrund seiner sehr guten Leistungen in ein unbefristetes Arbeitsverhältnis übernommen. Mit einem Bruttolohn von 2.850 € ist er eigentlich auch zufrieden.

Als er die erste Lohnabrechnung erhält und feststellt, dass ihm allein für die Sozialversicherung 567,68 € und damit genau 19,575 % abgezogen werden, fragt er sich, warum er eigentlich Pflichtmitglied sei und es ihm nicht freigestellt werde, ob er sich versichern lassen wolle oder nicht. Sein Vater, der als selbstständiger Unternehmer eine kleine Schreinerei betreibe, sei ja auch nicht gegen Arbeitslosigkeit versichert und Rentenbeiträge habe er auch nicht zu zahlen.

Entgeltabrechnung Andreas Gebhardt, geb.: 01.04.1996	Tarifgehalt	2.850,00 €
	vermögenswirksame Leistungen	50,00 €
Verheiratet Lohnsteuerklasse III kein Kinderfreibetrag	steuer- und sozialversicherungspflichtiges Entgelt	2.900,00 €
	– Lohnsteuer	433,91 €
	– Kirchensteuer	39,05 €
	– Solidaritätszuschlag	23,86 €
	– Krankenversicherung 8,2 %	237,80 €
	– Pflegeversicherung 1,425 %	41,33 €
	– Arbeitslosenversicherung 1,5 %	43,50 €
	– Rentenversicherung 9,35 %	271,15 €
	= Nettolohn	1.809,40 €

Arbeitsaufträge

1. Erläutern Sie das Wesen der gesetzlichen Sozialversicherung und erläutern Sie,
   a) auch unter Rückgriff auf geeignete Informationsquallen aus dem Internet, warum dies unter Bismarck eine bahnbrechende Entstehungsgeschichte war
   b) in welchen Stufen und zeitlichen Abläufen sich die Sozialversicherung weiterentwickelt hat und was maßgebend für die Entscheidung der Einführung der Pflegeversicherung gewesen sein dürfte

> **Arbeitsheft**
> (zu 2. bis 4.)

2. Charakterisieren Sie die vier Sozialversicherungszweige nach den Kriterien
   - Versichertenkreis
   - Versicherungsträger
   - Beitragserhebung
   - Leistungsumfang

3. Erläutern Sie, wer zum versicherungspflichtigen Personenkreis der gesetzlichen Sozialversicherung gehört und nennen Sie beispielhaft drei Gründe dafür, dass dies eine Pflichtversicherung ist.

4. An wen bzw. an welche „Einzugsstelle" werden die Sozialversicherungsbeiträge der Arbeitnehmer abgeführt?

5. In einer Prüfungsaufgabe tauchen die Begriffe „Beitragsbemessungsgrenze" und „Versicherungspflichtgrenze" auf. Was steckt hinter diesen Bezeichnungen?

6. Prüfen Sie die Lohnabrechnung von Andreas Gebhardt dahingehend, ob sie fehlerfrei ist oder ob es irgendwelche Ungereimtheiten gibt.

Arbeitshilfe

Rentenversicherung

Als Teil des sogenannten Generationenvertrages ist die Rentenversicherung (seit 1889) in Deutschland ein umlagefinanziertes System. Das bedeutet, dass kein Kapital gebildet wird, sondern die der Arbeitnehmerinnen und Arbeitnehmer direkt an die Rentnerinnen und Rentner weitergegeben werden.

Neben den Beitragszahlungen von Arbeitgebern und Arbeitnehmern wird ein Teil dieser Versicherung, wenn nötig, aus staatlichen Mitteln finanziert. Die Beiträge werden also nicht angespart, sondern die Einzahlungen junger Leute werden sofort als Rentenzahlungen an alte Leute ausgegeben.

Das Problem besteht darin, dass es in Deutschland (z.B. durch Fortschritte in der Medizin) immer mehr alte Menschen gibt, die Rente beziehen. Es gibt verschiedene Modelle, das Problem der Rentenfinanzierung zu lösen:

- private Zusatzrente (= Arbeitnehmer bezahlt mehr als die Hälfte der Beiträge)
- des Staates aus Steuereinnahmen
- höheres Zugangsalter (Rente erst ab 67 Jahren, frühestens ab 63 Jahren)
- von Arbeitsplätzen ohne Versicherungspflicht
- Einzahlpflicht für alle (auch Unternehmer und Beamte)

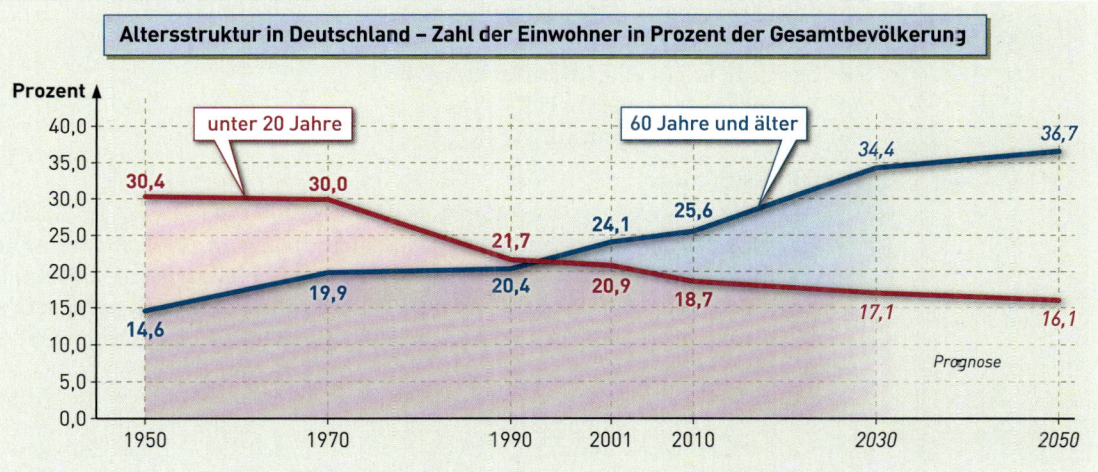

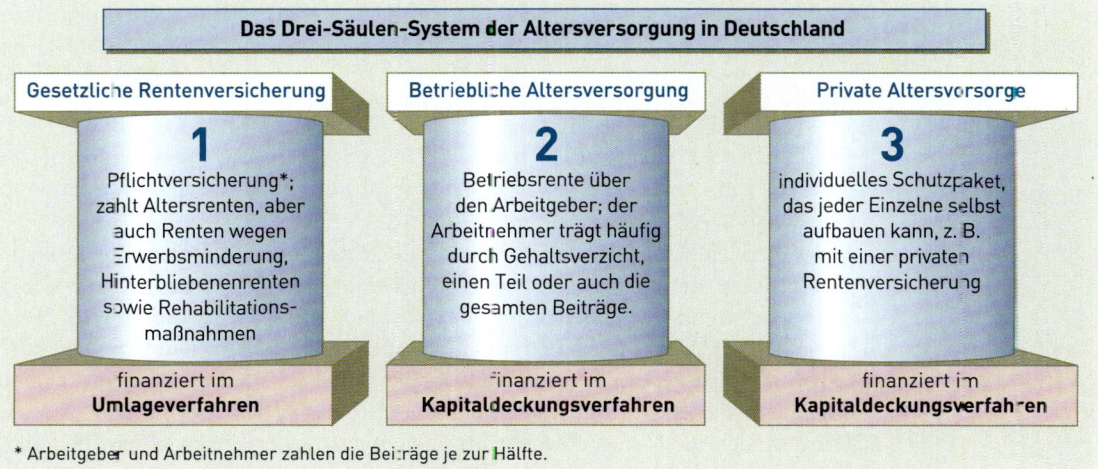

* Arbeitgeber und Arbeitnehmer zahlen die Beiträge je zur Hälfte.

Arbeitshilfe (Fortsetzung)

Krankenversicherung

Die Krankenversicherung gibt es seit 1883 und ist somit die älteste Versicherung Deutschlands. In Deutschland unterscheidet man zwischen der gesetzlichen Krankenversicherung und der privaten Krankenversicherung.

Wer die Versicherungspflichtgrenze überschreitet, kann entweder freiwillig in der gesetzlichen Krankenversicherung bleiben oder in einer privaten Krankenversicherung Mitglied werden. Private Krankenversicherungen berechnen den Beitrag für jedes Mitglied nach Alter und Gesundheitszustand, also nach dem Risiko der Krankenversicherung. Die gesetzliche Krankenversicherung wird durch die Beiträge von Arbeitnehmerinnen bzw. Arbeitnehmern und Arbeitgeberinnen bzw. Arbeitgebern finanziert und ist immer wieder Gegenstand der Debatte über die Lohnnebenkosten.

Die Krankenkasse darf man frei wählen. Es gibt die primären Träger der gesetzlichen Krankenversicherung, das sind die

- Allgemeine Ortskrankenkasse (AOK)
- Betriebskrankenkassen (BKK)
- Innungskrankenkassen (IKK)

Daneben gibt es die Ersatzkassen. Gesetzlich sind sie seit 1996 den gesetzlichen Krankenkassen gleichgestellt. Ersatzkassen sind zum Beispiel:

- Barmer Ersatzkasse (BEK)
- Deutsche Angestellten Krankenkasse (DAK)
- Techniker Krankenkasse (TK)
- Kaufmännische Krankenkasse (KKH)

Unfallversicherung

Die gesetzliche Unfallversicherung ist seit 1884 eine Sozialleistung des Staates. Die Beiträge werden aus den allgemeinen Steuern finanziert. Die Unfallversicherung schützt vor den Folgen von Arbeitsunfällen und Berufskrankheiten. Wenn in Kindergärten, Schulen, Universitäten oder bei der Arbeit ein Unfall passiert oder wenn jemand durch die Arbeit schwer erkrankt, bezahlen die gesetzlichen Unfallversicherer für die Folgen.

Arbeitslosenversicherung

Die Arbeitslosenversicherung gibt es in Deutschland seit 1927 und ist Teil der sozialen Pflichtversicherungen. Trägerin und durchführende Behörde der Arbeitslosenversicherung ist die Bundesagentur für Arbeit. Die Finanzierung erfolgt nach dem Beitragssystem, die Beiträge werden je zur Hälfte von Arbeitnehmerinnen bzw. Arbeitnehmern und Arbeitgeberinnen bzw. Arbeitgebern entrichtet. Der Beitragssatz beträgt zurzeit 6,5 Prozent.

Pflegeversicherung

Die Pflegeversicherung wurde 1995 als ein weiterer Baustein des sozialen Sicherungssystems eingeführt. In Deutschland gibt es zurzeit ungefähr 2 Millionen Pflegebedürftige.

Von ihnen leben zwei Drittel zu Hause, ein Drittel in einem Heim. Alle gesetzlich Krankenversicherten sind gleichzeitig Mitglied der Pflegekasse ihrer Krankenkasse. Privat oder freiwillig Versicherte können zwischen privater oder gesetzlicher Pflegekasse wählen. Beitragszahlende sind nicht nur Arbeitnehmerinnen bzw. Arbeitnehmer und Arbeitgeberinnen bzw. Arbeitgeber, sondern auch Rentner und Arbeitsuchende. Für diese zahlt die Bundesagentur für Arbeit die Beiträge. Ziel der Pflegeversicherung ist es, Pflegebedürftigen und Angehörigen zu helfen, die mit der Bedürftigkeit verbundenen persönlichen und finanziellen Belastungen zu tragen.

Auszüge in Anlehnung an: http://www.uni-giessen.de/dafblog/orientierungskurs. Zugriff am 26. März 2014

6.3
Buchungen im Personalbereich

Situation   Stefanie Hartz erstellt die folgende Lohnabrechnung (vereinfachte Darstellung). Diese Abrechnung dient dem Arbeitnehmer als Lohnnachweis (Verdienstbescheinigung) und bildet im Unternehmen die Grundlage für das betriebsintern geführte „Lohnkonto Tim Reuter".

Lohnabrechnung (vereinfachte Darstellung)				**März 20..**
Name und Anschrift des Arbeitnehmers:	Geburts-datum	Eintritts-datum	Steuer-klasse	Kinder-freibetrag
Tim Reuter	18.01.1970	01.02.20..	III	kein
Ringstraße 9 a	Kranken-kasse	Bank	Konto-nummer	Bankleit-zahl
33604 Bielefeld	AOK	VR-Bank	37928	500 358 20
Konfession: rk	Konto vermögenswirksame Leistungen (VL)			
Bundesland: Nordrhein-Westfalen	BauSPK Schwäb.-H.		10 023 406	340 500 00
Bezeichnung	**Kostenstelle**		**Prozent**	**Betrag**
Fixbezug, brutto	321830			2.850,00 €
Arbeitgeberzuschuss zur vermögenswirksamen Leistung				50,00 €
...				
Gesamtbrutto				2.900,00 €
Abzüge: Lohnsteuer				199,50 €
Solidaritätszuschlag				7,50 €
Kirchensteuer				17,95 €
Krankenversicherung			8,2 %	237,80 €
Pflegeversicherung			1,425 %	41,32 €
Rentenversicherung			9,35 %	271,15 €
Arbeitslosenversicherung			1,5 %	43,50 €
Gesamtabzüge				792,62 €
Sonstiges: Nettoabzug vermögenswirks. Leistung				80,00 €
Nettoauszahlung Bank				**2.001,28 €**

Nach dem gleichen Muster erstellt Frau Hartz die Lohnabrechnungen z. B. für vier weitere Arbeitnehmer und fasst alle Bezüge, Abzüge und Auszahlungen in folgender Lohnliste zusammen.

Auszug aus der Lohnliste[1]											
Name	**Steuer-klasse**	**Fix-bezüge**	**Sonst. tarifl. Aufwd.**	**Steuerabzüge**				**Sozial-vers.-Abzüge**	**Abzüge insges.**	**Über-weisung der VL**	**Netto-bezüge [Ausz.]**
				LSt	SolZ	KiSt	insges.				
Reuter, T.	III/1	2.426,00	13,00	267,50	—	11,34	278,34	493,29	771,63	40,00	1.627,37
Stahl, W.	III/2	2.120,00	13,00	333,33	—	5,42	338,75	431,40	770,15	40,00	1.322,85
Trill, M.	III/0	1.845,00	13,00	169,83	1,56	15,28	186,67	380,43	567,10	40,00	1.250,90
Vahl, O.	I	2.315,00	—	348,75	19,18	31,38	399,31	474,00	873,31	—	1.441,69
Will, H.	III/1	2.624,00	13,00	267,00	—	11,34	278,34	533,33	811,67	40,00	1.785,33
Summe		11.330,00	52,00	1.385,91	20,74	74,76	1.481,41	2.312,44	3.793,85	160,00	7.428,15

**Arbeitgeberanteil zur Sozialversicherung
(7,3 % + 1,175 % + 9,35 % + 1,5 % = 19,325 %)**

---

1 Steuerabzüge aufgrund der Werte der Lohnsteuertabelle 2015. Die Lohnsteuertabellen geben die Abzüge an Lohn- und Kirchensteuer bzw. Solidaritätszuschlag für steuerpflichtige Bruttoentgelte an, wobei jeweils in Dreieuroschritten hochgezählt wird. Im Internet finden Sie Lohnsteuerrechner, die für jedes exakte Bruttoentgelt die Steuern berechnen. Für Bruttoentgelte, die nicht exakt einem Tabellenwert entsprechen, entstehen dann Abweichungen zu den Lohnsteuertabellen. Je nachdem, ob Sie mit den Tabellen arbeiten oder mit den Lohnsteuerrechnern im Internet, kommt es zu geringfügig anderen Ergebnissen.

Arbeitsauftrag

› **Arbeitshilfe**   Buchen Sie die Lohnzahlung auf der Grundlage der in der Situation gezeigten Lohnliste. Beachten Sie dabei die Erläuterungen in der Arbeitshilfe.

Buchen Sie auf den Konten 2640, 2800 (AB 35.000,00 €), 4830, 6300 und 6400

a) den SV-Bankeinzug,
b) die Gehaltsabrechnung lt. Gehaltsliste zum 31. Januar (Banküberweisung),
c) den Arbeitgeberanteil zur Sozialversicherung,
d) die Überweisung der einbehaltenen Steuerabzüge im Februar.

Wie hoch sind die Personalkosten für den gezeigten Auszug?

weitere Inhalte
› **INFO-Teil**

Arbeitshilfe

Erläuterungen zu den Buchungen	Konten
Den einbehaltenen Arbeitnehmeranteil zur **Sozialversicherung** meldet die Heidtkötter KG zusammen mit dem **Arbeitgeberanteil** der zuständigen Krankenkasse, die den Bankeinzug des Gesamtbetrages veranlasst (= SV-Vorauszahlung bis zum drittletzten Bankarbeitstag eines jeden Monats).	Die SV-Vorauszahlung wird beim Bankeinzug auf dem Konto **„2640 SV-Vorauszahlung"** erfasst.
Sämtliche **Steuerabzüge,** die die Arbeitnehmer dem Finanzamt schulden (Lohnsteuer, Kirchensteuer und Solidaritätszuschlag), werden zunächst von der Heidtkötter KG treuhänderisch einbehalten und als Schuld gegenüber dem Finanzamt ausgewiesen.	Buchung auf dem Konto „4830 Sonstige Verbindlichkeiten gegenüber Finanzbehörden", kurz: **„4830 FB-Verbindlichkeiten"**
Der Arbeitgeberanteil zur Sozialversicherung stellt für die Heidtkötter KG einen betrieblichen Aufwand dar, der auf dem Konto „2640 SV-Vorauszahlung" gegengebucht wird.	Buchung des Arbeitgeberanteils auf dem Konto **„6400 AG-Anteil zur SV"**
Mit der Buchung der Löhne und Gehälter sowie mit der Buchung des Arbeitgeberanteils zur Sozialversicherung wird die SV-Vorauszahlung verrechnet.	
Bis zum 10. des jeweiligen Folgemonats sind die einbehaltenen Steuerabzüge an das zuständige Finanzamt zu überweisen.	
Für die buchungstechnische Behandlung der vermögenswirksamen Sparleistungen gilt: Die vermögenswirksame Leistung des Arbeitgebers ist vom Konto „Löhne" getrennt zu erfassen: Die einbehaltene vermögenswirksame Sparleistung des Arbeitnehmers wird zunächst als Verbindlichkeit gebucht und bis zum 10. des jeweiligen Folgemonats den einzelnen Anlagekonten (z. B. bei Bausparkassen) zugeführt.	Buchung auf dem Konto **„6320 Sonstige tarifliche Aufwendungen"** Buchung auf dem Konto **„4860 Verbindlichkeiten aus vermögenswirksamen Leistungen"**

Vertiefende Übungen

1. Buchen Sie auf den Konten 2640, 2650, 2800 (AB 32.000,00 €), 4830, 6200 und 6400
   a) Zahlung eines Lohnvorschusses durch Banküberweisung: 4.000,00 €,
   b) SV-Bankeinzug 3.200,00 €,
   c) Lohnabrechnung mit Verrechnung des Vorschusses in Höhe von 250,00 € monatlich:

Bruttolöhne	LSt/SolZ/KiSt	Sozialvers.	verrechn. Vorschuss	Auszahlung (Bank)	Arbeitgeberanteile
7.800,00 €	860,00 €	1.640,00 €	250,00 €	5.060,00 €	1.570,00 €

   d) Banküberweisung der einbehaltenen Steuerabzüge im Folgemonat.

2. Zahlung der Gehälter durch Banküberweisung zum 31. Dezember.
Buchen Sie auf den Konten 2640, 2650 (AB 8.000,00 €), 2800 (AB 160.000,00 €),
4830, 6300, 6400, 8000, 8010 und 8020:

SV-Bankeinzug..	?

Gehälter lt. Gehaltsliste für den Monat Dezember:

Bruttobeträge...	55.800,00 €
Lohn- und Kirchensteuer sowie Solidaritätszuschlag	10.050,00 €
Sozialversicherungsbeiträge der Arbeitnehmer	11.765,00 €
Verrechnung von Vorschüssen...........................	2.500,00 €
Arbeitgeberanteil	11.245,00 €

Die einbehaltenen Steuerabzüge werden erst Anfang Januar n. J. an das Finanzamt überwiesen.

a) Nennen Sie die Buchungen bis zum Jahresabschluss.
b) Wie lauten 1) die Eröffnungsbuchung zum 1. Januar n. J. und
   2) die Überweisungsbuchung?
c) Wie hoch sind die gesamten Personalkosten des Betriebes für Dezember?

3. Zum 31. Dezember weisen die nachstehenden Konten folgende Salden aus:

2650 Forderungen an Mitarbeiter........................	16.000,00 €
4830 Sonstige Verbindlichkeiten gegenüber Finanzbehörden....	12.600,00 €

Bilden Sie die Abschlussbuchungssätze.

4. Die Miete der Arbeitnehmer für Werkswohnungen wird mit den Gehältern verrechnet. Die Nettogehälter werden durch Banküberweisung ausgezahlt:

Bruttogehälter lt. Gehaltsliste	66.300,00 €
Lohn- und Kirchensteuer sowie Solidaritätszuschlag	11.300,00 €
Sozialversicherungsbeiträge der Arbeitnehmer	12.600,00 €
des Arbeitgebers	11.950,00 €
Einbehaltene Mieten für Werkswohnungen	3.600,00 €

Ermitteln Sie den SV-Bankeinzug sowie die Nettoauszahlung und buchen Sie auf den entsprechenden Konten die Gehaltsabrechnung, den Arbeitgeberanteil zur Sozialversicherung und die Überweisung der Steuerabzüge.
Konten: 2640, 2800 (AB 50.000,00 €), 4830, 5400, 6300 und 6400.

5.
Bruttogehälter lt. Gehaltsliste	28.730,00 €
Abzüge: Lohn- und Kirchensteuer sowie SolZ	4.310,00 €
Arbeitnehmeranteil zur Sozialversicherung	5.680,00 €
Verrechnung von Vorschüssen	1.800,00 €
Einbehaltene Mieten für Werkswohnungen...................	1.750,00 €
Einbehaltene Beträge aufgrund von Gehaltspfändungen	1.450,00 €
Banküberweisung der Nettogehälter für Dez. am 30. Dezember....	?
Arbeitgeberanteil zur Sozialversicherung	5.400,00 €

a) Erstellen Sie die Gehaltsabrechnung einschließlich Arbeitgeberanteil.
b) Wie hoch sind die gesamten Personalkosten? Wie hoch ist der SV-Bankeinzug?
c) Bilden Sie die Buchungssätze.
d) Buchen Sie auf den Konten 2640, 2650 (AB 12.000,00 €), 2800 (AB 80.000,00 €), 4830, 4890, 5400, 6300 und 6400.
e) Wie lautet der Abschlussbuchungssatz für die einbehaltenen Steuern?

→

Vertiefende Übungen (Fortsetzung)

6. Bilden Sie die Buchungssätze:
   a) Banküberweisung der Beiträge zur Berufsgenossenschaft: 1.200,00 €.
   b) Ein Angestellter erhält einen Vorschuss durch Banküberweisung: 2.000,00 €.
   c) Beurteilen Sie: Eine Angestellte erhält als Geburtsbeihilfe 300,00 € (Banküberweisung).
   d) Beurteilen Sie: Einem Arbeiter wird eine Heiratsbeihilfe überwiesen: 200,00 €.

7. Ein Angestellter eines Industriebetriebes (2.850,00 € Bruttogehalt, 310,84 € Steuerabzüge, SV-Abzüge Arbeitnehmer: 644,62 €, Arbeitgeberanteil: 609,11 €) nutzt das Dienstfahrzeug auch privat. Der Listenpreis des Pkw betrug einschließlich Umsatzsteuer 23.880,00 €.
   a) Berechnen Sie den monatlichen Sachbezug bzw. geldwerten Vorteil des Angestellten.
   b) Erstellen Sie die Gehaltsabrechnung und nennen Sie die Buchungssätze (Banküberweisung).

8. Der Angestellte Stefan Stein der Textilwerke GmbH bezieht ein Bruttogehalt von 2.780,00 €. Seine Abzüge für Steuern betragen 215,44 € und für Sozialabgaben 573,37 € (Arbeitgeberanteil: 548,35 €). Bei der Gehaltsabrechnung ist ein Anzug mit 150,00 € netto zuzüglich 28,50 € Umsatzsteuer zu verrechnen, den Stefan Stein von seinem Betrieb erworben hat. Die Gehaltszahlung erfolgt als Banküberweisung.
   a) Erstellen Sie die Gehaltsabrechnung. Wie hoch ist der SV-Bankeinzug?
   b) Buchen Sie auf den entsprechenden Konten.
   c) Wie lautet die Buchung für den Arbeitgeberanteil zur Sozialversicherung?
   d) Wie hoch sind die Personalkosten für den Angestellten Stefan Stein?

9. Nach einer Gehaltserhöhung beträgt das Bruttogehalt des Angestellten (Aufgabe 7) nunmehr 2.980,00 €. 351,43 € Steuerabzüge, SV-Abzüge Arbeitnehmer: 671,75 €, Arbeitgeberanteil: 634,75 €. Der geldwerte monatliche Vorteil aus der privaten Nutzung des Geschäftsfahrzeuges ist zu berücksichtigen. Darüber hinaus sind noch vom Arbeitgeber erworbene Erzeugnisse im Wert von 300,00 € netto zuzüglich 57,00 € Umsatzsteuer mit dem Gehalt zu verrechnen.
   a) Erstellen Sie die Gehaltsabrechnung. Wie hoch ist der SV-Bankeinzug?
   b) Nennen Sie die Buchungssätze (Banküberweisung).
   c) Buchen Sie auf den Konten 2640, 2800 (AB 9.000,00 €), 4800, 4830, 5000, 5430, 6300 und 6400.

7
Entscheidungen treffen, wenn man sich von Mitarbeitern trennen muss

Ausgangslage

In Zeiten, in denen es Unternehmen gut geht, weil die Auftragslage gut ist und man von positiven Zukunftserwartungen ausgeht, werden vermehrt Mitarbeiter gesucht und eingestellt.

Umgekehrt gibt es aber bei Auftragsmangel Anpassungsprozesse in Unternehmen, die leider auch zur Folge haben können, dass Mitarbeiter entlassen werden müssen. Die Gründe für diesen Schritt können wie die Folgen einer Kündigung sehr unterschiedlich sein.

Lernziele

Wenn Sie dieses Kapitel bearbeitet haben, ...

■ können Sie die Kernaussagen des Kündigungsschutzgesetzes erläutern,

■ können Sie verschiedene Anlässe bzw. die Begründungen für eine Kündigung eines Arbeitsverhältnisses erläutern und auch den Unterschied zwischen einer fristgerechten und einer fristlosen Kündigung erklären,

■ sind Sie über die gesetzlichen Kündigungsfristen informiert und wissen, dass einzel- oder tarifvertraglich andere (für den Arbeitnehmer günstigere) Fristen vereinbart werden können,

■ wissen Sie, welche Rolle der Betriebsrat bei Kündigungen einnimmt.

7.1
Kündigungsgrundsätze bei Personalfreisetzungen

Situation

Ein langjähriger Kunde hat Insolvenz angemeldet. Bei der Heidtkötter KG bricht somit ein großer, jährlich fest eingeplanter Auftrag weg. Für die Spezialanfertigungen, um die es dabei geht, findet man keine neuen Kunden, neue Aufträge sind mittelfristig nicht in Sicht. An der entsprechenden Fertigungsstraße sind sieben Mitarbeiter mit der Montage der Büromöbel beschäftigt. Nach ersten Schätzungen können höchstens vier von ihnen anderweitig im Betrieb gehalten werden. Die drei übrigen sollen entlassen werden. Nur: Wer?

Ein Blick in die gespeicherten Personaldaten soll helfen, die richtige Entscheidung zu treffen.

› Kap. 1.2
› Arbeitshilfe 1

Arbeitsaufträge

› Arbeitshilfen
› INFO-Teil

1. Es ist ein hartes Vorgehen, das ist uns bewusst. Aber: Sie sollen nun aufgrund der vorliegenden Personalunterlagen eine Entscheidung treffen, welche drei der sieben Mitarbeiter Sie für eine Kündigung auswählen würden.
   Ihre Entscheidung müssen Sie möglichst hieb- und stichfest begründen.

2. Bei ordentlichen Kündigungen spricht man davon, dass sie sozial gerechtfertigt sein müssen. Was bedeutet dies konkret?

3. Ein Mitarbeiter der Versandabteilung hat in der Frühstückspause privat im Internet gesurft. Wie stehen Sie zu der Frage, ob dies wirklich ein rechtlich haltbarer Kündigungsgrund ist?

4. Welche Formvorschriften sind bei Kündigungen einzuhalten und welche Unterlagen sind dem gekündigten Arbeitnehmer auszuhändigen?

Arbeitshilfe 1

Personal-nummer	Name/Alter	Eintritt	Lohn-gruppe	Sonstige persönliche Angaben	Besonderheiten der letzten drei Jahre
49.342-m	Heinrich Söller geb.: 01.07.1949	01.04.1989	V	verheiratet, Antrag auf Altersteilzeit	insgesamt keine Fehltage, zuverlässiger Arbeitnehmer
85.778-m	Franz Meyer geb.: 03.02.1960	15.01.1985	V	verheiratet, 2 Kinder, Schwerbehind. 50 %, Ehefrau berufstätig	insgesamt 30 Krankheitstage (längerfristig), ein Kuraufenthalt, bedingt belastbar
66.876-m	Kurt Siebald geb.: 18.05.1965	01.01.1986	V	verheiratet, kinderlos, Ehefrau nicht berufstätig	insgesamt 15 Fehltage wegen Krankheit, flexibel einsetzbar
90.689-m	Herbert Grunewald geb.: 03.09.1972	01.08.2000	V	verheiratet, keine Kinder, Ehefrau berufstätig	keine Fehlzeiten, dreimal geringfügige Verspätungen wegen erkrankter Ehefrau, belastbar, flexibel einsetzbar
01.876-w	Sylvia Neusüß geb.: 26.03.1979	01.07.1999	V	verwitwet, ein Kind (6 Jahre)	Ehemann bei Unfall vor einem Jahr ums Leben gekommen, hohe Kreditbelastung durch Hypotheken
03.457-w	Carina Lambsbach geb.: 31.07.1975	01.02.2002	IV	geschieden, 3 Kinder im Alter von 3, 8 und 10 Jahren	eine Abmahnung wegen Rauchen am Arbeitsplatz, insg. 10 Fehltage wegen Krankheit, 5 Tage Sonderurlaub aufgrund von Betreuung der Kinder
25.780-m	Carsten Alpers geb.: 23.05.1983	15.10.2004	IV	ledig	keine Fehlzeiten, Abmahnung wegen mehrfachen Zuspätkommens am Wochenanfang, macht nach Aussage des Meisters oft müden Eindruck

Arbeitshilfe 2

Keine grundlose Kündigung

Wichtig ist, dass es laut Kündigungsschutzgesetz keine Kündigung ohne eine ausreichende Begründung geben darf. Damit ist der Arbeitnehmer vor einer Willkür des Unternehmers geschützt. Der Arbeitgeber hat eine Kündigungsfrist einzuhalten.

Darüber hinaus ist eine Kündigung nur gültig, wenn sie der anderen Vertragspartei schriftlich mit der Originalunterschrift zugestellt wurde. Eine Kündigung per E-Mail, Fax oder Telegramm entspricht nicht den Anforderungen, die in § 623 BGB als Schriftform festgelegt sind.

Bei einer betriebsbedingten Kündigung darf der Grundsatz der Verhältnismäßigkeit nicht außer Acht gelassen werden, d. h., dass einem/einer Arbeitnehmer/-in nicht gekündigt werden darf, wenn er/sie an einen anderen betrieblichen Arbeitsplatz versetzt werden könnte.

Zudem muss eine Sozialauswahl getroffen werden, um im Zweifelsfall die Arbeitnehmer/-innen zu entlassen, für die die Kündigung eine geringere soziale Härte darstellt. Kriterien hierfür sind:

■ das Lebensalter
■ die Betriebszugehörigkeit
■ die Verpflichtung zur Zahlung von Unterhalt

Von diesem Grundsatz darf ein Arbeitgeber nur abweichen, wenn er einen bestimmten Arbeitnehmer aufgrund spezieller fachlicher Fähigkeiten dringender benötigt als einen anderen (gleich gestellten) Arbeitskollegen.

Arbeitshilfe 3

Kündigungsanlässe

Die Gründe, die zur Entlassung von Mitarbeitern führen, sind vielfältig. Sie lassen sich grundsätzlich drei Gruppen zuordnen:

1. (Beispiele für) **betriebsbedingte Gründe**
   - Absatzprobleme
   - Rationalisierung
   - Rohstoffmangel
   - Änderung der Produktionsmethoden

2. (Beispiele für) **personenbedingte Gründe**
   - mangelnde Qualifikation
   - Trunksucht
   - Drogensucht
   - fehlende gesundheitliche oder charakterliche Eignung

3. (Beispiele für) **verhaltensbedingte Gründe**
   - Arbeitsverweigerung
   - Alkoholmissbrauch
   - fehlender Leistungswille
   - Verletzung von Vertragspflichten
   - unangemessenes Auftreten

Insbesondere bei einer verhaltensbedingten Kündigung ist aus Gründen der Verhältnismäßigkeit vor der eigentlichen Kündigung eine Abmahnung unerlässlich. Grundsätzlich ist der Betriebsrat vor einer jeden Kündigung und vor jeder Abmahnung anzuhören (§ 102 BetrVG/Betriebsverfassungsgesetz).

Arbeitshilfe 4

Im Bürgerlichen Gesetzbuch (§ 622) finden Sie die Fristen, die bei einer ordentlichen Kündigung einzuhalten sind. Berücksichtigt wird dabei die Betriebszugehörigkeit des Arbeitnehmers von seinem 25. Lebensjahr an:

Betriebs-zugehörig-keit	unter 2 Jahre	ab 2 Jahre	ab 5 Jahre	ab 8 Jahre	ab 10 Jahre	ab 12 Jahre	ab 15 Jahre	ab 20 Jahre
Kündigungs-frist	4 Wochen zum 15. des Monats oder zum Monatsende	1 Monat	2 Monate	3 Monate	4 Monate	5 Monate	6 Monate	7 Monate
			jeweils zum Ende eines Kalendermonats					

Die Verlängerung der voranstehenden Fristen über die gesetzlichen Vorschriften hinaus ist in individuellen Verträgen problemlos möglich, eine Verkürzung ist jedoch nur in eng begrenzten Ausnahmen erlaubt, wenn

- ein Arbeitnehmer zur vorübergehenden Aushilfe eingestellt ist und das Arbeitsverhältnis nicht länger als drei Monate dauert;
- der Arbeitgeber einschließlich der Auszubildenden nicht mehr als 20 Arbeitnehmer beschäftigt und die Kündigungsfrist vier Wochen nicht unterschreitet.

Die Frist für die Kündigung durch den Arbeitnehmer darf nicht länger sein als die Frist für die Kündigung durch den Arbeitgeber.

Es sind in bestimmten Fällen von beiden Seiten auch fristlose Kündigungen möglich. Dies ist dann der Fall, wenn Tatsachen vorliegen, aufgrund derer dem Kündigenden unter Berücksichtigung aller Umstände des Einzelfalles und unter Abwägung der Interessen beider Vertragsteile die Fortsetzung des Dienstverhältnisses bis zum Ablauf der Kündigungsfrist oder bis zu der vereinbarten Beendigung des Dienstverhältnisses nicht zugemutet werden kann. Die Kündigung kann in diesen Fällen nur innerhalb von zwei Wochen erfolgen. Die Frist beginnt mit dem Zeitpunkt, in dem der Kündigungsberechtigte von den für die Kündigung maßgebenden Tatsachen Kenntnis erlangt. Der Kündigende muss dem anderen Teil auf Verlangen den Kündigungsgrund unverzüglich schriftlich mitteilen.

7.2
Die Rolle des Betriebsrates bei Entlassungen

› Situation
Kap. 7.1

Situation   Frau Lambsbach, Herr Meyer und Herr
Siebald sollen fristgerecht entlassen werden. Die Personalchefin ist der Meinung,
dass die richtige Auswahl getroffen wurde und man die persönlichen Belange mit
den betrieblichen Erfordernissen und Interessen vernünftig abgewogen habe.
Herr Meyer ist zwar schwerbehindert, man weiß aber in der Heidtkötter KG, dass
seine Frau berufstätig ist, und vertritt deshalb die Auffassung, dass hier – wie in
den anderen Fällen – die Kündigung auch sozial gerechtfertigt ist.

› Arbeitshilfe
Nun legt Frau Peters dem Betriebsrat die Liste der drei zu kündigenden Mitarbeiter
vor.

Arbeitsaufträge

› INFO-Teil
1. Welche Rolle nimmt der Betriebsrat bei Kündigungen ein? Kann er eine Kündigung wirklich verhindern oder kann er sie nur verlagern?
2. Carina Lambsbach geht gegen die Kündigungsabsicht vor. Sie meint, dass ihre Kündigung in „höchstem Maße unsozial und überhaupt nicht gerechtfertigt sei". Als alleinerziehende Mutter sei sie auf die Arbeit angewiesen und finde keinen anderen Arbeitsplatz.
   a) Wie stehen Sie zu der Argumentation?
   b) Nehmen wir an, dass Carina Lambsbach tatsächlich Recht bekäme und der Betriebsrat gegen die Kündigung Einwände vorbringen würde. Was könnte die Folge sein?

Arbeitshilfe

Personal-nummer	Name/Alter	Eintritt	Lohn-gruppe	Sonstige persönliche Angaben	Besonderheiten der letzten drei Jahre
03.457-w	Carina Lambsbach geb: 31.07.1975	01.02.2002	IV	geschieden, 3 Kinder im Alter von 3, 8 und 10 Jahren	eine Abmahnung wegen Rauchen am Arbeitsplatz, insgesamt 10 Fehltage wegen Krankheit, 5 Tage Sonderurlaub aufgrund von Betreuung der Kinder
85.778-m	Franz Meyer geb.: 23.02.1960	15.01.1985	V	verheiratet, 2 Kinder, Schwerbehinderung 50 %, Ehefrau berufstätig	insgesamt 30 Krankheits-tage (längerfristig) ein Kuraufenthalt, bedingt belastbar
66.876-m	Kurt Siebald geb.: 18.05.1965	01.01.1986	V	verheiratet, kinder-los, Ehefrau nicht berufstätig	insgesamt 15 Fehltage wegen Krankheit, flexibel einsetzbar

Vertiefende Übungen

1. Einem Mitarbeiter muss gekündigt werden, weil sich die Auftragslage verschlechtert hat.
   a) Was ist zu beachten bzw. welche Fragen müssen geklärt werden, bevor die Kündigung ausgesprochen wird?
   b) Stellen Sie den Ablauf des Verfahrens mit den voranstehend skizzierten Einzelschritten als geschäftsprozessartigen Verfahrensablauf dar.

c) Was unterscheidet die fristlose von einer fristgerechten Kündigung und was bedeutet in diesem Zusammenhang der Begriff „Kündigungsfrist"?

2. In einem konkreten Fall geht es um eine Entscheidung, für welchen der folgenden Arbeitnehmer eine Kündigung am ehesten gerechtfertigt wäre:

   a) Karl Kunze, 42 Jahre alt, verheiratet, Ehefrau nicht berufstätig
   b) Carmen Hiller, 34 Jahre, verwitwet, alleinerziehend, 2 Kinder im schulpflichtigen Alter
   c) Heiko Mosbach, 58 Jahre, ledig, Altersteilzeit nach dem Blockmodell beantragt (Beginn nächstes Jahr)
   d) Sandra Jakob, 39 Jahre, ein behindertes Kind, Ehemann selbstständiger Versicherungskaufmann

   Wie fällt Ihre Entscheidung aus und wie begründen Sie diese?

3. Der von Ihnen ausgewählte Mitarbeiter (siehe Aufgabe 2) ist nicht mit der Kündigung einverstanden und wendet sich an den Betriebsrat.

   a) Welche Möglichkeiten gibt es, gegen eine Kündigung vorzugehenn und welche Rolle hat dabei der Betriebsrat?
   b) Welche Folgen hat es, wenn ein Arbeitnehmer gegebenenfalls gegen seine Kündigung klagt?

4. Welche der folgenden Aussagen ist richtig?

   a) Gegen eine ungerechtfertigte Kündigung kann man innerhalb von vier Wochen vorgehen.
   b) Eine Kündigungsschutzklage ist nur bei ordentlichen Kündigungen möglich.
   c) Kündigungsschutzklagen werden vor dem Arbeitsgericht verhandelt.
   d) Einem mehr als zehn Jahre beschäftigten Arbeitnehmer kann nicht mehr gekündigt werden.

5. Was kann gegebenenfalls zu einer verhaltensbedingten Kündigung führen?

   a) Nötige Rationalisierungsmaßnahmen
   b) Teilnahme an einem gewerkschaftlichen Streik
   c) Kandidatur auf einer Parteiliste
   d) Besuch eines Schwimmbades während eines krankheitsbedingten Fehlens im Betrieb

6. Bei betriebsbedingten Kündigungen sind bestimmte Fristen einzuhalten. Welche sind dies bei

   a) einem seit zwei Jahren tätigen 23-jährigen Mitarbeiter?
   b) einer 32-jährigen Angestellten, die seit ihrem 20. Lebensjahr bei Heidtkötter arbeitet?
   c) einem 45-jährigen Monteur, der eine Betriebszugehörigkeit von 18 Jahren hat?

7. Wann ist der letzte Arbeitstag in den folgenden Fällen:

   a) Ein Arbeitnehmer, der seit 19 Jahren im Betrieb beschäftigt war, will eine neue Stelle antreten und kündigt am 16. Februar.
   b) Wegen wiederholten Alkoholgenusses am Arbeitsplatz erhält ein Arbeitnehmer nach einer vorausgegangenen Abmahnung am 28. Juni seine Kündigung.
   c) Wegen starker Auftragseinbrüche wird einem seit drei Jahren in der Heidtkötter KG arbeitenden 29-jährigen Lackierer am 3. September mitgeteilt, dass er nicht mehr weiterbeschäftigt werden kann.

8

Den Jahresabschluss aufstellen, analysieren und auswerten

Leitidee

> **§§**
>
> **§ 242 HGB:**
> **Pflicht zur Aufstellung**
>
> (1) Der Kaufmann hat zu Beginn seines Handelsgewerbes und für den Schluss eines jeden Geschäftsjahrs einen das Verhältnis seines Vermögens und seiner Schulden darstellenden Abschluss (Eröffnungsbilanz, **Bilanz**) aufzustellen. [...]
>
> (2) Er hat für den Schluss eines jeden Geschäftsjahrs eine Gegenüberstellung der Aufwendungen und Erträge des Geschäftsjahrs (**Gewinn- und Verlustrechnung**) aufzustellen.
>
> (3) Die Bilanz und die Gewinn- und Verlustrechnung bilden den **Jahresabschluss**.
>
> (4) [...]

Diese nüchterne gesetzliche Verpflichtung führt jeden Kaufmann einmal jährlich in einen erheblichen zusätzlichen Arbeitsaufwand:

- So hat er mit seinen Mitarbeiterinnen und Mitarbeitern und evtl. extra einzustellenden Hilfskräften die **Inventur** durchzuführen, die mengenmäßig erfassten Vermögensgegenstände nach rechtlichen Vorgaben zu bewerten und in einem ausführlichen **Inventar** übersichtlich darzustellen.
- Die buchmäßig erfassten Vermögensgegenstände (z. B. Forderungen a. LL, Bankguthaben) und Schulden (z. B. Verbindlichkeiten a. LL, Bankkredite) hat er auf Richtigkeit zu kontrollieren und zu belegen.
- Aus den vielfältigen Vermögensgegenständen und Schulden hat er eine kurz gefasste **Bilanz** aufzustellen, die den rechtlichen Gliederungsvorschriften gemäß § 266 HGB entspricht, und er muss die Bilanz unterschreiben.
- Schließlich muss er die Aufwendungen und Erträge des Geschäftsjahres in eine **Gewinn- und Verlustrechnung** überführen und hierbei die rechtlichen Gliederungsvorschriften gemäß § 275 HGB beachten.

Mit diesem Arbeitsaufwand verfügt der Kaufmann dann allerdings auch über ein Zahlenwerk, das es in sich hat: Es gibt nicht nur ihm selbst, sondern auch weiteren interessierten Personengruppen (Gläubigern, Kreditinstituten) für den Augenblick ihrer Zusammenschau einen Überblick über die Finanz- und Ertragslage des Unternehmens. Da die Zahlen stets auf die gleiche Weise erzeugt werden, sind die Ergebnisse der einzelnen Geschäftsjahre untereinander vergleichbar. So lassen sich **Entwicklungen** ablesen und **Vergleiche** innerhalb des Unternehmens und innerhalb einer Branche anstellen.

Kritisch anzumerken ist, dass sich die Jahresabschlusszahlen für rückschauende Analysen eignen, nicht jedoch für Anpassungsmaßnahmen an kurzfristige Marktveränderungen. Daher verfügt der Kaufmann zusätzlich zu den Jahreszahlen über stets aktuelle Tages- und Monatsdaten aus der Finanz- und Betriebsbuchhaltung.

› **LF 7** Aus personalwirtschaftlicher Sicht (siehe auch Lernfeld 7) verschärft sich die Kritik: Vielfach werden mit den im Jahresabschluss zusammengetragenen Zahlen und deren Auswertungen unternehmenspolitische Entscheidungen begründet. Dies ist Beleg für eine Zahlengläubigkeit, die die Mitarbeiter in ihren vielfältigen, für den Betrieb unentbehrlichen Kompetenzen ausblendet.

„Personalfachleute beobachten eine neue Generation von Managern. Typen, die sich stärker an Zahlen, weniger an Beziehungen orientieren. Das mag so manchen alten Klüngel sprengen und objektivere Maßstäbe in die Chefetagen bringen. Doch Menschen lassen sich nur begrenzt in Zahlen umrechnen. Ein Kollege sprüht vor Ideen, ein anderer hält das Team zusammen, ein Dritter steckt die anderen an mit Lebensfreude und dem Willen, das letzte Stück auch noch zu schaffen – wie bemisst der Zahlenmensch deren Leistung? Aber unter dem Strich sind es die Beschäftigten, die das Geld verdienen. Nur wer den Wert seiner Mitarbeiter kennt und schätzt, wird ihn auch maximieren können. Und auf diesen Wert kommt es an in Volkswirtschaften, die immer stärker vom Wissen und immer weniger von der Produktion leben. [...]"

aus: Süddeutsche Zeitung Nr. 74/S. 25 vom 29./30. März 2008,
Ein bisschen Lidl ist überall, Alexandra Bochardt (gekürzt)

Damit wird keinesfalls behauptet, dass das Zahlenwerk des Jahresabschlusses keine brauchbaren Grundlagen für Unternehmensentscheidungen liefert. Sie sollten jedoch um Informationen angereichert werden, die das Unternehmen in seiner Ganzheitlichkeit angemessen widerspiegeln, wie dies für (kapitalmarktorientierte) Kapitalgesellschaften in Form von Anhang, Lagebericht, Kapitalflussrechnung und Eigenkapitalspiegel vorgeschrieben ist.

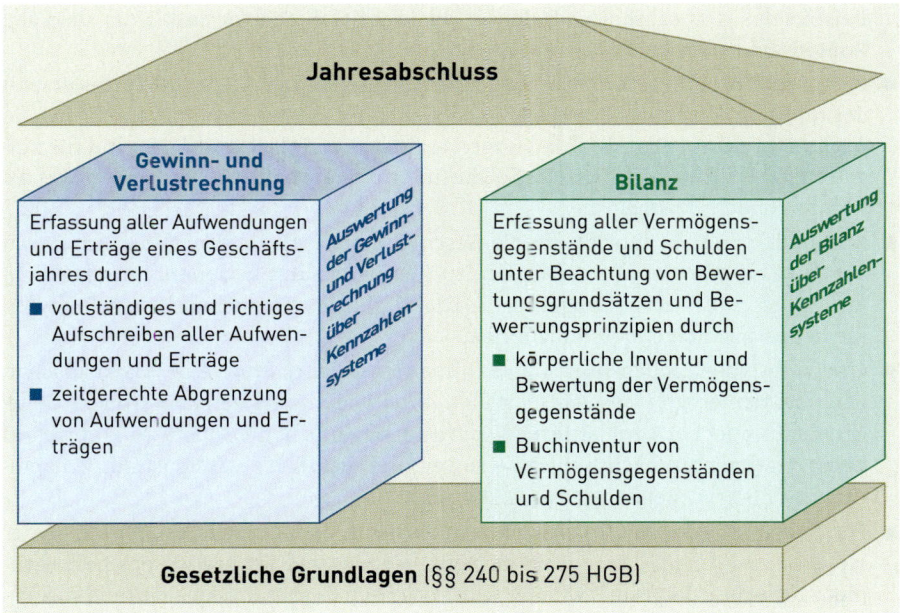

Lernziele

Wenn Sie dieses Kapitel durchgearbeitet haben, können Sie ...

- Aufwendungen und Erträge zeitlich richtig abgrenzen,
- Gegenstände des Anlage- und Umlaufvermögens nach dem Höchstwertprinzip bewerten,
- Schulden nach dem Niederstwertprinzip bewerten,
- die Bedeutung von Bewertungsgrundsätzen und -prinzipien für den Gläubigerschutz verstehen,
- den Aufbau und die Gliederung des Jahresabschlusses für eine Personengesellschaft verstehen,

- die Gewinn- und Verlustrechnung für die Analyse aufbereiten und mithilfe aussagefähiger Kennzahlen auswerten,
- die Bilanz für die Analyse aufbereiten und mithilfe aussagefähiger Kennzahlen auswerten,
- Möglichkeiten zur Beeinflussung und Steuerung des Jahresüberschusses nutzen,
- die Rechnungslegung nach HGB von der nach IFRS (= International Financial Reporting Standards) in Grundzügen unterscheiden.

1
Den Jahresabschluss nach HGB vorbereiten

Falls Sie während Ihrer bisherigen Ausbildung schon Einblicke in die Arbeiten zum Jahresabschluss gewinnen konnten, wissen Sie, dass der Jahresabschluss auf den Zahlen der Finanzbuchhaltung beruht und dass es einiger Vorbereitungen bedarf, bis der Jahresabschluss erstellt werden kann.

■ Ihre Mitarbeit im Zusammenhang mit dem Jahresabschluss hat sich wahrscheinlich auf das Zählen, Messen, Wiegen und/oder Schätzen von Gegenständen des Umlaufvermögens im Zusammenhang mit der Inventur bezogen. Wir gehen in unserem nachfolgenden Beispiel davon aus, dass die Inventurarbeiten einschließlich der Bewertung des Vermögens und der Schulden – bis auf wenige Ausnahmen – abgeschlossen sind und dass das **Inventar** vorliegt (siehe hierzu Aussagen in Band 1, Lernfeld 3).

■ Im Laufe Ihrer Ausbildung bekommen Sie einen Einblick, welchen Einfluss die Finanzbuchhaltung auf den Jahresabschluss hat: Sie stellt zum Jahresende alle Kontensalden des Hauptbuches und des Kontokorrentbuches zur Verfügung. Am Beispiel des Jahresabschlusses der Heidtkötter KG gehen wir davon aus, dass alle **Kontensalden** vorliegen.

■ Bestimmte Abschlussvorgänge sind zum Jahresende nicht belegt. Hierfür erstellt der mit dem Abschluss betraute Bilanzbuchhalter interne Belege, so z. B. für die noch nicht gebuchten Abschreibungen auf das Sachanlagevermögen und für aufgetretene Inventurdifferenzen. Solche internen **Abschlussbelege** geben wir im nachfolgenden Beispiel vor.

■ Schließlich prüft der Buchhalter die Geschäftsvorfälle daraufhin, ob sie sich genau auf den Zeitraum des abzuschließenden Geschäftsjahres beziehen. Falls das nicht der Fall ist, muss er sie „abgrenzen". Die hierfür erforderlichen Beispiele finden Sie in den nachfolgenden Situationen.

■ Und selbstverständlich führt der Kaufmann am Jahresende eine Risikoabschätzung bei denjenigen Geschäftsvorfällen durch, bei denen Verluste drohen. Gegebenenfalls bucht er zum Jahresende die wahrscheinlichen Verluste im Vorgriff auf deren Eintreten im nächsten Jahr – soweit dies rechtlich zulässig ist. Ein entsprechendes Beispiel stellen wir zur Diskussion.

■ Persönlich ist jeder Kaufmann daran interessiert, den Jahresüberschuss in seiner Höhe so zu formen, dass die Vermögens-, Finanz- und Ertragslage des Unternehmens realistisch dargestellt wird. Er wird auch nach Gestaltungsspielräumen suchen, die vom Handelsrecht abgedeckt sind, und die eine gewisse Gewinnmanipulation zulassen, z. B. über die Wahl von Abschreibungsverfahren. Schließlich ist der im Jahresabschluss ausgewiesene Gewinn die Grundlage für die Gewinnverteilung.

■ Schließlich muss sich der Kaufmann bewusst sein, dass der Jahresabschluss zwar die Grundlage der Steuerermittlung ist (Grundsatz der Handelsbilanz für die Steuerbilanz), dass es aber zahlreiche vom Steuerrecht gedeckte Abweichungen von den handelsrechtlichen Bestimmungen gibt, die er für die steuerliche Gewinnermittlung nutzt. Handelsrechtliche und steuerrechtliche Wertansätze können also voneinander abweichen. Steuerlich abweichend bewertete Vermögensgegenstände sind in einem besonderen Verzeichnis zu erfassen; es sei denn, der Kaufmann stellt eine eigene Steuerbilanz auf.

1.1
Das Vermögen und die Schulden bewerten

Situation   Für Klaus M. Heidtkötter und Controller
Eric Sippel bringt der 31. Dezember als Ende des Geschäftsjahres stets besondere
Herausforderungen. Auf diesen Tag hin haben sie – wie es das HGB vorgibt – den
Jahresabschluss der Heidtkötter KG aus Gewinn- und Verlustrechnung und Bilanz
aufzustellen und die Buchführung für das Geschäftsjahr abzuschließen. Nicht,
dass sie von den Ergebnissen überrascht sein werden; schließlich wissen sie
schon im Verlaufe des Jahres aus den ständig verfügbaren Kontensalden, wie sich
die Geschäftslage der Heidtkötter KG entwickelt hat. Dennoch haben die auf diesen Tag berechneten Ergebnisse viel Informatives für sie, für die Mitarbeiter, für
die Kunden und Lieferanten, für die Kreditgeber, für das Finanzamt, also alle, die
daran interessiert sind, wie es um das Unternehmen bestellt ist.

„Also dann", sagt Heidtkötter, *„the same procedure as last year! Was haben wir per
31. Dezember an Daten verfügbar und was muss noch alles beachtet werden?"*

Eric Sippel erläutert, was er vorbereitet hat: *„Ich habe aus den **Kontokorrentkonten** die
Saldenliste ❶ für alle Debitoren (nicht bezahlte Kundenrechnungen) und Kreditoren
(nicht bezahlte Liefererrechnungen) per 31.12. vorbereitet. Die vorläufigen Salden aller
Sachkonten per 31.12. habe ich schon einmal in der **Abschlussübersicht** ❷ zusammengestellt. Auch steht uns ein **vorläufiges Inventar** ❸ aus der inzwischen durchgeführten
Inventur zur Verfügung, in dem noch einige Vermögens- und Schuldenposten bewertet
werden müssen. Die noch nicht bewerteten Posten habe ich im Inventar mit Fragezeichen
gekennzeichnet. Dabei geht es u. a. um **Auslandsverbindlichkeiten** und um Vorräte, die bei
der Inventur mengenmäßig erfasst wurden, über deren Bewertung aber noch Unklarheit
besteht. Aus der **Anlagenkartei** habe ich inzwischen die Jahresabschreibungen auf den
Buchungsbeleg ❹ übertragen, der zur Buchung der **Abschreibungen** in der Abschlussübersicht und auf den Konten notwendig ist. Die Inventur liefert uns die Endbestände für
die Kasse, für die Vorräte an Werkstoffen sowie an fertigen und unfertigen Erzeugnissen.
Die sich daraus ergebenden **Inventurdifferenzen** zu den Buchbeständen habe ich in einem
internen Beleg **Bestandsveränderungen/Inventurdifferenzen** ❺ erfasst."*

Er legt Herrn Heidtkötter alle verfügbaren Daten vor.

› **Arbeitsaufträge
auf Seite 164**

› **Arbeitshilfen**

Arbeitshilfe 1

❶ **Saldenliste der Kontokorrentkonten (Debitoren/Kreditoren) zum 31.12.01**[1]

Saldenliste der Kundenkonten (Debitoren)				
Datum	Kunden	Konto-Nr.	Umsatzsteuersatz	Forderung (brutto)
31.12.01	Büromöbel Steil KG, Köln	10001	19 %	385.500,00 €
31.12.01	Vereinigte Metallwerke GmbH, Braunschweig	10002	19 %	316.500,00 €
31.12.01	Büromöbel Neuhaus e. K., Köln	10003	19 %	185.600,00 €
31.12.01	Reiser GmbH-Bürosysteme, Leipzig	10004	19 %	411.700,00 €
31.12.01	Leinel Bürobedarf KG, München	10005	19 %	292.700,00 €
31.12.01	Form Design, Paris, Frankreich	20001	—	417.000,00 €
31.12.01	Interieur Brunél, Strasbourg, Frankreich	20002	—	442.000,00 €
31.12.01	Julo Mobiliario, S. L., Barcelona, Spanien	20003	—	585.000,00 €
31.12.01	Ricardo Mobel, S. A., Madrid, Spanien	20004	—	374.000,00 €
Gesamtbetrag der Forderungen				3 410.000,00 €
Auf dem Sachkonto „2400 Forderungen a. LL" gebuchte Forderungen				3 410.000,00 €

[1] In diesem Lernbuch bedeuten die Ziffern „00" = Vorjahr, „01" = 1. Jahr, „02" = 2. Jahr usw.

Saldenliste der Liefererkonten (Kreditoren)				
Datum	Lieferer	Konto-Nr.	Umsatzsteuersatz	Forderung (brutto)
31.12.01	Stahlhandel Pirmasens GmbH, Pirmasens	60001	19 %	214.200,00 €
31.12.01	Weberei Dentzer GmbH, Gütersloh	60002	19 %	208.250,00 €
31.12.01	Rotha & Co., Dresden	60003	19 %	291.550,00 €
31.12.01	Günther & Vitsmeier, Dortmund	60004	19 %	279.650,00 €
31.12.01	Holzen GmbH, Rostock	60005	19 %	107.800,00 €
31.12.01	Ligea-Fetras GmbH, Hamm	60006	19 %	249.900,00 €
31.12.01	Wooley Steel Company LTD., London, England	70001	19 %	267.750,00 €
31.12.01	Interior Bruning B. V., Rotterdam, Niederlande	80001	19 %	107.100,00 €
31.12.01	Industrial Corporation, Detroit, USA	90001	19 %	23.800,00 €
Gesamtbetrag der Verbindlichkeiten lt. Kontenaufzeichnungen				1.750.000,00 €
Auf dem Sachkonto „4400 Verbindlichkeiten a. LL" gebuchte Verbindlichkeiten				1.750.000,00 €

Arbeitshilfe 2

Kto.-Nr.	Saldenbilanz 1		Umbuchungen		Saldenbilanz 2		Inventurbilanz		Gewinn und Verlust	
	Soll	Haben	Soll	Haben	Soll	Haben	Soll	Haben	Soll	Haben
0200	40.300						32.300			
0500	757.000						757.000			
0510	476.000						476.000			
0530	1.799.500						1.707.500			
0540	959.200						914.200			
0720	4.216.500						3.700.500			
0750	968.500						774.500			
0840	906.000						747.500			
0840							—			
0850	317.000						276.000			
0870	612.000						534.000			
2000	1.255.000						1.360.000			
2010	1.045.000						1.182.000			
2010	—	—					—			
2020	262.000						369.000			
2030	120.000						120.000			
2100	460.000						460.000			
2200	620.000						658.300			
2280	416.000						455.000			
2400	3.410.000						3.410.000			
2600	230.000						—			
2690	—	—								
2700	1.325.000						1.325.000			
2800	1.742.000									
2880	243.000						242.600			
2900	—	—								
3000		5.600.000								
3001	85.000						—	—		
3010		2.800.000						2.800.000		
3680	—	—								
3700		405.000						405.000		
3800										
3970	—	45.000								

Abschlussübersicht der Heidtkötter KG, Bielefeld zum 31.12.01, vor Gewinnverteilung (in €)

Kto.-Nr.	Saldenbilanz 1		Umbuchungen		Saldenbilanz 2		Inventurbilanz		Gewinn und Verlust	
	Soll	Haben	Soll	Haben	Soll	Haben	Soll	Haben	Soll	Haben
4230		3.200.000						3.200.000		
4250		4.700.000						4.700.000		
4400		1.750.000								
4800		525.000								
4890	—	—								
4900	—	—								
5000		23.175.000								
5100		2.720.000								
5202	—	—								
5300		125.000								
5400		72.000								
5410		182.000								
5420		31.000								
5710		125.000								
5800	—	—								
6000	} 5.280.000									
6000	—	—								
6010	} 2.850.000									
6010	—	—								
6020	1.190.000									
6030	380.000									
6050	320.000									
6080	1.930.000									
6140	215.000									
6150	184.000									
6160	256.000									
6200	3.790.000									
6300	2.050.000									
6400	1.660.000									
6520	—	—								
6690	420.000									
6700	380.000									
6800	65.000									
6830	155.000									
6850	310.000									
6870	860.000									
6900	90.000									
6953	—	—								
6960	—	—								
6979	165.000									
7000	95.000									
7510	410.000									
7700	135.000									
	45.455.000	45.455.000								

Arbeitshilfe 3 ③

Vorläufiges Inventar der Heidtkötter KG, Bielefeld zum 31. Dezember 01		
Vermögen	**(€)**	**(€)**
A. Anlagevermögen	—	
I. Immaterielles Anlagevermögen: Software, Lizenzen	—	32.300,00
II. Sachanlagen		
1. Grundstücke u. Gebäude lt. Anlagenverzeichnis 1:	—	3.854.700,00
Unbebaute Grundstücke Gütersloher Str. 111	757.000,00	
Bebaute Grundstücke Gütersloher Str. 111	476.000,00	
Fertigungshallen Gütersloher Str. 111	1.133.200,00	
Lagergebäude Gütersloher Str. 111	574.300,00	
Verwaltungsgebäude Gütersloher Str. 111	914.200,00	
2. Technische Anlagen lt. Anlagenverzeichnis 2:	—	4.475.000,00
Fertigungsanlagen (technische Anlagen, Maschinen)	3.700.500,00	
Transportanlagen	774.500,00	
3. Fuhrpark lt. Anlagenverzeichnis 3	—	747.500,00
4. Geschäftsausstattung lt. Anlagenverzeichnis 4:	—	810.000,00
Sonst. Betriebsausstattung	276.000,00	
Geschäftsausstattung	534.000,00	
B. Umlaufvermögen		
1. Rohstoffe lt. Verzeichnis 5 (Holz, Stahl, Stoff)		1.360.000,00
2. Vorprodukte/Fremdbauteile lt. Verzeichnis 6:		(?)
darunter 800 Tischgestelle zu je 60,00 €	(?)	
3. Hilfsstoffe lt. Verzeichnis 7		(?)
4. Betriebsstoffe		120.000,00
5. Unfertige Erzeugnisse lt. Verzeichnis 8		460.000,00
6. Fertige Erzeugnisse lt. Verzeichnis 9		658.300,00
7. Handelswaren lt. Verzeichnis 10 (Bodenbeläge, Lampen)		455.000,00
8. Forderungen aus Lieferungen und Leistungen lt. Saldenliste Kunden, abzügl. Wertberichtigungen		
9. Wertpapiere lt. Depotliste		1.325.000,00
10. Kassenbestand		242.600,00
11. Bankguthaben lt. Kontoauszügen		1.782.000,00
Summe des Vermögens		(?)
Schulden		
A. Langfristiges Fremdkapital		
1. Langfristige Verbindlichkeiten bei Kreditinstituten lt. Kontoauszügen		7.900.000,00
2. Langfristige Rückstellungen		405.000,00
B. Kurzfristiges Fremdkapital		
1. Verbindlichkeiten aus Lieferungen und Leistungen lt. Saldenliste Lieferer		(?)
2. Sonstige kurzfristige Verbindlichkeiten (USt)		295.000,00
Summe der Schulden		(?)
Reinvermögen	—	—
Summe des Vermögens		(?)
– Summe der Schulden		(?)
= Reinvermögen		(?)

Arbeitshilfe 4   ❹

Buchungsbeleg: Abschreibungen auf das abnutzbare Anlagevermögen
lt. Anlagenkartei

HEIDTKÖTTER
Heidtkötter KG, Bielefeld

Datum:	31.12.01
Belegnummer:	530

Abschreibung auf Software, Lizenzen (Kto. 0200)	8.000,00 €
Abschreibung auf Fertigungsgebäude/Lagerhallen (Kto. 0530)	92.000,00 €
Abschreibung auf Verwaltungsgebäude (Kto. 0540)	45.000,00 €
Abschreibung auf Fertigungsanlagen und Maschinen (Kto. 0720)	516.000,00 €
Abschreibung auf Transportanlagen (Kto. 0750)	194.000,00 €
Abschreibung auf Fuhrpark (Kto. 0840, ohne Abschreibung auf zerstörten Lkw, s. Vorgang Seite 172)	113.500,00 €
zeitanteilige Abschreibung auf zerstörten Lkw (s. Vorgang Seite 172)	12.500,00 €
Abschreibung auf Sonstige Betriebsausstattung (Kto. 0850)	41.000,00 €
Abschreibung auf Geschäftsausstattung (Kto. 0870)	78.000,00 €
Abschreibungen insgesamt für das Geschäftsjahr 01	**1.100.000,00 €**

Ort, Datum: _Bielefeld, 31.12.01_   Unterschrift: _Eric Sippel_

Arbeitshilfe 5   ❺

Buchungsbeleg: Inventurdifferenzen

HEIDTKÖTTER
Heidtkötter KG, Bielefeld

Datum:	31.12.01
Belegnummer:	531

Nicht aufzuklärender **Kassenfehlbetrag**	400,00 €
Bestandsveränderungen an **Werkstoffen** und **Erzeugnissen** lt. Inventur:	
Mehrbestand an Rohstoffen	105.000,00 €
Mehrbestand an Vorprodukten/Fremdbauteilen	135.000,00 €
Mehrbestand an Hilfsstoffen	113.000,00 €
Mehrbestand an Handelswaren	39.000,00 €
Die Betriebsstoffe werden zum Festwert bewertet:	120.000,00 €
Mehrbestand an fertigen Erzeugnissen	38.300,00 €

Ort, Datum: _Bielefeld, 31.12.01_   Unterschrift: _Eric Sippel_

Situation (Fortsetzung)

Eric Sippel erläutert, welche Vermögens- und Schuldenposten im obigen Inventar in ihren Wertansätzen noch überprüft werden müssen:

1. „Am 18.12.01 haben wir erstmalig Rohstoffe von der Industrial Corporation, Detroit, bezogen. Die Rechnung lautete über brutto 35.700,00 US-$. Wir haben diesen Betrag zu dem damaligen Devisenkassamittelkurs von 1,50 (US-$ für 1 €) auf Euro umgerechnet und mit 23.800,00 € als Verbindlichkeit gebucht. Der US-$ notierte am 31.12.01 mit einem Devisenkassamittelkurs von 1,48. Wie müssen wir nach § 256 a HGB verfahren?

2. Unter der Position ‚Vorprodukte/Fremdbauteile‘ befinden sich u. a. 800 Tischgestelle aus Stahl für Konferenztische, die ich im Inventar wegen ihrer Gleichartigkeit mit den durchschnittlichen Anschaffungskosten von 60,00 € je Einheit bewertet habe. Jetzt habe ich festgestellt, dass unter dieser Position auch 300 Tischgestelle für Klapptische erfasst wurden, die aufgrund ihrer aufwendigeren Konstruktion einen höheren durchschnittlichen Anschaffungspreis von 70,00 € je Gestell haben. Ich denke, wir müssen hier prüfen, ob ‚Gestelle für Konferenztische‘ und ‚Gestelle für

→

*Klapptische' noch als **gleichartig** bzw. **gleichwertig** im Sinne von § 240 Abs. 4 im HGB gelten. Wenn ja, muss der Preis festgelegt werden, zu dem dann bewertet wird. Wenn nein: Beide Posten sind dann getrennt zu bewerten. In der Anschaffung kosten uns heute die Gestelle für Konferenztische 58,00 € je Einheit und die Gestelle für Klapptische 72,50 € je Einheit.*

3. *Die Position ‚Hilfsstoffe‘ umfasst u. a. Lacke, die mit einen Gesamtwert von 42.000,00 € im Inventar enthalten sind. Der Lackierer meldet mir, dass sich unter den Lackvorräten u. a. auch 20 Gebinde lösungsmittelhaltige Lacke befinden, die wir für insgesamt 10.000,00 € Anfang des vergangenen Jahres angeschafft hatten. Diese Lacksorte verwenden wir aus Gründen des Umweltschutzes nur noch begrenzt. Zudem ist der Preis dieser Lacksorte deutlich gefallen. Die vorhandene Menge könnten wir heute für 4.000,00 € einkaufen. Ich schlage vor, dass wir sie entsprechend abschreiben und das Inventar berichtigen.*

4. *Wir haben bisher Forderungen aus Lieferungen und Leistungen, nachdem sie uneinbringlich waren, direkt abgeschrieben. Aus den Erfahrungen der vergangenen Jahre wissen wir, dass durchschnittlich 1,0 % unserer Forderungen verloren gehen. Für diesen Jahresabschluss schlage ich vor, dass wir 1,0 % unserer derzeitigen Nettoforderungen aus Lieferungen und Leistungen pauschal wertberichtigen.“*
(Betrag der Wertberichtigung auf ganze Euro runden!)

Als Eric Sippel die problematischen Vorfälle weiter ausführen will, unterbricht ihn Klaus M. Heidtkötter mit dem Hinweis: *„Lieber Herr Sippel, jetzt erst mal STOPP! Mir wird's zu viel; ich laufe Gefahr, den Überblick zu verlieren. Lassen Sie uns jetzt erst einmal die Bewertung der Vermögens- und Schuldenposten einschließlich der noch nicht geklärten Fälle abarbeiten.“*

Arbeitsaufträge

› INFO-Teil
LF 8, Kap. 1.1

› Arbeitshilfen

Nutzen Sie zur Bearbeitung der nachfolgenden Aufträge unbedingt die Ausführungen im INFO-Teil ab Seite 390. Die Abschlussübersicht und das Inventar können Sie erst dann fertigstellen, wenn Sie das folgende Kapitel „1.2 Aufwendungen und Erträge periodengerecht abgrenzen“ bearbeitet haben.

1. Kontrollieren Sie, ob die im Inventar und in der Abschlussübersicht aufgeführten Forderungen a. LL (Konto 2400) und Verbindlichkeiten a. LL (Konto 4400) mit den Summen der Saldenlisten übereinstimmen. Nehmen Sie die Bewertung der Auslandsverbindlichkeit zum 31.12.01 vor. Buchen Sie den Differenzbetrag in der Spalte „Umbuchungen“ der Abschlussübersicht (Konten 6000 und 4400).
2. Nehmen Sie danach in der Abschlussübersicht (Spalte „Umbuchungen“) alle noch nicht ausgeführten vorbereitenden Abschlussbuchungen vor und übertragen Sie die korrigierten Vermögens-/Schuldenposten in die Spalte „Saldenbilanz 2“:
   - Umbuchung des Privatkontos,
   - Übertragung der Vorsteuer,
   - Buchung der Abschreibungen,
   - Buchung der Inventurdifferenz,
   - Buchung der Bestandsveränderungen.
3. Bewerten Sie die beiden von Eric Sippel als strittig bezeichneten Vermögensposten „Tischgestelle“ und „Hilfsstoffe“. Setzen Sie die Werte in das Inventar ein.
4. Berechnen Sie die Pauschalwertberichtigung auf Forderungen und buchen Sie diese in der Spalte „Umbuchungen“ der Abschlussübersicht.
5. Berechnen Sie im Inventar das Gesamtvermögen sowie die gesamten Schulden. Korrigieren Sie danach die Kontensalden (Saldenbilanz 1) durch entsprechende Umbuchungen.
6. Übertragen Sie die neuen Salden der Vermögens- und Schuldenkonten aus der Saldenbilanz 1 auf die Saldenbilanz 2.

Vertiefende Übungen

1. Die Heidtkötter KG hat am 8. Januar 01 eine Maschinenanlage zum Beschichten von Tischplatten erworben. Bis zum 20. Januar wird die Anlage aufgestellt, erprobt und vom TÜV abgenommen. Sie wird danach sogleich in Betrieb genommen. Die Anschaffungskosten der Anlage betragen 124.800,00 €. Die Anlage hat eine betriebsgewöhnliche Nutzungsdauer von 8 Jahren.

   a) Welche Abschreibungsverfahren kann die Heidtkötter KG nach HGB auf diese Anlage anwenden? Geben Sie für jedes Verfahren den Abschreibungsbetrag und den Restwert zum 31.12.01 an.

   b) Welche steuerlichen Vorschriften hat Klaus M. Heidtkötter bei der Wahl eines Abschreibungsverfahrens zu beachten?

   c) Eine mögliche Überlegung von Klaus M. Heidtkötter lautet: *„Ich möchte gerne hohe Abschreibungsbeträge in den ersten Nutzungsjahren erreichen und zugleich soll die Anlage nach 8 Jahren vollständig abgeschrieben sein."*

      1) Prüfen Sie, ob es ein solches kombiniertes Verfahren gibt und ob es in diesem Fall zulässig ist.

      2) Stellen Sie den dazu passenden Abschreibungsplan für die gesamte Nutzungszeit auf.

2. Die Heidtkötter KG ist Eigentümerin eines unbebauten Grundstücks, das unmittelbar an das Betriebsgelände angrenzt. Dieses Grundstück gehört zum Betriebsvermögen. Herr Heidtkötter hat es vor 5 Jahren für eine damals vorgesehene Betriebserweiterung zu Anschaffungskosten von 120.500,00 € erworben. Mit diesem Wert steht das Grundstück seither in der Bilanz. Nun beabsichtigt er, dieses Grundstück zu verkaufen. Er lässt es vom Bewertungsausschuss bewerten: der derzeitige Verkehrswert beträgt laut Gutachten 180.000,00 €.
   Bis zum Verkauf will Heidtkötter dieses Grundstück zum Verkehrswert in der Bilanz ansetzen.

   a) Prüfen Sie, ob ein solcher Wertansatz zulässig ist. Wie lautet die entsprechende rechtliche Regelung (= Prinzip!), die Klaus M. Heidtkötter zu einem bestimmten Wertansatz zwingt? Welchen Grund hat der Gesetzgeber gesehen, einen solchen Wertansatz zu verlangen?

   b) Klaus M. Heidtkötter hat das Grundstück bisher zu Anschaffungskosten bewertet. Jetzt stellt sich heraus, dass er dadurch sogenannte „stille Reserven" gebildet hat. Was ist damit gemeint? Ist die Bildung stiller Reserven zulässig?

3. Die Heidtkötter KG verfügt über ein zum Betriebsvermögen gehörendes Grundstück, das in einem inzwischen aufgelassenen Industrieareal liegt. Dieses Grundstück ist zu Anschaffungskosten von 185.000,00 € in der Bilanz vermerkt. Das Areal soll einer neuen gemischt gewerblichen Nutzung zugeführt werden. Bei einer Bodenuntersuchung stellt sich heraus, dass das Grundstück mit Ablagerungen belastet ist, die den Wert – wegen der erforderlichen Sanierungskosten – dauerhaft auf 90.000,00 € mindern.

   a) Prüfen Sie, ob in diesem Fall der niedrigere Wert in die zukünftige Bilanz aufgenommen werden kann oder sogar aufgenommen werden muss.

   b) Wie wäre die Wertminderung zu buchen?

   c) Welche Auswirkung auf den Gewinn hätte die außerplanmäßige Abschreibung?

4. Die Heidtkötter KG importiert aus den USA u. a. Schreibtischlampen. Die letzte Lieferung der Uveco Lt., New Jersey, datiert vom 15.12.01. Die Rechnung – mit einem Zahlungsziel von 35 Tagen – lautet über 26.800,00 US-$. Beim Eingang am 15.12.01 wurde diese Rechnung zum Devisenkassamittelkurs von 1,40 US-$ (für 1,00 €) auf Euro umgerechnet und als Verbindlichkeit a. LL gebucht. Die Heidtkötter KG nutzt →

Vertiefende Übungen (Fortsetzung)

das Zahlungsziel aus und muss also am 31.12.01 diese Verbindlichkeit bewerten. Der Devisenkassamittelkurs am 31.12.01 lautet 1,43 US-$.

a) Bewerten Sie die Währungsverbindlichkeit.

b) Verdeutlichen Sie an diesem Beispiel, dass das Vorsichtsprinzip nicht eingehalten wird, demzufolge nicht realisierte Gewinne nicht ausgewiesen werden dürfen.

c) Zu welchem Wert wäre diese Verbindlichkeit bei einem Devisenkassamittelkurs von 1,26 US-$ anzusetzen?

5. Die Heidtkötter KG erwirbt am 15. April 01 einen betrieblich genutzten Pkw. Die Nutzungsdauer beträgt 6 Jahre. Folgende Kosten fallen an, bis der Pkw in Betrieb genommen werden kann:

Anschaffungspreis, netto	31.100,00 €	Zahlung an Kfz-Händler
Überführungskosten, netto	750,00 €	durch Banküberweisung
Aufbringung einer Werbefolie, netto	250,00 €	Banküberweisung an „Media-GmbH"
Kosten für Zulassung	45,00 €	Barzahlung an Zulassungsstelle
Kosten für Schilder, netto	55,00 €	Barzahlung an „Schilder-Wilde"
Kfz-Haftpflichtversicherung ($^1/_2$ Jahr)	382,00 €	Überweisung an Versicherung
Kfz-Steuer ($^1/_2$ Jahr)	243,00 €	Überweisung an Finanzamt
Kosten für Benzin, brutto	83,30 €	Barzahlung an Tankstelle

a) Der Pkw ist zu Anschaffungskosten zu aktivieren:
   1) Ermitteln Sie die Anschaffungskosten.
   2) Buchen Sie den gesamten Vorgang.

b) Klaus M. Heidtkötter wird den Pkw erfahrungsgemäß nicht volle 6 Jahre im Betrieb nutzen, sondern ihn voraussichtlich nach 4 Jahren wieder veräußern. Ihm liegt daran, das Fahrzeug in den ersten Nutzungsjahren möglichst hoch abzuschreiben.
   1) Geben sie an, ob Klaus M. Heidtkötter hier ein Wahlrecht zwischen mehreren Abschreibungsmöglichkeiten hat, falls die Anschaffung (a) im Jahr 2010, (b) im Jahr 2011 erfolgt.
   2) Erstellen Sie den dazu passenden Abschreibungsplan.
   3) Buchen Sie die Abschreibung zum 31.12.01.

c) Am 20. August 05 verkauft Klaus M. Heidtkötter das Fahrzeug für netto 9.900,00 € gegen Bankscheck.
   1) Buchen Sie den Vorgang zum 20.08.05 für beide Fälle unter b) 1) (a) und b) 1) (b).
   2) Zeigen Sie, ob die Abschreibung zu einer stillen Reserve geführt hat, die erst beim Verkauf des Fahrzeugs aufgedeckt wurde.

6. In der Heidtkötter KG werden am 18. Mai 01 für die Mitarbeiter, die mit der Qualitätskontrolle beauftragt sind, 5 elektronische Messschieber angeschafft; Stückpreis netto 174,00 €.

Das Unternehmen möchte diese Messschieber am 31.12.01 als geringwertige Wirtschaftsgüter voll abschreiben.

a) Prüfen Sie, ob die Vollabschreibung möglich ist. Ziehen Sie bei Ihrer Prüfung die Kriterien gemäß § 6 Abs. 2, 2 a EStG heran.

b) Buchen Sie den Beschaffungsvorgang am 18.05.01 (Kauf gegen Rechnung) und die Vollabschreibung am 31.12.01.

c) Welche andere Möglichkeit der Abschreibung hätte Klaus M. Heidtkötter in diesem Fall?

7. Prüfen Sie, ob folgende Aussagen richtig oder falsch sind:

a) Bei Gegenständen des abnutzbaren Anlagevermögens hat der Kaufmann nach Steuerrecht für die Anschaffungen in 2011 das Wahlrecht zwischen der linearen und der degressiven Abschreibung.

b) Die Abschreibung nach Leistungseinheiten ist bei Lastkraftwagen nicht möglich.

c) Nicht realisierte Gewinne, die z. B. bei der Bewertung von kurzfristigen Währungsverbindlichkeiten auftreten können, müssen ausgewiesen werden.

d) Nicht abnutzbare Gegenstände des Anlagevermögens – z. B. Grundstücke – dürfen nicht planmäßig abgeschrieben werden.

e) Bei vorübergehender Wertminderung muss ein Grundstück außerplanmäßig auf den niedrigeren Wert abgeschrieben werden.

f) Der Übergang von der degressiven Abschreibung zur linearen Restabschreibung ist für Anschaffungen im Jahr 2010 steuerlich möglich.

g) Grundlage für die Abschreibung sind immer die Anschaffungskosten.

h) Ein Skontoabzug bei der Bezahlung der Rechnung für eine Maschinenanlage mindert nicht die Anschaffungskosten.

i) Ein PC-Drucker mit Anschaffungskosten von 280,00 € netto kann als geringwertiges Wirtschaftsgut im Jahr der Anschaffung voll abgeschrieben werden.

j) Abschreibungen stellen in der Buchführung Aufwand dar; sie mindern in der Gewinn- und Verlustrechnung den Gewinn.

8. In der Heidtkötter KG werden die Zugänge an Rohstoffen auf Lagerkarteikarten festgehalten. Der Rohstoff „Bezugsstoff" wird während des Geschäftsjahres 01 von mehreren Lieferern zu unterschiedlichen Preisen bezogen. Die Lagerkarte zeigt folgende Zugänge:

Lagerkarte „Bezugsstoffe"			
Anfangsbestand und Zugänge	Menge in m	Anschaffungskosten je m	Anschaffungskosten gesamt
Anfangsbestand 01.01.	1 220	15,00 €	18.300,00 €
Zugang 10.02.	560	14,80 €	8.288,00 €
Zugang 08.04.	620	14,70 €	9.114,00 €
Zugang 15.07.	780	15,10 €	11.778,00 €
Zugang 20.10.	840	15,00 €	12.600,00 €
Zugang 12.12.	750	15,20 €	11.400,00 €
Endbestand 31.12. lt. Inventur	550	?	?

Der Marktpreis für Bezugsstoffe dieser Qualität beträgt am 31. Dezember 15,15 € je m. Eine Einzelbewertung ist hier nicht möglich, da sich der Inventurbestand aus verschiedenen Lieferungen zu unterschiedlichen Preisen zusammensetzt. Es ist nicht ersichtlich und nicht begründbar, aus welchen Lieferungen der Inventurbestand genau stammt.

a) Zeigen Sie unterschiedliche Verfahren zur Bewertung des Endbestandes auf. Orientieren Sie sich dabei an den Aussagen von § 6 Abs. 1 EStG sowie §§ 240, 256 HGB und beachten Sie stets das Niederstwertprinzip.

b) Weisen Sie nach, dass die gewählten Bewertungsverfahren verhindern, dass nicht realisierte Gewinne ausgewiesen werden.

c) Welches Bewertungsverfahren sollte Heidtkötter – aus welchen Gründen? – für die Handelsbilanz wählen?

d) Wie müsste Klaus M. Heidtkötter den Rohstoff bewerten, wenn der Tagespreis am 31. Dezember 14,95 € je m beträgt?

e) Welchen Wertansatz hätte er zu wählen, wenn der Tagespreis am 31. Dezember auf 14,90 € stünde?

→

Vertiefende Übungen (Fortsetzung)

9. Die Heidtkötter KG hat am 18.09.01 Besucherstühle im Wert von netto 9.000,00 €
   mit einem Zahlungsziel von 45 Tagen an die Büromöbel Menzel KG, Magdeburg,
   geliefert. Trotz mehrmaliger Mahnungen hat S. Menzel die Rechnung bis zum
   15.11.01 noch nicht bezahlt. Am 15.11.01 erfährt Klaus M. Heidtkötter davon,
   dass S. Menzel die Eröffnung eines Insolvenzverfahrens beantragt hat. Noch vor
   Ende des Geschäftsjahres teilt der Insolvenzverwalter mit, dass die Heidtkötter
   KG mit einem Ausfall der Forderung von 80 % rechnen muss.
   a) Buchen Sie den gesamten Vorgang.
   b) Bewerten Sie die Forderung zum Ende des Geschäftsjahres.
   c) Warum darf die Umsatzsteuer zum 31.12. nicht berichtigt werden?
   d) Am 12.04.02 erhält die Heidtkötter KG aus der Insolvenzmasse der Menzel KG
      eine Abschlusszahlung von 1.500,00 € netto. Buchen Sie den Vorgang.

10. Wie müsste Klaus M. Heidtkötter den vorhergehenden Fall buchhalterisch behan-
    deln, wenn der Insolvenzverwalter am 20.12.01 mitteilt, dass das Insolvenzverfah-
    ren gegen die Menzel KG mangels Masse gar nicht erst eröffnet wird?

11. In der Heidtkötter KG wird der Forderungsbestand pauschal mit 1 % abgeschrie-
    ben. Am 01.01.01 weist das Konto „2402 Pauschalwertberichtigung auf Forde-
    rungen" einen Bestand von 28.120,00 € aus. Der Forderungsbestand am 31.12.01
    beträgt 3.410.000,00 €.
    a) Berechnen Sie die Pauschalwertberichtigung zum 31.12.01.
    b) Gleichen Sie den Bestand an Pauschalwertberichtigungen der neuen Situation
       an.
    c) Wie wird die Pauschalwertberichtigung in der zu veröffentlichen Bilanz
       behandelt?

12. Wie wäre der vorhergehende Vorgang zu behandeln, wenn der Forderungsbestand
    am 31.12.01 insgesamt 2.860.000,00 € beträgt?

13. Am 12.08.01 wird eine Forderung a. LL über netto 41.000,00 € überraschend
    uneinbringlich (= Totalausfall). Wie muss Klaus M. Heidtkötter diesen Vorgang
    buchen?

14. Auf die am 12.08.01 als uneinbringlich abgeschriebene Forderung erhält die
    Heidtkötter KG am 02.02.02 überraschend einen Zahlungseingang (Banküber-
    weisung) von 12.000,00 € netto. Wie ist zu buchen?

15. Die Heidtkötter KG hat an einen Kunden in den USA am 28.11.01 insgesamt
    5 *communicTable* im Wert von 14.000,00 € geliefert; Zahlungsziel 45 Tage. Die
    Rechnung stellt die Heidtkötter KG umsatzsteuerfrei (vgl. § 4 UStG) in US-$ zum
    Devisenkassamittelkurs von 1,4318 aus (Rechnungsbetrag 20.045,20 US-$).
    Zum Jahresende 01 hat der Kunde die Rechnung noch nicht bezahlt. Auf Nach-
    frage teilt der Sachbearbeiter der Hausbank mit, dass der Devisenkassamittelkurs
    für den US-$ am 31.12.01 auf 1,4280 steht.
    a) Klaus M. Heidtkötter hat die Auslandsforderung zum 31.12.01 zu bewerten.
    b) Am 10.01.02 begleicht der Kunde die Rechnung in US-$. Der Kurs am 10.01.
       beträgt 1,4245.

16. Am 31.12.01 weist das Kassenkonto einen Saldo von 16.215,45 € aus. Das Zählen
    des Bargeldes ergibt einen Betrag von 16.319,30 €. Die Ursache für die Differenz
    lässt sich nicht ermitteln.
    a) Mit welchem Wert ist der Kassenbestand in der Bilanz anzusetzen?
    b) Buchen Sie die Inventurdifferenz.

17. Auf der Lagerkarte ist der Bestand an Schreibtischlampen Modell *naxo 12* zum 31.12.01 mit 220 Stück verzeichnet, die zum Stückpreis von 83,50 € bewertet und auf dem Warenbestandskonto mit 18.370,00 € erfasst sind.
    Die körperliche Inventur ergibt einen tatsächlichen Bestand von 216 Lampen.
    Zum Jahresende werden diese Lampen aufgrund technischer Weiterentwicklungen nur noch zu einem Preis von 78,50 € je Stück gehandelt.
    Bewerten Sie diesen Vermögensposten zum 31.12.01.

18. Für die Sammelbewertung von Tischplatten für Konferenztische stehen am Bilanzstichtag 31.12.01 folgende Daten zur Verfügung:

Datum	Zugänge	Stück	Anschaffungskosten je Stück
01.01.01	Anfangsbestand	2 500	23,50 €
13.02.01	Zugang	4 500	24,75 €
22.05.01	Zugang	5 000	25,25 €
11.07.01	Zugang	8 000	23,80 €
27.09.01	Zugang	6 500	24,45 €
16.11.01	Zugang	7 000	25,30 €
31.12.01	Inventurbestand	3 300	

   a) Berechnen Sie zum Bilanzstichtag die durchschnittlichen Anschaffungskosten je Stück (gewogener Durchschnitt).
   b) Berechnen Sie – im Vergleich zum Durchschnittspreis – den Bilanzansatz für den Inventurbestand,
      ■ wenn der Tageswert 25,65 € beträgt,   ■ wenn der Tageswert 24,40 € beträgt.
   c) Würde sich der Wertansatz ändern, wenn der Inventurbestand nach dem Lifo-Verfahren bewertet wird?

19. Die Heidtkötter KG bezieht Plastikschalen für Stuhllehnen von der Denplast GmbH, Darmstadt. Aus dem Wareneingang liegen folgende Daten vor:

Datum	Zugänge	Stück	Anschaffungskosten je Stück
01.01.01	Anfangsbestand	5 400	8,50 €
22.04.01	Zugang	6 300	8,25 €
14.07.01	Zugang	8 200	8,35 €
11.10.01	Zugang	7 700	8,15 €
31.12.01	Inventurbestand	4 300	

Am 31.12. beträgt der Tagespreis für eine Plastikschale 8,30 €.
Herr Heidtkötter möchte diesen Artikel zu einem möglichst hohen Wert ansetzen.
Machen Sie einen entsprechenden Bewertungsvorschlag.

20. In der Heidtkötter KG beliefen sich die Forderungen a. LL (ohne Umsatzsteuer) in den letzten 5 Jahren auf insgesamt 5.480.000,00 €. Im gleichen Zeitraum betrugen die Forderungsverluste 82.200,00 € netto.
   a) Berechnen Sie den Prozentsatz, zu dem eine Pauschalwertberichtigung auf Forderungen für das laufende Geschäftsjahr gebildet werden kann.
   b) Bilden Sie die Pauschalwertberichtigung zum 31.12. des laufenden Geschäftsjahrs, wenn der Forderungsbestand am 31.12. netto 1.210.000,00 € beträgt und das Konto „Pauschalwertberichtigungen zu Forderungen" einen Bestand von 16.100,00 € ausweist.

21. Zur Vorbereitung von schriftlichen Tests und Klassenarbeiten ist es hilfreich, wenn Sie Ihrer Lehrerin bzw. Ihrem Lehrer Fragen aus diesem Lerngebiet stellen. Sammeln Sie – auch in Arbeitsgruppen – entsprechende Fragen. Protokollanten in der Klasse halten sowohl die Fragen als auch die Antworten fest. Das erstellte Protokoll bildet dann eine Grundlage für die schriftlichen Arbeiten.

1.2
Aufwendungen und Erträge periodengerecht abgrenzen

Situation   Mit der Bewertung der Vermögensge-
genstände und der Schulden sowie der Bereinigung von Inventurdifferenzen ist ein
erheblicher Teil der vorbereitenden Arbeiten für den Jahresabschluss erledigt.
Eric Sippel weist allerdings darauf hin, dass noch einige **Geschäftvorfälle** zu beachten seien:

„Wir sind ja", so Eric Sippel, *„durch die §§ 240 und 242 HGB gehalten, den Abschluss
immer genau für ein Jahr aufzustellen. Und unser Geschäftsjahr endet mit dem
31. Dezember. Nun ist es aber ganz normal, dass Geschäftsvorfälle sich nicht nach
dem Geschäftjahr richten, sondern über den 31. Dezember in das neue Jahr hinein-
wirken. Bei diesen Geschäftsvorfällen müssen wir genau ausrechnen, mit welchem
Wert gehören sie in das abzuschließende Jahr und mit welchem Wert in das neue Jahr.
Der Wert, der in das neue Jahr gehört, ist dann abzugrenzen (= zeitliche Abgrenzung).
Nur mit einer solchen Abgrenzung ist es möglich, die Aufwendungen und Erträge genau dem Geschäftsjahr zuzuordnen, in das sie wirtschaftlich gehören, und somit den
Erfolg periodengerecht zu bestimmen. Ich habe die infrage kommenden Geschäfts-
vorfälle zusammengestellt:"*

Zeitliche Abgrenzung der Aufwendungen und Erträge				
Nr.	**Geschäftsvorfall**	**Buchung (Konten)**	**Soll**	**Haben**
1	Auf dem Konto 6900 Versicherungsbeiträge wurde am 25. Oktober 01[1] die Kfz-Haftpflicht für November 01 bis April 02 mit insgesamt 2.700,00 € gebucht.	Buchung am 25.10. 6900 Versicherungen an 2800 Bank	2.700,00	2.700,00
2	Die Miete für ein vermietetes Lagerhaus zahlt der Mieter jeweils für ein Vierteljahr im Voraus. Die letzte Zahlung erfolgt am 30. Oktober 01 mit 7.500,00 €.	Buchung am 30. 10. 2800 Bank an 5400 Mieterträge	7.500,00	7.500,00
3	Die Heidtkötter KG hat am 16. Dezember 01 eine Büro-maschine durch die Geräte-Service GmbH reparieren lassen. Kostenvoranschlag: 700,00 € netto. Am 31. Dezember 01 liegt die Rechnung noch nicht vor. Laut Auskunft der Geräte-Service GmbH ist der Kostenvoranschlag verbindlich.	Am 31.12.01 liegt ein Auf-wand vor. Die Buchung er-folgt erst im nächsten Jahr, nachdem die Rechnung eingegangen ist.	—	—
4	Aus einem Festgeldkonto mit vierteljährlicher Abrechnung erzielt die Heidtkötter KG Zinserträge. Die nächste Zins-gutschrift erfolgt am 31. Januar 02 rückwirkend für die Monate November bis Januar mit insgesamt 2.400,00 €.	Am 31.12.01 liegt ein Ertrag vor. Die Buchung erfolgt erst im nächsten Jahr bei der Zinsgutschrift.	—	—

Arbeitsaufträge

› Arbeitshilfe 1. Verdeutlichen Sie sich die Zusammenhänge anhand der Arbeitshilfe auf Seite 171.

› INFO-Teil
LF 8, Kap. 1.2 2. Klären Sie mithilfe der INFO-Texte ab Seite 406 wie die Vorgänge zum 31.12.01 abzugrenzen sind.

› Arbeitsheft 3. Führen Sie die notwendigen Buchungen in der Abschlussübersicht durch (Spalte: Umbuchungen).

---

1   In diesem Lernbuch bedeuten die Ziffern „00" = Vorjahr, „01" = 1. Jahr, „02" = 2. Jahr usw.

Arbeitshilfe

Zur Erleichterung Ihrer Arbeit bieten wir Ihnen das folgende Abfrageschema als Arbeitshilfe an:

Abfrageschema

Ist im alten Jahr Geld für einen Vorgang geflossen, der wirtschaftlich in das neue Jahr gehört?

Ja	Nein
Handelt es sich um einen **Aufwand** oder einen **Ertrag?**	Handelt es sich um einen **Aufwand** oder einen **Ertrag?**

Aufwand	Ertrag	Aufwand	Ertrag
Aufwandskonto	**Ertragskonto**	**Aufwandskonto**	**Ertragskonto**
an	an	an	an
Aktive Jahresabgrenzung	**Passive Jahresabgrenzung**	**Sonstige Verbindlichkeiten**	**Sonstige Forderungen**

Situation (Fortsetzung)

*„So, und fast zum Schluss", erläutert Eric Sippel, „habe ich hier noch zwei **Aufwandsvorgänge,** deren Entstehung im abgelaufenen Geschäftsjahr 01 liegt, die aber noch nicht abgeschlossen sind. Über deren Höhe und Fälligkeit kann ich im Moment keine eindeutige Aussage machen. Ich erwarte aber für das kommende Jahr 02 Zahlungen aufgrund dieser Vorgänge. Diese Ungewissheit müssen wir nach § 249 HGB jetzt schon im Jahreabschluss auffangen:"*

1. Die Gewerbesteuervorauszahlungen beliefen sich für das Geschäftsjahr 01 auf insgesamt 135.000,00 €. Zum Bilanzstichtag liegt die Mitteilung des Steuerberaters vor, dass für das Geschäftsjahr 01 mit einer Nachzahlung an Gewerbesteuer in Höhe von 12.000,00 € zu rechnen sei.

2. Am 3. Dezember 01 hatte die Heidtkötter KG einen Kaufvertrag über den Kauf von gehobelten Buchenbrettern abgeschlossen. Bezugspreis: netto 52.400,00 €. Die Lieferung ist für „Mitte Januar 02" vereinbart. Bis zum Bilanzstichtag ist der Wiederbeschaffungswert dieses Rohstoffes nachhaltig auf 48.200,00 € gesunken.

Arbeitsaufträge

1. Prüfen Sie, ob die in den geschilderten Vorgängen schlummernden Risiken dazu führen dürfen, dass bereits zum Bilanzstichtag entsprechende Aufwendungen gebucht werden. Geben Sie die von Ihnen als zutreffend empfundene rechtliche Begründung an.

2. Klären Sie, worin sich diese Vorgänge (= Rückstellungen) von den sonstigen Forderungen und sonstigen Verbindlichkeiten unterscheiden.

3. Buchen Sie die Vorgänge in der Abschlussübersicht (Spalte: Umbuchungen).

› **Arbeitsheft**

Situation (Fortsetzung)

„*Die handelsrechtlich korrekte Behandlung des folgenden Vorgangs*", so erklärt Eric Sippel, „*macht mir noch ein wenig Kopfzerbrechen. Wir hatten am 22.10.01 den unverschuldeten Unfall mit einem unserer Lkws, der bei diesem Unfall völlig zerstört wurde. Dieser Lkw hatte zum Jahresanfang 01 noch einen Buchwert von 45.000,00 €. Er wurde linear mit jährlich 15.000,00 € abgeschrieben. Am 28.12.01 hat die Versicherung eine Entschädigung von 40.000,00 € geleistet. Wir planen ernsthaft, im Jahr 02 einen neuen Lkw anzuschaffen, und wollen den durch die Versicherungsleistung aufgedeckten Mehrbetrag in eine Rücklage für Ersatzbeschaffung einbringen, um diesen Betrag aus dem Gewinn und damit aus der Besteuerung herauszuhalten. Die zeitanteilige Abschreibung ist im internen Abschreibungsbeleg bereits enthalten. Ansonsten ist der Vorgang noch zu berechnen und zu buchen.*"

Arbeitsaufträge

› **Arbeitsheft**

1. Berechnen Sie den Buchwert des zerstörten Fahrzeugs zum 31.10.01 und buchen Sie diesen Lkw aus dem Fahrzeugbestand aus.

2. Der Zahlungseingang für die Versicherungsleistung ist noch in der Abschlussübersicht zu buchen:

	Soll	Haben
2800 Bank	40.000,00 €	
an 5800 Außerordentliche Erträge		40.000,00 €

3. Prüfen Sie, ob in diesem Fall eine Rücklage für Ersatzbeschaffung in der Handelsbilanz gebildet werden darf.

4. Wie wäre nach Richtlinie 6.6 EStG in der Steuerbilanz zu verfahren?

Vertiefende Übungen

1. Eine zurzeit nicht benötigte Lagerhalle hat die Heidtkötter KG an den Verein für Gesundheitssport e. V. vermietet. Vereinbart ist, dass die Miete von monatlich 2.400,00 € im Voraus zu zahlen ist.
   Die Januarmiete wird auf dem Bankkonto der Heidtkötter KG am 27.12.01 gutgeschrieben (Beleg: Kontoauszug).
   a) Buchen Sie am 27.12.01 und am 31.12.01.
   b) Wie ist zu Beginn des neuen Geschäftsjahres zu buchen?

2. Die Kfz-Steuer für den betrieblich genutzten Pkw zahlt die Heidtkötter KG durch Bankeinzug am 01.06.01 für die Zeit von Juni 01 bis einschließlich Mai 02 mit 426,00 €.
   a) Buchen Sie am 01.06.01 und am 31.12.01.
   b) Wie ist zu Beginn des neuen Geschäftsjahres zu buchen?

3. Zum Jahresende 01 rechnet die Heidtkötter KG – aufgrund einer Schätzung des Steuerberaters – mit einer Gewerbesteuernachzahlung für das Geschäftsjahr 01 von 3.200,00 €.
   Der Steuerbescheid geht am 10.02.02 ein: Nachzuzahlen sind 2.800,00 €. Die Zahlung erfolgt am 15.02.02 durch Banküberweisung. Buchen Sie den gesamten Vorgang.

4. Den Pflichtbeitrag zur IHK für das vierte Quartal 01 von 1.200,00 € zahlt die Heidtkötter KG am 10.01.02.
   Buchen Sie den Vorgang zum 31.12.01, zum 01.01.02 bei der Kontoeröffnung und am 10.01.02 bei der Zahlung durch Banküberweisung.

5. Die Rechnung der ALEX AG über die Gebäudehaftpflichtversicherung für das kommende Jahr 02 geht bei der Heidtkötter KG am 20.12.01 ein: Rechnungsbetrag 1.340,00 €. Die Zahlung erfolgt am 27.12.01 durch Banküberweisung.
Buchen Sie den Vorgang am 20.12.01, am 27.12.01 und am 31.12.01.

6. Für die Beschichtungsanlage hat die Heidtkötter KG einen Wartungsvertrag mit dem Lieferer abgeschlossen. Die Rechnung über 2.100,00 € netto geht am 21.07.01 ein. Sie erfasst den Wartungszeitraum August 01 bis Juli 02. Die Rechnung wird am 05.08.01 durch Banküberweisung beglichen.
Buchen Sie den Vorgang am 21.07.01, am 05.08.01 und am 31.12.01.

7. Die Heidtkötter KG hat zurzeit nicht benötigte Finanzmittel auf einem Festgeldkonto festgelegt. Die Zinsen werden vierteljährlich gutgeschrieben. Die nächste Gutschrift über 576,00 € erfolgt am 31.01.02 rückwirkend für November 01, Dezember 01 und Januar 02.
Buchen Sie den Vorgang zum 31.12.01.

8. Vervollständigen Sie die folgenden Aussagen:
   - Wenn eine Geldausgabe im laufenden Geschäftsjahr für einen Aufwand getätigt wird, der zeitlich in das folgende Geschäftsjahr gehört, dann ist dieser Aufwand am Jahresende über eine _____ in das folgende Geschäftsjahr zu übertragen.
   - Wenn die Zahlung (= Geldeinnahme) für einen Ertrag, der zeitlich in das laufende Geschäftsjahr gehört, erst im folgenden Geschäftsjahr eingeht, dann ist dieser Ertrag über eine _____ bereits im laufenden Geschäftsjahr zu erfassen.
   - Wenn die Zahlung für einen Ertrag, der zeitlich in das folgende Geschäftsjahr gehört, bereits im laufenden Geschäftsjahr eingeht, dann ist dieser Ertrag über eine _____ in das folgende Geschäftsjahr zu übertragen.
   - Wenn die Zahlung für einen Aufwand, der zeitlich in das laufende Geschäftsjahr gehört, erst im folgenden Geschäftsjahr vorgenommen wird, dann ist dieser Aufwand über eine _____ bereits im laufenden Geschäftsjahr zu erfassen.

9. Am 15.12.01 fällt Klaus M. Heidtkötters Pkw auf einer Dienstreise aus. Das Automatikgetriebe hat einen gravierenden Schaden erlitten. Heidtkötters Vertragswerkstatt schleppt das Fahrzeug ab und macht für die Reparatur folgenden Kostenvoranschlag:

Abschleppkosten	800,00 € netto
Ersatzgetriebe mit Montage	5.200,00 € netto

   Die Lieferung des Ersatzgetriebes dauert so lange, dass die Reparatur erst im Januar 02 vorgenommen werden kann.
   a) Bilden Sie für den zu erwartenden Aufwand eine Rückstellung zum 31.12.01.
   b) Eröffnen Sie das Rückstellungskonto zu Beginn des neuen Geschäftsjahres.
   c) Nachdem die Reparatur durchgeführt ist, erhält Klaus M. Heidtkötter mit Datum 12.01.02 folgende Rechnung:

Abschleppkosten	750,00 €
Ersatzgetriebe einschl. Montage	5.650,00 €
	6.400,00 €
+ 19 % Umsatzsteuer	1.216,00 €
Rechnungsbetrag	7.616,00 €

   Am 25.01.02 bezahlt Heidtkötter den Rechnungsbetrag durch Banküberweisung. Buchen Sie den Vorgang einschließlich der Auflösung der Rückstellung. →

Vertiefende Übungen (Fortsetzung)

10. Wie wäre der oben geschilderte Vorgang (Aufgabe 9) zu buchen, wenn die Reparatur weniger Kosten verursacht hat als veranschlagt?

Abschleppkosten	650,00 €
Ersatzgetriebe einschl. Montage	4.950,00 €
	5.600,00 €
+ 19 % Umsatzsteuer	1.064,00 €
Rechnungsbetrag	6.664,00 €

11. Die Heidtkötter KG bestellt bei der Stahlhandel Pirmasens GmbH am 25.11.01 den voraussichtlichen Bedarf an Stahlrohren, oval, für das erste Quartal 02 mit insgesamt 100 000 m zu 5,00 € netto je m. Die Stahlhandel Pirmasens GmbH bestätigt die Bestellung und sagt die Lieferung für den 12.01.02 zu.

    Am Bilanzstichtag 31.12.01 beträgt der Tagespreis für Stahlrohre dieser Art nur noch 4,80 € je m.

    a) Begründen Sie, inwieweit hier ein Verlust aus schwebenden Geschäften droht.

    b) Bilden Sie zum 31.12.01 eine entsprechende Rückstellung.

    c) Am 12.01.02 liegt die Rechnung der Stahlhandel Pirmasens GmbH vor.
    Buchen Sie den Rechnungseingang und lösen Sie die Rückstellung auf.
    Welche Wirkung auf den Rohstoffaufwand hat die Auflösung der Rückstellung?

12. Zum Bilanzstichtag 31.12.01 ist ein Schadensersatzprozess, den die Heidtkötter KG gegen einen Lieferer führt, noch nicht abgeschlossen. Im schlimmsten Fall – also falls die Heidtkötter KG mit ihrer Schadensersatzforderung keinen Erfolg hat – können Gerichtskosten von 4.500,00 € anfallen.

    a) Bilden Sie zum 31.12.01 eine entsprechende Rückstellung.

    b) Der Prozess geht mit einem Vergleich aus. Beide Prozessparteien werden mit den halben Gerichtskosen belastet. Der Gebührenbescheid, den die Heidtkötter KG am 15.03.02 erhält, lautet über 2.300,00 €. Den Betrag überweist das Unternehmen am 20.03.02. Buchen Sie den Vorgang unter Auflösung der Rückstellung.

13. Zur Vorbereitung von schriftlichen Tests und Klassenarbeiten ist es hilfreich, wenn Sie Ihrer Lehrerin bzw. Ihrem Lehrer Fragen aus diesem Lerngebiet stellen. Sammeln Sie – auch in Arbeitsgruppen – entsprechende Fragen. Ihre Lehrerin bzw. Ihr Lehrer beantwortet als Experte diese Fragen. Protokollanten in der Klasse halten sowohl die Fragen als auch die Antworten fest. Das erstellte Protokoll bildet dann eine Grundlage für die schriftlichen Arbeiten.

2
Den Jahresabschluss nach den Vorschriften des HGB aufstellen

Situation   In der Heidtkötter KG sind alle Vorbereitungen getroffen worden, um den Jahresabschluss aufzustellen:

- Die körperlichen Gegenstände des Anlage- und Umlaufvermögen wurden bewertet.
- Die Buchbestände wurden überprüft und ins Inventar übernommen.
- Die Aufwendungen und Erträge wurden periodengerecht abgegrenzt.

Die folgenden Arbeiten sind nun zu erledigen:

- Das **Inventar** ist – sofern noch nicht geschehen – zu vervollständigen, indem das Gesamtvermögen, die Gesamtschulden und das Reinvermögen berechnet werden. Es gehört zu den Unterlagen, die 10 Jahre lang aufbewahrt werden müssen.
- Die **Abschlussübersicht** ist um die Spalten „Inventurbilanz" und „Gewinn und Verlust" zu ergänzen. Auch sie ist aufzubewahren.
- Aus den beiden Unterlagen Inventar und Abschlussübersicht sind die **Bilanz** sowie die **Gewinn- und Verlustrechnung** nach den handelsrechtlichen Gliederungsvorschriften aufzustellen. In der Heidtkötter KG hält man sich hierbei an die Vorgaben gemäß §§ 266 und 275 HGB.

Arbeitsaufträge

1. Erstellen Sie die Abschlussübersicht.
2. Vervollständigen Sie das Inventar.
3. Stellen Sie die Bilanz sowie die Gewinn- und Verlustrechnung für die Heidtkötter KG zum 31.12.01 nach den Gliederungsvorschriften des HGB auf.

Arbeitshilfe

Ihrer Arbeit können Sie die nachfolgenden Gliederungsschemata zugrunde legen:

Bilanz der Heidtkötter KG zum 31. Dezember 01			
Aktiva	**(€)**	*Passiva*	**(€)**
A. Anlagevermögen	—	**A.** Eigenkapital 01.01.01	
I. Immaterielle Vermögensgegenstände		Privatentnahmen	
II. Sachanlagen		V. Jahresüberschuss	
1. Grundstücke und Gebäude		Eigenkapital 31.12.01	
2. Technische Anlagen und Maschinen		**B.** 1. Langfristige Rückstellungen	
3. Betriebs- und Geschäftsausstattung		2. Steuerrückstellungen, kurzfristig	
B. Umlaufvermögen		3. Sonstige Rückstellungen, kurzfristig	
I. Vorräte		**C.** Verbindlichkeiten	
1. Roh-, Hilfs- und Betriebsstoffe, Vorprodukte/Fremdbauteile, Waren			
2. Unfertige Erzeugnisse		2. Verbindlichkeiten gegenüber Kreditinstituten	
3. Fertige Erzeugnisse			
II. Forderungen a. LL, sonstige Forderungen		4. Verbindlichkeiten a. LL	
III. Wertpapiere des Umlaufvermögens			
IV. Kassenbestand, Bankguthaben		8. Sonstige Verbindlichkeiten	
C. Rechnungsabgrenzungsposten		**D.** Rechnungsabgrenzungsposten	

→

Gewinn- und Verlustrechnung der Heidtkötter KG zum 31. Dezember 01

		(€)	(€)
1	Umsatzerlöse		
2	Erhöhung oder Verminderung des Bestandes an Erzeugnissen		
4	Sonstige betriebliche Erträge		
5	Materialaufwand:		
	a Aufwendungen für Roh-, Hilfs-, Betriebsstoffe, Vorprodukte/Fremdbauteile, Waren		
	b Aufwendungen für bezogene Leistungen		
	Rohergebnis		
6	Personalaufwand		
	a Löhne und Gehälter		
	b Soziale Abgaben		
7	Abschreibungen auf Sachanlagen		
8	Sonstige betriebliche Aufwendungen		
11	Zinserträge		
13	Zinsaufwendungen		
14	**Ergebnis der gewöhnlichen Geschäftstätigkeit**		
15	Außerordentliche Erträge		
18	Steuern vom Einkommen und vom Ertrag		
20	**Jahresüberschuss/Jahresfehlbetrag**		

Bielefeld, _____   _____

(Datum)   (Unterschrift)

Arbeitsaufträge (Fortsetzung)

4. Prüfen Sie, ob die folgende Bilanz den Formvorschriften entspricht und inhaltlich mit der Inventurbilanz der Abschlussübersicht übereinstimmt.

Bilanz der Heidtkötter KG zum 31. Dezember 01

Aktiva	(€)	Passiva	(€)
A. Anlagevermögen	—	**A.** Eigenkapital 01.01.01	8.400.000,00
I. Immaterielle Vermögensgegenstände	32.300,00	Privatentnahmen	85.000,00
II. Sachanlagen		V. Jahresüberschuss	2.525.520,38
1. Grundstücke und Gebäude	3.854.700,00	Eigenkapital 31.12.01	10.840.520,38
2. Technische Anlagen und Maschinen	4.475.000,00	**B.** 1. Langfristige Rückstellungen	405.000,00
3. Betriebs- und Geschäftsausstattung	1.557.500,00	2. Steuerrückstellungen, kurzfristig	12.000,00
B. Umlaufvermögen		3. Sonstige Rückstellungen, kurzfristig	49.200,00
I. Vorräte		**C.** Verbindlichkeiten	—
1. Roh-, Hilfs- und Betriebsstoffe, Vorprodukte/Fremdbauteile, Waren	3.486.000,00	2. Verbindlichkeiten gegenüber Kreditinstituten	7.900.000,00
2. Unfertige Erzeugnisse	460.000,00		
3. Fertige Erzeugnisse	658.300,00		
II. Forderungen a. LL, sonstige Forderungen	3.378.442,00 1.600,00	4. Verbindlichkeiten a. LL	1.750.321,62
III. Wertpapiere des Umlaufvermögens	1.325.000,00	8. Sonstige Verbindlichkeiten	295.700,00
IV. Kassenbestand, Bankguthaben	2.024.600,00		
C. Rechnungsabgrenzungsposten	1.800,00	**D.** Rechnungsabgrenzungsposten	2.500,00
	21.255.242,00		**21.252.242,00**

3
Den Jahresabschluss aufbereiten und auswerten

Ausgangslage   Mit der Aufstellung von Bilanz und Gewinn- und Verlustrechnung erfüllt der Kaufmann eine gesetzliche Pflicht (vgl. HGB, PublG). Diese Verpflichtung ist aus den Überlegungen heraus gesetzlich verankert worden,

- dass der bilanzierende Unternehmer zuverlässige Unterlagen zur Berechnung der Steuern vorlegen kann,
- dass er den außenstehenden Gläubigern eine Einschätzung der Vermögens-, Finanz- und Erfolgslage seines Unternehmens ermöglicht (= Idee des Gläubigerschutzes vor allem bei Kapitalgesellschaften)
- dass er sich selbst Rechenschaft über die Lage seines Unternehmens ablegt und sich in die Lage versetzt, die Prozesse in seinem Unternehmen zu kontrollieren und zu steuern (= Idee der möglichst realistischen Wiedergabe der Vermögens-, Finanz- und Erfolgslage; Erhaltung des Eigenkapitals).

Die Aufstellung des Jahresabschlusses ist i. d. R. mit einer **Offenlegung** verbunden. Wobei unter Offenlegung zu verstehen ist, dass der Unternehmer den Jahresabschluss beim zuständigen Handelregister einreicht und diese Offenlegung im Bundesanzeiger bekannt machen muss. Ob und in welchem Umfang ein Unternehmen seinen Jahresabschluss veröffentlichen muss, hängt von der Rechtsform und von der Unternehmensgröße ab. Wobei die Größe an den Kriterien „Bilanzsumme", „Umsatzerlöse" und/oder „Anzahl der Arbeitnehmer" gemessen wird. Bei der Einführung der Publizitätspflicht hat sich der Gesetzgeber von folgenden Überlegungen leiten lassen:

Ein Unternehmen, das sich einer Rechtsform bedient, in der nur das eingebrachte Eigenkapital haftet (Stammkapital, Grundkapital), muss hinnehmen, dass außenstehende Dritte (z. B. Kreditgeber) erfahren, wie es um die Vermögens-, Schulden-, Finanz- und Erfolgslage des Unternehmens bestellt ist. Die Pflicht zur Offerlegung bezieht damit nicht nur die reinen Kapitalgesellschaften (GmbH, AG) ein, sondern auch diejenigen Personengesellschaften, in denen es keine persönlich haftende natürliche Person gibt, also z. B. die „GmbH & Co. KG". Diese Kommanditgesellschaften sind hinsichtlich ihrer Publizitätspflicht den Kapitalgesellschaften gleichgestellt (vgl. Kapitalgesellschaften-und-Co.-Richtlinien-Gesetz; KapCoRiLiG).

Von der Offenlegungspflicht nach HGB sind demnach die Einzelunternehmen und diejenigen Personengesellschaften mit einem persönlich haftenden Gesellschafter befreit. Sie haben lediglich klar und übersichtlich gegliederte Bilanzen und Gewinn- und Verlustrechnungen zu erstellen (rechtliche Grundlage: GoB).

Im Jahresabschluss stoßen recht unterschiedliche Interessen aufeinander, was dazu führt, dass ein einziger Jahresabschluss eigentlich nicht allen Interessen gerecht werden kann:

Während der Unternehmer für seine eigenen Analysen und Auswertungen auf ein ausführliches und realistisches „Bild" seines Unternehmens Wert legt, wird er die Vermögens-, Finanz- und Erfolgslage seines Unternehmens für Außenstehende so weit wie möglich „verschleiern" wollen, um z. B. Konkurrenten keinen zu tiefen Einblick zu gewähren.

Wir werden uns für die folgenden Auswertungen mit dem verkürzten Jahresabschluss begnügen,

- den eine Personengesellschaft erstellt und
- der die offenlegungspflichtigen Inhalte beachtet.

Erweiterte Aussagen finden Sie im INFO-Teil (vgl. Kapitel 3, ab Seite 420).

> INFO-Teil
LF 8, Kap. 3

3.1
Die Bilanz aufbereiten und auswerten

Situation   Eric Sippel soll auf der nächsten Arbeitsbesprechung mit Klaus M. Heidtkötter über die Vermögens-, Schulden-, Finanz- und Erfolgslage der Heidtkötter KG für das abgelaufene Geschäftsjahr berichten. Er bereitet sich darauf vor, indem er den Jahresabschluss zum 31.12.01 zur Hand nimmt. Ihm ist klar, dass die Vielzahl der Einzelpositionen in der Bilanz für eine Auswertung verwirrend ist. Er überlegt sich, wie er ein solches Zahlenwerk und die darin versteckten Erkenntnisse zur Unternehmenslage einsichtig machen kann. Also strukturiert Eric Sippel seinen Bericht:

1. Er wird zunächst über die **Lage** der Heidtkötter KG, so wie sie sich aus der **Bilanz** zum 31.12.01 darstellt, berichten.
2. Er wird danach die jetzige Lage mit derjenigen **vergleichen,** die vor einem Jahr (31.12.00) bestand.
3. Und schließlich hält er es für zweckmäßig, die Finanzströme in einer **Bewegungsbilanz** deutlich zu machen.

Die **Lage** der Heidtkötter KG will er über folgende Fragen „erhellen":

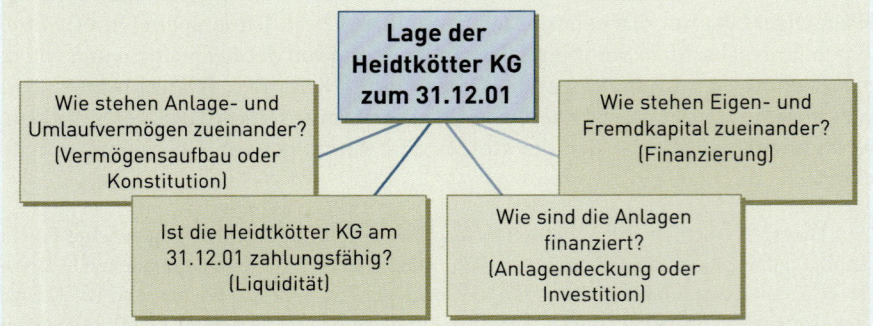

Auf diese Fragen hin richtet er die Bilanz ein und kommt zu folgendem – verkürzten – „Bilanzbild" (= Arbeitshilfe):

Arbeitshilfe

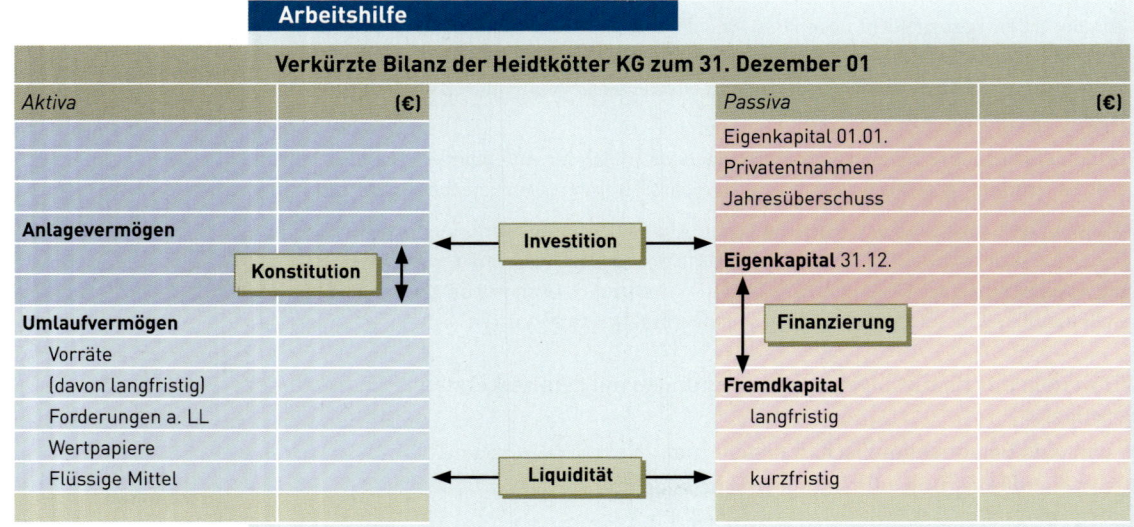

Aus diesem Bilanzschema wird zweierlei deutlich:

- Sinnvolle Auswertungen lassen sich nur gewinnen, wenn gleichartige Bilanzpositionen zusammengefasst werden.
- Die Bilanz auswerten bedeutet, bestimmte Bilanzpositionen in prozentuale Beziehungen zueinander zu setzen. Eine einzelne Bilanzzahl sagt nicht viel aus; sie gewinnt erst durch die Beziehung zu einer anderen Zahl Bedeutung.

Arbeitsaufträge

1. Bereiten Sie die von Ihnen erstellte Bilanz der Heidtkötter KG (vgl. Arbeitsaufträge Seite 175) durch Zusammenfassung gleichartiger Vermögens- und Kapitalposten auf, damit sinnvolle Auswertungen möglich werden: Sie können das folgende Bilanzschema als Vorlage verwenden. Die Aktive Rechnungsabgrenzung rechnen Sie den Forderungen zu, die Passive Rechnungsabgrenzung den Verbindlichkeiten.

2. Berechnen Sie die Prozentanteile der so zusammengefassten Vermögensposten am Gesamtvermögen bzw. der Kapitalposten am Gesamtkapital. Das folgende Strukturschema können Sie als Arbeitshilfe verwenden:

Aktiva	Aufbereitete Bilanz der Heidtkötter KG zum 31. Dezember 01				Passiva
Bilanzposten	**(€)**	**%**	**Bilanzposten**	**(€)**	**%**
Anlagevermögen			Eigenkapital zum 01.01.		
...			Eigenkapital zum 31.12.		
...			...		
...			...		
Gesamtvermögen		100	Gesamtkapital		100

3. Werten Sie die Bilanz hinsichtlich der vier Kriterien (Konstitution, Finanzierung, Investition, Liquidität) aus, indem Sie:
   a) die jeweiligen Prozentanteile berechnen.
   b) die errechneten Prozentzahlen mit Regelzahlen vergleichen, die Sie den nachfolgenden Arbeitshilfen entnehmen können.
   c) Ziehen Sie aus den Ergebnissen Schlüsse auf die derzeitige Lage der Heidtkötter KG.

Arbeitshilfen

Die nachfolgenden Informationen unterstützen Sie bei der Auswertung. Zusätzlich finden Sie ausführliche Hinweise im INFO-Teil ab Seite 420.

› INFO-Teil
LF 8, Kap. 3.1

1. Für die hier anstehende Auswertung soll der Einfachheit halber angenommen werden, dass die Bestände an Werkstoffen und Handelswaren in voller Höhe als langfristig gebundenes Umlaufvermögen gelten (= eiserne Reserve).

2. Weiterhin soll angenommen werden, dass die Heidtkötter KG über eine zurzeit nicht ausgenutzte Kreditlinie (= Kontokorrentkredit) von 250.000,00 € verfügt.

3. Die **Konstitution** eines Unternehmens, also der prozentuale Anteil des Anlage- und des Umlaufvermögens am Gesamtvermögen, wird von der Branche und dem Grad der Mechanisierung/Automatisierung bestimmt. Anlageintensiv sind z. B. Unternehmen der Schwerindustrie (> 50 %), weniger anlageintensiv Unternehmen des Maschinenbaus (ca. 25 % bis 35 %). Allgemein kann gesagt werden, dass ein Unternehmen umso elastischer bzw. flexibler auf Marktveränderungen reagieren kann, je niedriger die Anlagenquote ist. Das ist darauf zurückzuführen,

dass das Anlagevermögen durch Abschreibungen, Instandhaltungskosten, Zinskosten immer mit fixen Kosten belastet ist, die unabhängig von der Beschäftigungs- und Ertragslage anfallen. Einfluss auf den Vermögensaufbau hat darüber hinaus die Art der Wertschöpfungskette (= Supply Chain, vgl. Band 1, LF 5), in der das jeweilige Unternehmen eingebunden ist. So wird z. B. bei Just-in-time-Anlieferung das Vorratsvermögen im Verhältnis zum Gesamtvermögen sehr niedrig ausfallen (= eiserne Reserve).

4. Mit der **Finanzierung** legt sich der Unternehmer darüber Rechenschaft ab, wie gut das Unternehmen mit Eigenkapital ausgestattet ist. Hierzu rechnet er die prozentualen Anteile des Eigenkapitals (Eigenkapitalquote) und des Fremdkapitals (Fremdkapitalquote) am Gesamtkapital aus und vergleicht diese Werte mit Branchenkennzahlen. Aus dem Monatsbericht des Bundesministeriums für Finanzen (08.2004, Quelle: KfW) geht hervor, dass die Eigenkapitalquote des verarbeitenden Gewerbes zwischen 30 % und 35 % liegt. Für eine zusätzliche Einschätzung der Finanzierung wird die „Goldene Bilanzregel" herangezogen.

> **Goldene Bilanzregel**
> Eigenkapital und langfristiges Fremdkapital müssen mindestens so hoch sein wie Anlagevermögen und langfristig gebundenes Umlaufvermögen.

Allgemein gilt, dass ein im Verhältnis zum Eigenkapital zu hohes Fremdkapital die Selbstständigkeit des Unternehmens einengt: Bei langfristigen Bankkrediten müssen Zinsen und Tilgungen erwirtschaftet werden; kurzfristige Lieferantenkredite (= Verbindlichkeiten a. LL) schränken die Liquidität ein.

5. Die **Investierung** ist ein Maßstab zur Beurteilung der Kapitalausstattung eines Unternehmens: Langfristig gebundene Anlagegegenstände müssen durch entsprechend langfristiges Kapital (= Eigen- und Fremdkapital) finanziert sein, andernfalls droht ein Unternehmen in die Zahlungsunfähigkeit zu geraten. Die Investierung gilt als „sehr gut", wenn das Eigenkapital mindestens so hoch ist wie das Anlagevermögen und das langfristig gebundene Umlaufvermögen (= Deckungsgrad I). In der Regel wird in den Unternehmen das Eigenkapital dazu nicht ausreichen. Dann muss die Lücke durch langfristiges Fremdkapital geschlossen werden (= Deckungsgrad II). Der Deckungsgrad II sollte mindestens 100 % betragen. Deckungsgrad II < 100 % besagt, dass im Unternehmen kurzfristiges Fremdkapital zur Deckung langfristig gebundener Vermögensgegenstände verwendet wird; ein äußerst bedenklicher Zustand!

6. Große Aufmerksamkeit wird in den Unternehmen darauf gelegt die laufenden Zahlungsverpflichtungen aus fälligen Verbindlichkeiten einhalten zu können (= **Liquidität**). Illiquidität (= Zahlungsunfähigkeit) führt innerhalb kürzester Zeit in die Insolvenz! Für die Beurteilung der Liquidität besitzt die Bilanz nur eine begrenzte Aussagefähigkeit, da Liquiditätsaussagen lediglich über die Situation an einem bestimmten Tag (31.12.), also zeitpunktbezogen, getroffen werden. Auch wird aus den Bilanzpositionen nicht ersichtlich, an welchen Tagen konkret Forderungen und Verbindlichkeiten fällig sind. Ebenso bleibt unklar, über welche nicht genutzten Kreditzusagen (= Kreditlinien) die Heidtkötter KG verfügen kann und welche Gegenstände des Vorratsvermögens zur Not schnell und unkompliziert veräußert werden können und welche nicht. Bei aller Unschärfe wird in den Unternehmen dennoch folgende in der Praxis genutzte Faustregel für die Beurteilung der Zahlungsfähigkeit (= Liquidität) zugrunde gelegt:

Kurzfristige Zahlungsfähigkeit: (Liquidität 1. Grades)
Ein Unternehmen gilt als kurzfristig zahlungsfähig, wenn Kassenbestand, Bankguthaben und Kreditlinie (Kontokorrentkredit) zusammen mindesten zur Hälfte (= 50 %) die kurzfristigen Verbindlichkeiten abdecken.

Liquidität 1. Grades =

$$\frac{\text{verfügbare Zahlungsmittel} \cdot 100\ \%}{\text{kurzfristige Verbindlichkeiten}}$$

Mittelfristige Zahlungsfähigkeit: (Liquidität 2. Grades)
Ein Unternehmen gilt als mittelfristig zahlungsfähig, wenn die verfügbaren Zahlungsmittel (siehe Liquidität 1. Grades) und die Forderungen a. LL/Wertpapiere des UV zusammen mindestens voll (= 100 %) die kurzfristigen Verbindlichkeiten abdecken.

Liquidität 2. Grades =

$$\frac{(\text{verfügbare Zahlungsmittel} + \text{Forderungen}) \cdot 100\ \%}{\text{kurzfristige Verbindlichkeiten}}$$

Situation (Fortsetzung)

Die Auswertung der Bilanz zeigt, dass sich die Heidtkötter KG in einer insgesamt guten Lage befindet. Es gibt aber durchaus auch Erkenntnisse, die Eric Sippel zur Wachsamkeit auffordern und ihn gegebenenfalls zwingen werden, Maßnahmen zur Gegensteuerung einzuleiten. So ist der Vermögensaufbau immer noch sehr anlagelastig, d. h., der hohe Anteil des Anlagevermögens gegenüber dem Umlaufvermögen ist nicht branchentypisch. Eric Sippel führt dieses Missverhältnis auf die im vergangenen Jahr durchgeführten Investitionen zur Fertigung des innovativen *communicTable* zurück. Diese Investitionen haben sich noch nicht spürbar im Umlaufvermögen bemerkbar gemacht. Erste Auswirkungen dieser Investition zeigen sich u. a. im außergewöhnlich hohen Gewinn, der zu einer entsprechend hohen Eigenkapitalausstattung geführt hat. Eric Sippel wird in Zukunft ein Augenmerk auf die Eigenkapitalausstattung und auf die hohe Liquidität richten. Offensichtlich „schwimmt" die Heidtkötter KG in flüssigen Mitteln, die nach rentablen Investitionen verlangen. Um in seinen Analysen nicht nur den derzeitigen Status zu berücksichtigen, bezieht Eric Sippel die Zahlen des **vorjährigen Abschlusses** ein und kann somit ein **dynamisches** Bild zeichnen, wie sich die Heidtkötter KG während des vergangenen Geschäftsjahres entwickelt hat. Die folgenden aufbereiteten Zahlen liegen ihm vor:

Aktiva	Aufbereitete Bilanz der Heidtkötter KG zum 31. Dezember 00					Passiva
Bilanzposten	(€)	%	Bilanzposten	(€)	%
Anlagevermögen	8.367.000,00		Eigenkapital zum 01.01.	6.737.000,00	—
Umlaufvermögen	9.443.000,00		Privatentnahmen	85.000,00	—
Vorräte	4.178.000,00		Jahresgewinn	1.748.000,00	—
davon langfristig	3.030.000,00		Eigenkapital zum 31.12.	8.400.000,00	
davon kurzfristig	1.148.000,00		Fremdkapital	9.410.000,00	
Forderungen	2.920.000,00		davon langfristig	7.500.000,00	
Wertpapiere	605.000,00		davon kurzfristig	1.910.000,00	
Flüssige Mittel	1.740.000,00				
	17.810.000,00	100,00		17.810.000,00	100,00

Arbeitsaufträge

1. Nehmen Sie die beiden aufbereiteten Bilanzen zum 31.12.00 und zum 31.12.01 zur Grundlage für eine ausführliche Darstellung der Abweichungen.
2. Bewerten Sie diese Abweichungen im Bereich des Umlaufvermögens und des Kapitals.
3. Wo sehen Sie deutliche positive Auswirkungen, wo eher negative, die zu Steuerungsmaßnahmen auffordern könnten?

Situation

Eric Sippel will die vorhergehenden Aussagen zum Vergleich zweier aufeinanderfolgender Bilanzen geordneter darstellen und auswerten. Ihm geht es darum festzustellen, woher die Finanzmittel stammen, die der Heidtkötter KG im abgelaufenen Geschäftsjahr zugeflossen sind (= **Mittelherkunft**) und wofür diese Mittel verwendet worden sind (= **Mittelverwendung**). Hierfür steht ihm als Instrument die **Bewegungsbilanz** zur Verfügung, die folgenden grundsätzlichen Aufbau hat:

Bewegungsbilanz der Heidtkötter KG für den Zeitraum 01.01.01 bis 31.12.01			
Mittelverwendung	**(€)**	**Mittelherkunft**	**(€)**
1. Zunahme des Vermögen	—	**1. Abnahme des Vermögens**	
Zunahme des Anlagevermögens		Abnahme des Anlagevermögens	
Zunahme des Umlaufvermögens		Abnahme des Umlaufvermögens	
bei Vorräten		bei Vorräten	
bei Forderungen		bei Forderungen	
bei Wertpapieren		bei Wertpapieren	
bei flüssigen Mitteln		bei flüssigen Mitteln	
2. Abnahme des Kapitals		**2. Zunahme des Kapitals**	
Abnahme des Eigenkapitals		Zunahme des Eigenkapitals	
Abnahme des Fremdkapitals		Zunahme des Fremdkapitals	
bei langfristigem Fremdkapital		bei langfristigem Fremdkapital	
bei kurzfristigem Fremdkapital		bei kurzfristigem Fremdkapital	
Summe der verwendeten Mittel		**Summe der zugeflossenen Mittel**	

Arbeitsaufträge

1. Erstellen Sie die Bewegungsbilanz für die Heidtkötter KG und machen Sie damit die Finanzierungs- und Investitionsvorgänge sichtbar.
2. Verdeutlichen Sie sich die Aussagekraft der Bewegungsbilanz und interpretieren Sie die Veränderungen.

Erläuterung   In der Heidtkötter KG zeigen die beiden Bilanzen z. B. eine Erhöhung des Anlagevermögens um 1.552.500,00 €. Dieser Vorgang wird als Mittelverwendung verstanden und entsprechend links eingetragen. Andererseits zeigt das Fremdkapital eine Zunahme um 1.004.721,62 €. Dieser Vorgang wird als Mittelherkunft verstanden und entsprechend rechts eingetragen. In der Summe stimmen zugeflossene und verwendete Mittel überein.

Vertiefende Übungen

1. Die Bernhard Wernik e. K., Gerätebau, stellt für die Auswertung folgende Bilanzen zur Verfügung:

Aktiva	Berichtsjahr	Vorjahr	Aktiva	Berichtsjahr	Vorjahr
Anlagevermögen:			Eigenkapital 01.01.:	1.680.000,00	1.460.000,00
Grundstücke/Gebäude	640.000,00	618.000,00			
TA/Maschinen	1.335.000,00	1.144.000,00	Jahresgewinn	340.000,00	220.000,00
Fuhrpark	622.000,00	710.000,00			
BGA	576.000,00	680.000,00	**Eigenkapital** 31.12.	2.020.000,00	1.680.000,00
Umlaufvermögen:			Rückstellungen (kurzfristig)	234.000,00	312.000,00
Roh-/Hilfsstoffe	1.740.000,00	1.840.000,00	Langfristige Verbindlichkeiten	3.150.000,00	3.070.000,00
Unfertige Erzeugnisse	366.000,00	485.000,00	Kurzfristige Verbindlichkeiten:	1.145.000,00	1.083.000,00
Fertige Erzeugnisse	455.000,00	221.000,00	Verbindlichkeiten a. LL,		
Forderungen a. LL	883.000,00	532.000,00	Sonstige Verbindlichkeiten	311.000,00	250.000,00
Flüssige Mittel	243.000,00	165.000,00			
	6.860.000,00	**6.395.000,00**		**6.860.000,00**	**6.395.000,00**

a) Bereiten Sie die Bilanzen zur Auswertung auf.
b) Notieren Sie auffällige Veränderungen.
c) Ermitteln Sie die Kennzahlen zur Vermögensstruktur, zur Finanzierung, zur Anlagendeckung und zur Liquidität.
d) Stellen Sie die Bewegungsbilanz auf.
e) Beurteilen Sie die Entwicklung des Unternehmens aufgrund der Kennzahlen und der Bewegungsbilanz und deuten Sie die Ursachen für die Veränderungen.

2. Die Frank Meyer e. K. stellt elektronische Geräte zur Gebäudeüberwachung her. Die Vermögens- und Schuldensituation der beiden zurückliegenden Jahre ist in folgenden Bilanzen dokumentiert:

Bilanz der Frank Meyer e. K. zum 31. Dezember 00			
Aktiva	**(€)**	*Passiva*	**(€)**
A. Anlagevermögen	—	**A.** Eigenkapital 01.01.00	1.080.000,00
II. Sachanlagen	—	V. Jahresgewinn	180.000,00
1. Grundstücke und Bauten	550.000,00	Eigenkapital 31.12.00	1.260.000,00
2. Technische Anlagen und Maschinen	620.000,00	**B.** Rückstellungen	—
3. Betriebs- und Geschäftsausstattung	455.000,00	2. Steuerrückstellungen	35.000,00
B. Umlaufvermögen	—	3. Langfristige Rückstellungen	65.000,00
I. Vorräte	—	**C.** Verbindlichkeiten	
1. Roh-, Hilfs- und Betriebsstoffe, Vorprodukte/Fremdbauteile, Waren	1.240.000,00	2. Verbindlichkeiten gegenüber Kreditinstituten	2.050.000,00
2. Unfertige Erzeugnisse	154.000,00	4. Verbindlichkeiten a. LL	708.000,00
3. Fertige Erzeugnisse	165.000,00	8. Sonstige Verbindlichkeiten	87.000,00
II. Forderungen a. LL	635.000,00	davon aus Steuern	43.000,00
IV. Kassenbestand, Bankguthaben	386.000,00		
	4.205.000,00		**4.205.000,00**

Bilanz der Frank Meyer e. K. zum 31. Dezember 01			
Aktiva	**(€)**	*Passiva*	**(€)**
A. Anlagevermögen	—	**A.** Eigenkapital 01.01.01	1.260.000,00
I. Sachanlagen	—	V. Jahresgewinn	240.000,00
1. Grundstücke und Bauten	550.000,00	Eigenkapital 31.12.01	1.500.000,00
2. Technische Anlagen und Maschinen	810.000,00	**B.** Rückstellungen	—
3. Betriebs- und Geschäftsausstattung	535.000,00	2. Steuerrückstellungen	29.000,00
B. Umlaufvermögen	—	3. Langfristige Rückstellungen	43.000,00
I. Vorräte	—	**C.** Verbindlichkeiten	
1. Roh-, Hilfs- und Betriebsstoffe, Vorprodukte/Fremdbauteile, Waren	1.120.000,00	2. Verbindlichkeiten gegenüber Kreditinstituten	2.200.000,00
2. Unfertige Erzeugnisse	118.000,00	4. Verbindlichkeiten a. LL	765.000,00
3. Fertige Erzeugnisse	132.000,00	8. Sonstige Verbindlichkeiten	76.000,00
II. Forderungen a. LL	774.000,00	davon aus Steuern	32.000,00
IV. Kassenbestand, Bankguthaben	574.000,00		
	4.613.000,00		**4.613.000,00**

a) Bereiten Sie die Bilanzen zur Auswertung auf.
b) Notieren Sie auffällige Veränderungen.
c) Ermitteln Sie die Kennzahlen zur Vermögensstruktur, zur Finanzierung, zur Anlagendeckung und zur Liquidität.
d) Stellen Sie die Bewegungsbilanz auf.
e) Beurteilen Sie die Entwicklung des Unternehmens aufgrund der Kennzahlen und der Bewegungsbilanz und deuten Sie die Ursachen für die Veränderungen.

3.2
Die Gewinn- und Verlustrechnung auswerten

Situation   Wichtiger noch als sich aus den Zahlen der Bilanz ein Bild von der Lage des Unternehmens zu machen, erscheint es Eric Sippel, die Zahlen der Gewinn- und Verlustrechnung hinsichtlich der im Unternehmen Heidtkötter KG erwirtschafteten **Rentabilität** und **Selbstfinanzierungskraft** auszuwerten. Er weiß, wie sensibel z. B. die Börsen reagieren, wenn börsennotierte Unternehmen ihre Rentabilitäts- und Gewinnprognosen herausgeben.
Für seine Auswertungen zieht Eric Sippel die Gewinn- und Verlustrechnungen für das abgeschlossene Geschäftsjahr 01 (= Berichtsjahr, vgl. Seite 176) und für das vorhergehende Geschäftsjahr 00 (= Vorjahr) heran. Die Gewinn- und Verlustrechnung für das Vorjahr weist folgende Zahlen aus:

Gewinn- und Verlustrechnung der Heidtkötter KG zum 31. Dezember 00		
	(€)	**(€)**
1 Umsatzerlöse	23.675.000,00	
2 Erhöhung des Bestandes an Erzeugnissen	(+) 36.550,00	
4 Sonstige betriebliche Erträge	153.450,00	
5 Materialaufwand:	—	
a Aufwendungen für Roh-, Hilfs-, Betriebsstoffe, Vorprodukte, Waren	10.510.000,00	
b Aufwendungen für bezogene Leistungen	485.000,00	
Rohergebnis		**12.870.000,00**
6 Personalaufwand	—	
a Löhne und Gehälter	5.490.000,00	
b Soziale Abgaben	1.555.000,00	
7 Abschreibungen auf Sachanlagen	1.050.000,00	
8 Sonstige betriebliche Aufwendungen	2.597.000,00	
11 Zinserträge	112.000,00	—
13 Zinsaufwendungen	435.000,00	
14 Ergebnis der gewöhnlichen Geschäftstätigkeit		**1.855.000,00**
18 Steuern vom Einkommen und vom Ertrag		107.000,00
20 Jahresüberschuss		**1.748.000,00**

Eric Sippel will aus den Unterlagen vor allem zu folgenden **Fragen** Antworten finden:
1. Wie sind die Eigenkapital- und die Gesamtkapitalrentabilitäten zu beurteilen?
2. Wie ist die Umsatzrentabilität der Heidtkötter KG zu beurteilen?
3. Wie hoch ist der Rückfluss des investierten Kapitals (= Return on Investment – ROI)?
4. Über welchen Cashflow verfügt die Heidtkötter KG?
5. Wie hoch sind die Personalkosten- und die Materialkostenintensität?
6. Wie sind die Kennzahlen für den Lagerumschlag und für den Forderungsumschlag zu beurteilen?

Arbeitsaufträge

› INFO-Teil
LF 8, Kap. 3.2

1. Arbeiten Sie sich Schritt für Schritt durch die Fragen, indem Sie zu jeder Frage die nachfolgenden Arbeitshilfen nutzen und die erläuternden Texte im INFO-Teil (ab Seite 425) heranziehen.
2. Errechnen Sie die jeweiligen Kennzahlen für das Berichtsjahr und für das Vorjahr und ziehen Sie jeweils Rückschlüsse auf die Ursachen der Veränderungen.
3. Beurteilen Sie, inwieweit sich die Erfolgslage der Heidtkötter KG im Geschäftsjahr 01 positiv oder negativ entwickelt hat.

Arbeitshilfen

Die **Rentabilität** ist ein Maßstab dafür, wie erfolgreich ein Unternehmen gearbeitet hat. Gemessen wird die Rentabilität, indem man den Gewinn in Prozent des durchschnittlich während des Geschäftsjahres gebundenen Kapitals oder des Umsatzes ausdrückt. Als Gewinn wird der Unternehmergewinn zugrunde gelegt. Um den Unternehmergewinn zu erhalten, kürzt man den Jahresgewinn um die Privatentnahmen (= Unternehmerlohn):

	Berichtsjahr	Vorjahr
Jahresgewinn	2.525.520,38 €	1.748.000,00 €
− Privatentnahmen	85.000,00 €	85.000,00 €
= **Unternehmergewinn**	**2.440.520,38 €**	**1.663.000,00 €**

$$\textbf{Eigenkapitalrentabilität} = \frac{\text{Unternehmergewinn} \cdot 100\,\%}{\text{durchschnittlich gebundenes Eigenkapital}}$$

Das durchschnittlich gebundene Eigenkapital wird als Mittelwert aus dem Eigenkapital zu Beginn des Jahres und dem Eigenkapital am Ende des Jahres berechnet.

Nach einer Veröffentlichung der Deutschen Bundesbank erzielten die Unternehmen in den zurückliegenden Jahren eine durchschnittliche Eigenkapitalrentabilität von ca. 12 %.

$$\textbf{Gesamtkapitalrentabilität} = \frac{(\text{Unternehmergewinn} + \text{Fremdkapitalzinsen}) \cdot 100\,\%}{\text{durchschnittlich gebundenes Gesamtkapital}}$$

Das durchschnittlich gebundene Gesamtkapital (= Bilanzsumme) wird als Mittelwert aus dem Gesamtkapital zu Beginn des Jahres und dem Gesamtkapital am Ende des Jahres berechnet. Das Gesamtkapital zum 01.01.00 soll 16.840.000,00 € betragen.

$$\textbf{Umsatzrentabilität} = \frac{\text{Unternehmergewinn} \cdot 100\,\%}{\text{Umsatzerlöse}}$$

Nach einer Veröffentlichung der Deutschen Bundesbank erzielten die Unternehmen in den zurückliegenden Jahres eine durchschnittliche Umsatzrentabilität von ca. 5 %.

Der **Return on Investment** (= ROI) führt zum gleichen Ergebnis wie die Eigenkapitalrentabilität. Seine Berechnung beruht aber auf der Verbindung von **Umsatzrentabilität** und **Kapitalumschlag.** Mit dieser Kennzahl kann somit aufgezeigt werden, ob die Umsatzrentabilität oder der Kapitalumschlag ursächlich für eine Veränderung der Rendite gewesen ist.

Der Kapitalumschlag sagt etwas darüber aus, wie oft das durchschnittlich gebundene Eigenkapital in den Umsatzerlösen umgesetzt worden ist.

$$\textbf{ROI} = \text{Umsatzrentabilität} \cdot \text{Kapitalumschlag}$$

$$\textbf{ROI} = \frac{\text{Unternehmergewinn} \cdot 100\,\%}{\text{Umsatzerlöse}} \cdot \frac{\text{Umsatzerlöse}}{\text{durchschnittliches EK}}$$

Der **Cashflow** (= Mittelzufluss aus dem Umsatzprozess) ist eine Kennzahl zur Beurteilung der Selbstfinanzierungskraft des Unternehmens. Er gibt an, wie viel Finanzmittel aus eigener Kraft aufgebracht wurden und somit für Investitionen, zur Schuldentilgung und/oder zur Gewinnausschüttung verfügbar sind. Er wird

→

vereinfacht berechnet, indem man dem Unternehmergewinn alle Aufwendungen zurechnet, die kurzfristig **nicht** zu Ausgaben führen; das sind vor allem die Abschreibungen und die langfristigen Rückstellungen:

	Berichtsjahr	**Vorjahr**
Unternehmergewinn		
+ Abschreibungen		
+ Zuführung zu langfristigen Rückstellungen	165.000,00 €	50.000,00 €
= **Cashflow**		

Setzt man den Cashflow in eine prozentuale Beziehung zu den Umsatzerlösen, lässt sich zusätzlich zu dem Euro-Betrag eine qualitative Beziehungszahl errechnen, die sogenannte **Umsatzverdienstrate**:

$$\text{Umsatzverdienstrate} = \frac{\text{Cashflow} \cdot 100\,\%}{\text{Umsatzerlöse}}$$

Annahme: In der Möbelbranche soll eine Umsatzverdienstrate von 8,5 % als branchentypisch gelten.

Um die **Personalkostenintensität** zu berechnen setzt man die Personalkosten in ein Prozentverhältnis zu den Gesamtaufwendungen. In montageintensiven Wirtschaftsbereichen wird mit einer Personalkostenintensität von knapp über 50 % gerechnet. In weniger montageintensiven Betrieben liegt die Personalkostenintensität zwischen 30 % und 35 %.

$$\text{Personalkostenintensität} = \frac{\text{Personalkosten} \cdot 100\,\%}{\text{Gesamtaufwendungen}}$$

Ähnlich wie die Personalkostenintensität wird auch die **Materialkostenintensität** berechnet:

$$\text{Materialkostenintensität} = \frac{\text{Materialkosten} \cdot 100\,\%}{\text{Gesamtaufwendungen}}$$

In der Möbelbranche wird mit einer Materialkostenintensität von durchschnittlich 48 % gerechnet.

Die Kennzahl für den **Lagerumschlag** dient zur Beurteilung, inwieweit der Betriebsprozess wirtschaftlich gestaltet ist. Der Rechnung wird der durchschnittliche Lagerbestand an Werkstoffen zugrunde gelegt. Zu den Werkstoffen zählen wir hier die Roh-, Hilfs- und Betriebsstoffe, die Vorprodukte/Fremdbauteile und die Handelswaren. Der Lagerbestand an Werkstoffen betrug am 31.12.00 insgesamt 3.030.000,00 €; zu Beginn des Geschäftsjahres 00 betrug er 3.124.000,00 €.

Ihrer Rechnung können Sie das folgende Schema zugrunde legen:

Lagerumschlag	Berichtsjahr	Vorjahr
Werkstoffbestand zum 01.01.		
Werkstoffbestand zum 31.12.		
durchschnittlicher Werkstoffbestand		
Werkstoffaufwendungen lt. GuV-Rechnungen		
Häufigkeit des Lagerumschlags = $\dfrac{\text{Werkstoffaufwendg.}}{\text{ø Lagerbestand}}$		
ø Lagerdauer = $\dfrac{360\ \text{Tage}}{\text{Lagerumschlagshäufigkeit}}$		

Die durchschnittliche Lagerdauer wird für die Branche mit 90 Tagen angegeben.

Die Kennzahl für den **Forderungsumschlag** wird zur Beurteilung der Liquidität herangezogen: Je kürzer die durchschnittliche Kreditdauer ist, die die Kunden der Heidtkötter KG in Anspruch nehmen, umso schneller fließen die Finanzmittel in das Unternehmen zurück. In der Branche wird mit einer Kreditdauer von durchschnittlich 40 Tagen gerechnet.

Die Heidtkötter KG verzeichnete zu Beginn des Geschäftsjahres 00 einen Forderungsbestand von 1.928.000,00 €.

Ihrer Rechnung können Sie das folgende Schema zugrunde legen:

Forderungsumschlag	Berichtsjahr	Vorjahr
Forderungsbestand zum 01.01.		
Forderungsbestand zum 31.12.		
durchschnittlicher Forderungsbestand		
Umsatzerlöse lt. GuV-Rechnungen		

$$\text{Häufigkeit des Forderungsumschlags} = \frac{\text{Umsatzerlöse}}{\text{ø Forderungsbestand}}$$

$$\text{ø Kreditdauer} = \frac{360 \text{ Tage}}{\text{Umschlagshäufigkeit}}$$

Vertiefende Übungen

1. In dem Unternehmen Bernhard Wernik e. K., Gerätebau, weisen die Gewinn- und Verlustrechnungen für die beiden Geschäftjahre 00 und 01 folgende Aufwendungen und Erträge aus (vgl. Vertiefende Übung 1, Seite 182):

	Gewinn- und Verlustrechnungen der Bernhard Wernik e. K., Gerätebau, für die beiden Geschäftsjahre 00 (Vorjahr) und 01 (Berichtsjahr)	Berichtsjahr	Vorjahr
1	Umsatzerlöse	12.650.400,00	10.850.400,00
2	Veränderung des Bestandes an Erzeugnissen	+ 36.600,00	– 15.800,00
4	Sonstige betriebliche Erträge	47.500,00	38.400,00
1–4	**Zwischensumme 1–4**	**12.734.500,00**	**10.873.000,00**
5	Materialaufwand:		
	a Aufwendungen für Roh-, Hilfs-, Betriebsstoffe, Vorprodukte/Fremdbauteile, Waren	4.774.700,00	4.120.000,00
	b Aufwendungen für bezogene Leistungen	12.600,00	10.200,00
	Zwischensumme 5a–5b	**4.787.300,00**	**4.130.200,00**
	Rohergebnis (Zwischensumme 1–4 minus Zwischensumme 5)	**7.947.200,00**	**6.742.800,00**
6	Personalaufwand:		
	a Löhne und Gehälter	5.460.000,00	4.660.400,00
	b Soziale Abgaben	1.100.000,00	950.800,00
7	Abschreibungen auf Sachanlagen	410.000,00	384.300,00
8	Sonstige betriebliche Aufwendungen	450.000,00	365.700,00
	Zwischensumme 6–8	**7.420.000,00**	**5.361.200,00**
	Betriebsergebnis	**527.200,00**	**381.600,00**
11	Zinserträge	25.600,00	21.300,00
13	Zinsaufwendungen	176.400,00	153.200,00
14	**Ergebnis der gewöhnlichen Geschäftstätigkeit**	**376.400,00**	**249.700,00**
18	Steuern vom Einkommen und vom Ertrag	36.400,00	29.700,00
20	**Jahresüberschuss**	**340.000,00**	**220.000,00**

Die nachfolgenden Angaben stehen Ihnen zusätzlich zur Verfügung:

■ Als Unternehmerlohn sind für beide Jahre jeweils 60.000,00 € anzusetzen.

■ Das Kapital betrug zu Beginn des Geschäftsjahres 00 insgesamt 5.945.000,00 €.   →

Vertiefende Übungen (Fortsetzung)

- Die Umsatzrentabilität wird in der Branche mit durchschnittlich 2,0 % angesetzt, die Umsatzverdienstrate mit 5,0 %.
- Die Personalkostenintensität der Branche beträgt durchschnittlich 55 %,
- Die Materialkostenintensität der Branche beträgt durchschnittlich 46 %.
- Der Lagerbestand an Werkstoffen wurde am 01.01.00 mit 1.480.000,00 € ausgewiesen, der Forderungsbestand mit 426.400,00 €.
- In der Branche wird mit einer durchschnittlichen Lagerdauer von 120 Tagen und mit einer Kreditdauer von 20 Tagen gerechnet.

a) Erstellen Sie eine Auswertung der beiden Gewinn- und Verlustrechnungen mit den Kennzahlen zur Rentabilität, zum ROI, zum Cashflow, zur Umsatzverdienstrate, zur Personalkostenintensität, zur Materialkostenintensität, zum Lagerumschlag und zum Forderungsumschlag.

b) Werten Sie die Veränderungen und geben Sie Begründungen dafür an.

c) In welchen Positionen hat das Unternehmen überdurchschnittliche Ergebnisse erzielt?

d) Machen Sie deutlich, in welchen Bereichen das Unternehmen eine Verbesserung anstreben sollte. Erörtern Sie Maßnahmen zur Verbesserung der Erfolgslage.

2. In dem Unternehmen Frank Meyer e. K., elektronische Geräte, weisen die Gewinn- und Verlustrechnungen für die beiden Geschäftjahre 00 und 01 folgende Aufwendungen und Erträge aus (vgl. Vertiefende Übung 2, Seite 183):

	Gewinn- und Verlustrechnungen der Frank Meyer e. K. für die beiden Geschäftsjahre 00 (Vorjahr) und 01 (Berichtsjahr)	Berichtsjahr	Vorjahr
1	Umsatzerlöse	13.456.675,00	12.645.650,00
2	Veränderung des Bestandes an Erzeugnissen	– 45.400,00	+ 26.720,00
4	Sonstige betriebliche Erträge	66.800,00	53.740,00
1–4	**Zwischensumme 1–4**	**13.478.075,00**	**12.726.110,00**
5	Materialaufwand:		
	a Aufwendungen für Roh-, Hilfs-, Betriebsstoffe, Vorprodukte/Fremdbauteile, Waren	5.145.630,00	4.859.200,00
	b Aufwendungen für bezogene Leistungen	7.850,00	6.240,00
	Zwischensumme 5a–5b	**5.153.480,00**	**4.865.440,00**
	Rohergebnis (Zwischensumme 1–4 minus Zwischensumme 5)	**8.324.595,00**	**7.860.670,00**
6	Personalaufwand:		
	a Löhne und Gehälter	6.160.400,00	5.814.400,00
	b Soziale Abgaben	1.265.280,00	1.173.430,00
7	Abschreibungen auf Sachanlagen	286.400,00	254.300,00
8	Sonstige betriebliche Aufwendungen	312.135,00	365.730,00
	Zwischensumme 6–8	**8.024.215,00**	**7.607.860,00**
	Betriebsergebnis	**300.380,00**	**252.810,00**
11	Zinserträge	46.440,00	31.270,00
13	Zinsaufwendungen	63.120,00	67.430,00
14	**Ergebnis der gewöhnlichen Geschäftstätigkeit**	**283.700,00**	**216.650,00**
18	Steuern vom Einkommen und vom Ertrag	43.700,00	36.650,00
20	**Jahresüberschuss**	**240.000,00**	**180.000,00**

Die nachfolgenden Angaben stehen Ihnen zusätzlich zur Verfügung:

- Als Unternehmerlohn sind für beide Jahre jeweils 40.000,00 € anzusetzen.
- Das Kapital betrug zu Beginn des Geschäftsjahres 00 insgesamt 4.075.300,00 €.

- Die Umsatzrentabilität wird in der Branche mit durchschnittlich 1,4 % angesetzt, die Umsatzverdienstrate mit 3,5 %.
- Die Personalkostenintensität der Branche beträgt durchschnittlich 55 %, die Materialkostenintensität durchschnittlich 40 %.
- Der Lagerbestand an Werkstoffen wurde am 01.01.00 mit 1.480.000,00 € ausgewiesen, der Forderungsbestand mit 621.400,00 €.
- In der Branche wird mit einer durchschnittlichen Lagerdauer von 90 Tagen und mit einer Kreditdauer von 20 Tagen gerechnet.

a) Erstellen Sie eine Auswertung der beiden Gewinn- und Verlustrechnungen mit den Kennzahlen zur Rentabilität, zum ROI, zum Cashflow, zur Umsatzverdienstrate, zur Personalkostenintensität, zur Materialkostenintensität, zum Lagerumschlag und zum Forderungsumschlag.

b) Werten Sie die Veränderungen und geben Sie Begründungen dafür an.

c) Erörtern Sie Maßnahmen zur Verbesserung der Erfolgslage.

4
Die Rechnungslegung nach HGB und IFRS gegenüberstellen

Im INFO-Teil dieses Lernbuches finden Sie auf den Seiten 431 bis 433 die sachlichen Grundlagen zur Rechnungslegung nach den International Financial Reporting Standards (= **IFRS**) dargestellt. Wir geben Ihnen damit die Möglichkeit, sich in das vor allem für börsennotierte Kapitalgesellschaften bedeutsame Regelwerk einzuarbeiten.

› INFO-Teil
LF 8, Kap. 4

9

Das Unternehmen im gesamt- und weltwirtschaftlichen Zusammenhang einordnen

Leitidee

Das Lernfeld 9 ist im Vergleich zu den vorherigen und folgenden Lernfeldern nicht von einer betriebswirtschaftlichen, sondern von einer volkswirtschaftlichen Sichtweise geprägt. Es soll hier darum gehen, von einer einzelbetrieblichen Betrachtung wegzugehen und den Blick zunächst gezielt auf die deutsche Volkswirtschaft zu richten. Zudem soll die Bedeutung internationaler Verflechtungen und des Globalisierungsprozesses in die Betrachtung einbezogen werden.

Um diesem Anspruch gerecht zu werden, sind in den Kapiteln zu Lernfeld 9 ganz unterschiedliche Fragestellungen und Zugänge eingebracht, die immer der Erklärung gesamtwirtschaftlicher Phänomene und Zusammenhänge dienen sollen. In der Bearbeitung haben Sie zunächst die Möglichkeit, alleine oder in der Zusammenarbeit mit Mitschülern eigene Gedanken zu den beschriebenen Situationen zu entwickeln oder auf Ihr Vorwissen zurückzugreifen. Im weiteren Lesen sollten sich dann zusätzliche Aspekte der Lösungen ergeben. Die angebotenen Arbeitshilfen enthalten zu diesem Zweck nicht nur Materialien, sondern zum Teil auch erste Überlegungen zur Klärung der jeweils aufgeworfenen Fragestellung.

1
Das marktwirtschaftliche System – Wem nützt die Marktwirtschaft?

Ausgangslage

Dieses Kapitel beschäftigt sich mit der Position der Unternehmen, der privaten Haushalte und des Staates, besonders aber mit deren jeweiligen Interessenlagen, die oft deutlich voneinander abweichen. In einer Volkswirtschaft muss ein Ausgleich dieser Interessen hergestellt werden. Das gilt insbesondere in einer Marktwirtschaft, in der alle Akteure in der Lage sein sollten, ihren Einfluss auf das Wirtschaftsgeschehen geltend zu machen.

Inwieweit sie dies können, hängt von einem Ordnungsrahmen ab, dem sie unterliegen. Dieser Rahmen bildet sich aus zahlreichen Ordnungsmerkmalen, die es in diesem Kapital zu erarbeiten und näher zu erläutern gilt.

Lernziele

Nach der Arbeit mit diesem Kapitel ...

- verfügen Sie über ein grundlegendes Verständnis für die divergierenden und konvergierenden Interessenlagen der verschiedenen Wirtschaftssubjekte innerhalb einer Marktwirtschaft,
- sind Sie in der Lage, volkswirtschaftliche Meinungsbildungs- und Entscheidungsprozesse nachzuvollziehen,
- sind Sie in der Lage, die Merkmale der sozialen Marktwirtschaft in Deutschland anhand wirtschaftspolitischer Kriterien zu beschreiben,
- verstehen Sie den ordnungspolitischen Rahmen der sozialen Marktwirtschaft in Deutschland als ein auf Interessenausgleich und Regulierung gerichtetes Instrument der Wirtschaftspolitik.

1.1
Die Interessen der Wirtschaftssubjekte in einer Volkswirtschaft

In der **Makroökonomie** als Teil der Volkswirtschaftslehre[1] werden gesamtwirtschaftliche Entwicklungen und Verhaltensweisen untersucht. Dazu werden Gruppen der unterschiedlichen Akteure einer Volkswirtschaft gebildet. Einzelne Unternehmen, die Güter und/oder Dienstleistungen sowohl produzieren als auch anbieten und nachfragen, werden zu Einheiten zusammengefasst (aggregiert): Man spricht von dem Wirtschaftssubjekt **Unternehmen**.

Makroökonomie

Analog geht man bei der Betrachtung der Haushalte vor. Hier werden nicht einzelne Personen mit ihren Wünschen und Interessen betrachtet, sondern man fasst alle privaten Einzelpersonen und Institutionen, die Güter und Dienstleistungen nachfragen und ihre Arbeitskraft anbieten, zu dem Wirtschaftssubjekt **Private Haushalte** zusammen.

Wirtschafts-subjekte

Auch der **Staat** bietet an und fragt nach. Er bildet ein drittes Wirtschaftssubjekt innerhalb der volkswirtschaftlichen Betrachtung. In ihm werden alle öffentlichen Gebietskörperschaften (Bund, Länder und Gemeinden) und auch die Sozialversicherungsträger zusammengefasst.

Sozialver-sicherungen
› LF 7, Kap. 6.2

Neben den drei genannten Wirtschaftssubjekten, auf die sich die folgenden Ausführungen zunächst konzentrieren, gibt es weitere. Im Inland kommt den Banken und Finanzdienstleistern eine besondere Rolle zu. Sie werden aggregiert als **Kapitalsammelstellen** bezeichnet. Als Arbeitgeber gehören Sie zu den Unternehmen.

Als fünftes Wirtschaftssubjekt kommt das **Ausland** hinzu. Es tritt auf vielfältige Weise zu unserer heimischen Volkswirtschaft in Beziehung, indem aus dem Ausland Güter und Dienstleistungen nachgefragt und angeboten werden. Grenzgänger, die im Ausland wohnen, aber in Deutschland arbeiten (und umgekehrt), spielen dabei ebenfalls eine Rolle.

Das Zusammenspiel der Wirtschaftssubjekte untereinander und die Konsequenzen für die einzelnen Gruppen und die Volkswirtschaft im Gesamten werden in Kapitel 4 in einem Wirtschaftskreislauf beschrieben.

Wirtschafts-kreislauf
› Kap. 4

Situation

Sprit zu Ferienbeginn teurer

Erhöhungen bis 10 Cent keine Seltenheit

Meldungen wie diese sind insbesondere vor Feiertagen, langen Wochenenden oder den Ferien keine Seltenheit. Begleitet werden derartige Preiserhöhungen häufig durch Stellungnahmen verschiedener Akteure.

Arbeitsaufträge

1. Welche Wirtschaftssubjekte sind in den folgenden Arbeitshilfen vertreten? Fassen Sie die Argumente der jeweiligen Vertreter in knapper Form zusammen.
2. Stellen Sie Vermutungen darüber an, welche offenen und verdeckten Interessen die Vertreter der Wirtschaftssubjekte in den Stellungnahmen verfolgen.

› Arbeitshilfen

→

---

1 In der Mikroökonomie, einem weiteren Teilgebiet der Volkswirtschaftslehre, wird das Verhalten einzelner Wirtschaftssubjekte, also einzelner Unternehmen oder Haushalte untersucht.

> **INFO-Teil**

3. Entscheiden Sie, welche Stufe der Bedürfnispyramide nach Maslow jeweils angesprochen ist.

a) Kinobesuch   e) ein Paar Schuhe

b) Abendessen im Restaurant   f) Skatrunde

c) Eigentumswohnung   g) Englisch-Kurs

d) Beförderung zum Abteilungsleiter   h) Urlaubsreise

4. Entscheiden Sie jeweils, ob es sich um ein Konsumgut in Form eines Verbrauchs- oder Gebrauchsgutes oder um ein Produktionsgut in Form eines Verbrauchs- oder Gebrauchsgutes handelt.

a) Verpackungsmaschine in der Versandabteilung

b) Kaffeemaschine in der Werkskantine

c) Schrauben in der Produktion

d) Kühlschrank im Privathaushalt

e) Firmenwagen des Außendienstmitarbeiters

f) Zahnpasta im Privathaushalt

Arbeitshilfe 1

Begründung der Notwendigkeit von Preiserhöhungen

Herr Scheidt, Vertreter der Mineralölbranche: *„Ursache für den starken Preisanstieg sind natürlich nicht die beginnenden Sommerferien. Für diese Entwicklung sind andere Faktoren ausschlaggebend. Ein wesentlicher Grund liegt in der ständig wachsenden Benzinnachfrage in den USA. Benzin ist dort chronisch knapp und diese Nachfrage hat ihre Auswirkung auf den Preis.*

Zudem spielen der Krisenherd Ukraine, der Atomstreit mit dem Iran und auch die nordkoreanischen Raketentests eine Rolle bei der Verteuerung des Benzins. So kann es zu Engpässen in der Versorgung mit Rohöl kommen und deswegen steigen auch die Preise für Benzin. Wegen dieser anhaltenden Entwicklung gibt es kaum Aussichten auf sinkende Preise, zumal sich die Kostensituation der Mineralölgesellschaften ebenfalls ungünstig gestaltet. Zurzeit bleibt lediglich ein Deckungsbeitrag von 7 Cent pro Liter, der allenfalls zur Kompensierung der fixen Kosten reicht."

Arbeitshilfe 2

Stellungnahme eines Sprechers des Bundesverkehrsministeriums:

Einerseits ist mit fast 76 $ je Barrel (knapp 159 Liter) der Preis für Rohöl an den Spotmärkten[1] hoch wie nie. Andererseits sind die Depots der Mineralölgesellschaften gut gefüllt. Natürlich müssen diese zwar ständig nachkaufen, doch werden Preiserhöhungen auf den Spotmärkten unverzüglich an den Endverbraucher weitergegeben, während der Autofahrer von Preisrückgängen beim Rohöl nur mit großer zeitlicher Verzögerung profitieren kann. Eklatante Preisanstiege, wie sie auch jetzt wieder zu beobachten sind, erhöhen zunächst einmal die Margen der Gesellschaften und belasten die Haushalte über Gebühr.

---

1 ein Markt, auf dem ein börsliches Geschäft, bestehend aus Lieferung, Abnahme und Bezahlung unmittelbar abgewickelt wird (der Verf.)

Arbeitshilfe 3

Stellungnahme eines Automobilclubs zu den Mineralölpreisen

Staat und Mineralölgesellschaften greifen dem Autofahrer hierzulande kräftig in die Tasche. Die Mineralölsteuer ist in der Bundesrepublik so hoch wie sonst weltweit fast nirgends und auch die Gewinne der Mineralölgesellschaften sind derzeit nicht gerade als bescheiden zu bezeichnen. Insbesondere Letztere kassieren dabei vor und während der Sommerferien kräftig ab und nutzen die Abhängigkeit Einzelner von Deutschlands Verkehrsmittel Nr. 1, dem Auto, schamlos aus. Insgesamt wird dabei aber übersehen, dass gerade die hohe Mobilität hier in Deutschland auch ein Garant für unseren Wohlstand ist. Staat und Mineralölgesellschaften täten also gut daran, den Geldbeutel der Autofahrer nicht permanent über Gebühr zu strapazieren.

Im Folgenden werden beispielhaft Argumente der Wirtschaftssubjekte aufgeführt. Beachten Sie, dass man zwischen offen geäußerten und verdeckten Argumenten unterscheiden muss.

Beispiele für Interessen der Unternehmen, hier Mineralölbranche

offen	verdeckt
■ notwendige Preissteigerungen aufgrund steigender Kosten ■ betriebswirtschaftlich zwingende und legitime Handlungsweise	■ Maximierung des Gewinns ■ Handlungsspielräume in der Preisgestaltung ausnutzen ■ keine Verantwortung für andere Wirtschaftssubjekte

Beispiele für Interessen des Staates, z. B. Bundesverkehrsministerium

offen	verdeckt
§§ § 1 Stabilitätsgesetz Bund und Länder haben in ihren wirtschafts- und finanzpolitischen Maßnahmen die Erfordernisse des gesamtwirtschaftlichen Gleichgewichts zu beachten. Die Maßnahmen sind so zu treffen, dass sie im Rahmen der marktwirtschaftlichen Ordnung gleichzeitig zur Stabilität des Preisniveaus, zu einem hohen Beschäftigungsstand und außenwirtschaftlichen Gleichgewicht bei stetigem und angemessenem Wirtschaftswachstum beitragen.	■ Wählerzufriedenheit ■ Gewinndisziplin bei den Unternehmen erforderlich ■ größere Ehrlichkeit gegenüber den Konsumenten im Hinblick auf die Preisfindung der Unternehmen ■ unzufrieden damit, dass Kostensteigerungen unmittelbar an die Endverbraucher weitergegeben werden, Kostensenkungen aber erst mit zeitlicher Verzögerung

Beispiele für Interessen der Haushalte, repräsentiert durch den Automobilclub

offen	verdeckt
■ Mobilität der Autofahrer sichern ■ Preissenkung	■ als Sprachrohr bzw. Interessensverband der Autofahrer wahrgenommen werden ■ Lobbyarbeit für Autoindustrie ■ Mitgliederzahl erhöhen

Erläuterungen

Das Beispiel der Mineralölpreiserhöhung kurz vor Ferienbeginn zeigt die unterschiedlichen Vorstellungen und Interessen der Wirtschaftssubjekte Haushalte (repräsentiert durch den Automobilclub), Unternehmen (repräsentiert durch die Mineralölgesellschaften) und des Staates (repräsentiert durch das Bundesverkehrsministerium). Als Anbieter können die Mineralölgesellschaften bestimmend wirken. Ihre Preisvorstellung richtet sich zunächst nach ihrer eigenen Kostensituation. Die Preise sollen auf jeden Fall kostendeckend kalkuliert sein. Darüber hinaus haben die Mineralölgesellschaften auch den Wunsch, Gewinne zu erzielen. Zu diesem Zweck könnten sie ihr Angebot künstlich verknappen; das bedeutet meist, dass die Preise anziehen werden.

Die privaten Haushalte als Nachfrager haben relativ wenige Möglichkeiten, um auf den Preis des Gutes einzuwirken. Durch einen Konsumverzicht, also den Verzicht darauf, Benzin nachzufragen, wird das Gut eventuell weniger knapp und die Anbieter reduzieren eventuell den Preis. Auf jeden Fall entlastet der Konsumverzicht, durch den das Auto weniger genutzt wird, den eigenen Geldbeutel.

Auch der Staat tritt als Nachfrager nach Benzin auf, hat aber wie die privaten Haushalte durch das Nachfrageverhalten einen relativ geringen Einfluss auf den Preis. Auf den Preis selbst wirkt der Staat maßgeblich durch die direkte Besteuerung des Kraftstoffes. Die Mineralölsteuer und die Mehrwertsteuer werden in den Preis einkalkuliert. Hinzu kommt seit 2007 die gesetzliche Verpflichtung für die Mineralölkonzerne, dem Benzin relativ teuren Biotreibstoff beizumischen.

Verkäufermarkt/ Käufermarkt
› Band 1,
LF 2 und LF 5

In dem dargestellten Fall wirken die Unternehmen bestimmend auf den Preis. Daher spricht man von einem **Verkäufermarkt**. Der Verkäufer besitzt die größere Marktmacht. Liegt diese beim Käufer, spricht man von einem **Käufermarkt**.

> **Beispiel**
>
> So hat sich beispielsweise der Markt für Kickroller Mitte der Neunziger Jahre von einem Verkäufermarkt zu einem Käufermarkt gewandelt. Zunächst waren die Unternehmen in der Lage, für ihre Kickroller hohe Preise zu verlangen, die von den Nachfragern auch bezahlt wurden, da das angebotene Produkt neu und einzigartig war. Innerhalb kurzer Zeit war der Markt gesättigt bzw. das Interesse an diesem Produkt stark zurückgegangen. Die größere Marktmacht hatte sich auf die Nachfrager verlagert. Der Preis der Kickroller ist in dieser Phase sehr stark gefallen.

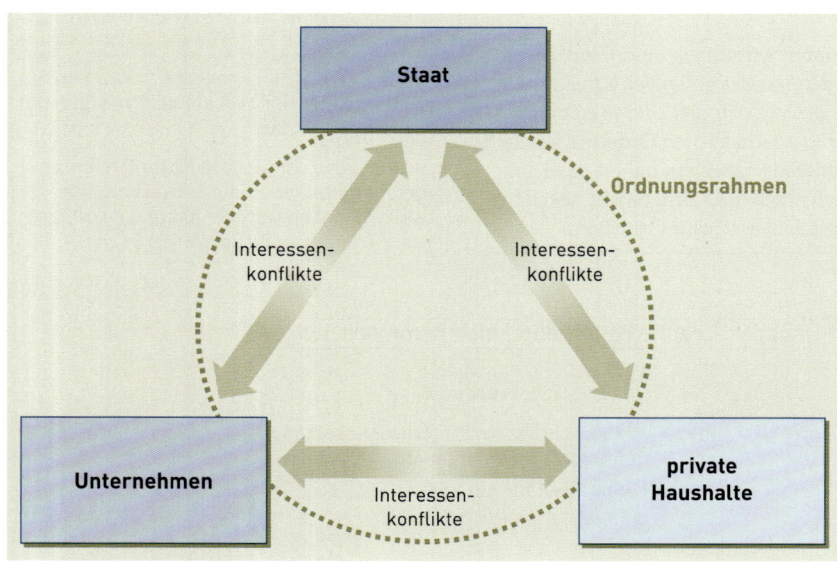

Die nebenstehende Übersicht visualisiert die Beziehungen der Wirtschaftssubjekte im Hinblick auf ihre Interessen.

Der Ordnungsrahmen besteht aus rechtlichen bzw. politischen Regelungen, die das Zusammenleben der Wirtschaftssubjekte regulieren sollen.

Vertiefende Übungen

Die Übungsaufgaben können erst dann vollständig bearbeitet werden, wenn auch der INFO-Teil gelesen wurde.

> INFO–Teil

1. Ein Industrieunternehmen fertigt Maschinenbauteile in serieller Fertigung. Dabei besteht die Möglichkeit, für die Produktion von 1 000 Teilen den Produktionsfaktor Arbeit (in Arbeitsstunden) und den Produktionsfaktor Kapital (in Maschinenstunden) wie in der folgenden Tabelle dargestellt zu kombinieren:

Arbeitsstunden (in 100 Einheiten)	Maschinenstunden (in 100 Einheiten)
4	1
2	3
1	5

Der Preis für eine Arbeitsstunde beträgt 54,00 €, der Preis für eine Maschinenstunde beträgt 28,00 €.

a) Ermitteln Sie für die kostengünstigste Kombination der Produktionsfaktoren die Höhe der Gesamtkosten.

b) Wie hoch sind die Kosten, die für die Produktionsfaktoren Arbeit und Kapital je Maschinenbauteil bei der günstigsten Kostenkombination anfallen?

2. Beschreiben Sie, in welchem Beziehungszusammenhang die genannten Güter jeweils stehen:

a) Kaminofen und Feuerholz

b) Küchensieb aus Plastik und Küchensieb aus Edelstahl

c) Zucker und Süßstoff

d) Dieselkraftstoff von Mineralölgesellschaft A und Dieselkraftstoff von Mineralölgesellschaft B

e) DVD und DVD-Player

3. Beschreiben Sie, ob das Unternehmen nach dem Minimal- oder Maximalprinzip handelt oder ob nach dem ökonomischen Prinzip gehandelt wird.

a) In der Produktion sind die Beschäftigten dazu angehalten, beim Verbrauch der vorhandenen Rohstoffe möglichst wenig Ausschuss zu produzieren.

b) Bei einer Investitionsentscheidung soll die kostengünstigste Alternative gekauft werden.

c) Der Vorarbeiter fordert von seinen Mitarbeitern, in möglichst kurzer Zeit möglichst viel zu produzieren.

d) In einer Spedition sollen die Fahrer bei der Auslieferung von Waren jeweils die kürztmögliche Route wählen.

1.2
Ordnungsmerkmale der sozialen Marktwirtschaft – Was macht unsere Marktwirtschaft sozial?

Ausgangslage　In einer Volkswirtschaft sind das Handeln der Wirtschaftssubjekte und ihre Beziehungen zueinander äußerst komplex. Sehr unterschiedliche Vorstellungen und Interessenlagen sind jeweils bestimmend und führen immer wieder zu Konflikten. Um das wirtschaftliche Geschehen in einer sozialen Marktwirtschaft zu regulieren, gibt es daher einen politischen Ordnungsrahmen. Er ist durch eine Reihe von unterschiedlichen Merkmalen bestimmt.

Arbeitsaufträge

› Arbeitshilfen

1. Benennen Sie für jedes der nachfolgenden Beispiele (siehe Arbeitshilfen 1 bis 7) die möglichen Konfliktparteien und deren Standpunkte. Beschreiben Sie den potenziellen Konfliktinhalt. Wer wird sich im Zweifel eher durchsetzen können?
2. In den Beispielen sind die folgenden Ordnungsmerkmale enthalten:
   a) Preisbildung[1]　　　e) Produktions- und Gewerbefreiheit
   b) Wettbewerb　　　　f) Konsumfreiheit
   c) Eigentumsordnung　　g) freie Wahl des Arbeitsplatzes
   d) Vertragsfreiheit　　h) Koalitionsfreiheit und Tarifautonomie
   Die Merkmale sind Teile eines Ordnungsrahmens einer sozialen Marktwirtschaft. Ordnen Sie die Ordnungsmerkmale den Beispielen zu und begründen Sie Ihre Einschätzung.

› INFO-Teil
LF 9, Kap. 1.2

3. Worin unterscheidet sich der Realtyp der Wirtschaftsordnung der sozialen Marktwirtschaft vom Idealtyp der freien Marktwirtschaft?

Arbeitshilfe 1

Pharmahändler müssen Kartellstrafe zahlen

HB DÜSSELDORF. Das Bundeskartellamt hat ein Bußgeld von 2,6 Mio. € gegen vier Pharmagroßhändler verhängt. Sie sollen den Markt unzulässig unter sich aufgeteilt haben. Drei der vier Unternehmen wollen jedoch gegen das Kartellamt klagen.

Betroffen seien verschiedene Großhändler, teilten die Wettbewerbshüter am Freitag mit. Kartellamtschef Ulf Böge betonte, aufgrund von Beweismitteln, die bei Razzien bei den Unternehmen sichergestellt worden seien, habe „das Amt keinen Zweifel an der vorsätzlichen Absprache der beschuldigten Pharmagroßhändler". [...] Begonnen hatten die Absprachen unter den vier deutschen Marktführern dem Kartellamt zufolge, nachdem ein beteiligtes Unternehmen Anfang 2003 mit einer Rabattoffensive seinen Wettbewerbern Apotheken als Kunden und damit Marktanteile abgejagt hatte. Daraus resultierte ein Preiskampf in der Branche, der Mitte 2003 durch Absprachen zwischen den Branchenriesen unterbunden worden sei – denn diese hätten sich entschieden, die von dem besagten Unternehmen gewonnenen Marktanteile wieder auf die anderen Unternehmen zu verteilen. Dieses habe dazu vorsätzlich die Preise für einige Apotheken erhöht, die daraufhin wieder bei der Konkurrenz orderten. Auf diese Weise habe das Kartell die Rabattschlacht beendet und die „Marktruhe" wiederhergestellt, erklärten die Wettbewerbshüter.

aus: www2.handelsblatt.com/news/Unternehmen/Industrie/_pv/_p/200038/_t/ft/_b/1129818/default.aspx/pharmahaender-muessen-kartellstrafe-zahlen.html, Zugriff am 12.08.2007

1　zur Preisbildung siehe Kapitel 2

Arbeitshilfe 2

§§ Auszug aus dem Grundgesetz für die Bundesrepublik Deutschland

Artikel 14 [Eigentum; Erbrecht; Enteignung]

(1) Das Eigentum und das Erbrecht werden gewährleistet. Inhalt und Schranken werden durch die Gesetze bestimmt.

(2) Eigentum verpflichtet. Sein Gebrauch soll zugleich dem Wohle der Allgemeinheit dienen.

(3) Eine Enteignung ist nur zum Wohle der Allgemeinheit zulässig. Sie darf nur durch Gesetz oder auf Grund eines Gesetzes erfolgen, das Art und Ausmaß der Entschädigung regelt. Die Entschädigung ist unter gerechter Abwägung der Interessen der Allgemeinheit und der Beteiligten zu bestimmen. Wegen der Höhe der Entschädigung steht im Streitfalle der Rechtsweg vor den ordentlichen Gerichten offen.

Arbeitshilfe 3

Als Vertragszusatz nimmt ein Arbeitgeber die Klausel mit in die Arbeitsverträge auf, dass Teilzeitbeschäftigte im Krankheitsfall keinen Anspruch auf Lohnfortzahlung haben. Neue Arbeitsverträge, die der Arbeitgeber mit Vollzeitbeschäftigten abschließt, enthalten diese Klausel nicht. Ein gerade eingestellter Teilzeitbeschäftigter klagt vor dem Arbeitsgericht und verweist auf das Allgemeine Gleichbehandlungsgesetz (AGG). Dieses Bundesgesetz wurde im Jahr 2006 verabschiedet und soll ungerechtfertigte Benachteiligungen, die bspw. aus Gründen der Rasse, der ethnischen Herkunft, des Geschlechts, der Religion oder aus anderen Gründen entstehen, verhindern und beseitigen. Dieses Gesetz wird umgangssprachlich auch Antidiskriminierungsgesetz genannt.

Arbeitshilfe 4

Handytarife für Jugendliche:
Teencards schützen nicht vor allen Kostenfallen

Mit speziellen Vertragsangeboten für Kinder und Jugendliche wollen die Mobilfunkanbieter [...] ihre Zielgruppe vor Kostenfallen beim Handy schützen. Sie bieten den jungen Nutzern spezielle Tarife ohne Grundgebühren und versprechen den Eltern Sicherheit und Kostenkontrolle. So verwehren die Teencards den Zugang zu 0190er- und 0900er-Rufnummern, die Anwahl teurer Sonderdienste mit 0137/0138er-Nummer sowie zu 118er-Auskunftsdiensten. Ebenfalls keine Verbindung gibt es zu kostenpflichtigen Informations- und Service-Nummern, etwa bestimmten vierstelligen Mobilfunk-Kurzwahlen.

Die Spezialtarife, die dem Wunsch von Eltern und Verbraucherschützer Rechnung tragen, sind als zusätzliches Angebot durchaus zu begrüßen, doch fordert die Schutzgemeinschaft der Handynutzer noch weitergehende Schritte.

Hohe Kosten verursachen Jugendliche nämlich vor allem durch den Download von Logos und Klingeltönen über so genannte Premium-SMS, insbesondere beim Abschluss von Abo-Verträgen. Auch die Teilnahme an Flirt-Chats kann richtig ins Geld gehen. Die Anwahl dieser teuren Kurzwahldienste ist bei den Teencard-Tarifen nicht automatisch versagt und wird nur auf ausdrücklichen Wunsch der Eltern gesperrt. [...] Ein weiterer Wermutstropfen: Um eine Teencard für den Nachwuchs erwerben zu können, muss ein Elternteil bereits über einen Laufzeitvertrag bei dem entsprechenden Mobilfunkanbieter verfügen. [...] Hier (der Verf.: genannt wird die hohe Grundgebühr eines Anbieters) sehen die Verbraucherschützer weiteren Handlungsbedarf, sind aber positiv gestimmt, weitere Verbesserungen im Sinne der Nutzer herbeiführen zu können.

vgl.: www.verbraucherzentrale-nrw.de/
UNIQ116582902006365/link198066A.html,
Zugriff am 15.09.2005

Arbeitshilfe 5

Der drogenabhängige Jürgen Schnitzler konsumiert fast täglich Heroin.

Arbeitshilfe 6

Nach ihrem Studium des Steuerrechts möchte Katrin Bieda als selbstständige Steuerberaterin arbeiten. Von der zuständigen Steuerberaterkammer erfährt sie aber, dass hierfür eine besondere Bestellung, die an gewisse Voraussetzungen geknüpft ist, nötig ist.

Arbeitshilfe 7

Kurzsichtig – Die IG Metall muss umdenken, sonst hat sie keine Zukunft
Christian Tenbrock

Wie immer die Tarifgespräche der Metallindustrie ausgehen, die am Mittwoch [...] neu begannen – ein Beispiel professioneller Verhandlungsführung war es nicht, was Gewerkschaft und Arbeitgeber in den vergangenen Wochen boten.

Wer die Tarifautonomie erhalten will, muss es den Tarifpartnern überlassen, Lösungen zu finden. Wie das geht, hat die Chemiebranche vorgemacht. Ihr gelang der Abschluss schnell und geräuschlos. Das hat viel mit gewachsenem Vertrauen zu tun, aber auch mit der Bereitschaft, neue Pfade zu suchen. Eine beim Scheitern von Tarifgesprächen automatische interne Schlichtung durch ein von Gewerkschaftern und Arbeitgebern besetztes Gremium vergrößert den Verhandlungsdruck und verzögert den Weg in den – grundsätzlich möglichen – Streik.

Verschiedenen wirtschaftlichen Voraussetzungen wird mit differenzierten Abschlüssen Rechnung getragen: Für den Kohlebergbau wurde von der Gewerkschaft anderes vereinbart als für den Chemiesektor. Fast unbemerkt gelang der Einstieg in eine von Betrieb zu Betrieb unterschiedliche Bezahlung: Die Höhe des Weihnachtsgelds hängt künftig auch daran, wie es dem einzelnen Unternehmen geht.

vgl.: www.zeit.de/archiv/2002/21/200221_kolumne.xml, Zugriff am 18.12.06

Vertiefende Übungen

> **INFO-Teil**

1. Freie Marktwirtschaft, soziale Marktwirtschaft und Zentralverwaltungswirtschaft: Welche dieser drei Wirtschaftsordnungen ist mit den folgenden Aussagen jeweils angesprochen?

   a) Die Vertragsfreiheit wird durch Gesetze eingeschränkt.

   b) Der Staat greift nicht in das wirtschaftliche Geschehen ein. (Man spricht in diesem Zusammenhang auch von einem „Nachtwächterstaat".)

   c) Die in der Volkswirtschaft benötigten Güter und Leistungen werden entsprechend einer längerfristigen Planung produziert bzw. bereitgestellt.

   d) Privateigentum an Produktionsmitteln ist nicht vorgesehen.

   e) Die Produktions-, Konsum- und Gewerbefreiheit ist durch staatlichen Einfluss eingeschränkt.

   f) Dem Schutz der Konsumenten wird gegenüber der Freiheit der Unternehmen keine Priorität eingeräumt.

2. Die Wirtschaftsordnung in Deutschland ist die soziale Marktwirtschaft. Welche der folgenden Maßnahmen sind nach der heutigen Gesetzeslage mit der sozialen Marktwirtschaft vereinbar?

a) Die Bundesregierung ordnet einen Mietpreisstopp für alle Wohnungen an.

b) Das Bundeskartellamt verhängt gegen einige Unternehmen Bußgelder wegen Preisabsprachen.

c) Durch ein Bundesgesetz werden Höchstgrenzen für die Emission (für die Aussendung) von gefährlichen Schadstoffen in Gewässer festgelegt.

d) Die privaten Krankenversicherungen werden aufgelöst und für alle Bürger wird eine einheitliche Krankenversicherung Pflicht.

e) Der Gesetzgeber bestimmt, dass die Prozentsätze der Einkommensteuer mit der Höhe des zu versteuernden Einkommens sinken, um verstärkte Leistungsanreize zu geben.

3. Entscheiden Sie jeweils, welche Wirtschaftsordnung tendenziell beschrieben wird.

a) Die Unternehmen treffen ihre Investitionsentscheidungen ausschließlich unter Berücksichtigung der erzielbaren Marktpreise. Eingriffe des Staates in die Preisbildung finden nicht statt.

b) Der Staat trägt durch vielfältige Maßnahmen – wie beispielsweise Transferzahlungen – dazu bei, dass ein Mindesteinkommen für die privaten Haushalte gesichert ist.

c) Für die Wirtschaftsunternehmen werden Planleistungen definiert, die innerhalb staatlich festgelegter Zeiträume zu erfüllen sind.

2
Markt und Preis – Wie kommt ein Preis zustande?

Ausgangslage

Ein wichtiges Ordnungsmerkmal der freien Marktwirtschaft ist die Preisbildung. Die Unternehmen haben weitgehend freie Hand bei der Gestaltung ihrer Preise, Eingriffe des Staates sind jedoch möglich. Auch die privaten Haushalte haben einen Einfluss auf die Bildung von Preisen. Wie aber bildet sich ein Preis?

Lernziele

Nach der Durcharbeit dieses Kapitels ...

- verstehen Sie, wie das Verhalten von Anbietern und Nachfragern die Preisbildung beeinflusst,
- wissen Sie, wie unterschiedlich die Nachfrager auf Änderungen der Preise reagieren können,
- kennen Sie die Preisbildung auf vollkommenen Märkten aus volkswirtschaftlicher Sicht,
- können Sie einen Gleichgewichtspreis ermitteln,
- kennen Sie die Wirkungsweise der Preisbildung in unterschiedlichen Marktformen, die nicht dem Ideal des vollkommenen Marktes entsprechen,
- haben Sie eine Vorstellung davon, wie Marktteilnehmer in unterschiedlichen Marktformen auf Preisänderungen reagieren und
- kennen Sie die Auswirkungen von Eingriffen in die Preisbildung.

Aus betriebswirtschaftlicher Sicht spielen bei den Unternehmen insbesondere Kostenüberlegungen beim Setzen eines Preises eine bedeutende Rolle. Auf volkswirtschaftlicher Ebene wurden mögliche Einflussnahmen anderer Wirtschaftssubjekte auf die Preisbildung bereits angerissen (Kap. 1.1, Beispiel zur Benzinpreiserhöhung).

Nun soll die Preisbildung genauer untersucht werden. Ziel ist es, Verallgemeinerungen zu erkennen, um so einen Mechanismus der Marktpreisbildung in einer Volkswirtschaft im Modell – anhand von Beispielen – und auf realen Märkten abbilden zu können. Dazu wird zunächst das Verhalten der Nachfrager, dann das der Anbieter untersucht.

2.1
Das Verhalten von Anbietern und Nachfragern – Angebot und Nachfrage bestimmen den Preis

2.1.1
Nachfrageverhalten

Situation

Die Bundesregierung der großen Koalition in Deutschland hatte sich 2006 darauf verständigt, die Umsatzsteuer zum 1. Januar 2007 von 16 % auf 19 % anzuheben, um den Staatshaushalt über höhere Steuereinnahmen zu entlasten. Dies hat bei Handel und Industrie sowie den Verbraucherverbänden sofort zu einer kritischen Auseinandersetzung mit diesem Vorhaben geführt. Während sich nicht wenige Stimmen vehement für die Beibehaltung des alten Steuersatzes von 16 % aussprachen, hielt die Bundesregierung gegen alle Widerstände an der Erhöhung fest.

Arbeitsaufträge

1. Mit welchen Konsequenzen rechnen Sie bei einer steigenden Umsatzsteuer mit Blick auf die Nachfrage der privaten Haushalte?

› **Arbeitshilfe**

2. Zeichnen Sie die zu erwartende Konsequenz in ein Koordinatenkreuz in Form einer Geraden ein, die den Verlauf der Nachfrage bei steigenden Preisen beschreibt.

Arbeitshilfe

Gehen Sie bei der Beantwortung des Arbeitsauftrags 2 von einem von Ihnen festgelegten Preis und einer dazu gehörigen (beliebigen) Absatzmenge aus. Tragen Sie diesen Punkt in ein Preis-Mengen-Schema ein, das dem hier gezeigten Koordinatenkreuz in Ihrem Arbeitsheft entspricht.

Was passiert nun bei einer steigenden Umsatzsteuer mit dem Preis und der zu diesem Preis neu abgesetzten Menge?

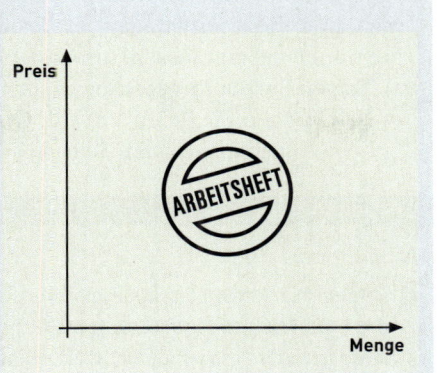

Arbeitsaufträge (Fortsetzung)

3. Zeichnen Sie für die folgenden Fälle 1 bis 4 jeweils eine entsprechende Nachfragekurve in ein Preis-Mengen-Schema im Arbeitsheft ein.

    Fall 1: Noch zu Zeiten der Deutschen Mark hatte sich für eine Tafel Vollmilchschokolade die magische Preisgrenze von 0,99 DM etabliert. Ein Anbieter versuchte trotzdem für sein Produkt einen Preis von 1,09 DM am Markt zu realisieren. Aufgrund dieser Preissteigerung ging die Nachfrage nach dieser Vollmilchschokolade deutlich zurück.

    Fall 2: Bei Preissteigerungen bis ca. 0,05 € pro Liter Benzin reagieren die Verbraucher relativ gelassen. Die Nachfrage geht kaum zurück.

    Fall 3: Trotz einer deutlich gestiegenen Nachfrage, das Fernsehen zu nutzen, ist der Preis für die Fernseh- und Rundfunkgebühren über Jahre hinweg relativ konstant geblieben.

    Fall 4: Obwohl die Preise für Insulin teilweise schwanken, ist die Nachfrage nach diesem Medikament relativ konstant geblieben.

2.1.2
Angebotsverhalten

Arbeitsaufträge (Fortsetzung)

4. Welches Verhalten ist von den Anbietern in Abhängigkeit vom Preis eines Gutes zu erwarten?   › **Arbeitsheft**
    Formulieren Sie, wie sich die Angebotsmenge in Abhängigkeit vom erzielbaren Preis tendenziell verhalten wird, und stellen Sie eine Angebotskurve grafisch dar. Begründen Sie Ihre Entscheidung.

5. Die sieben Unternehmen A bis G fertigen in industrieller Produktion Leiterplatten,   › **Arbeitsheft**
    die dann in nachgelagerten Produktionsstufen anderer Betriebe in elektronischen Geräten verbaut werden.
    Die Kostensituation in den sieben Unternehmen stellt sich wie folgt dar:

Unternehmen	A	B	C	D	E	F	G
maximale Produktionsmenge in Stück	1 Mio.	1 Mio.	1 Mio.	1 Mio.	1 Mio.	1 Mio.	1 Mio.
Fixkosten K_f in €	20.000,00	20.000,00	20.000,00	30.000,00	20.000,00	30.000,00	30.000,00
Var. Kosten/ Stück (k_v) in €	0,03	0,04	0,05	0,05	0,07	0,07	0,08

→

Aufgrund der unterschiedlichen Kostensituationen in den einzelnen Unternehmen sind diese gezwungen, ihr Produkt zu einem unterschiedlichen Verkaufspreis anbieten zu müssen, um kostendeckend zu wirtschaften.

› Arbeitsheft

a) Tragen Sie die Angebotskurve in ein Koordinatensystem ein.
b) Beschreiben Sie deren Verlauf. Gehen Sie davon aus, dass der jeweilige mögliche Angebotspreis den Selbstkosten (Gesamtkosten pro Stück) entspricht.

Arbeitshilfen

Annahmen:

a) Da der Marktanteil jedes einzelnen Unternehmens relativ gering ist, versuchen die Unternehmer nicht, den Marktpreis anzuheben. Sie befürchten, eine große Absatzmenge einzubüßen, da die Nachfrager bei einem höheren Preis auf einen oder mehrere der sechs Konkurrenten ausweichen. Die Unternehmen fungieren also als sogenannte **Mengenanpasser**, d. h., sie passen lediglich ihre Angebotsmenge an den vom Markt vorgegebenen Preis an, ohne versuchen zu wollen, diesen zu beeinflussen. Zudem verkauft jedes Unternehmen nur ein Produkt, hat also nicht die Möglichkeit zu einer Mischkalkulation.

b) Die Unternehmen verfolgen das Ziel der **Gewinnmaximierung**. Dabei ergibt sich der Gewinn (G) rechnerisch aus der Differenz zwischen Erlös (E) und Kosten (K).

Der Erlös entspricht dem Umsatz, ist also das Produkt aus dem erzielbaren Preis (p) und der nachgefragten Menge (x).

Es ergibt sich somit die Erlösfunktion in Abhängigkeit von der abgesetzten Menge: $E(x) = p \cdot x$

Die Erlöse (E) ergeben sich, wenn man die verkaufte Menge (x) mal den Preis (p) nimmt.

Die Kosten bestehen aus fixen Kosten (K_f) und variablen Kosten (K_v). Fixe Kosten verändern sich nicht unmittelbar bei einer Erhöhung der Produktionsmenge. Beispiele hierfür sind Mietaufwendungen und Versicherungsbeiträge.

Die Höhe der variablen Kosten ist abhängig von der Produktionsmenge. Bei einer höheren Produktionsmenge liegen beispielsweise auch die Kosten für Material- und Energieaufwand höher. Die variablen Kosten ergeben sich aus der Multiplikation der variablen Kosten pro Stück (k_v) mit der Produktionsmenge (x).

Es ergibt sich folgende Kostenfunktion in Abhängigkeit von der produzierten Menge: $K(x) = k_v \cdot x + K_f$

Die Gesamtkosten [K(x)] ergeben sich, wenn man die variablen Kosten pro Stück (k_v) mit der Stückzahl (x) multipliziert und die gesamten fixen Kosten (K_f) addiert.

c) Da die produzierte Menge nicht zwangsläufig mit der nachgefragten Menge identisch ist, soll als weitere Annahme gelten, dass die gesamte Produktion auch nachgefragt wird. Zudem wird angenommen, dass ein Unternehmer bereits dann am Markt auftritt, wenn der für ihn erzielbare Preis gerade seine Gesamtkosten pro Stück deckt.

Zusammenfassend ist die Ermittlung des Gewinns schematisch darstellbar:

$$G = p \cdot x - (k_v \cdot x + K_f)$$
$$G = E - K$$
$$\text{Gewinn} = \text{Erlös minus Kosten}$$

Vertiefende Übungen

Bitte lesen Sie vor der Bearbeitung dieser Übungen die passenden Kapitel im INFO-Teil.

1. Es gelten folgende individuelle Nachfragefunktionen der Haushalte A und B:

   Haushalt A: Nachgefragte Menge $x_A = 8 - p$ (p = Preis)

   Haushalt B: Nachgefragte Menge $x_B = 11 - 2p$

   a) Vervollständigen Sie die nachfolgende Tabelle und ermitteln sie die aggregierte Nachfrage X_{ges}.

Preis	0	1	2	3	4	5	6	7	8
x_A									
x_B									
X_{ges}									

   b) Stellen Sie Ihre Ergebnisse aus der Tabelle grafisch dar, indem Sie zunächst die individuellen Nachfragekurven und dann die Gesamtnachfragekurve in ein Koordinatensystem einzeichnen.

   c) Erläutern Sie, was eine Bewegung auf der Nachfragekurve zur Folge hat.

2. Stellen Sie fest, ob die Aussagen richtig oder falsch sind. Begründen Sie bitte jeweils Ihre Antwort. › **INFO-Teil**

   a) Die Nachfrage bei Gütern, die durch Substitutionsgüter ersetzt werden können, ist eher unelastisch.

   b) Wenn sich die Nachfrage trotz einer Preisänderung nicht ändert, ist die Elastizität gleich null.

   c) Die Kenntnis dieser Nachfrageelastizität ist nur für den Nachfrager, nicht aber für den Anbieter interessant.

   d) Die Elastizität für Nahrungsmittel des täglichen Bedarfs ist in der Regel niedriger als für Arzneimittel.

3. Ermitteln Sie für die folgenden Fälle die Preiselastizität der Nachfrage beim Übergang von p_1 auf p_2: › **INFO-Teil**

   a) (p = Preis, m = Menge)

   $p_1 = 8,00 €$ $p_2 = 10,00 €$

   $m_1 = 6$ ME $m_2 = 3$ ME

   b)

   $p_1 = 8,00 €$ $p_2 = 4,00 €$

   $m_1 = 6$ ME $m_2 = 7,5$ ME

4. Überlegen Sie für die Fälle a) bis h) jeweils, ob sich die Angebots- bzw. die Nachfragekurve verschiebt oder ob die Lage beider Kurven unverändert bleibt. Begründen Sie Ihre Antwort jeweils kurz.

   a) Durch Öffnung der Grenzen kommen neue ausländische Anbieter auf den Markt.

   b) Durch Rationalisierungsmaßnahmen gelingt es, die Produktionskosten zu senken.

   c) Die Preise für Substitutionsgüter sinken.

   d) Die Preise für Komplementärgüter steigen.

   e) Die Tarifvertragsparteien vereinbaren eine Erhöhung der Tariflöhne und -gehälter.

   f) Die Mehrwertsteuer steigt um zwei Prozentpunkte.

   g) Ein homogenes Gut wird zu einem vergleichbaren Preis neu am Markt eingeführt.

   h) Eine umfangreiche Werbemaßnahme für das Gut (aus g)) stößt auf eine positive Resonanz.

2.2
Die Marktpreisbildung im Modell

Aus volkswirtschaftlicher Sicht bilden sich Preise auf Märkten, auf denen das Angebot und die Nachfrage nach einem Gut zusammengebracht werden. Geschieht dies auf einem Markt ohne Wettbewerbsbeschränkungen, spricht man von einem **vollkommenen Markt**. Er existiert nicht in der wirtschaftlichen Realität und dient lediglich als Modell[1], an der die Preisbildung aus volkswirtschaftlicher Sicht erklärt werden kann. Auf dem vollkommenen Markt gibt es eine Reihe von Voraussetzungen, die erfüllt sein müssen, damit seine Funktionsweise nicht beeinträchtigt ist:

Vollkommener Markt

- **polypolistische Konkurrenz**
  Die Anzahl der Marktteilnehmer, also der Anbieter und Nachfrager, ist so groß, dass niemand allein den Marktpreis beeinflussen kann. Würde ein einzelner Anbieter den Preis heraufsetzen, würden die Nachfrager auf andere Anbieter ausweichen. Setzt er den Preis herab, zieht er möglicherweise die komplette Nachfrage des ganzen Marktes auf sich, die zu bedienen er dann nicht in der Lage ist.

- **Homogenität der Güter**
  Die auf dem Markt gehandelten Güter sind in jeglicher Hinsicht gleichartig.

- **keine Präferenzen**
  Anbieter und Nachfrager haben keinerlei **persönliche** Präferenzen. Es gibt keine Bevorzung eines Geschäftspartners, die in dessen Person begründet liegt. Sie haben keine **räumlichen** Präferenzen, Angebot und Nachfrage treffen an einem bestimmten Ort zusammen. Sie haben keine **zeitlichen** Präferenzen, Angebot und Nachfrage treffen zeitgleich aufeinander.

- **rationale Verhaltensweisen der Marktteilnehmer**
  Die Anbieter streben nach Gewinnmaximierung, die Nachfrager nach Nutzenmaximierung. In ihrem Verhalten sind beide rational.

- **vollständige Markttransparenz der Marktteilnehmer**
  Die Anbieter wissen, welche Mengen die Nachfrager zu welchen Preisen kaufen wollen. Die Nachfrager wissen, welche Mengen die Anbieter zu welchen Preisen verkaufen wollen.

› LF 9, Kap. 2.1

- **unendlich schnelle Reaktionsgeschwindigkeit der Marktteilnehmer**
  Anbieter und Nachfrager sind in der Lage, auf Preisänderungen sofort zu reagieren.

Zwar existieren in der Realität keine vollkommenen Märkte, aber Börsen kommen ihnen sehr nahe. An Börsen werden zum Zweck der Preisfeststellung das Angebot und die Nachfrage nach einem Gut zusammengeführt, es wird ein Gleichgewichtspreis ermittelt. Bei diesem kommen alle Anbieter zum Zuge, die bereit sind, das Gut zum Gleichgewichtspreis oder günstiger anzubieten, und alle Nachfrager, die bereit sind, das Gut zum Gleichgewichtspreis oder teurer zu erwerben.

---

1 Modelle sollen komplexe Sachverhalte reduziert und anschaulich darstellen.

Beispiel für eine Börse

In den „Spielregeln" ihrer Milchbörse beschreibt die Landwirtschaftskammer Nordrhein-Westfalen das Vorgehen zur Ermittlung des Gleichgewichtspreises:[1]

Regeln für Anbieter

Landwirte, die eine Quote Milch verkaufen wollen, geben die Menge mit dem individuellen Referenzfettgehalt an, die sie verkaufen möchten. Die Verkaufsstelle rechnet die Menge im Verfahren auf den Standardfettgehalt von 4 % um. Den Preis, den der Landwirt angibt, möchte er mindestens für seine Quote (Milchmenge zum Standardfettgehalt) erzielen.

Regeln für Nachfrager

Landwirte, die eine Quote Milch kaufen möchten, geben die gewünschte Menge und den Preis an, den sie dafür höchstens zu zahlen bereit sind. Die Menge bezieht sich auf den Standardfettgehalt von 4 %. Als Sicherheitsleistung muss eine selbstschuldnerische und unbedingte Bankbürgschaft über die Höhe des Nachfragegebots (= Menge · Preis) beigefügt werden.

So entsteht der Gleichgewichtspreis:

Die Verkaufsstelle erfasst alle zugelassenen Angebote und Nachfragegebote in Eurocent-Stufen (Preisstufen), listet sie auf, summiert für jede Preisstufe die Angebote vom niedrigsten Preis und die Nachfragegebote vom höchsten Preis ausgehend auf. Der Gleichgewichtspreis bildet sich bei dem Preis, bei dem Angebots- und Nachfragemenge deckungsgleich sind oder die geringste Differenz zueinander aufweisen.

Arbeitsaufträge

1. Ermitteln Sie unter Anwendung der im Beispiel gezeigten Spielregeln der Landwirtschaftskammer und den nachfolgenden Angeboten und Nachfragegeboten den Gleichgewichtspreis für ein kg Milch mit einem Standardfettgehalt von 4 %. Stellen Sie ihre Lösung grafisch in einem Koordinatensystem dar.

Preis, €/kg	Angebot, kg	Angebot, aufsummiert	Nachfrage, kg	Nachfrage, aufsummiert	Differenz
0,32	3 300		4 000		
0,34	3 600		3 800		
0,36	3 900		3 600		
0,38	4 200		3 400		
0,40	4 500		3 200		
0,42	4 800		3 000		
0,44	5 100		2 800		
0,46	5 400		2 600		

Das Angebot und die Nachfrage sind aufzusummieren. Beim Angebot geht man vom niedrigsten Preis aus, da jeder Anbieter, der zu einem niedrigen Preis verkaufen möchte, natürlich froh wäre, zu einem höheren Preis verkaufen zu können. Bei den Nachfragern ist es genau umgekehrt: hier summiert man ausgehend vom höchsten Preis aus. Denn ein Nachfrager, der bereit ist, pro kg Milch 0,44 € zu zahlen, würde natürlich auch sehr gern einen niedrigeren Preis akzeptieren.

Erläuterungen

---

1 Die Ermittlung eines Zwischenpreises und Preiskorridors wird hier aus Vereinfachungsgründen nicht näher erläutert. Vgl. auch: www.landwirtschaftskammer.de/milchboerse/index.htm, abgerufen am 15. Mai 2011

Der Gleichgewichtspreis liegt bei 0,38 €, da die Angebots- und die Nachfragemenge dort deckungsgleich sind. Die Differenz zwischen angebotener und nachgefragter Menge ist gleich null.

Es ist natürlich auch möglich, dass die Angebots- und die Nachfragemenge bei keinem Preis übereinstimmen. Der Gleichgewichtspreis bildet sich dann bei dem größtmöglichen Umsatz, bei dem auch die Differenz zwischen beiden Mengen am geringsten ist. Im Marktgleichgewicht ist die mengenmäßig optimale Versorgung des Marktes gewährleistet.

Arbeitsaufträge (Fortsetzung)

2. Beschreiben Sie, welche Voraussetzungen des vollkommenen Marktes auf die Milchbörse zutreffen.

Vertiefende Übungen

1. Ein Börsenmakler sammelt alle Kauf- und Verkaufsaufträge eines Tages. Dabei geben die Käufer an, welchen Preis sie maximal für eine Aktie zahlen wollen. Die Verkäufer geben an, welchen Preis sie mindestens erzielen wollen. Ermitteln Sie den Gleichgewichtspreis.

Preis je Aktie in €	Verkaufsaufträge/Angebot in Stück	Verkaufsaufträge, Angebote kumuliert	Kaufaufträge/Nachfrage in Stück	Kaufaufträge, Nachfrage kumuliert	Angebotsüberhang	Nachfrageüberhang
50,00	1 000		4 300			
51,00	1 200		3 900			
52,00	1 700		3 700			
53,00	2 100		3 400			
54,00	2 800		3 200			
55,00	3 200		2 500			
56,00	3 600		1 900			
57,00	4 300		1 200			

2. Ordnen Sie den nachstehenden Aussagen die aufgeführten Begriffe von a) bis h) zu. Begründen Sie Ihre jeweilige Entscheidung.

   1) Dieser Marktteilnehmer kann bei einem gewissen Preis gerade noch verkaufen.
   2) Nicht wettbewerbsfähige Produzenten werden vom Markt verdrängt.
   3) Ein Konzern gibt einen unrentablen Unternehmenszweig auf und investiert in eine Zukunftsbranche.
   4) Solange ein Anbieter in der Lage ist, unterhalb des Marktpreises anzubieten, verfügt er über diesen Geldvorteil.
   5) Steigt der Marktpreis, werden die Marktteilnehmer vom Markt verdrängt.
   6) An der Börse wird der Preis dort gebildet, wo der höchste Umsatz möglich ist.
   7) Der Preis für knappe Ressourcen steigt in der Regel.
   8) Nachfrager, die auch bereit wären einen höheren Preis zu bezahlen, verfügen über diesen Geldvorteil.

   a) Selektionsfunktion   b) Konsumentenrente
   c) Grenzanbieter   d) Grenznachfrager
   e) Signalfunktion   f) Ausgleichsfunktion
   g) Allokationsfunktion   h) Produzentenrente

2.3
Die Marktpreisbildung in unterschiedlichen Marktformen

Ausgangslage   Im INFO-Teil des Kapitels 2.1 wurde bereits eine Unterscheidung von Märkten im Hinblick auf die relative Anzahl von Anbietern und Nachfragern vorgenommen. Nun soll untersucht werden, wie sich die Preisbildung auf diesen Märkten vollzieht, zumal nicht die Bedingungen des vollkommenen Marktes (vgl. Kapitel 2.1) Gültigkeit haben. Die Überlegungen erstrecken sich dabei in erster Linie auf die in der Realität häufig vorkommenden Marktformen.

Arbeitsaufträge

1. Um welche Marktform handelt es sich jeweils? Gehen Sie bei der Beantwortung der Frage als Gesamtmarkt von einer deutschen Großstadt aus.
   Allen Märkten bzw. Marktformen ist gemeinsam, dass es jeweils eine Vielzahl von Nachfragern gibt. Was können Sie über die Zahl der Anbieter sagen?

■ Markt für Lebensmittel (Supermärkte)	■ Markt für Kraftstoffe (Tankstellen)
■ Markt für Reisedienstleistungen	■ Markt für Elektrogeräte
■ Markt für Heimwerkerbedarf	■ Markt für Friseurdienstleistungen
■ Markt für verschreibungspflichtige Medikamente (Apotheken)	■ Markt für Spezialwerkzeuge in der Möbelzulieferindustrie

2. Lesen Sie die Ausführungen zu den Marktformen im INFO-Teil.
3. Lesen Sie die Arbeitshilfen 1 und 2 und beschreiben Sie, wie sich die Oligopolisten jeweils am Markt verhalten, um ihre Interessen bzw. Preisvorstellungen durchzusetzen. Welchen Einfluss nimmt das Verhalten der Oligopolisten vermutlich auf den Preis?

› INFO-Teil
LF 9, Kap. 2.3

› Arbeitshilfen

Arbeitshilfe 1

Werner Marnette ist zornig. Auf die Energiepolitik, die den Strom mit Ökosteuer und Erneuerbare-Energien-Gesetz verteuert, vor allem aber auf die vier großen Energiekonzerne [...]. „Unter Duldung des Staates hat sich ein enges Oligopol auf dem Strommarkt gebildet. Die vier Unternehmen haben den Markt völlig unter Kontrolle, treiben den Preis hoch und haben Deutschland vom europäischen Wettbewerb abgeschottet", sagt Marnette, Vorstandsvorsitzender von Europas größter Kupferhütte, der Norddeutschen Affinerie, und oberster Energie-Lobbyist im Bundesverband der Deutschen Industrie (BDI). Der teure Strom, der zweitteuerste in Europa, sei inzwischen zu einer Gefahr für energieintensive Betriebe am Standort Deutschland geworden.

aus: Industrie hält die Strombörse für einen manipulierten Markt,
www.faz.net/s/RubD16E1F55D21144C4AE3F9DDF52B6E1D9/
Doc~E327FCE8315384524ADE05426D2F11833~ATpl~Ecommon~Scontent.html, abgerufen am 12. Januar 2007

→

[...] Zwar tobt bei den „Fernsehflachmännern" weiter ein erbitterter Preiskampf, der die Gewinne und damit die Titel (der Verf..: gemeint sind hier die Aktienkurse der Hersteller) zuletzt drückte. Doch nun scheinen die niedrigeren Preise für die LCD-Fernseher zum Segen für die Branchengrößen umzuschlagen: Die Flachbild-Fernseher werden für „Otto-Normal-Verbraucher" erschwinglich und es entsteht ein Massenmarkt. Bei den Herstellern wiederum hat der Preiskampf zu einem gnadenlosen Selektionsprozess geführt.

aus: Sharp und Loewe profitieren von neuer TV-Welt – Kampf bei DVD-Formaten, www.morgenpost.de/content/2006/09/02/wirtschaft/851448.html, abgerufen am 12. Januar 2007

Vertiefende Übungen

› INFO-Teil   1. Die doppelt geknickte Preis-Absatz-Funktion dient häufig dazu, die Preisbildung im Polypol nachvollziehbar zu machen. Ordnen Sie die Aussagen a) bis f) den Bereichen I, II und/oder III in folgendem Schaubild zu.

Erläutern Sie Ihre Antwort jeweils.

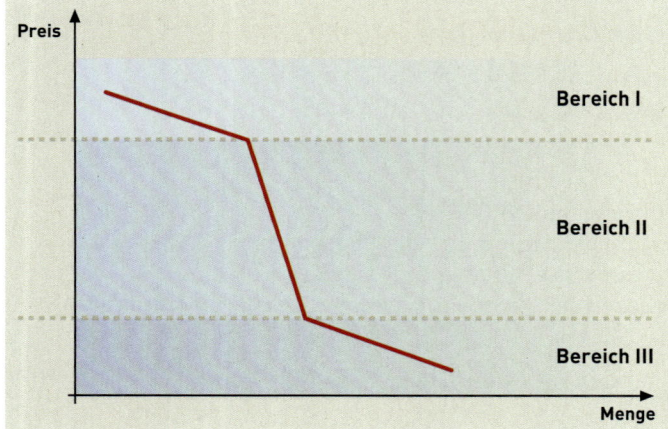

a) Geringfügige Preiserhöhungen des Anbieters lösen eine starke Kundenabwanderung zur Konkurrenz aus.

b) Der Preiseffekt ist stärker als der Mengeneffekt.

c) Der Mengeneffekt ist stärker als der Preiseffekt.

d) Je stärker die Präferenzen der Nachfrager sind und je unvollständiger die Markttransparenz ist, desto ausgeprägter ist dieser Bereich.

e) Ziel ist es, in diesem Bereich die Preis-Absatz-Funktion nach rechts zu verschieben.

f) Man spricht vom Bereich vollständiger Zuwanderung aller Nachfrager.

› INFO-Teil   2. Gibt es auf einem Markt nur wenige Anbieter, denen viele Nachfrager gegenüberstehen, liegt ein Angebotsoligopol vor. Es handelt sich hierbei um eine der am häufigsten anzutreffenden Marktform. Die Verhaltensweisen der Oligopolisten sind vom Nachfrager, aber auch vom Mitkonkurrenten abhängig.

Beantworten Sie in diesem Zusammenhang folgende Fragen, indem Sie die Verhaltensweisen der Oligopolisten (A. bis D.) den Aussagen 1) bis 5) zuordnen und Ihre Antwort jeweils begründen.

A. Preisstarrheit   C. Preisabsprachen

B. Preisführerschaft   D. Verdrängungswettbewerb (ruinöse Konkurrenz)

1) Diese Verhaltensweise zählt zu den nicht-kooperativen Verhaltensarten.

2) Ein Anbieter verändert den Preis und gibt damit den übrigen Anbietern ein Signal, ihrerseits ebenfalls die Preise zu verändern (Parallelverhalten).

3) Da mit preispolitischen Maßnahmen erhebliche Risiken einhergehen, sind über lange Zeiträume stabile Preise festzustellen.

4) Bei nur sehr geringer Zahl an Anbietern besteht die Möglichkeit, sich zu einigen, mit welchen Preisen man in Zukunft den Nachfragern begegnen will.

5) Jeder Anbieter will seine Absatzmengen durch eine aggressive Preispolitik zu Lasten des Marktanteils des Konkurrenten ausdehnen.

2.4
Eingriffe in die Preisbildung – Schutz für Anbieter und Verbraucher

Die Bildung von Preisen vollzieht sich selten durch eine Preisfeststellung, in deren Rahmen das Angebot und die Nachfrage nach einem Gut zusammengeführt und ein Gleichgewichtspreis ermittelt wird.

Häufig ist die Wettbewerbssituation ein wichtiger Einflussfaktor auf die Preisbildung und sehr häufig sind es betriebswirtschaftliche Überlegungen, die maßgeblichen Einfluss auf die Gestaltung von Preisen nehmen. Zuweilen werden Preise staatlicherseits oder wie im folgenden Beispiel von Nachfragegruppen gesetzt. In diesem Fall wird das Modell der Preisbildung außer Kraft gesetzt. Auch betriebswirtschaftliche Überlegungen oder Fragen des Wettbewerbs spielen dann nur eine untergeordnete Rolle, wie das Beispiel in Situation 1 zeigt.

Situation 1

Mit knapp 160 Litern – oder 800 Tassen – pro Kopf und Jahr nimmt Kaffee in Deutschland die Spitzenposition unter allen Getränken ein. Entsprechend hoch ist seine wirtschaftliche Bedeutung: Rohkaffee ist nach dem Erdöl der weltweit wichtigste Exportrohstoff.

In 76 Anbauländern leben über 100 Millionen Menschen vom Kaffee – und das unter immer schwierigeren Bedingungen. Denn die Weltmarktpreise für Kaffee sinken seit Jahren und decken inzwischen häufig nicht einmal mehr die Erzeugungskosten. Besonders stark leiden darunter die Kleinbauern. Ihre Familien versinken mehr und mehr in Armut.

Kaffee aus fairem Handel wird bei Kleinbauernorganisationen (Kooperativen und Genossenschaften) eingekauft. Die Erzeuger erhalten einen garantierten Mindestpreis, der immer über dem Weltmarktpreis liegt. Für Kaffee mit dem TRANSFAIR-Siegel bekommen die Caficultores beispielsweise mindestens 1,21 US-Dollar pro englischem Pfund (lb = 0,454 kg) Arabica-Kaffee. Hinzu kommt ein Aufschlag auf den Weltmarktpreis, der, unabhängig von der jeweils aktuellen Höhe des Weltmarktpreises, stets bei mindestens 5 US-Cent/lb liegt. Für Kaffee aus biologischem Anbau erhalten die Produzenten einen Aufschlag von 15 US-Cent/lb. Die Produktpalette im fairen Handel umfasst inzwischen neben gemahlenem und ungemahlenem Filterkaffee auch Instantkaffee und verschiedene Espressos – ein wachsender Anteil davon stammt aus ökologischem Anbau.

aus: www.oeko-fair.de/oekofair.php/cat/8, abgerufen am 12.03.2007

Arbeitsaufträge

1. Zeichnen Sie die vorliegende Situation in ein Markt-Preis-Schema ein.   › **Arbeitshilfe**
2. Welche Absicht verbindet sich mit der Zahlung des Mindestpreises?
3. Welche Konsequenzen können sich aus der Zahlung eines Mindestpreises ergeben?

Arbeitshilfe

Der Weltmarktpreis für Kaffee bildet sich an Warenbörsen, an denen das Angebot und die Nachfrage nach Kaffee zusammengeführt werden. Bei dem Preis, bei dem der größte Umsatz möglich ist, bildet sich ein Gleichgewichtspreis. In dem vorliegenden Beispiel liegt der Weltmarktpreis (Gleichgewichtspreis) bei 1,21 US-Dollar pro englischem Pfund (lb) Arabica Kaffee. Der von TRANSFAIR angebotene Mindestpreis liegt dementsprechend bei 1,26 US-Dollar/lb.

Eingriffe in die Preisbildung erfolgen häufig auch durch den Staat bzw. wie im nächsten Beispiel durch Eingriffe der Europäischen Union.

Situation 2

Ende der Selbstbedienung

Die EU-Kommission will die Preistreiberei bei den sogenannten Roaming-Gebühren nicht mehr dulden. Sie schlägt ein Gesetz vor, das die Kosten um bis zu 70 Prozent senken würde.
Ein Kommentar von Cornelia Bolesch

Wenn der Wettbewerb nicht funktioniert, muss er reguliert werden. Regulierung heißt: Die Politik mischt sich ein. Der Gesetzgeber legt Zugangsregeln für einen bestimmten Markt fest und übernimmt die Preisgestaltung – ein Horrorszenario für jeden gestandenen Marktwirtschaftler.

Manchmal allerdings führt kein Weg an der Regulierung vorbei. Etwa dann, wenn Telekommunikationsunternehmen den europäischen Markt als Selbstbedienungsladen verstehen und ihre Kunden mit Gebühren schröpfen, die in keinem Verhältnis zu den Kosten stehen.
Ohnmächtig mussten bisher die nationalen Kontrollbehörden der Willkür und Preistreiberei bei den sogenannten Roaming-Gebühren zusehen. Auch wer im europäischen Ausland Anrufe nur entgegennimmt und gar nicht selbst aktiv telefoniert, muss tief in die Tasche greifen.

Preissenkung um bis zu 70 Prozent

Umso erfreulicher ist es, dass sich die EU-Kommission einschaltet und ein Gesetz vorschlägt, das die Roaming-Entgelte um bis zu 70 Prozent senken könnte.

aus: www.sueddeutsche.de/wirtschaft/artikel/512/80432/ abgerufen am 16.3.07

Auf der Titelseite der Süddeutschen Zeitung vom 16. März 2007 war zudem zu lesen:

EU-Medienkommissarin Viviane Reding rechnet damit, dass Handy-Telefonate um bis zu 70 Prozent billiger werden. Urlauber und Geschäftsleute ärgern sich seit Jahren darüber, dass sie bei Mobilfunkgesprächen im Ausland abkassiert werden. Für die Nutzung der ausländischen Netze verlangen die Telefonfirmen hohe Zusatzgebühren, gegen die sich Verbraucher nicht wehren können. Konzerne wie Vodafone oder die spanische Telefonica verdienen durch die Roaming-Gebühr etwa fünf

Milliarden Euro im Jahr. Reding will diese Einnahmen möglichst streichen. Die 27 EU-Staaten verständigten sich auf der Computermesse Cebit grundsätzlich auf Redings Vorschlag, eine Obergrenze für die Preise einzuführen. Reding denkt an 44 Cent pro Minute. [...] Heute zahlen die Europäer nach EU-Informationen 1,50 Euro pro Minute, wenn sie vom Ausland aus in der Heimat anrufen.

aus:
Süddeutsche Zeitung, Deutschland-Ausgabe vom 16. März 2007 63. Jahrgang/11. Woche/Nr. 63, S. 1

Arbeitsaufträge (Fortsetzung)

4. Zeichnen Sie die vorliegende Situation in ein Markt-Preis-Schema ein.
5. Welche Absicht verbindet die EU mit der Einführung einer Obergrenze von 44 Cent pro Minute als Roaming-Entgelt?
6. Welche Konsequenzen können sich aus der Einführung dieses Höchstpreises ergeben?

Vertiefende Übungen

1. Im Rahmen der Mietpreisbindung legt der Staat eine Obergrenze für die Kaltmiete pro m^2 fest. Diese Festlegung gilt für Wohngebäude, die im Rahmen der sozialen Wohnungsbaupolitik gefördert wurden. Als Höchstmiete für einen Quadratmeter Wohnfläche wird für ein Projekt des sozialen Wohnungsbaus 6,00 € als Mietpreis von staatlicher Seite festgelegt. Das Wohnhaus liegt in zentraler Lage. Vergleichbare Wohnungen erzielen einen Mietpreis von 9,00 € pro Quadratmeter.　› Arbeitsheft

   a) Zeichnen Sie die vorliegende Situation in ein Markt-Preis-Schema ein.
   b) Welche Absicht verbindet der Staat mit der Einrichtung der Höchstmiete?
   c) Welche Konsequenzen können sich für die Anbieter von Wohnraum und für den Staat aus der Höchstmiete ergeben?

2. Erläutern Sie für die nachfolgenden Aussagen a) bis f) jeweils, ob sie für Höchst- und/oder Mindestpreise bzw. weder für Höchst- noch für Mindestpreise zutreffen.

   a) Staatliche Maßnahmen zur Mengenregulierung sind in der Regel die Folge dieses staatlichen Eingriffs.
   b) Dieser staatliche Eingriff dient dem Schutz der Konsumenten.
   c) Dieser staatliche Eingriff lässt die Notwendigkeit einer Rationierung entstehen.
   d) Die Ausschaltungsfunktion des Marktpreises wird durch diesen staatlichen Eingriff beeinträchtigt.
   e) Es handelt sich um einen marktkonformen Eingriff des Staates.
   f) Unrentabel arbeitende Unternehmen werden durch diesen Eingriff geschützt.

3
Wettbewerbspolitik – Für den Wettbewerb müssen Regeln gelten

Ausgangslage   Unternehmen gelingt es nicht immer, sich am Markt eine starke Wettbewerbsposition zu verschaffen. Selbst wenn schon eine relativ große Marktmacht vorhanden ist, streben die Unternehmen meist nach mehr Einfluss bzw. danach, ihre Gewinne zu erhöhen. Daher schließen sie sich häufig zusammen bzw. kooperieren miteinander.

Lernziele

Nach der Durcharbeit dieses Kapitels ...

- können Sie die Strategien und Verhaltensweisen von Preis-, Konditionen- und Gebietskartellen nachvollziehen,
- wissen Sie, welche volkswirtschaftlichen Schäden Kartelle durch Beeinträchtigung der Marktfunktion hervorrufen,
- erkennen Sie, dass durch Kartellabsprachen monopolistische Angebotsstrukturen die Funktion des Marktes beeinträchtigen.

Situation   Die Europäische Kommission hat 30 Unternehmen wegen ihrer Beteiligung an einem Kartell in der Kupferfittingsbranche, die einen Verstoß gegen das in Artikel 81 EG-Vertrag verankerte Kartellverbot darstellt, mit einer Geldbuße von insgesamt 314,76 Mio. € geahndet. [...] Von 1988 bis 2004 legten die Unternehmen Preise, Preisnachlässe und Rabatte fest, vereinbarten Mechanismen zur Koordinierung der Preiserhöhungen, teilten Kunden auf und tauschten untereinander wichtige und vertrauliche Geschäftsinformationen aus. [...] Die für Wettbewerbspolitik zuständige EU-Kommissarin, Neelie Kroes, sagte hierzu: „Kartelle werden von uns nicht toleriert und wir werden alles tun, um sie zu zerschlagen. [...]"
Fittings sind Anschlussteile für Rohre, die [...] im Installations-, Heiz- und Sanitärbereich, aber auch für andere Zwecke eingesetzt werden. Es gibt verschiedene Arten von Fittings [...], die alle von dem Kartell betroffen waren, sodass die Groß- und Einzelhandelsabnehmer höhere Preise für sie zahlen mussten. [...] Personen oder Unternehmen, die von dem hier beschriebenen wettbewerbswidrigen Verhalten betroffen sind, können vor den Gerichten der Mitgliedstaaten Klage auf Schadenersatz erheben und Teile der veröffentlichten Entscheidung als Beweis vorlegen, dass das Verhalten tatsächlich stattgefunden hat und rechtswidrig war.

aus: Wettbewerb: Kommission ahndet Preiskartell von Kupferfittingsherstellern mit Geldbuße in Höhe von 314,76 Mio. Euro; http://europa.eu/rapid/pressReleasesAction.do?reference=IP/06/1222&format=PDF&aged=1&language=DE&guiLanguage=en, abgerufen am 25.06.07

Arbeitsaufträge

1. Beschreiben Sie das Verhalten der in dem Kartell vereinten Unternehmen und erläutern Sie, welcher volkswirtschaftliche Schaden entsteht.
2. Wie würden Sie sich in dieser Situation als „Unternehmer", als „private Haushalte" und als „Staat" verhalten? Begründen Sie Ihre jeweilige Verhaltensweise.
3. Wie würden Sie die Verhaltensweisen der Wirtschaftssubjekte persönlich unter folgenden Gesichtspunkten beurteilen: Marktstruktur bzw. Marktform, Marktversorgung, Erreichen eines Gleichgewichtspreises, politisch gesellschaftliche Akzeptanz?
Welche Konsequenzen würden Sie sich wünschen?

Vertiefende Übungen

1. Nennen Sie drei Gründe dafür, warum sich Unternehmen zusammenschließen.

› INFO-Teil
LF 9, Kap 3

2. Entscheiden Sie jeweils, welche Form der Kooperation bzw. Konzentration vorliegt:
   a) Die Automobilfirmen VW, Audi, Skoda und Seat haben sich unter gemeinsamer Leitung zusammengeschlossen.
   b Das belgische Brauereiimperium Inbev hat die US-amerikanische Brauerei Anheuser und Busch gekauft.
   c) Verschiedene Unternehmen schließen sich zusammen, um in der Öffentlichkeit die gemeinsamen sozialpolitischen Interessen gegenüber Politik, Behörden, Gewerkschaften und anderen Organisationen zu vertreten.
   d) Obstbauern schließen sich zusammen, um gemeinsam Obst zu kaufen und zu verkaufen.
   e) Mehrere Banken schließen sich zusammen, um ein Wertpapier an der Börse zu platzieren.
   f) Weinbauern einer Region schließen sich zusammen, um ihre Produkte gemeinsam zu bewerben.
   g) Drei Bauunternehmen schließen sich zusammen, um gemeinsam den Bau einer Autobahnbrücke zu planen und durchzuführen.
   h) Zwei Industrieunternehmen teilen sich Absatzgebiete auf, um eine Konkurrenz in den jeweiligen Regionen zu vermeiden.
   i) In Zeiten einer für eine Branche kritischen wirtschaftlichen Lage sprechen sich die betroffenen Unternehmen hinsichtlich ihrer Produktionskapazitäten ab.
3. Um welche Art von Kartell handelt es sich jeweils?
   a) Bei einer Ausschreibung für den Bau einer Straßenbahn sprechen sich drei Bauunternehmen ab.
   b) Fünf Hersteller von Papier sprechen sich im Hinblick auf die geplanten Produktionsmengen ab.
   c) Hersteller von Transistoren weisen sich bestimmte Absatzgebiete zu, um gegenseitige Konkurrenz zu vermeiden.
   d) Hersteller von Unterhaltungselektronik sprechen gemeinsam die Preise ab.
   e) Sieben Maschinenbauunternehmen vereinbaren gemeinsame Liefer- und Zahlungsbedingungen.
   f) Um Synergieeffekte zu nutzen bzw. Produktionskosten zu verringern, sprechen sich drei Unternehmen ab.

4
Wirtschaftskreislauf – Mit einem Modell die Volkswirtschaft veranschaulichen

Private Haushalte und Unternehmen stehen in vielfältigen wechselseitigen Beziehungen und Abhängigkeiten zueinander. Dabei kollidieren häufig zahlreiche Einzelinteressen, zumal nicht alle privaten Haushalte und alle Unternehmen jeweils ähnliche oder gleiche Ziele verfolgen. Noch komplexer wird es, wenn man den Staat und ausländische Unternehmen bzw. das Ausland als weitere Volkswirtschaft in die Betrachtung einbezieht. In der Volkswirtschaftslehre versucht man diese Komplexität mit dem Modell des Wirtschaftskreislaufs darzustellen.

Lernziele

Nach der Durcharbeit dieses Kapitels …

- wissen Sie, welche Geld- und Güterströme zwischen den Wirtschaftssubjekten fließen,
- sind Sie in der Lage, aufgrund der Beziehungen im Wirtschaftskreislauf Ursache-Wirkungsketten volkswirtschaftlicher Natur abzuleiten.

Situation

Im Frühjahr 2007 bahnte sich ein Tarifkonflikt zwischen der Telekom und den dort Beschäftigten bzw. der sie vertretenden Gewerkschaft verdi an. Dabei ging es darum, dass zur Sanierung des Unternehmens die Beschäftigten in sogenannte Servicegesellschaften ausgegliedert werden sollten. Diese Umstrukturierungsmaßnahmen hätten zur Folge, dass viele Mitarbeiter Lohneinbußen und längere Arbeitszeiten hinnehmen müssen. Indirekt betroffen von den Maßnahmen der Telekom sind dann auch andere Arbeitnehmer in der Region Bonn.

Arbeitsaufträge

1. Klären Sie aus den jeweiligen Perspektiven der Wirtschaftssubjekte heraus die Interessen bzw. möglichen Konsequenzen aus diesen Interessen für
   a) die betroffenen Haushalte und die übrigen Haushalte der Region Bonn,
   b) das Unternehmen Telekom und die übrigen Unternehmen der Region Bonn.
2. Welche Interessenlagen können im oben beschriebenen Beispiel dem Staat unterstellt werden?
3. Welche Interessenlagen verfolgen die Kapitalsammelstellen (Banken, Finanzdienstleister)?

Legt man für die Beantwortung dieser Fragen das Modell des Wirtschaftskreislaufes zugrunde, dann liegt nahe, dass sich aus einer Kürzung der Lohnzahlung auch eine Verringerung der Konsumausgaben ergibt. Es ist natürlich im Interesse der betroffenen Haushalte, Lohn- und Gehaltseinbußen zu vermeiden, um keine Einschränkungen beim Konsum hinnehmen zu müssen. Die übrigen Haushalte stehen der Veränderung zunächst vielleicht gleichgültig gegenüber. Es besteht aber die Gefahr, dass sich im Laufe der Zeit ein verschlechtertes Konsumgüter- und Dienstleistungsangebot in der Region entwickelt, weil der nachlassende Konsum dazu führen könnte, dass sich einzelne Unternehmer wegen rückläufiger Umsätze aus diesem Markt zurückziehen.

Die Telekom könnte das Anliegen verfolgen, die Wettbewerbsfähigkeit durch kostensenkende Lohnminderungen zu erhöhen. Die übrigen Unternehmen der Region könnten ein Interesse daran entwickeln, dass das Lohnniveau konstant bleibt, damit ihre Umsätze nicht zurückgehen. Sie könnten diese Entwicklung aber auch verstärken und ebenfalls die Löhne senken. Weitere Entlassungen wären dann eine mögliche Konsequenz.

Der Staat könnte fürchten, dass die Steuereinnahmen wegen der geringeren Entlohnung sinken werden. Zudem besteht die Gefahr, dass höhere Transferleistungen in Form von Arbeitslosengeld, Wohngeld, Sozialhilfe usw. zu leisten sind und die Ausgabenseite des Staates belasten. Gleichzeitig umsorgt den Staat der Gedanke, ein für die Region wichtiges Unternehmen und damit einen bedeutenden Steuerzahler (Körperschaftsteuer, Gewerbesteuer) zu verlieren. Insofern bündeln sich in diesem Wirtschaftssubjekt widerstreitende Interessen.

Die Kapitalsammelstellen (Banken, Versicherungen) könnten von geringeren Sparleistungen der privaten Haushalte betroffen sein. Darüber hinaus ist damit zu rechnen, dass angesparte Mittel abgezogen werden. Zudem könnte die Kreditnachfrage der in Schwierigkeiten geratenen Unternehmen und privaten Haushalte steigen. Aufgrund der unsicheren wirtschaftlichen Lage dieser Wirtschaftssubjekte besteht allerdings ein höheres Kreditausfallrisiko. Erforderliche Mittel für die Kreditgewährung müssen dann anderweitig, in der Regel teurer beschafft werden.

Vertiefende Übungen

1. Geben Sie an, von welchem Wirtschaftssubjekt zu welchem Wirtschaftssubjekt der jeweilige Zahlungsstrom verläuft:

   a) Unternehmen erhalten Subventionen.

   b) Beamte erhalten ihr monatliches Gehalt.

   c) Haushalte kaufen Waren.

   d) Unternehmen erhalten Investitionskredite.

   e) Der Staat leistet Transferzahlungen.

   f) Unternehmen bezahlen Importgüter.

› INFO-Teil
LF 9, Kap. 4

2. Gehen Sie von den folgenden Transaktionen in einer geschlossenen Volkswirtschaft aus und ermitteln Sie auf der Grundlage des Modells des Wirtschaftskreislaufes jeweils den Wert für

   a) das verfügbare Einkommen der privaten Haushalte,

   b) die Transferleistungen des Staates an die Unternehmen.

   c) die Kreditaufnahme der Unternehmen bei den Kreditinstituten,

	Angaben in Mio. €
Lohnzahlungen des Staates an die privaten Haushalte	110,0
Transferzahlungen des Staates an die privaten Haushalte	140,0
Kreditaufnahme des Staates bei Kreditinstituten	70,0
Lohnzahlungen der Unternehmen an die privaten Haushalte	920,0
Steuerzahlungen der Unternehmen	210,0
Konsumausgaben der privaten Haushalte	760,0
Steuerzahlungen der privaten Haushalte	190,0
Sparleistungen der privaten Haushalte an Kreditinstitute	160,0

Tragen Sie die entsprechenden Beträge in den Wirtschaftskreislauf im Arbeitsheft ein.

› Arbeitsheft

5
Wirtschaftspolitische Ziele – Das magische Viereck

Ausgangslage

Das magische Viereck der im Stabilitätsgesetz von 1967 verankerten vier Ziele bildet seit über 40 Jahren die Grundlage für die Wirtschaftspolitik Deutschlands.

In den letzten Jahren hat sich die Erreichung dieser Ziele positiv entwickelt – obwohl teilweise in Konkurrenz zueinander stehend, ist doch bei fast allen der vier Ziele eine positive Entwicklung zu sehen.

Was Schwankungen positiver oder negativer Art für die Ziele der Wirtschaftspolitik bedeuten und wie die Zusammenhänge der Ziele im magischen Viereck zueinander sind, soll in diesem Kapitel angesprochen werden.

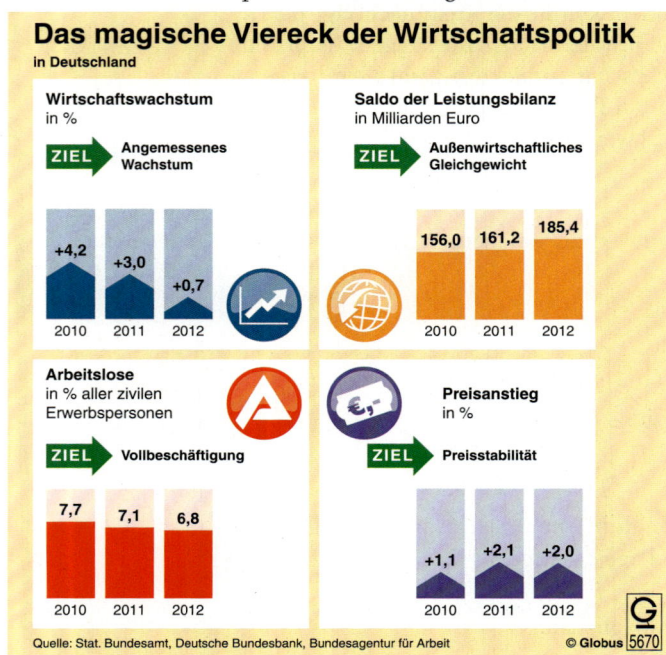

Das magische Viereck der Wirtschaftspolitik
in Deutschland

Wirtschaftswachstum in %
ZIEL Angemessenes Wachstum
+4,2 (2010) +3,0 (2011) +0,7 (2012)

Saldo der Leistungsbilanz in Milliarden Euro
ZIEL Außenwirtschaftliches Gleichgewicht
156,0 (2010) 161,2 (2011) 185,4 (2012)

Arbeitslose in % aller zivilen Erwerbspersonen
ZIEL Vollbeschäftigung
7,7 (2010) 7,1 (2011) 6,8 (2012)

Preisanstieg in %
ZIEL Preisstabilität
+1,1 (2010) +2,1 (2011) +2,0 (2012)

Quelle: Stat. Bundesamt, Deutsche Bundesbank, Bundesagentur für Arbeit © Globus 5670

Lernziele

Nachdem Sie dieses Kapitel durchgearbeitet haben, ...

- kennen Sie die Bestandteile des Stabilisierungsgesetzes,
- und kennen die Aussagekraft wirtschaftspolitischer Messgrößen.

5.1
Angemessenes und stetiges Wirtschaftswachstum

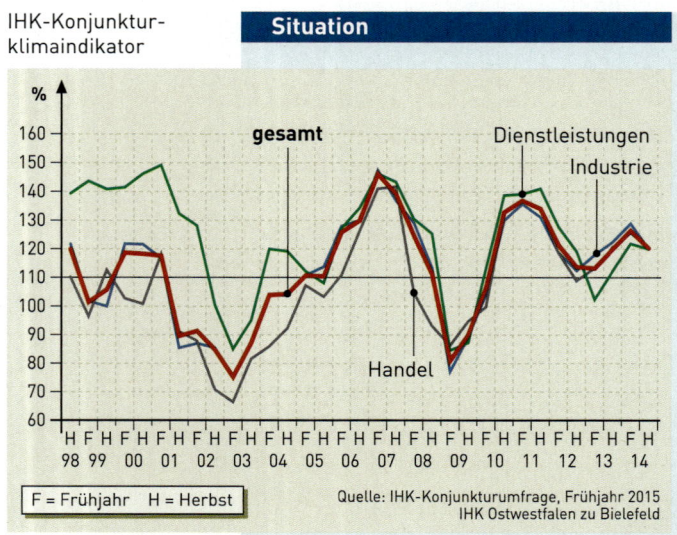

IHK-Konjunkturklimaindikator

Situation

%
160 150 140 130 120 110 100 90 80 70 60

gesamt
Dienstleistungen
Industrie
Handel

H F H F H F H F H F H F H F H F H F H F H F H F H F H F H F H F H
98 99 00 01 02 03 04 05 06 07 08 09 10 11 12 13 14

F = Frühjahr H = Herbst

Quelle: IHK-Konjunkturumfrage, Frühjahr 2015
IHK Ostwestfalen zu Bielefeld

Zweimal jährlich ermittelt die IHK Ostwestfalen den „IHK-Konjunkturklimaindikator" für ihren Zuständigkeitsbereich. Der Indikator setzt sich aus den Beurteilungen der Unternehmen bezüglich ihrer Geschäftslage und ihren Erwartungen hinsichtlich der weiteren Entwicklungen zusammen.
Er wird berechnet:

Indikator = 100 %
+ Anteil positiver Antworten
– Anteil negativer Antworten

Der Auszubildende Finn Petersen sieht sich den IHK-Bericht genauer an.

Arbeitsaufträge

1. Was bedeutet ein Konjunkturklimaindikatorwert von 120, was ein Wert von 80?
2. Was bedeutet ein Absinken des Indikators von 140 auf 130? Welche Erwartungen für ihr Geschäft hat in diesem Fall die Mehrzahl der Unternehmen?
3. Besteht eine Verbindung zwischen dem Indikator und der aktuellen Wirtschaftslage?

5.1.1
Volkswirtschaftliche Gesamtrechnung – Was die Höhe des Bruttoinlandsproduktes aussagt

Situation

Firn weiß nun, wie er die Indexdarstellung zu lesen hat. Er möchte nun mehr über das Bruttoinlandsprodukt wissen. Besonders interessiert ihn, was die Heidtkötter KG zum Bruttoinlandsprodukt beiträgt.

Arbeitsaufträge

1. Was verstehen Sie unter dem Begriff „Wirtschaftswachstum" und woran würden Sie es messen?
2. Das Bruttoinlandsprodukt einer Volkswirtschaft ist innerhalb eines Jahres gestiegen. Was können Sie allein aus dieser Angabe über den Zustand der betreffenden Volkswirtschaft sagen? Und was nicht?
3. Warum fordert das Stabilitätsgesetz ein angemessenes und stetiges Wachstum?
4. Ist ein hohes Wirtschaftswachstum immer positiv zu bewerten? Unterscheiden Sie in diesem Kontext auch quantitatives und qualitatives Wachstum.
5. Überlegen Sie anhand der GuV der Heidtkötter KG, die Sie auf Seite 184 finden, wie hoch der Beitrag von Heidtkötter zum Bruttoinlandsprodukt ist. Welche Positionen sind Vorleistungen und müssen zur Ermittlung von den Umsatzerlösen abgezogen werden?
6. Vergleichen Sie die Arbeitnehmerentgelte, die Heidtkötter zahlt, und den Jahresüberschuss, der ausgeschüttet wird, mit der Verteilung des BIP in Deutschland, die im INFO-Teil auf Seite 467 dargestellt ist. Gehen Sie davon aus, dass die Heidtkötter KG die Hälfte des Jahresüberschusses nicht ausschüttet.

› **Arbeitshilfe 1**
› **INFO-Teil**
LF 9, Kap. 5.1.1

Arbeitshilfe 1

Zur Einschätzung der Wirtschaftslage eines Landes werden häufig das Bruttoinlandsprodukt (BIP) und dessen Entwicklung als Maßstab herangezogen. Es umfasst alle Güter und Dienstleistungen des Inlandes, die in einer bestimmten Periode, im Regelfall vom 1. Januar bis zum 31. Dezember eines Jahres, produziert worden sind. Dabei werden die Güter und Dienstleistungen mit ihrem Preis bewertet. Die Vorleistungen werden herausgerechnet. Um die Entwicklung des BIP realistisch einschätzen zu können, ist es wichtig, seine reale, also preisbereinigte Entwicklung zu betrachten. Dies sei an einem Beispiel belegt:

Werden in einem Jahr in einer Volkswirtschaft 100 000 Gütereinheiten produziert und jedes Gut kostet 2,00 €, beläuft sich das BIP auf 200.000,00 €. Werden im Folgejahr nur noch 95 000 Gütereinheiten produziert, der Preis für ein Gut jedoch ist auf 2,20 € gestiegen, erhält man einen Wert von 209.000,00 € (95 000 · 2,20 €) für das BIP. Es wäre also gestiegen, obwohl weniger produziert wird. Der Grund dieser „Steigerung" liegt aber allein in der Preiserhöhung begründet. Preisbereinigt beträgt das BIP des Folgejahres 190.000,00 € (95 000 · 2,00 €).

Arbeitshilfe 2

Das Maß für volkswirtschaftliche Leistung ist keineswegs so exakt, wie viele glauben machen

Von Wilfried Herz

[...] Das BIP – so das Kürzel – gilt als das Maß für die Leistung der gesamten Volkswirtschaft, seine Veränderungsraten entscheiden über Erfolg und Misserfolg der Wirtschaftspolitik. [...] Eigentlich umfasst das BIP den Wert sämtlicher während eines Jahres im Inland hergestellten Güter und Dienstleistungen – vom Spielzeug bis zu kompletten Industrieanlagen, vom Haarschnitt im Friseursalon bis zu neuen Urheberrechten. Doch in Wahrheit zählt die Statistik nur das, was am Markt in Euro und Cent bewertet wird.

Ein großer Brocken, der deshalb im Bruttoinlandsprodukt fehlt, ist die unbezahlte Arbeit im eigenen Haushalt. Betreuung der Kinder, Reinigung von Wohnung und Wäsche, Zubereitung der Mahlzeiten, Reparaturen am Haus – solche Leistungen sind zwar sehr wertvoll, aber die Wirtschaftsstatistiker betrachten sie nur dann als wirtschaftliche Tätigkeiten, wenn sie von externen Arbeitskräften gegen Geld erledigt werden. Nach einer zehn Jahre alten Studie des Bundesfamilienministeriums entspricht der Wert der gesamten Hausarbeit, branchenübliche Löhne unterstellt, immerhin einer Summe von rund 430 Mrd. € im Jahr.

Auch die Schwarzarbeit taucht in keiner amtlichen Statistik auf. Was an sich nicht weiter überraschend ist. Schließlich legen es die Schwarzarbeiter gerade darauf an, die Behörden zu umgehen, um nicht Steuern und Sozialabgaben zahlen zu müssen. Der Linzer Ökonom Friedrich Schneider schätzt den Wert der in der deutschen Schattenwirtschaft produzierten Güter und Dienstleistungen auf einen Wert von rund 350 Mrd. € – der Betrag entspricht gut 15 % des offiziell ausgewiesenen Bruttoinlandsprodukts.

Ein weiterer Mangel der Berechnungen ist, dass milliardenschwere Vermögensverluste, etwa durch Naturkatastrophen, völlig vernachlässigt werden, während die Maßnahmen zur Beseitigung der Schäden das BIP erhöhen. Die Folge: Trotz statistisch höherer volkswirtschaftlicher Leistung nimmt das Vermögen nicht zu. Ähnliches gilt für den Verbrauch natürlicher Ressourcen, soweit er nicht zu Marktpreisen bewertet wird. Der Schaden wird nicht erfasst, wohl aber die Schadensbeseitigung. [...]

gekürzt, aus:
http://images.zeit.de/send/2006/06/85konom_BIP,
Zugriff am 10. Juli 2007

Arbeitshilfe 3

Vertiefende Übungen

1. Definieren Sie die folgenden Begriffe und setzen Sie sie zueinander in Beziehung.
   a) Bruttowertschöpfung   c) Außenbeitrag
   b) Bruttoinlandsprodukt   d) Abschreibung

2. Das Bruttoinlandsprodukt einer Volkswirtschaft beträgt für ein Jahr 4.650 Mrd. €. Legen Sie die Verwendungsrechnung zugrunde und ermitteln Sie die Konsumausgaben des Staates. Ihnen liegen folgende Werte als Hilfe vor:
   – Export: 1.430,0 Mrd. €
   – Import: 1.010.0 Mrd. €
   – Bruttoinvestitionen: 950 Mrd. €
   – private Konsumausgaben: 980 Mrd. €

3. Welche Leistungen werden im Bruttoinlandsprodukt nicht erfasst?
   a) Eine 52-jährige Frau erledigt Einkäufe für eine kranke Nachbarin.
   b) Herr Fanroth hilft dreimal in der Woche bei der Braunschweiger Tafel mit.
   c) Herr Adler baut ein Einfamilienhaus für sich und seine Familie. Für den Rohbau beauftragt er die Petzi GmbH, die Elektroinstallation macht er selber.
   d) Frau Rotert betreibt einen Partyservice. Ihr Freund, Herr Schneider, hilft unentgeltlich mit.
   e) Rafael verkauft auf dem Schulhof seine Sticker-Sammlung an Alexander.

4. Grenzen Sie bitte die Begriffe „verfügbares Einkommen" und „Volkseinkommen" voneinander ab.

5. Wodurch unterscheiden sich nominales und reales Bruttoinlandsprodukt?

6. Welche der folgenden Aspekte ordnen Sie dem Volkseinkommen zu?
   a) Lottogewinn über 25.000,00 €
   b) Einnahmen aus der Vermietung einer Garage
   c) Dividende aus einem Aktiendepot
   d) Monatsgehalt eines 33-jährigen kaufmännischen Angestellten
   e) Konzertgage einer Oboistin
   f) Verkauf einer Hörspielsammlung auf dem Flohmarkt

7. Jährliche Zuwachsraten des BIP gelten in der öffentlichen Meinung als ein wichtiges Indiz für eine erfolgreiche Wirtschaftspolitik. Dabei kommt schon Zehntelpunkten beim Wachstum eine große Bedeutung zu. Bei näherer Betrachtung wirft die Berechnung des Bruttoinlandsproduktes allerdings viele kritische Fragen auf.
   Prüfen Sie auch unter Zuhilfenahme der Arbeitshilfe die Aussagekraft des Bruttoinlandsproduktes als
   a) Mittel zur Messbarkeit der Wirtschaftsleistung und
   b) Wohlstandsindikator.
   Begründen Sie Ihre Einschätzung.

8. Erklären Sie kurz den Unterschied zwischen quantitativem und qualitativem Wachstum. Ordnen Sie dann die in der Arbeitshilfe 3 gezeigten Begriffe diesen beiden Merkmalen zu.
   Beispiel:
   quantitativ = Wachstum der Gütermenge
   qualitativ = Verbesserung der Lebensqualität
   Sammeln Sie anschließend zu drei Begriffen je zwei Beispiele für
   a) positive Auswirkungen von Wirtschaftswachstum und
   b) negative Auswirkungen von Wirtschaftswachstum.

5.1.2
Konjunkturzyklen

Situation   Nachdem sich Finn ausführlich über die verschiedenen Möglichkeiten zur Ermittlung des BIP und dessen Aussagekraft informiert hat, fragt er sich: „Wie hat sich das BIP eigentlich in der Vergangenheit entwickelt? Ist die deutsche Wirtschaft schon immer gewachsen oder gab es auch mal Einbrüche?"

Arbeitsaufträge

› **Arbeitsheft**   1. Fertigen Sie auf Basis der Angaben aus der Arbeitshilfe eine Zeichnung an, die die Veränderung des nominalen BIP seit 1994 zeigt. Berechnen Sie dazu in einem ersten Schritt die jährlichen Veränderungen des BIP.

2. Welche Probleme bringt die Interpretation des nominalen BIP mit sich? Zeichnen Sie in Ihre Grafik auch die Veränderung des realen BIP ein. Was fällt Ihnen auf?

3. Prognostizieren Sie die Veränderungen des BIP für die kommenden zwei Jahre, indem Sie den Verlauf der Kurve so verlängern, wie Sie die zukünftige Entwicklung aus Basis der vorliegenden Daten für wahrscheinlich halten.

4. Was können Sie Finn auf seine Fragen antworten?

› **Arbeitsheft**   5. Benennen Sie am Verlauf der Kurve aus Arbeitsauftrag 1 die verschiedenen Konjunkturphasen zwischen den Jahren 1996 und 2003.

Arbeitshilfe

Jahr	1994	1995	1996	1997	1998	1999	2000	2001	2002	2003
Nominales BIP (Mrd. €)	1.780,78	1.848,45	1.876,18	1.915,58	1.965,38	2.012,00	2.062,50	2.113,16	2.143,18	2.163,80
jährl. Preissteigerung	2,6 %	1,8 %	1,4 %	2,0 %	1,0 %	0,6 %	1,4 %	2,0 %	1,4 %	1,1 %
Jahr	2004	2005	2006	2007	2008	2009	2010	2011	2012	2013
Nominales BIP (Mrd. €)	2.210,90	2.243,20	2.321,50	2.422,90	2.491,40	2.397,1	2.497,60	2.609,90	2.666,40	2.737,60
jährl. Preissteigerung	1,6 %	1,6 %	1,5 %	2,3 %	2,6 %	0,3 %	1,1 %	2,1 %	2,0 %	1,5 %

Vertiefende Übung

Neben den mit den einzelnen Konjunkturzyklen einhergehenden Veränderungen volkswirtschaftlicher Größen gibt es Indikatoren, die auf konjunkturelle Entwicklungen hindeuten:

■ Aktienkursentwicklung

■ Entwicklung des Export- und des Importvolumens

■ Bestand an offenen Stellen

■ Zinsniveau

■ Wechselkurse der eigenen Währung

■ Investitionen der Unternehmen

■ Konsumklima

Beschreiben Sie die Entwicklung dieser Konjunkturindikatoren in den verschiedenen Phasen eines Konjunkturzyklus.

5.2
Hoher Beschäftigungsstand

Situation   Herr Michael Blüm, Leiter der Fertigung der Heidtkötter KG, hat den nachfolgenden Artikel im Handelsblatt gelesen:

Bei Möbelbauer Schieder drohen Dutzende Insolvenzen

Nach dem Scheitern der Gespräche zur Rettung des insolventen Möbelriesen Schieder rechnen IG Metall und Insolvenzgericht mit einer Flut von Insolvenzanträgen.

Ein Kommentar von Cornelia Bolesch

dpa-afx SCHIEDER-SCHWALENBERG. Zwischen 55 und 80 Insolvenzanträge der 115 Schieder-Töchter seien von der kommenden Woche an zu erwarten, sagte der Detmolder Insolvenzrichter Klaus-Peter Busch am Freitag. Mit „mindestens 50" rechnet der Erste Bevollmächtigte der IG Metall Detmold, [...]. Produktion und Vertriebe in Deutschland seien in jedem Fall betroffen. Am Donnerstag war das Scheitern der Verhandlungen bekannt geworden. Schieder mit Sitz im lippischen Schieder-Schwalenberg beschäftigt insgesamt 11 000 Mitarbeiter.

Seiler bestätigte erneut, alle Arbeitsplätze seien gefährdet: „Ich muss erst einmal vom Schlimmsten ausgehen." Alle Versprechungen hätten sich als falsch erwiesen, sagte er mit Blick auf die unerfüllten Hoffnungen, die die Verhandlungen mit den Investoren ausgelöst hatten. In Deutschland beschäftigt der größte Möbelhersteller Europas rund 1 300 Mitarbeiter. Am vergangenen Freitag hatte die Holding Insolvenz angemeldet. Interims-Geschäftsführer Ulrich Wlecke hatte angekündigt, einige Investoren seien weiterhin daran interessiert, Teile von Schieder zu übernehmen – nach der Insolvenz und ohne Haftungsrisiko trotz der millionenschweren Bilanzfälschungen des Ex-Managements. Vier frühere Manager, [...], sollen die Bilanzen der vergangenen beiden Geschäftsjahre um jeweils 34 Mio. € geschönt und Kredite über 283 Mio. € erschli-

chen haben. Sie sitzen in Untersuchungshaft. Seiler kritisierte, die Geschäftsführung nenne keine Namen von Investoren oder deren Bedingungen.

„Nicht betroffen von der Insolvenz seien die Töchter in Liechtenstein, der Schweiz, Italien und Bosnien-Herzegowina." sagte Wlecke. Nach Buschs Angaben sollten die Insolvenzverfahren möglichst konzentriert werden, allerdings gebe es für die polnischen Werke „hier erst einmal keine Zuständigkeit". Der Kreis Lippe hatte für die kommende Woche einen runden Tisch mit Politik, Verwaltung und Arbeitsmarktexperten angekündigt. Ziel sei eine Transfergesellschaft.

gekürzt aus: www.handelsblatt.com/ unternehmen/industrie/bei-moebelbauer-schieder-drohen-dutzende-insolvenzen; 1284811, entnommen am 24.02.2009

Herrn Blüm ist klar, dass diese Insolvenz möglicherweise kein Einzelfall in der deutschen Möbelbranche bleiben wird. Er überlegt, welche Folgen eine Insolvenz der Heidtkötter KG, verbunden mit einem Verlust des Arbeitsplatzes für ihn persönlich haben kann.

Arbeitsaufträge

1. Nennen Sie drei Beispiele für das Zustandekommen von Arbeitslosigkeit.
2. Welche Arten von Arbeitslosigkeit kennen Sie?
3. Ermitteln Sie auch unter Zuhilfenahme des INFO-Teils, welche Arten von Arbeitslosigkeit sich aus der oben geschilderten Situation ergeben können.
4. Prognosen für zukünftige Entwicklungen auf dem deutschen Arbeitsmarkt gibt es viele. Ermitteln Sie mithilfe geeigneter Quellen im Internet die aktuellen Prognosen. Werten Sie diese kritisch und geben Sie im Anschluss eine eigene Prognose für die Entwicklung auf dem deutschen Arbeitsmarkt ab.

› INFO-Teil
› Situation
› Internetrecherche

> Arbeitshilfe 2

5. Berechnen Sie anhand der Grafik in Arbeitshilfe 2 folgende Werte:
   a) die prozentuale und absolute Veränderung der Arbeitslosenzahl von Juli 2012 zum Juli 2013;
   b) die prozentuale und absolute Veränderung der Arbeitslosigkeit im April 2013 im Vergleich zum Vormonat;
   c) die prozentuale und absolute Veränderung der Arbeitslosigkeit zwischen Juli 2013 und Juli 2014.
   d) Beurteilen Sie die Entwicklung der Arbeitslosenquoten in der Gruppe unter 20 Jahren und der gesamten Arbeitnehmerschaft über den Zeitraum Juni 2013

> Situation 5.2

   bis Juni 2014.
6. Die Sorgen von Herrn Blüm um seinen Arbeitsplatz scheinen nicht unbegründet zu sein. Erstellen Sie eine Übersicht der zu erwartenden Auswirkungen, die ihm im Falle der Arbeitslosigkeit drohen könnten.
7. Warum sollte der Staat sich Ihrer Meinung nach für das Verhindern oder das Verringern von Arbeitslosigkeit einsetzen?

> Arbeitshilfe 1

8. Welche arbeitmarktpolitischen Instrumente hat der Staat? Welche davon würden Sie als direkte und welche als indirekte Eingriffe einstufen?
9. Die Arbeitshilfe 1 zeigt eine Schlagzeile, wie sie meist zu Beginn eines Jahres in den Zeitungen zu finden ist.
   Erläutern Sie, welche Auswirkungen eine Veränderung des BIP auf die Beschäftigung hat. Besorgen Sie sich dazu die aktuellen Prognosen (z. B. das Herbst- bzw. Frühjahrsgutachten der großen Wirtschaftsforschungsinstitute) und ermitteln Sie daraus die für das laufende Jahr und das Folgejahr vorhergesagten Werte.

Arbeitshilfe 1

EILMELDUNG: Der Sachverständigenrat für die gesamtwirtschaftliche Entwicklung prognostizierte in seinem Frühjahrsgutachten einen Rückgang des BIP von 6 % im Jahresdurchschnitt des Jahres.

Arbeitshilfe 2

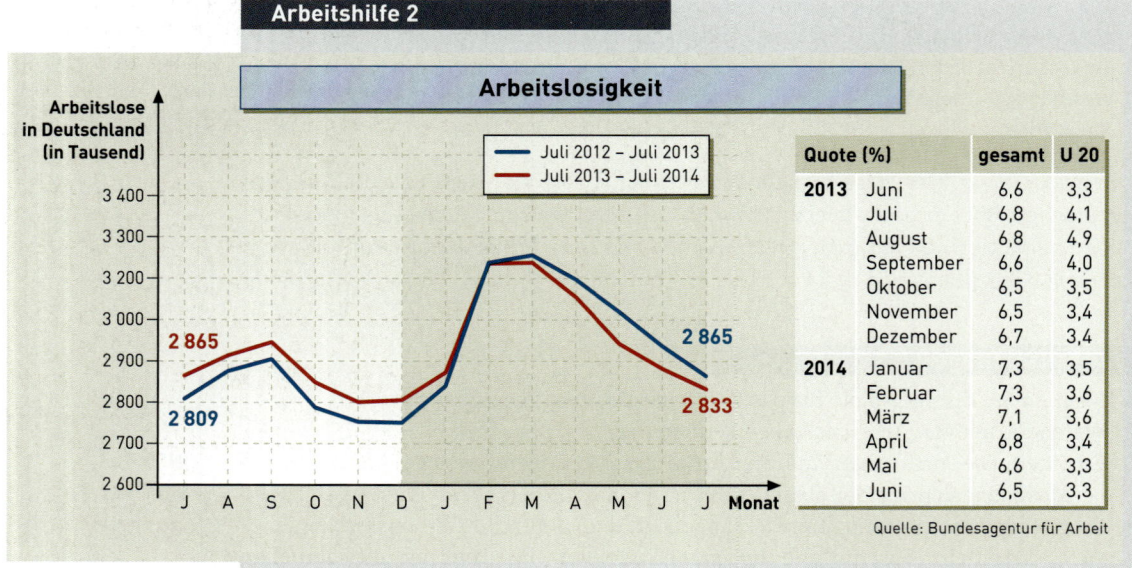

Quote (%)		gesamt	U 20
2013	Juni	6,6	3,3
	Juli	6,8	4,1
	August	6,8	4,9
	September	6,6	4,0
	Oktober	6,5	3,5
	November	6,5	3,4
	Dezember	6,7	3,4
2014	Januar	7,3	3,5
	Februar	7,3	3,6
	März	7,1	3,6
	April	6,8	3,4
	Mai	6,6	3,3
	Juni	6,5	3,3

Quelle: Bundesagentur für Arbeit

5.3
Stabilität des Preisniveaus

Herr Schäfer, Leiter der Beschaffung bei der Heidtkötter KG, liest im Wirtschaftsteil seiner Tageszeitung die folgende Meldung:

Warenkorb wird bald aktualisiert

In den nächsten Monaten steht die nächste Aktualisierung des Warenkorbs für den Preisindex an, die vom Statistischen Bundesamt im regelmäßigen Abstand von ca. fünf Jahren durchgeführt wird. Von besonderem Interesse dürfte sein, inwieweit die stark angestiegenen Energiekosten das neue Wägungsschema verändern.

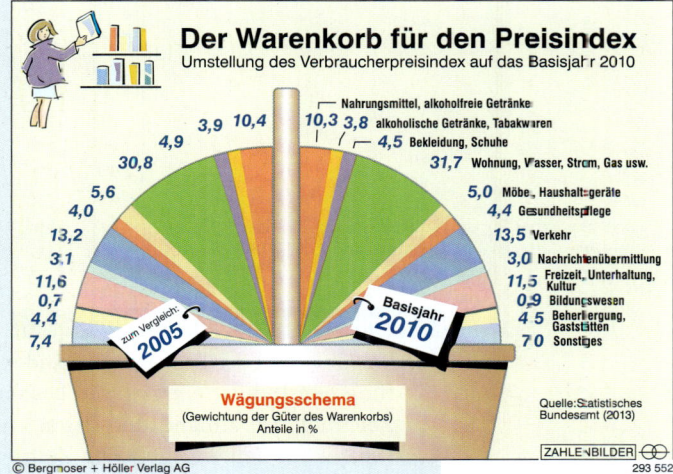

Bisher hat Herr Schäfer den Warenkorb immer ignoriert, doch nun gerät er ins Grübeln. Verändert sich das Preisgefüge auf dem Markt denn tatsächlich so stark, dass man regelmäßig einen aufwendiger Index erstellen muss? Herr Schäfer schaut noch einmal genauer hin.

1. Was ist ein Preisindex? Welche Aussagen lassen sich aus ihm ableiten?
2. Bitte sehen Sie sich die Grafik in der Situation an. Der Abbildung ist zu entnehmen, dass der Index auf den Wertgrundlagen des Basisjahres 2010 errechnet wurde. Erläutern Sie kurz, was unter dem Begriff „Basisjahr" zu verstehen ist.
3. Geben Sie drei Warengruppen an, die im Basisjahr 2010 stärker gewichtet werden als im Jahr 2005, und drei, die weniger stark gewichtet werden. Erklären Sie, warum diese Änderungen in der Gewichtung erfolgt sind.
4. Können Sie anhand der Verteilung in den Jahren 2005 und 2010 sowie anhand von Preistendenzen, die sich in letzter Zeit in Deutschland abzeichnen, eine Prognose für den Aufbau eines nächsten Warenkorbes abgeben?[1] Begründen Sie auch hier die von Ihnen vermuteten stärksten Unterschiede zur Gewichtung von 2010.
(Sollte der neue Index zum Zeitpunkt Ihrer Arbeit mit diesem Buch schon verfügbar sein, gehen Sie bitte wie in Arbeitsauftrag 3 vor.)
5. Welche Warengruppen aus dem Warenkorb könnten einen Einfluss auf die Preiskalkulation der Heidtkötter KG haben?
6. Recherchieren Sie im Internet, welche weiteren Preisindizes es neben dem gezeigten Verbraucherpreisindex gibt.

› **Internetrecherche**

7. Sehen Sie sich die Arbeitshilfe 1 an. Versuchen Sie, die Veränderungen der einzelnen Warengruppen zu begründen. Was können Sie über die „Preistreiber" sagen?

---

1 Tipp: Das Statistische Bundesamt Deutschland stellt im Internet eine Möglichkeit zur Verfügung, einen eigenen Warenkorb zu bilden und dann die Preisveränderung zu ermitteln.

Arbeitshilfe

Nachfolgender Auszug aus einer Tabelle des Statistischen Bundesamtes zeigt unterschiedliche Entwicklungen von zwei Preisindizes:

Jahr, Monat		Verbraucherpreisindex 2010 = 100	Index der Erzeugerpreise gewerblicher Produkte[1] 2010 = 100
2014	Jan.	105,9	106,5
2013	Dez.	106,5	106,6
	Nov.	106,1	106,5
	Okt.	105,9	106,6
	Sept.	106,1	108,8
	Aug.	106,1	106,5
	Juli	106,1	106,6
	Juni	105,6	106,7
	Mai	105,5	106,8
	April	105,1	107,1
	März	105,6	107,2
	Feb.	105,1	107,5
	Jan.	104,5	107,7

1 Inlandsabsatz

vgl.: Statistisches Bundesamt Deutschland – Preise, http://www.destatis.de, entnommen am 25.09.2014

Arbeitsaufträge (Fortsetzung)

8. Worüber gibt der Erzeugerpreisindex Auskunft und warum ist eine Veränderung für einen Industriebetrieb von besonderer Relevanz?

9. Zeichnen Sie anhand der Daten aus der Arbeitshilfe den Verlauf der beiden Indizes für den angegebenen Zeitrahmen in eine Grafik. Alternativ können Sie dazu auch ein Datenverarbeitungsprogramm zur Erstellung der Grafik nutzen.

10. Beschreiben Sie den Verlauf der beiden Kurven. Können Sie für die beiden Indizes jeweils einen Trend benennen?

11. Berechnen Sie die prozentuale Veränderung der Erzeugerpreise
    a) zwischen Dezember 2013 und Januar 2014 sowie
    b) zwischen August 2013 und September 2013.

12. Ein Vergleich der Vormonate ist nicht die einzige Möglichkeit, Aussagen über die Entwicklung der Preise zu erhalten. Es kann für den Unternehmer ebenfalls interessant sein, den Vergleich mit dem gleichen Monat im Vorjahr oder sogar im Basisjahr zu ziehen. Welche Gründe sprechen für einen zusätzlichen Vergleich zum Vorjahresmonat?

13. Berechnen Sie die prozentuale Veränderung der Erzeugerpreise anhand des Index zwischen Januar 2013 und Januar 2014.

Vertiefende Übungen

1. Wann spricht man von Inflation? Was können die Gründe für eine Inflation sein?

2. Bei einer offenen Inflation steigen die Preise für alle sichtbar. Was verstehen Sie unter einer „versteckten Inflation"?

3. Als Verursacher einer Inflation kommt sowohl die Angebots- als auch die Nachfragerseite in Betracht. Was bedeutet dies? Nennen Sie je drei Beispiele für eine angebots- und eine nachfrageverursachte Inflation.

4. Definieren Sie bitte den Begriff „Stagflation". Beschreiben Sie kurz, in welchem Zustand sich die Volkswirtschaft während einer Stagflation befindet.

5. Nennen Sie mindestens fünf Auswirkungen einer Deflation. Vergleichen Sie Ihre Antworten in der Klasse.

5.4
Außenwirtschaftliches Gleichgewicht

Situation   Herr Hagenbruch kommt von der Internationalen Büromöbelmesse aus Dubai zurück. Die Produkte der Heidtkötter KG haben bei den Besuchern guten Anklang gefunden, sodass mit einigen Auftragseingängen und einem beträchtlichen Umsatzvolumen nicht nur aus den arabischen Ländern sondern auch aus Fernost zu rechnen ist. Die Heidtkötter KG leistet damit einen Beitrag zum bisher traditionell guten Exportergebnis Deutschlands.
Was passiert aber mit den Erlösen, die sich aus dem Export von Gütern ergeben?
Wie gehen Exporte und Erlöse in die volkswirtschaftliche Gesamtrechnung ein?

Arbeitsaufträge

1. Ermitteln Sie, ob – und wenn ja, in welchem Teil der deutschen Zahlungsbilanz die Ausgaben, die deutsche Urlauber im Ausland tätigen, erfasst werden. Beschreiben Sie die Auswirkungen einer solchen Erfassung auf die Zahlungsbilanz der Bundesrepublik Deutschland.
2. Geben Sie Beispiele für Handelsfälle mit dem Ausland an und erklären Sie, welche Teilbilanzen durch sie beeinflusst werden.
3. Auf welche Abschnitte der Zahlungsbilanz wirkt sich der Verkauf der Heidtkötter-Produkte an Kunden im Ausland, insbesondere außerhalb des Euro-Raumes, aus? Warum ist das so? Begründen Sie Ihre Einschätzungen.
4. Wo schlagen sich die Kosten des Aufenthalts von Herrn Hagenbruch sowie die Kosten für die Präsenz der Heidtkötter KG auf der Messe in Dubai nieder?
5. In welche Bilanz fließen Ausgaben, die ausländische Urlauber in Deutschland tätigen?
6. Ermitteln Sie die Inhalte der Zahlungsbilanz, die für die Berechnung des Bruttoinlandsproduktes verwendet werden.
7. Warum ist ein Zahlungsbilanzungleichgewicht problematisch? Wann liegt es vor? Wodurch entsteht es? Bitte schätzen Sie die Wirkungen für die Volkswirtschaft ab, wenn ihre Zahlungsbilanz nicht ausgeglichen ist.

Arbeitshilfe 1

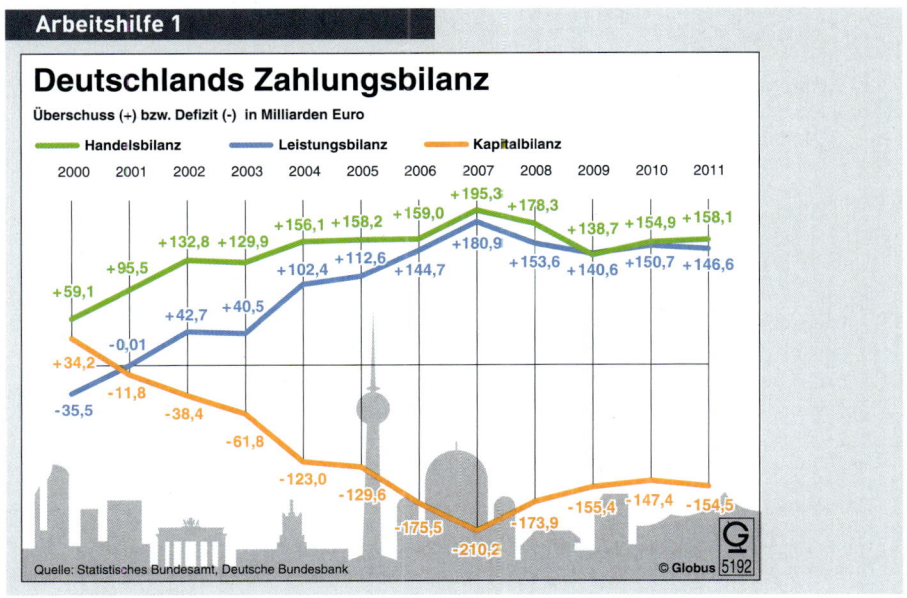

Deutschlands Zahlungsbilanz

Überschuss (+) bzw. Defizit (-) in Milliarden Euro

Handelsbilanz — Leistungsbilanz — Kapitalbilanz

Quelle: Statistisches Bundesamt, Deutsche Bundesbank   © Globus 5192

Arbeitshilfe 2

Wichtige Posten der Zahlungsbilanz

Mrd. €

Position	2010 April	2011 März	2011 April
I. Leistungsbilanz			
1. Außenhandel[1]			
Ausfuhr (fob)	74,3	98,2	84,3
Einfuhr (cif)	61,2	79,4	73,4
Saldo	+ 13,2	+ 18,8	+ 10,9
nachrichtlich:			
Saisonbereinigte Werte			
Ausfuhr (fob)	73,9	90,9	85,9
Einfuhr (cif)	60,6	75,8	73,9
2. Ergänzungen zum Außenhandel[2]	− 0,8	− 2,0	− 1,4
3. Dienstleistungen			
Einnahmen	14,4	16,1	13,3
Ausgaben	14,0	15,5	14,3
Saldo	+ 0,4	+ 0,6	− 1,0
4. Erwerbs- und Vermögens-einkommen (Saldo)	+ 1,5	+ 5,1	+ 2,3
5. Laufende Übertragungen			
Fremde Leistungen	1,6	0,8	1,8
Eigene Leistungen	3,9	3,8	3,8
Saldo	− 2,2	− 3,0	− 1,9
Saldo der Leistungsbilanz	+ 12,0	+ 19,6	+ 8,8
II. Vermögensübertragungen (Saldo)[3]	− 0,2	− 0,2	− 0,2
III. Kapitalbilanz (Netto-Kapitalexport: −)			
1. Direktinvestitionen	− 1,3	− 4,8	− 1,5
Deutsche Anlagen im Ausland	− 1,3	− 9,5	− 3,1
Ausländische Anlagen im Inland	+ 0,0	+ 4,7	+ 1,6
2. Wertpapiere	− 7,7	− 5,1	− 7,3
Deutsche Anlagen im Ausland	+ 2,0	− 0,3	− 9,1
darunter: Aktien	− 3,7	+ 1,3	− 1,6
Anleihen[4]	− 0,1	− 2,1	+ 3,0
Ausländische Anlagen im Inland	− 9,6	− 4,8	+ 1,7
darunter: Aktien	− 34,9	− 5,8	− 18,0
Anleihen[4]	+ 17,4	− 1,0	+ 13,1
3. Finanzderivate	− 2,8	− 7,1	+ 2,5
4. übriger Kapitalverkehr[5]	+ 2,3	− 10,6	− 7,4
Monetäre Finanzinstitute[6]	+ 15,9	− 10,1	− 19,4
darunter: kurzfristig	+ 14,4	− 11,7	− 16,4
Unternehmen und Privatpersonen	− 16,3	+ 0,8	+ 2,2
Staat	+ 6,6	− 0,2	− 2,7
Bundesbank	− 3,9	− 1,1	+ 12,6
5. Veränderung der Währungsreserven zu Transaktionswerten (Zunahme: −)[7]	− 0,1	− 1,2	− 0,6
Saldo der Kapitalbilanz	− 9,5	− 28,8	− 14,2
IV. Saldo der statistisch nicht aufglieder-baren Transaktionen (Restposten)	− 2,3	+ 9,4	+ 5,6

---

1 Spezialhandel nach der amtlichen Außenhandelsstatistik (Quelle: Statistisches Bundesamt).
2 Unter anderem Lagerverkehr auf inländische Rechnung und Absetzung der Rückwaren.
3 Einschl. Kauf/Verkauf von immateriellen nichtproduzierter Vermögensgütern.
4 Ursprungslaufzeit über ein Jahr.
5 Enthält Finanz- und Handelskredite, Bankguthaben und sonstige Anlagen.
6 Ohne Bundesbank.
7 Ohne SZR-Zuteilung und bewertungsbedingte Veränderungen.

Deutsche Bundesbank,
Monatsbericht Juni 2011

6
Das magische Sechseck als Erweiterung des magischen Vierecks

6.1
Umweltschutz und Nachhaltigkeit

> **Situation**   Bei der Heidtkötter KG steht die Be-
> schaffung einer neuen Lackieranlage an. Herr Blüm, der Leiter der Fertigung,
> bespricht gemeinsam mit seinem Chef, dem technischen Leiter Herrn Hartmann,
> die Anforderungen, die sich aus seiner Sicht heute und in der Zukunft an eine
> solche Anlage stellen. Allerdings ist er sich nicht sicher, ob nicht Umweltschutz-
> regelungen gelten, die er nicht bedacht hat. Deshalb wird Herr Diakonous, der
> Umweltbeauftragte der Heidtkötter KG, zur Entscheidungsvorbereitung hinzuge-
> beten.

Arbeitsaufträge

1. Welche Umweltschutzvorschriften könnten die Beschaffungsentscheidung (La-
   ckieranlage) beeinflussen? Lesen Sie dazu im INFO-Teil und überlegen Sie, welche
   der dort genannten umweltrechtlichen Regelungen eine Rolle spielen könnten.
2. Nennen Sie die vier Prinzipien der Umweltpolitik und überlegen Sie jeweils, in
   welcher Form Sie diese in der Praxis vorfinden.
3. Die Umweltpolitik hat auf globaler Ebene besonders eine Reduzierung des klima-
   schädlichen Treibhausgases Kohlendioxid (CO_2) zum Ziel. Erläutern Sie das
   Konzept der EU zur Verringerung des Ausstoßes von CO_2.
4. Erläutern Sie die Vorgehensweise des Backloading von Emissionszertifikaten.

› **INFO-Teil**
Kap. 6.1

› **Intertnetrecherche**

› **Arbeitshilfe**

Arbeitshilfe

Bundesministerium für Umwelt, Naturschutz, Bau und Reaktorsicherheit

Nr. 047/141 Berlin, 17.03.2014

EU-Emissionshandel: Reparatur beginnt

Ab heute werden deutlich weniger Emissionsberechtigungen versteigert

Die Versteigerungsmenge des Jahres 2014 im europäischen Emissionshandel
wird ab sofort um insgesamt 400 Millionen Zertifikate verringert. Heute hat
zum ersten Mal eine angepasste Versteigerung auf der entsprechenden EU-
Versteigerungsplattform stattgefunden. Am kommenden Freitag (21. März)
wird auch die deutsche Auktionsplattform an der European Energy Exchange
(EEX) ihre Versteigerung mit reduziertem Angebot durchführen.

Das Zurückhalten von Zertifikaten, das sogenannte Backloading, startet damit
bereits im 1. Quartal 2014. Nach der Kürzung um 400 Millionen Zertifikate
in diesem Jahr ist für das kommende Jahr eine Kürzung um 300 Millionen
und im Jahr 2016 um 200 Millionen Zertifikate vorgesehen. Die deutsche
Auktionsmenge für das Jahr 2014 beträgt nun insgesamt nur noch rund 127,1
Millionen Zertifikate, statt der ursprünglich vorgesehenen 205 Millionen.

„Es ist ein wichtiges Signal an den Markt dass die Reparatur des Emissions-
handels jetzt startet. Gleichzeitig muss nun rasch eine nachhaltige Reform
angegangen werden", sagte Bundesumweltministerin Barbara Hendricks und

→

erneuerte ihre Forderung, die von der EU-Kommission vorgeschlagene Markt-stabilitätsreserve noch vor dem Jahr 2020 einzuführen.

„Das Backloading in seiner aktuellen Form hat nur eine sehr begrenzte Wir-kung, weil es nicht auf Dauer angelegt ist. Würden wir uns darauf beschränken, dann gefährden wir das Erreichen unserer Klimaschutzziele und behindern weiterhin die deutsche Energiewende", so Hendricks.

Die Backloading-Regelung der EU sieht vor, insgesamt 900 Millionen Zertifi-kate aus den Jahren 2014 bis 2016 erst in den Jahren 2019 und 2020 zu verstei-gern. Damit soll kurzfristig auf die enormen Überschüsse an Zertifikaten rea-giert werden, die bis Ende des Jahres 2012 aufgelaufen waren. Grund dafür waren vor allem die Wirtschafts- und Finanzkrise sowie die umfangreiche Nut-zung von Zertifikaten aus internationalen Klimaschutzprojekten. Während die meisten Mitgliedstaaten ihre Zertifikate auf der gemeinsamen Auktionsplatt-form der EU veräußern, nutzt Deutschland die Möglichkeit, eine eigene natio-nale Auktionsplattform zu betreiben.

http:/ /www.bmub. bund.de/bmub/presse-reden/pressemitteilungen/pm/artikel/ eu-emiss... 27.05.2014

Vertiefende Übungen

1. Was verstehen Sie unter dem Begriff „Nachhaltige Entwicklung"? Überlegen Sie, wo nachhaltige Entwicklung stattfindet:
   a) in Ihrer direkten Umgebung;
   b) in Ihrem Ausbildungsbetrieb;
   c) in der Volkswirtschaft, in der Sie leben.
2. Nennen Sie Argumente für und gegen eine Erhebung von Ökosteuern.
3. Die folgende Grafik zeigt Ihnen Instrumente der Umweltpolitik. Bitte nennen Sie zu jedem der sieben Unterpunkte je zwei konkrete Beispiele.
4. Welche Instrumente begünstigen Industrieunternehmen, welche sind für die Un-ternehmen mit einem betriebswirtschaftlichen Aufwand verbunden? Nennen Sie bitte auch hier je zwei Beispiele.

6.2
Gerechte Einkommens- und Vermögensverteilung

Situation Nachdem die IG-Metall einen Tarifab-
schluss mit den Arbeitgebern ausgehandelt hat bereitet sich auch der Betriebsrat
der Heidtkötter KG auf ein Gespräch mit Frau Peters und Frau Keil vor, um für die
Mitarbeiterinnen und Mitarbeiter der KG Lohn- und Gehaltserhöhungen auszu-
handeln. Dafür informiert er sich über die Entwicklung des Unternehmensgewinns
in den letzten beiden Jahren sowie über die Lohnquote. Die Argumentation des Betriebsrats ist auch durch das wirtschaftspolitische Ziel der „gerechten Einkommensverteilung" geprägt. Der Wertschöpfungszuwachs der Heidtkötter KG soll
nicht nur den Kapitalgebern, sondern auch der Belegschaft, die diesen Wert maßgeblich mitgeschaffen hat, zugutekommen.

Arbeitsaufträge

1. Versetzen Sie sich in die Rollen der beiden Verhandlungspartner.
   a) Welche Argumente bringt der Betriebsrat vor, um Lohnerhöhungen zu begrün-
      den? Hilft die Arbeitshilfe 2 bei dieser Argumentation?   › Arbeitshilfe 2
   b) Mit welcher Begründung werden Frau Peters und Frau Keil gegen die gefor-
      derte Erhöhung eintreten?
2. Was verstehen Sie unter einer primären Einkommensverteilung, was umfasst die
   sekundäre Einkommensverteilung?
3. Diskutieren Sie, wann eine Einkommensverteilung gerecht ist.
4. In welcher Form trägt in Deutschland die sekundäre Einkommensverteilung zu
   einer höheren Verteilungsgerechtigkeit bei?
5. Sprechen die Entwicklungen der Lohnquote und der Gewinnquote für eine ge-
   rechtere Einkommensverteilung?   › Arbeitshilfe 1
6. Wie interpretieren Sie die Zusammensetzung des Steueraufkommens hinsicht- › Arbeitshilfe 3 und 4
   lich der angestrebten Verteilungsgerechtigkeit? Überlegen Sie dabei, wer die in
   der Steuerspirale dargestellten Steuern im Wesentlichen aufbringt.
7. Wie wird Armut definiert? Was verstehen Sie unter Reichtum?   › Internetrecherche
8. Welche Transferzahlungen werden in Deutschland einkommensabhängig gewährt?
9. Welche Elemente sekundärer Einkommensverteilung sind in den letzten fünf   › Internetrecherche
   Jahren neu eingeführt worden und welche Ziele werden damit verfolgt?   › INFO-Teil, auch LF 7
                                                                          › Arbeitsheft

Arbeitshilfe 1

Im Jahr 2007 lag das Arbeitnehmerentgelt in der Summe bei 1 181,0 Mrd. Euro und damit um gut 39 %
höher als im Jahr 1991 (847,0 Mrd. Euro). Die Unternehmens- und Vermögenseinkommen haben sich
in diesem Zeitraum mit + 86 % auf 643,2 Mrd. Euro im Jahr 2007 (1991: 345,6 Mrd. Euro) deutlich stärker erhöht. Bis zum Jahr 2003 haben sich Arbeitnehmerentgelt und Unternehmers- und Vermögenseinkommen weitgehend im Gleichklang entwickelt, in den letzten vier Jahren ist die Schere
dann deutlich zugunsten der Unternehmens- und Vermögenseinkommen auseinandergegangen. [...]
Dies spiegelt sich auch im Absinken der Lohnquote, dem relativen Anteil des Arbeitnehmerentgeltes
am Volkseinkommen, von 70,8 % im Jahr 2003 auf jetzt 64,7 % wider.

gekürzt aus: Schwarz, Norbert, Dipl.-Volkswirt, Einkommensentwicklung in Deutschland – Konzepte und Ergebnisse der
Volkswirtschaftlichen Gesamtrechnungen, Statistisches Bundesamt, Wirtschaft und Statistik 3/2008, S. 197 ff.

Arbeitshilfe 2

Gewinn- und Umsatzentwicklung der Heidtkötter KG

Jahr	00	01
Umsatz	23.675.000,00 €	26.390.000,00 €
Jahresüberschuss (vor Steuern)	1.748.000,00 €	2.100.000,00 €

Arbeitshilfe 3

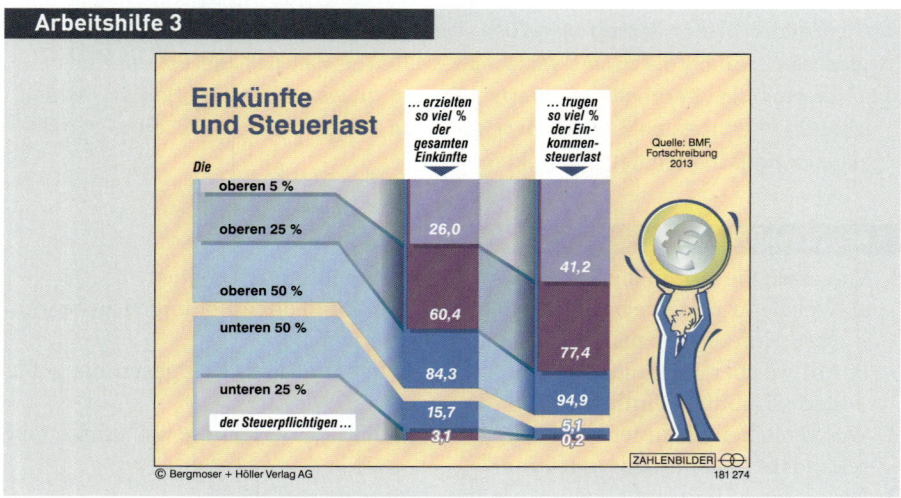

Arbeitshilfe 4

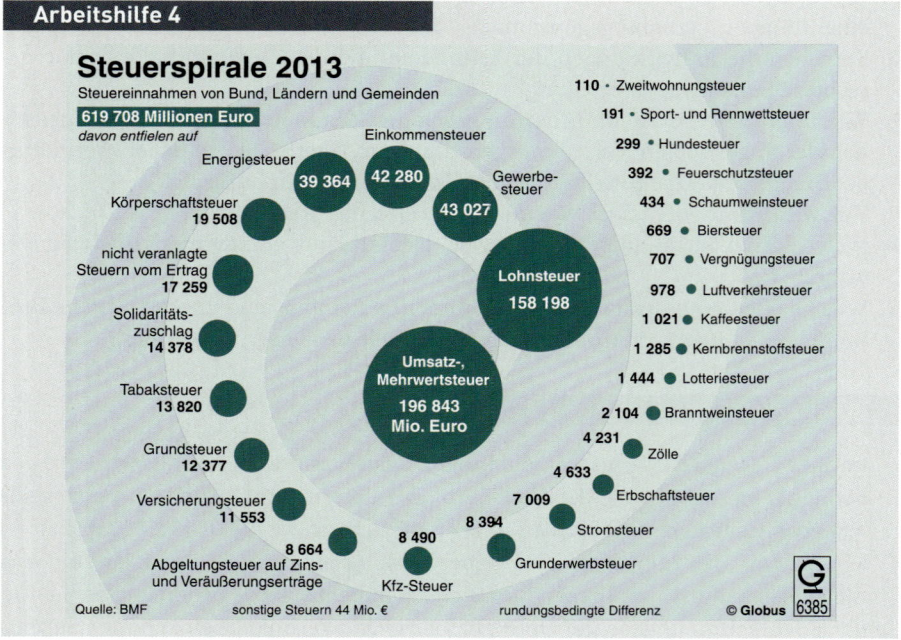

Vertiefende Übungen

1. In welcher Hinsicht unterscheiden sich die Ziele, die im magischen Viereck beschrieben sind, von denen, die Sie als die beiden weiteren Ziele zum magischen Sechseck kennengelernt haben?

2. Wiederholen Sie, über welche Indikatoren sich die sechs Ziele messen lassen. Benennen Sie auch immer kritisch die Probleme, die sich bei dem jeweiligen Instrument bzw. Indikator ergeben können.

7 Umsetzung der Wirtschaftspolitik in Deutschland

7.1 Fiskalpolitische Elemente der nationalen Wirtschaftspolitik

Situation

Themen Finanzkrise und Konjunktur in sagt Stephan Heimbach. *„Ja"*, antwortet Finn Petersen, Auszubildender bei der Heidtkötter KG, *„das ist mir auch aufgefallen. Was ich nicht verstehe: Was darf der Staat denn überhaupt? Wann darf er eingreifen? Ich bin immer davon ausgegangen, dass der Staat im Wirtschaftsbereich nichts zu suchen hat."*
„Nein", antwortet Herr Heimbach, *„ganz so einfach ist das leider nicht. Der Staat hat durchaus Mittel und Wege, um regulierend in das Wirtschaftsgeschehen einzugreifen."*

„Es ist doch erstaunlich, wie stark die letzter Zeit die Nachrichten dominieren",

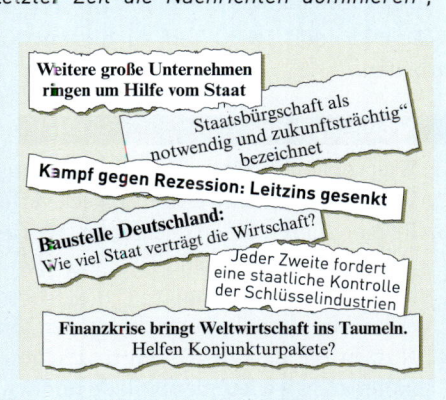

Weitere große Unternehmen ringen um Hilfe vom Staat

Staatsbürgschaft als „notwendig und zukunftsträchtig" bezeichnet

Kampf gegen Rezession: Leitzins gesenkt

Baustelle Deutschland: Wie viel Staat verträgt die Wirtschaft?

Jeder Zweite fordert eine staatliche Kontrolle der Schlüsselindustrien

Finanzkrise bringt Weltwirtschaft ins Taumeln. Helfen Konjunkturpakete?

Arbeitsaufträge

1. Stellen Sie die wesentlichen Gemeinsamkeiten und Unterschiede der beiden im INFO-Teil genannten wirtschaftspolitischen Grundkonzeptionen tabellarisch gegenüber. › INFO-Teil LF 9, Kap. 7.1

2. Informieren Sie sich über die in den Konjunkturpaketen I und II (Herbst 2008 und Frühjahr 2009) zur Stützung der Konjunktur beschlossenen Maßnahmen. Ordnen Sie sie vor dem Hintergrund des Monetarismus und des Keynesianismus ein. Wäre in der heutigen Zeit ein drittes Konjunkturpaket sinnvoll?

3. Wählen Sie drei der Maßnahmen (s. Auftrag 2) aus. Welche Auswirkungen haben diese Maßnahmen auf
   a) Ihren Ausbildungsbetrieb und die Branche, zu der er gehört,
   b) Sie selbst?

4. Schauen Sie für die Dauer einer Woche in den Wirtschaftsteil Ihrer Tageszeitung. Finden Sie Beispiele dafür, wo der Staat durch Maßnahmen Einfluss auf die Wirtschaft nimmt. Stellen Sie Ihren Mitschülerinnen und Mitschülern fünf dieser Zeitungsartikel bzw. Maßnahmen zusammengefasst kurz vor. Welche Ziele verfolgt der Staat jeweils?

5. Was verstehen Sie unter Fiskalpolitik? Was bedeutet „antizyklische Fiskalpolitik"?

6. Der Staat senkt die folgenden Mittel bzw. reduziert sie. Was will er damit in den einzelnen Fällen erreichen?
   a) Steuern
   b) Staatsausgaben

7.2
Europäisches System der Zentralbanken – Monetaristische Steuerung der Geldmenge

Situation   Herr Heidtkötter überlegt, die für das kommende Jahr geplante Renovierung der Bürogebäude vorzuziehen. Die Zinsen für den dafür erforderlichen Kredit sind so günstig wie seit Jahren nicht mehr.

Lesen Sie den INFO-Teil zu diesem Kapitel, bevor Sie die Arbeitsaufträge bearbeiten.

Arbeitsaufträge

1. Was verstehen Sie unter den Begriffen „Geldmenge" und „Geldpolitik"?
2. Was ist ein Zins? Welchen Zweck verfolgt das Senken eines Zinssatzes?
3. Recherchieren Sie in geeigneten Medien,
   a) was ein Leitzins ist,
   b) wer ihn festlegt und
   c) wie die aktuelle Entwicklung der Leitzinsen in Europa ist.
4. Nutzen Sie den INFO-Teil und sehen Sie sich die folgenden Internetseiten genauer an: www.bundesbank.de und www.ecb.int.

> **Arbeitshilfe**
> › **INFO-Teil**
> **LF 9, Kap. 7.2**

   a) Nennen Sie die Organe des Europäischen Systems der Zentralbanken (ESZB) und der Europäischen Zentralbank (EZB) und erläutern Sie kurz deren Funktion.
   b) Erläutern Sie die Ziele des ESZB und der EZB. Gibt es ein vorrangiges Ziel? Begründen Sie Ihre Antwort.

   c) Welche Rolle kommt den Nationalen Zentralbanken im ESZB zu? Wie können sie Einfluss auf Entscheidungen der EZB nehmen?
5. Die Europäische Zentralbank hat die Aufgabe, die Geschäftsbanken mit Liquidität zu versorgen. Welche Hauptinstrumente stehen ihr dafür zur Verfügung und worin unterscheiden sich diese voneinander?

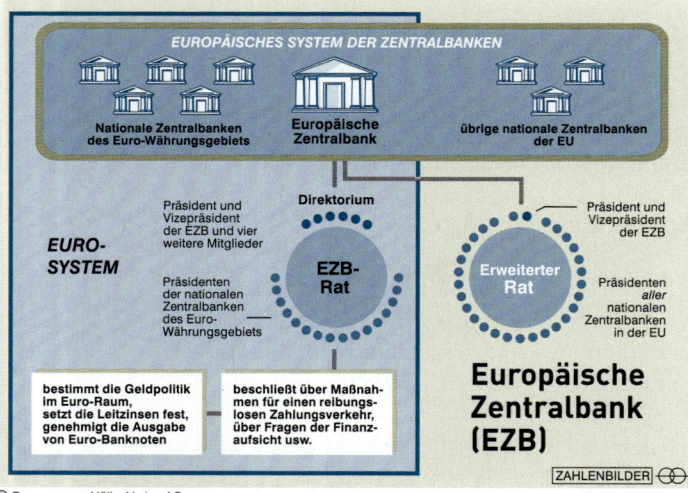

© Bergmoser + Höller Verlag AG   715 560

Vertiefende Übungen

1. Erläutern Sie, welche Wirkung von einer Verknappung der Geldmenge durch die EZB ausgehen würde. Unterscheiden Sie dabei die unterschiedlichen Perspektiven der am Geldmarkt Beteiligten.
2. Einer deutlich gestiegenen Inflation soll mit Mitteln der EZB entgegengewirkt werden. Überlegen Sie, welche Hauptinstrumente der EZB zu diesem Zweck wie eingesetzt werden müssen.
3. Wie kann ein Mitgliedstaat im ESZB Entscheidungen der EZB beeinflussen?

8
Unternehmensbesteuerung als wirtschaftspolitisches Instrument

Ausgangslage
Unternehmen werden unterschiedlich besteuert. Wie dies erfolgt, richtet sich vor allem danach, ob es sich bei den Unternehmen um Personengesellschaften handelt, bei denen die Gesellschafter Gewinne in ihrer eigenen Einkommensteuererklärung angeben, oder um Kapitalgesellschaften handelt, die als juristische Person (Körperschaft) mit ihren Gewinnen der Körperschaftsteuer unterliegen.

Neben dieser Besteuerung der Einkünfte gibt es eine ganze Reihe weiterer Steuern, die für Unternehmen und Unternehmer relevant sind. Jüngstes Beispiel ist die Abgeltungssteuer, die für ausgeschüttete Gewinne bei Kapitalgesellschaften seit 1. Januar 2009 erhoben wird.

Lernziele
Nachdem Sie dieses Kapitel durchgearbeitet haben, können Sie ...
- verschiedene Besteuerungsformen für Unternehmen unterscheiden,
- die Höhe der Steuern auf Unternehmensgewinne ermitteln,
- die Steuerhöhe als Kriterium für die Wahl der Unternehmensform einsetzen.

8.1
Besteuerung von Gewinnen – Einkommen- und Körperschaftsteuer

Situation
Herr Heidtkötter hat in einem Gespräch mit seinem Steuerberater von steuerlichen Vorteilen für Kapitalgesellschaften gegenüber der für Personengesellschaften üblichen Veranlagung zur Einkommensteuer erfahren. Er beauftragt Sie, einen Vergleich der verschiedenen Besteuerungen zu erarbeiten.

Arbeitsaufträge

1. Informieren Sie sich zunächst im INFO-Teil und anderen geeigneten Quellen über die Besteuerung von Unternehmensgewinnen.
2. Beschreiben Sie mithilfe dieser Informationen die Besteuerung von Gewinnen bei Personengesellschaften und Kapitalgesellschaften in Deutschland.
3. Zeigen Sie die sich hieraus ergebenden Unterschiede der Besteuerung auf.
4. Berechnen Sie unter Verwendung der Arbeitshilfen die zu erwartende steuerliche Belastung der Heidtkötter KG.
5. Angenommen, die Heidtkötter KG wäre eine GmbH, welche steuerliche Belastung würde dann für die Kapitalgesellschaft und ihre Anteilseigner anfallen?
6. Schlagen Sie eine begründete steuerliche Empfehlung für die Heidtkötter KG vor.

› INFO-Teil
› Internetrecherche

Arbeitshilfe 1

Bilanzgewinn der Heidtkötter KG im Jahr 01	2.100.000,00 €
Anteile der Gesellschafter für das Jahr 01: Klaus M. Heidtkötter (Vollhafter) Anke Heidtkötter (Teilhafterin)	6.600.000,00 € 3.800.000,00 €
vorab entnommener Gewinn des Komplementärs	45.600,00 €
Einkommensteuersatz des Komplementärs	siehe Arbeitshilfe 2
Einkommensteuersatz des Kommanditisten	28 %

> Arbeitshilfe 2

Bilanzgewinn der möglichen Heidtkötter GmbH im Jahr 01	2.100.000,00 €
hiervon als beschlossene Ausschüttungshöhe	160.000,00 €
Anteile der Gesellschafter am Kapital der GmbH für das Jahr 01: Klaus M. Heidtkötter Anke Heidtkötter	6.600.000,00 € 3.800.000,00 €
Gewinnverteilungsschlüssel nach Anteilen	
Abgeltungssteuer für Kapitalerträge auf Seite der Gesellschafter nach Ausschüttung	25 %, zzgl. Solidaritätszuschlag und Kirchensteuer des Gesellschafters
Körperschaftsteuersatz	15 %

Arbeitshilfe 2

zu versteuerndes Einkommen (in €)	Grundtabelle				Splittingtabelle			
	ESt	SolZ	KSt (8 %)	KSt (9 %)	ESt	SolZ	KSt (8 %)	KSt (9 %)
1.330.000	582.924	32.060,82	46.633,92	52.463,16	567.348	31.204,14	45.387,84	51.061,32
1.330.200	583.014	32.065,77	46.641,12	52.471,25	567.438	31.209,09	45.395,04	51.069,42
1.330.400	583.104	32.070,72	46.648,32	52.479,36	567.528	31.214,04	45.402,24	51.077,52
1.330.600	583.194	32.075,67	46.655,52	52.487,46	567.618	31.218,99	45.409,44	51.085,62
1.330.800	583.284	32.080,62	46.662,72	52.495,56	567.708	31.223,94	45.416,64	51.093,72
1.331.000	583.374	32.085,57	46.669,92	52.503,66	567.798	31.228,89	45.423,84	51.101,82
1.331.200	583.464	32.090,52	46.677,12	52.511,75	567.888	31.233,84	45.431,04	51.109,92
1.331.400	583.554	32.095,47	46.684,32	52.519,86	567.978	31.238,79	45.438,24	51.118,02
1.331.600	583.644	32.100,42	46.691,52	52.527,96	568.068	31.243,74	45.445,44	51.126,12
1.331.800	583.734	32.105,37	46.698,72	52.536,06	568.158	31.248,69	45.452,64	51.134,22
1.332.000	583.824	32.110,32	46.705,92	52.544,16	568.248	31.253,64	45.459,84	51.142,32
1.332.200	583.914	32.115,27	46.713,12	52.552,25	568.338	31.258,59	45.467,04	51.150,42
1.332.400	584.004	32.120,22	46.720,32	52.560,36	568.428	31.263,54	45.474,24	51.158,52
1.332.600	584.094	32.125,17	46.727,52	52.568,46	568.518	31.268,49	45.481,44	51.166,62
1.332.800	584.184	32.130,12	46.734,72	52.576,56	568.608	31.273,44	45.488,64	51.174,72
1.333.000	584.274	32.135,07	46.741,92	52.584,66	568.698	31.278,39	45.495,84	51.182,82
1.333.200	584.364	32.140,02	46.749,12	52.592,75	568.788	31.283,34	45.503,04	51.190,92

Arbeitshilfe 2 (Fortsetzung)

1.333.400	584.454	32.144,97	46.756,32	52.600,86	568.878	31.288,29	45.510,24	51.199,02
1.333.600	584.544	32.149,92	46.763,52	52.608,96	568.968	31.293,24	45.517,44	51.207,12
1.333.800	584.634	32.154,87	46.770,72	52.617,06	569.058	31.298,19	45.524,64	51.215,22
1.334.000	584.724	32.159,82	46.777,92	52.625,16	569.148	31.303,14	45.531,84	51.223,32
1.334.200	584.814	32.164,77	46.785,12	52.633,25	569.238	31.308,09	45.539,04	51 231,42
1.334.400	584.904	32.169,72	46.792,32	52.641,36	569.328	31.313,04	45.546,24	51 239,52
1.334.600	584.994	32.174,67	46.799,52	52.649,46	569.418	31.317,99	45.553,44	51.247,62
1.334.800	585.084	32.179,62	46.806,72	52.657,56	569.508	31.322,94	45.560,64	51.255,72
1.335.000	585.174	32.184,57	46.813,92	52.665,66	569.598	31.327,89	45.567,84	51.263,82

Arbeitshilfe 3

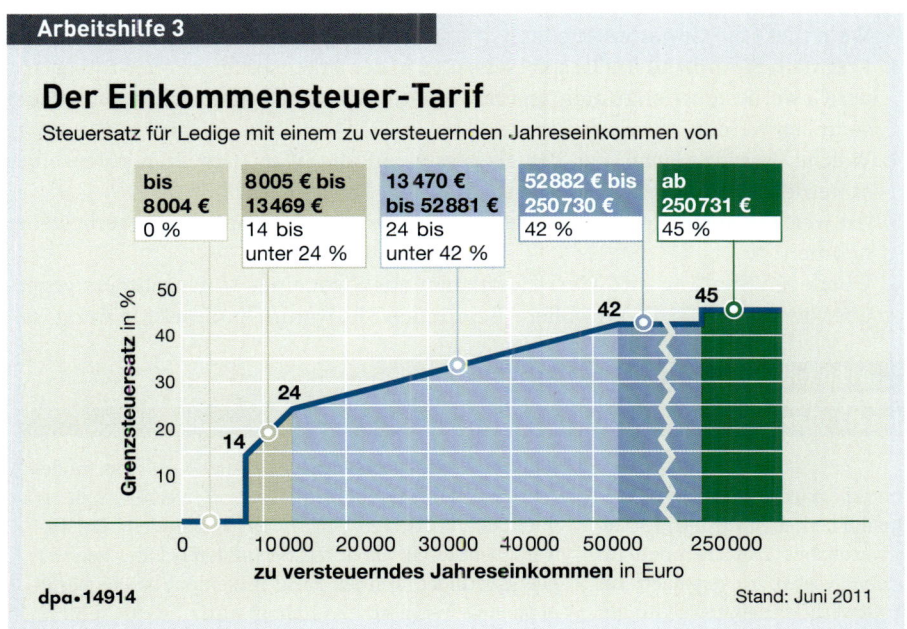

Der Einkommensteuer-Tarif

Steuersatz für Ledige mit einem zu versteuernden Jahreseinkommen von

dpa·14914   Stand: Juni 2011

Vertiefende Übungen

1. Erläutern Sie den Aufbau des Steuersystems in Deutschland.
2. Erklären Sie den Unterschied zwischen direkten und indirekten Steuern.
3. Wo liegen die Unterschiede zwischen Lohnsteuer und Einkommensteuer?
4. Welche Wirkung hat die Höhe der Körperschaftsteuer auf die Investitionsbereitschaft von Unternehmen
   a) aus dem Inland und
   b) aus dem Ausland?
5. Was bedeutet die rechtliche Trennung von Gesellschafts- und Gesellschafterebene für die Frage der Besteuerung?
6. Erläutern Sie, in welchen Fällen Einkommensteuer und in welchen Fällen Körperschaftsteuer erhoben wird.
7. Erklären Sie, in welchen Fällen die Einkünfte von Kapitalgesellschaften sowohl der Körperschaft- als auch der Einkommensteuer unterliegen können.

› INFO-Teil
LF 9, Kap. 8

8.2
Gewerbesteuer

Die Stadt Bielefeld, deren Einnahmen wie die vieler anderer Kommunen in den letzten Jahren gesunken sind, will die Gewerbesteuer erhöhen. Herr Heidtkötter möchte bei der öffentlichen Sitzung des Gemeinderates, bei der dieser Antrag beraten werden soll, seine Meinung als mittelständischer Unternehmer dazu vorbringen und bittet Herrn Sippel, ihm eine Übersicht über die Gewerbesteuerhöhen in Deutschland und der Position, die Bielefeld in dieser Liste einnimmt, zusammenzustellen.

Arbeitsaufträge

1. Gehen Sie der Frage nach, worauf die Gewerbesteuer zu zahlen ist und wie sich diese Grundlage ermitteln lässt.
2. Wem fließt die Gewerbesteuer zu?
3. Ermitteln Sie anhand des Gesetzesauszugs in der Arbeitshilfe, welcher Tatbestand der Gewerbesteuer zugrunde liegt bzw. welche Unternehmen zur Gewerbesteuer veranlagt werden.
4. Welche Auswirkungen hat der Hebesatz auf die Wahl des Standortes eines Unternehmens?
5. An welcher Stelle können einzelne Kommunen Einfluss auf die Gewerbesteuer nehmen?
6. Überlegen Sie: Was wird Herr Heidtkötter aus Sicht eines Unternehmers gegenüber der Stadt vorbringen wollen? Begründen Sie, warum er dieser Meinung ist.

Arbeitshilfe

§§ Gewerbesteuergesetz (GewStG)

§ 2 Steuergegenstand

(1) Der Gewerbesteuer unterliegt jeder stehende Gewerbebetrieb, soweit er im Inland betrieben wird. Unter Gewerbebetrieb ist ein gewerbliches Unternehmen im Sinne des Einkommensteuergesetzes zu verstehen. Im Inland betrieben wird ein Gewerbebetrieb, soweit für ihn im Inland [...] eine Betriebsstätte unterhalten wird.

(2) Als Gewerbebetrieb gilt stets und in vollem Umfang die Tätigkeit der Kapitalgesellschaften (insbesondere Europäische Gesellschaften, Aktiengesellschaften, Kommanditgesellschaften auf Aktien, Gesellschaften mit beschränkter Haftung), Genossenschaften einschließlich Europäischer Genossenschaften sowie der Versicherungs- und Pensionsfondsvereine auf Gegenseitigkeit. Ist eine Kapitalgesellschaft Organgesellschaft im Sinne der §§ 14, 17 oder 18 des Körperschaftsteuergesetzes, so gilt sie als Betriebsstätte des Organträgers.

(3) Als Gewerbebetrieb gilt auch die Tätigkeit der sonstigen juristischen Personen des privaten Rechts und der nichtrechtsfähigen Vereine, soweit sie einen wirtschaftlichen Geschäftsbetrieb (ausgenommen Land- und Forstwirtschaft) unterhalten.

[...]

(5) Geht ein Gewerbebetrieb im Ganzen auf einen anderen Unternehmer über, so gilt der Gewerbebetrieb als durch den bisherigen Unternehmer eingestellt. Der Gewerbebetrieb gilt als durch den anderen Unternehmer neu gegründet, wenn er nicht mit einem bereits bestehenden Gewerbebetrieb vereinigt wird.

§ 4 Hebeberechtigte Gemeinde

(1) Die stehenden Gewerbebetriebe unterliegen der Gewerbesteuer in der Gemeinde, in der eine Betriebsstätte zur Ausübung des stehenden Gewerbes unterhalten wird. Befinden sich Betriebsstätten desselben Gewerbebetriebs in mehreren Gemeinden, oder erstreckt sich eine Betriebsstätte über mehrere Gemeinden, so wird die Gewerbesteuer in jeder Gemeinde nach dem Teil des Steuermessbetrags erhoben, der auf sie entfällt.

(2) Für Betriebsstätten in gemeindefreien Gebieten bestimmt die Landesregierung durch Rechtsverordnung, wer die nach diesem Gesetz den Gemeinden zustehenden Befugnisse ausübt.

(3) Für Betriebsstätten im nicht zur Bundesrepublik Deutschland gehörenden Teil eines grenzüberschreitenden Gewerbegebiets im Sinne des § 2 Abs. 7 Nr. 2 ist die

Gemeinde hebeberechtigt, in der der zur Bundesrepublik Deutschland gehörende Teil des grenzüberschreitenden Gewerbegebiets liegt. Liegt der zur Bundesrepublik Deutschland gehörende Teil in mehreren Gemeinden, gilt Absatz 2 entsprechend.

§ 5 Steuerschuldner
(1) Steuerschuldner ist der Unternehmer. Als Unternehmer gilt der, für dessen Rechnung das Gewerbe betrieben wird. Ist die Tätigkeit einer Personengesellschaft Gewerbebetrieb, so ist Steuerschuldner die Gesellschaft.

(2) Geht ein Gewerbebetrieb im Ganzen auf einen anderen Unternehmer über (§ 2 Abs. 5), so ist der bisherige Unternehmer bis zum Zeitpunkt des Übergangs Steuerschuldner. Der andere Unternehmer ist von diesem Zeitpunkt an Steuerschuldner.

§ 6 Besteuerungsgrundlage
Besteuerungsgrundlage für die Gewerbesteuer ist der Gewerbeertrag.

Abschnitt II Bemessung der Gewerbesteuer
§ 7 Gewerbeertrag
(1) Gewerbeertrag ist der nach den Vorschriften des Einkommensteuergesetzes oder des Körperschaftsteuergesetzes zu ermittelnde Gewinn aus dem Gewerbebetrieb, der bei der Ermittlung des Einkommens für den dem Erhebungszeitraum entsprechenden Veranlagungszeitraum zu berücksichtigen ist, vermehrt und vermindert um die in den §§ 8 und 9 bezeichneten Beträge. Zum Gewerbeertrag gehört auch der Gewinn aus der Veräußerung oder Aufgabe

1. des Betriebs oder eines Teilbetriebs einer Mitunternehmerschaft,

2. des Anteils eines Gesellschafters, der als Unternehmer (Mitunternehmer) des Betriebs einer Mitunternehmerschaft anzusehen ist,

3. des Anteils eines persönlich haftenden Gesellschafters einer Kommanditgesellschaft auf Aktien, soweit er nicht auf eine natürliche Person als unmittelbar beteiligter Mitunternehmer entfällt. Der nach § 5a des Einkommensteuergesetzes ermittelte Gewinn und das nach § 8 Abs. 1 Satz 2 des Körperschaftsteuergesetzes ermittelte Einkommen gelten als Gewerbeertrag nach Satz 1.4. § 3 Nr. 40 und § 3c Abs. 2 des Einkommensteuergesetzes sind bei der Ermittlung des Gewerbeertrags einer Mitunternehmerschaft anzuwenden, soweit an der Mitunternehmerschaft natürliche Personen unmittelbar oder mittelbar über eine oder mehrere Personengesellschaften beteiligt sind; im Übrigen ist § 8b des Körperschaftsteuergesetzes anzuwenden.

9

Internationalisierung und Globalisierung – Going global

Ausgangslage

Globalisierung, das bedeutet nicht immer zwangsläufig, dass Industriestandorte aus Deutschland ins Ausland verlagert werden, weil dort die Lohnkosten niedriger sind.

Auch Deutschland bleibt nach wie vor aus den unterschiedlichsten Gründen ein gefragter Standort. Die Standortfrage ist für ein Industrieunternehmen ein sehr vielschichtiges Problem, wie auch im folgenden Artikel angedeutet wird.

Lernziele

Nach der Durcharbeit dieses Kapitels ...
- kennen Sie Standortfaktoren, können sie bewerten,
- sowie Standortentscheidungen aus betriebswirtschaftlichen, volkswirtschaftlichen und strukturpolitischen Erwägungen heraus nachvollziehen.

Situation

Die Beurteilung eines Landes als Standort für Unternehmen hängt von vielen Gesichtspunkten ab.

Bewertung durch Manager
Spitzennoten für Standort Deutschland
von Isabel Gomez (Berlin)

Führungskräfte von mehr als 800 international tätigen Unternehmen bestätigen der Bundesrepublik auch in der Krise eine hohe Attraktivität als Investitionsplatz. Das Land wird als bester Standort Europas verehrt.

Im weltweiten Standortranking landet Deutschland wie bereits 2007 auf Platz sechs. Das ergab eine Studie der Wirtschaftsprüfer Ernst & Young. 86 Prozent der Befragten sind der Meinung, Deutschland habe gute Chancen, die Krise und ihre Folgen besser zu bewältigen als die europäischen Nachbarn. Die Unternehmen vertrauen dem Standort, weil Deutschland gezeigt habe, dass man schwierige Situationen erfolgreich meistern könne, sagte Peter Englisch von Ernst & Young bei der Vorstellung der Studie. Das haben wohl auch die stabilisierenden Konjunkturpakete signalisiert.

Bei der Bewertung unterschiedlicher Standortfaktoren wurden neben der Infrastruktur auch die Qualifikation der Arbeitnehmer, das spezielle Know-how im Bereich erneuerbarer Energien sowie die Lebensqualität positiv bewertet. Schwächen sehen die Führungskräfte in der mangelnden Flexibilität des Arbeitsrechts, den hohen Arbeitskosten und der hohen Steuerbelastung. Eine gesunde Infrastruktur sei in der Krise jedoch gewichtiger für Standortentscheidungen als niedrige Arbeitskosten, sagte Englisch.

Von den bereits ansässigen Unternehmen zeigen sich 80 Prozent „insgesamt zufrieden" mit den hiesigen Bedingungen. Ein Ende dieses positiven Trends zeichne sich nicht ab: Jeder dritte Befragte gehe davon aus, dass die Attraktivität des Standorts weiter steige.

Die Zahl der Auslandsdirektinvestitionen belegt diese Angaben: Sie stieg gegenüber 2007 um 28 Prozent. 31 Prozent der Unternehmen gaben zudem an, Investitionen in Deutschland zu planen. Auch bei der Schaffung von Arbeitsplätzen durch Direktinvestitionen steht Deutschland sehr gut da: Während die Zahl europaweit um 16 Prozent sank, wurden 2008 im Inland fast doppelt so viele zusätzliche Arbeitsplätze geschaffen wie 2007. Direktinvestitionen im Bereich Solarenergie schufen dabei jeweils mehr als 1000 Arbeitsplätze.

aus: Financial Times Deutschland vom 05.06.2009

Arbeitsaufträge

1. Benennen Sie die im Artikel genannten Standortfaktoren und erläutern Sie sie.
2. Entscheiden Sie bitte, ob es sich bei den Standortfaktoren um Faktoren quantitativer oder qualitativer Art handelt. Grenzen Sie diese beiden Kriterien zuvor voneinander ab.
3. Welche weiteren Standortfaktoren kennen Sie?
4. Beschreiben Sie den Standort Ihres Ausbildungsbetriebes. Beginnen Sie dabei mit den Faktoren der unmittelbaren Umgebung. Sammeln Sie danach Informationen zur Wirtschaftsstruktur der Region, in der ihr Unternehmen ansässig ist.
5. Versuchen Sie, die von Ihnen in Arbeitsauftrag 4 gefundenen Faktoren zu clustern. Welche Kategorien sehen Sie als besonders wichtig an? Begründen Sie bitte.
6. Welche Gründe waren wohl dafür ausschlaggebend, dass sich Ihr Arbeitgeber gerade an seinem jetzigen Standort angesiedelt hat?
7. Die beiden folgenden Grafiken (Arbeitshilfe 1 und 2) zeigen verschiedene Rangfolgen und liefern so einen Vergleich europäischer Staaten bezogen auf einen Standortfaktor.
   a) Warum sind diese Rangfolgen so unterschiedlich? Was sagen sie jeweils aus?
   b) Recherchieren Sie Daten zu weiteren Faktoren, die innerhalb Europas unterschiedlich ausgeprägt sind. Bilden Sie dazu zwei Gruppen. Gruppe A beschäftigt sich mit qualitativen Faktoren, Gruppe B mit quantitativen.

Arbeitshilfe 1

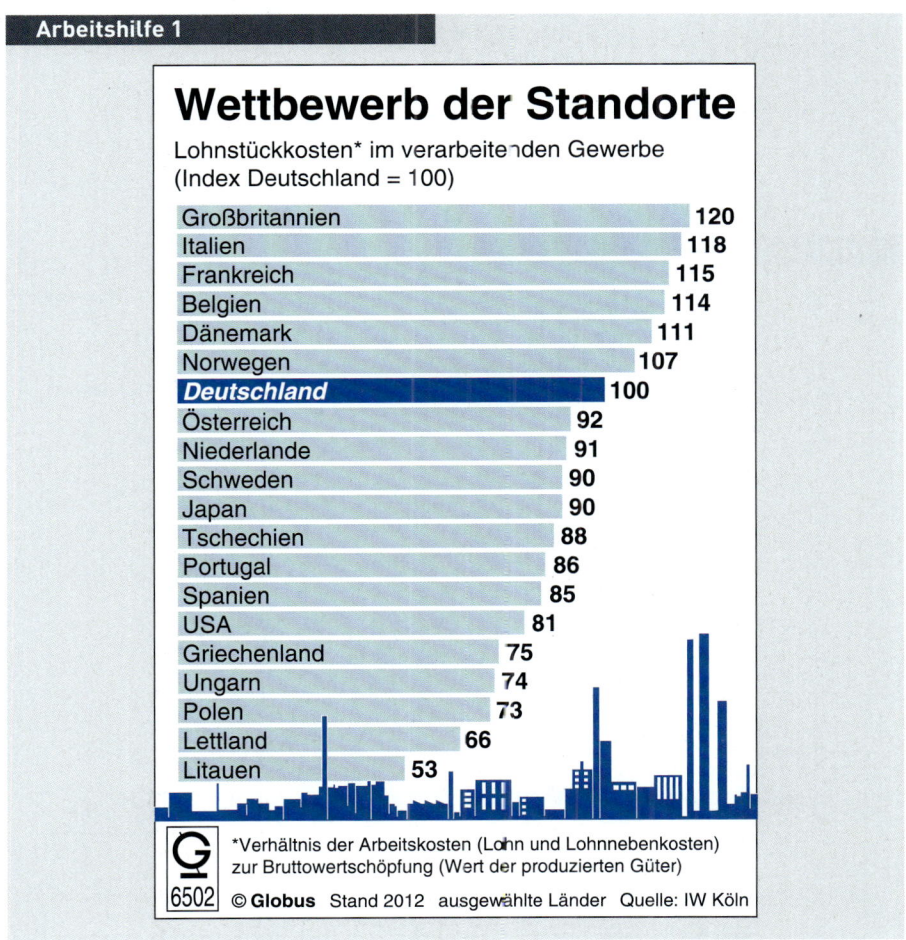

Wettbewerb der Standorte

Lohnstückkosten* im verarbeitenden Gewerbe
(Index Deutschland = 100)

Großbritannien	120
Italien	118
Frankreich	115
Belgien	114
Dänemark	111
Norwegen	107
Deutschland	100
Österreich	92
Niederlande	91
Schweden	90
Japan	90
Tschechien	88
Portugal	86
Spanien	85
USA	81
Griechenland	75
Ungarn	74
Polen	73
Lettland	66
Litauen	53

*Verhältnis der Arbeitskosten (Lohn und Lohnnebenkosten) zur Bruttowertschöpfung (Wert der produzierten Güter)

6502 © **Globus** Stand 2012 ausgewählte Länder Quelle: IW Köln

Arbeitshilfe 2

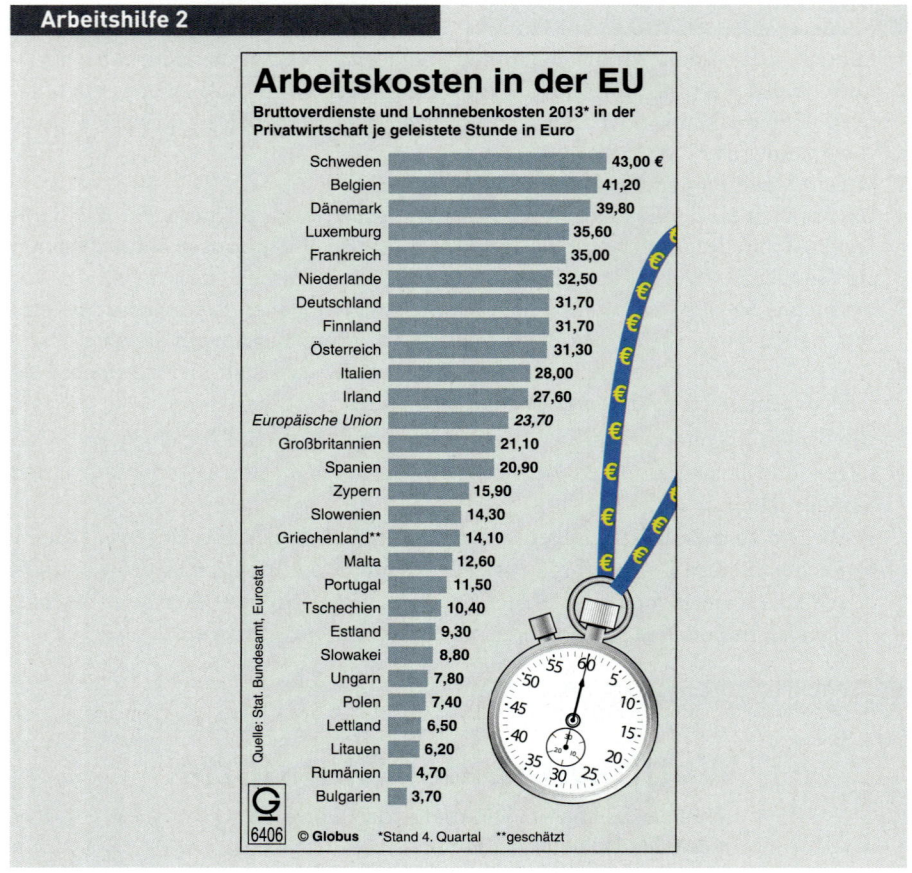

Arbeitskosten in der EU

Bruttoverdienste und Lohnnebenkosten 2013* in der Privatwirtschaft je geleistete Stunde in Euro

Schweden	43,00 €
Belgien	41,20
Dänemark	39,80
Luxemburg	35,60
Frankreich	35,00
Niederlande	32,50
Deutschland	31,70
Finnland	31,70
Österreich	31,30
Italien	28,00
Irland	27,60
Europäische Union	23,70
Großbritannien	21,10
Spanien	20,90
Zypern	15,90
Slowenien	14,30
Griechenland**	14,10
Malta	12,60
Portugal	11,50
Tschechien	10,40
Estland	9,30
Slowakei	8,80
Ungarn	7,80
Polen	7,40
Lettland	6,50
Litauen	6,20
Rumänien	4,70
Bulgarien	3,70

Quelle: Stat. Bundesamt, Eurostat

6406 © Globus   *Stand 4. Quartal   **geschätzt

Arbeitshilfe 3

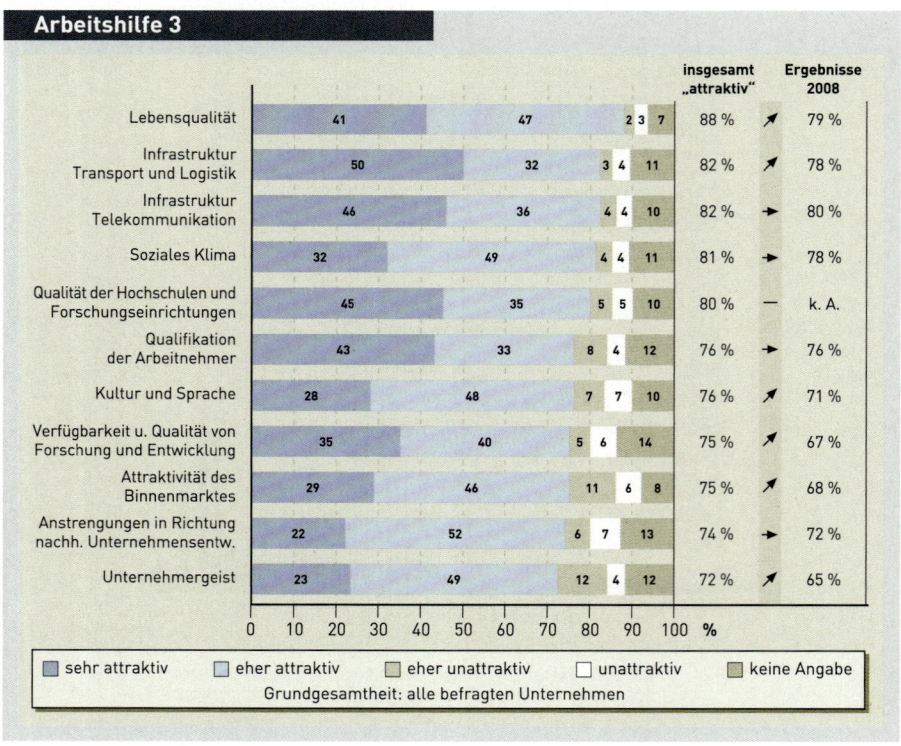

	sehr attraktiv	eher attraktiv	eher unattraktiv	unattraktiv	keine Angabe	insgesamt „attraktiv"		Ergebnisse 2008
Lebensqualität	41	47	2	3	7	88 %	↗	79 %
Infrastruktur Transport und Logistik	50	32	3	4	11	82 %	↗	78 %
Infrastruktur Telekommunikation	46	36	4	4	10	82 %	→	80 %
Soziales Klima	32	49	4	4	11	81 %	→	78 %
Qualität der Hochschulen und Forschungseinrichtungen	45	35	5	5	10	80 %	—	k. A.
Qualifikation der Arbeitnehmer	43	33	8	4	12	76 %	→	76 %
Kultur und Sprache	28	48	7	7	10	76 %	↗	71 %
Verfügbarkeit u. Qualität von Forschung und Entwicklung	35	40	5	6	14	75 %	↗	67 %
Attraktivität des Binnenmarktes	29	46	11	6	8	75 %	↗	68 %
Anstrengungen in Richtung nachh. Unternehmensentw.	22	52	6	7	13	74 %	→	72 %
Unternehmergeist	23	49	12	4	12	72 %	↗	65 %

0 10 20 30 40 50 60 70 80 90 100 %

■ sehr attraktiv   ■ eher attraktiv   ■ eher unattraktiv   ☐ unattraktiv   ■ keine Angabe

Grundgesamtheit: alle befragten Unternehmen

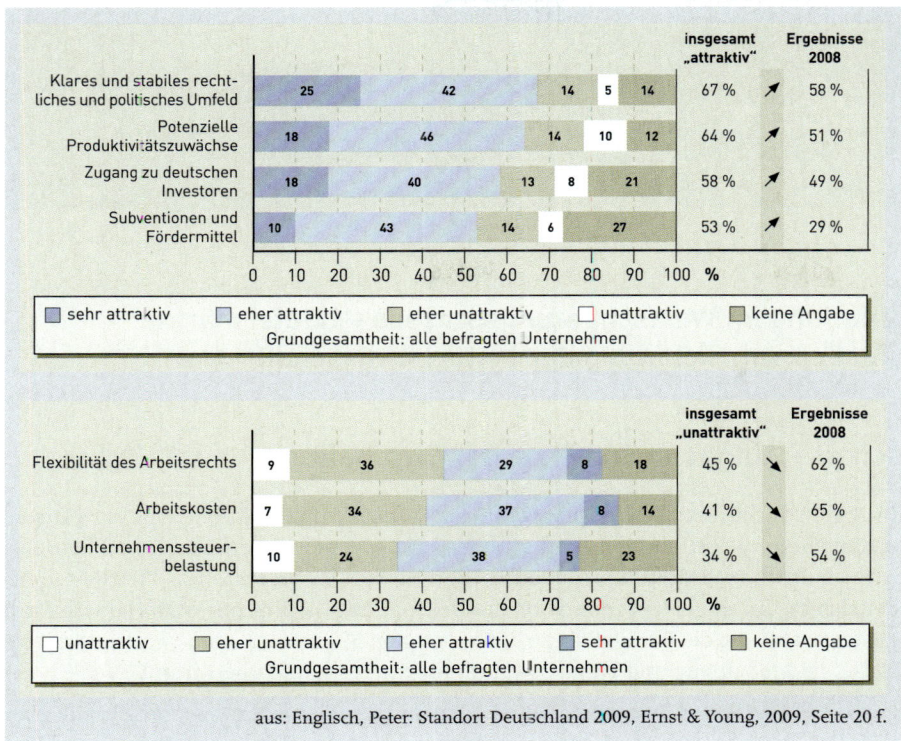

aus: Englisch, Peter: Standort Deutschland 2009, Ernst & Young, 2009, Seite 20 f.

Vertiefende Übungen

1. In Arbeitshilfe 3 finden Sie Auszüge einer Befragung zum Standort Deutschland, erstellt im Jahr 2009. Welche Aussagen können Sie anhand der vorliegenden Grafiken über den Standort Deutschland machen?

2. Überlegen Sie, welche der genannten Faktoren für ein Industrieunternehmen wichtig sein können. Begründen Sie bitte auch hier Ihre Einschätzung.

3. Was wird unter Globalisierung verstanden? Was sind die Ursachen für eine solche Entwicklung?

4. Diskutieren Sie in der Klasse Chancen und Risiken der Globalisierung
   a) für einen Staat wie Deutschland und
   b) für ein in Deutschland ansässiges mittelständisches Industrieunternehmen.

5. Erläutern Sie kurz die Entwicklung des Wirtschaftsraumes Europa zur Europäischen Union. Welche wirtschaftspolitischen Ziele wurden über die Jahre hinweg in den verschiedenen Stufen verfolgt und warum? ›INFO-Teil LF 9, Kap. 9.2

6. Nennen Sie die Vorteile und die Nachteile einer einheitlichen Währung in einem Wirtschaftsraum, der aus vielen eigenständigen Staaten besteht.
   a) Beginnen Sie Ihre Betrachtung bei sich selbst. Welche Vorteile bietet Ihnen der Euro?
   b) Schauen Sie dann unter Einbezug dessen, was Sie bisher in Ihrer Ausbildung gelernt haben, aus der Sicht eines Unternehmers auf die Vor- und Nachteile einer einheitlichen Währung.

7. Auch die im INFO-Teil genannten Standortfaktoren sind für jedes Unternehmen von unterschiedlicher Bedeutung. Welche dieser Faktoren könnten für die Heidtkötter KG, wie Sie sie bisher kennengelernt haben, wesentlich sein? ›INFO-Teil LF 9, Kap. 9.3

Beschaffungsprozesse
planen, steuern und kontrollieren

1
Stellung der Beschaffung im Wertschöpfungsprozess – Käufermärkte verändern die Aufgabenwahrnehmung der Materialwirtschaft

1.1
Die Materialwirtschaft – Aufgaben und Ziele der Beschaffung

Hauptaufgabe der Materialwirtschaft

Im weiteren Sinn ist die **Hauptaufgabe der Beschaffung** im Wertschöpfungsprozess die Versorgung des Betriebs mit den zur Leistungserstellung erforderlichen betriebswirtschaftlichen Produktionsfaktoren (Betriebsmittel, Werkstoffe, Mitarbeiter/Arbeitskraft). Im engeren Sinne wird die Beschaffung häufig mit Materialwirtschaft gleichgesetzt, die die Bereitstellung der benötigten Materialien (Roh-, Hilfs-, Betriebsstoffe, Fremdbauteile und Handelswaren) für die Fertigung übernimmt.

Beschaffung von Personal
› LF 7, Kap. 3

Die Beschaffung der Betriebsmittel ist aufgrund der Finanzierungsproblematik eher dem Funktionsbereich der Finanzwirtschaft zuzuordnen. Die Bereitstellung und Versorgung mit Mitarbeitern (= Produktionsfaktor Arbeit) übernimmt der Unternehmensbereich Personalwirtschaft. Das Lernfeld 6 „Beschaffungsprozesse planen, steuern und kontrollieren" folgt der engeren Betrachtung, sodass auf den folgenden Seiten die Prozesse der Bereitstellung der benötigten Materialien im Vordergrund stehen werden. Deshalb wird unter Beschaffung hier die Materialwirtschaft gefasst. Die Hauptaufgabe der Materialwirtschaft wird durch die Teilbereiche der Beschaffung und der Materiallogistik umgesetzt:

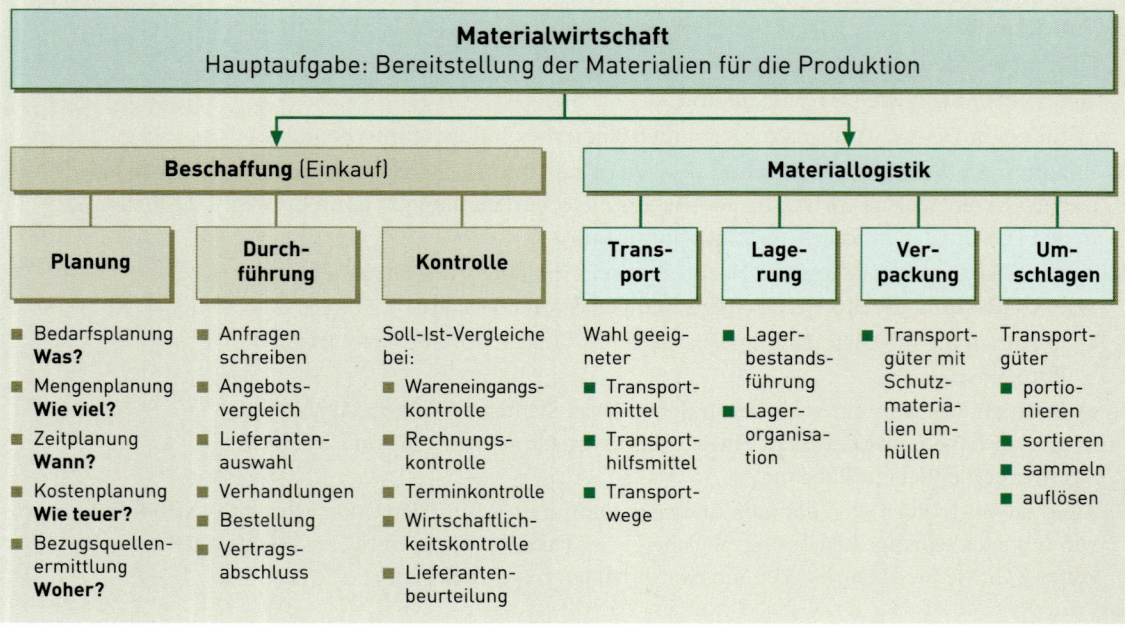

Die Aufgabenwahrnehmung im Bereich der Beschaffung erfolgt im Wesentlichen durch den Einkauf. Jedoch sind hier aufgrund der wachsenden wirtschaftlichen Verflechtung traditionell wie innovativ unterschiedliche Organisationsformen denkbar.

Immer häufiger werden die Aufgaben der Materialwirtschaft nicht mehr allein innerbetrieblich gelöst. Vielmehr werden sie in eine überbetriebliche **Supply Chain** (Wertschöpfungskette) prozessbezogen integriert. Diese zunehmende Prozessorientierung im Beschaffungsbereich ist auf die stärkere Bedeutung der Kunden-Lieferanten-Beziehungen auf Käufermärkten zurückzuführen. Heutzutage kann der Wertschöpfungserfolg nur sichergestellt werden, wenn von Beginn an kundenorientiert und gesamtprozessbezogen gehandelt wird. Für einzelne Produkte werden Supply Chains gebildet, die dann im Zuge eines **Supply Chain Managements** bearbeitet werden. Eine Supply Chain ist eine Wertschöpfungskette vom ersten Rohstofflieferanten bis zum Abnehmer. Alle darin anfallenden Aufgaben werden durchweg als Kunden-Lieferanten-Beziehungen definiert. Es wird eine sehr enge Zusammenarbeit zwischen Lieferanten und Abnehmern erforderlich, die sich auf folgende Aspekte erstreckt:

■ Aufbau eines gemeinsamen Informations- und Kommunikationsnetzes (z. B. gemeinsame Datenbanken)

■ Kooperation zwischen den beteiligten Unternehmen innerhalb der Supply Chain

■ Vertrauen der Beteiligten

■ Transparenz über alle Prozesse

Die Integration der Materialwirtschaft in Supply Chains bedeutet für das einzelne Unternehmen, dass nur noch Teilbereiche, die Kernkompetenzen[1], in den Gesamtprozess eingebracht werden, um so eine maximale Aufgabenerfüllung und damit Zielerreichung zu ermöglichen. Die Aufgabenwahrnehmung wird dabei immer durch den Endkunden (Abnehmer) ausgelöst und entsprechend über Kunden-Lieferanten-Beziehungen bis zum Ursprung der Supply Chain abgewickelt. Gibt es zwischen zwei Kettengliedern „Beziehungsstörungen", d. h., treten Fehler usw. auf, ist der gesamte Wertschöpfungserfolg gefährdet. Die Aufgabenerfüllung innerhalb der Wertschöpfungskette muss daher zielführend erfolgen.

Die Hauptaufgabe der Materialwirtschaft, d. h. die **Materialbereitstellung** für die Produktion, muss

■ in der richtigen **Art** und **Qualität**,

■ in der richtigen **Menge**,

■ in der richtigen **Zeit** und

■ am richtigen **Ort** erfolgen.

Dieses **Sachziel** der Materialwirtschaft, das auch als hohe Lieferbereitschaft bezeichnet werden kann, wird durch Formalziele ergänzt, die die Unternehmensziele und Umweltanforderungen (z. B. Gesetze, Ansprüche der Anteilseigner, gesellschaftliche Entwicklungen, Klimawandel) bei der Verfolgung des Sachziels zu berücksichtigen versuchen. Bedeutende **Formalziele** für die Materialwirtschaft sind

■ die Kostenminimierung (zur Unterstützung des Unternehmenszieles der Gewinnmaximierung) und

■ der Umweltschutz (zur Einhaltung von Gesetzen – z. B. die Gefahrstoffverordnung – und zur Berücksichtigung des Klimawandels).

Bei der Aufgabenwahrnehmung können natürlich nur jene Formalziele berücksichtigt werden, auf die in der Materialwirtschaft Einfluss genommen werden kann.

Supply Chain Prozessorientierung

Kernkompetenzen

Materialbereitstellung

Sachziel Materialwirtschaft

Formalziele Materialwirtschaft

---

1 Es wird von einer Kernkompetenz gesprochen, wenn ein Unternehmen über bestimmte Fähigkeiten in einzigartiger Weise verfügt, die es wertschöpfend im Sinne eines Wettbewerbsvorteils einsetzen kann.

In Bezug auf das Formalziel Kostenminimierung muss man sich daher vergegenwärtigen, wodurch Kosten in der Materialwirtschaft hervorgerufen werden:

Kosten in der Materialwirtschaft		
Beschaffungskosten	**Lagerhaltungskosten**	**Fehlmengenkosten[1]**
■ Kosten für eingehende Werkstoffe (Einstandspreis/Bezugspreis) ■ Bestellkosten (Personal- und Sachkosten für innerbetriebliche Prozesse) ■ Bezugskosten (Transport, Verpackung, Versicherung usw.)	■ Kapitalbindungskosten (Zinskosten für das gebundene Kapital) ■ Kosten der Lagereinrichtung ■ Kosten der Lagerverwaltung (Lagerbestandsführung) ■ Kosten des Lagerrisikos (Schwund, Verderb, obsoletes[2] Material, Versicherungsbeiträge)	■ Stillstandskosten und Kosten für Neuanlauf ■ Zusatzkosten für die Beschaffung teureren Ersatzmaterials ■ entgangene Gewinne ■ Konventionalstrafen ■ Auftragsverluste

Ökonomisches Prinzip
› **LF 9, Kap. 1**

In der Materialwirtschaft bestehen z. T. Zielkonflikte. Bei der Aufgabenerfüllung stehen daher Optimierungslösungen gemäß dem Ökonomischen Prinzip im Vordergrund. So wird ein möglichst hoher Zielerreichungsgrad des folgenden Zieldreiecks angestrebt:

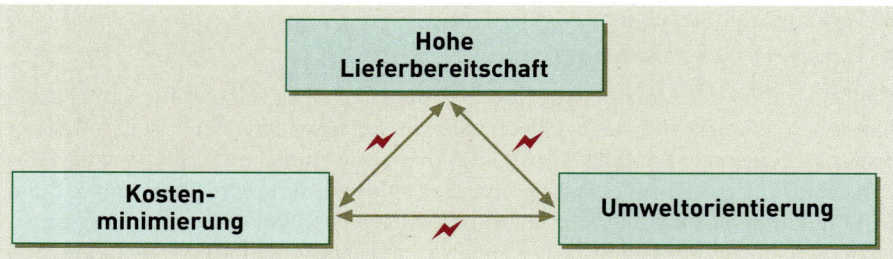

Beispiel   Die Heidtkötter KG möchte den Bezug des Bürostuhls *ongis* aus ökologisch abbaubaren Rohstoffen fertigen. Die Stoffe, die dazu vorgesehen sind, werden nur in Spanien produziert. Bislang bezieht die Heidtkötter KG die ursprünglichen Stoffe aus Garbsen (bei Hannover) zu einem um 20 % günstigeren Bezugspreis gegenüber dem Preis des neuen Stoffes. Aufgrund der mangelnden Produktionserfahrung des neuen Lieferanten aus Spanien muss mit einer um vier Tage verlängerten Lieferzeit gerechnet werden.

Ziel	Folgen
Umwelt- orientierung	Umweltfreundlicherer Rohstoffeinsatz führt zum Anstieg der Umwelt- qualität. Jedoch verlängern sich die Transportwege, wodurch alle Kosten steigen und der positive Umwelteffekt eventuell aufgelöst wird.
Hohe Liefer- bereitschaft	Aufgrund des neuen Rohstoffs verlängert sich die Lieferzeit. Die Lieferbereitschaft sinkt; es sei denn, dass die Bevorratung erhöht wird. Hierdurch steigen jedoch die Kapitalbindungskosten.
Kosten- minimierung	Längere Transportwege, höhere Bezugspreise und eventuell höhere Bevorratung bewirken einen Kostenanstieg.

Optimale Bestellmenge
› **Kap. 2.2.2**

Eine mögliche Lösung: Optimierung durch Bezug einer optimalen Bestellmenge.

---

1   entstehen, wenn der Materialbedarf der Fertigung nicht gedeckt werden kann
2   obsolet = veraltet, ungebräuchlich

1.2
Einkaufsorganisation – Zur Sicherung des Wertschöpfungserfolges muss die Heidtkötter KG den Einkauf reorganisieren

Der Einkauf ist Teil der Materialwirtschaft und vorwiegend für die Bereiche der Beschaffungsplanung, -durchführung und -kontrolle zuständig. Die Aufbauorganisation ist das langfristig definierte Beziehungsgefüge zwischen Stellen, denen jeweils Teilaufgaben der Gesamtaufgabe Materialbeschaffung zugeordnet werden. Jedes Unternehmen hat die für die eigenen Wertschöpfungsprozesse optimale Einkaufsorganisation festzulegen, d. h., eine Organisation anzustreben, die die Ziele der Materialwirtschaft am besten unterstützt.

Organisation
> Band 1, LF 2, Kap. 3.1

Generell sind für die Festlegung der unternehmensindividuellen Einkaufsorganisation folgende Aspekte relevant:
- Produktions- und Absatzprogramm und damit die Anzahl verschiedener Materialien
- Anzahl möglicher bzw. verschiedener Lieferanten
- Unternehmensziele und Ziele der Materialwirtschaft
- Einkaufsgebiete
- Größe des Unternehmens und die Verhandlungsposition (Marktstellung, Bestellmengen, Bestellzeitpunkte)
- Beschaffungsstrategien (*Single Sourcing, Multiple Sourcing* usw.)

Unter Beachtung dieser Aspekte wird die **Einkaufsorganisation** nach innen und nach außen festgelegt.

Einkaufsorganisation

Während durch die Aufbauorganisation die Zuständigkeit für Teilaufgaben über Stellen- und Abteilungsbildung erfolgt, ist es Wesen der Ablauforganisation, die konkrete Aufgabenerfüllung z. B. durch Prozessdokumentationen festzulegen. So wird eine zeitliche, räumliche und personenbezogene Festschreibung der Aufgabenwahrnehmung definiert.

1.3
Markttrends durch Beschaffungsstrategien begegnen – Sourcing-Konzepte gestalten

Vielfältige Veränderungen auf den Absatzmärkten haben zu starken Veränderungen auf den Beschaffungsmärkten geführt, die sich in den kommenden Jahren noch verschärfen werden. Ursache hierfür ist der hohe Preis-, Qualitäts- und Innovationswettbewerb auf den Absatzmärkten zur Sicherung und Erweiterung eigener Marktanteile.

Markttrends als Herausforderungen für die Beschaffungsabteilung					
Reduzierung der Fertigungstiefe	Verkürzte Produktlebens-zyklen	Fusionen und Übernahmen	Marktsättigung	Outsourcing	Hoher Material-kostenanteil

Supply Chain
> **Kap. 1.1**

In der Beschaffung als Teil des Wertschöpfungsprozesses werden daher inzwischen „partnerschaftliche" Beschaffungsstrukturen (Supply Chains) angestrebt, da nur so dem Qualitäts-, Kosten-, Zeit- und Innovationsdruck standgehalten werden kann. Diese Entwicklungen führen in der Organisation traditioneller Beschaffungsabteilungen zu einer Revolution: Um die Unabhängigkeit vom Lieferanten zu behalten, das eigene Know-how zu sichern und möglichst geringe Bezugspreise zu erzielen, wurden bis vor wenigen Jahren die Bestellungen auf viele Lieferanten einer niedrigeren Fertigungsstufe verteilt. Hierdurch konnten sich nur selten partnerschaftliche Beziehungen entwickeln.

Eine moderne Beschaffungsstruktur im Sinne einer Supply Chain wird hingegen dadurch bestimmt, dass die Lieferung auf einer hohen Fertigungsstufe von nur einem oder wenigen Lieferanten erfolgt. Hierdurch entsteht eine nicht zu unterschätzende Abhängigkeit, die sich im Bezugspreis niederschlagen kann. Andererseits entfällt der hohe Koordinierungsaufwand durch die nicht mehr erforderlichen Absprachen mit den wechselnden Lieferanten.

Sourcing-Konzepte

Die Beschaffungsstrukturen in traditionellen wie in modernen Beschaffungsabteilungen werden durch bestimmte Gesichtspunkte geprägt. Die auf diese Aspekte bezogenen Entscheidungen werden als **Sourcing-Konzepte**[1] bezeichnet, die in folgender Übersicht vergleichend gegenübergestellt werden.

Gesichtspunkte	Sourcing-Konzept	Ausprägungen
Anzahl der Lieferer	**Lieferantenkonzept** Die Beschaffung von Fremdbezugsteilen kann grundsätzlich über einen oder viele Lieferanten erfolgen.	■ eine Bezugsquelle (**Single Sourcing**/Auftragsverdichtung) ■ viele Bezugsquellen (**Multiple Sourcing**/Auftragsstreuung)
Komplexität des Beschaffungsgutes	**Objektkonzept** Die Beschaffung von Fremdbezugsteilen kann für jedes Einzelteil oder im Zuge einer Verringerung der Fertigungstiefe in Baugruppen bzw. Modulen erfolgen.	■ Einzelteile beschaffen (**Unit Sourcing**) ■ Baugruppen/Module beschaffen (**Modular Sourcing**)
Art der zeitlichen Bereitstellung	**Zeitkonzept** Die Beschaffung von Fremdbezugsteilen kann nach der Beschaffungszeit unterschieden werden.	■ Vorratsbeschaffung ■ Einzelbeschaffung im Bedarfsfall ■ JiT-Beschaffung
Größe des Beschaffungsraumes	**Arealkonzept** Die Beschaffung von Fremdbezugsteilen kann nur durch lokal ansässige Lieferanten erfolgen.	■ regional begrenzte Bezugsquellen (**Local Sourcing**) ■ weltweite Bezugsquellen (**Global Sourcing**)

---

1 Sourcing-Konzept meint Beschaffungsstrategie

Industrieunternehmen verwirklichen dabei nicht nur ein Sourcing-Konzept, sondern werden je nach Priorität der Gesichtspunkte mehrere Sourcing-Konzepte einsetzen. Unter Berücksichtigung der oben skizzierten Herausforderungen werden zunehmend folgende Konzepte kombiniert:

- langfristig angelegte, partnerschaftliche Beziehungen mit nur wenigen Lieferanten (Single Sourcing)
- Beschaffung von Modulen (Modular Sourcing)
- fertigungssynchrone Beschaffung (Just-in-time)
- produktionsnahe Ansiedlung des Lieferanten (Der Lieferant kann aber auch eine weltweite Bezugsquelle darstellen, sodass hier keine eindeutige Zuordnung erfolgen kann.)

Im Zuge dieser langfristigen, partnerschaftlichen Beziehung müssen sehr viele Aspekte geklärt werden, die jeweils unternehmensindividuell geprägt sind:

Die vielfältigen Anforderungen (siehe Abb.) veranlassen Unternehmen, zunehmend neue Lieferanten mithilfe eindeutig definierter **Einkaufsrichtlinien** auszuwählen und zu konfrontieren. Noch vor dem ersten Kontakt können sich potenzielle Lieferanten über die Elemente der Einkaufsrichtlinien oder -leitlinien informieren. Auffällig ist dabei, dass der Umfang dieser Richtlinien sehr unterschiedlich ist. Festgestellt werden kann jedoch, dass mit wachsender Unternehmensgröße die Einkaufsrichtlinien konkreter festgelegt werden.

Einkaufs-richtlinien

Je nach Umfang werden für alle Prozessbeteiligten Informationen und Verfahrensweisen zu folgenden Aspekten geliefert:

- Ziele des Einkaufs (in Zusammenhang mit der Unternehmensphilosophie)
- Grundsätze der Zusammenarbeit (Vorstellungen über das Geschäftsgebaren)
- Aspekte der Lieferantenbeurteilung (Kriterien wie Know-how, Qualität, Zuverlässigkeit, Flexibilität, Preis, Bewertungsmodell usw.)
- Zielvereinbarungen und Bedeutung von Rahmenverträgen
- Bedeutung internationaler Normen und Standards (z. B. Einhalten von Menschenrechten, nachhaltige Ressourcenverwendung)

Beispiel

Einkaufsrichtlinien/-leitlinien der Firma Robatherm GmbH & Co. KG[1]

Einkauf – Unsere Leitlinien

Durch die Orientierung an Wachstum und Werten bestimmt sich unser Ziel der nachhaltigen Steigerung des Unternehmenserfolgs.

Kundenzufriedenheit

Hierbei orientieren sich unsere Einkaufsziele an den Anforderungen und der Zufriedenheit unserer Kunden. Bei deren Umsetzung arbeiten wir mit den Organisationseinheiten bereichsübergreifend, um die mittelfristig beste Kombination aus Funktion, Lieferung, Termintreue und Preis zu gewährleisten. Die Erreichung der Qualitätsziele ist dabei unabdingbare Voraussetzung, verbunden mit dem Bestreben nach Optimierung unseres Supply-Chain-Managements.

Qualitätsverantwortung

Wir sind für die Qualität beim Fremdbezug verantwortlich und verfolgen die Null-Fehler-Zielsetzung bei Zukaufteilen, Sach- und Dienstleistungen. Bei der Umsetzung der Qualitätsziele arbeiten wir eng mit anderen Organisationseinheiten in unserem Unternehmen zusammen.

Lieferantenentwicklung

Wir benötigen leistungsfähige und innovative Lieferanten für Waren und Dienstleistungen, mit denen wir offen, fair und langfristig zusammenarbeiten. Wir achten unsere Lieferanten als selbständige Unternehmer, und wir betreiben eine aktive Lieferantenentwicklung.

Fairness und Transparenz

Einkaufsentscheidungen treffen wir ausschließlich unter sachlichen und nachvollziehbaren Kriterien. Bei der Auswahl von Lieferanten, bei der Umsetzung von Zielen und der Bewertung von Lieferantenleistungen stimmen wir uns intern ab und gehen nach einheitlichen Kriterien und Verfahren vor.

Um allen Beteiligten die für dieses Ziel notwendige Unabhängigkeit zu erhalten, verzichten wir grundsätzlich auf alle Formen der Vorteilsnahme.

Internationalität

Wir schaffen für unser Unternehmen Wettbewerbsvorteile durch eine international ausgerichtete, systematische Einkaufsmarktbearbeitung.

Umweltverantwortung

Umweltfragen sind uns wichtig. Wir berücksichtigen diese bei der Stoffauswahl hinsichtlich Recycling und Entsorgung, bei der Verpackung und beim Transport.

Ständige Verbesserung

Wir arbeiten an der ständigen Verbesserung der Strukturen und Abläufe im Einkauf selbst und im gesamten Beschaffungsprozess. Differenzierte SCM-Strategien und Best-Practice-Lösungen bilden die Grundlage für unsere Arbeit.

aus: www.robatherm.de/deutsch/file/unternehmen/un_leitlinien.htm, Zugriff am 22.04.2008

---

1   spezialisiert auf die Entwicklung, die Produktion und den Vertrieb individueller raumlufttechnischer Geräte

2
Die Steuerung der Wertezuflüsse erfolgt im ersten Schritt über eine möglichst optimale Beschaffungsplanung

Die Beschaffung der zur Produktion erforderlichen Werkstoffe und Fremdbauteile sowie der das Produktionsprogramm ergänzenden Handelswaren sollte optimal geplant werden, um die damit verbundenen Kosten, z. B. für den Beschaffungsvorgang oder die Kapitalbindung, möglichst gering zu halten. In diesem Kapitel erhalten Sie einen Einblick in die anfallenden Entscheidungen der Beschaffungsplanung sowie deren Abhängigkeiten untereinander.

2.1
Die Bedarfsplanung – Was muss beschafft werden?

Der Materialbedarf umfasst Art, Qualität und Anzahl der Materialien, die zur Herstellung von Erzeugnissen oder zur Versorgung des Absatzmarktes in bestimmten Perioden benötigt werden. Das Nachfrageverhalten der Kunden, die Verfahren der Fertigung, die im eigenen Unternehmen umgesetzte Fertigungstiefe sowie die rechtlichen Vorschriften (z. B. im Bereich des Umweltschutzes) beeinflussen den Materialbedarf.

Bestimmungs-größen des Materialbedarfs

Im Rahmen der Bedarfsplanung (WAS?) geht es um die Ermittlung des Materialbedarfs zur Aufrechterhaltung und Sicherung der Leistungserstellung für einen festgelegten Zeitraum. Bezogen auf den Materialbedarf wird zwischen Primär-, Sekundär- und Tertiärbedarf unterschieden.

Material-bedarfsarten

Abgrenzung der Materialbedarfsarten:		
Primärbedarf	**Sekundärbedarf**	**Tertiärbedarf**
■ Bedarf an **Endprodukten,** die von den Kunden beim Unternehmen nachgefragt werden ■ Bedarf, der in den Absatz- und Produktionsplänen festgelegt ist ■ außer den hergestellten Endprodukten können dies auch **Handelswaren** und **Ersatzteile** sein	■ ergibt sich aus dem Primärbedarf ■ Summe aller Einzelteile **(Rohstoffe)** sowie **fertigen Einbauteile/Montageteile,** die zur Fertigung des Primärbedarfs benötigt werden ■ kann je Erzeugniseinheit und je Periode für das gesamte Fertigungsprogramm ermittelt werden	■ umfasst den Bedarf an **Hilfs-** und **Betriebsstoffen,** die nicht direkter Bestandteil des Endproduktes sind, die aber zur Durchführung der betrieblichen Aufgaben erforderlich sind ■ wird vorwiegend periodenbezogen ermittelt

Zusatzbedarf: Ungeplanter Bedarf, der als Zusatz zum Sekundärbedarf benötigt wird (z. B. Bedarf für **Ausschuss, Schwund**)

Beispiel
Auszug aus der Bedarfsplanung (WAS?) der Heidtkötter KG:

Bedarfsarten	Materialien	Beispiele Heidtkötter KG
Primärbedarf	verkaufsfähige Produkte: **Fertigerzeugnisse, Handelswaren, Ersatzteile**	Konferenzstuhl *feli, communicTable,* Seminartisch *björn,* Strahler *castor*
Sekundärbedarf	Rohstoffe: **Hauptbestandteile des Endprodukts**	Edelhölzer, Stahl
	fertige Einbauteile: **fremdbezogene Montageteile**	Touchscreen, Kabel, Stecker, Kunststoffbauteile
Tertiärbedarf	Hilfsstoffe: **Nebenbestandteile des Endprodukts**	Schrauben, Unterlegscheiben, Gummifüße
	Betriebsstoffe: **kein Produktbestandteil, aber erforderlich für den Fertigungsprozess**	Strom, Gas, Diesel, Fette, Öle

Der Primärbedarf spiegelt das Absatzprogramm einer Unternehmung wider und gibt an, welche selbst erstellten Erzeugnisse zusammen mit ergänzenden Handelswaren an die Kunden verkauft werden sollen.

Konstruktionszeichnungen und Erzeugnisstruktur

Aufgrund eines konkreten Kundenauftrags, bestimmter Marktanforderungen oder eigener Innovationsbestrebungen erfolgt die Konstruktion fertigungsgerechter und funktionsfähiger Endprodukte. Es werden Konstruktionszeichnungen angefertigt und mit deren Hilfe eine Erzeugnisstruktur des verkaufsfähigen Endprodukts (Primärbedarf) erstellt. Aus dieser Erzeugnisstruktur werden je nach Bedarf unterschiedliche Stücklisten erstellt, die konkret Auskunft darüber geben, welche Einzelteile und Baugruppen in welchen Mengen zur Fertigung des Erzeugnisses erforderlich sind.

Mengenübersichtsstückliste

Dies könnte z. B. eine **Mengenübersichtsstückliste** sein, die eine Aufstellung aller im Fertigerzeugnis enthaltenen Baugruppen und Einzelteile sowie deren Mengen, mit denen sie im Erzeugnis vorkommen, enthält. Mit ihrer Hilfe können für ein bestimmtes Produktionsprogramm oder für konkrete Kundenaufträge sowohl die Arten des Bedarfs als auch die jeweiligen Bedarfsmengen genau festgestellt werden. Der Aufbau des Endprodukts ist jedoch nicht erkennbar.

Beispiel

Aus den Konstruktionszeichnungen wurde folgende Erzeugnisstruktur für ein Rennrad erstellt:

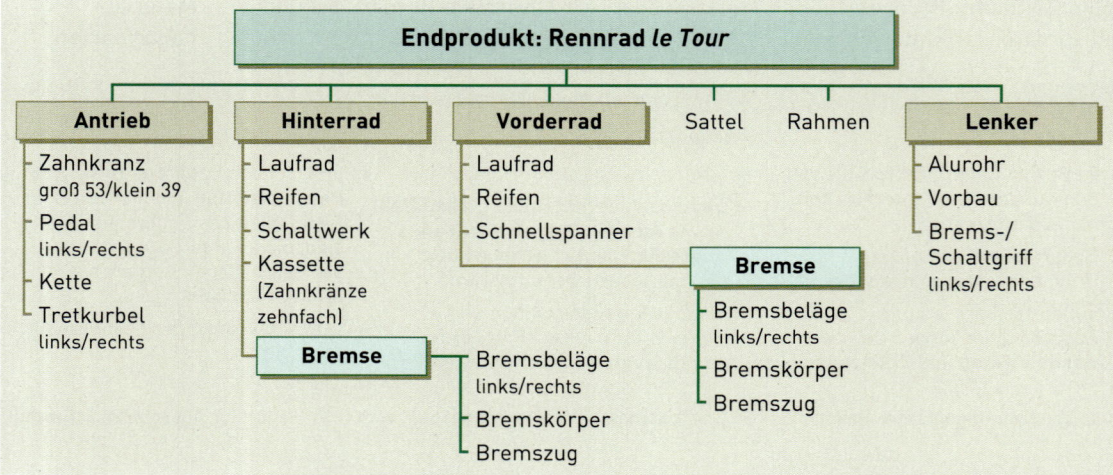

Aus dieser Erzeugnisstruktur wurde anschließend folgende Mengenübersichtsstückliste erstellt:

Mengenübersichtsstückliste					
Teile	**Stückzahl**	**Teile**	**Stückzahl**	**Teile**	**Stückzahl**
Antrieb	1	Zahnkranz groß	1	Schnellspanner	1
Hinterrad	1	Zahnkranz klein	1	Bremsbelag	4
Vorderrad	1	Kette	1	Bremskörper	2
Lenker	1	Tretkurbel	2	Bremszug	2
Bremse	2	Laufrad	2	Alurohr	1
Sattel	1	Reifen	2	Vorbau	1
Rahmen	1	Schaltwerk	1	Brems-/Schaltgriff	2
Pedal	2	Kassette	1		

Die **Baukastenstückliste** enthält alle Einzelteile einer Baugruppe bis zur nächstniedrigeren Fertigungsstufe. Der Aufbau des Enderzeugnisses ist durch Zusammenfügen aller Baukastenstücklisten zu erkennen. Diese Art von Stückliste findet Verwendung bei sehr komplexen Fertigerzeugnissen bzw. dann, wenn diese Baugruppe identisch in mehreren verschiedenen Fertigerzeugnissen benötigt wird.

Im **Teileverwendungsnachweis** werden alle Baugruppen und Fertigerzeugnisse aufgeführt, in denen das jeweilige Einzelteil enthalten ist.

Baukastenstückliste und Teileverwendungsnachweis
› Band 1, LF 5, Kap. 2.5

Beispiel (Fortsetzung)

Teileverwendungsnachweis für ET 126 (Schalthebel Lenker)					
Baugruppe/Produkt	Menge	Baugruppe/Produkt	Menge	Baugruppe/Produkt	Menge
Rennrad „Le Tour"	3	Mountainbike „billy"	2	Lenker „cross"	3
Rennrad „eddy"	2	Mountainbike MB 3	3	Lenker „comfort"	3
Rennrad „signum"	2	Mountainbike MB 1	2	Lenker „go fast"	2
Rennrad „calypso"	2	Citybike „runner"	1	Vorbau „racer"	1

Die folgende Übersicht zeigt noch einmal anschaulich die Vorgehensweise bei der programmorientierten Bedarfsermittlung sowie die zu berücksichtigenden Größen:

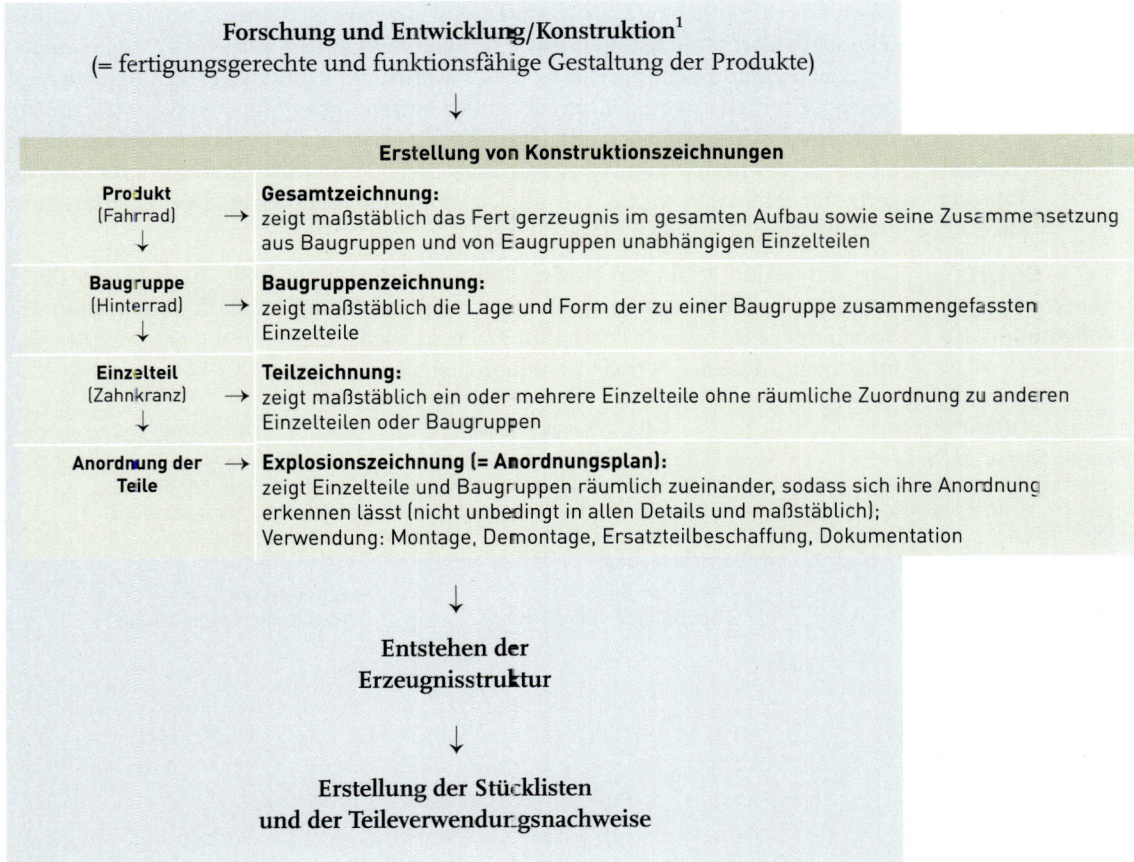

Forschung und Entwicklung/Konstruktion[1]
(= fertigungsgerechte und funktionsfähige Gestaltung der Produkte)

↓

Erstellung von Konstruktionszeichnungen

Produkt (Fahrrad) → **Gesamtzeichnung:** zeigt maßstäblich das Fertigerzeugnis im gesamten Aufbau sowie seine Zusammensetzung aus Baugruppen und von Baugruppen unabhängigen Einzelteilen

Baugruppe (Hinterrad) → **Baugruppenzeichnung:** zeigt maßstäblich die Lage und Form der zu einer Baugruppe zusammengefassten Einzelteile

Einzelteil (Zahnkranz) → **Teilzeichnung:** zeigt maßstäblich ein oder mehrere Einzelteile ohne räumliche Zuordnung zu anderen Einzelteilen oder Baugruppen

Anordnung der Teile → **Explosionszeichnung (= Anordnungsplan):** zeigt Einzelteile und Baugruppen räumlich zueinander, sodass sich ihre Anordnung erkennen lässt (nicht unbedingt in allen Details und maßstäblich); Verwendung: Montage, Demontage, Ersatzteilbeschaffung, Dokumentation

↓

Entstehen der Erzeugnisstruktur

↓

Erstellung der Stücklisten und der Teileverwendungsnachweise

---

1 siehe Band 1, LF 5, Kap. 1.3.2

2.2
Die Bedarfsmengenplanung – Wie viel muss beschafft werden?

2.2.1
Verfahren zur Ermittlung der Bedarfsmengen

Ausgangspunkte der **Mengenplanung (WIE VIEL?)** sind Fertigungsaufträge, die innerhalb bestimmter Liefertermine zu erfüllen sind, sowie möglicherweise Fertigungsaufträge einer periodenbezogenen Produktionsprogrammplanung für einen **anonymen Absatzmarkt**, die eine Produktion auf Lager erforderlich machen. Bei Lageraufträgen dienen Erfahrungswerte, Verbrauchsstatistiken sowie vorsichtige Schätzungen als Grundlage für die erforderlichen Mengenentscheidungen. Aus den konkreten Auftragsmengen der Kundenaufträge sowie den Fertigungsaufträgen für den anonymen Markt werden Produktionsmengen für die Enderzeugnisse abgeleitet, der **Bruttoprimärbedarf**, der durch die Berücksichtigung eventuell vorhandener Lagerbestände an Fertigerzeugnissen korrigiert den **Nettoprimärbedarf** ergibt.

Grundlagen für die Mengenplanung Brutto-/Nettoprimärbedarf

Bei der **programmorientierten Bedarfsermittlung** werden die für ein bestimmtes Produktionsprogramm oder für bestimmte Kundenaufträge benötigten Materialmengen über die Auflösung von Stücklisten genau festgestellt. In der Praxis erfolgen diese Stücklistenauflösungen mithilfe eines sogenannten PPS-Systems[1].

programmorientierte Bedarfsermittlung durch Stücklistenauflösung

Über die Auflösung von Stücklisten und der gleichzeitigen Berücksichtigung eines eventuell erforderlichen Zusatzbedarfs wird aus dem Nettoprimärbedarf der **Bruttosekundärbedarf** an Rohstoffen sowie fertigen Einbauteilen ermittelt. Unter weiterer Berücksichtigung der Lagerbestände an Werkstoffen (inklusive eventuell vorgegebener Sicherheitsbestände), ausstehender Fertigungsaufträge, Reservierungen für andere Aufträge sowie noch offener, später eingehender Bestellungen erfolgt die Berechnung des **Nettosekundärbedarfs**. Diese Berechnung setzt eine gewissenhafte Lagerbestandsführung voraus, die alle Lagerzugänge und -abgänge genau erfasst und dokumentiert.

Brutto-/Nettosekundärbedarf
› Kap. 4.3

Lagerbestandsführung
› Kap. 4.3

Der Nettobedarf wird auch als Beschaffungsmenge bezeichnet, die entweder durch Bestellung fremdbezogen und/oder durch Eigenfertigung beschafft werden kann. Die Bestellmenge ist mit der Beschaffungsmenge identisch, wenn die gesamte Beschaffungsmenge in einer Periode fremdbezogen wird.

Bedarfs-, Beschaffungs-, Bestellmenge

Bedarfsmenge	Beschaffungsmenge	Bestellmenge
Bruttoprimärbedarf: Bedarf an Enderzeugnissen, ausgehend vom Produktionsprogramm	der aus dem Nettoprimärbedarf an Endprodukten abgeleitete Bruttosekundärbedarf bei Rohstoffen oder Bruttotertiärbedarf bei Hilfs- und Betriebsstoffen → **Ergebnis der Bruttobedarfsermittlung**	kann aus Fertigungsaufträgen (eigene Herstellung) oder aus Bestellungen (Fremdbezug) befriedigt werden → **Ergebnis der Nettobedarfsermittlung**

---

1 Produktionsplanungs- und -steuerungssystem; siehe Band 1, LF 5, Kap. 2.3.3

Ermittlung der Bestellmenge:

Vorzeichen	Bedarfsermittlung bezogen auf die Endprodukte	
	Bruttoprimärbedarf (Fertigerzeugnisse)	[Bedarfsmenge]
–	Lagerbestand (Fertigerzeugnisse)	
=	Nettoprimärbedarf (Fertigerzeugnisse)	
	Bedarfsermittlung über Stücklistenauflösung	
	Sekundärbedarf (für einen konkreten Kundenauftrag)	
+	Zusatzbedarf (für Ausschuss, Schwund, Ersatzteile usw.)	
=	Bruttosekundärbedarf	[Beschaffungsmenge]
–	Lagerbestand (an Teilen des Sekundärbedarfs)	
+	Reservierungen für andere Kundenaufträge	
+	Sicherheitsbestand (Mindestbestand, Eiserne Reserve)	
–	Bestellrückstände (offene Bestellungen)	
–	Werkstattaufträge (bestehende Fertigungsaufträge)	
=	Nettosekundärbedarf	[Beschaffungsmenge/Bestellmenge]
Entscheidung	Eigenfertigung → make?	buy? → Fremdbezug
	Losgröße	Bestellmenge

Bei der **verbrauchsorientierten Bedarfsermittlung** orientiert sich die Ermittlung des Nettosekundärbedarfs an den Verbrauchswerten der Vergangenheit. Auf der Basis mathematischer Berechnungsmethoden[1] werden Trends und Prognosen erstellt, die wiederum in Grafiken anschaulich dargestellt werden können. Der Vorteil dieses Verfahrens liegt in seinem geringen Aufwand. Es führt jedoch insbesondere bei wechselhaften Vergangenheitswerten zu ungenauen Ergebnissen.

Das programmorientierte Verfahren führt zu sehr genauen Ergebnissen, ist jedoch vergleichsweise kostenintensiv.[2]

verbrauchsorientierte Bedarfsermittlung mithilfe von Vergangenheitswerten; Beispiel siehe Erarbeitungsteil Kap. 2.2.1

2.2.2
Die unter Kostengesichtspunkten optimale Bestellmenge

Betrachtet man die aufgrund bestimmter Mengenentscheidungen unterschiedlichen Entwicklungen der Lagerhaltungskosten und der Beschaffungskosten[3], liegt das Dilemma der Bestellmengenplanung klar auf der Hand: Bei kleinen Bestellmengen verringern sich die Lagerhaltungskosten, insbesondere die Kapitalbindungskosten. Die Beschaffungskosten steigen jedoch aufgrund entgangener Mengenrabatte und höherer Bezugskosten stark an. Große Bestellmengen verursachen hohe Lagerhaltungskosten (Kapitalbindungskosten), verringern jedoch die Beschaffungskosten.

---

1 In der Praxis werden häufig die Methode des gleitenden Mittelwertes sowie die Methode der exponentiellen Glättung verwendet.
2 Bei der Entscheidung zwischen diesen beiden Alternativen der Bedarfsermittlung ist die ABC-Analyse (siehe Kap. 2.4) ein hilfreiches Instrument.
3 Beschaffungskosten entstehen u. a. für die eingegangene Ware (Einkaufskosten), für Personal- und Sachkosten innerbetrieblicher Prozesse (Bestellkosten) sowie für Transport, Verpackung und Versicherung (Bezugskosten).

Dilemma der Bestellmengenplanung		
↓ Beschaffungskosten ↓	← große Bestellmengen je Bestellung in längeren Zeitabständen →	↑ Lagerhaltungskosten ↑
↑ Beschaffungskosten ↑	← kleine Bestellmengen je Bestellung in kürzeren Zeitabständen →	↓ Lagerhaltungskosten ↓
eine mögliche Lösung:		
Ermittlung der Bestellmenge mit den geringsten Gesamtkosten aus Beschaffungskosten + Lagerhaltungskosten → Modell der optimalen Bestellmenge		

Beispiel

Die Heidtkötter KG bezieht ein Edelholzfurnier als Handelsware von einem Lieferanten in Dieburg zu einem Einstandspreis von 10,50 € pro m². Die Bedarfsermittlung ergibt einen Jahresbedarf von 18 000 m². Bisher wurde der Jahresbedarf in einer Lieferung beschafft und anschließend gelagert. Die Lagerkosten werden mit 12 % des Listenpreises des jeweiligen durchschnittlichen Lagerbestandes (= 50 % der jeweiligen Bestellmenge) kalkuliert. Pro Bestellung fallen Kosten in Höhe von 20,00 € an. Der gesamte Jahresbedarf soll nun auf mehrere Bestellungen und damit auf kleinere Bestellmengen aufgeteilt werden.

Wie häufig sollte Frau Schilling, die zuständige Einkäuferin der Heidtkötter KG, bestellen?

Folgende Ergebnisse werden tabellarisch für verschiedene Bestellmengen ermittelt:

Anzahl der Bestellungen	Bestell-menge	durchschnittlicher Lagerbestand		Lager-haltungskosten	Bestell-kosten	Gesamt-kosten
Anzahl	m²	m²	€	€	€	€
1	18 000	9 000	94.500,00	11.340,00	20,00	11.360,00
4	4 500	2 250	23.625,00	2.835,00	80,00	2.915,00
8	2 250	1 125	11.812,50	1.417,50	160,00	1.577,50
18	1 000	500	5.250,00	630,00	360,00	990,00
25	720	360	3.780,00	453,60	500,00	953,60
30	600	300	3.150,00	378,00	600,00	978,00
36	500	250	2.625,00	315,00	720,00	1.035,00
40	450	225	2.362,50	283,50	800,00	1.083,50

Optimale Bestellmenge

Die **optimale Bestellmenge** liegt bei 720 m², da dort die Summe aus Lagerhaltungskosten und Bestellkosten (= Gesamtkosten) am niedrigsten ist (= 953,60 €). Frau Schilling sollte also 25-mal pro Jahr 720 m² bestellen.

Etwas genauer als in dieser tabellarischen Ermittlung kann die optimale Bestellmenge auch mithilfe folgender mathematischer Formel berechnet werden:

Der Lagerhaltungskostensatz ist ein Prozentsatz, der in dieser Formel als reiner Zahlenwert eingesetzt wird, z. B. 10,5.

$$\text{Optimale Bestellmenge} = \sqrt{\frac{200 \cdot \text{Jahresbedarf} \cdot \text{Bestellkosten pro Bestellung}}{\text{Einstandspreis pro Stück} \cdot \text{Lagerhaltungskostensatz}}}$$

(Lagerhaltungskostensatz = Lagerkostensatz + Lagerzinssatz)

Beispiel (Fortsetzung)

Die optimale Bestellmenge berechnet sich wie folgt:

$$\sqrt{\frac{200 \cdot \text{Jahresbedarf} \cdot \text{Bestellkosten pro Bestellung}}{\text{Einstandspreis pro Stück} \cdot \text{Lagerhaltungskostensatz}}} = \sqrt{\frac{200 \cdot 18\,000 \cdot 20,00}{10,50 \cdot 12}} = 755,93$$

Das Ergebnis der mathematischen Ermittlung (755,93 m^2; 23,81 Bestellungen) ist in der Praxis so nicht umsetzbar. Dennoch ist eine rechnerische Kontrolle des tabellarisch ermittelten Ergebnisses sinnvoll.

In der betrieblichen Praxis gibt es viele Gründe, von der errechneten optimalen Bestellmenge abzuweichen:

■ Beschaffungsmarkt	Lieferschwierigkeiten des Lieferanten, Saisonartikel, fixe Verpackungseinheiten, Lieferant gibt Mindestabnahmemengen vor
■ Absatzmarkt	Saisonartikel, Konjunktur (Nachfrageverhalten), Trends
■ Lagerung	die Produkte sind nur beschränkt lagerfähig, keine ausreichende Lagerkapazität
■ Finanzierung	Liquiditätsprobleme, punktuell sehr starke finanzielle Belastung

Abweichen von der optimalen Bestellmenge

Die Planung und Ermittlung der optimalen Bestellmenge ist daher ein sehr kostenintensiver Prozess, der allenfalls bei A-Gütern ökonomisch sinnvoll ist.

A-Güter
› Kap. 2.4

Das Modell[1] der optimalen Bestellmenge trifft in der Praxis auf große Schwierigkeiten, da es von einer Vielzahl von Voraussetzungen ausgeht, die in der Realität so nicht gegeben sind.

Beispiele für Modellannahmen, die nicht der betriebswirtschaftlichen Realität entsprechen (müssen), sind:

Modellannahmen

- gleichbleibende Bestellmengen/ konstanter Jahresbedarf → abhängig von der Produktionsprogrammplanung und der Nachfrage

- gleichbleibender Einstandspreis, unabhängig von Menge und Zeitpunkt → Mengenrabatte, Bezugskosten, Preisschwankungen

- linearer Verlauf der Lagerkosten/ gleichmäßiger Lagerabgang → Preisschwankungen bewirken unterschiedliche Lagerkosten und führen zu einem nicht linearen Verlauf

- Lagerkosten sind nicht nur mengenabhängig → z. B. Versicherungskosten sind wertabhängig

- gleichmäßiger (linearer) Verbrauch (durchschnittlicher Lagerbestand = 50 % der Bestellmenge) → unrealistisch, da der Verbrauch abhängig von der Fertigungsplanung und/oder dem Nachfrageverhalten der Kunden ist

2.2.3
Fremdbezug oder Eigenfertigung (buy or make)

Eine Alternative zur **externen Beschaffung (Fremdbezug)** der zur Produktion benötigten Werkstoffe und Montageteile oder auch der das Produktionsprogramm ergänzenden Handelswaren ist die **Herstellung des Bedarfs im eigenen Betrieb (Eigenfertigung)**.

---

1 Ein Modell beinhaltet immer eine Reduzierung der Wirklichkeit. Um Erklärungszusammenhänge überhaupt zu ermöglichen, werden Modellannahmen getroffen, die (bewusst) von der Realität abweichen.

Die Entscheidungen für das eine oder das andere Vorgehen haben langfristigen, strategischen Charakter, da insbesondere technische Sachzwänge (Fertigungstechnologien), Know-how, Fertigungskapazitäten, Investitionsvermögen sowie Abhängigkeiten auf dem Beschaffungsmarkt dabei eine große Rolle spielen und es nicht lediglich um die Ausnutzung kurzfristiger Kostenvorteile und freier Kapazitäten geht. Unter Umständen können auch gemeinsam mit dem Lieferanten Forschungs- und Entwicklungsleistungen erbracht werden, die die Struktur und das Programm der Eigenfertigung genauso wie das Outsourcing[1] von Prozessen der Wertschöpfung verändern.

	Fremdbezug	Eigenfertigung
Vorteile	■ Lieferant verfügt über eine innovative Forschung und Entwicklung ■ Spezialisierung des Lieferanten in der Fertigung ■ evtl. Abschluss langfristiger und damit günstiger Verträge mit dem Lieferanten möglich ■ evtl. Vereinbarung einer Just-in-time-Anlieferung möglich	■ unabhängig von Lieferanten sowie Entwicklungen auf dem Beschaffungsmarkt ■ festlegen und überprüfen eigener Qualitätsstandards
Nachteile	■ Unregelmäßigkeiten auf dem Beschaffungsmarkt ■ Problem, einen zuverlässigen und qualitativ hochwertigen Lieferanten zu finden ■ Abhängigkeit von einzelnen Lieferanten	■ höhere Kapitalbindung ■ weiterer Raumbedarf für Betriebsmittel und Lagerung ■ Absatzmarktschwankungen führen zu Problemen in der Kapazitätsauslastung ■ hoher Finanzierungsbedarf für anfallende Investitionen ■ evtl. müssen das Know-how oder Rechte besorgt werden

Fremdbezug erfolgt bei Handelswaren (Ergänzung des eigenen Erzeugnisprogramms) und tendenziell bei kompletten Einbau-/Montageteilen, bei Hilfs- und Betriebsstoffen (Fette, Lacke, Energie usw.) sowie bei hochwertigen Investitionsgütern (Betriebsmittel, Werkzeuge).

2.3
Die zeitliche Beschaffungsplanung – Wann muss beschafft werden?

Das Ziel der Beschaffungszeitplanung ist die Materialbereitstellung für die Fertigung **zur richtigen Zeit** in einer bestimmten (richtigen) Menge. Dabei können zwei verschiedene Verfahren unterschieden werden:

Bestellpunkt-verfahren

Beim **Bestellpunktverfahren** wird der Lagerbestand nach jeder Warenentnahme überprüft, um festzustellen, ob der Meldebestand erreicht ist. Dabei ist der **Meldebestand** diejenige Lagermenge, die erforderlich ist, um den Bedarf der Beschaffungszeit bis zum Eintreffen der neuen Lieferung inklusive eines festgelegten Sicherheitsbestandes abzudecken. Zur Absicherung gegenüber unvorhersehbarer Lieferprobleme wird ein **Mindestbestand**[2] festgelegt, der unter normalen Umständen niemals angegriffen werden soll. Im Idealfall kommt die neue Lieferung dann in den Betrieb, wenn der Mindestbestand gerade erreicht ist.

Meldebestand

Mindestbestand

---

1   zum Thema Outsourcing siehe Band 1, LF 5, Kap. 5.2.2
2   Synonyme sind: Sicherheitsbestand, Eiserner Bestand, Eiserne Reserve

Der **Meldebestand** errechnet sich wie folgt:

Meldebestand

> Meldebestand = Mindestbestand + durchschnittlicher Tagesverbrauch · Beschaffungszeit

Die **Beschaffungszeit** umfasst den Zeitraum von der Bedarfsauslösung bis zum Eintreffen der Lieferung im Lager und begründet sich aus Erfahrungswerten.

Beschaffungszeit

Das Bestellpunktverfahren wird häufig in Verbindung mit der programmorientierten Bedarfsermittlung angewendet und setzt voraus, dass der aktuelle Lagerbestand ständig überprüft wird und sofort bei Erreichen des Meldebestandes eine neue Bestellung ausgelöst wird. Ein Einsatz von Rechnern ist dringend erforderlich.

Beispiel

Zur Produktion der Konferenzstühle *feli* benötigt die Heidtkötter KG zwei Hartkunststoff-Schalen als Rückenlehne, die sie von einem Hersteller in München fremdbezieht. Die Beschaffungszeit beträgt erfahrungsgemäß 5 Tage. Die Produktionsprogrammplanung sieht vor, dass täglich 30 Konferenzstühle montiert werden. Herr Freund hat in Absprache mit der kaufmännischen Leitung einen Mindestbestand an Hartkunststoff-Schalen für 120 Stühle festgelegt. Die optimale Bestellmenge liegt bei 720 Schalen.

Folgende Grafik stellt das Bestellpunktverfahren für die beschriebene Situation anschaulich dar:

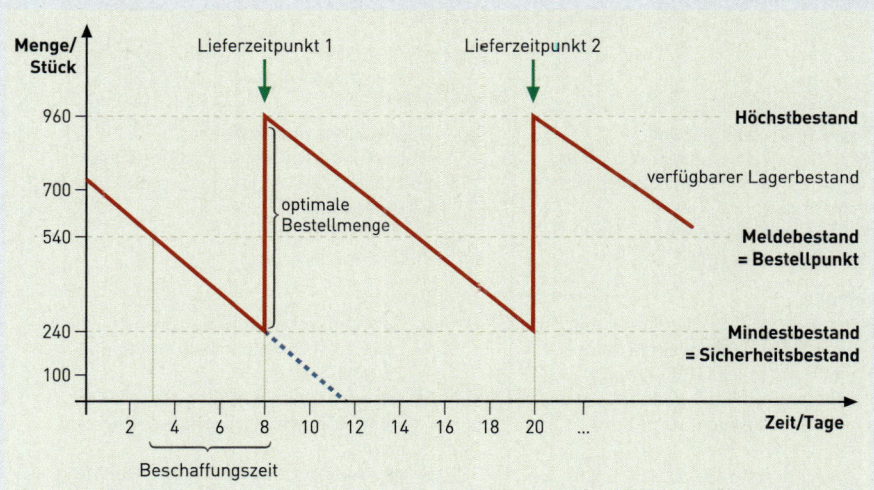

Mindestbestand 240 Stück	= aufgrund von Erfahrungswerten festgelegter Sicherheitsbestand		
Meldebestand 540 Stück	= Mindestbestand = 240 Stück	+ durchschnittlicher Tagesverbrauch + 60 Stück	· Beschaffungszeit · 5 Tage
Höchstbestand 960 Stück	= Mindestbestand = 240 Stück	+ optimale Bestellmenge + 720 Stück	

Ausgehend vom verfügbaren Lagerbestand (720 Stück) wird nach drei Tagen der Meldebestand erreicht. Wird die Bestellung nun sofort durchgeführt, wird die Lieferung nach weiteren 5 Tagen im Lager eintreffen – genau zu dem Zeitpunkt, zu dem der Mindestbestand erreicht ist. Nach Einlagern dieser (optimalen) Bestellmenge ist der Höchstbestand erreicht.

Bestellrhythmus-verfahren

Beim **Bestellrhythmusverfahren** erfolgt die Bestellung unabhängig vom aktuellen Lagerbestand in festen Zeitabständen/Intervallen. Dieses Verfahren setzt voraus, dass über längere Zeitperioden mit einem konstanten Lagerabgang kalkuliert werden kann, sodass eine möglichst realistische und genaue Bedarfsvorhersage getroffen werden kann. Bleibt der tatsächliche Verbrauch hinter der Bedarfsvorhersage zurück, führt diese Methode zu überhöhten Lagerbeständen, die zu Kosten- und Kapazitätsproblemen führen können. Liegt der Verbrauch über der Bedarfsvorhersage, kann es zu Fehlmengen kommen, die wiederum Produktions- und Absatzprobleme zur Folge haben.

Folgende Grafik stellt das Bestellrhythmusverfahren in konstanten Zeitabständen dar. In diesem Fall ergänzt die neue Lieferung den aktuellen Lagerbestand bis zum Höchstbestand. Möglich ist auch die Lieferung konstanter Liefermengen.

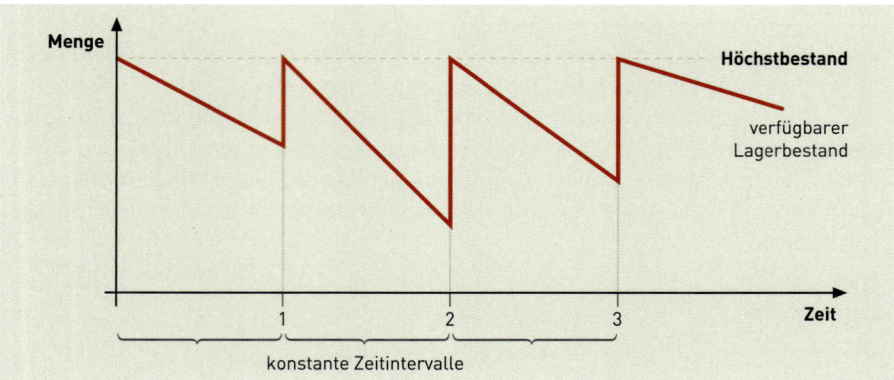

Bestellsysteme	
Bestellpunktverfahren Bestellung veranlassen, wenn der Lagerbestand eine bestimmte Höhe erreicht hat (Meldebestand = Bestellpunkt) → Mengensteuerung	**Bestellrhythmusverfahren** Bestellungen in festen, regelmäßigen Zeitabständen unabhängig vom aktuellen Lagerbestand → Terminsteuerung
Vorteile ■ niedrige Mindestbestände aufgrund ständiger Bestandskontrollen ■ hohe Aufmerksamkeit auf Bestandsverlauf, dadurch Vermeidung von Fehlmengen	**Vorteile** ■ geringer Verwaltungsaufwand ■ Lagerbestandsüberprüfungen in festen Zeitabständen ■ weniger Bestellvorgänge erforderlich → Bündelung von Kapazitäten (Personal usw.) ■ ggf. Ausnutzung von Mengenrabatten, da größere Bestellmengen ■ geringere Anforderungen an Bestandskontrolle

Nachteile
■ ständige Überprüfung des Lagerbestandes, da veränderliche Termine
■ kostenintensiv und aufwendig
■ Probleme bei Schwankungen
  – des Bedarfs im Saisonverlauf,
  – der Bezugspreise,
  – der Beschaffungszeiten
■ häufige Bestellungen bei unregelmäßigem Bedarfsverlauf
	Nachteile
	■ ungenau, daher größere Mindestbestände
	■ große Gefahr hoher Fehlmengen, da größere Zeiträume überbrückt werden müssen
	■ anfällig bei Bedarfsschwankungen und Schwankungen in der Beschaffungszeit

2.4
Die ABC- und XYZ-Analyse als Hilfsmittel zur Optimierung der Beschaffungsanstrengungen

Bei der Komplexität und Vielfältigkeit der im Rahmen der Beschaffung anfallenden Tätigkeiten ist es ökonomisch sinnvoll, Schwerpunkte bezogen auf die Intensität der Tätigkeiten zu setzen. So kann z. B. die Bedarfsmengenplanung sehr aufwendig (programmorientiert → genaue Ergebnisse) und damit auch sehr kostenintensiv oder auch oberflächlich (verbrauchsorientiert → ungenaue Ergebnisse), verbunden mit erheblich weniger Kosten, durchgeführt werden.

Bei der Vielzahl der benötigten Werkstoffe, Montageteile sowie Handelswaren stellt sich auch für die Heidtkötter KG die Frage, wo im Rahmen der Bedarfsplanung im Einkauf Möglichkeiten einer ökonomisch sinnvollen Schwerpunktsetzung vorhanden sind. Die für die Produktion der Enderzeugnisse zu beschaffenden Werkstoffe unterscheiden sich in der benötigten Menge sowie im Bezugspreis (Wert). So werden teure Edelhölzer und Stahlrohre ebenso gebraucht wie preiswerte Sechskantschrauben, Federringe oder Einschraubmuttern. Es liegt auf der Hand, dass die Bedarfsmengenplanung bezüglich der teuren Rohstoffe Edelhölzer und Stahl gründlicher erfolgen sollte als die zu den Schrauben und Muttern.

Die **Wertigkeit der Materialien** spielt insbesondere für die Lagerhaltung eine große Rolle, da die im Lager gebundenen Werte entscheidend die Höhe der Kapitalbindungskosten bestimmen. Eine gründliche und intensive Bedarfs(mengen)planung sollte also insbesondere für Materialien erfolgen, die eine hohe Wertigkeit aufweisen. Demnach ist es sinnvoll, die Materialien nach ihrem Wert in Gruppen einzuteilen, um die vorhandenen zeitlichen und quantitativen Kapazitäten primär den „wertvollsten" Materialien zu widmen.

Wertigkeit zu beschaffender Materialien

Diese Gruppeneinteilung kann mithilfe der **ABC-Analyse** durchgeführt werden. Sie ist eine Methode, die die verschiedenen Materialien nach ihren Verbrauchswerten in die Gruppen A, B und C einteilt. Zunächst wird den Materialien aufgrund ihres anteiligen Verbrauchswertes ein Rang zugeordnet. Anschließend erfolgt durch die Kumulation der errechneten Anteile am Gesamtverbrauchswert der gelagerten Materialien eine Kategorisierung in die Gruppen A, B und C. Auffallend ist, dass häufig die Materialien mit den höchsten Verbrauchswerten nur mit einem geringen Mengenanteil in der Herstellung bzw. Montage der Enderzeugnisse benötigt werden.

ABC-Analyse

Folgende Kategorienbildung ist möglich, wobei die Grenzen der einzelnen Gruppen von jedem Unternehmen individuell festgelegt werden:

Kategorienbildung

Kategorie	Wertanteil am Gesamtwert	Mengenanteil an der Gesamtmenge
A	75 % – 85 %	10 % – 20 %
B	10 % – 20 %	30 % – 50 %
C	5 % – 10 %	40 % – 50 %

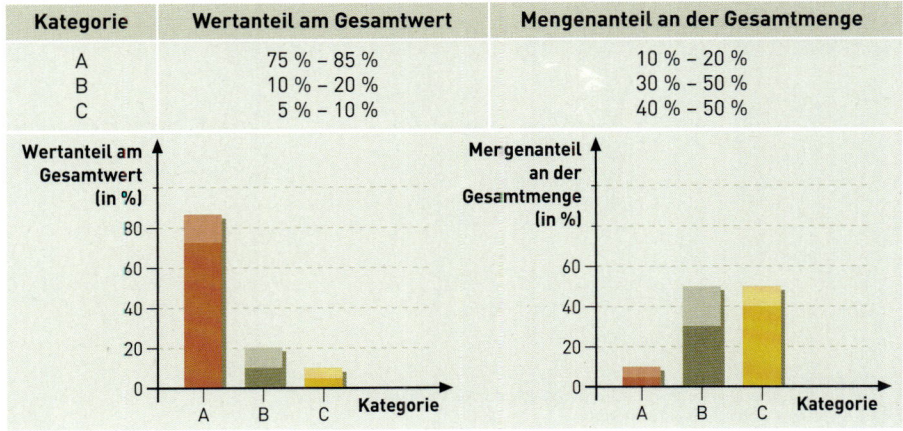

Beispiel

Ein Industriebetrieb benötigt für einen bestimmten Zeitraum folgende Materialien[1] in den angegebenen Mengen:

Material	Verbrauchs-menge in Stück (m)	Preis pro Stück in € (p)	Verbrauchs-wert in € (VW)	%-Anteil am Gesamt-verbrauch	%-Anteil am Gesamtwert	Rang
			$VW = m \cdot p$	$= \frac{100 \cdot m}{61\,000}$	$= \frac{100 \cdot VW}{728.250,00}$	
M 100	8 000	43,00	344.000,00	13,11	47,24	1
M 200	29 000	3,27	94.830,00	47,54	13,02	3
M 300	14 000	1,75	24.500,00	22,95	3,36	4
M 400	5 000	2,15	10.750,00	8,20	1,48	6
M 500	1 500	9,52	14.280,00	2,46	1,96	5
M 600	3 500	68,54	239.890,00	5,74	32,94	2
Summe:	61 000		728.250,00	100,00	100,00	

Vorgehensweise

Zunächst werden die prozentualen Anteile der Materialien am Gesamtwert sowie an der Gesamtmenge ermittelt. Anschließend wird nach dem Kriterium „prozentualer Anteil am Gesamtwert" eine Rangfolge der Materialien festgelegt. Die Kategorisierung erfolgt nun dadurch, dass entsprechend der Rangfolge die Verbrauchswertanteile kumuliert[2] und die Materialien nach den oben angegebenen Prozentsätzen den Kategorien zugeordnet werden.

Kumulation der Verbrauchswertanteile					Mengenanteil
M 100 + M 600	→	47,24 % + 32,94 % = 80,18 %	→	Kategorie A	18,85 %
M 200 + M 300	→	13,02 % + 3,36 % = 16,38 %	→	Kategorie B	70,49 %
M 500 + M 400	→	1,96 % + 1,48 % = 3,44 %	→	Kategorie C	10,66 %

Konsequenzen

Mithilfe der ABC-Analyse wurden für dieses Beispiel die sechs Materialien in die Kategorien A-Güter, B-Güter und C-Güter unterschieden. 18,85 % der Materialien haben einen Verbrauchswertanteil von 80,18 %. Für diese Materialien (A-Güter) sollte eine intensive und genaue Bedarfsmengenermittlung (→ programmorientiert) durchgeführt werden. Die geringste Bedeutung haben die C-Güter, für die eine kostensparende, oberflächliche Bedarfsmengenermittlung (→ verbrauchsorientiert) ausreicht. Bei den B-Gütern muss individuell über eine tendenzielle Zuordnung (zu A- oder C-Gütern) entschieden werden.

---

1 Zur Vereinfachung gehen wir hier bewusst von nur sechs Materialien aus.
2 kumulieren = anhäufen, aufaddieren

Der folgenden Tabelle können Sie weitere ökonomisch sinnvolle Maßnahmen für A- bzw. C-Materialien entnehmen.

Konsequenzen für A- bzw. C-Güter

A-Güter/Materialien	C-Güter/Materialien
■ genaue – Planung der Bestell- und Lagermengen und intensive Bedarfsermittlung – Überwachung der Lagerbestände, insbesondere der Mindest- und Meldebestände – Bestandsführung und strenge Kontrolle von Materialentnahmen sowie intensive Kostenanalysen betreiben ■ Minimierung und exakte Festlegung der Mindestlagerbestände ■ evtl. langfristige Verträge mit Lieferanten abschließen → Kauf auf Abruf oder Einführung des Just-in-time-Konzepts ■ sorgfältige und intensive Beschaffungsmarktforschung sowie Nutzung zahlreicher Informationsquellen ■ auf günstige Preise, Liefer- und Zahlungsbedingungen achten → intensive Preisverhandlungen ■ bedarfsabhängige Beschaffung in sehr kurzen Intervallen ■ Ausnutzung von Skontofristen ■ permanente Inventur	■ vereinfachte – Beschaffungsmarktforschung – Bedarfsermittlung – Bestellabwicklung – Stichprobeninventur ■ Abbau kostenintensiver Bestandskontrollen ■ geringer Aufwand in der Bestandsführung ■ Beschaffung in größeren Mengen und Zeitintervallen ■ Beschaffung in kostenoptimalen Losgrößen oder Bestellmengen ■ Abruf nicht zentral durch den Einkauf, sondern durch den jeweiligen Bedarfsträger ■ ggf. Selbstbedienung bei der Materialentnahme (Handlager)

Die Zielsetzung der **XYZ-Analyse** besteht darin, die Verbrauchsregelmäßigkeit der einzelnen Materialien zu bestimmen und damit eine Vorhersagegenauigkeit des Verbrauchs zu ermitteln.

XYZ-Analyse

Unter Verwendung dieses Kriteriums entstehen folgende Kategorien:

Kategorie	Verbrauch	Vorhersagegenauigkeit	Beispiele
X	relativ konstant und gleichförmig mit gelegentlichen (seltenen) Schwankungen	hoch → gute Planbarkeit	Holzplatten, Gummifüße
Y	unregelmäßig, verursacht durch marktbedingte oder saisonale Schwankungen	geringer → mittlere Planbarkeit	Lackierungen je nach aktuellem Trend, Bezüge je nach Jahreszeit
Z	sehr unregelmäßig	kaum kalkulierbar → schlechte Planbarkeit	Ersatzteile, Sonderlackierungen

Die Einschätzung der Verbrauchsvorhersagegenauigkeit kann mithilfe folgender Verfahren erfolgen:

Verfahren zur Einschätzung der Vorhersagegenauigkeit

■ Erfahrungswerte aus vergangenen Geschäftsjahren

■ Heranziehen der Ergebnisse vergangener programmorientierter Bedarfsermittlungsverfahren (Stücklistenauflösung)

■ Ermittlung mithilfe statistischer Berechnungen

Häufig wird die XYZ-Analyse in Kombination mit der ABC-Analyse durchgeführt, um breitere Aussagen als Grundlage für eine optimale Materialbedarfsdeckung zu erhalten.

kombinierte ABC/XYZ-Analyse

Mögliche tendenzielle Konsequenzen einer kombinierten ABC/XYZ-Analyse bezüglich einer wirtschaftlichen Bedarfsdeckung sind in folgender Tabelle zusammengefasst:

Kategorien	X	Y	Z
A	fertigungssynchron (Just-in-time)	Vorratsbeschaffung/ Just-in-time	Einzelbeschaffung im Bedarfsfall
B	fertigungssynchron (Just-in-time)	Vorratsbeschaffung	Einzelbeschaffung im Bedarfsfall
C	fertigungssynchron (Just-in-time)/ Vorratsbeschaffung	Vorratsbeschaffung	Einzelbeschaffung im Bedarfsfall

Im Rahmen der Lagerbestandsplanung ist bei Materialien mit geringen Verbrauchsschwankungen (X-Materialien) sowie hohen Wertanteilen (A-Materialien) ein geringerer Mindestbestand zu verwirklichen. Unterliegt der Verbrauch jedoch sehr hohen Schwankungen und ist der Wertanteil relativ gering, sollte ein höherer Sicherheitsbestand realisiert werden, um die eigene Lieferfähigkeit zu gewährleisten.

2.5
Die Bezugsquellenermittlung – Wo soll beschafft werden?

Bei der Bezugsquellenermittlung stellt sich im Rahmen der Beschaffungsmarktforschung die Frage nach geeigneten, zuverlässigen und möglichst preiswerten Lieferanten. Häufig bestehen schon Geschäftsbeziehungen zu zuverlässigen Lieferanten und die bisherigen Erfahrungen werden detailliert in einer Lieferantendatei (interne Quelle) gesammelt. Grundlagen dieser Datei sind Berichte von Mitarbeitern der Abteilungen Vertrieb oder Verkauf, Gespräche mit Vertretern und Reisenden sowie dokumentierte Beanstandungen und Materialprüfungen.

Interne Quellen

Externe Quellen

Häufig werden zusätzlich externe Informationsquellen wie z. B. Branchenbücher *(ABC der dt. Wirtschaft; Wer liefert was?, Gelbe Seiten)*, Kataloge, Geschäftsfreunde, Markt- und Börsenberichte, Fachzeitschriften, Wirtschaftsberichte der IHK und von Verbänden, Zeitungen, Testberichte oder Messeberichte herangezogen.

Die Methoden der Marktforschung[1] sind sowohl für den Absatzmarkt wie auch für den Beschaffungsmarkt geeignet. Um eigene Beschaffungsrisiken und Innovationsmöglichkeiten vernünftig und rechtzeitig abschätzen zu können, sollten u. a. folgende Informationen bekannt sein:

Grundlagen einer optimalen Materialbeschaffung

- Informationen über die zu beschaffenden Güter/Materialien:
  - physikalische und technische Eigenschaften
  - Möglichkeiten der Entsorgung, der Wiederverwendung oder des Recyclings
  - alternative Materialien
  - Qualitätsanforderungen
  - Lagerfähigkeit

- Informationen über die potenziellen Lieferanten:
  - Image, Zuverlässigkeit, Zertifikate
  - Betreibt der Lieferant eine eigene Forschung und Entwicklung?
  - Bereitschaft zu einer gemeinsamen Forschungs- und Entwicklungsarbeit
  - Liefert der Lieferant mehrere Materialien, die benötigt werden?
  - Lieferungsbedingungen, Zahlungsbedingungen
  - Besteht eventuell eine räumliche Nähe?
  - Serviceleistungen, Gewährleistungsfristen, Kundendienst, Beratungsqualität

---

1   zu Methoden der (Absatz-)Marktforschung siehe Band 3, LF 10, Kap. 2

- Führt der Lieferant zuverlässige Qualitätskontrollen durch?
- Bereitstellung weiterer Dienstleistungen (Installation, Wartung usw.)
- Möglichkeit einer Umsetzung des Just-in-time-Konzepts
- Sind langfristige Lieferverträge mit Lieferung auf Abruf möglich?
- Berücksichtigung von Umweltschutzvorgaben und -maßnahmen seitens des Lieferanten
- Wer sind die Vorlieferanten des Lieferanten?

Diese Informationen/Entscheidungskriterien können helfen, im Rahmen eines Angebotsvergleichs den „richtigen" Lieferanten zu ermitteln. Zunächst werden die verschiedenen Angebote mithilfe der angebotenen Preisnachlässe und der eventuell zu zahlenden Bezugskosten (quantitative Kriterien[1]) verglichen und jeweils der Einstandspreis/Bezugspreis wie folgt ermittelt:

Quantitativer Angebotsvergleich

	Beispiel			Bemerkungen
Listenpreis (netto) – Liefererrabatt	LEP = – 20 % Rabatt	1.000,00 € 200,00 €	100 % 20 %	**Listeneinkaufspreis (LEP) = Warenwert** prozentual bezogen auf den Listenpreis/Warenwert
= Zieleinkaufspreis – Liefererskonto + Einkaufsprovisionen	– 3 % Skonto + 1 % Provision	100 % 800,00 € 3 % 24,00 € 1 % 8,00 €	80 %	**ZEP** prozentual bezogen auf den Zieleinkaufspreis
= Bareinkaufspreis + Bezugskosten	+ Transportkosten + Verpackungskosten	98 % 784,00 € 42,38 € 12,50 €		**BEP** alle Aufwendungen für Beförderung, Verpackung, Versicherung, Zölle
= Einstandspreis/Bezugspreis		838,88 €		Dieser Preis beinhaltet die bis zur Entgegennahme der Lieferung entstehenden Aufwendungen.

Dieser Angebotsvergleich wird mit den Nettowerten durchgeführt, da die Umsatzsteuer für das Unternehmen einen sogenannten „durchlaufenden Posten" darstellt.

> Band 1, LF 3, Kap. 7.5

Es ist nicht in jedem Fall sinnvoll, den Lieferanten mit dem niedrigsten Einstandspreis zu wählen. Ein niedriger Bezugspreis nützt nichts, wenn das Unternehmen häufig auf die Lieferung warten muss, die Qualität der Materialien nicht in Ordnung ist oder sogar falsche Materialien geliefert werden. Daher sollten weitere, sogenannte qualitative Kriterien[2] mit in die Entscheidungsfindung einbezogen werden. Das Problem bei der Verwendung dieser qualitativen Kriterien (z. B. Qualität, Zuverlässigkeit, Termintreue, Kulanzverhalten) besteht darin, dass diese Kriterien nicht „zahlenmäßig" vorliegen und daher nicht untereinander oder auch mit quantitativen Kriterien verglichen werden können.

Quantitative und qualitative Vergleichskriterien

In vielen Fällen wird zur Problemlösung die **Nutzwertanalyse** verwendet, mit deren Hilfe die qualitativen Kriterien quantifizierbar/vergleichbar gemacht werden und somit die Ermittlung eines begründeten Gesamturteils ermöglicht wird.

Nutzwertanalyse

---

1 Quantitative (= mengenmäßige) Kriterien sind in Zahlen ausgedrückt (z. B. Preis, Preisnachlässe, Bezugskosten) und können mithilfe einfacher Rechenoperationen verglichen werden.
2 Qualitative (hinsichtlich Wert, Güte) Kriterien können nicht ohne Weiteres in Zahlen ausgedrückt werden (siehe dazu quantitative Kriterien/Fußnote 1).

Beispiel

Die Nutzwertanalyse kann immer dann als Methode herangezogen werden, wenn qualitative Kriterien quantifizierbar gemacht werden müssen. Bezogen auf einen bestimmten qualitativen Angebotsvergleich könnte das Ergebnis einer durchgeführten Nutzwertanalyse[1] wie folgt aussehen:

Entscheidungswerttabelle (Nutzwertanalyse)							
qualitativer Angebotsvergleich		Lieferant 1		Lieferant 2		Lieferant 3	
Entscheidungskriterien zur Lieferantenbewertung	Wichtigkeit (W) ganz wichtiges Kriterium = 8 Punkte / unwichtiges Kriterium = 1 Punkt	Nutzen der Faktoren (B) sehr hoch = 3 Punkte / kein Nutzen = 0 Punkte	Gewichteter Nutzen (G = W · B)	Nutzen der Faktoren (B) sehr hoch = 3 Punkte / kein Nutzen = 0 Punkte	Gewichteter Nutzen (G = W · B)	Nutzen der Faktoren (B) sehr hoch = 3 Punkte / kein Nutzen = 0 Punkte	Gewichteter Nutzen (G = W · B)
Einstandspreis	8	3	24	2	16	1	8
Lieferzeit	8	3	24	3	24	1	8
Qualität	7	2	14	3	21	3	21
Reklamationen	6	1	6	2	12	1	6
Standort	3	3	9	1	3	2	6
Zuverlässigkeit	7	3	21	2	14	1	7
Umweltschutz	6	0	0	3	18	3	18
Serviceleistung	4	2	8	2	8	1	4
Kulanz	1	2	2	2	2	1	1
Summen			108		118		79

In diesem Beispiel würde sich das beschaffende Unternehmen für den Lieferanten 2 (118 Punkte) entscheiden, obwohl dieser nicht den günstigsten Bezugspreis bietet. Das Unternehmen könnte erneut mit dem Lieferanten 2 in intensive Verhandlungen bezüglich der angebotenen Zahlungsbedingungen und Preisstellung eintreten.

Nachteile der Nutzwertanalyse

Das Problem der „Subjektivität" ist hier jedoch kaum auszuschalten. Sowohl die Auswahl der in die Entscheidung einbezogenen qualitativen Kriterien als auch deren Gewichtung und Einschätzungen bezüglich ihrer Erfüllung sind individuell unterschiedlich und daher subjektiv. Dennoch ermöglicht die Anwendung dieser Methode grundsätzlich die Vergleichbarkeit unterschiedlichster Kriterien.

[1] Diese Methode wird ebenso in anderen Entscheidungssituationen verwendet (z. B. in der Investitionsplanung oder in der Produktentwicklung).

3
Die konkrete Realisierung der Wertezuflüsse im Anschluss an die Beschaffungsplanung – Bestellungen abwickeln

3.1
Der Beschaffungsprozess im Überblick – verschiedene Darstellungsformen der Bestellabwicklung

Die Beschaffungsdurchführung schließt sich nahtlos an die Beschaffungsplanung an und wiederholt sich in sehr kurzen Zeitabständen – manchmal sogar täglich. Diese Beschaffungsprozesse müssen unter wirtschaftlichen Kriterien optimal abgestimmt, durchgeführt und kontrolliert werden. Daher werden diese Geschäftsprozesse größtenteils mithilfe vernetzter EDV-Systeme und entsprechender Software völlig automatisiert bearbeitet. Die verwendete Software[1] ist in einzelne aufgabenspezifische Module aufgeteilt, die miteinander vernetzt und dadurch in der Lage sind, die komplexen Anforderungen zu erfüllen. So wird z. B. im Rahmen der Terminüberwachung bei Nichteinhaltung des Liefertermins am selben Tag dem Lieferanten automatisch eine Nachfrist gesetzt. Zur genauen Planung, Dokumentation, Analyse und Überwachung der komplexen Geschäftsprozesse ist eine Darstellung und Modellierung dieser Prozesse hilfreich.

Zur übersichtlichen Darstellung und Modellierung von Prozessen werden in der Praxis unterschiedliche Methoden angewandt:

- die Ereignisgesteuerte Prozesskette (EPK)[2]
- die erweiterte Ereignisgesteuerte Prozesskette (eEPK)
- das Vorgangskettendiagramm (VKD)

Methoden zur Darstellung von Geschäftsprozessen

Die **Ereignisgesteuerte Prozesskette (EPK)** ist ein Modell zur grafischen Darstellung von Geschäftsprozessen/Arbeitsprozessen in gerichteten Graphen. Sie legt Ablaufreihenfolgen fest und beschreibt Prozesse (zusammenhängende, zielorientierte Aktivitäten und Ergebnisse), indem sie unterschiedliche Elemente, deren Bedeutung und Verknüpfungsmöglichkeiten formal festgelegt sind, verwendet.

Ereignisgesteuerte Prozesskette (EPK) (Beispiel siehe folgende Seite)

Folgende Grundregeln sind bei der Erstellung einer EPK zu beachten:

- Die Kanten verbinden zwei Elemente unterschiedlichen Typs (Ereignisse und Funktionen wechseln sich ab); nur die Junktoren verzweigen.
- Junktoren (von lat. *iungere*: verknüpfen, verbinden) dürfen miteinander verbunden werden.
- Eingänge und Ausgänge eines Junktors sind jeweils von einem Typ (Ereignis oder Funktion).
- Ereignisse und Funktionen dürfen nur einen Eingang und nur einen Ausgang haben; lediglich Junktoren können mehrere Eingänge oder Ausgänge (nicht beides) haben.
- Einem Ereignis darf kein „X" und „OR" folgen, da es als passives Element keine Entscheidungskompetenz besitzt.
- Eine EPK beginnt und endet immer mit mindestens einem Ereignis.

Grundregeln zur Erstellung von EPK

---

1   z. B. SAP/R3
2   Zur Ereignisgesteuerten Prozesskette siehe ebenso Band 1, LF 2, Kapitel 3.4

Eine EPK besteht aus folgenden Elementen:

Knoten eines Graphen			Kanten eines Graphen
Ereignis	**Funktion**	**Verknüpfungsoperatoren (Junktoren)**	**Verbindungspfeile**
■ passive Komponente, die Aktivitäten auslöst ■ Auslöser von Funktionen und deren Ergebnis (Zustand)	■ aktive Komponente, die etwas durchführt ■ hat Entscheidungskompetenz über den weiteren Ablauf ■ kann weiter unterteilt (spezifiziert) werden	■ logische Verbindung der Grundelemente Ereignis und Funktion ■ Durch die Zuordnung von Ereignissen und Funktionen entsteht ein zusammenhängender Aufgaben- bzw. Funktionsablauf	■ Verbindung zwischen Ereignissen, Funktionen und Junktoren
Symbol: ER* ist eingegangen	Symbol: ER* prüfen	Symbol/Verknüpfung: **entweder/oder** ⊗ **AND (und)** ⋀ **und/oder** ⋁	Symbol/ Bedeutung: – – – – – – – –▶ logische Abhängigkeit zwischen Ereignis und Funktion
Beispiel: ■ Lieferantendatei ist ergänzt ■ Angebot ist eingetroffen ■ Eingangsrechnung (ER) ist gebucht	Beispiel: ■ Angebotsbearbeitung → Annahme, Vergleich, Berechnung	■ disjunktive Verknüpfung (entweder/oder → X): Gesamtaussage ist wahr, wenn genau eine Aussage wahr ist → Folgeprozesse schließen sich gegenseitig aus ■ konjunktive Verknüpfung (AND → ⋀): Gesamtaussage ist wahr, wenn beide Aussagen wahr sind → Folgeprozesse laufen parallel ■ adjunktive Verknüpfung (und/oder [OR] → v) Gesamtaussage ist wahr, wenn mindestens eine Aussage wahr ist → Folgeprozesse kann, muss aber nicht einer bestimmten Tätigkeit folgen	ER* ist eingegangen ↓ ER* prüfen

* Eingangsrechnung

erweiterte Ereignisgesteuerte Prozesskette (eEPK)

Werden die in den EPK dargestellten Prozesse um Organisations-/Funktionseinheiten sowie um Informationsträger erweitert, handelt es sich um eine **erweiterte Ereignisgesteuerte Prozesskette (eEPK).** Hier werden zusätzliche Informationen über ausführende Stellen, verwendete Daten/Dokumente sowie erzeugte Dateien ergänzt. Die Elemente der Ablauforganisation werden mit Informationen der Aufbauorganisation sowie der Informationstechnik ergänzt. Der Weg der Informationsträger sowie der Arbeitsablauf können über mehrere Stellen/Organisationseinheiten verfolgt werden.

Ergänzungsmöglichkeiten einer EPK zu einer eEPK			
Stelle/ Organisationseinheit	**Informationsträger**	**Informations-/ Materialfluss**	**Zuordnung der Organisationseinheit**
■ ausführende Stelle/ organisatorische Einheit oder auch eine bestimmte Person innerhalb der Aufbauorganisation ■ trägt die Verantwortung für die jeweiligen Tätigkeiten	■ die Zuordnung von Informationsträgern ermöglicht eine ablaufgerechte Dokumentation ■ Informationsträger können sein: Belege, Datenbanken	■ dokumentiert den Informationsfluss	■ Zuordnung der ausführenden Organisationseinheit zu Funktionen
Einkauf	Bestellung	⟶	_____

Beispiel

In der Verkaufsabteilung ist eine Kundenanfrage eingetroffen. Diese wird umgehend in der Kundendatei erfasst. Anschließend muss geprüft werden, ob der Betrieb das erforderliche Know-how und die technische Fertigungsfähigkeit besitzt, um das Erzeugnis zu fertigen. Sind diese Voraussetzungen erfüllt, kann ein Angebot geschrieben werden.

Diese erweiterte Ereignisgesteuerte Prozesskette (eEPK) wurde erstellt:

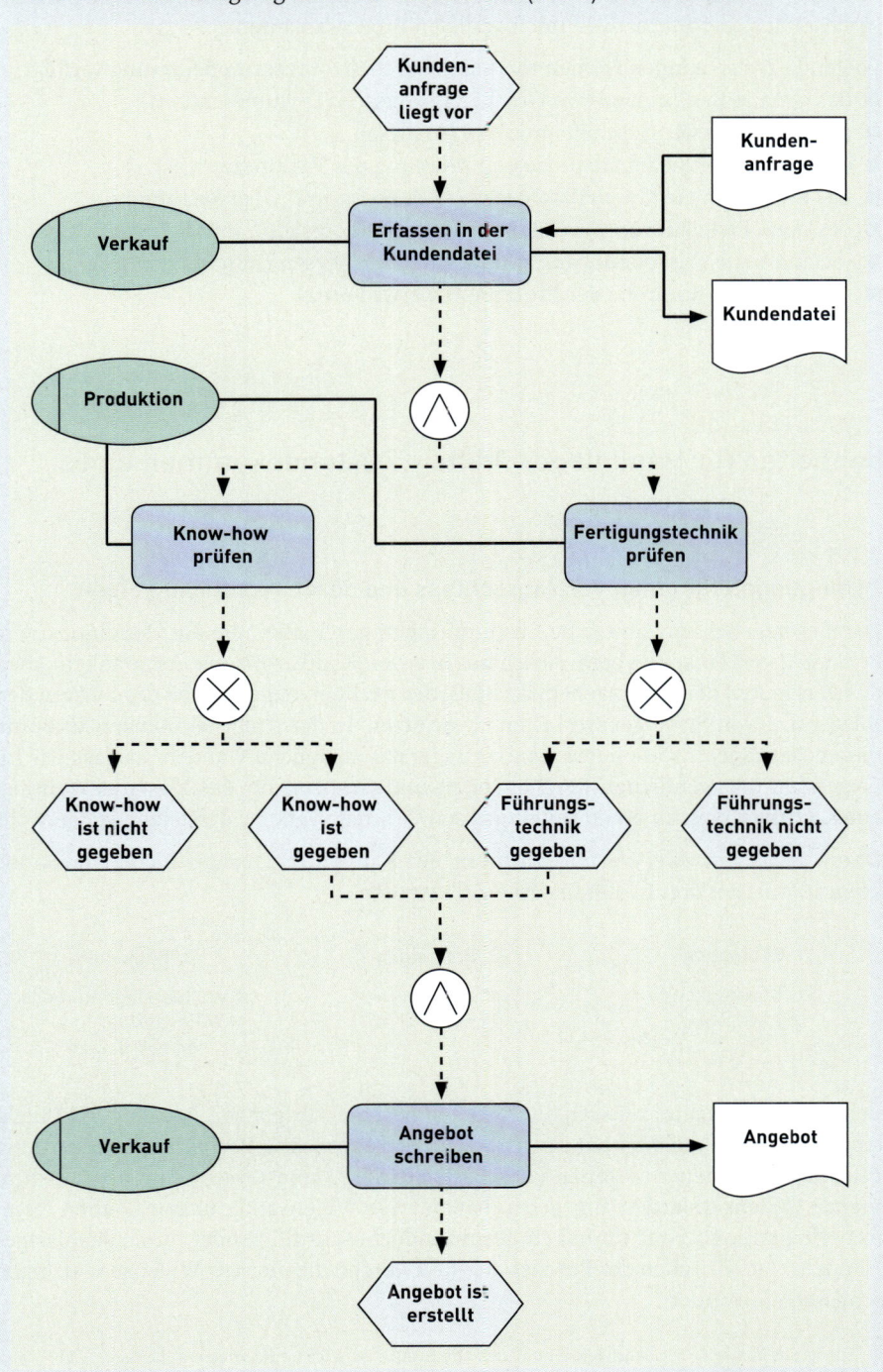

erweiterte Ereignisgesteuerte Prozesskette (eEPK)

**Vorgangs-
kettendiagramm
(VKD)**

Das **Vorgangskettendiagramm (VKD)** findet insbesondere Anwendung bei der detaillierten Darstellung von Teilprozessen und der Beschreibung von Arbeitsabläufen. In der Darstellung ähnelt es der erweiterten Ereignisgesteuerten Prozesskette (eEPK) und zeichnet sich aus durch ihre spaltenweise Sortierung der verschiedenen Elemente. Diese Sortierung (Struktur) ermöglicht eine schnelle Erkennung von Organisationsbrüchen (Wechsel der Funktionseinheit), von Systembrüchen (Wechsel der Anwendersoftware) oder von Datenbrüchen (Wechsel des Datenträgers oder Datenformats). Nachteile bestehen in einem hohen Platzbedarf auf der Zeichnungsfläche, insbesondere bei alternativen und parallelen Prozessabläufen.

Zielsetzungen

Folgende Zielsetzungen werden mit einer Geschäftsprozessmodellierung verfolgt:
- das genaue Beschreiben von Geschäftsprozessen (Dokumentation)
- das Verstehen der Geschäftsprozesse (Analyse)
- das Planen von Geschäftsprozessen (Planung des Faktoreinsatzes)
- das Einwirken auf Geschäftsprozesse (Steuerung und Überwachung)
- das neue Erstellen von Geschäftsprozessen (Organisation und Reorganisation)
- die automatische Ausführung von Geschäftsprozessen (Automatisierung)
- eine einfache Kontrolle der Prozesse (Überwachung)

3.2
Rechtliche Gegebenheiten für Handelsgeschäfte – Zustandekommen eines Kaufvertrages

3.2.1
Bedingungen für einen Vertragsschluss und deren rechtliche Folgen

Der Gesetzgeber hat zahlreiche Bestimmungen geschaffen, die die Handlungsmöglichkeiten von Personen beim Abschluss u. a. von Kaufverträgen einschränken. Hierdurch versucht der Gesetzgeber, das heißt der Recht erzeugende Teil des Staates, den Bürger u. a. vor Vermögensverlusten zu schützen. In der Unternehmenspraxis dominieren Verträge, insbesondere Kaufverträge, das alltägliche Handeln, sodass wir im Folgenden die rechtlichen Möglichkeiten und Grenzen für das Zustandekommen eines Kaufvertrags für einen reibungslosen Geschäftsverkehr darstellen wollen.

Damit zwischen zwei Vertragspartnern ein Kaufvertrag rechtswirksam Zustande kommt, müssen drei Bedingungen erfüllt werden.

1. Bedingung	2. Bedingung	3. Bedingung
Rechtsfähigkeit (§§ 1 ff. BGB)	Geschäftsfähigkeit (§§ 104 ff. BGB)	zwei übereinstimmende Willenserklärungen (§§ 433 ff. BGB)

Beide Vertragspartner müssen die Fähigkeit besitzen, Träger von Rechten und Pflichten zu sein (Rechtsfähigkeit) sowie durch Rechtsgeschäfte Rechte zu erwerben und Pflichten eingehen zu können (Geschäftsfähigkeit), und jeweils eine übereinstimmende Willenserklärung abgegeben haben.[1] Die Willenserklärungen können formfrei erfolgen, und zwar mündlich, fernmündlich, schriftlich oder durch schlüssiges Handeln. Aus Gründen der Beweissicherheit werden die meisten Willenserklärungen schriftlich formuliert.

---

1 Zur Rechtsfähigkeit, Geschäftsfähigkeit und den Grundlagen zu Willenserklärungen siehe Band 1, LF 1, Kap. 4.2.

Ein rechtswirksamer Vertrag entsteht, wenn Antrag (1. Willenserklärung) und Annahme (2. Willenserklärung) widerspruchsfrei übereinstimmen. Je nach Initiative der Vertragspartner (Käufer oder Verkäufer) kommt dies unterschiedlich zustande:

Antrag und Annahme

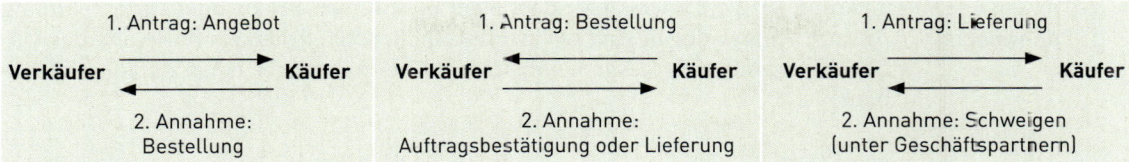

1. Antrag: Angebot	1. Antrag: Bestellung	1. Antrag: Lieferung
Verkäufer → Käufer	Verkäufer ← Käufer	Verkäufer → Käufer
2. Annahme: Bestellung	2. Annahme: Auftragsbestätigung oder Lieferung	2. Annahme: Schweigen (unter Geschäftspartnern)

Es entsteht ein Verpflichtungsgeschäft:

Verpflichtungs-geschäft

Verkäufer		Käufer
verpflichtet sich, 1. die Sache rechtzeitig und mangelfrei zu übergeben, 2. dem Käufer Eigentum an der Sache zu verschaffen.	**Verpflichtungsgeschäft**	verpflichtet sich, 1. die Sache ordnungsgemäß anzunehmen, 2. den Kaufpreis rechtzeitig zu bezahlen.

Das Verpflichtungsgeschäft ist ein Schuldverhältnis. Beide Vertragspartner gehen Pflichten (Schulden) ein, die sie zu erfüllen haben. Zweifelt einer der Vertragspartner an der Rechtswirksamkeit des Verpflichtungsgeschäfts – d. h., mindestens eine der Bedingungen Rechtsfähigkeit, Geschäftsfähigkeit und zwei übereinstimmende Willenserklärungen ist gestört –, dann können die Vertragspartner das Verpflichtungsgeschäft anfechten bzw. die Nichtigkeit anzeigen.

> **Band 1, LF 1, Kap. 4.2.3**

Das Verpflichtungsgeschäft ist rechtlich vom **Erfüllungsgeschäft** zu trennen.[1] Durch das Erfüllungsgeschäft erfüllen die Vertragspartner ihre Pflichten (sie begleichen ihre Schulden), sodass das Schuldverhältnis zwischen den Vertragspartnern erlischt:

Erfüllungs-geschäft

Verkäufer	Käufer
erfüllt seine Pflicht, indem er 1. die Sache rechtzeitig, mangelfrei usw. übergibt und 2. dem Käufer Eigentum an der Sache verschafft.	erfüllt seine Pflicht, indem er 1. die Sache ordnungsgemäß annimmt und 2. den Kaufpreis rechtzeitig bezahlt.

Die Vertragspartner können bei Störungen im Erfüllungsgeschäft die Erfüllung rechtlich unter bestimmten Umständen einfordern. Dabei stellen die Pflichten des einen Vertragspartners die Rechte des anderen Vertragspartners dar. Hier greifen die Rechte bei Kaufvertragsstörungen, etwa bei Schlechtleistung oder Nicht-Rechtzeitig-Lieferung.[2]

> **LF 6, Kap. 3.5; Band 3, LF 10, Kap. 5.2**

3.2.2
Nicht jede Äußerung ist eine Willenserklärung – Anforderungen für den Verkäufer und den Käufer

Wie bereits angedeutet können Zweifel über das Zustandekommen des Verpflichtungsgeschäfts auf Seiten der Vertragspartner entstehen. Häufig sind diese Zweifel auf die Art und Weise der abgegebenen Äußerungen zurückzuführen. Sie gelten nicht immer als Willenserklärung, weil sie zeitlich oder inhaltlich die Vorgaben des Gesetzgebers nicht erfüllen.

Anforderungen an Willens-erklärungen

---

1 Das Verpflichtungs- und das Erfüllungsgeschäft können zeitgleich oder zeitlich getrennt erfolgen.
2 Ebenso können auf der Absatzseite Störungen durch Nicht-Rechtzeitig-Zahlung oder Annahmeverzug nachträglich rechtlich eingefordert werden (siehe Band 3, LF 10, Kap. 5.2).

Rechtliche Anforderungen für Willenserklärungen des Verkäufers

Angebote[1] gehören zum alltäglichen Geschäftsverkehr und sind rechtlich von Anpreisungen zu unterscheiden. Angebote sind rechtsverbindlich. Sie gelten als Willenserklärung des Verkäufers gegenüber einer bestimmten Person oder Unternehmung (Antrag). **Anpreisungen** sind rechtsunverbindlich. Sie gelten als Äußerung des Verkäufers gegenüber der Allgemeinheit, um diese zur Abgabe eines Antrages zu animieren.

Anpreisung

	Anpreisung	Angebot
Beispiel	Die Heidtkötter KG wirbt in einer Fachzeitschrift für den innovativen *communicTable*.	Die Heidtkötter KG sendet der Büromöbel Steil KG ein Angebot über 2 *communicTable* im Wert von 2990,00 €.
Zielgruppe	Allgemeinheit	bestimmte Person bzw. Unternehmung
Form der Äußerung	Katalog, Prospekt, Zeitungsanzeige, Schaufenster	frei (schriftlich, mündlich)
Rechtliche Wirkung	unverbindliche Aufforderung zur Abgabe eines Antrages	**Antrag = verbindlich**

Bindungsfristen

Die Person oder Unternehmung, an die das Angebot gerichtet ist, kann sich nicht darauf verlassen, dass das unterbreitete Angebot zeitlich unbegrenzt und inhaltlich uneingeschränkt (z. B. Menge, Preise, Lieferungsbedingungen) gilt. Der Gesetzgeber ermöglicht es Anbietern, die Rechtsverbindlichkeit eines Angebots zeitlich durch **Bindungsfristen** (§§ 147 ff. BGB) sowie inhaltlich durch sogenannte **Freizeichnungsklauseln** (§ 146 BGB) einzuschränken.

Unter zeitlichen Gesichtspunkten muss eine Annahme eines Angebots unter Anwesenden (Gespräch, Telefonat) sofort und unter Abwesenden (Brief, E-Mail usw.) nur solange erfolgen, wie der Anbieter unter regelmäßigen Umständen eine Annahme erwarten darf (§ 147 BGB). Angebote müssen demnach auf mindestens gleich schnellem Wege angenommen werden, wie sie abgegeben wurden. Darüber hinaus kann im Angebot ein Datum benannt werden, bis zu dem das Angebot gilt (§ 148 BGB).

Freizeichnungs-klauseln

Durch **Freizeichnungsklauseln** wird das Angebot inhaltlich teilweise oder vollständig unverbindlich. Handelsübliche Formulierungen wie „freibleibend" (alle Inhalte sind unverbindlich), „solange der Vorrat reicht" (Menge ist unverbindlich) oder „Preisänderungen vorbehalten" (Preis ist unverbindlich) sind typische Beispiele für Freizeichnungsklauseln. In diesen Fällen stellt die Bestellung in Bezug auf das Angebot einen Antrag dar, der erst durch eine Auftragsbestätigung oder eine Lieferung des Anbieters zum Vertragsschluss führt.

Rechtsverbindlichkeit von Angeboten	
Bindungsfristen	**Freizeichnungsklausel**
Rechtsverbindlichkeit gilt zeitlich innerhalb der Bindungsfrist, die von der Art der Willenserklärung abhängig ist. ■ mündliche oder telefonische Angebote: solange das Gespräch dauert ■ Angebotsbriefe: ungefähr eine Woche ■ telegraphische Angebote: 4 Stunden ■ Angebote mit vertraglichem Datum/Frist: bis zum Ablauf des Datums/der Frist	Rechtsverbindlichkeit kann inhaltlich ganz oder teilweise ausgeschlossen werden, z. B.: ■ „Preisänderungen vorbehalten": Preis ist unverbindlich ■ „solange der Vorrat reicht": Menge ist unverbindlich ■ „freibleibend", „unverbindlich", „ohne Obligio": alle Inhalte sind unverbindlich

---

1   Zu den Inhalten von Angeboten siehe LF 6, Kap. 3.3. Dort werden die Inhalte von Kaufverträgen beschrieben, die sich mit den Inhalten des Angebots decken.

Die Annahme eines Angebots erfolgt in der Regel durch eine Bestellung (siehe unten). Sie ist nur dann als Annahme zu werten, wenn die angebotenen Bedingungen fristgerecht und inhaltsdeckend übernommen werden. Eine verspätete Annahme und/oder eine inhaltlich vom Angebot abweichende Bestellung bewirkt, dass das Angebot nicht mehr rechtsverbindlich und somit die Bestellung ein neuer Antrag ist (§ 150 BGB, siehe unten). Gleiches gilt, wenn der Anbieter das Angebot rechtzeitig widerruft (spätestens mit Eintreffen des Angebots) oder das Angebot abgelehnt wird (§ 150 BGB).

Formuliert der Käufer einen Antrag (Abweichungen zwischen Angebot und Bestellung oder Bestellung als 1. Willenserklärung), ist eine **Auftragsbestätigung** des Verkäufers erforderlich, damit sich ein Vertragsschluss ergibt. Eine Auftragsbestätigung ist eine formfreie Willenserklärung des Verkäufers die vorausgegangene Bestellung zu den genannten Bedingungen anzunehmen. Eine Auftragsbestätigung ist demnach die Mitteilung über die Annahme eines Auftrags zu den genannten Konditionen (Menge, Preis, Termin, Lieferungs- und Zahlungsbedingungen). Bei dauerhaften Geschäftsbeziehungen und/oder kurzen Lieferzeiten ersetzt die häufig direkte Lieferung die Auftragsbestätigung. Die Lieferung zu den genannten Konditionen der Bestellung ist rechtlich eine Willenserklärung in Form des schlüssigen Handelns. Weicht die Lieferung von der Bestellung ab, so ist die Lieferung ein neuer Antrag (§ 151 BGB, siehe unten).

Auftrags-bestätigung

Eine Auftragsbestätigung unter Anwesenden muss sofort und unter Abwesenden bis zu dem Zeitpunkt erfolgen, wie der Besteller unter regelmäßigen Umständen eine Annahme erwarten darf (§ 147 BGB). Ansonsten ist der Käufer nicht mehr rechtsverbindlich an seine Bestellung gebunden (vgl. Bindungsfristen eines Angebots) und es kommt bei verspäteter Auftragsbestätigung oder Lieferung kein Kaufvertrag zustande. Gleiches gilt, wenn die Auftragsbestätigung oder Lieferung von der Bestellung abweicht[1], die Bestellung rechtzeitig (spätestens bis zum Eintreffen der Bestellung) widerrufen oder die Bestellung abgelehnt wird (§§ 146 ff. BGB).

Im Geschäftsverkehr setzen Unternehmen immer häufiger auch sogenannte Bestätigungsschreiben ein, um die (teilweise mündlichen) Vertragsverhandlungen zu fixieren. Dabei versenden entsprechende Unternehmen bei jeder Bestellung (auch wenn ein Angebot vorausgegangen war) ein **Bestätigungsschreiben**. Rechtlich von Bedeutung ist dies aber nur dann, wenn die Bestellung vom Angebot abweicht oder die Bestellung ohne vorheriges Angebot erfolgte. Nur in diesen Fällen ist das Bestätigungsschreiben auch eine Auftragsbestätigung im hier vorgestellten Sinne.

Bestätigungs-schreiben

Rechtliche Anforderungen für Willenserklärungen des Käufers

Häufig geht einem Angebot eine Anfrage eines Interessenten (potenzieller Käufer) voraus. Eine **Anfrage** ist immer an eine bestimmte Person oder eine Unternehmung gerichtet und kann (fern-)mündlich oder schriftlich erfolgen. Bei einer Anfrage handelt es sich um eine rechtsunverbindliche Erkundigung zur Anbahnung eines möglichen Kaufvertrags. Je nach Motiv des Einkäufers kann es sich dabei um eine allgemeine oder eine spezifische Anfrage handeln:

Anfrage

spezifische Anfrage	allgemeine Anfrage
Für einen Angebotsvergleich werden spezifische Informationen über die Konditionen (Preis, Menge, Liefertermin, Lieferungs- und Zahlungsbedingungen) für eine bekannte Bedarfsmenge (konkretes Material) angefragt.	Für eine Lieferantenbeurteilung bzw. zur Anbahnung einer neuen Geschäftsbeziehung werden allgemeine Informationen (z. B. durch Muster, Preislisten, Kataloge, Lieferungs- und Zahlungsbedingungen, Vertreterbesuche) über die lieferbaren Materialien und Konditionen angefragt.

---

1 Eine verspätete oder inhaltlich von der Bestellung abweichende Auftragsbestätigung ist ein neues Vertragsangebot (Antrag).

Um die gewünschten Informationen zu erhalten, sollte eine Anfrage folgende Aspekte beinhalten:

- Anlass der Anfrage
- Beschreibung des gewünschten Materials und Verwendungszwecks (z. B. Weiterverarbeitung; es sind technische Daten und Dokumente beizufügen)
- voraussichtliche Bedarfsmenge
- Bedarfszeitpunkt
- Darlegung eigener Einkaufsrichtlinien
- Aufforderung zur Abgabe eines verbindlichen Angebots bis zu einem bestimmten Termin bzw. innerhalb einer bestimmten Frist

Bestellung Eine Anfrage ist von einer Bestellung zu unterscheiden. Eine **Bestellung** ist eine formfreie Willenserklärung des Käufers für eine bestimmte Sache und zu bestimmten Bedingungen, die an eine bestimmte Person bzw. Personengruppe gerichtet ist. Sie ist eine rechtsverbindliche Willenserklärung des Käufers gegenüber einer bestimmten Person oder Personengruppe. Ist die Bestellung die 1. Willenserklärung zwischen zwei Vertragspartnern, dann ist sie der Antrag. Erfolgt sie hingegen widerspruchsfrei infolge eines Angebots, ist sie rechtlich als 2. Willenserklärung (Annahme) zu werten. Für den Käufer gelten die gleichen Bindungsfristen für seine Bestellung, wie für den Verkäufer bei der Abgabe seiner Willenserklärungen (siehe oben).

3.2.3
Rechtliche Wirkung von Willenserklärungen bei ein- und zweiseitigen Handelsgeschäften am Beispiel unbestellt zugesandter Ware

Eine rechtliche Besonderheit für das Zustandekommen eines Kaufvertrages ergibt sich bei der Zusendung unbestellter Materialien/Ware. Für die rechtliche Wertung der Willenserklärungen ist der rechtliche Status und die bisherige Geschäftsbeziehung der potenziellen Vertragspartner entscheidend. Der rechtliche Status definiert die heranzuziehende Rechtsquelle und damit den Umfang der rechtlichen Einschränkungen. Handelt es sich um einen „bürgerlichen Kauf", bei dem beide Vertragspartner als Privatpersonen handeln, greifen die Vorschriften des BGB. Liegt dagegen ein „einseitiger Handelskauf"[1] vor (eine Privatperson, ein Kaufmann) finden sowohl die Vorschriften des BGB als auch des HGB Anwendung. Bei einem „zweiseitigen Handelskauf" sind beide Vertragspartner Kaufleute, sodass insbesondere die Regelungen des HGB Anwendung finden.

Die Zusendung unbestellter Ware an eine Privatperson verstößt gegen das Gesetz gegen unlauteren Wettbewerb. Es liegt daher kein Angebot des Lieferers vor, das rechtlich als Antrag zu bewerten wäre. Daher kann beim Verbrauchsgüterkauf kein rechtswirksamer Kaufvertrag zustande kommen. Der Gesetzgeber schützt hier den Verbraucher[2] in besonderer Weise und sieht in der Annahme der Ware kein schlüssiges Handeln im Sinne einer Willenserklärung. Die Privatperson kann mit der Ware anschließend machen, was sie will (gebrauchen, verbrauchen, entsorgen).

Bei einem zweiseitigen Handelskauf (zwei Kaufleute) ist die Wertung der Handlungen des Abnehmers von der bisherigen Geschäftsbeziehung abhängig. Die Zusendung unbestellter Ware an einen Unternehmer ohne bisherige Geschäftsbeziehung ist hingegen ein Angebot des Lieferers und rechtlich als Antrag zu bewerten. Um ei-

---

1 Ist der Verkäufer ein Kaufmann, so handelt es sich um einen Verbrauchsgüterkauf. Bei diesem wird der Verbraucher durch die §§ 346 ff. BGB in besonderer Weise geschützt (Gewährleistungsrechte und -fristen).
2 Siehe § 241 a BGB.

nen rechtswirksamen Kaufvertrag zu schließen, bedarf es noch der Annahme durch den Vertragspartner. Lehnt der Unternehmer hingegen das Angebot ab, so muss das Unternehmen die Ware sachgerecht aufbewahren, aber nicht zurück senden.

Anders verhält es sich bei bereits bestehenden Geschäftsbeziehungen. Die Annahme der Ware wird als Stillschweigen bzw. schlüssiges Handeln interpretiert. Der Kaufvertrag kommt zustande. Wenn der Abnehmer die Lieferung nicht annehmen möchte, muss er dem Lieferanten unverzüglich eine Nachricht zukommen lassen und die Ware bis zur Abholung bzw. Rücksendung sachgerecht aufbewahren.

3.3
Vertragliche Vereinbarungen für einen reibungslosen Geschäftsverkehr – Inhalte des Kaufvertrages

3.3.1
Erfüllungsort, Gefahrübergang und Gerichtsstand

Der **Erfüllungsort** (Leistungsort) ist der Ort, an dem der Schuldner seine aus dem Verpflichtungsgeschäft entstandene Leistung zu erfüllen hat. Im Rahmen der gesetzlichen Bestimmungen zum **Leistungsort** bestehen für die Warenschuld und die Geldschuld zwei (unterschiedliche) Erfüllungsorte, die im Falle einer vertraglichen Festlegung auf einen Erfüllungsort reduziert werden können.

Erfüllungsort

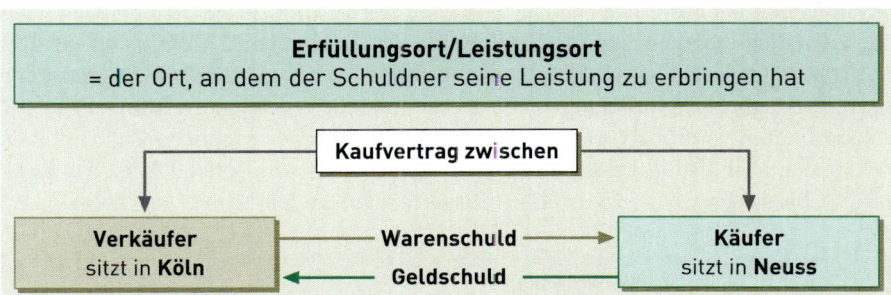

gesetzliche Regelung	vertragliche Regelung
Der Erfüllungsort ist der Wohn- oder Geschäftssitz des Schuldners (§ 269 BGB).	Der Erfüllungsort kann vertraglich festgelegt werden.
Warenschuld = Holschuld (§ 269 Abs. 1 BGB) → Erfüllungsort = Köln	1. Erfüllungsort ist Köln: **Warenschuld** = Holschuld → Erfüllungsort = Köln
Geldschuld = Schickschuld (§ 270 BGB) → Erfüllungsort = Neuss (Geld muss rechtzeitig in Neuss abgeschickt werden)	**Geldschuld** = Bringschuld → Erfüllungsort = Köln (Geld muss rechtzeitig in Köln ankommen)
Spezialfall: **Versendungskauf**	2. Erfüllungsort ist Neuss: **Warenschuld** = Bringschuld → Erfüllungsort = Neuss **Geldschuld** = Schickschuld → Erfüllungsort = Neuss
Warenschuld = Schickschuld (§ 447 BGB) → Erfüllungsort = Köln	

Beim **Versendungskauf** versendet der Verkäufer auf Verlangen des Käufers die Ware an einen anderen Ort als den Erfüllungsort.

Versendungskauf

Gefahrübergang   Wesentlich ist weiterhin die Frage, wann die **Gefahr eines zufälligen Untergangs** oder **einer zufälligen Verschlechterung** auf den jeweils anderen Vertragspartner übergeht. Nach § 270 BGB trägt der Käufer die Gefahr der Geldübermittlung. Die Gefahr geht also erst dann auf den Vertragspartner über, wenn das Geld beim Verkäufer angekommen ist. Der Zeitpunkt des **Gefahrübergangs** bei der Warenschuld ist davon abhängig, ob sie eine Hol-, Bring- oder Schickschuld ist.

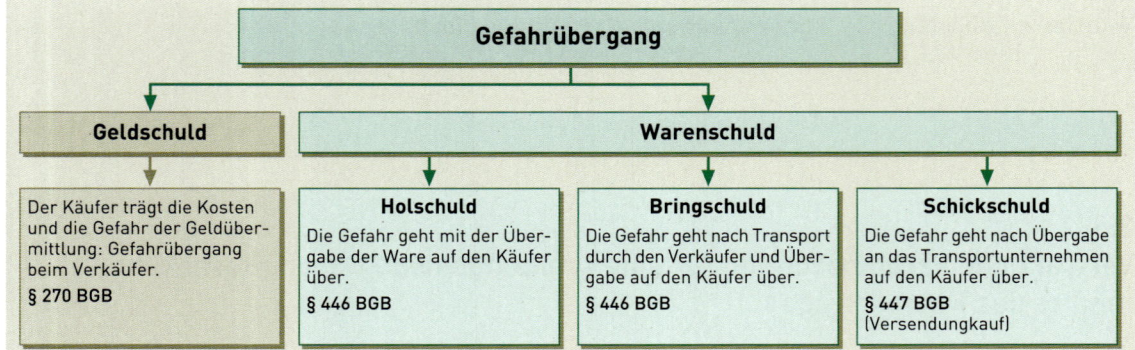

Verbrauchs- Eine Besonderheit bezüglich des Gefahrübergangs beinhaltet der Verbrauchsgüter-
güterkauf   kauf[1]. Hier geht aufgrund der Regelung des § 474 Abs. 2 BGB die Gefahr erst dann auf den Käufer (Endverbraucher) über, wenn die Sache beim Käufer übergeben wurde. Diese mit der Änderung des Schuldrechts eingetretene Regelung dient dem Schutz des privaten Endverbrauchers.

örtliche   Ergeben sich zwischen den Vertragspartnern Streitigkeiten bezüglich der Erfüllung
Zuständigkeit der jeweiligen Vertragspflichten, können sie mithilfe der zuständigen Gerichte diese Streitigkeiten beheben. Die örtliche Zuständigkeit ist im § 29 ZPO so geregelt, dass der gesetzliche Gerichtsstand immer auch am gesetzlichen Erfüllungsort ist. Der
Gerichtsstand Gerichtsstand ist der Ort, an dem der nichterfüllende Vertragspartner verklagt werden kann. Vertragliche Abweichungen von dieser gesetzlichen Regelung können nur unter Kaufleuten vereinbart werden [§§ 29 (2), 38 ZPO]. Die sachliche Zuständigkeit
sachliche   richtet sich nach der Höhe des Streitwerts. Ab der Höhe von 5.000,00 € ist das Land-
Zuständigkeit gericht, bis zu dieser Grenze ist das Amtsgericht zuständig.[2]

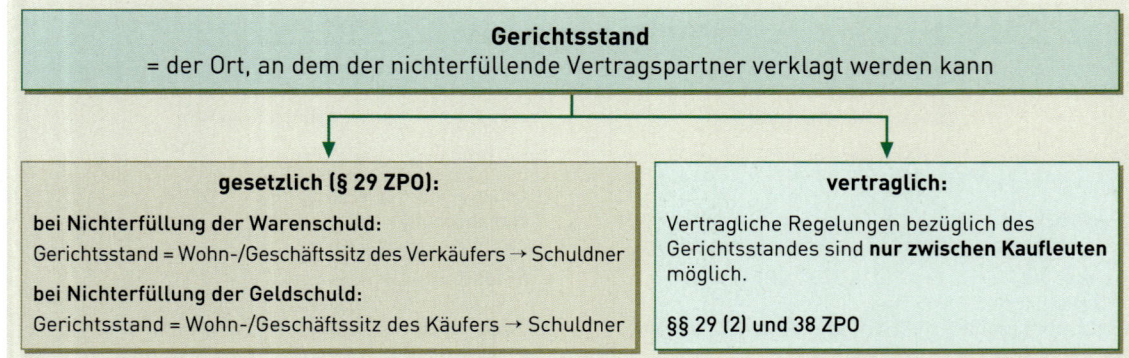

---

1   In den Vorschriften des BGB zum Verbrauchsgüterkauf (§§ 474 – 479) wird der Endverbraucher im besonderen Maße geschützt. Es handelt sich dann um einen Verbrauchsgüterkauf, wenn ein Verbraucher von einem Unternehmer eine bewegliche Sache kauft (§ 474 BGB)

2   siehe die §§ 1 Zivilprozessordnung (ZPO) und 71 Gerichtsverfassungsgesetz (GVG)

3.3.2
Lieferungsbedingungen

Die Lieferungsbedingungen beinhalten im Wesentlichen Regelungen zu den Beförderungskosten, den Verpackungskosten sowie Vereinbarungen bezogen auf unterschiedliche Liefertermine.

Diese gesetzlichen Bestimmungen können jedoch von den beiden Geschäftspartnern durch **vertragliche Vereinbarungen** abgeändert werden.

Folgende Beförderungskosten können im Rahmen des Transports auftreten:

- **Rollgeld** (= Kosten für An- und Abfuhr)
- **Be-/Entladegebühren**
- **Fracht** (= Entgelt für die gewerbliche Beförderung von Gütern)

Nach den gesetzlichen Bestimmungen muss der Verkäufer die verkauften Waren zur Abholung durch den Käufer am Erfüllungsort bereitstellen. Er trägt die weiteren Transportkosten. Vertraglich können folgende Regelungen der Beförderungskosten/ Transportkosten vereinbart werden:

Beförderungs- kosten

Vertragliche Regelungen zu den Beförderungs-/Transportkosten								
Regelung: **Lieferung**	Ver- käufer	Anfuhr (Rollgeld)	Versand- station (beladen)	Fracht	Empfangs- station (entladen)	Abfuhr (Rollgeld)	Käufer	Erläuterungen
ab Fabrik, ab Lager, ab Werk								Käufer trägt alle Kosten
ab hier, unfrei, ab Bahnhof, ab Versand- station								Verkäufer trägt die Kosten (Rollgeld) bis zur Versandstation (gesetzliche Regelung)
frei Waggon, frei Schiff								Verkäufer trägt die Kosten der Anfuhr und des Beladens
frachtfrei, franko, frei dort, frei Bahnhof, frei Empfangs- station								Käufer trägt lediglich die Kosten des Entladens und der Zufuhr (Rollgeld)
frei Haus, frei Keller, frei Lager								Verkäufer trägt alle Kosten bis ins Haus → im Verkaufpreis einkalkuliert

Für den **internationalen Warenhandel** (Außenhandel) hat die Internationale Handelskammer in Paris (ICC)[1] ein international gültiges Regelwerk über Vertrags- und Lieferbedingungen veröffentlicht. Die weltweite Akzeptanz dieser **Incoterms** (International Commercial Terms = Internationale Handelsklauseln) ist dadurch gegeben, dass durch den Bezug auf eine dieser 11 Regeln die Bedingungen und Regeln für die technische Durchführung der Beförderung auf sehr einfache Weise festgelegt und jeweils von den nationalen Gerichten akzeptiert werden. Ab dem 1. Januar 2011 traten die neuen Incoterms 2010[2] in Kraft, welche die früheren Regelungen (Incoterms 2000) ablösen und nach Transportarten wie folgt gegliedert sind:

Incoterms

Incoterms-Klauseln	Bedeutung	Ausfuhr-abfertigung	Einfuhr-abfertigung	Gefahrübergang: Der Verkäufer trägt das Risiko des zufälligen Untergangs, bis ...	Kostenverteilung: Der Verkäufer trägt die Kosten, ...	Ortsangabe
Allgemeine Klauseln für alle Transportarten						
EXW (ex works)	ab Werk; ab Lager am benannten Lieferort	Käufer	Käufer	er die Ware am benannten Lieferort bereitgestellt hat; ohne Verladen auf das Transportmittel.	bis zur Bereitstellung am benannten Lieferort; ohne Verladen auf das Transportmittel.	Lieferort
FCA (free carrier)	frei Frachtführer am benannten Lieferort (Übergabe an den ersten Frachtführer); Käufer zahlt den Haupttransport	Verkäufer	Käufer	die Ware auf das vom Käufer bereitgestellte Transportmittel verladen worden ist, sofern der benannte Ort beim Verkäufer liegt.	bis die Ware auf das vom Käufer bereitgestellte Transportmittel verladen worden ist, sofern der benannte Ort beim Verkäufer liegt.	Lieferort
CPT (carriage paid to)	frachtfrei/ Fracht bezahlt bis zum benannten Bestimmungsort; Verkäufer zahlt den Haupttransport	Verkäufer	Käufer	zur Übergabe der Ware an den Frachtführer am Lieferort.	des Transports, bis zum benannten Bestimmungsort und evtl. für die Entladung (je nach vertraglicher Vereinbarung).	Liefer- und Bestimmungsort
CIP (carriage and insurance paid to)	frachtfrei/ Fracht bezahlt und versichert bis zum benannten Bestimmungsort; Verkäufer zahlt den Haupttransport	Verkäufer	Käufer	zur Übergabe der Ware an den Frachtführer am Lieferort.	des Transports, bis zum benannten Bestimmungsort und evtl. für die Entladung (je nach vertraglicher Vereinbarung); der Verkäufer versichert die Ware vom Gefahrenübergang bis zum Bestimmungsort.	Liefer- und Bestimmungsort

---

1 mehr Informationen zur ICC unter folgender Internetadresse: www.icc-deutschland.de
2 Die zuletzt gültigen 13 Regelungen wurden auf 11 reduziert. (DAF, DES, DEQ und DDU wurden entfernt; DAT und DAP wurden neu ergänzt.)

Incoterms-Klauseln	Bedeutung	Ausfuhr-abfertigung	Einfuhr-abfertigung	Gefahrübergang: Der Verkäufer trägt das Risiko des zufälligen Untergangs, bis ...	Kostenverteilung: Der Verkäufer trägt die Kosten, ...	Ortsangabe
DAT (delivered at terminal)	geliefert zum bestimmten Terminal am Bestimmungs-ort; Verkäufer zahlt den Haupttrans-port	Verkäufer	Käufer	die Ware am benannten Ort entladen und dem Käufer zur Ver-fügung gestellt worden ist.	bis die Ware am benannten Ort entladen und dem Käufer zur Ver-fügung gestellt worden ist.	Bestimmungsort (Terminal, Hafen)
DAP (delivered at place)	geliefert zum benannten Bestimmungs-ort; Verkäufer zahlt den Haupttrans-port	Verkäufer	Käufer	die Ware am benannten Ort entladebereit dem Käufer zur Ver-fügung gestellt worden ist.	bis die Ware am benannten Ort entladebereit dem Käufer zur Ver-fügung gestellt worden ist.	Bestimmungsort
DDP (delivered duty paid)	verzollt/ versteuert geliefert zum benannten Bestimmungs-ort; Verkäufer zahlt den Haupttrans-port	Verkäufer	Verkäufer	die Ware am benannten Ort entladebereit dem Käufer zur Ver-fügung gestellt worden ist.	bis die Ware am benannten Ort entladebereit dem Käufer zur Ver-fügung gestellt worden ist, inklu-sive der Kosten für Einfuhrabfer-tigung, Zölle und Steuern.	Bestimmungsort
Klauseln für den See- und Binnenschifftransport						
FAS (free alongside ship)	frei Längsseite Schiff im be-nannten Verschiffungs-hafen; Käufer zahlt den Haupttrans-port	Verkäufer	Käufer	die Ware längs-seits des Schiffes im benannten Verschiffungshafen geliefert wurde.	bis die Ware längs-seits des Schiffes im benannten Ver-schiffungshafen geliefert wurde.	Verschiffungs-hafen
FOB (free on board)	frei an Bord im benannten Verschiffungs-hafen; Käufer zahlt den Haupttrans-port	Verkäufer	Käufer	die Ware an Bord des Schiffes im benannten Ver-schiffungshafen geliefert wurde.	bis die Ware an Bord des Schiffes im benannten Ver-schiffungshafen geliefert wurde.	Verschiffungs-hafen
CFR (cost and freight)	Kosten und Fracht bis an Bord im benannten Bestimmungs-hafen; Ver-käufer zahlt den Haupt-transport	Verkäufer	Käufer	die Ware an Bord des Schiffes im benannten Ver-schiffungshafen geliefert wurde.	des Transports zum benannten Bestimmungs-hafen und evtl. für die Entladung (je nach vertragliche Vereinbarung).	Verschiffungs-und Bestimmungs-hafen

→

Incoterms-Klauseln	Bedeutung	Ausfuhr-abfertigung	Einfuhr-abfertigung	Gefahrübergang: Der Verkäufer trägt das Risiko des zufälligen Untergangs, bis ...	Kostenverteilung: Der Verkäufer trägt die Kosten ...	Ortsangabe
CIF (cost insurance and freight)	Kosten, Versicherung und Fracht bis an Bord im benannten Bestimmungshafen; Verkäufer zahlt den Haupttransport	Verkäufer	Käufer	die Ware an Bord des Schiffes im benannten Verschiffungshafen geliefert wurde.	des Transports zum benannten Bestimmungshafen und evtl. für die Entladung (je nach vertraglicher Vereinbarung); der Verkäufer versichert die Ware vom Gefahrenübergang bis zum Bestimmungshafen.	Verschiffungs- und Bestimmungshafen

Bei einer vertraglichen Festlegung sind stets die entsprechenden Ortsangaben zu machen. Die neuen Incoterms 2010 ersetzen nicht die Incoterms 2000, sodass bei einer vertraglichen Vereinbarung stets die jeweils vereinbarte Fassung[1] angegeben werden muss (z. B. FCA Gütersloher Str. 111, 33647 Bielefeld, Deutschland; ICC-Incoterms 2010). Bei der vertraglichen Vereinbarung sogenannter „Zwei-Punkt-Klauseln" (C-Klauseln) sollten stets zwei Ortsangaben gemacht werden (z. B. CPT Downingstreet No. 4711, London, England, ab Gütersloher Str. 111, 33647 Bielefeld, Deutschland; ICC-Incoterms 2010).

Verpackungs-kosten Abweichend von der gesetzlichen Regelung können auch zur Übernahme der **Verpackungskosten** vertragliche Vereinbarungen festgelegt werden. In diesem Zusammenhang ist eine Differenzierung der folgenden Begrifflichkeiten hilfreich:

- **Nettogewicht:**   Reingewicht der Ware
- **Tara:**   Verpackungsgewicht
- **Bruttogewicht:**   Gesamtgewicht; Rohgewicht

Bruttogewicht = Nettogewicht + Tara

Die Regelungen bezüglich der Verpackungskosten werden häufig verbunden mit der Preisstellung „Preis netto" bzw. „Preis brutto" und können der folgenden Tabelle entnommen werden:

Verpackungskostenregelungen		**Beispiel**
Vertragsklausel	**Bedeutung/Erklärung**	**210 kg brutto; 200 kg netto** **1 kg Ware kostet 5,00 €** **1.** Wer ist Eigentümer der Verpackung? **2.** Wie viel zahlt der Käufer für die gesamte Lieferung?
Preis netto, einschließlich Verpackung	▪ Grundlage für Preisberechnung: **Nettogewicht** ▪ Verpackungskosten werden nicht berechnet; der Käufer zahlt das Nettogewicht	**1. Käufer** **2.** 200 kg zu 5,00 € = 1.000,00 €

---

1 Nachdem die Internationale Handelskammer (ICC) bereits im Jahr 1936 Regeln zur verbindlichen, einheitlichen Auslegung handelsüblicher Vertragsklauseln festgelegt hat, befinden sich die aktuellen Vereinbarungen (Incoterms 2010) in der siebten Revision.

Verpackungskostenregelungen		Beispiel
Preis netto, ausschließlich Verpackung (gesetzliche Regelung)	■ Grundlage für Preisberechnung: **Nettogewicht** ■ Verpackungskosten werden **zusätzlich** berechnet, meist mit Selbstkostenpreis ■ Käufer zahlt Nettogewicht und Verpackungskosten (40,00 €)	1. **bei Rücksendung und Gutschrift: Verkäufer; keine Rücksendung: Käufer** 2. 200 kg zu 5,00 € = 1.000,00 € + Verpackungskosten 40,00 € = 1.040,00 €
Preis brutto, einschließlich Verpackung (bfn = brutto für netto)	■ Grundlage für Preisberechnung: **Bruttogewicht** ■ Verpackungsgewicht (Tara) wird zum gleichen Preis berechnet wie das Reingewicht (Netto) der Ware, Käufer zahlt Nettogewicht + Tara	1. **Käufer** 2. 200 kg · 5,00 € = 1.000,00 € + 10 kg · 5,00 € = 50,00 € = 210 kg · 5,00 € = 1.050,00 €
Preis brutto, ausschließlich Verpackung	■ Grundlage für Preisberechnung: **Bruttogewicht** Verpackung wird doppelt berechnet: ■ Verpackungsmaterial zum Warenpreis (Tara) + ■ **zusätzlich** Verpackungskostenzuschlag bei wertvollem Verpackungsmaterial: zurücksenden ■ Käufer zahlt Reingewicht + Tara + Verpackungskosten	1. **bei Rücksendung und Gutschrift: Verkäufer; keine Rücksendung: Käufer** 2. 200 kg · 5,00 € = 1.000,00 € + 10 kg · 5,00 € = 50,00 € + Verpackungskosten = 40,00 € = 1.090,00 €
Verpackung leihweise	Verpackung wird leihweise vom Verkäufer zur Verfügung gestellt Käufer zahlt das Nettogewicht	1. **Verkäufer** 2. 200 kg · 5,00 € = 1.000,00 €
Der Käufer stellt die Verpackung zur Verfügung	**Käufer zahlt die Verpackung**	1. **Käufer** 2. 200 kg · 5,00 € = 1.000,00 €

Die gesetzliche Regelung bezüglich des Liefertermins sieht vor, dass die **Lieferung sofort** nach Vertragsabschluss zu erfolgen hat (§ 271 BGB). Abweichend von dieser gesetzlichen Regelung können individuelle vertragliche Vereinbarungen getroffen werden. Soll die Lieferung zu einem späteren Zeitpunkt erfolgen, handelt es sich um einen **Terminkauf**. Wird der Lieferzeitpunkt stundengenau bzw. taggenau mit der Zusatzklausel „fix"/„fest" bestimmt, handelt es sich um einen **Fixkauf**, bei dem im Falle einer Nicht-Rechtzeitig-Lieferung nicht gemahnt werden muss. Beim **Kauf auf Abruf** wird die bestellte Menge in Teillieferungen zu unterschiedlichen Lieferterminen zugestellt oder abgeholt.

Liefertermin

Terminkauf
Fixkauf
Kauf auf Abruf

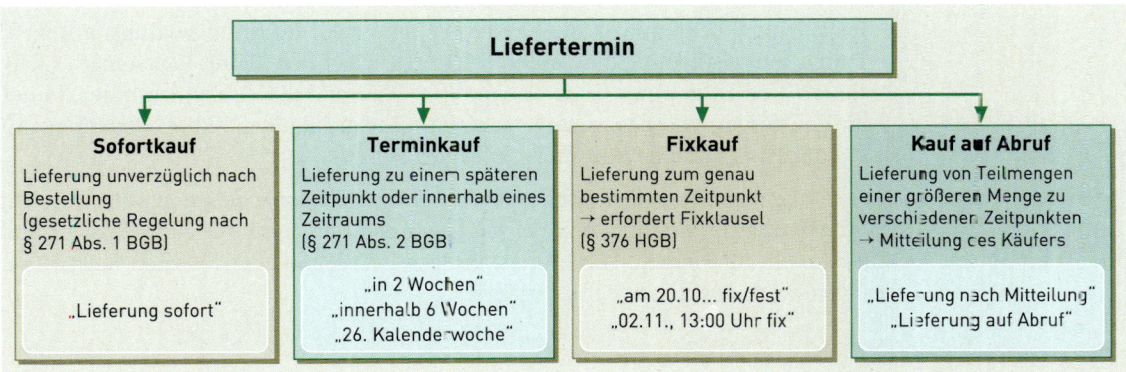

3.3.3
Zahlungsbedingungen

Die gesetzliche Regelung (§ 271 BGB) sieht vor, dass der Verkäufer die sofortige Zahlung des Kaufpreises bei eigener Leistung verlangen kann (→ **Zahlung „Zug um Zug"**). Die Kosten und die Gefahr der Geldübermittlung trägt der Käufer (§ 270 BGB).

Vertraglich können folgende Zahlungsbedingungen vereinbart werden:

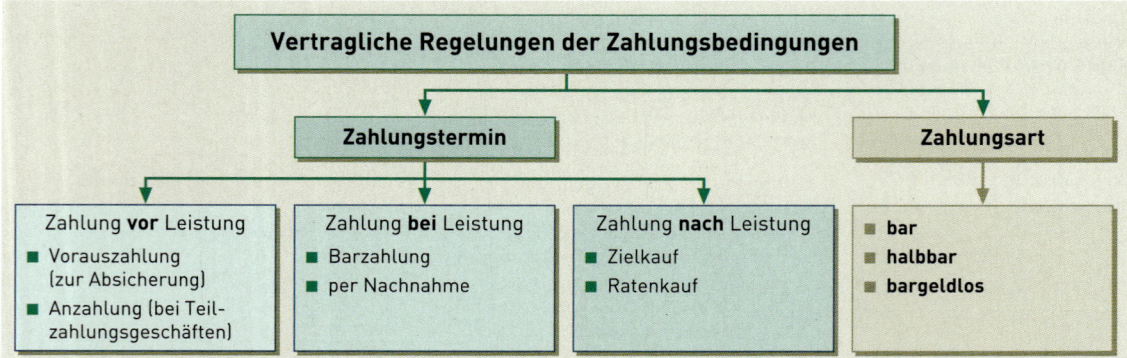

■ **Zahlung vor Leistung:**

Die Vorauszahlung bzw. die Anzahlung werden häufig bei Neukunden bzw. bei Kunden verwendet, mit denen bereits schlechte Erfahrungen bezüglich des Zahlungseingangs gemacht wurden. Diese Zahlungsbedingungen sind weiterhin üblich bei Großaufträgen (z. B. im Schiffsbau, Straßenbau, Hausbau), die aufgrund eines lang andauernden Herstellungsprozesses einen hohen Finanzierungsbedarf mit sich bringen. Bei der Zahlung mit Anzahlung kann ein Teilbetrag schon bei Auftragserteilung, ein weiterer Teilbetrag bei Lieferung und weitere Teilbeträge nach der Lieferung zu festgelegten Terminen gefordert/geleistet werden.

■ **Zahlung bei Leistung:**

Diese Zahlungsbedingung entspricht der gesetzlichen Regelung „Zahlung Zug um Zug". Die Zahlung erfolgt sofort im Anschluss bzw. gleichzeitig mit der Leistung des Warenschuldners.

■ **Zahlung nach Leistung:**

Zielkauf   Bei einer vertraglich vereinbarten Zahlung nach der Leistung handelt es sich um den sogenannten Zielkauf. Die Zahlung muss erst später, spätestens bis zu einem festgelegten Zeitpunkt (z. B. 30 oder 40 Tage nach Rechnungsdatum) erfolgen. Durch die Gewährung dieses Zahlungsziels erhält der Käufer von seinem Lieferanten/Verkäufer einen Lieferantenkredit. Während dieser Zeit kann der Käufer die gelieferten Produkte weiterverkaufen und so die liquiden Mittel beschaffen, um die noch ausstehende Rechnung zu begleichen.

Preisnachlässe   Sehr häufig werden in den Zahlungsbedingungen **Preisnachlässe** gewährt, um im Konkurrenzkampf (Stamm-)Kunden zu gewinnen und somit die Absatzzahlen und Marktanteile zu erhöhen. Diese Preisnachlässe werden bei der internen Kalkulation des Listenverkaufspreises berücksichtigt.

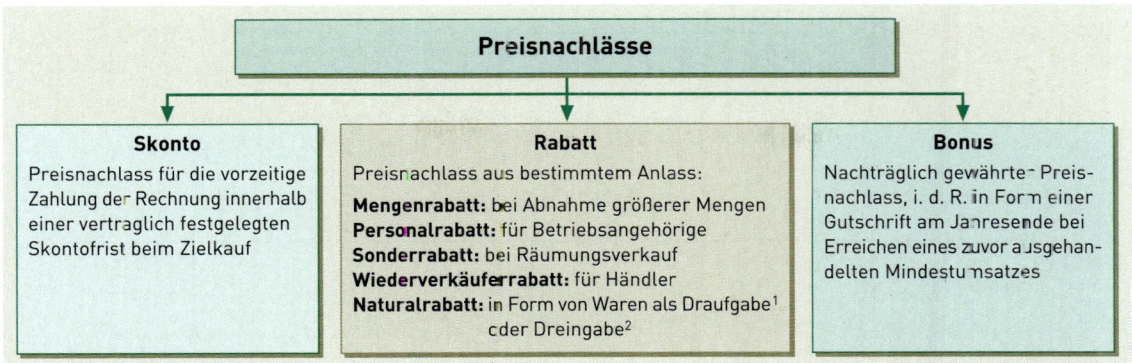

Die Gewährung eines prozentualen **Skontoabzugs** ist mit einer vorzeitigen Zahlung der Rechnung vor Ablauf des gewährten Zahlungsziels verbunden. Bei vorzeitiger Zahlung innerhalb von 10 bis 14 Tagen (Skontozeitraum) kann der Kunde üblicherweise Skonto in Höhe von 2 % bis 4 % des Rechnungspreises abziehen. Diese Skontogewährung ist bereits im Listenverkaufspreis einkalkuliert und verfolgt die Absicht, den Käufer zur Zahlung vor Ablauf des Zielzeitraums unter Abzug von Skonto zu bewegen, um die eigene Liquidität zu erhalten/verbessern. Die Sicherung dieses Lieferantenkredits erfolgt in der Regel über den Eigentumsvorbehalt (Kap. 3.3.4).

Wird der Skontozeitraum überschritten, ist der gewährte Lieferantenkredit als eine Möglichkeit der kurzfristigen Kreditfinanzierung einer der teuersten Kredite überhaupt. Sind am Ende des Skontozeitraums nicht genügend liquide Mittel vorhanden um die Rechnung unter Abzug von Skonto zu zahlen, sollte der Käufer zur Inanspruchnahme des Skontos kurzfristig einen Kredit bei seiner Bank beanspruchen.

Folgende Vergleichsrechnung wird dies verdeutlichen:

Skonto

Beispiel

Eine Eingangsrechnung (Rechnungsdatum: 18. Januar 20..) der Heidtkötter KG weist folgende Beträge aus:

	Nettowarenwert	7.500,00 €
19 %	Umsatzsteuer	1.425,00 €
	Rechnungsbetrag	8.925,00 €

Die **Zahlungsbedingung** lautet:

„Bei Zahlung innerhalb 10 Tagen nach Rechnungsdatum 2% Skonto, sonst 30 Tage netto Kasse. Die Ware bleibt bis zur vollständigen Zahlung unser Eigentum."

Die Heidtkötter KG verfügt zurzeit jedoch nicht über ausreichende liquide Mittel, um die Rechnung am Ende des Skontozeitraums zu zahlen. Ausstehende Kundenforderungen werden erst in einem Monat fällig.

Um Skonto in Anspruch zu nehmen, könnte die Heidtkötter KG ihr Kontokorrentkonto bei ihrer Hausbank zu einem Sollzinssatz von 12,5 % p. a. überziehen.

Soll die Heidtkötter KG auf die Inanspruchnahme des Skontos verzichten oder soll sie zur Inanspruchnahme ihr Kontokorrentkonto überziehen?

→

---

1 Bestellung und Zahlung von 100 Stück; Lieferung von 110 Stück
2 Bestellung und Lieferung von 100 Stück; Zahlung von 90 Stück

Beispiel (Fortsetzung)

Zunächst stellen wir die Zahlungsbedingung mithilfe eines Zeitstrahls grafisch dar:

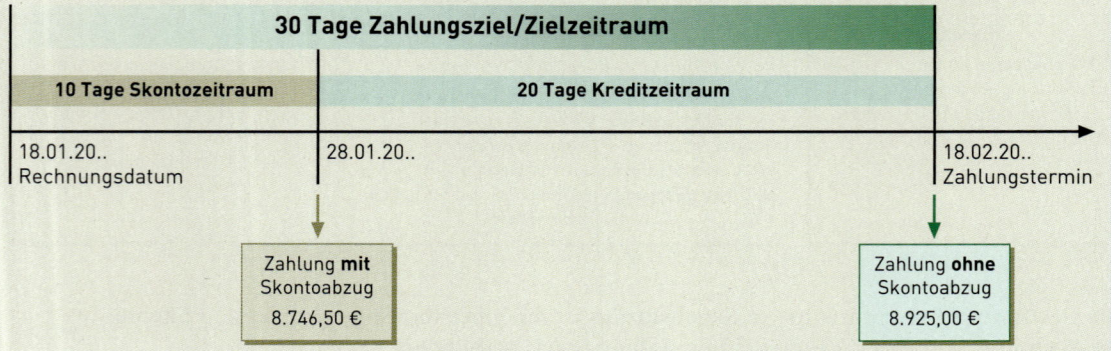

Da bei Inanspruchnahme von Skonto erst am 10. Tag gezahlt werden muss, verbleibt ein Kreditzeitraum von 20 Tagen, für den das Kontokorrentkonto überzogen werden muss.

Zielzeitraum (30 T.) – Skontozeitraum (10 T.) = **Kostenpflichtiger Kreditzeitraum (20 T.)**

Folgende Vergleichsrechnung wird von Frau Golombeck, der Sachbearbeiterin Kreditoren der Heidtkötter KG, durchgeführt. Zunächst wandelt sie den auf den Kreditzeitraum bezogenen Skontosatz (= Prozentsatz) in einen Jahreszinssatz (p_{eff}) um und vergleicht diesen mit dem Sollzinssatz der Bank.

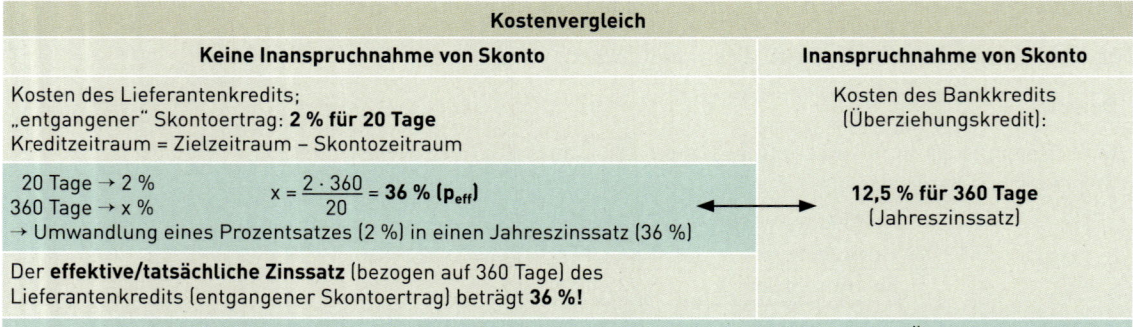

Die Berechnung des Effektivzinssatzes (p_{eff}) mithilfe des Dreisatzes ermöglicht nur einen Näherungswert, da die Minderung des Kapitals durch Skontoabzug nicht berücksichtigt wird (Überschlagsmethode). Genauer ist daher die Berechnung mithilfe der allgemeinen Zinsformel:

$$Z = \frac{K \cdot t \cdot p}{100 \cdot 360} \qquad \rightarrow p = \frac{Z \cdot 100 \cdot 360}{K_{Mi} \cdot t} \qquad (Z = \text{Skonto}; K_{Mi} = K - \text{Skonto})$$

Beispiel

$$p = \frac{178,50 \cdot 100 \cdot 360}{8.746,50 \cdot 20} = \frac{6.426.000,00}{174.930,00} = \mathbf{36,73\,\%}$$

Als Entscheidungshilfe wird in einem 2. Schritt der Finanzierungserfolg berechnet.

Ermittlung des Finanzierungserfolgs	
Kosten der Zahlung ohne Inanspruchnahme/ Abzug von Skonto	Kosten der Überziehung zur Inanspruchnahme Skonto:
2 % Skonto vom Rechnungsbetrag von 8.925,00 € = **178,50 €**	$Z = \dfrac{K \cdot p \cdot t}{100 \cdot 360} = \dfrac{8.746,50 \cdot 12,5 \cdot 20}{100 \cdot 360} = \textbf{60,74 €}$

Skontobetrag/Skontoertrag	178,50 €
– Überziehungszinsen	60,74 €
= **Finanzierungserfolg**	**117,76 €**

Diese Ergebnisse zeigen deutlich: **Die Inanspruchnahme von Skonto lohnt in der Praxis immer!**

Exkurs: Ratenkauf

Eine Sonderform des Zielkaufs ist der **Ratenkauf**, bei dem der Käufer den Kaufpreis nach und nach in mindestens zwei Teilzahlungen (Raten) zahlt. Die Rate setzt sich zusammen aus den festgelegten Teilrückzahlungen (Tilgung) zuzüglich der anfallenden Zinsen. Der Verbraucher (Käufer) geht ein Schuldverhältnis über einen längeren Zeitraum ein und wird als privater Darlehensnehmer durch Regelungen des BGB geschützt.

Ratenkauf

Der Kaufvertrag muss **schriftlich** abgeschlossen werden und den Barzahlungspreis, den Gesamtbetrag aller vom Darlehensnehmer zur Tilgung des Darlehens sowie zur Zahlung der Zinsen und sonstigen Kosten zu entrichtenden Teilzahlungen (Teilzahlungspreis) enthalten. Ebenso müssen der effektive Jahreszinssatz sowie Anzahl, Höhe und Fälligkeit der Raten aus dem schriftlichen Kaufvertrag hervorgehen (§ 492 BGB). Innerhalb von zwei Wochen besteht ein **Widerrufsrecht bzw. Rückgaberecht** ohne Angabe von Gründen (§§ 355, 356, 495 BGB). Diese Regelungen gelten nach § 491 BGB jedoch nur für Verträge zwischen einem Unternehmer und einem Verbraucher **(einseitiger Handelskauf/Verbrauchsgüterkauf)**.

3.3.4
Eigentumsvorbehalt

Eigentums-
vorbehalt

Zielkäufe und die damit verbundenen Kredite an den Käufer werden häufig durch einen Eigentumsvorbehalt gesichert, indem sich der Lieferant das **Eigentumsrecht** an einer beweglichen Sache bis zur **vollständigen Zahlung** des Kaufpreises vorbehält: „Die Ware bleibt bis zur vollständigen Zahlung Eigentum des Verkäufers."

Aufgrund dieser vertraglichen Vereinbarung wird der Käufer zunächst nur Besitzer der Ware. Das Eigentum geht erst nach vollständiger Zahlung des Kaufpreises auf den Käufer über. Folgende Rechte sind mit diesem einfachen Eigentumsvorbehalt, der sich nur auf die gelieferte Sache erstreckt, verbunden:

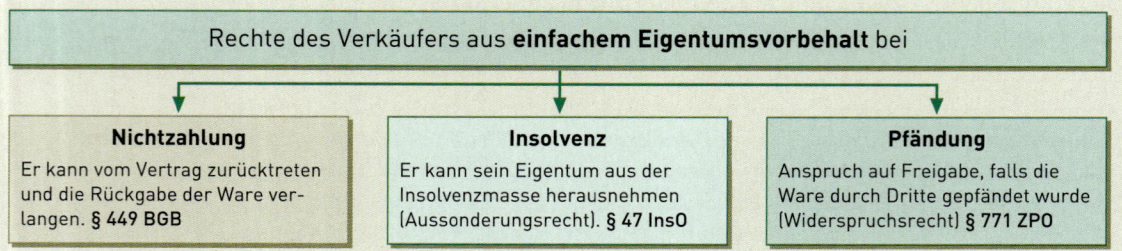

Diese Rechte aus dem einfachen Eigentumsvorbehalt können nur dann in Anspruch genommen werden, wenn die bewegliche Sache noch so beim Käufer ist, wie sie geliefert wurde. Das Eigentum an der beweglichen Sache erlischt, wenn die unter einfachem Eigentumsvorbehalt gelieferte Ware

■ von gutgläubigen Dritten erworben wurde (§ 932 BGB),

■ verarbeitet, verbraucht oder zerstört wurde (§ 950 BGB),

■ mit einem Grundstück fest verbunden wurde (§ 946 BGB) und/oder

■ mit einer beweglichen Sache fest verbunden wurde (§§ 947, 948 BGB).

Daher sind in der Praxis neue vertragliche Formen des Eigentumsvorbehalts entwickelt worden (erweiterte Vorbehaltsrechte), um dem Verkäufer besseren Schutz zu gewährleisten.

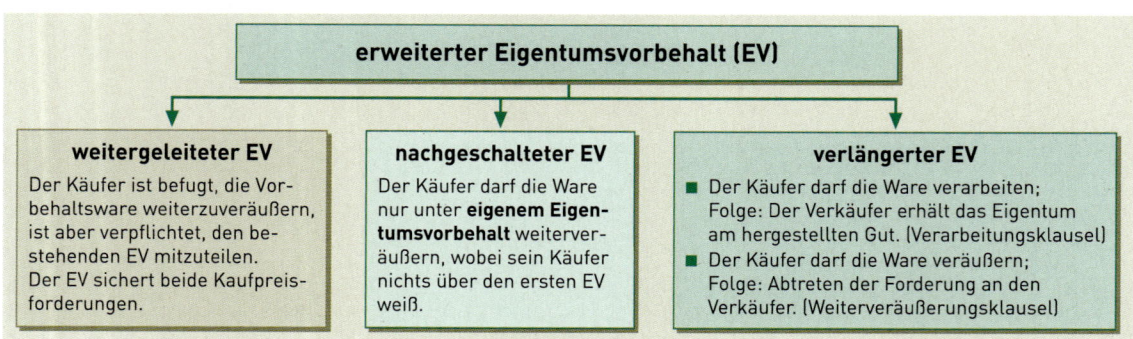

Beispiel

„Der Kunde darf die Ware nur im regelmäßigen Geschäftsverkehr veräußern und weder verpfänden noch zur Sicherheit übereignen. Wird die Ware veräußert oder sonst an Dritte abgegeben, so tritt hiermit der Kunde alle ihm erwachsenen Forderungen/Ansprüche schon jetzt an uns ab. Der Kunde ist verpflichtet, Pfändungen von unter Eigentumsvorbehalt stehenden Waren oder von abgetretenen Forderungen uns sofort anzuzeigen."

3.3.5
Allgemeine Geschäftsbedingungen (AGB)

Allgemeine Geschäftsbedingungen (AGB)[1] sind standardisierte, vorformulierte Vertragsbedingungen, die das Zustandekommen und die Abwicklung von Kaufverträgen im alltäglichen Geschäftsleben vereinfachen sollen und von einzelnen Vertragspartnern selbst formuliert werden. Es müssen nicht alle Inhalte einer Willenserklärung – denken Sie an die zahlreichen Inhalte des Kaufvertrages – immer wieder neu im Kaufvertrag aufgeführt werden, sondern diese werden mit einem Hinweis auf die AGB in die Willenserklärung eingebunden. Sie bieten den Vorteil der Zeit- und Kostenersparnis, beinhalten jedoch den Nachteil, dass Geschäftsrisiken vom Verwender auf den Vertragspartner abgewälzt werden. Diese AGB können insbesondere dann abgelehnt werden, wenn sie den Verwender gegenüber geltender Rechtsprechung bevorteilen. Daher beinhaltet das BGB folgende Regelungen, die die Vertragspartner vor der Verwendung unlauterer AGB schützen sollen:

Regelungen des BGB zu den AGB

- Überraschende und ungewöhnliche Klauseln werden nicht Vertragsbestandteil (§ 305 c BGB).
- AGB sind unwirksam, wenn sie den Vertragspartner entgegen den Geboten von „Treu und Glauben"[2] benachteiligen (§ 307 BGB).
- Im Vertrag vereinbarte, anders lautende Individualabsprachen, haben Vorrang vor den AGB (§ 305 b BGB).

Sachverhalte, die in den AGB nicht geregelt sind bzw. sich in den AGB der Vertragspartner unterschiedlich darstellen, regeln die gesetzlichen Vorschriften.

Widersprechen sich die AGB der Vertragspartner, gelten ebenso die gesetzlichen Regelungen des BGB.

Der Endverbraucher wird als Käufer insbesondere durch die Vorschriften des BGB geschützt, da der private Verbraucher in rechtlichen Fragen gegenüber Unternehmen (Verwender/Verkäufer) eher unwissend und unerfahren ist. Zum Schutze des Verbrauchers als Käufer gelten weiterhin folgende gesetzliche Regelungen:

Verbraucherschutz

- AGB werden nur Vertragsbestandteil, wenn
  - seitens des Verwenders ein ausdrücklicher Hinweis auf die AGB erfolgte
  und
  - die andere Vertragspartei die Möglichkeit hatte, diese zur Kenntnis zu nehmen (zumutbare Kenntnisnahme),
  und
  - das Einverständnis des Vertragspartners besteht (§ 305 Abs. 2 BGB).
- „Klauseln ohne Wertungsmöglichkeit" sind immer unwirksam, da sie den Vertragspartner auf jeden Fall benachteiligen (§ 309 BGB).
  Solche Klauseln können u. a. sein:
  - die Erhöhung des Entgelts für Waren oder Leistungen, die innerhalb von vier Monaten nach Vertragsschluss geliefert oder erbracht werden sollen,
  - Ausschluss der Verrechnung mit einer unbestrittenen oder rechtskräftig festgestellten Forderung (Aufrechnungsverbot),
  - eine Bestimmung, durch die der Verwender von der gesetzlichen Obliegenheit freigestellt wird, den anderen Vertragsteil zu mahnen oder ihm eine Frist für die Leistung oder Nacherfüllung zu setzen (Mahnung, Fristsetzung).

---

1 häufig bekannt als „das Kleingedruckte"
2 Unter 'Treu und Glauben' versteht man das Verhalten eines redlich und anständig denkenden Menschen.

- Bei „Klauseln mit Wertungsmöglichkeit" wird zunächst bewertet, ob der Vertragspartner unangemessen benachteiligt wird. Eine Inhaltskontrolle ist daher zwingend erforderlich (§ 308 BGB).

Werden AGB teilweise oder ganz unwirksam, bleiben die übrigen Vertragsbestandteile rechtswirksam und anstelle der unwirksamen Vertragsbestandteile gelten die gesetzlichen Regelungen. Stellt der Vertrag dennoch eine unzumutbare Benachteiligung dar, ist der gesamte Vertrag unwirksam (§ 306 BGB).

3.4
Kaufvertragsarten – Vereinbarungen zu Art, Güte und Beschaffenheit der Sache

Aufgrund eines bestehenden Schuldverhältnisses (Verpflichtungsgeschäft) kann der Gläubiger vom Schuldner eine bestimmte Leistung fordern. Der Schuldner hat diese Leistung entsprechend der üblichen Verkehrssitte nach Treu und Glauben zu bewirken (§ 242 BGB).

Festlegungen zu Art, Güte und Beschaffenheit der Sache konkretisieren die zu erbringenden Leistungen und begründen je nach Vereinbarung unterschiedliche Kaufvertragsarten:

Kauf auf Probe[1]
(§§ 454, 455 BGB)
- Der Käufer kauft eine Sache, die er innerhalb einer vereinbarten Frist nach Lieferung zurückgeben kann (Rückgaberecht).

Kauf nach Probe
- Der Käufer kauft eine Sache, die einer früheren, bestimmten Probe/Muster entsprechen muss. Die Qualität einer bestimmten, vorangegangenen Lieferung ist verbindlich.

Kauf zur Probe
- Der Käufer kauft eine kleinere Probe-/Testmenge. Erfolgt die Leistung zufriedenstellend, stehen Folgeaufträge in Aussicht.

Gattungskauf
(§§ 243 BGB,
360 HGB)
- Ist die Sache nicht näher bezeichnet, sondern nur der Gattung nach bestimmt (die Sache ist also mehrfach vorhanden), hat der Verkäufer eine Sache mittlerer Art und Güte zu leisten. Der Käufer kauft eine vertretbare Sache, die im Verkehr nach Zahl, Maß oder Gewicht bestimmt wird und von einer Sache der gleichen Art problemlos vertreten werden kann.

Stückkauf
- Der Käufer kauft eine nicht vertretbare (einmalig vorhandene) Sache, z. B. einen bestimmten Gebrauchtwagen, ein Einzelstück oder ein Modellkleid.

Spezifikationskauf (§ 375 HGB)
- Der Käufer kauft eine Sache, die zunächst nur der Gattung nach und in der Menge bestimmt ist. Er hat später innerhalb einer bestimmten Frist die nähere Bestimmung (Spezifikation) festzulegen. Versäumt er diese Frist, kann der Verkäufer Schadensersatz statt der Leistung verlangen (§§ 280, 281 BGB) oder vom Vertrag zurücktreten (§ 323 BGB) oder eine eigene Bestimmung vornehmen. Diese Bestimmung muss dem Käufer zusammen mit einer Nachfrist mitgeteilt werden, bis zu der der Käufer eine eigene, andersartige Bestimmung festlegen kann. Versäumt er auch diese Frist, kann der Verkäufer die Sache mit eigener Bestimmung liefern.

Kauf „wie gesehen"
- Der Käufer kann die Sache vor Vertragsabschluss besichtigen/prüfen, um die Qualität und eventuelle Mängel auszukundschaften. Nach Vertragsabschluss haftet der Verkäufer nicht für anschließend festgestellte Fehler und Qualitätsmängel. Diese Kaufvertragsart findet sich häufig beim Gebrauchtwagenkauf (gekauft „wie gesehen und Probe gefahren").

Ramschkauf
(Kauf in Bausch
und Bogen[2])
- Kauf einer bestimmten Sache zu einem Pauschalpreis.
- Keine Qualitätssicherung des Verkäufers.

---

1 Synonyme: Kauf auf Besichtigung; Kauf zur Ansicht
2 Redensart: Alles in allem

3.5
Behebung eventuell auftretender Leistungsstörungen bei der Beschaffung von Materialien – Störungen bei der Erfüllung von Kaufverträgen

Vertragsstörungen, die im Rahmen der Beschaffung von Materialien auftreten können, sind sehr vielfältig. Die eingehende Lieferung könnte z. B. falscher Art sein, beschädigte Waren enthalten oder zuvor eingereichten Mustern oder zugesicherten Eigenschaften nicht entsprechen. Die gelieferte Menge könnte von der bestellten Menge abweichen oder die Ware könnte durch Rechte Dritter belastet sein. Weiterhin könnte die Ware nicht zu einem zugesagten Liefertermin oder auch gar nicht geliefert werden.

Alle diese Situationen bedürfen einer Lösung, die den Gläubiger der Schuld zufriedenstellt und ihn in die gleiche Situation versetzt, als wären diese Mängel nicht aufgetreten. Diese Lösung kann durch Gespräche mit dem Schuldner außergerichtlich verfolgt oder mithilfe der im Gesetz vorgegebenen Regelungen gerichtlich angestrebt werden.

3.5.1
Die Lieferung des Lieferanten weist Schäden auf – Schlechtleistung (mangelhafte Lieferung)

Aufgrund des Vertragsabschlusses verpflichtet sich der Verkäufer, eine mangelfreie Sache frei von Sach- und Rechtsmängeln zu liefern bzw. bereitzustellen (Gewährleistungspflicht). Diese Verpflichtung ist nicht erfüllt, wenn die bereitgestellte Sache Sachmängel aufweist. **Sachmängel** liegen nach § 434 BGB vor, wenn die Sache

Sachmängel

- sich für die nach dem Vertrag vorausgesetzte Verwendung oder sich für die gewöhnliche Verwendung nicht eignet.
- eine Beschaffenheit, die bei Sachen der gleichen Art üblich ist oder nach Art der Sache erwartet werden kann, nicht aufweist.
- eine Eigenschaft, die vom Verkäufer oder Hersteller, oder in der Werbung der Sache zugeschrieben wird, nicht erfüllt.
- durch den Verkäufer oder dessen Erfüllungsgehilfen unsachgemäß montiert wurde.
- eine fehlerhafte Montageanleitung mit sich führt („IKEA-Klausel").
- in nicht vereinbarter Menge geliefert wird (Zuweniglieferung).
- in der falschen Art geliefert wurde (Falschlieferung).

Bezüglich ihrer Erkennbarkeit können Sachmängel unterschieden werden in:

Erkennbarkeit von Sachmängeln

- offener Mangel: ist im Rahmen der Prüfung auf den ersten Blick leicht zu erkennen
- versteckter Mangel: ist auf den ersten Blick nicht sofort erkennbar und stellt sich erst im Laufe der Zeit heraus
- arglistig verschwiegener Mangel: ist dem Verkäufer bekannt, wurde dem Käufer aber nicht mitgeteilt

Bei einem zweiseitigen Handelskauf muss die Ware unverzüglich, ohne schuldhafte Verzögerung durch den Käufer geprüft werden (§ 377 HGB).

Bei Vorliegen eines Sachmangels hat der Käufer zunächst folgende Rechte:

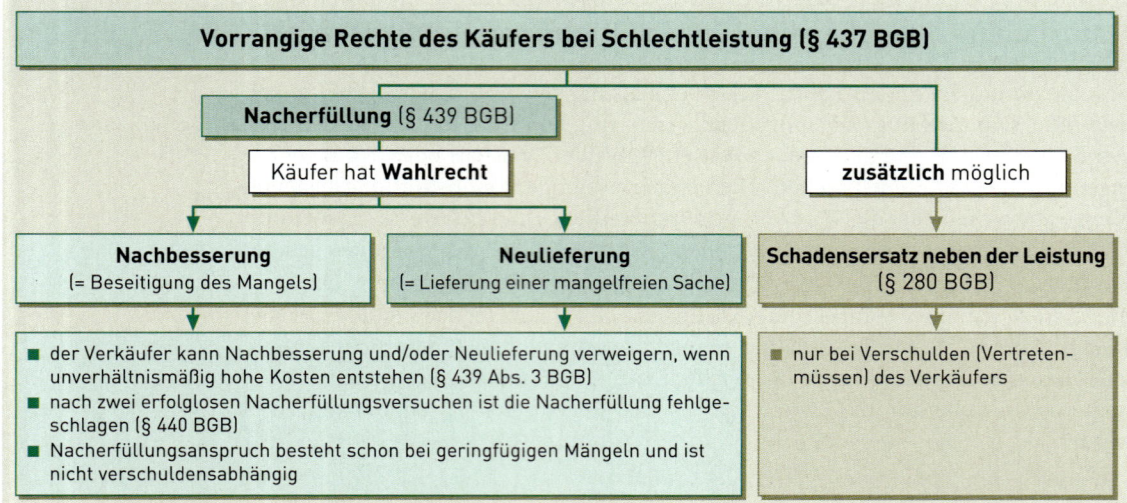

Nach erfolglosem Ablauf einer dem Verkäufer gesetzten, angemessenen Nachfrist zur Nacherfüllung bestehen für den Käufer folgende nachrangige Rechte:

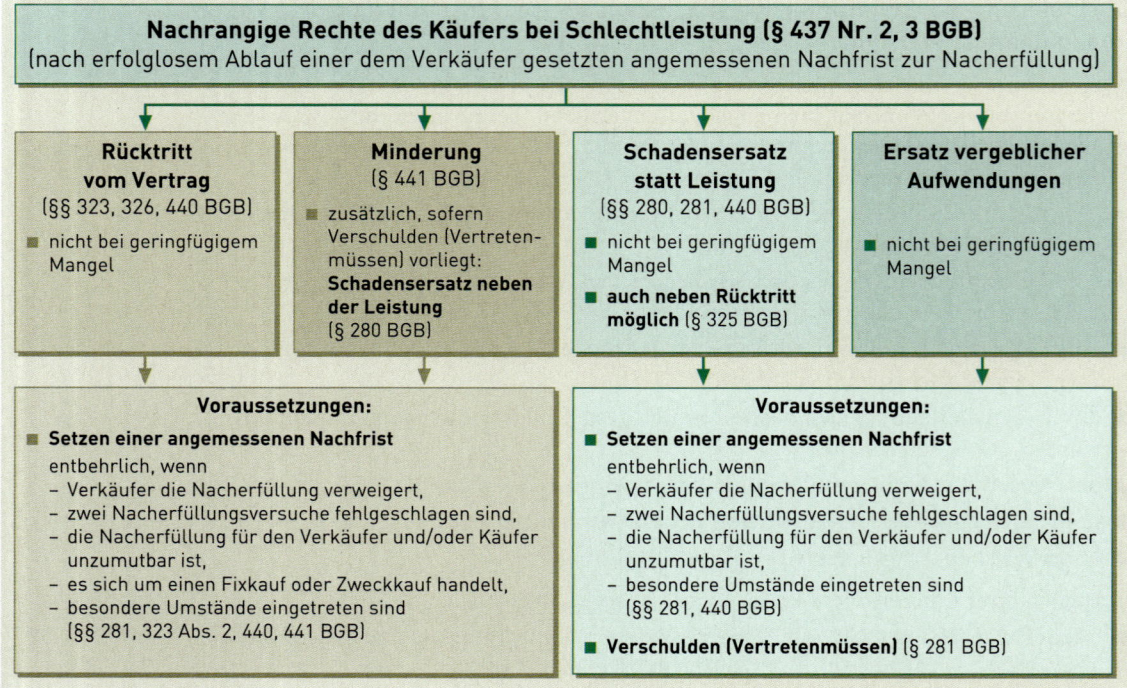

Mängelrüge   Um seine Ansprüche gegenüber dem Verkäufer geltend zu machen, muss der Käufer die Mängel schriftlich in Form einer **Mängelrüge** anzeigen. Unterbleibt diese Anzeige, so gilt die erhaltene Ware als genehmigt und mangelfrei. Ebenso gilt eine Sache als mangelfrei angenommen, wenn sie zum Zeitpunkt des Gefahrübergangs einen offenen Mangel aufweist, dieser aber nicht angezeigt wird. Sollen Schadensersatz statt Leistung oder ein Ersatz vergeblicher Aufwendungen beansprucht werden, muss neben einer Nachfrist das Verschulden des Schuldners vorliegen.

Die Verjährungsfristen bei Mängelansprüchen beim einseitigen und beim bürgerlichen Kauf sind in den §§ 199 und 438 BGB wie folgt geregelt:

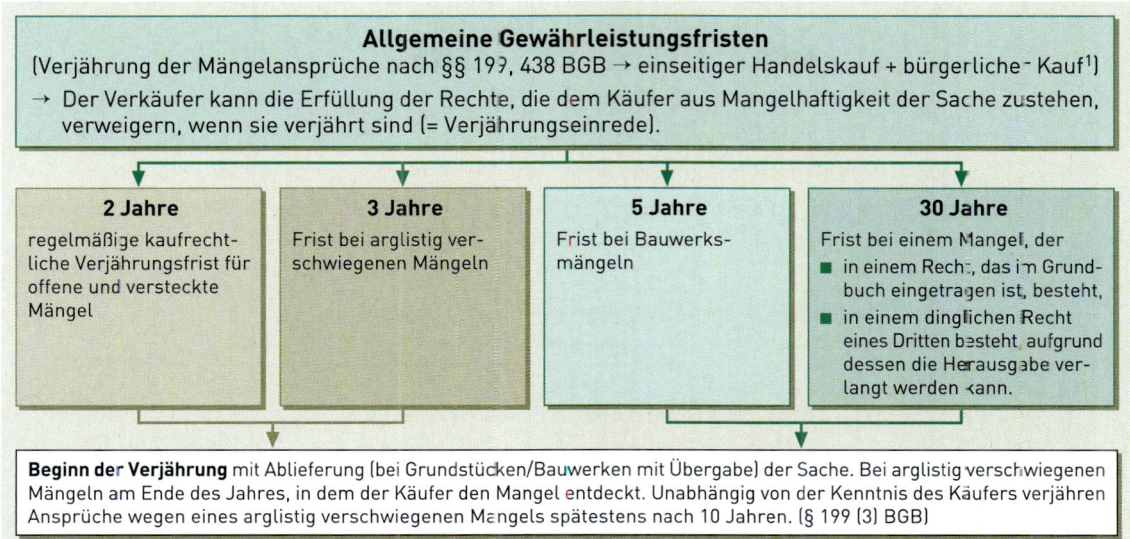

Allgemeine Gewährleistungsfristen
(Verjährung der Mängelansprüche nach §§ 199, 438 BGB → einseitiger Handelskauf + bürgerlicher Kauf[1])
→ Der Verkäufer kann die Erfüllung der Rechte, die dem Käufer aus Mangelhaftigkeit der Sache zustehen, verweigern, wenn sie verjährt sind (= Verjährungseinrede).

2 Jahre	3 Jahre	5 Jahre	30 Jahre
regelmäßige kaufrechtliche Verjährungsfrist für offene und versteckte Mängel	Frist bei arglistig verschwiegenen Mängeln	Frist bei Bauwerksmängeln	Frist bei einem Mangel, der ■ in einem Recht, das im Grundbuch eingetragen ist, besteht, ■ in einem dinglichen Recht eines Dritten besteht, aufgrund dessen die Herausgabe verlangt werden kann.

Beginn der Verjährung mit Ablieferung (bei Grundstücken/Bauwerken mit Übergabe) der Sache. Bei arglistig verschwiegenen Mängeln am Ende des Jahres, in dem der Käufer den Mangel entdeckt. Unabhängig von der Kenntnis des Käufers verjähren Ansprüche wegen eines arglistig verschwiegenen Mangels spätestens nach 10 Jahren. (§ 199 (3) BGB)

Verjährungsfristen beim zweiseitigen Handelskauf

Die **Verjährungsfristen** beim zweiseitigen Handelskauf regelt das HGB in § 377. Demnach müssen Lieferungen unverzüglich, ohne schuldhafte Verzögerung, geprüft und offene Sachmängel unverzüglich gerügt werden. Versteckte Mängel sind unverzüglich nach Entdeckung binnen 2 Jahren nach Ablieferung anzuzeigen. Hat der Verkäufer den Mangel arglistig verschwiegen, verjährt der Mangel binnen 3 Jahren nach Ablieferung. Im Kaufvertrag kann explizit die Gewährleistungsfrist verkürzt bzw. die Gewährleistung ausgeschlossen werden.

Gewährleistungsfrist beim Verbrauchsgüterkauf

Der private Endverbraucher ist im Rahmen des Verbrauchsgüterkaufs besonders geschützt. Hier darf die **Gewährleistungsfrist** nicht unter 2 Jahre (bei gebrauchten Gütern nicht unter 1 Jahr) gekürzt werden (§ 475 Abs. BGB). Zeigt die von einem Verbraucher gekaufte Sache innerhalb der ersten 6 Monate nach Gefahrübergang einen Mangel auf, wird davon ausgegangen, dass dieser Mangel bereits bei der Übergabe vorlag, und der Endverbraucher kann alle Rechte aus einer Schlechtleistung geltend machen (Umkehr der Beweislast[2], § 476 BGB).

3.5.2
Die Lieferung des Lieferanten erfolgt zu spät oder gar nicht – Nicht-Rechtzeitig-Lieferung (Lieferungsverzug)

Eine weitere Pflicht, die sich für den Verkäufer aus dem Kaufvertrag ergibt, ist die termingerechte Lieferung der geschuldeten Sache. Wird der vereinbarte Liefertermin nicht eingehalten, entstehen unter bestimmten Voraussetzungen für den Gläubiger Rechte aus einer Nicht-Rechtzeitig-Lieferung.

---

1 Der bürgerliche Kauf kennzeichnet einen Vertragsabschluss zwischen zwei Privatpersonen (Privatkauf).
2 Die Umkehr der Beweislast bedeutet, dass der Verkäufer nachweisen muss, dass der Mangel noch nicht bestanden hat. Es wird davon ausgegangen, dass die Sache bereits bei Gefahrübergang mangelhaft war.

Mahnung

Eine fällige **Mahnung** setzt den Lieferer in Verzug, wenn der Liefertermin nicht kalendermäßig bestimmt ist (z. B. „Lieferung in ca. 2 Wochen"). Dieses In-Verzug-Setzen wird entbehrlich, wenn vertraglich der Liefertermin kalendermäßig bestimmt wurde:

- *Lieferung am 29.11.20..* (Terminkauf)
- *Lieferung am 29.11.20.. fest oder fix* (Fixkauf) → Fixklausel!
- *Brautstrauß:*
  Lieferung am 29.11.20.., 14:00 Uhr an der Kirche (Zweckkauf)

Sind die Voraussetzungen der Nicht-Rechtzeitig-Lieferung erfüllt, stehen dem Gläubiger folgende Rechte zu:

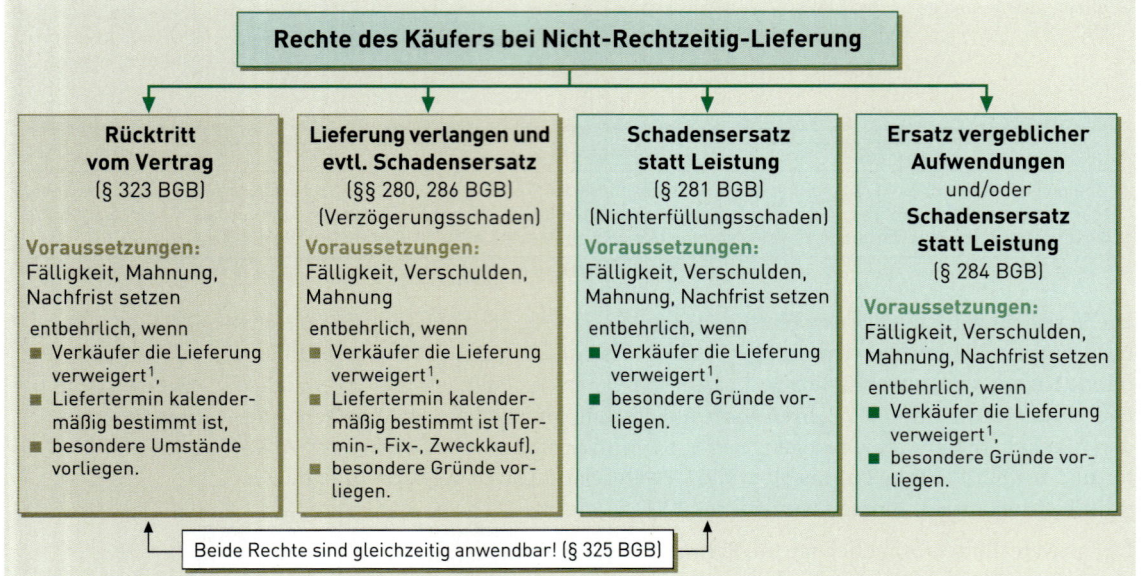

Bei Inanspruchnahme von Schadensersatzansprüchen ist der Käufer so zu stellen, als hätte er die Leistungen des Verkäufers erhalten. In vielen Fällen ist es problematisch, die Höhe des entstandenen Schadens zu ermitteln. Bei der **konkreten Schadensberechnung** erfolgt die Ermittlung mithilfe konkreter Unterlagen bzw. Belege. So können Preisunterschiede und zusätzliche Kosten im Falle eines Deckungskaufes[2] nachgewiesen werden. Schwieriger wird es dann, wenn man die Höhe eines entgangenen Gewinns oder einen aufgrund des Verzugs entstandenen Imageverlust ermitteln muss. In solchen Fällen wird der Schaden aufgrund von Erfahrungswerten geschätzt **(abstrakte Schadensberechnung)**. Um die Schadensberechnung zu erleichtern, werden in der Praxis häufig schon bei Vertragsabschluss bestimmte Vertragsstrafen **(Konventionalstrafen)** im Falle der Nicht-Rechtzeitig-Lieferung festgelegt.

konkrete Schadensberechnung

abstrakte Schadensberechnung

Konventionalstrafen

---

1 Der Verkäufer offenbart die Unmöglichkeit der Leistung. Der Schuldner erklärt, dass er auch später nicht liefern kann/wird.
2 Ersatzkauf

3.6
Buchung von Vorgängen bei der Beschaffung von Materialien

3.6.1
Anschaffungskosten ermitteln und buchen – Erfassung einer Eingangsrechnung

Die Vermögensgegenstände eines Unternehmens sind nach den Vorschriften des HGB in der Bilanz mit den Anschaffungs- und Herstellungskosten zu aktivieren. Diese Anschaffungskosten werden gemäß § 255 HGB wie folgt berechnet:

Berechnung Anschaffungskosten

Anschaffungspreis	(= Listenpreis abzüglich Sofortrabatt = Zieleinkaufspreis)
+ Anschaffungsnebenkosten	(= Bezugskosten, Montagekosten)
− Anschaffungspreisminderungen	(= nachträgliche Preisnachlässe, z. B. Skonti, Treuerabatt)
= Anschaffungskosten	

Buchen von Anschaffungsnebenkosten (Bezugskosten)

Anschaffungsnebenkosten entstehen beim Einkauf von Werkstoffen, Vorprodukten/Fremdbauteilen und Handelswaren nach dem rechtlichen Grundsatz „Warenschulden sind Holschulden". Das heißt, der Käufer hat – sofern keine abweichenden vertraglichen Regelungen bestehen – alle Kosten zu tragen, die bis zur Annahme der gekauften Vermögensgegenstände entstehen.

Anschaffungsnebenkosten werden auch Bezugskosten genannt. Dazu gehören z. B. Verpackungskosten, Versicherungskosten, Transportkosten und Einfuhrzölle.

Bezugskosten erhöhen den Anschaffungspreis. In der Regel werden sie nicht unmittelbar auf die Aufwandskonten für Roh-, Hilfs- und Betriebsstoffe, Vorprodukte/Fremdbauteile oder Handelswaren gebucht; also z. B. nicht auf das Konto „6010 Aufwendungen für Vorprodukte/Fremdbauteile", sondern zunächst auf Unterkonten dieser Aufwandskonten; also z. B. auf das Konto „6011 Bezugskosten".

Damit wird sichergestellt, dass die Bezugskosten in ihrer Höhe überwacht und entsprechende Zuschläge für die Bezugskalkulation berechnet werden können.

Beispiel

Die Konten „6010 Aufwendungen für Vorprodukte/Fremdbauteile" und „6011 Bezugskosten" weisen für das gesamte Geschäftsjahr 01 folgende Zahlen aus:

Soll	6010 Aufwendungen für Vorprodukte/Fremdbauteile	Haben	Soll	6011 Bezugskosten	Haben
4400	365.400,00 €		4400	7.308,00 €	

Durchschnittlich betragen die Bezugskosten demnach 2,0 % der Anschaffungspreise. Dieser Zuschlagsatz kann bei der Angebotsabgabe als Bezugskostenanteil in die Berechnung des Verkaufspreises eingesetzt werden.

Das Konto „6010 Aufwendungen für Vorprodukte/Fremdbauteile" weist nach der Umbuchung der Bezugskosten am Ende des jeweiligen Geschäftsjahres die Anschaffungskosten (Anschaffungspreis + Bezugskosten) aus; eventuell muss dieser Betrag noch korrigiert werden, da Unternehmen häufig die Zahlung der Rechnungen unter Abzug von Skonto vornehmen.

→

Beispiel (Fortsetzung)

Unterstellt man, dass bis zum Ende des Geschäftsjahres keine weiteren Vorgänge eintreten, so führen die Abschlussbuchungen zu folgendem Ergebnis:

Soll	6010 Aufwendungen für Vorprodukte/Fremdbauteile		Haben	Soll	6011 Bezugskosten		Haben
4400	365.400,00 €	8020	372.708,00 €	4400	7.308,00 €	6010	7.308,00 €
6011	7.308,00 €						
	372.708,00 €		372.708,00 €		7.308,00 €		7.308,00 €

Die Buchungssätze der Um- und Abschlussbuchung im Grundbuch lauten:

6010 Aufwendungen für Vorprodukte/Fremdbauteile	7.308,00 €	
an 6011 Bezugskosten		7.308,00 €
8020 GuV-Konto	372.708,00 €	
an 6010 Aufwendungen für Vorprodukte/Fremdbauteile		372.708,00 €

Hier wird deutlich, dass die Bezugskosten die entsprechenden Aufwendungen im GuV-Konto erhöhen und somit den Gewinn mindern.

3.6.2
Mängel in der Lieferung – Einen Teil senden wir zurück, einen Teil reparieren wir selbst

Der Rechnungsbetrag einer mangelhaften Lieferung wird je nach Vereinbarung zwischen den Geschäftspartnern unterschiedlich korrigiert. Entscheidend sind häufig der Umfang des Mangels sowie die Bedeutung der mangelhaften Materialien für den Leistungserstellungsprozess:

großer Schaden (Material unbrauchbar) evtl. Falschlieferung	Umfang des Mangels	geringer Schaden (Material brauchbar bei Nachbesserung durch den Käufer)
Rücksendung des unbrauchbaren Materials an den Lieferanten **Stornierung** des Rechnungsbetrages	Vereinbarung	**keine Rücksendung,** sondern Reparatur durch den Käufer **Nachlass** (Prozentsatz, Betrag) auf den Rechnungsbetrag
Es erfolgt eine **Gegenbuchung/Stornobuchung** auf den entsprechenden Konten der Eingangsrechnung in **Höhe des Anschaffungspreises zzgl. Umsatzsteuer:** Verbindlichkeiten a. LL, Vorsteuer, zugehöriges Aufwandskonto (z. B. Aufwendungen für Fremdbauteile) und Unterkonto Bezugskosten	Buchhalterische Auswirkung	Es erfolgt eine **Buchung** auf dem entsprechenden **Nachlasskonto** in **Höhe des Netto-Nachlasses** sowie eine **Vorsteuerberichtigung** (abhängig von der Höhe des Netto-Nachlasses): Verbindlichkeiten a. LL, Vorsteuer und dem zum Aufwandskonto zählenden **Unterkonto „Nachlässe"**

Buchung einer Rücksendung

Bei einer Rücksendung der mangelhaften Ware an den Lieferanten ist neben der Stornierung des entsprechenden Anschaffungspreises auch eine Vorsteuerberichtigung in Bezug auf den gutgeschriebenen Anschaffungspreis vorzunehmen:

Beispiel

1. Kauf von 1 000 m² Holz auf Ziel lt. ER 4711		1. Buchung der ER	
Holz, netto	10.000,00 €	6000 Aufwendungen für Rohstoffe	10.000,00 €
Umsatzsteuer	1.900,00 €	2600 Vorsteuer	1.900,00 €
Rechnungsbetrag	**11.900,00 €**	an 4400 Verbindlichkeiten a. LL	11.900,00 €

2. Beim Wareneingang wird festgestellt, dass ein Teil der Lieferung unbrauchbar ist. Sie wird zurückgeschickt. Es erfolgt eine Gutschriftanzeige durch den Lieferanten:		2. Buchung der Gutschriftanzeige	
Rücksendung Holz, netto	2.000,00 €	4400 Verbindlichkeiten a. LL	2.380,00 €
Umsatzsteuer	380,00 €	an 6000 Aufwendungen für Rohstoffe	2.000,00 €
Gutschrift (brutto)	**2.380,00 €**	2600 Vorsteuer	380,00 €

Nachträglich vereinbarte Preisnachlässe werden nicht nur aufgrund von Sachmängeln gewährt, sondern auch in Form von Skonto (siehe Kap. 3.6.3) oder Boni bzw. Treuerabatten (siehe Kap. 3.6.4). Derartige Nachlässe mindern den Anschaffungspreis der Roh-, Hilfs- und Betriebsstoffe, Vorprodukte/Fremdbauteile und Handelswaren und damit auch die darauf entfallende Vorsteuer (Vorsteuerberichtigung). Zur Qualitätskontrolle werden die bei der Beschaffung anfallenden Nachlässe zunächst auf Unterkonten der Aufwandskonten gebucht und zum Monats- oder Jahresende über die Aufwandskonten abgeschlossen.

Buchung eines nachträglichen Preisnachlasses

Aufwandskonto	Unterkonto
6000 Aufwendungen für Rohstoffe	6002 Nachlässe auf Rohstoffe
6010 Aufwendungen für Vorprodukte/Fremdbauteile	6012 Nachlässe auf Vorprodukte/Fremdbauteile
6020 Aufwendungen für Hilfsstoffe	6022 Nachlässe auf Hilfsstoffe
6030 Aufwendungen für Betriebsstoffe	6032 Nachlässe auf Betriebsstoffe
6060 Aufwendungen für Handelswaren	6062 Nachlässe auf Handelswaren

Wie bereits erwähnt ist aufgrund eines Nachlasses eine Vorsteuerberichtigung erforderlich, die nach dem Brutto- oder Nettoverfahren vorgenommen werden kann:

Bruttoverfahren	Nettoverfahren
Der Nachlass wird zunächst brutto, also einschließlich der Umsatzsteuer, auf das entsprechende Unterkonto Nachlässe gebucht.	Der Nachlass wird netto, also ohne Umsatzsteuer, auf das entsprechende Unterkonto „Nachlässe" gebucht.
Die Vorsteuerberichtigung erfolgt in einem 2. Schritt über das Konto Vorsteuer erst am Ende des Umsatzsteuervoranmeldezeitraums.	Die Vorsteuerberichtigung wird sofort über das Konto „Vorsteuer" vorgenommen.

Beispiel

Ein Lieferer der Heidtkötter KG gewährt auf eine Lieferung Rohstoffe im Wert von 5.000,00 € zzgl. Umsatzsteuer (ER 285) aufgrund geringer Farbabweichungen einen Nachlass von 10 % auf den Rechnungsbetrag. Die gelieferte Ware wird trotzdem planmäßig im Leistungserstellungsprozess eingesetzt.

Die Gutschriftanzeige durch den Lieferanten lautet:

10 % Nachlass auf Rohstoffe	500,00 €
Umsatzsteuer	95,00 €
Gutschrift, brutto	**595,00 €**

❶ Buchung ER 285	6000 Aufwendungen für Rohstoffe 2600 Vorsteuer an 4400 Verbindlichkeiten a. LL	5.000,00 € 950,00 € 5.950,00 €
❷ Buchung der Gutschrift	**Bruttoverfahren** 4400 Verbindlichkeiten a. LL　595,00 € an 6002 Nachlässe für Rohstoffe　595,00 € In einem **2. Schritt** am Monatsende: 6002 Nachlässe für Rohstoffe　95,00 € an 2600 Vorsteuer　95,00 €	**Nettoverfahren** 4400 Verbindlichkeiten a. LL　595,00 € an 6002 Nachlässe für Rohstoffe　500,00 € 　2600 Vorsteuer　95,00 €
❸ Umbuchung des Netto-Nachlasses/ Abschluss des Nachlasskontos am Ende der Periode	6002 Nachlässe für Rohstoffe an 6000 Aufwendungen für Rohstoffe	500,00 € 500,00 €

In der Buchführungspraxis wird beim Einsatz eines FiBu-Programms das Konto „Nachlässe" als automatisches Konto geführt, auf dem die Gutschriften brutto eingegeben und die Vorsteuerberichtigungen automatisch vorgenommen und gebucht werden. In der Regel werden die Nettonachlässe dann monatlich auf das entsprechende Aufwandskonto umgebucht.

Abschließend sei noch angemerkt, dass keine rechtliche Vorgabe existiert, Preisnachlässe über ein Unterkonto zu führen. Zur Qualitätskontrolle und aus Informationszwecken wird dies in der Buchführungspraxis dennoch wie beschrieben betrieben.

3.6.3
Wir zahlen und buchen eine Eingangsrechnung unter Berücksichtigung von Preisnachlässen

Wirtschaftliche Bedeutung von Skonto

In den Unternehmen ist es allgemein üblich oder sogar von der Geschäftsleitung vorgeschrieben, dass das im Kaufvertrag festgelegte Skonto auch ausgenutzt wird. Hintergrund für solche Entscheidungen sind folgende Überlegungen:

- Skonto ist eine Zinsvergütung vom Rechnungsbetrag für die Zahlung innerhalb einer vereinbarten Skontofrist im Zahlungsziel. Zahlt der Käufer innerhalb des Skontozeitraumes, ist der Rechnungsbetrag um den Skontobetrag vermindert. Nutzt der Käufer hingegen das Zahlungsziel voll aus, muss er den höheren Rechnungsbetrag (Zielverkaufspreis zuzüglich des vom Verkäufer vorher eingerechneten Skontobetrags) bezahlen. Die Nichtausnutzung von Skonto ist für den Käufer daher einem entgangenen Zinsgewinn gleichzusetzen. Die Gewährung eines Zahlungszieles sowie die Skontofrist sind vertragliche Regelungen. Die gesetzliche

Regelung lautet Zahlung „Zug-um-Zug" (§ 271 BGB). Das vertragliche Zahlungsziel wirkt also wie ein Kredit, für den der Verkäufer bei Ausnutzung des Zahlungszieles den um Skonto (Zinsen) erhöhten Rechnungsbetrag verlangt.

■ Der Skontosatz liegt in aller Regel deutlich höher als ein vergleichbarer Kreditzinssatz eines Geldinstituts, sodass sich die Skontoausnutzung auch dann lohnt, wenn dafür ein kurzfristiger Bankkredit (i. d. R. Kontokorrentkredit) beansprucht werden muss. Daher ergibt sich bei Ausnutzung von Skonto ein Finanzierungsgewinn.

Finanzierungsgewinn
> **Kap. 3.3.3**

Der Käufer zieht den angebotenen Skonto vom Rechnungsbetrag ab. Der Rechnungsbetrag ist ein Bruttobetrag, er beinhaltet Vorsteuer. Der abgezogene Skonto entspricht daher einem Bruttobetrag. Demnach ist eine Vorsteuerberichtigung vorzunehmen, die entweder direkt (Nettobuchung) oder zum Monatsende im Zuge der Umsatzsteuer-Voranmeldung (Bruttobuchung) erfolgen kann.

Vorsteuerberichtigung

Beispiel

Die Heidtkötter KG begleicht folgende, am 29.11. eingegangene Eingangsrechnung durch Banküberweisung am 09.12. des gleichen Jahres. Die Zahlungsbedingungen lauten „10 Tage nach Rechnungseingang abzüglich 2 % Skonto oder 30 Tage netto Kasse". Der Buchhalter errechnet den Skontobetrag und den verbleibenden Überweisungsbetrag:

Rechnungsbetrag	8.925,00 €
abzüglich 2 % Skonto (Bruttobetrag)	178,50 €
Überweisungsbetrag	8.746,50 €

Nach Erhalt des Kontoauszugs möchte er den Vorgang im Journal (= Buchungssatz) buchen. Dabei erinnert er sich, dass er eine Vorsteuerberichtigung vornehmen muss.

Um die Höhe der Vorsteuerberichtigung zu bestimmen, ist der Nettoskontobetrag (= Skontobetrag ohne Umsatzsteuer) zu ermitteln. Dies kann auf zweierlei Weise geschehen:

Ermittlung Nettoskontobetrag

■ Zum einen können Sie vom Anschaffungspreis der ER (ohne Umsatzsteuer) 2 % Skonto abziehen. Die Differenz zwischen diesem Betrag und dem Bruttoskontobetrag (178,50 €) ist dann der im Bruttoskontobetrag enthaltene Vorsteueranteil.

■ Zum anderen lässt sich der Vorsteueranteil aus dem Bruttoskontobetrag mithilfe der Dreisatzrechnung herausrechnen:

Beispiel [Fortsetzung

119 % Bruttoskonto	≈	178,50 €	
19 % Vorsteuer	≈	28,50 €	$= \dfrac{178{,}50 \cdot 19}{119}$
100 % Nettoskontobetrag	≈	150,00 €	

Wie bereits erwähnt handelt es sich bei Ausnutzung von Skonto um einen nachträglichen Preisnachlass. Dieser ist auf dem Unterkonto „Nachlässe", das auf das entsprechende Aufwandskonto abgeschlossen wird, zu erfassen. Dabei kann entweder eine Brutto- oder eine Nettobuchung erfolgen. Da beide Verfahren bereits in Kap 3.6.2 ausführlich für einen anderen Preisnachlass vorgestellt wurden, seien für das oben gezeigte Beispiel nur die Buchungen im Journal nach dem Nettoverfahren angegeben.

Buchung des Skontos (Preisnachlass)

Nettoverfahren		
❶ Buchung ER	6000 Aufwendungen für Rohstoffe 2600 Vorsteuer an 4400 Verbindlichkeiten a. LL	7.500,00 € 1.425,00 € 8.925,00 €
❷ Buchung der Zahlung per Banküberweisung unter Ausnutzung von Skonto	4400 Verbindlichkeiten a. LL an 6002 Nachlässe für Rohstoffe 2600 Vorsteuer 2800 Bank	8.925,00 € 150,00 € 28,50 € 8.746,50 €
❸ Umbuchung/Abschluss am Ende der Periode	6002 Nachlässe für Rohstoffe an 6000 Aufwendungen für Rohstoffe	150,00 € 150,00 €

3.6.4
Als treuer Stammkunde erhalten und buchen wir am Ende des Geschäftsjahres eine Bonusgutschrift

Bonus Der Bonus ist ein Nachlass, der nachträglich am Ende eines Geschäftsjahres bei Erreichen einer zuvor festgelegten Umsatzgröße im Sinne eines Treuerabattes gewährt wird. Unternehmen setzen durch ihren Vertrieb dieses preispolitische Instrument zur Kundenbindung und als Anreizinstrument für zusätzliche Umsätze ein. Ein Bonus wird i. d. R. zum Beginn eines Geschäftsjahres in Aussicht gestellt und am Ende eines Geschäftsjahres als ein prozentualer Anteil des erzielten Umsatzes gutgeschrieben. Häufig steigen die prozentualen Anteile mit wachsendem Umsatz an.

Beispiel

Die Einsaler Walzwerke GmbH (Lieferant für Bleche) gewährt der Heidtkötter KG in Abhängigkeit vom erzielten Jahresumsatz folgende Bonussätze auf den Umsatz (brutto):

Umsatz (brutto)	Prozentualer Anteil vom Umsatz (brutto)
> 100.000,00 €	2 %
> 500.000,00 €	5 %
> 1.000.000,00 €	10 %
> 10.000.000,00 €	15 %

Die Heidtkötter KG hat am Jahresende einen Umsatz (brutto) von 600.000,00 € erreicht. Die Einsaler Walzwerke GmbH erstellt folgende Gutschriftsanzeige, die per Banküberweisung auf das Konto der Heidtkötter KG gutgeschrieben wird:

100 % Umsatz, brutto   600.000,00 €

  5 % Brutto-Bonus als prozentualer Anteil vom Umsatz   30.000,00 €

Der Gutschriftsbetrag setzt sich wie folgt zusammen:

	Nettobonus	25.210,08 €
+	Umsatzsteuer	4.789,92 €
=	Gutschriftsbetrag	30.000,00 €

Wie bereits erwähnt handelt es sich bei einem Bonus um einen nachträglichen Preisnachlass. Dieser ist auf dem Unterkonto „Nachlässe", das auf das entsprechende Aufwandskonto abgeschlossen wird, zu erfassen. Dabei kann entweder eine Brutto- oder eine Nettobuchung erfolgen.

Da beide Verfahren bereits in Kap. 3.6.2 ausführlich für einen anderen Preisnachlass vorgestellt wurden, sind für das oben gezeigte Beispiel nur die Buchungen im Journal nach dem Nettoverfahren angegeben:

Buchung der Bonusgutschrift (Preisnachlass)

Beispiel

	Nettoverfahren	
① Buchung der Gutschrift	2800 Bank	30.000,00 €
	an 6002 Nachlässe für Rohstoffe	25.210,08 €
	2600 Vorsteuer	4.789,92 €
② Umbuchung/Abschluss am Ende der Periode	6002 Nachlässe für Rohstoffe	25.210,08 €
	an 6000 Aufwendungen für Rohstoffe	25.210,08 €

4
Die Bereitstellung der Materialien durch die Materiallogistik –
Die Heidtkötter KG prüft die Einrichtung einer Materiallogistik-Abteilung

4.1
Materiallogistik als Teilbereich der Logistik – In der Beschaffung sollen die Materialflüsse optimiert werden

4.1.1
Bedeutung und Aufgaben der Logistik in Zeiten von Käufermärkten

› Kap. 1.1 Aufgrund der gravierenden Änderungen auf den Märkten (Globalisierung, verschärfter Wettbewerb, kürzere Produktlebenszyklen, steigende Rohstoffpreise) entlang der Supply Chains kommt der Logistik eine immer größere Bedeutung zu.

Logistik Unter Logistik werden alle Tätigkeiten gefasst, die sich mit physischen Material- und Informationsflüssen zwischen einzelnen Aufgabenträgern innerhalb des Wertschöpfungsprozesses befassen.

Damit ist die Logistik die Verknüpfung zwischen den Aufgabenbereichen von der Gewinnung der Materialien, über den Einsatz der Materialien bei der Erstellung zum Endprodukt bis zur Produktverwendung beim Endabnehmer. Im Vordergrund steht hierbei also die Material- bzw. die Produktverteilung. Kern der Logistik ist demnach die raumzeitliche Veränderung der Materialien und Endprodukte durch Erfüllung folgender Aufgaben entlang des Logistikprozesses:

Lagern	Transportieren	Umschlagen	Verpacken
alle Vorgänge der Lagerhaltung im Sinne eines Puffers zwischen Liefer- und Empfangsstelle	Raum- oder Ortsveränderung von Materialien und Produkten unter Einsatz von Transportmitteln und Transporthilfsmitteln	Handhaben, Zusammenfassen, Auflösen oder Sortieren von Materialien und Produkten zu Lade-/Lager-/Transporteinheiten	Umhüllen eines Materials bzw. Produktes zum sachgemäßen Schutz im Logistikprozess

Diese Aufgaben können sowohl innerbetrieblich durch eine eigene Abteilung als auch überbetrieblich durch Logistikunternehmen (Speditionen) bewerkstelligt werden. In der Praxis sind häufig entlang der Wertschöpfungskette Kombinationen der Ausführung von Logistikaufgaben zu finden. Daher werden die Logistikaufgaben entlang des Wertschöpfungsprozesses in Phasen entsprechend der Unternehmensbereiche eingeteilt.

Unternehmens-logistik Die Unternehmenslogistik besteht aus den Teilbereichen der Beschaffungs-, Produktions- und Distributionslogistik, während die Entsorgungslogistik entlang des Güterflusses auch noch den Verwender und Beschaffer von Materialien und Produkten einbezieht (vgl. Abbildung in der Situation in Kap. 4.1.1 im Erarbeitungsteil).

In jedem Teilbereich sind Material- und Produktflüssen auch Lager zur Pufferung zugeordnet. Zudem wird ein zuverlässiger Materialfluss im Wesentlichen durch den Informationsfluss (z. B. durch Lieferscheine, Materialentnahmescheine, mündliche Absprachen usw.) zwischen und innerhalb der Aufgabenbereiche gewährleistet.

An dieser Stelle erfolgt eine Beschränkung der Logistik auf die Materiallogistik, die sich aus der Beschaffungs- und der Produktionslogistik zusammensetzt. Während die Beschaffungslogistik den Materialfluss vom Beschaffungsmarkt bis zum Beschaffungslager sicherstellt, gewährleistet die Produktionslogistik die Materialflüsse innerhalb des Produktionsprozesses, d. h. vom Beschaffungslager bis zum Absatzlager. Die Distributionslogistik, die sich um die Verteilung der Produkte an den Absatzmarkt kümmert, und die Entsorgungslogistik, die sich als unternehmensübergreifende Aufgabe um Flüsse der Sekundärrohstoffe[1] und Abfälle bemüht, werden in Lernfeld 10 thematisiert.

› Band 3, LF 10

4.1.2
Ziele der Materiallogistik

Materiallogistik verfolgt den Zweck, die Ziele der Beschaffung zu unterstützen und demnach die körperliche Materialbereitstellung für die Leistungserstellung in der richtigen Qualität, in der richtigen Menge, am richtigen Ort und in der richtigen Zeit unter Beachtung der Kostenminimierung zu erzielen.

Materiallogistik

› Kap. 1.1

Käufermärkte definieren auch die Aufgabenwahrnehmung in der Materiallogistik: Herrschte früher eine Versorgungsmentalität, liegt heute eher eine Besorgungsmentalität für den Absatzmarkt vor. Der Kunde ist König und definiert, welche Erzeugnisse und damit Materialien zu besorgen sind. Dabei sind die Wünsche variantenreich und obliegen immer kürzeren Lieferzeiten sowie einem höheren Kostendruck. Aufgrund dessen hat sich aus der klassischen Lagerhaltung und Materialwirtschaft (Versorgung durch Bevorratung) die Materiallogistik entwickelt. Sie bemüht sich darum, Materialflüsse zu optimieren, um das in Kapitel 1 aufgeführte Zieldreieck der Materialwirtschaft optimal zu erfüllen. Im Vordergrund steht die Materialflussoptimierung, d. h. die optimale Gestaltung aller Material- und Informationsflüsse, sodass die Ziele der Beschaffung und der Produktion erfüllt werden können.

**Besorgungs-
mentalität**

**Zieldreieck der
Materialwirt-
schaft**
› Kap. 1.1

Materialflussoptimierung ist erforderlich, weil die Entscheidungen der einzelnen Logistikaufgaben unter Umständen zueinander in Konflikt stehen. So kann es sein, dass in Bezug auf die Gesamtkosten eine Entscheidung, die einerseits zu Kostensenkungen führt, in einem anderen Aufgabenbereich Kostensteigerungen bewirkt. Hierdurch ist nicht sicher, ob die Gesamtkosten sinken oder steigen.

Zielkonflikte
› Band 1, LF 2,
Kap. 1.5

**Kostenkonflikte
in der
Materiallogistik**

Beispiele für Kostenkonflikte

Kostensenkungen in einzelnen Bereichen	können	Kostensteigerungen in anderen Bereichen bewirken
Transport Zusammenfassung von Transportmengen, um Transportwege zu reduzieren	← - - - →	**Lagerbestände** Anstieg der Lagermengen durch größere Liefermengen und geringere Lieferhäufigkeit
Verpackung Einsatz von weniger und qualitativ minderwertigem Verpackungsmaterial	← - - - →	**Transportschäden** geringerer Schutz durch Verpackung führt zu stärkeren Schäden an den Materialien
Einkauf größere Bestellmengen, um Mengenrabatte auszunutzen	Gesamtkosten ← - - - →	**Lagerbestände** Anstieg der Lagermengen durch größere Liefermengen und geringere Lieferhäufigkeit
Kundenservice hohe Lieferbereitschaft und Ersatzteilservice in Kundennähe	← - - - →	**Dezentrale Außenlager** Vorratshaltung von Materialien, Produkten und Ersatzteilen an vielen Standorten erhöht die Lagerbestände
Lagerhaltung niedrige Bestände, z. B. durch Einzelbeschaffung und JiT-Beschaffung	← - - - →	**Produktion** Stillstandzeiten der Maschinen durch Fehlmengen, wenn Lieferungen ausfallen

---

[1] Ein Sekundärrohstoff ist ein durch Recycling (siehe Band 1, LF 5, Kap. 1.3) wiedergewonnener Rohstoff. Die meisten Produkte können durch Recyclingverfahren wieder in den Produktionsprozess zurückgeführt werden.

› LF 6, Kap. 2.2

Die Beispiele zeigen, dass die Gegenläufigkeit der Kostenverläufe in Abhängigkeit von einer Entscheidungsgröße die Ermittlung der Gesamtkosten erfordert, damit eine optimale Entscheidung getroffen werden kann, bei der die Gesamtkosten am geringsten sind. Dieses Entscheidungsproblem haben wir bereits bei der Ermittlung der optimalen Bestellmenge kennengelernt.

4.1.3
Einflussgrößen und Aufgaben der Materiallogistik

Die Materiallogistik umfasst alle Aufgaben, die sich mit der räumlichen, zeitlichen und mengenmäßigen Veränderung der Materialien innerhalb der Beschaffung und der Produktion befassen. Ziel ist die körperliche Materialbereitstellung für die Produktion, einschließlich aller logistischen Aktivitäten bis zur Lagerung des Endproduktes. Zentrale Aufgaben sind die Lagerung, der Transport, der Umschlag und die Verpackung der Materialien, inklusive der jeweils erforderlichen Informationsprozesse. Für die Teilbereiche der Beschaffungs- und Produktionslogistik fallen dementsprechend folgende Aufgaben an:

	Beschaffungslogistik	Produktionslogistik
Aufgaben	Sicherstellung der Material- und Informationsflüsse vom Beschaffungsmarkt bis zum Ende des Beschaffungslagers	Sicherstellung der Material- und Informationsflüsse vom Ende des Beschaffungslagers bis zum Beginn des Absatzlagers
Lagerung	■ zeitliche Veränderung der Materialien von der Einlagerung bis zur Auslagerung (Lagerbestandsführung) ■ Ein- und Auslagerungsvorgänge im Eingangslager ■ Wareneingangsbuchung ■ Festlegen der Lagerart, der Lagerorganisation und Lagereinrichtung	■ zeitliche Veränderung der Materialien, halbfertigen Erzeugnisse und Endprodukte in den Zwischenlagern und im Endproduktlager ■ Organisation der Lagermenge, Lagerart, Lagerorganisation und -einrichtung in Abhängigkeit vom Fertigungsverfahren
Transport	■ räumliche Veränderung der Materialien vom Lieferanten bis zum Eingangslager ■ Wahl des Transportweges ■ Festlegen des Transportmittels	■ räumliche Veränderung der Materialien, halbfertigen Erzeugnisse und Endprodukte von den Produktionsstätten, Zwischenlagern bis zum Endproduktlager ■ Organisation des innerbetrieblichen Transports in Abhängigkeit vom Fertigungsverfahren
Umschlag (Bündeln, Verteilen, Sortieren)	■ mengenmäßige Veränderung der Materialien vom Lieferanten bis zur Einlagerung ■ Veränderung der Ladeeinheiten auf dem Transportweg ■ Liefermenge wird in Teillosen (entsprechend dem Fertigungslos) eingelagert	■ mengenmäßige Veränderung der Materialien, der halbfertigen Erzeugnisse und Endprodukte an den einzelnen Fertigungsstufen ■ Veränderung der Ladeeinheiten an den Produktionsstufen bzw. Zwischenlagern ■ Liefermenge wird in Teillosen (entsprechend dem Fertigungslos) eingelagert
Verpackung	■ Umhüllen der Materialien zum Schutz beim Transport ■ Koordination der Verpackung entsprechend der Lagerart und -organisation	■ Umhüllen der Materialien zum Schutz beim Transport ■ Koordination der Verpackung entsprechend der Produktions- und Lagerbedürfnisse

Die Aufgaben stehen in engem Zusammenhang. Entscheidungen bezüglich der Lagerung sollten ebenso wenig unabhängig von Entscheidungen beim Transport sowie Umschlag und Verpackung fallen. Die tatsächliche Aufgabenwahrnehmung wird zudem von zahlreichen Einflussgrößen bestimmt:

Einflussgrößen Materiallogistik

- Transport- bzw. Lagergut (Art, Größe, Sicherheit, Empfindlichkeit)
- Unternehmensgröße
- Breite und Tiefe des Produktionsprogramms
- Lebensdauer des Produktionsprogramms
- Fertigungstiefe
- Art der Fertigungsverfahren und des Fertigungslayouts
- eingesetzte Bereitstellungsprinzipien (etwa auf Vorrat oder Just-in-time)
- vorhandene Transportwege und Infrastruktur
- Umweltfreundlichkeit
- Förderungsintensität (Umschlaghäufigkeit der Materialien)
- externe Bestimmungen (z. B. Gesetzesvorgaben)

Aufgrund dieser vielfältigen und komplexen Anforderungen an die Materiallogistik streben Unternehmen heute die Entwicklung gemeinsamer Konzepte entlang des Wertschöpfungsprozesses mit allen am Materialfluss beteiligten Unternehmen in Bezug auf den Transport, die Lagerung, den Umschlag und die Verpackung an. Von großer Bedeutung ist dabei ein Grundsatz der Logistik:

Grundsatz der Logistik

> **Ladeeinheit = Verpackungseinheit = Transporteinheit = Fertigungseinheit = Lagereinheit**

Die Ausgestaltung dieser Entscheidungen wird vor allem von dem Transport- bzw. Lagergut[1] geprägt.

Bezüglich der physikalischen Eigenschaften werden unterschieden:

feste Güter		flüssige Güter			gasförmige Güter	
Schüttgut	Stückgut	Unbeständige Flüssigkeiten	Beständige Flüssigkeiten	Halbflüssige Massen	hoch komprimiert	niedrig komprimiert

Die folgenden Ausführungen beziehen sich auf ein Stückgut.

Ein gemeinsames Konzept im Sinne eines Supply Chain Managements strebt dabei an, dass der obige Grundsatz erfüllt wird, indem eine Koordination in folgenden Bereichen erfolgt:

Supply Chain Management

- einheitliche Transporthilfsmittel und einheitliche Lagerhilfsmittel (etwa DB-Palette oder EURO-Palette)
- Installierung eines standardisierten und umweltorientierten Verpackungssystems (etwa Mehrwegverpackungen)
- Festlegung der Bereitstellungsprinzipien und Transportmittel
- gemeinsame Datenbank zur Sicherung der Informationsflüsse
- gemeinsame Organisation der Materialflüsse durch fertigungsgerechte Verpackungseinheiten (kleine Lieferlose)

---

[1] Bereits an dieser Stelle sei erwähnt, dass in der Praxis folgende Begriffspaare synonym eingesetzt werden: Transportgut = Lagergut, Transporthilfmittel = Lagerhilfsmittel

Die konzeptuelle Umsetzung bewirkt, dass Umschläge und zusätzliche Verpackungs-vorgänge gespart und alle eingesetzten Transportmittel usw. auf die Einheit abge-stimmt werden. Transportzeiten können dadurch in erheblichem Umfang reduziert werden. Ferner können die Materialbestände deutlich verringert und die Lieferzeiten verkürzt werden. Die Beachtung des Umweltschutzes führt dazu, dass in der Praxis einerseits nicht nur geeignete Verpackungen entworfen werden müssen, die mehr-weggeeignet sind. Darüber hinaus sind zusätzlich auch Abläufe für Transport und Lagerung der Leerbehälter zu entwickeln. Der zusätzliche Platzbedarf der Leerbehäl-ter verursacht nämlich Lagerkosten. Zudem werden auf den Transportmitteln durch die Leerbehälter Transportmengen gebunden. In der Praxis haben sich deshalb stan-dardisierte Transporthilfsmittel durchgesetzt, die platzsparend (einrollen, falten, kni-cken) gelagert und transportiert werden können.

Beispiel

Daimler Benz gibt etwa den Lieferanten je nach Produktgruppe unterschiedliche Ver-packungen vor (z. B. blaue, rote oder graue Behälter), die allesamt eine bestimmte, fertigungsgerechte Verpackungseinheit enthalten.

Der enge Zusammenhang zwischen den Aufgaben äußert sich auch in der Ausgestal-tung der Lagerung. Die intensivere Zusammenarbeit zwischen Lieferanten und Un-ternehmen zur Materialflussoptimierung sowie die technischen Fortschritte bei den Informations- und Kommunikationstechniken haben zu hohen Investitionen im La-gerbereich beigetragen. Ein modernes Lager unterstützt daher durch Materialbestands-optimierung die Materialflussoptimierung und ist durch folgende Merkmale gekenn-zeichnet:

Kennzeichen eines modernen Lagers

- überwiegend Regallagerung mit dem Trend zum Hochregal (Lagergüter werden „regalfähig" gemacht, also i. d. R. auf Paletten umgepackt)
- (teil- bis voll-)automatische Regalbediengeräte
- (teil- bis voll-)automatische innerbetriebliche Transportsysteme
- Ladeeinheit entspricht der Lagereinheit
- EDV-gestütztes Lagerverwaltungssystem (nahezu beleglos über Strichcode)

Bei einem derartigen Lager werden die Arbeitskräfte in der Regel nur noch zur Steu-erung der Lagerbediengeräte und innerbetrieblichen Transportsysteme sowie zur Überwachung der Lagerbewegungsvorgänge benötigt.

› Band 3, LF 10 Die Möglichkeiten der Gestaltung des Transports (siehe Kap. 4.2) und der Lagerung (siehe Kap. 4.3) werden im Folgenden genauer vorgestellt. Der Umschlag und die Verpackung werden hingegen in Band 3, Lernfeld 10 im Zusammenhang der Distri-butionslogistik erörtert.

4.2
Der Transport als Grundprozess der Materiallogistik – die bestehenden Materialflüsse auf dem Prüfstand

Der Transport innerhalb des Logistikprozesses erfolgt über- und innerbetrieblich:

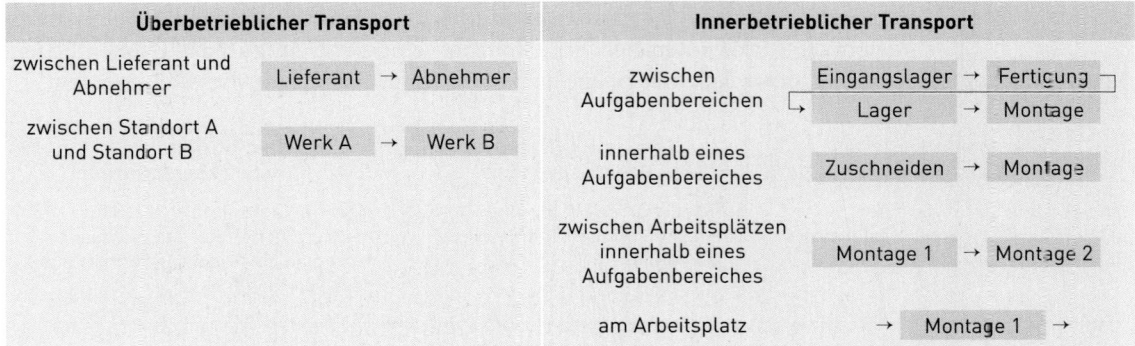

Überbetrieblicher Transport		Innerbetrieblicher Transport	
zwischen Lieferant und Abnehmer	Lieferant → Abnehmer	zwischen Aufgabenbereichen	Eingangslager → Fertigung / Lager → Montage
zwischen Standort A und Standort B	Werk A → Werk B	innerhalb eines Aufgabenbereiches	Zuschneiden → Montage
		zwischen Arbeitsplätzen innerhalb eines Aufgabenbereiches	Montage 1 → Montage 2
		am Arbeitsplatz	→ Montage 1 →

Die Gestaltung des Transports, d. h. die Kombination des Transportgutes (Material, Produkte), des Transportmittels (z. B. Lkw), des Transporthilfsmittels (z. B. DB-Palette) und des Transportweges (z. B. Straße), strebt nach einer Transportkostenminimierung. Um dieser Zielsetzung gerecht zu werden, sind u. a. folgende Anforderungen zu erfüllen:

Anforderungen zur Transportkostenminimierung

- optimale Nutzung des Transportmittels (Minimierung von Leertransporten und Stillstandszeiten)
- Reduzierung der Transportzeiten (schnelle Auftragserledigung, Geschwindigkeit des Transportmittels, Transportkapazitäten je Transportvorgang)
- hohe Flexibilität in Bezug auf Transportgut und betriebliche Veränderungen
- hohe Transparenz bezüglich der Informationen zwischen allen Instanzen
- maximale Termintreue und Zuverlässigkeit

Die Berücksichtigung dieser Anforderungen muss durch die geeignete Wahl des Transportmittels und des Transportweges gewährleistet werden.

Als Transportmittel stehen die nachfolgend genannten Möglichkeiten zur Verfügung:

Transportmittel

Überbetriebliche Transportmittel[1] und Transportwege	
Lkw, Kleintransporter	**Gewerblicher Straßengüterverkehr:** Beförderung des Transportgutes auf dem inländischen und weltweiten **Straßennetz** zum Bestimmungsort **Werkverkehr:** Beförderung des Transportgutes auf dem inländischen und weltweiten Straßennetz zwischen zwei Werken
Seeschiff, Binnenschiff	**Wasserverkehr:** Beim Wasserverkehr kann das Transportgut je nach Bestimmungsort mit einem Seeschiff oder einem Binnenschiff im Linienverkehr oder im unregelmäßigen Bedarfsverkehr über **Flüsse, Kanäle und Meere** befördert werden.
Eisenbahn	**Schienengüterverkehr:** Transportgut wird auf dem inländischen bzw. weltweiten **Schienen**netz durch Eisenbahngesellschaften befördert
Flugzeug	**Luftfrachtverkehr:** Transportgut wird mit einem Frachtflugzeug durch die **Luft** befördert

---

1 An dieser Stelle werden nur mobile Transportmittel erwähnt. Darüber hinaus sei aber noch der Rohrleitungsverkehr angesprochen, der etwa die Rohöl- und Gasversorgung mittels Pipelines sicherstellt.

Kombinierter und gebrochener Verkehr

Bei der Entscheidung über die Beförderung eines Transportgutes wird häufig auf mehr als ein Transportmittel zurückgegriffen. Ein **kombinierter Verkehr** liegt vor, wenn die Transportladung ohne Auflösung der Ladeeinheit von dem einen auf das andere Transportmittel übertragen wird. **Gebrochener Verkehr** liegt vor, wenn die Transportladung umgeschlagen, d. h. in eine andere Ladeeinheit überführt wird und erst dann mit einem anderen Transportmittel befördert wird.

Logistikkonzepte

Bei der Gestaltung der logistischen Aufgaben zwischen Lieferant und Abnehmer werden in der Praxis unterschiedliche Konzepte eingesetzt. Aufgrund der hohen Bedeutung des Lkw sollen hier beispielhaft einige Logistikkonzepte vorgestellt werden.

Lieferantenorientierter Gebietsspediteur	Abnehmerorientierter Gebietsspediteur	Just-in-time-Lager Güterverkehrszentrum
ein Spediteur[1] fährt für einen bestimmten Kunden die Lieferanten nacheinander an	ein Spediteur liefert für einen Lieferanten mehrere Abnehmer nacheinander an	mehrere Lieferanten liefern für mehrere Abnehmer an; die Auslieferung an die Abnehmer erfolgt aus dem Just-in-time-Lager

Logistikkonzepte zwischen Lieferant und Abnehmer am Beispiel Lkw

L_1 = Lieferant A_1 = Abnehmer   S = Spediteur   0 = Ladung

Dem gebrochenen Verkehr obliegt der Nachteil, dass durch den erforderlichen Umschlag die Transportzeit verlängert wird. Im Sinne einer Materialflussoptimierung wird daher der kombinierte Verkehr angestrebt, bei dem der Grundsatz der Logistik gewahrt bleibt.

---

1   weitere Informationen in Band 3, Lernfeld 10

Zur Sicherstellung des **innerbetrieblichen Materialflusses** gibt es folgende Möglichkeiten: **innerbetrieblicher Materialfluss**

Innerbetriebliche Transportmittel	
Stetigförderer Beispiele bei der Heidtkötter KG  Rollenbahnen	Alle Transportmittel, mit denen Güter auf einem festgelegten und gleichbleibenden Weg bewegt werden. Die Beförderung kann dabei flurfrei oder flurgebunden erfolgen.

flurfrei	flurgebunden
Transportmittel ist an der Decke angebracht	Transportmittel ist am Boden angebracht
■ Umlaufketten ■ Schaukelförderer	■ Förderbänder ■ Mitnehmerketten ■ Rollenbahnen ■ Unterflur-Schleppketten-förderer

Unstetigförderer Beispiele bei der Heidtkötter KG  Stapler	Alle Transportmittel, mit denen Güter auf wechselndem Weg befördert werden. Die Transportmittel werden nach vertikaler und horizontaler Beförderungsrichtung unterteilt:

vertikal	horizontal
Hubförderer	Flurförderfahrzeuge
■ Kräne ■ Aufzug	■ Grubenbahnen ■ Schlepper ■ Anhängewagen ■ Stapler ■ Hubwagen (Ame se)

Regalbediengeräte Beispiel bei der Heidtkötter KG  Hochregalstapler	Transportmittel zur Ein- und Auslagerung von Regalen: ■ Hochregalstapler ■ Kommissionierstapler ■ Regalförderfahrzeuge

Zur Materialflussoptimierung müssen Transportmittel und Transporthilfsmittel aufeinander abgestimmt werden. Bereits weiter oben wurde darauf verwiesen, dass Umschläge nach Möglichkeit zu vermeiden sind. Einen großen Beitrag können hierzu die Transporthilfsmittel leisten.

Gitterboxen

DB-Paletten

**Transport-
hilfsmittel**

Beispiele für Transporthilfsmittel sind DB- und Euro-Paletten, Gitterboxen, Behälter (Ein- und Mehrweg), Fässer, Flaschen, Kanister, Säcke, Kästen, Container usw.

Die Gestaltung der Transporthilfsmittel wird im Wesentlichen durch die Eigenschaften des Transportgutes und die Transporteinheit bestimmt. Darüber hinaus gewinnen aber auch zunehmend wirtschaftliche, produktionstechnische und umweltorientierte Faktoren an Bedeutung. Die Auswirkungen dessen zeigen sich etwa in der Gestaltung der Supply Chains.

4.3
Die Lagerung als Grundprozess der Materiallogistik – Die Lagerbestände müssen zwingend optimiert werden

4.3.1
Aufgaben und Organisation der Lagerhaltung

**Lagerhaltung
Bestands-
management**

Lagerhaltung oder **Bestandsmanagement** meint alle Tätigkeiten, die Lagerbestände im Sinne einer Optimierung beeinflussen. Lagerbestände sind dabei vor allem zeitliche und mengenmäßige Puffer zwischen einzelnen Wertschöpfungsstufen entlang des inner- und überbetrieblichen Wertschöpfungsprozesses:

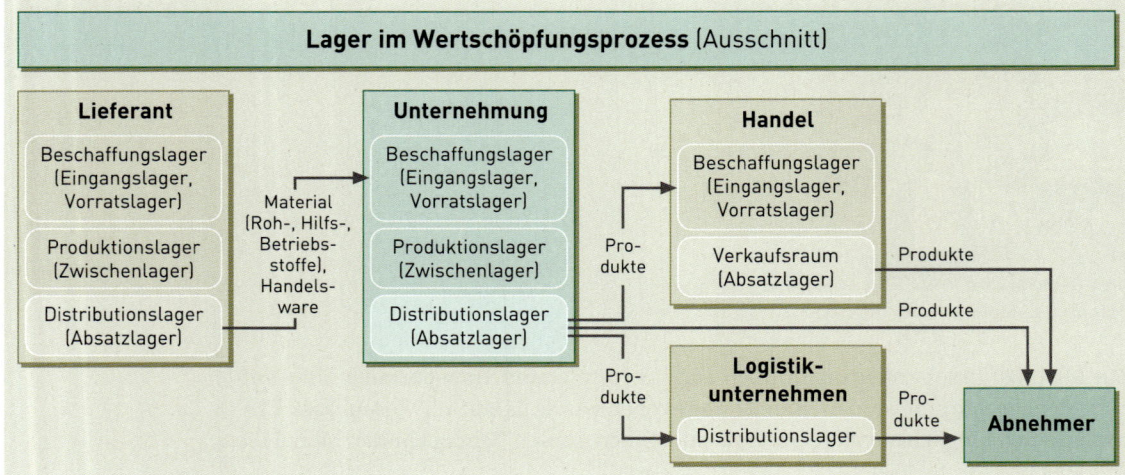

Lager im Wertschöpfungsprozess (Ausschnitt)

Lieferant
- Beschaffungslager (Eingangslager, Vorratslager)
- Produktionslager (Zwischenlager)
- Distributionslager (Absatzlager)

Material (Roh-, Hilfs-, Betriebsstoffe), Handelsware

Unternehmung
- Beschaffungslager (Eingangslager, Vorratslager)
- Produktionslager (Zwischenlager)
- Distributionslager (Absatzlager)

Produkte

Handel
- Beschaffungslager (Eingangslager, Vorratslager)
- Verkaufsraum (Absatzlager)

Produkte

Produkte

Produkte

**Logistik-
unternehmen**
- Distributionslager

Produkte

Abnehmer

Diese beispielhafte Darstellung zeigt, dass sich die Lagergüter[1] entlang des Wertschöpfungsprozesses verändern. Für die Entstehung eines Produktes bei der Heidtkötter KG (Stückgut) würden anfangs Roh-, Hilfs- und Betriebsstoffe gelagert, die in weiteren Wertschöpfungsstufen zu halbfertigen Erzeugnissen bis zum Endprodukt kombiniert werden. Dadurch verändern sich in der Regel auch die Anforderungen an die Lagerung (z. B. erforderliche Lagerkapazität).

Durch die Lagerung selbst findet – bis auf die Ausnahme der Veredelung des Produktes durch Lagerung, etwa bei Wein oder Käse – keine Wertschöpfung statt. Dennoch übernimmt das Lager für den Wertschöpfungserfolg wichtige Aufgaben und Funktionen.

Aufgaben und Funktionen der Lagerhaltung

Mengenmäßige Anpassung (Sicherung)
Erforderliche Mengen für Fertigung und/oder Absatz entsprechen nicht den Liefermengen bzw. Fertigungslosen. Die Lagerung sichert die Produktion bzw. die Lieferbereitschaft.

Qualitative Anpassung (Produktion)
Die Lagerung ist durch Trocknung, Kühlung, Härtung, Reifung ein Teil des Produktionsprozesses.

Aufgaben/ Funktionen des Lagers

Zeitliche Anpassung (Puffer)
Aufgrund unerwarteter Ereignisse (Störungen) kann der Materialfluss stocken. Das Lager kann helfen, Zeitverzögerungen zu überbrücken.

Wertmäßige Anpassung (Preisausgleich/Spekulation)
■ Preisschwankungen auf den Beschaffungsmärkten werden überbrückt.
■ Große Beschaffungsmengen führen zu Mengenrabatten und zu Einsparungen bei den Bestellkosten.

Die Erfüllung dieser Funktionen wird durch eine über- und innerbetriebliche Lagerorganisation angestrebt. Bei der überbetrieblichen Lagerorganisation wird zwischen zentraler oder dezentraler Organisation unterschieden. Bei der zentralen Lagerung werden die Lagergüter an einem Ort gelagert und von hier aus für die Empfänger (Fertigung, andere Betriebsbereiche, andere Werke) bereitgestellt. Dagegen werden bei der dezentralen Lagerung die Lagergüter an mehreren Orten gelagert.

Lagerorganisation

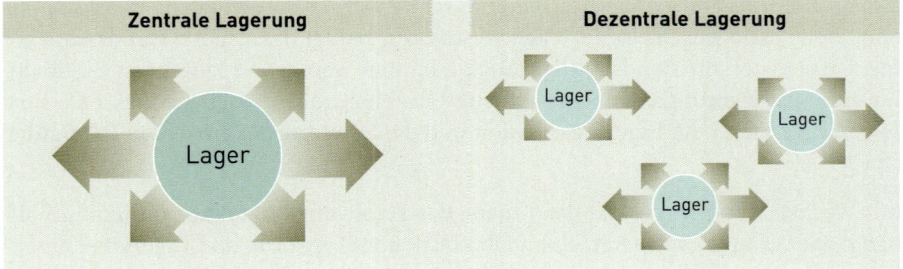

Ursächlich hierfür sind unterschiedliche Produktionsstätten, besondere Lageranforderungen der Lagergüter, das Produktionsprogramm, das Fertigungsverfahren, die Betriebsgröße. Die Entscheidung über eine dezentrale oder zentrale Lagerung ist langfristig zu fällen und sollte an die jeweilige Betriebssituation angepasst sein. Für die jeweilige Lagerorganisation können folgende Argumente angeführt werden (die

1 Zu den verschiedenen Arten von Lagergütern siehe im Erarbeitungsteil in Kap. 4.2 (Seite 86) die Systematisierung unterschiedlicher Transportgüter. Die Begriffe Lager- und Transportgüter werden synonym eingesetzt.

Vorteile der einen Organisationsform entsprechen den Nachteilen der anderen Organisationsform):

Vorteile der ...	
... zentralen Lagerung	... dezentralen Lagerung
■ leichtere Bestandskontrolle und damit geringerer Verwaltungsaufwand ■ Vermeidung von Doppellagerungen ■ geringere Mindestbestände (geringere Kapitalbindung) ■ höhere Kapazitätsauslastung des Lagerraums und der vorhandenen Lagereinrichtung ■ geringerer Personalbedarf ■ keine Umlagerungen zwischen zwei Lagerstandorten zum Ausgleich von Beständen	■ spezifische Lageranforderungen können meist besser berücksichtigt werden ■ schnellere Bereitstellung der Materialien für die einzelnen Verbrauchsstellen ■ kürzere Transportwege ■ bessere Abstimmung zwischen Lager und Fertigung ■ geringere Lagerrisiken, weil das Material an verschiedenen Orten lagert

In der Praxis finden sich häufig Kombinationen von zentraler und dezentraler Lagerung. In einem zentralen Hauptlager werden Lagergüter vorgehalten, die alle Empfänger immer wieder benötigen. In dezentralen Nebenlagern werden Lagergüter gelagert, die nur in diesen Bereichen gebraucht werden. Die Steuerung zwischen Haupt- und Nebenlagern erfolgt im Hauptlager unter Einsatz eines EDV-Lagerverwaltungssystems (s. u.).

Die innerbetriebliche Lagerorganisation erfolgt verrichtungs- oder objektorientiert. Innerhalb der objektorientierten Organisation (nach Materialarten) fallen ebenfalls alle Verrichtungen (Tätigkeiten, etwa Waren annehmen, Waren bewegen, Waren kommissionieren und ausgeben) an. Deshalb werden hier die Tätigkeiten bei verrichtungsorientierter Organisation genauer vorgestellt. Ein Schaubild zum Materialfluss in einem Lager finden Sie im Erarbeitungsteil, Kap. 4.3.

Lagerverwaltung

Die Aufgaben innerhalb des Lagers beginnen mit dem Eingang der Lagergüter beim Wareneingang. Hier werden die Lagergüter angenommen, überprüft, im EDV-System erfasst und für die Einlagerung vorbereitet. Mithilfe von Bediengeräten wird anschließend die Einlagerung vorgenommen. Das Lagergut verlässt dann zu einem späteren Zeitpunkt das Lager, indem mithilfe von Bediengeräten die Lagergüter ausgelagert werden, anschließend kommissioniert[1] werden und am Warenausgang das Lager verlassen. Kommissionierung und Warenausgang werden in der Praxis häufig durch eine Stelle abgewickelt. In der **Lagerverwaltung** erfolgt das Lagerbestandsmanagement zur Materialbestandsoptimierung, d. h., hier werden die laufenden Bestände, Ein- und Auslagerungen geplant, gesteuert und kontrolliert. Dabei fallen auch Entscheidungen über die Lagerorganisation und die Lagerorte der einzelnen Lagergüter an.

Mit Wechsel der Komplexität des Lagers, das stark vom Produktionsprogramm abhängt, fällt es umso schwerer, einen Überblick über Lagerorte und Lagergüter zu behalten. Negative Folgen könnten sein, dass Lagergüter verloren gehen oder hohe Bestände vorgehalten werden, weil die Lagergüter nicht mehr auffindbar sind. Darüber hinaus erhöht sich die Verweildauer einzelner Lagergüter, da Zeit für Suchen, Verschieben usw. verloren geht. Aufgrund dessen wird das Lager in der Regel zentral, EDV-gestützt und belegorientiert verwaltet. Auf diese Weise werden die Bestände und Bestandsveränderungen dokumentiert, die auch für andere Abteilungen (Fertigung, Einkauf, Vertrieb, Rechnungswesen) von großer Bedeutung sind.

---

1 Kommissionierung ist das Zusammenstellen von unterschiedlichen Materialien/Gütern für einen konkreten Auftrag.

Bevor der technische Fortschritt eine EDV-gestützte Lagerverwaltung erlaubte, wurden die Bestände mithilfe von Lagerkarten geführt. Zugänge wurden über Materialeingangsscheine und Abgänge über Materialentnahmescheine erfasst und in die Lagerkarten eingetragen. Moderne Lagerverwaltungen werden zunehmend zur „belegfreien" Zone. Der Materialfluss wird über Strichcodes und Scanner erfasst und direkt in das Lagerverwaltungssystem eingespeist. Die Lagerkarte ist nun eine Maske im entsprechenden Lagerverwaltungssystem.

Strichcodes (oder Barcodes) sind parallele, verschieden breite Striche, die optoelektronisch mittels Scanner maschinell gelesen und elektronisch verarbeitet werden.

Die Striche sind jeweils Dezimalziffern zugeordnet, die wiederum jeweils eine bestimmte Information darstellen. Die Darstellung zeigt etwa den Strichcode 2/5-Industrie.

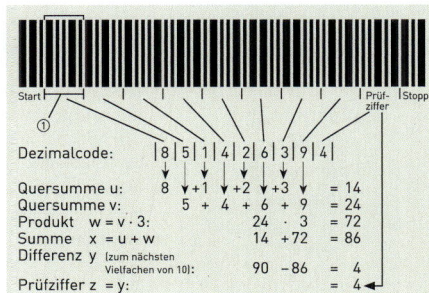

In der Lagerverwaltung werden auf Strichcodes folgende Informationen gespeichert:

- Lagerplatznummer (Lagerort)
- Lagermenge
- Artikelnummer (Eigner, Lieferant)
- Artikelbezeichnung
- Lieferant
- sonstiges

Auf diese Weise herrscht für den gesamten Materialfluss innerhalb des Lagers Transparenz über relevante Informationen. Hierdurch kann ein wichtiger Beitrag zum Ziel der Materialbestandsoptimierung geleistet werden, da die Verweildauer und die Lagermenge deutlich reduziert und damit Lagerkosten gesenkt werden können.

Im Zuge des Supply Chain Managements werden die Strichcodes inzwischen für den gesamten Materialfluss von den Lieferanten und Abnehmern gemeinsam definiert, sodass über die gesamte Supply Chain der Materialfluss sichtbar wird. Dieser Prozess kann mit der Sendeverfolgungsfunktion von DHL verglichen werden. In dem Sinne ist die Entwicklung von Strichcodes auch ein Beitrag zur Materialflussoptimierung, weil nicht nur Bestände sinken, sondern auch Transparenz über die Materialprozesse hergestellt wird.

4.3.2
Tätigkeiten im Wareneingang

Zur Unterstützung des Materialflusses sind im Zuge des Wareneingangs folgende Tätigkeiten erforderlich:

Lagerplatz-nummer
› Kap. 4.3.2

Eine genaue Ausführung der Tätigkeiten im Wareneingang ist besonders wichtig, weil bereits hier eine Kontrollfunktion für den weiteren Wertschöpfungsprozess wahrgenommen wird. Zudem werden die Mängel in der Regel nicht durch den Prüfer an den Verursacher gemeldet, sondern hierfür sind andere Stellen zuständig. Hier ist ein „richtiger" und exakter Informationsaustausch von besonderer Bedeutung. Durch die Entwicklung von Datenbankensystemen, wie etwa SAP/R3, konnten hier enorme Fortschritte gemacht werden. Bei derartigen Datenbankensystemen sind direkt nach der Eingabe im Wareneingang die Informationen für alle anderen Stellen sichtbar.

4.3.3
Tätigkeiten der Bedien- und Lagerzone in Abhängigkeit von der Lagereinrichtung

Zur Sicherung des Materialflusses fallen in der Bedien- und Lagerzone im Wesentlichen folgende Tätigkeiten an:

Bedienvorgänge	Lagervorgänge
Damit die Lagergüter an den vorgesehenen Lagerort gelangen, müssen die Regalbediengeräte durch Arbeitskräfte bedient werden.	Unter Einsatz der Regalbediengeräte müssen die Lagergüter an ihren Lagerorten ein- bzw. ausgelagert werden. Hierzu müssen die Ein- und Auslagerungen auf Belegen dokumentiert (z. B. Materialentnahmeschein) bzw. bei EDV-Erfassung gescannt werden. Anschließend erfolgt durch die Bediengeräte der Lagervorgang.

Art und Umfang der menschlichen Tätigkeiten bei den Bedien- und Lagervorgängen werden durch das angewandte Lagerprinzip und die Lagereinrichtung/-technik bestimmt.

Unter **Lagerprinzip** versteht man die Art der Lagerplatzzuordnung der Lagergüter im Lager. Generelle Möglichkeiten sind dabei der feste oder der freie Lagerplatz für Lagergüter:

Lagerprinzipien

Festplatzsystem	Freiplatzsystem (chaotische Lagerung)
Jedem Lagergut wird ein dauerhafter Lagerplatz zugeordnet. Die entsprechende Lagerfläche wird nur mit dem zugeordneten Lagergut bestückt.	Jedes Lagergut kann an jeder Stelle der Lagerzone eingelagert werden, sofern die entsprechende Kapazität gerade verfügbar ist.
ein Lagergut = ein ständiger Lagerplatz	**ein Lagergut = wechselnde Lagerplätze**
■ Personal kennt Lagerplatz (Zugriffssicherheit bei EDV-Ausfall) ■ Lagerung kann nach Umschlaghäufigkeit gestaltet werden, um Transportwege zu verkürzen ■ nicht optimale Nutzung der Lagerkapazität, da Über- und Unterbelegungen eintreten ■ längere Transportwege und höherer Zeitaufwand	■ erhöhte Ausnutzung der Lagerkapazität ■ Einsparung von Umlagerungen bei FiFo-Prinzip ■ Einsatz eines EDV-Lagerverwaltungssystems unentbehrlich ■ Personal kennt i. d. R. Lagerplatz nicht (EDV-Ausfall = Zugriffsausfall) ■ Verkürzung der Transportwege führt zu Zeiteinsparung

Grundlage für die Anwendung der Lagerprinzipien ist die Einteilung der gesamten Lagerfläche in Lagerplätze. Die Lagerplätze wiederum müssen, ähnlich wie Häuser einer Straße in einem Wohnort, adressiert werden. Beim Festplatzsystem könnte man dies rein theoretisch durch die Artikelbezeichnung realisieren. Da jedoch i. d. R. zu viele Artikel in verschiedenen Varianten vorgehalten werden, ist es einfacher, über Lagerplatznummern die Kennzeichnung vorzunehmen. Während beim Festplatzsystem eine Bestandsüberwachung EDV-unabhängig möglich ist (Bestandsführung über Lagerkarten und weitere Belege), ist für eine Verwirklichung des Freiplatzsystems der Einsatz eines EDV-Lagerverwaltungssystems zwingend erforderlich. Auch beim Freiplatzsystem muss die Adressierung der Lagerplätze über Lagerplatznummern erfolgen. Die Lagerplatznummer besteht i. d. R. aus Ziffern, kann aber auch Buchstaben enthalten. Der Umfang der Lagerplatznummer wird durch die Lagereinrichtung bzw. -technik bestimmt.

Lagerplatz-nummer

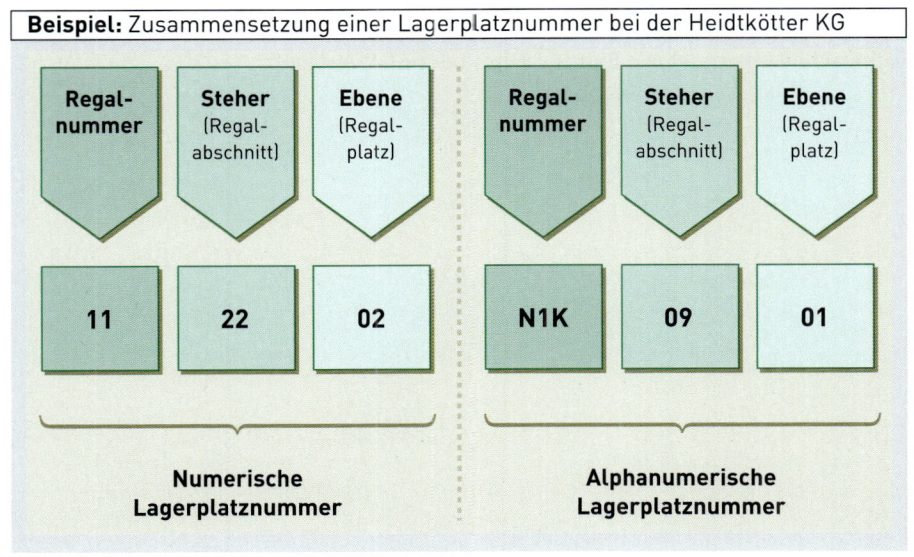

Beispiel: Zusammensetzung einer Lagerplatznummer bei der Heidtkötter KG

Regal-nummer	Steher (Regal-abschnitt)	Ebene (Regal-platz)	Regal-nummer	Steher (Regal-abschnitt)	Ebene (Regal-platz)
11	22	02	N1K	09	01

Numerische Lagerplatznummer — Alphanumerische Lagerplatznummer

Die Einführung eines Freiplatzsystems geht häufig mit einer umfassenden Automatisierung des Lagers einher. Die Lagereinrichtung bzw. eingesetzte Lagertechnik ist dann häufig so gestaltet, dass nur noch von zentralen Steuerungsstellen die Regalbediengeräte gesteuert oder gar nur Aufträge eingespeist werden. Die Regalbediengeräte nehmen die Ein- und Auslagerungen eigenständig vor. Die Lagergüter werden dann zur Ausgabe automatisch befördert. Die Systeme sind so programmiert, dass sie für die Ein- und Auslagerungen die Bestückung der Lagerplätze so gestalten, dass

- Transportwege möglichst gering gehalten werden (Fördernähe: einzulagernde Artikel neben auszulagernden Artikeln);
- eine gleichmäßige Verteilung der Lagergüter auf die Lagerplätze erfolgt;
- die Umschlagshäufigkeit der Lagergüter berücksichtigt wird (häufig benötigte Lagergüter werden in der Nähe des Warenausgangs gelagert);
- das FiFo-Prinzip eingehalten wird (Schutz vor Schwund, Verderb und Veralterung).

Der Automatisierungsgrad des Lagerbereichs hängt im Wesentlichen von den Lagergütern und der Umschlagshäufigkeit der Lagergüter ab, da ein hoher Investitionsaufwand erforderlich ist.

Lagereinrichtung bzw. Lagertechnik

Bei der Ausgestaltung der Lagereinrichtung bzw. der Lagertechnik sind u. a. die physikalischen Eigenschaften des Lagergutes und arbeitsschutzrechtliche Vorschriften (siehe Band 1, LF 1) von großer Bedeutung.

Innerbetriebliche Transportmittel
› Kap. 4.2

Zur Lagereinrichtung bzw. Lagertechnik zählen alle Gegenstände und Vorrichtungen, die zur Lagerung der Lagergüter beitragen. Hierzu zählen die Lagertypen, die Lagerhilfsmittel, die innerbetrieblichen Transportmittel und die Sicherheitseinrichtungen.

Wegen der zunehmenden Automatisierung und aufgrund arbeitsschutzrechtlicher Vorschriften sind Schutzmaßnahmen vor den Lagergütern (z. B. Gesundheitsgefährdung durch giftige Stoffe oder schwere Lasten) anzubringen. Darüber hinaus ist nun auch auf den Schutz der Arbeitskräfte im Umgang mit den technischen Geräten sowie aufgrund automatisierter Transportwege zu achten. Sicherheitsmaßnahmen sind etwa die Markierung von Sicherheitsabständen zu den Bediengeräten und Transportwegen sowie das Tragen von Schutzkleidung usw.

Aufgrund der zunehmenden Automatisierung treten auch weitere organisatorische Hilfsmittel wie Packhilfsmittel (Klebe-Abroller, Messer usw.), Karteikästen, Büroeinrichtungsgegenstände, Büromaterial, Lagerfachkarten etc., Waagen und Zählgeräte immer mehr in den Hintergrund. Dagegen finden sich jetzt zunehmend computertechnische Hilfsmittel wie Barcode-Leser oder EDV-Anlagen.

Folgende Lagertypen können unterschieden werden:

Lagertyp	Beschreibung	Einsatz
Tanklager	Lagergut wird in Tanks außerhalb des Gebäudes über- oder unterirdisch gelagert.	Flüssigkeiten, verflüssigte Gase, Schüttgüter
Silolager	Lagergut wird in Silos außerhalb des Gebäudes überirdisch gelagert. Beschickung erfolgt von oben, die Entnahme meist von unten (FiFo-Prinzip).	Schüttgüter (z. B. Getreide, Mehl, Zement usw.)
Boden- und Blocklagerung	Lagergut wird unter Einsatz von Lagerhilfsmitteln (z. B. Paletten) in Reihen oder Blöcken unter freiem Himmel, überdacht oder in einem Gebäude gelagert; die Blocklagerung ist die Bodenlagerung nach dem Silo-Prinzip.	gleichartige Lagergüter, palettierte Lagergüter im Versandlager
Regallager	Lagergut wird unter Einsatz von Lagerhilfsmitteln und Regalbediengeräten in Regalen eingelagert; Varianten: ■ nach der **Gestaltung der Lagerplätze:**	Stückgüter, z. T. Schüttgüter, z. T. Flüssigkeiten (Fässerregale)

Fachboden-/ Schubfachregal	Lagerung auf geschlossenem Fachboden über mehrere Ebenen oder in geschlossenen Schubfächern.
Kassettenregal	Lagerung in Kassetten; das Lagergut wird der Länge nach eingelagert.
Palettenregal	Lagerung erfolgt auf Querstreben ohne Boden über mehrere Ebenen. Die Abstände sind gemäß der Paletten genormt.
Durchlauf-regallager	Lagerung mit separater Ein- und Auslagerung, i. d. R. über Schwerkraft oder Antrieb sichergestellt. (Beispiel: McDonalds Produkt-Bevorratung)

■ Nach der **Beweglichkeit der Regale:**

(Feste) Hochregale	Lagerung erfolgt gemäß aller denkbaren Regalvarianten mit bis zu 45 m Bauhöhe. Die Bedienung erfolgt über z. T. vollautomatische Regalbediengeräte.
Paternosterregal	Lagerung erfolgt an einem umlaufenden Kettensystem mit einzelnen Lagerplätzen. Dadurch können Waren bis zu einer beträchtlichen Höhe auf geringer Fläche gelagert werden. (vertikaler Umlauf)
Umlaufregal	Lagerung an einem umlaufenden Fördersystem (horizontaler Umlauf) Beispiel: Gepäckausgabe am Flughafen
Verschieberegal	Lagerung erfolgt gemäß aller denkbaren Regalvarianten, wobei einzelne Regalreihen verschiebbar sind, um so Bedienzonen zu reduzieren und Lagerfläche zu maximieren.

Paternosterregal im Hintergrund an einer Cutter-anlage der Heidtkötter KG

4.3.4
Tätigkeiten von Kommissionierung und Warenausgang

Je nach Unternehmensgröße werden die Kommissionierung und der Warenausgang von einer Stelle durchgeführt. Die Tätigkeiten der Kommissionierung und des Warenausgangs unterscheiden sich nach der Stellung im Wertschöpfungsprozess. An dieser Stelle werden die Tätigkeiten für den Lagerausgang von Materialien oder halbfertigen Erzeugnissen beschrieben.

Kommissionierung bei Produkten
› Band 3, LF 10

Auslöser eines Warenausgangs bzw. einer Kommissionierung ist die Bestellanforderung (Banf) einer nachgelagerten Prozessstelle. Die Bestellanforderung enthält zwingend die gewünschten Lagergüter und die benötigte Menge mit dem gewünschten Liefertermin.

Aufgrund dieses Auftrags durch die Bestellanforderung kann die Kommissionierung beginnen. Kommissionieren ist das Zusammenstellen verschiedener Lagergüter für einen Auftrag (Banf). Je nach Automatisierungsgrad kann die Kommissionierung nach zwei Prinzipien erfolgen:

Holprinzip	Bringprinzip
Mann zur Ware	**Ware zum Mann**
Der Kommissionierer bewegt sich mit Transportmitteln in der Bedienzone und entnimmt die benötigten Artikel den Lagerplätzen.	Die Lagergüter werden vom Lagerplatz zur Kommissionierzone gebracht. Der Kommissionierer entnimmt die erforderlichen Lagergüter, danach wird der Restbestand zum Lagerplatz zurückgebracht.
■ einfache Lagertechnik ausreichend ■ Parallelarbeit möglich ■ lange Transportwege ■ Sichtkontrolle bei Materialentnahme	■ automatische Transportsysteme nötig ■ erhöhter Platzbedarf in der Kommissionierzone ■ hoher Umschlag erforderlich, da hohe Investitionskosten für Automaten

Bei beiden Prinzipien bestehen die Hauptaufgaben darin, die aufgrund der Banf erstellte Kommissionierliste mit der zusammengestellten Ware zu vergleichen und die entsprechenden Lagerentnahmen zu verbuchen. Im Bringprinzip liegen für den Mitarbeiter die Vorteile, dass er die Auslagervorgänge körperlich nicht durchführen muss und die Zusammenstellung der Materialien durch das EDV-System gesteuert wird. Die Lagerbewegungen werden bei beiden Prinzipien heutzutage in der Regel beleglos über Strichcode und Scanner erfasst. Früher mussten die Entnahmen auf Materialentnahmescheinen und den Lagerfachkarten dokumentiert werden. Die Entwicklungen im EDV-Bereich haben so zu einer deutlich kürzeren Kommissionierzeit beigetragen.

Im Anschluss an die Kommissionierung kann der Auftrag nun zur Warenausgabe weitergeleitet werden. Hier erfolgt häufig nochmals eine Überprüfung der Kommissionsware mit der Banf bzw. Kommissionierliste. Im Zuge dessen wird auch ein Ausgabebeleg (Lieferschein) erstellt. Sollten Materialien nicht lieferbar sein, werden diese gesondert vermerkt und der voraussichtliche Liefertermin angegeben. Bei der Materialausgabe bestätigt der Empfänger die Lieferung. Dies erfolgt häufig ebenfalls durch das Scannen von Strichcodes (Kostenstellen werden ebenfalls über Strichcodes erfasst).

4.3.5
Lagerbestandsmanagement durch die Lagerverwaltung

Inventur, GoB
› Band 1, LF 3

Das Lagerbestandsmanagement durch die Lagerverwaltung übernimmt die Aufgaben der Lagerbestandsplanung, -durchführung (-führung) und -kontrolle (-überwachung). Sie ist aufgrund interner und externer Anforderungen von großer Bedeutung:

Intern	Anforderung an das Lagerbestands-management	Extern
Kostenminimierung bei hoher Lieferbereitschaft		§ 238 ff. HGB Inventur Grundsätze ordnungsgemäßer Buchführung Aufbewahrungspflicht
Lagerkosten sind zu minimieren!	Ziele	Bestände und Bestandsveränderungen sind lückenlos zu erfassen und zu dokumentieren!

Die interne Anforderung bewirkt, dass für die einzelnen Lagergüter die optimalen Lagerbestände bestimmt werden, bei denen eine hohe Lieferbereitschaft gesichert wird und die Lagerkosten minimiert werden. Bereits in Kapitel 1 dieses Lernfeldes wurden die Lagerkosten angesprochen. Demnach entstehen Lagerkosten für folgende Aspekte und bringen für die Lagerverwaltung folgende Aufgaben mit sich, die zielführend (Minimierung der Lagerkosten) zu gestalten sind:

Interne Anforderungen

Lagerkosten

Bestandteile von Lagerkosten	Aufgaben
Kapitalbindungskosten für die Lagerbestände (Zinskosten für das gebundene Kapital)	Optimale Lagerbestände der einzelnen Lagergüter bestimmen (Lagerdauer, Lagermenge, Bestellmenge festlegen)
Kosten der Lagereinrichtung (Lagerraum, Lagertechnik, Transportmittel usw.)	Aufbau- und Ablauforganisation des Lagers festlegen. Entscheidungen über Lagertyp, Lagertechnik, innerbetriebliche Transportmittel usw. fällen
Kosten der Lagerverwaltung (Lagerbestandsführung)	Effiziente Gestaltung der Informationsflüsse durch Einsatz von Belegen bzw. EDV-Lagerverwaltungssystemen
Kosten des Lagerrisikos (Schwund, Verderb, obsoletes[1] Material)	Optimale Lagerbestände der einzelnen Lagergüter bestimmen (Lagerdauer, Lagermenge, Bestellmenge festlegen)

Die Bestimmung optimaler Lagerbestände ist dabei von überragender Bedeutung, da zu hohe oder zu niedrige Bestände folgende Probleme mit sich bringen können:

Nachteile eines zu hohen Lagerbestandes	Nachteile eines zu niedrigen Lagerbestandes
▪ hohe Kapitalbindungskosten (Zinsaufwendungen) ▪ Liquiditätseinschränkung ▪ Gefahr von Bestandsverlust (u. a. durch obsoletes Material) ▪ höherer Aufwand für Pflege, Wartung ▪ hoher Lagerverwaltungsaufwand	▪ höherer Bestellaufwand durch häufiges Bestellen ▪ Verzicht auf Einkaufsvorteile (Rabatte) ▪ Verzicht auf Kostenvorteile bei Preissteigerungen ▪ Gefährdung der Produktionsbereitschaft (Leerkosten) ▪ Gefährdung der eigenen Termintreue (Konventionalstrafe)

Die Höhe des Lagerbestandes verursacht direkt variable Lagerkosten und indirekt fixe Lagerkosten. Maßnahmen zur Reduzierung der Lagerkosten müssen entsprechend bei fixen und variablen Lagerkostenbestandteilen anknüpfen:

Lagerkosten	Beispiele	Reduzierungsmaßnahmen
fix	Lagereinrichtung z. T. Lagerverwaltung, Abschreibungen	▪ Anpassung der Lagerkapazität an den tatsächlichen Bedarf ▪ optimale Kapazitätsausnutzung (Lagerplatznutzung, Transportwege minimieren usw.) ▪ Einsatz geschulten Personals
variabel	Kapitalbindung für Lagerbestand Lagerrisiko für Lagerbestand z. T. Lagerverwaltung	▪ möglichst geringe Lagervorräte ▪ möglichst geringe Lagerdauer

Im Zentrum der Tätigkeiten der Lagerverwaltung stehen steuernde Maßnahmen, die kurzfristig und langfristig zur Senkung der Lagerkosten beitragen können. Um den Erfolg der eingeleiteten Maßnahmen zu messen, besteht eine wichtige Aufgabe der Lagerverwaltung darin, die Bestandsentwicklungen mithilfe geeigneter Lagerkennziffern zu überwachen (kontrollierende Tätigkeiten).

Lagerkennziffern

1 obsolet = veraltet, ungebräuchlich

Kennziffer und Aussage	Berechnung	Ziel
Durchschnittlicher Lagerbestand (⌀ LB) zeigt die durchschnittliche Höhe des Lagerbestandes in einer Periode	bei Monatsinventur (in € oder in Stück): ⌀ **LB** = (JAB + 12 MEB)/13 liegen keine Monatsendbestände vor: = (JAB + JEB)/2 JAB = Jahresanfangsbestand JEB = Jahresendbestand MEB = Monatsendbestände	Minimierung
Umschlagshäufigkeit (UH) zeigt, wie häufig der ⌀ LB in einer Periode umgeschlagen (verbraucht/eingesetzt) wird	$UH = \dfrac{\text{Wareneinsatz}}{\varnothing\ \text{Kapitalbindung}} = \dfrac{\text{Lagerabgang (Menge)}}{\varnothing\ \text{LB}}$ **Wareneinsatz** = Wert des Lagerabgangs bzw. der für die Leistungserstellung eingesetzten Materialien ⌀ **Kapitalbindung** = ⌀ LB · Einstandspreis	Maximierung
Durchschnittliche Lagerdauer (⌀ LD) zeigt die Zeitdauer der Lagerung des durchschnittlichen Lagerbestandes	$\varnothing\ LD = \dfrac{\text{Tage der Periode}}{UH}$	Minimierung
Lagerzinsen, Lagerzinssatz zeigt, wie hoch der Zinsverlust (in € und in %) des im Lager gebunden Kapitals in einer Periode ist	$\textbf{Lagerzins} = \dfrac{\varnothing\ \text{Kapitalbindung} \cdot \text{Marktzinssatz} \cdot \varnothing\ \text{LD}}{100 \cdot 360}$ $\textbf{Lagerzinssatz} = \dfrac{\text{Marktzinssatz} \cdot \varnothing\ \text{LD}}{360}$	Minimierung

Der Lagerzinssatz ist der Marktzinssatz bezogen auf die durchschnittliche Lagerdauer. Bei genauerer Betrachtung fällt auf, dass zwischen den Lagerkennziffern Zusammenhänge erkennbar sind, da teilweise gleiche Größen in den Formeln berücksichtigt werden.

Es gilt:

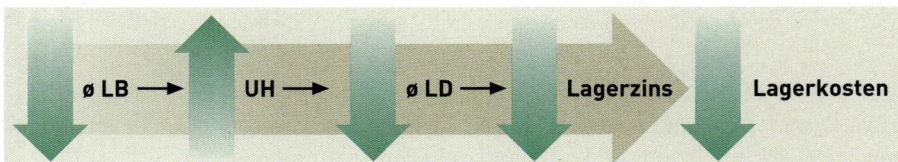

Die Aussagekraft dieser Kennzahlen lebt allerdings von den Vergleichsgrößen. Eine Kennzahl für sich bietet zunächst nur eine allgemeine Größe, die durch einen Zeit- oder Branchenvergleich deutlich aussagekräftiger wird. Darüber hinaus werden neben den Kennziffern zur Überwachung der Lagerbestände auch in Bezug auf die Nutzung der Lagerkapazität Kennziffern ermittelt. Unternehmensindividuell wird eine Vielzahl unterschiedlicher Kennziffern ermittelt. Beispielhaft wird hier die Ermittlung eines Lagerplatznutzungsgrades vorgestellt:

$$\frac{\text{Anzahl der genutzten Lagerplätze}}{\text{Anzahl der vorhandenen Lagerplätze}} \cdot 100 = \text{Lagerplatznutzungsgrad in \%}$$

Generell sollte in der Lagerverwaltung eine einmalige Verbesserung der Kennziffern nicht sofort als Erfolg gewertet werden. Vielmehr müssen über Zeit- und/oder Branchenvergleiche die Entwicklungen kontinuierlich beurteilt werden.

Zudem werden in modernen Lagerverwaltungen zu Beginn der Periode Zielgrößen (Sollwerte) vorgegeben, die am Ende der Periode mit den tatsächlichen Werten (Istwerte) verglichen werden. Sollten dabei Soll- und Istwerte nicht übereinstimmen, können Produktionsstockungen durch Fehlmengen oder höhere Lagerkosten durch Überbestände die Folge sein.

In einer anschließenden Abweichungsanalyse muss dann nach den Ursachen (etwa nachlässige Lagerarbeit, Schwund, Verderb, Diebstahl, Fehlbuchungen, zu späte Bestellung durch den Einkauf, Nachfrageveränderungen etc.) geforscht und diese für die Zukunft abgestellt werden.

Um den eingangs erwähnten externen Anforderungen durch das Lagerbestandsmanagement gerecht zu werden, ist in der Lagerverwaltung ein umfassendes Belegwesen zu installieren. Wichtige Belege (heute überwiegend rechnergestützt) sind:

Externe Anforderungen

Belege in der Lagerhaltung

■ Wareneingangsbücher

■ Materialentnahme- und Rückgabeschein

■ Wareneingangsmeldung

■ Bestellanforderung

■ Lagerfachkarten (Zugänge, Abgänge, Bestand)

Darüber hinaus sind die jährlichen Inventuren laut HGB vorzubereiten und durchzuführen.

Inventur
› Band 1, LF 3, Kap. 2.1

4.4
Outsourcing in der Materiallogistik – Fremdlagerung als mögliche Alternative zur Eigenlagerung

Bei Rationalisierungsvorhaben in der Materiallogistik kann unmittelbar bei den Aufgaben angesetzt werden. Denkbar sind alle Möglichkeiten, die bei Lagerung, Transport, Umschlag und Verpackung zu Produktivitätszuwächsen und/oder Kostensenkungen beitragen.

Eine Möglichkeit ist dabei das **Outsourcing** von Aufgabenbereichen. Während Transport und Umschlag häufig an Logistikdienstleister (z. B. Stinnes) vergeben werden, ist ebenso eine Fremdlagerung bei Lieferanten oder anderen Dienstleistern denkbar. Hierbei erfolgt innerhalb des Supply Chain Managements auch eine Rationalisierung bei Verpackungen, um dem Grundprinzip der Logistik (siehe Kap. 4.1.3) gerecht zu werden.

Outsourcing
› Band 1, LF 5

Als Entscheidungshilfe bezüglich Eigenlagerung oder Fremdlagerung wird häufig ein Kostenvergleich angestellt. Dabei sind die Kosten ähnlich wie bei der Entscheidung über Eigen- und Fremdfertigung gegenüberzustellen. Es wird die kritische Menge in Abhängigkeit von der Lagereinheit (Lagerfläche oder Lagermenge) ermittelt und auf die Unternehmenssituation übertragen.

Kostenvergleich

Kosten der Eigenlagerung	Kosten der Fremdlagerung
Es entstehen variable und fixe Kosten.	Es entstehen nur variable Kosten (Keine Kosten, wenn keine Lagereinheit in Anspruch genommen wird).
Variable Kosten: ■ Kostensatz je Lagereinheit ■ Kosten für Kapitalbindung je Lagereinheit, Energie usw. **Fixkosten:** Bestimmter Betrag in € Kosten für die Lagereinrichtung und z. T. für die Lagerverwaltung, Abschreibungen	**Variable Kosten:** ■ Kostensatz je Lagereinheit ■ Kosten für alle anfallenden Tätigkeiten im Fremdlager und die Unterhaltung des Lagers

Beispiel

Eigenlagerung: Fixkosten: 50.000,00 €; variable Kosten: 5,50 € je Lagereinheit (LE)
Fremdlagerung: variable Kosten: 25,50 € je Lagereinheit (LE)

Kosten der Eigenlagerung	Kosten der Fremdlagerung
50.000,00 € + 5,50 € · LE	25,50 € · LE

$$x = \frac{50.000,00 \ \text{€}}{20,00 \ \frac{\text{€}}{\text{LE}}} = 2\,500 \ \text{LE}$$

Die kritische Menge liegt bei 2 500 Lagereinheiten. Ab 2 501 Lagereinheiten lohnt sich die Eigenlagerung. Unterhalb dieser Mengen sollte aus Kostengesichtspunkten die Fremdlagerung bevorzugt werden.

Kriterien Eigen- und Fremdlagerung

Die Entscheidung über Eigen- oder Fremdlagerung wird in der Praxis aber nicht allein unter Kostengesichtspunkten getroffen. Vielmehr werden weitere Kriterien in die Entscheidung einbezogen:

- Die eigene Lagerkapazität reicht nicht aus.
- Der Lieferant/Dienstleister verfügt über mehr Know-how bezüglich der Lagereigenschaften des Lagergutes.
- Die eigenen technischen Möglichkeiten zur Lagerung sind nicht gegeben (z. B. Kühlhäuser).
- Es ist ein besserer Lieferservice bei Fremdvergabe möglich.
- Es folgt ein höheres Maß an Flexibilität, da keine Fixkostenbelastung besteht.
- Erweiterungsinvestitionen in die eigene Lagerkapazität können unterbleiben, wenn zusätzlicher Kapazitätsbedarf nur kurzfristig bzw. saisonal gegeben ist.
- Entstehende Lagerkosten sind bei Fremdvergabe günstiger.

Nutzwertanalyse
› Kap. 2.5

Unter Berücksichtigung dieser Aspekte könnte es sein, dass eine Fremdlagerung trotz höherer Kosten wirtschaftlicher ist. Um eine Entscheidung herbeiführen zu können, kann eine Nutzwertanalyse durchgeführt werden.

5
Beschaffungscontrolling – Notwendigkeit und Möglichkeiten der Kontrolle von Beschaffungsprozessen und Materiallogistik

Die Bedeutung der Beschaffung für den Unternehmenserfolg hat in den letzten Jahren immer mehr zugenommen. Die technischen Entwicklungen im Bereich der Materialien sowie die Fremdvergabe von Leistungen (Bezug fertiger Einbauteile/Montageteile) im Rahmen des Outsourcings haben kontinuierlich zugenommen. Daher haben die Ergebnisse der Beschaffungsleistungen (insbesondere die Verringerung der Kosten) einen immer stärkeren Einfluss auf die Gewinnsituation des Unternehmens. Dies erfordert eine möglichst genaue und kontinuierliche Messung und Kontrolle aller Leistungen im Funktionsbereich der Beschaffung.

Das Beschaffungscontrolling ist ein System von Führungs- und Entscheidungshilfen. Es kann durch die Bereitstellung von internen und externen Informationen sowie hilfreichen Instrumenten und Kennzahlen die Planungs-, Steuerungs- und Kontrollprozesse der Beschaffung unterstützen und optimieren. **Beschaffungscontrolling**

5.1
Zielsetzungen und Aufgaben des Beschaffungscontrollings

Die Zielsetzungen des Beschaffungscontrollings leiten sich u. a. aus den Unternehmenszielen ab und sollen eine Optimierung wirtschaftlicher Ergebnisse im Sinne einer Gewinnmaximierung unterstützen. Folgende **Zielsetzungen** können unterschieden werden: **Zielsetzungen des Beschaffungscontrollings**

- Minimieren der Kosten im Beschaffungsbereich, verursacht durch die zu beschaffenden Materialien sowie die erforderlichen Beschaffungsprozesse
- Optimieren der Zusammenarbeit an Schnittstellen zu anderen Unternehmensbereichen und externen Gliedern der Supply Chain
- Optimieren der Kooperation mit Lieferanten und Logistikunternehmen, z. B. durch eine Integration der Lieferanten in die Prozesse des eigenen Unternehmens
- rechtzeitiges Aufzeigen von Schwachstellen und deren Behebung im Bereich der Beschaffung
- Verkürzen der Prozessketten
- Bündeln der Beschaffungsmengen

Aufgrund der angestrebten Zielsetzungen verpflichtet sich das Beschaffungscontrolling einer Vielzahl unterschiedlicher **Aufgaben:** **Aufgaben des Beschaffungscontrollings**

- Bereitstellen von Daten interner Beschaffungsprozesse sowie externer Informationen
- Entwickeln von Lagerkennzahlen zur Kontrolle und Optimierung der Lagerbestände und -kosten
- gezieltes Aufbereiten von Informationen über Beschaffungsmärkte, Lieferanten, Logistik und zu beschaffende Materialen als Grundlage für operative und strategische Entscheidungen im Beschaffungsbereich
- Festlegen von Messwerten/Kennzahlen zur Kontrolle der Beschaffungsleistungen
- Zurverfügungstellen hilfreicher Instrumente zur Optimierung der Beschaffungsprozesse
- Festlegen der optimalen Beschaffungstiefe (Umfang der zu beschaffenden Materialien)

- Festsetzen von Bewertungskriterien, die die Güte der Materialien messbar und vergleichbar machen (Messung und Analyse von Materialeigenschaften)
- Prüfen und Sicherstellen der Effektivität von Planung, Steuerung und Kontrolle der Beschaffungsprozesse
- Entwickeln und Bereitstellen von Verfahren und Instrumenten zur Effektivitätsmessung der Beschaffungsprozesse und -ergebnisse
- Durchführen von Wareneingangs-, Rechnungs- und Terminkontrollen

5.2
Instrumente und Messgrößen des Beschaffungscontrollings

Die Erkenntnis, dass über eine erhöhte Kostenersparnis ein größerer Gewinn erwirtschaftet werden kann als z. B. über eine Erhöhung der Absatzzahlen, ist nicht neu. Dies führt dazu, dass der Stellenwert des Beschaffungscontrollings für das Erreichen der monetären Unternehmensziele sowie die Anzahl der zur Verfügung stehenden Instrumente/Verfahren des Beschaffungscontrollings stetig zunehmen. Folgende Verfahren werden u. a. in der Praxis angewendet:

› Kap. 2.4
Instrumente des Beschaffungscontrollings

- Die **ABC-Analyse**, die **XYZ-Analyse** sowie eine **kombinierte ABC/XYZ-Analyse** werden angewendet, um mithilfe verschiedener Kriterien unterschiedliche Kategorien von Materialien zu bilden und dadurch die Bedarfsdeckung und Lagerhaltung unter Kostengesichtspunkten zu optimieren. Außerdem werden die Beschaffungsprozesse stärker auf die kostenintensiven Materialien ausgerichtet.

› Kap. 2.5

- Die Durchführung einer **Nutzwertanalyse** ermöglicht die Berücksichtigung quantitativer und qualitativer Entscheidungskriterien bei der Auswahl von Lieferanten.

› Kap. 2.2.2

- Die Berechnung und Orientierung an der **optimalen Bestellmenge** ermöglicht die Reduzierung der Summe aus Lager- und Beschaffungskosten.

› Kap. 2.3

- Die Berechnung und stetige Überprüfung der **Lagerbestandsgrößen** (Mindest-, Melde- und Höchstbestand) ermöglichen die Reduzierung der Lagerhaltungskosten, insbesondere der Kapitalbindungskosten.

› Kap. 4.3.5

- Die Berechnung von **Lagerkennziffern** und der anschließende Vergleich mit externen Werten bzw. internen Werten der Vorperioden führen zu einer kritischen Würdigung und Optimierung der erforderlichen Lagerhaltung. Folgende Kennziffern können berechnet werden: der durchschnittliche Lagerbestand, die durchschnittliche Kapitalbindung, die Umschlagshäufigkeit, die durchschnittliche Lagerdauer sowie Lagerzinsen und Lagerzinssatz.

› Kap. 2.2.3

- Begründete Entscheidungen für **Fremdbezug** (Outsourcing) **oder Eigenfertigung** können abhängig von den jeweils gegebenen, betrieblichen Voraussetzungen zu Kostenersparnissen führen.

› Band 1, LF 4, Kap. 2.2

- Der **Vergleich von Istkosten und Normalkosten** im Bereich der Beschaffung dient der Kostenkontrolle und kann aufzeigen, ob die Materialien im Rahmen der Normalkosten beschafft werden konnten.

› Band 1, LF 4, Kap. 4

- Die Einführung der **Prozesskostenrechnung** im Beschaffungsbereich ermöglicht die Ermittlung der Kosten für bestimmte Teilprozesse sowie eine differenzierte, prozessbezogene Kostenkontrolle (z. B. Kosten pro Lieferantenauswahl).

› Band 1, LF 5, Kap. 5.3

- Die Durchführung von **Benchmarking** als kontinuierliche Vergleichsanalyse von Leistungen und Prozessen des eigenen Unternehmens mit Branchenführern führt zur Aufdeckung interner Schwachstellen und ermöglicht eine Ableitung von Maßnahmen, um eigene Beschaffungsprozesse zu verbessern und zu optimieren.

■ Mithilfe der in der Praxis meist als Vollkostenrechnung durchgeführten **Preisstruk-turanalyse** kann das Zustandekommen des Bezugspreises eines Materials untersucht und die Verkaufskalkulation des Lieferanten nachvollzogen werden. Diese Kenntnisse bezüglich der Kostensituation des Lieferanten, ermöglichen eine bessere Beurteilung des Einstandspreises und verbessern die eigene Position in zukünftigen Preisverhandlungen.

■ Die Orientierung der Selbstkosten an einem vom Kunden vorgegebenen Zielpreis **(target price)** erfordert eine maximale Kostenersparnis schon im Bereich der Beschaffung. Das **target costing** beinhaltet insbesondere eine Kosten-/Funktionsanpassung an Markterfordernisse schon während der Produktentwicklungsphase. Ein vom Kunden gewünschter Nutzen darf einen bestimmten Marktpreis nicht übersteigen. Der Erbringer der Leistungen muss darauf achten, dass er durch den vorgegebenen Zielpreis seine eigenen Kosten und den geplanten Gewinn abdeckt.

› Band 3, LF 10, Kap. 3.3.1

■ Der Einsatz verschiedener **Portfolios** kann die Sicherheit strategischer Entscheidungen im Beschaffungsbereich erhöhen und ermöglicht über eine Visualisierung differenzierter Sachverhalte das Ableiten zielorientierter Beschaffungsstrategien. Ein Portfolio besteht aus einer zweidimensionalen Matrix, bei der auf der y-Achse eine vom Unternehmen nicht beeinflussbare Größe (Umweltgegebenheit), auf der x-Achse eine vom Unternehmen beeinflussbare Variable (Unternehmensgröße) abgetragen wird. Je nach Grad der Spezifizierung kann jede Achse in zwei oder mehr Felder/Kategorien eingeteilt werden.[1] In der Betriebswirtschaft werden Portfolios eingesetzt, um mithilfe eines systematischen Vorgehens die strategischen Entscheidungen zu unterstützen und zu begründen. Die Ergebnisse können dann problematisch werden, wenn die über die Achsenkriterien hinaus bestehenden Faktoren bei den zu treffenden Entscheidungen nicht berücksichtigt werden.

Beispielhaft wird im Folgenden das Beschaffungsobjekt/-markt-Portfolio näher beschrieben.

Beim **Beschaffungsobjekt/-markt-Portfolio** wird auf der y-Achse die nicht beeinflussbare Wettbewerbsintensität auf dem betrachteten **Beschaffungsmarkt** gemessen. Die Wettbewerbsintensität ist gekennzeichnet durch Lieferanten gleicher oder ähnlicher Materialien, die die gleichen Kunden versorgen, und wird konkretisiert z. B. durch

Beschaffungsobjekt/ Beschaffungsmarkt-Portfolio

■ die Anzahl der Lieferanten gleicher Größe,

■ die Marktwachstumsrate (z. B. hoch, gering, positiv, negativ),

■ die Kapitalintensität der Leistungserstellung,

■ der Beschäftigungsgrad der einzelnen Wettbewerber.

Auf der x-Achse kann die durch das Unternehmen beeinflussbare Spezifizierbarkeit des **Beschaffungsobjektes** nach physischen Bestandteilen und/oder Funktionen/Nutzen für den Kunden abgetragen werden.

Die zu beschaffenden Materialien können nun in diese Vier-Felder-Matrix eingeordnet werden und entsprechende Empfehlungen für anzustrebende Lieferantenbeziehungen und Aktivitäten abgeleitet werden.

---

1 Bei dem im Absatzbereich häufig verwendeten Marktwachstum/-anteil-Portfolio (siehe Band 3, LF 10, Kap. 1.3) werden die Achsen jeweils in zwei Kategorien (niedrig/hoch) unterteilt.

Beschaffungsobjekt-Beschaffungsmarkt-Portfolio		
hohe Wettbewerbsintensität auf dem Beschaffungsmarkt	Marktnahe Beschaffungsstrategien; den Umfang der Marktforschungsaktivitäten bez. weiterer Lieferanten erhöhen; verstärkte Suche nach neuen Lieferanten	Die eigene Macht des Unternehmens sollte herausgearbeitet werden und als potenzieller Stammkunde den Lieferanten beeindrucken.
geringe Wettbewerbsintensität auf dem Beschaffungsmarkt	partnerschaftliche Beziehung zwischen Unternehmen und Lieferanten ist empfehlenswert	produktorientierte Beschaffungsstrategie; Produktvereinfachung; Forschen nach alternativen Materialien; Streben nach Beschaffungsalternativen
	geringe Spezifizierbarkeit des Beschaffungsobjektes	**hohe Spezifizierbarkeit des Beschaffungsobjektes**

Sourcing-Konzepte

Grundsätzlich ist es für ein Unternehmen hilfreich, die Spezifizierbarkeit des Beschaffungsobjektes sowie den Wettbewerb unter den Lieferanten (Rivalität auf dem Beschaffungsmarkt für bestimmte Beschaffungsobjekte) zu erhöhen, um die eigene Machtstellung zu stabilisieren und auszuweiten. Möglichkeiten zum Erreichen dieser Ziele bestehen in einer Globalisierung der Beschaffungsaktivitäten, in der Akquisition neuer Lieferanten sowie in der Bündelung des Bedarfs zu größeren Mengeneinheiten.

Kennzahlen des Beschaffungscontrollings

Die Bereitstellung von Informationen im Rechnungswesen sowie deren Aufbereitung sind grundlegende Voraussetzung bei der Ermittlung von Kennzahlen zur Kontrolle der Beschaffungsleistungen.

Folgende Kennzahlen stehen u. a. zur Kostenkontrolle im Beschaffungsbereich zur Verfügung:

- **Kontrolle der Anschaffungskosten (Bezugspreis) bezogen auf ein bestimmtes Beschaffungsobjekt:**

$$\text{Einkaufsergebnis (bestimmtes Material)} = \text{Auftragsvolumen in Mengeneinheiten} \cdot \left(\text{durchschnittlicher Angebotspreis aller Angebote} - \text{tatsächlicher Einkaufspreis} \right)$$

- **Kontrolle der Bestellabwicklungskosten:**

Die Bestellabwicklungskosten beinhalten Kosten der Planung, Vorbereitung, Durchführung und Kontrolle von Bestellungen im Einkauf.

$$\text{Kosten einer Bestellung} = \frac{\text{Kosten der Abteilung Einkauf pro Monat}}{\text{Anzahl der Bestellungen pro Monat}}$$

$$\text{Bestellwert pro } 1{,}00 \text{ € Kosten} = \frac{\text{Gesamtbestellwert pro Monat}}{\text{Kosten der Abteilung Einkauf pro Monat}}$$

$$\text{Durchschnittlicher Bestellwert} = \frac{\text{Gesamtbestellwert pro Monat}}{\text{Anzahl der Bestellungen pro Monat}}$$

$$\text{Bestellkosten je } 100{,}00 \text{ € Bestellwert} = \frac{\text{Bestellkosten pro Monat}}{\dfrac{\text{Bestellwert pro Monat}}{100}}$$

■ **Kontrolle der Lieferantenleistungen:**

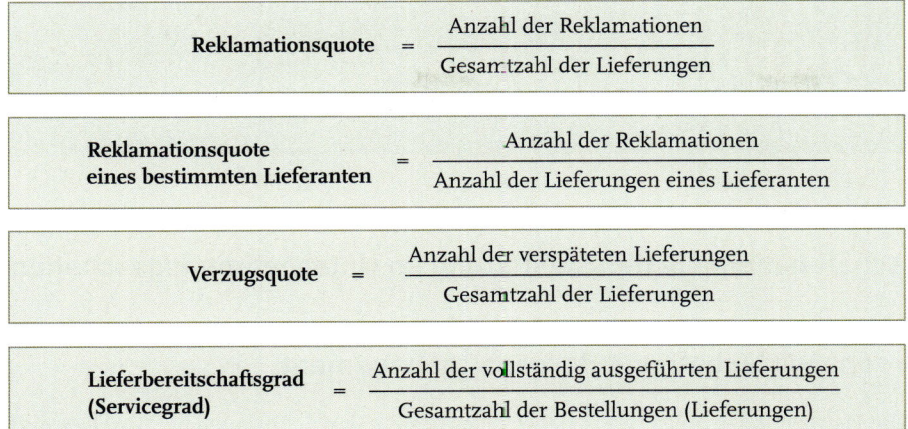

$$\text{Reklamationsquote} = \frac{\text{Anzahl der Reklamationen}}{\text{Gesamtzahl der Lieferungen}}$$

$$\text{Reklamationsquote eines bestimmten Lieferanten} = \frac{\text{Anzahl der Reklamationen}}{\text{Anzahl der Lieferungen eines Lieferanten}}$$

$$\text{Verzugsquote} = \frac{\text{Anzahl der verspäteten Lieferungen}}{\text{Gesamtzahl der Lieferungen}}$$

$$\text{Lieferbereitschaftsgrad (Servicegrad)} = \frac{\text{Anzahl der vollständig ausgeführten Lieferungen}}{\text{Gesamtzahl der Bestellungen (Lieferungen)}}$$

■ **Kontrolle der Liefertermine:**
Beispiel für eine Liefertermintreue-Statistik

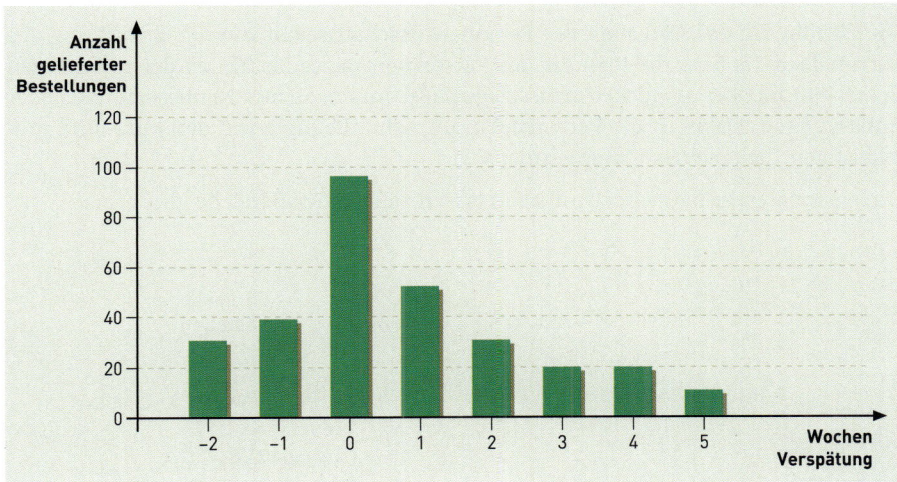

Grafik zur Lieferterminkontrolle

Diese Kennzahlen ermöglichen einen Vergleich mit anderen Unternehmen und zeigen die Entwicklung eigener Beschaffungsprozesse und -ergebnisse – bezogen auf festgelegte Zeiträume – auf.

Personalwirtschaftliche Aufgaben wahrnehmen

1
Die Personalwirtschaft hat eine Schlüsselstellung im Unternehmensgeschehen

1.1
Aufgaben von Personalwirtschaft und Personalmanagement

Die Hauptaufgabe eines Industriebetriebes besteht darin, Produkte herzustellen und sie zu verkaufen – der Kernprozess. Dies ist nur möglich, wenn auch die begleitenden und unterstützenden Tätigkeiten reibungslos in den unternehmerischen Ablauf integriert sind. Solche Aufgaben werden als Supportprozesse bezeichnet. Eine zentrale Rolle im Rahmen dieser Supportprozesse nimmt die Personalwirtschaft ein.

Personal-wirtschaft

Die Bandbreite der Aufgaben der **Personalwirtschaft** reicht von der Ermittlung des Personalbedarfs über die Planung des Personaleinsatzes bis hin zu der schwierigen Entscheidung über mögliche Anpassungsmaßnahmen, ob nun Neubesetzungen oder Entlassungen. Dabei ist die Personalplanung sehr abhängig von den kurz- und mittelfristigen Zielen eines Unternehmens.

Die personalwirtschaftlichen Aufgaben lassen sich in **vier Bereiche** gliedern:

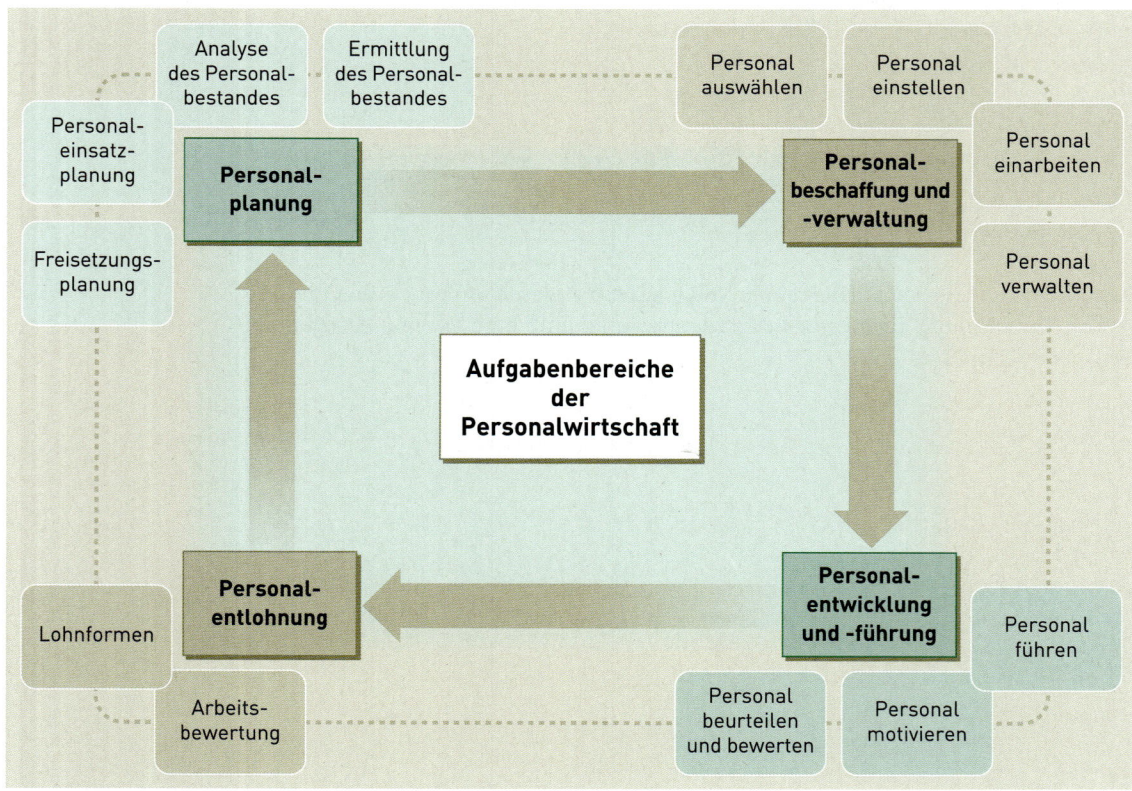

Der **Personalplanung und -beschaffung** kommt eine vorrangige Bedeutung zu. Hier geht es schwerpunktmäßig um folgende Fragen:

- **Wie viele** Mitarbeiter werden benötigt?
- **Welche** Tätigkeiten und Aufgaben sind zu erledigen und welche Anforderungen an die Mitarbeiter/-innen sind damit verbunden?
- **Wann** müssen die Mitarbeiter verfügbar sein?

Kernfragen der Personalbereitstellung

Anstelle des Begriffes „Personalwirtschaft" wird häufig das Wort **Personalmanagement** verwendet. Dabei handelt es sich oft um unterschiedliche Bezeichnungen für denselben Inhalt. Die Intention ist jedoch eigentlich eine andere: Während im Mittelpunkt des Begriffs „Personalwirtschaft" eher die traditionellen Funktionen des Personalwesens stehen (Personalplanung, -beschaffung und -verwaltung), soll der Begriff „Personalmanagement" ausdrücken, dass die Arbeit nicht nur als Produktionsfaktor im engeren Sinne zu sehen ist, sondern dass sie besonderen Bedingungen unterliegt, die über die rein wirtschaftliche Betrachtung hinausgehen.

Personalmanagement

› Kap. 1.2

In modernen Unternehmen spricht man daher heute auch von **Human Ressources** und hebt damit den sozialen Aspekt des Einsatzes von Arbeitskräften noch stärker hervor.

1.2
Human-Ressource-Management bringt ein Umdenken in der Betrachtung des Produktionsfaktors Arbeit mit sich

Wurde in der traditionellen personalwirtschaftlichen Sicht der Einsatz und die Beschäftigung von Arbeitnehmern eher aus dem Blickwinkel der Kosten betrachtet, so geht es heute vermehrt mehr darum, dass Mitarbeiter als „Humankapital" angesehen werden. Humankapital muss zwar nicht – wie das Anlagevermögen – bilanziert werden, hat aber auf das Unternehmensergebnis einen umso größeren Einfluss. Das betriebliche Humankapital ist Teil des betrieblichen immateriellen Vermögens und trägt wesentlich zum langfristigen Erfolg des Unternehmens bei.

Die Gesamtheit aller Maßnahmen, die zielgerichtet darauf ausgerichtet sind, die Mitarbeiter in einem Unternehmen nicht mehr in erster Linie als Kostenfaktor zu betrachten, sondern in ihnen das Gefühl zu wecken, dass es sich lohnt, sich mit allen Fähigkeiten und Ideen in das Unternehmensgeschehen einzubinden oder einbinden zu lassen, bezeichnet man in der modernen betriebswirtschaftlichen Sprache als Human-Ressource-Management.

Human-Ressource-Management ist eine Weiterentwicklung des Personalwesens. Es hat das Ziel, weiche Erfolgsfaktoren wie etwa die Qualität der Führung, die Dynamik der Organisation und die Entwicklung talentierter Mitarbeiter zu stärken. Erfolgreiches Personalmanagement wird damit zu einer Quelle ständiger Erneuerung und Innovation, von der sowohl der Arbeitnehmer als auch der Arbeitgeber profitieren.

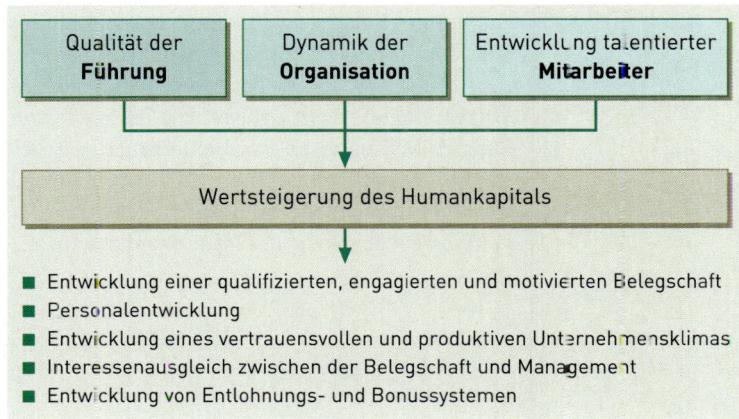

**Unternehmens-
kultur**

Die Mitarbeiterführung ist ein Teil der Unternehmenskultur. Das Wort **Unternehmenskultur** steht für die Gesamtheit der von den Mitgliedern eines Unternehmens hinsichtlich dessen Zweck gemeinsam getragenen **Grundüberzeugungen, Werten und Einstellungen**. Unternehmenskultur drückt z. B. aus, welche **Wertvorstellungen** das **Management** hat, die Art und Weise seines Umgangs miteinander, mit seinen Mitarbeitern.

Mit einer stärkeren Ausrichtung der unternehmerischen Gestaltungsspielräume an den Interessen der Mitarbeiter verändert sich auch die Unternehmenskultur. Die Gestaltung der Unternehmenskultur muss vor allem die drei Hauptströmungen im modernen Unternehmen in Einklang bringen: **Unternehmensziele, Mitarbeiterzufriedenheit und Kundenorientierung** – je besser diese aufeinander abgestimmt sind, desto besser kann sich das Unternehmen am Markt behaupten.

**Erfolgsfaktoren
der Personalarbeit**

Aus dem Bereich der Unternehmenskultur lassen sich wichtige Befunde dafür ableiten, was ein erfolgreiches Unternehmen auszeichnet und welche Wechselwirkungen zum Personalmanagement bestehen. Erfolgreiche Unternehmen

- setzen stärker als andere auf eine klar formulierte **Personalstrategie**, die konkrete Handlungsimpulse für die Personalarbeit generiert.
- sehen mehr als andere in der Personalarbeit einen klaren **Wettbewerbsvorteil**.
- unterstützen stärker als andere den Mitarbeiter strukturell bei seiner **Personalentwicklung.**
- beurteilen häufiger die **individuelle Leistung** bei allen Mitarbeitern.
- arbeiten wesentlich mehr mit **Zielvereinbarungen**, die auch Konsequenzen beinhalten.
- verfolgen eine wesentlich umfangreichere **Kontrolle** der Zielvereinbarungen.
- haben eine umfangreichere und bessere **Personalarbeit**.

**Mitarbeiter-
orientierung**

Das bedeutet, dass sich die Arbeitsschwerpunkte im Personalbereich von der reinen Verwaltung und Einsatzplanung der Mitarbeiter in Richtung einer Einbindung in die unternehmerischen Abläufe und Prozesse verlagern. Dies kann im Einzelfall sogar so weit gehen, dass Mitarbeiter/-innen in Entscheidungsprozesse der Geschäftsleitung oder einzelner Projektleiter mit eingebunden werden.

Leistung wird nicht als Zwang empfunden, sondern sie ist das zwangsläufig automatische Ergebnis einer guten Zusammenarbeit, gegenseitigen Achtung und dem Streben nach einem gemeinsamen Ziel, von dem alle profitieren, ganz gleich ob es für den Unternehmer um den Gewinn, den Arbeitnehmer um den Lohn oder die Sicherung des Arbeitsplatzes geht oder ganz einfach nur darum, dass die Erledigung der Arbeit mit Freude verbunden ist.

Auch unter Kostenaspekten ist ein mitarbeiterorientiertes Personalmanagement sinnvoll. Der Rückgang der krankheitsbedingten Fehltage um einen Tag pro 100 Beschäftigte bringt etwa ein halbes Jahresgehalt oder 20.000,00 €. Da zwischen Krankheit und Unzufriedenheit am Arbeitsplatz ein nachgewiesener Zusammenhang besteht, zahlen sich Maßnahmen zur Steigerung der Arbeitszufriedenheit auch direkt aus. Jeder neunte Fehltag geht immerhin auf psychische Diagnosen zurück und als Auslöser werden immer wieder hohes Arbeitspensum, schlechter Informationsfluss und mangelndes Feedback durch Vorgesetzte genannt.

2
Bei der Personalbedarfsplanung sind viele Einzelheiten zu berücksichtigen

2.1
Personalstatistiken und Personalinformationssysteme – Daten zur Personalplanung

Personalstatistik

Ausgangspunkt für viele Entscheidungen des Personalbereiches ist die **Personalstatistik** als ein Instrument der Personalverwaltung. In einer Personalstatistik werden alle Belegschaftsmitglieder erfasst. Sie hat schwerpunktmäßig folgende Aufgaben:

Personalverwaltung

- **Information:** Durch einen unmittelbaren Zugriff hat die Geschäftsleitung oder ein anderer dazu befugter Personenkreis die Möglichkeit, Kenntnisse über alle jeweils wichtigen Daten des Personalbereiches zu erlangen.

Aufgaben der Personalstatistik

- **Entscheidungshilfe:** Daten der Personalstatistik dienen dazu, bestimmte Entscheidungen vorzubereiten. Dabei kann es sich ebenso um Personalbeschaffungen, verstärkte Maßnahmen zur Personalförderung wie auch um die Vorbereitung eines notwendigen Personalabbaus handeln.

- **Dokumentation:** Die Personalstatistik hält Daten fest, deren Beobachtung für einen längeren Zeitraum sinnvoll ist. So können z. B. Fehl- oder Arbeitsausfallzeiten über mehrere Jahre verfolgt und innerbetrieblich zwischen Abteilungen sowie extern mit denen anderer Unternehmen verglichen werden, um die Ursachen im eigenen Unternehmen besser erforschen zu können.

- **Kontrollfunktion:** Eng verbunden mit den vorausgehenden Aufgaben ist die Kontrolle der Umsetzung personalwirtschaftlicher Entscheidungen auf mittel- und langfristige Sicht. Dies gilt umso mehr, als der Personalbereich aufgrund des relativ hohen Lohnkostenanteils in einem hohen Maße zu der Wettbewerbsfähigkeit eines Unternehmens beiträgt.

Personalcontrolling

Personalstatistiken und Personalinformationssysteme geben sowohl der Personalabteilung als auch der Unternehmensleitung und den Vorgesetzten der einzelnen betrieblichen Abteilungen, aber z. B. auch dem Betriebsrat wichtige Informationen.

Personalinformationssysteme sind i. d. R. computergestützte Verfahren, durch die die Daten der Beschäftigten erfasst, gespeichert, bearbeitet und für unterschiedliche betriebliche Zwecke bereitgestellt werden. Personalinformationssysteme gehen weit über die Funktion einfacher Lohn- und Gehaltsabrechnungssysteme hinaus.

Personalinformationssysteme

Die Grundstruktur eines computergestützten Personalinformationssystems besteht aus folgenden Komponenten:

- **Personaldatenbank:** Hier erfolgt die Verwaltung der Stammdaten der Mitarbeiter. Zu diesen Daten zählen Personenmerkmale der Mitarbeiter, die konstant sind oder sich nicht kurzfristig ändern. Beispiele für Personalstammdaten:
  - Name und Nachname
  - Personalnummer
  - Kostenstelle
  - Lohn-/Gehaltsgruppe
  - Anschrift
  - Familienstand
  - Steuerklasse
  - Steueridentifikationsnummer
  - Krankenversicherung
  - usw.

Personaldatenbanken

- **Stellendatenbank:** Sie enthält Informationen über Tätigkeitsbereiche und Arbeitsplätze. Auch Arbeitsanforderungen, die an die Mitarbeiter durch eine zu erledigende Sachaufgabe gestellt werden, sind der Stellendatenbank zu entnehmen.

Stammdaten

Unabhängig davon unterscheidet man grundsätzlich zwei Kategorien von Personalinformationssystemen:

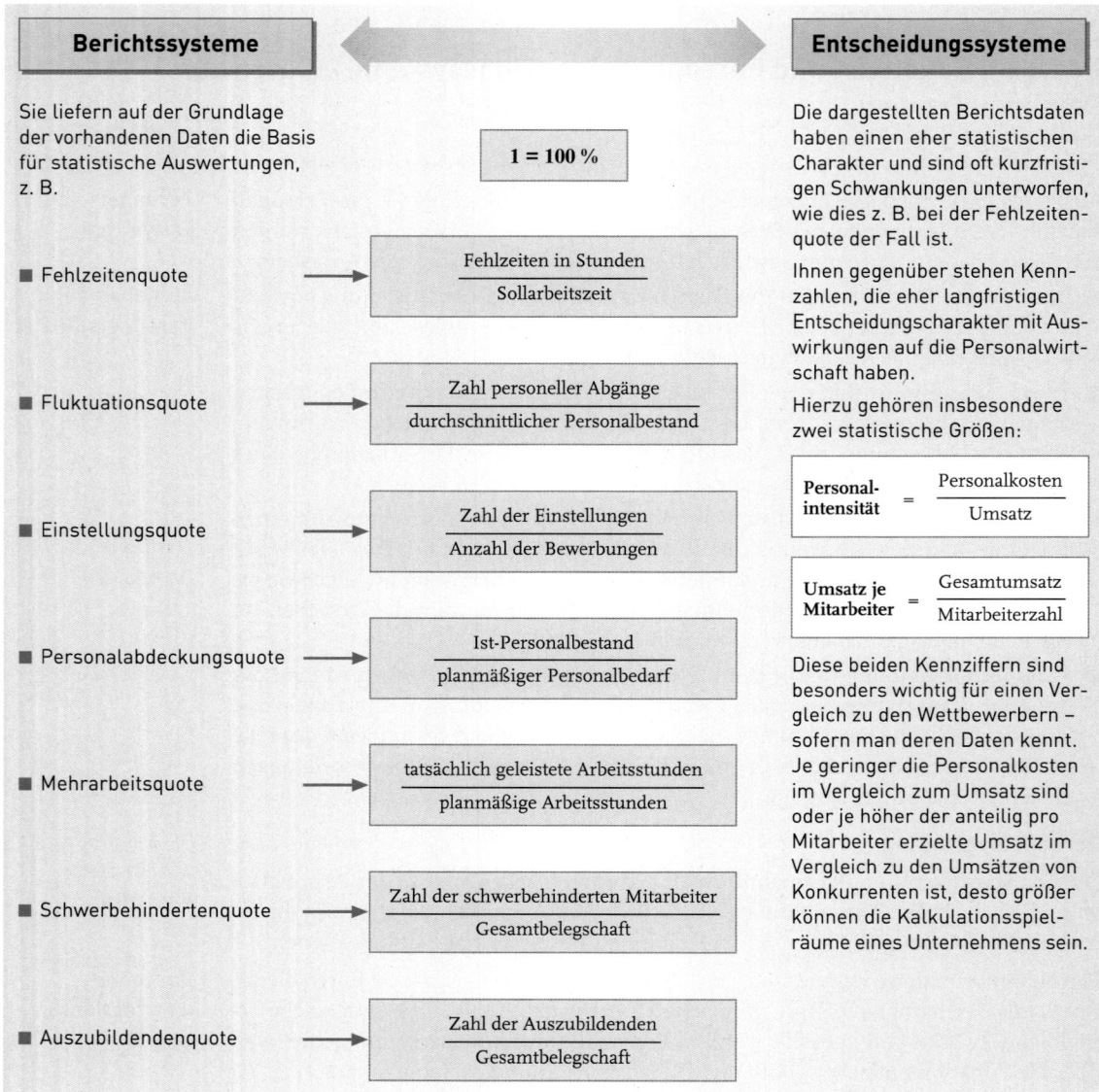

Berichtssysteme

Sie liefern auf der Grundlage der vorhandenen Daten die Basis für statistische Auswertungen, z. B.

$$1 = 100 \%$$

- Fehlzeitenquote

$$\frac{\text{Fehlzeiten in Stunden}}{\text{Sollarbeitszeit}}$$

- Fluktuationsquote

$$\frac{\text{Zahl personeller Abgänge}}{\text{durchschnittlicher Personalbestand}}$$

- Einstellungsquote

$$\frac{\text{Zahl der Einstellungen}}{\text{Anzahl der Bewerbungen}}$$

- Personalabdeckungsquote

$$\frac{\text{Ist-Personalbestand}}{\text{planmäßiger Personalbedarf}}$$

- Mehrarbeitsquote

$$\frac{\text{tatsächlich geleistete Arbeitsstunden}}{\text{planmäßige Arbeitsstunden}}$$

- Schwerbehindertenquote

$$\frac{\text{Zahl der schwerbehinderten Mitarbeiter}}{\text{Gesamtbelegschaft}}$$

- Auszubildendenquote

$$\frac{\text{Zahl der Auszubildenden}}{\text{Gesamtbelegschaft}}$$

Entscheidungssysteme

Die dargestellten Berichtsdaten haben einen eher statistischen Charakter und sind oft kurzfristigen Schwankungen unterworfen, wie dies z. B. bei der Fehlzeitenquote der Fall ist.

Ihnen gegenüber stehen Kennzahlen, die eher langfristigen Entscheidungscharakter mit Auswirkungen auf die Personalwirtschaft haben.

Hierzu gehören insbesondere zwei statistische Größen:

$$\text{Personalintensität} = \frac{\text{Personalkosten}}{\text{Umsatz}}$$

$$\text{Umsatz je Mitarbeiter} = \frac{\text{Gesamtumsatz}}{\text{Mitarbeiterzahl}}$$

Diese beiden Kennziffern sind besonders wichtig für einen Vergleich zu den Wettbewerbern – sofern man deren Daten kennt. Je geringer die Personalkosten im Vergleich zum Umsatz sind oder je höher der anteilig pro Mitarbeiter erzielte Umsatz im Vergleich zu den Umsätzen von Konkurrenten ist, desto größer können die Kalkulationsspielräume eines Unternehmens sein.

Externer Informations- bedarf   Daneben wird ein Teil der Daten auch außerhalb des Unternehmens benötigt. Dies ist z. B. der Fall bei den Sozialversicherungsträgern (Daten zur gesetzlichen Unfall-, Kranken-, Renten- und Pflegeversicherung) und den Agenturen für Arbeit (z. B. Meldung über die Zahl der offenen Stellen).

Kennzahlen   Neben tabellarischen und grafischen Darstellungsweisen lassen sich viele Personaldaten auch durch **Kennzahlen** wiedergeben. Vergleiche dieser Werte mit Kennzahlen früherer Perioden (Monate, Jahre) oder auch mit konkurrierenden Betrieben der gleichen Branche können wichtige Hinweise für einen Handlungsbedarf im Personalwesen geben.

Die Anwendung von Personalkennzahlen ist in den einzelnen Unternehmen sehr unterschiedlich und richtet sich ganz nach dem, was für die Geschäftsführung wichtig und interessant ist.

Hier einige Beispiele:

■ **Personalbeschaffung und -einsatz**
  – Bewerber pro Ausbildungsplatz
  – Vorstellungsquote
  – Effizienz der Personalbeschaffungswege
  – Personalbeschaffungskosten pro Eintritt
  – Effektivität der Personalbeschaffung
  – Zeitdauer bis zur Personalbesetzung
  – Durchschnittsalter der Belegschaft
	■ **Ausbildung und Personalentwicklung**
	  – Qualifikationsstruktur
	  – Ausbildungsquote
	  – Struktur der Bildungsmaßnahmen
	  – Weiterbildungskosten pro Tag und Teilnehmer
	  – Verbesserte soziale Kompetenz und Teamwork

■ **Arbeitsbewertung und Personalentwicklung**
  – Leistungsgrade
  – Arbeitsproduktivität
  – Planabweichungen (Zeit, Material, Produktion)
  – Arbeitswiederholung
  – Akzeptanz der Leistungsbewertung bei den Mitarbeitern
  – Personalkosten je Zeiteinheit
	■ **Arbeitsbezogene Einstellungen**
	  – Fluktuationsquote
	  – Fehlzeitenquote
	  – Arbeitszufriedenheit
	  – Leistungsmotivation
	
	■ **Partizipation und Vorschlagswesen**
	  – Zahl und Qualität der Verbesserungsvorschläge
	  – Einsparungsquote
	  – Innovationsbereitschaft
	  – Realisierungsquote

Datenschutzvorschriften

Bei der Erfassung und Verarbeitung von Arbeitnehmerdaten sind eine Reihe von Gesetzen und die daraus abgeleiteten Bestimmungen zu beachten. An oberster Stelle stehen das Bundesdatenschutzgesetz und die **Datenschutzgesetze** der einzelnen Bundesländer.

Datenschutzgesetze

Sie sehen z. B. vor, dass Mitarbeiter das Recht haben, Auskunft über ihre gespeicherten Daten zu erlangen. Daten, die unrichtig sind, müssen berichtigt werden. Daten müssen gelöscht werden, wenn ihre Speicherung nicht erfolgen durfte. Weiterhin muss sichergestellt sein, dass Unbefugte keinen Zugang zu den entsprechenden Datenverarbeitungsanlagen haben.

Nach § 87 Abs. 6 des Betriebsverfassungsgesetzes hat der Betriebsrat ein **Mitbestimmungsrecht** bei der Einführung und Auswertung technischer Einrichtungen, mit deren Hilfe das Verhalten oder die Leistung überwacht werden können. Durch interne Betriebsvereinbarungen werden häufig **Negativlisten** zwischen Unternehmensleitung und Betriebsrat vereinbart, die festlegen, welche Daten nicht in computergestützten Systemen gespeichert werden dürfen. Dazu gehören z. B.:

Mitbestimmungsrechte des Betriebsrates

Negativliste für Personaldaten

- Angaben über gesundheitliche Verhältnisse
- Daten über frühere Beschäftigungsverhältnisse
- Parteizugehörigkeiten
- erhaltene Kredite
- Daten über strafbare Handlungen

Hierbei handelt es sich nur um eine allgemeine Darstellung, die nicht unbedingt in jedem Fall gelten muss.

Immer dann, wenn solche Daten für bestimmte Berufsgruppen oder die Ausübung einer bestimmten Tätigkeit von besonderer Bedeutung sind, ist es auch erlaubt, diese zu erheben und zu speichern. So können z. B. von einem Geldtransport-, einem Lkw-Fahrer, einer Krankenschwester oder einem in einem Forschungslabor tätigen Mitarbeiter ggf. persönliche Daten verlangt werden, die ein Lagerarbeiter oder eine Mitarbeiterin im Versand nicht abgeben muss (siehe dazu auch die Ausführungen zum Thema Personalfragebogen in Kapitel 3.3).

Berufsspezifische Datenerhebungen

2.2
Personelle Veränderungen rechtzeitig erkennen, erfassen und auswerten – Voraussetzung für die Personalbedarfplanung

Faktoren für die Höhe des Personalbedarfs

Viele Einflussfaktoren bestimmen den Personalbedarf eines Unternehmens. Zu unterscheiden sind hierbei innere Faktoren, die durch das Unternehmen selbst bestimmt werden, und äußere Faktoren, auf die das Unternehmen selbst keinen unmittelbaren Einfluss hat.

Beispiele

Innere Faktoren	Äußere Faktoren
■ Herstellungsmengen und Erzeugnisarten ■ durchschnittliche Leistung der Arbeitskräfte ■ vorgesehene Rationalisierungsmaßnahmen ■ Form der Arbeitsorganisation ■ Modernitätsgrad der Produktionsmittel ■ Fehlzeiten und Fluktuation der Beschäftigten	■ Entwicklung gesamtwirtschaftlicher Größen (Wachstum, Lohnquote usw.) ■ Konkurrenzsituation ■ Branchenentwicklung ■ tarifvertragliche Änderungen (z. B. bei Arbeitszeit und Urlaub) ■ Änderungen im Arbeits- und Sozialrecht ■ staatliche Wirtschaftspolitik

Personalbedarfs-planung

Die Aufgaben der Personalbedarfsplanung bestehen darin, festzulegen, wie viele Arbeitskräfte (quantitativer Personalbedarf) mit welchen Qualifikationen (qualitativer Personalbedarf) zu welchem Zeitpunkt (zeitlicher Personalbedarf) an welchem Ort (örtlicher Personalbedarf) für betriebliche Zwecke zur Verfügung stehen sollten.

Der ermittelte Personalbedarf ist der Ausgangspunkt für die Personalbeschaffung, den Personaleinsatz und die Personalentwicklung, aber auch für etwaige Personalfreistellungen.

Brutto- und Nettopersonal-bedarf

Die Personalbedarfsplanung vollzieht sich im Wesentlichen in drei Schritten:

① Feststellung des Bruttopersonalbedarfs (Personalsoll-Bestand)
② Prognose über die Entwicklung des Personalbestands
③ Ermittlung des Nettobedarfs als Differenz zwischen Bruttopersonalbedarf und Personalbestand

Feststellung des Bruttopersonalbedarfs

Schritt ①

Verfahren der Personalbedarfs-planung

Ein Unternehmen kann bei dieser Aufgabe unterschiedliche Methoden anwenden:

■ **Schätzverfahren:** Die Bedarfszahlen beruhen auf Schätzwerten der Unternehmensleitung, die auf ihre bisherigen Erfahrungen im Personalbereich zurückgreift.

■ **Kennzahlmethode:** Hierbei sind zunächst Beziehungen zwischen bestimmten betriebswirtschaftlichen Größen (z. B. Umsatz, Auftragseingänge) zu der Anzahl der Mitarbeiter herzustellen. Ausgehend von diesen Kennzahlen werden Zielsetzungen formuliert.

Beispiel

Ausgangslage: 1 000 Auftragseingänge pro Tag werden von 20 Mitarbeitern erledigt. Das heißt, dass auf einen Mitarbeiter 50 Auftragserledigungen entfallen.

Planung: Erhöhung der Auftragseingänge durch eine innovative Produktoffensive von jetzt 1 000 Einheiten auf 1 500 Einheiten

Auswirkungen auf den Personalbedarf:

1 500 : 50 Aufträge = 30 Mitarbeiter.
Das heißt, es werden zusätzliche 10 Mitarbeiter benötigt.

■ **Stellenplanmethode:** Der zukünftige Personalbedarf wird aus den Stellenplänen und Stellenbeschreibungen ermittelt. Stellen sind Aufgabenbereiche, die von einem Aufgabenträger (Arbeiter, Angestellter) wahrgenommen werden.

Prognose der Personalentwicklung und Feststellung des Nettopersonalbedarfs

Die Ermittlung des Nettopersonalbedarfs beruht auf einer einfachen Rechnung. Sie geht von dem vorhandenen Personalstand aus und verrechnet alle bekannten Zu- und Abgänge. Darüber hinaus fließen die betrieblichen Planungen in die Überlegungen ein. Das Ergebnis ist der Nettopersonalbedarf.

Schritte ② und ③

> **Bruttopersonalbedarf − Personalbestand = Nettopersonalbedarf**

Eine solche Berechnung stellt nur eine globale Größe dar und kann keineswegs alle Fragen klären, die mit dem Personalbedarf verbunden sind. Je größer ein Unternehmen ist, desto stärker wird die Personalbedarfsplanung nach einzelnen Abteilungen, Arbeitsbereichen, Einsatzgebieten oder sonstigen Gesichtspunkten differenziert werden müssen, um zu aussagefähigen Bewertungen der ermittelten Ergebnisse zu kommen.

Beschränkende Faktoren

Für bestimmte Situationen und einzelne Unternehmensbereiche ist die Personalbedarfsrechnung überhaupt nicht sinnvoll anwendbar. Es gibt im allgemeinen Bereich **Unwägbarkeiten**, die in keiner Rechnung prognostiziert und schon gar nicht exakt erfasst werden können.

Wie soll z. B. die Frage, wie viele der Mitarbeiterinnen aus welcher Abteilung evtl. in der prognostizierten Planungsperiode schwanger werden und/oder wie viele von ihnen für welchen Zeitraum Elternzeit in Anspruch nehmen oder vielleicht danach nur noch in Teilzeit arbeiten können, in einer mathematischen Berechnung Eingang finden? Ganz einfach: nur über allgemeine Zuschläge auf den Personalbedarf, die auf allgemeinen Erfahrungswerten beruhen. Gleiches gilt auch für Kündigungen seitens der Arbeitnehmer, für Krankheitsfälle, vorzeitige Rentenanträge usw.

Gänzlich ungeeignet ist die Personalbedarfsrechnung, wenn es um personelle Veränderungen bei Stellen mit besonderen Befugnissen geht. Die Personalbedarfsrechnung muss sich ständig den sich wandelnden Gegebenheiten anpassen hat, d. h., sie muss laufend fortgeschrieben werden.

2.2.1
Gesellschaftliche Aufgaben mit Auswirkungen auf den Betrieb: Mutterschutz und Förderung junger Familien

Nach Artikel 6 des Grundgesetzes hat jede Mutter Anspruch auf den Schutz und die Fürsorge der Gemeinschaft. Das **Mutterschutzgesetz** legt zugunsten schwangerer Frauen und junger Mütter Beschäftigungsverbote sowie Schutzfristen für die Zeit vor und nach der Entbindung fest. Es gilt für alle Frauen, die in einem Arbeitsverhältnis stehen.

Mutterschutzgesetz

Das Gesetz verpflichtet den Arbeitgeber, bei der **Gestaltung des Arbeitsplatzes** auf die Belange der werdenden und stillenden Mütter Rücksicht zu nehmen, und verbietet schwere körperliche Arbeit während der Schwangerschaft sowie Mehr-, Nacht- und Sonntagsarbeit auch für die stillende Mutter. Das Arbeitsverbot gilt ebenso für gefährliche Arbeiten oder Tätigkeiten, bei denen die Gefahr besteht, dass sich die werdende Mutter gefährlichen Strahlungen aussetzt (z. B. in Prüflabors oder Röntgenzentren).

Arbeitsplatzgestaltung für werdende Mütter

Mutterschutzfrist

Die **Mutterschutzfrist**, in der die Schwangere nur noch auf ausdrücklich eigenen Wunsch beschäftigt werden darf, beginnt grundsätzlich sechs Wochen vor dem berechneten Geburtstermin. Die Mutterschutzfristen und andere mutterschutzrechtlichen **Beschäftigungsverbote** zählen bei der Berechnung des Erholungsurlaubs als Beschäftigungszeiten mit. Nach der Entbindung gilt in den ersten acht Wochen (bei Früh- und Mehrlingsgeburten zwölf Wochen) ein absolutes Beschäftigungsverbot. Der wegen einer vorzeitigen Geburt ungenutzte Teil der Schutzfrist wird an die Zeit nach der Geburt angehängt. Während der Schwangerschaft und noch vier Monate nach der Entbindung besteht Kündigungsschutz.

Die gesetzlichen Krankenkassen übernehmen für ihre Versicherten die Kosten der **Vorsorgeuntersuchungen** während

Vorsorge-untersuchung

der Schwangerschaft, für die Betreuung durch Ärzte und Hebammen, den Aufenthalt in der Geburtsklinik und wenn notwendig auch für häusliche Pflege und Hilfe.

Mutterschutzlohn

Eine weitere wichtige Bestimmung des Mutterschutzgesetzes ist, dass die werdende Mutter für die Zeiten des Mutterschutzes und eines eventuellen Beschäftigungsverbotes ihren bisherigen Durchschnittsverdienst (Mutterschutzlohn) behält.

Mutterschafts-geld

Während der Schutzfrist zahlen die Krankenkassen an Arbeitnehmerinnen ein **Mutterschaftsgeld**, das vom Arbeitgeber auf das bisherige Netto-Arbeitsentgelt aufgestockt wird. Diese Aufstockung und das Entgelt während eines Beschäftigungsverbotes erhalten die Unternehmen komplett von der Krankenkasse erstattet. Dafür wird die Umlage (U2) mit einem Beitragssatz von weniger als 0,5 erhoben. Bei arbeitslosen Frauen entspricht das Mutterschaftsgeld dem vorher bezogenen Arbeitslosengeld.

Anrechnung von Zusatzverdiensten

Bei der Berechnung des Arbeitgeberzuschusses zum Mutterschaftsgeld sind Verdiensterhöhungen, die während der Mutterschutzfristen wirksam werden, zu berücksichtigen.

Leistung an Nichtversicherte

Auch den nicht in der gesetzlichen Krankenkasse versicherten schwangeren Arbeitnehmerinnen muss ohne Kürzung des Arbeitsentgelts die Freizeit für notwendige ärztliche Vorsorgeuntersuchungen, die nur während der Arbeitszeit möglich sind, gewährt werden.

Um den Eltern die Einteilung ihrer familiären Aufgaben auch nach Ablauf des Mutterschutzes zu erleichtern, haben Mütter und Väter einen Anspruch auf **Elterngeld und Elternzeit**.

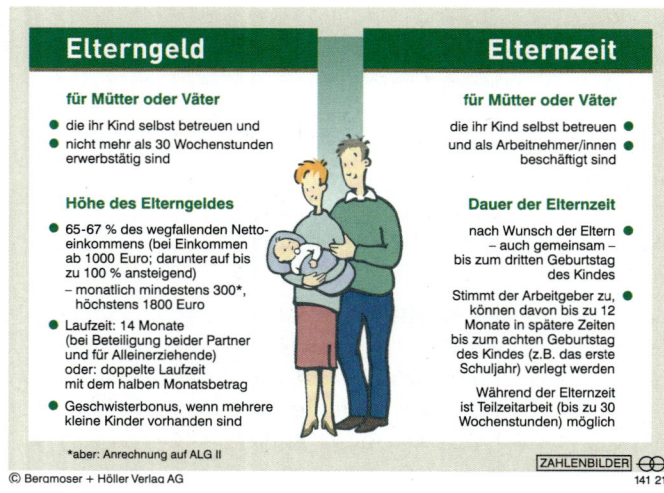

2.2.2
Das Recht auf Integration in die Arbeitswelt – die Schwerbehindertenquote als Bestandteil der Personalplanung

Jeder Arbeitgeber, der mehr als 20 Arbeitnehmer beschäftigt, hat die Pflicht, Schwerbehinderte einzustellen. Die Pflichtquote liegt bei 5 %.

Pflichtquote

Schwerbehinderte im Sinne des Gesetzes zur Sicherung der Eingliederung Schwerbehinderter in Arbeit, Beruf und Gesellschaft (Schwerbehindertengesetz = SchwbG) sind – abgesehen von Ausnahmen – Personen mit einem Grad der **Behinderung von wenigstens 50 %**. Den Grad der Behinderung stellt das Versorgungsamt fest.

Kommt ein Arbeitgeber dieser Pflicht nicht nach, so hat er nach dem „Gesetz zur Bekämpfung der Arbeitslosigkeit Schwerbehinderter" eine monatliche Ausgleichsabgabe zu zahlen:

Schwerbehinderten-abgabe

- 260,00 € pro fehlendem Platz bei einer jahresdurchschnittlichen Beschäftigungsquote von weniger als 2 % der nötigen Arbeitsplätze
- 180,00 € pro fehlendem Platz bei einer jahresdurchschnittlichen Beschäftigungsquote von 2 % bis unter 3 % der nötigen Arbeitsplätze
- 105,00 € pro fehlendem Platz bei einer jahresdurchschnittlichen Beschäftigungsquote von 3 % bis unter 5 % der nötigen Arbeitsplätze

Sonderregelung für Kleinbetriebe:

- Arbeitgeber mit bis zu 39 Arbeitsplätzen, die im Jahresdurchschnitt pro Monat weniger als einen Schwerbehinderten beschäftigen, zahlen monatlich 180,00 € pro unbesetztem Platz.

Regelung für Kleinbetriebe

- Arbeitgeber mit bis zu 59 Arbeitsplätzen, die im Jahresdurchschnitt pro Monat weniger als zwei Schwerbehinderte beschäftigen, zahlen auch monatlich 180,00 € pro Platz bzw. 260,00 €, wenn sie durchschnittlich weniger als einen Arbeitsplatz mit einem Schwerbehinderten besetzen.

2.2.3
Teilzeitarbeit

Viele Arbeitnehmer wollen aus familiären oder sonstigen privaten Grunden keine volle Arbeitsstelle ausüben. In Deutschland gehen mehr als sechs Millionen Menschen einer **Teilzeitbeschäftigung** nach. Damit arbeiten rund 16 % der beschäftigten Arbeitnehmer verkürzt.

Die Teilzeitarbeit wird durch das Teilzeitarbeitsgesetz geregelt. Es gründet sich auf eine EU-Richtlinie samt einer Rahmenvereinbarung der europäischen Sozialpartner, die in deutsches Recht umgesetzt wurde.

Ziel des Gesetzes ist es, das Arbeitspotenzial von Menschen, die eine Teilzeitbeschäftigung anstreben, besser zu nutzen. Zugleich soll durch den Ausbau der Teilzeitarbeit auch die Chancengleichheit zwischen Männern und Frauen und die Vereinbarkeit beruflicher und familiärer Aufgaben verbessert werden.

› INFO-Teil
LF 7, Kap. 4.4

Teilzeitarbeit erhöht die Anzahl der Beschäftigten, der Organisationsaufwand für den Einsatz der Arbeitskräfte wird größer. Dadurch entstehen höhere Organisations- und Personalführungskosten. Dem größeren Organisationsaufwand steht eine größere Flexibilität gegenüber.

Anspruch auf Teilzeitarbeit

Arbeitnehmer in Betrieben mit mehr als 15 Beschäftigten können eine Verringerung ihrer Arbeitszeit verlangen. Der Arbeitgeber muss der gewünschten Verkürzung und Verteilung der Arbeitszeit zustimmen, wenn nicht dringende betriebliche Gründe dagegen sprechen.

Spätestens einen Monat vor dem gewünschten Übergang zur Teilzeit hat der Arbeitgeber dem Beschäftigten seine Entscheidung über die Arbeitszeitverteilung (ggf. auch eine Ablehnung) schriftlich mitzuteilen.

Ausschreibung von Teilzeitstellen

Arbeitsplätze, die sich dafür eignen, müssen auch als Teilzeitarbeitsplätze ausgeschrieben werden. Beschäftigte, die ihr Interesse an einer veränderten Arbeitszeitgestaltung angemeldet haben, müssen vom Arbeitgeber über entsprechende freie Arbeitsplätze im Unternehmen informiert werden.

Die wichtigsten Regelungen des Teilzeitarbeitsgesetzes

Erhöhung der Arbeitszeit

Der Wunsch eines Teilzeitbeschäftigten auf eine Vollzeitstelle ist bei der Neubesetzung eines entsprechenden Arbeitsplatzes bevorzugt zu behandeln.

Diskriminierungsverbot

Teilzeitbeschäftigte dürfen wegen ihrer Teilzeitarbeit nicht schlechter behandelt werden als vergleichbare Vollzeitbeschäftigte.
(siehe auch „Allgemeines Gleichstellungsgesetz")

Über die dargestellten gesetzlichen Regelungen hinaus gibt es in den Unternehmen z. T. sehr individuelle Vereinbarungen über die Arbeitszeitgestaltung.

Zeitarbeitnehmer

Für die Personalplanung werfen die dargestellten Regelungen, die aus familienpolitischen und sozialen Gründen wünschenswert sind, doch einige Probleme auf, weil die vorübergehende Freistellung Lücken reißt, die von den anderen Arbeitskräften nur in sehr begrenztem Maße aufgefangen werden können. Andererseits bieten die verschiedenen Formen der Teilzeitbeschäftigung erfahrenen Mitarbeitern die Möglichkeit, im Unternehmen zu bleiben, auch wenn sie nicht mehr oder zeitweise nicht voll beschäftigt sein wollen. Für spätere Personalbedarfe ist dann bereits qualifiziertes Personal vorhanden, wenn die Teilzeitarbeit nur von beschränkter Dauer war.

Oft kommt eine Festanstellung zusätzlicher Arbeitnehmer nicht infrage. Dies ist ein Grund, warum die Zeitarbeit boomt. Mit Zeitarbeitskräften lassen sich zeitlich begrenzte Engpässe in der Personalversorgung ausgleichen. Die Zeitarbeit schafft jedoch leider eine Zweiklassengesellschaft im Unternehmen, wenn sie länger andauert. Zeitarbeiter verdienen häufig weniger als Festangestellte. Diese Praxis ist jedoch – auch aufgrund von EU-Vorgaben – rückläufig.

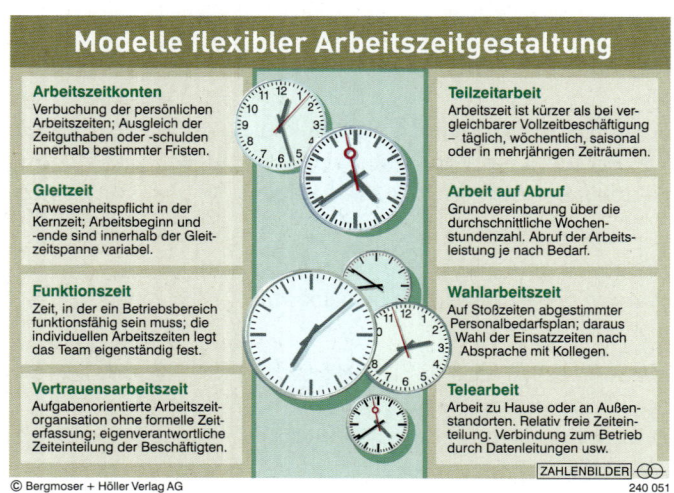

Modelle flexibler Arbeitszeitgestaltung

Arbeitszeitkonten
Verbuchung der persönlichen Arbeitszeiten; Ausgleich der Zeitguthaben oder -schulden innerhalb bestimmter Fristen.

Gleitzeit
Anwesenheitspflicht in der Kernzeit; Arbeitsbeginn und -ende sind innerhalb der Gleitzeitspanne variabel.

Funktionszeit
Zeit, in der ein Betriebsbereich funktionsfähig sein muss; die individuellen Arbeitszeiten legt das Team eigenständig fest.

Vertrauensarbeitszeit
Aufgabenorientierte Arbeitszeitorganisation ohne formelle Zeiterfassung; eigenverantwortliche Zeiteinteilung der Beschäftigten.

Teilzeitarbeit
Arbeitszeit ist kürzer als bei vergleichbarer Vollzeitbeschäftigung – täglich, wöchentlich, saisonal oder in mehrjährigen Zeiträumen.

Arbeit auf Abruf
Grundvereinbarung über die durchschnittliche Wochenstundenzahl. Abruf der Arbeitsleistung je nach Bedarf.

Wahlarbeitszeit
Auf Stoßzeiten abgestimmter Personalbedarfsplan; daraus Wahl der Einsatzzeiten nach Absprache mit Kollegen.

Telearbeit
Arbeit zu Hause oder an Außenstandorten. Relativ freie Zeiteinteilung. Verbindung zum Betrieb durch Datenleitungen usw.

© Bergmoser + Höller Verlag AG

ZAHLENBILDER
240 051

Über die Teilzeitarbeit hinaus gibt es eine Vielzahl Möglichkeiten, die Arbeitszeit den individuellen Wünschen[1] und/oder betrieblichen Erfordernissen anzupassen. Die wichtigsten Modelle in Kurzform:

Funktionsweise	Arbeitszeitmodell
Es besteht keine feste Arbeitszeit. Je nach Bedarf wird die Arbeitskraft im Rahmen der vereinbarten Wochenarbeitszeit eingesetzt. Der Arbeitnehmer muss sich zu Hause für den Einsatz bereithalten.	Arbeit auf Abruf
Die tägliche Arbeitszeit richtet sich nach persönlichen Bedürfnissen und betrieblichen Erfordernissen. Es gibt Kernzeiten, in denen für alle Arbeitnehmer Anwesenheitspflicht besteht.	Gleitzeit
Die individuelle Arbeitszeit wird auf die Hälfte reduziert. Dies ist das bekannteste Teilzeitmodell und wird vor allem von Frauen praktiziert.	Halbtagesarbeit
Die vertragliche Arbeitszeit wird reduziert, während weiterhin Vollzeit gearbeitet wird. Die „überschüssigen" Stunden werden als zusätzliche freie Zeiten auf einem Arbeitszeitkonto angespart, um z. B. tageweise oder wochenweise als Freizeit ausgeglichen zu werden.	Individuelle Arbeitszeit
Die Arbeitszeit passt sich an den Arbeitsanfall im Jahresverlauf an. Spielraum besteht bei Tätigkeiten, die nicht unmittelbar erledigt werden müssen, sowie aufgrund von Tauschmöglichkeiten untereinander.	Jahresarbeitszeit
Zwei oder mehrere Arbeitnehmer teilen sich als Gemeinschaft einen oder mehrere Arbeitsplätze. Die Partner können Dauer und Lage ihrer individuellen Arbeitszeiten selbst festlegen.	Job-Sharing
Anpassung der Arbeitszeit an Schwankungen im Arbeitsanfall, die über die Jahresarbeitszeit hinausgehen. Es werden Plusstunden angespart, damit in Lebensphasen, in denen z. B. mehr Zeit für die Familie oder für Weiterbildung gewünscht wird, die Arbeitszeit unter Beibehaltung eines gleichmäßigen Gehalts reduziert werden kann.	Langzeitkonten/ Lebensarbeits-zeitkonten
Die Betriebszeit (Tag, Woche, Monat oder Jahr) wird in Zeitblöcke (Module) aufgeteilt. Die Beschäftigten teilen die Module unter Einhaltung der betrieblichen Besetzungsvorgaben beliebig untereinander auf.	Modulare Arbeitszeit
Die herkömmliche Zeiterfassung entfällt mit dem Ziel, eine Vertrauenskultur mit „unternehmerisch denkenden Mitarbeiter/-innen" zu entwickeln. Im Allgemeinen wird davon ausgegangen, dass der (die) Mitarbeiter/-in seine vertraglich vereinbarte Arbeitszeit selbst managt.	Vertrauens-arbeitszeit
Die Arbeitnehmer haben einen rollierenden freien Tag pro Woche. Die rollierende Wochenarbeit dient in erster Linie einer gerechten Verteilung der Arbeitszeit unter Einbeziehung des Samstags im Einzelhandel.	Rollierende Wochenarbeit
Die Mitarbeiter/-innen verzichten trotz Vollzeitarbeitsplatz auf einen Teil ihres Jahresentgelts. Dadurch erzielen sie einen Freizeitanspruch, der als zusätzlicher längerer Urlaub abgegolten wird.	Sabbatjahr
Die Arbeitszeit wird individualvertraglich ohne Lohnausgleich gekürzt (Einzelheiten siehe oben).	Teilzeitarbeit
Die Arbeit wird von zu Hause aus erledigt. Es besteht keine Anwesenheitspflicht im Betrieb. Die Verbindung dorthin erfolgt über Datenleitungen.	Telearbeit
Die Arbeitszeit wird nach einem gewissen Arbeitszeitrhythmus verteilt. Es kann z. B. bei einer Halbtagsstelle eine Woche als Vollzeitkraft gearbeitet werden, die nächste Woche ist frei oder es wird in den einzelnen Wochen jeweils an verschiedenen Tagen gearbeitet (z. B. in der ersten Woche Montag bis Mittwoch, zweite Woche Mittwoch bis Freitag)	Turnusteilzeiten
Die Arbeitszeit wird gegenüber der vollen Arbeitswoche um einen Tag reduziert. Dies ist mit einem anteiligen Entgeltverzicht verbunden.	Vier-Tage-Woche
Die Mitglieder eines Teams regeln die Dauer und Lage ihrer Arbeitszeit eigenständig unter Berücksichtigung bestimmter betrieblicher Vorgaben (z. B. minimale Präsenz- oder Ansprechzeiten, Lieferfristen, Durchlaufzeiten) Das Modell ist eine Erweiterung des Job Sharing-Prinzips.	Zeitautonome Arbeitsgruppe

---

1 Zum Thema individueller Rücksichtnahme auf die Belange der Arbeitnehmer siehe auch Kapitel 4.4

3
Die richtigen Mitarbeiter und Mitarbeiterinnen finden – Grundlagen des Prozessablaufes der Personalauswahl

Es gibt unterschiedliche Möglichkeiten, das nötige Personal zu gewinnen und zu beschaffen:

- Erstausbilden von Jugendlichen und anschließende Übernahme in ein Arbeitsverhältnis
- Einstellen von Arbeitssuchenden
- Abwerben von Mitarbeitern anderer Unternehmen (z. B. Headhunting)
- Einstellen von Berufsrückkehrern, z. B. nach der Familienphase
- Beschäftigen von Zeitarbeitnehmern
- Umschulungs- und interne Qualifikationsmaßnahmen

Die dargestellten Möglichkeiten schließen einander nicht aus, sie ergänzen sich. Welche Maßnahmen ergriffen werden oder als geeignet erscheinen, hängt von der jeweiligen unternehmerischen Situation ab.

In der Regel ist mit einer Personalaufstockung das Problem verbunden, geeignete Bewerber zu finden und die richtige Personalauswahl zu treffen.

3.1
Stellen- und Qualifikationsprofile als Voraussetzung für eine zielgerichtete Personalauswahl und einen entsprechenden Personaleinsatz

Stellen
> Band 1, LF 2
Auflistung aller einzelnen Teilaufgaben

Stellen sind aus personalwirtschaftlicher Sicht die kleinsten organisatorischen Einheiten in einem Unternehmen. Sie entstehen, indem zunächst die Gesamtaufgabe des Unternehmens im Rahmen einer **Aufgabenanalyse** sehr detailliert in alle damit verbundenen Einzelaufgaben aufgeschlüsselt wird. Dabei darf nichts vergessen werden, weil letztlich jede unberücksichtigt gebliebene Tätigkeit zu Störungen oder Verzögerungen beim Erledigen der Gesamtaufgabe führen kann. Jede noch so klein und nebensächlich erscheinende Aufgabe im Gesamtablauf des Unternehmens hat ihre Bedeutung.

Zusammenfassung zu Stellen

Im Rahmen der **Aufgabensynthese** werden sogenannte zuordnungsreife, also zueinander passende Einzelaufgaben zu Stellen zusammengefasst. Dabei handelt es sich um einen Aufgabenkomplex, der von einer Person (Stelleninhaber) zu erledigen ist.

Für jeden Arbeitsplatz in einem Unternehmen gibt es ein darauf zugeschnittenes Stellenprofil. Es ist unabhängig von der Person, die diesen Arbeitsplatz besetzt und enthält sowohl die Darstellung der einzelnen Tätigkeitsbereiche als auch die damit verbundenen Qualifikationen sowie die besonderen Verantwortungsbereiche und ggf. auch die Vollmachten, die mit der Stelle verbunden sind.

Stellenbeschreibung

Stellenbezeichnung (KST): Sachbearbeiterin
Haupt- und Nebenbuchhaltung

Vorgesetzte/r:
Stelleninhaber/in:
Unterstellung: –
Stellvertreter/in:
Ziel der Stelle: Ordnungsgemäße und zeitnahe Führung sämtlicher Bücher
inkl. pünktlicher Berichterstattung

Aufgaben der Stelle:

Aufgabe:	Handlungsspielraum/ Verantwortung:							
	1	2	3	4	5	6	7	8
Monatliche/jährliche Ermittlung des Betriebsergebnisses (Führen der Debitoren-, Kreditoren- und Hauptbuchhaltung) Erstellung prüffähiger Abschlussunterlagen zum Jahresende				X				
Erstellung der monatlichen internen Berichtswesen an die GL wie G+V, Fixkostenermittlung und Bilanzstatusbericht und Kommentierung				X				
Vorbereitung und Abwicklung des Zahlungsverkehrs				X				
Pflegen der Kreditoren, Debitoren und Sachkontenstammdaten			X					
Externes Berichts- und Meldewesen Umsatzsteueranmeldung inkl. der Verprobung			X					

Der Stelleninhaber ist verpflichtet, neben den weiter oben aufgeführten Aufgaben Einzelaufträge seines Vorgesetzten durchzuführen, sofern diese dem Wesen der Stelle entsprechen oder sich aus betrieblicher Notwendigkeit ergeben. Im Schnitt erfolgen die Arbeitsdurchführungen gemäß Anweisung mit normalen Handlungsspielraum innerhalb der Arbeitsaufgabe.

Kommunikation: Abstimmung mit dem Vorgesetztem und verantwortlichen Geschäftsführer über routinemäßige Einzelfragen hinaus, bei häufig unterschiedlichen Voraussetzungen im direkten Zusammenhang (Abschluss- bzw. Bewertungsfragen) mit der Arbeitsaufgabe.

Denktätigkeit/Aufmerksamkeit: Nachvollziehbare schwierige Tätigkeiten, die eine schwieriger zu erfassende Aufnahme von Informationen beinhaltet und es erfordern, bekannte Lösungswege auszuwählen und anzuwenden.

Besondere Befugnisse: Bankvollmacht WH-UK

3.2
Mitarbeiter aus den eigenen Reihen für neue Aufgaben gewinnen oder von außen neu in das Unternehmen holen

3.2.1
Interne Stellenausschreibungen und Personalumsetzungen

Die innerbetriebliche Besetzung freier Stellen kann durch verschiedene Maßnahmen eingeleitet werden:

- **Versetzung** von Mitarbeitern in eine andere Abteilung
- Wahrnehmung einer anderen Aufgabe mit gleichzeitiger **Beförderung**
- Interne **Stellenausschreibung** (z. B. mittels Mitarbeiterzeitschrift, Newsletter, „Schwarzes Brett" – auch elektronisch)

Eine solche Veränderung innerhalb des Unternehmens hat viele Vor-, aber auch einige Nachteile. Ein Abwägen ist oft unvermeidbar. Wenn nötig, sollte sie durch eine berufliche Weiterqualifizierung flankiert sein.

Vorteile innerbetrieblicher Personalbeschaffung:	**Nachteile** innerbetrieblicher Personalbeschaffung:
■ Aufstiegschancen im Betrieb erhöhen die Bindung der Arbeitnehmer an das Unternehmen ■ geringere Beschaffungskosten ■ in aller Regel keine Probezeit ■ Betriebskenntnis, kurze Einarbeitungs- und Einfindungszeit ■ Fähigkeiten und Möglichkeiten des Mitarbeiters sind bekannt ■ Stelle kann ohne langes Suchen rascher besetzt werden ■ ursprüngliche Position des Arbeitnehmers wird frei, Chance für den Nachwuchs ■ äußerste Transparenz der Personalpolitik	■ weniger Auswahlmöglichkeiten durch geringes Kontingent an Bewerbern ■ möglicherweise „Betriebsblindheit" des Arbeitnehmers, keine Innovation von außen ■ innerbetriebliche Beschaffung löst den Personalbedarf rein quantitativ nicht; ein Loch wird gestopft, doch ein anderes aufgerissen ■ starke kollegiale Bindungen des Arbeitnehmers, Sachentscheidungen können dadurch beeinflusst werden ■ Neidfaktor bei Arbeitskollegen, die nicht bedacht werden

Dabei kann es sich um innerbetriebliche Schulungen, aber auch um externe Fort- und Weiterbildungen handeln. Sind gegenwärtige oder auch zukünftige Arbeitsanforderungen durch Mitarbeiter nicht zu erfüllen, können im Rahmen der Personalentwicklung natürlich auch geeignete Fördermaßnahmen ergriffen werden.

Aufstiegs-qualifizierung

Die innerbetriebliche Besetzung frei werdender oder neu zu schaffender Stellen wird immer dann ein vorrangiges Ziel sein – auf das der Betriebsrat bestehen wird –, wenn es an anderen Stellen im Unternehmen Freisetzungen gibt und diese Mitarbeiter grundsätzlich auch geeignet sind, eine andere Stelle zu besetzen.

Ähnliche Argumente sprechen auch für die **Übernahme von Auszubildenden**, die sich bewährt und ein gutes Zeugnis ihrer Leistung abgegeben haben:

Weniger Personalwechsel

Gute Berufsausbildung mit intensiver Betreuung der Auszubildenden verstärkt das Zugehörigkeitsgefühl zum Unternehmen. Das fördert die Betriebstreue. Kosten für Personalwechsel werden verringert.

Sofort einsatzfähige qualifizierte Fachkräfte

Übergreifende Qualifikationen, wie Arbeiten im Team und Einblicke in die Firmenkultur erleichtern es, sich im Betrieb zurechtzufinden und die jeweiligen Arbeitsplätze ohne längere Einarbeitungszeit auszufüllen.

Geringe Einarbeitungskosten

Vom Arbeitsmarkt eingestellte Fachkräfte können neues Wissen und Können einbringen, sie kennen den Betrieb aber nicht von innen. Neue Fachkräfte müssen gründlich eingearbeitet werden – durch learning by doing, Informationsgespräche, Weiterbildungsmaßnahmen usw. Solche Kosten fallen nicht an, wenn im Betrieb Ausgebildete als Fachkräfte eingesetzt werden.

Fünf Argumente für eine Stellenbesetzung mit „fertigen" Auszubildenden

Weniger Kosten für Neueinstellungen

Auszubildende zu suchen und einzustellen ist i. d. R. kostengünstiger, als ausgebildete Fachkräfte vom Arbeitsmarkt zu beschaffen.

Weniger Fehlbesetzungen

Für die zu besetzenden Stellen kann der Betrieb geeignete Ausbildungsabsolventen auswählen. Die Stärken und Schwächen der Auszubildenden werden i. d. R. mehrfach eingeschätzt und beurteilt. Dies spart Geld, denn die Umsetzung eines Mitarbeiters auf einen anderen Arbeitsplatz einschließlich Einarbeitung bzw. Entlassung und Neueinstellung ist teuer.

eigene Darstellung in Anlehnung an: www.wuerzburg.ihk.de, Zugriff am 08.08.2007

3.2.2
Neue Kräfte von außen durch die externe Personalbeschaffung

Wenn die Stellenbesetzung durch Interne nicht sinnvoll oder nicht möglich ist, bleibt nur der Weg auf den freien **Arbeitsmarkt.** Dies kann auf sehr unterschiedliche Weise geschehen. Dazu gehört z. B.:

Arbeitsmarkt

- Melden der freien Stelle bei der Agentur für Arbeit
- Einschalten privater Arbeitsvermittler
- Beauftragen von Zeitarbeitsfirmen bei vorübergehender Personalknappheit
- Empfehlungen durch Mitarbeiter nutzen
- Zeitungsanzeige in der regionalen oder überörtlichen Presse
- Veröffentlichung in einer Internet-Jobbörse (z. B. www.monster.de)
- Einschalten sogenannter „Headhunter" bei besonders wichtigen Positionen

Mit einer externen Stellenbesetzung ist in einem noch höheren Maße als bei einer rein internen Maßnahme die Notwendigkeit einer klaren **Stellenausschreibung** verbunden. Darin sollten folgende Gesichtspunkte enthalten sein:

Stellenausschreibung

- Informationen zum Unternehmen (Branche, Standort usw.)
- Begründung der Stellenausschreibung (z. B. Erweiterung unseres Marktgebietes, Ausbau der Marktaktivitäten, Unterstützung der Geschäftsleitung)
- Informationen über die zu besetzende Stelle (Aufgaben-/Unternehmensbereich, Befugnisse, Kompetenzen, Perspektiven usw.)
- persönliche Anforderungen an den Stellenbewerber (schulischer Abschluss, fachliche Erfahrung, Marktkenntnisse, Persönlichkeitsmerkmale usw.)
- besondere soziale Leistungen des Unternehmens (tarifliche Einstufung, übertarifliche Leistungen usw.)
- Einstellungszeitpunkt
- Arbeitszeit (Voll- oder Teilzeitstelle), Befristung
- Art der Bewerbung, Hinweis auf die zu erbringenden Bewerbungsunterlagen
- Termin zum Eingang der Bewerbungsunterlagen
- Anschrift dessen, an den die Bewerbung zu richten ist

Vorteile außerbetrieblicher Personalbeschaffung:	**Nachteile** außerbetrieblicher Personalbeschaffung:
■ breitere Auswahl an Arbeitnehmern ■ neue Impulse und Innovation von außen ■ keine innerbetrieblichen Verschiebungen erforderlich ■ positive Erwartungshaltung gegenüber der Leistungsbereitschaft des neuen Arbeitnehmers ■ keine negativen Reaktionen von nicht berücksichtigten internen Mitarbeitern	■ höhere Beschaffungskosten ■ hohe externe Einstellungsquote und häufiges Erscheinen auf dem Arbeitsmarkt kann dazu führen, dass die Fluktuation von Arbeitnehmern begünstigt wird ■ negative Einwirkungen auf das Betriebsklima durch Beförderungsfrust beim Stammpersonal ■ Risiko der Probezeit, in der es sich der neue Arbeitnehmer kurzfristig noch einmal anders überlegen könnte ■ Einarbeitungs- oder zumindest Einführungszeit ■ Stellenbesetzung mit entsprechenden Sondierungen ist zeitaufwendig

Als **Zeitarbeit** oder sogenannte Arbeitnehmerüberlassung gilt, wenn ein Arbeitgeber (Zeitarbeitsunternehmen) bei ihm angestellte Arbeitskräfte (Zeitarbeitnehmer) einem anderen Unternehmen (Kundenunternehmen) zur Verfügung stellt, das wiederum diese wie eigene Mitarbeiter einsetzt. Der Arbeitsvertrag der Zeitarbeitnehmer besteht mit dem Zeitarbeitsunternehmen.

Vertrag mit Zeitarbeitsfirma

3.3
Bewerbung und Auswahlverfahren – der erste entscheidende Eindruck

Personalauswahl Das Verfahren zur **Personalauswahl** gliedert sich in mehrere Stufen. Je nachdem wie umfangreich die Anzahl der Bewerbungen und/oder wie unterschiedlich deren Qualität ist, können einzelne Stufen entfallen, aber auch ausgebaut oder ergänzt werden.

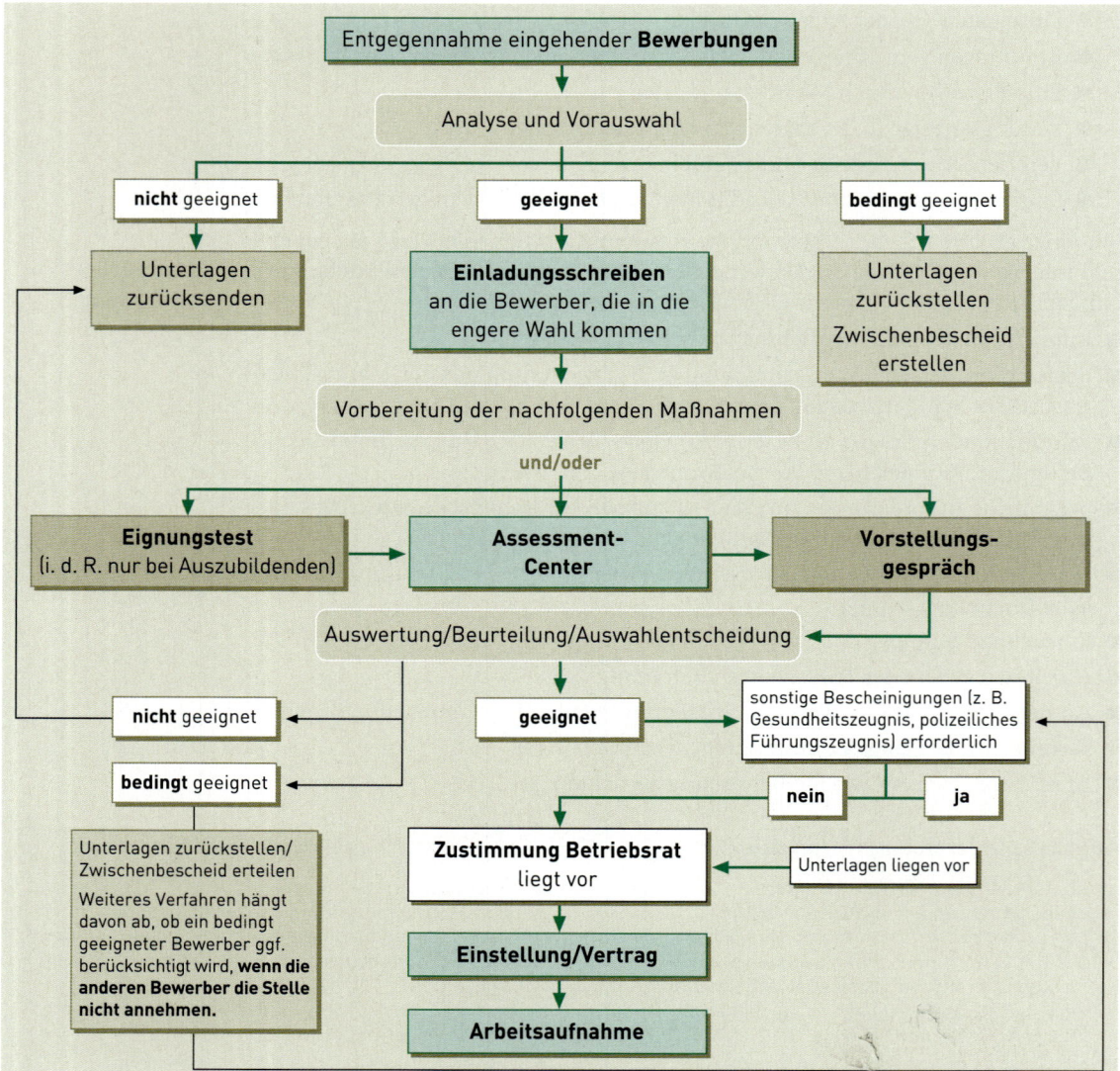

Bewertung von Bewerbungseingängen Nach einer Stellenausschreibung wird i. d. R. eine Vorauswahl getroffen. Die Mitarbeiter der Personalabteilung, die diese Aufgaben übernehmen, sollten

- die Bewerbungsunterlagen auf Vollständigkeit und ausreichende inhaltliche Aussagefähigkeit prüfen können,
- in der Lage sein, die Bewerbungsunterlagen nach systematischen Kriterien zu sichten, zu analysieren und vorzusortieren,
- bei der Bearbeitung ein hohes Maß an Objektivität zeigen,
- alle Maßnahmen rechtzeitig mit dem jeweiligen Vorgesetzten und ggf. auch mit dem Betriebsrat abstimmen.

Eine **vollständige Bewerbung** sollte folgende Bestandteile haben:

- Anschreiben, in dem in einer nachvollziehbaren Weise begründet wird, warum sich jemand bewirbt. Hier kann man schon mit etwas Fingerspitzengefühl erkennen, ob jemand mit Floskeln arbeitet oder ob die Begründung ernst zu nehmen ist.
- vollständiger Lebenslauf
- Bewerbungsfoto (Porträt)
- Zeugnis des letzten Schulabschlusses
- Qualifikationsnachweise (Lehrgänge, Tätigkeitsnachweise)
- Zeugnisse bisheriger Arbeitgeber
- ggf. polizeiliches Führungszeugnis (bei bestimmten Stellenausschreibungen nötig)
- ggf. Gesundheitszeugnis (z. B. bei Mitarbeitern in der Kantine)

Neben dem Kriterium Vollständigkeit entsteht bei der Sichtung der Unterlagen fast zwangsläufig schon ein erster **allgemeiner Eindruck** über den Bewerber. Weitere Gesichtspunkte sind

- die **äußere Form** des Bewerbungsschreibens: Art der Verpackung, Größe des Umschlages, Sauberkeit der Unterlagen, Schriftbild, Einhaltung von Briefnormen, ausreichende Frankierung, klare Absenderangaben usw.
- das **sprachliche Niveau** des Anschreibens und des Lebenslaufes: Ausdrucksform, Stil, Satzbau, Zeichensetzung, Rechtschreibung
- der **Inhalt** des Schreibens: Überzeugungsgrad, Sachlichkeit, Begründung der Bewerbung, Selbsteinschätzung der Fähigkeiten, möglicher Zeitpunkt des Eintritts usw.
- der **Lebenslauf**: schulischer Werdegang, berufliche Ausbildung, Anzahl bisheriger Stellenwechsel, zeitliche Geschlossenheit des Lebenslaufes, erkennbare Lückenlosigkeit, besondere Auffälligkeiten usw.
- die Art der **Zeugnisse** und Qualität der Abschlüsse: Noten in „Schlüsselfächern", aber auch Bewertungen in Nebenfächern, Zeugnissen früherer Arbeitgeber, Referenzangaben usw.
- die **Arbeitszeugnisse** im Speziellen: qualifizierte Zeugnisse geben Aufschluss über Tätigkeitsgebiete; ihre Aussagefähigkeit ist zum Teil begrenzt, weil andere Unternehmen ggf. andere Begriffe verwenden
- vorliegende **Referenzen**: Auskunft über Sachverhalte und Qualifikationen, die bei der bisherigen Ausübung einer Tätigkeit keine Rolle spielten; wenn der Referenzgeber nicht bekannt ist, wird der Wert der Referenz allerdings eingeschränkt.

Personalfragebögen

Bevor man die in die engste Auswahl gekommenen Bewerber zu einer persönlichen Vorstellung einlädt, werden häufig Personal- oder Bewerbungsbögen zugesandt. Personalfragebögen müssen vom Betriebsrat genehmigt werden.

---

§§ Auszug aus dem Betriebsverfassungsgesetz

§ 94 Personalfragebogen
(1) Personalfragebögen bedürfen der Zustimmung des Betriebsrats. Kommt eine Einigung über ihren Inhalt nicht zustande, so entscheidet die Einigungsstelle. Der Spruch der Einigungsstelle ersetzt die Einigung zwischen Arbeitgeber und Betriebsrat.

(2) Absatz 1 gilt entsprechend für persönliche Angaben in schriftlichen Arbeitsverträgen, die allgemein für den Betrieb verwendet werden sollen, sowie für die Aufstellung allgemeiner Beurteilungsgrundsätze.

Zulässige Fragen　Erfragt werden darf nur das, was auch von betrieblichem Interesse ist und was im Zusammenhang mit der Ausübung der Tätigkeit im Interesse der Gesundheit des Arbeitnehmers sein kann. Die Bewerber sind grundsätzlich verpflichtet, die Fragen wahrheitsgemäß zu beantworten. Sie haben sogar die Pflicht, Dinge offen zu legen, die für den künftigen Arbeitgeber und den Arbeitseinsatz von Interesse sind. Werden solche Sachverhalte verschwiegen oder wird bewusst eine falsche Aussage gemacht, kann dies dazu führen, dass ein Arbeitsverhältnis wieder aufgelöst wird, weil es unter falschen Voraussetzungen zustande kam.

Generell zulässig sind Fragen, die einen Bewerber nicht diskriminieren oder bewusst in seinen Persönlichkeitsmerkmalen benachteiligen.

Beispiele für zulässige Fragen

- schulischer Abschluss und vorhandener Berufsabschluss
- bisherige berufliche Tätigkeit
- spezielle berufliche Kenntnisse und Fertigkeiten
- vorhandene Referenzen
- frühest möglicher Eintrittstermin in das Unternehmen

- eventuelle Sperrfristen und Wettbewerbsverboten
- Schwerbehinderungen (wegen der evtl. verminderten Einsatzfähigkeit)
- Gehaltsvorstellungen

Problematische Fragen　Dagegen sind Fragen **nicht oder nur bedingt zulässig**, die nichts oder nicht unmittelbar etwas mit der auszuübenden Tätigkeit zu tun haben und in erster Linie darauf ausgerichtet sind, Bewerber auszuschließen oder deren Chancen zu verringern.

Beispiele für problematische Themen

- geschlechtsbezogene Fragen
- Fragen nach einer bestehenden Schwangerschaft
- erbetene Aussagen über einen Kinderwunsch
- Fragen nach der Gewerkschaftszugehörigkeit
- geforderte verbindliche Angaben über Heiratsabsichten

- Fragen nach Vorstrafen
- Angaben zu den allgemeinen Vermögensverhältnissen (z. B. Schulden)
- Angaben über die Religionszugehörigkeit
- Informationen über bevorzugte Freizeitbetätigungen
- Angaben zu chronischen Erkrankungen

Einschränkend gilt in allen Fällen jedoch, dass auch diese Fragen im Einzelfall möglich sind. So kann z. B. die Frage nach einer Vorstrafe oder nach vorhandenen Schulden für jemanden, der sich als Maurer bewirbt, völlig sachfremd sein, während diese Information für eine Firma, die Geldtransporte tätigt, eine ganz wichtige Sache darstellt.

Ebenso ist die Frage nach einer Schwangerschaft normalerweise nicht erlaubt, darf aber gestellt und muss wahrheitsgemäß beantwortet werden, wenn es sich um eine Tätigkeit handelt, die eine Schwangere nicht ausüben darf. Ähnliches gilt für Fragen nach dem Gesundheitszustand oder Behinderungen. Haben diese Aspekte mit der geplanten Tätigkeit zu tun, sind solche Fragen sogar unerlässlich.

Auch bei Zielvereinbarungsgesprächen oder Jahresgesprächen muss vom Vorgesetzten zwischen dem, was im engen betrieblichen Interesse liegt, und dem, was den privaten Bereich des Mitarbeiters betrifft, unterschieden werden. Es darf auch hier nicht alles erfragt werden.

Kommt eine Bewerberin oder ein Bewerber in die engere Auswahl, geht es im nächsten Schritt darum, die Person kennenzulernen. Über die Informationen aus den Schriftstücken hinaus versucht man nun, näher an den Menschen heranzukommen. Der potenzielle Arbeitgeber will sich dabei noch tiefer von der fachlichen, ganz besonders aber von der persönlichen Kompetenz einer Bewerberin oder eines Bewerbers überzeugen. Dazu gehören Auftreten und Ausstrahlung.

Vorstellungs-gespräche und Assessment-Center

Man will wissen, ob eine Person

- sympathisch wirkt und in das Team passt,
- Motivation und Engagement,
- Integrität und Einfühlungsvermögen,
- das nötige Maß an Selbstsicherheit,
- Begeisterungsfähigkeit und Entschlossenheit sowie
- Glaubwürdigkeit mitbringt.

Ein erstes Kennenlernen erfolgt meist in einem Vorstellungsgespräch und/oder einem Assessment-Center. In der Regel wird dazu per Brief eingeladen. Wenn Sie aufgefordert sind, einen solchen Einladungsbrief zu verfassen, beachten Sie nicht nur die einschlägigen DIN-Vorschriften für einen Geschäftsbrief, sondern denken Sie auch daran, dass es für den Eingeladenen wichtig ist, zu wissen

- **warum** er eingeladen wird (Betreff und Bezug),
- **wann** er sich in dem Unternehmen einfinden soll (Datum, Uhrzeit),
- **wo** er sich melden soll (Werksgebäude, Abteilung, Nummer des Raumes usw.)
- **bei wem** und unter welcher Telefonverbindung Rückfragen möglich sind (z. B. bei kurzfristiger Verhinderung).

Ein **Vorstellungsgespräch** ist in der Regel ein Einzelgespräch. Es wird jeweils nur ein Bewerber zu einem bestimmten Termin eingeladen. Wer seitens der Personalabteilung und der Bereiche teilnimmt, für die die Einstellung vorgesehen ist, liegt in der Entscheidung der jeweils Betroffenen.

Es muss sichergestellt sein, dass

- die nötigen räumlichen Voraussetzungen gegeben sind (ungestörte Atmosphäre),
- sich Bewerber nicht unbedingt begegnen,
- genügend Zeit für ein informatives Gespräch vorhanden ist,
- das Gespräch anhand eines vorher erstellten Leitfadens geführt wird,
- schriftliche Aufzeichnungen und erste Vorentscheidungen in Form von Einstufungen direkt im Anschluss an die Gespräche getroffen werden können und dass auch dafür Zeit eingeplant ist,
- Puffer- und Pausenzeiten berücksichtigt werden.

Die Unterlagen der Bewerber müssen allen Beteiligten in der Reihenfolge vorliegen, wie die Gespräche erfolgen sollen. Der Raum sollte eine positive Ausstrahlung vermitteln und nicht zu groß sein, damit sich der Bewerber nicht zu verloren vorkommt.

Der Ablauf eines Vorstellungsgespräches gliedert sich in die folgenden Phasen:

1. Aufwärmphase (Begrüßung, Vorstellung)
2. Informationen über die ausgeschriebene Stelle und das Unternehmen
3. Fragen zur Ausbildung und Berufserfahrung
4. Motive der Bewerbung und fachliche Eignung
5. Persönliches Umfeld, Lebenslauf
6. Situative Fragen
7. Fragen des Bewerbers
8. Ausklangphase (weiteren Ablauf klären, Verabschiedung)

9. (ohne den Bewerber) Eindrücke festhalten und entscheiden, ob ein Einstellen der Person denkbar ist

Der Begriff **Assessment-Center** (AC) bedeutet soviel wie: *Beurteilungs- oder Einschätzungs-Zentrum.*

Auswahltests, die bei einem Assessment-Center durchgeführt werden, unterscheiden sich von gängigen Testverfahren. Sie verlaufen in großen Teilen nicht nach dem üblichen Frage-Antwort-Schema. In Rollenspielen, Gruppendiskussionen, bei Präsentationen usw. werden die Teilnehmer und Teilnehmerinnen mit praxisnahen Situationen konfrontiert, meist von mehreren geschulten Fachleuten beobachtet und erhalten ein objektives und qualifiziertes Feedback. Neben Wissen und der Fähigkeit zur Problemlösung ist ein angemessenes Verhalten des Bewerbers gefragt.

> **Band 1,**
> **LF 1, Kap. 1.2**

Andere Testverfahren (z. B. Merkfähigkeit- oder Logiktests) können in ein Assessment-Center einbezogen werden. Je nach Anforderungen sollen die Bewerber ihre Schlüsselqualifikationen unter Beweis stellen.

Ein Assessment-Center kann allein oder in Gruppen ablaufen:

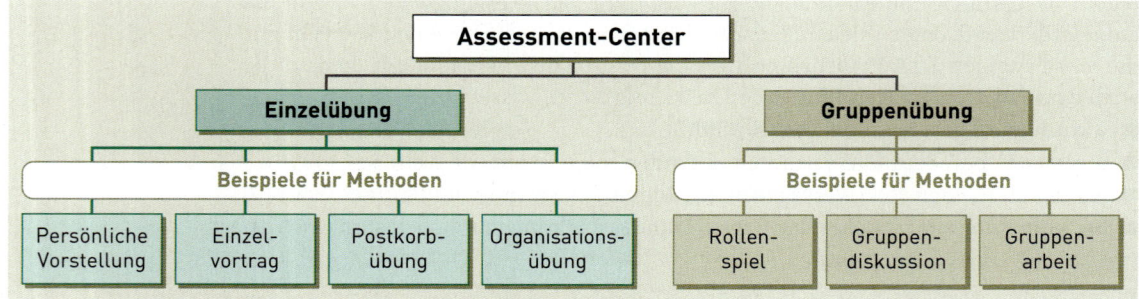

Bei einem Assessment Center geht es darum, dass sich die Bewerber auf verschiedene Formen von Aufgaben einstellen:

Einzelaufgaben   Einzelaufgaben versuchen sowohl die fachlichen Fähigkeiten zu erforschen als auch die Art und Weise, wie man die damit verbundenen Herausforderungen löst. Es geht darum, zu erfahren, wie jemand arbeitet, wenn er ganz alleine gestellt ist.

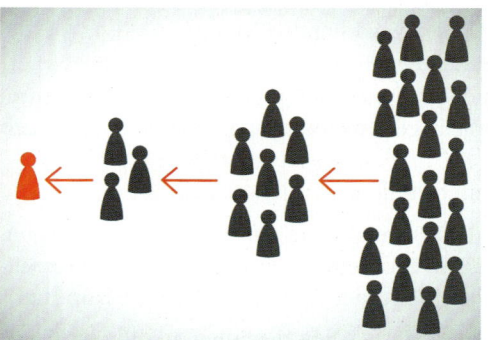

Sehr bekannt ist dabei die so genannte „Postkorb-Übung", bei der es darum geht, bei der Bearbeitung von vielen z. B. nach einem Urlaubstag zu erledigenden Aufgaben unter einem gewissen Zeitdruck die richtigen Prioritäten zu setzen.

www.business-on.de

Gruppenassesment   Bei einem Gruppenassessment geht es darum, wie sich die einzelnen Bewerber in die Lösung von Herausforderungen einbringen, die nur gemeinsam gelöst werden können. Dies ist ein wichtiger Faktor, um die Teamfähigkeit der Bewerber festzustellen.

Beobachter   „Assessoren" beobachten, analysieren und bewerten die Teilnehmer eines Assessments. Wichtig ist, dass es nicht nur um fachliche, sondern auch um die Einstufung von menschlichen Verhaltensweisen auf psychologischer Grundlage geht.

3.4
Im Personalbereich zu beachtende Vorschriften und Beteiligungsrechte

3.4.1
Das Allgemeine Gleichbehandlungsgesetz – nicht nur für die Einstellungspolitik ein Eckpfeiler

Für alle Stellenbesetzungen gilt der Grundsatz der Gleichbehandlung. War dies früher mehr oder weniger auf die Gleichstellung von Mann und Frau beschränkt, geht das **Allgemeine Gleichbehandlungsgesetz (AGG)** deutlich weiter. Danach dürfen Mitarbeiter weder bei den Auswahlkriterien zu einer Einstellung noch bei den Einstellungsbedingungen und auch nicht bei den Arbeitsbedingungen oder beim Arbeitsentgelt benachteiligt (diskriminiert) werden.

Ziel des Gesetzes ist, Benachteiligungen aus Gründen der Rasse oder wegen der ethnischen Herkunft, des Geschlechts, der Religion oder Weltanschauung, einer Behinderung, des Alters oder der sexuellen Orientierung zu verhindern oder zu beseitigen.

Eine **unmittelbare Benachteiligung** liegt vor, wenn ein Beschäftigter wegen eines in § 1 AGG genannten Grundes eine weniger günstige Behandlung erfährt, als ein anderer in einer vergleichbaren Situation erfahren hat oder erfahren würde (§ 3 Abs. 1 AGG). Einer Absicht desjenigen, der benachteiligt, bedarf es nicht. Eine unmittelbare Benachteiligung ist beispielsweise bei einer ungünstigeren Behandlung einer Frau wegen Schwangerschaft oder Mutterschaft gegeben; ebenso, wenn ein Mensch wegen seiner Hautfarbe nicht eingestellt wird oder ein bereits Beschäftigter wegen seiner ethnischen Herkunft keine berufliche Förderung erfährt.

Eine **mittelbare Benachteiligung** betrifft Vorschriften, Kriterien oder Verfahren, die dem Anschein nach zwar neutral sind, gleichwohl aber geeignet sind, Beschäftigte gegenüber anderen Arbeitnehmern in besonderer Weise zu benachteiligen. Erhalten beispielsweise Reinigungskräfte keine Sonderzahlungen, wie sie sonst an andere Beschäftigte gezahlt werden, und sind überwiegend Frauen und/oder ausländische Beschäftigte als Reinigungskräfte beschäftigt, liegt darin offensichtlich eine mittelbare Diskriminierung wegen des Geschlechts und/oder der Nationalität.

Eine mittelbare Benachteiligung erfolgt häufig bei der Teilzeitarbeit, und zwar wegen des Geschlechts. Die mittelbare Benachteiligung liegt darin, dass Teilzeitarbeit in einem ungleich höheren Umfang von Frauen geleistet wird und partiell ungünstigere Arbeitsbedingungen gegeben sind, bis hin zur Benachteiligung beim Entgelt, wenn die Arbeitszeiten von Teilzeitbeschäftigten in Relation zum Entgelt bei Vollzeitbeschäftigung gesetzt werden oder bestimmte Vergütungsbestandteile an Teilzeitbeschäftigte nicht geleistet werden.

Das AGG weist dem Arbeitgeber bestimmte **Pflichten** zu. Er muss dafür sorgen, dass die Benachteiligungsverbote durchgesetzt und Benachteiligungen von vornherein unterbunden werden. Dies beginnt mit der Stellenausschreibung. Jede Form der Ausschreibung, die gegen ein Benachteiligungsverbot verstößt, ist unzulässig (§ 11 AGG).

Darüber hinaus ist der Arbeitgeber allgemein verpflichtet, erforderliche Maßnahmen zum Schutz der Beschäftigten vor Benachteiligungen zu treffen; auch solche vorbeugender Art (§ 12 Abs. 1 AGG).

Das AGG ist durch Aushang bekannt zu machen; ebenso, wo und in welcher Weise sich Beschäftigte beschweren können, wenn es zu Benachteiligungen gekommen ist.

Gleichbehandlungsgrundsatz

§ 1 AGG

Benachteiligungen

AGG: Pflichten des Arbeitgebers

AGG: Rechte des Arbeitnehmers

Das AGG enthält mehrere Rechtsgrundlagen, mit denen sich von Benachteiligungen betroffene Beschäftigte zur Wehr setzen können. Das Gesetz sieht folgende Rechte vor:

- Beschwerderecht (§ 13 AGG)
- Leistungsverweigerungsrecht (§ 14 AGG)
- Schadensersatz (§ 15 Abs. 1 AGG)
- Entschädigungsanspruch (§ 15 Abs. 2 AGG)
- Maßregelungsverbot (§ 16 AGG)

Schwerbehinderte Arbeitnehmer
> INFO-Teil
LF 7, Kap. 2.2.2

Dennoch ist es z. B. möglich, in einem Qualifikationsprofil darauf einzugehen, ob der Arbeitsplatz grundsätzlich auch für Bewerber mit Schwerbehinderungen geeignet ist. Dies gilt insbesondere dann, wenn ein Unternehmen die Schwerbehindertenquote nicht erfüllt und daher Abgaben zu zahlen hat. Sollten sich schwerbehinderte Bewerber melden, wird die Aufgabe darin bestehen, die Art der Behinderung mit den betrieblichen Gegebenheiten und den speziellen Anforderungen des Arbeitsplatzes abzugleichen und dann eine Entscheidung über die Eignung zu treffen.

3.4.2
Der Betriebsrat ist in Einstellungs-, Umgruppierungs- und Versetzungsprozesse einzubeziehen

Beteiligung des Betriebsrates

Der Arbeitgeber hat nach § 99 Abs. 1 BetrVG den Betriebsrat vor jeder Einstellung, Eingruppierung, Umgruppierung und Versetzung zu unterrichten, ihm die erforderlichen Bewerbungsunterlagen vorzulegen und Auskunft über die beteiligte Person zu geben.

Informations-pflicht bei Einstellungen

Die Unterrichtung bei einer Einstellung sollte mindestens eine Woche vor der Einstellung erfolgen, da der Betriebsrat der Einstellung zustimmen muss und ein Schweigen des Betriebsrates erst nach Ablauf einer Woche als Zustimmung angesehen wird. Darüber hinaus hat der Arbeitgeber Auskunft über alle Personen zu geben, die innerhalb und außerhalb des Betriebes an der Einstellung beteiligt sind. Dies sind insbesondere die weiteren Stellenbewerber.

Dem Betriebsrat sind sämtliche Unterlagen zur Verfügung zu stellen, die dieser benötigt, um sein Zustimmungsverweigerungsrecht ausüben zu können. Er ist demnach über die fachlichen und persönlichen Eignungen der Bewerber und auf die Auswirkungen der Einstellung auf den Betrieb zu informieren.

Schließlich hat der Arbeitgeber den Betriebsrat förmlich zur Zustimmung zu der geplanten Einstellung aufzufordern. Mit dieser Aufforderung beginnt für den Betriebsrat die Frist von einer Woche, innerhalb derer er die Zustimmung zur Einstellung verweigern kann.

Verweigerung

Wenn bestimmte Gründe vorliegen, kann der Betriebsrat die Zustimmung zur Einstellung verweigern (§ 99 Abs. 2 BetrVG). Tut er dies, hat er es dem Arbeitgeber unter Angabe des Verweigerungsgrundes schriftlich mitzuteilen; ansonsten gilt die Zustimmung als erteilt (§ 99 Abs. 3 BetrVG).

Der Arbeitgeber kann bei einer Verweigerung das Arbeitsgericht anrufen, um die fehlende Zustimmung gerichtlich ersetzen zu lassen (§ 99 Abs. 4 BetrVG). In diesem Verfahren muss der Arbeitgeber darlegen, dass die vom Betriebsrat vorgetragenen Gründe nicht berechtigt sind.

■ **Verstöße gegen Rechtsvorschriften (Gesetz, Verordnung, Tarifvertrag, Betriebsvereinbarung, Unfallverhütungsvorschrift usw.)**

Gründe für
Einsprüche

> **Beispiel**
> ■ Das Gesetz untersagt eine Beschäftigung unter bestimmten Voraussetzungen. Die Einstellung erfolgt unter Diskriminierung anderer Bewerber/-innen.
> ■ Die Beschäftigung soll nach gesetzlich oder tariflich unzulässigen Arbeitszeiten (z. B. Überschreitung der erlaubten täglichen oder wöchentlichen Arbeitszeiten) erfolgen.

■ **Verstoß gegen Auswahlrichtlinien**

> **Beispiel** Der Arbeitgeber verstößt gegen die mit dem Betriebsrat festgelegten Richtlinien in der Weise, dass nicht die vereinbarte Anzahl von Langzeitarbeitslosen oder älteren Bewerbern eingestellt wird.

■ **Benachteiligung von bereits beschäftigten Arbeitnehmern ohne Vorliegen betrieblicher oder persönlicher Gründe**

> **Beispiel**
> ■ Durch die vermehrte Einstellung von Ein-Euro-Jobbern besteht die Gefahr der Entlassung bereits Beschäftigter.
> ■ Jemand soll befristet eingestellt werden, obwohl für diese Tätigkeit ein gleich geeigneter bereits Beschäftigter mit einem befristeten Arbeitsvertrag vorhanden ist. (Achtung: Bei einer Zustimmungsverweigerung zur Einstellung wegen Benachteiligung bereits Beschäftigter müssen konkrete Tatsachen vom Betriebsrat vorgebracht werden.)

■ **Benachteiligung des Bewerbers ohne Vorliegen betrieblicher oder persönlicher Gründe**

> **Beispiel** Der Einzustellende würde gegenüber anderen Beschäftigten erhebliche Nachteile erleiden.
> Aber: Liegt lediglich eine falsche Eingruppierung vor, kann der Betriebsrat nur dieser, nicht der Einstellung insgesamt die Zustimmung verweigern.

■ **Fehlen von oder formaler Fehler bei einer Stellenausschreibung**

> **Beispiel**
> ■ Der Arbeitgeber hat die Stelle entgegen dem Verlangen des Betriebsrates innerbetrieblich nicht ausgeschrieben.
> ■ Der Arbeitgeber hat in einer außerbetrieblichen Stellenausschreibung geringere Anforderungen gestellt als bei der innerbetrieblichen Ausschreibung.
> ■ Die Ausschreibung verstößt gegen ein Diskriminierungsverbot des Gleichbehandlungsgesetzes.

■ **Gefahr der Störung des Betriebsfriedens**

> **Beispiel** Es besteht die begründete Besorgnis, dass der Bewerber sich gesetzeswidrig verhält oder gegen Diskriminierungsverbote verstößt, etwa durch fremdenfeindliche Äußerungen oder sexuelle Belästigungen gegenüber Beschäftigten.

3.5
Die Ausfertigung des Arbeitsvertrages als Bindung zwischen Arbeitgeber und Arbeitnehmer

Überein-stimmende Willenserklärung

Nach Ende des Bewerbungsverfahrens steht der Abschluss des Arbeitsvertrages an. Verträge kommen ganz allgemein dann zustande, wenn sich zwei Vertragspartner im Rahmen von geltenden Rechtsvorschriften einig werden.

Gesetzliche Grundlagen

Zu den wichtigsten **gesetzlichen Grundlagen**, die bei der Abfassung von Arbeitsverträgen zu beachten sind, gehören u. a.:

- **Bürgerliches Gesetzbuch** mit den allgemeinen Rechtsgrundlagen für die Ausgestaltung von Verträgen
- **Jugendarbeitsschutzgesetz**, wenn es um die Beschäftigung von minderjährigen Arbeitnehmern geht
- **Mutterschutzgesetz** für die Zeit vor und nach der Niederkunft
- **Bundesurlaubsgesetz** mit Mindestregelungen zur bezahlten Freistellung von der Arbeit
- **Schwerbehindertengesetz**, welches die Mindestquoten für die Beschäftigung behinderter Arbeitnehmer sowie weitergehende Vorgaben für die Arbeitsplatzgestaltung enthält
- **Arbeitszeitverordnung**, in der die täglichen Höchstarbeitszeiten sowie die grundsätzliche Verteilung der Arbeitszeit auf die einzelnen Wochentage festgeschrieben werden
- **Kündigungsschutzgesetz** mit Ausführungen über Auflösungsgründe des Arbeitsverhältnisses sowie der damit verbundenen Fristen

Darüber hinaus gelten auch die Vorschriften des Betriebsverfassungsgesetzes und der Mantel- und Lohntarifverträge ebenso wie Regelungen, die im Rahmen von Betriebsvereinbarungen getroffen wurden.

Nachweisgesetz § 2 Abs. 1

Durch das „**Gesetz über den Nachweis der für ein Arbeitsverhältnis geltenden wesentlichen Bedingungen**" (NachwG) soll einem Arbeitnehmer, sofern kein schriftlicher Arbeitsvertrag vorliegt, der Nachweis bei streitigen Fragen aus dem Arbeitsverhältnis erleichtert werden.

Niederschrifts-pflicht bei mündlich abgeschlossenen Arbeitsverträgen

Deswegen wird verlangt, dass der Arbeitgeber **spätestens einen Monat nach** dem vereinbarten Beginn des Arbeitsverhältnisses die wesentlichen Vertragsbedingungen schriftlich niederlegen muss, wenn kein schriftlicher Arbeitsvertrag geschlossen wurde.

In die **Niederschrift** sind mindestens aufzunehmen

1. der Name und die Anschrift beider Vertragsparteien,
2. der Zeitpunkt des Beginns des Arbeitsverhältnisses,
3. bei befristeten Arbeitsverhältnissen: die vorhersehbare Dauer des Arbeitsverhältnisses,
4. der Arbeitsort oder, falls der Arbeitnehmer nicht nur an einem bestimmten Arbeitsort tätig sein soll, ein Hinweis darauf, dass der Arbeitnehmer an verschiedenen Orten beschäftigt werden kann,
5. eine kurze Charakterisierung oder Beschreibung der vom Arbeitnehmer zu leistenden Tätigkeit,
6. die Zusammensetzung und die Höhe des Arbeitsentgelts einschließlich der Zuschläge, der Zulagen, Prämien und Sonderzahlungen sowie anderer Bestandteile des Arbeitsentgelts und deren Fälligkeit,

7. die vereinbarte Arbeitszeit,

8. die Dauer des jährlichen Erholungsurlaubs,

9. die Fristen für die Kündigung des Arbeitsverhältnisses,

10. ein in allgemeiner Form gehaltener Hinweis auf die Tarifverträge, Betriebs- oder Dienstvereinbarungen, die auf das Arbeitsverhältnis anzuwenden sind.

Mit dem Abschluss des Vertrages übernehmen die Vertragspartner die Pflicht, den Vertrag einzuhalten. Der Arbeitnehmer bestätigt per Unterschrift die Pflicht, für den Arbeitgeber zu arbeiten, also eine Dienstleistung gegen Entgelt (Vergütung) zu erbringen. Hinzu kommt eine Fürsorgepflicht des Arbeitgebers, die vor allem das Treffen von Vorkehrungen zur Abwendung von Gefahren für Leben und Gesundheit des Arbeitnehmers beinhaltet.

Pflichten von Arbeitnehmer und Arbeitgeber

Umgekehrt hat auch der Arbeitnehmer Pflichten, die über die Hauptpflicht der Arbeitsleistung hinausgehen, z. B. den Ruf des Arbeitgebers in der Öffentlichkeit zu wahren und die Schweigepflicht bei Betriebsgeheimnissen einzuhalten.

Neben der Schweigepflicht im weiteren Sinne gehört auch das **Wettbewerbsverbot** zu den Nebenpflichten. Es beinhaltet, dass ein Arbeitnehmer

Wettbewerbs- verbot

- seinem Arbeitgeber nicht dadurch Konkurrenz macht, dass er nebenbei ein selbstständiges Handelsgewerbe in dem Geschäftszweig des Arbeitgebers betreibt und
- nach dem Ausscheiden aus dem Unternehmen keinen Gewerbebetrieb im gleichen Geschäftszweig oder der gleichen Branche eröffnet oder
- dass ein Arbeitnehmer, der z. B. als Handlungsreisender tätig ist, nach seinem Ausscheiden aus dem Unternehmen keine Kunden abwirbt.

In den beiden zuletzt genannten Fällen wird das Wettbewerbsverbot häufig vertraglich auf eine bestimmte Zeit begrenzt.

Das Wettbewerbsverbot

- muss durch ein berechtigtes geschäftliches Interesse des Arbeitgebers begründet sein,
- bedarf einer schriftlichen Vereinbarung, wenn es auch nach Ablauf des Vertrages gelten soll,
- ist nicht mit Minderjährigen möglich,
- ist nur bis zu einer Dauer von maximal zwei Jahren zulässig und
- muss, wenn es auch nach dem Ausscheiden aus dem Arbeitsverhältnis gilt, durch eine Ausgleichszahlung des Arbeitgebers begleitet sein (mindestens 50 % des letzten Gehaltes).

§ 74 Abs. 1 HGB

4 Vollmachten und Führung – Für das Unternehmen entscheiden und Mitarbeiter führen

Bevor man sich näher mit der Frage der Personalführung im engeren Sinn auseinandersetzt, ist es sinnvoll zu definieren, wer in einem Unternehmen überhaupt Führungsaufgaben übernimmt. Ist es nur der Chef oder gehören auch leitende Angestellte oder Arbeitnehmer mit besonderen Vollmachten dazu?

4.1 Unternehmensleitung und Handlungsvollmachten der Mitarbeiterinnen und Mitarbeiter

> **› Band 1, LF 2**

Je höher die Position einer Person in einem Unternehmen, desto größer sind i. d. R. die Vollmachten der Person. Wie weit diese Vollmachten gehen und was z. B. ein Stelleninhaber allein entscheiden und veranlassen darf, geht aus dem Organigramm eines Unternehmens nicht zwingend hervor.

Handlungsrahmen ohne besondere Vollmachten

Wenn keine besonderen Vertretungs- oder Handlungsvollmachten vorliegen, darf ein Stelleninhaber nur im Rahmen der gewöhnlichen Aufgaben, die mit seiner Stelle verbunden sind, tätig werden. Für alle Handlungen, die diesen Rahmen übersteigen, ist eine besondere Vollmacht erforderlich. Hier unterscheidet man verschiedene Arten.

4.1.1 Prokuristen – die „rechte Hand" des Chefs

Prokura

Die weitestgehende Vollmacht ist die **Prokura**. Wer Prokura hat, kann für den Vollkaufmann (als Inhaber) oder den Geschäftsführer/Vorstand rechtlich gültige Willenserklärungen abgeben oder Anweisungen erteilen.

§ 48 HGB

Die Prokura ermächtigt zu allen Arten von Geschäften, die der Betrieb eines Handelsgewerbes mit sich bringt.
Ausgeschlossen sind lediglich folgende Handlungen:
- Veräußerung und Belastung von Grundstücken
- Unterschrift unter Bilanzen und Steuererklärungen
- Übertragung der Prokura auf andere Personen, Erteilung oder Entzug der Prokura für andere Mitarbeiter
- Antrag auf Insolvenz
- Auflösung des Unternehmens
- Aufnahme neuer Gesellschafter
- Änderung der Rechtsform des Unternehmens
- sonstige Anträge auf Änderungen im Handelsregister
- Abgabe von eidesstattlichen Erklärungen für den Inhaber

§ 49 Abs. 2 HGB

Alle weiteren Beschränkungen der Prokura gegenüber Dritten sind unwirksam.

Eintragung in das Handelsregister
§ 53 HGB

Die Prokura kann nur von einem Vollkaufmann, also dem Einzelunternehmer, den vollhaftenden Teilhabern einer Personengesellschaft oder der Geschäftsführung einer GmbH bzw. dem Vorstand einer AG erteilt werden. Dies muss nur durch eine ausdrückliche Erklärung (schriftlich oder mündlich) erfolgen (§ 48 Abs. 1 HGB) und ist von den genannten Personen zur Eintragung in das Handelsregister anzumelden (§ 53 Abs. 1 HGB).

Die Eintragung selbst hat nur **rechtsbekundende** (deklaratorische) Wirkung. Das bedeutet, dass eine Prokura im Innenverhältnis bereits mit der Erteilung wirksam wird, im Außenverhältnis dagegen erst, wenn sie Dritten gegenüber bekannt ist oder die Prokura bereits im Handelsregister eingetragen wurde.

Wirkung der Eintragung
§ 54 Abs. 3 HGB

Der Prokurist zeichnet (unterschreibt) dann in der Weise, dass er seinem Namen einen Zusatz, der die Prokura andeutet, beifügt (§ 51 HGB). Üblich sind „per prokura", abgekürzt „pp." oder „ppa."

§ 51 HGB

Man unterscheidet folgende Arten der Prokura:

Arten der Prokura
§ 48 Abs. 2 HGB
§ 50 Abs. 3 HGB

- **Einzelprokura:** Berechtigung, die Vertretung allein auszuüben
- **Gesamtprokura:** Berechtigung mehrerer Personen, die Firma gemeinsam zu vertreten
- **Filialprokura:** Beschränkung der Vertretungsbefugnis auf Zweigniederlassungen; Filialprokura ist als Einzel- und Gesamtvertretungsbefugnis möglich

Die **Prokura erlischt** im Innenverhältnis durch Widerruf, Beendigung des Arbeitsverhältnisses, durch Auflösung des Unternehmens und durch Tod des Prokuristen. Sie erlischt nicht mit dem Tod des Firmeninhabers

Erlöschen der Prokura
§ 52 Abs. 1 und
§ 53 Abs. 2 HGB

Im Außenverhältnis besteht die Prokura so lange, bis sie im Handelsregister gelöscht und diese Tatsache bekannt gemacht worden ist. Die Löschung hat daher im Gegensatz zur Eintragung **rechtserzeugende** (konstitutive) Wirkung. Allerdings bleibt die Möglichkeit offen, wichtige Geschäftspartner von der Beendigung einer Prokura vorab zu unterrichten.

4.1.2
Andere Handlungsvollmachten

Neben der Prokura gibt es verschiedene andere Handlungsvollmachten. Ihre Erteilung ist an keine besondere Form gebunden und die Bevollmächtigung kann sogar stillschweigend erfolgen, indem der Arbeitgeber z. B. bestimmte Handlungen seines Angestellten ohne Widerspruch duldet. In das Handelsregister werden solche Formen der Handlungsvollmacht nicht eingetragen.

- Die **Generalhandlungsvollmacht** ist eine Vertretungsbefugnis, die zu allen Rechtshandlungen ermächtigt, die der Betrieb eines solchen Handelsgewerbes gewöhnlich mit sich bringt. Sie wird auch als Gesamtvollmacht oder allgemeine Handlungsvollmacht bezeichnet. Sind mehrere Generalhandlungsbevollmächtigte zur gemeinschaftlichen Vertretung berechtigt, spricht man von einer **Gesamthandlungsvollmacht.**

General- und Gesamthandlungsvollmacht

- **Arthandlungsvollmachten** berechtigen zur dauernden Vornahme von genau bestimmten oder abgegrenzten Tätigkeiten. In der Heidtkötter KG sind alle kaufmännischen Unterabteilungen mit dieser Vollmacht ausgestattet.
  Daneben gibt es solche Vollmachten aber auch auf den unteren Ebenen in einer auf bestimmte, immer wiederkehrende Tätigkeiten begrenzten Form. Ein Beispiel hierfür ist die Postvollmacht.

Arthandlungsvollmacht

- **Spezial- und Einzelhandlungsvollmachten** ermächtigen lediglich zur Vornahme einer einzigen Rechtshandlung. Diese Art der Handlungsvollmacht ist z. B. dann gegeben, wenn ein Mitarbeiter auf einer Messe eine neue Software für die Lohnabrechnung beschaffen soll oder wenn eine Auszubildende beauftragt wird, für ein Meeting bei einem örtlichen Blumengeschäft die nötige Tischdekoration zu besorgen.

Spezialhandlungsvollmacht

- **Der Handlungsbevollmächtigte**
  - handelt im Namen des Inhabers,
  - wird nicht ins Handelsregister eingetragen,
  - wird nur im Fall der Generalhandlungsvollmacht direkt vom Inhaber ernannt und
  - kann seinerseits Untervollmachten erteilen.

Besondere Ermächtigungen § 54 HGB

§ 54 Abs. 2 HGB nennt eine Reihe von Geschäften, zu denen Handlungsbevollmächtigte in jedem Fall einer besonderen Ermächtigung bedürfen. Dazu gehören:
- Grundstücksbelastung oder -verkauf
- Prozessführung für den Betrieb
- Darlehensaufnahme
- Ausstellen von Wechseln

Zeichnung der Handlungsbevollmächtigten

Liegt eine entsprechende Bevollmächtigung zur Vornahme dieser außergewöhnlichen Geschäfte nicht vor, sind sie ebenso ausgeschlossen wie die Übertragung der gleichen Vollmacht auf andere Mitarbeiter. Handlungsbevollmächtigte unterschreiben mit einem Zusatz, der die Vollmacht ausdrückt (§ 57 HGB). Die Unterschrift wird dabei unter den Namen der Firma gesetzt. Der **Gesamtbevollmächtigte** wählt i. d. R. als Zusatz **„i. V."** (in Vollmacht). Bei der **Art- und Einzelvollmacht** ist dagegen der Zusatz **„i. A."** (im Auftrag) üblich.

Erlöschen der Vollmacht

Die Vollmacht erlischt
- bei Geschäftsauflösung oder -veräußerung,
- wenn der Bevollmächtigte aus dem Unternehmen ausscheidet,
- wenn sie widerrufen wird,
- bei einer Einzelvollmacht nach Durchführung des entsprechenden Auftrages.

4.2
Ein Unternehmensleitbild als Grundlage des Führungsprozesses und der gemeinsamen unternehmerischen Ziele

Führungsprozess

Ein **Führungsprozess** wird auch in einem Unternehmen in seinem Kernbereich durch verschiedene Merkmale und durch einen ständigen Lernprozess der Beteiligten geprägt. Er führt zu bestimmten Interaktionsmustern, Handlungsweisen und letztendlich Einstellungen und Werten.

Die Führung von Personal lässt sich in dem folgenden Modell von verschiedenen Ausgangspositionen her betrachten. Dabei darf man die sich bildenden gegenseitigen Abhängigkeiten (Interdependenzen) nicht unbeachtet lassen.

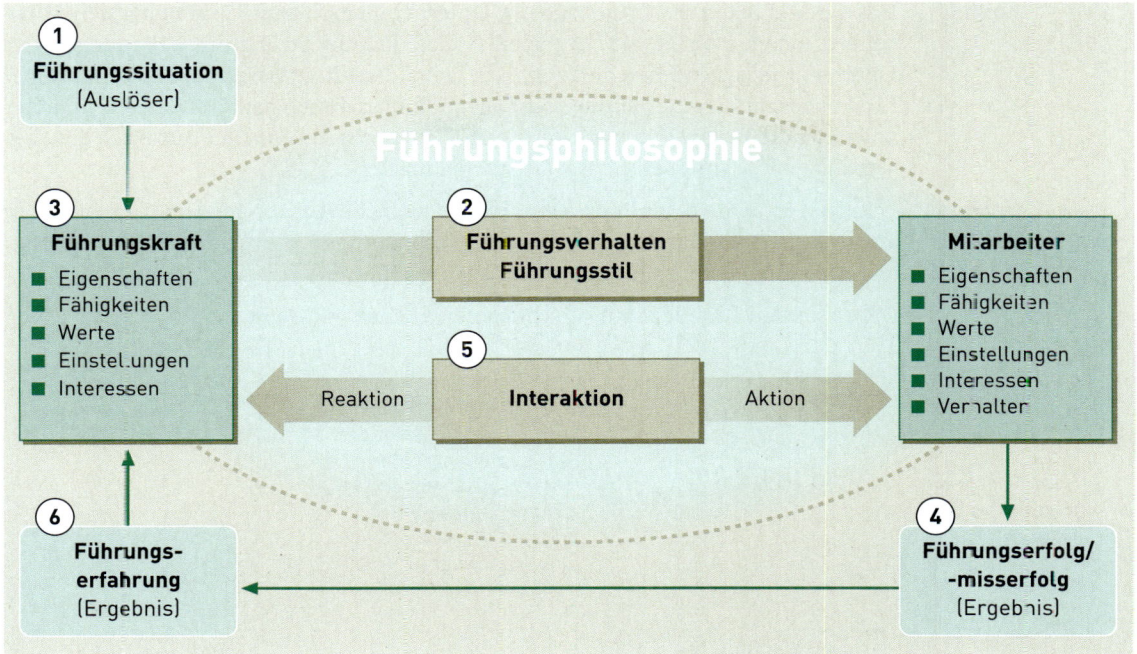

Der unternehmerische Alltag wird durch ganz unterschiedliche **Situationen** ① bestimmt, die von den Führungskräften umgesetzt werden müssen. Nach dem oben gezeigten Modell sind der **Führungsstil** und das **Führungsverhalten** ② der Vorgesetzten in einem Unternehmen entscheidend für das Ergebnis der Tätigkeit der Mitarbeiter und damit für den Führungserfolg.

Das Führungsverhalten hängt stark von der **Führungskraft** ③ der jeweiligen Person ab. Von besonderer Bedeutung sind dabei neben den allgemeinen Führungseigenschaften insbesondere die die Verlässlichkeit der Führungskraft und die Nachhaltigkeit ihrer Arbeit. Die Art, wie die Mitarbeiter geführt werden, ist nicht von Fall zu Fall beliebig und einem ständigen Wandel unterworfen. Das Führungsverhalten weist klare Strukturen auf. Für den Mitarbeiter ist so mehr oder weniger gut einschätzbar, wie sich der Vorgesetzte verhält und was von ihm selbst erwartet wird.

Die Führungsstärke und die Überzeugungskraft des Vorgesetzten tragen wesentlich dazu bei, dass der Mitarbeiter seine Aufgabe versteht und akzeptiert. Es kommt dabei auf das Verhalten des Vorgesetzten und die Art und Weise an, wie dem Mitarbeiter Anweisungen durch den Vorgesetzten vermittelt werden.

Das Umsetzen der Anweisungen der Führungskräfte führt zu einem bestimmten Ergebnis, das man auch als Führungserfolg ④ bezeichnen kann. Aus dem Wechselspiel der **Interaktion** ⑤ und dem Ergebnis der Arbeit lassen sich auch **Rückschlüsse** ⑥ ableiten, wie man den Prozess in ähnlichen Führungssituationen verbessern kann.

Je größer der spürbare Führungserfolg ist und je mehr an **Erfahrungen** ⑥ aus diesem Prozess abgeleitet werden, desto stärker werden umgekehrt Autorität und Führungskraft eines vorgesetzten Mitarbeiters. Schließlich hat dies auch Rückwirkungen auf die Führungsphilosophie.

In den Unternehmen weiß man seit einigen Jahren, dass der Erfolg nicht nur das Ergebnis einer geschickten Beschaffungs-, Produktions- und Marketingstrategie ist, sondern ebenso von einer guten Unternehmenskultur beeinflusst wird.

Ganzheitliches Unternehmensbild

Leitbild

Das **Leitbild** bildet die Grundlage der Unternehmensführung gegenüber den Mitarbeitern, indem es ihnen die Hauptziele und die Rahmenbedingungen für das gesamte Unternehmensgeschehen aufzeigt. Das Leitbild stellt gewissermaßen die Klammer für den gesamten unternehmerischen Handlungsrahmen dar. Ein klares Leitbild beantwortet die Frage: „Wer wollen wir sein?" Es ist ein schriftlicher Ausdruck der Zielsetzungen des Unternehmensselbstverständnisses.

zu Corporate
Identity
› Band 1, LF 2

Leitideen erfüllen in der Praxis sehr unterschiedliche Ansprüche. Sie sollen nicht nur ausformuliert und niedergeschrieben sein, sondern ein Leitbild muss erkennbar gelebt und durch die eigene Arbeit mit Leben erfüllt werden.

Daher werden Leitbilder auf verschiedenen Ebenen wirksam:

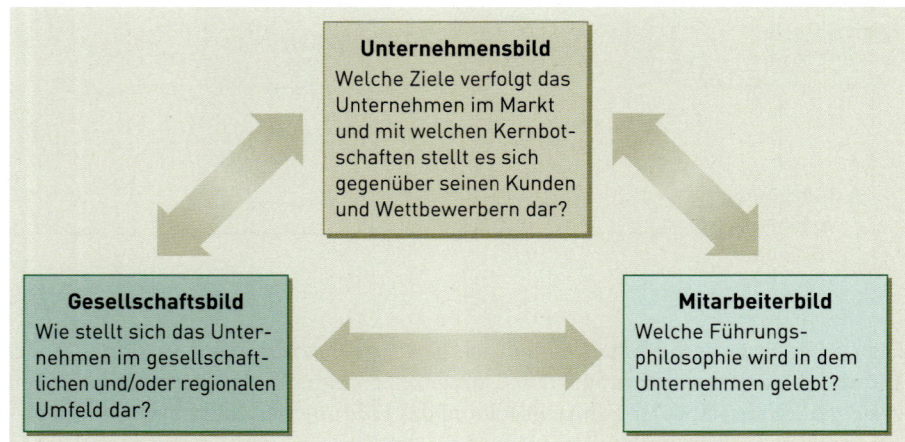

Prozessablauf der Leitbildentwicklung

Ein Unternehmensleitbild kann nicht „verordnet" werden. Die Einbeziehung der Mitarbeiter in den Geschäftsprozess ist ein Stück gelebte Unternehmenskultur. Unternehmen, die mitarbeiterorientiert handeln, berücksichtigen auch persönliche Belange ihrer Beschäftigten.

Ein Leitbild ist das Ergebnis eines längeren Prozesses, an dem alle Leitungsebenen und auch der Betriebsrat beteiligt waren.

Rahmenbedingungen erfolgreicher Unternehmensphilosophien

Es sollte
- eine einheitliche **Unternehmensphilosophie** geben, die von den Führungsgremien sichtbar „gelebt" und umgesetzt wird,
- sichergestellt werden, dass Mitarbeiter ihre **Ideen einbringen** können,
- ein **funktionierendes „Vorschlagswesen"** geben,
- ein **kooperativer Führungsstil** angewandt werden, der das Vertrauen der Mitarbeiter sicherstellt,
- regelmäßige **Mitarbeitergespräche** und nicht nur formelle Betriebsversammlungen geben,
- dafür Sorge getragen werden, dass es **Personalentwicklungskonzepte** gibt, die Perspektiven für die Mitarbeiter eröffnen, sowie
- eine umfassende und **offene Informationspolitik** gegeben sein.

Mitarbeiterorientierte Unternehmenskultur

Von einer mitarbeiterorientierten Unternehmenskultur wird erwartet, dass
- die Motivation der Mitarbeiter für ihre zu leistende Arbeit gestärkt wird,
- sich ein Zusammengehörigkeitsgefühl der Mitarbeiter entwickelt,
- Identifikationsmöglichkeiten der Mitarbeiter mit dem Unternehmen entstehen oder gestärkt werden,
- sich die Einstellung zum Produkt und zum Arbeitsprozess verbessert.

4.3
Führungsstile und Führungsmethoden

Führen heißt: **Erfolge durch andere erzielen**. Führungskräfte haben es mit zumindest drei Bedingungen zu tun:

- mit Personen (mit sich selbst und den zu führenden)
- mit Umständen (dazu zählen Aufgaben, Ressourcen, Regeln, Strukturen)
- mit Kriterien (oder Erfolgsmaßstäben, z. B. Qualität, Kosten, Schnelligkeit, Profit)

Führungskultur

Unternehmerische Führung ist darauf ausgerichtet, das Verhalten der Mitarbeiter so zu steuern, dass sowohl die wirtschaftlichen Ziele des Unternehmens wie auch die persönlichen Ziele der im Betrieb wirkenden Menschen verwirklicht werden. Der **Führungsstil** ist sehr eng mit dem Wesen des Vorgesetzten verbunden. Er drückt die Art und Weise aus, mit der eine Weisungsbefugnis ganz persönlich ausgeübt wird.

Führungsstil

Führung und spezielle Führungserfolge sind eng verknüpft mit der Bereitschaft, soziale Kontakte und Verbindungen wahrzunehmen, soziale Beziehungen aufzunehmen und sie zu analysieren. Dazu sind u. a. nötig:

- **Feinfühligkeit** (Gespür für Bedürfnisse und Probleme einer Gruppe)
- **Flexibilität** (Fähigkeit, eigenes Verhalten geänderten Situationen anzupassen)
- **Verantwortlichkeit** (Bereitschaft zur Übernahme von Verantwortung)

Gerade diese drei Eigenschaften müssen immer unter den besonderen Bedingungen der Gruppe, deren Aktivitäten, Zielen und Konflikten gesehen und zu diesen in Beziehungen gesetzt werden.

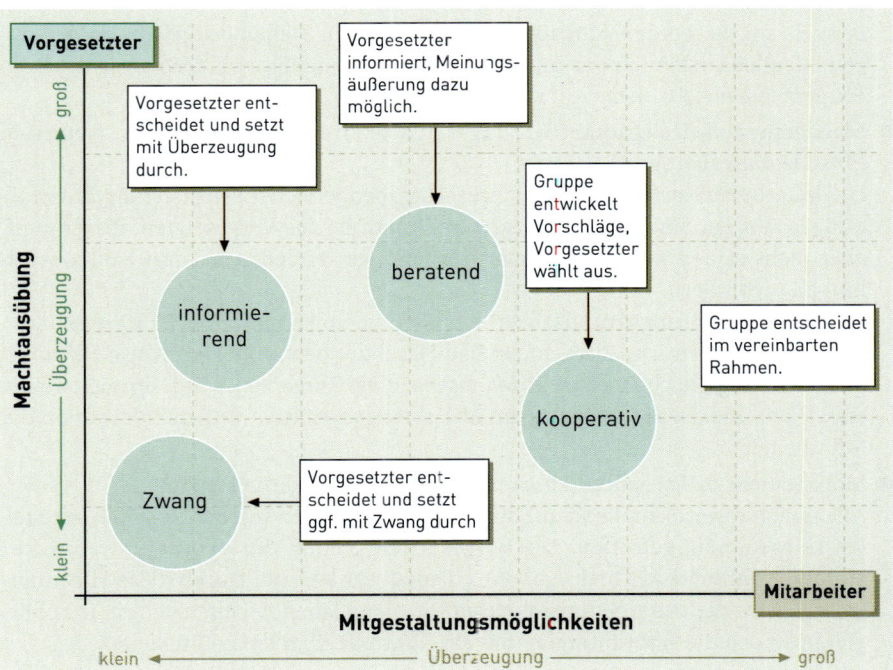

Beim **Laissez-faire-Stil** bestimmen die Mitarbeiter ihre Aufgaben und organisieren sich selbst. Der einzelne Mitarbeiter ist nicht an Anweisungen gebunden und entscheidet frei. Für den betrieblichen Bereich hat der Laissez-faire-Stil, der durch weitgehende Planlosigkeit und wenig Kooperationsbereitschaft gekennzeichnet ist, keine Bedeutung.

Laissez-faire-Stil

Autoritäre Führung

Dem konträr gegenüber steht der autokratische oder **autoritäre Führungsstil.** Er lässt den Mitarbeitern keine bzw. wenig Entscheidungsfreiheit. Die Kontrolle ist sehr stark, und die Führung straff und hierarchisch organisiert, sodass Eigeninitiative der Mitarbeiter kaum zum Tragen kommt.

Kooperative Führung

Der demokratische oder **kooperative Führungsstil** stellt einen Mittelweg dar. Er orientiert sich an den Bedürfnissen der Mitarbeiter und den Erkenntnissen über die soziale Struktur eines Betriebes. Hier wird durch ein kollegiales Verhalten der Führungsebene die Zusammenarbeit gefördert und die Mitarbeiter werden in die Verantwortung einbezogen. Verlangt wird konstruktive Kritik. Das gegenseitige Vertrauen ist eine wichtige Grundlage der gemeinsamen Arbeit.

Erwartete Auswirkungen auf die Mitarbeiter können sein:
- sachliche Arbeitsatmosphäre, Offenheit und Vertrauen
- Gruppenbewusstsein, gegenseitige Unterstützung
- selbstständige und verantwortungsbewusste Arbeit
- Informationsbereitschaft und Selbstkontrolle
- positive Verarbeitung von Kritik

Führungs- methoden

Während der Führungsstil die persönliche Art der Mitarbeiterführung eines Vorgesetzten beschreibt, sollen **Führungsmethoden** ein geschlossenes Konzept für alle Weisungsbefugten eines Unternehmens bilden. Die Führungsmethoden bezeichnet man vielfach auch als **Management-Systeme.**
Die wichtigsten Formen werden nachfolgend kurz beschrieben:

Management by Objectives

- **Management by Objectives** (Führung durch Zielvereinbarungen)
Ausgehend von obersten Zielen des Unternehmens, die die Unternehmensleitung formuliert, setzen Angestellte mit ihren Vorgesetzten diese Ziele in ihrem Arbeitsbereich um. Es werden Aufgaben für die einzelnen Stellen festgelegt. Da der einzelne Stelleninhaber an der Aufgabenerstellung beteiligt war, wird er besonderen Ehrgeiz entwickeln, diese Aufgaben zu bewältigen.

Management by Delegation

- **Management by Delegation** (Führung durch Übertragung von Verantwortung und Entscheidungsbefugnis)
Die Mitarbeiter dürfen innerhalb ihres Aufgabenbereiches selbstständig Entscheidungen treffen. Sie unterliegen zwar der Kontrolle des Vorgesetzten, dieser greift aber nicht in den Entscheidungsprozess ein, es sei denn, er kann Fehlentwicklungen verhindern.
Basis dieses Führungsgrundsatzes ist eindeutig ein kooperativer Führungsstil.
Das nach der Führungsakademie in Bad Harzburg benannte *Harzburger Führungsmodell* (häufig gleichgesetzt mit *Management by Delegation*) wurde immer weiterentwickelt. Ziel ist die „Führung im Mitarbeiterverhältnis" und die Motivation der Mitarbeiter.

Management by Exception

- **Management by Exception** (Führung nach dem Ausnahmeprinzip)
Alle üblicherweise anfallenden Entscheidungen werden von den zuständigen Stellen selbstständig getroffen. Die Vorgesetzten greifen nur dann ein, wenn über außergewöhnliche Maßnahmen entschieden werden soll. Durch diese Führungstechnik wird die Unternehmensleitung von alltäglichen Arbeiten befreit. Ihr obliegen nur noch die **Anordnungen** und die Kontrolle über diese Tätigkeiten.

Management by Systems

- **Management by Systems** (Führung durch Systemsteuerung)
Hierbei handelt es sich um eine Führung mittels Delegieren und weitestgehender Selbstregelung auf der Grundlage computergestützter Informations- und Steuerungssysteme wie bei *Management by Objectives*.

4.4
Rücksichtnahme auf die individuellen Belange der Beschäftigten kann sich positiv auf die Leistungsfähigkeit und das Betriebsklima auswirken

Unabhängig von den Überlegungen der Unternehmenskultur gibt es eine Reihe von Faktoren, die den Arbeitsprozess beeinflussen. Die objektiven Voraussetzungen sind die Gegebenheiten, die der Arbeitnehmer am Arbeitsplatz vorfindet.

■ **Arbeitsplatzgestaltung**

Unter **Humanisierung** versteht man, dass die Arbeitsbedingungen menschlicher gestaltet werden sollen und dass die Arbeit den Menschen nicht in seiner Gesundheit gefährdet. Im Einzelnen geht es dabei um:

Humanisierung

- eine Anpassung von Geräten, Werkzeugen und Maschinen für den arbeitenden Menschen,
- die Beseitigung von schädigenden Umgebungseinflüssen (gefährliche Arbeitsstoffe, Lärm, Hitze, Kälte usw.),
- Produktionsverfahren, die sicherstellen, dass der Wert der eigenen Leistung für das Gesamtprojekt sichtbar bleibt, und
- die Schaffung sozialer Einrichtungen, wie z. B. Pausenräume, ordentliche sanitäre Anlagen.

■ **Arbeitsorganisation**

Im Laufe der letzten Jahrzehnte wurde die Arbeitsteilung in den Betrieben immer weiter ausgebaut. Komplexe Arbeiten wurden in immer kleinere Arbeitsschritte untergliedert (Taylorismus). Die Nachteile dieser Arbeitsorganisation (z. B. monotone Arbeit, schwierige Anpassung an sich ändernde Produktionsaufgaben) wurden im Laufe der Zeit so groß, dass man sich gezwungen sah, die Arbeitsorganisation zu ändern. Ansatzpunkt hierfür war der Handlungsspielraum der Arbeitskräfte. Beispiele dafür sind:

- **Arbeitswechsel (Job-Rotation):** Die Arbeitskräfte wechseln nach vorgegebenen oder selbst gewählten Zeiten oder Arbeitsfolgen ihre Arbeitsplätze. Dies ist auch eine Möglichkeit, eine mögliche Monotonie bei der Arbeit abzubauen.
- **Ausweitung des Arbeitsinhaltes (Job-Enrichment):** Dem Arbeitnehmer wird mehr Verantwortung zugestanden, er erhält einen größeren Verantwortungs- und Entscheidungsbereich. Dazu werden häufig Teilbereiche zusammengefasst, die sonst im Gesamtprozess in verschiedenen Stufen angesiedelt wären (z. B. Planung, Ausführung und Kontrolle).
- **Ausweitung des Arbeitsgebietes (Job-Enlargement):** Durch eine Erweiterung der Summe an Aufgaben wird eventuell ein engerer Bezug zum Produkt und eine größere Identifikation mit dem Produkt und dem Produktionsablauf erzeugt.

5
Bewertung und Entlohnung der Arbeitsleistung

5.1
Nicht alle Arbeitsplätze haben die gleichen Anforderungen – Arbeitswertstudien und Lohngruppen als Grundlage einer Entlohnung

Die Entlohnung stellt für die Arbeitnehmer ein Einkommen, für die Arbeitgeber aber einen Kostenfaktor dar. Während die Arbeitnehmer ein möglichst hohes Arbeitsentgelt beanspruchen, will der Arbeitgeber für eine bestimmte Leistung die gesamten Lohnkosten möglichst gering halten.

Lohn und Leistung

Entscheidend ist die Frage, ob der gezahlte bzw. für eine bestimmte Leistung zu zahlende Lohn als angemessen, gerecht und wirtschaftlich tragbar empfunden wird. Zwischen Lohn und Leistung sollte ein ausgeglichenes Verhältnis bestehen.

Unabhängig davon stellen jedoch die Arbeitsplätze in einem Unternehmen nicht alle die gleichen Anforderungen an die Arbeitnehmer. Welche Arbeit ist wie viel wert? Eine Frage, die – wenn überhaupt – nur beantwortet werden kann, wenn man sich mit den Grundlagen der Arbeitsbewertung auseinandersetzt.

Objektive Bewertung

Arbeitsplätze zu bewerten bedeutet, dass man nach möglichst objektiven Gesichtspunkten sucht, nach denen man die Anforderungen eines Arbeitsplatzes messen kann. Der Arbeitswert ist dabei ein Maß zur Bestimmung der Arbeitsschwierigkeit. Er steht für die Gesamtheit der Anforderungen, die die Ausführung einer Arbeit an einem bestimmten Arbeitsplatz an den Arbeitnehmer stellt.

Bewertungsverfahren

Dabei unterscheidet man grundsätzlich zwei Verfahren: ein Arbeitsplatz wird als Ganzes gesehen und eingestuft oder der Arbeitsplatz wird detailliert „durchleuchtet". Bei der Wahl des Verfahrens sind die Unternehmen frei. Oft geben aber tarifvertragliche Regelungen die Wahl vor, weil die Arbeitsbewertung direkt mit der Zuordnung von Lohn- oder Gehaltsgruppen in Verbindung steht.

5.1.1
Der Arbeitsplatz wird als Ganzes gesehen – summarische Betrachtung der Anforderungen

Summarische Verfahren der Arbeitsbewertung zeichnen sich dadurch aus, dass ein Arbeitsplatz in der Gesamtheit seiner Herausforderungen gesehen und bewertet wird. Das Ergebnis ist eine pauschale Einteilung bzw. die Aufstellung einer Rangfolge. Die Methoden zur Einstufung der Arbeitsplatzanforderungen sind unterschiedlich.

Lohngruppenverfahren

Am meisten verbreitet ist das **Lohngruppenverfahren.** Lohn- und Gehaltsgruppen sind meist in Tarifverträgen festgelegt und gelten daher über die Grenzen eines Betriebes hinaus. In einer Reihe von Musterbeispielen wird ein Bezug zwischen Aufgabenbereichen und Lohngruppen hergestellt, es entsteht ein Katalog als Basis für die Bewertung jeder Arbeitsaufgabe im Betrieb. Die Katalogbeispiele müssen eindeutig beschrieben und bewertet sein.

Rangfolgeverfahren

Beim **Rangfolgeverfahren** werden alle Arbeitsplätze eines Betriebes nach ihrem Schwierigkeitsgrad geordnet, nach diversen Kriterien „bepunktet" und in eine Rangfolge gebracht. Diese stellt eine Abstufung vom einfachsten zum schwierigsten Arbeitsplatz dar. Je höher der Rang, desto höhere Anforderungen stellt der Arbeitsplatz an den Arbeitnehmer.

Beispiel

Rangfolge, bei der jeder Arbeitsplatz mit jedem anderen verglichen wird und derjenige Platz, der als anspruchsvoller (höherwertiger) eingestuft wird, bis zu drei Punkte mehr als der darunter liegende bekommt

	Personal-sachbear-beiter/-in	Pförtner/-in	Bürohel-fer/-in in der Poststelle	Abtei-lungslei-ter/-in	Prokurist/-in	Telefonist/-in Telefon-zentrale	Punkt-wert	Rang
Personalsach-bearbeiter/-in		***	**	–	–	**	7	3
Pförtner/-in	–		*	–	–	*	2	5
Bürohelfer/-in in der Poststelle	–	**		–	–	*	3	4
Abteilungsleiter/-in	***	***	***		–	***	12	2
Prokurist/-in	***	***	***	**		***	14	1
Telefonist/-in Telefonzentrale		*	*	–	–		2	5

5.1.2
Der Arbeitsplatz wird in Einzelanforderungen „zerlegt" – analytische Betrachtung der Anforderungen

Während Arbeitsplätze im kaufmännischen Bereich fast ausschließlich nach der summarischen Methode bewertet werden, ist dies im gewerblichen Bereich anders. Hier dominieren die analytischen Verfahren. Diese zeichnen sich dadurch aus, dass ein Arbeitsplatz in seinen einzelnen Anforderungskategorien genau untersucht und anschließend bewertet wird. Die Arbeitsanforderungen einer Stelle werden aufgeschlüsselt und detailliert bewertet. Am häufigsten wird dabei das Genfer Schema herangezogen (siehe folgende Seite).

Da die einzelnen Merkmalsgruppen nicht gleichwertig sind, muss zwischen ihnen ein Wertverhältnis festgelegt werden. Das kann z. B. durch die Vergabe von Höchstpunktzahlen für die einzelnen Merkmalsgruppen erfolgen. Diese Punktzahlen geben den Schwierigkeitsgrad und damit den Arbeitswert an. Je größer die Differenz zwischen den Höchstpunktzahlen und den tatsächlich vergebenen Punkten ist, desto niedriger wurde der Arbeitswert eingestuft. Der Punktvergabe vorausgehen kann auch eine Rangfolgeuntersuchung in den einzelnen Anforderungsarten. Der jeweilige Rang wird mit einem vorgegebenen Gewichtungsfaktor multipliziert.

Zusätzlich zum Rangreihenverfahren wird jede einzelne Anforderungsart nochmals hinsichtlich des Intensitätsgrades und der zeitlichen Belastung untersucht. Das heißt, dass es nicht mehr genügt, z. B. bei der Anforderungsart „Umgebungseinflüsse" die Schmutzbelästigung global zu bewerten, sondern es erfolgt eine weitere Unterteilung mittels **Stufenwertzahlen** je nachdem, wie selten oder wie oft unter solchen Belastungen gearbeitet werden muss.

Rangreihen-verfahren

Stufenwertzahl-verfahren

Beispiel

Anforderungsstufen	Anforderungsart: Schmutzbelästigung							
	Stufenwertzahl	zeitliche Belastung in Stunden						
		1,0	1,1	1,2	1,3	1,4	1,5	1,6
		korrigierte Stufenwertzahl (Stufenwertzahl · Belastungsdauer)						
keine Belastung	0	–	–	–	–	–	–	–
geringe Belastung	1	1,0	1,1	1,2	1,3	1,4	1,5	1,6
mittlere Belastung	2	2,0	2,2	2,4	2,6	2,8	3,0	3,2
hohe Belastung	3	3,0	3,3	3,6	3,9	4,2	4,5	4,8
Schutzkleidung vorgeschrieben	4	4,0	4,4	4,8	5,2	5,6	6,0	6,4

Schlanke Produktion setzt auf Motivation und die verantwortliche Beteiligung der Mitarbeiter am Arbeitsprozess. Die Inhalte der Arbeit werden angereichert und aufgewertet. Die Raster der Eingruppierung in Lohn- und Gehaltsgruppen honorieren auch den neuen dynamischen Charakter der Arbeit, die im Team abläuft. Dies ist in vielen Rahmentarifen und Tarifgruppen nur unzureichend berücksichtigt. Wenn von den Mitgliedern der Arbeitsgruppe komplexere Tätigkeiten des Vorbereitens, Kontrollierens und Korrigierens verlangt werden, dann erreicht man dies nicht mit der Einteilung des „Arbeitswertes" nach herkömmlichen Methoden.

Das **Genfer Schema** der Arbeitsplatzbewertung unterscheidet vier Anforderungsgruppen, die teils miteinander verzahnt sind:

Bereich **Können**

Bereich **Verantwortung**

Bereich **Belastung**

Bereich **Arbeitsbedingungen**

- Welche Fähigkeiten muss ein Arbeitnehmer haben, um die mit seinem Arbeitsplatz verbundenen Anforderungen zu bewältigen? Dazu gehört u. a.
  - die Frage, welche Ausbildung erforderlich ist,
  - die Frage, über welche Kenntnisse und Erfahrungen jemand verfügen muss,
  - bei handwerklichen Tätigkeiten die Frage des Geschicks und der körperlichen Gewandtheit,
  - der Umfang, in dem das eigenständige Denken und Problemlösen gefordert ist.
- Ist ein Arbeitnehmer nur ausführend tätig und arbeitet auf Anweisungen? Oder umfasst sein Tätigkeitsfeld auch eigenständige und von ihm selbst zu verantwortende Entscheidungen? Dabei kann die Bandbreite sehr groß sein und erfasst z. B. die Verantwortung für
  - den reibungslosen Ablauf von Geschäftsprozessen,
  - die technische Sicherheit beim Einsatz von Maschinen,
  - die Sicherheit der gesundheitlichen Unversehrtheit von Mitarbeitern,
  - qualitativ einwandfreie und fehlerlose Produkte,
  - die ordnungsgemäße Umsetzung kaufmännischer Aufgaben.
- Verstand man hierunter lange Zeit fast ausschließlich die körperlichen oder geistigen Anstrengungen, die mit der Arbeit verbunden waren, so geht es heute auch um die psychosozialen Belastungsfaktoren. Dazu gehört in erster Linie der mit bestimmten Arbeitsbedingungen einhergehende Stress, der sich mit herkömmlichen Mitteln kaum messen lässt und sich daher einer konkreten Bewertung weitgehend entzieht.
- Hierunter fallen alle Faktoren, die mehr oder weniger unveränderbar vorgegeben sind und sich der Einflussnahme des einzelnen Mitarbeiters entziehen. Dazu gehören insbesondere bei gewerblichen Arbeitnehmern die Umgebungseinflüsse (Hitze, Kälte, Nässe, Lärm, Lichtmangel usw.) ebenso wie das Umfeld des Arbeitsplatzes (Öle, Fette, Staub, Gase, Schmutz usw.)

Des Weiteren wird hierunter erfasst, welche körperlichen Anforderungen mit der Arbeit verbunden sind. Konkret geht es darum, ob z. B. in unnatürlichen Haltungen (stehend, gebückt, liegend) gearbeitet wird. Bei kaufmännischen Tätigkeiten spielt insbesondere die Ergonomie des Arbeitsplatzes eine wichtige Rolle.

› Band 1, LF 1, Kap. 3.3

Beispiel

Arbeitsplatzbewertung nach dem Genfer Schema Beispiel: Maschinenschlosser				
Arbeitsanforderung		max. Punkt- zahl	**Bewertung**	erteilte Punkte
Können	Kenntnisse	10	Erforderlich ist eine abgeschlossene Ausbildung und zusätzlich eine Berufserfahrung von mind. 2 Jahren.	7
	Geschick- lichkeit	4	Geschicklichkeit ist bei z. T. schwierigen Arbeiten unabdingbar.	3
	Summe I	14		**10**
Anstrengung	geistig	5	Erhöhte überdurchschnittliche Aufmerksamkeit ist bei der Arbeitsausführung nötig. Hohe Anforderungen bestehen an eigenes Überlegen bei der Suche nach Problemlösungen.	3,5
	körperlich	5	Eine besondere körperliche Anstrengung gibt es kaum, aber die Arbeit muss oft in unnatürlicher Haltung ausgeführt werden (gebückt, liegend, über dem Kopf arbeitend).	2,5
	Summe II	10		**6**
Verant- wortung	eigene Arbeit	5	Eigenverantwortliche Tätigkeit erfordert i. d. R. eigenes Entscheiden und Übernahme der Verantwortung für die fehlerfreie Ausführung der Arbeiten.	4
	Gesundheit, Sicherheit anderer	5	Fehlerhafte Ausführungen der Arbeit können zu Unfallgefahren oder sonstigen sicherheitsgefährdenden Situationen für die an den Maschinen arbeitenden anderen Mitarbeiter führen. Mitverantwortlich für die Sicherheit der zugeteilten Helfer und Auszubildenden	4
	Summe III	10		**8**
Umgebungs- einflüsse	Schmutz, Öle, Fette, Staub	4	Verschmutzung der Hände, sonst keine besonderen Belastungen	1
	Temperatur	2	zeitweise etwas Strahlungshitze bei Schweißarbeiten	0,5
	Lärm, Blendung, Lichtmangel	3	teilweise höherer Lärmpegel, der das Tragen von Gehörschutz erforderlich macht; Blendungsgefahr bei Schweißarbeiten	1,5
	Gase, Dämpfe, Erschütte- rungen	2	bei Schweißarbeiten leichte Belastungen durch Gase und Dämpfe	0,5
	Unfallge- fährdung	2	Trotz Beachtung der UVV sind Unfallgefahren nicht ganz auszuschließen.	1
	Gesundheits- gefahren	3	keine besonders hervorzuhebenden Belastungen	0,5
	Summe IV	16		**5**
			Gesamtwert	**29**
			Arbeitswert-/Lohngruppe	**V**

Bielefeld, 14. September 20..
ausgestellt: *Heinz Raschke*   zur Kenntnis genommen: *Michael Blüm*

Einer grundsätzlichen Kritik müssen sich die analytischen Verfahren stellen: Sie sind zwar bewährt, aber sie enthalten z. T. nicht die Kriterien, die aus heutiger Sicht berücksichtigt werden müssten, um dem Wandel in der Arbeitswelt auch Rechnung zu tragen.

5.1.3
Ein neuer Weg: Entgelt-Rahmen-Abkommen (ERA)

In der Metall- und Elektroindustrie wurde im Jahr 2003 ein neues System der Arbeitsbewertung eingeführt. Damit einhergehend fiel auch die Unterscheidung des Arbeitsentgelts in Form von „Lohn" für die Arbeiter und „Gehalt" für die Angestellten weg.

ERA-Tarifvertrag   Der **ERA-Tarifvertrag** enthält

- ein **Grundentgelt,** das sich aus den Anforderungen der Arbeitsaufgabe ergibt,
- ein **Belastungsentgelt** (Belastungszulage), das sich aus der Belastungssituation ergibt, und
- ein **Leistungsentgelt,** das die persönliche Leistung im Rahmen der Tätigkeit widerspiegelt.

Maßgebend ist – wie in anderen Modellen auch – die Arbeitsaufgabe. Diese kann eine Einzelaufgabe sein oder einen komplexen Aufgabenbereich umfassen. Ob Einzelaufgabe oder Aufgabenbereich: Entscheidend sind die jeweils betrieblichen Ausprägungsformen der Arbeitsorganisation und der damit verbundene Zuschnitt der Aufgabenbereiche. Die wichtigste betriebliche Aufgabe besteht deshalb darin, die Betriebs- und Arbeitsabläufe systematisch zu durchleuchten.

Die **Anforderungsmerkmale** des ERA-Arbeitsbewertungssystems sind:

Mit dem Anforderungsmerkmal **Können** wird die Gesamtheit der erforderlichen Kenntnisse, Fähigkeiten und Fertigkeiten beschrieben, über die ein Beschäftigter verfügen muss, um die übertragene Arbeitsaufgabe ausführen zu können. Die Bewertung des Könnens erfolgt durch die Merkmale „Arbeitskenntnisse" (i. d. R. erworben durch Anlernen), erforderliche „Fachkenntnisse" (i. d. R. erworben durch Ausbildung) sowie erforderliche „Berufserfahrungen". Der Bereich des Könnens geht mit 60 % in die Gesamtbewertung ein.

Mit dem Anforderungsmerkmal **Handlungs- und Entscheidungsspielraum** wird der zur Erfüllung der Arbeitsaufgabe erforderliche Spielraum der Beschäftigten beschrieben, um eigene Vorgehensweisen bei der Arbeitsausführung und Aufgabenerledigung zu entwickeln und umzusetzen. Dieser Bereich wird mit 20 % berücksichtigt.

Mit dem Anforderungsmerkmal **Kooperation** werden die im Rahmen der übertragenen und auszuführenden Arbeitsaufgaben vom Beschäftigten geforderten Voraussetzungen beschrieben, die nötig sind, um mit anderen sachgerecht zu kommunizieren, zusammenzuarbeiten und/oder in vorgegebenem Rahmen die eigene Arbeit mit der Arbeit anderer abzustimmen. Die Anforderung an die Kooperationsfähigkeit geht mit 10 % in die Gesamtbewertung ein.

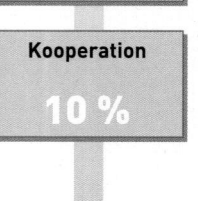

Das Anforderungsmerkmal **Mitarbeiterführung** sagt etwas darüber aus, in welchem Rahmen andere Beschäftigte fachlich angewiesen, angeleitet oder unterstützt werden müssen. Dazu kommt, in welchem Umfang ein Mitarbeiter die Aufgabe hat, die Kooperation zu fördern, Arbeitsziele vorzugeben oder zu vereinbaren, Beschäftigte zur Zielerfüllung einzusetzen, sie zu fördern und damit zu motivieren. Dieser Teilbereich macht ebenfalls 10 % der Gesamtbewertung aus.

5.1.4
Lohn- und Gehaltsgruppen als Ergebnis tarifrechtlicher Vereinbarungen

Geht es bei der Analyse und Bewertung von Arbeitsplätzen um die Frage, welche Anforderungen mit der Ausübung einer Tätigkeit verbunden sind, besteht der nächste Schritt darin, dass den einzelnen Arbeitsplätzen konkrete Löhne zugeordnet werden müssen.

In einigen Berufsfeldern greifen hier Tarife, die von Vertretern der Arbeitgeber und der Arbeitnehmer ausgehandelt werden. Im Grundgesetz ist die sogenannte **Tarifautonomie** verankert. Der Staat muss sich aus allen tarifrechtlichen Angelegenheiten heraushalten und neutral bleiben.

Tarifrechtliche Angelegenheiten sind allein Sache der Arbeitgeber und der Arbeitnehmer, die sich in der Regel in Verbänden organisiert haben, um ihre jeweiligen Interessen zu bündeln und wahrzunehmen.

Die einzelnen Verbände sind in **Dachorganisationen** zusammengefasst, sodass sich trotz aller branchen- und regionalbezogenen Unterschiede durchaus eine Bündelung von übergreifenden gemeinsamen Interessen ergibt.

Auf der einen Seite der **Sozialpartner** steht der Deutsche Gewerkschaftsbund, der insgesamt ca. 6,4 Millionen Mitglieder hat. Die größten der acht in ihm vereinten Gewerkschaften sind die IG Metall und ver.di (Vereinte Dienstleistungsgewerkschaft).

Dem gegenüber steht die Bundesvereinigung der Deutschen Arbeitgeberverbände mit mehr als 1 000 einzelnen Arbeitgeberverbänden, die unter dem gemeinsamen Dach versuchen, ihren Einfluss wahrzunehmen.

Ein ganz zentraler Bereich sind die **Tarifverträge**, die zwischen den Gewerkschaften auf der einen und den Arbeitgebern oder den Arbeitgeberverbänden auf der anderen Seite abgeschlossen werden.

Es gibt verschiedene **Arten von Tarifverträgen**:

- **Verbandstarife** zwischen Arbeitgeberverbänden und den dazugehörigen Gewerkschaften
- **Firmen- oder Haustarife** zwischen einzelnen Unternehmen und der zuständigen Gewerkschaft
- **Branchentarife**, die überregional für einen ganzen Wirtschaftszweig gelten
- **Flächentarife**, die als Orts-, Landes- oder Bundestarife unterschiedlich weit gefasst sein können.

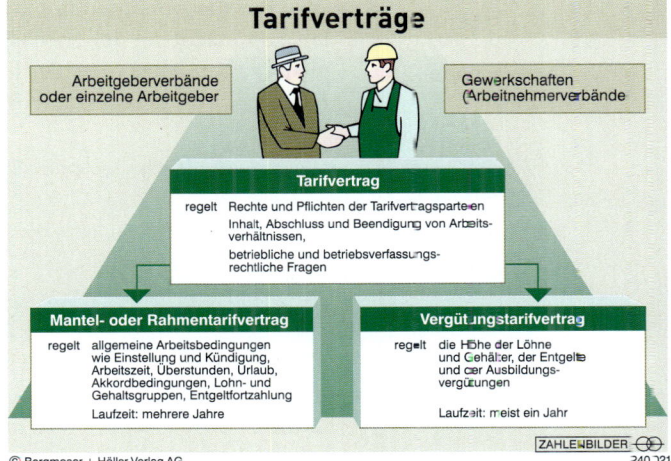

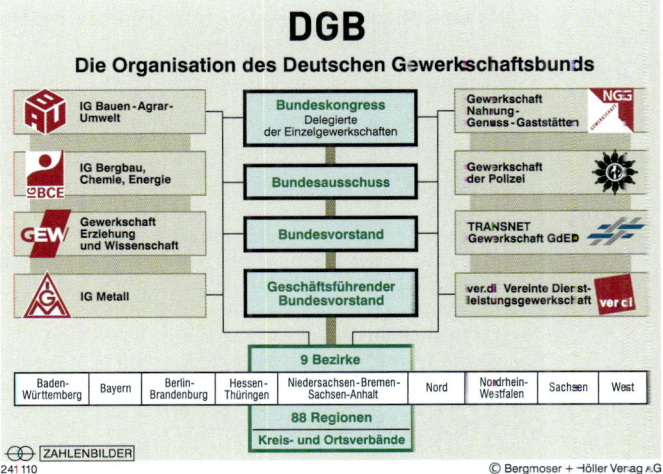

Inhaltlich unterscheidet man zwei große Gruppen von Tarifverträgen:

- **Lohn- und Gehaltstarife,** die Lohn- und Gehaltstabellen ebenso wie Aussagen über Ausbildungsvergütungen, Zuschläge für Überstunden, Sonntags- und Feiertagsarbeit enthalten. Hier werden die Arbeitnehmer gemäß ihrer Qualifikation und ihrer

Tätigkeit bestimmten Lohn- und Gehaltsgruppen zugeordnet. Das gesamte Tarif-gefüge wird dabei von einem Ecklohn bestimmt. Lohn- und Gehaltstarife laufen in der Regel ein bis zwei Jahre und werden dann neu verhandelt.

- **Mantel- oder Rahmentarife**, in denen es um die Festsetzung von Arbeitszeit, Urlaub, Kündigungsbedingungen usw. geht. In solchen Rahmentarifen sind z. B. auch die Eckdaten der Lohngruppen festgelegt. Die Laufzeit ist länger und häufig unbefristet.

Normalerweise gelten die tariflichen Vereinbarungen nur für die angeschlossenen bzw. die eingetragenen Mitglieder. Auf Antrag einer Tarifvertragspartei kann aber eine sogenannte **Allgemeinverbindlichkeitserklärung** vom Arbeitsminister eines Bundes-landes oder vom Bundesarbeitsminister ausgesprochen werden. Sie bewirkt, dass die Tarifvereinbarungen auch für solche Betriebe gelten, die nicht Mitglied eines Arbeit-geberverbandes sind.

Tarifverhand-lungen

Unabhängig davon übertragen die Arbeitgeber die Regelungen aber meist auch auf die nicht organisierten Arbeitnehmer ihres Betriebes. Täten sie dies nicht, würden sie nicht nur die Arbeitnehmer ungleich behandeln. Auch könnten die dann entstehen-den Lohnnachteile der Nicht-Gewerkschaftsmitglieder dazu führen, dass eine Mit-gliedschaft in einer Gewerkschaft an Attraktivität gewinnt. Das liegt wiederum nicht unbedingt im Interesse der Arbeitgeber.

1. Mit der Kündigung oder dem Auslaufen des laufenden Tarifvertrages erfolgt das Positionieren der jeweiligen Forderungen.

2. Bei Verhandlungen (meist nach mehreren Runden) ohne Ergebnis wird das Scheitern erklärt.

3. Schlichtungsverfahren:
   Unter der Moderation eines neutralen Schlichters wird versucht, einen Kompromiss zu finden.

4. Bleibt das Verfahren ohne Ergebnis, werden die Verhandlungen endgültig als gescheitert erklärt. Die Friedenspflicht, die bisher Arbeitskampfmaßnahmen verhindert hat, endet.

5. Die Gewerkschaft ruft ihre Mitglieder zur Urabstimmung auf.
   Wenn mehr als 75 % für einen Streik sind, wird dieser umgesetzt.

Schwerpunktstreik:	Arbeitskampf nur in ausgewählten Betrieben
Rollender Streik:	Arbeitskampfmaßnahmen an immer wieder neuen Streikorten
Flächenstreik:	viele oder alle Betriebe einer Branche werden bestreikt, große Teile der Wirtschaft werden lahmgelegt
Generalstreik:	große Teile des öffentlichen Lebens werden bestreikt
Solidaritäts- und Sympathiestreik:	Arbeitnehmer anderer Betrieb oder Branchen schließen sich an, um die Kollegen zu unterstützen
Warnstreik:	kurzfristige Arbeitsniederlegung ohne vorangehende Urabstimmung

6. Arbeitgeber können auf den Streik ihrerseits mit einer Aussperrung der Arbeitnehmer antworten, d. h., sie lassen die arbeitswilligen Arbeitnehmer nicht an die Arbeitsplätze, um somit Druck auf die Gewerkschaften auszuüben. Aussperrungen sind nur zulässig, wenn sie
   - sich gegen einen Streik wenden,
   - durch einen Arbeitgeberverband organisiert sind,
   - das Gebot der Verhältnismäßigkeit erfüllen, also eine regionale und zahlenmäßige Begrenzung einhalten,
   - als letztes Mittel zur Erreichung der Ziele im Arbeitskampf als unumgehbar anzusehen sind und
   - sich nicht ausschließlich gegen Gewerkschaftsmitglieder richten.

7. Nach neuen Verhandlungen wird irgendwann ein Ergebnis erzielt. Die gewerkschaftlich organisierten Arbeit-nehmer müssen den Kompromiss mit mindestens 25 % annehmen, um den Streik zu beenden.

8. Danach steht ein neuer Tarifvertrag fest, der die Grundlage aller Lohngestaltungen und Lohnberechnungen in den Unternehmen darstellt.

5.2
Zeitlohn und Leistungslohn im Vergleich

5.2.1
Zeitlohn und Gehalt

Beim Zeitlohn ist die Höhe des Entgeltes an die persönliche Anwesenheit am Arbeitsplatz, in der der zu Entlohnende dem Betrieb seine Arbeitskraft zur Verfügung stellt,
geknüpft. Beim Leistungslohn ist das Entgelt abhängig von dem konkreten (in Mengeneinheiten messbaren) Arbeitsergebnis.
Beide Formen sind verknüpft mit der erbrachten Leistung bzw. der Leistungsfähigkeit
oder Leistungsbereitschaft. Diese ist allerdings nicht immer konkret messbar.

Zeitlohn

Leistungslohn

Die Unterschiede zwischen Zeit- und Leistungslohn werden in der folgenden Übersicht deutlich:

Zeitlohn	Leistungslohn
Ausschlaggebend ist die Zeit der Anwesenheit im Betrieb bzw. die Zeit, in der der Arbeitnehmer seine Arbeitskraft am Arbeitsplatz zur Verfügung stellt.	Es handelt sich um ein leistungsbezogenes Entgeltsystem. Der Arbeitnehmer erhält nur das als Menge messbare Arbeitsergebnis vergütet.
Zur Arbeitsleistung besteht kein unmittelbarer Bezug. Leistungsfähigkeit und -bereitschaft können allerdings in unterschiedlichen Stundenlöhnen oder Gehältern zum Ausdruck kommen.	Je höher die erbrachte Leistung ist, desto höher kann der Verdienst sein.
Diese Entlohnungsform ist besonders zweckmäßig, wenn	Diese Entlohnungsform ist besonders zweckmäßig, wenn
■ der Arbeitsablauf eine bestimmte Leistung voraus-setzt, wie es z. B. bei der Fließbandfertigung der Fall ist, ■ die zu verrichtende Tätigkeit besonders schwierig oder gefährlich ist und daher große Sorgfalt voraussetzt, ■ der Arbeitsgang nicht in Einzelschritte zerlegbar ist.	■ der Arbeitsauftrag in einzelne, zeitlich bewertbare Tätigkeiten oder Arbeitsgänge zerlegbar ist, ■ sich die Tätigkeiten sehr oft wiederholen, sodass sich der Aufwand für die Festlegung der Arbeitszeiten der einzelnen Tätigkeiten lohnt, ■ die Arbeitsgeschwindigkeit nicht fest vorgegeben ist, sondern sich individuell steuern lässt.
Es gibt verschiedene Möglichkeiten, die Anwesenheit im Betrieb zu erfassen. Eine der bekanntesten Formen ist die elektronische Zeiterfassung, bei der die Arbeitnehmer bei Beginn und Ende der Arbeitszeit registriert werden.	Auf eine Erfassung der Anwesenheit im Betrieb kann auch hier nicht verzichtet werden. Sie hat aber keine direkten Auswirkungen auf den Lohn.
Kosten: Der Lohn bleibt bei unterschiedlichen Leistungen immer gleich. Die Lohnkosten pro Stück steigen, wenn die Leistung sinkt, und sie sinken, wenn die Leistung steigt.	**Kosten:** Je höher die Leistung, desto höher der Lohn und umgekehrt. Die Lohnkosten pro Stück bleiben aber immer gleich.
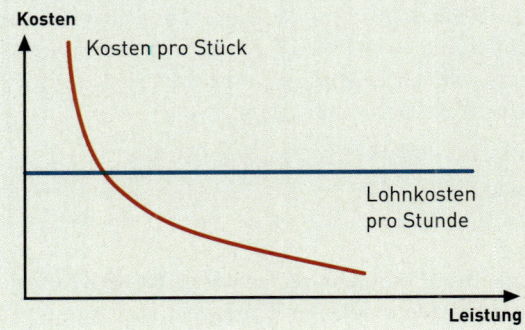	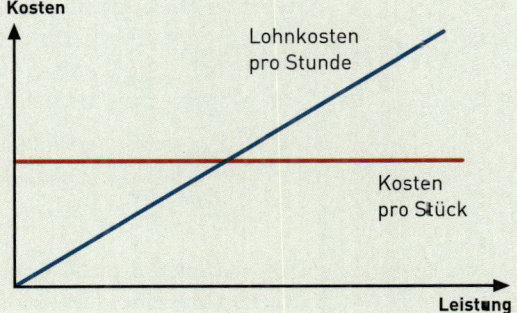

Prämienzahlung

Eine gewisse Kombination von Zeit- und Leistungslohn stellt die Zahlung von Prämien dar. Sie werden dem Arbeitnehmer für besondere Leistungen bezahlt. Prämien sollen qualitative und/oder quantitative Leistungsanreize bieten.

Die **Prämienzahlung** erfolgt nur dann, wenn eine bestimmte Normalleistung überschritten, d. h., wenn besser oder schneller gearbeitet wurde.

Man unterscheidet verschiedene Prämienarten, wie z. B.:

- **Qualitätsleistungsprämien** (geringe Ausschussquoten, wenig Garantiefälle, keine Reklamationen usw.)
- **Ersparnisprämien** (hohe Materialausbeute, geringer Energieverbrauch, sparsamer Rohstoffeinsatz usw.)
- **Nutzungsgradprämien** (Reduzierung der Reparaturzeiten, Herabsetzung der Rüstzeiten usw.)

Sonstige Anlässe zur Prämienzahlung können das Einhalten von Terminen, ein vorzeitiges Fertigstellen einer Aufgabe, das Entwickeln von Maßnahmen zur Unfallverhütung usw. sein.

5.2.2
Grundlagen einer leistungsbezogenen Entlohnung

Geldakkord

Bei der Entlohnung auf Basis des **Geldakkords** erhalten die Arbeiter für jedes hergestellte Teil oder für jeden Arbeitsgang, der an einem Werkstück verrichtet wird, einen festen Geldbetrag.

Stückakkordsatz

Mit der vorausberechneten Zeitdauer einer Tätigkeit liegt auch die erwartete Normalleistung eines Arbeitnehmers fest. Sie drückt sich in der Anzahl der Leistungseinheiten pro Stunde oder Arbeitstag aus. Auf der Grundlage eines vorgegebenen Akkordrichtsatzes und der errechneten Normalleistung wird der **Stückakkordsatz** ermittelt. Er ist das Arbeitsentgelt pro Stück, Tätigkeit oder Arbeitsgang.

Beispiel

In der Heidtkötter KG werden die Sitzflächen von Stühlen mit einer Schaumstoffauflage versehen und anschließend mit Stoff überzogen. Dabei liegt die Normalleistung eines Arbeitnehmers bei 40 Stück pro Stunde. Diese Tätigkeit wird mit Lohngruppe III bewertet: Lohn pro Stunde = 13,12 €. Da es sich aber um eine Akkordarbeit handelt, wird unabhängig von der Leistung ein Akkordzuschlag von 10 % gezahlt, sodass der Akkordrichtsatz hier bei 14,432 € liegt.

$$\text{Stückakkordsatz} = \frac{\text{Akkordrichtsatz}}{\text{Normalleistung}} = \frac{14,432 \ €}{40} = 0,3608 \ €/\text{Leistungseinheit}$$

Der Stückakkordsatz ist von Tätigkeit zu Tätigkeit verschieden. Er wird von der Arbeitsvorbereitung jeweils errechnet und dem Arbeiter vorgegeben. Dazu muss zunächst der Zeitbedarf für die entsprechende Tätigkeit festgestellt werden. Je länger der Arbeitsvorgang dauert, desto höher ist der Stückakkordsatz (und umgekehrt).

Bruttolohnberechnung

Der Akkordarbeiter kann seinen Lohn unmittelbar errechnen, indem er den Stückakkordsatz mit seiner Arbeitsleistung multipliziert.

Beispiel (Fortsetzung)

Ein Arbeitnehmer fertigt nicht 40, sondern 45 Stühle pro Stunde bzw. 360 Stühle pro Tag. Sein Lohn steigt damit auf 16,236 €/Stunde (45 Stück · 0,3608 €) oder 129,88 € bei einem 8-Stunden-Tag.

$$\text{Bruttolohn} = \frac{\text{Anzahl der}}{\text{Leistungseinheiten}} \cdot \frac{\text{Geldakkord-}}{\text{satz}}$$

$$= 45 \quad \cdot \quad 0,3608 = 16,236 \text{ €} \cdot 8 \text{ Std.} = 129,88 \text{ €/Tag}$$

Wenn zusätzlich Rüstzeiten zu berücksichtigen sind (und das ist die Regel), dann wird es etwas komplizierter, weil man diese Zeiteinheiten erst in Geldeinheiten umrechnen muss.

Beispiel (Fortsetzung)

Es kommen noch 36 Minuten Rüstzeit dazu. In Geldeinheiten ausgerückt sind dies $^{36}/_{60}$ des Akkordrichtsatzes.

Rüstzeit · Akkordrichtsatz

$$\text{Bruttolohn} = \text{Anzahl der Leistungseinheiten} \cdot \text{Geldakkordsatz} + \text{Rüstzeit} \cdot \text{Akkordrichtsatz}$$

$$= 129,88 \text{ €} + \frac{36 \cdot 14,432 \text{ €}}{60} = 138,54 \text{ €}$$

Jede Tätigkeit hat einen anderen Stückakkordsatz. Dadurch wird die Lohnberechnung bei sehr unterschiedlichen Arbeitseinsätzen erschwert. Bei einer veränderten Entlohnungsgrundlage (Tariferhöhung o. Ä.) müssen sämtliche Stückakkordsätze geändert werden.

Zeitakkord

Im Gegensatz zum Geldakkord erhält der Arbeiter beim **Zeitakkord** für jeden beendeten Arbeitsgang keinen festen Geldbetrag (Stückakkordsatz), sondern nur einen Zeitwert angerechnet. Jede Minute hat dabei den Wert des festgelegten Minutenfaktors. Der Lohn errechnet sich aus der Summe der geleisteten Akkordminuten multipliziert mit dem Minutenfaktor. Eine Arbeits- oder Akkordminute hat damit den Wert von $^{1}/_{60}$ des Akkordrichtsatzes. Diesen Betrag bezeichnet man als **Minutenfaktor**.

Minutenfaktor

Beispiel (Fortsetzung)

$$\text{Minutenfaktor} = \frac{\text{Akkordrichtsatz}}{60} = \frac{14,432 \text{ €}}{60} = 0,24053 \text{ €/Min.}$$

Vorgabezeit

Auch beim Zeitakkord wird vor Beginn der Tätigkeit ermittelt, welcher Zeitaufwand dafür erforderlich sein wird. Die Vorgabezeit wird i. d. R. in Minuten und Sekunden ausgedrückt. Die **Vorgabezeit** wird mithilfe von Arbeitszeitstudien sowie durch direkte Beobachtungen des Arbeitsablaufes am Arbeitsplatz ermittelt.

Beispiel (Fortsetzung)

$$\text{Vorgabezeit} = \frac{60}{\text{Normalleistung/Std.}} = \frac{60}{40} = 1,5 \text{ Min./Stück}$$

Wie beim Geldakkord gibt es auch hier den Akkordrichtsatz als Stundenlohn für die durchschnittliche Akkordleistung. Eine Leistungssteigerung hat zur Folge, dass der Arbeiter pro Stunde oder Tag mehr Stück und damit mehr Akkordminuten erbringt.

Der Arbeiter kann seinen Lohn ohne größere Umrechnungen direkt aus seiner Leistung ermitteln und erkennt offen die direkte Abhängigkeit von Leistung und Lohn.

Bruttolohn-berechnung

Bei der Ermittlung des Bruttolohnes pro Tag sind über die Leistungseinheiten in Verbindung mit den Vorgabezeiten hinaus noch die Rüstzeiten (siehe Band 1, LF 5) einzubeziehen.

Beispiel (Fortsetzung)

$$\text{Bruttolohn} = \underbrace{\text{Vorgabezeit} \cdot \text{Anzahl der Leistungseinheiten} + \text{Rüstzeit}}_{\text{verrechnete Minuten}}$$

$$= (1{,}5 \text{ Minuten} \cdot 360 \text{ Stück} + 36 \text{ Minuten Rüstzeit})$$

$$= 576 \cdot 0{,}24503 = 138{,}54 \text{ €}$$

Vorteile des Zeitakkords

Bei Tarifveränderungen muss lediglich der Minutenfaktor angepasst werden und nicht die Vielzahl einzelner Stückakkordsätze. Der Minutenfaktor ist für alle Tätigkeiten gleich. Bei der Lohnberechnung müssen die Akkordminuten addiert und mit dem Minutenfaktor multipliziert werden.

Ermittlung des Leistungsgrades

Beim Leistungslohn sind die Aufwendungen für die Lohnzahlungen abhängig von der Leistung der Arbeitnehmer. Der Vorteil für den Unternehmer und die Kalkulation ist jedoch, dass die Lohnkosten pro Einheit gleich bleiben.

Sowohl beim Geld- wie auch beim Zeitakkord wird zwischen der Normalleistung und der tatsächlichen Arbeitsleistung unterschieden:

- Die Normalleistung wird beim Geldakkord durch die Vorgabe einer bestimmten Stückzahl pro Stunde festgelegt.
- Beim Zeitakkord wird nicht die Anzahl der Leistungseinheiten, sondern die Vorgabezeit als Normalleistung angegeben.
- Das Verhältnis zwischen Ist- und Soll-Leistung eines Arbeiters ergibt den **Leistungsgrad** (100 % = Normalleistung). Unter- oder überschreitet der Leistungsgrad diese Grenzen in erheblichem Maße, sollte die vorgegebene Normalleistung kontrolliert werden.

$$\text{Leistungsgrad} = \frac{\overset{\text{(verrechnete Minuten)}}{\text{Ist-Leistung}}}{\underset{\text{(Vorgabezeit} \cdot \text{Anzahl der Leistungseinheiten} + \text{Rüstzeit)}}{\text{Normalleistung}}} = \frac{576}{480} = 120 \text{ \%}$$

- Berechnet werden kann auch das Verhältnis von Vorgabezeit und der tatsächlich benötigten Zeit. Das Ergebnis ist der Zeitgrad.

Sonderfall: Akkordlohn mit Mindestlohn

Um dem Arbeitnehmer die Sicherheit zu geben, dass er bei ungünstigen Bedingungen, z. B. dann, wenn er aus besonderen Gründen nicht die volle Leistung erbringen kann, bei der Einkommenserzielung nichts verliert, gibt es die Kombination von Akkord- und Mindestlohn. Es wird nach der erbrachten Leistung entlohnt. Wenn aber ein bestimmter Leistungsgrad unterschritten wird, greift der Mindestlohn.

Beispiel

Ein Arbeitnehmer ist gesundheitlich angeschlagen. Während er normalerweise durchschnittlich einen Leistungsgrad von 105 % erreicht, schafft er heute nur 75 %. Damit erreicht er nur 360 Akkordminuten zur Verrechnung. Das bedeutet, dass der Lohn an diesem Tag auf 86,59 € sinken würde.

Die Heidtkötter KG hat aber einen Mindestlohn vorgesehen. Damit ist dem Akkordarbeiter ein Lohn von 80 % des Akkordrichtsatzes garantiert. Dies sind 11,55 €/Std. bzw. 92,40 €/Tag.

Zusammenfassende Darstellung der Kostenstrukturen

Normalleistung: 40 Stück pro Stunde/320 Stück pro Tag
Stundenlohn: 13,120 €
Akkordrichtsatz: 14,432 €
Mindestlohn: 80 % des Akkordrichtsatzes
Zur Vereinfachung werden keine Rüstzeiten berücksichtigt.

Beispiel (Fortsetzung)

Vergleich der Auswirkungen unterschiedlicher Leistungen bei verschiedenen Lohnformen							
Leistungs-grad	Ist-Leistung	Stundenlohn			Lohnkosten pro Stück		
		Zeitlohn	Akkordlohn		Zeitlohn	Akkordlohn	
			ohne Mindestlohn	Mindestlohn 80 % des Akkord-richtsatzes		ohne Mindestlohn	Mindestlohn 80 % des Akkord-richtsatzes
200	80	13,12 €	23,85 €	28,85 €	0,164 €	0,361 €	0,361 €
150	60	13,12 €	21,65 €	21,65 €	0,219 €	0,361 €	0,361 €
125	50	13,12 €	18,04 €	18,04 €	0,264 €	0,361 €	0,361 €
110	44	13,12 €	15,88 €	15,88 €	0,298 €	0,361 €	0,361 €
100	40	13,12 €	14,43 €	14,43 €	0,328 €	0,361 €	0,361 €
90	36	13,12 €	12,99 €	12,99 €	0,364 €	0,361 €	0,361 €
80	32	13,12 €	11,55 €	11,55 €	0,410 €	0,361 €	0,361 €
75	30	13,12 €	10,83 €	11,55 €	0,437 €	0,361 €	0,385 €
60	24	13,12 €	8,66 €	11,55 €	0,547 €	0,361 €	0,481 €
50	20	13,12 €	7,22 €	11,55 €	0,656 €	0,361 €	0,578 €

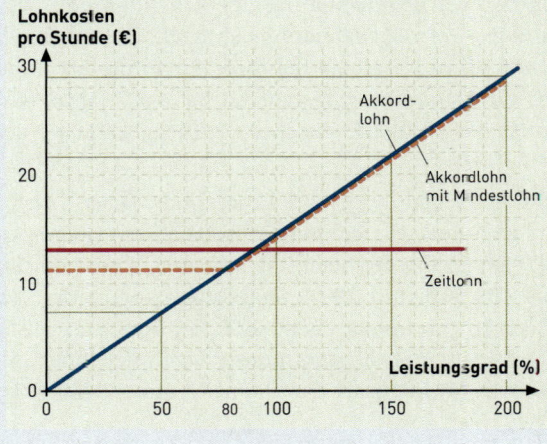

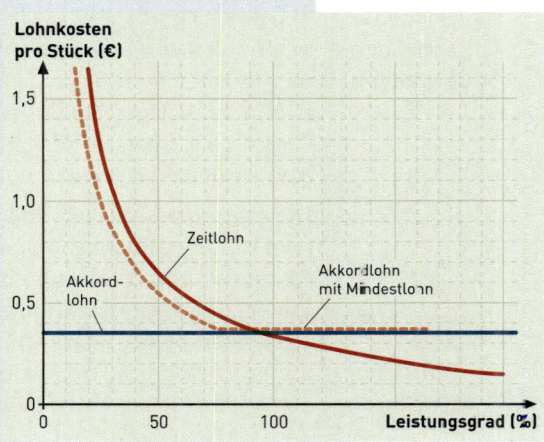

6
Lohn-, Lohnnebenkosten, Lohnabrechnung – Vom Bruttolohn zur Nettoauszahlung

6.1
Was nimmt der Staat, was gibt der Staat? – Steuerklassen, Lohnabrechnung und Lohnsteuerverfahren

Lohnsteuer

Steuerpflichtiges Arbeitsentgelt

Den Aufbau unseres Steuersystems behandeln wir in Lernfeld 9. Hier geht es um die Lohnsteuer. Sie wird auf die Einkünfte aus nicht selbstständiger Arbeit erhoben. Zwar ist der Arbeitnehmer der Lohnsteuerschuldner, doch die Verpflichtung zum Abzug der **Lohnsteuer** vom Lohn und zu deren Abführung trifft ausschließlich den Arbeitgeber.[1]

Grundsätzlich sind alle Einnahmen, die ein Arbeitnehmer aus einem Arbeitsverhältnis erzielt, lohnsteuerpflichtig.

Lohnsteuerpflichtiger Arbeitslohn	
■ Löhne und Gehälter	■ Urlaubsgeld
■ Zulagen (z. B. Schmutzzulage)	■ Weihnachtsgratifikationen
■ Zuschläge (z. B. für Überstunden)[1]	■ Beihilfen jeder Art

Die Höhe der Lohnsteuer richtet sich nach **Lohnhöhe**, **Steuerklasse** und möglichen **Freibeträgen**. Das Existenzminimum (Grundfreibetrag) ist lohnsteuerfrei.

Beim Arbeitslohn gibt es einen Werbungskostenpauschbetrag von derzeit 920,00 € jährlich, der ohne Nachweis von Werbungskosten für jeden Arbeitnehmer angesetzt wird. Erst wenn die tatsächlichen Werbungskosten (z. B. Fahrtkosten zur Arbeit) darüber liegen, lohnt es sich, diese im Lohnsteuerjahresausgleich oder in der Einkommensteuererklärung geltend zu machen.

Solidaritätszuschlag

1991 wurde der sogenannte **Solidaritätszuschlag** eingeführt, um die Kosten der deutschen Wiedervereinigung zu finanzieren. Er wird als Zuschlag von 5,5 % auf die Einkommen-, Körperschaft- und Kapitalertragsteuer erhoben.

Kirchensteuer

Die Höhe der Kirchensteuer beträgt i. d. R. 9 % der Lohnsteuer, in Baden-Württemberg und Bayern liegt der Satz bei 8 %. Kirchen, die Körperschaften öffentlichen Rechts sind, dürfen Kirchensteuer erheben und sie vom Staat einziehen lassen. Für diese Dienstleistung bezahlen die Kirchen eine Gebühr an den Staat. Im Bundesdurchschnitt sind das 3,25 % der erhobenen Kirchensteuern.

Vermögenswirksame Leistungen

Mit dem „Gesetz zur Förderung der Vermögensbildung der Arbeitnehmer" wird schon seit mehreren Jahrzehnten **aktive Vermögensbildung** betrieben. Die Arbeitnehmer erhalten vom Staat Zuschüsse, wenn sie einen Teil ihres Einkommens in bestimmten Anlageformen sparen. Die Mindestvertragslaufzeit beträgt 7 Jahre, wird vorher über das Geld verfügt, muss der staatliche Zuschuss zurückgezahlt werden bzw. wird nicht gewährt.

Die gängigsten Anlageformen sind Bausparverträge und Aktienfonds. Diese Sparformen werden vom Staat besonders gefördert. Für Zahlungen in Bausparverträge (Ansparungen oder Tilgungen) bis 470,00 € zahlt der Staat 9 % Sparzulage pro Jahr. Zusätzlich werden Aktienfonds bis 400,00 € mit 20 % Sparzulage begünstigt. Bei Ausnutzen beider Sparformen können pro Monat bis zu 122,30 € vom Staat bezuschusst werden. Allerdings ist die Leistung an Einkommensgrenzen gekoppelt. Sie beträgt für Alleinstehende 20.000,00 €, für Ehepaare das Doppelte, also 40.000,00 €.

› INFO-Teil
LF 9, Kap. 8

---

1 Die Lohnsteuer ist eine sogenannte Quellensteuer, da sie direkt an der Quelle, d. h., noch bevor Lohn oder das Gehalt an den Arbeitnehmer ausbezahlt wird, erhoben wird.

Häufig unterstützt der Arbeitgeber die Vermögensbildung dadurch, dass er die vermögenswirksamen Leistungen des Arbeitnehmers ganz oder teilweise übernimmt.

Nicht alles, was der Arbeitnehmer am Lohn erhält, ist auch steuerpflichtig. Es gibt nicht nur **Freibeträge**, die vom Finanzamt auf einen entsprechenden Antrag in der Lohnsteuerkarte eingetragen worden sind, sondern auch Lohnbestandteile, die nicht besteuert werden. Dazu gehören die **Zuschläge** für Sonn-, Feiertags- oder Nachtarbeit. Seit dem Jahr 2006 sind diese Zuschläge allerdings für die Berechnung der Sozialversicherungsbeiträge nur noch in bestimmten Grenzen ausgenommen.

Steuerfreie Zuschläge

Nachtarbeit ist jede Arbeit, die mehr als zwei Stunden zwischen 23:00 Uhr und 06:00 Uhr (bei Bäckereien/Konditoreien 22:00 Uhr bis 05:00 Uhr) umfasst.[1]

Für Sonntags-, Feiertags- und Nachtarbeit können folgende Zuschläge (auf den Grundlohn) steuerfrei gezahlt werden:

25 % bei Nachtarbeit zwischen 20:00 Uhr und 24:00 Uhr

40 % für Nachtarbeit zwischen 0:00 Uhr und 4:00 Uhr,
      wenn sie vor 0:00 Uhr begonnen wird

50 % bei Sonntagsarbeit

125 % bei Feiertagsarbeit und am 31.12. ab 14 00 Uhr

150 % bei Arbeiten am 24.12. ab 14:00 Uhr, am 25.12., 26.12. und am 01.05.

Wird an Sonn- und Feiertagen auch nachts gearbeitet, kann der Nachtarbeitszuschlag zusätzlich gewährt werden.

Geldwerte Vorteile

Als **geldwerten Vorteil** bezeichnet man im Steuerrecht eine Einnahme in Form von Sachleistungen, Sachbezügen, Naturalleistungen oder sonstigen Leistungen. Dies sind steuerpflichtige Einnahmen, denen der am Markt in Geld bezifferbare Wert beigemessen wird. Aber auch für die Besteuerung geldwerter Vorteile gibt es zum einen feste Vorgaben für den Wert der Sachbezüge (z. B. Kantinenessen), zum anderen einen sogenannten Rabattfreibetrag von zurzeit 1.080,00 € für Waren, die vom Arbeitgeber verbilligt gekauft werden.

Beispiele

- Ein Arbeitnehmer erhält aufgrund seines Arbeitsverhältnisses Waren billiger oder kostenlos. Der gesparte Betrag ist ein geldwerter Vorteil.
- Eine Wohnung wird einem Arbeitnehmer kostenlos überlassen.
- Ein Dienstfahrzeug kann auch privat genutzt werden.
- Der Arbeitnehmer kann kostenlos in der Kantine essen.
- Ein Diensthandy kann auch privat genutzt werden.

Wird ein Dienstwagen für private Zwecke zur Verfügung gestellt, so muss dieser geldwerte Vorteil versteuert werden. Die Finanzverwaltung räumt zur Ermittlung dieses geldwerten Vorteils zwei Möglichkeiten ein (§ 6 Abs. 1 Nr. 4 Einkommensteuergesetz):

- Führen eines Fahrtenbuches und Abrechnung der privat gefahrenen Kilometer (Ermittlung der auf Privatfahrten entfallenden anteiligen Gesamtkosten)
- 1 % des Gesamtkaufpreises (Listenpreis + Sonderausstattungen + MWSt) wird monatlich als geldwerter Vorteil angesetzt zzgl. für Fahrten zwischen Wohnung und Arbeitsstätte für jeden Entfernungskilometer 0,03 % des Gesamtkaufpreises.

---

1 Davon zu unterscheiden sind sogenannte „Nachtarbeitnehmer", die aufgrund ihrer Arbeitszeitgestaltung normalerweise Nachtarbeit in Wechselschicht leisten oder in Nachtarbeit an mindestens 48 Tagen im Kalenderjahr tätig sind.

Lohnkonto   Für jeden Arbeitnehmer ist ein Lohn- oder Gehaltskonto zu führen. Bei jeder Lohnzahlung sind die an den Arbeitnehmer gezahlten Bezüge einschließlich eventueller steuerfreier Beträge sowie der einbehaltenen und an das Finanzamt abzuführenden Lohnsteuer auf dem Lohnkonto festzuhalten.

Die wesentlichen **Inhalte eines Lohnkontos** sind:

- persönliche Daten eines Arbeitnehmers
- Höhe steuerfreier Bezüge
- Tag der Lohnzahlung
- Angaben über Zeiträume, in denen dem Arbeitnehmer kein Lohn gezahlt wurde (z. B. unbezahlter Urlaub)
- Höhe des Bruttoarbeitslohnes einschließlich der Angabe von evtl. gewährten „geldwerten Vorteilen" (z. B. kostenfreie Nutzung eines Dienstwagens für private Zwecke, Zuschüsse zum Kantinenessen usw.)
- Höhe der abgeführten Lohn-, Kirchensteuer sowie des Solidaritätszuschlages
- Angaben über steuerfreie Bezüge. Hierzu zählen u. a. Leistungen von Kranken- oder gesetzlichen Unfallversicherungen, Reisekostenerstattung, Kindergeld und Wohngeld.
- Bezüge, die zur Vermeidung einer Doppelbesteuerung nicht der Lohnsteuer unterliegen (dies ist z. B. bei ausländischen Arbeitslöhnen der Fall)
- pauschal besteuerte Lohnbezüge, die z. B. bei einer Umwandlung eines Teils des Verdienstes in eine Lebensversicherung des Arbeitnehmers anzurechnen sind oder die bei den sogenannten Minijobs anfallen können

Abschluss der   Am Jahresende oder wenn der Arbeitnehmer aus dem Unternehmen ausscheidet
Lohnkonten   sind die **Lohnkonten** abzuschließen. Der Arbeitnehmer erhält eine Lohnsteuerbescheinigung.

Steuerkarte   Seit 2011 wird keine Lohnsteuerkarte mehr neu ausgestellt[1]. Die dort bisher vermerkten Daten sind ab 2012 in einer elektronischen „Lohnsteuerkarte" (elektronische Lohnsteuerabzugsmerkmale) gespeichert, die der Arbeitgeber direkt von der Finanzverwaltung erhält.

Steuerklasse	Zuordnung
I	gilt für Ledige, Geschiedene, Verheiratete, die dauerhaft getrennt leben, sowie Verwitwete, jedoch nur wenn die Voraussetzungen für die Steuerklassen III oder IV nicht erfüllt sind und ihnen kein Haushaltsfreibetrag zusteht.
II	gilt für Personen aus Steuerklasse I, wenn ihnen ein Haushaltsfreibetrag zusteht, weil in ihrer Wohnung im Inland mindestens ein Kind gemeldet ist, das einen Kinderfreibetrag oder Kindergeld erhält. Ist auch der andere Elternteil unbeschränkt einkommensteuerpflichtig, so erhält der Arbeitnehmer den Haushaltsfreibetrag nur, wenn das Kind ihm zuzuordnen ist. Es darf keine zweite erwachsene Person in der Wohnung des Arbeitnehmers gemeldet sein.
III	gilt für verheiratete Arbeitnehmer, wenn nur ein Ehegatte Arbeitslohn bezieht oder der Ehegatte in die Steuerklasse V einzureihen ist. Voraussetzung ist weiterhin, dass sie nicht dauerhaft getrennt leben und im Inland wohnen. Verwitwete Arbeitnehmer sind nur dann in die Steuerklasse III einzureihen, wenn der Ehegatte im Vorjahr verstorben ist, beide am Todestag im Inland gewohnt und nicht dauerhaft getrennt gelebt haben.
IV	gilt nur für Verheiratete, wenn beide Ehegatten unbeschränkt steuerpflichtig sind, im Inland wohnen, nicht dauerhaft getrennt leben und beide Ehegatten Arbeitslohn beziehen. Die Höhe der Lohnsteuer ist identisch mit der Steuerklasse I.
V	gilt für Verheiratete, die die Voraussetzungen für die Steuerklasse IV erfüllen, wenn der Ehegatte des Arbeitnehmers auf Antrag beider Ehegatten in die Steuerklasse III eingereiht wird.
VI	Bezieht ein Arbeitnehmer von mehreren Arbeitgebern Arbeitslohn, so braucht er eine sogenannte Ersatzbescheinigung mit der Steuerklasse VI, die das Finanzamt auf Antrag ausstellt; sie berücksichtigt keine Freibeträge mehr.

---

1   Der Arbeitgeber erhält die Daten, also z. B. Steuerklasse und Freibeträge von der Finanzverwaltung.

Der Arbeitgeber hat die Lohn- und Kirchensteuer sowie den Solidaritätszuschlag monatlich, vierteljährlich oder jährlich anzumelden und **in einer Summe abzuführen.** Der zeitliche Rhythmus hängt von der Höhe des Lohnsteuerbetrages ab, den der Arbeitgeber insgesamt abzuführen hat:

- Kalendervierteljahr, wenn die abzuführende Lohnsteuer für das vorangegangene Kalenderjahr mehr als 1.000,00 €, aber nicht mehr als 4.000,00 € betragen hat.
- Kalenderjahr, wenn die abzuführende Lohnsteuer für das vorangegangene Kalenderjahr nicht mehr als 1.000,00 € betragen hat.

Die **Lohnsteuervoranmeldung** erfolgt spätestens am 10. Tag nach Ablauf des jeweiligen Anmeldezeitraumes in elektronischer Form an das zuständige Finanzamt.

Für jedes Kind erhält jedes Elternteil einen halben Kinderfreibetrag als Eintrag auf der Lohnsteuerkarte. Die Anzahl der Kinder, die auf der Lohnsteuerkarte eingetragen sind, werden für die Berechnung von Kirchensteuer und Solidaritätszuschlag benötigt. Die Höhe der zu entrichtenden Lohnsteuer ist von den Kinderfreibeträgen unabhängig.

Jedes Kind wird auf der Lohnsteuerkarte mit dem Zähler 0,5 (= 242,00 € monatlicher Kinderfreibetrag einschließlich Bedarfsfreibetrag) eingetragen. Der Zähler erhöht sich auf 1,0 (= 484,00 €) bei verheirateten und nicht dauernd getrennten Arbeitnehmern.

Das **Kindergeld** wird von der **Familienkasse** der Agentur für Arbeit ausgezahlt. Es beträgt für die ersten beiden Kinder je 184,00 €, für das dritte Kind 190,00 € und für jedes weitere Kind je 215,00 €.

Da es entweder Kindergeld oder Kinderfreibeträge gibt, wird zunächst das Kindergeld ausbezahlt und kein Kinderfreibetrag berücksichtigt. Sofern sich bei der Einkommensteuerberechnung ergibt, dass der Kinderfreibetrag zu einer höheren Steuerersparnis führt als die Kindergeldzahlung ausmacht, korrigiert das Finanzamt automatisch und zahlt den entsprechenden Mehrbetrag aus.

Pauschbeträge (pauschale Freibeträge) werden bereits bei der Berechnung der Lohnsteuer berücksichtigt, ohne dass ein besonderer Antrag gestellt werden muss. Dazu gehören neben einem Grundfreibetrag, der als Existenzminimum steuerfrei ist, und dem Arbeitnehmer-Pauschbetrag für Werbungskosten noch der Pauschbetrag bei Versorgungsbezügen, der Pauschbetrag für Sonderausgaben, die Vorsorgepauschale sowie der Entlastungsbetrag für Alleinerziehende (bei Steuerklasse II).

Aufgrund all dieser Berücksichtigungen zahlt z. B. ein Alleinstehender in Steuerklasse I erst ab einem Verdienst von ca. 890,00 € pro Monat keine Lohn- und Kirchensteuer.

6.2
Sozialversicherungen – Damit niemand durch das Netz fällt

Das heutige System der sozialen Pflichtversicherung geht auf das zurück, was der damalige Reichskanzler Otto von Bismarck Ende des 19. Jahrhunderts in die Wege leitete:
1883 Krankenversicherung
1884 Unfallversicherung
1889 Rentenversicherung

Diese drei Kernbereiche wurden später um folgende Zweige ergänzt:
1928 Arbeitslosenversicherung
1995 Pflegeversicherung

Das Fundament aller gesetzlichen Sozialversicherungszweige ist die Solidargemeinschaft. Damit die Sozialversicherung auf sicheren Füßen steht, besteht für einen großen Teil der Arbeitnehmer eine grundsätzliche Versicherungspflicht.

Die Anspruchsgrundlagen sind im Leistungsfall bei der Kranken-, Unfall- und Pflegeversicherung mit Ausnahme der Lohnfortzahlung im Krankheitsfall weitgehend unabhängig von der Höhe der gezahlten Beiträge.

Im Gegensatz dazu hängt die Höhe der Leistungsansprüche bei der Renten- und Arbeitslosenversicherung aber auch von der Höhe der in Abhängigkeit vom Einkommen entrichteten Beiträge ab. Dies bezeichnet man auch als Äquivalenzprinzip.

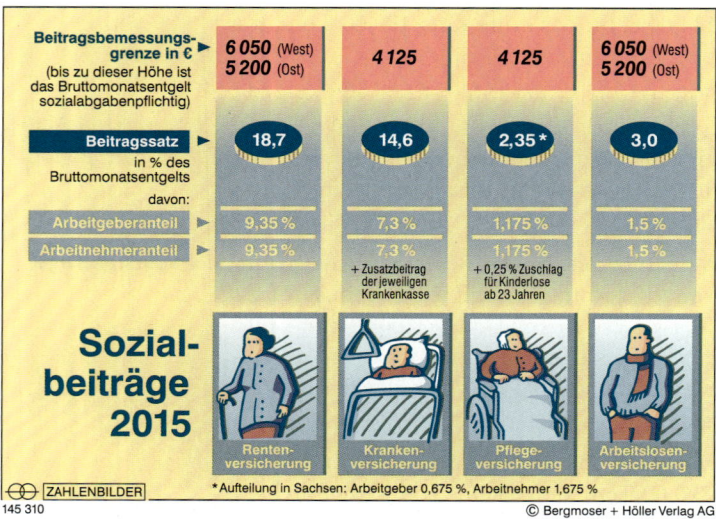

Jeder Versicherte zahlt die Beiträge auf ein „Sammelkonto" bei dem jeweiligen Versicherungsträger ein.

Die Beiträge sind bis zur jeweiligen Beitragsbemessungsgrenze, die in der Regel jährlich angepasst wird, anteilig sowohl vom Arbeitnehmer als auch vom Arbeitgeber zu entrichten.

Grundsätzlich sind alle Arbeitnehmer, die eine Beschäftigung gegen Arbeitsentgelt ausüben, und Auszubildende versicherungspflichtig.

Eine Pflichtversicherung in der gesetzlichen Krankenversicherung besteht u. a. für Arbeitnehmerinnen und Arbeitnehmer, deren Arbeitsentgelt aus der Beschäftigung mehr als 450 Euro monatlich beträgt, aber die allgemeine Versicherungspflichtgrenze 2014 nicht übersteigt. Darunter versteht man das Bruttoeinkommen, bis zu der eine Versicherungspflicht für Arbeitnehmer in der gesetzlichen Krankenversicherung (GKV) besteht. Die „Minijob-Regelung" von 450 € gilt aber nicht für Auszubil-

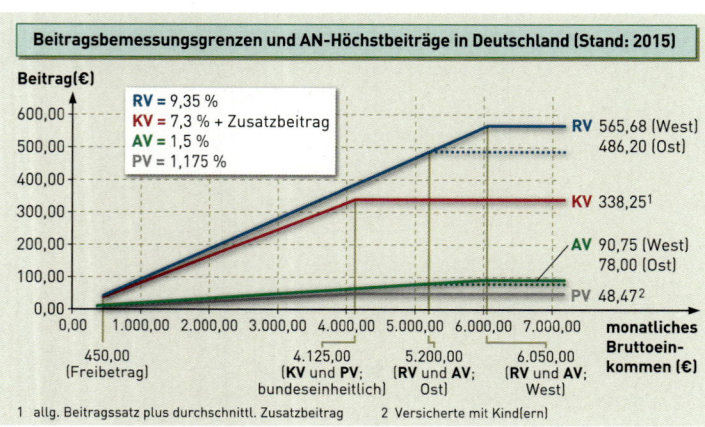

dende. Diese haben grundsätzlich Beiträge in allen Sozialversicherungszweigen zu entrichten!

Die Versicherungspflichtgrenze wird jedes Jahr neu durch den Gesetzgeber festgelegt. Für das Jahr 2014 liegt sie bei einem Jahreseinkommen von 53.550 € oder 4.462,50 € pro Monat.

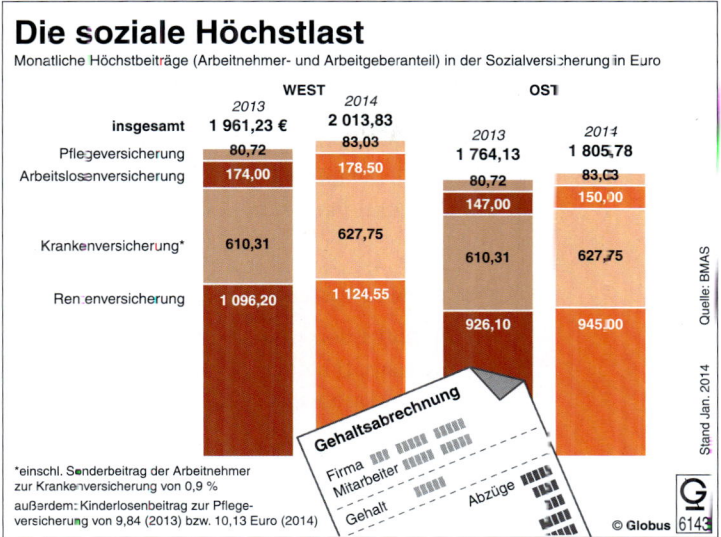

6.2.1
Krankenversicherung

Die gesetzliche Krankenversicherung finanziert sich durch die Beiträge von Arbeitgebern und Versicherten.

Die Höhe dieser Beiträge richtet sich nach deren beitragspflichtigen Einnahmen bis zu einer bestimmten Beitragsbemessungsgrenze (siehe oben) Wie in der Arbeitslosen- oder Rentenversicherung gibt es bei der gesetzlichen Krankenversicherung einen einheitlichen Grundbeitragssatz, der bei 14,6 % liegt.

Die einzelnen Kassen bzw. Krankenversicherungsträger können bei Bedarf Zuschläge erheben. Dies ist in der Regel mit einem Leistungsangebot verbunden, welches über die gesetzliche Grundversorgung hinausgeht. Die Beiträge werden vom Arbeitgeber und vom Arbeitnehmer jeweils zur Hälfte aufgebracht. Arbeitnehmer, die wegen Überschreitens der Versicherungspflichtgrenze freiwillig versichert sind, haben Anspruch auf einen Beitragszuschuss des Arbeitgebers.

Auszubildende, Rentner und Studenten

Die Beiträge für Auszubildende mit einem Lohn oder Gehalt von bis zu 325 Euro werden vom Arbeitgeber allein finanziert. Für pflichtversicherte Rentner übernimmt der Rentenversicherungsträger einen Teil des Beitrags und zahlt ihn zusammen mit dem von dem Rentner zu tragenden Anteil direkt an die Krankenkasse. Freiwillig versicherte Rentner zahlen ihren Beitrag selbst an ihre Krankenkasse. Sie erhalten aber auf Antrag einen Beitragszuschuss des Rentenversicherungsträgers. Studenten zahlen den so genannten Studentenbeitrag, der bei allen Krankenkassen einheitlich festgelegt ist.

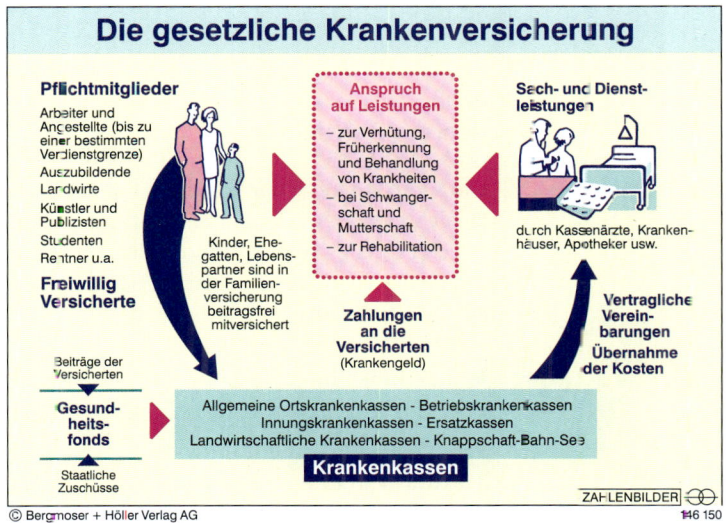

Im Dienste der Solidargemeinschaft

Grundsätzliches Strukturmerkmal bei der Mittelaufbringung der gesetzlichen Krankenversicherung ist das Solidarprinzip. Dies bedeutet, dass in der gesetzlichen Krankenversicherung finanziell Stärkere für finanziell Schwächere, Junge für Alte und Ledige für die Familien eintreten. Das kommt insbesondere dadurch zum Ausdruck, dass sich die Beiträge des Mitglieds allein nach seiner finanziellen Leistungsfähigkeit richten und nach seinen beitragspflichtigen Einnahmen prozentual bemessen werden.

Versicherungsträger

- Pflichtkassen (z. B. AOK, BKK, IKK, Seekasse, Landwirtschaftliche Kassen, Bundesknappschaft),
- Ersatzkassen (z. B. BEK, DAK, TKK).

Versicherungspflicht

- alle Arbeitnehmer (außer Beamten) bis zu einem bestimmten Einkommen (4.462,50 € pro Monat im Jahr 2014),
- alle Arbeitslosen, Auszubildenden, Landwirte, Schüler, Studenten, selbstständige Künstler, Rentner.

Beiträge

- einheitlicher Beitragssatz 14,6 %, davon Arbeitgeber und Arbeitnehmer jeweils 7,3 %,
- Beitragsbemessungsgrenze legt Höchstbeitrag fest – siehe oben.

Leistungen

- Förderung der Gesundheit,
- Krankheitskosten,
- Früherkennungsuntersuchungen,
- Leistungen bei Schwangerschaft, Mutterschaftsgeld,
- Krankengeld in Höhe von 70 % des regelmäßigen Arbeitsentgelts nach Ende der 6-wöchigen Lohnfortzahlung des Arbeitgebers bis maximal 78 Wochen in 3 Jahren für ein- und dieselbe Krankheit.

6.2.2
Rentenversicherung

Die Altersvorsorge der Bundesbürger stützt sich auf drei Säulen:
- die gesetzliche, für alle Beschäftigten mit Ausnahme der Beamten, Richter, Rechtsreferendare, Soldaten und Pfarrer verpflichtende Rentenversicherung, durch welche die Versicherten Anspruch auf eine Altersrente erwerben.
- die betriebliche, vom Arbeitgeber mitfinanzierte Altersversorgung (ähnlich wie bei Beamten durch den Staat).
- die darüber hinaus gehende private Altersvorsorge z. B. durch Lebensversicherungen.

Nach der Gründung der Rentenversicherung wurden die Beiträge zunächst von jedem Versicherten in einem individuellen Rentenkonto für das Alter angespart (Kapitaldeckungsverfahren). Im Jahr 1954 wurde dann unter dem damaligen Bundeskanzler Konrad Adenauer das so genannte Umlageprinzip eingeführt: Danach kommt die junge Generation durch ihre Beitragszahlungen für die Rente der aus dem Arbeitsleben ausgeschiedenen Alten auf und erwirbt selbst einen Anspruch auf eine zukünftige Rente (Generationenvertrag).

Die eingezahlten Beiträge werden nicht gespart, sondern sofort auf die laufenden Rentenzahlungen „umgelegt". Hinzu kommen nicht unerhebliche Zuschüsse aus Steuergeldern bzw. aus der Staatskasse. Die Beiträge werden durch die zuständige gesetzliche Krankenkasse, an einen der bundesweit 16 Träger der Deutschen Rentenversicherung weitergeleitet.

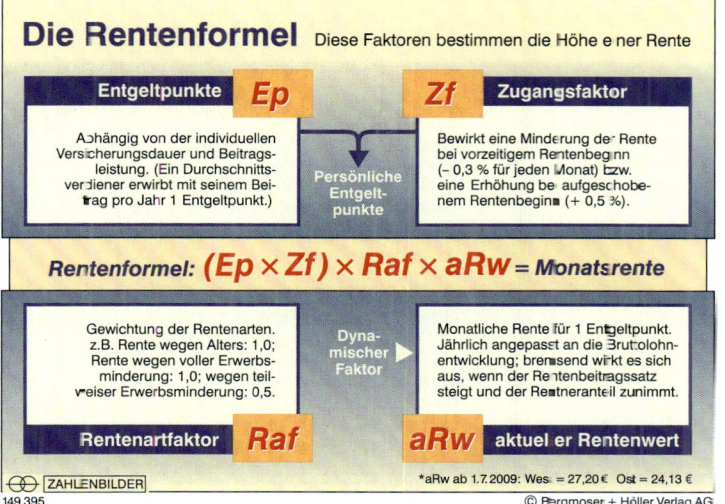

Versicherungsträger

- Deutsche Rentenversicherung Bund (Zusammenschluss der Bundesversicherungsanstalt für Angestellte und dem Verband Deutscher Rentenversicherungsträger): Vertretung der gesetzliche Rentenversicherung als Gesamtheit und Zuständigkeit für fachliche und rechtliche Grundsatzfragen sowie für grundsätzliche organisatorische und finanzielle Fragen,
- Deutsche Rentenversicherung Knappschaft-Bahn-See,
- Landesbezogenen Regionalträger (früher: LVA, jetzt z. B. Deutsche Rentenversicherung Baden-Württemberg, Hessen usw.

Versicherungspflicht

- alle Arbeitnehmer (außer z. B. Beamten u. a. – siehe oben),
- alle Arbeitslosen, Auszubildenden, Landwirte, Schüler, Studenten, Rentner.

Beiträge

- einheitlicher Beitragssatz 19,9 %, davon Arbeitgeber und Arbeitnehmer jeweils 9,45 % von maximal 5950 € (West) und 5000 € (Ost) im Jahr 2014.
  Ausnahme Sonderregelungen bei Mini-Jobs (450 €)

Leistungen

- Rente bei Berufsunfähigkeit
- Altersruhegeld
- Rehabilitationsmaßnahmen

6.2.3
Arbeitslosenversicherung

Die Arbeitslosenversicherung ist eine Pflichtversicherung. Versichert sind alle Personen, die einer bezahlten, mehr als geringfügigen Beschäftigung nachgehen. Dazu gehören auch Auszubildende. Für besondere Personengruppen z. B. Beamte, Soldaten oder Personen, die das reguläre Rentenalter erreicht haben, besteht hingegen Versicherungsfreiheit.

Das Arbeitslosengeld

Angaben für Alleinstehende mit eigenem Haushalt pro Monat

Arbeitslosengeld I

Leistung für Personen, die in den vergangenen 2 Jahren vor der Arbeitslosigkeit mindestens **12 Monate versicherungspflichtig beschäftigt waren** (Regelanwartschaftszeit) und sich arbeitslos gemeldet haben

Dauer des Bezugs*
- Für bis 49-Jährige: 6 bis 12 Monate
- Für 50- bis 54-Jährige: 6 bis 15 Monate
- Für 55- bis 57-Jährige: 6 bis 18 Monate
- Für ab 58-Jährige: 6 bis 24 Monate

Höhe des Arbeitslosengeldes
- 60 % des errechneten letzten Nettogehalts**
- Eigenes Nebeneinkommen wird mit berücksichtigt***, eigenes Vermögen nicht

Zusätzliche Leistungen
- Keine; bei Bedarf kann zusätzlich ein Antrag auf Arbeitslosengeld II gestellt werden

*je nach Dauer der Einzahlung in die Arbeitslosen-versicherung in den vergangenen 5 Jahren
**berücksichtigt werden Gehälter der letzten 12 Monate
***jeweils abzgl. eines bzw. mehrerer Freibeträge; beim ALG I ist eine Tätigkeit unter 15 Stunden wöchentlich erlaubt

Arbeitslosengeld II („Hartz IV")

Grundsicherung für erwerbsfähige Personen im Alter von mindestens 15 Jahren bis zur gesetzlich festgelegten Altersgrenze (zwischen 65 u. 67 Jahren), die ihren **Lebensunterhalt nicht aus eigener Kraft** und eigenen Mitteln decken können

Höhe des Regelsatzes
- 391 Euro
- Eigenes Einkommen und Vermögen werden bei der Höhe der Leistung mit berücksichtigt***

Zusätzliche Leistungen
- Übernahme der Kosten für Unterkunft und Heizung soweit angemessen
- Eventuell Einmalleistungen als Darlehen oder Geld-/Sachleistung für Wohnungs-, Bekleidungserstausstattung und/oder Kosten für medizinische/therapeutische Geräte

Quelle: BA   Stand 2014   © Globus 6223

Beiträge

- einheitlicher Beitragssatz 3,00 %, davon Arbeit geber du Arbeitnehmer jeweils 1,5 %,
- Beitragsbemessungsgrenze legt Höchstbeitrag fest – siehe oben.

Leistungen an Arbeitssuchende

- Unterstützung der Beratung und Vermittlung (Bewerbungskosten, Reisekosten; Vermittlungsgutschein),
- Maßnahmen zur Verbesserung der Eingliederungsaussichten,
- Förderung der Aufnahme einer Beschäftigung, Mobilitätshilfen (Übergangsbeihilfe, Ausrüstungs-Beihilfe, Reisekostenbeihilfe; Fahrkostenbeihilfe, Trennungskostenbeihilfe, Umzugskostenbeihilfe),
- Förderung der Aufnahme einer selbstständigen Tätigkeit,
- Förderung der Berufsausbildung und der beruflichen Weiterbildung,
- Förderung der Teilhabe behinderter Menschen am Arbeitsleben durch berufliche Rehabilitation,
- Entgeltersatzleistungen (Arbeitslosengeld; Arbeitslosengeld bei Weiterbildung, Teilarbeitslosengeld; Übergangsgeld; Insolvenzgeld),
- Kurzarbeitergeld.

Leistungen an Arbeitgeber

- Einstellung von Arbeitnehmerinnen und Arbeitnehmern (Eingliederungszuschüsse; Einstellungszuschuss bei Neugründungen; Einstellungszuschuss bei Vertretung),
- Förderung der beruflichen Weiterbildung (Zuschuss zum Arbeitsentgelt für Ungelernte),
- Förderung der Teilhabe behinderter Menschen am Arbeitsleben (Berufliche Rehabilitation), – Zuschüsse zur Ausbildungsvergütung schwerbehinderter Menschen; Eingliederungszuschüsse für besonders betroffene schwerbehinderte Menschen; Probebeschäftigung),
- Leistungen nach dem Altersteilzeitgesetz.

6.2.4 Pflegeversicherung

Dass mit der demografischen Entwicklung und den rückläufigen Geburtenzahlen auch völlig neue soziale Herausforderungen einhergehen, ist spätestens seit den 1990 Jahren bekannt.

In diesem Zusammenhang wurde im Jahr 1995 die Pflegeversicherung eingeführt. Sie tritt dann ein, wenn eine bestimmte Pflegebedürftigkeit festgestellt wurde. Diese wird in drei Stufen klassifiziert. Die damit verbundenen Aufwendungen werden finanziell unterstützt.

Versicherungspflicht

Gleicher Personenkreis wie in der gesetzlichen Krankenversicherung.

Träger

Pflegekassen der jeweiligen gesetzlichen Krankenkassen.

Beitragssatz

2,35 % jeweils zur Hälfte vom Arbeitgeber und Arbeitnehmer zu tragen. Ausnahme: Sachsen: Arbeitnehmer: 1,675 % und Arbeitgeber 0,675 %, weil hier der Buß- und Bettag als Feiertag erhalten blieb – in den anderen Bundesländern ist er als Feiertag ersatzlos entfallen. Die damit verbundene Entlastung der Lohnnebenkosten für die Arbeitgeber in den anderen 15 Bundesländern wird in Sachsen durch den niedrigern Beitragsanteil ausgeglichen.

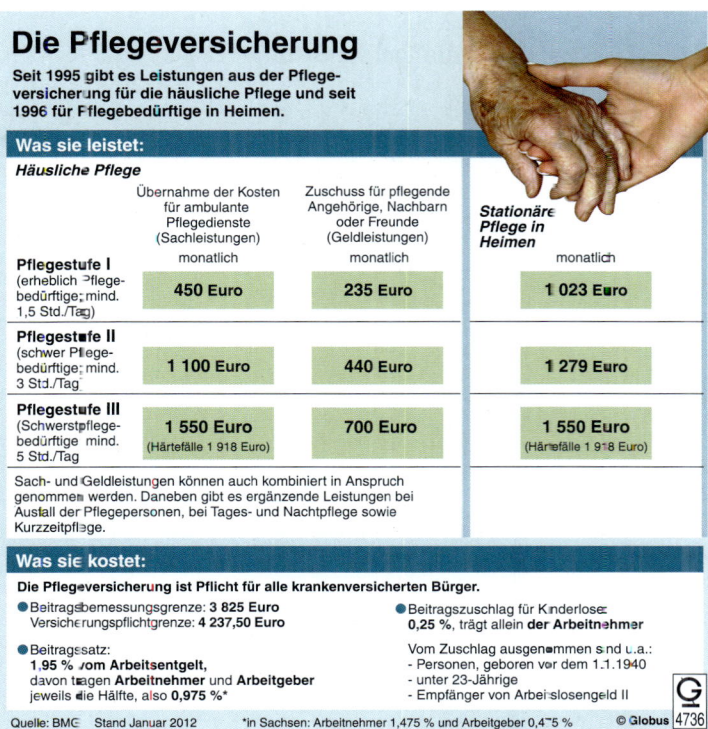

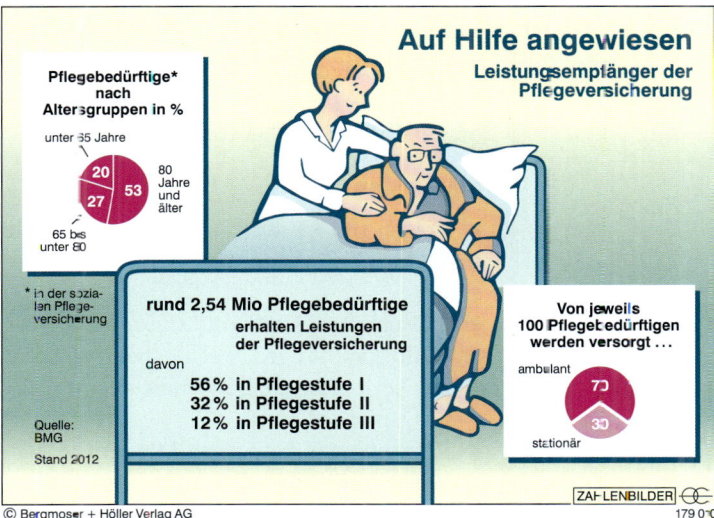

Kinderlose Arbeitnehmer im Alter von mind. 23 Jahren müssen eine allein zu tragenden Zuschlag von 0,25 % aufbringen. Ihr Beitragsanteil liegt dann bei 1,425 % (Sachsen 1,925).

6.2.5
Unfallversicherung

Die gesetzliche Unfallversicherung bietet Schutz vor den Auswirkungen von Unfällen auf dem Weg von und zum Arbeitsplatz oder bei der Ausführung der Arbeit.

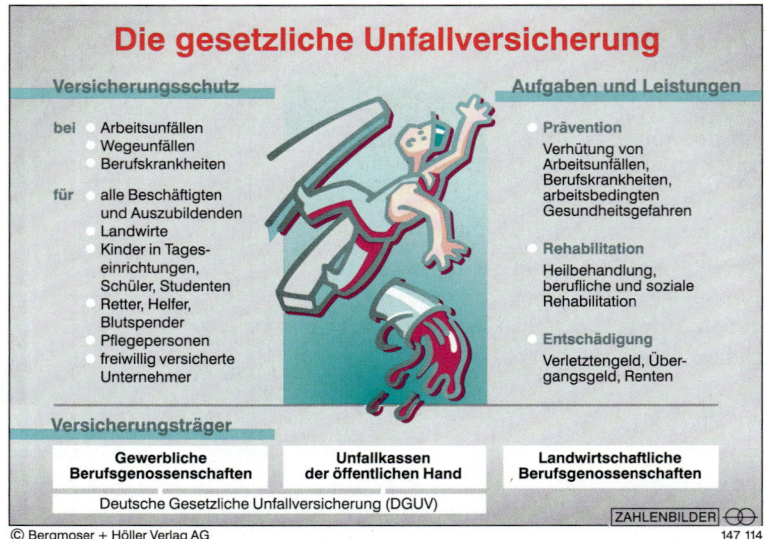

© Bergmoser + Höller Verlag AG   147 114

Versicherungspflicht Alle Arbeitnehmer unabhängig von der Dauer und Art der Beschäftigung.

Träger Berufsgenossenschaften sowie die Unfallversicherungen der öffentlichen Hand.

Beiträge Abhängig von der Anzahl der Beschäftigten sowie der Gefahrenklasse, in welchen das Unternehmen eingeordnet ist. Die Beiträge werden allein vom Arbeitgeber aufgebracht und im Umlageverfahren ermittelt.

Leistungen

- Folgen von Unfällen am Arbeitsplatz oder auf dem Weg zur und von der Arbeit,
- Kosten der Behandlung von Berufskrankheiten

sowie

- Maßnahmen zur Verhütung von Arbeitsunfällen und Berufskrankheiten,
- Heilbehandlungen, welche die Erwerbsfähigkeit eines Verletzten verbessern oder die Verletzungsfolgen erleichtern (z. B. Rehabilitations- und Wiedereingliederungsmaßnahmen),
- Rentenleistungen wegen Minderung der Erwerbsfähigkeit durch arbeitsbedingte Verletzungen oder Erkrankungen,
- Zahlung von Beihilfen (z. B. Haushaltshilfen), Sterbegeld oder Rentenabfindungen.

6.2.6
Sonderregelungen für Minijobs

In Deutschland gibt es knapp sechs Millionen Arbeitnehmer, die im engeren Sinne keine Vollerwerbstätigkeit ausüben, sondern in einem Minijob arbeiten. Dabei handelt es sich um Arbeitsplätze, bei denen ein Einkommen von **450,00 €** pro Monat nicht überschritten wird. **450-Euro-Job**

■ **Sozialabgaben und Steuern**

Bei 450-Euro-Jobs fallen für die **Arbeitnehmer keine Steuern** oder **Sozialabgaben** an, sie erhalten brutto für netto.

Dies gilt **nicht** für **Arbeitgeber**. Sie müssen für die 450-Euro-Jobs Sozialabgaben und Steuern von rund 30 % abführen. Diese setzen sich im Wesentlichen zusammen aus: **Sozial-versicherungs-pauschale**

■ 15 % für die Rentenversicherung
■ 13 % für die Krankenversicherung
■ 2 % Pauschsteuer (Lohn-, Kirchensteuer, Solidaritätszuschlag)

Für die Abwicklung der Beitragszahlungen ist die **Bundesknappschaft/Minijob-Zentrale** zuständig. Dort meldet der Arbeitgeber seine Minijobber an, dort entrichtet er auch seine Abgaben. **Minijob-Zentrale**

Für den Arbeitnehmer besteht die Möglichkeit, den Pauschalbeitrag des Arbeitgebers zur Rentenversicherung von 15 % (bei Minijobs in Unternehmen) aus eigenen Mitteln aufzustocken und auf diese Weise weitere Ansprüche aus der gesetzlichen Rentenversicherung zu erwerben. **Aufstockung**

Wenn mehrere geringfügige Beschäftigungen ausgeübt werden und dadurch die 450-Euro-Grenze überschritten wird, erfolgt eine Addition der Verdienste. Die Nebenbeschäftigung ist dann voll sozialversicherungspflichtig.

Unabhängig von diesen „Mini-Job-Regelungen" sind die Kurzzeitbeschäftigungen von zwei Monaten oder 50 Tagen im Jahr (Saisonbeschäftigung, Ferienjob usw.). Hier gilt die Befreiung von der Versicherungspflicht auch dann, wenn das Einkommen höher als 450,00 € pro Monat ist. **Ferienjobs**

Wenn die Grenze von 450,00 € überschritten wird, beginnt auch die Beitragspflicht des Arbeitnehmers. Sie entwickelt sich gleitend. Erst bei einem Verdienst von 800,00 € werden die Beiträge jeweils zur Hälfte von Arbeitnehmer und Arbeitgeber aufgebracht.

6.3
Buchungen im Personalbereich

Übersicht über Löhne/Gehälter, Geld- und Sachwertbezüge sowie Steuer- und Sozialversicherungsabzüge	
Erfassung auf Konten	**Erläuterung zu den Bezügen und Abzügen**
6200 Löhne **6300** Gehälter	**Löhne** der Arbeiter und **Gehälter** der Angestellten stellen für ein Unternehmen Aufwendungen dar, die in der Kontenklasse 6 gebucht werden. Auf diese Konten bucht der Arbeitgeber auch **einmalige Geldleistungen** an Arbeitnehmer (z. B. Weihnachtsgeld, Urlaubsgeld, 13. Monatsgehalt, Gratifikationen, Beihilfen). Sie erhöhen den Bruttolohn/das Bruttogehalt. Dem Bruttolohn/-gehalt wird ebenfalls der Wert der sogenannten **Sachbezüge** hinzugerechnet (z. B. private Nutzung eines auf das Unternehmen angemeldeten Fahrzeugs, verbilligte Mahlzeiten in der Kantine, Nutzung bezuschusster Werkswohnungen). Der Sachbezug verringert den Auszahlungsbetrag an den Arbeitnehmer.
5430 Andere sonstige betriebliche Erträge	Für den Arbeitgeber stellt der Sachbezug des Arbeitnehmers einen umsatzsteuerpflichtigen sonstigen betrieblichen Ertrag dar, den er in der Kontenklasse 5 bucht.
5000 Umsatzerlöse für eigene Erzeugnisse	Erwirbt der Arbeitnehmer **Waren** des eigenen Betriebes, so wird der Warenwert einschließlich der Umsatzsteuer vom Nettolohn/-gehalt abgezogen. Der Arbeitgeber bucht die Warenlieferung an den Arbeitnehmer als umsatzsteuerpflichtigen Umsatzerlös für eigene Erzeugnisse.
4830 Sonstige Verbindlichkeiten gegenüber Finanzbehörden (4830 FB-Verb.)	Die **Lohnsteuer** der Arbeitnehmer behält der Arbeitgeber ein. Sie stellt bis zur Zahlung an das Finanzamt eine Verbindlichkeit gegenüber den Finanzbehörden dar und wird in der Kontenklasse 4 erfasst. Spätestens am 10. des auf die Lohnzahlung folgenden Monats führt der Arbeitgeber die einbehaltene Lohnsteuer an das zuständige Finanzamt ab.
2640 Vorauszahlung der Sozialversicherungsbeiträge (2640 SV-Vorauszahlungen)	**Beiträge der Arbeitnehmer zur Sozialversicherung** meldet der Arbeitgeber einschließlich seines **Arbeitgeberbeitrages** zum Ende des Lohnzahlungsmonats an die zuständige Krankenkasse. Diese Beiträge zieht die Krankenkasse spätestens am drittletzten Bankarbeitstag des laufenden Monats vom Konto des Arbeitgebers ein. Diese Beitragszahlung stellt somit eine Vorauszahlung für die erst später erfolgende Lohnzahlung und Lohnbuchung dar. Sie wird als Forderung in der Kontenklasse 2 erfasst und bei der Lohnbuchung verrechnet.
6400 Arbeitgeberanteil zur Sozialversicherung	Der Anteil, den der **Arbeitgeber zur Sozialversicherung** seiner Arbeitnehmer beisteuert, stellt für ihn einen Aufwand dar, den er in der Kontenklasse 6 im Zusammenhang mit der Lohn-/Gehaltszahlung bucht (Gegenbuchung auf Konto 2640 SV-Vorauszahlung).
4860 Verbindlichkeiten aus vermögenswirksamen Leistungen	**Vermögenswirksame Leistungen** der Arbeitnehmer behält der Arbeitgeber bei der Lohn-/Gehaltszahlung ein und bucht sie bis zur Überweisung auf das VL-Konto als Verbindlichkeit in der Kontenklasse 4.
6320 Sonstige tarifliche oder vertragliche Aufwendungen	In der Regel beteiligt sich der Arbeitgeber an den vermögenswirksamen Leistungen seiner Arbeitnehmer. Seinen Anteil rechnet er entweder dem Bruttolohn/-gehalt zu oder bucht ihn getrennt auf das Aufwandskonto 6320.
2650 Forderungen an Mitarbeiter	Werden Vorschüsse gezahlt, handelt es sich um Forderungen an Mitarbeiter. Diese Forderungen werden mit späteren Lohn-/Gehaltszahlungen ausgeglichen (= Abzug vom Nettolohn/Nettogehalt).
6495 Sonstige soziale Aufwendungen	**Sonderzahlungen** des Arbeitgebers, die im innerbetrieblichen Interesse liegen (Zuwendungen zu Firmenjubiläen, Kosten für Fort- und Weiterbildungsmaßnahmen), gehören nicht zu den personenbezogenen Bezügen. Sie werden als sonstige soziale Aufwendungen erfasst.

Beispiel [1]

Die 35-jährige Rita Meyer ist bei der Heidtkötter KG, Bielefeld, im Außendienst angestellt. Sie erhält ein Bruttogehalt von 3.200,00 € je Monat, ist ledig, hat keine Kinder und gehört der evangelischen Kirche an. Zusätzlich zu ihrem Bruttogehalt hat sie im zugrunde liegenden Abrechnungsmonat ein Urlaubsgeld von 100,00 € erhalten. Sie benutzt den firmeneigenen Pkw (Anschaffungskosten einschl. Umsatzsteuer 23.800,00 €) auch privat. Die private Nutzung wird ihr mit 1 % des auf

---

[1] Hinweis: Das Beispiel basiert auf den derzeit aktuellen Beitragssätzen zur Sozialversicherung und den derzeit gültigen Steuersätzen. Änderungen finden Sie zeitnah online unter www.winklers.de.

volle Hundert Euro abgerundeten Bruttolistenpreises angerechnet (= 238,00 €). Der Arbeitgeber führt die darin enthaltene Umsatzsteuer (= 38,00 €) an das Finanzamt ab. In ihren vermögenswirksamen Sparvertrag zahlt sie monatlich 39,00 € ein. Ihr Arbeitgeber beteiligt sich an der vermögenswirksamen Leistung mit einem Zuschuss von 19,00 €. Im Abrechnungsmonat hat Frau Meyer im innerbetrieblichen Werksverkauf einen Schreibtisch zum Sonderpreis von 178,50 € (einschließlich 19 % Umsatzsteuer) erworben. Im vergangenen Monat hatte sie einen Gehaltsvorschuss von 480,00 € bar erhalten (Buchung: „2650 Forderungen an Mitarbeiter" an „2880 Kasse" 480,00 €). In ihrer Gehaltsabrechnung für diesen Monat werden für den gezahlten Vorschuss 120,00 € einbehalten.

Gehaltsabrechnung Juli 01
Rita Meyer, I/0; ev

Bruttogehalt	3.200,00 €	
Urlaubsgeld	100,00 €	
Privatnutzung des Firmen-Pkw (200,00 € netto + 38,00 € USt)	238,00 €	
Arbeitgeber-Zuschuss zur vermögenswirksamen Leistung	19,00 €	
Steuer- und sozialversicherungspflichtiges Gehalt		**3.557,00 €**
– Lohnsteuer	610,00 €	
– Solidaritätszuschlag	33,55 €	
– Kirchensteuer 9 %	54,90 €	698,45 €
– Rentenversicherung	332,58 €	
– Krankenversicherung (8,2 %)	291,67 €	
– Arbeitslosenversicherung	53,35 €	
– Pflegeversicherung	50,68 €	728,30 €
Nettogehalt		**2.130,25 €**
– Sachbezug Pkw (200,00 € netto + 38,00 € USt)	238,00 €	
– Sachbezug Schreibtisch (150,00 € netto + 28,50 € USt)	178,50 €	
– Vorschuss	120,00 €	
– vermögenswirksame Sparleistung	39,00 €	585,60 €
= Auszahlungsbetrag/Überweisung		**1.544,65 €**
Arbeitgeberanteil zur Sozialversicherung		**687,39 €**

Gehalts-abrechnung

	Soll	Haben
2640 SV-Vorauszahlung	1.415,69 €	
an 2800 Bank		1.415,69 €

Buchung SV-Voraus-zahlung

	Soll	Haben
6300 Gehälter	3.538,00 €	
6320 Sonst. tarifliche und soziale Aufwendungen	19,00 €	
an 4830 FB-Verbindlichkeiten		698,45 €
an 2640 SV-Vorauszahlung		728,30 €
an 5430 Andere sonstige betriebliche Erträge (netto)		200,00 €
an 5000 Umsatzerlöse für eigene Waren (netto)		150,00 €
an 2650 Forderungen an Mitarbeiter		120,00 €
an 4800 Umsatzsteuer (38,00 € + 28,50 €)		66,50 €
an 4860 Verbindl. aus vermögenswirks. Leistungen		39,00 €
an 2800 Bank		1.544,65 €

Gehaltsbuchung

	Soll	Haben
6400 AG-Anteil zur SV	687,39 €	
an 2640 SV-Vorauszahlung		687,39 €

Buchung des AG-Anteils zur SV

	Soll	Haben
4830 FB-Verbindlichkeiten	698,45 €	
4860 Verbindl. aus vermögenswirks. Leistungen	39,00 €	
an 2800 Bank		737,45 €

Buchung der Überweisungen an FB und VL

7
Entscheidungen treffen, wenn man sich von Mitarbeitern trennen muss

7.1
Kündigungsgrundsätze bei Personalfreisetzungen

Kündigung

Die **Kündigung** ist eine einseitige, empfangsbedürftige Willenserklärung zur Aufhebung eines Arbeitsverhältnisses. Bei Vorlage eines wichtigen Grundes hat sie sofortige Wirkung, im Übrigen wird sie nach Ablauf einer Kündigungsfrist wirksam.

Personenbedingte Kündigung

Eine personenbedingte Kündigung kommt insbesondere bei Krankheit des Arbeitnehmers in Betracht. Weitere Kündigungsgründe sind z. B. die fehlende Eignung bzw. Befähigung des Arbeitnehmers, ausländischer Wehrdienst von mehr als zwei Monaten, die fehlende Arbeitserlaubnis oder die Verbüßung einer Freiheitsstrafe.

Im Folgenden werden die krankheitsbedingten Gründe beschrieben. Dabei unterscheidet man zwischen lang anhaltender Krankheit, häufigen Kurzerkrankungen, dauernder Arbeitsunfähigkeit und Leistungsminderung.

- Die **krankheitsbedingte Arbeitsunfähigkeit** rechtfertigt grundsätzlich nur eine ordentliche personenbedingte Kündigung. Die Prüfung, ob eine Kündigung wegen häufiger Fehlzeiten ausgesprochen werden darf bzw. gerechtfertigt ist, erfolgt in drei Stufen:
  - Es muss eine negative Prognose hinsichtlich des Gesundheitszustandes gegeben sein.
  - Die betrieblichen Interessen müssen erheblich beeinträchtigt sein (Störungen im Betriebsablauf oder wirtschaftliche Belastungen).
  - Die erheblichen Beeinträchtigungen müssen zu einer nicht mehr hinzunehmenden Belastung des Arbeitgebers führen (Interessenabwägung).
- Bei einer **dauernden Arbeitsunfähigkeit** ist der Arbeitnehmer aufgrund einer Erkrankung auf Dauer nicht mehr in der Lage, seine Arbeitsleistung zu erbringen. Eine Kündigung ist möglich, weil dann eine erhebliche Beeinträchtigung der betrieblichen Interessen vorliegt, denn der Arbeitgeber muss mit einem dauernden Ausfall des Arbeitnehmers rechnen.
- Auch die **krankheitsbedingte Minderung der Leistungsfähigkeit** des Arbeitnehmers kann eine Kündigung rechtfertigen, wenn sie zu einer erheblichen Beeinträchtigung der betrieblichen Interessen führt. Es führt jedoch nicht jede geringfügige Minderleistung zu einer erheblichen Beeinträchtigung betrieblicher Interessen.

Betriebsbedingte Kündigung

Eine **betriebsbedingte Kündigung** setzt zunächst einen betriebsbedingten Kündigungsgrund voraus. Dieser kann sich aus **innerbetrieblichen** (z. B. Rationalisierungsmaßnahmen, Einstellung oder Einschränkung der Produktion) oder aus **außerbetrieblichen Umständen** (z. B. Auftragsmangel, Umsatzrückgang) ergeben.

Eine betriebsbedingte Kündigung ist nach der Rechtsprechung des Bundesarbeitsgerichtes aus **innerbetrieblichen Gründen** gerechtfertigt, wenn sich der Arbeitgeber im Unternehmensbereich zu einer organisatorischen Maßnahme entschließt, bei deren innerbetrieblicher Umsetzung das Bedürfnis für die Weiterbeschäftigung eines oder mehrerer Arbeitnehmer entfällt.

Soziale Rechtfertigung

Bei innerbetrieblichen Gründen muss der Arbeitgeber im Einzelnen darlegen, welche organisatorischen und technischen Maßnahmen er angeordnet hat. Er muss darlegen, wie sich diese Maßnahmen auf die Beschäftigungsmöglichkeit im Hinblick auf den gekündigten Mitarbeiter auswirken und dass die Beschäftigungsgrundlage durch die Maßnahme auf Dauer entfällt.

Für die betriebsbedingte Kündigung müssen dringende betriebliche Erfordernisse gegeben sein. Diese sind nicht gegeben, wenn es eine **Weiterbeschäftigungsmöglichkeit** gibt. Der Arbeitgeber ist nicht verpflichtet, für den freigestellten Arbeitnehmer einen neuen Arbeitsplatz zu schaffen. Er hat aber zu prüfen, ob ein gleichwertiger oder ungleichwertiger Arbeitsplatz nicht nur im betroffenen Betrieb, sondern im gesamten Unternehmen vorhanden sein könnte.

Weiterbeschäftigungsmöglichkeit

Nach der geltenden Regelung des Kündigungsschutzgesetzes (KSchG) ist trotz Vorliegens dringender betrieblicher Gründe eine betriebsbedingte Kündigung sozial ungerechtfertigt, wenn der Arbeitgeber bei der Auswahl der Arbeitnehmer die Dauer der **Betriebszugehörigkeit**, das **Lebensalter**, die **Unterhaltspflichten** und die ggf. vorhandene **Schwerbehinderung** des Arbeitnehmers nicht oder nicht ausreichend berücksichtigt hat (§ 1 Abs. 3 KSchG). Die **soziale Auswahl** ist zwischen Arbeitnehmern mit vergleichbaren Arbeitsplätzen und desselben Ranges (horizontale Vergleichbarkeit) vorzunehmen. **Vergleichbarkeit** bedeutet Austauschbarkeit (ohne längere Einarbeitungszeit) der Arbeitnehmer, ohne dass es einer Änderungskündigung bedarf.

§ 1 Abs. 3 KSchG

Eine **verhaltensbedingte Kündigung** kommt bei arbeitsvertraglichen Pflichtwidrigkeiten in Betracht. Die Belastung des Betriebes durch das Verhalten des Arbeitnehmers ist dabei zu berücksichtigen. Auch die Dauer der Betriebszugehörigkeit spielt eine Rolle. Je länger das Arbeitsverhältnis bisher störungsfrei gedauert hat, umso strengere Anforderungen sind an eine verhaltensbedingte Kündigung zu stellen. Zu beachten ist, dass vor einer verhaltensbedingten Kündigung das zu missbilligende Verhalten i. d. R. zunächst abzumahnen ist.

Verhaltensbedingte Kündigung

Gründe für eine verhaltensbedingte Kündigung können Selbstbeurlaubung, Nichteinhaltung betrieblicher Rauch- und Alkoholverbote und die Kritik an Arbeitgeber und Vorgesetzten sein. Wiederholtes unentschuldigtes Fehlen eines Arbeitnehmers ist nach einer Abmahnung ebenfalls ein verhaltensbedingter Kündigungsgrund. Das gilt auch für wiederholtes schuldhaftes nicht rechtzeitiges Erscheinen zum Arbeitsantritt.

Die Ankündigung einer Krankheit – „Dann bin ich eben ab morgen krank!" – kann eine verhaltensbedingte Kündigung rechtfertigen. In solchen Fällen kann sogar eine fristlose Kündigung ohne Abmahnung in Betracht kommen.

Das Bundesarbeitsgericht hat klargestellt, dass bei besonders ausschweifender privater Nutzung des Internets durch den Arbeitnehmer der Arbeitgeber ohne Abmahnung fristlos kündigen kann. Dies gilt unter bestimmten Umständen selbst dann, wenn die private Nutzung des Internets im Betrieb nicht untersagt ist (vgl. Bundesarbeitsgericht, Urteil vom 31. Mai 2007 – 2 AZR 200/06 –).

Die Vorschriften für den allgemeinen **Kündigungsschutz** gelten für alle Arbeitnehmer. Sie finden allerdings nur Anwendung für Arbeitsverhältnisse, die länger als sechs Monate bestanden haben und für Betriebe mit mehr als zehn ständig beschäftigten Arbeitnehmern/-innen, wobei Auszubildende nicht dazu zählen und teilzeitbeschäftigte Arbeitnehmer/-innen nur teilweise berücksichtigt werden. War der Arbeitnehmer bereits vor dem 1. Januar 2004 in dem

Kündigungsschutz

Unternehmen beschäftigt, gilt für ihn der Kündigungsschutz bereits bei einer Zahl von mehr als fünf ständig Beschäftigten.

Für besondere Gruppen (werdende Mütter, Jugendliche, Betriebsratsmitglieder und Schwerbehinderte) gelten zusätzlich noch Spezialvorschriften. Ebenso ist die Kündigung von Mitarbeitern, die sich mit dem Unternehmen auf ein Altersteilzeitmodell geeinigt haben, im Normalfall ausgeschlossen.

Kündigungs-verlauf

Bezüglich des Verlaufs einer Kündigung unterscheidet man:

Ordentliche/fristgerechte Kündigung

Kündigungsarten

■ Auflösung des Arbeitsverhältnisses unter Einhaltung der vereinbarten oder gesetzlichen Kündigungsfristen

> **Beispiel**
>
> **Ablauf**
>
> 1. Beachtung von Kündigungsverboten (z. B. bei Betriebsratsmitgliedern)
> 2. Beachtung besonderer Kündigungsausschlüsse (z. B. bei Auszubildenden)
> 3. Beachtung von Kündigungsfristen und Kündigungsschutz
> 4. soziale Rechtfertigung
> 5. Überprüfung der Weiterbeschäftigungsmöglichkeiten
> 6. Gründe für personen-, verhaltens- oder betriebsbedingte Kündigung
> 7. Abmahnung insbesondere bei verhaltensbedingter Kündigung
> 8. soziale Auswahl bei betriebsbedingten Kündigungen
> 9. Anhörung des Betriebsrates
> 10. Abgabe und Zugang einer Kündigungserklärung
> 11. Kündigungsschutzklage binnen drei Wochen nach Zugang der Kündigung möglich

Außerordentliche/fristlose Kündigung

■ Sofortige Auflösung des Arbeitsverhältnisses ohne Einhaltung von Fristen, aber nur, wenn ein wichtiger Grund vorliegt. Die Aufrechterhaltung des Arbeitsverhältnisses ist nicht weiter zumutbar, wenn es sich beispielsweise um Straftaten, Beleidigungen, Arbeitsverweigerung, Verletzung der Verschwiegenheitspflicht o. Ä. handelt.

> **Beispiel**
>
> **Ablauf**
>
> 1. Beachtung von Kündigungsverboten (z. B. bei Betriebsratsmitgliedern)
> 2. Beachtung besonderer Kündigungsausschlüsse (z. B. bei Auszubildenden)
> 3. Beachtung von Kündigungsfristen und Kündigungsschutz
>   - Einhaltung einer Kündigungsfrist von zwei Wochen, innerhalb derer die Kündigung erfolgen muss
>   - Interessenabwägung, ob Fortsetzung des Arbeitsverhältnisses bis zum Ablauf der regulären Frist möglich ist
> 4. Anhörung des Betriebsrates
> 5. Abgabe und Zugang einer Kündigungserklärung
> 6. Kündigungsschutzklage binnen drei Wochen nach Zugang der Kündigung möglich

Kündigung durch den Arbeitnehmer

Auch der Arbeitnehmer kann kündigen, z. B. wenn er
- sich örtlich verändern will (z. B. Umzug),
- sich die familiäre Situation ändert,
- die Aufstiegsmöglichkeiten im Unternehmen unzureichend sind,
- ein anderes (besseres) Stellenangebot hat und/oder
- sich im Betrieb nicht mehr wohlfühlt.

Anders als bei einer Entlassung durch den Arbeitgeber muss der Arbeitnehmer keine besonderen Gründe anführen. Er ist niemandem darüber Rechenschaft schuldig, warum er das Arbeitsverhältnis auflösen will. Kündigungsfristen gelten aber im Normalfall auch für die Kündigung durch den Arbeitnehmer. Dabei kann ein Arbeitgeber versuchen, einen (qualifizierten) Arbeitnehmer auch durch ein verbessertes Angebot (höherer Lohn, interne Aufstiegsmöglichkeit usw.) umzustimmen.

Hin und wieder gibt es auch eine Auflösung des Arbeitsverhältnisses im **gegenseitigen Einvernehmen.** Dies deutet darauf hin, dass man eine gütliche Beendigung einer Kündigung, die nie ganz frei von Folgen ist, vorgezogen hat.

Kündigung im gegenseitigen Einvernehmen

Jeder Arbeitnehmer hat das Recht auf ein **Arbeitszeugnis,** wenn er seinen Arbeitsplatz verliert oder wechselt. Das Arbeitszeugnis kann entweder ein „einfaches" Zeugnis sein, in dem nur der Zeitraum und die Art der Tätigkeit bescheinigt werden, oder es kann sich um ein „qualifiziertes" Zeugnis handeln, in dem auch Angaben zur Qualität der Arbeit enthalten sind.

Arbeitszeugnis

Ein Arbeitszeugnis muss einerseits der Wahrheit entsprechen, andererseits darf es aber nichts enthalten, was das berufliche Fortkommen eines Arbeitnehmers unnötig oder unangemessen erschwert. Das hat in der Vergangenheit dazu geführt, dass sich in Arbeitszeugnissen einer „Geheimsprache" bedient wurde, bei der die Bewertungen zwar alle einen positiven Charakter aufwiesen, aber unterschwellig etwas anderes ausgedrückt werden sollte.

Wahrheitsgehalt

So war/ist z. B. die Bemerkung *„Er hat stets versucht, seinen Pflichten in dem erforderlichen Maß nachzukommen"* nichts anderes, als mit positiven Worten auszudrücken, dass der Mitarbeiter die Anforderungen nicht erfüllte (denn es wurde nur versucht) und dass von dem Arbeitnehmer offenbar über die Pflichterfüllung hinaus nichts mehr zu erwarten war. Ähnlich ist die Bemerkung zu bewerten, dass ein Arbeitnehmer *„stets pünktlich"* war, womit gemeint ist, dass er sich sehr exakt an die Arbeitszeiten hielt, aber nicht oder nur begrenzt bereit war, bei entsprechenden Erfordernissen z. B. auch zur Mehrarbeit bereit zu sein.

Da mittlerweile die geheimen „Zensuren" nicht mehr so geheim sind, werden sie auch immer weniger angewandt. Einfacher ist es für einen Arbeitgeber, zu Sachverhalten, die man in einem qualifizierten Zeugnis erwartet, gar nichts auszusagen. Die Lücke ist für einen erfahrenen Begutachter Hinweis genug.

Wenn ein Arbeitsverhältnis beendet wird, muss der bisherige Arbeitgeber dem ausscheidenden Arbeitnehmer nicht nur ein Zeugnis ausstellen, sondern ihm auch

Arbeitspapiere

- die Lohnsteuerkarte und
- eine Bescheinigung über den im jeweiligen Jahr bereits erhaltenen Urlaub

aushändigen.

Beide Belege sind für einen neuen Arbeitgeber wichtig.

7.2
Die Rolle des Betriebsrates bei Entlassungen

Anhörung des Betriebsrates

Der Betriebsrat ist vor jeder Kündigung zu hören. Das heißt nicht, dass er mitbestimmen kann, aber er hat das Recht, einer Kündigung zu widersprechen, wenn sie

- nicht gerechtfertigt ist oder
- nicht den Grundsätzen der Sozialauswahl entspricht.

Die Information hat schriftlich zu erfolgen. Wenn eine Auswahl unter mehreren Arbeitnehmern erfolgt ist, dann sind auch die angewendeten Kriterien offenzulegen. Eine Kündigung ohne vorherige Anhörung des Betriebsrates ist unwirksam. Im Betriebsverfassungsgesetz ist diese Mitwirkung geregelt.

§§

§ 102 Mitbestimmung bei Kündigungen

(1) Der Betriebsrat ist vor jeder Kündigung zu hören. Der Arbeitgeber hat ihm die Gründe für die Kündigung mitzuteilen. Eine ohne Anhörung des Betriebsrats ausgesprochene Kündigung ist unwirksam.

(2) Hat der Betriebsrat gegen eine ordentliche Kündigung Bedenken, so hat er diese unter Angabe der Gründe dem Arbeitgeber spätestens innerhalb einer Woche schriftlich mitzuteilen. Äußert er sich innerhalb dieser Frist nicht, gilt seine Zustimmung zur Kündigung als erteilt. Hat der Betriebsrat gegen eine außerordentliche Kündigung Bedenken, so hat er diese unter Angabe der Gründe dem Arbeitgeber unverzüglich, spätestens jedoch innerhalb von drei Tagen, schriftlich mitzuteilen. Der Betriebsrat soll, soweit dies erforderlich erscheint, vor seiner Stellungnahme den betroffenen Arbeitnehmer hören. § 99 Abs. 1 Satz 3 gilt entsprechend.

(3) Der Betriebsrat kann innerhalb der Frist des Abs. 2 Satz 1 der ordentlichen Kündigung widersprechen, wenn

1. der Arbeitgeber bei der Auswahl des zu kündigenden Arbeitnehmers soziale Gesichtspunkte nicht oder nicht ausreichend berücksichtigt hat,
2. die Kündigung gegen eine Richtlinie nach § 95 verstößt,
3. der zu kündigende Arbeitnehmer an einem anderen Arbeitsplatz im selben Betrieb oder in einem anderen Betrieb des Unternehmens weiterbeschäftigt werden kann,
4. die Weiterbeschäftigung des Arbeitnehmers nach zumutbaren Umschulungs- oder Fortbildungsmaßnahmen möglich ist oder
5. eine Weiterbeschäftigung des Arbeitnehmers unter geänderten Vertragsbedingungen möglich ist und

der Arbeitnehmer sein Einverständnis hiermit erklärt hat.

(4) Kündigt der Arbeitgeber, obwohl der Betriebsrat nach Abs. 3 der Kündigung widersprochen hat, so hat er dem Arbeitnehmer mit der Kündigung eine Abschrift der Stellungnahme des Betriebsrats zuzuleiten.

(5) Hat der Betriebsrat einer ordentlichen Kündigung frist- und ordnungsgemäß widersprochen, und hat der Arbeitnehmer nach dem Kündigungsschutzgesetz Klage auf Feststellung erhoben, dass das Arbeitsverhältnis durch die Kündigung nicht aufgelöst ist, so muss der Arbeitgeber auf Verlangen des Arbeitnehmers diesen nach Ablauf der Kündigungsfrist bis zum rechtskräftigen Abschluss des Rechtsstreits bei unveränderten Arbeitsbedingungen weiterbeschäftigen. Auf Antrag des Arbeitgebers kann das Gericht ihn durch einstweilige Verfügung von der Verpflichtung zur Weiterbeschäftigung nach Satz 1 entbinden, wenn

1. die Klage des Arbeitnehmers keine hinreichende Aussicht auf Erfolg bietet oder mutwillig erscheint oder
2. die Weiterbeschäftigung des Arbeitnehmers zu einer unzumutbaren wirtschaftlichen Belastung des Arbeitgebers führen würde oder
3. der Widerspruch des Betriebsrats offensichtlich unbegründet war.

(6) Arbeitgeber und Betriebsrat können vereinbaren, dass Kündigungen der Zustimmung des Betriebsrats bedürfen und dass bei Meinungsverschiedenheiten über die Berechtigung der Nichterteilung der Zustimmung die Einigungsstelle entscheidet.

(7) Die Vorschriften über die Beteiligung des Betriebsrats nach dem Kündigungsschutzgesetz bleiben unberührt.

Darüber hinaus bleibt dem gekündigten Arbeitnehmer die Möglichkeit, innerhalb von drei Wochen nach Zugang der Kündigung beim zuständigen Arbeitsgericht Kündigungsschutzklage zu erheben. In diesem Fall hat der Arbeitnehmer bis zum Abschluss des Verfahrens das Recht auf Weiterbeschäftigung. Der Arbeitgeber hat jedoch das Recht, ihn unter Fortbezahlung des Arbeitsentgeltes von der Beschäftigung freizustellen.

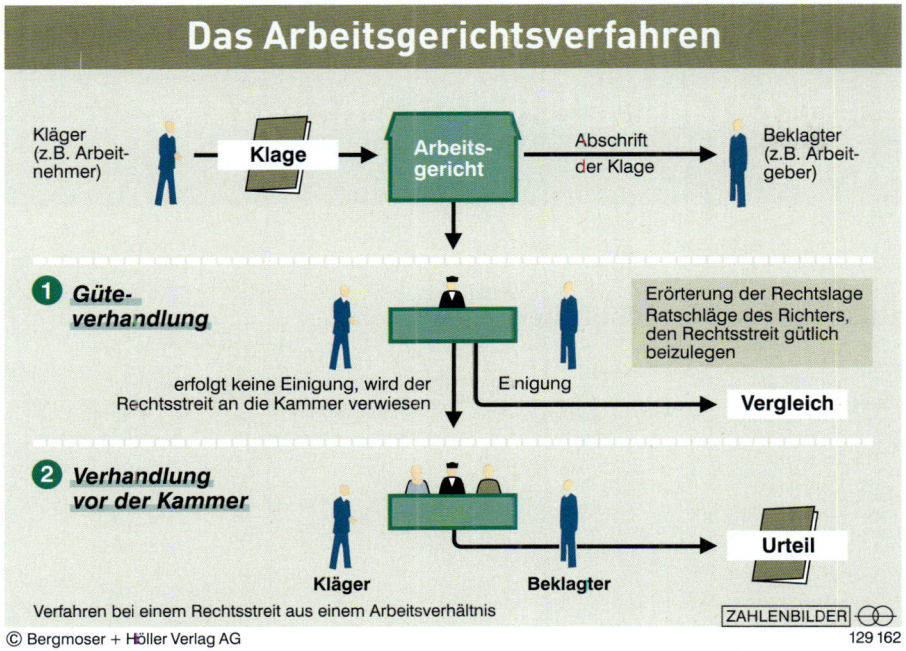

Das Arbeitsgerichtsverfahren

Kläger (z.B. Arbeitnehmer) — **Klage** → Arbeitsgericht — Abschrift der Klage → Beklagter (z.B. Arbeitgeber)

1 Güteverhandlung

Erörterung der Rechtslage Ratschläge des Richters, den Rechtsstreit gütlich beizulegen

erfolgt keine Einigung, wird der Rechtsstreit an die Kammer verwiesen

Einigung → **Vergleich**

2 Verhandlung vor der Kammer

Kläger   Beklagter → **Urteil**

Verfahren bei einem Rechtsstreit aus einem Arbeitsverhältnis

ZAHLENBILDER

© Bergmoser + Höller Verlag AG   129 162

Das Arbeitsgericht entscheidet über Konflikte, die sich aus einem Arbeits- oder aus einem Ausbildungsverhältnis ergeben können, wenn eine anderweitige Klärung nicht möglich ist.

Örtlich zuständig ist das Gericht, an dem der Beklagte seinen Wohnsitz hat, bzw. dort, wo die jeweilige Verpflichtung aus dem Vertrag zu erfüllen ist.

Die Kammer der Arbeitsgerichte setzt sich aus einem oder mehreren Berufsrichtern sowie zwei ehrenamtlichen Richtern zusammen, von denen je einer auf Vorschlag der Gewerkschaften sowie der Arbeitgeberverbände benannt wird.

Gegen ein Urteil des Arbeitsgerichtes kann von jeder Seite Berufung eingelegt werden. Die zweite Instanz sind dann die Landesarbeitsgerichte und die dritte und letzte Instanz ist danach das Bundesarbeitsgericht. Bei ihm kann ein Revisionsverfahren angestrebt werden, wenn gegen ein Urteil des Landesarbeitgerichtes vorgegangen werden soll.

8

Den Jahresabschluss aufstellen, analysieren und auswerten

1
Den Jahresabschluss nach HGB vorbereiten

Der Jahresabschluss besteht aus[1]:	Zum Jahresabschluss verpflichtet sind:		
	Einzel-kaufmann (e. Kfm; e. Kffr.)	Personen-gesellschaften (OHG, KG)	Kapital-gesellschaften (GmbH, AG, KG a. A.)
Bilanz (§§ 242, 266 HGB)	X	X	X
Gewinn- und Verlustrechnung (§§ 242, 275 HGB)	X	X	X
Anhang (§ 284 HGB)			X
Lagebericht (§ 289 HGB, s. auch § 264 HGB)		auch GmbH & Co. KG	X nur mittelgroße und große Kapitalgesellschaften*
Pflicht zur Prüfung durch unabhängige Wirtschaftsprüfer			X nur mittelgroße und große Kapitalgesellschaften*
Pflicht zur Offenlegung (Publizitätspflicht; bei Verstößen droht ein Ordnungsgeld bis 25.000,00 €)		auch GmbH & Co. KG	X

* **Größenmerkmale** bei Kapitalgesellschaften bis 2008 (§ 267 HGB):
Zur Einstufung einer Kapitalgesellschaft in eine bestimmte Größenklasse müssen zwei der folgenden Merkmale (= Schwellenwerte) erreicht sein:

Größe der Kapital-gesellschaft	Größenmerkmale		
	Bilanzsumme	Umsatz	Beschäftigte
klein	bis 4.015.000,00 €	bis 8.030.000,00 €	bis 50
mittelgroß	bis 16.060.000,00 €	bis 32.120.000,00 €	bis 250
groß	über 16.060.000,00 €	über 32.120.000,00 €	über 250

Das Bilanzrechtsmodernisierungsgesetz (BilMoG; 2009) sieht bei den Merkmalen „Bilanzsumme" und „Umsatz" etwa 20 % höhere Schwellenwerte vor:

Größe der Kapital-gesellschaft	Größenmerkmale nach BilMoG		
	Bilanzsumme	Umsatz	Beschäftigte
klein	bis 4.840.000,00 €	bis 9.680.000,00 €	bis 50
mittelgroß	bis 19.250.000,00 €	bis 38.500.000,00 €	bis 250
groß	über 19.250.000,00 €	über 38.500.000,00 €	über 250

---

1 Kapitalmarktorientierte Unternehmen haben zusätzlich eine Kapitalflussrechnung und einen Eigenkapital-spiegel aufzustellen.

Die **Bilanz** ist die aus dem Inventar und der Abschlussübersicht entwickelte Gegenüberstellung von Vermögen und Schulden zum Bilanzstichtag (i. d. R. 31.12.). Die in ihr aufgeführten Vermögens- und Schuldenwerte sind vom Unternehmer auf der Grundlage einer bestimmten Rechtsordnung bewertet worden, die ihrerseits Ausdruck der in einer Gesellschaft gewachsenen Wirtschaftsethik ist. Daraus erklärt sich, dass es in einzelnen Ländern unterschiedliche Ausprägungen leitender Bewertungsgrundsätze gibt.

**Bewertungs-
grundlagen
nach HGB**

Dem Hauptziel des **Gläubigerschutzes** (Vorsichtsprinzip) in Deutschland steht z. B. in den USA das Prinzip der **fair presentation** gegenüber (vgl. GAAP = Generally Accepted Accounting Principles). Während in Deutschland die gesetzlichen Vorgaben zum Jahresabschluss (vgl. HGB) so ausgestaltet sind, dass das Eigenkapital vor allzu hoher Ausschüttung geschützt wird (Prinzip der **Substanzerhaltung**), zielen die Abschlussvorschriften in den USA darauf hin, die wirtschaftliche Lage eines Unternehmens und das damit einhergehende Erfolgspotenzial **realitätsgerecht** darzustellen.

In der EU hat sich eine Rechtsauffassung durchgesetzt, die den GAAP nahesteht. Diese Rechtsauffassung ist in den sogenannten IAS/IFRS verankert und stellt seit 2002 bindendes Recht für die Jahresabschlüsse börsennotierter EU-Unternehmen dar. Zentral ist hierbei der Gedanke, im Jahresabschluss realistische und damit **entscheidungsnützliche Informationen** zur Finanz- und Ertragslage sowie zum Kapitalfluss und zur Eigenkapitalveränderung abzubilden.

Die unterschiedlichen Rechtsauffassungen haben z. T. abweichende Wertansätze für das Vermögen und für die Schulden zur Folge. Eine Auswirkung hieraus ist z. B., dass das HGB den Aufbau **stiller Reserven** zulässt, während die IAS/IFRS einen solchen Aufbau verbieten.

Der Verpflichtung zur Aufstellung des Jahresabschlusses nach § 242 HGB kann der Kaufmann nur nachkommen,

- wenn er seine Buchführung mit allen Nebenbüchern ordnungsgemäß führt (vgl. GoB),
- wenn er alle Belege vollständig und geordnet sammelt,
- wenn er eine Inventur durchführt.

Die so geschaffene Basis ist notwendige Voraussetzung für die eigentlichen **Vorarbeiten** zum Jahresabschluss:

- Bewertung der Vermögensteile und der Schulden
- Aufdeckung und Beseitigung der Inventurdifferenzen
- zeitliche (periodengerechte) Abgrenzung der Aufwendungen und Erträge
- Bildung der Rückstellungen

Mit der HGB-Reform von 2009 (BilMoG) ist eine Annäherung an die IFRS erfolgt: Für die Jahresabschlüsse mittelständischer Betriebe bedeutet die Anwendung der neuen HGB-Regelungen eine Annäherung an internationale Abschlussstandards, ohne die IFRS übernehmen zu müssen. Die wesentliche Änderung im HGB ist die deutliche Abkehr von steuerrechtlichen Regelungen. Zwar gelten die Grundsätze ordnungsmäßiger Buchführung sowie die Bewertungsprinzipien nach HGB nach wie vor auch für die Steuerbilanz, es dürfen aber keine steuerlichen Wertansätze in die Handelsbilanz übernommen werden (= Aufhebung der sogenannten „umgekehrten Maßgeblichkeit der Steuerbilanz für die Handelsbilanz").

1.1
Das Vermögen und die Schulden bewerten

Prinzipien der Bewertung

Das Vorsichtsprinzip des HGB, das auf Substanzerhaltung und Gläubigerschutz ausgerichtet ist, drückt sich aus

- im **Prinzip der Anschaffungs-** oder **Herstellungskosten**

> §§
>
> **§ 253 Abs. 1 Satz 1 HGB**
> Vermögensgegenstände sind höchstens mit den **Anschaffungs-** oder **Herstellungskosten** [...] anzusetzen.

- im **Niederstwertprinzip** für die Bewertung des **Vermögens** (§ 253 HGB)

> §§
>
> **§ 253 Abs. 1 Satz 1 HGB**
> Vermögensgegenstände **sind höchstens** mit den Anschaffungs- oder Herstellungskosten, **vermindert um Abschreibungen** [...] anzusetzen.
>
> **§ 253 Abs. 3 HGB**
> Bei Vermögensgegenständen des **Anlagevermögens**, deren Nutzung zeitlich begrenzt ist, **sind** die Anschaffungs- und Herstellungskosten um **planmäßige** Abschreibungen zu vermindern. [...].
>
> **§ 253 Abs. 4 HGB**
> Bei Vermögensgegenständen des **Umlaufvermögens sind** Abschreibungen vorzunehmen, um diese mit dem **niedrigeren Wert** anzusetzen, der sich aus einem Börsen- oder Marktpreis am Abschlussstichtag ergibt. [...].

- im **Höchstwertprinzip**[1] für die Bewertung der **Schulden** (§ 253 Abs. 1 HGB).

> §§
>
> **§ 253 Abs. 1 Satz 2 HGB**
> Verbindlichkeiten sind zu ihrem Erfüllungsbetrag[2] [...] anzusetzen.

Wie die **Anschaffungs-** oder **Herstellungskosten** zu berechnen sind, ist im HGB grundlegend beschrieben:

> §§
>
> **Anschaffungskosten nach § 255 Abs. 1 HGB**
> Anschaffungskosten sind die Aufwendungen, die geleistet werden, um einen Vermögensgegenstand zu erwerben und ihn in einen betriebsbereiten Zustand zu versetzen, soweit sie dem Vermögensgegenstand einzeln zugeordnet werden können. Zu den Anschaffungskosten gehören auch die Nebenkosten sowie die nachträglichen Anschaffungskosten. Anschaffungspreisminderungen sind abzusetzen.

Berechnung der Anschaffungskosten	Beispiele
Anschaffungspreis	Zieleinkaufspreis einer Anlage
+ Nebenkosten	Bezugskosten, Kosten für Fundament und Montage, Grunderwerbsteuer, Gebühren für Fahrzeugzulassung, Makler, Notar
+ nachträgliche Anschaffungskosten	Zubehörteile für Fahrzeuge und Maschinen, Kosten für Umbauten, bei Grundstücken Kosten der Erschließung
– Anschaffungspreisminderungen	Skonti, nachträgliche Gutschriften
= zu aktivierende Anschaffungskosten	

---

1 Eine Ausnahme bilden kurzfristige Währungsverbindlichkeiten; vgl. Seite 404.
2 „Erfüllungsbetrag" ist bei zukünftigen Geldleistungen mit dem früher verwendeten Begriff „Rückzahlungsbetrag" gleichzusetzen.

Herstellungskosten nach § 255 Abs. 2 HGB

Herstellungskosten sind die Aufwendungen, die durch den Verbrauch von Gütern und die Inanspruchnahme von Diensten für die Herstellung eines Vermögensgegenstandes, seine Erweiterung oder für eine über seinen ursprünglichen Zustand hinausgehende wesentliche Verbesserung entstehen. Dazu gehören die Materialkosten, die Fertigungskosten und die Sonderkosten der Fertigung sowie angemessene Teile der Materialgemein- kosten, der Fertigungsgemeinkosten und des Werteverzehrs des Anlagevermögens. [...]. Bei der Berechnung der Herstellungs- kosten dürfen angemessene Teile der Kos- ten der allgemeinen Verwaltung sowie ange- messene Aufwendungen für soziale Einrich- tungen des Betriebs [...] einbezogen werden. Forschungs- und Vertriebskosten dürfen nicht in die Herstellungskosten einbezogen werden.

Berechnung der Herstellungskosten	Beispiele
Materialkosten	Einzelkosten für Roh- und Hilfsstoffe
+ Fertigungskosten	Einzelkosten für Löhne und Lohnneben- kosten
+ Sonderkosten der Fertigung	Sondereinzelkosten der Fertigung, z. B. Spezialwerkzeuge, Gießmodelle, Formen
+ Materialgemeinkosten	Zuschlagssatz für Materialgemeinkosten laut BAB auf die Materialeinzelkosten (einschl. anteiliger bilanzmäßiger Abschrei- bungen)
+ Fertigungsgemeinkosten	Zuschlagssatz für Fertigungsgemeinkosten laut BAB auf die Fertigungslöhne (einschl. anteil. ger bilanzmäßiger Abschreibungen)
= **Untergrenze** der Herstellungskosten	
+ Kosten der allgemeinen Verwaltung	Zuschlagssatz für Verwaltungsgemein- kosten laut BAB auf die Herstellungskosten
+ angemessene Aufwendungen für soziale Einrichtungen	
= **Obergrenze** der Herstellungskosten	

Beim Wertansatz für die Herstellungskosten nach HGB hat der Unternehmer das Wahlrecht zwischen der Untergrenze und der Obergrenze (= Vollkostenansatz). Seine Entscheidung wird er davon abhängig machen, welche Politik er mit dem entsprechenden Bilanzansatz verfolgt: Hoher Ansatz = größeres Ver- mögen und höherer Gewinnausweis; in den Folgejahren entsprechend höhere Abschreibungen, und um- gekehrt.
Der Wertansatz für die Herstellungskosten nach EStG entspricht demjenigen nach HGB.

Den Rahmen für das Vorsichtsprinzip bilden die „**Allgemeinen Bewertungsgrund- sätze**" nach den §§ 240, 252 HGB:

Allgemeine Bewertungs- grundsätze

■ Grundsatz der **Einzelbewertung** der Vermögensgegenstände und Schulden

§§	
§ 240 Abs. 1 HGB Jeder Kaufmann hat [...] seine Grundstücke, seine Forde- rungen und Schulden, den Betrag seines baren Geldes sowie seine sonstigen Vermögensgegenstände genau zu verzeichnen und dabei den Wert der einzelnen Vermö- gensgegenstände und Schulden anzugeben.	**§ 252 Abs. 1 Satz 3 HGB** Die Vermögensgegenstände und Schulden sind zum Abschlussstichtag einzeln zu bewerten.

■ Grundsatz der **Durchschnittsbewertung** beweglicher Vermögensgegenstände

§§	
§ 240 Abs. 4 HGB Gleichartige Vermögensgegenstände des Vorratsvermö- gens sowie andere gleichartige oder annähernd gleichwer-	tige bewegliche Vermögensgegenstände und Schulden können jeweils zu einer Gruppe zusammengefasst und mit dem gewogenen Durchschnittswert angesetzt werden.

■ Anwendung von **Bewertungsvereinfachungsverfahren**

§§

§ 256 HGB
Soweit es den Grundsätzen ordnungsmäßiger Buchführung entspricht, kann für den Wertansatz gleichartiger Vermögensgegenstände des Vorratsvermögens unterstellt werden, dass die zuerst oder dass die zuletzt angeschafften oder hergestellten Vermögensgegenstände zuerst verbraucht oder veräußert worden sind.

§ 6 Abs. 1 Satz 2 a EStG
Steuerpflichtige, die den Gewinn nach § 5 ermitteln (= buchführungspflichtige Kaufleute, Anm. d. Verf.), können für den Wertansatz gleichartiger Wirtschaftsgüter des Vorratsvermögens unterstellen, dass die zuletzt angeschafften oder hergestellten Wirtschaftsgüter zuerst verbraucht oder veräußert worden sind, soweit dies den handelsrechtlichen Grundsätzen ordnungsmäßiger Buchführung entspricht.

Nach HGB sind also Lifo- und Fifo-Verfahren zugelassen, nach EStG nur das Lifo-Verfahren.

■ Grundsatz des **Festwert**prinzips

§§

§ 240 Abs. 3 HGB
Vermögensgegenstände des Sachanlagevermögens sowie Roh-, Hilfs- und Betriebsstoffe können, wenn sie regelmäßig ersetzt werden und ihr Gesamtwert für das Unternehmen von nachrangiger Bedeutung ist, mit einer gleichbleibenden Menge und einem gleichbleibenden Wert angesetzt werden, sofern ihr Bestand in seiner Größe, seinem Wert und seiner Zusammensetzung nur geringen Veränderungen unterliegt. [...].

■ Grundsatz der **vorsichtigen Bewertung**

§§

§ 252 Abs. 1 Satz 4 HGB
Es ist vorsichtig zu bewerten, namentlich sind alle vorhersehbaren Risiken und Verluste, die bis zum Abschlussstichtag entstanden sind, zu berücksichtigen, selbst wenn diese erst zwischen dem Abschlussstichtag und dem Tag der Aufstellung des Jahresabschlusses bekannt geworden sind [...].

■ Grundsatz der **Imparität** (Ungleichbehandlung) von Gewinnen und Verlusten

§§

§ 252 Abs. 1 Satz 4 letzter Satz HGB
[...] Gewinne sind nur zu berücksichtigen, wenn sie am Abschlussstichtag realisiert sind.

In diesem Grundsatz – in Verbindung mit § 253 Abs. 1 HGB – dokumentiert sich das Vorsichtsprinzip besonders deutlich:
– Nicht realisierte Gewinne dürfen nicht ausgewiesen werden.
– Nicht realisierte Verluste müssen ausgewiesen werden.
Eine Ausnahme gestattet § 256 a HGB für kurzfristige Verbindlichkeiten und Forderungen in Fremdwährungen.

■ Grundsatz der **Bewertungsstetigkeit**

§§

§ 252 Abs. 1 Satz 6 HGB
Die auf den vorhergehenden Jahresabschluss angewandten Bewertungsmethoden sind beizubehalten.

■ Grundsatz der **Bilanzkontinuität**

§§

§ 252 Abs. 1 Satz 1 HGB
Die Wertansätze in der Eröffnungsbilanz des Geschäftsjahres müssen mit denen der Schlussbilanz des vorhergehenden Geschäftsjahres übereinstimmen.

■ Grundsatz der **Fortführung der Unternehmenstätigkeit**

> **§§**
>
> **§ 252 Abs. 1 Satz 2 HGB**
> Bei der Bewertung ist von der Fortführung der Unternehmenstätigkeit auszugehen, sofern dem nicht tatsächliche oder rechtliche Gegebenheiten entgegenstehen.

Vorsichtsprinzip	
Bewertung des Vermögens	**Bewertung der Schulden**
Obergrenzen: 　**Anschaffungskosten** (AK) bzw. 　**Herstellungskosten** (HK) – Abschreibungen 　(vgl. § 253 HGB) oder: 　**Festwert** (FW) 　**Durchschnittswert** (DW)	**Untergrenze:** 　**Erfüllungsbetrag** (EB) 　(vgl. § 253 Abs. 1 HGB)
Vergleichswert für die Obergrenzen ist der **Tageswert** (TW) am Bilanzstichtag.	Vergleichswert für die Untergrenze ist der **Tageswert** (TW) am Bilanzstichtag.
Vergleich AK (HK, FW, DW) mit TW 　**AK > TW → TW** (Niederstwert) 　**TW > AK → AK** (Niederstwert)	**Vergleich** RB mit TW 　**EB > TW → EB** (Höchstwert) 　**TW > EB → TW** (Höchstwert)
Dieses sogenannte **strenge Niederstwertprinzip** gilt ohne Ausnahme für Gegenstände des Umlaufvermögens (vgl. § 253 Abs. 4 HGB). Für Gegenstände des Anlagevermögens gilt es uneingeschränkt dann, wenn eine **dauernde** Wertminderung vorliegt (vgl. § 253 Abs. 3 Satz 3 HGB). Alle Unternehmen unterliegen bei **vorübergehender** Wertminderung dem strengen Niederstwertprinzip, d. h., sie müssen den Buchwert auf einen höheren Wert (höchstens AK/HK) zuschreiben, falls der Grund für die Wertminderung in einem späteren Geschäftsjahr wegfällt (§ 253 Abs. 5 HGB). Lediglich der niedrigere Wertansatz eines entgeltlich erworbenen Geschäfts- oder Firmenwertes ist beizubehalten. Für alle Unternehmensformen gilt: In der dem Finanzamt vorzulegenden Steuerbilanz muss bei Wegfall der Wertminderung wieder zugeschrieben werden (= sogenanntes Wertaufholungsgebot), vgl. § 6 EStG. Die Anwendung dieses Prinzips führt zu **stillen Reserven** (= nicht realisierte Gewinne).	Dieses **Höchstwertprinzip** gilt uneingeschränkt. Ausnahme: Verbindlichkeiten in Fremdwährungen mit einer Restlaufzeit bis zu einem Jahr. **Beispiel:** Eingangsrechnung vom 22.12.01 über 15.000,00 US-$ Devisenkassamittelkurs am 22.12.01 = 1,4445 US-$ a)　Devisenkassamittelkurs am 31.12.01 　= 1,4225 US-$ Die Verbindlichkeit ist in € zum Kurs von **1,4225** US-$ zu bewerten! b)　Devisenkassamittelkurs am 31.12.01 　= 1,4585 US-$ Die Verbindlichkeit ist in € zum Kurs von **1,4585** US-$ zu bewerten. Diese Regelung führt dazu, dass das Imparitätsprinzip durchbrochen wird. Es kommt bei fallenden Kursen zum Ausweis nicht realisierter Gewinne.

Übersicht

Je nachdem, ob die Gegenstände des Anlagevermögens abnutzbar sind oder nicht, fällt die Bewertung unterschiedlich aus. Bei der Anschaffung werden sie grundsätzlich mit ihren Anschaffungs- oder Herstellungskosten aktiviert.

Bewertung des Anlagevermögens

Gegenstände des abnutzbaren Anlagevermögens (z. B. Gebäude, technische Anlagen, Fahrzeuge, Büroausstattung) haben eine zeitlich begrenzte Nutzungsdauer, die in den Abschreibungstabellen des Wirtschafts-'Finanzministeriums[1] verankert sind.

---

1 Abschreibungstabellen finden Sie auch im Internet unter dem Suchbegriff AfA-Tabellen.

Auszug aus der AfA-Tabelle für nicht branchengebundene Anlagegüter		
Anlagegegenstand	Nutzungsdauer in Jahren	Lineare AfA in Prozent
Betriebs- und Verwaltungsgebäude	25 – 33	4 – 3
Regallager	15	6,66
Personenkraftwagen	6	16,66
Lastkraftwagen, Sattelschlepper	9	11,11
Be- und Verarbeitungsmaschinen	10 – 16	10 – 6,25
Büromöbel	12	8,33
Büromaschinen und Organisationsmittel	5 – 10	20 – 10
Bürocomputer	3	33,33

Planmäßige Abschreibung

Die Gegenstände des abnutzbaren Anlagevermögens müssen **planmäßig** nach vorgegebenen Verfahren abgeschrieben werden. Das **HGB** lässt folgende Verfahren zu (vgl. § 253 HGB):

- lineare Abschreibung
- degressive Abschreibung
- degressive Abschreibung mit Übergang zur linearen Restabschreibung
- Abschreibung nach Leistungseinheiten

Beispiele zur linearen und zur degressiven Abschreibung finden Sie im Erarbeitungsteil. Im Folgenden zeigen wir je ein Beispiel für die degressive Abschreibung mit Übergang zur linearen Restabschreibung und zur Abschreibung nach Leistungseinheiten.

Beispiel zur degressiven Abschreibung mit Übergang zur linearen Restabschreibung

Die Heidtkötter KG schafft im Januar 01 eine Drehmaschine an. Die Anschaffungskosten für diese Maschine betragen 120.000,00 €. Nach AfA-Tabelle ist eine Nutzungsdauer von 10 Jahren zugrunde zu legen. Die Abschreibung wird degressiv mit dem 2,5-Fachen der linearen Abschreibung – höchstens 25 % – geplant.[1] Es soll zum vorteilhaften Zeitpunkt zur linearen Restabschreibung gewechselt werden.

Abschreibungsplan[2]	Degressive AfA: 25 % (linearer AfA-Satz = 10 %, davon das 2,5-Fache = 25 %)	Übergang zur linearen Restabschreibung
Anschaffungskosten Jan. 01 AfA 01	120.000,00 € 30.000,00 €	**Berechnung:**
Buchwert Dez. 01 AfA 02	90.000,00 € 27.000,00 €	$i = \left(n - \dfrac{100}{p}\right) + 1$
Buchwert Dez. 02 AfA 03	63.000,00 € 15.750,00 €	i = Übergangsjahr n = Nutzungsdauer
Buchwert Dez. 03 AfA 04	47.250,00 € 11.812,50 €	p = AfA-Satz
Buchwert Dez. 04 AfA 05	35.437,50 € 8.859,38 €	Nach dieser Rechnung wäre der Übergang im 7. Jahr sinnvoll, da dann die
Buchwert Dez. 05 AfA 06	26.578,12 € 6.644,53 €	lineare Rest-AfA mindestens so hoch ist wie die degressive Jahres-AfA.
Buchwert Dez. 06 AfA 07	19.933,59 € 4.983,40 €	19.933,59 : 4 Restjahre = 4.983,40 €
Buchwert Dez. 07 AfA 08	14.950,19 €	14.950,19 € 4.983,40 €
Buchwert Dez. 08 AfA 09		9.966,79 € 4.983,40 €
Buchwert Dez. 09 AfA 10		4.983,39 € 4.983,39 €
Buchwert Dez. 10		0,00 €

---

1 Nach **EStG** dürfen in 2011 getätigte Anschaffungen nicht degressiv abgeschrieben werden.
2 In diesem Lernbuch bedeuten die Ziffern „00" = Vorjahr, „01" = 1. Jahr, „02" = 2. Jahr usw.

Beispiel zur Abschreibung nach Leistungseinheiten

Dieses Abschreibungsverfahren kann eingesetzt werden, wenn

■ die Leistung des Anlagegegenstandes mengenmäßig festlegbar ist (z. B. gefahrene Kilometer, Maschinenstunden),

■ die Leistung über die Jahre Schwankungen unterworfen ist,

■ die Leistung den jeweiligen Jahren genau zugeordnet werden soll.

Für die Drehmaschine aus dem oben gezeigten Beispiel wird eine durchschnittliche Jahresleistung von 2 000 Maschinenstunden zugrunde gelegt.

Dann würde diese Maschine eine Gesamtleistung von 20 000 Maschinenstunden in 10 Jahren erbringen. Jede Maschinenstunde müsste dann mit dem Betrag von 120.000,00 € : 20 000 Stunden = **6,00 €** abgeschrieben werden. Für die ersten 3 Jahre sollen folgende Jahres-Maschinenstunden nachgewiesen worden sein:

1. Jahr 1 900 Stunden
2. Jahr 2 100 Stunden
3. Jahr 1 600 Stunden

Abschreibungsplan	Abschreibung nach Leistungseinheiten
Anschaffungskosten Januar 01	120.000,00 €
Leistungs-AfA 01: 6,00 € · 1 900 Stunden	11.400,00 €
Buchwert Dezember 01	108.600,00 €
Leistungs-AfA 02: 6,00 € · 2 100 Stunden	12.600,00 €
Buchwert Dezember 02	96.000,00 €
Leistungs-AfA 03: 6,00 € · 1 600 Stunden	9.600,00 €
Buchwert Dezember 03	86.400,00 €
Leistungs-AfA 04: ...	

Im **Abschreibungsplan** sind enthalten:

■ Anschaffungs- oder Herstellungskosten
■ Nutzungsdauer
■ Abschreibungsverfahren/Abschreibungsprozentsatz
■ fortgeführte Anschaffungs-/Herstellungskosten

Zusätzlich zur planmäßigen Abschreibung verlangt das HGB die **außerplanmäßige Abschreibung** dann, wenn durch einen ungewöhnlichen Vorgang (z. B. Schadensfall durch Brand oder Unfall) eine dauernde Wertminderung eintritt, die größer ist als die planmäßige Abschreibung. In diesem Fall ist zusätzlich zur planmäßigen Abschreibung eine außerplanmäßige Abschreibung auf den niedrigeren Tageswert vorzunehmen.

Außerplanmäßige Abschreibung

Beispiel zur außerplanmäßigen Abschreibung

Nach dem Abschreibungsplan hat eine Maschinenanlage zum 01.01.01 fortgeführte Anschaffungskosten (= Restbuchwert) von 85.000,00 €. Im Jahr 01 wird sie planmäßig mit 20.000,00 € abgeschrieben. Während des Geschäftsjahres 01 verliert die Maschinenanlage aufgrund des technischen Fortschrittes deutlich an Wert; ihr Tageswert am 31.12.01 wird mit 40.000,00 € bewertet.

fortgeführte Anschaffungskosten am 01.01.01	85.000,00 €
− planmäßige Abschreibung am 31.12.01	20.000,00 €
− außerplanmäßige Abschreibung am 31.12.01	25.000,00 €
= fortgeführte Anschaffungskosten am 31.12.01	40.000,00 €

Steuerrechtliche Abschreibungsregelungen

Unternehmenssteuerreform (2008) und Wachstumsbeschleunigungsgesetz (2009) haben u. a. Auswirkungen darauf, wie Abschreibungen auf das abnutzbare Anlagevermögen in der Steuerbilanz gestaltet werden können. Dies betrifft vor allem die degressive Abschreibung, die in den zurückliegenden Jahren wie folgt im Einkommensteuergesetz (§ 7 EStG) verankert war:

Anschaffungs- bzw. Herstellungsjahr	Vielfache der linearen AfA	Höchstsatz
01.01.2001 – 31.12.2005	das Doppelte der linearen AfA	20 %
01.01.2006 – 31.12.2007	das Dreifache der linearen AfA	30 %
01.01.2008 – 31.12.2008	Abschaffung der degressiven AfA	
01.01.2009 – 31.12.2010	das Zweieinhalbfache der linearen AfA	25 %
ab 01.01.2011	Abschaffung der degressiven AfA	

Damit ist für alle im Jahr 2011 angeschafften beweglichen und abnutzbaren Wirtschaftsgüter in der Steuerbilanz das Wahlrecht zwischen der linearen und der degressiven Abschreibung aufgehoben worden. Die degressive Abschreibung kann in betriebswirtschaftlich begründeten Fällen in der Handelsbilanz angewandt werden. Dies ist u. a. ein Grund dafür, dass Wertansätze in der Handelsbilanz und in der Steuerbilanz auseinanderdriften. Das führt dazu, dass zum Jahresabschluss zwei Bilanzen aufgestellt werden müssen oder dass der Unternehmer alle vom Handelsrecht abweichenden steuerlichen Bewertungen in einem besonderen Verzeichnis auflisten muss.

Behandlung geringwertiger Wirtschaftsgüter

Geringwertige Wirtschaftsgüter können in einem nicht unerheblichen Maß dazu beitragen, den Gewinn zu beeinflussen bzw. stille Rücklagen zu bilden. Geringwertige Wirtschaftsgüter werden in § 6 EStG als abnutzbare, bewegliche und selbständig nutzbare Wirtschaftsgüter beschrieben, die den Wert von 410,00 € (§ 6 Abs. 2 EStG) bzw. 1.000,00 € (§ 6 Abs. 2 a EStG) nicht übersteigen. Zur Behandlung geringwertiger Wirtschaftsgüter im Jahresabschluss eröffnet das EStG dem Unternehmen zwei Möglichkeiten, die er **alternativ** für jeweils ein Geschäftsjahr wählen kann:

■ Entscheidet er sich für § 6 Abs. 2 EStG, dann kann er alle Wirtschaftgüter, deren Wert für das einzelne Gut 410,00 € (ohne Umsatzsteuer) nicht übersteigen, im Jahr der Anschaffung voll abschreiben.

■ Entscheidet er sich für § 6 Abs. 2 a EStG, dann kann er alle Wirtschaftsgüter, deren Wert für das einzelne Gut 150,00 € (ohne Umsatzsteuer) nicht übersteigen, im Jahr der Anschaffung voll abschreiben. Liegt der Wert über 150,00 € und übersteigt er 1.000,00 € nicht, so muss er die Wirtschaftsgüter in einen GWG-Sammelposten buchen und 5 Jahre lang mit jährlich 20 % linear abschreiben.

Während dieser Zeit bleibt der Pool mengenmäßig unverändert. Für die Abschreibung spielt es also keine Rolle, ob vor Ablauf dieser Zeit Wirtschaftsgüter aus dem Sammelposten ausscheiden (z. B. durch Verkauf). Die Poolabschreibung durchbricht das Prinzip der Einzelbewertung und der Periodenabgrenzung bei abnutzbaren Wirtschaftsgütern. Sie führt dazu, dass der Erlös aus dem vorzeitigen Verkauf eines Wirtschaftsgutes im Jahr des Verkaufs in voller Höhe in den Gewinn fließt und somit zu versteuern ist, während die Abschreibung erst in späteren Jahren erfolgsmindernd geltend gemacht werden kann.

Wirtschaftsgüter mit einem höheren Wert als 1.000,00 € sind planmäßig abzuschreiben.

Beispiel

Im Geschäftsjahr 01 schafft ein Unternehmen Büromöbel, Kleingeräte und elektronische Messwerkzeuge im Gesamtwert von 50.000,00 € an. Die Einzelwerte aller

Geräte/Werkzeuge liegen zwischen 150,00 € und 1.000,00 €, sodass der Gesamtwert aller Geräte und Werkzeuge einem jahresbezogenen Abschreibungspool zugeführt werden kann. Dieser Wert ist fünf Jahre lang gleichmäßig abzuschreiben. Daraus ergibt sich ein jährlicher Abschreibungsbetrag von 10.000,00 €.

Zu Beginn des Jahres 02 werden aus dem Pool drei elektronische Messschieber für insgesamt 1.800,00 € verkauft. Die Anschaffungskosten zu Beginn des Geschäftsjahres 01 betrugen 800,00 € je Messschieber.

Buchung der Abschreibung zum Ende des Geschäftsjahres 01:	Soll	Haben
Abschr. auf GWG-Sammelposten	10.000,00 €	
an GWG-Sammelposten		10.000,00 €

Buchung beim Verkauf der vorzeitig ausgeschiedenen Messschieber:	Soll	Haben
Bank	2.142,00 €	
an GWG-Sammelposten		1.800,00 €
an Umsatzsteuer		342,00 €

Buchung der Abschreibung zum Ende des Geschäftsjahres 02:	Soll	Haben
Abschr. auf GWG-Sammelposten	10.000,00 €	
an GWG-Sammelposten		10.000,00 €

Nach Steuerrecht sind auch außerplanmäßige Abschreibung zulässig; sie heißen dort „Absetzung für außergewöhnliche technische oder wirtschaftliche Abnutzung" (vgl. § 7 Abs. 2 EStG).

Für **Gegenstände des nicht abnutzbaren Anlagevermögens** (z. B. Grundstücke, Wertpapiere des Anlagevermögens) gilt, dass sie höchstens zu **Anschaffungskosten** angesetzt werden dürfen. Sofern ihr Wert **dauerhaft** unter die Anschaffungskosten sinkt, müssen sie **außerplanmäßig** auf den **niedrigeren Tageswert** abgeschrieben werden.

Bei Gegenständen des abnutzbaren und nicht abnutzbaren Anlagevermögens darf ein niedrigerer Wert aufgrund außerplanmäßiger Abschreibung nicht beibehalten werden, wenn der Grund für die außerplanmäßige Abschreibung entfällt (§ 6 Abs. 1 EStG).

Beispiel 1

Ein zum Betriebsvermögen gehörendes Grundstück steht mit 145.000,00 € Anschaffungskosten in der Bilanz. Im Geschäftsjahr 01 zeigt eine Bodenuntersuchung Belastungen mit Schadstoffen. Eine Neubewertung auf 95.000,00 € ist erforderlich.

Bilanzansatz zu Anschaffungskosten am 01.01.01	145.000,00 €
– außerplanmäßige Abschreibung	50.000,00 €
Tageswert am 31.12.01	95.000,00 €

Beispiel 2

Im Folgejahr wird das Grundstück saniert; außerdem erschließt die Gemeinde das umliegende Gelände für Gewerbezwecke und baut u. a. eine Anbindungsstraße an die nahe gelegene Autobahn. Für das Grundstück liegen Kaufangebote über 180.000,00 € vor.

In diesem Fall muss der Unternehmer eine Wertaufholung bis zu den Anschaffungskosten (= 145.000,00 €) vornehmen. Eine höhere Bewertung ist ausgeschlossen, da noch keine Gewinnrealisierung vorliegt.

Bewertung des Umlaufvermögens

Die **Gegenstände des Umlaufvermögens** sind nach dem strengen Niederstwertprinzip zu bewerten[1], d. h.:

■ Höchster Wertansatz sind die Anschaffungs- oder Herstellungskosten.

■ Liegt der Tageswert am Bilanzstichtag unter den Anschaffungs-/Herstellungskosten, so ist der niedrigere Tageswert zu nehmen; vgl. § 253 Abs. 4 HGB: „Bei Vermögensgegenständen des Umlaufvermögens sind Abschreibungen vorzunehmen, um diese mit dem niedrigeren Wert anzusetzen, der sich aus einem Börsen- oder Marktpreis am Abschlussstichtag ergibt."

■ Fällt zu einem späteren Zeitpunkt der Grund für den niedrigeren Wertansatz weg, so
   – müssen alle Unternehmen in ihrer **Handelsbilanz** eine Wertaufholung vornehmen (§ 253 Abs. 5 HGB),
   – müssen alle buchführungspflichtigen Unternehmer in ihren **Steuerbilanzen** eine Wertaufholung vornehmen.

Im Folgenden werden wir darstellen, wie einzelne Posten des Umlaufvermögens zu bewerten sind. Wir gehen dabei so vor, dass wir uns an die Reihenfolge halten, in der die Vermögensposten in der Bilanz aufgeführt werden (vgl. Gliederungsvorschriften in § 266 HGB).

Bewertung der Vorräte

Für die Bewertung der **Gegenstände des Vorratsvermögens** (= Rohstoffe, Hilfsstoffe, Betriebsstoffe, Vorprodukte/Fremdbauteile, Handelswaren, fertige Erzeugnisse, unfertige Erzeugnisse) gelten die oben erläuterten Grundsätze gemäß den §§ 240, 256 HGB.

Grundlage der Bewertung ist die **mengenmäßige Erfassung der Vorräte** in einer **körperlichen Inventur,** die entweder als Stichtagsinventur oder als vor-/nachverlegte Inventur oder als permanente Inventur vorzunehmen ist (vgl. hierzu die Ausführungen im ersten Band, LF 3).

Der mengenmäßigen Erfassung schließt sich die Bewertung an. Die Besonderheit liegt hier darin, dass das HGB für die Vorräte vom Grundsatz der Einzelbewertung abweicht.

Aus praktischen Erwägungen heraus werden

■ die Bewertung zum **Festwert,**

■ die Zusammenfassung zu Gruppen und deren Bewertung zum **Durchschnittswert,**

■ die Bewertung des Endbestandes nach einer bestimmten **Verbrauchsfolge**

zugelassen.

Festwert

Abweichend vom tatsächlich vorhandenen Endbestand und vom Anschaffungs- bzw. Tageswert kann ein Werkstoff mit einer „gleichbleibenden Menge und einem gleichbleibenden Wert angesetzt werden" (§ 240 Abs. 3 HGB), wenn folgende Voraussetzungen erfüllt sind:

■ regelmäßiger Ersatz (= konstanter Verbrauch),

■ geringer Wert (im Verhältnis zu den anderen Vermögensgegenständen),

■ geringe Veränderung in Größe, Wert und Zusammensetzung,

■ alle drei Jahre körperliche Inventur.

---

1   Eine Ausnahme bilden die auf fremde Währung lautenden kurzfristigen Forderungen; sie sind zum aktuellen Devisenkassamittelkurs zu bewerten (vgl. auch Aussagen auf Seite 404).

Beispiel

Die Heidtkötter KG bewertet Schweißelektroden im Posten Betriebsstoffe mit dem Festwert von 5.500,00 €. Auf diesen Vermögenswert treffen die Festwerteigenschaften zu.

Die Durchschnittsbewertung nach § 240 Abs. 4 HGB erleichtert die Inventur- und Bewertungsarbeit überall dort erheblich, wo viele **gleichartige** Vermögensgegenstände vorrätig gehalten werden, indem diese Gegenstände

Durchschnitts-bewertung

- zu Gruppen zusammengefasst und
- mit dem gewogenen Durchschnittswert angesetzt werden können.

Beispiel

Die Heidtkötter KG verwendet bauähnliche Tischgestelle für Klapptische von drei Herstellern. Für die Bewertung fasst sie diese Gestelle zu einer Gruppe zusammen und rechnet den Wertansatz wie folgt aus:

Datum	Tischgestelle	Bestand/Zugang in Stück	Durchschnitt/ Anschaffungskosten je Einheit	Gesamtwert
01.01.01	Anfangsbestand (Gruppe)	2 400	34,55 €	82.920,00 €
15.03.01	Zugang Hersteller C	4 500	36,20 €	162.900,00 €
20.06.01	Zugang Hersteller Z	6 200	35,60 €	220.720,00 €
05.09.01	Zugang Hersteller D	5 800	37,45 €	217.210,00 €
14.11.01	Zugang Hersteller C	8 300	34,80 €	288.840,00 €
31.12.01	Gesamtmenge/-wert	27 200		972.590,00 €
31.12.01	**Endbestand lt. Inventur**	**3 100**	**35,757 €**	**110.847,00 €**
31.12.01	**Tageswert**	**3 100**	**35,20 €**	**109.120,00 €**
31.12.01	**Nach dem Niederstwertprinzip sind die Tischgestelle zu bewerten mit**			**109.120,00 €**

$$\text{Gewogener Durchschnitt} = \frac{\text{Gesamtwert}}{\text{Gesamtmenge}}$$

$$= \frac{972.590,00\ €}{27\ 200\ \text{Stück}} = 35,757\ €/\text{Stück}$$

Bei gleichartigen Gegenständen des Vorratsvermögens, die zu unterschiedlichen Zeiten in unterschiedlichen Mengen eingelagert und schrittweise wieder entnommen werden, ist es in der Praxis nicht oder nur mit hohem Arbeitsaufwand möglich, exakt festzuhalten, aus welchen Lieferungen genau der Endbestand herrührt. Die Regelungen in § 256 HGB erlauben deshalb, in diesem Fällen eine **bestimmte Verbrauchsfolge** zu unterstellen; denkbare Verbrauchsfolgen sind:

Bewertung nach Verbrauchsfolgen

| **Lifo-Methode** | last in | – first out | Der zuletzt eingelagerte Werkstoff wird zuerst entnommen. |
| **Fifo-Methode** | first in | – first out | Der zuerst eingelagerte Werkstoff wird zuerst entnommen. |

In Handelsbilanzen nach HGB finden die Lifo- oder die Fifo-Methode Anwendung. Nach EStG ist für die Steuerbilanz nur die Lifo-Methode zulässig.

Beispiel

Das oben gezeigte Beispiel soll nach der Lifo-Methode durchgerechnet werden:

Datum	Tischgestelle	Bestand/Zugang in Stück	Anschaffungskosten je Einheit
01.01.01	Anfangsbestand	2 400	34,55 €
15.03.01	Zugang Hersteller C	4 500	36,20 €
20.06.01	Zugang Hersteller Z	6 200	35,60 €
05.09.01	Zugang Hersteller D	5 800	37,45 €
14.11.01	Zugang Hersteller C	8 300	34,80 €
31.12.01	**Endbestand lt. Inventur**	**3 100**	

Bei einem Endbestand von 3 100 Stück sind unter Anwendung der Lifo-Methode die jeweils zuletzt eingelagerten Vorräte entnommen worden. Verblieben sind dann der Anfangsbestand und ein Restbestand von 700 Stück aus der ersten Lieferung am 15.03.01, also ist zu rechnen:

	2 400 Stück zu 34,55 € haben einen Wert von	82.920,00 €
+	700 Stück zu 36,20 € haben einen Wert von	25.340,00 €
=	3 100 Stück Endbestand haben einen Wert von	**108.260,00 €**

Der **Tageswert** von 35,20 € je Gestell führt zu einem Wertansatz von **109.120,00 €**. Da der niedrigere Wert anzusetzen ist, müssen in diesem Fall die Gestelle mit 108.260,00 € bewertet werden.

Nach der Fifo-Methode ergibt sich ein Wert von 107.880,00 €.

Anwendung

Im Vergleich mit der Durchschnittsbewertung führen die Bewertungen nach der Lifo-Methode und nach der Fifo-Methode in diesem Beispiel zu niedrigeren Wertansätzen. Das ist darauf zurückzuführen, dass während des Jahres die Einkaufspreise höher lagen als zu Beginn und zum Ende. Allgemein lässt sich festhalten:

- Bei kontinuierlich steigenden Preisen während des Jahres führt die Lifo-Methode im Vergleich mit dem Tageswert zu einem niedrigen Wertansatz.
- Bei kontinuierlich fallenden Preisen liegt der Wertansatz nach der Lifo-Methode über dem Wertansatz nach dem Tageswert.
- Bei kontinuierlich steigenden Preisen während des Jahres führt die Fifo-Methode im Vergleich mit dem Tageswert zu einem zu hohen Wertansatz.
- Bei kontinuierlich fallenden Preisen liegt der Wertansatz nach der Fifo-Methode unter dem Wertansatz nach dem Tageswert.

Inventur-differenzen

Eine gut organisierte Lagerbuchhaltung zeigt die mengenmäßigen Bewegungen der Vorräte, sie zeichnet die Anfangsbestände, die Zugänge und die Abgänge auf und gibt jederzeit die **buchmäßigen Bestände** an.

Zum Abschlussstichtag werden über eine körperliche Inventur die **tatsächlichen Vorratsbestände** ermittelt.

Es ist durchaus nicht ungewöhnlich, dass Buchbestände und Inventurbestände Differenzen aufweisen:

- Auf der Lagerkarte ist eine Eintragung vergessen worden (Belegbuchung fehlt).
- Bei der Materialausgabe ist versehentlich zu viel oder zu wenig Material ausgegeben worden.
- Es wurde versehentlich auf eine falsche Lagerkarte gebucht.
- Es kommt zu Materialzerstörung und Diebstahl.

- Bei Vorräten wurde nicht das Niederstwertprinzip beachtet.
- Bei der Kasse passiert es, dass zu viel oder zu wenig Wechselgeld herausgegeben wurde.

Solche **Inventurdifferenzen** sind am Jahresende zu bereinigen, d. h., die Buchbestände sind auf die Inventurbestände hin zu korrigieren.

Beispiel 1

Die Heidtkötter KG hat einen Eigenbeleg über folgende Inventurdifferenz angelegt:

Eigenbeleg: über eine nicht aufgeklärte **Differenz** bei **Tischgestellen**		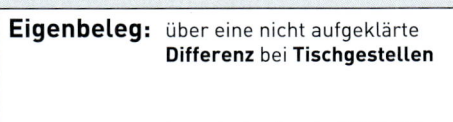
		Heidtkötter KG, Bielefeld
Inventurbestand	3 100 Stück zu je 35,20 € =	109.120,00 €
Buchbestand	3 105 Stück zu je 35,20 € =	109.296,00 €
Inventurdifferenz		176,00 €
festgestellt: 31.12.01 *Hartwig*		

In diesem Fall muss der Vermögensgegenstand mit dem Inventurwert in die Bilanz eingesetzt werden (= 109.120,00 €).

Der Buchbestand ist durch eine Korrekturbuchung auf den Inventurbestand abzustimmen:

	Soll	Haben
6010 Aufwendungen für Vorprodukte/ Fremdbauteile	176,00 €	
an 2010 Vorprodukte/Fremdbauteile		176,00 €

Beispiel 2

Das Kassenprotokoll weist am 31.12.01 einen Inventurbestand von 65.345,65 € aus. Auf dem Kassenkonto ergibt sich ein Saldo von 65.228,40 €; die Differenz lässt sich nicht aufklären.

In diesem Fall ergibt sich ein Kassen**überschuss** von 117,25 €, der durch folgende Buchung ausgeglichen wird:

	Soll	Haben
2880 Kasse	117,25 €	
an 5430 Andere sonstige betriebl. Erträge		117,25 €

Im Falle eines **Kassenfehlbetrages** (Inventurbestand < Buchbestand) ist die Inventurdifferenz über das Konto „6960 Verluste aus dem Abgang von Vermögensgegenständen" auszugleichen.

Forderungen sind für den Unternehmer immer mit einem gewissen Risiko behaftet, das aus der Zahlungsunwilligkeit oder der Zahlungsunfähigkeit der Schuldner herrührt. Durch eine behutsame Auswahl der Kunden sowie eine sorgfältige Überwachung der Forderungen wird der Unternehmer versuchen, das Ausfallrisiko von Forderungen zu minimieren. Dennoch kommen Ausfälle vor.

Bewertung der Forderungen

Beispiel

Während des Geschäftsjahres ereilt den Unternehmer die Nachricht, dass einer seiner Kunden das Insolvenzverfahren beantragt hat. Die bestehende Forderung – nehmen wir an, es handelt sich um 9.520,00 € – wird damit zweifelhaft; sie wird entsprechend aus dem „ordentlichen" Forderungsbestand ausgebucht und dem Konto „2470 Zweifelhafte Forderungen" zugewiesen, um in der Buchführung zu dokumentieren, dass eine Gefährdung vorliegt.

Wenn nun während des Geschäftsjahres das Insolvenzverfahren abgewickelt wird, ergeben sich drei **Fälle:**

1. Das Insolvenzverfahren wird mangels Masse erst gar nicht eröffnet, z. B. decken die vorhandenen Vermögensteile noch nicht einmal die Gerichtskosten. In diesem Fall gilt die Forderung insgesamt als uneinbringlich und wird voll abgeschrieben; die darin enthaltene Umsatzsteuer ist zu berichtigen.
   Die Buchungen dafür lauten:

Abgrenzung der zweifelhaften Forderung zum Zeitpunkt ihrer Entstehung:

	Soll	Haben
2470 Zweifelhafte Forderungen	9.520,00 €	
an 2400 Forderungen a. LL		9.520,00 €

Abschreibung der gesamten Forderung bei Einstellung des Insolvenzverfahrens:

	Soll	Haben
6950 Abschreibungen auf Forderungen	8.000,00 €	
4800 Umsatzsteuer	1.520,00 €	
an 2470 Zweifelhafte Forderungen		9.520,00 €

2. Die Durchführung des Insolvenzverfahrens führt dazu, dass die Forderung teilweise befriedigt wird. Der Insolvenzverwalter überweist noch während des laufenden Geschäftsjahres als Abschlusszahlung 30 % der Forderung = 2.856,00 €. Der Rest der Forderung von 6.664,00 € ist dann uneinbringlich und wird – mit Steuerberichtigung – abgeschrieben:

	Soll	Haben
2800 Bank	2.856,00 €	
6950 Abschreibungen auf Forderungen	5.600,00 €	
4800 Umsatzsteuer	1.064,00 €	
an 2470 Zweifelhafte Forderungen		9.520,00 €

3. Zum Jahresende ist das Insolvenzverfahren noch nicht abgeschlossen. Die zweifelhafte Forderung besteht weiter. Sie muss zum Bilanzstichtag auf ihren wahrscheinlichen Zahlungseingang hin bewertet werden. Hierzu ist es erforderlich, dass der Insolvenzverwalter eine Nachricht übermittelt, aus der der zu erwartende Zahlungseingang hervorgeht. Der Insolvenzverwalter teilt mit, dass eine Abschlusszahlung in Höhe von brutto 2.380,00 € erwartet werden kann.
   Die Zweifelhafte Forderung ist dann mit diesem Betrag (2.380,00 €) zu bewerten. Dieser Betrag wird in der Bilanz den einwandfreien Forderungen zugerechnet. Zweifelhafte Forderungen sollen in der zu veröffentlichenden Bilanz nicht ausgewiesen werden, um den Konkurrenten keinen Einblick in bestehende Zahlungsengpässe zu geben.
   Der Restbetrag wird – ohne Steuerberichtigung! – abgeschrieben:

	Soll	Haben
6950 Abschreibungen auf Forderungen	6.000,00 €	
an 2470 Zweifelhafte Forderungen		6.000,00 €

Aus dem zuvor Beschriebenen lassen sich die drei folgenden Aussagen ableiten:

- Die während des Geschäftsjahres uneinbringlich gewordenen Forderungen werden abgeschrieben und gelangen überhaupt nicht in die Bewertung am Abschlussstichtag.
- Zweifelhafte Forderungen sind zum Bilanzstichtag mit ihrem wahrscheinlichen Wert anzusetzen.
- Einwandfreie Forderungen sind zu ihrem **Nennwert** anzusetzen, mit dem sie in der Buchführung gebucht sind (Konto 2400 Forderungen a. LL).

In der Praxis ist es üblich, das oben gezeigte Verfahren der **direkten Abschreibung uneinbringlicher Forderungen** mit der **Pauschalwertberichtigung auf Forderungen** (kurz **PWB**) zu verbinden, mit der das allgemeine Kreditrisiko aufgefangen wird. Die Pauschalwertberichtigung erspart dem Unternehmer die Mühe, jede einzelne Forderung auf ihre Bonität zu prüfen. Stattdessen schreibt er den gesamten Forderungsbestand – einschließlich der zweifelhaften Forderungen – am Jahresende mit einem geringen Prozentsatz ab, den er aus seinen Erfahrungen früherer Jahre gewinnt. Ein Abschreibungssatz von 2 % bis 3 % wird ohne Weiteres vom Finanzamt anerkannt. Die Pauschalwertberichtigung dient ausschließlich dazu, den Forderungsbestand am Jahresende zu bewerten. Die während des Geschäftsjahres auftretenden Forderungsausfälle berühren die Pauschalwertberichtigung nicht.

Pauschalwertberichtigung

Beispiel

In der Heidtkötter KG besteht zu Beginn des Geschäftsjahres 02 eine Pauschalwertberichtigung aus der Forderungsbewertung des Vorjahres von 28.655,00 €. Sie beträgt 1,5 % des zum 31.12.01 aktuellen Netto-Forderungsbestandes und ist auf dem Passivkonto „3680 Pauschalwertberichtigung zu Forderungen" erfasst.

Am Ende des Geschäftsjahres 02 soll diese Pauschalwertberichtigung dem neuen Forderungsbestand von netto 1.650.000,00 € angepasst werden.

neue Pauschalwertberichtigung	1,5 % von 1.650.000,00 € =	24.750,00 €
vorjährige Pauschalwertberichtigung		28.655,00 €
Herabsetzung der Pauschalwertberichtigung Ende 02		3.905,00 €

	3680 Pauschalwertberichtigung auf Forderung	3.905,00 €	
an	5450 Erträge aus der Herabsetzung der PWB		3.905,00 €

Sollte der Forderungsbestand zum Abschlussstichtag 02 höher sein als im Vorjahr – z. B. netto 2.100.000,00 € –, dann wäre eine entsprechende Heraufsetzung der PWB (hier um 2.845,00 €) erforderlich.

Für den **Bilanzausweis** wird die PWB mit dem Forderungsbestand verrechnet, sodass in der Bilanz nur der niedrigere Betrag der berichtigten Forderungen erscheint:

	Brutto-Forderungsbestand am 31.12.02 (einschließlich der umsatzsteuerfreien innergemeinschaftlichen Lieferungen)	1.838.100,00 €
–	Pauschalwertberichtigung auf Forderungen	24.750,00 €
=	Bilanzansatz der Forderungen	1.813.350,00 €

Bei Verbindlichkeiten gilt, dass sie grundsätzlich zu ihren **Erfüllungsbeträgen** zu bewerten sind (vgl. § 253 Abs. 1 HGB). Im Einzelnen bedeutet das:

Bewertung der Schulden

- Verbindlichkeiten a. LL, Bankschulden und Schuldwechsel werden zu ihrem **Nennwert** angesetzt, mit dem sie in der Buchführung gebucht oder auf den Bankbelegen vermerkt sind.
- Nur in wenigen Fällen besteht bei der Bewertung von Schulden ein Wahlrecht zwischen dem Erfüllungsbetrag und dem Tageswert, wobei sich der Unternehmer dann in der Regel für den **höheren** der beiden entscheiden muss (= Höchstwertprinzip).

  Wahlrechte können auftreten bei:
  - **Währungsverbindlichkeiten**   – **Obligationen** (Anleihen).

Währungsverbindlichkeiten

Währungsverbindlichkeiten entstehen dann, wenn ein heimischer Unternehmer von einem Unternehmen aus einem Land außerhalb der EU Waren kauft und der Verkäufer die Rechnung in ausländischer Währung ausstellt. In diesem Fall rechnet der Käufer den Rechnungsbetrag zum Devisenkassamittelkurs auf Euro um und bucht diesen Euro-Betrag als Verbindlichkeit a. LL. Den Rechnungsbetrag hat er bis zum Fälligkeitstag in Auslandswährung zu überweisen. In der Zeit zwischen dem Buchungstag und dem Zahlungstag kann der Devisenkassamittelkurs schwanken, was dazu führt, dass am Zahlungstag ein höherer oder niedrigerer Euro-Betrag aufzuwenden ist, als am Buchungstag gebucht worden ist. Ein Bewertungsproblem tritt dann auf, wenn zwischen dem Buchungs- und dem Zahlungstag der Jahresabschluss liegt und die Währungsverbindlichkeit zum 31.12. bewertet werden muss.

Nach § 256 a HGB erfolgt die Zugangs- und Folgebewertung einer Währungsverbindlichkeit zum jeweils aktuellen Devisenkassamittelkurs. Zum Abschlussstichtag gilt das Höchstwertprinzip dabei nur für Währungsverbindlichkeiten mit einer Restlaufzeit von mehr als einem Jahr. Kurzfristige Währungsverbindlichkeiten (= Restlaufzeit bis zu einem Jahr) werden am Abschlussstichtag zum aktuellen Devisenkassamittelkurs ohne Beachtung des Höchstwertprinzips bewertet. Das führt gegebenenfalls zum Ausweis von nicht realisierten Gewinnen.

Beispiel

Die Heidtkötter KG hat bei der Industrial Corp., Detroit, Tischplatten bestellt. Die Ware und die Rechnung gehen am 18.12.01 ein. Die Rechnung lautet über 35.700,00 US-$. Bei Rechnungseingang wurde die Rechnung zum Devisenkassamittelkurs von 1,40 (US-$ für 1,00 €) auf Euro umgerechnet und mit 25.500,00 € als Verbindlichkeit a. LL gebucht. Die Rechnung wird erst im Januar des nächsten Jahres bezahlt. Am 31.12.01 notiert der US-$ mit 1,45.

Nennwert der Verbindlichkeit am 18.12.01 zum Kurs von 1,40	25.500,00 €
Tageswert der Verbindlichkeit am 31.12.01 zum Kurs von 1,45	24.620,69 €
Ansatz der Verbindlichkeit zum Tageswert	**24.620,69 €**

In diesem Fall entsteht ein nicht realisierter Gewinn in Höhe von 879,31 €, der wie folgt zu buchen ist:

	Soll	Haben
4400 Verbindlichkeiten a. LL	879,31 €	
an 5430 Andere sonstige betriebl. Erträge		879,31 €

Wäre der Devisenkassamittelkurs am 31.12.01 niedriger als 1,40, z. B. 1,35, so müsste die Verbindlichkeit zum Wert von 26.444,44 € angesetzt werden. In diesem Fall sind in der Buchführung der Rohstoffaufwand und die Verbindlichkeit a. LL um die Differenz von 944,44 € zu erhöhen.

Obligationen

Großunternehmen finanzieren ihre Investitionen entweder über langfristige Bankdarlehen, über die Ausgabe von Aktien oder über die Ausgabe festverzinslicher Wertpapiere mit festen Laufzeiten und festen Verzinsungen, sogenannte Obligationen. Um Investoren Kaufanreize zugeben, werden diese Wertpapiere i. d. R. auf den Markt gegeben

- mit einem **Disagio** (= Abgeld, Ausgabe unter 100 %)
  und/oder
- mit einem **Agio** (= Aufgeld, Rückzahlung über 100 %).

Die Differenz zwischen Ausgabebetrag und Rückzahlungsbetrag wird in der Bilanz als aktive Rechnungsabgrenzung geführt und gleichmäßig über die Laufzeit der Anleihe abgeschrieben.

Beispiel

Die Hunold AG will die Kosten einer neuen Produktionshalle über die Ausgabe einer Anleihe finanzieren. Sie plant zum Jahresbeginn 01 die Ausgabe folgender Anleihe, die eine Laufzeit von 15 Jahren haben soll:

Nennwert der Anleihe	15.000.000,00 €
Ausgabekurs	97 %
Rückzahlungskurs	101 %
Rückzahlungsbetrag	15.150.000,00 €
– Ausgabebetrag	14.550.000,00 €
zu aktivierendes Disagio	600.000,00 €

Die Obligation ist bei der Ausgabe mit 15.150.000,00 € zu bewerten; dies geschieht durch die Buchung:

	Soll	Haben
2800 Bank	14.550.000,00 €	
2930 Disagio	600.000,00 €	
an 4100 Anleihen		15.150.000,00 €

Zum Ende des Geschäftsjahres 01 ist das Disagio zum ersten Mal mit $1/15$ seines Wertes (= 40.000,00 €) abzuschreiben:

	Soll	Haben
7590 Sonst. zinsähnliche Aufwendungen	40.000,00 €	
an 2930 Disagio		40.000,00 €

Bei der Bilanzpolitik geht es darum, gesetzlich zulässige Bilanzierungs-, Bewertungs- und Darstellungsspielräume in der Bilanz so zu nutzen, dass ein positives Bild des Unternehmens für Außenstehende (Outsider) entsteht. Ansatzpunkte hierzu finden sich bei der Bewertung einzelner Bilanzpositionen. Die folgende Übersicht gibt einen systematischen Überblick über die Beeinflussungsmöglichkeiten:

Bilanzpolitik

Materielle Bilanzpolitik	
Bilanzierung	**Bewertung**
Grundsatzentscheidungen: ■ Ist ein Gegenstand bilanzierungsfähig? ■ Besteht für den Gegenstand eine Bilanzierungspflicht oder ein Bilanzierungsverbot? ■ Gibt es für den Gegenstand Bilanzierungswahlrechte?	■ Anschaffungs- oder Herstellungskosten im Rahmen der zulässigen Spielräume ansetzen ■ Nutzungsdauer und Abschreibungsverfahren bei Gegenständen des abnutzbaren Anlagevermögens zur Gewinngestaltung auswählen (z. B. GWG) ■ Verfahren zur Bewertung des Vorratsvermögens im Rahmen des Niederstwertprinzips anwenden ■ Gegenstände des Umlaufvermögens abschreiben, z. B. Abschreibungen auf Forderungen
Entscheidungen während des Geschäftsjahres, also **vor** dem Bilanzstichtag: ■ Für das Folgejahr geplante Reparaturen vorziehen ■ Für das Folgejahr geplante Anschaffungen vorziehen	
Entscheidungen im Zusammenhang mit dem Jahresabschluss: ■ Rückstellungen der Höhe nach Bestimmen	

1.2
Aufwendungen und Erträge periodengerecht abgrenzen

Zeitliche Jahresabgrenzung

Zu den allgemeinen Bewertungsgrundsätzen gemäß § 252 HGB gehört auch, dass die Aufwendungen und Erträge genau dem Geschäftsjahr zugewiesen werden, zu dem sie wirtschaftlich gehören:

■ **Grundsatz der periodengerechten Abgrenzung** (§ 252 Abs. 1 HGB):

> §§
>
> **§ 252 Abs. 1 Satz 5 HGB**
> Aufwendungen und Erträge des Geschäftsjahrs sind unabhängig von den Zeitpunkten der entsprechenden Zahlungen im Jahresabschluss zu berücksichtigen.

Durch diese gesetzliche Regelung wird der Unternehmer veranlasst, seinen Jahreserfolg so zu bemessen, dass darin **alle** Aufwendungen und **alle** Erträge des Geschäftsjahres berücksichtigt werden (= periodengerechte Erfolgsermittlung).

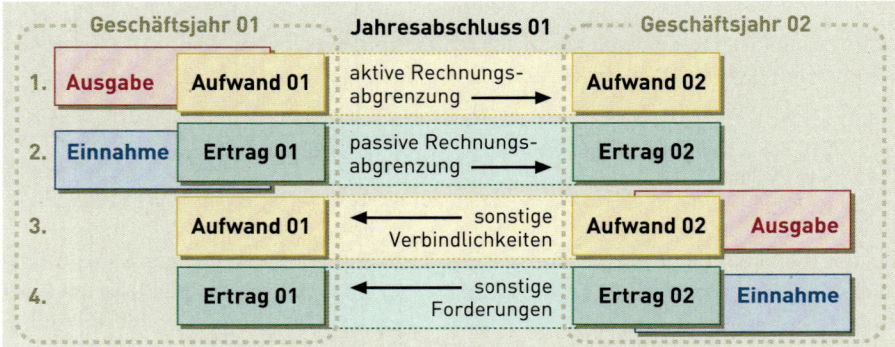

Das Schaubild verdeutlicht, worum es geht, wenn zum Jahresabschluss Aufwendungen und Erträge periodengerecht abgegrenzt werden sollen.

Aktive Rechnungsabgrenzung

1. Die Ausgabe erfolgt im Geschäftsjahr 01 für einen Aufwand, der wirtschaftlich z. T. oder ganz in das Geschäftsjahr 02 gehört.

> **Beispiel 1**
>
> Die Heidtkötter KG mietet am 01.12.01 einen Lagerraum an. Im Mietvertrag ist vereinbart, dass die Miete (monatlich 1.200,00 €) jeweils für zwei Monate im Voraus durch Banküberweisung zu zahlen ist.
> Am 05.12.01 überweist die das Unternehmen an den Vermieter 2.400,00 €.
>
> | Buchung am 05.12.01: | Soll | Haben |
> |---|---|---|
> | 6700 Mieten, Pachten | 2.400,00 € | |
> | an 2800 Bank | | 2.400,00 € |

Die Hälfte des Überweisungsbetrages (= 1.200,00 €) gehört wirtschaftlich in das nächste Geschäftsjahr 02 (= Januarmiete). Würde also der Mietaufwand mit 2.400,00 € in die Gewinn- und Verlustrechnung des abzuschließenden Geschäftsjahres 01 eingehen, so würde dieses Geschäftsjahr mit Aufwendungen belastet, die es nicht verursacht hat und dementsprechend würde der Gewinn für das Jahr 01 zu niedrig ausgewiesen werden. Dafür würden dann im Jahr 02 zu wenig Aufwendungen und ein entsprechend zu hoher Gewinn entstehen. Um das zu vermeiden, ist der in das nächste Jahr gehörende Aufwand zum Jahresabschluss aus dem Konto „6700 Mieten, Pachten" auszubuchen. Er wird einem Konto „gutgeschrieben", das diesen Betrag – bildhaft gesprochen – über die Bilanz in das nächste Geschäftsjahr hinüberträgt und ihn dort wieder dem Konto „6700 Mieten, Pachten" zuführt. Dieses Konto trägt den Namen „**2900 Aktive Rechnungsabgrenzung**".

Buchungen am 31.12.01:	Soll	Haben
2900 Aktive Rechnungsabgrenzung	1.200,00 €	
an 6700 Mieten, Pachten		1.200,00 €
8010 Schlussbilanzkonto	1.200,00 €	
an 2900 Aktive Rechnungsabgrenzung		1.200,00 €

Zu Beginn des Geschäftsjahres 02 wird das Konto „2900 Aktive Rechnungsabgrenzung" zunächst eröffnet. Anschließend gibt es den dort gebuchten Betrag an das Aufwandskonto ab:

Buchungen zu Beginn des nächsten Geschäftsjahres 02:	Soll	Haben
2900 Aktive Rechnungsabgrenzung	1.200,00 €	
an 8000 Eröffnungsbilanzkonto		1.200,00 €
6700 Mieten, Pachten	1.200,00 €	
an 2900 Aktive Rechnungsabgrenzung		1.200,00 €

2. Die Einnahme erfolgt im Geschäftsjahr 01 für einen Ertrag, der wirtschaftlich z. T. oder ganz in das Geschäftsjahr 02 gehört. **Passive Rechnungsabgrenzung**

Beispiel 2

Die Heidtkötter KG hat ein zurzeit nicht benötigtes Lagergebäude an den Verein für Gesundheitssport vermietet; zwischen Vermieter und Mieter ist vereinbart, dass die Miete (monatlich 850,00 €) jeweils für drei Monate im Voraus durch Banküberweisung gezahlt wird. Die letzte Mietzahlung erfolgte am 01.11.01 für die Monate November 01, Dezember 01 und Januar 02.

Buchung am 01.11.01:	Soll	Haben
2800 Bank	2.550,00 €	
an 5400 Mieterträge		2.550,00 €

Ein Drittel des überwiesenen Betrages (= 850,00 €) gehört wirtschaftlich in das nächste Geschäftsjahr 02 (= Januarmiete). Würde also der Mietertrag mit dem Gesamtbetrag von 2.550,00 € in die Gewinn- und Verlustrechnung des abzuschließenden Geschäftsjahres 01 eingehen, so würde dieses Geschäftsjahr Erträge ausweisen, die es nicht verursacht hat, und dementsprechend würde der Gewinn für das Jahr 01 zu hoch ausfallen. Dafür würden dann im Jahr 02 zu wenig Erträge und ein entsprechend zu geringer Gewinn entstehen. Um das zu vermeiden, ist der in das nächste Jahr gehörende Ertrag zum Jahresabschluss aus dem Konto „5400 Mieterträge" auszubuchen. Er wird einem Konto „belastet", das diesen Betrag – bildhaft gesprochen – über die Bilanz in das nächste Geschäftsjahr hinüberträgt und ihn dort wieder dem Konto „5400 Mieterträge" zuweist. Dieses Konto trägt den Namen „**4900 Passive Rechnungsabgrenzung**".

Buchungen am 31.12.01:	Soll	Haben
5400 Mieterträge	850,00 €	
an 4900 Passive Rechnungsabgrenzung		850,00 €
4900 Passive Rechnungsabgrenzung	850,00 €	
an 8010 Schlussbilanzkonto		850,00 €

Zu Beginn des Geschäftsjahres 02 wird das Konto „4900 Passive Rechnungsabgrenzung" zunächst eröffnet. Anschließend gibt es den dort gebuchten Betrag an das Ertragskonto ab:

Buchungen zu Beginn des nächsten Geschäftsjahres 02:	Soll	Haben
8000 Eröffnungsbilanzkonto	850,00 €	
an 4900 Passive Rechnungsabgrenzung		850,00 €
4900 Passive Rechnungsabgrenzung	850,00 €	
an 5400 Mieterträge		850,00 €

Sonstige Verbindlichkeiten

3. Die Ausgabe erfolgt im Geschäftsjahr 02 für einen Aufwand, der wirtschaftlich z. T. oder ganz in das Geschäftsjahr 01 gehört.

Beispiel 3

Die Heidtkötter KG mietet am 01.12.01 einen Lagerraum an. Mit dem Vermieter ist vereinbart, dass die Dezembermiete zusammen mit der Januarmiete gezahlt wird. Am 05.01.02 überweist das Unternehmen an den Vermieter 2.400,00 €.

Die Hälfte des zu überweisenden Betrages (= 1.200,00 €) gehört wirtschaftlich in das alte Geschäftsjahr 01 (= Dezembermiete). Würde der Mietaufwand mit dem Gesamtbetrag von 2.400,00 € in die Gewinn- und Verlustrechnung des neuen Geschäftsjahres 02 eingehen, so würde das Geschäftsjahr mit Aufwendungen belastet, die es nicht verursacht hat, und der Gewinn für das Jahr 02 würde zu niedrig ausgewiesen werden. Dafür entständen dann im Jahr 01 zu wenig Aufwendungen und ein entsprechend zu hoher Gewinn. Um das zu vermeiden, ist der in das alte Jahr 01 gehörende Aufwand zum Jahresabschluss auf dem Konto „6700 Mieten, Pachten" zu erfassen. Um auszudrücken, dass in Höhe dieses Betrages eine Schuld besteht, wird er auf dem Konto **„4890 Sonstige Verbindlichkeiten"** gegengebucht. Auf diesem Konto wird der geschuldete Betrag über die Bilanz in das nächste Geschäftsjahr übertragen. Bei der Bezahlung am 5. Januar wird die Schuld getilgt:

Buchungen am 31.12.01:	Soll	Haben
6700 Mieten, Pachten	1.200,00 €	
an 4890 Sonstige Verbindlichkeiten		1.200,00 €
4890 Sonstige Verbindlichkeiten	1.200,00 €	
an 8010 Schlussbilanzkonto		1.200,00 €

Zu Beginn des Geschäftsjahres 02 wird das Konto „4890 Sonstige Verbindlichkeiten" eröffnet und bei der Mietzahlung am 5. Januar ausgeglichen:

Buchungen zu Beginn des nächsten Geschäftsjahres 02:	Soll	Haben
8000 Eröffnungsbilanzkonto	1.200,00 €	
an 4890 Sonstige Verbindlichkeiten		1.200,00 €

Buchung der Mietzahlung am 05.01.02:	Soll	Haben
6700 Mieten, Pachten	1.200,00 €	
4890 Sonstige Verbindlichkeiten	1.200,00 €	
an 2800 Bank		2.400,00 €

Sonstige Forderungen

4. Die Einnahme erfolgt im Geschäftsjahr 02 für einen Ertrag, der wirtschaftlich z. T. oder ganz in das Geschäftsjahr 01 gehört.

Beispiel 4

Die Heidtkötter KG hat am 01.12.01 ein nicht benötigtes Lagergebäude an einen Verein vermietet. Zwischen Vermieter und Mieter ist vereinbart, dass die Miete (monatlich 850,00 €) für Dezember 01 und Januar 02 zu Beginn des Monats Januar zu überweisen ist. Die Überweisung von 1.700,00 € geht am 08.01.02 ein.

Die Hälfte der zu erwartenden Miete (= 850,00 €) gehört wirtschaftlich noch in das alte Geschäftsjahr 01 (= Dezembermiete). Würde also der Mietertrag mit dem Gesamtbetrag von 1.700,00 € in die Gewinn- und Verlustrechnung des neuen Geschäftsjahres 02 eingehen, so würde das Geschäftsjahr 02 Erträge ausweisen, die es nicht verursacht hat, und dementsprechend würde der Gewinn für das Jahr 02 zu hoch ausfallen. Dafür wären dann im Jahr 01 die Erträge zu niedrig angesetzt und es entstände ein zu niedriger Gewinn. Um das zu vermeiden, ist der in das alte Jahr 01 gehörende Ertrag zum Jahresabschluss auf dem Konto „5400 Mieterträge" zu erfassen. Um auszudrücken, dass in Höhe dieses Betrages eine Forderung besteht, wird er auf dem Konto „**2690 Sonstige Forderungen**" gegengebucht. Auf diesem Konto wird der zu fordernde Betrag über die Bilanz in das nächste Geschäftsjahr übertragen. Beim Zahlungseingang am 8. Januar wird die Forderung ausgeglichen.

Buchungen am 31.12.01:	Soll	Haben
2690 Sonstige Forderungen	850,00 €	
an 5400 Mieterträge		850,00 €
8010 Schlussbilanzkonto	850,00 €	
an 2690 Sonstige Forderungen		850,00 €

Zu Beginn des Geschäftsjahres 02 wird das Konto „2690 Sonstige Forderungen" eröffnet und beim Eingang der Mietzahlung am 8. Januar ausgeglichen:

Buchungen zu Beginn des nächsten Geschäftsjahres 02:	Soll	Haben
2690 Sonstige Forderungen	850,00 €	
an 8000 Eröffnungsbilanzkonto		850,00 €

Buchung des Zahlungseingangs am 08.01.02:	Soll	Haben
2800 Bank	1.700,00 €	
2690 Sonstige Forderungen		850,00 €
an 5400 Mieterträge		850,00 €

Nach dem **Grundsatz der Imparität** (vgl. Seite 392) ist der Unternehmer gezwungen, zum Abschlussstichtag alle **noch nicht realisierten Verluste** auszuweisen, während er die noch nicht entstandenen Gewinne grundsätzlich nicht buchen darf. Für den Unternehmer bedeutet das, dass er alle Geschäftsvorfälle betrachten muss, die im alten Geschäftsjahr 01 entstanden, zum Jahresabschluss aber noch nicht abgeschlossen sind. Er hat zu prüfen, ob aus diesen Vorfällen Aufwendungen entstehen, die das alte Geschäftsjahr belasten, auch wenn er die genaue **Höhe** und/oder den Tag der **Fälligkeit** solcher Aufwendungen am Bilanzstichtag nicht kennt. Die Gegenbuchungen dieser nur dem **Grund** nach bekannten Aufwendungen erfolgt auf den Konten

Rückstellungen (§ 249 HGB)

- **3700 Rückstellungen für Pensionen,**
- **3800 Steuerrückstellungen,**
- **3900 Sonstige Rückstellungen.**

In dieser Gliederung werden die Rückstellungen auch in den zu veröffentlichenden Bilanzen ausgewiesen.

Rückstellungen sind **Verbindlichkeiten** (= Schulden). Sie unterscheiden sich von den „Sonstigen Verbindlichkeiten" dadurch, dass ihre Höhe und/oder ihre Fälligkeit ungewiss sind.

In § 249 HGB ist beschrieben, für welche Vorfälle der Unternehmer Rückstellungen zu bilden hat (= Pflichtansatz):

Ansatz	Art der Rückstellung	Beispiele
Pflicht zum Ansatz von Rückstellungen § 249 Abs. 1 HGB	Ungewisse Verbindlichkeiten	■ Prozesskosten für einen Prozess mit ungewissem Ausgang ■ Rückstellung für erwartete Steuernachzahlung ■ Inanspruchnahme aus Garantieverpflichtungen ■ Pensionsrückstellungen
	Drohende Verluste aus schwebenden Geschäften	Gekaufte, aber noch nicht gelieferte Werkstoffe erleiden einen Preisverfall.
	Im Geschäftsjahr unterlassene Aufwendungen für Instandhaltung, die im folgenden Jahr innerhalb von drei Monaten nachgeholt werden	
	Gewährleistungen ohne rechtliche Verpflichtung	Gewährleistungen aus Kulanz
	Aufwendungen für Abraumbeseitigung, die im folgenden Geschäftsjahr nachgeholt werden.	
	Für andere Zwecke dürfen keine Rückstellungen gebildet werden (§ 249 Abs. 2 HGB).	

Bildung von Rückstellungen

Beispiel 1

Am 27.12.01 teilt der Steuerberater der Heidtkötter KG mit, dass eine Gewerbesteuernachzahlung von 6.200,00 € zu erwarten sei.

Zum 31.12.01 ist die Rückstellung zu bilden und abzuschließen:

	Soll	Haben
7700 Gewerbesteuer	6.200,00 €	
an 3800 Steuerrückstellungen		6.200,00 €
3800 Steuerrückstellungen	6.200,00 €	
an 8010 Schlussbilanzkonto		6.200,00 €

Zu Beginn des Geschäftsjahres 02 wird das Rückstellungskonto eröffnet:

	Soll	Haben
8000 Eröffnungsbilanzkonto	6.200,00 €	
an 3800 Steuerrückstellungen		6.200,00 €

Auflösung von Rückstellungen

§ 249 Abs. 2 Satz 2 HGB bestimmt: „Rückstellungen dürfen nur aufgelöst werden, soweit der Grund hierfür entfallen ist." Angenommen, der Steuerbescheid über 5.300,00 € Steuernachzahlung liegt am 16.03.02 vor und die Heidtkötter KG leistet die Steuerzahlung am 20.03.02. Die Rückstellung muss mit der Zahlung aufgelöst werden, da der Grund entfallen ist:

Buchung am 20.03.02:	Soll	Haben
3800 Steuerrückstellung	6.200,00 €	
an 2800 Bank		5.300,00 €
an 5480 Erträge aus der Auflösung von Rückstellungen		900,00 €

Falls die Nachzahlung höher als die Rückstellung ausfällt (z. B. 6.800,00 €) ist grundsätzlich auf dem jeweiligen Sachkonto (mit Hinweis „Vorjahr") zu buchen:

	Soll	Haben
3800 Steuerrückstellung	6.200,00 €	
7701 Gewerbesteuer Vorjahr	600,00 €	
an 2800 Bank		6.800,00 €

Der Grundsatz der vorsichtigen Bewertung findet sich u. a. auch darin wieder, dass bei drohenden Verlusten aus schwebenden Geschäften Rückstellungen gebildet werden müssen. Aufwendungen in Höhe der drohenden Verluste mindern den Gewinn; sie verhindern somit, dass voreilig Gewinne ausgeschüttet werden, die möglicherweise zu einem späteren Zeitpunkt für Geldabflüsse aus drohenden Verlusten benötigt werden.

Drohende Verluste

Unter „schwebenden Geschäften" sind z. B. Kaufverträge zu verstehen, die zum Bilanzstichtag noch nicht erfüllt sind: Der Lieferer hat noch nicht geliefert und der Kunde hat noch nicht gezahlt.

„Drohend" ist ein Verlust für den **Käufer** dann, wenn sich z. B. herausstellt, dass der im Kaufvertrag fest vereinbarte Kaufpreis für eine Ware am Bilanzstichtag dauerhaft gesunken ist. Das alte Jahr 01 hat Aufwendungen verursacht, für die es einstehen muss; oder anders ausgedrückt: Das neue Jahr 02 darf nicht mit Aufwendungen belastet werden, die es nicht verursacht hat.

Beispiel 2

Die Heidtkötter KG hat am 10.12.01 einen Vertrag mit der Ligea-Fetras GmbH über die Lieferung von 4 000 Tischplatten zu je netto 42,50 € = 170.000,00 € geschlossen. Als Liefertermin ist der 03.02.02 vereinbart. Bis zum Bilanzstichtag ist der Preis für diese Platten dauerhaft auf 40,50 je Stück gesunken.

Der Heidtkötter KG droht – verursacht im Jahr 01 – ein Verlust von 8.000,00 €.

Buchung und Abschluss der „Sonstigen Rückstellungen" am 31.12.01:	Soll	Haben
6000 Aufwendungen für Rohstoffe	8.000,00 €	
an 3900 Sonstige Rückstellungen		8.000,00 €
3900 Sonstige Rückstellungen	8.000,00 €	
an 8010 Schlussbilanzkonto		8.000,00 €

Zu Beginn des neuen Geschäftsjahres wird das Rückstellungskonto eröffnet:

	Soll	Haben
8000 Eröffnungsbilanzkonto	8.000,00 €	
an 3900 Sonstige Rückstellungen		8.000,00 €

Die Rückstellung ist aufzulösen, sobald die Rechnung der Ligea-Fetras GmbH vorliegt.

	Soll	Haben
6000 Aufwendungen für Rohstoffe	170.000,00 €	
2600 Vorsteuer	32.300,00 €	
an 4400 Verbindlichkeiten a. LL		202.300,00 €
3900 Sonstige Rückstellungen	8.000,00 €	
an 6000 Aufwendungen für Rohstoffe		8.000,00 €

Das Konto „6000 Aufwendungen für Rohstoffe" ist somit im Geschäftsjahr 02 von nicht verursachten „drohenden Verlusten" befreit.

2
Den Jahresabschluss nach den Vorschriften des HGB aufstellen

In der Tabelle auf Seite 388 haben wir Ihnen gezeigt, wer zum Jahresabschluss verpflichtet ist und woraus der Jahresabschluss für den jeweiligen „Kaufmann" im Einzelnen bestehen muss.

Zu Form und Inhalt dieser Bestandteile finden Sie im Folgenden einige Erläuterungen, die auf den gesetzlichen Aussagen im HGB basieren:

■ Gesetzliche Vorschriften zum Jahresabschluss, die für alle buchführungspflichtigen Kaufleute gelten:

§§

§ 243 Aufstellungsgrundsatz
(1) Der Jahresabschluss ist nach den Grundsätzen ordnungsmäßiger Buchführung aufzustellen.
(2) Er muss klar und übersichtlich sein.
(3) Der Jahreabschluss ist innerhalb der einem ordnungsmäßigen Geschäftsgang entsprechenden Zeit aufzustellen.

§ 244 Sprache/Währungseinheit
Der Jahresabschluss ist in deutscher Sprache und in Euro aufzustellen.

§ 245 Unterzeichnung
Der Jahresabschluss ist vom Kaufmann unter Angabe des Datums zu unterzeichnen. Sind mehrere persönlich haftende Gesellschafter vorhanden, so haben alle zu unterzeichnen.

§ 246 Vollständigkeit; Verrechnungsverbot
(1) Der Jahresabschluss hat sämtliche Vermögensgegenstände, Schulden, Rechnungsabgrenzungsposten sowie Aufwendungen und Erträge zu enthalten, soweit gesetzlich nichts anderes bestimmt ist [...].
(2) Posten der Aktivseite dürfen nicht mit Posten der Passivseite, Aufwendungen nicht mit Erträgen [...] verrechnet werden.

§ 247 Inhalt der Bilanz
(1) In der Bilanz sind das Anlage- und das Umlaufvermögen, das Eigenkapital, die Schulden sowie die Rechnungsabgrenzungsposten gesondert auszuweisen und hinreichend aufzugliedern.
(2) Beim Anlagevermögen sind nur die Gegenstände auszuweisen, die bestimmt sind, dauernd dem Geschäftsbetrieb zu dienen.

§ 257 Aufbewahrung von Unterlagen
(1) Jeder Kaufmann ist verpflichtet, die folgenden Unterlagen geordnet aufzubewahren:
1. Handelsbücher, Inventare, Eröffnungsbilanzen, Jahresabschlüsse, Lageberichte [...] sowie die zu ihrem Verständnis erforderlichen Arbeitsanweisungen und sonstigen Organisationsunterlagen. [...]
(2) [...]
(3) Mit Ausnahme der Eröffnungsbilanzen und Abschlüsse können die in Absatz 1 aufgeführten Unterlagen auch als Wiedergabe auf einem Bildträger oder auf anderen Datenträgern aufbewahrt werden, [...].
(4) Die in Abs. 1 Nr. 1 und 4 aufgeführten Unterlagen sind zehn Jahre [...] aufzubewahren.

■ Ergänzende gesetzliche Vorschriften im HGB zum Jahresabschluss der Kapitalgesellschaften

§§

§ 264 Pflicht zur Aufstellung
(1) Die gesetzlichen Vertreter einer Kapitalgesellschaft haben den Jahresabschluss (§ 242) um einen Anhang zu erweitern, der mit der Bilanz und der Gewinn- und Verlustrechnung eine Einheit bildet, sowie einen Lagebericht aufzustellen. Die gesetzlichen Vertreter einer kapitalmarktorientierten Kapitalgesellschaft, [...] haben den Jahresabschluss um eine Kapitalflussrechnung und einen Eigenkapitalspiegel zu erweitern. [...] Der Jahresabschluss und der Lagebericht sind von den gesetzlichen Vertretern in den ersten drei Monaten des Geschäftsjahrs für das vergangene Geschäftsjahr aufzustellen [...].
(2) [...]

§ 265 Allgemeine Grundsätze für die Gliederung
(1) Die Form der Darstellung, insbesondere die Gliederung der aufeinanderfolgenden Bilanzen und Gewinn- und Verlustrechnungen, ist beizubehalten, [...].
(2) In der Bilanz sowie in der Gewinn- und Verlustrechnung ist zu jedem Posten der entsprechende Betrag des vorhergehenden Geschäftsjahrs anzugeben.
[...]
(5) Eine weitere Untergliederung der Posten ist zulässig. [...] Neue Posten dürfen hinzugefügt werden, wenn ihr Inhalt nicht von einem vorgeschriebenen Posten gedeckt wird.

§ 266 Gliederung der Bilanz

(1) Die Bilanz ist in Kontoform aufzustellen Dabei haben große und mittelgroße Kapitalgesellschaften auf der Aktivseite die in Abs. 2 und auf der Passivseite die in Abs. 3 bezeichneten Posten gesondert und in der vorgeschriebenen Reihenfolge auszuweisen. Kleine Kapitalgesellschaften brauchen nur eine verkürzte Bilanz aufzustellen, in die nur die in den Absätzen 2 und 3 mit Buchstaben und römischen Zahlen bezeichneten Posten gesondert und in der vorgeschriebenen Reihenfolge aufgenommen werden.

(2) Aktivseite.

(Siehe Faltblatt im Anhang des Buches, d. Verf.)

(3) Passivseite.

(Siehe Faltblatt im Anhang des Buches, d. Verf.)

§ 268 Vorschriften zu einzelnen Posten der Bilanz. Bilanzvermerke

(1) Die Bilanz darf auch unter Berücksichtigung der vollständigen oder teilweisen Verwendung des Jahresergebnisses aufgestellt werden. Wird die Bilanz unter Berücksichtigung der teilweisen Verwendung des Jahresergebnisses aufgestellt, so tritt an die Stelle des Postens „Jahresüberschuss/Jahresfehlbetrag" und „Gewinnvortrag/Verlustvortrag" der Posten „Bilanzgewinn/Bilanzverlust" [...].

(2) In der Bilanz oder im Anhang ist die Entwicklung der einzelnen Posten des Anlagevermögens darzustellen. Dabei sind, ausgehend von den gesamten Anschaffungs- und Herstellungskosten, die Zugänge, Abgänge, Umbuchungen und Zuschreibungen des Geschäftsjahrs sowie die Abschreibungen in ihrer gesamten Höhe gesondert aufzuführ-ren. Die Abschreibungen des Geschäftsjahres sind entweder in der Bilanz bei dem betreffenden Posten zu vermerken oder im Anhang in einer der Gliederung des Anlagevermögens entsprechenden Aufgliederung anzugeben. [...]

(3) [...]

(4) Der Betrag der Forderungen mit einer Restlaufzeit von mehr als einem Jahr ist bei jedem gesondert ausgewiesenen Posten zu vermerken. [...]

(5) Der Betrag der Verbindlichkeiten mit einer Restlaufzeit bis zu einem Jahr ist bei jedem gesondert ausgewiesenen Posten zu vermerken. [...]

(6) Ein nach § 250 Abs. 3 in den Rechnungsabgrenzungsposten auf der Aktivseite aufgenommener Unterschiedsbetrag ist in der Bilanz gesondert auszuweisen oder im Anhang anzugeben.

(vgl. Beispiel „Obligationen" auf Seite 404 d. Verf.)

[...]

§ 275 Gliederung der Gewinn- und Verlustrechnung

(1) Die Gewinn- und Verlustrechnung ist in Staffelform nach dem Gesamtkostenverfahren oder dem Umsatzkostenverfahren aufzustellen. Dabei sind die in Abs. 2 oder 3 bezeichneten Posten in der angegebenen Reihenfolge gesondert auszuweisen.

(2) Bei Anwendung des Gesamtkostenverfahrens[1] sind auszuweisen: (Siehe Gliederungsschema im Anhang des Buches, d. Verf.)

(3) Bei Anwendung des Umsatzkostenverfahrens sind auszuweisen: (Siehe Gliederungsschema im Anhang des Buches, d. Verf.)

[...]

Unsere Zusammenfassung aus den obigen gesetzlichen Vorschriften besagt:

Zusammen-fassung

› Band 1
LF 1, Kap. 5.1

- Einzelunternehmen und Personengesellschaften haben nur einen vereinfachten Jahresabschluss aufzustellen, der den Grundsätzen ordnungsmäßiger Buchführung (vgl. Band 1, LF 3, Kap. 9) entspricht und in dem die wesentlichen Posten der Bilanz und der Gewinn- und Verlustrechnung gegliedert aufzuführen sind.

- In der Praxis wenden Einzelunternehmen und Personengesellschaften aus Gründen der Vergleichbarkeit die Gliederungsschemata in verkürzter Form an, die für den Jahresabschluss der Kapitalgesellschaften vorgeschrieben sind.

- Zu jedem Posten der Bilanz und der Gewinn- und Verlustrechnung einer Kapitalgesellschaft ist immer auch der Betrag des entsprechenden Postens aus dem Vorjahr anzugeben.

- Kapitalgesellschaften unterliegen wegen ihrer betrieblichen Größe, ihrer volkswirtschaftlichen Bedeutung und vor allem wegen ihrer begrenzten Haftpflicht strengen Vorschriften. Sie haben einen um den Anhang und den Lagebericht erweiterten Abschluss aufzustellen, ihn prüfen zu lassen und ihn zu veröffentlichen. Kapitalmarktorientierte Kapitalgesellschaften haben darüber hinaus eine Kapitalflussrechnung und einen Eigenkapitalspiegel aufzustellen. Kleine Kapitalgesellschaften unterliegen nicht der Prüfpflicht; sie können eine verkürzte Bilanz und eine verkürzte Gewinn- und Verlustrechnung vorlegen.

---

1 Anmerkung: Diesem Lernbuch ist das Gesamtkostenverfahren zugrunde gelegt. Es basiert auf der Erfassung aller Kosten und aller Leistungen einer Abrechnungsperiode. Abweichungen zwischen „verbrauchten" und „abgesetzten" Mengen werden mithilfe der Bestandsveränderungen an Werkstoffen, an unfertigen und fertigen Erzeugnissen ausgeglichen.

Bilanzschema einer kleinen Kapitalgesellschaft						
Aktiva	Berichtsjahr	Vorjahr	*Passiva*		Berichtsjahr	Vorjahr
A. Anlagevermögen			**A. Eigenkapital**			
I. Immaterielle Vermögens-gegenstände			I. Gezeichnetes Kapital			
II. Sachanlagen			II. Kapitalrücklage			
III. Finanzanlagen			III. Gewinnrücklage			
B. Umlaufvermögen			IV. Gewinn-/Verlustvortrag			
I. Vorräte			V. Jahresüberschuss/ Jahresfehlbetrag			
II. Forderungen und sonstige Vermögensgegenstände; davon Restlaufzeit mehr als ein Jahr			**B. Rückstellungen**			
III. Wertpapiere			**C. Verbindlichkeiten** davon Restlaufzeit weniger als ein Jahr			
IV. Flüssige Mittel						
C. Rechnungsabgrenzungsposten			**D. Rechnungsabgrenzungsposten**			
D. Aktive latente Steuern			**E. Passive latente Steuern**			

Anlagespiegel § 268 Abs. 2 HGB verpflichtet die Kapitalgesellschaften, die Entwicklung der einzelnen Posten des Anlagevermögens in der Bilanz oder im Anhang darzustellen. In der Praxis hat sich hierfür der sogenannte **Anlagenspiegel** als Bestandteil des Anhangs bewährt:

Gegenstand des Anlagevermögens	Anschaffungs- oder Herstellungskosten (AK/HK)	Zugänge	Abgänge	Umbuchungen	Zuschreibungen	Angesammelte Abschreibungen	Buchwert 31.12. Berichtsjahr	Buchwert 31.12. Vorjahr	Abschreibungen Berichtsjahr
Hier werden die Anlagegegenstände der jeweiligen Bilanzposition genannt.	Hier werden die AK/HK der in dieser Bilanzposition vorhandenen Anlagegegenstände eingetragen.	Hier werden die AK/HK der in dieser Periode angeschafften Anlagegegenstände genannt.	Hier werden die AK/HK der in dieser Periode ausgeschiedenen Anlagegegenstände eingetragen.	Hier erfolgt die Eintragung, wenn z. B. eine im Bau befindliche technische Anlage nach Fertigstellung auf das Konto „Technische Anlagen" umgebucht wird.	Hier erfolgt die Eintragung einer Wertaufholung nach § 280 HGB, wenn z. B. der Grund für eine außerplanmäßige Abschreibung entfällt.	Hier sind alle Abschreibungen der Bilanzposition addiert, einschließlich der Abschreibung des Berichtsjahres.	Der Buchwert in dieser Spalte ergibt sich aus AK/HK + Zugang – Abgang + Umbg. + Zuschr. – Abschr.	In diese Spalte wird der Buchwert aus dem vorjährigen Anlagenspiegel eingetragen.	In dieser Spalte werden die Abschreibungen des Berichtsjahres ausdrücklich angegeben; sie sind in den „angesammelten Abschreibungen" enthalten.

Gewinn- und Verlustrechnung einer Kapitalgesellschaft nach dem Gesamtkostenverfahren				
Position			Berichtsjahr	Vorjahr
1		Umsatzerlöse		
2	+/–	Bestandsveränderungen		
3	+	Aktivierte Eigenleistungen		
4	+	Sonstige betriebliche Erträge		
5	–	Materialaufwand		
	=	**Rohergebnis**[1]		
6–8	–	Sonstige betriebliche Aufwendungen		
9–11	+	Erträge aus Beteiligungen, Wertpapieren und Zinsen		
12–13	–	Abschreibungen auf Finanzanlagen und Wertpapiere des Umlaufvermögens; Zinsen und ähnliche Aufwendungen		
14	=	**Ergebnis der gewöhnlichen Geschäftstätigkeit**		
15	+	Außerordentliche Erträge		
16	–	Außerordentliche Aufwendungen		
17	=	**Außerordentliches Ergebnis**		
18–19	–	Steuern vom Einkommen und Ertrag; sonstige Steuern		
20	=	**Jahresüberschuss/Jahresfehlbetrag**		

1 Kleine und mittelgroße Kapitalgesellschaften dürfen die Positionen 1 bis 5 zum Posten **„Rohergebnis"** zusammenfassen.

Der **Anhang** bildet mit dem Jahresabschluss eine Einheit. Er hat die Aufgabe, einzelne Positionen der Bilanz und der Gewinn- und Verlustrechnung zu erläutern. Er soll – ohne dass er einer bestimmten Gliederungsvorschrift folgt – den allgemeinen Grundsätzen der Klarheit, Wahrheit und Übersichtlichkeit genügen. In der Praxis hat es sich als zweckmäßig erwiesen, wenn der Lagebericht wie folgt gegliedert ist:

Anhang

- **Allgemeine Hinweise:**
  - Hinweis auf das angewandte Abschlussverfahren für die Gewinn- und Verlustrechnung (Gesamtkosten- oder Umsatzkostenverfahren)
  - Erläuterung zu ungewöhnlich hohen Aufwendungen und Erträgen
  - Hinweis auf besondere Risiken
  - Hinweis auf Änderungen in den Bewertungsmethoden
  - Behandlung der Fremdwährungsforderungen und -verbindlichkeiten

- **Angaben zur Bilanz**, insbesondere zu den Bilanzierungs- und Bewertungsmethoden und zur Vermögens- und Schuldenlage:
  - Aufwendungen zur Ingangsetzung und Erweiterung des Unternehmens
  - Firmenwert
  - Bewertungs- und Bewertungsvereinfachungsverfahren
  - Erläuterung der „sonstigen Vermögensgegenstände"
  - Angaben zu einem Disagio
  - Angaben zur Gewinnverwendung (z. B. Gewinnrücklage)
  - Angaben zu den Verbindlichkeiten, einschließlich der Rückstellungen
  - Darstellung der Entwicklung des Anlagevermögens im Anlagenspiegel

- **Angaben zur Gewinn- und Verlustrechnung** mit Erläuterungen zur Ertragslage, vor allem zu den außerordentlichen Aufwendungen und Erträgen:
  - Angaben zum Material- und Personalaufwand
  - Angaben zu den Abschreibungen, insbesondere wenn außerplanmäßig aus kaufmännischer Vorsicht abgeschrieben wurde
  - Angaben zu den Zuschreibungen, falls die Gründe entfallen sind, die vormals zu einer Abschreibung geführt haben
  - Angaben zu den Steuern aus Einkommen und Ertrag
  - Erläuterungen zu den außerordentlichen Aufwendungen und Erträgen

- **Sonstige Angaben**, z. B. Beteiligungen an anderen Unternehmen, Haftungsverhältnisse, Namen (mit Vornamen) der Geschäftsführer sowie der Mitglieder des Vorstands und des Aufsichtsrates, Vergütungen, die an Vorstand und Aufsichtsrat insgesamt gezahlt wurden.

Mit diesen Angaben hilft der Anhang dem außenstehenden Leser, den Jahresabschluss besser zu verstehen:

- Der Anhang erläutert die Bilanz und die Gewinn- und Verlustrechnung.
- Der Anhang gibt Hinweise, die den Leser davor bewahren, Bilanzangaben falsch zu interpretieren.
- Der Anhang ergänzt die Bilanz und die Gewinn- und Verlustrechnung um Angaben, die aus den Abschlusszahlen nicht zu entnehmen sind.

Mittelgroße und große Kapitalgesellschaften sowie Personengesellschaften, in denen die Haftung beschränkt ist, haben ihren Jahresabschluss um einen **Lagebericht** zu ergänzen. Im Umkehrschluss heißt das, dass kleine Kapitalgesellschaften keinen Lagebericht anfertigen müssen. Lagebericht und Anhang unterscheiden sich im Wesentlichen durch folgende formale und inhaltliche Merkmale:

Lagebericht

- Der Anhang ist Bestandteil von Bilanz und Gewinn- und Verlustrechnung, während der Lagebericht einen davon unabhängigen Bestandteil des Jahresabschlusses bildet.

- Der Anhang erläutert die Angaben der Bilanz und der Gewinn- und Verlustrechnung. Der Lagebericht dagegen gibt einen Überblick über die wirtschaftliche Entwicklung des Unternehmens, über die Ertrags-, Vermögens- und Finanzlage, macht Aussagen zu bilanzrelevanten Ereignissen, die erst nach dem Bilanzstichtag aufgetreten sind, und weist auf Risiken für die zukünftige Entwicklung des Unternehmens hin. Er hat „ein den tatsächlichen Verhältnissen entsprechendes Bild" (§ 289 Abs. 1 HGB) des Unternehmens zu vermitteln.

In Anlehnung an die Aufgaben, die dem Lagebericht nach § 289 Abs. 2 HGB zugewiesen sind, hat sich folgende **Gliederung** des Lageberichts herausgebildet:

- Bericht über die wirtschaftliche Lage:
  - Darstellung des Geschäftsverlaufs
  - Darstellung der Vermögens-, Finanz- und Ertragslage
  - Hinweis auf Risiken
- Darstellung der Vorgänge von besonderer Bedeutung, die nach dem Bilanzstichtag eingetreten sind:
  - Veränderungen der Beschäftigung und des Umsatzes
  - Abbau von Arbeitsplätzen, Betriebsstilllegungen
  - Schadensereignisse (Brand, Unfall)
  - Kauf/Verkauf von bedeutenden Vermögensgegenständen
- Bericht über die zukünftige Entwicklung. Hier wird über wesentliche Veränderungen in der Marktstellung, in der Produktion, im Personal, in der Beschaffung und im Absatz Auskunft gegeben.
- Bericht über Forschung und technische Entwicklung.

Zur konkreten inhaltlichen Ausgestaltung des Anhangs und des Lageberichts finden Sie weitere Informationen im Internet unter den entsprechenden Suchbegriffen.

Gewinn und Eigenkapital im Jahresabschluss

Abschließend stellen wir knapp dar, wie der Erfolg und das Eigenkapital im Jahresabschluss der verschiedenen Unternehmensformen zu behandeln sind.

Jeder Unternehmer wird bestrebt sein, Teile des erwirtschafteten Gewinns – z. B. zur Finanzierung zukünftiger Investitionen oder zur Wahrung der Liquidität – im Unternehmen zu belassen. Dies darf nach Steuerrecht (EStG) nicht dazu führen, dass Gewinne gewissermaßen „an der Steuer vorbei" zurückgehalten werden. Die Gewinnverwendung ist deshalb streng geregelt:

Der **Einzelunternehmer** (e. K.) schließt den Jahreserfolg über das Eigenkapitalkonto ab, d. h., ein erwirtschafteter Gewinn wird dem Eigenkapital zugerechnet, ein Verlust vom Eigenkapital abgezogen. Den versteuerten Gewinn verwendet der Einzelunternehmer über die Privatentnahmen. Ihm ist es nach dem EStG nicht gestattet, Teile des Gewinns über eine sogenannte **offene Rücklage** zu passivieren. Unter den wenigen Möglichkeiten, die ihm zur Gewinnsteuerung zugestanden werden, gehören die folgenden:

- Die **Ansparabschreibung** (Ansparrücklage) gemäß § 7 g EStG erlaubt es dem Unternehmer, bis zu 40 % der Anschaffungskosten für einen (fabrikneuen) beweglichen Anlagegegenstand zum Jahresabschluss in eine Ansparrücklage gewinnmindernd einzustellen, wenn die Anschaffung bis zum zweiten Jahr, das auf die Rücklagenbildung folgt, getätigt wird. Begrenzt wird der Personenkreis, der diese Möglichkeit nutzen kann, durch die Höhe des Betriebsvermögens: maximal 204.517,00 €. Voraussetzung für die Inanspruchnahme der Ansparabschreibung ist, dass die Investition noch im Jahr 2007 getätigt wurde. Für alle danach – also ab 2008 – vorgenommenen Investitionen gelten die neuen Regelungen zum Investitionsabzugsbetrag (s. nachfolgend).

Beispiel

Ein Einzelunternehmer plante für das kommende Jahr (2007) die Anschaffung eines Pkw, geschätzte Anschaffungskosten 35.000,00 €; davon 40 % = 14.000,00 € Ansparrücklage zum 31.12.2006.

Buchung am 31.12.2006	Soll	Haben
Ansparabschreibung	14.000,00 €	
an Rücklage für Ansparabschreibung		14.000,00 €

Über die Ansparabschreibung (= Aufwand!) wird der Jahresgewinn gemindert. Nach der Anschaffung im nächsten Geschäftsjahr ist die Ansparrücklage gewinnerhöhend aufzulösen.

Der **Investitionsabzugsbetrag** ersetzt für kleine und mittlere Unternehmen ab 2008 die Ansparabschreibung. Danach können bis zu **40 %** der voraussichtlichen Anschaffungs- oder Herstellungskosten von infrage kommenden Wirtschaftsgütern **gewinnmindernd** abgesetzt werden.

Folgende **Voraussetzungen** müssen erfüllt sein, um den Investitionsabzugsbetrag in Anspruch nehmen zu können:

- Es muss sich um neue oder gebrauchte Wirtschaftsgüter handeln; ausgenommen sind z. B. Grundstücke, Gebäude und immaterielle Wirtschaftsgüter.
- Die Wirtschaftsgüter müssen mindestens zu 90 % betrieblich genutzt werden.
- Sie müssen für mindestens zwei Jahre aktiv im Betrieb genutzt werden.
- Das Betriebsvermögen des Unternehmens darf maximal 235.000,00 € betragen. Bei Gewerbetreibenden, die ihren Gewinn durch eine Einnahme-Überschussrechnung ermitteln, darf der Gewinn 100.000,00 €/Jahr nicht überschreiten.
- Die Investition muss innerhalb von drei Jahren, nachdem der Investitionsabzugsbetrag gebildet worden ist, durchgeführt werden.

Der Investitionsabzugsbetrag wird **nicht durch Buchung** gebildet, sondern außerhalb der Bilanz zum Jahresende **vom zu versteuernden Gewinn abgezogen**. Die abgezogenen Beträge weist der Steuerpflichtige durch eine Tabelle nach, die folgenden Aufbau hat:

Investitionsabzugsbeträge für das Geschäftsjahr 01										
Nr.	Wirtschafts-gut	Investitions-jahr	Vorauss. AK/HK	%-Satz des Abzugs-betrages, max. 40 %	Investi-tions-abzugs-betrag	Jahr der An-schaffung	Tatsächl. AK/HK	Um Ab-zugsbetrag gekürzte AK	Auflösung
1	Lkw	02	100.000,00 €	40 %	40.000,00 €	02	100.000,00 €	60.000,00 €	keine Gewinn-auswirkung
2									

Im Beispiel wird der zu versteuernde Gewinn im Geschäftsjahr 01 um 40.000,00 € gemindert. Die tatsächliche Investition im Jahr 02 entspricht der geplanten (= 100.000,00 €). Im Jahr 02 wird der Investitionsabzugsbetrag dem Gewinn zugerechnet. Diese Zurechnung von 40.000,00 € aufzulösendem Investitionsabzugsbetrag zum Gewinn wird ausgeglichen durch die Kürzung der Anschaffungskosten um 40.000,00 €. Der Lkw wird also ab dem Jahr 02 ausgehend von 60.000,00 € abgeschrieben.

In der Regel weichen die geplanten Anschaffungskosten von den tatsächlichen Anschaffungskosten ab:

- Fallen die tatsächlichen Anschaffungskosten **höher** aus als die geplanten (z. B. 120.000,00 €), so sind dennoch nur 40.000,00 € abziehbar; es ist also von 80.000,00 € Anschaffungskosten abzuschreiben.

- Fallen die tatsächlichen Anschaffungskosten **niedriger** aus als die geplanten (z. B. 90.000,00 €), so sind nur 40 % von 90.000,00 € = 36.000,00 € abziehbar; es ist dann von 54.000,00 € Anschaffungskosten abzuschreiben und die Differenz bis zum geplanten Investitionsabzugsbetrag (= 4.000,0 €) ist rückwirkend auf das Jahr 01 gewinnerhöhend aufzulösen.

In **Personengesellschaften** wird die Gewinn- und Verlustverteilung – unter Beachtung gesetzlicher Vorschriften – im Gesellschaftsvertrag geregelt:

Für die **OHG** (= Offene Handelsgesellschaft) gilt nach § 121 HGB, dass die Kapitalanteile der persönlich haftenden Gesellschafter mit 4 % zu verzinsen und ein verbleibender Gewinnrest nach Köpfen zu verteilen ist. Vertraglich kann eine höhere Verzinsung vereinbart werden, auch können Vorabzahlungen z. B. für besondere Aufgaben in der Geschäftsführung verabredet sein. Die so ausgerechneten Gewinnanteile werden den Kapitalkonten der Gesellschaften gutgeschrieben. An einem Verlust sind die Gesellschafter zu gleichen Teilen beteiligt. Im Übrigen gelten hinsichtlich der Gewinnverwendung und der Rücklagenbildung die gleichen Regelungen wie für den Einzelunternehmer.

Im Gegensatz zur OHG kennt die **KG** (= Kommanditgesellschaft) neben den vollhaftenden Gesellschaftern auch Teilhafter, die nur in Höhe ihrer Einlagen für die Unternehmensschulden einstehen. Entsprechend ist die Gewinn- und Verlustbeteiligung anders geregelt. Nach HGB werden auch hier die Kapitaleinlagen mit 4 % verzinst. Der verbleibende Gewinnrest ist dann im angemessenen Verhältnis – also unter Beachtung der Einlage, der Mitarbeit und der Haftung – zu verteilen. Am Unternehmensverlust sind die Gesellschafter ebenfalls im angemessen Verhältnis beteiligt. Wegen der abweichenden Haftung sind die Gewinnbuchungen in der KG anders geregelt als in der OHG: Den Vollhaftern (= Komplementären) werden die Gewinnanteile den Eigenkapitalkonten gutgeschrieben. Die Teilhafter (= Kommanditisten) verfügen über eine feste Kapitaleinlage, die nicht durch Gewinnzuschreibungen verändert werden darf. Ihnen wird der Gewinn ausgezahlt; bis zur Auszahlung ist er auf dem Konto „Sonstige Verbindlichkeiten" zu buchen.

Kapitalgesellschaften (= GmbH, AG) verfügen über ein festes Haftungskapital, das eine Mindesthöhe haben muss und das von Gesellschaftern (Aktionären) gegen Anteilsscheine (Aktien) aufgebracht wird; dieses Kapitals heißt in der GmbH Stammkapital (Mindesthöhe 25.000,00 €), in der AG Grundkapital (Mindesthöhe 50.000,00 €). Stammkapital und Grundkapital werden übergreifend „Gezeichnetes Kapital" genannt. Wegen der begrenzten Haftpflicht in Höhe des gezeichneten Kapitals sowie des Wunsches der Anteilseigner nach hohen Renditen (= hohen Gewinnausschüttungen) ist die Gewinnverwendung streng geregelt. So muss jede AG gemäß § 150 AktG 5 % des Jahresüberschusses in eine **gesetzliche Rücklage** einstellen, bis (einschließlich der Kapitalrücklage) mindestens 10 % des gezeichneten Kapitals erreicht sind. Zusätzlich zu den gesetzlichen Rücklagen kann die Kapitalgesellschaft **freie Rücklagen** bis zur Hälfte des Jahresüberschusses bilden (z. B. für Ersatz- und Erweiterungsinvestitionen). Gesetzliche und freie Rücklagen werden zusammen als **Gewinnrücklagen** bezeichnet. Sofern eine AG Aktien über dem Nennbetrag ausgibt, ist der übersteigende Betrag der **Kapitalrücklage** zuzuführen. Rücklagen sind Teile des Eigenkapitals. Sie werden aus dem bereits versteuerten Jahresgewinn gebildet und auf Vorschlag des Vorstands der AG (bzw. der Geschäftsführer der GmbH) und durch Beschluss der Hauptversammlung der AG (bzw. der Gesellschafterversammlung der GmbH) vor der Ausschüttung bewahrt.

Im Jahresabschluss stellt sich das **Eigenkapital** einer Kapitalgesellschaft wie folgt dar. Wir unterstellen dabei, dass der Jahresabschluss vor der Verwendung des Jahresergebnisses aufgestellt wird.

Bilanz der Kapitalgesellschaft XYZ-GmbH		
Passiva	Berichtsjahr	Vorjahr
A. Eigenkapital		
I. Gezeichnetes Kapital		
II. Kapitalrücklage		
III. Gewinnrücklage		
IV. Gewinn-/Verlustvortrag (aus dem Vorjahr)		
V. Jahresüberschuss/Jahresfehlbetrag		

Verwendung des Jahresüberschusses in der XYZ-GmbH	
	Jahresüberschuss/Jahresfehlbetrag
+/–	Gewinnvortrag/Verlustvortrag aus dem Vorjahr
+	Entnahmen aus Kapital-/Gewinnrücklagen
–	Einstellung in Gewinnrücklagen
–	Gewinnausschüttung
=	Gewinnvortrag/Verlustvortrag

In der Regel ist das „Gezeichnete Kapital" (= Haftungskapital) nicht in voller Höhe eingezahlt. Gegen die Gesellschafter hat die Kapitalgesellschaft das in Höhe der sogenannten „Ausstehenden Einlagen" eine Forderung. Sofern die ausstehenden Einlagen eingefordert sind, müssen sie auf der Aktivseite der Bilanz offen ausgewiesen werden:

Ausstehende Einlagen

Aktiva	Bilanz zum 31. Dezember 01		Passiva
A. Anlagevermögen	...	A. Eigenkapital	
B. Umlaufvermögen	...	I Gezeichnetes Kapital	15.000.000,00
II. Forderungen und sonstige Vermögensgegenstände		– nicht eingeforderte ausstehende Einlagen	2.000.000,00
3. Eingeforderte ausstehende Einlagen	11.000.000,00	= Eingefordertes Kapital	13.000.000,00

3
Den Jahresabschluss aufbereiten und auswerten

3.1
Die Bilanz aufbereiten und auswerten

Eine Bilanz auswerten heißt, die in ihr veröffentlichten Zahlen so in Beziehung zueinander zu setzen, dass **aussagefähige Kennzahlen**

- zum Vermögensaufbau (Konstitution),
- zur Kapitalausstattung (Finanzierung),
- zur Anlagendeckung (Investition) und
- zur Zahlungsfähigkeit (Liquidität)

entstehen.

In aller Regel ist dazu erforderlich, die Bilanzzahlen vorher zu passenden Gruppen zusammenzufassen und deren prozentuale Anteile am Gesamtvermögen bzw. am Gesamtkapital zu berechnen. Über die folgende Struktur der Bilanz wird die Grundlage für eine solche Auswertung geschaffen:

Aktiva	**Aufbereitete Bilanz**						*Passiva*
Bilanzposten	**Berichtsjahr**		**Vorjahr**		**Bilanzposten**	**Berichtsjahr**	**Vorjahr**
	(€)	%	(€)	%		(€) %	(€) %
Anlagevermögen					**Eigenkapital**		
Umlaufvermögen					**Fremdkapital**[2]		
Vorräte					davon langfristig		
davon langfristig[1]					davon kurzfristig		
Forderungen							
Flüssige Mittel							
Vermögen insgesamt	100		100		**Kapital insgesamt**	100	100
Verwendung des Kapitals = Investierung					**Herkunft des Kapitals = Finanzierung**		

1 Vorräte sind dann langfristig angelegt, wenn sie als eiserne Reserve dienen, also Mindestmengen im Lager, mit denen Lieferengpässe überbrückt werden sollen.

2 Zum langfristigen Fremdkapital gehören alle Verbindlichkeiten mit einer Restlaufzeit von mehr als einem Jahr, u. a. Darlehen, langfristige Rückstellungen (= Pensionsrückstellungen). Das kurzfristige Fremdkapital wird vor allem aus den Verbindlichkeiten a. LL und den kurzfristigen Rückstellungen (= Steuerrückstellungen, sonstige Rückstellungen) gebildet.

Vermögens-
aufbau
Wie hoch ein Unternehmen mit Anlagevermögen und Umlaufvermögen ausgestattet ist, hängt von seiner Größe ab. In welchem Verhältnis typischerweise Anlagevermögen und Umlaufvermögen zueinander stehen, hängt davon ab, welcher Branche das Unternehmen angehört und in welchem Ausmaß die Produktionsabläufe mechanisiert und automatisiert sind. Allgemein lässt sich feststellen, dass Betriebe des verarbeitenden Gewerbes weniger anlagenintensiv sind (ca. 30 % bis 35 % des Vermögens entfällt auf das Anlagevermögen) als Betriebe der Schwerindustrie (ca. 60 % bis 70 %).

Der Anteil des **Anlagevermögens** am Gesamtvermögen sagt etwas über die **Kostenstruktur** des Unternehmens aus:

- Je höher der Anteil des Anlagevermögens am Gesamtvermögen ist, umso mehr wird der Betrieb mit **fixen Kosten** belastet (z. B. Abschreibungen, Zinsaufwendungen für Fremdkapital, das zur Finanzierung der Anlagen notwendig war).
- Fixe Kosten haben die unangenehme Eigenschaft, dass sie sich bei einem Beschäftigungsrückgang i. d. R. nicht abbauen lassen. Also wird ein Betrieb mit hohen fixen Kosten immer auf eine gute Auslastung der Anlagen achten müssen. Nur dadurch lassen sich niedrige Stückkosten erzielen.

- Rückläufige Beschäftigungen führen solche Betriebe sehr leicht in Situationen, in denen die schlecht abbaubaren Kosten zu einer angespannten Zahlungsfähigkeit führen (z. B. müssen Löhne, Gehälter, Sozialabgaben, Zinsen und Tilgungen gezahlt werden).

Im Umkehrschluss bedeuten die obigen Aussagen, dass ein Betrieb mit einem niedrigen Anteil des Anlagevermögens am Gesamtvermögen flexibel auf Nachfrageänderungen reagieren kann und zügiger den Markt aktiv gestalten kann.

Der Anteil des **Umlaufvermögens** am Gesamtvermögen hat als Prozentzahl nur geringe Aussagekraft. Erst im Zeitvergleich und in der genaueren Betrachtung einzelner Posten (Forderungsquote, Vorratsquote, Quote der flüssigen Mittel) – auch unter Einbeziehung anderer Zahlen, z. B. der Umsatzerlöse – gewinnt der Betrachter tiefere Einblicke:

- Ein hoher Bestand an Forderungen sagt nicht unbedingt etwas über eine gute Absatzlage aus. Es kann auch sein, dass sich in den Forderungen viele „faule" Kunden tummeln. Erst der Abgleich mit den gestiegenen Umsatzerlösen kann die qualitative Aussage von der guten Absatzlage begründen.
- Eine hohe Vorratsquote weist u. U. auf Lagerhüter hin oder macht die Tatsache durchschaubar, dass das Unternehmen eine unwirtschaftliche Lagerhaltung praktiziert und schnellstens zur Just-in-time-Lieferung übergehen sollte.

Die Ausführungen machen deutlich, dass der Vermögensaufbau nicht durch eine einzelne Kennzahl hinreichend aufgeschlüsselt werden kann. Es empfiehlt sich, mehrere Kennzahlen aus der folgenden Übersicht einzubeziehen:

$$\text{Anlagenintensität} = \frac{\text{Anlagevermögen} \cdot 100\,\%}{\text{Gesamtvermögen}}$$

$$\text{Ausnutzungsgrad des AV} = \frac{\text{Gesamtleistung} \cdot 100\,\%}{\text{Sachanlagen}}$$

$$\text{Quote des Umlaufvermögens} = \frac{\text{Umlaufvermögen} \cdot 100\,\%}{\text{Gesamtvermögen}}$$

$$\text{Vorratsquote} = \frac{\text{Vorräte} \cdot 100\,\%}{\text{Gesamtvermögen}}$$

$$\text{Forderungsquote} = \frac{\text{Forderungen} \cdot 100\,\%}{\text{Gesamtvermögen}}$$

$$\text{Quote der flüssigen Mittel} = \frac{\text{flüssige Mittel} \cdot 100\,\%}{\text{Gesamtvermögen}}$$

Finanzierung

Bei der Beurteilung der Finanzierung geht es um die entscheidende Frage, ob ein Unternehmen überwiegend mit eigenen oder fremden Mitteln wirtschaftet. Entscheidend ist die Frage im Hinblick auf den Grad der wirtschaftlichen Unabhängigkeit bzw. Abhängigkeit. Das Ausmaß an Abhängigkeit/Unabhängigkeit lässt sich über die **Eigenkapitalquote** ausdrücken. Damit ist die Kennzahl gemeint, die angibt, wie viel Prozent des Gesamtkapitals auf das Eigenkapital entfallen.

Allgemein lässt sich sagen, dass ein Unternehmer umso unabhängiger von Kreditgebern entscheiden kann, je mehr er sein Unternehmen mit Eigenkapital ausstattet. Das hängt damit zusammen, dass die Höhe des Eigenkapitals – im Vergleich zum Fremdkapital –

- eine Aussage zur finanziellen Stabilität des Unternehmens zulässt,
- eine Aussage zur Kreditwürdigkeit des Unternehmens ermöglicht,
- eine Aussage zum Umfang der Haftung gegenüber den Gläubigern macht,
- Rückschlüsse darauf zulässt, inwieweit rein rechnerisch eine langfristige Finanzierung des Anlagevermögens über das Eigenkapital gelungen ist.

Insbesondere der letzte Punkt weist auf eine Beziehung hin, die bei der Finanzierung unbedingt zu beachten ist; die sogenannte **goldene Bilanzregel:**

Goldene Bilanzregel

> **Eigenkapital und langfristiges Fremdkapital müssen mindestens so hoch sein wie Anlagevermögen und langfristig gebundenes Umlaufvermögen.**

Es ist leicht einsehbar, dass es ein grober Verstoß gegen die unternehmerische Vernunft wäre, wenn ein Unternehmer langfristig gebundenes Anlagevermögen über kurzfristig fälliges Fremdkapital finanzieren würde.

Das, was wir über das Eigenkapital gesagt haben, gilt im Umkehrschluss auch für das Fremdkapital. Der Anteil des Fremdkapitals am Gesamtkapital, also die **Fremdkapitalquote,**

- gibt Auskunft über das Ausmaß der Verschuldung,
- sagt etwas aus über die Anfälligkeit in wirtschaftlichen Krisen, in denen trotz rückläufiger Absatz- und Umsatzzahlen hohe Zinsen und Tilgungen für das Fremdkapital erbracht werden müssen,
- belegt, inwieweit der Unternehmer in seinen Entscheidungen eingeengt ist, weil zusätzliche Kreditaufnahmen erschwert und mit strengeren Bedingungen verbunden sind.

Und schließlich kommt es nicht auf die Höhe des Fremdkapitals an sich an oder auf die Fremdkapitalquote, sondern auch darauf, wie hoch die Anteile des kurzfristigen und des langfristigen Fremdkapitals am Gesamtkapital sind: Ein hoher Anteil kurzfristigen Fremdkapitals weist auf hohe zukünftige Geldabflüsse hin, die zusammen mit den ohnehin zu erwirtschaftenden Zinsen und Tilgungen für das langfristige Fremdkapital ein Unternehmen sehr schnell in einen Liquiditätsengpass führen können.

Aus den Aussagen wird deutlich, dass auch bei der Finanzierung mehrere Kennzahlen im Zusammenhang betrachtet werden müssen:

$$\text{Eigenkapitalquote} = \frac{\text{Eigenkapital} \cdot 100\,\%}{\text{Gesamtkapital}} \qquad \text{Fremdkapitalquote} = \frac{\text{Fremdkapital} \cdot 100\,\%}{\text{Gesamtkapital}}$$

$$\text{Anteil des langfristigen Fremdkapitals} = \frac{\text{langfristiges Fremdkapital} \cdot 100\,\%}{\text{Gesamtkapital}}$$

$$\text{Anteil des kurzfristigen Fremdkapitals} = \frac{\text{kurzfristiges Fremdkapital} \cdot 100\,\%}{\text{Gesamtkapital}}$$

Investition

Das Anlagevermögen stellt die wirtschaftliche Basis des Unternehmens dar. In ihm ist das Kapital langfristig gebunden (= investiert). Es garantiert die Wertschöpfung im Unternehmen und sorgt so mit für den Geldrückfluss, der zur Bedienung der Kredite, zur Bezahlung der Aufwendungen und auch zur Erzielung von Gewinn erforderlich ist. Ein wichtiges Ziel unternehmerischen Handelns ist es, dieses Vermögen nicht zu gefährden. Deswegen gilt hier die zuvor bereits erwähnte goldene Bilanzregel, wonach das Anlagevermögen – insbesondere das Sachanlagevermögen – rein rechnerisch durch entsprechend langfristiges Kapital gedeckt sein muss.

Die sicherste Deckung ist dann gegeben, wenn das Eigenkapital mindestens so hoch ist wie das Sachanlagevermögen. Reicht es darüber hinaus auch noch aus, um das langfristig gebundene Vorratsvermögen (= eiserne Reserve) zu decken, ist die Investierung als sehr gut zu beurteilen.

In der großen Mehrzahl der Unternehmen reicht das Eigenkapital bei Weitem nicht aus, um auch nur das Sachanlagevermögen halbwegs zu decken. Diese Unternehmen sind darauf angewiesen, die Restfinanzierung über langfristiges Fremdkapital sicherzustellen. Sie haben dabei streng drauf zu achten, dass das zur Finanzierung des Anlagevermögens aufgenommene Fremdkapital mindestens so lange läuft, wie das Anlagevermögen genutzt werden soll.

Zur Beurteilung der Investition bieten sich folgende Kennzahlen an:

$$\text{Deckungsgrad I} = \frac{\text{Eigenkapital} \cdot 100\,\%}{\text{Sachanlagevermögen}}$$

$$\text{Deckungsgrad II} = \frac{(\text{Eigenkapital} + \text{langfristiges Fremdkapital}) \cdot 100\,\%}{\text{Sachanlagevermögen}}$$

$$\text{Deckungsgrad III} = \frac{(\text{Eigenkapital} + \text{langfristiges Fremdkapital}) \cdot 100\,\%}{\text{Sachanlagevermögen} - \text{langfristiges Umlaufvermögen}}$$

Die Deckungsgrade II und III müssen mindestens 100 % betragen, damit die Investitionen auf Dauer gesichert sind.

Mit folgender Rechnung kann der Unternehmer einschätzen, inwieweit sein Eigenkapital derzeit zur Deckung des Anlagevermögens ausreicht und wie groß die Abweichungen in den Über- bzw. Unterdeckungen waren. Der Bedarf an kurzfristigem Fremdkapital spiegelt die Höhe der kurzfristigen Schulden in der Bilanz wider.

Deckungsrechnung	Berichtsjahr	Vorjahr	Abweichungen
Eigenkapital (EK)			
– Anlagevermögen			
= Überdeckung durch EK (+) Unterdeckung durch EK (–)			
+ langfristiges Fremdkapital (FK)			
= langfristiges Kapital zur Deckung des langfristig gebundenen Umlaufvermögens			
– langfristig gebundenes Umlaufvermögen			
= Überdeckung durch langfristiges FK (+) Unterdeckung durch langfristiges FK (–)			
– kurzfristig gebundenes Umlaufvermögen			
= Bedarf an kurzfristigem Fremdkapital			

Liquidität

Großes Augenmerk legt der Unternehmer darauf, dass sein Unternehmen stets den laufenden Verpflichtungen aus fälligen Verbindlichkeiten a. LL, aus Lohn- und Gehaltszahlungen, Versicherungszahlungen, Steuerzahlungen, Zins- und Tilgungszahlungen nachkommen kann. Er weiß, dass die Betrachtung der Bilanz hierfür nur eine begrenzte Aussagefähigkeit besitzt, da Liquiditätsaussagen lediglich über die Situation an einem bestimmten Tag (31.12.), also zeitpunktbezogen, getroffen werden. Auch wird aus den Bilanzpositionen nicht ersichtlich, an welchen Tagen konkret Forderungen und Verbindlichkeiten fällig sind. Ebenso bleibt unklar, über welche nicht genutzten Kreditzusagen (= Kreditlinien) das Unternehmen verfügen kann und welche Gegenstände des Vorratsvermögens zur Not schnell und unkompliziert veräußert werden können und welche nicht. Bei aller Unschärfe legt er dennoch folgende in der

Praxis genutzte „Faustregel" für die Beurteilung der Zahlungsfähigkeit (= Liquidität) zugrunde:

Kurzfristige Zahlungsfähigkeit: (Liquidität 1. Grades)

Ein Unternehmen gilt als kurzfristig zahlungsfähig, wenn Kassenbestand, Bankguthaben, börsenfähige Wertpapiere und Kreditlinie (Kontokorrentkredit) zusammen mindestens zur Hälfte (= 50 %) das kurzfristige Fremdkapital abdecken.

$$\text{Liquidität 1. Grades} = \frac{\text{verfügbare Zahlungsmittel} \cdot 100\ \%}{\text{kurzfristige Verbindlichkeiten}}$$

Mittelfristige Zahlungsfähigkeit: (Liquidität 2. Grades)

Ein Unternehmen gilt als mittelfristig zahlungsfähig, wenn die verfügbaren Zahlungsmittel (siehe Liquidität 1. Grades) und die Forderungen a. LL zusammen mindestens voll (= 100 %) das kurzfristige Fremdkapital abdecken.

$$\text{Liquidität 2. Grades} = \frac{(\text{verfügbare Zahlungsmittel} + \text{Forderungen}) \cdot 100\ \%}{\text{kurzfristige Verbindlichkeiten}}$$

Umsatzbedingte Zahlungsfähigkeit: (Liquidität 3. Grades)

Bei der umsatzbedingten Liquidität wird das gesamte Umlaufvermögen in Beziehung zum kurzfristigen Fremdkapital gesetzt. Diese Kennzahl sollte 200 % nicht unterschreiten.

$$\text{Liquidität 3. Grades} = \frac{\text{Umlaufvermögen} \cdot 100\ \%}{\text{kurzfristige Verbindlichkeiten}}$$

Bewegungs-bilanz

Mit der **Bewegungsbilanz** lassen sich Finanzierungsvorgänge im Hinblick auf „Mittelherkunft" und „Mittelverwendung" aufdecken. Erforderlich dafür ist, dass zwei aufeinanderfolgende Bilanzen mit ihren Veränderungen betrachtet werden.

Wird die **Herkunft der Finanzmittel** untersucht, so wird danach geforscht, durch welche Vorgänge Mittel freigesetzt wurden. Es kann sich dabei um

- eine Verringerung von Aktivposten,
- eine Vermehrung von Passivposten

handeln.

Wird die **Verwendung der Finanzmittel** untersucht, so wird danach geforscht, durch welche Vorgänge Mittel im Unternehmen gebunden wurden.

Es kann sich dabei um

- eine Vermehrung von Aktivposten,
- eine Verringerung von Passivposten

handeln.

Beispiel 1

Am Eröffnungsstichtag 01.01.01 betrug das Bankguthaben	412.550,00 €
Am Abschlussstichtag 31.12.01 betrug das Bankguthaben	383.740,00 €
Verringerung des Aktivpostens „Bankguthaben"	28.810,00 €

Es hat während des Geschäftsjahres auf dem Bankkonto zahlreiche Ein- und Auszahlungen gegeben. Insgesamt wurden Finanzmittel in Höhe von 28.810,00 € mehr entnommen als eingezahlt. Diese **Entnahme** ist

- entweder zum Kauf von Vermögensgegenständen (= Vermehrung von Aktivposten)
- oder zur Tilgung von Schulden (= Verringerung von Passivposten)

verwendet worden.

Beispiel 2

Am Eröffnungsstichtag 01.01.01 betrug das Eigenkapital	1.225.500,00 €
Am Abschlussstichtag 31.12.01 betrug das Eigenkapital	1.380.000,00 €
Vermehrung des Passivposten „Eigenkapital"	154.500,00 €

Durch erfolgreiches Wirtschaften konnte während des Geschäftsjahres ein Gewinn von 154.500,00 € erzielt werden, der zum Ende des Jahres dem Eigenkapital zugerechnet wurde. Diese **Erhöhung** des Passivpostens „Eigenkapital" findet ihren „Niederschlag"

- entweder auf der Aktivseite in der Erhöhung der Finanzmittel (z. B. Bankguthaben)
- oder auf der Passivseite in der Tilgung von Schulden.

3.2
Die Gewinn- und Verlustrechnung auswerten

In den Erläuterungen im Erarbeitungsteil zu diesem Kapitel (vgl. Seite 184 ff.) haben wir Ihnen bereits wichtige Kennzahlen zur Auswertung der Erfolgsrechnung mit den zugehörenden Berechnungsformeln genannt und die Aussagekraft dieser Kennzahlen kurz beschrieben. Im Folgenden geben wir Ihnen kurz gefasste Erläuterungen zu diesen Kennzahlen.

Wir beginnen mit der Kennzahl, die für die Auswertung weitreichende Bedeutung hat, der **Rentabilität**. Diese Kennzahl sagt etwas über die **Ertragskraft** eines Unternehmens aus. Grundsätzlich gilt, dass ein Unternehmen umso ertragskräftiger ist, je höher der erwirtschaftete Gewinn ausfällt. Nun gibt die Gewinnhöhe alleine noch nicht hinreichend darüber Auskunft, wie gut oder wie schlecht – oder wie rentabel – das Unternehmen gewirtschaftet hat. Erst in der Beziehung zu einer anderen Größe, z. B. zum Eigenkapital, zum Gesamtkapital oder zum Umsatz, kann mithilfe des Gewinns eine Aussage zur Rentabilität gemacht werden. Die so berechnete Rentabilität lässt dann auch sinnvolle Vergleiche mit früheren Jahren, anderen Unternehmen oder der Branche zu.

Rentabilität

Sicherlich will jeder Unternehmer – spätestens am Ende des Geschäftsjahres – wissen, ob sich die mühevolle Tätigkeit für ihn und seine Mitarbeiter gelohnt hat, oder anders ausgedrückt, ob sich die Arbeit im Ergebnis „rentiert" hat. Und für manchen Unternehmensmiteigentümer (= Aktionär) ist diese Frage die wichtigste schlechthin, wovon die Vorstände börsennotierter Aktiengesellschaften auf den Hauptversammlungen ein „Lied singen" können. Der ernste Hintergrund lautet: Ohne eine hinreichend hohe Rendite (= Rentabilität) wird ein Unternehmen auf Dauer für die Kapitalgeber uninteressant; das „Kapital" wandert ab und das Unternehmen wird früher oder später seine Selbstständigkeit verlieren. Ohne hinreichende Rentabilität wird auch der Einzelunternehmer auf Dauer nicht existieren können, weil er sich nicht rechtzeitig die Fragen gestellt hat: Worauf ist meine schlechte Rentabilität – z. B. im Vergleich zurückliegender Jahre oder im Vergleich mit Konkurrenten – zurückzuführen? Was muss getan werden, um besser zu werden?

Einen deutlichen Hinweis auf seine Situation geben ihm die verschiedenen Rentabilitätskennzahlen:

- **Eigenkapitalrentabilität,**
- **Gesamtkapitalrentabilität,**
- **Umsatzrentabilität.**

Die Grundlage für die Berechnung der obigen Kennzahlen bildet immer der Jahresgewinn. Der Jahresgewinn ist der um außerordentliche Aufwendungen und Erträge bereinigte Jahresüberschuss. Außerordentliche Aufwendungen und Erträge entstehen aus ungewöhnlichen, selten vorkommenden Ereignissen, die mit der laufenden Wertschöpfung des Unternehmens nichts zu tun haben und deshalb herausgerechnet werden:

Jahresüberschuss der GuV-Rechnung
– außerordentliche Erträge
+ außerordentliche Aufwendungen

= Jahresgewinn

Für Einzelunternehmen und Personengesellschaften empfiehlt es sich, den Jahresgewinn noch um den kalkulatorischen Unternehmerlohn zu kürzen. Bei vereinfachter Rechnung kann der Unternehmerlohn durch die Privatentnahmen ersetzt werden. Nur so ist ein Vergleich der Ergebnisse mit denen von Kapitalgesellschaften sinnvoll. Kapitalgesellschaften rechnen schließlich die Entgelte für Geschäftsführer und Vorstandsmitglieder gewinnmindernd als Gehaltsaufwendungen in die GuV-Rechnung ein:

Jahresgewinn
– kalkulatorischer Unternehmerlohn (evtl. Privatentnahmen)

= Unternehmergewinn bei Einzelunternehmen/Personengesellschaften

---

Bezugsgröße zur Berechnung der Rentabilität ist neben dem Jahresgewinn das Eigenkapital oder das Gesamtkapital. Um in der Rentabilität nicht nur die Situation zum Abschlussstichtag 31.12. einzufangen, sondern auch die Entwicklung während des Geschäftsjahres zu berücksichtigen, wird statt des Endkapitals das durchschnittliche Kapital aus Anfangs- und Endkapital als Grundwert verwendet, also:

$$\text{Durchschnittliches Eigenkapital} = \frac{\text{Eigenkapital zum 01.01.} + \text{Eigenkapital zum 31.12.}}{2}$$

$$\text{Durchschnittliches Gesamtkapital} = \frac{\text{Gesamtkapital zum 01.01.} + \text{Gesamtkapital zum 31.12.}}{2}$$

Eigenkapital-rentabilität

Die **Eigenkapitalrentabilität** gibt einen Hinweis darauf, ob das unternehmerische Handeln zu einem besseren Ergebnis führt als der Zins für einen entsprechend hohen, langfristig angelegten oder als Kredit vergebenen Geldbetrag. Übersteigt die Eigenkapitalrentabilität den Vergleichszins, so stellt der Mehrertrag ein „Entgelt" für das allgemeine Unternehmerrisiko dar, das der Unternehmer für seine Entscheidungen trägt.

Gesamtkapital-rentabilität

Die **Gesamtkapitalrentabilität** ist für den Kreditgeber eine wichtige Kennzahl. Sie vermittelt ihm Kenntnis darüber, ob das Kredit suchende Unternehmen in der Lage ist, die Fremdkapitalzinsen zu zahlen. Das ist dann der Fall, wenn die Gesamtkapitalrentabilität höher ist als der Fremdkapitalzins. Sie gibt dem Unternehmer außerdem einen Hinweis darauf, ob er seine Eigenkapitalrentabilität dadurch verbessern kann, dass er für geplante Investitionen zusätzliches Fremdkapital aufnimmt. Diese zunächst widersprüchlich anmutende Aussage lässt sich unter folgenden Annahmen belegen:

■ Der zu zahlende Zins (= Zinssatz) für das Fremdkapital ist niedriger als die Gesamtkapitalrentabilität.

■ Die Gesamtkapitalrentabilität verändert sich auch nach Aufnahme zusätzlichen Fremdkapitals nicht.

Beispiel

1. Rechnung vor der Aufnahme von zusätzlichem Fremdkapital

	Kapital 01.01.	Kapital 31.12.	Durchschnitt-liches Kapital	Gewinn lt. GuV-Rechnung	FK-Zinsen 8 %	Rentabilität
Eigenkapital	462.500,00 €	537.500,00 €	500.000,00 €	75.000,00 €	—	**15,0 %**
Fremdkapital	700.000,00 €	700.000,00 €			56.000,00 €	—
Gesamtkapital	1.162.500,00 €	1.237.500,00 €	1.200.000,00 €	75.000,00 €	+ 56.000,00 €	10,916 %

2. Rechnung nach der Aufnahme von zusätzlich 200.000,00 € Fremdkapital

	Kapital 01.01.	Kapital 31.12.	Durchschnitt-liches Kapital	Ertrag des Eigenkapitals	FK-Zinsen 8 %	Rentabilität
Eigenkapital	462.500,00 €	537.500,00 €	500.000,00 €	80.824,00 €	—	**16,16 %**
Fremdkapital	700.000,00 €	700.000,00 €			56.000,00 €	—
Zusätzliches Fremdkapital	200.000,00 €	200.000,00 €			16.000,00 €	
Gesamtkapital	1.362.500,00 €	1.437.500,00 €	1.400.000,00 €	152.824,00 €		10,916 %

Das durchschnittliche Gesamtkapital erbringt einen Ertrag von 152.824,00 €, sofern sich die Gesamtkapitalrentabilität nicht verändert (s. Annahme! 10,916 % von 1.400.000,00 € = 152.824,00 €). Nach Abzug der Fremdkapitalzinsen (56.000,00 € + 16.000,00 € = 72.00000 €) verbleibt ein Ertrag des Eigenkapitals von (152.824,00 € − 72.000,00 € =) 80.824,00 €. Dieser Ertrag ergibt eine Eigenkapitalrentabilität von 16,16 %, die mit 1,16 Prozentpunkten über der vorherigen Rentabilität liegt.

Überspitzt kann das Beispiel auch so gedeutet werden:

> **Die Eigenkapitalrentabilität kann durch höheren Einsatz von Fremdkapital gesteigert werden.**
> **(= Leverage-Effekt)**

Die Frage, ob ein Unternehmen mit hohem Eigenkapitalanteil „besser" ist als ein Unternehmen mit hohem Verschuldungsgrad, gewinnt unter dieser Aussage eine weniger klare Deutung: Wer als Unternehmer unabhängig von Kapitalgebern sein will, wird die hohe Eigenkapitalausstattung bevorzugen; wer den Eigenkapitaleinsatz unter Renditeaspekt betrachtet, wird einen hohen Verschuldungsgrad vorziehen.

Zusätzlich zur Eigenkapital- und Gesamtkapitalrentabilität lässt sich die **Umsatzrentabilität** bestimmen. Sie gibt an, wie viel Prozent vom Umsatz der Jahresgewinn ausmacht. Eine Umsatzrentabilität von 5 % besagt, dass das Unternehmen an jedem umgesetzten Euro 5 Cent verdient hat. Diese Kennzahl ist für Zeit- und Branchenvergleiche besonders aussagekräftig. Eine im Jahresvergleich steigende Umsatzrentabilität weist auf eine zunehmende Produktivität hin.

**Umsatz-
rentabilität**

Es empfiehlt sich, die Umatzrentabilität nicht auf der Grundlage des Jahresgewinns zu berechnen, sondern auf der Grundlage des Betriebsergebnisses aus der Ergebnistabelle. Das hat den Vorteil, dass nur das Ergebnis aus der geplanten betrieblichen Wertschöpfung zugrunde gelegt wird. Anders ausgedrückt: Das neutrale Ergebnis mit seinen betriebs- und periodenfremden Aufwendungen und Erträgen bleibt unberücksichtigt.

Return on Investment – ROI

Die Kennzahl „**Return on Investment**" (= **ROI**) ergänzt und erweitert die Rentabilitätskennzahlen, indem sie die Umsatzrentabilität mit der Häufigkeit des Kapitalumschlags verbindet. Dadurch wird es möglich, Maßnahmen zur Steigerung der Rendite gezielt an den Ursachen festzumachen.

Der Berechnung dieser Kennzahl kann sowohl das durchschnittlich gebundene Eigenkapital als auch das durchschnittlich gebundene Gesamtkapital zugrunde gelegt werden.

$$\text{ROI} = \frac{\text{Jahresgewinn} \cdot 100\,\%}{\text{Umsatzerlöse}} \cdot \frac{\text{Umsatzerlöse}}{\text{durchschnittliches EK}}$$

$$\text{ROI} = \frac{(\text{Jahresgewinn} + \text{FK-Zinsen}) \cdot 100\,\%}{\text{Umsatzerlöse}} \cdot \frac{\text{Umsatzerlöse}}{\text{durchschnittliches GK}}$$

Die zweite Berechnungsformel hat den Vorteil, dass sie die wirtschaftliche Tätigkeit des Unternehmens insgesamt in den Blick nimmt: Eigen- und Fremdkapital werden im Wertschöpfungsprozess eingesetzt; sie erwirtschaften gemeinsam die Gesamtkapitalrentabilität, zu deren Berechnung neben dem Gewinn auch die gezahlten Fremdkapitalzinsen herangezogen werden.

Cashflow

Zum **Cashflow** finden Sie hinreichende Erläuterungen im Erarbeitungsteil (vgl. Seite 185 f.). Wir verzichten an dieser Stelle auf weitergehende Aussagen, ergänzen aber die im Erarbeitungsteil angegebene Berechnung.

Grundsätzlich lässt sich der Cashflow direkt oder indirekt berechnen. Bei der **direkten** Methode werden alle zahlungswirksamen Erträge einer Periode addiert. Von dieser Summe werden alle zahlungswirksamen Aufwendungen subtrahiert; die Differenz ist der Cashflow. Zahlungswirksame Erträge sind z. B. die Umsatzerlöse, zahlungswirksame Aufwendungen z. B. die Aufwendungen für Roh-, Hilfs- und Betriebsstoffe.

In der Praxis hat sich die Methode der **indirekten** Berechnung durchgesetzt, weil sie einfacher und kürzer ist. Sie geht davon aus, dass man den Jahresgewinn um die **nicht** zahlungswirksamen Aufwendungen und Erträge bereinigt:

```
  Jahresgewinn (u. U. Unternehmergewinn)
+ Abschreibungen auf das Anlagevermögen
– Zuschreibungen auf das Anlagevermögen
+ Zuführungen zu langfristigen Rückstellungen (u. a. Pensionsrückstellungen)
– Auflösungen von langfristigen Rückstellungen
+ andere nicht zahlungswirksame Aufwendungen
– andere nicht zahlungswirksame Erträge
= Cashflow
```

Umschlags-kennzahlen

Mit **Umschlagskennzahlen** lassen sich die Wertschöpfungsprozesse im Unternehmen auf ihre **Wirtschaftlichkeit** hin untersuchen. Dazu werden bestimmte Posten der Gewinn- und Verlustrechnung, z. B. Umsatzerlöse, Werkstoffaufwendungen zu aussagefähigen Posten der Bilanz, z. B. Eigenkapital, Forderungen a. LL, Werkstoffbestand in Beziehung gesetzt.

Eine sehr allgemeine Kennzahl der Wirtschaftlichkeit lässt sich aus der Beziehung von Leistungen zu Kosten gewinnen:

$$\text{Wirtschaftlichkeit} = \frac{\text{Leistungen der Abrechnungsperiode}}{\text{Kosten der Abrechnungsperiode}}$$

Spezifischer sind Kennzahlen, die sich mit der **Kostenintensität** und der **Umschlagshäufigkeit** befassen:

Kennzahlen zur **Kostenintensität** untersuchen, welchen Anteil typische Kostenblöcke an den Gesamtkosten haben. Aus dieser Beziehung lassen sich im Zeit- oder Branchenvergleich Rückschlüsse auf Schieflagen im Unternehmen ziehen.

Kostenintensität

So kann eine über dem Durchschnitt liegende **Materialkostenintensität** aussagen, dass Werkstoffe nicht optimal eingesetzt bzw. verschwendet werden oder dass das Unternehmen eine geringe Fertigungstiefe aufweist.

Besondere Bedeutung unter diesen Kennzahlen hat die **Personalkostenintensität**, in der die Beziehung zwischen Personalkosten und Gesamtkosten (= Personalkostenquote) untersucht wird. Die Personalkostenquote führt leicht zu Konfrontationen zwischen Mitarbeitern und Geschäftsleitung. Von Arbeitgeberseite ist die Klage zu hören, dass die hohen Personalkosten – insbesondere die hohen Personalnebenkosten – die Konkurrenzfähigkeit beeinträchtigen; von Arbeitnehmerseite wird der ständige Druck auf die Personalkosten und die zu geringen Lohn- und Gehaltssteigerungen – trotz hoher Unternehmensgewinne – beklagt. Sinnvoll ist es, die Personalkostenquote in ihrer Entwicklung zu betrachten, also sie immer im Vergleich mit vorhergehenden Abrechnungsperioden oder mit dem Branchendurchschnitt zu sehen.

Personalkostenquote und Materialkostenquote sind eng miteinander verzahnt und sollten immer in ihrer Beziehung zueinander gedeutet werden:

- Eine niedrige Materialkostenquote (ca. 30 % bis 40 %) in Verbindung mit einer hohen Personalkostenquote (deutlich über dem Durchschnitt; also etwa 50 % bis 55 %) deuten auf eine **große Fertigungstiefe** hin.
- Eine hohe Materialkostenquote (ca. 70 %) in Verbindung mit einer niedrigen Personalkostenquote sind Anzeichen für eine **geringe Fertigungstiefe**.

Die Umsatzerlöse und das Kapital (Eigenkapital, Gesamtkapital) stehen in einer Beziehung zueinander, aus der sich Rückschlüsse auf die Umschlagshäufigkeit des Kapitals ziehen lassen. Hohe Umsatzerlöse und in Folge daraus sowohl eine gute Liquidität als auch hohe Renditen können mit einem niedrigen Kapitaleinsatz bei gleichzeitig hohem Kapitalumschlag erwirtschaftet werden. Ein hoher Kapitalumschlag deutet darauf hin, dass das im Produktionsprozess eingesetzte Kapital in kurzen Zeitabständen wieder in das Unternehmen zurückfließt und somit für Werkstoffbeschaffungen und Investitionsvorhaben zur Verfügung steht. Im Umkehrschluss deutet ein niedriger Kapitalumschlag auf eine lange Kapitalbindung im Produktionsprozess und/oder im Absatzprozess hin (siehe auch unter Forderungsumschlag). Über Zeit- und Branchenvergleiche kann der Unternehmer den Kapitalumschlag seines Unternehmens richtig einschätzen.

Kapitalumschlag

Folgende Kennzahlen stehen ihm zur Verfügung:

$$\text{Umschlagshäufigkeit des Eigenkapitals (EK)} = \frac{\text{Umsatzerlöse}}{\text{durchschnittliches Eigenkapital}}$$

$$\text{Umschlagsdauer des Eigenkapitals} = \frac{360 \text{ Tage}}{\text{Umschlagshäufigkeit des EK}}$$

$$\text{Umschlagshäufigkeit des Gesamtkapitals (GK)} = \frac{\text{Umsatzerlöse}}{\text{durchschnittliches Gesamtkapital}}$$

→

$$\text{Umschlagsdauer des Gesamtkapitals} = \frac{360 \text{ Tage}}{\text{Umschlagshäufigkeit des GK}}$$

Lagerumschlag

Die Kennzahlen für den **Lagerumschlag** dienen zur Beurteilung, inwieweit der Beschaffungs- und Produktionsprozess wirtschaftlich gestaltet ist. Der Berechnung wird der durchschnittliche Lagerbestand an **Werkstoffen** zugrunde gelegt. Eine hohe Umschlagshäufigkeit des Lagerbestandes bedeutet:

- kurze Lagerdauer der Werkstoffe,
- geringe Lagergröße und damit geringer Kapitaleinsatz im Lager,
- geringe Kosten für die Lagerhaltung,
- geringes Risiko für Lagerhüter.

Über Zeit- und Branchenvergleiche kann der Unternehmer den Lagerumschlag seines Unternehmens angemessen einschätzen.

Forderungs-umschlag

Mit den Kennzahlen zum **Forderungsumschlag** kontrolliert der Unternehmer die Zahlungsmoral seiner Kunden. In der Regel wird den Kunden ein Zahlungsziel eingeräumt (ca. 30 Tage), dessen Einhaltung vom liefernden Unternehmen sorgfältig überwacht werden muss. Je nachlässiger die Forderungskontrolle im Unternehmen gehandhabt wird und je häufiger Kunden die Zahlungsziele nicht einhalten, umso eher gerät das Unternehmen in Zahlungsschwierigkeiten, insbesondere dann, wenn eine große Forderung ausfällt. Um Kunden einen Anreiz zur schnellen Zahlung zu geben, gewähren Lieferer einen Skontoabzug auf den Rechnungspreis bei Zahlung innerhalb einer eng gesetzten Frist (ca. 10 Tage).

Eine hohe Umschlagshäufigkeit der Forderungen bedeutet,

- dass Finanzmittel zügig ins Unternehmen zurückfließen,
- dass die Liquidität des Unternehmens gesichert ist,
- dass Kosten des Zahlungsverzugs vermieden werden.

Mit den im Erarbeitungsteil auf Seite 186 f. aufgeführten Kennzahlen zur Häufigkeit des Forderungsumschlags und zur durchschnittlichen Kreditdauer hat der Unternehmer ein Instrument zur Hand, das ihm hilft, die von ihm vorgegebenen oder die in der Branche üblichen Zahlungsziele zu überwachen.

4
Die Rechnungslegung nach HGB und IFRS gegenüberstellen

Im abschließenden vierten Kapitel stellen wir beispielhaft dar, wie der Jahresabschluss auf der Grundlage der International Financial Reporting Standards (= **IFRS**) vorzunehmen ist und inwieweit die HGB-Vorschriften hiervon abweichen.

National ausgerichtete und überwiegend auf nationalen Märkten operierende Unternehmen haben sich in den letzten Jahrzehnten vielfach zu international agierenden Konzernen entwickelt. Dieser Internationalisierung der unternehmerischen Tätigkeiten folgte der Zwang zu allgemein anerkannten Rechnungslegungsvorschriften, und das aus sehr unterschiedlichen Interessen heraus:

Interessenlagen

- Aus **Unternehmenssicht** erfordert die Ausweitung der unternehmerischen Tätigkeiten auf Auslandsmärkte hohe Kapitalbeträge, die sich nur durch Ausgabe von Anteilscheinen (= Aktien) aufbringen lassen und das zuverlässig auch nur dann, wenn die Aktien des betreffenden Unternehmens an einer Börse notiert sind und gehandelt werden. Den international auftretenden Kapitalgebern müssen Abschlüsse angeboten werden, aus denen die Finanz- und Erfolgslage nach allgemein anerkannten Regeln ablesbar ist.
- Internationale **Börsen** (z. B. auch die Deutsche Börse AG – Deutsche Börse Group) verlangen von Großunternehmen, insbesondere von denen, die im oberen Börsensegment angesiedelt sind, dass sie international verbreitete Rechnungslegungsvorschriften anwenden (z. B. IFRS oder US-GAAP = **G**enerally **A**ccepted **A**ccounting **P**rinciples).
- **Kapitalgeber** sind an hohen Renditen ihrer Kapitalinvestitionen interessiert. Inwieweit international auftretende Unternehmen Renditeerwartungen erfüllen, lässt sich durch den Vergleich ihrer Abschlüsse ermitteln. Also werden Kapitalgeber ihr Geld in solche Unternehmen investieren, von denen ihnen international vergleichbare Abschlüsse vorliegen.

Die im Rahmen der EU anerkannten Rechnungslegungsvorschriften haben sich über eine mehr als 30-jährige Geschichte entwickelt, die wir Ihnen in sehr knapper Form vorstellen:

Entwicklung

Jahr	Organisation/Entwicklung	Aufgabe
1973	Gründung des **IASC** (= International Accounting Standards Committee; ehrenamtliche Mitglieder)	Entwickelt und veröffentlicht die sogenannten **IAS** (= International Accounting Standards)
2001	Einrichtung des **IASB** (= International Accounting Standards Board; hauptamtliche Mitglieder)	Entwickelt und veröffentlicht die sogenannten **IFRS.** Der Begriff IFRS wird heute als Oberbegriff für die neu entwickelten IFRS als auch für die weiterhin geltenden und z. T. revidierten IAS verwendet.
2001	Einrichtung des **IFRIC** (= International Financial Reporting Interpretations Committee)	Entwickelt und interpretiert IFRS und berichtet dem Board.
2002	**EU-Verordnung** zur Übernahme der privatrechtlich entwickelten IAS/IFRS in europäisches Recht (= Endorsementverfahren). **Ziele:** ■ Harmonisierung der Rechnungslegungsvorschriften in der EU, ■ Vergleichbarkeit der Konzernabschlüsse, ■ Transparenz der Kapitalmärkte, ■ Erleichterung der Kapitalbeschaffung an den Wertpapierbörsen.	Konzernabschlüsse börsennotierter EU-Unternehmen **müssen** seit **2005** nach IAS/IFRS erstellt werden. EU-Konzerne, die nicht an der Börse notiert sind, haben ein **Wahlrecht** zur Anwendung der IAS/IFRS. Alle anderen deutschen Unternehmen können **zusätzlich** zum Einzelabschluss nach HGB einen Abschluss nach IAS/IFRS aufstellen (z. B. aus Publizitätsgründen).
2007	IASB legt IAS/IFRS-Entwurf für kleine und mittelgroße Unternehmen vor.	Jahresabschlüsse sollen auf vereinfachter Grundlage nach IFRS – anstelle des HGB – ermöglicht werden.
2010	geplante Übernahme der IAS/IFRS in deutsches Recht	Entwurf zum Bilanzrechtsmodernisierungsgesetz (2009) soll HGB an IFRS anpassen.
(?)	(?)	

IAS und IFRS sowie deren Interpretationen (SIC, IFRIC) sind einzeln durchnumme-
rierte thematische Einheiten, zurzeit gibt es 32 IAS und 8 IFRS sowie 21 Interpretationen. Jeder „Standard" befasst sich mit einem bestimmten Thema; so hat IAS 18
den Titel „Erträge", IFRS 3 den Titel „Unternehmenszusammenschlüsse".

Rahmen oder Framework

Während sich die einzelnen Standards ausführlich ihren Themen, Zielen und Anwen-
dungen widmen, Fragen zur Bewertung und zum Bilanzausweis behandeln sowie
Praxisbeispiele geben, stellt das **„Framework"** den Rahmen dar, innerhalb dessen sich
IAS/IFRS bewegen. Hier werden die **Unterschiede zum HGB** deutlich. Im Folgenden
listen wir einige auffallende Unterschiede auf:

	IAS/IFRS	HGB
	Grundaussagen	
	Der Jahresabschluss folgt dem „true and fair view"; er soll **realistische** und damit **entscheidungsnützliche Informationen** über ■ die Finanzlage, ■ die Ertragslage, ■ den Kapitalfluss und ■ die Eigenkapitalveränderung liefern, also ein Bild über die **tatsächliche** Lage und Entwicklung des Unternehmens geben. Bewertet wird so, dass sich ein **periodengerechter Gewinn** ergibt.	Die Bewertungen im Jahresabschluss unterliegen dem **Vorsichtsprinzip.** Es gilt, ■ die **Gewinnausschüttung** so zu begrenzen, dass die **Substanz** erhalten bleibt, ■ die **Gläubiger** zu schützen.
	Konkretisierung der Grundaussagen anhand ausgewählter Beispiele:	
Imparitäts-prinzip	In den IAS/IFRS findet dieses Prinzip keine Anwen-dung.	Nicht realisierte Verluste müssen ausgewiesen werden. Nicht realisierte Gewinne dürfen grundsätzlich nicht ausgewiesen werden.
Realisations-prinzip	Bei einem langfristigen Fertigungsauftrag (über mindestens einen Jahresabschluss hinweg) wird der Gewinn am Jahresende entsprechend dem Leistungs-fortschritt erfasst. Der Gewinn ergibt sich als Differenz aus dem (noch nicht realisierten) Teil-Umsatz und den Teil-Herstellungskosten.	Ein Gewinn aus einem (langfristigen) Fertigungs-auftrag darf erst ausgewiesen werden, wenn der Um-satz realisiert ist. Bis zu diesem Zeitpunkt werden die Herstellungskosten unter dem Posten „Unfertige Erzeugnisse" aktiviert.
Bildung stiller Reserven	Nach IAS/IFRS dürfen entsprechend des Grundsatzes einer realistischen Bewertung keine stillen Reserven gebildet werden.	Stille Reserven sind nach HGB zugelassen und erwünscht (Vorsichtsprinzip!). Stille Reserven werden durch Unterbewertung des Vermögens nach dem **Niederstwertprinzip** (z. B. durch zu hohe Abschrei-bungen) oder durch Überbewertung der Schulden nach dem **Höchstwertprinzip** gebildet.
Anschaffungs-wertprinzip	Nach IAS/IFRS können **Sachanlagen** entweder planmäßig abgeschrieben oder regelmäßig mit dem **Zeitwert** neu bewertet werden. Hierbei ist auch eine Überschreitung der Anschaffungskosten möglich. Veräußerbare **Wertpapiere** werden zum Stichtags-wert, der auch höher sein kann als die Anschaffungs-kosten, angesetzt.	Nach HGB sind die Anschaffungskosten unbedingte **Bewertungsobergrenze.** Für den Wertansatz veräußerbarer Wertpapiere gilt das strenge Niederstwertprinzip mit der Obergrenze der Anschaffungskosten.
Herstellungs-kosten	Nach IAS/IFRS sind Material- und Fertigungsgemein-kosten in die Herstellungskosten einzurechnen (= **Vollkostenansatz**).	Nach HGB sind Material- und Fertigungsgemein-kosten in die Herstellungskosten einzurechnen (= **Vollkostenansatz**).
Langfristige Schulden	Der **vereinnahmte Betrag** – nach Abzug eines Disagios – ist zu passivieren.	Der **Erfüllungsbetrag** ist zu passivieren.
Forderungen in Fremd-währungen	Nach IAS/IFRS ist die Forderung zum **Stichtagswert** anzusetzen, auch wenn dieser Wert über den Anschaffungskosten liegt.	Die Forderung ist nach dem **Stichtagsprinzip** – höchstens zu Anschaffungskosten – anzusetzen. Ausnahme: kurzfristige Forderungen
Verbind-lichkeiten in Fremd-währungen	Nach IAS/IFRS ist die Verbindlichkeit zum **Stichtags-wert** anzusetzen, auch wenn dieser Wert unter den Anschaffungskosten liegt.	Die Verbindlichkeit ist nach dem **Stichtagsprinzip** – mindestens zu Anschaffungskosten – anzusetzen. Ausnahme: kurzfristige Verbindlichkeiten

	IAS/IFRS	HGB
	Konkretisierung der Grundaussagen anhand ausgewählter Beispiele:	

Rück-stellungen	Nach IAS/IFRS werden Verpflichtungen, die in ihrer Höhe und in ihrer Fälligkeit ungewiss sind, dann passiviert, wenn sie die Schulddefinition erfüllen: ■ Die Schuld muss vorliegen. ■ Sie muss zu einem wahrscheinlichen Abfluss von Finanzmitteln führen. ■ Ihr Wert muss bestimmbar sein. „Unterlassene Instandhaltungen" z. B. unterliegen demnach einem Passivierungsverbot. „Drohende Verluste aus schwebenden Geschäften" erfüllen dagegen die Schulddefinition (= Passivierungspflicht!).	Nach HGB (§ 249) besteht eine Passivierungspflicht bei ■ ungewissen Verbindlichkeiten, ■ drohenden Verlusten aus schwebenden Geschäften, ■ unterlassenen Instandhaltungsaufwendungen (nachzuholen innerhalb von drei Monaten), ■ Abraumbeseitigung im folgenden Jahr.
Bestandteile des Jahres-abschlusses	Nach IAS/IFRS setzt sich der Jahresabschluss zusammen aus: ■ **Bilanz** (balance sheet) ■ **Gewinn- und Verlustrechnung** (income statement) ■ **Eigenkapitalveränderungsrechnung** (statement of changes in equity) ■ **Kapitalflussrechnung** (cashflow statement) ■ **Notes** (vergleichbar dem Anhang nach HGB, wobei die **notes** umfangreicher und ausführlicher sind als die Angaben im Anhang). Für die Bilanz und die Gewinn- und Verlustrechnung sehen die IAS/IFRS kein verbindliches Gliederungs-schema vor. Es reicht eine Grobgliederung in Haupt-posten aus. Für die Eigenkapitalveränderungsrechnung ist es hinreichend, wenn in der Bilanz aufgeführt werden: ■ Nominalkapitaländerung, ■ Gewinnzuweisung in die Kapitalrücklage, ■ Neubewertungsrücklage (z. B. aus nicht reali-sierten Gewinnen), ■ Gewinn-/Verlustvortrag, ■ Jahresüberschuss/Jahresfehlbetrag. In der Kapitalflussrechnung werden die Veränderun-gen der Finanzmittel erfasst. Das ist im Wesentlichen der Cashflow (vgl. Seite 185 f.). Darüber hinaus sind der Finanzmittelabfluss oder -zufluss aus Investition (z. B. Kauf und Verkauf von Anlagegegenständen) und der Finanzmittelzufluss oder -abfluss aus Finanzie-rungsvorgängen (z. B. Aufnahme oder Tilgung von Darlehen) anzugeben. Die **notes** enthalten alle Informationen, die für Kapitalgeber relevant sein können (z. B. Erläuterun-gen zu den Veränderungen in den Bilanz- und GuV-Positionen, Angaben und Erläuterungen zu den Bewertungsverfahren, Auflistung der Beteiligungen, Angaben zu den Bezügen von Vorstand und Aufsichts-rat, ...).	Nach HGB setzt sich der Jahresabschluss für Kapital-gesellschaften zusammen aus: ■ **Bilanz** (§ 266 HGB), ■ **Gewinn- und Verlustrechnung** (§ 275 HGB), ■ **Anhang** (§ 284 HGB). Der nach § 289 HGB zusätzlich zu erstellende **Lagebericht** ist nicht Bestandteil des Jahresab-schlusses, sondern liefert Zusatzinformationen zur Lage und Entwicklung des Unternehmens während des Geschäftsjahres. Für die Bilanz und die Gewinn- und Verlustrechnung schreibt das HGB Gliederungen vor, deren Umfang je nach Größe des Unternehmens unterschiedlich ist. Alle betroffenen Unternehmen sind außerdem zur Publizität verpflichtet (= Veröffentlichung des Abschlusses im Handelsregister). Große Unterneh-men müssen zusätzlich die Veröffentlichung im Bundesanzeiger bekannt geben. Mittelgroße und große Unternehmen haben ihre Jahresabschlüsse zudem von unabhängigen Wirt-schaftsprüfern prüfen zu lassen. § 268 Abs. 2 HGB legt den Unternehmen zusätzlich auf, einen sogenannten **Anlagenspiegel** zu erstellen: „In der Bilanz oder im Anhang ist die Entwicklung der einzelnen Posten des Anlagevermögens [...] dar-zustellen. Dabei sind, ausgehend von den gesamten Anschaffungs- und Herstellungskosten, die Zugänge, Abgänge, Umbuchungen und Zuschreibungen des Geschäftsjahres sowie die Abschreibungen in ihrer gesamten Höhe gesondert aufzuführen. [...]" Kapitalmarktorientierte Kapitalgesellschaften haben den Jahresabschluss um eine Kapitalflussrechnung und einen Eigenkapitalspiegel zu erweitern.

Das Unternehmen im gesamt- und weltwirtschaftlichen Zusammenhang einordnen

1 Das marktwirtschaftliche System – Wem nützt die Marktwirtschaft?

1.1 Die Interessen der Wirtschaftssubjekte in einer Volkswirtschaft

Da die Volkswirtschaftslehre (VWL) viele für Sie neue Begrifflichkeiten und Denkmodelle verwendet, werden diese zunächst in einem angemessenen Umfang erläutert. Es soll ein Grundlagenwissen vermittelt werden, durch das einige Begriffe – vergleichbar den Vokabeln in einer Fremdsprache – und auch typische methodische Vorgehensweisen – vergleichbar den Gesetzen der Mathematik – bereitgestellt werden sollen.

Grundlagen der Volkswirtschaftslehre

In Deutschland, wie in anderen Volkswirtschaften auch, gibt es eine Vielzahl von Einzelpersonen bzw. von einzelnen Haushalten und einzelnen Unternehmen unterschiedlicher Größe, die jeweils wirtschaftlich unterschiedliche Ziele verfolgen. Die Volkswirtschaftslehre betrachtet diese Wirtschaftssubjekte und versucht deren Entscheidungen zu erläutern. Zudem versucht sie auch Aussagen darüber zu treffen, wie Gruppen von Wirtschaftssubjekten, die wirtschaftliche Entscheidungen treffen, sich verhalten. Im Gegensatz dazu untersucht die Betriebswirtschaftslehre (BWL) insbesondere das Wirtschaften der einzelnen Betriebe in einer Volkswirtschaft.

Mikroökonomie

Makroökonomie

In der **Mikroökonomie,** einer Teildisziplin der Volkswirtschaftslehre, stehen die Verhaltensweisen einzelner Wirtschaftssubjekte in unterschiedlichen Marktformen im Mittelpunkt. Möchte man allgemeingültige Aussagen über die Beteiligten am Wirtschaftsgeschehen treffen, ist es sinnvoll, eine gesamtwirtschaftliche Betrachtungsweise an den Tag zu legen. Daher verwendet man in der **Makroökonomie** eine Betrachtungsweise bzw. Methode, in der man die einzelnen Teilnehmer am Wirtschaftsleben zusammenfasst, also aggregiert, und ihre Beziehungen zueinander betrachtet: alle privaten Konsumenten werden zum Wirtschaftssubjekt „private Haushalte" zusammengefasst, alle einzelnen Unternehmen werden in der gesamtwirtschaftlichen Betrachtungsweise zum Wirtschaftssubjekt „Unternehmen" aggregiert. Neben diesen beiden gibt es weitere Wirtschaftssubjekte: den Staat, das Ausland und die sogenannten Kapitalsammelstellen. Damit sind alle Kreditinstitute bzw. Finanzdienstleister bezeichnet. Ihnen kommt in einer Volkswirtschaft eine besondere Funktion zu (vgl. Kapitel 4).

Bedürfnisse

Ausgangspunkt volkswirtschaftlicher Überlegungen ist das wirtschaftliche Handeln Einzelner oder das von Gruppen. Die Antriebsfeder für das wirtschaftliche Handeln der Wirtschaftssubjekte liegt zumeist in der Empfindung eines Mangels begründet. Diese Empfindung wird auch **Bedürfnis** genannt.
Der amerikanische Psychologe Maslow (*1908; †1970) hat 1958 folgende Kategorisierung der Bedürfnisse in Form einer Pyramide vorgeschlagen:

Die Kategorisierung der Bedürfnisse

- **Selbst-verwirklichung** (Individualität, künstlerische Entfaltung, ...)
- **soziale Anerkennung** (Karriere, Statussymbole, Auszeichnungen, ...)
- **soziale Beziehungen** (Freundeskreis, Partnerschaft, Familie, ...)
- **Sicherheit** (Wohnraum, fester Arbeitsplatz, Sozialversicherung, ...)
- **Grundbedürfnisse** (Essen, Trinken, Schlaf, ...)

Gemäß Maslows Theorie versuchen die Menschen zuerst die Bedürfnisse der niedrigeren Stufen zu befriedigen, bevor sie die jeweils nächsthöheren Stufen anstreben. In ihrer einfachsten Form handelt es sich dabei um Grundbedürfnisse wie Nahrung und Schlaf. Man könnte annehmen, dass der Mensch, wenn er im „Schlaraffenland" lebte, vielleicht kein Gefühl des Mangels, also keine Bedürfnisse, mehr verspüre. Es ist aber gut denkbar, dass ihm dann Anerkennung oder Bestätigung fehlt.

Bedürfnisse äußern sich in den unterschiedlichsten Formen. Maslows Theorie beschreibt die den Handlungen zugrunde liegenden Motivationen der Menschen. Anwendung findet diese Theorie vor allem in der Verkaufspsychologie, die beschreibt, wie man aus den Bedürfnissen der Menschen heraus ihre Kaufentscheidungen beeinflussen kann. Einzelne Bedürfnisse eines Menschen konkretisieren sich in seinem **Bedarf** nach einem bestimmten Gut. Ist Kaufkraft vorhanden, mündet ein Teil des Bedarfs in tatsächliche **Nachfrage**. Diese Kaufentscheidung soll dann der Bedürfnisbefriedigung dienen.

Bedarf
› Band 3, LF 10

Die Mittel, die dazu dienen, Bedürfnisse zu befriedigen, nennt man **Güter**. Dabei kann es sich um alle Sachgüter, Dienstleistungen und Nutzungsrechte handeln. Genauso unterschiedlich wie die Bedürfnisse sind auch die Güterarten nach dem jeweils gewählten Unterscheidungsmerkmal sehr verschieden.

Güter

Unterscheidungs-merkmal	Güterart	Beschreibung der Güterart
Knappheitsgrad	freie Güter	Freie Güter, wie Atemluft, stehen fast unbegrenzt zur Verfügung und sind in der Regel kostenfrei.
	ökonomische oder wirtschaftliche Güter bzw. knappe Güter	Wirtschaftliche Güter stehen begrenzt zur Verfügung und haben einen Preis. Die Atemluft, die man als Taucher benötigt, wird in Kompressionsflaschen zum Verkauf angeboten.
Verwendung in der Produktion	Produktionsgüter	Produktionsgüter dienen den Unternehmen zur Herstellung von Gütern bzw. Dienstleistungen.
	Konsumgüter	Konsumgüter sind das Ergebnis eines Produktionsprozesses und dienen den Haushalten unmittelbar zur Bedürfnisbefriedigung.
Nutzungszeitraum	Gebrauchsgüter	Gebrauchsgüter wie bspw. Maschinen im Unternehmen oder ein Kühlschrank im Haushalt unterliegen einem längeren Abnutzungszeitraum.
	Verbrauchsgüter	Verbrauchsgüter werden bei der Produktion im Unternehmen oder bei der Nutzung im Haushalt unmittelbar aufgebraucht.
Beziehung zwischen den Gütern	Komplementärgüter	Komplementärgüter sind Güter, die sich gegenseitig ergänzen bzw. einander bedürfen. Ein Beispiel hierfür sind Schraubenzieher und Schrauben.
	Substitutionsgüter	Substitutionsgüter ersetzen einander. So kann der Schraubenzieher durch einen Akkuschrauber, Butter durch Margarine ersetzt werden.
Vergleichbarkeit	homogene Güter	Homogene Güter sind gleichartige Güter. Dieselkraftstoffe von unterschiedlichen Tankstellen sind immer homogen.
	heterogene Güter	Heterogene Güter sind Güter, die nicht gleichartig sind. Beispielsweise sind Kaffeesorten von unterschiedlichen Anbietern nie gleich, sie unterscheiden sich in Mischung und Geschmack, sind also heterogen.
Qualität	inferiore Güter/ superiore Güter	Inferiore Güter sind Güter von minderwertiger Qualität und daher immer im Vergleich zu superioren Gütern zu sehen. So ist ein Polyesterpullover im Vergleich zu einem Kaschmirpullover ein inferiores, der Kaschmirpullover das superiore, also das höherwertige Gut.

Ein weiterer Ausgangspunkt der Überlegungen der Volkswirtschaftslehre ist die Knappheit der meisten Güter. Da die Wirtschaftssubjekte nur beschränkte finanzielle Mittel zur Verfügung haben, sind sie bestrebt, die Befriedigung ihrer Bedürfnisse möglichst effizient zu gestalten. Die Unternehmen streben i. d. R. danach, ihren Gewinn zu maximieren bzw. beständig ihre Kosten zu reduzieren. Den Haushalten geht es darum, mit ihrem jeweiligen Einkommen einen größtmöglichen Nutzen zu erzielen bzw. ihre Haushaltsausgaben gering zu halten. In diesen gerade beschriebenen Zielen der Wirtschaftssubjekte zeigt sich ihr rationales bzw. wirtschaftliches Verhalten. Dementsprechend wird die zugrunde liegende Handlungsmaxime der Wirtschaftssubjekte auch als **ökonomisches Prinzip** bzw. **Wirtschaftlichkeitsprinzip** oder **Rationalprinzip** bezeichnet. Dieses Prinzip zeigt sich in zwei Ausprägungen, dem **Maximal-** und dem **Minimalprinzip**.

Ökonomisches Prinzip

Maximalprinzip Mit gegebenen Mitteln soll ein größtmöglicher Erfolg erzielt werden.	
Private Haushalte	**Unternehmen**
Ein privater Haushalt bezahlt den Einkauf von Lebensmitteln mit 150,00 € (gegebene Mittel) pro Woche. Unter Ausnutzung von Sonderangeboten wird versucht, eine möglichst große Menge an Lebensmitteln (größtmöglicher Erfolg) einzukaufen.	Ein Unternehmen setzt die vorhandenen Ressourcen wie Produktionsanlagen und Rohstoffe (gegebene Mittel) so ein, dass über den Verkauf der produzierten Waren ein möglichst hoher Gewinn (größtmöglicher Erfolg) erzielt wird.
Der private Haushalt verhält sich in diesem Fall wie ein **Nutzenmaximierer.**	Das Unternehmen verhält sich in diesem Fall wie ein **Gewinnmaximierer.**

Minimalprinzip	
Mit möglichst geringem Einsatz von Mitteln soll ein vorgegebener Erfolg erzielt werden.	
Private Haushalte	**Unternehmen**
Auf ihrer Urlaubsreise mit dem Pkw versucht eine Familie (privater Haushalt) durch eine sparsame Fahrweise wenig Benzin (geringer Mitteleinsatz) zu verbrauchen, um das Urlaubsziel zu erreichen (vorgegebener Erfolg).	Durch die Gewinnung eines neuen Zulieferers, der die erforderlichen Rohstoffe günstiger verkauft, entstehen einem Unternehmen weniger Kosten (geringer Mitteleinsatz), um wie bisher einen bestimmten Output (vorgegebener Erfolg) zu erzielen.
Der private Haushalt verhält sich in diesem Fall wie ein **Ausgabenminimierer.**	Das Unternehmen verhält sich in diesem Fall wie ein **Kostenminimierer.**

Der Kern des ökonomischen Prinzips, also die Notwendigkeit zu wirtschaftlich effizientem Handeln, gilt nicht nur für einzelne Wirtschaftssubjekte, sondern auch für die gesamte Volkswirtschaft. Ebenso sind die Produktionsfaktoren in einer Volkswirtschaft begrenzt und zwingen die Wirtschaftssubjekte zum sorgsamen Wirtschaften.

Volkswirtschaftliche Produktionsfaktoren[1]		
Boden (Natur)	**Arbeit**	**Kapital**
■ Anbauboden, z.B. landwirtschaftliche Nutzfläche ■ Abbauboden für Bodenschätze ■ Standortboden für Betriebe/Infrastruktur[2]	■ ausführende Arbeit, z. B. Fabrikarbeiter ■ leitende Arbeit, z. B. Ingenieure	■ bereits produzierte Produktionsmittel wie Maschinen oder Fahrzeuge (Sachkapital) ■ Geld wird erst durch die Investition zu Kapital.

Die Produktionsfaktoren Boden und Arbeit gelten als ursprüngliche Faktoren, weil sie zur Produktion benötigt werden, ohne dass sie selbst produziert werden können. Der Faktor Kapital wird auch als derivativ (abgeleitet) bezeichnet, da er erst durch die Kombination der Produktionsfaktoren Boden und Arbeit entsteht.

Häufig werden auch Wissen bzw. Humankapital als eigene volkswirtschaftliche Produktionsfaktoren angesehen.

Im Rahmen des Einsatzes der Produktionsfaktoren ist oftmals eine gewünschte Produktionsmenge vorgegeben, die durch eine **Kombination der Produktionsfaktoren** produziert werden soll und dabei die geringsten Kosten verursacht. Diese Vorgehensweise erfasst das Minimalprinzip bzw. die Suche nach der sogenannten **Minimalkostenkombination (MMK).** Die MMK beschreibt den Einsatz bzw. die Kombination der Produktionsfaktoren und Güter mit den geringsten Kosten: ein vorgegebener Erfolg soll mit einem geringen Einsatz von Mitteln erreicht werden.

Kombination der Produktionsfaktoren

Eine wesentliche Voraussetzung bei der Suche nach der Minimalkostenkombination ist, dass sich Produktionsfaktoren zumindest teilweise durch andere ersetzen lassen. Die Produktionsfaktoren müssen **substitutional** (austauschbar) sein. Ist dies bezogen auf das gleiche Ziel nicht möglich, spricht man von einem **limitationalen** (nicht austauschbaren) Verhältnis der Produktionsfaktoren zueinander.

---

1 Während in der VWL mit dem Begriff „Kapital" alle Produktionsmittel gemeint sind, findet sich in der BWL der Kapitalbegriff u. a. in der bilanziellen Darstellung wieder. Auf der Passivseite der Bilanz zeigt sich das Kapital als Summe aller Mittel, die von unterschiedlichen Kapitalgebern zur Verfügung gestellt wurden. Darüber hinaus gibt es in der BWL auch einen monetären Kapitalbegriff, gemeint sind dann Geldmittel.
2 siehe dazu auch LF 9, Kapitel 9

Beispiel

für das limitationale Verhältnis von Produktionsfaktoren

Ein Reiseunternehmer, der Busreisen nach Spanien anbietet, muss jeden Reisebus mit zwei Fahrern besetzen. Einer Einheit des Faktors Kapital (ein Reisebus) stehen immer zwei Einheiten des Faktors Arbeit (zwei Fahrer) gegenüber. Dabei ist es in diesem Beispiel nicht möglich, eine Einheit des Faktors Arbeit zu substituieren.

Beispiel

für das substitutionale Verhältnis von Produktionsfaktoren und die Ermittlung der Minimalkostenkombination

In einem Metall verarbeitenden Betrieb werden täglich 2 000 Maschinenteile gestanzt, geschliffen und lackiert. Insbesondere bei Schleif- und Lackierarbeiten ist es möglich, die Maschinenteile sehr intensiv von Hand, also durch menschliche Arbeitskraft, bearbeiten zu lassen. Alternativ ist auch eine fast ausschließlich maschinelle Bearbeitung möglich. Zwischen diesen beiden Möglichkeiten gibt es weitere Kombinationen der Produktionsfaktoren Arbeit und Kapital, die entweder arbeits- oder kapitalintensiver sind. Jede der möglichen Kombinationen (I–V) erbringt die gleiche Produktionsmenge von 2 000 Stück.

Faktorkombination	Faktoreinsatz **Arbeit** (Zahl der Arbeitskräfte)	Faktoreinsatz **Kapital** (Zahl der Maschinen)
I	3	12
II	4	10
III	7	9
IV	10	6
V	15	2

Die Wahl der kostengünstigsten Faktorkombination ist abhängig von den täglichen Kosten pro eingesetzter Arbeitskraft, die je 120,00 € betragen, bzw. von den täglichen Kosten pro Maschine, die sich auf je 95,00 € belaufen.

Dementsprechend ergeben sich für die Faktorkombinationen folgende Gesamtkosten:

Faktorkombination	I	II	III	IV	V
Gesamtkosten in €	1.500,00	1.430,00	1.695,00	1.770,00	1.990,00

Aus reinen Kostenerwägungen heraus ist hier also die Faktorkombination II die günstigste Variante (4 · 120,00 € + 10 · 95,00 € = 1.430,00 €).

So ähnlich die Interessenlagen innerhalb einer bestimmten Kategorie von Wirtschaftssubjekten sein mögen, so gegensätzlich sind die Vorstellungen der drei nun näher zu betrachtenden Wirtschaftssubjekte (Unternehmen, private Haushalte und Staat) zueinander. Dabei ist es zudem von der Wirtschaftsordnung, d. h. den gesetzlichen und wirtschaftspolitischen Vorgaben eines Staates abhängig, inwieweit die Wirtschaftssubjekte ihre Interessen durchsetzen können. Durch die vorherrschende Wirtschaftsordnung werden sämtliche wirtschaftlichen Aktivitäten in einer Volkswirtschaft geregelt. Die Wirtschaftsordnung der Bundesrepublik Deutschland ist die soziale Marktwirtschaft, die insbesondere in Kapitel 1.2 näher erläutert wird.

1.2
Ordnungsmerkmale der sozialen Marktwirtschaft – Was macht unsere Marktwirtschaft sozial?

Im Kapitel des Erarbeitungsteils wurden die wesentlichen Ordnungsmerkmale bzw. Charakteristika der sozialen Marktwirtschaft von Ihnen herausgearbeitet. An dieser Stelle sollen nun darüber hinaus weitere Hintergrundinformationen zur Entstehung und Entwicklung der sozialen Marktwirtschaft folgen. Zudem werden der sozialen Marktwirtschaft zwei weitere Formen marktwirtschaftlicher Ordnungen gegenübergestellt: die freie Marktwirtschaft und die Zentralverwaltungswirtschaft. Beide stellen zueinander gegensätzliche Idealtypen dar.

Nach Ende des Zweiten Weltkrieges war es Ziel und Wunsch von liberalen Vertretern aus Wissenschaft und Theologie, den Mitgliedern der sogenannten *Freiburger Schule* der Bundesrepublik Deutschland eine Wirtschaftsordnung zu geben, die auf einer marktwirtschaftlichen Ordnung basieren und gleichzeitig auch sozialen Gesichtspunkten Rechnung tragen sollte. Von **Alfred Müller-Armack** (*1901, †1978), einem Professor für Volkswirtschaftslehre und Staatssekretär im Wirtschaftsministerium von Ludwig Erhard (*1897, †1977, erster Wirtschaftsminister der BRD und Bundeskanzler von 1963 bis 1966), wurde der Begriff „Soziale Marktwirtschaft" geprägt. Müller-Armack beschrieb die Idee der sozialen Marktwirtschaft so:

Alfred Müller-Armack

„Der Begriff der sozialen Marktwirtschaft kann [...] als eine ordnungspolitische Idee definiert werden, deren Ziel es ist, auf der Basis der Wettbewerbswirtschaft die freie Initiative mit einem gerade durch die marktwirtschaftliche Leistung gesicherten sozialen Fortschritt zu verbinden. Sinn der sozialen Marktwirtschaft ist es, das Prinzip der Freiheit auf dem Markte mit dem des sozialen Ausgleichs zu verbinden." [1]

In einem Zitat von **Ludwig Erhard** finden sich viele der Ordnungsmerkmale der sozialen Marktwirtschaft wieder:

Ludwig Erhard

„Das Wesen dieser Marktwirtschaft besteht hauptsächlich darin, dass der Wirtschaftsprozess, d. h. Produktions-, Güter- und Einkommensverteilung, nicht durch obrigkeitlichen Zwang gelenkt, sondern innerhalb eines wirtschaftspolitisch gesetzten Ordnungsrahmens durch die Funktion freier Preise und den Motor eines freien Leistungswettbewerbs selbständig gesteuert wird. Freiheit, Selbstverantwortung und persönliche Initiative bei der Berufswahl, Erwerbstätigkeit und dem Konsum, die jedem als Produzenten und Verbraucher die Wahrnehmung der wirtschaftlichen Chancen eröffnen sowie eine leistungsbedingte Einkommensverteilung sind die Antriebskräfte, die in der Marktwirtschaft zu einem Höchstmaß an Produktion und Steigerung des Wohlstandes der gesamten Bevölkerung führen. Die Marktwirtschaft ist damit diejenige Wirtschaftsordnung, die ein Maximum an Produktivität, Wohlstandsmehrung und persönlicher Freiheit verbindet." [2]

Der Zusammenhang zwischen der von Erhard beschriebenen Wirtschaftsverfassung der Bundesrepublik Deutschland und den von ihm beschriebenen Freiheitsrechten spiegelt sich im Grundgesetz der Bundesrepublik Deutschland wider. Das Grundgesetz gibt zwar keine konkrete Wirtschaftsordnung vor, es beschreibt aber eine Wirtschaftsordnung, die die Grundgedanken der sozialen Marktwirtschaft zum Ausdruck bringt.

---

1   Müller-Armack, A.: Soziale Marktwirtschaft, in: Handwörterbuch der Sozialwissenschaften, Stuttgart 1956
2   Erhard, L.: Deutsche Wirtschaftspolitik, Düsseldorf 1962

Artikel des Grundgesetzes (GG)	Bedeutung für die soziale Marktwirtschaft
§§ **Artikel 2 [Allgemeine Handlungsfreiheit]** (1) Jeder hat das Recht auf die freie Entfaltung seiner Persönlichkeit, soweit er nicht die Rechte anderer verletzt und nicht gegen die verfassungsmäßige Ordnung oder das Sittengesetz verstößt.	Dieser Artikel des GG sichert das Recht auf freie Entfaltung der Persönlichkeit zu. Mit der Verwirklichung dieses Rechts geht auch die Konsumfreiheit sowie die Produktions- und Gewerbefreiheit einher. Zudem impliziert dieser Artikel auch die Wettbewerbsfreiheit, also das Bemühen, im Wettbewerb mit anderen das gleiche Ziel zu verfolgen.
§§ **Artikel 9 [Vereinigungs-, Koalitionsfreiheit]** (1) Alle Deutschen haben das Recht, Vereine und Gesellschaften zu bilden.	Dieser Artikel lässt vor allem die Freiheit der Arbeitnehmer zu, sich gewerkschaftlich zu organisieren. Gleichermaßen gilt das Recht auch für die Arbeitgeber, sich in Verbänden zusammenzuschließen.
§§ **Artikel 12 [Berufsfreiheit; Verbot der Zwangsarbeit]** (1) Alle Deutschen haben das Recht, Beruf, Arbeitsplatz und Ausbildungsstätte frei zu wählen. Die Berufsausübung kann durch Gesetz oder auf Grund eines Gesetzes geregelt werden.	Dieser Artikel sichert jedem das Recht zu, seinen Berufs- und Arbeitsplatz frei zu wählen. Gleichzeitig macht der Artikel aber auch Einschränkungen.
§§ **Artikel 14 [Eigentum; Erbrecht; Enteignung]** (1) Das Eigentum und das Erbrecht werden gewährleistet. Inhalt und Schranken werden durch die Gesetze bestimmt. (2) Eigentum verpflichtet. Sein Gebrauch soll zugleich dem Wohle der Allgemeinheit dienen. (3) Eine Enteignung ist nur zum Wohle der Allgemeinheit zulässig. Sie darf nur durch Gesetz oder auf Grund eines Gesetzes erfolgen, das Art und Ausmaß der Entschädigung regelt. Die Entschädigung ist unter gerechter Abwägung der Interessen der Allgemeinheit und der Beteiligten zu bestimmen. Wegen der Höhe der Entschädigung steht im Streitfalle der Rechtsweg vor den ordentlichen Gerichten offen.	Dieser Artikel regelt die Eigentumsordnung, die grundsätzlich Privateigentum vorsieht. Eigentum verpflichtet und soll auch dem Allgemeinwohl dienen. Es besteht aber die Möglichkeit, Privateigentum gegen eine Entschädigung zu enteignen.
§§ **Artikel 20** (1) Die Bundesrepublik Deutschland ist ein demokratischer und sozialer Bundesstaat.	Das soziale Element ist explizit im Grundgesetz festgeschrieben.

Während das Grundgesetz die soziale Marktwirtschaft nicht zwingend vorschreibt, sprechen doch viele Artikel des Grundgesetzes in ihrer Auslegung für eine derartige Wirtschaftsordnung.

Realtyp Im Rahmen der Wiedervereinigung wurde erstmals 1990 im Vertrag zur Währungs-, Wirtschafts- und Sozialunion zwischen der Bundesrepublik Deutschland und der Deutschen Demokratischen Republik eine rechtsverbindliche Festlegung des Begriffs „Soziale Marktwirtschaft" vorgenommen. In diesem Vertrag werden auch wieder die wesentlichen Ordnungsmerkmale, die maßgeblich für die soziale Marktwirtschaft sind, genannt:

Während die soziale Marktwirtschaft eine in der Wirklichkeit weitestgehend realisierte Wirtschaftsform, also einen sogenannten **Realtyp** darstellt, verkörpern zwei weitere Wirtschaftsformen, die völlig unterschiedlich sind, sogenannte **Idealformen**. Das bedeutet, dass sie real nicht in ihrer konsequentesten Ausprägung existieren, nicht aber, dass sie auch im umgangssprachlichen Sinne ideal wären. Es handelt sich dabei um die **freie Marktwirtschaft** und die **Zentralverwaltungswirtschaft**.

Ein Vertreter der Grundsätze einer **freien Marktwirtschaft** ist der schottische Nationalökonomen **Adam Smith** (*1723, †1790). Er gilt vielen als Begründer der Volkswirtschaftslehre und hat in seinen Werken eine Wirtschaftsordnung beschrieben, die auf dem Marktmechanismus basiert. Dieser Mechanismus soll Angebot und Nachfrage auf den Märkten koordinieren. Dabei betont Smith die Vorstellung des Individualismus, wonach die Freiheit des Einzelnen der oberste Grundsatz ist. Die Verfolgung der Einzelinteressen bewirke gleichzeitig auch ein größeres Allgemeinwohl.

Adam Smith

„Da nun jedermann nach Kräften sucht, sein Kapital in der heimischen Erwerbstätigkeit [...] so zu leiten, dass ihr Erzeugnis den größten Wert erhält, so arbeitet auch jeder notwendig dahin, das jährliche Einkommen der Gesellschaft so groß zu machen, als er kann. Allerdings strebt er in der Regel nicht danach, das allgemeine Wohl zu fördern, und weiß auch nicht, um wie viel er es fördert. Indem er seine Erwerbstätigkeit so leitet, dass ihr Produkt den größten Wert erhalte, verfolgt er lediglich seinen eigenen Gewinn und wird [...] von einer unsichtbaren Hand geleitet, einen Zweck zu fördern, den er in keiner Weise beabsichtigt hatte."[1]

Die Selbststeuerung der Wirtschaft erfolgt also dezentral durch eine „unsichtbare Hand" nach Maßgabe individueller Wirtschaftspläne, die ungewollt gleichzeitig dem Allgemeinwohl dienen. Wesentliche Aufgabe des Staates ist es dabei, die Eigentumsrechte des Einzelnen zu schützen.

Eine völlig andere Auffassung der Rolle des Staates findet sich in der **Zentralverwaltungswirtschaft** wieder. Dieses Modell einer Wirtschaftsordnung mit zentraler Planung wurde maßgeblich von den Gedanken **Karl Marx** (*1818, †1883) beeinflusst. Seine sozialistische Gesellschaftstheorie ist eine Antwort auf den Liberalismus der Industrialisierung im 19. Jahrhundert. Marx prophezeite in einer sich weiter industrialistisch entwickelnden Gesellschaft eine Konzentration des Kapitals, eine Einschränkung des Wettbewerbs, sich wiederholende Wirtschaftskrisen und die Entfremdung der Arbeiter und ihre zunehmende Verelendung. Dieser Entwicklung stellte er seine Vorstellung vom kollektiven Eigentum der Produktionsmittel in einer klassenlosen Gesellschaft gegenüber. Der **Kollektivismus**, in dem das Gesamtinteresse die Einzelinteressen dominieren sollte, war damit ein Gegenentwurf zum Individualismus bei Adam Smith.

Karl Marx

In der folgenden Übersicht wird dargestellt, wie sich die Ordnungsmerkmale in der freien Marktwirtschaft, die im Kern Gewinnmaximierung und Wirtschaftswachstum zum Ziel hat, und der Zentralverwaltungswirtschaft, die sich die Bedarfsdeckung und eine Vollbeschäftigung zum Ziel setzt, in ihrer konsequenten Ausprägung gestalten würden:

1　Smith, A.: Eine Untersuchung über Wesen und Ursachen des Volkswohlstandes, Band 2, Jena 1923, S. 235

Freie Marktwirtschaft	Ordnungsmerkmal	Zentralverwaltungswirtschaft
Alle Preise bilden sich ohne Einschränkungen durch Angebot und Nachfrage.	**Preisbildung**	Die Preise orientieren sich an der Bedarfssituation (z. B. geringe Preise für Lebensmittel) oder an den tatsächlichen Kosten.
Es herrschen keinerlei Wettbewerbsbeschränkungen vor.	**Wettbewerb**	Es gibt keinen Wettbewerb, da kein individueller Vorteil aus einer Konkurrenzsituation gezogen werden kann.
Das Eigentum ist grundsätzlich privater Natur.	**Eigentumsordnung**	Das Eigentum an den Produktionsmitteln liegt stets beim Kollektiv, ist also sozialisiert.
Die Vertragsfreiheit ist gewährleistet.	**Vertragsfreiheit**	Verträge müssen dem Gemeinwohl dienen.
Die Unternehmer haben die freie Entscheidung im Hinblick auf die Produktion bzw. das ausgeübte Gewerbe.	**Produktions- und Gewerbefreiheit**	Planvorgaben und Bestimmungen regeln die Produktion und Ausübung der Gewerbe.
Es kann alles konsumiert werden, was produziert wird. Die Unternehmen produzieren, was die Masse nachfragt, um einen Gewinn zu erwirtschaften.	**Konsumfreiheit**	Es kann alles konsumiert werden, was laut Planvorgabe produziert worden ist. Dies muss nicht immer mit den Wünschen der Konsumenten übereinstimmen.
Die Arbeitnehmer haben die freie Entscheidung im Hinblick auf den ausgeübten Beruf.	**freie Wahl von Beruf und Arbeitsplatz**	Planvorgaben und Bestimmungen regeln die Ausübung von Berufen.
Arbeitgeber und -nehmer handeln individuell die Bedingungen der Arbeitsverträge aus.	**Koalitionsfreiheit und Tarifautonomie**	Beide sind unnötig, da alle dieselben Ziele verfolgen.

Idealtyp

Freie Marktwirtschaft und Zentralverwaltungswirtschaft sind **Idealtypen,** die so in der wirtschaftlichen Realität in ihrer reinsten Ausprägung nicht existieren. In den sozialistischen Staaten gab und gibt es eine Tendenz, zunehmend mehr Marktwirtschaft zuzulassen, was daran liegt, dass in Zentralverwaltungswirtschaften nur eine geringe Flexibilität im Hinblick auf unternehmerische Entscheidungsspielräume besteht. Staatliche Planvorgaben sind rigide und beschränken somit die Dynamik und Innovationsfähigkeit einer Wirtschaft. Auch sind die Planenden in einer Zentralverwaltungswirtschaft nicht immer über alle Einflussfaktoren auf das wirtschaftliche Geschehen informiert. Daher können sie ihre Entscheidungen oft nur unter Unsicherheit treffen, zumal Planvorgaben häufig einige Jahre in die Zukunft reichen.

In der wirtschaftlichen Realität gibt es heute unterschiedliche Ausprägungen, die sich zwischen den Polen Zentralverwaltungswirtschaft und freie Marktwirtschaft befinden. So herrscht in Nordkorea und auf Kuba eine sozialistische Planwirtschaft vor. China ist von einer sozialistischen Marktwirtschaft geprägt.

Formen einer völlig freien Marktwirtschaft gibt es in der Realität nicht, da so die Gefahr bestünde, dass Eigeninteresse und Gewinnstreben so stark in den Vordergrund treten, dass das Gemeinwohl und damit insbesondere die sozial Schwächeren vernachlässigt bzw. zunehmend benachteiligt würden. Möglich ist, dass sich die Einkommens- und Vermögensverteilung derart gestaltet, dass sich die Schere zwischen Arm und Reich weiter öffnet. Die Konsequenz kann eine instabile innenpolitische Lage sein. Die Gefahren einer sehr freien Marktwirtschaft sind insbesondere in der Finanzmarktkrise im Herbst 2008 deutlich geworden. Die sehr stark liberalisierten Geld- und Kapitalmärkte standen kurz vor einem Kollaps und teils dramatische Entwicklungen an den Märkten führten weltweit zu einer stärkeren Regulierung.

› INFO-Teil
LF 9, Kap. 3

› INFO-Teil
LF 9, Kap. 2

Je freier und deregulierter eine Marktwirtschaft ist, desto stärker ist auch die Tendenz zur Bildung von Kartellen und Monopolen. Wirtschaftliche Macht und Kapital würden so auf Dauer in den Händen einiger weniger konzentriert und Wettbewerb könnte so zunehmend weniger stattfinden. Die Preissetzung würde dann einseitig über den Monopolisten bestimmt und nicht mehr im Wechselspiel zwischen verschiedenen Anbietern und Nachfragern erfolgen.

2
Markt und Preis – Wie kommt ein Preis zustande?

2.1
Das Verhalten von Anbietern und Nachfragern – Angebot und Nachfrage bestimmen den Preis

Erneut haben wir es mit divergierenden Interessen zu tun, die zu einem Ausgleich geführt werden müssen: Unternehmen sind darauf angewiesen, Materialien und Rohstoffe zu kaufen und ihre Produkte zu einem höchstmöglichen Preis auf einem Markt zu verkaufen. Private Haushalte kaufen zur Befriedigung ihrer Bedürfnisse Güter – und dies am besten zu einem möglichst geringen Preis. Die aus dieser Notwendigkeit resultierenden Handelsgeschäfte finden auf Märkten statt. Die Zahl der real existierenden Märkte ist sehr groß und kaum überschaubar.

In der Volkswirtschaftslehre ist es üblich, Märkte nach der Anzahl der Marktteilnehmer, also der Anzahl von Anbietern und Nachfragern, zu systematisieren. Dabei geht man jeweils davon aus, dass es einen, wenige oder viele Anbieter bzw. Nachfrager gibt.

Anbieter / Nachfrager	viele	wenige	einer
viele	Polypol[1]/vollständige Konkurrenz	Angebotsoligopol	Angebotsmonopol
wenige	Nachfrageoligopol[2]	zweiseitiges Oligopol	beschränktes Angebotsmonopol
einer	Nachfragemonopol[3]	beschränktes Nachfragemonopol	zweiseitiges Monopol

Diese Unterscheidung wurde gewählt, weil die Anzahl von Anbietern und Nachfragern von wesentlicher Bedeutung für ihr Verhalten am Markt ist. So wird sich bspw. ein alleiniger Anbieter auf einem Markt in seinem Verhalten deutlich von einem Anbieter unterscheiden, dessen Konkurrenz sehr groß ist. Die unterschiedlichen Verhaltensweisen haben daher auch einen Einfluss auf den Preis, der sich am Markt bilden wird.

Gleichzeitig ist der Preis eine wesentliche Bestimmungsgröße für das Verhalten von Anbietern und Nachfragern. Dies drückt sich auch im Verlauf der Angebots- und Nachfragekurve (vgl. Erarbeitungsteil, Kap. 2.1) aus. Steigt beispielsweise der Preis für einen bestimmten Schreibtisch von P_1 auf P_2, wird die nachgefragte Menge dieses Schreibtisches aller Wahrscheinlichkeit nach von M_1 auf M_2 zurückgehen. Bei Preisänderungen vollzieht sich eine **Bewegung auf der Nachfragekurve** (Abb. ①).

Nachfrageverhalten
①

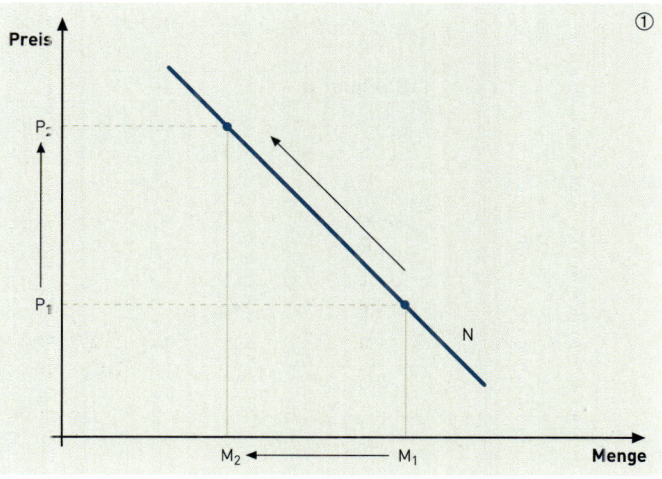

1   poly (griech.) = viel
2   oligo (griech.) = wenig, selten
3   mono (griech.) = einzig

Neben dem Preis gibt es noch eine Reihe weiterer Faktoren, die auf die Nachfrage (N) Einfluss nehmen. So hängt die Nachfrage der privaten Haushalte auch von dem jeweiligen zur Verfügung stehenden Einkommen ab. Je höher also das Einkommen und damit die Kaufkraft ist, desto mehr Güter können nachgefragt werden. Zudem kann die Preisentwicklung bei Substitutions- oder Komplementärgütern Einfluss auf die Nachfrage nach einem Gut haben. Betrachtet man beispielsweise die Nachfrage nach Gaskraftstoff für Pkw, so ist eine deutliche Nachfragesteigerung nach diesem Gut zu verzeichnen, wenn das Substitutionsgut Benzin stark im Preis gestiegen ist. Die Nachfrage nach Gaskraftstoff würde auch dann tendenziell steigen, wenn das zum Gaskraftstoff komplementäre Gut „Nachrüstsätze für Gaskraftstoff" im Preis günstiger wäre.

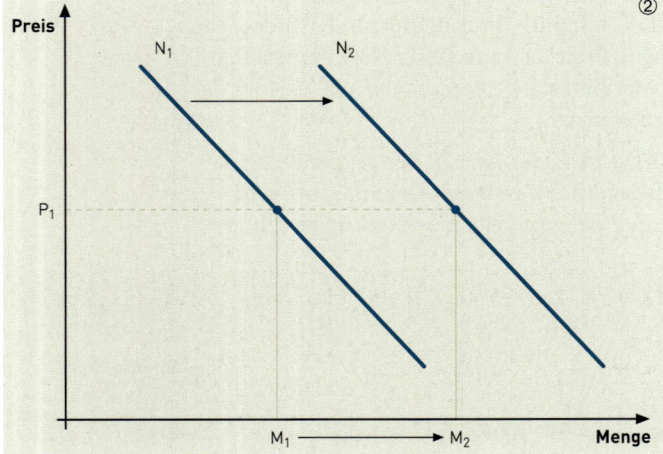
②

Daneben haben weitere Faktoren wie bspw. die Dringlichkeit des Bedarfs, technische Neuentwicklungen und Modetrends Einfluss auf die Nachfrage.

Alle diese Faktoren wirken auf die Nachfrage, ohne dass zwangsläufig eine Preisänderung des beobachteten Gutes Auslöser für die Veränderung des Nachfrageverhaltens sein muss. Steht den Haushalten bspw. über eine Einkommenserhöhung mehr Kaufkraft zur Verfügung, sind tendenziell mehr Nachfrager bereit, sich das Gut zu „leisten", die nachgefragte Menge steigt von M_1 auf M_2, obwohl der Preis P_1 sich nicht verändert hat. Diese Nachfragesteigerung drückt sich in einer Rechtsverschiebung der Nachfragekurve von N_1 zu N_2 aus (Abb. ②).

Elastizität am Beispiel der Nachfrage

Die Veränderung der Menge als Reaktion auf eine Änderung des Preises fällt nicht immer gleich aus. Das Verhältnis der beiden Mengen zueinander bildet die Kurve oder Gerade. Welche Mengenänderungen auf eine Änderung des Preises einsetzt, wird durch die Elastizität beschrieben. Im Folgenden betrachten wir anhand von vier Beispielen die Elastizität des Preises bei der Nachfrage (Beispiele A bis D, siehe auch Arbeitsauftrag 3 auf Seite 201).

Beispiel A

Erhöhung des Preises einer Tafel Vollmilchschokolade von 0,99 DM auf 1,09 DM

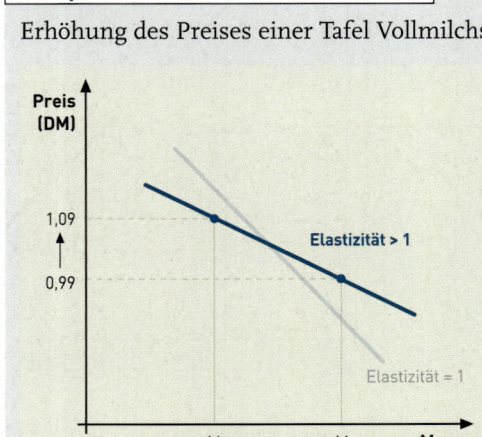

Die Nachfragekurve nach Schokolade verläuft relativ flach. Die Nachfrager reagieren auf die Preisänderung bei der Vollmilchschokolade von 0,99 DM auf 1,09 DM sehr sensibel. Dies zeigt sich deutlich an dem großen Mengenrückgang von M_1, der nachgefragten Menge bei einem Preis von 0,99 DM, hin zu der wesentlich geringeren Menge M_2, die bei einem Preis von 1,09 DM nachgefragt würde.

In diesem Zusammenhang spricht man von einer sehr **elastischen** Nachfrage.

Beispiel B

Preissteigerung bis 0,05 € pro Liter Benzin

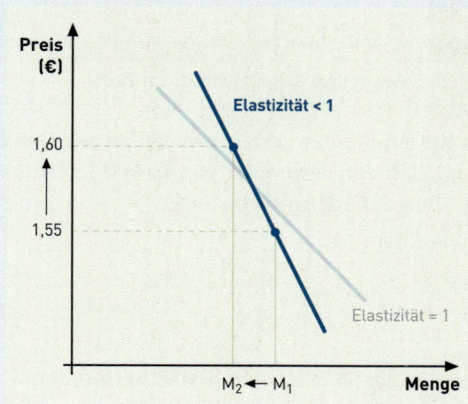

Im Vergleich zur Erhöhung des Preises um 0,05 € fällt der Rückgang der nachgefragten Menge von M_1 bei einem Preis von 1,55 € hin zu der Menge M_2 bei einem Preis von 1,60 € verhältnismäßig gering aus. Die Nachfragekurve verläuft dementsprechend relativ steil.

Man spricht davon, dass die Nachfrage auf die Preisänderung sehr **unelastisch** reagiert.

Beispiel C

Nachfrage nach Rundfunk und Fernsehen bei konstantem Preis

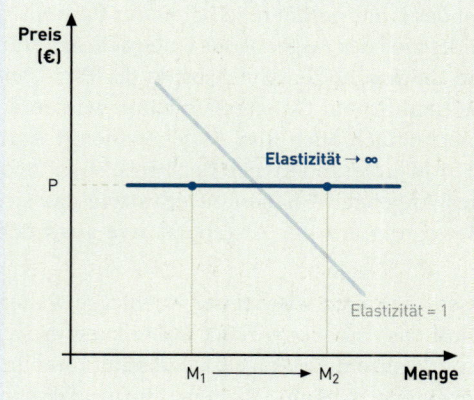

Obwohl Rundfunk und Fernsehen seit Jahrzehnten von einer steigenden Teilnehmerzahl genutzt werden, die Nachfrage also von M_1 auf M_2 gestiegen ist, ist der Preis für dieses Angebot relativ konstant geblieben.

Man spricht in diesem Fall von einer **vollkommen elastischen** Nachfrage.

Beispiel D

Nachfrage nach Insulin bei schwankendem Preis

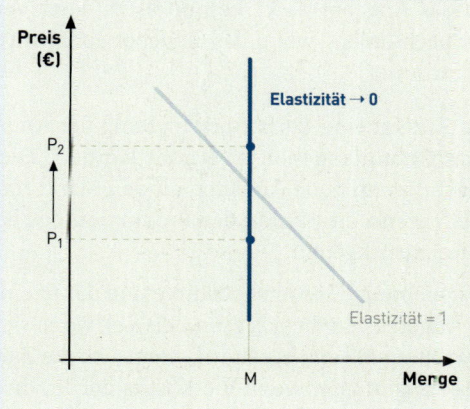

Obwohl wie hier angezeigt der Preis für Insulin von P_1 auf P_2 steigt, verändert sich die Nachfrage nach diesem Medikament nicht. Es wird als lebensnotwendiges Medikament in gleicher Menge wie vor der Preiserhöhung benötigt. Die Nachfragekurve verläuft dementsprechend vertikal.

Man spricht davon, dass die Nachfrage auf die Preisänderung **vollkommen unelastisch** reagiert.

Preiselastizität der Nachfrage

Die **Preiselastizität der Nachfrage** (PE d. N) oder auch Nachfrageelastizität genannt, misst die Reaktion der Nachfrager auf Preisänderungen. Sie wird folgendermaßen berechnet:

$$\text{Preiselastizität der Nachfrage} = \frac{\text{prozentuale Änderung der Nachfragemenge}}{\text{Änderung des Preises in Prozent}}$$

Steigt wie in Beispiel B gezeigt der Preis für einen Liter Benzin von 1,55 € auf 1,60 €, bedeutet dies eine Steigerung um 3,22 %. Fällt der Verbrauch von 10 000 Litern auf 9 900 Liter Benzin, entspricht dies einer Mengenänderung von 1 %.

Die Nachfrageelastizität berechnet sich wie folgt:

$$\text{Preiselastizität der Nachfrage} = \frac{1}{3,22} = 0,31$$

Es gelten folgende Elastizitätsbereiche (wobei absolute Zahlen betrachtet werden):

elastische Nachfrage	unelastische Nachfrage	vollkommen elastische Nachfrage	vollkommen unelastische Nachfrage
PE d. N > 1	PE d. N < 1	PE d. N → ∞	PE d. N → 0
Beispiel A	Beispiel B	Beispiel C	Beispiel D

Angebotsverhalten

Ähnlich verhält es sich bei dem Angebot der Unternehmen. Je höher der für ein Gut erzielbare Preis ist, desto höher wird tendenziell das Angebot der Unternehmen sein, da diese auf einen höheren Umsatz und Gewinn hoffen. Steigt bspw. der Preis (von P_1 auf P_2), den man für ein Gut erzielen kann, werden die Anbieter wahrscheinlich auch ihre Angebotsmenge erhöhen (von M_1 auf M_2). Verändert sich der Preis, so ist auch ein verändertes Angebotsverhalten zu erwarten, das sich durch eine **Bewegung auf der Angebotskurve** ausdrückt (Abb. ③).

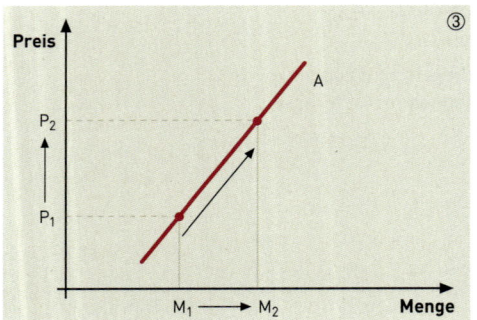

Daneben gibt es aber auch wie bei der Nachfrage weitere Faktoren, die auf das Angebot wirken. Dabei kann es sich ebenfalls um die Preisentwicklung bei Substitutions- und Komplementärgütern handeln. Weitere Einflussfaktoren sind das technische Know-how, die Anzahl der insgesamt anbietenden Unternehmen oder günstigere Absatzerwartungen. Eine sehr wichtige Rolle für das Angebot spielen die Kosten, die bei der Produktion eines Gutes anfallen.

Ändert sich einer der Faktoren, der auf das Angebot wirkt, kommt es zu einer Verschiebung der Angebotskurve entweder nach links – wenn das Angebot abnimmt – oder nach rechts – wenn das Angebot zunimmt.

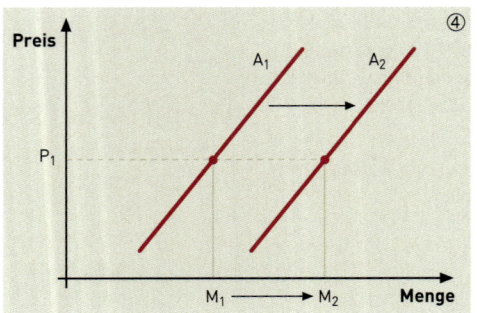

Das Schaubild ④ zeigt eine Rechtsverschiebung der Angebotskurve. Das Gesamtangebot ist erhöht worden. Dies kann der Fall sein, wenn neue Anbieter auf den Markt hinzukommen oder wenn die Kosten der Produktion des betrachteten Gutes zurückgehen.

Eine Linksverschiebung der Angebotskurve und damit eine Abnahme des Angebots ergibt sich zum Beispiel, wenn sich die Umsatzerwartungen verschlechtern, wenn sich die Zahl der Anbieter verringert oder wenn die Kosten der Produktion allgemein steigen.

2.2
Die Marktpreisbildung im Modell

Grafisch stellt sich ein Gleichgewichtspreis in der Regel folgendermaßen dar:

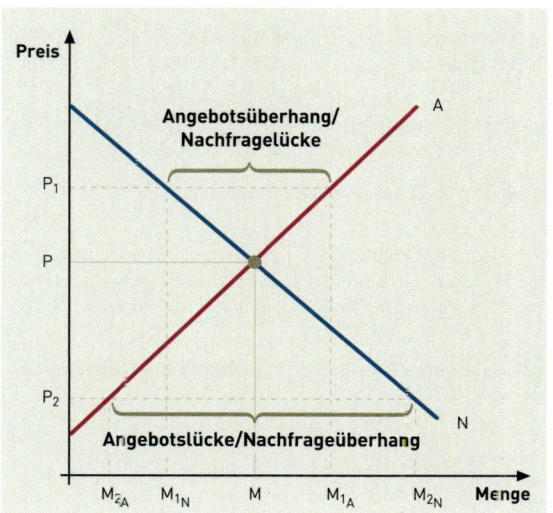

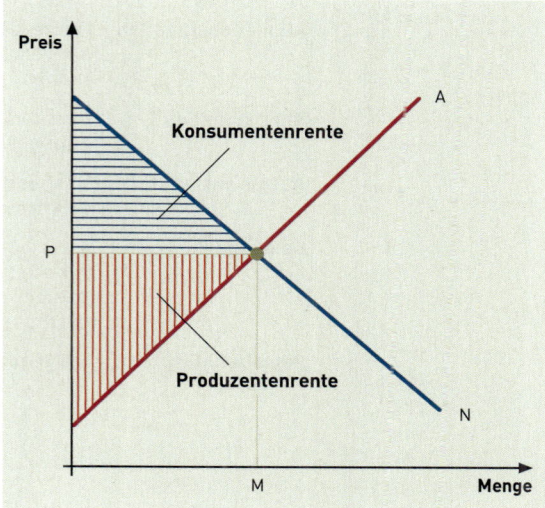

Es lässt sich anhand dieser Abbildung gut zeigen, dass auf Märkten mit einer polypolistischen Struktur – also mit vielen Anbietern und Nachfragern – eine Tendenz zum Gleichgewichtspreis besteht. Geht man von einem Preis (P_1) oberhalb des Gleichgewichtspreises und damit von einem Angebotsüberhang bzw. einer Nachfragelücke aus (linke Abb. oben), herrscht eine Situation vor, in der die Anbieter des betrachteten Gutes feststellen, dass nur wenige Nachfrager bereit sind, den geforderten Preis zu zahlen. Nur eine Preissenkung würde dazu führen, den Absatz zu erhöhen. Nach und nach würden diejenigen Anbieter, für die der geringere Preis nicht mehr kostendeckend ist, aus dem Marktgeschehen ausscheiden. Der Marktpreis bewegt sich auf den Gleichgewichtspreis zu.

Liegt der Marktpreis (P_2) unterhalb des Gleichgewichtspreises, besteht ein Nachfrageüberhang bzw. eine Angebotslücke (linke Abb. unten). In dieser Situation sind nur sehr wenige Anbieter in der Lage, kostengünstig zu dem Preis von P_1 zu produzieren. Die Anbieter werden feststellen, dass zu diesem Preis die Nachfrage weitaus höher ist als das Angebot auf dem Markt. Die Folge ist ein Preisanstieg, der zudem neue Anbieter dazu bewegen wird, das Gut anzubieten. Der Preis und die angebotene Menge werden also bis zum Erreichen des Gleichgewichtspreises steigen.

Die Anbieter, die aufgrund der Kostenstrukturen bei der Produktion des Gutes gerade noch zum Gleichgewichtspreis anbieten können, werden **Grenzanbieter** genannt. Alle Anbieter, die nur bei einem höheren Preis anbieten würden, kommen an diesem Markt nicht zum Zuge. Die Anbieter hingegen, die auch zu einem günstigeren Preis anbieten könnten, erzielen beim Verkauf zum Gleichgewichtspreis einen Geldvorteil, die sogenannte **Produzentenrente** (blau schraffierte Fläche).

Analog dazu sind die **Grenznachfrager** diejenigen Nachfrager, die gerade noch bereit und in der Lage sind, das Gut zum Gleichgewichtspreis nachzufragen. Die Nachfrager, die nur einen geringeren Preis zahlen können, kommen nicht zum Zuge. Diejenigen Nachfrager, die auch bereit wären einen höheren Preis zu zahlen, erzielen einen Geldvorteil dadurch, dass sie „nur" den Gleichgewichtspreis zahlen. In diesem Zusammenhang spricht man von der **Konsumentenrente** (rot schraffierte Fläche).

Grenzanbieter

Produzentenrente

Grenznachfrager

Konsumentenrente

In Märkten mit einem funktionierenden bzw. wenig reguliertem Wettbewerb wirkt der Preismechanismus wie beschrieben und der Preis erfüllt unterschiedliche volkswirtschaftliche Funktionen:

Funktion	Ausprägung der Funktion
Allokationsfunktion	Preise lenken die Produktionsfaktoren dorthin, wo sie am dringendsten benötigt werden bzw. wo sie den höchsten Preis erzielen können.
Anreizfunktion	Der zu zahlende Preis setzt Anreize, mit knappen Gütern sparsam umzugehen.
Ausgleichsfunktion	Über den Preis werden Angebot und Nachfrage zum Ausgleich gebracht.
Selektionsfunktion	Anbieter, die nicht wettbewerbsfähig sind und nicht zum Marktpreis anbieten können, müssen aus dem Markt ausscheiden. Nachfrager, die den jeweiligen Marktpreis nicht zahlen können, kommen am Markt nicht zum Zug.
Signalfunktion	Steigende Marktpreise signalisieren die Knappheit eines Gutes.

2.3
Die Marktpreisbildung in unterschiedlichen Marktformen

Nachfrageoligopol und Polypol sind in der Realität häufig anzutreffende Marktformen. Daher soll gezeigt werden, wie sich die Preisbildung aus volkswirtschaftlicher Sicht in diesen Marktformen tendenziell vollzieht, insbesondere wenn nicht die Annahmen des vollkommenen Marktes gelten.

■ Marktpreisbildung im Polypol

Polypol

Ein **Polypol** ist gekennzeichnet durch eine Vielzahl von Anbietern und Nachfragern. Im Folgenden sollen als Nachfrager die privaten Haushalte und als Anbieter Tankstellen betrachtet werden. Zwar gibt es nur wenige Mineralölgesellschaften, sodass streng genommen ein Oligopol vorliegt. Die Realität zeigt aber, dass nicht alle Tankstellen jeweils den gleichen Preis für einen Liter Kraftstoff verlangen. Sehr häufig agieren selbstständige Kaufleute als Tankstellenpächter bzw. Franchisenehmer, wodurch sich für sie ein kleiner Preisgestaltungsspielraum ergibt.

Legt man diese Betrachtungsweise zugrunde, kann man die Anzahl der einzelnen Tankstellen als eigenständige Anbieter auffassen und so von einer hohen Zahl an Anbietern ausgehen. Da es auch viele Nachfrager gibt, liegt dementsprechend ein Polypol vor. Das betrachtete Gut soll ein Liter Normalbenzin sein. In der wirtschaftlichen Realität eines unvollkommenen Marktes gibt es für dieses Produkt unterschiedliche Preise: z. B. in einer Stadt wie Hamburg zu Beginn des Monats Mai 1,57 € je Liter bei einer freien Tankstelle, bis zu 1,69 € an einer Tankstelle auf der Autobahn nahe Hamburg.

Betrachtet man nun einen einzelnen Anbieter, der eine Tankstelle im Franchiseverfahren im Stadtgebiet von Hamburg betreibt, so ist es für ihn nicht realistisch, die in Hamburg aktuelle Preisunter- oder -obergrenze von seinen Kunden zu verlangen. Trotzdem hat er gewisse preispolitische Freiheiten. Für ihn hat es sich bewährt, in einem Preiskorridor zu agieren, der 5 Cent unter dem höchsten und 3 Cent über dem niedrigsten in Hamburg verlangten Preis liegt. Sein persönlicher Preisspielraum zu dem betrachteten Zeitpunkt liegt also bei 1,60 € bis 1,64 €.

In der Vergangenheit hat der Tankstellenpächter festgestellt, dass die Nachfrage seiner Kundschaft in dem beschriebenen Preiskorridor relativ konstant verläuft. Bewegt er sich zur oberen Grenze, also in diesem Fall 1,64 € hin, geht sein Absatz nur leicht zurück. Sollte er seinen Preis aber weiter erhöhen – so weiß er aus Erfahrung –, wird sein Absatz durch diese Maßnahme stark beeinträchtigt.

Im Hinblick auf die **Elastizität der Nachfrage** bedeutet dies, dass die Nachfragekurve oberhalb von 1,64 € elastisch und damit flach verläuft. Unterhalb von 1,64 € ist die Nachfrage eher unelastisch und damit verläuft die Nachfragekurve steiler.

› Elastizität, LF 9, Kap. 2.1

Hat der Kaufmann sein Angebot zur unteren Preisgrenze von 1,60 € hin bewegt, so hat er in der Vergangenheit erfahrungsgemäß nur geringe Absatzzuwächse erzielt. Der Verlauf der Nachfragekurve gestaltet sich in diesem Bereich also eher unelastisch. Bei einem Preis unterhalb von 1,60 € würden sich an einer Tankstelle lange Schlangen bilden. Der Pächter könnte die Nachfrage dann nicht bedienen. Der Verlauf der Nachfragekurve ist bei einem Preis unterhalb von 1,60 € dementsprechend wieder elastisch.

Die individuelle Nachfragekurve, die auch „doppelt geknickte Preis-Absatz-Kurve" genannt wird, gestaltet sich für den Tankstellenpächter folgendermaßen:

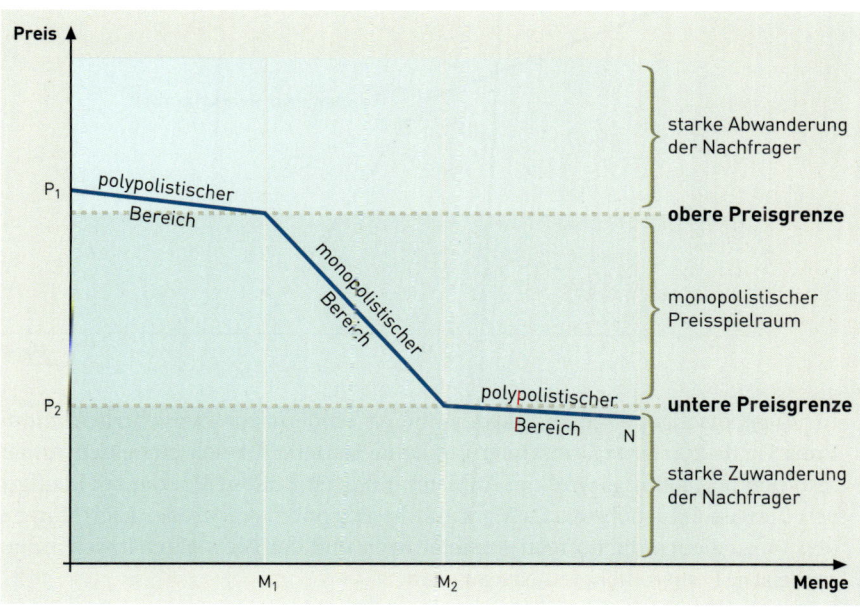

Im Bereich zwischen P_1 und P_2 liegt der sogenannte **monopolistische Bereich.** In diesem Bereich kann der Anbieter eine aktive Preispolitik betreiben, ohne Gefahr zu laufen, hohe Absatzeinbußen hinzunehmen. Aber es besteht in diesem Bereich auch nicht die Möglichkeit, große Zuwächse im Absatz zu erreichen. Bei Preiserhöhungen im polypolistischen Bereich oberhalb von P_1 oder bei Preissenkungen im polypolistischen Bereich unterhalb von P_2 reagiert die Nachfrage elastisch. Dies bedeutet, dass es entweder zu großen Absatzeinbrüchen oder zu großen Absatzzuwächsen, die vom Anbieter nicht mehr zu bewältigen sind, kommt.

■ **Preisbildung im Angebotsoligopol**

Im Angebotsoligopol stehen wenige Anbieter mit großen Marktanteilen vielen Nachfragern mit jeweils nur geringer Marktmacht gegenüber. Eine derartige Situation gilt für das Angebot von Tennisbällen. In Deutschland beherrschen fünf große internationale Unternehmen (Dunlop, Head, Wilson, Yonex, Babrolat) als Oligopol nahezu vollständig den deutschen Markt für Tennisbälle.

Im Rahmen ihrer Preispolitik müssen die Anbieter insbesondere ihre Konkurrenten im Blick behalten. Senkt ein Anbieter ausgehend vom Preis P_0 seinen Preis, werden die anderen Anbieter nachziehen, um keine Marktanteile zu verlieren. So ist es für den einzelnen Anbieter kaum möglich, den Absatz durch eine Preissenkung bedeutend zu steigern.

Die Preis-Absatz-Kurve verläuft tendenziell unelastisch. Eine Preiserhöhung eines einzelnen Anbieters dürfte dazu führen, dass dieser Anbieter deutliche Absatzrückgänge zu verzeichnen haben wird, da aufgrund der herrschenden Markttransparenz die Nachfrager leicht auf günstigere Tennisbälle umsteigen können. Die Preis-Absatz-Kurve verläuft dann elastisch. Es ergibt sich das Bild einer einfach geknickten Preis-Absatz-Kurve.

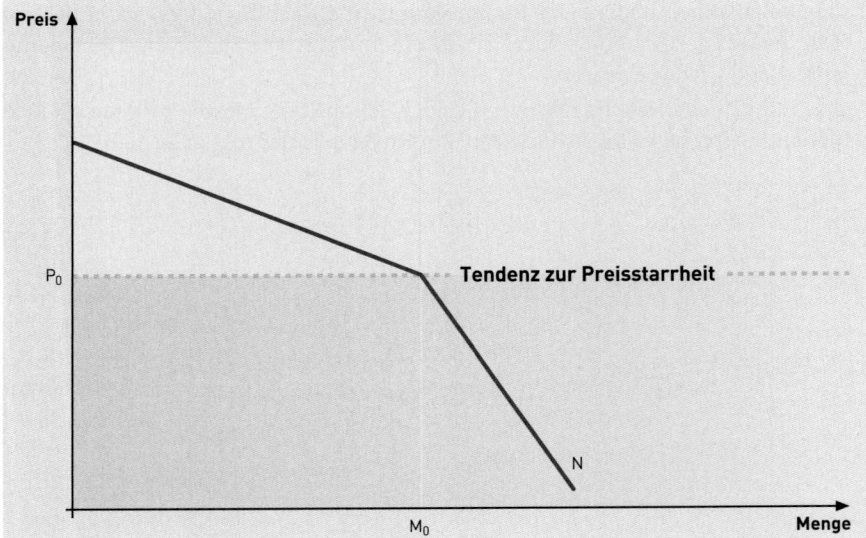

Im Angebotsoligopol gibt es allgemein eine Tendenz zur Preisstarrheit mit dem Preis P_0, da aus einer Preisänderung keine Vorteile für den einzelnen Anbieter resultieren. Allerdings wird der Anbieter mit dem größten Marktanteil häufig von den übrigen Oligopolisten als Marktführer akzeptiert. Ändert der Preisführer seinen Preis, ziehen die übrigen Anbieter nach und der Preis pendelt sich erneut – zumeist auf einem höheren Niveau – ein.

In Angebotsoligopolen kann auch ein Verdrängungswettbewerb stattfinden, wenn ein Anbieter durch ständige Preisunterbietungen versucht, die Konkurrenz vom Markt zu verdrängen. In diesem Zusammenhang spricht man von ruinöser Konkurrenz. Allerdings läuft dieser Anbieter Gefahr, den starken finanziellen Belastungen nicht gewachsen zu sein. Der Lohn für einen erfolgreichen Verdrängungswettbewerb ist eine Monopolstellung und damit eine relative Freiheit in der Preisgestaltung.

2.4
Eingriffe in die Preisbildung – Schutz für Anbieter und Verbraucher

In vollkommenen Märkten bildet sich der Marktpreis durch den Ausgleich von Angebot und Nachfrage. Aus wirtschafts- und/ oder sozialpolitischen Erwägungen heraus
können die sich frei bildenden Marktpreise höher oder niedriger als gewünscht sein.
Es kann dann auf verschiedene Weise in die Marktpreisbildung eingegriffen werden.
Unterscheiden wird hier in marktkonträre bzw. nicht konforme Eingriffe in die Marktpreisbildung, bei denen der Markt-Preis-Mechanismus außer Kraft gesetzt wird und
in marktkonforme Eingriffe, bei denen die Funktionen der freien Marktpreisbildung
erhalten bleiben, indem lediglich die Angebots- bzw. Nachfragebedingungen verändert werde.

› **EA-Teil**
LF 9, Kap. 2.5

2.4.1
Marktkonträre Eingriffe in die Preisbildung

Die im Erarbeitungsteil beschriebenen Beispiele (Mindestpreis beim Kaffeehandel
und Höchstpreis bei Roaming-Gebühren) sind Beispiele für marktkonträre Eingriffe
in die Preisbildung.

Mindestpreise dienen dem Schutz der Produzenten und sollen sicher stellen, dass
diese für ihre Produkte mindestens einen bestimmten Preis erzielen, da der Gleichgewichtspreis zu gering ist und ggf. die Produktionskosten nicht abdeckt bzw. ein
wirtschaftliches Überleben der Produzenten nicht gewährleistet. In der Vergangenheit gab es Mindestpreise für Milch. Der Ertrag beim Verkauf eines Liters Milch
deckte die Produktionskosten nicht ab, so dass den Landwirten ein Mindestpreis garantiert wurde.

Mindestpreis

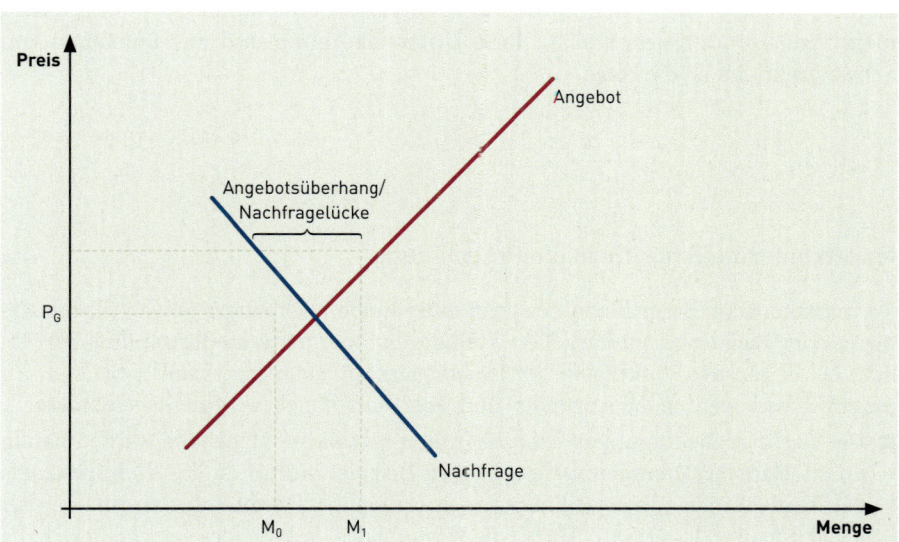

Mindestpreise führen zu einem Angebotsüberhang bzw. einer Nachfragelücke. Die
entstehende Überproduktion muss vom Staat nachgefragt werden, der den Produzenten das entsprechende Gut zu dem festgelegten Mindestpreis abnimmt. Auf diese
Weis entstanden die Milchseen und Butterberge, da Milch aufgrund des garantierten
Absatzpreises im Überfluss produziert wurde.

Die von den Konsumenten nachgefragte Menge (MN) ist geringer als die Gleichgewichtsmenge. Eine Folge von Mindestpreisen kann also die Unterversorgung des Marktes mit dem entsprechenden Gut sein.

Höchstpreis

Höchstpreise dienen dem Schutz der Konsumenten und sollen sicher stellen, dass ein bestimmtes Gut für diese erschwinglich bleibt. In Zeiten von Lebensmittelknappheit soll bspw. ein Höchstpreis für Brot gewährleisten, dass sich die Konsumenten weiterhin Brot leisten können.

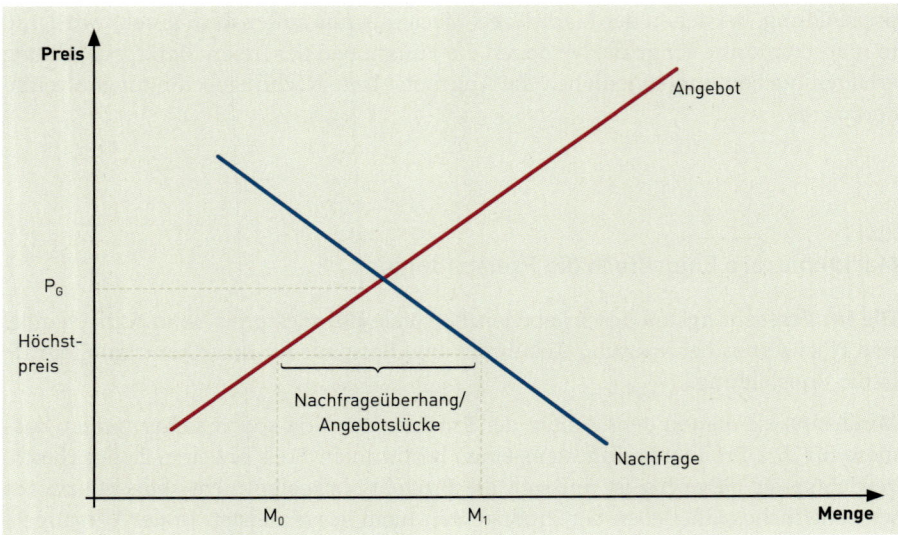

Höchstpreise führen zu einer Angebotslücke bzw. einem Nachfrageüberhang. Der Gleichgewichtspreis würde sich oberhalb des Höchstpreises befinden. Dies bedeutet, dass die Anbieter nicht mehr kostendeckend produzieren können und daher auch nicht mehr produzieren wollen. Eine Unterversorgung und das Entstehen von Schwarzmärkten ist die Folge.

2.4.2
Marktkonforme Eingriffe in die Preisbildung

Marktkonträre und marktkonforme Eingriffe

Da marktkonträre Eingriffe zumeist mit einer Reihe nachteiliger Folgen für die Anbieter oder Nachfrager einhergehen, sind sogenannte **marktkonforme** Eingriffe üblich, bei denen die Funktionen der freien Marktpreisbildung erhalten bleiben. Zu diesem Zweck werden die Angebots- und/oder Nachfragebedingungen verändert:

■ Die Nachfragebedingungen für einkommensschwache Haushalte werden häufig durch **Transferzahlungen** verbessert. Ein Beispiel hierfür ist das Wohngeld, das den Beziehern niedrigerer Einkommen ermöglicht, Wohnraum zu mieten, der sonst für sie zu teuer wäre. Durch die Zahlung des Wohngeldes verschiebt sich die Nachfragekurve nach rechts und der Gleichgewichtspreis ist auf einem für den Anbieter akzeptablen Niveau. Die Vermieter erhalten die am Markt übliche Miete, sodass weiterhin der Anreiz besteht, Wohnraum durch Baumaßnahmen zu schaffen. Ein Höchstpreis würde dazu führen, dass sich das Angebot an Mietwohnungen verknappen würde, da die Vermieter keinen ihre Kosten deckenden Mietpreis mehr verlangen könnten.

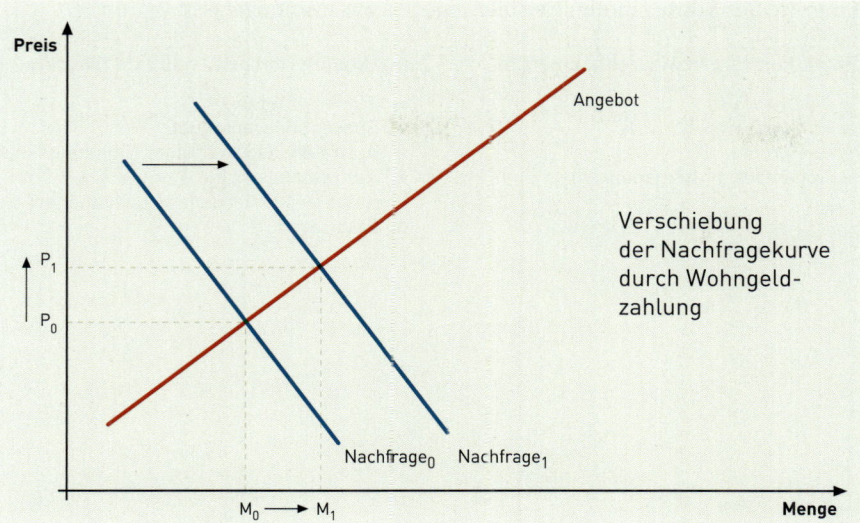

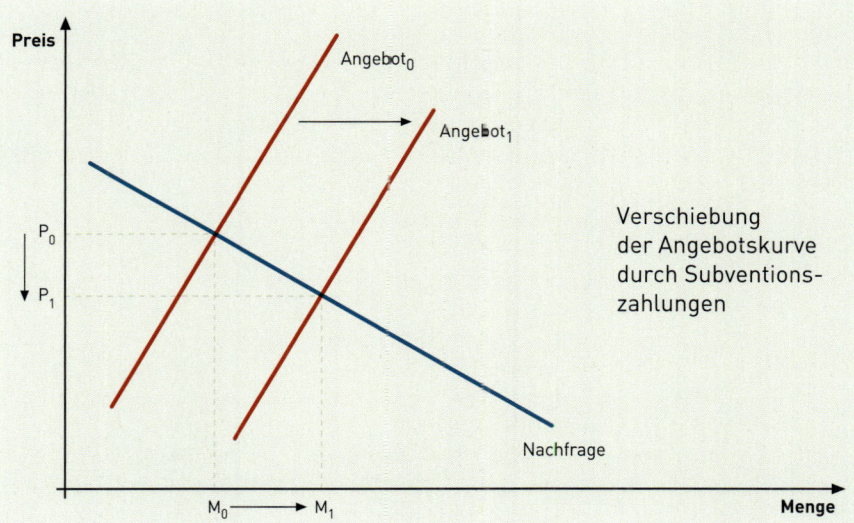

- Um zu hohen Preisen entgegenzuwirken, werden Unternehmern bestimmter Branchen häufig **Subventionen** gezahlt. Die Unternehmen erfahren so eine Verbesserung ihrer Kostensituation, die sie über niedrigere Preise an die Nachfrager weitergeben können. Dies geschieht beispielsweise im deutschen Steinkohlebergbau, der durch Subventionen gegenüber Importkohle wettbewerbsfähig gehalten wird. Subventionen führen hier zu einer Rechtsverschiebung der Angebotskurve.

Beide Beispiele zeigen auch jeweils eine Erhöhung der auf dem Markt nachgefragten Menge von M_0 auf M_1. Dies bedeutet, dass sich die Marktversorgung in beiden Fällen verbessert hat.

Zudem kann der Staat in die Preisbildung eingreifen, indem er selber als Nachfrager auftritt und durch Stützungskäufe den Preis beeinflusst. Auch Steuererleichterungen bzw. -belastungen stellen einen marktkonformen Eingriff in die Marktpreisbildung dar.

Eingriffe des Staates in die Preisbildung sind zusammengefasst:

marktkonträre bzw. direkte Eingriffe	marktkonforme bzw. indirekte Eingriffe
■ Höchstpreise ■ Mindestpreise ■ Festpreise ■ Importbeschränkungen	■ Transferzahlungen ■ Subventionszahlungen ■ Auftreten als Nachfrager (Stützungskäufe) ■ Auftreten als Anbieter ■ Steuererleichterungen/-belastungen ■ Staatskredite

3
Wettbewerbspolitik – Für den Wettbewerb müssen Regeln gelten

Ein wirksamer Wettbewerb stellt sich nicht von alleine ein. Vielmehr sind die Unternehmen bestrebt, ihre Wettbewerbsfähigkeit zu erhöhen. Zu diesem Zweck suchen Unternehmen die Zusammenarbeit mit anderen Unternehmen. Dies erfolgt einerseits dadurch, dass Unternehmen zusammenarbeiten und ihre rechtliche und wirtschaftliche Selbstständigkeit behalten. Man spricht dann von **Kooperationen**. Andererseits können Unternehmen eine kapitalmäßige Verflechtung anstreben, durch die ihre rechtliche und/oder wirtschaftliche Selbstständigkeit ganz oder teilweise verloren geht. Dies wird als **Konzentration** bezeichnet.

Kooperation

Konzentration

Ungeachtet dessen, ob es sich bei einem Unternehmenszusammenschluss um eine Kooperation oder Konzentration handelt, lassen sich folgende Formen unterscheiden:

Unterscheidung von Unternehmenszusammenschlüssen nach den beteiligten Wirtschaftsstufen

horizontal	vertikal	diagonal/anorganisch
Zwei Unternehmen der Automobilindustrie bilden eine Arbeitsgemeinschaft im Hinblick auf gemeinsame Forschungs- und Entwicklungsaktivitäten.	Ein Unternehmen der stahlproduzierenden Industrie und ein Unternehmen der stahlverarbeitenden Industrie bilden eine Interessengemeinschaft.	Ein Unternehmen der Automobilindustrie und eine Unternehmen der Touristikbranche bilden zusammen einen Konzern.

Folgende Formen von Kooperationen und Konzentrationen lassen sich unterscheiden:

Kooperationsformen	**Formen der Konzentration**
Unternehmensverbände: Häufig handelt es sich hierbei um eine Vereinigung von Unternehmen des selben Wirtschaftszweiges. Sie dienen einem gemeinsamen wirtschaftlichen Interesse der organisierten Unternehmen und vertreten diese auch zum Teil gegenüber der Öffentlichkeit.	**Konzern:** Es handelt sich um einen Zusammenschluss von Unternehmen unter gemeinsamer Leitung. Dabei bleibt die rechtliche Selbstständigkeit der Unternehmen erhalten und die wirtschaftliche Selbstständigkeit geht aufgrund von Kapitalverflechtungen verloren.
Interessengemeinschaft: Unternehmen schließen sich zusammen, um einen gemeinsamen Zweck zu verfolgen.	In einem **Unterordnungskonzern** hat eine Konzernmutter entscheidende Einflussmöglichkeiten auf die -tochter. Dabei kann es sich um eine Sperrminorität (25 % Kapitalanteil + eine Stimme), eine absolute Mehrheit (50 % Kapitalanteil + eine Stimme) oder eine satzungsändernde Stimme (75 % Kapitalanteil + eine Stimme) handeln.
Konsortium: Unternehmen schließen sich zusammen, um eine genau definierte Aufgabe zu erledigen. Häufig handelt es sich dabei um Großprojekte.	
Arbeitsgemeinschaft: Rechtlich selbstständige Unternehmen schließen sich zur Durchführung eines gemeinsamen Projektes – häufig in Form einer BGB-Gesellschaft – zusammen. Arbeitsgemeinschaften finden sich häufig im Baugewerbe. Die Abgrenzung zum Konsortium ist schwierig.	Bei **Gleichordnungskonzernen** liegt ein gleichmäßiger Austausch von Kapitalbeteiligungen unter der sogenannten Schwestergesellschaften vor.
Syndikat: Die beteiligten Unternehmen bilden eine Absatzgesellschaft, die die von den Beteiligten produzierten Güter vertreibt.	**Fusion:** Bei einer Fusion **durch Aufnahme** wird ein Unternehmen mit seinem gesamten Vermögen vollständig in ein anderes Unternehmen aufgenommen und hört damit auf, zu existieren.
Kartell: Die an einem Kartell beteiligten Unternehmen treffen Absprachen oder verpflichten sich vertraglich zu bestimmten Verhaltensweisen, durch die der Wettbewerb begrenzt oder eingeschränkt wird.	Bei einer Fusion **durch Neugründung** wird aus zwei oder mehr Unternehmen, die damit ihre rechtliche und wirtschaftliche Selbstständigkeit verlieren, ein eigenständiges neues Unternehmen.

Durch jegliche Form von Unternehmenszusammenschlüssen kommt es zu einer Konzentration von Marktmacht. Es liegt dann jeweils im staatlichen Interesse, die Funktionsfähigkeit des Marktes bzw. einen funktionierenden Wettbewerb aufrecht zu erhalten. Zudem achtet der Staat darauf, dass die vorherrschenden Wettbewerbspraktiken fair sind. Zu diesem Zweck gibt es im Wesentlichen die folgenden Möglichkeiten staatlicher Wettbewerbspolitik:

Maßnahmen der Wettbewerbspolitik

① **Kartellrechtsregelungen**	② **Fusionskontrolle**
③ **Missbrauchsaufsicht**	④ **Bekämpfung unlauteren Wettbewerbs**

① Kartellrechtsregelungen

Gemäß § 1 des Gesetzes gegen Wettbewerbsbeschränkungen (GWB) sind alle Vereinbarungen zwischen Wettbewerbern, die Preis, Kunden-, Quoten- oder Gebietsabsprachen betreffen, grundsätzlich verboten. Das Verbot gilt auch für eine Preisbindung der zweiten Hand (der Produzent schreibt einen Absatzpreis fest vor).

---
§§

GWB § 1 Verbot wettbewerbsbeschränkender Vereinbarungen
Vereinbarungen zwischen Unternehmen, Beschlüsse von Unternehmensvereinigungen und aufeinander abgestimmte Verhaltensweisen, die eine Verhinderung, Einschränkung oder Verfälschung des Wettbewerbs bezwecken oder bewirken, sind verboten.

Unter bestimmten Bedingungen ist aber auch eine Freistellung vom Kartellverbot möglich:

---
§§

GWB § 2 Freigestellte Vereinbarungen
(1) Vom Verbot des § 1 freigestellt sind Vereinbarungen zwischen Unternehmen, Beschlüsse von Unternehmensvereinigungen oder aufeinander abgestimmte Verhaltensweisen, die unter angemessener Beteiligung der Verbraucher an dem entstehenden Gewinn zur Verbesserung der Warenerzeugung oder -verteilung oder zur Förderung des technischen oder wirtschaftlichen Fortschritts beitragen, ohne dass den beteiligten Unternehmen
1. Beschränkungen auferlegt werden, die für die Verwirklichung dieser Ziele nicht unerlässlich sind, oder
2. Möglichkeiten eröffnet werden, für einen wesentlichen Teil der betreffenden Waren den Wettbewerb auszuschalten.

Legalausnahme   Man spricht in diesem Zusammenhang auch vom System der **Legalausnahme**. Für diese bedarf es keiner ausdrücklichen Erlaubnis der Kartellbehörde. Im Rahmen einer Selbsteinschätzung müssen die betroffenen Unternehmen eigenverantwortlich entscheiden, ob das Marktverhalten bzw. Absprachen unzulässig sind. Sehr häufig hängt dies von den Marktanteilen der beteiligten Unternehmen ab. Ein Rechtsanspruch auf Auskunft durch das Kartellamt besteht nicht, sodass die Unternehmen eine genaue Kenntnis der wettbewerbsrechtlichen Vorschriften besitzen müssen.

Auch Vereinbarungen zwischen kleinen und mittleren Unternehmen (KMU) sind möglich, wenn dadurch keine wesentliche Beeinträchtigung des Wettbewerbs entsteht und wenn die Absprache dazu dient, die Wettbewerbsfähigkeit der KMU zu erhöhen. Hierbei handelt es sich um Unternehmen mit weniger als 250 Beschäftigten Personen und einem Jahresumsatz von höchstens 50,0 Mio. € oder einer Bilanzsumme von höchstens 43,0 Mio. €; diese Unternehmen dürfen jedoch nicht zu 25 % oder mehr im Besitz eines anderen Unternehmens sein, das die genannten Kriterien nicht erfüllt. Kleine und mittlere Unternehmen haben einen Anspruch auf einen Erlass des deutschen Kartellamts, durch den bestätigt wird, dass kein Kartellverstoß vorliegt.

§§

GWB § 3 Mittelstandskartelle

(1) Vereinbarungen zwischen miteinander im Wettbewerb stehenden Unternehmen und Beschlüsse von Unternehmensvereinigungen, die die Rationalisierung wirtschaftlicher Vorgänge durch zwischenbetriebliche Zusammenarbeit zum Gegenstand haben, erfüllen die Voraussetzungen des § 2 Abs. 1, wenn

1. dadurch der Wettbewerb auf dem Markt nicht wesentlich beeinträchtigt wird und
2. die Vereinbarung oder der Beschluss dazu dient, die Wettbewerbsfähigkeit kleiner oder mittlerer Unternehmen zu verbessern.

Das europäische Wettbewerbsrecht greift dann in den Wettbewerb ein, wenn Vereinbarungen bzw. abgestimmte Verhaltensweisen den Wettbewerb auf dem europäischen Binnenmarkt beeinträchtigen. In dieser Vorgehensweise spiegelt sich auch das Subsidiaritätsprinzip wider. Im Vertrag über die Arbeitsweise der Europäischen Union (AEUV) werden explizit die folgenden kartellrechtlichen Verbote ausgesprochen:

§§

AEUV Artikel 101 (ehemals Artikel 81 EGV)

(1) Mit dem Binnenmarkt unvereinbar und verboten sind alle Vereinbarungen zwischen Unternehmen, Beschlüsse von Unternehmensvereinigungen und aufeinander abgestimmte Verhaltensweisen, welche den Handel zwischen Mitgliedstaaten zu beeinträchtigen geeignet sind und eine Verhinderung, Einschränkung oder Verfälschung des Wettbewerbs innerhalb des Binnenmarkts bezwecken oder bewirken, insbesondere

a) die unmittelbare oder mittelbare Festsetzung der An- oder Verkaufspreise oder sonstiger Geschäftsbedingungen;
b) die Einschränkung oder Kontrolle der Erzeugung, des Absatzes, der technischen Entwicklung oder der Investitionen;
c) die Aufteilung der Märkte oder Versorgungsquellen;
d) die Anwendung unterschiedlicher Bedingungen bei gleichwertigen Leistungen gegenüber Handelspartnern, wodurch diese im Wettbewerb benachteiligt werden;
e) die an den Abschluss von Verträgen geknüpfte Bedingung, dass die Vertragspartner zusätzliche Leistungen annehmen, die weder sachlich noch nach Handelsbrauch in Beziehung zum Vertragsgegenstand stehen.

② **Fusionskontrolle**

Anstehende Unternehmenszusammenschlüsse (Fusionen) müssen beim Bundeskartellamt angemeldet werden. Wenn zu erwarten ist, dass durch die Fusion eine marktbeherrschende Stellung entsteht oder verstärkt wird, so wird sie untersagt oder nur unter bestimmten Auflagen gestattet.

---

§§

§ 36 GWB Grundsätze für die Beurteilung von Zusammenschlüssen

(1) Ein Zusammenschluss, von dem zu erwarten ist, dass er eine marktbeherrschende Stellung begründet oder verstärkt, ist vom Bundeskartellamt zu untersagen, es sei denn, die beteiligten Unternehmen weisen nach, dass durch den Zusammenschluss auch Verbesserungen der Wettbewerbsbedingungen eintreten und dass diese Verbesserungen die Nachteile der Marktbeherrschung überwiegen.

Die Voraussetzungen für einen Zusammenschluss sind gegeben, wenn:

---

§§

§ 37 GWB Zusammenschluss

(1) Ein Zusammenschluss liegt in folgenden Fällen vor:
1. Erwerb des Vermögens eines anderen Unternehmens ganz oder zu einem wesentlichen Teil;
2. Erwerb der unmittelbaren oder mittelbaren Kontrolle durch ein oder mehrere Unternehmen über die Gesamtheit oder Teile eines oder mehrerer anderer Unternehmen. Die Kontrolle wird durch Rechte, Verträge oder andere Mittel begründet, die einzeln oder zusammen unter Berücksichtigung aller tatsächlichen und rechtlichen Umstände die Möglichkeit gewähren, einen bestimmenden Einfluss auf die Tätigkeit eines Unternehmens auszuüben, insbesondere durch
   a) Eigentums- oder Nutzungsrechte an einer Gesamtheit oder an Teilen des Vermögens des Unternehmens,
   b) Rechte oder Verträge, die einen bestimmenden Einfluss auf die Zusammensetzung, die Beratungen oder Beschlüsse der Organe des Unternehmens gewähren;
3. Erwerb von Anteilen an einem anderen Unternehmen, wenn die Anteile allein oder zusammen mit sonstigen, dem Unternehmen bereits gehörenden Anteilen
   a) 50 vom Hundert oder
   b) 25 vom Hundert

des Kapitals oder der Stimmrechte des anderen Unternehmens erreichen. Zu den Anteilen, die dem Unternehmen gehören, rechnen auch die Anteile, die einem anderen für Rechnung dieses Unternehmens gehören und, wenn der Inhaber des Unternehmens ein Einzelkaufmann ist, auch die Anteile, die sonstiges Vermögen des Inhabers sind. Erwerben mehrere Unternehmen gleichzeitig oder nacheinander Anteile im vorbezeichneten Umfang an einem anderen Unternehmen, gilt dies hinsichtlich der Märkte, auf denen das andere Unternehmen tätig ist, auch als Zusammenschluss der sich beteiligenden Unternehmen untereinander;
4. jede sonstige Verbindung von Unternehmen, auf Grund deren ein oder mehrere Unternehmen unmittelbar oder mittelbar einen wettbewerblich erheblichen Einfluss auf ein anderes Unternehmen ausüben können.

(2) Ein Zusammenschluss liegt auch dann vor, wenn die beteiligten Unternehmen bereits vorher zusammengeschlossen waren, es sei denn, der Zusammenschluss führt nicht zu einer wesentlichen Verstärkung der bestehenden Unternehmensverbindung.

Die Fusionskontrolle findet Anwendung, wenn:

§§

§ 35 Geltungsbereich der Zusammenschlusskontrolle

(1) Die Vorschriften über die Zusammenschlusskontrolle finden Anwendung, wenn im letzten Geschäftsjahr vor dem Zusammenschluss

1. die beteiligten Unternehmen insgesamt weltweit Umsatzerlöse von mehr als 500 Millionen Euro und
2. mindestens ein beteiligtes Unternehmen im Inland Umsatzerlöse von mehr als 25 Millionen Euro und ein anderes beteiligtes Unternehmen Umsatzerlöse von mehr als 5 Millionen Euro erzielt haben.

(2) Absatz 1 gilt nicht,

1. soweit sich ein Unternehmen, das nicht im Sinne des § 36 Abs. 2 abhängig ist und im letzten Geschäftsjahr weltweit Umsatzerlöse von weniger als 10 Millionen Euro erzielt hat, mit einem anderen Unternehmen zusammenschließt oder
2. soweit ein Markt betroffen ist, auf dem seit mindestens fünf Jahren Waren oder gewerbliche Leistungen angeboten werden und auf dem im letzten Kalenderjahr weniger als 15 Millionen Euro umgesetzt wurden.

Auf europäischer Ebene erfolgt eine Kontrolle, wenn gemäß der europäischen Fusionskontrollverordnung alle beteiligten Unternehmen weltweit einen Umsatz von mehr als 5,0 Mrd. € und mindestens zwei beteiligte Unternehmen einen gemeinschaftsweiten Gesamtumsatz von mehr als 250 Mio. € aufweisen und die Beteiligten nicht jeweils mehr als zwei Drittel ihres gemeinschaftsweiten Gesamtumsatzes in einem und demselben Mitgliedstaat erzielen.

③ **Missbrauchsaufsicht**

Haben Unternehmen bereits eine marktbeherrschende Stellung, ist es ihnen untersagt, diese Marktmacht zu missbrauchen bzw. ein den Wettbewerb beschränkendes Verhalten an den Tag zu legen.

- Ein Unternehmen ist marktbeherrschend, wenn es laut § 19 GWB:
  - „ohne Wettbewerber ist oder keinem wesentlichen Wettbewerb ausgesetzt ist" oder
  - „eine im Verhältnis zu seinen Wettbewerbern überragende Marktstellung hat".
- Eine marktbeherrschende Stellung eines Unternehmens wird **vermutet,**
  - „wenn es einen Marktanteil von mindestens einem Drittel hat".
- Für eine Gesamtheit aus mehreren Unternehmen wird eine marktbeherrschende Stellung vermutet, wenn sie
  - „aus drei oder weniger Unternehmen besteht, die zusammen einen Marktanteil von 50 vom Hundert erreichen" oder
  - „aus fünf oder weniger Unternehmen besteht, die zusammen einen Marktanteil von zwei Dritteln erreichen".

→

Wann ein missbräuchliches Verhalten vorliegt ist in § 19 Abs. 4 GWB geregelt:

§§

§ 19 GWB Missbrauch einer marktbeherrschenden Stellung

(4) Ein Missbrauch liegt insbesondere vor, wenn ein marktbeherrschendes Unternehmen als Anbieter oder Nachfrager einer bestimmten Art von Waren oder gewerblichen Leistungen

1. die Wettbewerbsmöglichkeiten anderer Unternehmen in einer für den Wettbewerb auf dem Markt erheblichen Weise ohne sachlich gerechtfertigten Grund beeinträchtigt;

2. Entgelte oder sonstige Geschäftsbedingungen fordert, die von denjenigen abweichen, die sich bei wirksamem Wettbewerb mit hoher Wahrscheinlichkeit ergeben würden; hierbei sind insbesondere die Verhaltensweisen von Unternehmen auf vergleichbaren Märkten mit wirksamem Wettbewerb zu berücksichtigen;

3. ungünstigere Entgelte oder sonstige Geschäftsbedingungen fordert, als sie das marktbeherrschende Unternehmen selbst auf vergleichbaren Märkten von gleichartigen Abnehmern fordert, es sei denn, dass der Unterschied sachlich gerechtfertigt ist;

4. sich weigert, einem anderen Unternehmen gegen angemessenes Entgelt Zugang zu den eigenen Netzen oder anderen Infrastruktureinrichtungen zu gewähren, wenn es dem anderen Unternehmen aus rechtlichen oder tatsächlichen Gründen ohne die Mitbenutzung nicht möglich ist, auf dem vor- oder nachgelagerten Markt als Wettbewerber des marktbeherrschenden Unternehmens tätig zu werden; dies gilt nicht, wenn das marktbeherrschende Unternehmen nachweist, dass die Mitbenutzung aus betriebsbedingten oder sonstigen Gründen nicht möglich oder nicht zumutbar ist.

Zur Missbrauchsaufsicht gehören zudem das **Diskriminierungsverbot**, das **Verbot unbilliger Behinderung** (§ 20 GWB) und das **Boykottverbot** (§ 21 GWB). Gemäß § 20 GWB dürfen marktbeherrschende Unternehmen „ein anderes Unternehmen in einem Geschäftsverkehr, der gleichartigen Unternehmen üblicherweise zugänglich ist, weder unmittelbar noch mittelbar unbillig behindern oder gegenüber gleichartigen Unternehmen ohne sachlich gerechtfertigten Grund unmittelbar oder mittelbar unterschiedlich behandeln". Zudem dürfen sie nicht ihre Marktstellung dazu ausnutzen, andere Unternehmen zu veranlassen, ihnen ohne sachlichen Grund Vorzugsbedingungen zu gewähren.

Der § 21 GWB besagt, dass Unternehmen ein anderes Unternehmen nicht zu Liefer- oder Bezugssperren aufrufen dürfen.

Auf europäischer Ebene wird folgendes als Marktmissbrauch betrachtet:

§§

AEUV Artikel 102 (ehemals Artikel 82 EGV)

Mit dem Binnenmarkt unvereinbar und verboten ist die missbräuchliche Ausnutzung einer beherrschenden Stellung auf dem Binnenmarkt oder auf einem wesentlichen Teil desselben durch ein oder mehrere Unternehmen, soweit dies dazu führen kann, den Handel zwischen Mitgliedstaaten zu beeinträchtigen.

Dieser Missbrauch kann insbesondere in Folgendem bestehen:

a) der unmittelbaren oder mittelbaren Erzwingung von unangemessenen Einkaufs- oder Verkaufspreisen oder sonstigen Geschäftsbedingungen;

b) der Einschränkung der Erzeugung, des Absatzes oder der technischen Entwicklung zum Schaden der Verbraucher;

c) der Anwendung unterschiedlicher Bedingungen bei gleichwertigen Leistungen gegenüber Handelspartnern, wodurch diese im Wettbewerb benachteiligt werden;

d) der an den Abschluss von Verträgen geknüpften Bedingung, dass die Vertragspartner zusätzliche Leistungen annehmen, die weder sachlich noch nach Handelsbrauch in Beziehung zum Vertragsgegenstand stehen.

④ **Bekämpfung unlauteren Wettbewerbs**

Dem Schutz von Nachfragern und Mitbewerbern vor unfairen Wettbewerbspraktiken dient das **Gesetz gegen den unlauteren Wettbewerb** (UWG).

› Band 1, LF 5

---

§§

§ 1 UWG Zweck des Gesetzes
Dieses Gesetz dient dem Schutz der Mitbewerber, der Verbraucherinnen und Verbraucher sowie der sonstigen Marktteilnehmer vor geschäftlichen Handlungen. Es schützt zugleich das Interesse der Allgemeinheit an einem unverfälschten Wettbewerb.

§ 3 UWG Verbot unlauterer geschäftlicher Handlungen
(1) Unlautere geschäftliche Handlungen sind unzulässig, wenn sie geeignet sind, die Interessen von Mitbewerbern, Verbrauchern oder sonstigen Marktteilnehmern spürbar zu beeinträchtigen.
(2) Geschäftliche Handlungen gegenüber Verbrauchern sind jedenfalls dann unzulässig, wenn sie nicht der für den Unternehmer geltenden fachlichen Sorgfalt entsprechen und dazu geeignet sind, die Fähigkeit des Verbrauchers, sich auf Grund von Informationen zu entscheiden, spürbar zu beeinträchtigen und ihn damit zu einer geschäftlichen Entscheidung zu veranlassen, die er andernfalls nicht getroffen hätte. Dabei ist auf den durchschnittlichen Verbraucher oder, wenn sich die geschäftliche Handlung an eine bestimmte Gruppe von Verbrauchern wendet, auf ein durchschnittliches Mitglied dieser Gruppe abzustellen. Auf die Sicht eines durchschnittlichen Mitglieds einer auf Grund von geistigen oder körperlichen Gebrechen, Alter oder Leichtgläubigkeit besonders schutzbedürftigen und eindeutig identifizierbaren Gruppe von Verbrauchern ist abzustellen, wenn für den Unternehmer vorhersehbar ist, dass seine geschäftliche Handlung nur diese Gruppe betrifft.
(3) Die im Anhang dieses Gesetzes aufgeführten geschäftlichen Handlungen gegenüber Verbrauchern sind stets unzulässig.

In das Gesetz gegen unlauteren Wettbewerb sind unter anderem die folgenden Tatbestände aufgenommen:

- unsachliche Beeinflussung
- Ausnutzung der geschäftlichen Unerfahrenheit oder einer Zwangslage
- getarnte Werbung (sogenannte „Schleichwerbung")
- Herabsetzung des Konkurrenten
- ergänzender Leistungsschutz
- Rechtsbruch (alle § 4 UWG)
- irreführende Werbung (§ 5 UWG)
- vergleichende Werbung (§ 6 UWG)
- unzumutbare Belästigung
  Beispiel: Werbeanrufe, Spam usw. (§ 7 UWG)

4

Wirtschaftskreislauf – Mit einem Modell die Volkswirtschaft veranschaulichen

Das erste Modell eines Wirtschaftskreislaufes wurde bereits im 18. Jahrhundert von dem Franzosen Francois Quesnay (*1694, †1774) entwickelt. Er übertrug darin die Vorstellung des Blutkreislaufs auf die Zusammenhänge in der Wirtschaft.

■ **Einfacher Wirtschaftskreislauf einer stationären Volkswirtschaft**

In seiner einfachsten Form stellt ein Wirtschaftskreislauf die aggregierten Wirtschaftssubjekte Haushalte und Unternehmen in ihren gegenseitigen Abhängigkeiten dar. Diese werden durch zwei gegenläufige Stromgrößen gekennzeichnet: einen Güter- und einen Geldstrom. Die Haushalte stellen den Unternehmen den Produktionsfaktor Arbeit zur Verfügung und erhalten im Gegenzug dafür ein Einkommen. Dieses Einkommen verwenden sie, um Konsumausgaben zu tätigen, für die sie Konsumgüter von den Unternehmen erhalten.

> **› INFO-Teil**
> **LF 9, Kap. 1.1**

einfacher Wirtschaftskreislauf einer stationären Volkswirtschaft

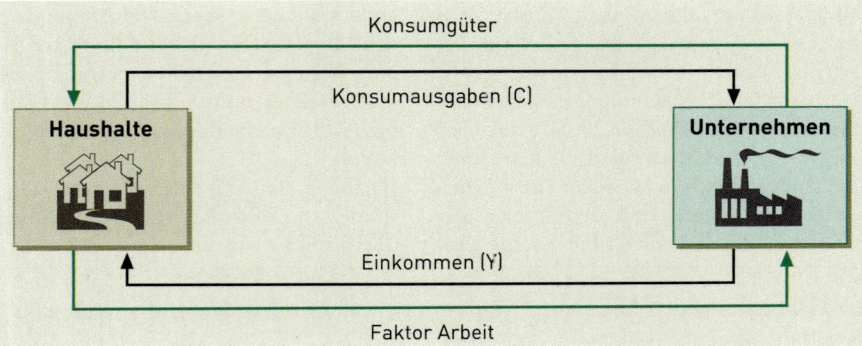

Dieses einfache Modell geht davon aus, dass die Haushalte nicht sparen, sondern ihr gesamtes Einkommen für den Konsum verwenden. Die Unternehmen sind ausschließlich in der Lage, Ersatzinvestitionen vorzunehmen. Dies bedeutet, dass die Maschinen oder andere Teile des Anlagevermögens, die sich im Zeitablauf abnutzen, wieder ersetzt werden, um eine konstante Produktionskapazität aufrechtzuerhalten. Die Mittel, die für die Ersatzinvestitionen benötigt werden, werden in die Absatzpreise einkalkuliert. Die Abnutzung der Anlagen wird durch Abschreibungen erfasst.

Ein Wirtschaftswachstum gibt es so allerdings nicht. Die Wirtschaft ist **stationär**.

In einer stationären Volkswirtschaft gilt: **Y = C**

Diese Gleichung gibt an, dass die Einkommen der Haushalte vollständig für den Konsum verwendet werden. Das **Y** (yield = Einkommen, Ertrag) steht zum einen für die Summe aller Einkommen, die für den Faktor Arbeit gezahlt werden und damit für das **Volkseinkommen**. Gleichzeitig entspricht Y auch dem Wert der in der Volkswirtschaft produzierten Güter und damit der sogenannten **Wertschöpfung**. Das **C** (consumption = Konsum) entspricht dem Wert der konsumierten Güter.

■ **Einfacher Wirtschaftskreislauf einer evolutorischen Volkswirtschaft**

Eine Erweiterung des Modells geht davon aus, dass die Volkswirtschaft evolutorisch ist, d. h. durch Investitionstätigkeiten wächst. Die privaten Haushalte haben neben dem Konsum auch die Möglichkeit zu sparen, also Konsumverzicht zu üben. Das bedeutet, dass nicht die gesamte Produktionskapazität der Unternehmen zur Produktion von Konsumgütern dient, sondern dass auch Produktionsmittel (= Maschinen, Bauten, Vorräte) gebildet werden können. Diese Produktionsmittel werden aus volkswirtschaftlicher Sicht als **Kapital** bezeichnet.

Die Ersparnisse der Haushalte werden von **Kapitalsammelstellen** aufgenommen. Dabei handelt es sich um Banken und sonstige Finanzdienstleister, die zwar auch zu den Unternehmen zählen, in diesem Modell aber eine besondere Funktion übernehmen, weil sie Sparen ermöglichen und vor allem, weil sie den Unternehmen Kredite zu Investitionszwecken zur Verfügung stellen. Die Unternehmen sind dadurch in der Lage, über die Ersatzinvestitionen hinaus Nettoinvestitionen zu tätigen, durch die sich das Produktionspotenzial erhöht.

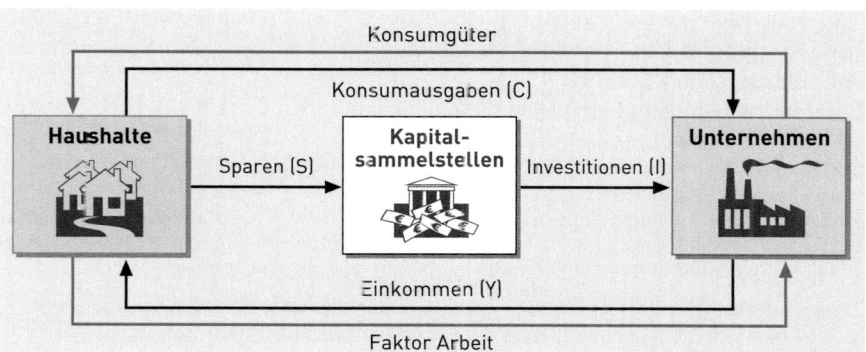

einfacher Wirtschaftskreislauf einer evolutorischen Volkswirtschaft[1]

Die Volkswirtschaft entwickelt sich jedoch nur, wenn die Nettoinvestitionen positiv sind, also nicht lediglich die Bestände an Roh-, Hilfs- und Betriebsstoffen, unfertigen und fertigen Erzeugnissen oder Handelswaren verbraucht werden. Die Volkswirtschaft entwickelt sich, d. h., sie ist **evolutorisch**.

Die folgende Tabelle ist eine Übersicht über die unterschiedlichen Investitionsarten und zeigt, dass eine Volkswirtschaft durch Erweiterungsinvestitionen wächst.

Investitionsarten

Bruttoinvestitionen		
Anlageinvestitionen		**Vorrats-(Lager-)investitionen**
Ersatzinvestition ▪ ersetzt den durch Abnutzung im Produktionsprozess entstehenden Substanzverlust ▪ wird im Rechnungswesen durch Abschreibungen erfasst; die in den Marktpreisen einkalkulierten Abschreibungsbeträge stellen das erforderliche Geldkapital zu Investitionen bereit	**Erweiterungsinvestition** ▪ erweitert das Produktionspotenzial einer Volkswirtschaft	▪ Veränderungen der Bestände an Roh-, Hilfs- und Betriebsstoffen, unfertigen und fertigen Erzeugnissen sowie Handelswaren ▪ können auch negativ sein
	Nettoinvestitionen ▪ verändern den Bestand an Sachkapital	
Ersatzinvestitionen sind in der Regel auch Erweiterungsinvestitionen, z. B., wenn eine neue Anlage eine höhere Produktivität aufweist als die ersetzte Anlage.		

Drückt man die Zusammenhänge in einer Gleichung aus, ergibt sich

▪ aus Sicht der Haushalte die **Einkommensverwendungsgleichung:**
$$Y = C + S$$

▪ aus Sicht der Unternehmen die **Einkommensentstehungsgleichung:**
$$Y = C + I$$

Aus der Einkommensverwendungs- und der Einkommensentstehungsgleichung ergibt sich zwangsläufig, dass Sparen und Investieren im Nachhinein, also beispielsweise am Ende eines Jahres, gleich sind. Da die Haushalte sparen, können in Höhe dieser Sparleistung keine Konsumgüter erworben werden. Die bis dahin nicht abge-

---

1   Im weiteren Verlauf werden in den Wirtschaftskreisläufen aus Gründen der besseren Übersichtlichkeit nur die Geldströme eingezeichnet.

setzten Güter erhöhen damit die Anlage- und/oder Lagerinvestitionen der Unternehmen.

Spar- und Investitionsentscheidungen werden von verschiedenen Wirtschaftssubjekten aus unterschiedlichen Motiven getroffen. Die Investitionsentscheidungen der Unternehmen können naturgemäß immer nur *ex ante* (im Vorhinein) getroffen werden. Sie hängen von der Auftragslage und den Absatzerwartungen ab.

Auch die Entscheidungen der Haushalte darüber, wie viel gespart werden soll, sind im Vorhinein nicht genau planbar. Zudem wäre es eher ein Zufall, wenn die geplanten Investitionen der Unternehmen tatsächlich genau dem geplanten Sparen der Haushalte entsprechen würden.

Es lassen sich die folgenden Fälle unterscheiden:

ex-ante-Betrachtung (Planung zu Beginn einer Wirtschaftsperiode)	$S_{geplant} > I_{geplant}$	$S_{geplant} < I_{geplant}$
	Es werden mehr Konsumgüter produziert als nachgefragt, die Haushalte sparen also mehr als von den Unternehmen erwartet.	Es werden weniger Konsumgüter produziert als nachgefragt, die Haushalte sparen also weniger als von den Unternehmen erwartet.
kurzfristiger Anpassungsprozess	Der nicht absetzbare Teil der Konsumgüterproduktion führt zu einer ungeplanten Erhöhung der Lagerbestände (= ungeplante Lagerinvestition) oder die Unternehmen reagieren mit Preissenkungen, um nicht auf der Ware sitzen zu bleiben.	Der Nachfrageüberhang führt zu Lieferfristen, sofern keine Lagerbestände aus Vorperioden vorhanden sind, oder zu Preissteigerungen. Die Verbraucher müssen unfreiwillig Konsumverzicht leisten oder erhalten für den zu Konsumzwecken eingeplanten Betrag weniger Güter (Zwangssparen).
Ergebnis am Ende der Wirtschaftsperiode	$I_{geplant} + I_{ungeplant} = S_{geplant}$	$I_{geplant} = S_{geplant} + S_{ungeplant}$
Auswirkung auf die Produktion in der nächsten Wirtschaftsperiode	Die Unternehmen werden weniger Güter herstellen bzw. die Zahl der Anbieter wird infolge der Preisreduzierung sinken. Das bedeutet Rückgang von Produktion und Beschäftigung und dadurch ein geringeres Volkseinkommen.	Bei den Unternehmen fiel die ungeplante Ersparnis der Haushalte in Form höherer Gewinne an. Die Unternehmen werden ihre Produktion ausdehnen bzw. die Zahl der Anbieter wird infolge des Preisanstiegs steigen. Das bedeutet eine Erhöhung von Produktion und Beschäftigung und dadurch ein höheres Volkseinkommen.

■ **Erweiterter Wirtschaftskreislauf mit staatlicher Aktivität**

Eine Erweiterung erfährt der Wirtschaftskreislauf einer evolutorischen Volkswirtschaft durch das Einbeziehen des Staates. Von den Haushalten und den Unternehmen erhält der Staat insbesondere **Steuern** (= Zwangsabgaben ohne Anspruch auf Gegenleistungen), **Gebühren** (= Entgelt für bestimmte Leistungen, z. B. Müllgebühren) und **Beiträge** (= Zahlungen zur Finanzierung öffentlicher Leistungen, z. B. Anliegerbeiträge für Kanalisierung). An die Unternehmen zahlt der Staat **Subventionen** und an die privaten Haushalte fließen **Löhne und Transferzahlungen**. Letztere dienen insbesondere einem Ausgleich in der Einkommensverteilung und umfassen beispielsweise Renten und Pensionen, Sozialhilfe, Kranken-, Arbeitslosen-, Kinder- und Wohngeld. Den Transferzahlungen stehen keine direkten bzw. unmittelbaren Gegenleistungen gegenüber.

› INFO-Teil
LF 9, Kap. 6.2

■ **Erweiterter Wirtschaftskreislauf in einer offenen Volkswirtschaft mit staatlicher Aktivität**

In einer offenen Volkswirtschaft werden zusätzlich die Wirtschaftsbeziehungen zum Ausland betrachtet. Export und Import beeinflussen die im Inland zur Verfügung stehende Gütermenge und die inländische Beschäftigung.

Ist der **Außenbeitrag** (Export – Import) positiv (Export > Import), dann stehen im Inland weniger Güter als produziert werden für den Konsum und Investitionen zur Verfügung. Gleichzeitig erhöhen die Exporterlöse den inländischen Geldkreislauf. Kommt es durch geldpolitische Maßnahmen nicht zu einer Abschöpfung des Geldes, wären Preissteigerungen die Folge. Die Auswirkungen auf die Beschäftigung wären positiv.

Bei einem negativen Außenbeitrag stehen im Inland mehr Güter für Konsum und Investitionen zur Verfügung, als im Inland produziert werden. Das größere Angebot hätte Preisrückgänge und schließlich eine negative Beschäftigungswirkung zur Folge.

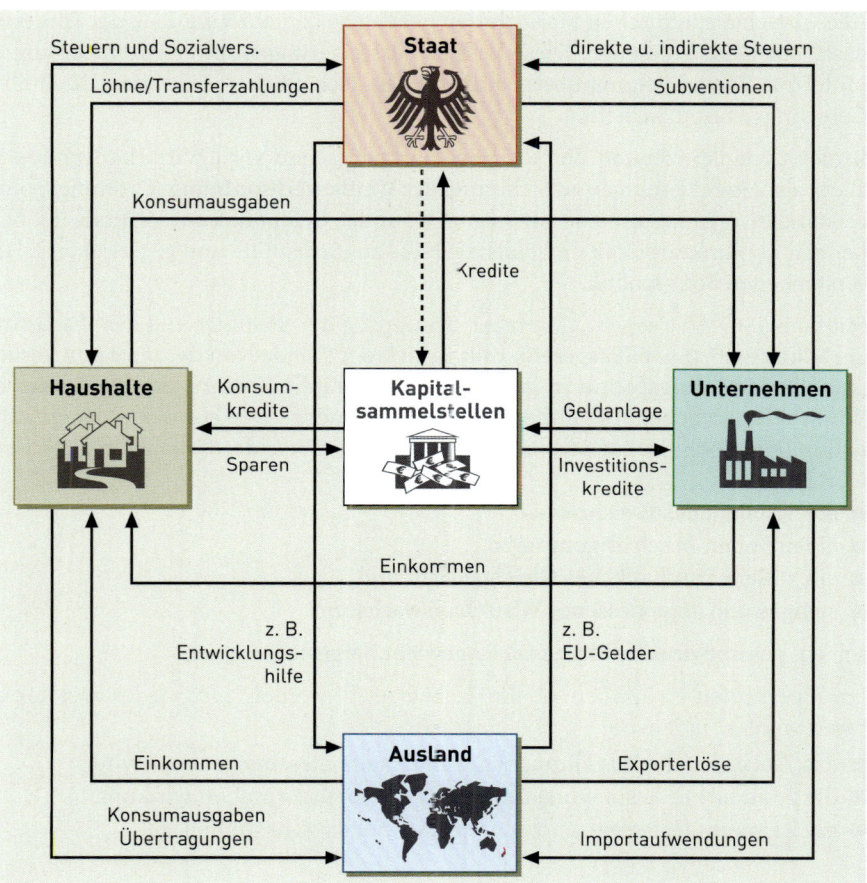

Wirtschaftskreislauf einer offenen evolutorischen Volkswirtschaft mit staatlicher Aktivität

Kritik

Das Modell des Wirtschaftskreislaufs dient dazu, allgemeine Aussagen über die Beziehungen der Wirtschaftssubjekte zueinander und zum Ausland zuzulassen. Aufgrund der Allgemeinheit der Aussagen werden dabei Annahmen getroffen, die nicht immer realistisch sind. So ist beispielsweise nicht davon auszugehen, dass die privaten Haushalte immer so viel sparen, wie die Unternehmen zu Investitionszwecken benötigen. Auch ist nicht davon auszugehen, dass die privaten Haushalte immer so viele Güter und Dienstleistungen nachfragen wollen und können, wie die Unternehmen jeweils produzieren.

5
Wirtschaftspolitische Ziele – Das magische Viereck

Die möglichen Fehlentwicklungen einer freien Marktwirtschaft zeigen, dass wirtschaftlicher Wohlstand in einem Land nicht automatisch durch den Marktmechanismus entsteht. Vielmehr sind dazu auch Eingriffe des Staates und anderer Institutionen (z. B. Zentralbank, Tarifpartner) in das Wirtschaftsgeschehen nötig.

Wirtschaftspolitik ist die Gesamtheit aller Bestrebungen, Handlungen und Maßnahmen, die darauf abzielen, den Ablauf des Wirtschaftsgeschehens in einem Gebiet oder Bereich zu ordnen, zu beeinflussen oder unmittelbar festzulegen.

Alle wirtschaftspolitischen Maßnahmen haben das gemeinsame Ziel, der Förderung des Wohlstands zu dienen. Diese Wohlstandssteigerung ist ihrerseits wiederum ein Mittel zur Verwirklichung übergeordneter gesellschaftlicher Ziele wie z. B. Freiheit, Gerechtigkeit und Sicherheit.

In der Grundkonzeption der sozialen Marktwirtschaft wird Wirtschaftspolitik vor allem als Verwirklichung und Sicherung der **Wettbewerbsordnung** (Ordnungspolitik) verstanden, ergänzt um eine vornehmlich auf der **Geldpolitik** der Zentralbank beruhenden Konjunkturpolitik und einer als Hilfe zur Selbsthilfe und gegenseitigen Hilfe verstandenen **Sozialpolitik**.

Mit dem 1967 erlassenen „Gesetz zur Förderung der Stabilität und des Wachstums der Wirtschaft" (Stabilitätsgesetz) vollzog sich ein Wandel von der bis dahin vorherrschenden Ordnungspolitik zu größerer direkter Einflussnahme des Staates auf das Wirtschaftsgeschehen. Das äußerte sich u. a. in einer aktiven staatlichen Konjunkturpolitik (Fiskalpolitik). Im Stabilitätsgesetz sind die Ziele der Fiskalpolitik umrissen. Durch

- **die Stabilität des Preisniveaus,**
- **einen hohen Beschäftigungsgrad,**
- **ein außenwirtschaftliches Gleichgewicht und**
- **stetiges und angemessenes Wirtschaftswachstum**

soll ein **gesamtwirtschaftliches Gleichgewicht** hergestellt werden.

Um überprüfen zu können, ob die Ziele erreicht werden, muss jedes Ziel konkretisiert werden, indem

- das Ziel durch die Zuordnung eines **Indikators** messbar gemacht wird,
- die gewünschte Ausprägung des Indikators vorab formuliert wird und
- ein **Zeitraum** festgelegt wird, in dem das Ziel erreicht werden soll.

5.1
Angemessenes und stetiges Wirtschaftswachstum

Volkswirtschaftlichen Gesamtrechnung

In der **Volkswirtschaftlichen Gesamtrechnung** (VGR) werden die wirtschaftlichen Leistungen eines Landes für einen bestimmten Zeitraum, im Regelfall vom 1. Januar bis zum 31. Dezember eines Jahres, erfasst. Von Wirtschaftswachstum spricht man, wenn die wirtschaftlichen Leistungen des aktuellen Jahres höher sind als die des vorangegangen Jahres.

Was unter „angemessenem" Wirtschaftswachstum zu verstehen ist, ist schwer zu definieren. In den 1970er-Jahren galten jährliche Wachstumsraten von 4 % als angemessen. Heute erscheinen schon allein aus beschäftigungspolitischen Gründen mindestens 2,5 % bis 3 % als nötig, aber kaum erreichbar.

5.1.1
Volkswirtschaftliche Gesamtrechnung – Was die Höhe des Bruttoinlandsproduktes aussagt

Das **Bruttoinlandsprodukt** (BIP) ist die wichtigste Größe der VGR. Es misst den Wert der im Inland hergestellten Waren und Dienstleistungen. Diese Güter und Dienstleistungen werden dabei mit ihrem Preis bewertet. Bei der Berechnung des BIP werden die sogenannten Vorleistungen herausgerechnet.

Bruttoinlandsprodukt

Beispiel

Ein Industrieunternehmen verlangt für ein produziertes Gut einen Preis von 1.000,00 €. Für die darin verarbeiteten Materialien, wie beispielsweise Stahl und Kunststoff, hat es selbst zuvor 550,00 € bezahlt. Dieser Betrag gilt als Vorleistung. In das BIP geht das Gut mit einem Wert von 450,00 € ein.

Im BIP sind aber natürlich auch die 550,00 € enthalten. Bei der Produktion des Kunststoffes bzw. des Stahls gehen die produzierten Werte bereits in das BIP ein.

Grundsätzlich gibt es drei Methoden, das Bruttoinlandsprodukt zu berechnen:

- In der **Entstehungsrechnung** wird den Fragen nachgegangen:
  Wo ist das BIP entstanden? Welche Wirtschaftsbereiche haben zu dem gesamtwirtschaftlichen Ergebnis beigetragen?
- In der **Verwendungsrechnung** wird gefragt:
  Wofür wird das erarbeitete BIP verwendet?
- Die **Verteilungsrechnung** geht den Fragen nach:
  Wie wird das BIP verteilt? Welche Faktoreinkommen werden erzielt?

› INFO-Teil
LF 9, Kap. 4

In der **Entstehungsrechnung** werden einzelne Wirtschaftsbereiche aufgeführt, die zur Entstehung des BIP beitragen:

Entstehungsrechnung

Entstehung des BIP in Deutschland 2013 (Angaben in Mrd. €)	
Land- und Forstwirtschaft, Fischerei	19,62
+ produzierendes Gewerbe (ohne Bau)	625,38
+ Baugewerbe	115,27
+ Handel, Gastgewerbe und Verkehr	355,61
+ Finanzierung, Vermietung und Unternehmensdienstleister	676,88
+ Öffentliche und private Dienstleister	659,72
= **Bruttowertschöpfung**	**2.452,48**
+ Gütersteuern abzüglich Gütersubventionen	283,32
= **Bruttoinlandsprodukt**	**2.735,80**

Quelle: Statistisches Bundesamt, Deutsche Wirtschaft 1. Quartal 2011, Bruttoinlandsprodukt

Die **Bruttowertschöpfung** entspricht dem Produktionswert abzüglich der Vorleistungen.

Bruttowertschöpfung

In der Entstehungsrechnung werden Gütersteuern addiert und die Gütersubventionen subtrahiert. Warum ist dies so?
Gütersteuern sind alle Steuern, die für ein Produkt anfallen und vom Unternehmer in den Preis einkalkuliert werden und diesen somit erhöhen, da er diese Beträge ebenfalls erwirtschaften muss. Die einem Produkt zurechenbaren Subventionen dagegen fließen dem Unternehmen zu und verringern wiederum den Verkaufspreis. Daher werden sie abgezogen.

**Verwendungs-
rechnung**

Die Verwendungsrechnung gibt Auskunft darüber, von welchen Wirtschaftsbereichen des Wirtschaftskreislaufs die produzierten Güter beansprucht werden:

Verwendung des BIP in Deutschland 2013 (Angaben in Mrd. €)	
Private Konsumausgaben	1.571,95
+ Konsumausgaben des Staates	534,62
+ Bruttoinvestitionen	462,50
+ Außenbeitrag	166,73
= Bruttoinlandsprodukt	2.735,80

Quelle: Statistisches Bundesamt, Bruttoinlandsprodukt 2010 für Deutschland – Presseexemplar, Januar 2011

Die **Bruttoinvestitionen** umfassen die gesamte Erhöhung an Anlagen und Vorräten. Für das Jahr 2010 setzten sich die Bruttoinvestitionen von 440,64 Mrd. € wie folgt zusammen:

Bruttoinvestitionen 462,5 Mrd. €		
Bruttoanlageinvestition 471,39 Mrd. €		Vorrats-veränderungen – 8,89 Mrd. €
Ersatzinvestitionen 408,80 Mrd. €	Nettoanlageinvestition 62,59 Mrd. €	
	Nettoinvestition 53,70 Mrd. €	

Außenbeitrag

In die Verwendungsrechnung wird auch der **Außenbeitrag** einbezogen. Er stellt die Differenz zwischen den Exporten und den Importen der Volkswirtschaft dar.

**Verteilungs-
rechnung**

In der **Verteilungsrechnung** wird gezeigt, wie sich aus den Arbeitnehmerentgelten (enthalten sind hier die Bruttolöhne bzw. -gehälter zuzüglich der Lohnnebenkosten wie z. B. die Arbeitgeberanteile zur Sozialversicherung) und den Unternehmens- und Vermögenseinkommen das sogenannte Volkseinkommen zusammensetzt. Die Berechnung des BIP über die Verteilungsseite ist in Deutschland allerdings wegen fehlender Basisdaten über die Unternehmens- und Vermögenseinkommen nicht genau möglich. Diese ergeben sich nur als abgeleitete Restgrößen in der VGR. Ausgehend vom Volkseinkommen kann das BIP folgendermaßen berechnet werden:

Verteilung des BIP in Deutschland 2013 (Angaben in Mrd. €)	
Arbeitnehmerentgelte	1.417,10
+ Unternehmens- und Vermögenseinkommen	695,20
= Volkseinkommen	2.112,3
+ Produktions- und Importabgaben abzüglich Subventionen	277,60
= Nettonationaleinkommen	2.398,90
+ Abschreibungen	408,80
= Bruttonationaleinkommen	2.798,70
– Saldo der Primäreinkommen mit der übrigen Welt	62,90
= Bruttoinlandsprodukt (BIP)	2.735,80

Quelle: Statistisches Bundesamt, Bruttoinlandsprodukt 2010 für Deutschland – Presseexemplar, Januar 2011

Volkseinkommen

Die Kosten für die Produktionsfaktoren Arbeit, Boden und Kapital finden sich in den Arbeitnehmerentgelten und den Unternehmens- und Vermögenseinkommen wieder. In der Addition ergibt sich das **Volkseinkommen**. Die relativen Anteile der Arbeitnehmerentgelte bzw. der Unternehmens- und Vermögenseinkommen am Volkseinkommen kann man in der Lohn- und Gewinnquote ausdrücken.

Verteilung des BIP in Deutschland 2013		
	in Mrd. €	in %
Arbeitnehmerentgelte	1.417,10	67,1 (Lohnquote)
+ Unternehmens- und Vermögenseinkommen	695,30	32,9 (Gewinnquote)
= **Volkseinkommen**	**2.112,30**	**100,0**

In der Addition ergeben Lohn- und Gewinnquote immer 100 %.

Bewertet man die Güter und Dienstleistungen eines Jahres ausschließlich zu den Kosten der Produktionsfaktoren, die zu ihrer Produktion eingesetzt wurden, erhält man das Volkseinkommen. Die Produktions- und Importabgaben machen ein Produkt teurer und werden daher addiert. Aufgrund der vom Staat gewährten Subventionen können die Unternehmen, die diese empfangen haben, ihre Produkte günstiger anbieten. Die Subventionen werden also abgezogen.

Der Wert der Abschreibungen dient der Erhaltung des in einer Volkswirtschaft vorhandenen Sachkapitals. Damit entspricht der Wert der Abschreibungen dem Wert der Ersatzinvestitionen.

Das Nettonationaleinkommen repräsentiert lediglich die neu geschaffene Produktionsleistung, nicht aber die gesamte Produktionsleistung. Addiert man also die Abschreibungen, gelangt man vom Nettowert zu einem umfassenderen Bruttowert.

Die Primäreinkommen der Ausländer im Inland werden addiert, die Primäreinkommen der Inländer im Ausland subtrahiert, denn: Das Bruttoinlandsprodukt ist ein sogenanntes Inlandskonzept. Nur Leistungen, die innerhalb Deutschlands erbracht werden, finden Berücksichtigung. Dies trifft auf die Primäreinkommen, also die Nettoeinkommen der Ausländer aus dem Inland zu. Daher werden sie addiert. Primäreinkommen, die Deutsche im Ausland beziehen, fallen nicht in das Inlandskonzept und müssen daher abgezogen werden.

Aus dem Volkseinkommen kann das insgesamt verfügbare Einkommen der Haushalte ermittelt werden. Es lässt Aussagen über die insgesamt mögliche Konsumgüternachfrage in einer Volkswirtschaft zu.

Volkseinkommen
– direkte Steuern (Lohn-/Einkommensteuer)
– Sozialabgaben
+ Transferzahlungen (z. B. Renten, Arbeitslosengeld, Kindergeld)
= **verfügbares Einkommen**

5.1.2
Konjunkturzyklen

Stetiges und angemessenes Wirtschaftswachstum ist ein Ziel, das auch in der Vergangenheit bisher so nicht erreicht wurde. Die Leistung der Wirtschaft – gemessen als reales BIP – unterliegt Schwankungen. Phasen steigenden Wohlstands werden regelmäßig abgelöst durch kleinere oder größere Wirtschaftskrisen. Solche kurzfristig (d. h. innerhalb von ein paar Jahren) zu beobachtenden Verläufe nennt man Konjunktur oder Konjunkturzyklen.

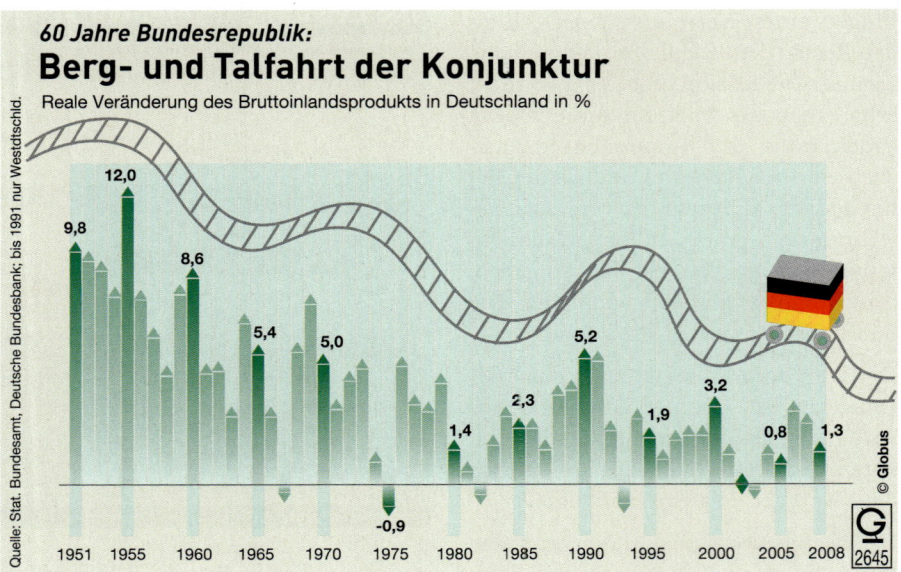

Obwohl in der Realität keine strenge Abfolge der konjunkturellen Schwankungen feststellbar ist, wird in der Konjunkturtheorie häufig von einem idealtypischen Konjunkturzyklus ausgegangen, der aus folgenden vier Konjunkturphasen besteht:

■ **Boom (Hochkonjunktur)**
In der Boomphase läuft die Produktion auf Hochtouren, die Kapazitäten sind weitestgehend ausgelastet. Auch die Arbeitskräfte sind fast alle beschäftigt. Die Löhne steigen. Die Nachfrage ist hoch, die Lager leer und deshalb steigen die Preise. Die Zinsen sind hoch, um die Investitionsfreudigkeit nicht noch mehr anzuheizen.

■ **Rezession (Abschwung)**
Zunehmende Verunsicherung bei den Konsumenten führt bei noch immer hohen Preisen zu Nachfragerückgängen. Das veranlasst die Unternehmen, weniger zu investieren. Die Umsätze sinken, die Zinsen werden gesenkt, um Investitionsanreize zu geben. Die Beschäftigung sinkt, Kurzarbeit und Entlassungen stehen an, es gibt keine oder nur geringe Lohnerhöhungen.

■ **Depression (Tiefstand)**
Die Nachfrage ist sehr stark gesunken. Kurzarbeit reicht nicht mehr aus, um den Beschäftigungsrückgang aufzufangen, es kommt zum Abbau von Arbeitsplätzen. Die Nachfrage ist auf niedrigem Niveau, Zinsen, Preise und Löhne auch Vermehrt kommt es zu Insolvenzen von Unternehmen.

■ **Expansion (Aufschwung)**
Die vorhandenen Kapazitäten werden zunehmend besser ausgelastet. Investitionen steigen und in der Folge auch die Zinsen. Die Stimmung bei den Konsumenten bessert sich und allmählich auch die Nachfrage. Das bringt höhere Beschäftigung und die Einstellung neuer Arbeitskräfte mit sich. Optimismus breitet sich aus. Preise und Löhne steigen wieder.

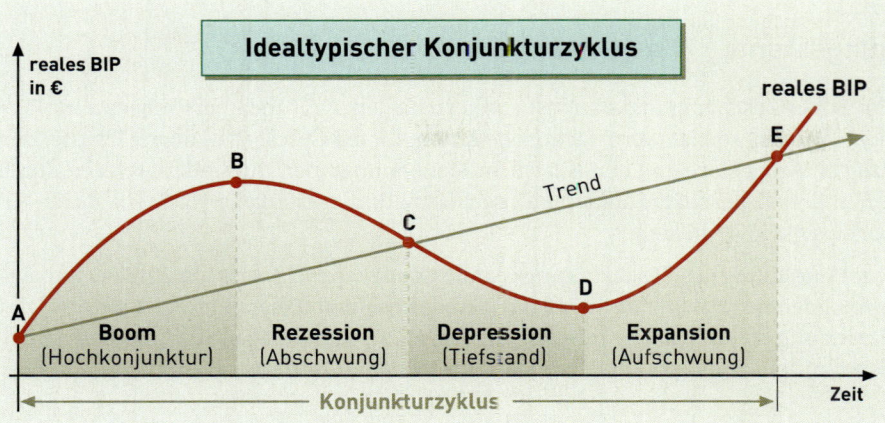

Konjunkturforscher und Wirtschaftspolitiker sind daran interessiert, die jeweils aktuelle Phase des Konjunkturverlaufs zu bestimmen, um Vorhersagen über eine zu erwartende Entwicklung machen zu können. Solche Prognosen werden auf der Grundlage eines Systems verschiedener Konjunkturindikatoren vorgenommen. Man unterscheidet drei Gruppen:

Konjunktur-indikatoren

■ Auf Grundlage der Ausprägung von Frühindikatoren kann eine Prognose über die konjunkturelle Entwicklung gemacht werden. Zu den Frühindikatoren gehören beispielsweise die Auftragseingänge in der Industrie, die Konsumbereitschaft, der Geschäftsklimaindex, die Lagerhaltung der Unternehmen, die Umsätze im Einzelhandel, die Zinsstruktur und die Veränderungen der Geldmenge.

■ Präsens-/Gegenwartsindikatoren reagieren ohne zeitliche Verzögerungen auf Konjunkturänderungen. Zu ihnen gehören z. B. das BIP, die Kapazitätsauslastung oder die Nachfrage nach Krediten.

■ Spätindikatoren folgen konjunkturellen Veränderungen mit einer gewissen zeitlichen Verzögerung. So ändert sich die Arbeitslosenquote nicht sofort bei einem konjunkturellen Abschwung, die ersten Arbeitsverhältnisse werden erst nach einigen Wochen oder Monaten gelöst. Weitere Spätindikatoren sind die Zahl der offenen Stellen, die Löhne und die Insolvenzzahl.

In den 1920er-Jahren hat der russische Wissenschaftler Kondratieff gezeigt, dass die wirtschaftliche Entwicklung Westeuropas und der USA nicht nur durch kurze und mittlere Konjunkturschwankungen geprägt sind. Er wies lange Phasen von Wachstum und Rezession nach. Diese langen Wellen der Weltkonjunktur werden als „Kondratieffzyklen" bezeichnet. Sie haben eine Dauer von 45 bis 60 Jahren und werden durch Basisinnovationen (siehe Abbildung) ausgelöst. Diese lösen grundlegende Änderungen in der Organisation der Arbeit und in der gesellschaftlichen Ordnung aus, was wiederum einen immensen Aufschwung und Wohlstandsschub ermöglicht.

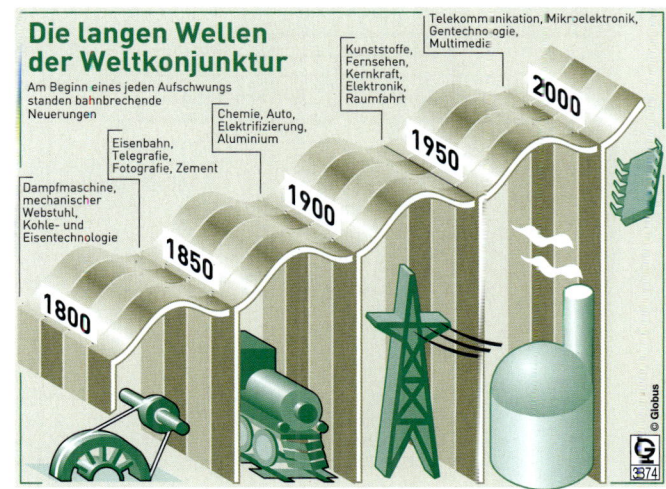

5.2
Hoher Beschäftigungsstand

Ein hoher Beschäftigungsstand ist aus verschiedenen Gründen erstrebenswert: Eine hohe Arbeitslosenzahl verursacht hohe Kosten für die Gesellschaft durch Transferzahlung an Arbeitslose und den Ausfall an Steuereinnahmen. Außerdem werden durch einen hohen Beschäftigungsstand psychische und persönliche Nachteile durch Arbeitslosigkeit vermieden.

Beschäftigungsstand Arbeitslosenquote

Zur Beurteilung des Beschäftigungsstandes kann beispielsweise die **Zahl der Arbeitslosen** oder die sich hieraus ergebende **Arbeitslosenquote** herangezogen werden. Zur Ermittlung dieser Quote wird die Zahl der bei der Bundesagentur für Arbeit gemeldeten Arbeitslosen zur Zahl der Erwerbspersonen in Beziehung gesetzt.

$$\text{Arbeitslosenquote} = \frac{\text{Zahl der Arbeitslosen} \cdot 100}{\text{Zahl der abhängigen Erwerbspersonen}}$$

Arbeitslos sind nach dem Sozialgesetzbuch Personen, die vorübergehend nicht in einem Beschäftigungsverhältnis stehen, das 15 Wochenstunden und mehr umfasst, eine versicherungspflichtige Beschäftigung von mindestens 15 Wochenstunden suchen und dabei den Vermittlungsbemühungen der Agenturen für Arbeit bzw. der Träger der Grundsicherung zur Verfügung stehen und sich dort persönlich arbeitslos gemeldet haben.

Erwerbspersonen

Erwerbspersonen[1] sind Personen mit Wohnsitz im Bundesgebiet (Inländerkonzept), die eine unmittelbar oder mittelbar auf Erwerb gerichtete Tätigkeit ausüben oder suchen (Selbstständige, mithelfende Familienangehörige, Abhängige), unabhängig von der Bedeutung des Ertrages dieser Tätigkeit für ihren Lebensunterhalt und ohne Rücksicht auf die tatsächlich geleistete oder vertragsmäßig zu leistende Arbeitszeit.

In der amtlichen Statistik sind Personen enthalten, die nur arbeitslos gemeldet sind, weil sie Anspruch auf Leistungen haben, aber keine Arbeit suchen. Andererseits sind Personen, die Arbeit suchen, aber deshalb nicht arbeitslos gemeldet sind, weil sie ohnehin keine Leistungen erhalten, nicht enthalten.

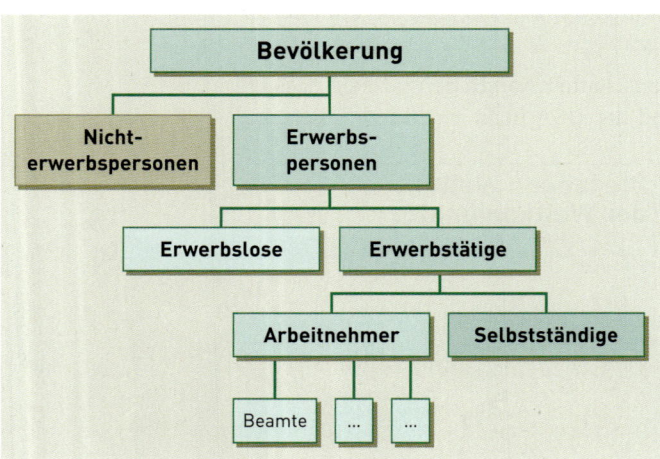

Diese Zahlen sind deswegen für internationale Vergleiche nicht geeignet. Deshalb erhebt das Statistische Bundesamt mithilfe einer Befragung von 20 000 repräsentativen Mitbürgerinnen und Mitbürgern die **Erwerbslosenquote** nach der Definition der ILO[2]. Als erwerbslos gilt im Sinne der durch die EU konkretisierten ILO-Abgrenzung jede Person im Alter von 15 bis 74 Jahren, die nicht erwerbstätig ist, aber in den letzten vier

---

1 Die Zahl der Erwerbspersonen sowie andere Bezugsgrößen für die Ermittlung der Arbeitslosenquote werden üblicherweise einmal jährlich aktualisiert. Dies geschieht regional gegliedert und findet üblicherweise in den Berichtsmonaten April oder Mai statt.
2 ILO: International Labour Organization ist eine Sonderorganisation der Vereinten Nationen und hat ihren Sitz in Genf.

Wochen vor der Befragung aktiv nach einer Tätigkeit gesucht hat. (Dabei gilt jeder als erwerbstätig, der innerhalb einer Woche mindestens eine Stunde gearbeitet hat.) Auf den zeitlichen Umfang der gesuchten Tätigkeit kommt es nicht an. Eine neue Arbeit muss innerhalb von zwei Wochen aufgenommen werden können. Die Einschaltung einer Agentur für Arbeit oder eines kommunalen Trägers in die Suchbemühungen ist nicht erforderlich. Personen im erwerbsfähigen Alter, die weder erwerbstätig noch erwerbslos sind, gelten als Nichterwerbspersonen.

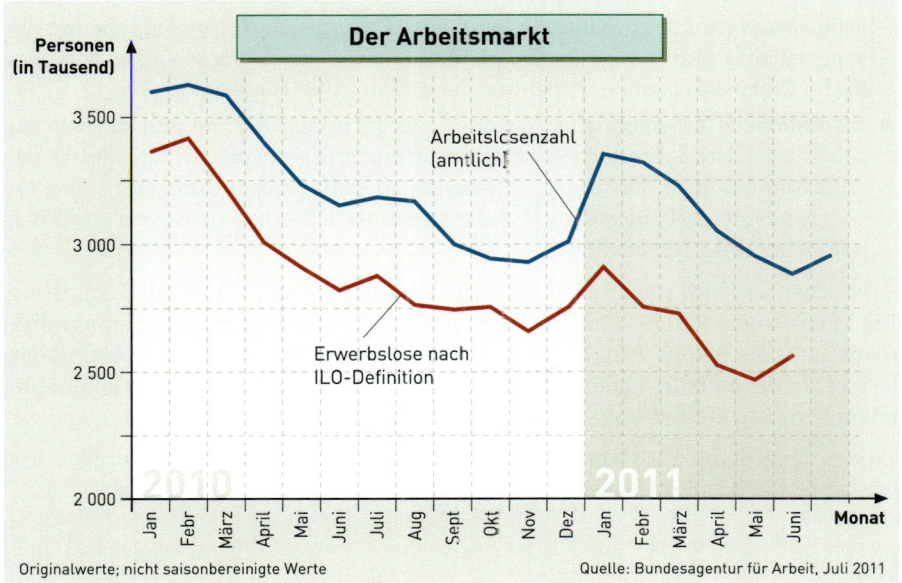

Originalwerte; nicht saisonbereinigte Werte   Quelle: Bundesagentur für Arbeit, Juli 2011

Damit sind in der ILO-Statistik Personen nicht enthalten, die arbeitslos sind, Leistungen beziehen und innerhalb der erlaubten Grenzen trotzdem arbeiten; gleichzeitig sind Personen enthalten, die nicht arbeitslos gemeldet sind, weil sie keinen Anspruch auf Leistungen haben. Die ILO-Erwerbslosenquote ist regelmäßig niedriger als die offizielle Arbeitslosenquote der Agentur für Arbeit. So lag sie im IV. Quartal 2008 bei 6,6 %, während die Arbeitslosenquote im Januar 2009 8,3 % betrug.

5.2.1
Arten und Ursachen der Arbeitslosigkeit

Arbeitslosigkeit kann verschiedene Ursachen haben und dementsprechend auch von kürzerer oder längerer Dauer sein. Man unterscheidet nach den Ursachen die folgenden verschiedenen Arten von Arbeitslosigkeit:

Arten von Arbeitslosigkeit

- **Friktionelle Arbeitslosigkeit** liegt vor, wenn zwischen der Aufgabe der alten und der Aufnahme der neuen Tätigkeit eine kurze arbeitslose Phase liegt.
- **Saisonale Arbeitslosigkeit** entsteht durch wetterbedingte Schwankungen des Arbeitsbedarfs in bestimmten Branchen, z. B. im Tourismus oder im Baugewerbe.
- **Konjunkturelle Arbeitslosigkeit** entsteht durch einen Konjunkturabschwung, in dem Unternehmen aufgrund rückläufiger Absatzahlen Arbeitsplätze abbauen, z. B. in der Automobilindustrie im Frühjahr 2009.

- **Strukturelle Arbeitslosigkeit** wird durch das Aufgeben oder Umgestalten bestimmter Wirtschaftszweige herbeigeführt. Beispiel ist der Steinkohlebergbau im Ruhrgebiet. Zu der strukturellen Arbeitslosigkeit zählen neben der **regionalen Arbeitslosigkeit**, die sich auf ganz bestimmte Regionen eines Landes bezieht (vorrangig in strukturschwachen Regionen Ostdeutschlands, dem Ruhrgebiet oder im ländlichen Raum Norddeutschlands) auch die **sektorale Arbeitslosigkeit**, von der bestimmte Wirtschaftssektoren, z. B. die Steinkohlebranche, betroffen sind.
- Wachstumsdefizitäre Formen der Arbeitslosigkeit sind z. B. die **stagnative Arbeitslosigkeit** aufgrund zu geringen Wirtschaftswachstums, die **technologische Arbeitslosigkeit** aufgrund von Rationalisierung und Automatisierung sowie die **demografische Arbeitslosigkeit** bei zunehmender Anzahl Arbeitsuchender.
- **Institutionelle Arbeitslosigkeit** resultiert aus der Änderung von gesetzlichen VorgabenVorgaben. Lockert der Gesetzgeber die rechtlichen Vorschriften zum Kündigungsschutz, führt dies unter Umständen zu Entlassungen. Das Einführen von Mindestlöhnen erhöht evtl. die Lohnkosten eines Unternehmens, und so setzt es möglicherweise Personal frei.

Arbeitslosigkeit wird auch nach ihrer Dauer eingeteilt in kurz-, mittel- und langfristig. Die **kurzfristigen Formen** der Arbeitslosigkeit sind erfahrungsgemäß eher unproblematisch für die Betroffenen. Dazu gehören die friktionelle und die saisonale Arbeitslosigkeit. Eine **mittelfristigere Form** der Arbeitslosigkeit resultiert aus der **konjunkturellen** Situation einer Region, Branche oder Volkswirtschaft.

Zu den **langfristigen Varianten** der Arbeitslosigkeit gehören die strukturellen und wachstumsdefizitären Formen ebenso wie die institutionelle Arbeitslosigkeit.

5.2.2
Folgen der Arbeitslosigkeit

Bei der Betrachtung der Auswirkungen von Arbeitslosigkeit lassen sich zwei unterschiedliche Perspektiven einnehmen: die individuelle Sicht des Betroffenen und die kollektive einer Region oder Volkswirtschaft.

Einbußen des Einzelnen

Für den Einzelnen ist Arbeitslosigkeit zunächst einmal mit finanziellen Einbußen verbunden. Für einen gewissen Zeitraum, der vom Alter und davon abhängt, wie lange in den vergangenen fünf Jahren Beiträge zur Arbeitslosenversicherung bezahlt wurden, wird **Arbeitslosengeld I** (ALG I) gezahlt (siehe § 127 SGB III). Die Zahlungsdauer liegt zurzeit zwischen 6 und 24 Monaten, die Höhe des Leistungssatzes beträgt 67 % beziehungsweise 60 % des pauschalierten Nettoentgeltes, das auch als Leistungsentgelt bezeichnet wird. Ein erhöhter Leistungssatz von 67 % wird gewährt, wenn der Bezugsberechtigte und sein nicht dauernd getrennt lebender Ehegatte oder Lebenspartner, der ebenfalls unbeschränkt einkommensteuerpflichtig ist, ein Kind haben. Ist die Bezugsdauer für ALG I abgelaufen, erhält die oder der Betroffene eine Grundsicherung für Arbeitsuchende **(Arbeitslosengeld II).**[1]

Häufig sind mit den finanziellen Auswirkungen der Arbeitslosigkeit auch weitergehende Folgen für den Betroffenen verbunden. In der Regel betreffen sie das soziale Umfeld des Arbeitslosen. Neben dem Kontaktverlust zu den bisherigen Arbeitskollegen ist auch der gesellschaftliche Kontakt, häufig auch aufgrund verminderter finanzieller Mittel, betroffen. Die Verwirklichung der persönlichen Ziele[2] des Arbeitnehmers wird durch mangelnde finanzielle Möglichkeiten zum Teil eingeschränkt.

1 siehe auch: www.arbeitsagentur.de
2 vgl. INFO-Teil, LF 9, Kap. 1.1 , Bedürfnispyramide von Maslow

In einer Region oder Volkswirtschaft fällt durch Arbeitslosigkeit Wertschöpfung weg. Auch der Verlust an Kaufkraft, vor allem bei struktureller Arbeitslosigkeit, kann zu einer Kettenreaktion führen, die dann auch andere Branchen erfassen kann. Die Zulieferer der Automobilindustrie trifft ein stagnierender Absatz der Automobilkonzerne nahezu gleichermaßen wie die Konzerne selbst; kompensieren können viele kleine und mittelständische Unternehmen Auftragsrückgänge nicht so ohne Weiteres.

Der Bedarf an finanzieller Unterstützung schlägt negativ zu Buche. Die fehlenden Sozialversicherungsbeiträge müssen durch den Staat und die verbliebenen Beschäftigten aufgebracht werden.

Gesamtwirtschaftliche Einbußen

5.2.3
Arbeitsmarktpolitik

Was tut der Staat nun, um das Geschehen am Arbeitsmarkt im Sinne der beiden Zielvorstellungen hoher Beschäftigungsstand und angemessene Beschäftigung zu beeinflussen? Die Regelungen zur Arbeitsförderung sind im Sozialgesetzbuch III (SGB III) verankert. Die Bundesagentur für Arbeit setzt die Arbeitsmarktpolitik der Bundesregierung durch verschiedene Maßnahmen um:

- **Beraten und Vermitteln:** Offene Stellen werden von den jeweiligen Arbeitgebern an die zuständige Filiale der Arbeitsagentur gemeldet und im bundesweiten Intranet der Agentur zur Verfügung gestellt. Neben dem Vermittlungsauftrag gehört vor allem auch die Beratung von Arbeitsuchenden und von Arbeitgebern zu den Aufgaben der Arbeitsagentur, aber auch zu denen privater Agenturen.
- **Qualifizierung:** Die Bundesagentur fördert die Weiterbildung und Qualifizierung. Dies geschieht zum Beispiel durch Umschulungen außerbetrieblich.
- **Wiedereingliederung:** Der Staat fördert durch Zuschüsse an den Arbeitgeber die Einstellung von Arbeitslosen, meist Langzeitarbeitslosen.
- **Arbeitsplatzerhaltung:** In diesem Tätigkeitsfeld versucht die Agentur für Arbeit in saisonal geprägten Berufsbildern Anreize zu schaffen, die Arbeitnehmer im Beschäftigungsverhältnis zu halten. Zum Beispiel wird in der Bauindustrie in den auftragsschwächeren Monaten Saison-Kurzarbeitergeld gezahlt.

Aber auch **indirekte Möglichkeiten** des Eingriffs in den Arbeitsmarkt sind denkbar. So kann der Staat beispielsweise über Subventionen für die Schaffung neuer Arbeitsplätze oder deren Kürzung Einfluss auf die Verfügbarkeit von Arbeitsplätzen nehmen. Die Subventionierung des Steinkohlebergbaus in den 1980er-Jahren über den sogenannten „Kohlepfennig" ist ein Beispiel dafür. Hier sollte erreicht werden, dass die Stromerzeuger die teurere deutsche Kohle anstatt billigerer Importkohle verwendeten, um so die Arbeitsplätze im deutschen Bergbau zu sichern.

Neue Regelungen zur Arbeitszeit, arbeits- und sozialrechtliche Vorschriften, die Einführung eines Niedriglohnsektors u. a. dienen der Flexibilisierung des Arbeitsmarktes. Sie sollen für die Arbeitgeber Anreiz sein, neue Arbeitsplätze zu schaffen.

Neben der Politik können vor allem auch die Tarifparteien durch entsprechende Vereinbarungen neue Arbeitsplätze schaffen bzw. bestehende erhalten. Lohnverzicht oder unentgeltliche Mehrarbeit waren in der Vergangenheit häufig die Gegenleistung für eine Arbeitsplatzgarantie der Arbeitgeberseite. Im sogenannten „Bündnis für Arbeit" verabredeten die Bundesregierung sowie die Spitzenvertreter der Arbeitgeberverbände und der Gewerkschaften nach dem Regierungswechsel 1998 Maßnahmen zur Erhöhung der Beschäftigung, die auch eine Flexibilisierung des Arbeitsmarktes zum Inhalt hat.

5.3
Stabilität des Preisniveaus

Inflation
> INFO-Teil
LF 9, Kap. 5.3.2

> INFO-Teil
LF 9, Kap. 6.2

> Kap. 8

Ein stabiles Preisniveau ist erstrebenswert, da Preissteigerungen einer Geldentwertung gleichzusetzen sind. Benachteiligte Gruppen bei einer Inflation sind z. B.:

■ Arbeitnehmer, da sie mit dem ihnen zur Verfügung stehenden Einkommen (= Nominaleinkommen) weniger erwerben können (= Realeinkommen),

■ Bezieher von Transfereinkommen, da staatliche Transferleistungen nicht oder nur verspätet angepasst werden,

■ Sparer, da der reale Rückzahlungswert ihrer Ersparnisse sinkt, und

■ Steuerzahler, da ein höheres Einkommen, das zur Deckung der höheren Kosten dient, mit einem höheren Steuersatz belegt wird.

5.3.1
Messbarkeit eines Preisniveaus

Aufgrund der Vielzahl von Waren und Dienstleistungen, die in Deutschland angeboten werden, ist es unmöglich, die Preise aller Güter für die Ermittlung des Preisniveaus zu berücksichtigen. Das Statistische Bundesamt ermittelt daher Preisveränderungen für bestimmte Gütergruppen mithilfe von Preisindizes.

> Kap. 5.3.1

Die wirtschaftspolitische wichtigste Kennzahl zur Messung der durchschnittlichen Preisveränderungen ist der **Verbraucherpreisindex**. Bei der Ermittlung dieses Index, der auch Warenkorb genannt wird, werden die Güter einbezogen, die ein Durchschnittshaushalt mit vier Personen üblicherweise nachfragt.

Warenkorb

Betrachten wir den **Warenkorb** und seine Funktion näher: Er repräsentiert die Verbrauchsgewohnheiten der privaten Haushalte und enthält derzeit etwa 700 Güter und Dienstleistungen, die zwölf Gruppen zugeteilt sind. Die zwölf Gruppen werden entsprechend dem Verbrauchsverhalten gewichtet. Insbesondere die Gewichtung der einzelnen Warengruppen hat entscheidenden Einfluss auf den Preisindex und wird daher in gewissen Abständen (meist alle 5 Jahre) geprüft und gegebenenfalls angepasst.

Die letzte Neuausrichtung erfolgte mit dem Basisjahr 2005.

Zusammensetzung des deutschen Warenkorbs			
	Bestandteil	**2000**	**2005**
1	Nahrungsmittel, alkoholfreie Getränke	10,3 %	10,4 %
2	alkoholische Getränke, Tabakwaren	3,7 %	3,9 %
3	Bekleidung und Schuhe	5,5 %	4,9 %
4	Wohnung, Wasser, Strom, Gas und andere Brennstoffe	30,2 %	30,8 %
5	Hausrat (Möbel, Haushaltsgeräte, Haushaltswaren, etc.)	6,9 %	5,6 %
6	Gesundheitspflege	3,5 %	4,0 %
7	Verkehr	13,9 %	13,2 %
8	Nachrichtenübermittlung	2,5 %	3,1 %
9	Freizeit, Unterhaltung und Kultur	11,0 %	11,6 %
10	Bildungswesen	0,7 %	0,7 %
11	Beherbergung und Gaststättendienstleistung	4,7 %	4,4 %
12	Andere Waren und Dienstleistungen	7,0 %	7,4 %

Quelle: www.destatis.de/jetspeed/portal/cms/Sites/destatis/Internet/DE/Navigation/Statistiken/Preise/Verbraucherpreise/WarenkorbWaegungsschema/WarenkorbWaegungsschema.psml, vom 09.11.2008

Für jede Güterart – also zum Beispiel für Bücher, Kinokarten oder für Benzin – wird die Preisentwicklung berechnet. Der gesamte Verbraucherpreisindex ist dann ein gewichteter Mittelwert aus der Preisentwicklung aller betrachteten Güterarten.

Die Teuerungsrate hängt daher nicht nur davon ab, wie sich die einzelnen Preise verändern. Viel wichtiger als die Auswahl der einzelnen Preisrepräsentanten, also die Festlegung des Warenkorbs, ist die Bestimmung des Gewichts, mit dem die Preisentwicklung einzelner Preisrepräsentanten in die Gesamtindizes eingeht. Damit misst der Verbraucherpreisindex auf der Grundlage des Warenkorbs nicht die Preisniveaustabilität im eigentlichen Sinne, sondern er misst die Kaufkraft des Geldes – auf der Basis der festgelegten 700 Güter des Warenkorbs in der dort festgelegten Mengenrelation.

Um auf europäischer Ebene zwischenstaatliche Vergleiche anstellen zu können, berechnet das Statistische Bundesamt zusätzlich zum Verbraucherpreisindex für Deutschland (VPI) seit 1997 auch einen Harmonisierten Verbraucherpreisindex (HVPI) für Deutschland. Der HVPI wird zur Inflationsmessung in internationalen, meist innereuropäischen Vergleichen herangezogen.

Daneben werden weitere Preisindizes erhoben, z. B. der Index der Einzelhandelspreise, der Index der Erzeugerpreise oder der Index zu den Importpreisen. Die Abbildung zeigt die Entwicklung der Verbraucherpreise im Vergleich zum Vorjahresmonat.

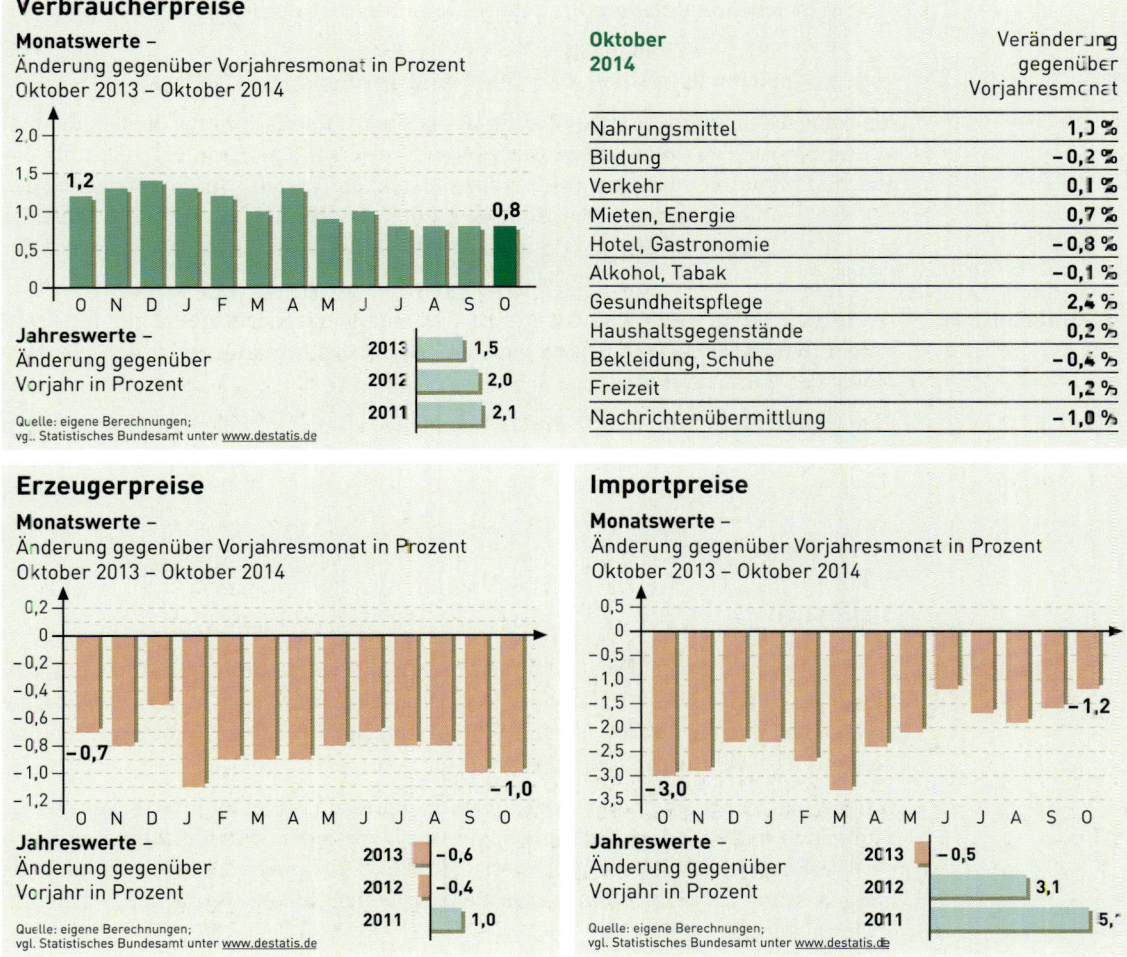

Der ebenfalls abgebildete Index der Erzeugerpreise[1] misst die Preisentwicklung für die in Deutschland erzeugten und im Inland verkauften Produkte.

---

1   Erzeugerpreise gewerblicher Produkte; die Erzeugerpreise landwirtschaftlicher Produkte werden separat erfasst.

5.3.2
Inflation

Inflation

Mit **Inflation** bezeichnet man eine wirtschaftliche Situation, in der die in einer Volkswirtschaft vorhandene Geldmenge das Angebot an Waren und Dienstleistungen übersteigt. Das führt zu steigenden Preisen und damit sinkt die Kaufkraft des Geldes.

Unterschieden werden:

1) **Nachfrageinflation:** entsteht, wenn die Haushalte mehr Güter nachfragen, als sie mit dem ihnen verfügbaren Geld beziehen können, und diese Nachfrage z. B. durch Kreditaufnahme finanzieren;

2) **Angebotsinflation:** entsteht, wenn die Preise erhöht werden, z. B. weil die Produktionskosten gestiegen sind oder weil die Gewinne erhöht werden sollen;

3) **Importierte Inflation:** ausländische inflationäre Entwicklungen werden ins Inland übertragen, z. B. durch steigende Öl- und Gaspreise verursacht.

Eine Inflation verläuft nicht immer gleich. Man unterscheidet je nach Geschwindigkeit ihrer Entstehung:

- **schleichende Inflation** (Preissteigerung unter 10 % pro Jahr)
- **trabende Inflation** (10 % bis 50 % pro Jahr)
- **galoppierende Inflation** (über 50 % pro Jahr)

Als Folge der Inflation sinkt die Kaufkraft der Einkommen. Nominal bleiben die Einkünfte zwar gleich, aber wegen gestiegener Preise kann sich ein Haushalt für das gleiche Einkommen weniger kaufen bzw. leisten: die Realeinkommen sinken. Auch der Realwert der Sparguthaben sinkt, d. h., das Geldvermögen verliert an Wert. Da auch die Schulden an Wert verlieren, gehören Schuldner zu den „Gewinnern" der Inflation.

Inflationsrate

Die Inflationsrate wird üblicherweise als Prozentsatz ausgedrückt und gibt die Preissteigerungsrate bezogen auf den gleichen Monat des Vorjahres oder den gleichen Monat des Basisjahres an.

Eine Inflationsrate von unter 2 % wird heutzutage als nicht problematisch angesehen bzw. toleriert.[2]

5.3.3
Stagflation

Stagflation

Normalerweise tritt eine Inflation in Verbindung mit wirtschaftlichem Wachstum auf. Steigen die Preise in Stillstand- oder Rezessionsphasen, so spricht man von **Stagflation.** Der Begriff als solcher ist eine Wortschöpfung, die sich aus den Begriffen Stagnation[1] und Inflation zusammensetzt.

Bislang gibt es bei Stagflation noch keine brauchbaren Mittel zu ihrer Bekämpfung. Zum einen muss die Inflationstendenz beschränkt werden, was üblicherweise durch eine Verknappung der Geldmenge versucht wird, zum anderen würden dadurch die nötigen Mittel für erforderliche Investitionen fehlen, die ein Wirtschaftswachstum auslösen könnten.

---

1 Stagnation bezeichnet eine Phase des Wirtschaftsabschwungs (kein Wirtschaftswachstum mehr), häufig verbunden mit einer steigenden Arbeitsproduktivität und steigenden Arbeitslosenzahlen.

2 Die Kriterien des europäischen Stabilitätspaktes von Maastricht (1992) sehen vor, dass die Inflationsrate maximal 1,5 %-Punkte über der der Vorjahresrate der drei preisstabilsten Mitgliedsländer liegen darf

5.3.4
Deflation

Setzen wir wieder die Betrachtung zweier Warenkörbe zu unterschiedlichen aufeinanderfolgenden Zeitpunkten voraus (siehe dazu auch Kap. 5.3.1):

Sinkt das Preisniveau der Waren, wird dies als **Deflation** bezeichnet. Die Waren werden in dieser volkswirtschaftlichen Situation zwischen zwei betrachteten Zeitpunkten günstiger. Dies erscheint vielen von uns zunächst vorteilhaft, ist jedoch eine rein subjektive und nur kurzfristige Ansicht. Vergegenwärtigt man sich die weitere Entwicklung einer solchen Situation, werden die mittel- und langfristigen Auswirkungen der Deflation schnell klar: Wenn die Preise der Güter in großem Umfang sinken, führt dies unweigerlich zu sinkenden Umsätzen der produzierenden Unternehmen und daher auch zumeist zu sinkenden Unternehmensgewinnen. Dies wird von den Unternehmen zunächst dadurch kompensiert, die Preise für Güter weiter zu senken, um den Absatz zu verbessern. Ein solches Vorgehen kann jedoch nicht auf unbestimmte Zeit erfolgreich fortgesetzt werden. Wie Sie bereits aus der Betriebswirtschaft wissen, existiert eine absolute Preisuntergrenze, die zumindest nicht langfristig unterschritten werden kann. An dieser Stelle bleibt den Unternehmen nur, die Kosten zu senken. Dies wird üblicherweise durch Lohnkürzungen oder Stellenabbau versucht.

Deflation

Volkswirtschaftlich betrachtet beginnt hier eine spiralförmige Abwärtsbewegung, denn die Arbeitnehmer verfügen nun in ihrem Haushalt ebenfalls nicht mehr über genügend oder gar keine finanziellen Mittel, um den Konsum aufrechtzuhalten oder gar zu steigern. Die Umsätze gehen weiter zurück, was zu weiteren Entlassungen führen kann. Die Volkswirtschaft gerät in einen permanenten Abwärtssog.

Auch bei der Deflation kann analog zur Inflation ein Nachfragerückgang oder ein Angebotsüberhang die Ursache sein.

Die Auswirkungen auf die Vermögen sind genau umgekehrt wie bei der Inflation: die Geldvermögen gewinnen, die Sachvermögen verlieren an Wert.

5.4
Außenwirtschaftliches Gleichgewicht

Die Nachteile, die durch ein starkes außenwirtschaftliches Ungleichgewicht entstehen können, sind für den Einzelnen weniger greifbar, da sie sich selten direkt auf die Lebensumstände (z. B. durch Verlust des Arbeitsplatzes) auswirken. Ein dauerhafter Importüberschuss bedeutet jedoch eine steigende Verschuldung bei ausländischen Firmen und Staaten. Bei der späteren Rückzahlung fließen Gelder aus den laufenden Nationaleinkommen ins Ausland. Diese Gelder werden demnach nicht zur Nachfrage nach inländischen Produkten aufgewendet, eine Verringerung der Kaufkraft kann die Folge sein.

5.4.1
Außenwirtschaft ist kein Zufall – Der komparative Kostenvorteil

Die Voraussetzung für das Wirtschaften und das Produzieren von Gütern und Dienstleistungen sind auf der Welt nicht überall gleich. Die Güterversorgung einer Volkswirtschaft ist besonders effektiv, wenn die Volkswirtschaft den Schwerpunkt ihrer Tätigkeit dorthin legt, wo sie besonders produktiv ist. Eine Volkswirtschaft wie die der Bundesrepublik Deutschland kann aufgrund bestimmter Standortvorteile technische Produkte (z. B. durch die fachliche Qualifikation der Beschäftigten) zum Teil effizienter produzieren als andere Volkswirtschaften. Durch internationalen Handel lassen sich diese Produkte dann absetzen und Produkte aus anderen Volkswirtschaften können erworben werden, die wiederum dort kostengünstiger hergestellt werden. Der Erwerb der Güter erfolgt kostengünstiger als das Produzieren der Güter.

David Ricardo

Das Modell des sogenannten **komparativen Kostenvorteils** wurde von David Ricardo (*1772; †1823) entwickelt. In seinem Modell, in dem zwei Länder zwei Güterarten herstellen (England und Portugal produzieren Textilien und Wein), zeigte er, dass die Gesamtproduktion erhöht werden kann, wenn jedes Land sich auf die Herstellung des Gutes spezialisiert, das es schneller und damit kostengünstiger herstellen kann als das andere Land.

Im Beispiel von Ricardo würde Portugal eine bestimmte Menge Textilien in 90 Tagen herstellen, die Produktion einer bestimmten Menge Rotweins würde hingegen 80 Tage dauern. Demgegenüber würde England die gleiche Menge Textilien in 100 Tagen und die gleiche Menge Wein in 120 Tage produzieren können.

Kostenübersicht in Arbeitstagen	England		Portugal		Gesamtkosten
	Textilien	Wein	Textilien	Wein	
Kosten ohne internationale Arbeitsteilung	100	120	90	80	390
Kosten mit internationaler Arbeitsteilung	200	0	0	160	360
Veränderung	+ 100	– 120	– 90	+ 80	
Anzahl benötigter Arbeitstage	– 20		– 10		– 30

Bei internationaler Arbeitsteilung spezialisiert sich jedes der beiden Länder auf das Gut, das es effizienter herstellen kann: England verdoppelt die Produktion von Textilien, stellt aber die Produktion von Wein ein. Portugal erzeugt doppelt so viel Wein, stoppt aber die Textilproduktion. Die Gesamtmenge hat sich nicht geändert, es werden jedoch 30 Arbeitstage eingespart. Diese Zeit kann wiederum zur Produktion anderer Güter genutzt werden. Die beiden Länder treten in Handel miteinander, tauschen die Güter aus. Es kommt in beiden Ländern zu einer Steigerung des Wohlstands.

5.4.2
Darstellung internationaler Wirtschaftszusammenhänge – die Zahlungsbilanz und ihre Bestandteile

Eine Antwort auf die Frage, wie weit sich die internationale Arbeitsteilung bis heute weiterentwickelt hat, gibt uns die Zahlungsbilanz eines Landes. Wie im betrieblichen Rechnungswesen wird in einer Volkswirtschaft die doppelte Buchführung angewandt, nach der auch die Zahlungsbilanz auf beiden Seiten stets ausgeglichen sein muss. Die Zahlungsbilanz erfasst alle Transaktionen eines Landes mit dem Ausland. Wie aus der untenstehenden Abbildung hervorgeht, besteht die Zahlungsbilanz einer Volkswirtschaft aus mehreren Teilbilanzen. Die Hauptbestandteile sind die Leistungsbilanz und die Kapitalbilanz.

Die **(Außen-)Handelsbilanz** beinhaltet eine Gegenüberstellung von Warenimporten und -exporten eines Landes.

Ein Saldo auf der Haben-Seite wird auch Handelsbilanz-Überschuss genannt. Der Wert der von einem Land exportierten Waren ist größer als der Wert der importierten Waren. Im Jahr 2010 ergab sich für Deutschland ein Handelsbilanzüberschuss von 154,5 Mrd. €. Damit war Deutschland wieder Exportweltmeister, nachdem ihm China 2008 und 2009 diesen Titel abgenommen hatte.
Ein Saldo auf der Soll-Seite würde dagegen zeigen, dass ein Land mehr Waren importiert als exportiert. Die USA hatten im Jahr 2010 mit 647 Mrd. $ das weltweit höchste Defizit aufzuweisen.

In der **Dienstleistungsbilanz** werden alle zwischen den Ländern ausgetauschten Leistungen erfasst, die nicht dem Warenverkehr zuzuordnen sind. Dazu zählen z. B. Dienst- und Urlaubsreisen ins Ausland. Der Saldo der deutschen Dienstleistungsbilanz ist in der Regel negativ, da deutlich mehr Deutsche ins Ausland reisen als Ausländer nach Deutschland.

In der **Übertragungsbilanz** werden Leistungen an das und vom Ausland registriert die ohne eine Gegenleistung erfolgen; z. B. Entwicklungshilfe, Überweisungen aus-

Wichtige Posten der Zahlungsbilanz

Mrd. €

Position	2008	2009	2010
I. Leistungsbilanz			
1. Außenhandel[1]			
Ausfuhr (fob)	984,1	803,3	951,9
Einfuhr (cif)	805,8	664,6	797,4
Saldo	+ 178,3	+ 138,7	+ 154,5
Ergänzungen zum Außenhandel[2]	– 14,1	– 11,6	– 11,4
2. Dienstleistungen (Saldo)	– 11,6	– 10,4	– 8,0
darunter:			
Reiseverkehr (Saldo)	– 34,7	– 33,3	– 32,4
3. Erwerbs- und Vermögenseinkommen (Saldo)	+ 35,6	+ 50,1	+ 44,5
darunter:			
Vermögenseinkommen (Saldo)	+ 35,1	+ 50,2	+ 44,8
4. Laufende Übertragungen (Saldo)	– 33,4	– 33,0	– 38,1
Saldo der Leistungsbilanz	+ 154,8	+ 133,7	+ 141,4
II. Vermögensübertragungen (Saldo)[3]	– 0,2	+ 0,1	– 0,6
III. Kapitalbilanz[4]			
1. Direktinvestitionen	– 49,8	– 29,2	– 44,3
2. Wertpapiere	+ 51,4	– 82,7	– 124,9
3. Finanzderivate	– 30,2	+ 12,4	– 17,6
4. übriger Kapitalverkehr[5]	– 129,6	– 49,1	+ 57,1
5. Veränderung der Währungsreserven zu Transaktionswerten (Zunahme: –)[6]	– 2,0	+ 3,2	– 1,6
Saldo der Kapitalbilanz	– 160,2	– 145,4	– 131,4
IV. Saldo der statistisch nicht aufgliederbaren Transaktionen (Restposten)	+ 5,6	+ 11,6	– 9,4

1 Spezialhandel nach der amtlichen Außenhandelsstatistik (Quelle: Statistisches Bundesamt). Ab Januar 2007 ohne Warenlieferungen zur bzw. nach Reparatur/Wartung, die bis Dezember 2006 über die Ergänzungen zum Außenhandel abgesetzt wurden.
2 Unter anderem Lagerverkehr auf inländische Rechnung und Absetzung der Rückwaren.
3 Einschl. Kauf/Verkauf von immateriellen nichtproduzierten Vermögensgütern.
4 Netto-Kapitalexport: –.
5 Enthält Finanz- und Handelskredite, Bankguthaben und sonstige Anlagen.
6 Ohne SZR-Zuteilung und bewertungsbedingte Veränderungen.

Quelle: Deutsche Bundesbank, Monatsbericht März 2011, Seite 26

ländischer Arbeitnehmer in ihre Heimatländer, Renten- und Pensionszahlungen an Berechtigte, die im Ausland leben, und Beiträge an und Leistungen von internationalen Organisationen (z. B. EU).

Die **Bilanz der Erwerbs- und Vermögenseinkommen** erfasst die Faktoreinkommen, die Inländer im Ausland und Ausländer im Inland erzielen. Zu den Faktoreinkommen zählen Kapitalerträge (Zinsen, Dividenden) und Einkommen aus unselbstständiger Arbeit.

Die **Leistungsbilanz** umfasst die vier oben genannten Bilanzen. Deutschland wies 2010 einen Leistungsbilanzüberschuss von 141,4 Mrd. € aus. Auskunft über die Verwendung dieses Überschusses gibt die weiter unten erläuterte Kapitalbilanz.

In der Bilanz **der Vermögensübertragungen** (hier nicht gezeigt) werden die unentgeltlichen Leistungen erfasst, die einmaliger Natur sind und die den Vermögensstatus der beteiligten Länder verändern. Beispiele für Vermögensübertragungen sind Schuldenerlasse, Erbschaften, Schenkungen und Vermögensmitnahmen, aber auch Investitionszuschüsse, die von internationalen Organisationen gezahlt werden. Deutschland hat 2010 0,6 Mrd. € mehr an das Ausland gezahlt.

Die **Kapitalbilanz** erfasst alle grenzüberschreitenden Kapitalbewegungen. Sie wird von der Deutschen Bundesbank wegen der sehr unterschiedlichen Transaktionen in weitere Teilbilanzen unterteilt. Neben der Bilanz der Direktinvestitionen gibt es Teilbilanzen für Wertpapieranlagen, Finanzderivate und den Kreditverkehr. Um die Interpretation der Kapitalbilanz zu vereinfachen, werden hier nur noch die Salden der Unterbilanzen angeführt.

Saldo der statistisch nicht aufgegliederten Restposten umfasst ungeklärte Beträge, die durch statistische Ermittlungsfehler zustande kommen, und durch Schätzungen der Positionen, die statistisch nicht erfasst werden (können).

6
Das magische Sechseck als Erweiterung des magischen Vierecks

Nicht nur das Stabilitätsgesetz gibt die Ziele der Wirtschaftspolitik vor. Das Grundgesetz formuliert seit dem 26.07.2002 den Schutz der Umwelt als weiteres Ziel:

§§ Auszug aus dem Grundgesetz, Artikel 20 a
Der Staat schützt auch in Verantwortung für die künftigen Generationen die natürlichen Lebensgrundlagen und die Tiere im Rahmen der verfassungsmäßigen Ordnung durch die Gesetzgebung und nach Maßgabe von Gesetz und Recht durch die vollziehende Gewalt und die Rechtsprechung.

Durch die Einbeziehung des Umweltschutzes und der gerechten Einkommens- und Vermögensverteilung als weitere Ziele wird mittlerweile vom „magischen Sechseck" gesprochen.

6.1
Umweltschutz und Nachhaltigkeit

Das politische Leitbild der Nachhaltigkeit hat sich seit Beginn der 1990er-Jahre als Zielsetzung etabliert; Nachhaltigkeit ist sowohl im ökologischen als auch im ökonomischen Sinne zu verstehen. Die Vereinten Nationen erklärten Nachhaltigkeit als Ziel für das 21. Jahrhundert, der Vertrag von Amsterdam nahm sie 1997 in die EU-Verträge auf.

Nachhaltige Entwicklung heißt, Umweltgesichtspunkte gleichberechtigt mit sozialen und wirtschaftlichen Gesichtpunkten zu berücksichtigen. Zukunftsfähig Wirtschaften bedeutet also: Wir müssen unseren Kindern und Enkelkindern ein intaktes ökologisches, soziales und ökonomisches Gefüge hinterlassen. Das eine ist ohne das andere nicht zu haben.

Nachhaltigkeit

Der Schutz der Umwelt hat in den letzten 20 Jahren vor diesem Hintergrund zunehmende Bedeutung erlangt und im Jahr 2002 ist dieses Ziel auch im Grundgesetz verankert worden. Für Industriebetriebe ist der Umweltschutz von besonderer Bedeutung. Die **Umweltpolitik** folgt vier Prinzipien:

- **Kooperationsprinzip:** der Umweltschutz ist eine gemeinschaftliche Aufgabe von Bürgern und Staat
- **Vorsorgeprinzip:** vorsorgende langfristige Planung und integrierter Umweltschutz sollen die nachträgliche Beseitigung von Umweltschäden vermeiden
- **Verursacherprinzip:** derjenige wird für die Beseitigung von Umweltschäden herangezogen, der diese verursacht hat
- **Gemeinlastprinzip:** Grundsätzlich sollte das Verursacherprinzip zur Anwendung kommen. Dass der Staat aus Steuermitteln den Umweltschutz und das Beheben von Umweltschäden finanziert und damit die Allgemeinheit mit den Umweltkosten belastet, sollte die Ausnahme sein.

Die Ziele der Umweltpolitik lassen sich unterteilen in:
- Gesundheitspolitik
- Schutz natürlicher Ressourcen (Boden, Luft, Wasser, Pflanzen und Tierwelt)
- Umweltsanierung, also die Beseitigung bestehender Umweltschäden.

Der Staat hat zum Schutz der Umwelt einige Rechtsvorschriften[1] erlassen, z. B.:

- Abwasserabgabengesetz (AbwAG)
- Bundes-Immissionsschutzgesetz (BImSchG)
- Bundesnaturschutzgesetz (BNatSchG)
- Chemikaliengesetz (ChemG)
- Gesetz über die Umweltverträglichkeitsprüfung (UVPG)
- Kreislaufwirtschafts- und Abfallgesetz (KrW-/AbfG)
- Umweltinformationsgesetz (UIG)
- Wasserhaushaltsgesetz (WHG)

Generell werden drei mögliche **Lösungsstrategien** zur Vermeidung von Umweltschädigungen unterschieden:

- Moralische Lösungen: nach dem Prinzip der Freiwilligkeit arbeitend, wobei versucht werden soll, durch eine vermehrte Aufklärung über die nachteiligen Auswirkungen der Umweltschädigung zu informieren
- Ordnungsmaßnahmen des Gesetzgebers: Auflagen und Verbote zur Eindämmung der Umweltschäden
- Marktwirtschaftliche Ansätze: für die Verunreinigung der Umwelt und deren Bereinigung muss vom Verursacher gezahlt werden

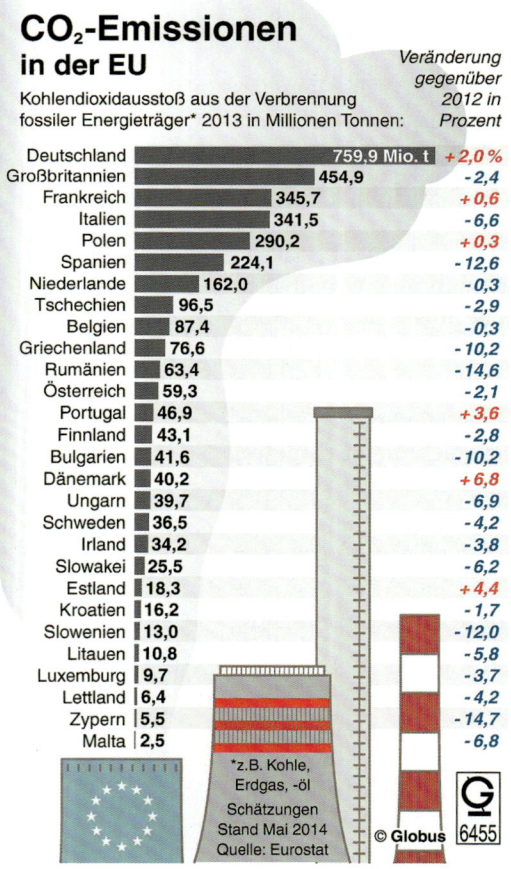

CO₂-Emissionen
in der EU

Kohlendioxidausstoß aus der Verbrennung fossiler Energieträger* 2013 in Millionen Tonnen:

Land	Mio. t	Veränderung gegenüber 2012 in Prozent
Deutschland	759,9 Mio. t	+2,0 %
Großbritannien	454,9	-2,4
Frankreich	345,7	+0,6
Italien	341,5	-6,6
Polen	290,2	+0,3
Spanien	224,1	-12,6
Niederlande	162,0	-0,3
Tschechien	96,5	-2,9
Belgien	87,4	-0,3
Griechenland	76,6	-10,2
Rumänien	63,4	-14,6
Österreich	59,3	-2,1
Portugal	46,9	+3,6
Finnland	43,1	-2,8
Bulgarien	41,6	-10,2
Dänemark	40,2	+6,8
Ungarn	39,7	-6,9
Schweden	36,5	-4,2
Irland	34,2	-3,8
Slowakei	25,5	-6,2
Estland	18,3	+4,4
Kroatien	16,2	-1,7
Slowenien	13,0	-12,0
Litauen	10,8	-5,8
Luxemburg	9,7	-3,7
Lettland	6,4	-4,2
Zypern	5,5	-14,7
Malta	2,5	-6,8

*z.B. Kohle, Erdgas, -öl
Schätzungen
Stand Mai 2014
Quelle: Eurostat

© Globus 6455

Beispiel für einen marktwirtschaftlichen Ansatz ist der Handel mit Emissionsrechten. Zur Erreichung der im Kyoto-Protokoll[2] vereinbarten Reduzierung des für die Erderwärmung verantwortlichen Treibhausgases Kohlendioxid (CO₂) wird er in der Europäischen Union vorangetrieben. Seit 2005 existiert die Möglichkeit, Emissionsrechte für den Ausstoß von CO₂ über Zertifikate an der Börse zu handeln. Das bedeutet, dass bei einer Produktionstechnologie, die im Ausstoß von CO₂ reduziert worden ist, die nunmehr nicht weiter benötigten Zertifikate über die Börse an andere Unternehmen verkauft werden können, die ihrerseits nicht über umweltfreundliche Produktionsanlagen verfügen und daher mit den ihnen zur Verfügung gestellten Emissionsrechten nicht auskommen. Es bleibt dann nur der Weg, zusätzliche Rechte an der Börse zu kaufen, was wiederum die Produktion verteuert und möglicherweise zur Nachrüstung neuer Technologien führt.

Für das Jahr 2014 werden keine Emissionsrechte mehr vollständig kostenlos an die sie benötigenden Betriebe vergeben werden. Vielmehr können alle Unternehmen diese Rechte über die Börse erwerben.

1　Sie finden diese Gesetze im Internet u. a. unter www.gesetze-im-internet.
2　Das Kyoto-Protokoll wurde am 11. Dezember 1997 in Kyoto beschlossen. Es regelt die Klimarahmenkonvention der Vereinten Nationen. Das Abkommen trat am 16. Februar 2005 in Kraft und läuft 2012 aus; es legt erstmals völkerrechtlich verbindliche Zielwerte für den Ausstoß von Treibhausgasen in den Industrieländern fest; der Ausstoß sollte in der Verpflichtungsperiode 2008 bis 2012 um durchschnittlich 5,2 % gegenüber 1990 reduziert werden.

6.2
Gerechte Einkommens- und Vermögensverteilung

Will man die Frage einer gerechten Verteilung von Einkommen und Vermögen betrachten, muss man klären, nach welchem Verteilungsschlüssel eine mögliche Aufteilung überhaupt gerecht erfolgen kann. Aufteilungsschlüssel ergeben sich

■ nach dem Bedarfsniveau, bei dem der Verteilungsschlüssel von der Politik festgelegt wird,

■ nach dem Leistungsniveau, bei dem der persönliche Anteil am Bruttosozialprodukt zugrunde gelegt wird, oder

■ man verteilt gleich, d. h., jeder – egal wie alt und egal wie hoch der Beitrag zum Wohlergehen der Volkswirtschaft ist – bekommt den gleichen Anteil.

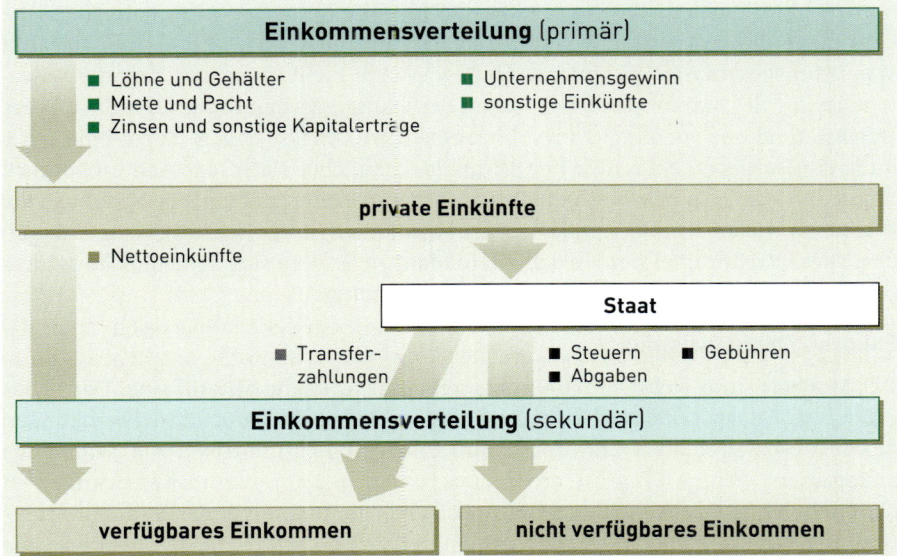

Im Anschluss an die primäre Einkommensverteilung, die wie in der Abbildung dargestellt, in Form von Löhnen und Gehältern, Mieten, Zinsen, Unternehmensgewinnen usw. erfolgt, führt der Staat eine sekundäre Einkommensverteilung durch. Durch das Festlegen unterschiedlicher Steuern und Abgaben sowie das Erstatten von Transferzahlungen kann der Staat eine (höhere) Verteilungsgerechtigkeit schaffen. Auch die gesetzliche Krankenversicherung mit der beitragsfreien Mitversicherung von Familienangehörigen ohne eigenes Einkommen leistet dazu ihren Beitrag.

› INFO-Teil
LF 9, Kap. 4

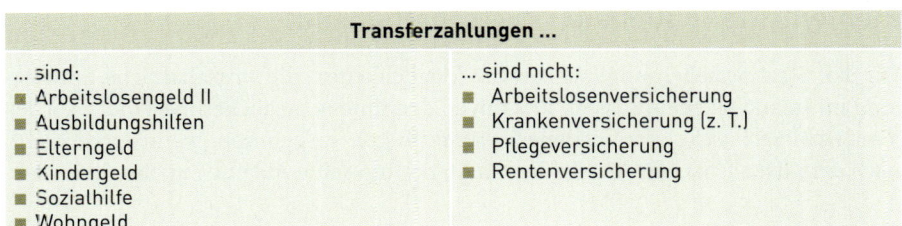

· Kap. 8

Auch findet in Deutschland eine Umverteilung z. B. durch das Steuersystem statt: eine progressive Lohn- und Einkommensteuer begünstigt geringe Einkommen.

7
Umsetzung der Wirtschaftspolitik in Deutschland

Der Staat kann seine Rolle bei der Gestaltung der Wirtschaftspolitik unterschiedlich sehen und wahrnehmen. Er kann Einfluss nehmen, um seine Ziele, z. B. niedrige Arbeitslosenzahlen oder Preisstabilität, zu erreichen – oder der Staat kann sich weitestgehend aus der Wirtschaft heraushalten und Beschäftigung und Inflation dem Zusammenspiel von Angebot und Nachfrage auf den Märkten überlassen. Zwei grundsätzlich unterschiedliche wirtschaftspolitische Konzepte beschreiben diese Sichtweise nachfolgend.

Exkurs 1: Fiskalismus

John Maynard Keynes

Der Fiskalismus – oder Keynesianismus, benannt nach seinem Begründer, dem Ökonomen John Maynard Keynes (*1883; †1946) – ist heute die wirtschaftspolitische Grundlage des modernen Wohlfahrtsstaates und liegt auch dem Stabilitäts- und Wachstumsgesetz von 1967 zugrunde. Keynes geht nicht davon aus, dass die Selbstregulierung des Marktes für einen hohen Beschäftigungsstand sorgt. Der Staat muss stabilisierend und vor allem antizyklisch einwirken. Das tut er z. B. durch eine Erhöhung der Ausgaben bei schwacher privatwirtschaftlicher Nachfrage und umgekehrt. Wenn der Staat also in wirtschaftlich schwächeren Zeiten mit eigener Nachfrage die Wirtschaft wieder antreiben möchte, tut er dies unter Aufnahme kurzfristiger Schulden. Diese Kreditmittel werden dann dem Markt, z. B. über staatliche Einkäufe, zugeführt: man spricht vom sogenannten **Deficit-spending**.

Exkurs 2: Monetarismus

Milton Friedman

Der Monetarismus sieht demgegenüber keinerlei staatliche Eingriffe vor. Der Markt regelt über Angebot und Nachfrage die Produktion. Entsprechend den Schwankungen des Bruttosozialprodukts (der Produktion) haben die Zentralbanken[1] die Geldmenge anzupassen. Weitere Eingriffe des Staates, um z. B. Konjunkturschwankungen zu dämpfen, lehnen die Monetaristen grundsätzlich ab. Je weniger der Staat zur Steuerung der Konjunktur in die Wirtschaft eingreift, desto besser. Diese Theorie wurde insbesondere vertreten von Milton Friedman (*1912; †2006).

7.1
Fiskalpolitische Elemente der nationalen Wirtschaftspolitik

Für den Staat bestehen unterschiedliche Möglichkeiten, die wirtschaftliche Entwicklung im Inland zu beeinflussen. Er kann an den unterschiedlichen Bestandteilen des Vier- bzw. Sechsecks verschiedene Veränderungen vornehmen, wenn er versucht, nach dem fiskalistischen Ansatz[2] in den Markt und seine Abläufe einzugreifen.

---

1   Für die europäische Währungsunion steuert die EZB die Umsetzung der Geldpolitik.
2   Dies gilt nicht für den Eingriff nach dem monetaristischen Modell. Für die Beeinflussung der Geldmenge in Europa ist wie gesagt die EZB und nicht ein Parlament zuständig. Gleichwohl besteht diese Möglichkeit außerhalb der Europäischen Union für andere Regierungen schon.

Einflussvariante	Ursache für den Eingriff	Wirkung des Eingriffs
Steuerhöhe: → Steuersenkung → Steuererhöhungen	Der Staat möchte die im Markt befindlichen Finanzen regulieren. Diese Eingriffsvariante muss, z. B. in Europa, nicht zwangsläufig zeitgleich und identisch mit dem Eingriff der EZB verlaufen, da die jeweiligen Interessen hier oft andere sind.	▪ Werden die Steuern gesenkt, steht allen Marktteilnehmern mehr Kapital zur freien Verfügung. Die Folge wäre eine Steigerung der Nachfrage, da jetzt mit mehr Geld auch mehr konsumiert werden kann. Dies hätte im zweiten Schritt eine Senkung der Arbeitslosigkeit und einen Anstieg der Preise zur Folge. ▪ Bei diesem Schritt werden finanzielle Mittel abgeschöpft, woraufhin die Verkaufszahlen zurückgehen werden. Die Preise steigen. Mittelfristig führt dies zunächst zu sinkenden Preisen. Vorsicht ist hier wegen der Gefahr der Deflation geboten.
Öffentliche Nachfrage: → Senkung der öffentlichen Nachfrage → Erhöhung der öffentlichen Nachfrage	Der Staat tritt mit allen öffentlichen Haushalten (Parlamente, Behörden, Verwaltungen usw.) natürlich auch selbst als Nachfrager auf. Diese Marktnachfrage von staatlichen Stellen kann zeitlich variiert werden, wenn die zur Verfügung stehenden finanziellen Mittel der Marktteilnehmer gekürzt werden sollen. So lässt sich der Einkauf neuer Schulmöbel beispielsweise um ein halbes Jahr verschieben.	▪ Hält der Staat Gelder zurück, verbleiben diese in den Staatskassen, obwohl die EZB diese Gelder im Markt wähnt. Die Gelder können während des Aufschubs der Ausgabe nicht weiter für Konsum sorgen. Der Markt wird gebremst. ▪ Eine Erhöhung wirkt genau entgegengesetzt. Der Staat erhöht seine Ausgaben zulasten einer Kreditfinanzierung. Diese Gelder werden für den direkten Konsum verwendet. Es steht mehr Geld im Markt zur Verfügung. Die Konjunktur wird belebt.
Außenhandel: → Verringerung des Außenhandels → Steigerung des Außenhandels	Häufig geht eine Veränderung der Wechselkurse damit einher, dass im Land der Kursabwertung die Waren und Dienstleistungen für das andere Land deutlich günstiger werden. Beispielsweise bedeutet eine aus europäischer Sicht verbesserte Wechselkurssituation zwischen EUR und USD, dass der Einkauf für Europäer in den USA begünstigt durch die Wechselkursveränderung günstiger wird.	▪ Möchte ein Staat den Handel mit einem anderen Staat reduzieren oder gar ganz untersagen, stehen dafür unterschiedliche Möglichkeiten zur Verfügung, z. B. die Erhebung von Zöllen oder Ähnlichem. Die Idee der Verringerung ist, dass die Volkswirtschaft das vom reduzierten Import betroffene Gut trotzdem braucht und daher mehr von einheimischen Unternehmen gekauft würde. Dies würde die einheimische Wirtschaftssituation verbessern. ▪ Soll der Außenhandel gesteigert werden, müssen auch hier die Bedingungen verändert werden. So kann beispielsweise der Handel mit bestimmten Regionen vor staatlicher Seite versichert werden. Hierbei bürgt der Staat für die Verbindlichkeiten des ausländischen Unternehmens, um die Durchführung des Geschäfts abzusichern. Hierfür steht in Deutschland beispielsweise das Instrument der Hermesbürgschaft[1] zur Verfügung.
Umweltpolitik: → Verschärfung der Umweltauflagen → Verringerung der Umweltauflagen	Der Staat möchte die Umwelt für alle Einwohner gleich sauber halten. Dies gilt selbstverständlich auch für die in der Gesellschaft tätigen Betriebe.	▪ Verschärfte Umweltauflagen, z. B. die Kontrolle und Reduktion der Feinstaubemissionen von Industriebetrieben, nützen der Sauberkeit und Reinhaltung der Umwelt. In gleichem Maße führen solche Vorschriften jedoch auch zur Förderung und Entwicklung dieser neuen Technologie und sichern daher zur den Marktanteil der jeweiligen Betriebe, die an der Entwicklung und Produktion beteiligt sind. ▪ Verringerungen von Umweltauflagen gibt es in der heutigen Zeit nur noch sehr selten. Es kommt jedoch z. T. zu einer staatlich beeinflussten Verlangsamung der Einführung neuer Technologien, so wurden beispielsweise die Fristen für die Einführung von emissionsreduzierten Pkw durch das EU-Parlament um mehrere Jahre verschoben.

---

1   Die Hermesbürgschaft ist eine staatliche Bürgschaft zur Risikoabsicherung von Geschäften deutscher Unternehmen mit Partnern aus Ländern, für die es keine ausreichenden privatwirtschaftlichen Sicherheiten gibt.

Einflussvariante	Ursache für den Eingriff	Wirkung des Eingriffs
Verteilung der Einkünfte: → Verstärkung des staatlichen Eingriffs in die Verteilung → Verringerung des staatlichen Eingriffs in die Verteilung	Diese Eingriffsvariante ist in Deutschland allgegenwärtig. Fast wöchentlich werden von sämtlichen Parteien im Deutschen Bundestag neue Vorschläge zur Umverteilung der Einkünfte eingebracht. Meistens geschieht dies über die Veränderung der Einkommen- und Körperschaftsteuersätze.	■ Steuererhöhungen sind ein gutes Beispiel für die Verstärkung des staatlichen Eingriffs. In den vergangenen Jahren wurde die deutsche Einkommensteuer hinsichtlich des Einstiegssteuersatzes mehrfach variiert. Neben anderen Veränderungen kam es auch zu Erhöhungen des Spitzensteuersatzes. ■ Steuersenkungen hat es jedoch auch gegeben. So wurde beispielsweise kürzlich der Körperschaftsteuersatz für Kapitalgesellschaften auf 15 % gesenkt, was die Steuerbelastung der betroffenen Unternehmen an den europäischen Durchschnitt annäherte.

Weitere Eingriffsmöglichkeiten bieten sich in den Bereichen Wettbewerbspolitik, Arbeitnehmermitbestimmungspolitik, Sozialpolitik, Strukturpolitik oder durch die Schaffung staatlicher Unternehmen als direkte Marktteilnehmer.

Wichtig bleibt zu beachten, dass die Ziele des Vier- oder Sechsecks teilweise konkurrierend sind, sodass immer auch die Auswirkungen staatlicher Interventionen berücksichtigt werden müssen.

7.2
Europäisches System der Zentralbanken – Monetaristische Steuerung der Geldmenge

Eine wichtige Rolle bei der Erreichung der Ziele des magischen Vierecks auf nationaler und insbesondere auf europäischer Ebene spielt das Europäische System der Zentralbanken (ESZB).

§§ Artikel 127 Vertrag über die Arbeitsweise der Europäischen Union
Das vorrangige Ziel des ESZB ist es, die Preisstabilität zu gewährleisten. Soweit dies ohne Beeinträchtigung des Zieles der Preisstabilität möglich ist, unterstützt das ESZB die allgemeine Wirtschaftspolitik in der Gemeinschaft, [...]

Weitere Ziele des ESZB sind die Entwicklung des Wirtschaftslebens, ein hohes Beschäftigungsniveau und ein hohes Maß an sozialem Schutz, die Gleichstellung von Männern und Frauen, ein beständiges, nichtinflationäres Wachstum, ein hoher Grad an Wettbewerbsfähigkeit und Konvergenz der Wirtschaftsleistungen, ein hohes Maß an Umweltschutz und die Verbesserung der Umweltqualität, die Hebung der Lebenshaltung und der Lebensqualität sowie den wirtschaftlichen und sozialen Zusammenhalt und die Solidarität zwischen den Mitgliedstaaten zu fördern.

Bei der Verfolgung dieser Ziele ist das ESZB autonom, d. h. unabhängig von jeglichen Weisungen. Da die Regierungen der EU-Mitgliedstaaten die Entscheidungen der EZB nicht direkt beeinflussen können, ist eine aktive Wirtschaftspolitik über das ESZB nicht möglich.

Das ESZB besteht aus der Europäischen Zentralbank (EZB) in Frankfurt und den nationalen Zentralbanken (NZB) aller Mitgliedstaaten der EU, unabhängig davon, ob sie den Euro eingeführt haben oder nicht. Die EZB wird durch ein **Direktorium**, das aus dem EZB-Präsidenten, einem Vizepräsidenten und vier weiteren Mitgliedern besteht, geführt. Bei der Festlegung der Geld- und Währungspolitischen Leitlinien ist der **EZB-Rat** das entscheidende Organ. Er besteht aus dem Direktorium und den Präsidenten der NZB der Länder der Europäischen Währungsunion (EWU). Die europäischen Staaten, die den Euro noch nicht eingeführt haben, sind durch ihre Notenbankpräsidenten im **erweiterten EZB-Rat** vertreten und auf diese Weise in Beratungen einbezogen.

Ein wichtiger Ansatzpunkt der Geldpolitik der EZB ist die Steuerung der vorhandenen Geldmenge, die einen wesentlichen Einfluss auf das Preisniveau in der EWU hat. Eine sehr wichtige Steuerungsgröße ist dabei der Zins. So führen den Zins senkende Maßnahmen zu einer erhöhten Kreditnachfrage bei Haushalten und Unternehmen und damit zu einer Ausweitung der Geldmenge und einer Belebung der Wirtschaft. Eine Zinserhöhung zieht tendenziell eine sinkende Kreditnachfrage nach sich und damit auch eine Beschränkung der Geldmenge.

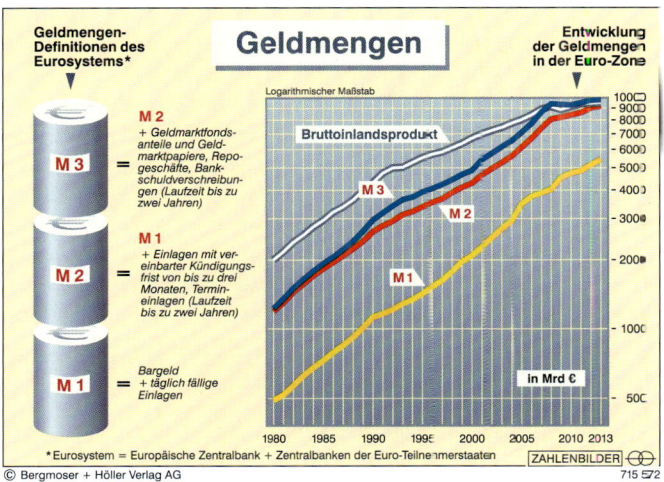

Zur Steuerung der Geldmenge bedient sich die EZB der drei folgenden geldpolitischen Instrumente: Sie führt **Offenmarktgeschäfte** durch, bietet **ständige Fazilitäten** an und verlangt, dass die Kreditinstitute eine **Mindestreserve** auf Konten bei der EZB bzw. den NZB halten.

Neben der geldpolitischen Steuerung der Geldmenge ist die **EZB** in jüngster Zeit insbesondere dadurch aufgefallen, dass sie Staatsanleihen der Mitgliedsländer aufkauft um die Kurse dieser Wertpapiere zu stabilisieren und dadurch, dass sie verschiedene Maßnahmen zur Sicherung der finanziellen Stabilität im Euroraum koordiniert.

7.2.1
Geldpolitische Steuerung der Geldmenge

Offenmarkt-geschäfte

Offenmarktgeschäfte dienen vor allem dazu, den Banken Liquidität zur Verfügung zu stellen und werden zumeist als befristete Transaktionen durchgeführt. Im Rahmen dieser befristeten Transaktionen vergibt die EZB Kredite an die Geschäftsbanken, die meistens durch Wertpapiere mit sehr hoher Bonität besichert sind. In der Abwicklung der Geschäfte bevorzugt die EZB so genannte Tenderverfahren, das sind Ausschreibungsverfahren, in denen die Geschäftsbanken Gebote an die EZB abgeben. Die EZB versucht über die eingehenden Gebote den genauen Liquiditätsbedarf der Banken einzuschätzen und zudem die benötigte Liquidität zu einem marktgerechten Zins anzubieten.

Im Rahmen der Tenderverfahren sind Mengen- und Zinstender zu unterscheiden, wobei beim Zinstender das holländische und das amerikanische Verfahren unterschieden werden können.

Mengentender

Im Rahmen des Mengentenders gibt die EZB einen bestimmten Zinssatz vor. Die Kreditinstitute geben Gebote ab, in denen sie den gewünschten Kreditbetrag angeben:

Beispiel	
Festzinssatz:	0,75% p. a.
Ausschreibungsvolumen	45.000 Mio. Euro
Gebot Bank A:	27.000 Mio. Euro
Gebot Bank B:	20.000 Mio. Euro
Gebot Bank C:	13.000 Mio. Euro
Gesamtsumme der Gebote:	60.750 Mio. Euro
Zuteilungsquote:	45.000 Mio/60.000 Mio Euro = 75 %
Zuteilung:	
Bank A erhält:	20.250 Mio. Euro
Bank B erhält:	15.000 Mio. Euro
Bank C erhält:	9.750 Mio. Euro
gesamte Zuteilung:	45.000 Mio. Euro

Zinstender

In ihren Ausschreibungen gibt die EZB entweder keinen oder einen Mindestzinssatz vor.

Die Kreditinstitute (KI) geben in ihren Geboten einen gewünschten Betrag und den Zinssatz an, den sie bereit sind für den Kreditbetrag zu bezahlen.

Im holländischen Zinstenderverfahren erfolgt die Zuteilung zu dem Zinssatz, den das letzte im Rahmen des Ausschreibungsvolumens berücksichtigte KI zu zahlen hat.

Im amerikanischen Zinstenderverfahren erfolgt die Zuteilung im Rahmen des Ausschreibungsvolumens zu dem Zinssatz, den die KI jeweils zu zahlen bereit sind.

Beispiel (holländisches Verfahren)	
Ausschreibungsvolumen:	30.000 Mio. Euro
Mindestzinssatz:	0,8 % p. a.
Gebot Bank A:	27.000 Mio. Euro zu 0,83 % p. a.
Gebot Bank B:	20.000 Mio. Euro zu 0,81 % p. a.
Gebot Bank C:	13.000 Mio. Euro zu 0,82 % p. a.
Zuteilung:	
Bank C erhält:	13.000 Mio. Euro zu 0,81% p. a.
Bank B erhält:	17.000 Mio. Euro zu 0,81% p. a.
gesamte Zuteilung:	30.000 Mio. Euro zu 0,81 % p. a.

Beispiel (amerikanisches Verfahren)

Ausschreibungsvolumen:	30.000 Mio. Euro
Mindestzinssatz:	0,8 % p. a.
Gebot Bank A:	27.000 Mio. Euro zu 0,83 % p. a.
Gebot Bank B:	20.000 Mio. Euro zu 0,81 % p. a.
Gebot Bank C:	13.000 Mio. Euro zu 0,82 % p. a.
Zuteilung:	
Bank C erhält:	13.000 Mio. Euro zu 0,82% p. a.
Bank B erhält:	17.000 Mio. Euro zu 0,81% p. a.
gesamte Zuteilung:	30.000 Mio. Euro

Das Offenmarktgeschäft über das den Banken der wesentliche Anteil an Liquidität zur Verfügung gestellt wird, ist das **Hauptrefinanzierungsinstrument.** Diesem Kreditgeschäft mit den Banken liegt als Zins der Hauptrefinanzierungssatz als wichtigster Leitzins der EZB zu Grunde. Dieser **Hauptrefinanzierungssatz** gibt an zu welchem Zinssatz sich die Banken Liquidität bei der EZB beschaffen können, wenn sie die erforderlichen Sicherheiten bereitstellen können. Seit dem 8. Oktober 2008 werden die wöchentlichen Hauptrefinanzierungsgeschäfte aufgrund der Finanzmarktkrise und des hohen Liquiditätsbedarfs der Geschäftsbanken im Mengentender mit voller Zuteilung abgewickelt. Zudem zeigt der Auszug über die Leitzinsen aus dem Monatsbericht der EZB (Abb. unten), dass die Leitzinsen kontinuierlich gefallen sind.

Während die Initiative zu einem Geschäftsabschluss bei den Offenmarktgeschäften von der EZB ausgeht, bietet sie im Rahmen der ständigen Fazilitäten den Banken die Möglichkeit auf deren Initiative hin, sich mit einer Spitzenrefinanzierungsfazilität kurzfristig benötigte Liquidität für einen Geschäftstag zu beschaffen. Sollten die Banken überschüssige Liquidität haben, können sie diese als Einlagefazilität bei der EZB anlegen, allerdings erhalten die Geschäftsbanken momentan keine Verzinsung für ihre Einlagen, während sie für die Aufnahme von Liquidität für einen Tag 0,75 % p. a. bezahlen.

Ständige Fazilitäten

Leitzinsen der EZB (Zinssätze in % p. a.: Veränderung in Prozentpunkten)

Mit Wirkung vom:	Einlagefazilität		Hauptrefinanzierungsgeschäfte			Spitzenrefinanzierungs-fazilität	
			Mengen-tender	Zinstender			
			Festzinssatz	Mindest-bietungssatz			
	Höhe 1	Veränderung 2	Höhe 3	Höhe 4	Veränderung 5	Höhe 6	Veränderung 7
2011 13. April	0,50	0,25	1,25	–	0,25	2,00	0,25
13. Juli	0,75	0,25	1,50	–	0,25	2,25	0,25
9. Nov.	0,50	– 0,25	1,25	–	– 0,25	2,00	– 0,25
14. Dez.	0,25	– 0,25	1,00	–	– 0,25	1,75	– 0,25
2012 11. Juli	0,00	– 0,25	0,75	–	– 0,25	1,50	– 0,25
2013 8. Mai	0,00	–	0,50	–	– 0,25	1,00	– 0,50
13. Nov.	0,00	–	0,25	–	– 0,25	0,75	– 0,25

Auszug aus dem Monatsbericht April 2014 der EZB

Die Kreditinstitute sind verpflichtet einen bestimmten Prozentsatz ihrer Verbindlichkeiten, darunter fallen beispielsweise die Einlagen ihrer Kunden, als Guthaben bei der EZB bzw. ihrer zuständigen NZB zu unterhalten. Je höher die von der EZB festgesetzten Mindestreservesätze sind, um so geringer sind die Möglichkeiten für die Geschäftsbanken, Kredite zu gewähren, weil ihnen die bei der EZB zu unterhaltenden Mittel nicht zur Kreditvergabe zur Verfügung stehen. Will die EZB also die Geld-

Mindestreserve

menge erhöhen hätte sie die Möglichkeit die Mindestreservesätze zu senken, um so die Möglichkeiten der Kreditvergabe zu erhöhen und umgekehrt kann sie die Mindestreservesätze verringern, um die Möglichkeiten der Kreditvergabe zu erhöhen.

Beispiel

Die EZB nimmt auf Spareinlagen eine Mindestreserve in Höhe von 2%. Ein deutsches Kreditinstitut, das 450 Mio. Euro an Spareinlagen unterhält, ist verpflichtet auf ihrem Konto bei der Bundesbank 9 Mio. Euro als Mindestreserve zu unterhalten. Diese 9 Mio. Euro stehen also nicht für die Kreditvergabe zur Verfügung.

Der Einfluss der EZB auf Konjunktur und Preisstabilität

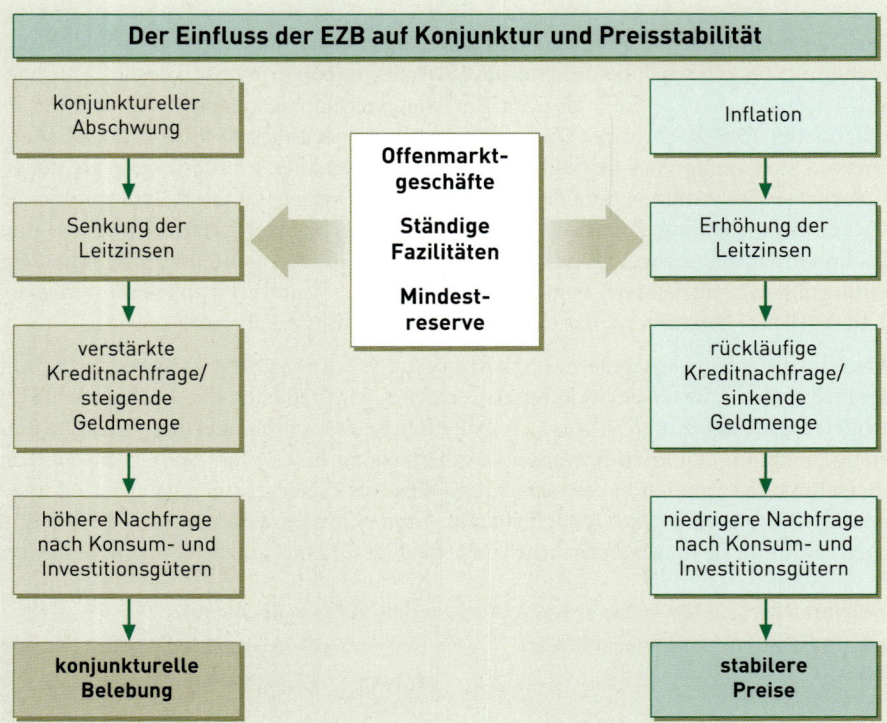

7.2.2
Ankauf von Staatsanleihen durch die EZB

Seit 2010 hat die EZB mehrmals Staatsanleihen gekauft, um deren Kurse zu stabilisieren und vor allem um den Marktzins zu senken, zu dem sich hoch verschuldete Staaten refinanzieren bzw. Liquidität beschaffen können. Dies ist insbesondere wichtig, da Länder wie Griechenland, Portugal und Spanien sehr hohe Zinsen bezahlen müssen, um sich über die Ausgabe von Staatsanleihen finanzielle Mittel zu beschaffen (Abb. S. 497). Als Voraussetzung für den Kauf von Staatsanleihen durch die EZB muss das betroffene Land unter einem der Europäischen Rettungsschirme sein und dementsprechend strenge Reformvorgaben erfüllen. Das Volumen, dass die EZB zum Kauf der Anleihen vorsieht ist theoretisch unbegrenzt, aber alleine die Ankündigung von Käufen kann schon für eine Beruhigung auf den Geldmärkten und damit für fallende Zinsen sorgen. Im Zusammenhang mit dem Kauf von Staatsanleihen befürchten Kritiker, dass es aufgrund der steigende Geldmenge, die für den Kauf der Staatsanleihen benötigt wird, eine erhöhte Inflationsgefahr besteht. Die EZB will aber die geschaffene Liquidität wieder vom Markt nehmen, um so die Inflationsgefahr zu bannen.

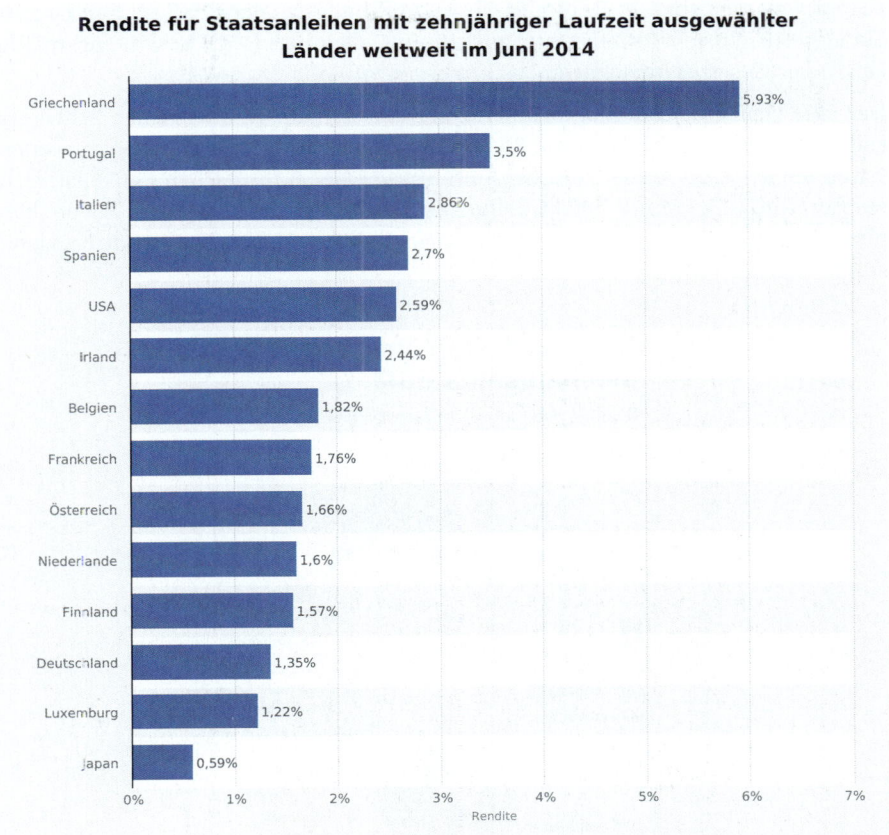

Rendite für Staatsanleihen mit zehnjähriger Laufzeit ausgewählter Länder weltweit im Juni 2014

Land	Rendite
Griechenland	5,93%
Portugal	3,5%
Italien	2,86%
Spanien	2,7%
USA	2,59%
Irland	2,44%
Belgien	1,82%
Frankreich	1,76%
Österreich	1,66%
Niederlande	1,6%
Finnland	1,57%
Deutschland	1,35%
Luxemburg	1,22%
Japan	0,59%

Quelle: Bloomberg/© Statista 2013

7.2.3
Der Euro-Rettungsschirm

Alle Maßnahmen der Europäischen Union zur Sicherung der finanziellen Stabilität im Euroraum werden auch als Euro-Rettungsschirm bezeichnet. Hierunter fallen die „Griechenland-Hilfe", der Europäische Finanzstabilisierungsmechanismus (EFSM), die Europäische Finanzstabilisierungsfazilität (EFSF), der Europäische Stabilitätsmechanismus (ESM) und der Europäische Fiskalpakt.

Im April 2010 haben die Mitglieder des Eurowährungsraums eine Kreditvergabe in Höhe von 80 Milliarden Euro an Griechenland beschlossen. Deutschlands Anteil an diesem Volumen liegt bei ca. 23 Mrd. Euro.

„Griechenland-Hilfe"

Der EFSM wurde im Jahr 2010 als ein Instrument der EU eingerichtet und steuert 60 Milliarden Euro aus dem EU-Haushalt bei. Der deutsche Finanzierungsanteil entspricht dem Anteil am EU-Haushalt in Höhe von rund 20 %. Der EFSM wird wahrscheinlich im Jahr 2013 wegfallen und durch den permanenten Rettungsschirm ESM ersetzt.

Europäischer Finanzstabilisierungsmechanismus (EFSM)

Wie der EFSM ist auch die EFSF temporärer Natur und wird ebenso durch den ESM ersetzt. Die ESFS ist eine Aktiengesellschaft mit Sitz in Luxemburg, deren Aufgabe darin besteht, Kredite an finanzschwache Länder des europäischen Währungsraums zu vergeben. Die Kredit sind durch Garantien der Euro-Staaten in Höhe von 780 Mrd. Euro abgesichert. Tatsächlich vergeben werden aber ca. 440 Mrd. Euro, von denen Griechenland 144,6 Mrd. Euro, Portugal 26 Mrd. Euro und Irland 17,7 Mrd. Euro

Finanzstabilisierungsfazilität (EFSF)

zugesagt worden sind. In Deutschland hat der Bundestag der EFSF im Rahmen des Stabilisierungsmechanismusgesetz zugestimmt, allerdings ist die Verfassungsmäßigkeit dieses Gesetzes umstritten.

Europäischer Stabilitäts- mechanismus (ESM)

Der ESM stellt eine dauerhafte Hilfe für Euro-Staaten, die in finanziellen Schwierigkeiten geraten sind dar. Er ist mit 80 Mrd. Euro ausgestattet, hinzu kommen weitere Garantien der Euro-Staaten. Mit der Einführung einer europäischen Bankenaufsicht (geplant für 2013) können 500 Mrd. Euro an Krediten verliehen werden. Zudem können über den ESM auch Staatsanleihen gekauft oder marode Banken direkt unterstützt werden.

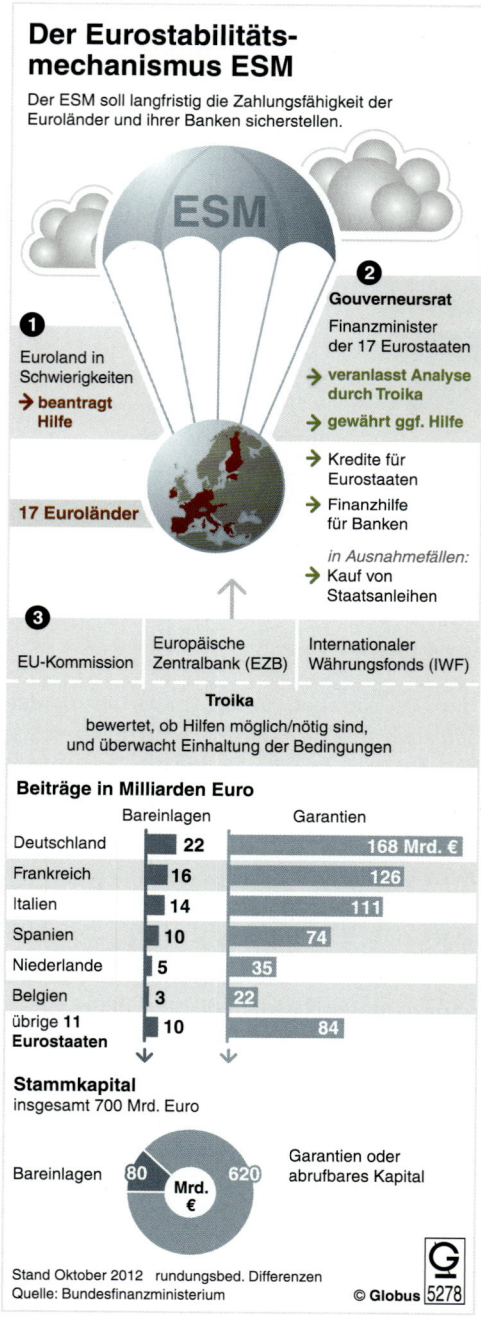

Der Eurostabilitäts-mechanismus ESM

Der ESM soll langfristig die Zahlungsfähigkeit der Euroländer und ihrer Banken sicherstellen.

ESM

❶ Euroland in Schwierigkeiten
→ beantragt Hilfe

17 Euroländer

❷ Gouverneursrat
Finanzminister der 17 Eurostaaten
→ veranlasst Analyse durch Troika
→ gewährt ggf. Hilfe
→ Kredite für Eurostaaten
→ Finanzhilfe für Banken
in Ausnahmefällen:
→ Kauf von Staatsanleihen

❸ EU-Kommission | Europäische Zentralbank (EZB) | Internationaler Währungsfonds (IWF)

Troika
bewertet, ob Hilfen möglich/nötig sind, und überwacht Einhaltung der Bedingungen

Beiträge in Milliarden Euro

	Bareinlagen	Garantien
Deutschland	22	168 Mrd. €
Frankreich	16	126
Italien	14	111
Spanien	10	74
Niederlande	5	35
Belgien	3	22
übrige 11 Eurostaaten	10	84

Stammkapital
insgesamt 700 Mrd. Euro

Bareinlagen 80 | 620 Garantien oder abrufbares Kapital

Mrd. €

Stand Oktober 2012   rundungsbed. Differenzen
Quelle: Bundesfinanzministerium   © Globus 5278

8
Unternehmensbesteuerung als wirtschaftspolitisches Instrument

Betrachtet man die Besteuerung von Unternehmen, so ist auch hier zunächst die Abgrenzung zu anderen staatlich erhobenen Zahlungen wie Beiträgen, Sonderabgaben und Gebühren notwendig.

Abgabenordnung (AO)	Die Abgabenordnung kann als Grundlage des deutschen Steuerrechts bezeichnet werden. Sie enthält grundlegende Regelungen, die für alle Steuerarten gleichermaßen gelten. In ihr ist die Ermittlung der Besteuerungsgrundlagen geregelt. Des Weiteren gibt sie Auskunft über die Festsetzung, Erhebung und Vollstreckung von Steuern und Steuerforderungen. Zusätzlich sind in der AO Vorschriften über außergerichtliche Rechtsbehelfe und zum steuerrechtlichen Straf- und Ordnungswidrigkeitenrecht enthalten.

In § 3 Abs. I Satz 1 Abgabenordnung heißt es:

„Steuern sind Geldleistungen, die nicht eine Gegenleistung für eine besondere Leistung darstellen und von einem öffentlich-rechtlichen Gemeinwesen zur Erzielung von Einnahmen allen auferlegt werden, bei denen der Tatbestand zutrifft, an den das Gesetz die Leistungspflicht knüpft; die Erzielung von Einnahmen kann Nebenzweck sein."

Demnach sind Steuern eine staatlich auferlegte, verpflichtende Summe, die ohne eine Gegenleistung zur Deckung des allgemeinen Finanzbedarfs zu leisten ist. Durch das Erheben von Steuern werden öffentliche Aufgaben wie beispielsweise die Sicherung der öffentlichen Ordnung durch Polizei und Armee finanziert.

Das Steuerrecht ist ein eigener Rechtsbereich und wird zunächst einmal in zwei grundlegende Bereiche eingeteilt: das **allgemeine** und das **besondere Steuerrecht**.

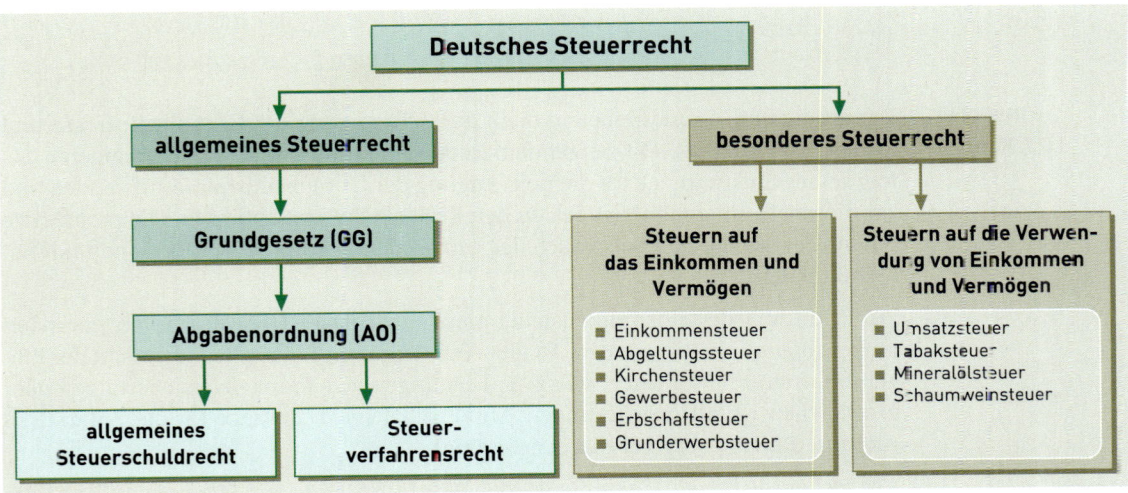

Es lassen sich demnach ganz unterschiedliche Steuerarten unterscheiden. Die wohl wichtigste Steuer für den Industriebetrieb ist die Steuer auf Gewinne, d. h. bei Kapitalgesellschaften die Körperschaftsteuer[1] und bei Personengesellschaften die Einkommensteuer der beteiligten Gesellschafter.

---

1   Das Körperschaftsteuergesetz spricht auch bei Kapitalgesellschaften von Einkommen. Zu beachten ist hierbei dass dieses Einkommen dem steuerpflichtigen Gewinn der Gesellschaft entspricht, der sich aus der Gewinn- und Verlustrechnung (GuV) ergibt.

8.1
Besteuerung von Gewinnen – Einkommen- und Körperschaftsteuer

Während die Gewinne von Unternehmen, die der Körperschaftsteuer unterliegen, unabhängig von ihrer Höhe mit einem einheitlichen Prozentsatz besteuert werden, unterliegen die Einkünfte von Personen einem Einkommensteuersatz, der mit der Höhe des Einkommens ansteigt. Bei Personengesellschaften werden die Gewinne des Unternehmens bei den einzelnen Gesellschaftern, denen sie zugeflossen sind, als Einkommen angerechnet und unterliegen deren persönlicher Einkommensteuer.

> **Kap. 8.1**

Liegt das zu versteuernde Einkommen bei einem Alleinstehenden oberhalb von 8.354,00 €, so wird zunächst jeder darüber hinausgehende Betrag mit dem Eingangs-steuersatz von 14 % belegt. Dieser Steuersatz steigt dann bis zu einem Einkommen von 13.469,00 € auf 24 % an. Danach ist der Anstieg geringer, Einkünfte, die oberhalb von 52.882,00 € liegen, werden einheitlich mit 42 % besteuert. Ab einem Einkommen von 250.731,00 € erhöht sich der Steuersatz um 3 % auf 45 % (sog. Reichensteuer). Weil im Bereich zwischen 8.354,00 € und 52.882,00 € der Steuersatz steigt, nennt man diesen Bereich Progressionszone. Die Einkommensteuer ist eine progressive Steuer. Der Grund für die in Deutschland angewandte progressive Einkommensbesteuerung liegt darin, dass jeder nach seiner Leistungsfähigkeit zum Steueraufkommen beitragen soll, Personen mit höherem Einkommen als leistungsfähiger angesehen werden und deshalb auch einen höheren Prozentsatz ihres Einkommens abgeben können.

Grundfreibeträge und Progressionsstufen	2014
	alleinstehend/verheiratet
14 % ab	8.354,00 €/16.708,00 €
bis 42 % ab	52.882,00 €/105.764,00 €
45 % ab	250.731,00 €/501.452,00 €

> **INFO-Teil**
> **LF 7, Kap. 1.1**

Der sogenannte Grundfreibetrag dient der Befriedigung der Grundbedürfnisse und ist deshalb steuerfrei. Mit steigendem Einkommen muss man einen geringeren Betrag seines Einkommens für die Befriedigung der Grundbedürfnisse aufwenden und kann deshalb einen höheren Teil an den Staat als Steuern abführen. Die progressive Einkommensteuer dient also auch der Umverteilung zulasten von Personen mit hohem Einkommen.

Zur Ermittlung der Einkommensteuer muss zunächst die Höhe des zu versteuernden Einkommens ermittelt werden. Es gibt eine Reihe von Einkünften, die nicht der Einkommensteuer unterliegen, wie z. B. Leistungen von Krankenversicherungen oder gesetzlichen Unfallversicherungen, Mutterschaftsgeld, Beiträge für die Zukunftssicherung (Renten- oder Lebensversicherung).

Alle steuerpflichtigen Einkünfte werden gemäß § 8 EStG zur Summe der Einkünfte aus den sieben Einkunftsarten addiert. Verluste aus einzelnen Einkunftsarten können bis zum jeweiligen Höchstbetrag mit positiven Einkünften verrechnet werden. Als Zwischensumme wird die **Summe der Einkünfte** ermittelt.

Nach weiteren Verrechnungen ergeben sich der **Gesamtbetrag der Einkünfte**, das **Einkommen** und schließlich **das zu versteuernde Einkommen**, das dann dem jeweiligen Einkommensteuersatz unterliegt. Wichtig für die Steuerhöhe ist letztlich noch die Frage, ob der Steuerpflichtige verheiratet oder unverheiratet ist, da für Eheleute die sogenannte Splittingtabelle angewendet werden kann, bei der die steuerliche Gesamtbelastung i. d. R. niedriger ausfällt. Bei allen übrigen Steuerpflichtigen findet die Steuergrundtabelle als Berechnungsgrundlage Anwendung.

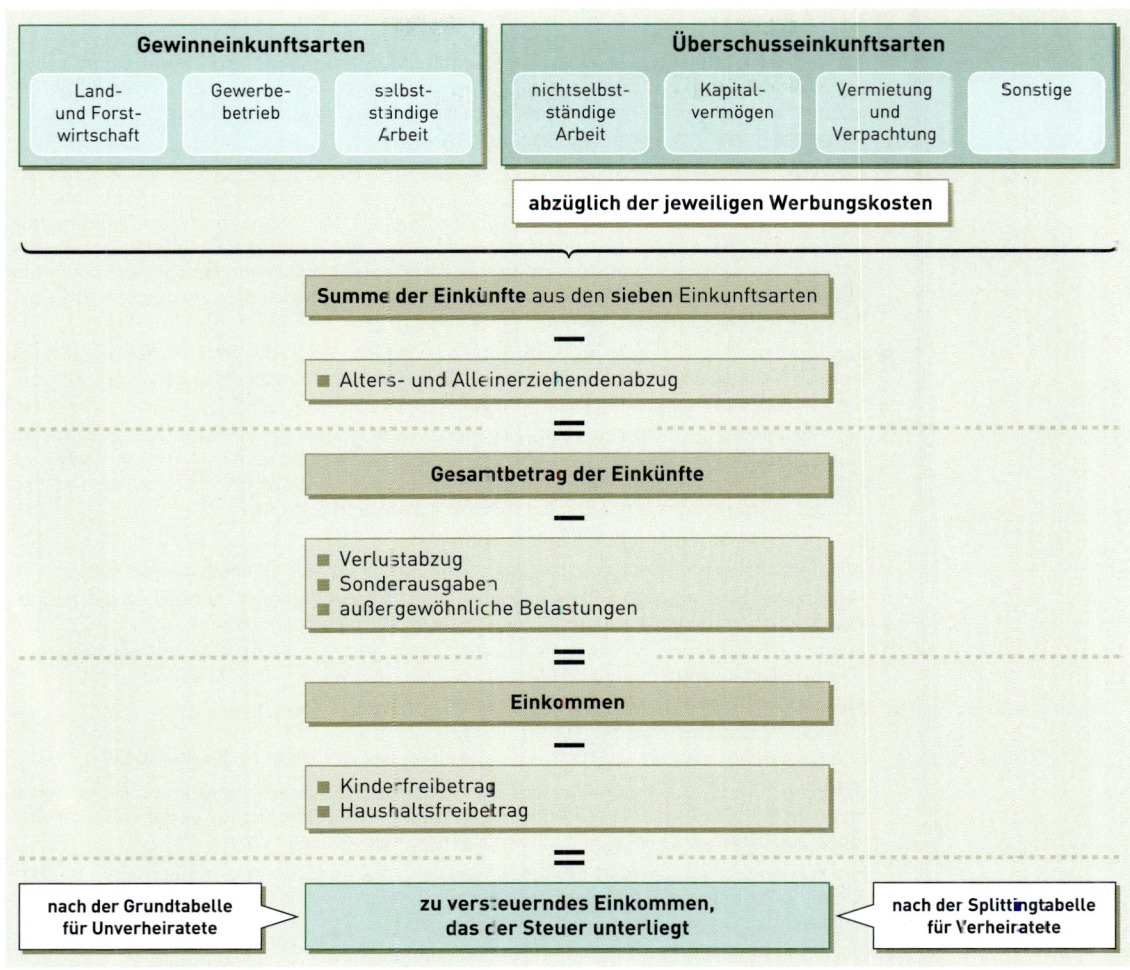

Exkurs

Von Bedeutung für Arbeitnehmer sind die folgenden Möglichkeiten zur Verminderung der eigenen Steuerlast. An dieser Stelle werden die drei Hauptabzugsmöglichkeiten näher erläutert:

- **Werbungskosten** sind nach § 9 EStG Aufwendungen zur Erwerbung, Sicherung und Erhaltung der Einnahmen. Sie sind bei der Einkunftsart abzuziehen, bei der sie erwachsen sind.

  Voraussetzung ist jeweils, dass die Werbungskosten mit der Erzielung der jeweiligen Einkünfte zwingend verbunden sind. Dies bedeutet für den Werbungskostenabzug bei den Einkünften aus nichtselbstständiger Arbeit, dass sie z. B. mit der Erhaltung des jeweiligen Berufs verknüpft sein müssen.

  Es gilt bei Werbungskosten, dass nur Aufwendungen des jeweiligen Kalenderjahres abziehbar sind. Eine Ausnahme hiervon bilden die Anschaffungs- oder Herstellungskosten von Wirtschaftsgütern, die über mehrere Jahre genutzt werden können. Bei diesen Wirtschaftsgütern kann die Abschreibung für Abnutzung, kurz AfA[1] geltend gemacht werden.   › Band 1, LF 3 und 4

  Zu den schon genannten Werbungskosten für den Erwerb oder Erhalt des Arbeitsplatzes zählen üblicherweise entstandene Kosten für:

- **Fortbildungen,** z. B. Studiengebühren für ein Aufbaustudium, Fachliteratur für Prüfungen, Veranstaltungen von Berufsverbänden oder Gewerkschaften und Studienreisen, jedoch nicht Darlehenszinsen eines für die Fortbildung aufgenommenen Darlehens
- **Arbeitsmittel,** z. B. Fachbücher, Fachzeitschriften, Werkzeuge usw.
- **Schuldzinsen** und ähnliche Leistungen, bei denen ein wirtschaftlicher Zusammenhang zu

$\longrightarrow$

---

1   Vgl. Erläuterung zur Abschreibung für Abnutzung (AfA) in Band 1, LF 3 und 4.

den Einkünften besteht

- **Reisekosten,** also Kosten wie Fahrtkosten, Verpflegungsmehraufwendungen sowie Übernachtungs- und Reisenebenkosten, wenn diese so gut wie ausschließlich durch die berufliche Tätigkeit des Arbeitnehmers, außerhalb seiner Wohnung und einer ortsgebundenen regelmäßigen Arbeitsstätte veranlasst sind

- **Sonstige Werbungskosten**[1]

  Anstelle der detaillierten Abrechnung der entstandenen Kosten kann alternativ ohne die Erbringung des sonst erforderlichen Einzelnachweises der sogenannte Pauschalbetrag für Werbungskosten eingesetzt werden. Dieser beträgt zurzeit für die Einnahmen aus nicht-selbstständiger Arbeit 1.000,00 € je Steuerpflichtigem. Ebenfalls können bei den Einkünften aus Kapitalvermögen und den sonstigen Einkünften 51,00 € für Alleinstehende bzw. 102,00 € für Verheiratete angesetzt werden.

- **Sonderausgaben** sind nach § 10 EStG Aufwendungen, die weder Betriebsausgaben noch Werbungskosten sind oder wie Betriebsausgaben oder Werbungskosten behandelt werden. Sie sind in § 10 EStG abschließend aufgezählt.

  Alle Positionen, die nicht ausdrücklich genannt sind, sind keine Sonderausgaben bzw. sind keine steuerfreien Einnahmen. Ein wesentlicher Unterschied zu den Werbungskosten ist jedoch die Tatsache, dass die meisten Sonderausgaben nicht vollständig, sondern nur zu einem bestimmten prozentualen Anteil angerechnet werden können.

  Zu den Sonderausgaben zählen unter anderem:
  - Unterhaltsleistungen an geschiedene oder dauernd getrennt lebende Ehepartner
  - Beiträge zu Kranken-, Pflege-, Unfall- und Haftpflichtversicherungen sowie zu den gesetzlichen Rentenversicherungen (jedoch nicht Bausparzahlungen)
  - Beiträge zu bestimmten Lebensversicherungen (Risikoversicherungen, Versicherungen ohne Kapitalwahlrecht, mit Wahlrecht bei einer Laufzeit von über 12 Jahren usw.)
  - zusätzliche freiwillige Pflegeversicherung
  - gezahlte Kirchensteuer zu 100 %
  - Aufwendungen für die eigene Berufsausbildung bis zu 6.000,00 € pro Kalenderjahr

  Gemäß § 10 a EStG können ebenfalls Zahlungen für die zusätzliche Altersvorsorge, sowie nach § 10 b EStG weitere Zahlungen für Spenden für kirchliche, gemeinnützige und förderungswürdige Zwecke als Sonderausgaben angerechnet werden.

  Für diejenigen, die bei den Sonderausgaben keine Angaben nachweisen können oder wollen, gilt ebenfalls ein Pauschalbetrag. Er wird gem. § 10 c EStG in Höhe von 36,00 € angerechnet.

- Nach § 33 EStG sind **außergewöhnliche Belastungen** Aufwendungen, die der überwiegenden Mehrzahl der Steuerpflichtigen gleicher Einkommensverhältnisse nicht erwachsen. Der den zumutbaren Teil übersteigende Betrag wird vom Gesamtbetrag der Einkünfte abgezogen.

Körperschaft-steuer

Das Pendant zur Einkommensteuer der Personengesellschaften ist für die Kapitalgesellschaften die **Körperschaftsteuer.** Gemäß § 1 des Körperschaftsteuergesetz (KStG) sind demnach in Deutschland Personenvereinigungen und Vermögensmassen, die ihre Geschäftsleitung oder ihren Sitz im Inland haben und hier näher beschrieben werden, unbeschränkt körperschaftsteuerpflichtig:

- Kapitalgesellschaften (insbesondere Europäische Gesellschaften, Aktiengesellschaften, Kommanditgesellschaften auf Aktien, Gesellschaften mit beschränkter Haftung)
- Genossenschaften einschließlich der Europäischen Genossenschaften
- Versicherungs- und Pensionsfondsvereine auf Gegenseitigkeit
- sonstige juristische Personen des privaten Rechts
- nicht rechtsfähige Vereine, Anstalten, Stiftungen und andere Zweckvermögen des privaten Rechts
- Betriebe gewerblicher Art von juristischen Personen des öffentlichen Rechts

---

1 Bitte beachten Sie die aktuelle Gesetzgebung. Zum Zeitpunkt der Drucklegung dieses Buches stand nicht fest, ob eine Erhöhung der Pauschalen erfolgen soll.

Die unbeschränkte Steuerpflicht erstreckt sich auf alle Einkünfte der jeweiligen Gesellschaft. Wichtig in diesem Zusammenhang ist die Tatsache, dass auch die Körperschaftsteuer, wie zuvor die Einkommensteuer, eine Jahressteuer ist. Bei Steuerpflichtigen, die verpflichtet sind, Bücher nach den Vorschriften des Handelsgesetzbuches zu führen, ist der Gewinn nach dem Wirtschaftsjahr zu ermitteln, für das sie regelmäßig ihre Jahresabschlüsse machen.

Wie bei der Einkommensteuer sind jedoch auch bei der Körperschaftssteuer sogenannte Vorauszahlungen an das Finanzamt zu leisten und werden am Jahresende mit der tatsächlichen Steuerschuld verrechnet.

Bei Kapitalgesellschaften sind alle Einkünfte des Betriebes, egal, aus welcher Einkunftsart sie resultieren, als Einkünfte aus Gewerbebetrieb zu versteuern. Seit dem 01.01.2008 werden diese Einkünfte in Deutschland mit einer Körperschaftsteuer in Höhe von 15 % besteuert.

Ein weiterer wichtiger Unterschied für den Gesellschafter einer Kapitalgesellschaft: die ausgezahlten Gewinne unterliegen – anders als bei den Gewinnen der Einzel- oder Personengesellschaft – einer weiteren Besteuerung. Diese sogenannte **Abgeltungssteuer** wird aufseiten der Gesellschafter für alle Gewinnanteile der Kapitalgesellschaft fällig, egal, ob diese als Zinsen, Dividenden, Genuss- oder Wandelanleihen, Anleihen, Investmentanteile oder Festzinsanleihen ausgeschüttet werden oder in der Gesellschaft verbleiben. Ebenfalls nicht berücksichtigt wird die Tatsache, dass die Gewinne bereits aufseiten der Kapitalgesellschaft der Steuer unterworfen waren. Es kann hier also zu einer sogenannten Doppelbesteuerung der Gewinne für den jeweiligen Gesellschafter kommen. Allerdings ist die Summe aus Körperschaftsteuer und Abgeltungssteuer seit Inkrafttreten der Unternehmenssteuerreform mit 40 % unter dem Spitzensteuersatz von 42 %.

Abgeltungssteuer

8.2
Gewerbesteuer

Laut Gewerbesteuergesetz (GewStG) wird diese Steuer den Städten und Gemeinden für ihre Haushaltsgestaltung zur Verfügung gestellt. Es handelt sich hierbei also gemäß § 1 GewStG um eine Gemeindesteuer, was dazu führt, dass die Höhe der Steuer von jeder Gemeinde einzeln bestimmt werden kann. Dies erfolgt mithilfe des individuellen Steuerhebesatzes.

Der **Gewerbesteuer** unterliegt gemäß § 2 jeder stehende Gewerbebetrieb, soweit er im Inland betrieben wird.

Gewerbesteuer

Immer als Gewerbebetrieb gelten Kapitalgesellschaften, Aktiengesellschaften, Kommanditgesellschaften auf Aktien, Gesellschaften mit beschränkter Haftung und Genossenschaften. Steuerschuldner ist der Unternehmer selbst, wobei gemäß § 5 derjenige als Unternehmer gilt, für dessen Rechnung das jeweilige Gewerbe betrieben wird. Bei den Personengesellschaften ist die Gesellschaft der Steuerschuldner.

› Band 1, LF 1 und 2

Als Besteuerungsgrundlage für das Unternehmen gilt der erzielte Gewerbeertrag, der nach den Vorschriften des Einkommens- und Körperschaftsteuergesetzes ermittelt wird und im Anschluss um weitere Beträge gemäß §§ 8 und 9 des GewStG korrigiert werden kann. Aus dem so ermittelten Betrag wird unter Anwendung einer Prozentberechnung, der sogenannten Steuermesszahl, ein Steuermessbetrag ausgerechnet. Auf diesen Messbetrag wird dann der jeweilige Steuerhebesatz der einzelnen Gemeinde, ebenfalls ein Prozentsatz, angewendet.

8.3
Sonstige Steuern

Weitere für den Industriebetrieb relevante Steuern werden in der folgenden Übersicht (in alphabetischer Reihenfolge) dargestellt:

Abgeltungssteuer	Die **Abgeltungssteuer** wurde mit der Unternehmenssteuerreform zum 01.01.2009 zur Stärkung der Wettbewerbsfähigkeit und Attraktivität des Finanzplatzes Deutschland eingeführt. Alle Kapitalerträge, die im privaten Bereich anfallen, werden steuerlich einheitlich mit 25 % Abgeltungssteuer behandelt (Zinsen, Dividenden usw.).
Einfuhrumsatzsteuer (EUSt)	Die **Einfuhrumsatzsteuer** (EUSt) wird bei der Einfuhr von Waren aus Drittländern in die Bundesrepublik Deutschland erhoben. Für die Einfuhrumsatzsteuer gelten die Vorschriften für Zölle in Zusammenhang mit dem deutschen Umsatzsteuergesetz (UStG). Die Höhe der Einfuhrumsatzsteuer kann nach folgender Vorlage ermittelt werden: Warenwert inkl. Transportkosten oder vereinfacht FOB-Wert zzgl. Transportkosten + erhobener Zoll + erhobene Steuer + erhobene Beförderungskosten = Bemessungsgrundlage für Einfuhrumsatzsteuer (EUSt-Wert) · Steuersatz (19 % bzw. 7 %) = Einfuhrumsatzsteuer (EUSt)
Erbschaftsteuer- und Schenkung- steuergesetz	Der **Erbschaftsteuer (Schenkungsteuer)** unterliegen ■ der Erwerb von Todes wegen (z. B. Erbschaft), ■ die Schenkungen unter Lebenden, ■ die Zweckzuwendung und ■ z. T. das Vermögen einer Stiftung. In bestimmten Fällen von Vererbung an Familienmitglieder und der Unternehmensfortführung werden jedoch umfangreiche Freibeträge eingeräumt.
Grunderwerb- steuergesetz	Der Steuersatz dieser Steuer, die beim Erwerb eines Grundstücks erhoben wird, beträgt i. d. R. 3,5 % bis 6,5 % (Schleswig-Holstein) der Bemessungsgrundlage. Seit dem 1. September 2006 dürfen die Bundesländer die Höhe des Steuersatzes selbst festlegen. Die **Grunderwerbsteuer** wird von den Bundesländern vereinnahmt und an die Kommunen weitergeleitet.
Grundsteuergesetz	Die **Grundsteuer** ist eine Steuer auf das Eigentum an Grundstücken und den hierauf befindlichen Gebäuden. Sie wird von der jeweiligen Gemeinden erhoben, in der sich das Eigentum befindet.
Kirchensteuergesetz	Die **Kirchensteuer** ist eine Steuer, die nur in wenigen Ländern existiert. Sie beruht auf dem sogenannten Zehnt, der im Mittelalter von der katholischen Kirche auf die Erträge aus landwirtschaftlichen Produkten erhoben wurde.
Kraftfahrzeug- steuergesetz	Die **Kraftfahrzeugsteuer**, kurz Kfz-Steuer, ist eine Steuer, die ein Fahrzeughalter für ein auf ihn angemeldetes Kraftfahrzeug bezahlen muss.
Ökosteuer	Die **Ökosteuer** besteuert in Deutschland den Energieverbrauch bzw. umweltschädigendes Verhalten. Das Konzept wurde während der 1980er-Jahre entwickelt und verfolgt zwei Hauptziele: ■ Besteuerung des knappen Gutes Energie, woraus sich eine Effizienzsteigerung für die Verwendung ergeben soll. ■ Unterstützung der Finanzierung der sozialen Sicherung der Bevölkerung. Ökosteuern dienen somit dazu, Steuerrecht mit Umweltpolitik zu verbinden. Daher wird in diesem Zusammenhang auch von der Ökologisierung des Steuerrechts gesprochen. Das erzielte Steueraufkommen dient zum Teil der Verringerung der Beitragssätze für die Sozialversicherungsbeiträge der Arbeitnehmer.
Umsatzsteuer	In § 1 **Umsatzsteuergesetz** (UStG) steht, welche Umsätze steuerbar sind. Im Wesentlichen sind dies: *„die Lieferungen und sonstigen Leistungen, die ein Unternehmer im Inland gegen Entgelt im Rahmen seines Unternehmens ausführt".*

9
Internationalisierung und Globalisierung – Going global

9.1
Entstehung und Entwicklung eines globalen Marktplatzes

Wie bereits in Kapitel 5.4 dargestellt, führt eine internationale Arbeitsteilung, im Zuge derer sich jedes Land auf die Produktion der Güter konzentriert, bei dem es einen komparativen Kostenvorteil gegenüber anderen Ländern erzielen kann, zu höherem Wohlstand für alle Beteiligten.

Aus dem Export deutscher Güter ins Ausland hat sich in den letzten Jahrzehnten vor allem bei der Herstellung von Kraftfahrzeugen eine Entwicklung zur Produktion im Ausland ergeben. Überspitzt gesagt: Es werden nicht mehr nur die Produkte sondern auch die Arbeitsplätze exportiert.

Investitionen im Ausland werden aus Gründen der größeren Nähe zum Markt und der damit verbundenen besseren Markterschließung sowie natürlich auch aus Gründen der Kostenersparnis getätigt.

Seit große Distanzen für Waren und Menschen immer kostengünstiger und schneller zu überwinden sind, werden neben Waren auch Dienstleistungen weltweit angeboten. Die Kommunikation ist erdumspannend und fast unabhängig vom Standort mithilfe des Internets jederzeit möglich.

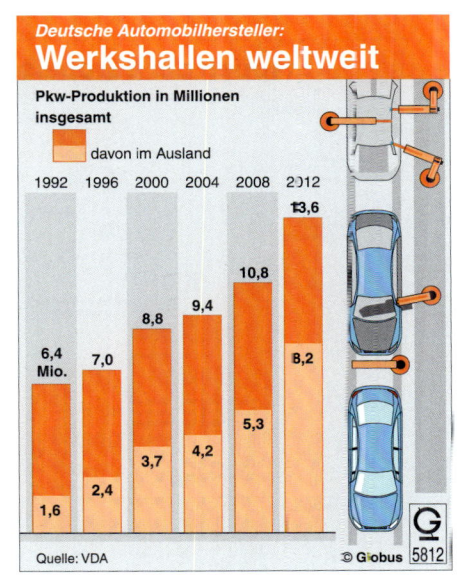

Internationaler Handel und internationale Arbeitsteilung wurden erleichtert, weil in den Jahrzehnten seit Ende des Zweiten Weltkrieges Handelshemmnisse und Wettbewerbsbeschränkungen weitestgehend abgebaut worden sind. Das 1948 in Kraft gesetzte Allgemeine Zoll- und Handelsabkommen GATT (General Agreement on Tarifs and Trade), seit 1995 abgelöst durch die Welthandelsorganisation WTO (World Trade Organization), hat zu einer Liberalisierung des Welthandels geführt und Handelsbeschränkungen in Form von Zöllen und Kontingenten weitgehend abgeschafft.

Investitionen und Transaktionen von Finanzmitteln allein zum Zweck der Renditemaximierung machen mittlerweile 90 % des internationalen Zahlungsverkehrs aus, nur noch 10 % dienen der Bezahlung von Waren und Dienstleistungen. Dass die internationale Finanzkrise in den Jahren 2008 und 2009 sehr schnell alle Industrienationen erfasst hat, ist deshalb eine zwangsläufige Erscheinung.

Auf europäischer Ebene ist der Binnenmarkt mit einer einheitlichen Währung weitgehend Realität. Innerhalb der EU spielen Kontingentierungen und Zölle kaum eine Rolle mehr.

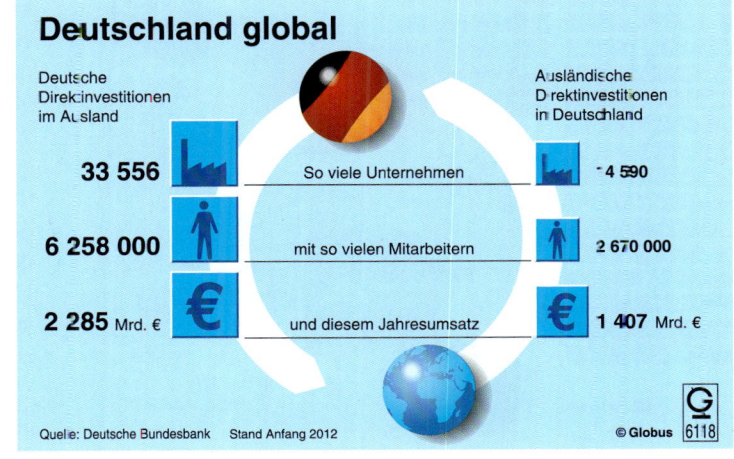

9.2
Die Europäische Union – ein komplexer Wirtschaftsraum

9.2.1
Entstehung und Entwicklung der Europäischen Union

Im Rahmen wichtiger Zusammenschlüsse, die wirtschaftliche und politische Zielsetzungen verfolgen, nimmt die Europäische Union (EU) eine überragende Stellung ein. Die Europäische Union hat ihre Wurzeln in der EWG, der Europäischen Wirtschaftsgemeinschaft, die 1957 von den sechs Gründerstaaten Belgien, Frankreich, Italien, Luxemburg, Niederlande und Westdeutschland ins Leben gerufen und in den Römischen Verträgen festgelegt wurde. Verschiedene Erweiterungen – sowohl im Hinblick auf die Anzahl der Mitgliedstaaten als auch bezogen auf Aufgaben und Kompetenzen – führten zur Europäischen Union, wie wir sie heute kennen. Wichtige Meilensteine waren der Maastrichter Vertrag von 1991, mit dem aus der europäischen Wirtschaftsgemeinschaft eine europäische Gemeinschaft mit gemeinsamer Außen- und Sicherheitspolitik wurde, sowie die Einführung des Euro als gesetzliches Zahlungsmittel in zwölf Mitgliedsstaaten am 01.01.2002.

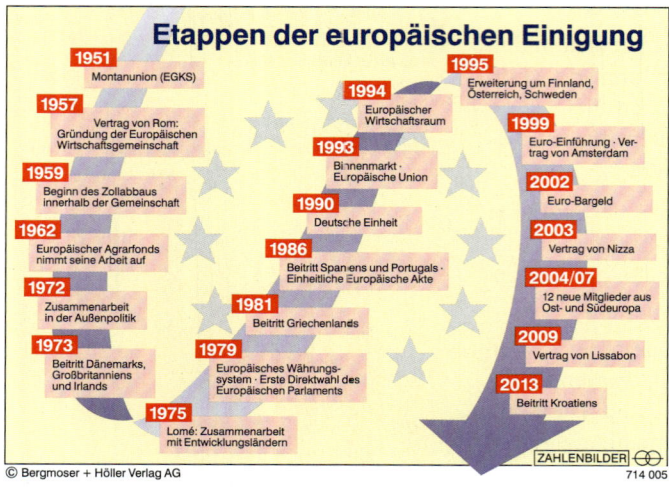

Neben der EWG gibt es seit 1960 eine weitere Organisation: die europäische Freihandelszone EFTA (engl. European Free Trade Association). Die EFTA wurde von den Ländern Dänemark, Norwegen, Österreich, Portugal, Schweden, der Schweiz und Großbritannien gegründet. Später kamen Finnland, Island und Liechtenstein hinzu. Da der größte Teil dieser Länder mittlerweile zur Europäischen Union gehört, besteht die EFTA nur noch aus vier Staaten: Island, Norwegen, Liechtenstein und der Schweiz. Durch ein 1992 unterzeichnetes Abkommen zwischen der EFTA und der Europäischen Union, den Binnenmarkt auch auf die drei EFTA-Länder Island, Norwegen und Liechtenstein auszudehnen, entstand der Europäische Wirtschaftsraum (EWR).

Im EWR sind zurzeit 31 Staaten mit über 510 Millionen Einwohnern vereinigt. Die Grundfreiheiten des europäischen Binnenmarktes (freier Waren-, Dienstleistungs-, Personen- und Kapitalverkehr) gelten auch für die dem EWR beigetretenen EFTA-Staaten. Diese Länder haben alle Richtlinien und Verordnungen der EU, die den Binnenmarkt betreffen, übernommen.

Die beiden Übersichten zeigen einige wesentliche Etappen „europäischer Verträge". Heute hat die EU 27 Mitgliedstaaten mit insgesamt etwa einer halben Milliarde Einwohnern. Im Vertrag von Lissabon soll die EU eine leistungsfähigere Struktur und eine bessere verfassungsmäßige Grundlage erhalten.

9.2.2
Strukturpolitik in der Europäischen Union

Einer der wichtigsten Bereiche europäischer Politik ist die Strukturpolitik der EU. Sie umfasst etwa ein Drittel des EU-Haushaltes. Die Strukturpolitik der EU hat die Steigerung des gesamtwirtschaftlichen Wachstums zum Ziel, im Gegensatz zur Konjunkturpolitik, die sich mit den konjunkturellen Schwankungen und der aktuellen wirtschaftspolitischen Lage befasst.

Im Einzelnen werden drei Ziele europäischer Strukturpolitik formuliert:
- Regionen mit großen Entwicklungsrückständen sollen so gefördert werden, dass die Voraussetzungen für Wachstum und Beschäftigung verbessert werden. Dieses Ziel wird mit „Konvergenz" gekennzeichnet, denn die Regionen in Europa sollen sich in ihrer wirtschaftlichen Leistungsfähigkeit aufeinander zubewegen. Wirtschaftlich schwächere Regionen sollen Standortnachteile abbauen können und so Anschluss an die allgemeine Wirtschaftsentwicklung erhalten.
- Außerhalb dieser Regionen sollen die regionale Wettbewerbsfähigkeit, die Attraktivität und der Beschäftigungsgrad in einer Region gestärkt werden; insbesondere soll die wirtschaftstrukturelle und soziale Umstellung von Regionen mit Strukturproblemen gefördert werden.
- Das dritte Ziel betrifft Bildung, Ausbildung und Beschäftigung. Hier sollen die Systeme und die entsprechende Politik besser aneinander angepasst und modernisiert werden.

Um diese Ziele zu erreichen, stehen der Europäischen Union zwei Strukturfonds zur Verfügung – EFRE und ESF:
- EFRE steht für „Europäischer Fonds für regionale Entwicklung" und finanziert z. B.
  - Investitionen zur Schaffung oder Erhaltung von dauerhaften Arbeitsplätzen,
  - Infrastrukturinvestitionen und
  - Investitionen im Bildungs- und Gesundheitswesen.
  Mit dem Ziel der Verbesserung der regionalen Wettbewerbsfähigkeit und Beschäftigung sind strukturschwache Regionen grundsätzlich förderfähig. Dafür sind knapp 16 % von EFRE vorgesehen. Das dritte Ziel der Förderung der europäischen territorialen Zusammenarbeit wird mit 2,5 % der EFRE-Mittel unterstützt.
- ESF ist der europäische Sozialfonds. Er dient der Förderung der Beschäftigung. Aus seinen Mitteln sollen die Unterschiede im Wohlstandsniveau und im Lebensstandard innerhalb der Europäischen Union abgebaut werden. Ziel ist das Fördern des wirtschaftlichen und sozialen Zusammenhaltes. In der Praxis werden aus diesem Fonds öffentliche Verwaltungen, Wohlfahrtsverbände, Sozialpartner und Nichtregierungsorganisationen gefördert, deren Aufgabe Beschäftigung und soziale Eingliederung ist. Auch hier geht es in erster Linie darum, das Konvergenzziel zu unterstützen; Kriterium ist wieder das Unterschreiten von 75 % des Pro-Kopf-BIP im Durchschnitt der Europäischen Union.

Im Zeitraum von 2007 bis 2013 soll ESF insgesamt 75 Mrd. € an Fördermitteln vergeben. Die Verwaltungsbehörden müssen die Begünstigten öffentlich bekannt geben. Die Liste findet sich z. B. im Internet unter http://ec.europa.eu/.

9.3
Standortfaktoren innerhalb eines komplexen Wirtschaftsraumes

Innerhalb der europäischen Union ist die Standortfrage für ein Unternehmen auf europäischer und nicht mehr auf nationaler Ebene zu stellen. Mit der Verwirklichung des Binnenmarktes Europa und seinen vier Grundfreiheiten

- freier Personenverkehr,
- freier Warenverkehr,
- freier Dienstleistungsverkehr und
- freier Kapitalverkehr

und den damit einhergehenden Möglichkeiten wie bspw. die Niederlassungs- und Beschäftigungsfreiheit, wird in Zukunft möglicherweise die Diskussion um den Standort Deutschland durch eine Diskussion um den Standort Europa verdrängt. Unternehmen suchen weltweit Standorte und wandern eventuell aus Europa ab.

Die Wahl eines Standorts ist von zahlreichen Faktoren qualitativer und quantitativer Art abhängig, die die Attraktivität eines Standortes prägen können.

Quantitative Standortfaktoren (Beispiele)	Qualitative Standfaktoren (Beispiele)
■ Arbeitskosten/Lohnniveau	■ Ausbildungsniveau/-zeiten/-dauer
■ Arbeitszeitregelungen	■ Bildungseinrichtungen/Nähe zu Universitäten
■ Aufwand für Umweltschutzmaßnahmen	■ Energieversorgung
■ Energiepreise	■ Forschungs- und Entwicklungsmöglichkeiten
■ Grundstückspreise/Mietkosten	■ Image des Standortes/des Landes/der Region
■ Kaufkraft	■ interkulturelle Voraussetzungen
■ Kommunikationskosten	■ Kommunikationsnetze
■ Kontingente (Ein-/Ausfuhrbegrenzungen)	■ kulturelles Angebot
■ Kosten für Hilfs- und Rohstoffe	■ Lebensqualität
■ Lohnkosten / Lohnnebenkosten	■ medizinische Versorgung
■ Markteintrittsbarrieren/Wettbewerbsintensität	■ Möglichkeiten zur Abfallentsorgung
■ Staatliche Förderung (Subventionen)	■ Rechtssicherheit/politische Stabilität
■ Steuern und Abgaben	■ qualifiziertes Personal (Verfügbarkeit)
■ Transportkosten	■ Verkehrsinfrastruktur und -anbindung/ transportmöglichkeiten
■ Zölle	■ Zugang zu Beschaffungs- und Absatzmärkten

Ein ganz wesentlicher und häufig diskutierter Einflussfaktor bei der Entscheidung für oder gegen einen Standort sind die Lohnkosten. Dabei kommt es Unternehmen auch auf deren Entwicklung an. So nützt es einem Unternehmen nichts, wenn die Lohnkosten mittel- bis langfristig stark steigen werden und sich dem Niveau alternativer Standorte angleichen. Auch ist im Hinblick auf die Lohnkosten die Frage nach der Art der zu leistenden Arbeit zu stellen. Geht es um sehr arbeitsintensive Tätigkeiten, haben die Lohnkosten eine höhere Relevanz.

Welche weiteren Kosten für Investitionen oder für die Logistik anfallen, ist in diesem Zusammenhang eine ebenso wichtige Fragestellung wie die Möglichkeit, Steuervorteile bzw. Subventionen für sein Vorhaben nutzen zu können.

Des Weiteren sind ein ideales Werksgelände und eine insgesamt gute Infrastruktur von großer Bedeutung. Dabei geht es um die verkehrstechnische Anbindung, also darum, welche infrastrukturellen Kapazitäten vorhanden sind und wie intensiv diese genutzt werden können. Wie schnell lassen sich die Pläne zur Errichtung oder Erweiterung eines Standortes umzusetzen? Wie flexibel zeigen sich hier die jeweiligen Behörden eines Landes bzw. einer Region? Flexibilität spielt auch in Zusammenarbeit mit den Arbeitnehmervertretern eine wichtige Rolle. Entscheidend ist hier, welche Maschinenlaufzeiten an einem Standort realisiert werden können oder welche Arbeitszeitregeln generell vereinbart werden können.

Sowohl das Vorhandensein und die Nähe zu Absatzmärkten bestimmen das Absatzpotenzial. Ähnliches gilt für die Beschaffungsmärkte. Kann z. B. in der Beschaffung ein Wechselkursrisiko ausgeschlossen werden? Besteht eine lokale Abhängigkeit von Zulieferern oder Abnehmern? Ist das Unternehmen auf bestimmte lokal vorhandene Rohstoffe angewiesen? Welche Umweltaspekte und gesellschaftlichen Einflüsse sind zu berücksichtigen?

Auch qualifiziertes Fachpersonal sollte am gewählten Standort verfügbar sein. Hilfreich kann in diesem Zusammenhang die Nähe zu wissenschaftlichem Know-how, also z. B. zu Universitäten oder Forschungseinrichtungen, sein.

Letztendlich stellt sich für ein Unternehmen immer auch die Frage, ob die Standortwahl kompatibel mit der Unternehmensphilosophie bzw. mit der strategischen Ausrichtung ist.

Sachwortverzeichnis

Introduction: Music for Youth

AF239705

1 New friends ▶ *p. 11*

a) What do you know about the new friends? Circle the right answer. You need the letters in brackets in part b).

Katrina   Asif   Robert   Latisha

1 Katrina is from …

| Manchester. (P) | The Orkneys. (L) | London. (B) |

2 Does Asif play in a band?

| Yes. (J) | No. (M) | Don't know. (S) |

3 The name of Asif's brother is …

| Ali. (E) | Ranjit. (H) | Hassan. (A) |

4 Which instrument does Latisha play?

| The steel drum. (C) | The fiddle. (U) | The keyboard. (F) |

5 Is Robert in the festival?

| Yes. (L) | No. (K) | Don't know. (P) |

6 Robert is from …

| the USA. (R) | Australia. (T) | Canada. (E) |

7 Who is a DJ back home?

| Latisha. (I) | Asif. (E) | Robert. (E) |

8 Does Robert play an instrument?

| Yes. (R) | No. (C) | Don't know. (L) |

9 Latisha is from …

| Birmingham. (E) | Manchester. (O) | London. (B) |

10 Latisha loves …

| football. (W) | ice hockey. (G) | squash. (N) |

11 In the evening the students go to watch …

| Katrina's fiddle band. (M)   Latisha's steel drum band. (K)   Hassan's Asian Fusion band. (B) |

b) Now write the letters next to your answers in the boxes. If your answers are correct, the letters make a message. Here are the question numbers:

The message is: _____ !

10	7	1	4	9	2	6		11	3	8	5
		L									

2 Who says what?   ▶ *p. 11*

a) *Match the sentences to the speakers. Then check your answers on pp. 7–11 of your student's book.*

I'm just a roadie for my brother's band.

It's one of the Orkney Islands – north of Scotland.

But I DJ.

I love ice hockey.

Oh, my game's football.

The islands are beautiful, but I'd really like to see London one day.

I'll mail you some photos.

Let's keep in touch.

Tell Hassan to come and do a gig in Manchester.

b) *Write three sentences each about Asif, Katrina, Latisha and Robert.*

Asif lives _____

_____

_____

_____

Katrina comes from _____

_____

_____

_____

Latisha lives in _____

_____

_____

_____

Robert comes from _____

_____

_____

_____

3 WORDS   Music words   ▸ *p. 11*

a) *Find and write the music words in the list, then cross them out of the puzzle.*

~~b~~	~~a~~	~~n~~	~~d~~	s	~~k~~	~~e~~	~~y~~	~~b~~
~~o~~	~~a~~	~~r~~	~~d~~	p	c	o	n	c
e	r	t	o	e	l	e	c	t
r	i	c	g	u	i	t	a	r
a	g	i	g	f	l	u	t	e
t	r	u	m	p	e	t	n	c
h	o	i	r	e	d	r	u	m
s	h	r	e	c	o	r	d	e
r	o	v	i	o	l	i	n	x

band

keyboard

_____

_____

_____

_____

_____

_____

_____

_____

0303

b) *Which letters are still in the puzzle? Put them in the correct order to make a new word for a musical instrument.*

The instrument is: _____ .

⦿ Now you

Write two paragraphs about music. Which kinds of music do you know? What's your favourite kind of music? What kind of music don't you like? Would you like to go to a music festival? What do you think is good about music festivals? What do you think is maybe not so good? Use ideas from the picture story on pp. 7–11 of your student's book.

My favourite kind of music is _____

_____

_____

_____

_____

_____

_____

_____

0305

Revision

1 WORDS Lists ▸ p. 11

First find the group words or phrases. Write them at the top of the lists. Then write the words in the correct lists.

> throat • valley • *places in town* • fields • shoulder • in the country • policeman • forest • *library* • fireman • department store • police station • hills • arm • parts of the body • knee • post office • teacher • jobs • hospital • waitress • lake • leg • leisure centre • engineer • village • head • shop assistant

1 *Places in town*	2	3	4
library			

0401

2 They all love music (Simple present: positive and negative sentences) ▸ p. 11

Complete with verbs in the simple present.

Robert ___comes___ (come) from Canada. Katrina, Latisha and Asif all ___come___ (come) from the UK,

but they ___don't know___ (know) anybody in Birmingham. When they _____ (meet) at the

music festival, they soon _____ (become) good friends.

The four friends all _____ (love) music. Asif _____ (like) rap and Asian Fusion. Robert, Latisha

and Katrina _____ (know) anything about Asian Fusion, but Asif _____ (tell) them

that it's a mixture of western and Asian music. Asif _____ (know) much about folk

music, but Katrina _____ (love) it. She _____ (play) the fiddle in the school band and

she _____ (practise) every day. Latisha's instrument is the steel drum, but she _____

(practise) as often as Katrina.

Robert and Asif _____ (play) an instrument, but they both _____ (know) lots

about music. They all _____ (think) the festival is great.

0503

3 Do they play an instrument? (Simple present: yes/no questions and short answers) ▶ *p. 11*

Hassan wants to know about Asif's new friends. Write Hassan's questions and Asif's answers.

Hassan's questions: **Asif's answers:**

1 Robert/come from Canada?

   Does Robert come from Canada? _____   –   *Yes, he does.* _____

2 Robert/play in a band?

   Does _____   –   *No* _____

3 Katrina and Latisha/play an instrument?

   Do _____   –   _____

4 Latisha/come from the Orkneys?

   _____   –   _____

5 your friends/know what Asian Fusion is?

   _____   –   _____

6 they/want to come to our gig?

   _____   –   _____

 0504 Great! Your new friends are cool!

◎ 4 Odd one out ▶ *p. 11*

Find the odd one out and write it down. Then write the letters to find the new word.

#	Words	Odd one out	(n)	Letter
1	cool • great • beautiful • ~~awful~~ • fantastic	*awful*	(3)	*f*
2	waiter • painter • cooker • presenter • writer		(5)	
3	rainy • foggy • stormy • noisily • cloudy		(4)	
4	pub • factory • town • station • cinema		(1)	
5	monkey • bear • lion • budgie • hippo		(5)	
6	river • sea • view • lake • pool		(1)	
7	dishwasher • sink • cooker • washing machine • garage		(2)	
8	skirt • shoulder • shirt • trousers • jacket		(5)	

0402 ▶ Latisha, Katrina, Robert and Asif meet at a _____ in Birmingham.

5 What are they doing? (Present progressive) ▶ p. 11

a) Complete the sentences in the present progressive.

buy – tickets – workshop	chat – Katrina	have – snack	practise – fiddle

1 Just now the boys *are buying tickets for a workshop.*

2 Right now Latisha *is* _____ .

3 Now Robert and Asif _____ .

4 Now Katrina _____ .

b) Circle the correct form. Simple present or present progressive?

1 Robert (doesn't like / isn't liking) waiting, but just now he ('s waiting / waits) for Latisha and Katrina.

2 *Robert*   Listen. Somebody (practises / is practising) the fiddle. Maybe it's Katrina.

She (practises / 's practising) every day. But Latisha (isn't practising / doesn't practise)

every day. So where is she?

3 *Asif*   Well, she (phones / 's phoning) her family every evening.

Maybe she (phones / 's phoning) now.

Maybe she ('s telling / tells) everybody at home about our fantastic Asian Fusion band!

🖥 0605

6 They went to Hassan's gig (Simple past: positive and negative statements) ▶ p. 11

Find the correct forms in the box to complete the text.

answered · cheered · didn't get · didn't hear · didn't see · felt · found ·
had · looked · made · said · waved · *went* · were

Last night Robert and his new friends *went* to Hassan's gig. There _____ lots of people there.

From the audience Asif _____ to his brother, but Hassan _____ him.

Hassan _____ really cool with his keyboard.

After the concert Hassan _____ Asif and the others. He _____ , 'We _____ a few mistakes in the second song.'

'Well, we _____ any mistakes,' Katrina _____ . 'So you _____ it very

wrong. Everybody _____ a fantastic time.'

🖥 0606 'And it _____ great when everybody _____ at the end!' Hassan said.

7 After the festival (Simple past: questions and short answers) ▸ p. 11

Complete the questions about the four friends. Then write short answers.

1 Hassan **played** in a band. _Did_ Katrina _play_ in a band too? – Yes, _she did._

2 Robert **stayed** with family in Birmingham. _____ the others _____ with family too? – No, _____ .

3 Katrina **slept** in the girls' hostel. _____ Latisha _____ there too? – Yes, _____ .

4 Latisha **played** the steel drum. _____ Katrina _____ the steel drum too? – _____

0707 5 Asif **went** to Hassan's gig. _____ Asif's friends _____ to the gig too? – _____

8 WORDS Opposites ▸ p. 11

Which words go together? Find and write pairs of opposites.

> slow • rich • must • love • possible • strong • needn't • arrive • buy • stupid • lose • hate • impossible •
> poor • fast • win • dirty • leave • weak • sad • sell • clever • clean • happy

slow – _fast_ _____ – _____

_____ – _____ _____ – _____

_____ – _____ _____ – _____

_____ – _____ _____ – _____

0708 _____ – _____ _____ – _____

9 They've already packed their bags (Present perfect) ▸ p. 11

The music festival has finished. Write sentences about the four friends in the present perfect.

| 1 | 2 | 3 | 4 | 5 |

1 The friends _have packed_ _____ their bags. (pack)

2 They _____ at the station. (just, arrive)

3 Katrina and Asif _____ some sandwiches to eat on the train. (buy)

4 Latisha's train to Manchester _____ . (already, leave)

0709 5 Robert _____ goodbye to Katrina and Asif. (just, say)

Unit 1 My London

1 London sights ► pp. 12–13

Match and write three sentences about the places 1–4 below. Before you start, write the numbers of the places 1–4 after the sentences in the box.

1 It's on the river.	2
2 It's a famous Sunday market.	1
3 This place is very old.	___
4 It's in the centre of town.	___
5 Young people like to buy second-hand clothes here.	___
6 From the top you can see for miles over London.	___
7 For a long time it was the home of kings and queens.	___
8 There are some interesting restaurants too.	___
9 Tourists always come here.	___
10 It's the best place to go if you like video games.	___
11 It's a really cool way to see the city on a clear day.	___
12 There are hundreds of games to choose from.	___

1   Brick Lane

It's a famous Sunday market.

_____

2   The London Eye

It's on the river.

_____

3   The Tower of London

_____

_____

4   Funland, London Trocadero

_____

_____

2 WORDS All about ... the London Underground   ▶ *p. 14*

a) Write the answers in the boxes.

1 Another word for the London Underground ...

2 It's easier to find the way if you have a Tube ...

3 Robert is in London with his ...

4 Sometimes you have to ... trains.

5 The London Eye is near ... station.

6 It's cheapest if you buy a ...

7 Which ... goes to Waterloo? Is it the Jubilee?

8 *Clerk:* Take the ... line.

9 *Clerk:* Change at ... Street.

1

2

3

4 *n*

5 *l*

6 *v*

7

8 *t*

9 *n*

b) Where does Asif like to go? Put the letters from the green boxes in the right order and write the name of the place.

0902
0903

He likes to go to the London _____ .

3 LISTENING Going by Tube   ▶ *p. 14* 🎧 2

Mark and his sister Mel are visiting their Uncle Dave in London. They are at Queensway Tube station and they want to go to Piccadilly Circus. Listen carefully and follow the routes[1]. Which route is correct? Mel's route or Mark's route? Tick (✓) the correct answer

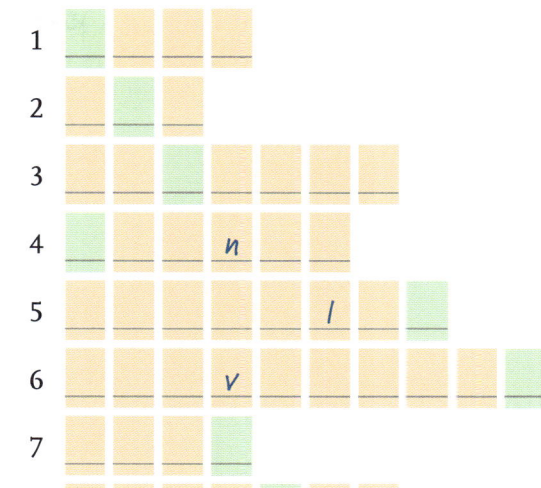

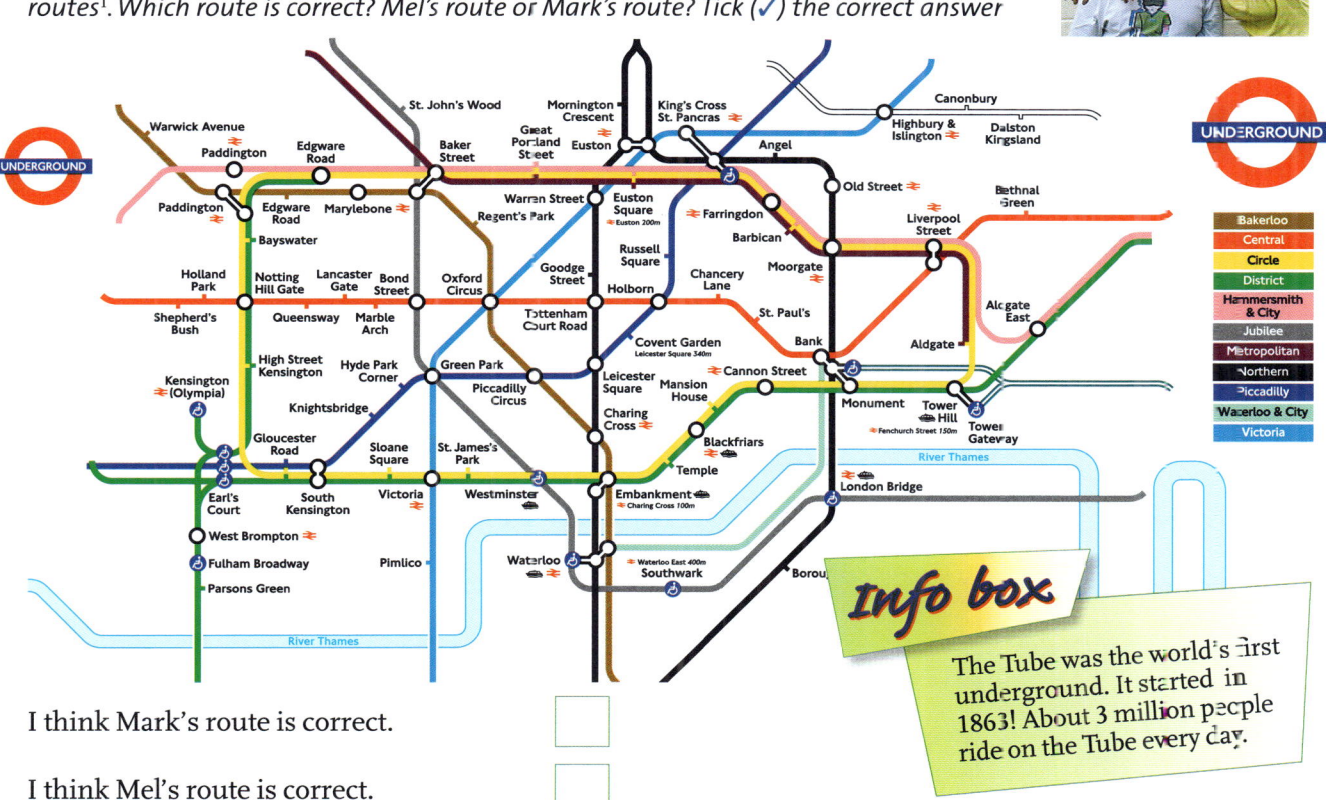

Info box

The Tube was the world's first underground. It started in 1863! About 3 million people ride on the Tube every day.

I think Mark's route is correct. ☐

I think Mel's route is correct. ☐

[1] route [ruːt] Strecke, Route

4 Word field: Transport ▶ p. 14, p. 20/P2, p. 153

Make a mind map about 'Transport' in your exercise book. You can use some of the words in the list more than once. Add other words too.

airport • bike • boat • bus • car • ferry • flight • gate • lorry • plane • railway • return ticket • river • road •
sea • ship • single ticket • taxi • ticket place • train • station • tram • Travelcard • Tube

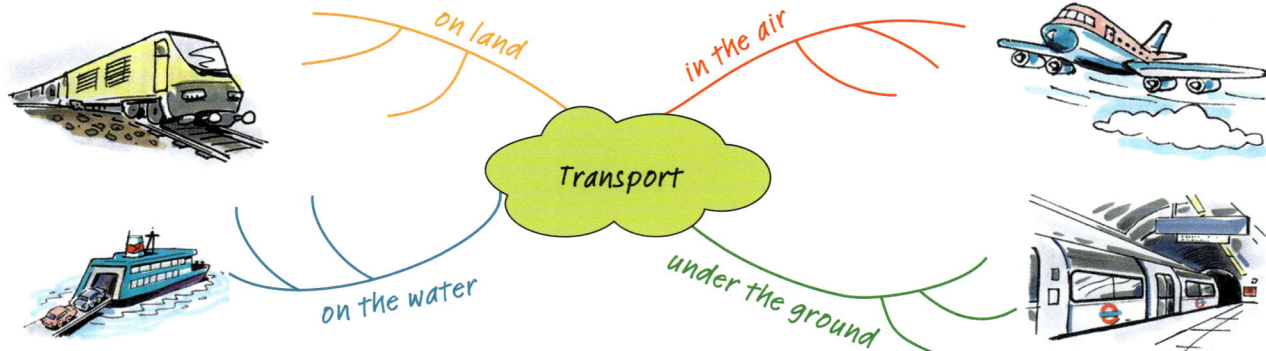

Now you

Which is the best way to travel? Say why. Write five sentences or more in your exercise book.
Ideas: slow – fast, cheap – expensive, safe – dangerous, exciting – boring

I think the best way to travel is on land. You can go by car, by bus, by train, by tram or by bike.
1004 ...

5 REVISION   We had a great time (Simple past) ▶ p. 15 • GF 1a (p. 143)

Mel writes an e-mail to her best friend. Complete it with the verbs in the boxes in the simple past.

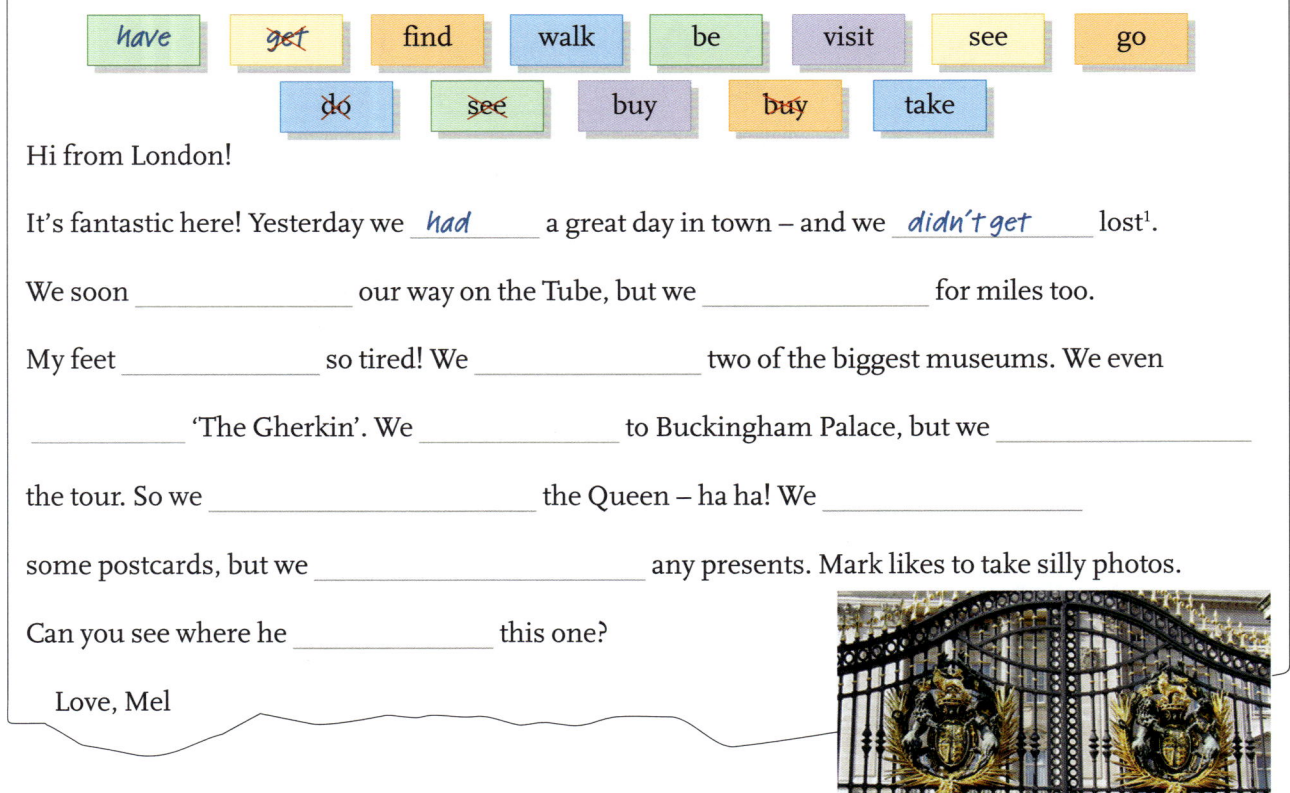

have	~~get~~	find	walk	be	visit	see	go

~~do~~	~~see~~	buy	~~buy~~	take

Hi from London!

It's fantastic here! Yesterday we __had__ a great day in town – and we __didn't get__ lost[1].

We soon _____ our way on the Tube, but we _____ for miles too.

My feet _____ so tired! We _____ two of the biggest museums. We even

_____ 'The Gherkin'. We _____ to Buckingham Palace, but we _____

the tour. So we _____ the Queen – ha ha! We _____

some postcards, but we _____ any presents. Mark likes to take silly photos.

Can you see where he _____ this one?

   Love, Mel

I think Mark took this photo at _____.
1005

[1] get lost *sich verlaufen*

6 REVISION   What did they do yesterday? (Simple past: questions) ▶ p. 15

Make questions about Mel and Mark. Then write short answers. You'll find the answers in exercise 5 (p. 10).

1 they/visit a museum?

  Did they visit a museum? _____ — *Yes, they did.*

2 Mel/buy presents?

  _____ — _____

3 they/see 'The Gherkin'?

  _____ — _____

4 they/do the Buckingham Palace tour?

  _____ — _____

5 Mark/take photos?

  _____ — _____

6 they/get lost?

  _____ — _____

7 they/have a good time?

  _____ — _____

1106

◉ 7 Blue box: Buildings and places in a town ▶ p. 15, p. 152

Where or what is it? Look carefully, match, then write the names of the places.

Brick	Bridge
St Paul's	Lane
Buckingham	Cathedral
Tower	Square
Piccadilly	Palace
Trafalgar	Circus

1   *Brick Lane*

2   _____

8 WRITING COURSE Part 1: A holiday postcard   ▶ p. 15, p. 22/P6

a) *Read the two postcards to Asif. Which one is more interesting, Ben's postcard or Sam's postcard? First mark time words, weather words and adjectives in both postcards. Then complete the sentence under the postcards.*

1
Dear Asif
We're in Wales. It's ==nice== here. It rained ==on Monday==. Now it's sunny. We're in a B&B. The breakfast is good. My room is small. We went to a castle yesterday. It was nice. We're going to visit another castle too.
Love, Ben

2
Dear Asif
We're in Wales and we're having a great time. On Monday it rained so we went to a museum, but now it's warm and sunny. We're staying at a really nice B&B. My room is a bit small, but the breakfast is fantastic. The people are very nice too. We usually walk on the beach in the mornings. Yesterday we visited Cardiff Castle – very interesting. Tomorrow we're going to look round another old castle too.
Love, Sam

I think _____ is more interesting than _____ .

b) *You wrote a postcard from London to a friend. The postcard was in the rain and it wasn't easy to read. What did you write? Complete the words and write them again. Look at Sam's postcard above and p. 22 in your student's book for help.*

Dear ...

great

I'm in London and I'm having a gre__ time. It rained on M____ so we went to the British Museum.

It's warm and s____ now so we visit different places ev___ day. The city sights are fan____! There

are lots of v__ old buildings and cool parks. We usually have lunch in a pub – there's a room just for

kids.

Yes____ I went to the Trocadero – hundreds of video games. Re__ cool! In the aft____ we visited

Buckingham Palace. ____row evening we're going to the theatre to see a musical – 'The Lion King'!

See you soon,

Love ...

Fun fact

In London there are more than 6000 restaurants, 3000 pubs and 100 theatres.

9 PRONUNCIATION [aʊ] or [əʊ]? ▶ p. 16 🎧 3

Which words are like mouse [aʊ] and which are like mole [əʊ]? Listen, say, match and write two lists.

[aʊ]	[əʊ]
underground	toast

1309

10 REVISION What have they done? (Present perfect) ▶ p. 16 • GF 1b (p 143)

What have Mel and Mark done in London? What haven't they done yet?

1 ✔

Mel – write six postcards

2 ✔

Mel and Mark – try Bangladeshi food

3 ✔

Mark – spend all his pocket money

4 ✘

They – drive in a London taxi – yet

5 ✘

They – take a boat trip on the Thames – yet

6 ✘

Mark – get lost – yet

1 Mel has written six postcards.

2 Mel and Mark have

3

4 They haven't driven

5 They

6

11 Word field: Food ▶ *p. 16, p. 24/P10, p. 154*

What do they like to eat? Match the food words to the people. Write the words in the correct lists.

apples • bacon • bananas • beef • carrots • cherries • lamb • oranges • lettuce • mushrooms • onions • peas • potatoes • pork • sausages • strawberries • turkey

I like **meat** best.

I'm a **fruit** fan.

I eat lots of **vegetables**.

bacon _____   apples _____   carrots _____

_____   _____   _____

_____   _____   _____

_____   _____   _____

_____   _____   _____

1411

12 Blue box: at the butcher's ▶ *p. 16, p. 154*

Complete what Asif's parents say with: from the butcher's   to the doctor's   at the chemist's

Dad   I don't feel well today. I think I'll go _____ .

Mum   Or maybe I can buy something for your stomach _____ .

Then I'll get a chicken _____ in Brick Lane to make some nice soup for you.

13 Extra Have you ever …? (Pres. perf./Simple past) ▶ *p. 17 • GF 1c (p. 143)*

Underline the correct verb form: present perfect or simple past

Robert   (Have you ever visited/Did you ever visit) the British Museum?

Asif   Oh, yes. (I've been/I went) there three times. It's really cool.

Robert   When (did you go/have you gone) there the last time?

Asif   We (went/have gone) on a school trip with our teacher two years ago.

Robert   London is so big. (Have you ever got lost[1]/Did you ever get lost)?

Asif   Oh, yes. (I've got lost/I got lost) in the British Museum on our school trip.

The teacher (didn't see/hasn't seen) the mummies[2] because he (had to/has had to) look

1413   for me! He (hasn't been/wasn't) very happy!

[1] get lost *sich verlaufen*   [2] mummy ['mʌmi] *Mumie*

14 Extra **Uncle Dave's trips** (Present perfect/Simple past) ▶ *p. 17* • *GF 1c (p. 143)*

Say what Uncle Dave has done and when he did it. Use the verbs in brackets in the present perfect or simple past.

1 He _has travelled_ (travel) to America. He _went_ (go) there in 2004.

2 He _____ (see) a wild tiger. He _____ (see) it in India in 2003.

3 He _____ (ride) on a camel. He _____ (do) that in Africa in 1999.

4 He _____ (eat) a snake. He _____ (eat) it in Hong Kong in 1997.

5 He _____ (visit) Australia. He _____ (go) there in 2002.

6 He _____ (write) a book about his trips. He _____ (write) it last year.

Just for fun

1 What did you learn in school today?

2 We learnt how to write.

3 Good. And what did you write?

4 I don't know, because we haven't learnt how to read yet.

1514

15 WORDS London words ▶ *p. 17*

Write the London words correctly. Then choose two of them and write three sentences about each.

| ashTem | nnoodL yeE | bueT | kirBc neaL |

the _____ the _____ the _____ _____

1 _____

_____

_____

2 _____

_____

Now you

Which two famous places in London would you like to visit? Write at least five sentences in your exercise book*.

*Auf den Seiten 75–79 in deinem Workbook hast du auch Platz zum Schreiben.

16 WORDS Word building ▶ *p. 17*

a) Which parts go together? Find and write the pairs. One word or two words?

post	return	bus	card	air	under	sound
ground	Travel	ticket	file	card	stop	port

One word: <u>postcard,</u>

Two words: <u>return ticket,</u>

b) Now complete with words from a).

1 We're visiting London today. We need one-day _____ s.

2 How much is a _____ to Richmond, please?

3 There are lots of people at the _____ . The bus will be full.

17 SPEAKING   Asking for and giving information ▶ *p. 17*

Tick (✔) the best answer to the questions.

1 Excuse me, please. How do we get to the Tower?

☐ It will take you about half an hour.

☐ Can I help you?

☐ Take a number 15 bus or the Tube to Tower Hill.

2 How can I help you, please?

☐ You're welcome.

☐ Two return tickets to Bath, please. Adults.

☐ Thank you.

3 How much are tickets for kids under 16, please?

☐ It's very expensive, I think.

☐ 7 pounds 50, that's 15 pounds for two, please.

☐ Down this street till you come to the Eye.

4 Where's the nearest Tube station, please?

☐ Can I help you?

☐ Straight on, then first left.

☐ Listen to the announcement.

1617

18 WORDS   What am I?

1 My first is in	bag	but not in	bad	.	*G*
2 My second is in	hear	but not in	ear	.	___
3 My third is in	men	but not in	man	.	___
4 My fourth is in	ran	but not in	can	.	___
5 My fifth is in	king	but not in	ring	.	___
6 My sixth is in	said	but not in	sad	.	___
7 And my last is in	nose	but not in	close	.	___

When you're in London you can't miss[1] me. What famous building must I be?

▶ Answer: The *G* ___ ___ ___ ___ ___ ___

[1] miss [mɪs] *verpassen, übersehen*

19 Extra **Background File** **LONDON** ▶ pp. 18–19

a) Read pp. 18–19 in your student's book again. Then match the pictures to the 7 steps.

A

B

C

D

E

F

G

Step 1 [B] Step 2 [ ] Step 3 [ ] Step 4 [ ] Step 5 [ ] Step 6 [ ] Step 7 [ ]

b) Right or wrong? Tick (✓) the correct letter and write it down in c).

	Right	Wrong
1 The rush hour in London is before 9.30.	L	P
2 You can find cool second-hand clothes at some of the London markets.	E	I
3 You can buy cheap tickets for musicals at a ticket place in Trafalgar Square.	C	I
4 You can only use your Travelcards before 9.30.	N	C
5 You can use your Travelcard on the Docklands Light Railway too.	E	A
6 At the Natural History Museum you can see lots of famous old pictures.	D	S
7 There are lots of homeless people on the streets of London.	T	I
8 You can see huge dinosaurs at the British Museum.	L	E
9 You can find Nelson's Column in Trafalgar Square.	R	L

c) If all your answers are correct, you have written the name of another famous square in London.

The name is __ __ __ __ __ __ __ __ __ Square.

d) Now complete the text with these words:

area • culture • half-price • on a budget • second-hand

In London there's lots to do, even for kids _on a budget_ . You can get _____ tickets for a

musical on the same day. You can buy cool _____ clothes at the markets.

And if you have time for a bit of _____ , the best museums are free.

You can use your Travelcard to see the Dockland _____ east of Tower Bridge.

And remember, if you need ideas for a London project, tourist information is free too.

20 WORKING WITH THE TEXT Only a game ▶ *pp. 26–28*

a) *Read pp. 26–28 of your student's book again. Who said what?*
Tick (✔) the correct box.

1	Do you want to play a virtual reality game?	✔	☐
2	But maybe it's dangerous.	☐	☐
3	We can choose a virtual world.	☐	☐
4	This is too realistic for me.	☐	☐
5	We came to see the fire.	☐	☐
6	Let's try a different game. Take off your helmet.	☐	☐
7	This was your idea. Do something!	☐	☐
8	It's only a game.	☐	☐
9	We didn't start the fire. We haven't done anything!	☐	☐
10	What are they going to do?	☐	☐

b) *Match the parts to make true sentences.*

1 When Robert and Asif arrived at the Trocadero, — he didn't really want to play the game.

2 Robert didn't know how virtual reality games worked, — Robert could see his hand in the game.

3 When Robert read the sign 'Danger. Experimental game. Play at your own risk', — they had a good view of the city.

4 When Asif said 'Push the button', — so Asif explained it to him.

5 The streets of London were very dirty, — they went to Funland.

6 When they were near the Tower of London, — so the boys had to walk carefully.

7 The boys felt scared — nothing happened.

8 When the boys took off their helmets, — because the game got too realistic.

9 They tried to find the plug — because they wanted to stop the game.

c) *What do you learn from the text about the 'Great Fire of London'? When was it? What happened? Write three sentences.*

_____

_____

1 Transport: What is it?

1 a _____

2 _____

3 _____

4 _____

5 _____

6 _____

1901

2 [Extra] Have you ever …?

Underline the correct verb form. Present perfect or simple past?

Asif   (Have you ever eaten/Did you ever eat) anything strange[1]?

Robert   You mean like real English food? Sure. I (ate/have eaten) fish and chips last week. Joke! Sorry! (Did you try/Have you tried) our food?

Asif   You mean hamburgers and chips? Joke! Sorry! Has Canada got a national dish?

Robert   Well, they eat yellow pea soup in the French part of Canada. (I've eaten/I ate) that lots of times.

Asif   Sounds good. I love soup. When (did you have/have you had) it the last time?

1902 Robert   We (have had/had) it on my grandpa's birthday in Quebec[2] last December.

3 Write food words.

> beef • lamb • mushrooms • onions •
> peas • pork • turkey • vegetables

1 _____

2 _____

3 _____

4 _____

5 _____

6 _____

7 _____

8 _____

1903

> 20 points

◉ Now you

Imagine you were in London with your family for a day. Say what you did, where you went, what you saw, what you ate, what you liked best. You can use the information in your student's book. Write six sentences or more in your exercise book.

1904
1905

Last year we went to England on holiday and we were in London for a day. It's a fantastic city!
First we …

[1] strange [streɪndʒ] *seltsam*   [2] Quebec [kwɪ bek] *Stadt in Kanada*

Unit 2 Island girl

1 All about Hoy ▶ pp. 30–31

a) Look at pp. 30–31 of your student's book again. Are the sentences right or wrong? Find and write the correct letter ▶.

		Right	Wrong
1	The Orkney Islands are in the North Sea.	K ✓	L
2	Hoy is larger than the Mainland.	I	A
3	The Old Man of Hoy is the oldest man on the island.	I	T
4	In the green fields of Hoy you can see lots of sheep and cows.	R	S
5	You can travel to Hoy by plane.	H	I
6	You can see lots of fish farms on the coast.	N	A
7	Kirkwall is on the island of Hoy.	E	A

If your answers are correct, you have written the name of somebody who lives on Hoy.

▶ The person is   *K*   .

b) Write these 'Orkney words' correctly.

ldinass	krsco	hfsi mfras
islands	_____	_____
phese	yrfre	lio irsg
_____	_____	_____

c) Look at the photos of Hoy on pp. 30–31 of your student's book. Choose one photo (1, 2 or 7) and describe it in a paragraph. Use **on the right/left, in the foreground/background/middle, at the top/bottom.** *Read your description to the class. The class must guess the photo.*

Photo _____

_____

_____

_____

_____

_____

_____

2 World field: Town and country ▸ pp. 30–31, p. 38/P1, p. 157

a) Complete the words.

Town and city words	
poli___e sta___ion	a _i_ rpo _r_ t
tr_____fic	sports cent_____
b _u_ sy	cathedr___l
car pa_____	d___rty
t___eatre	tr___m

Country words	
f_____lds	qu_____
for___st	cle___n
v___lley	h___lly
vi_____age	m_____ntains
_c_ anal	co___st

b) Write the two lists in alphabetical order.

Town words: *airport, busy,*

 Country words: *canal,*

2102

3 WORDS All about ... electronic media ▸ p. 32

Find and write the computer and mobile phone words.

m	o	b	i	l	e	d	m	t
e	g	m	n	o	u	o	c	e
s	c	j	t	g	c	w	l	x
s	s	e	e	o	h	n	d	t
a	s	u	r	f	a	l	w	k
g	r	i	n	g	t	o	n	e
e	l	s	e	n	d	a	s	h
g	p	v	t	v	i	d	e	o
p	e	-	m	a	i	l	h	r

▶
mobile

▼
message

Now you

What can you do with a computer? What can you do with a mobile? Read p. 32 of your student's book again. Then write two paragraphs in your exercise book, one about computers and one about mobiles.

A computer can help you a lot. You can ...
2103 *With a mobile you can keep in touch with your family and friends. You can ...*

4 WRITING COURSE Part 2: An e-mail to a friend ▶ p. 32, p. 39/P4 • SF (p. 140)

○ **a)** *Here's an e-mail from Katrina to Latisha. Put the parts in the correct order. Write the numbers 1–4 in the boxes.*

> Well, first Morag showed me the city sights. Edinburgh Castle is the best.
> It stands on a hill. We did the tour and I took some really cool photos.

☐

> Must stop now and do my French homework – yuck! I hope you like the photos.
> Write back soon and tell me what is happening in exciting Manchester!
> Love, Kat

☐

> Hi Tish!
> Guess where I was last weekend! I went to visit my favourite cousin in Edinburgh. It
> was her birthday. Edinburgh is a great city, so I'll tell you all about it.

☐

> At lunchtime we went to Morag's favourite café. Then we went shopping on the Royal
> Mile. Great shops! I found a brilliant shop for musical instruments too, saxophones –
> and fiddles, of course.
> We went into a big CD shop and chose Morag's birthday present together – a cool CD
> of her favourite band. We had lots of fun and it was a great day.

☐

b) *How do you write an interesting e-mail? Find and write an example of these things in Katrina's e-mail.*

1 Make your opening sentence interesting.

   Guess where I was last weekend! _____

2 At the beginning say what your e-mail is about.

   _____

3 Start a new paragraph for each new idea (*two sentences*).

   a _____

   b _____

4 Finish with something personal.

   _____

◉ **c)** *Write an e-mail to a friend about a visit to another town, city or village.*
Use Katrina's e-mail as an example. Write at least four paragraphs (60–70 words) in your exercise book.

5 Text messages ▸ p. 33

What do these text messages mean? Write full sentences.

1 C u l8r   *See you later.*

2 R u ok?   _____

3 U r gr8   _____

4 C u 2nite   _____

Fun fact

In December 2006 for the first time there were more mobiles in Germany than people!

Message:
C u 2nite

6 REVISION What do you think they will do? (will-future) ▸ p. 33 • GF 2 (p. 144)

What do you think your best friend will do next weekend? Write a sentence with will and a sentence with won't. You can start with I think ..., Maybe ..., I'm sure ...

1 | get up late — *I think he/she will get up late.*

get up early — *I'm sure he/she won't get up early.*

2 | stay at home all the time — _____

go out with friends — _____

3 | clean his/her room — _____

watch TV or DVDs — _____

4 | do his/her homework — _____

2306   stay in bed all day — _____

7 WORDS Which words go together? ▸ p. 33

a) *Write the words in the correct lists.*

tricks   a mistake

angry   a mess   photos   comparisons   shopping

your homework   dressed   an exercise   a cake   a poster   to bed

your best   on holiday   sport   ready   for a walk   home

your bed   by bike   a project   notes

do   *tricks,* _____

make   *a mistake,* _____

get   _____

take   _____

go   _____

2307 **b)** *In your exercise book, write five sentences, one each with do, make, get, take and go.*

8 WORDS Make the opposite with un- (Word building) ▶ p. 33

a) *Complete the chart.*

able	–	unable	friendly	–	_____
clear	–	_____	interesting	–	_____
cool	–	_____	safe	–	_____
fair	–	_____	true	–	_____

b) *Now choose 'un-' words from a) to complete the sentences.*

1 'Is it _____ to go by ferry in a storm, Katrina?'

2 It's _____ to be _____ to your classmates or to bully them.

2408 3 There are lots of stories about ghosts in Scottish castles, but most of them are _____.

9 SPEAKING Telephone messages ▶ p. 33

You are visiting your cousin Mike in England. Suddenly the phone rings, but there's nobody at home. You take the call, then you write a message.

a) *Put the boxes in the right order. Then write the phone call in your exercise book.*

Well, can you tell him there's a party tonight at the sports club at seven. And can you ask him to call me back, please? He's got my number. You can come to the party too, if you want. [ ]

Oh. This is … (your name) … speaking, Mike's cousin from Germany. I'm sorry, but Mike isn't here just now. [ ]

Yes, of course. [ ]

Hello, this is Paul speaking. Can I speak to Mike, please? [1]

Oh, well, can you give him a message, please? [ ]

Thanks, great. I'd like that. I'll write Mike a message. [ ]

OK. Thanks. See you! [ ]

Paul: *Hello, this is Paul speaking. Can I …*
You: …

b) *Now write the message for Mike.*

From: … _____

For: … _____

Message: _____

_____

2409

10 REVISION If she doesn't get up soon, ... (Cond. sentences type 1) ▶ p. 34 • GF 3a (p. 144)

It's Monday morning. Katrina has to get up, but she's still tired. What will happen if she doesn't get up soon?
Complete the sentences with she'll .../she won't ...

1	*not get up soon*	–	*leave home too late*
2	leave home too late	–	not catch the ferry
3	not catch the ferry	–	not catch the school bus
4	not catch the school bus	–	be too late for lessons on Monday
5	take the next ferry	–	not get to school until 4 pm

1 If she doesn't get up soon, *she'll leave home too late.* _____

2 If she leaves home too late, *she won't* _____ .

3 If she doesn't catch the ferry, _____ .

4 If she doesn't catch the school bus, _____ .

2510 5 If she takes the next ferry, _____ !

Now you

Write what will happen if you go to bed very late tonight. Write three new
sentences or more in your exercise book.
If I go to bed very late tonight, I'll be tired tomorrow.

> **Fun fact**
> Scotland has 787 islands,
> but people live on only 120
> of them.

11 WORDS Verbs and nouns (Word building) ▶ p. 34

a) *Verb forms and noun forms are sometimes the same: (to) phone, a phone.*
Sometimes they are different: (to) laugh, the laughter. Complete the chart.

VERB: (to) ...	NOUN: the ...	VERB: (to) ...	NOUN: the ...
answer	*answer*	live	_____
arrive	arrival	mix	_____
build	_____	rehearse	_____
call	_____	_____	report
describe	_____	smell	_____
_____	flight	_____	sound
_____	invitation	swim	_____

b) *Now complete the sentences with words from the chart.*

1 Would you like to *live* _____ on a small island? Can you imagine _____ there?

2 When does the next ferry from Lyness _____ in Houton? – Departure 14.05, _____ in
Houton 15.00.

2511 3 You can _____ in the sea if you live on an island – if you're a good _____ .

12 LISTENING   If we went to an island, ...   ▶ p. 35 🎧 4

a) *Mr and Mrs Preston and the kids, Leo and Marie, are*
talking about their next family holiday.
Listen carefully and match the sentence parts.

> Well,
> where do we
> want to go this year?

If we went to an island,	it would be so boring!
If we stayed on an island,	we would have a really healthy holiday.
And what would we do	if we went somewhere exciting.
If we went to Majorca,	you kids would be able to practise your French.
If we went to France,	if it rained?
We would be able to do a great project for school	we'd make lots of new friends.
If we went to Scotland,	you would be able to do a project about the Loch Ness Monster.

b) *Listen again. Who says what? Choose from a) and write one sentence for each person.*

Mrs Preston   *If we went to an island, we would have a really healthy holiday.*
_____

Mr Preston   _____

Leo   _____
_____

Marie   _____

13 REVISION   She didn't do that last weekend   (Simple past: negative statements)   ▶ p. 35

Last weekend Katrina didn't use her computer or mobile phone just for fun, because she had to do a lot of other things. What didn't she do? Complete the sentences.

1   She wrote an essay on her computer, but she __*didn't play*__ (play) computer games.

2   She did her homework on the computer, but she _____ (surf) the internet.

3   She sent a few instant messages, but she _____ (send) text messages on her mobile.

4   She listened to music, but she _____ (watch) videos on her computer.

5   She downloaded some information for school, but she _____ (download) any music.

6   She took some photos at the ceilidh, but she _____ (take) them with her mobile.

14 If I lived like Robinson Crusoe,... (Conditional sentences type 2) ▸ p. 35 • GF 3b (p. 144)

a) *What do you think Leo is thinking?*
Look at the pictures and finish the sentences.

1 **play football with the monkeys**

If I lived like Robinson Crusoe, *I would play*

football with the monkeys.

1

2 **build a boat**   3 **catch fish**   4 **sleep in a treehouse**   5 **go swimming with the dolphins[1]**

2 If I lived like Robinson Crusoe, I would _____ .

3 If I had nothing to eat, I _____ .

4 If I was afraid of the wild animals, _____ .

5 If I had nothing to do, _____ .

b) *If Leo lived like Robinson Crusoe, what **wouldn't** he do? Complete the sentences with the correct forms of the verbs in brackets.*

1 If Leo _____lived_____ (live) like Robinson Crusoe, he _____wouldn't go_____ (go) to school.

2 If he _____didn't go_____ (go) to school, he _____ (do) homework.

3 If he _____ (do) homework, he _____ (learn) enough.

4 If he _____ (learn) enough, he _____ (get) a job.

2714 5 But he _____ (need) a job if he _____ (live) like Robinson Crusoe!

15 **Extra** What would you do if ...? (Conditional sentences type 2) ▸ p. 35 • GF 3b (p. 144)

Imagine these situations. What would you or others probably do? Complete the sentences with ideas from the box or with your own ideas.

> tell my parents • tell our teacher • go to bed earlier • buy a bigger flat/house • feel happy • feel scared •
> get up and look round • go on a nice holiday • read more books

1 If I found fifty euros on the street, I *'d tell my parents/feel happy.* _____

2 If my mum or dad won lots of money, they' _____ .

3 If we didn't have a TV, I _____ .

4 If there was a bully in our class, we _____ .

2715 5 If I heard noises in the night, I _____ .

[1] dolphin ['dɒlfɪn] *Delfin*

● **Now you**

If you lived in Florida, how would your life be different? What would you do? What wouldn't you do? Write a few sentences.

If I lived in Florida, my life would be different. I would go swimming in the sea or in a swimming pool every

day. If I _____

_____

_____

16 STUDY SKILLS   Using a German-English dictionary ▶ *p. 35* • *SF (p. 131)*

You write this e-mail to Katrina. Use a German-English dictionary to find the English words.
For phrases, find the key word. Mark the correct answer and write it down.

Hi Katrina!

I hope this mail will (1 dich aufmuntern) and make you feel better.

The Beauties are (2 bloß) jealous[1]. You play the fiddle in the

school band – they can only play CDs! So they (3 machen sich über dich

lustig) because it makes them feel good. They try to look like film stars.

They have problems – not *you*!

Take my (4 Rat), don't think about them. Tell your friends, your parents

or your teacher. Nobody likes bullies. Bullies don't have true friends.

But people like you have lots of friends!

Correct:

1 _____

2 _____

3 _____

4 *advice* _____

1 *aufmuntern*: _____

2 *bloß*: _____

3 *lustig*: _____

4 *Rat*: advice ; Ratschlag piece of advice; Versammlung council _____

[1]jealous [ˈdʒeləs] *neidisch, eifersüchtig*

17 **Extra** **Background File   SCOTLAND, a special place**   ▶ pp. 36–37

a) Choose the correct answer, A, B or C. You need the letters in brackets in b).

1   How many people live in Scotland?

| A   Fifty million. (G) | B   Five million .(P) | C   Fifteen million. (I) |

2   Ben Nevis is the name of …

| A   a Scottish musician. (B) | B   a Scottish actor. (A) | C   a mountain. (G) |

3   'Gaelic' is …

| A   a national dish. (T) | B   a language. (P) | C   one of the Orkney Islands. (G) |

4   'Haggis' is …

| A   something to wear. (S) | B   something to play. (L) | C   something to eat. (E) |

5   A 'kilt' is a kind of …

| A   skirt.(B) | B   trousers. (D) | C   shirt. (E) |

6   The capital of Scotland is …

| A   Glasgow. (B) | B   Dundee. (E) | C   Edinburgh. (R) |

7   Sir Arthur Conan Doyle was a famous Scottish …

| A   actor. (S) | B   writer. (I) | C   footballer. (A) |

8   'Shortbread' is a kind of …

| A   cake. (G) | B   bread. (D) | C   biscuit. (A) |

b) Now write the letters next to your answers in the boxes. If your answers are correct, the letters make the name of a person who plays a Scottish musical instrument. Here are the question numbers:

5	8	2	3	7	1	4	6
					P		

*c) **Extra** Find out more about Sir Arthur Conan Doyle and write two paragraphs about him in your exercise book. Do you know the name of a famous Sherlock Holmes story? Have you read any of the stories?*

Sir Arthur Conan Doyle was born in Edinburgh in 1859 …

18 WORKING WITH THE TEXT   Orkney Star   ▶ *pp. 44–46*

a) Read pp. 44–46 in your student's book again. Who probably thought what? Match the bubbles to the people.

Mum

Fiona

Katrina

Sheena

Oh, no!
Not Fishface!

Poor
Katrina. Maybe
the silly Beauties
bully her.

I'll have to
drive carefully today.
It's dark and the rain is
terrible.

I'm not ready
and I'm nervous. I hope I
won't say anything stupid.

⬤ *b)* When did the people in a) probably think these things? Complete the sentences with **when**... or **just before**...

1 Fiona probably thought this *when she heard the head teacher's announcement about Katrina.*

2 Katrina probably thought this *just before*   .

3 Katrina's mum probably thought this _____ .

4 Sheena probably thought this _____ .

⬤ *c)* [Extra] *Imagine you are Katrina. Complete this e-mail to Latisha and tell her what happened.*

Hi Tish!

You'll never guess what happened to me this week!

There was some good news on Monday – Scottish TV

I thought it was a mistake. But at break

_____

First, I met the film crew. I was nervous

Sheena, the director's assistant,

She thinks the Beauties

_____

Love, Katrina

1 Town and country: What is it?

1 c_____         4 a_____y street

2 r_____         5 c_____

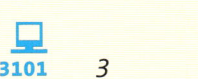 3 _____ l   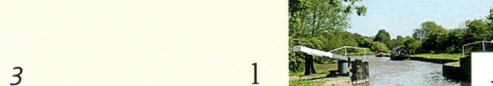      6 o_____

3101

2 If I had more pocket money, ...

Find the correct verb forms and complete the conditional sentences.

> got • wanted • had • would spend •
> worked • would have to • would save •
> would find

Leo   My friends get more pocket money than me.

If I _____ (have) more ...

Marie   ... you _____ (spend) more on silly things.

Leo   That isn't true. If I _____ (get) five pounds more, I _____ (save)

it for a new MP3 player.

Marie   If I _____ (want) more money, I _____ (find) a Saturday job.

Leo   No, not a good idea. If I _____ (work) on Saturdays,

3102   I _____ (have to) get up before lunchtime.

3 Computers and mobiles

Complete with 'electronic media' words.

Leo likes to (1) _____ to his friends on his computer after school. It's cheaper than phone calls.

He likes to (2) _____ the internet too. It's more fun than homework.

Marie likes to send (3) _____ messages to her friends on her mobile. She thinks it's more fun

than (4) _____ messages on the computer. She has a cool (5) _____ on her mobile,

a picture of her cat, Tabby. And guess what her (6) _____ is – Tabby too!

3103   When her phone rings on the bus, everybody looks for a cat!

20 points

● Now you

If you went on holiday to Scotland, what would you like to see or do? Write two paragraphs (60–80 words) in your exercise book. Remember to structure your text and use topic sentences.
Ideas: Orkney Islands, Old Man of Hoy, coast, ceilidh, Loch Ness Monster

3104
3105   I think Scotland must be a nice place for a holiday. If we went there, I'd like to visit the Orkney Islands. I'd
like to see Hoy and take the ferry to the Mainland. If I took the ferry ...

Here are some exercises that will help you with your practice test 1.

1 WORDS A day in the country (Prepositions) ▶ *pp. 48–49*

Underline the correct preposition.

For my art teacher I had to paint a picture (of /from) a country scene.

There were only a few clouds (in/on) the sky, so (on/at) Sunday we walked to the old farmhouse (by/in) the river. Mum said, 'You can walk (up/to) the hill and paint your scene from there, Jimmy.'

(At/On) the top of the hill there was a good view (of/from) the area. I painted my picture. (On/At) the right I painted the farmhouse, with a horse (on/in) the yard. (Between/Round) the farmhouse and the river there were some cows (in/on) a field. There was a village (on/at) the left and hills (in/at) the background. I was proud (of/for) my picture. Fantastic!

But then it started to rain – (on/over) my picture too. Oh, no! It looked awful. I was afraid (of/for) what Mr Wilson, my art teacher, would say …

(On/At) Monday afternoon (in/at) the art lesson Mr Wilson said, 'This is a very modern water colour, Jimmy. Well done!'

2 What are they doing? (Present progressive) ▶ *pp. 48–49*

Describe what the people in the picture are doing. Complete the sentences with the present progressive of a verb from the box.

| *fly* • have • read • sit • swim • take |

1 A little boy *is flying* _____ a kite.

2 Two girls _____ comics.

3 A man _____ photos of the birds.

4 Two boys _____ in the lake.

5 Four people _____ a picnic.

6 A girl with dark hair _____ in the sun.

3 Yesterday (Simple past) ▸ pp. 48–49 • Irregular verbs (pp. 214–215)

Match the forms, then use three simple past forms in a short sentence each. Begin with **Yesterday** ...

Infinitive:	go	buy	lose	find	make	see
Simple past:	bought	went	made	lost	saw	found

Yesterday I went to town. Yesterday _____

_____

_____

4 Spelling (Same sound, different words) ▸ pp. 48–49

The words sound the same but the meaning is different. Complete with the correct word.

1   road, rode

He _rode_ his bike up the _____ to school.

2   knows, nose

Everybody _____ Charlie,

the clown with the big red _____ .

3   who's, whose

Do you know _____ book this is?

Do you know _____ coming to the party tomorrow?

4   write, right

I can _____ the answers, but

are they the _____ answers?

5   through, threw

I _____ the ball to my friend, but

it went _____ a neighbour's window.

5 WRITING   Making better sentences ▸ pp. 48–49

The text below is boring. Write it again and add words and phrases from the orange box to make it more interesting.

> after a few minutes • terrible • loudly • on the lake • really • *so* • soon • awful • strong • suddenly • then • under the trees • very • *yesterday*

> *... it was a hot day ...* I went to the park lake. / I sat down ... and ... I was asleep. / I had a ... dream / I was in a boat .../ It was dark and ... quiet. /... I found out that the boat wasn't OK. /... it was full of water. / I felt ... scared. / ... I heard a ... noise. / Somebody shouted my name ... / I felt a ... hand on my arm. 'Here you are, asleep!' said Dad.

Yesterday it was a hot day, so I _____

_____

_____

_____

Jetzt kann ich ... | Sehr gut! | OK | Verbessern!

HÖREN: Ich kann ...

... eine längere Geschichte verstehen, auch wenn mir einige Wörter nicht bekannt sind. ☐ ☐ ☐

... aus Listening-Übungen Details richtig entnehmen. ☐ ☐ ☐

... den schottischen Akzent sowie ein paar schottische Wörter (z.B. *wee, ceilidh*) erkennen. ☐ ☐ ☐

... die Wörter der Units 1 und 2 verstehen. ☐ ☐ ☐

SPRECHEN: Ich kann ...

... meine Meinung im Englischunterricht frei äußern, auch wenn ich Fehler mache. ☐ ☐ ☐

... nach dem Weg fragen und anderen den Weg erklären. ☐ ☐ ☐

... über elektronische Medien sprechen. ☐ ☐ ☐

... die Laute [*now:* aʊ] und [*no:* əʊ] voneinander unterscheiden und richtig aussprechen. ☐ ☐ ☐

... ein kurzes Telefonat auf Englisch führen und eine Nachricht entgegennehmen. ☐ ☐ ☐

... die Wörter der Units 1 und 2 richtig aussprechen und anwenden. ☐ ☐ ☐

LESEN: Ich kann ...

... die längeren Texte und Dialoge der Units 1 und 2 lesen und verstehen. ☐ ☐ ☐

... die längeren Texte und Dialoge der Units 1 und 2 ohne Probleme laut lesen. ☐ ☐ ☐

... Texte über Themen des Alltags lesen und verstehen, auch wenn mir einige Wörter nicht bekannt sind. ☐ ☐ ☐

SCHREIBEN: Ich kann ...

... kurze Texte (Postkarte, E-Mail) frei schreiben. ☐ ☐ ☐

... einen kurzen Text über London oder die schottischen Inseln schreiben. ☐ ☐ ☐

... einfache Fragen zu Texten der Units 1 und 2 schriftlich beantworten. ☐ ☐ ☐

... meine Texte besser gestalten, indem ich sie in Absätze unterteile. Für jede neue Idee fange ich einen neuen Absatz an. ☐ ☐ ☐

LAND UND LEUTE: Ich ...

... kenne die Namen einiger berühmter Sehenswürdigkeiten in London (z.B. *Buckingham Palace, the London Eye, the Gherkin, St Paul's Cathedral*). ☐ ☐ ☐

... könnte mich im Londoner *Tube*-Netz zurechtfinden. Mehrere Namen der *Tube stations* und *lines* sind mir geläufig (z.B. *Queensway, Waterloo, Bond Street, Central line*). ☐ ☐ ☐

... weiß, dass in London unterschiedliche ethnische Gruppen leben. ☐ ☐ ☐

... habe einiges über Schottland, die schottischen Inseln und über die schottische Sprache gelernt. ☐ ☐ ☐

Jetzt kann ich ...

	Sehr gut!	OK	Verbessern!

GRAMMATIKVERSTÄNDNIS: Ich kann ...

... das Futur mit *will* für Vorhersagen und Vermutungen richtig verwenden (z.B. *We'll be late for the ferry / I think the ferry will be late today*). _____ ☐ ☐ ☐

... mit einem *conditional sentence* (*type* 2) ausdrücken, was unter bestimmten Bedingungen geschehen wäre oder nicht. Dazu benutze ich im *if*-Satz das *simple past* und im Hauptsatz *would/could* + Infinitiv (z.B. *If I lived in London, I would have an exciting life*). _____ ☐ ☐ ☐

... das *simple past* und *present perfect* richtig verwenden:
Mit dem *simple past* drücke ich aus, was ich oder andere zu einem bestimmten Zeitpunkt in der Vergangenheit gemacht haben (z.B. *Last Saturday I saw the new Keanu Reeves film*).
Mit dem *present perfect* drücke ich aus, was ich oder andere irgendwann in der Vergangenheit gemacht haben (z.B. *I've seen the new Keanu Reeves film*). ☐ ☐ ☐

VOKABELVERSTÄNDNIS: Ich kann ...

... 'Transport'-Wörter (z.B. *Tube, ferry, line, bus stop*) richtig verwenden. _____ ☐ ☐ ☐

... Wörter für Lebensmittel (z.B. *turkey, pork, mushroom*) richtig verwenden. _____ ☐ ☐ ☐

... Wörter für Stadt und Land (z.B. *car park, rock, hilly*) richtig verwenden. _____ ☐ ☐ ☐

... Wörter für elektronische Medien (z.B. *download, ringtone*) richtig verwenden. ☐ ☐ ☐

SKILLS – LERNEN UND ARBEITEN: Ich kann ...

... in einem deutsch-englischen Wörterbuch unter mehreren Bedeutungen die passende finden. _____ ☐ ☐ ☐

... Informationen sinngemäß auf Englisch und auf Deutsch weitergeben, wenn jemand die jeweilige Sprache nicht sprechen kann (z.B. wie man ein Handy benutzt). Im Englischen nennt man dies *mediation*. ☐ ☐ ☐

WAS ICH FÜR MEIN ENGLISCHLERNEN GETAN HABE: Ich habe ...

	häufig	manchmal	nie

... im Englischunterricht gut aufgepasst und aktiv mitgearbeitet. _____ ☐ ☐ ☐

... ausprobiert, mit welchen Lern- und Arbeitstechniken ich am besten lernen und arbeiten kann. _____ ☐ ☐ ☐

... die Aufgaben im Grammar File und Skills File in meinem Buch bearbeitet. ☐ ☐ ☐

WIE ICH MICH VERBESSERN KÖNNTE: Ich könnte ...

... Vokabel- und Grammatikkenntnisse regelmäßig auffrischen. _____ ☐

... ein deutsch-englisches Wörterbuch häufiger verwenden. _____ ☐

... ausgewählte Workbook-Übungen der Bände 1 und 2 noch einmal bearbeiten. ☐

... Texte auf meiner CD laut mitlesen, um meine Aussprache und Betonung zu verbessern. _____ ☐

... englische DVDs anschauen. _____ ☐

... Liedertexte aus dem Internet aufschreiben und mitsingen. _____ ☐

Unit 3 Sport and more

1 My room ▶ pp. 52–53

a) *Look carefully at pp. 52–53 of your student's book again. Then read the two descriptions of the room. Which one is correct, A or B? Complete the sentence under the texts* ▶ *.*

A

I love my room. It isn't always tidy, but it's fun. I like bright colours like yellow and blue. But my favourite colour is red – Manchester United's colour.
I've got some cool posters on my walls – a Music Festival poster, the United team, of course, and one of a fantastic Caribbean beach. I can dream about it on cold winter days.
My bed is in a corner and my desk is next to it. My desk is usually full of school stuff, and my bed and chair are usually full of clothes. I've got my football and my steel drum near my bed – they're my two favourite things.
Do you like my room?

B

I have my own room. It's small but I like it. I've got most of my school stuff and my steel drum there.
I've got some cool posters on the walls, and the timetable of training sessions for our team. We're in the semi-final! You can easily see that I play football because I've usually got my football and my football shoes next to my bed – together with my steel drum. And my posters are great, aren't they?
I've got a big wardrobe in my room, but my bed is often full of clothes. My bed and desk are old, but the blue lamp on my desk is new. Do you like my room?

▶ The correct description of the room is _____ .

I know this because _____

_____ .

b) *Draw a picture of your room. You can find help on p. 60 of your student´s book.*

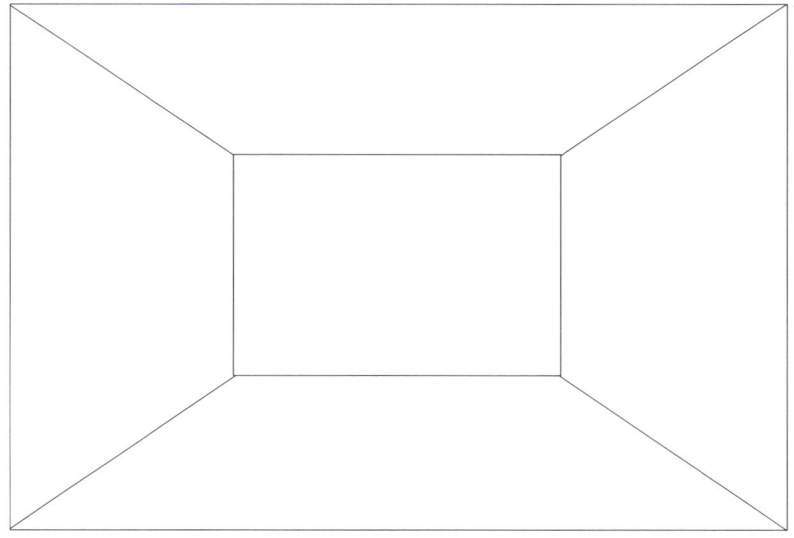

Just for fun

Boy   Dad, I don't need a new bike for Christmas.
Dad   Why not?
Boy   I found one behind the wardrobe in your room.

c) *Describe what you see when you open the door of your (your sister's/your brother's/your best friend's) room. Say where your (his/her) things are (the right/left, near the bed, under, behind, next to, between). Describe the colours (walls, lamp, chair, desk, etc.). Which things show what you (he/she) like(s) to do – hobbies or sports? Write two or three paragraphs (70 words or more) in your exercise book.*

When you open the door of my room, you see ...

○ **2 A profile** ▸ *p. 53*

Write a profile of your brother/sister/best friend. Before you start, look at the profile on p. 53 of your student's book again.

PROFILE	Name: _____

Age: _____

Sex: _____

Location: _____

About him/her

Hobbies: _____

Sports: _____

Favourites

Sports team: _____

Sports star: _____

Film star: _____

Kind of music: _____

Pop group: _____

Pop singer: _____

3 PRONUNCIATION   Different stress in English and German words ▸ *p. 54* 🎧 5

a) Mark the stress on the German words. Then listen to the English words and mark the stress.

1 accent	–	Akzent	5 national	–	national
2 discussion	–	Diskussion	6 parliament	–	Parlament
3 information	–	Information	7 realistic	–	realistisch
4 moment	–	Moment	8 transport	–	Transport

3703 *b) There's one word with the same stress in German and English. Find it and draw a ☺ next to it.*

4 Who's who? (Relative clauses) ▶ p. 54 • GF 4 (p. 145)

1	2	3
4	5	6

- visited Asif in London
- *plays the fiddle*
- lives in Manchester
- wanted to be in the Scottish TV film
- loves to play video games
- is staying with the Byrds

Write sentences with the girl who ... or the boy who ...

1 Katrina *is the girl who plays the fiddle.*

2 Robert _____ .

3 Latisha _____ .

4 Philipp _____ .

5 Asif _____ .

3804 6 Fiona _____ .

5 Latisha's guest (Relative clauses) ▶ p. 54 • GF 4 (p. 145)

Complete the text with who for people or that for things.

Philipp is an exchange student __who__ is visiting the Byrds. At the moment he's enjoying the chicken dish __that__ Latisha's mum has made. It's a dish _____ comes from Trinidad. Her grandmother always made it.

Philipp wants to know more about the people _____ came from Trinidad. Mrs Byrd tells him stories about her grandparents _____ left their home to come to England many years ago. She tells him that life wasn't easy for them in a country _____ was cold and unfriendly.

Latisha hasn't got much time for Philipp, but her mum says she must find time for a guest _____ has come a long way. There's some homework _____ Latisha has to do, so she hasn't got much time today, but she'll do something with Philipp on Saturday. In Manchester there are

3805
3806 lots of places _____ will be interesting for Philipp.

Fun fact
The elephant is the only animal that can't jump.

6 Words that go together ▶ p. 55

Choose from: do • have • keep • make • ride • take

1 You __ride__ a bike, a horse, a camel.

2 You _____ fit, in touch, sth. warm.

3 You _____ notes, a bus, photos.

4 You _____ your bed, a mess, a cake.

5 You _____ homework, tricks, a gig.

6 You _____ a shower, a sore throat, a cold.

3807

7 STUDY SKILLS   Paraphrasing   ▶ p. 55 • SF (p. 138)

a) *How does Latisha explain words to Philipp? Use* **the same as** *… or* **the opposite of** *… Choose answers from.*

| angry | arrival | horrible | must | mild | large |

1 What's the meaning of 'cross'?   –   Well, it's *the same as 'angry'.*

2 I don't understand 'departure'.   –   It's *the opposite of* _____ .

3 What's the meaning of 'spicy'?   –   It's _____ .

4 And what's 'terrible'?   –   _____

5 And 'huge'?   –   _____

6 And what's the meaning of 'needn't'?   –   _____

b) *What's wrong? Write correct sentences to explain the words. Read all the sentences before you start.*

1 A **butcher** is somebody who stays at your home to learn your language.
2 A **stadium** is a place where you can watch ships.
3 An **exchange student** is somebody who sells meat.
4 A **quay** is a place where hundreds of fans can watch football matches.

1 A butcher is _____ .

2 A stadium is _____ .

3 An exchange student is _____ .

3907 4 A quay is _____ .

8 Word field: Sports   ▶ p. 56, p. 63/P8, p. 160

a) *Complete the words. Then match the words and the pictures.*

s *a d d* le   swim_____   t____ks   helm__   _____et   b_t   p_ds

b) *When do you need the things in a)? Write sentences and name the sports.*

1 You need *a saddle for riding.*   4 You need _____ .

2 You need _____ .   5 You need _____ .

3908 3 You need _____ .   6 You need _____ .

Now you

What's your favourite sport? Why do you like it best? Are you in a sports team or club? Do you watch sport on TV? Which sports don't you like? Say why. Write two paragraphs (60–80 words) in your exercise book.

My favourite sport is ... I like it best because ... I don't like ... because I think it's boring.

9 WORDS   All about ... activities   ▶ *p. 56*

a) *Write the missing word, then write the letter. You need the letters for part b).*

1 Old Trafford is a famous *stadium*.   (7)   *m*

2 *Latisha*: I scored a _____ .   (3)   _____

3 You play football and hockey on a _____ .   (3)   _____

4 How many goals did Latisha _____ against Stoke?   (2)   _____

5 Their _____ trains the team once a week.   (5)   _____

6 Philipp plays _____ tennis at the youth club.   (5)   _____

7 When you play in a team, you have to be fit and _____ .   (1)   _____

b) *Now write down the correct letters. What's the new word? It's something that Philipp doesn't like about sport.*

4009   ▶   The word is: *m* _____

10 Extra REVISION   A training session (Present perfect/Simple past)   ▶ *p. 57* • GF 1c (p. 143)

Meet Nick. Nick and his friends play in their school football team. Circle the correct verb form in brackets.

Nick   How do you think we'll play in the match next week?
All our classmates and fans will be there.
We have to win.

Tony   Well, Max (didn't train / hasn't trained) enough.

He (hasn't trained / didn't train) **last week**.

Nick   When (has he broken / did he break[1]) his leg?

Tony   That (was / has been) about **six months ago**, in the match against St. Wilfred's.

Luke   Well, Max isn't so good at the moment. And what about Andy? He (hasn't scored /

didn't score) in the **last match**. And Pete

(didn't play / hasn't played) very well in the

match against Parkway **last month**.

We (lost / have lost) 2 goals to 4, remember?

Nick   Well, I (trained / have trained) a lot. I'm really fit.

So I hope I'll score a few goals.

Tony   Nick, that's exactly what Max (said / has said) in the training session **six months ago** before

he (has broken / broke) his leg!

Info box

In England, three kings and Queen Elizabeth I banned[2] football because it was very noisy. There were as many as 21 players on each side and they usually left the game with broken legs!

[1] break, broke, broken [breɪk] *brechen*   [2] ban [bæn] *verbieten*

11 WRITING COURSE Part 3: A report (Collecting and organizing ideas)   ► p. 57, p. 64/P10 • SF (p. 141)

a) *What is important when you write a report on a match or another event? Tick (✓) the correct boxes.*

- give quick information ☐
- give answers to the questions: ☐
  Who? What? Where? When? Why? How?
- give lots of details ☐
- give important information first ☐
- give your personal thoughts ☐

b) *A young reporter is writing a short report about Nick's school football match for the local newspaper. How can you make the report better? What would you put in the report?* Mark the sentences blue. *What can the reporter leave out?* Mark the sentences red.

Rosehill Park School played against St. Joseph's School in Bridgeford last Saturday. It was cold for the time of the year. It was the schools' football cup final. The match started ten minutes late. Both teams made a good start. At half-time the score was 0–1 for St. Joseph's. It rained a bit in the break. In an exciting second half Nick Scott scored two goals for Rosehill Park, the second goal in the eighty-ninth minute. St. Joseph's goalkeeper had a bad cold. St. Joseph's were tired and made mistakes. One of their players argued with the goalkeeper. The final score was 2–1 for Rosehill, who were the stronger team. So the schools' cup this year went to Rosehill Park. Nick Scott's mum is going to buy him a new football.

c) *Find information that answers the questions. Make notes.*

Who? Rosehill Park against St. Joseph's _____

What? _____   Where? _____   When? _____

How? _____

d) *Now write the final report with the important information.*

Rosehill Park School played against St. Joseph's School in Bridgeford last Saturday. _____

_____

_____

_____

_____

_____

_____

_____

_____

_____

12 LISTENING   An interview   ▶ p. 57 🎧 6

Meet Nicola and her brother Calvin. They both play great tennis, but not just for fun. They want to be top juniors. First, listen to the interview. Then, read the questions and listen again. Underline the correct answers.

1	How old is Nicola?	(<u>14</u>/15)
2	How old is Calvin?	(15/16)
3	When did Nicola start to play tennis?	(when she was 8/8 years ago)
4	When did Calvin start to play tennis?	(when he was 8/ at the same time as Nicola)
5	How often do they train?	(every day/Monday to Saturday)
6	What do they do on Sundays?	(they watch TV all day/they do homework)
7	Who do they train with?	(with their father/with their coach)
8	Who already has four junior titles?	(Nicola/Calvin)
9	Where is Calvin going to play next weekend?	(Brighton/Bournemouth/London)
10	How many junior titles has Calvin got at the moment?	(3/4)
11	What does Nicola want to be if she doesn't play tennis?	(a doctor/ a sports teacher)
12	What does Calvin want to be?	(a tennis coach/an engineer)

13 REVISION   A quick quiz   ▶ p. 57

Read the questions and write the question words in the puzzle. Can you complete it in one minute?

1 W h o   ... is going to watch the match?

2 ____   ... does it start?

3 ____   ... programme is it on? BBC 1?

4 ____   ... are they playing? Wembley?

5 ____   ... favourite team is United? Yours?

6 ____   ... will happen if they lose?

7 ____   ... many goals do you think they'll score?

8 ____   ... don't we all watch the match together?

4112

14 WORDS   Find the words   ▸ p. 57

Find seven words and use them in the sentences.

pro	semi-	appe	fe	half-	lo	or	goal
time	final	cation	ganize	file	keeper	tite	male

1 This is a ___profile___ of Latisha's exchange student. He sounds nice.

2 What's the opposite of 'male' in English? – '_____'.

3 It says here '_____'. What must I write? – The place where you live.

4 Which teachers _____ the exchange for the students?

5 Latisha's exchange student has got a good _____ .

6 The player who stands in the goal is called the '_____'.

7 Latisha's match was very important. It was the _____ .

8 What was the score at _____ ? – I don't know. Ask Latisha.

15 Extra Background File Greater Manchester Youth Games   ▸ pp. 58–59

a) *Look at pp. 58–59 of your student's book. Which sports can you see? Tick (✓) the correct answers.*

cycling	✓	netball	☐	judo	☐	cricket	☐	climbing	☐
riding	☐	jazz dance	☐	skiing	☐	athletics	☐	tag rugby	☐

b) *Which sports go with play, do and go? Write the sports in a) in the lists. Add other sports too if you want.*

Let's play ___netball,_____

Let's do ___judo,_____

Let's go ___cycling,_____

c) *Guess the sport.*

1 You can play it on a pitch or on ice. It's a team game.   _____

2 The ball for this team game looks like a big egg.   _____

3 It's like tennis, but you don't play with a ball.   _____

4 A very English game. Lots of people think it's boring.   _____

5 You run, jump, throw and do other activities.   _____

d) *If you lived in Manchester, would you train for the Greater Manchester Youth Games? Which sport would you do? Write a short paragraph (20–30 words) in your exercise book.*

I would/wouldn't train …

16 WORKING WITH THE TEXT   Who needs legs?   ▸ *p. 66*

a) Read p. 66 of your student's book (again). Then write questions about Nathan.

1 Where *was Nathan born?* _____   – In a village in Wales.

2 When _____ ? – On 11th April 1988.

3 When did he _____ ? – In 1993.

4 What did _____ ? – He learned to ride.

5 What _____ ? – He got some riding boots and a riding hat.

6 Who came _____ ? – Some cousins and friends.

7 Where _____ ? – They went to the new railway line.

8 What _____ ? – He tried to jump onto a train.

b) Now read p. 100 of your student's book (again). Scan the text and put these events in the correct order:

1 He started to play sledge hockey. ☐

2 He won three gold medals at the Junior British Championships. ☐

3 He played hockey for Great Britain. ☐

4 Nathan played football at school. 1

5 He represented Wales at the Commonwealth Games in Melbourne. ☐

6 He started to do athletics in summer. ☐

7 He wants to be in the next Paralympics. ☐

c) Put the words from the story in the puzzle and find the word down ▸.

1 A kind of doctor is a ...   1

2 Running, jumping and throwing are part of ...   2

3 You can sit on this and ride down a slope with snow.   3

4 If you're in a wheelchair, you are ...   4

5 If you're hurt, you go to hospital in this.   5

6 Nathan wants to ... his country in the Paralympics.   6

▶ Nathan has won lots of these: _____ .

1 Write the names.

1 g _____
1

2 _____
2

3 _____
4501
3

4 4 _____

5 5 _____

6 6 _____

Can you...?

2 Complete with who, that or where.

1 Nick is the boy _____ scored two goals in the schools' cup final.

2 A pitch is a place _____ you play football or hockey.

3 Hockey is a game _____ you play in a team.

4502
4 Philipp is the exchange student _____ is staying with the Byrds.

3 Paraphrasing

Explain the words in English. Use who, that or where and choose from the box.

stops the ball in front of the goal • a person or a team gets if they win the final • fans can watch football matches

1 Fußballstadion: It's a place _____ .

2 Torwart: It's the player _____ .

4503
3 Pokal: It's a cup _____ .

4 Complete the text with 'sports' words.

Rosehill Park _____ St. Joseph's in the schools' football cup _____ in Bridgeford last Saturday.

At _____ the _____ was 0–1 for St. Joseph's. Both _____ played better after the

break, but St. Joseph's made mistakes. Nick Scott _____ his second _____ just before the
4504
end of the match.

20 points

Now you

Choose and compare your favourite sport with a sport that you don't like. Say why you like or don't like the sport. Write two paragraphs (60 words or more) in your exercise book. Remember to structure your text.
Ideas: fast, exciting, interesting, slow, boring, famous players, expensive, can watch it on TV, can play it with
4505
friends, etc.
4506
I like most kinds of sport, but I think ... is my favourite. / I don't like ... very much because ...

Unit 4 Growing up in Canada

1 All about Canada ▸ pp. 68–69

a) Look at the pictures on pp. 68–69 of your student's book again. Match the five captions to five of the pictures A–H. Write the letters in the boxes.

1 From place to place in the snow. ☐ D

2 A Canadian weekend in the country. ☐

3 If you want to be safe, you must read the signs and be careful. ☐

4 French is an important language in Canada too. ☐

5 Sleepovers are lots of fun. ☐

b) Complete with the missing words from the boxes. Write them correctly.

| 8 g h n a t u o | 2 b n i a c | 4 n u t h | 6 i s k | 1 n m a c p i g |

| 3 o t o h s | 9 e o p l s r v e e s | 5 h f s i | 7 w g s n i n o e o s h |

In summer young people in Canada like to go (1) __camping__ . Some families like to spend weekends

at a (2) _____ in the country, often near a lake. Sometimes parents teach their kids to

(3) _____ , (4) _____ and (5) _____ . In winter people like to (6) _____

or go (7) _____ . After school young people often (8) _____ with friends.

At weekends young teenagers love to have (9) _____ .

c) Now answer the questions.

1 Which activities do lots of Canadians do in their free time?

Canadians like to go __hunting,__ _____

_____ .

Info box

Canada has almost[1] 2 million lakes and 42 national parks. Almost half of Canada is forest!

2 Which city isn't in Canada: Ottawa, Wellington, Toronto?

_____

3 Which city is the capital of Canada: Toronto, Ottawa, Montréal?

_____

4 Canadian kids love sleepovers. What do kids do at a sleepover?

At a sleepover kids _____

_____ .

[1] almost ['ɔːlməʊst] *fast*

2 WORDS   All about ... adults and teenagers ▶ p. 70

a) *Complete the sentences with words from the boxes.*

| argue | bills | grounded | hang out | old-fashioned | strict |

1 Teenagers and parents often *argue.*

2 Teenagers love to _____ and do nothing.

3 Teenagers don't like to wear _____ clothes.

4 Parents say their phone _____ are big because their kids talk to their friends for hours.

5 Teenagers are often _____ – and they hate it when they can't go out.

4702 6 Teenagers often think their parents are too _____ .

b) *Read and match.*

Parents say ...

1 Please turn your music down! It's just a terrible noise!

2 Yellow hair? No way!

3 You spend too much money on clothes.

4 You must do better in school tests.

5 You talk on the phone for hours – every day!

6 If you go to bed late, you'll be tired at school.

7 You're grounded for a week.

Teenagers say ...

But all my friends colour their hair.

But I have to talk to my friends.

But rap music has to be loud.

But I just can't sleep at nine in the evening!

But I don't want to look old-fashioned.

But I do my best. The tests are hard.

But I have to go out with my friends.

c) *What do teenagers often like to do? What don't they like to do? Write sentences with the words in the box.*

| be grounded • chat • go shopping • hang out • modern • old-fashioned • piercings • sleepovers |

Teenagers often like to _____

_____

4703 _____

Now you

What about you? Which things do you like to do? Which things don't you like to do? Write two paragraphs (60 words or more) Ideas: hang out in town, have sleepovers, play loud music, colour your hair, stay out late, watch TV till late

3 What is Robert allowed to do? (have to and be allowed to) ▶ p. 70, p. 162 • GF 5 (p. 146)

Here are Robert's answers to some questions about teenagers and parents. Write sentences about Robert with have to *and* be allowed to.

Are you allowed to do these things?	YES	NO	SOMETIMES
1 Are you allowed to stay up till 12 o'clock?			✓
2 Are you allowed to colour your hair?		✓	
3 Are you allowed to have sleepovers?	✓		
4 Are you allowed to stay out late?		✓	
Do you have to do these things?			
5 Do you have to help in the kitchen?			✓
6 Do you have to turn your music down?	✓		
7 Do you have to go to bed before 12 o'clock?	✓		

1   Robert is sometimes allowed to stay up till 12 o'clock.

2   He isn't allowed to

3   He's

4

5   He sometimes has to help in the kitchen.

6

4803   7

Now you

Are you allowed to do these things? Write Y *(yes) or* N *(no) and write six sentences in your exercise book:*
I'm allowed to … / I'm not allowed to …

• have a Saturday job? ____   • have sleepovers? ____   • watch TV every day? ____

• stay up late at the weekend? ____   • play loud music late at night? ____   • do homework with friends? ____

4 Don't cut yourself! (Reflexive pronouns) ▶ p. 71, p. 163 • GF 6 (p. 147)

Choose and complete:

bought himself	blame yourself	hurt herself	enjoyed ourselves

1   Last week Emily fell off her bike and hurt herself.

2   *Sam:* Emily, the accident wasn't your fault. Don't _____ .

3   Sam doesn't like their school dress code. He has _____ some baggy jeans.

4804   4   *Jordan:* Robert's last gig was great. We all _____ .

5 The Feely family (Reflexive pronouns) ▸ p. 71, p. 163 • GF 6 (p. 147)

Mr and Mrs Feely have gone on a short holiday, so the Feely kids and Grandpa have to look after themselves.
Complete the sentences with:

myself • yourself • itself • *ourselves* • yourselves • themselves

1

This week we have to cook

for *ourselves* , Grandpa.

2

But I can't cook for

_____ !

3

Maybe you can make

_____ some sandwiches.

4

Mo and Jo can look after

_____ .

5

Even the cat can look after

_____ !

6

Stay cool, Grandpa! When Mum

and Dad left, they said 'Enjoy

_____ !' Remember?

6 [Extra] REVISION Robert's chat with Asif (Pres. perf./Simple past) ▸ p. 71 • GF 1c (p. 143)

Robert and Asif are chatting on the computer. Underline the correct verb form in brackets.

Asif	Hi Robert! I need your help. I (have just done/just did) a school project about Canada's animals. Now I need some cool photos of bears. I hope that you (took/have taken) some. (Have you ever seen/Did you ever see) a wild grizzly bear[1]?
Robert	I (haven't met/didn't meet) a wild one yet – luckily. But my dad (saw/has seen) a wild grizzly. Last year on a walking trip he suddenly (has seen/saw) this huge grizzly, not 30 metres away!
Asif	And (has your dad taken/did your dad take) a photo?
Robert	Is that a joke? He (has felt/felt) so scared that he couldn't move. But luckily for dad the bear (hasn't been/wasn't) very interested in him.
Asif	Wow! Your dad was really lucky. Maybe the bear (has had/had) stomach problems on that day!

[1] grizzly bear ['grɪzlɪ beə] *Grislibär*

7 WRITING COURSE Part 4: Telling a story (The steps of writing)   ► p. 72, p. 78/P7 • SF (p. 140)

a) Match the 'rules' on the right with the three steps of writing:

1 Before you write	Use lots of adjectives (*new, black*).
	Check your story for mistakes.
2 Writing	Brainstorm your ideas.
	Give your story a beginning, a middle and an end.
3 Revising	Use time phrases (*after that, before breakfast*).
	Use linking words (*but, so, because*).

b) Now tell the story of Robert and Sam in the shopping centre. Before you write, brainstorm your ideas in a chart (in your exercise book). For the beginning of the story you can use these ideas or your own:

	Who?	What?	Where?	When?	Why?
BEGINNING	*Sam and Robert*	*go shopping*	*shopping centre*	*on a Saturday afternoon*	*look at computers and sports things*

On a Saturday afternoon in summer Sam and Robert wanted to go shopping. They went to the shopping centre to look at computers and new sports things.

For the middle of the story add the words in brackets to the sentences.

1 The boys looked at computer games. (*First, new*)

2 Sam watched a man in a jacket and baggy jeans. (*black*)

3 The man put a game under his jacket. (*Suddenly*)

4 The man put an MP3 player in his pocket. (*Then, too*)

5 The man saw the store detective. He ran to the door. (*When, behind him*)

6 The detective followed the man. The man was faster. (*but*)

7 Sam had an idea. (*Suddenly, brilliant*)

1 First the boys looked at new computer games.

2 _____

3 _____

The man was a thief! Sam told Robert.

4 _____

Next, the boys followed the man to the sports things.

5 _____

_____

6 _____

7 _____

c) Now write the end of the story in your exercise book and think of a good title for the story. You can use the words in the box. Don't forget to check for mistakes.

Sam – take a skateboard–shelf • push it in front of man • man – fall over the skateboard onto the floor • store detective – catch man • call police • – Sam and Robert – great detectives

8 He's doing a gig on Friday (Present progressive with future meaning) ▶ p. 72 • GF 7 (p. 148)

What are Robert and his friends doing next weekend? Use the present progressive and the words in the box:

> buy presents for Ashley • *do a gig* • drive back to Toronto • drive out to the cabin •
> go to Wonderland • have a party

3 Robert

1 Robert

2 Ashley

4 Jessica and Emily

6 The Smiths

5 Jessica and Emily

1 On Friday evening ___Robert is doing a gig___ at the youth centre.

2 On Saturday evening _____ .

3 On Saturday morning _____ with his parents.

4 On Saturday afternoon Jessica and Emily _____ .

5 On Sunday Jessica and Emily _____ with Jessica's sisters.

5108 6 On Sunday evening the Smiths _____ .

9 [Extra] Blue box: each other – themselves ▶ p. 73, p. 164

Look at the pictures. Complete the sentences with each other or themselves.

| 1 | 2 | 3 |

They're talking to ___each other___ .   They've hurt _____ .   They like _____ .

| 4 | 5 | 6 |

5109 They've hurt _____ .   They like _____ .   They're talking to _____ .

10 LISTENING   The CN Tower   ▶ p. 73 🎧 7

Robert's cousin Emma from Vancouver is staying in Toronto. The Smiths are going to take her up the CN Tower. Robert and his dad are telling her about it. Before you start, read the 12 statements. Then listen carefully and tick (✓) the correct box.

		Right	Wrong	Don't know
1	More than 2 million tourists visit the Tower every year.	☐	☐	☐
2	The Tower is 535 metres high.	☐	☐	☐
3	There are ten elevators.	☐	☐	☐
4	The elevators don't go if it's raining.	☐	☐	☐
5	There are 1,176 stairs to the top.	☐	☐	☐
6	People can climb the stairs twice a year to collect money for charity.	☐	☐	☐
7	The fastest climb was in 1989 – in 8 minutes.	☐	☐	☐
8	Two men once carried[1] a fridge and a dishwasher to the top.	☐	☐	☐
9	In 1981 a man climbed up the stairs 17 times in one day.	☐	☐	☐
10	There's the famous Glass Floor, 342 metres up.	☐	☐	☐
11	The Glass Floor can hold 14 large elephants!	☐	☐	☐
12	Emma doesn't want to look through the Glass Floor.	☐	☐	☐

11 WORDS   Puzzle   ▶ p. 73

Complete the puzzle and find the word down ▶.

1 The opposite of 'tight' is …

2 Ashley thinks her parents are too …

3 Is there a dress … at your school?

4 At Robert's school there are … about clothes, hair and jewellery.

5 Are people allowed to … bears in Canada?

6 The opposite of 'old-fashioned' is …

7 Are you allowed to wear … at your school?

8 You put this on first when you get dressed.

5211

▶ If you aren't allowed to go out, you are *g*_____ .

[1] carry ['kæri] *tragen*

12 [Extra] **Background File** **CANADA** ▶ *pp. 74–75*

a) *What do you know about Canada? Circle the correct answer, A, B or C. If you are not sure, look at pp. 74–75 of your student's book again.*

1 The first Europeans in Canada were …

| A the Romans. (F) | B (the Vikings. (O)) | C the French. (N) |

2 Canada's third biggest city is …

| A Ottawa. (E) | B Toronto. (O) | C Montréal. (A) |

3 Canada has an Aboriginal population of about …

| A 4.4 %. (R) | B 4.5 %. (O) | C 5.4 %. (T) |

4 Who took Canada from the French in 1763?

| A The Germans. (T) | B The British. (E) | C The Americans. (B) |

5 'Nunavut' means …

| A 'Happy land'. (B) | B 'New land'. (A) | C 'Our land'. (S) |

6 Where is Toronto?

| A In Québec. (A) | B In British Columbia. (L) | C In Ontario. (C) |

7 The Inuits founded Nunavut …

| A in 1763. (L) | B in 1999. (S) | C in the 16th century. (T) |

8 Canada's national winter sport is …

| A ice hockey. (L) | B skiing. (S) | C snowshoeing. (D) |

b) *Now write the letters in brackets next to your answers in the boxes. If your answers are correct, the letters make the name of another Canadian sport. Here are the question numbers:*

▼

8	2	6	3	1	5	7	4
			O				

c) *What have you learned from the information on pp. 74–75? Tell a friend two interesting facts about each of these topics:*   *1 Canadian Aboriginals*   *2 National sports*

1 _____

_____

_____

2 _____

_____

_____

13 WORKING WITH THE TEXT   Two newspaper articles   ▶ *p. 81*

a) *Read the articles on p. 81 of your student's book again. Look for these words in the articles and write them correctly.*

| t e o r s f | *forest* |
| f n e i k | _____ |

| t v m c i i | _____ |
| t t k a c a | _____ |

| p a c s e e | _____ |
| t t l s a e | _____ |

b) *Is the information right or wrong? Write R for 'right' or W for 'wrong' in the boxes.*

Article 1

1 A bear attacked a man and his dog. `R`

2 The attack happened in August. ☐

3 The man was canoeing on a lake. ☐

4 The man was from Waterloo, Ontario. ☐

5 The attack happened at Missinaibi Lake. ☐

6 The dog's name was Tom. ☐

7 The dog was quiet when he saw the bear. ☐

8 The dog helped the man. ☐

Article 2

1 A man and woman were in the mountains. `W`

2 The attack happened in September. ☐

3 The woman was 55 years old. ☐

4 The time of the attack was Sunday morning. ☐

5 The woman was a doctor. ☐

6 The woman was camping with her husband. ☐

7 The man's name was Sam Bennett. ☐

8 The man couldn't save his wife. ☐

c) *Now correct the wrong statements from b).*

Article 1

_____

_____

_____

_____

_____

_____

Article 2

1 *A man and a woman were at a lake.*

_____

_____

_____

_____

_____

Info box

Black bears can live 21–33 years. They can run as fast as horses and can smell maybe 100 times better than people. Black bears aren't always black. They can be black, brown, blond and sometimes even white!

1 Name the activities.

5501 1 _____ 2 _____ 3 _____ 4 _____ 5 _____

2 Complete with:

| doesn't have to | has to | is allowed to | isn't allowed to |

Robert is ill. He _____ go out today.

He _____ stay in bed, but he _____ watch

5502 TV and he _____ do homework.

3 Underline the correct word.

1 Robert and his friends always enjoy (them/themselves) at parties.

2 At Ashley's party Jordan cut (him/himself) on a broken glass[1].

5504 3 Last Saturday Jessica bought (herself/her) some tight jeans to wear at the party.

4 Complete the words.

1 Sam isn't allowed to colour his hair. He thinks his parents are o_____ .

2 Jordan's parents can be s_____ too. He did badly in a test, so he was g_____ .

3 At school there are r_____ too, about clothes, hair and j_____ .

4 Sam thinks that the d_____ is too strict.

5 Emily says that some people wear stupid things and that they can only b_____ themselves if teachers are strict.

5505 6 On Friday at his gig at the youth centre Robert jumped onto the little s_____ .

| 20 points |

● Now you

5506 *What have you learned about Canada and the Canadian people? Write three or more paragraphs (70 words or more) in your exercise book. Remember to structure your text.*
5507 *Ideas: activities, teenagers, school rules, sport, cities, music*

[1] broken glass *zerbrochenes Glas*

Here are some exercises that will help you with your practice test 2.

1 STUDY SKILLS Understanding new words ▶ pp. 84–85 • SF (p. 128)

a) Guess what these new words mean in German. Think of English words that you already know.

1 art gallery – Kunstgalerie _____

2 childhood – _____

3 dance floor – _____

4 darkness – _____

5 safety – _____

6 surprising – _____

b) Now check your answers in an English-German dictionary.

2 Spelling (German and English words) ▶ pp. 84–85

Write the English word.

🇩🇪	🇬🇧		🇩🇪	🇬🇧
1 Titel	– title _____		*5* Adresse	– _____
2 Kalender	– _____		*6* Diskussion	– _____
3 Theater	– _____		*7* Telefon	– _____
4 Temperatur	– _____		*8* Programm	– _____

3 WRITING The 5 Ws and how ▶ pp. 84–85 • SF (p. 141)

a) Read a part of Robert's e-mail to Asif. First, mark the sentence parts that give answers to the '5 Ws' and 'how':
who, what, when, where, why, how

I must tell you about our last big trip. We went to Vancouver on the west coast. It's a long way from Toronto, so we can't go there often. I've only been there twice. The last time was in August, in the school holidays. It's too far to drive there, so we – my parents, me and my grandma from Toronto – went by plane. Grandma was more excited than I was!

We went to visit family – and to enjoy the city, of course. My Uncle Joe, Aunt Stacey and two cousins live near Vancouver. We saw all the sights – Stanley Park and the Aquarium ...

b) Now write down the information.

1 Who? _____

2 What? our last big trip _____

3 When? _____

4 Where? _____

5 Why? _____

6 How? _____

4 Robert and his friends (Word order) ▶ pp. 84–85

Complete the sentences with the words in the boxes in the right place.

1 Robert often goes …

| on Friday evenings | to the youth centre |

<u>Robert often goes to the youth centre on Friday evenings.</u>

2 Ashley is having …

| on Saturday | a party |

_____

3 When Robert plays loud music, …

| gets | his mom | angry |

_____

4 Sam isn't allowed …

| his hair | to colour |

_____

5 Robert and his parents often drive …

| for the weekend | to their cabin |

_____

6 Jordan is grounded because …

| in a test | did badly | he |

_____

5 Latisha and Philipp (Present perfect / Simple past) ▶ pp. 84–85 • GF 1 (p. 143)

a) Extra *Underline the correct verb form.*

1 Latisha (<u>has played</u>/played) for Manchester United U14s for two years.

They (have won/won) their last match.

2 Philipp knows that Latisha plays football, but he (hasn't seen/didn't see) her in a match yet.

3 On Philipp's first evening in Manchester, Latisha's mum (made/has made) a chicken dish.

4 Mrs Byrd's grandma (was/has been) from Trinidad.

5 Latisha (didn't show/hasn't shown) Philipp the sights in Manchester yet.

She'll go to town with him on Saturday.

b) *What did Latisha and Philipp do on Saturday? Use the simple past.*

1 Latisha <u>didn't have</u> (have) time for Philipp on the first evening, but on Saturday morning

she _____ (take) him to the Quays.

2 Philipp _____ (want) to see Old Trafford, but he _____ (go) to Latisha's match.

3 Latisha _____ (score) the final goal, Philipp _____ (be) very excited.

Jetzt kann ich ...

	Sehr gut!	OK	Verbessern!

HÖREN: Ich kann ...

... längere Texte und Geschichten verstehen, auch wenn ich einige Wörter nicht kenne. ☐ ☐ ☐

... aus Listening-Übungen Einzelheiten heraushören. ☐ ☐ ☐

... die Wörter der Units 3 und 4 verstehen. ☐ ☐ ☐

SPRECHEN: Ich kann ...

... mein Zimmer beschreiben. ☐ ☐ ☐

... meine Meinung im Unterricht zu Themen wie z.B. Probleme zwischen Jugendlichen und Eltern, Bekleidungsvorschriften in der Schule usw. frei äußern, auch wenn ich Fehler mache. ☐ ☐ ☐

... über Sportereignisse berichten (z.B. über ein Fußballspiel). ☐ ☐ ☐

... mich bei Tisch freundlich und interessiert auf Englisch unterhalten. ☐ ☐ ☐

... Wörter, die im Englischen und Deutschen ähnlich sind, richtig betonen (z.B. 'brilliant, 'programme). ☐ ☐ ☐

... die Wörter der Units 3 und 4 richtig aussprechen und anwenden. ☐ ☐ ☐

LESEN: Ich kann ...

... einen Bericht über ein Sportereignis (z.B. über ein Fußballspiel) lesen und verstehen. ☐ ☐ ☐

... die Texte und Dialoge der Units 3 und 4 lesen und verstehen. ☐ ☐ ☐

... die Texte und Dialoge der Units 3 und 4 ohne Probleme laut lesen. ☐ ☐ ☐

SCHREIBEN: Ich kann ...

... ein profile über einen Freund/eine Freundin schreiben. ☐ ☐ ☐

... einen kurzen Bericht über ein Sportereignis schreiben. Dabei beginne ich mit wichtigen Informationen und decke die 5'Ws' ab. ☐ ☐ ☐

... einen Text in beginning, middle und end einteilen. ☐ ☐ ☐

... meine Sätze mit linking words (and, because), time phrases (after that, before lunch) und adjectives (great, hungry) interessanter gestalten. ☐ ☐ ☐

... mithilfe von sprachlichen Mitteln eine Geschichte zu Ende schreiben. ☐ ☐ ☐

... einfache Fragen zu Texten der Units 3 und 4 schriftlich beantworten. ☐ ☐ ☐

... die Wörter der Units 3 und 4 richtig schreiben. ☐ ☐ ☐

LAND UND LEUTE: Ich ...

... weiß, dass Manchester eine wichtige Stadt für Sport und die Heimatstadt der wichtigen Fußballmannschaft Manchester United ist. ☐ ☐ ☐

... kenne die Namen einiger Sehenswürdigkeiten in Manchester (z.B. Old Trafford, The Quays). ☐ ☐ ☐

... habe einiges über Kanada gelernt. ☐ ☐ ☐

... habe einiges über den kanadischen Lebensstil gelernt (z.B. beliebte Sportarten, Freizeitaktivitäten kanadischer Jugendlicher). ☐ ☐ ☐

Jetzt kann ich ...

	Sehr gut!	OK	Verbessern!

GRAMMATIKVERSTÄNDNIS: Ich kann ...

... *relative pronouns* für Personen (*who*) und Sachen (*that*) richtig einsetzen. ☐ ☐ ☐

... mit dem *present progressive* über feste Pläne und Verabredungen in der Zukunft sprechen (z.B. *On Friday after school I'm meeting some friends in town*). ☐ ☐ ☐

... *reflexive pronouns* (*myself, yourself* usw.) richtig einsetzen (z.B. *The boy has hurt himself/We enjoyed ourselves at the party*). ☐ ☐

... die *modal substitutes* have to und *be allowed to* in der Gegenwart richtig verwenden (z.B. *I'm not allowed to go to the party/ I have to go to bed early*). ☐ ☐

VOKABELVERSTÄNDNIS: Ich kann ...

... Wörter für Sport und Sportausrüstung (z.B. *stadium, goalkeeper, saddle, racket*) richtig verwenden. ☐ ☐ ☐

... mehrere Wörter, die als Verb und Nomen dieselbe Form haben, richtig verwenden: z.B. *drive* = (Auto) fahren, (Auto-)Fahrt. ☐ ☐ ☐

... gebräuchliche Wendungen für Diskussionen (z.B. *I don't agree/That's a good point*) richtig verwenden. ☐ ☐ ☐

... Wörter für die Freizeitaktivitäten Jugendlicher (z.B. *have sleepovers, go camping, hang out*) richtig verwenden. ☐ ☐ ☐

SKILLS – LERNEN UND ARBEITEN: Ich kann ...

... mit *brainstorming* Ideen zu einem bestimmten Thema sammeln und ordnen, indem ich eine *mind map* oder eine Tabelle erstelle. ☐ ☐ ☐

... Wörter erklären, indem ich sie umschreibe. Dazu benutze ich z.B. einen Relativsatz oder die Wendungen *It's the opposite of ...*, *It's the same as ...* Im Englischen nennt man dies *paraphrasing*. ☐ ☐ ☐

	häufig	manchmal	nie

WAS ICH FÜR MEIN ENGLISCHLERNEN GETAN HABE: Ich habe ...

... die Angaben im Grammar File aufmerksam gelesen. ☐ ☐ ☐

... versucht, die Lern- und Arbeitstechniken im Skills File im Unterricht und bei den Hausaufgaben anzuwenden. ☐ ☐ ☐

... bereits gelernte Vokabeln und Grammatik häufig aufgefrischt. ☐ ☐ ☐

WIE ICH MICH VERBESSERN KÖNNTE: Ich könnte ...

... im Unterricht aktiver mitarbeiten. ☐

... ein zweisprachiges Wörterbuch häufiger verwenden. ☐

... häufiger im Writing Course in meinem Buch nachschlagen. ☐

... mir Texte auf meiner CD häufiger anhören. ☐

... eine englische Zeitschrift kaufen. ☐

... eine/n englische/n e-Mail-Freund/in suchen. ☐

Unit 5 A teen magazine

1 My teen magazine ▸ pp. 88–89

a) *Who and what do you need to produce a teen magazine? Write the words correctly. They are all in the plural.*

ssttira	hhoopptgarrse	lcserati

artists _____   _____   _____

ngrwdais	istrode	tsohpo

_____   _____   _____

b) *You can usually find these things in teen magazines. Complete the words with the missing letters.*

Articles about: fa _shio_ n , _____ ies,   m_____s,   sp_____,

mu_____,   qu_____s,   inte_____,   com_____,

ne_____about   st_____,   be_____y ti_____,   pr_____m p_____s

c) *What do you like most in teen magazines? Say why.*

When I read a teen magazine, I always look at _____

_____

2 WORDS Interests and hobbies ▸ p. 89

music • cinema • choir • DJ • football • money •
canoeing • steel drum • handball • magazines •
beauty • fashion • go riding • camping • fiddle

Complete the text with the words in the box.

Robert, Latisha, Katrina and Asif all like _music_ . Katrina plays the _____ and Latisha plays

the _____. Robert is a _____ at his local community hall and Asif is a

roadie for his brother's band. But they all have other hobbies and interests too. Robert often

goes _____ at the weekends. He likes to go _____ with his dad too. Latisha

loves _____ but she also plays _____ at school. Katrina lives near a farm

with lots of horses, so she often _____ on Sunday mornings. At school she sings in

the _____. Asif is interested in movies, so when he has enough _____, he likes to

go to the _____. Latisha buys teenage _____. She reads the _____ news

and _____ tips.

Now you

Do you like some of the things that Robert, Katrina, Latisha and Asif like? Write a paragraph (40 words or more) about your favourite hobbies and interests in your exercise book.

6002 *I like ...*

3 REVISION   Plans for next weekend (Present progressive)   ▶ p. 91 • GF 7 (p. 148)

What is Robert doing next weekend? Write sentences in the present progressive.

1 Fri: after school – go to the shopping centre with Sam

   On Friday after school he's going to the shopping centre with Sam.

2 Fri: evening – go to the youth centre

3 Sat: morning – buy some new CDs

4 Sat: evening – DJ at a friend's party

6103

4 MEDIATION   Information from the internet   ▶ p. 91 • SF (p. 137)

You find this information about Avril Lavigne on the internet. Use it to write a short profile about her in English. First, mark some important facts, then put them in the green box below.

… wurde am 27.9.1984 in Napanee nahe Ontario als mittleres Kind von 3 Geschwistern geboren. Mit 14 brachte sie sich das Gitarre- und Klavierspielen selbst bei. Mit 15 wurde sie von ihrem späteren Manager entdeckt. Mit 16 bekam Avril Lavigne ihren ersten Plattenvertrag in den USA. Sie brach die Schule ab, zog nach New York und kurz darauf nach Los Angeles. Das erste US Album 'Let Go' erschien 2002. Die anschließende Tournee war in vielen Ländern der Welt ausverkauft. 2004 erschien 'Under My Skin'. Auch dieses Album wurde ein weltweiter Erfolg. Im Juli 2006 heiratete sie den Sänger der Band 'Sum 41'. Von ihrem Album 'The Best Damn Thing' (2007) wurden in nur fünf Wochen weltweit 2,5 Millionen Exemplare verkauft.

Der Musikstil der talentierten Kanadierin liegt zwischen Pop und Punk. In ihrer Freizeit mag sie gern 'Skaten' und sie selbst bezeichnet ihren Stil gern als 'Skate Punk'. Wie man ihren Stil auch bezeichnet, sie gehört zu den erfolgreichsten Sängerinnen der Welt.

A profile of Avril Lavigne

Born: _27.9.1984_

Where: _____

Family: _____

Has lived in: _____

Kind of music: _____

Title of 1st album: _____

Other albums: _____

Married to: _____

5 WRITING COURSE Part 5: Correcting your work ▶ p. 91, p. 97/P7 • SF (p. 141)

a) *Look at the mistake in each sentence. What kind of mistake is it: spelling, verb or word order? Write the sentence correctly.*

Johnny Depp Superstar

1 When Johnny was seven years old, <u>moved the family</u> to Florida.

   When Johnny was seven years old, the family moved to Florida.

2 He left school when he <u>15 was</u>.

3 For a few years he <u>play</u> in different rock bands.

4 When he met Nicholas Cage in Los Angeles, his <u>carreer</u> as an actor started.

5 At first he had only small film <u>rolls</u>.

6 In 2003 he <u>makes</u> the film 'Pirates of the Caribbean'.

What's wrong?

word order

b) *Here's a text about Robbie Williams. Write it again and correct the mistakes.*

Robbie Williams

The <u>british</u> singer Robbie Williams was born in Newcastle-under-Lyme on 13th <u>february</u> 1974. For five years <u>was he</u> a singer in the band Take That. They <u>was</u> very popular. You could <u>hear on the radio their songs</u> every day. In 1995 Williams <u>leaved</u> the band and became a solo singer. He has sold more <u>then</u> 50 million albums and 15 million singles too. But in North America he has not been so <u>poppular</u>. His best song 'Angels' only <u>goed</u> to number 41 in the charts.

6 WORDS Find the message ▶ p. 91

a) Label the pictures.

1	2	3	∠
t r u m p e t			

5	6	7	8

9	10	11

b) Find the letters in the green boxes, then write the message.

M _____

7 WORDS People or things? ▶ p. 91

Put the words into two groups: people or things

recorder • farmer • danger • leader • goalkeeper • actor • career • editor • sleepover • collector
waiter • cooker • caretaker • elevator • rubber • customer • quarter • photographer • mirror

People: *farmer,* _____

_____

_____

Things: *recorder,* _____

6307

_____

8 My book quiz ▸ *p. 91*

How well do you know your student's book?

a) *Underline the right answer. The letters after your answers will tell you if they are correct. Put the letters together.*

1   The famous bridge in London that opens for ships is called ...

| London Bridge. (W) | Tower Bridge. (R) | Westminster Bridge. (C) |

2   The names of the main Orkney Islands are Mainland, Flotta and ...

| Skye. (O) | Kirkwall. (R) | Hoy. (I) |

3   In London's Brick Lane there's a popular ...

| museum. (R) | football stadium. (O) | market. (G) |

4   The London Tube station Queensway is on the ...

| Circle Line. (G) | Central Line. (H) | Jubilee Line. (T) |

5   The capital of Canada is ...

| Ottawa. (T) | Toronto. (N) | Montréal. (E) |

b) *On which pages can you find these sentences? Write the page numbers in the boxes.*

1   It's a chicken dish that my grandma made.

2   If you were in my class, the 'Beauties' would be nice to you.

3   We have to meet Asif at the London Eye.

4   We're driving out to our cabin for the weekend.

Now add the page numbers together. If you get 175, your answers are correct.

c) *Write answers. Then write a letter from each answer.*

1   What's the name of Robert's friend who is having a party on Saturday?   _Ashley_   (2)   s

2   Which Caribbean island did Mrs Byrd's grandma come from?   _____   (3)   _

3   In which town does Katrina go to school?   _____   (7)   _

4   What's the name of the place where Asif likes to play video games?   (London)_____   (1)   _

5   Where did Asif's family live before they came to London?   _____   (10)   _

6   What name did the 'Beauties' call Katrina?   _____   (6)   _

7   Which Canadian singer sang the big hit 'Sk8er boi' ?   _____   (7)   _

▸ *Put the letters in the correct order to write the name of somebody in your book:* _____ .

Can you...?

1 Complete the words.

What do you need to p_____ a teen magazine? You need people who can write good

a_____ about popular topics. You need p_____ers for cool photos, ____t_____

6501 and an e_____ for each _____r , like sports, music, fashion, hobbies or m_____ .

2 Add reflexive pronouns (myself, etc.).

Teenagers usually love music, and they often teach _____ to play an instrument.

Robert taught _____ to DJ. Katrina would like to teach _____ the steel drum.

'And I'd like to teach _____ the fiddle,' says Latisha. 'If Asif and I visited Katrina, we could

6502 enjoy _____ at a real Scottish ceilidh.

3 What are they doing next Saturday?

1 Next Saturday Robert _____ at the youth centre.

6503 2 Next Saturday Katrina and her dad _____ at a ceilidh.

4 What's missing. Put the letters in the right order.

1 In teen magazines problem pages are always _____ . | u a l r o p p |

2 The American word for 'holiday' is _____ . | t v a c i a n o |

3 One of Johnny Depp's most famous _____ is Captain Jack Sparrow. | l s e o r |

4 Avril Lavigne's _____ as a singer started when she was only 16. | a e e r r c |

5 Write articles for our teen magazine! If they're good, we'll _____ them. | h p b i l s u |

6504 6 I like articles about fashion best, and articles about sports _____ . | a e l t s |

| 20 points |

⦿ Now you

If you were the editor of a teen magazine, what kind of sections, articles and photos would you put in? Say why. Write a paragraph (60 words or more) in your exercise book.

6505
6506 *Teenagers often read teen magazines because ... / I would put in ... because ...*

> ▸ Hier kannst du deine Antworten im Checkpoint überprüfen. Falls du Probleme mit den jeweiligen Aufgaben hattest, folge den Lernhilfen in der rechten Spalte. Die Verweise beziehen sich auf dein Schülerbuch.
> ▸ Deine Punktzahl kannst du ermitteln, indem du dir für jede richtige Lösung einen Punkt gibst. Schreib deine Gesamtpunktzahl in das gelbe Kästchen unten links.

1 Transport: What is it?

1 a *ferry*

2 *a tram*

3 *a gate*

4 *a lorry*

5 *a bus stop*

6 *an airport*

6 P.

▸ Schau dir im Skills File in deinem Buch den Punkt zu *Learning words* (S. 129) an.
▸ Lern die Wörter mithilfe des Vocabulary (*Word field: Transport*, S. 153) und der Übung 2 im Practice-Teil deines Buchs (S. 20).

2 Extra Have you ever …?

Asif	(<u>Have you ever eaten</u>/Did you ever eat)
Robert	(<u>ate</u>/have eaten)
	(Did you try/<u>Have you tried</u>)
Robert	(<u>I've eaten</u>/I ate)
Asif	(did you have/<u>have you had</u>)
Robert	(have had/<u>had</u>)

6 P.

▸ Lies dir Grammar File 1 zum *present perfect* und *simple past* durch (S. 143).
▸ Löse die Aufgaben 4a (S. 21), 8–9 (S. 23) und 11 (S. 24) im Practice-Teil.

3 Write food words.

1	*turkey*	2	*beef*
3	*lamb*	4	*mushrooms*
5	*onions*	6	*peas*
7	*pork*	8	*vegetables*

8 P.

▸ Lern die Wörter mithilfe des Vocabulary (S. 153 und *Word field: Food*, S. 154).
▸ Sieh dir die Übung 10a im Practice-Teil (S. 24) noch einmal an.

Now you (Ideas)

take a bus tour/see sights/go to Buckingham Palace/ take photos/buy sandwiches for lunch/great weather/ask the way/take the Tube/visit Tower of London/see Gherkin and St Paul's/eat at a Bangladeshi restaurant/go on the Eye/fantastic views of London/very tired/go to bed early/like best

▸ Um Ideen über London zu sammeln, kannst du dir die Unit 1 in deinem Buch noch einmal anschauen oder auch im Internet recherchieren.
▸ Schau im Skills File (S. 140) nach, wie du deine Ideen sammeln und ordnen und deine Sätze interessanter gestalten kannst.
▸ Die Übung 6 im Practice-Teil (S. 22) zeigt dir noch einmal, wie du deinen Schreibstil verbessern kannst.

Ich habe ☐ Punkte von 20.

20–18   Sehr gut. Weiter so!
17–14   Schon recht gut.
Unter 14 Genauer lernen!

Falls du Probleme hattest:

1 Town and country: What is it?

1 c**oast**
2 r**ocks**
3 **cana**l

4 a **bus**y _____ street
5 c**ar par**k
6 o**il rig**

6 P.

▸ Wie du Wörter besser lernen kannst und worauf du achten musst, erfährst du im Skills File auf der S. 129.
▸ Diese Wörter findest du im Vocabulary auf den S. 156 und 157 (*Word field: Town and country*).
▸ Schau dir auch die Aufgabe 1 im Practice-Teil (S. 38) noch einmal an.

2 If I had more pocket money, ...

Leo	**had**	
Marie	**would spend**	
Leo	**got**	**would save**
Marie	**wanted**	**would find**
Leo	**worked**	**would have to**

8 P.

▸ Im Grammar File 3 (S. 144) erfährst du, wie du Bedingungssätze (Typ 2) bildest.
▸ Wiederhole die Aufgaben 10 und 11a im Practice-Teil (S. 42).

3 Computers and mobiles

Leo likes to (1) **chat** to his friends on his computer after school. It's cheaper than phone calls.

He likes to (2) **surf** the internet too. It's more fun than homework.

Marie likes to send (3) **text** messages to her friends on her mobile. She thinks it's more fun than (4) **instant** messages on the computer.

She has a cool (5) **logo** on her mobile, a picture of her cat, Tabby. And guess what her (6) **ringtone** is – Tabby too!

6 P.

▸ Informationen über elektronische Medien bekommst du auf den S. 32 und 156 in deinem Buch.

Now you (Ideas)

go to Kirkwall/see Katrina's school/walk along the coast to see the Old Man of Hoy/take photos/see the oil rigs/go to a ceilidh/take photos of Loch Ness/look for Nessie/buy a book about Loch Ness and the Monster/stay the night at a Scottish castle

▸ Schau dir die Unit 2 in deinem Buch noch einmal an, um Informationen über Schottland zu sammeln.
▸ Wie du deinen Text gut strukturieren kannst, zeigt dir die Übung 4 im Practice-Teil (S. 39)
▸ Im Skills File (S. 140) erfährst du mehr zum Thema *using paragraphs*.

Ich habe _____ Punkte von 20.

20–18   Sehr gut. Weiter so!
17–14   Schon recht gut.
Unter 14 Genauer lernen!

1 Write the names.

1 g*oalkeeper*   4 *table tennis bat*

2 *running shoes*   5 *swimsuit*

3 *coach*   6 *sledge*

> 6 P.

2 Complete with who, that or where.

1 Nick is the boy *who* scored two goals in the schools' cup final.

2 A pitch is a place *where* you play football or hockey.

3 Hockey is a game *that* you play in a team.

4 Philipp is the exchange student *who* is staying with the Byrds.

> 4 P.

3 Paraphrasing

1 Fußballstadion:
It's a place *where fans can watch football matches*.

2 Torwart:
It's the player *who stops the ball in front of the goal*.

3 Pokal:
It's a cup *that a person or a team gets if they win the final*.

> 3 P.

4 Complete the text.

Rosehill Park *beat* St. Joseph's in the schools' football cup *final* in Bridgeford last Saturday. At *half-time* the *score* was 0–1 for St. Joseph's. Both *teams* played better after the break, but St. Joseph's made mistakes. Nick Scott *scored* his second *goal* just before the end of the match.

> 7 P.

Now you (Ideas)

football/fast, exciting/good team sport/can play it at school or in a park/not expensive/can watch it on TV/can be a fan of a football club/can play it against other schools/can play with one or more friends/ golf/boring, expensive, slow/better for older people than for young people/not a team sport/can't play it at school

Ich habe   Punkte von 20.
20–18   Sehr gut. Weiter so!   17–14   Schon recht gut.   Unter 14   Genauer lernen!

Falls du Probleme hattest:

▸ Schau dir im Skills File den Punkt zu *Learning words* (S. 129) noch einmal an.
▸ Lern die Wörter mithilfe des Vocabulary (*Word field: Sports*, S. 160, 161).
▸ Löse die Aufgabe 8 im Practice-Teil (S. 63).

▸ Im Grammar File 4 (S. 145) kannst du nachlesen, wie du Relativsätze bildest.
▸ Wiederhole die Aufgaben 3 und 4a im Practice-Teil (S. 61).

▸ Im Skills File (S. 138) erfährst du, wie du am besten beim *paraphrasing* vorgehst.
▸ Lies dir auch das Grammar File 4 (S. 145) zu den Relativsätzen noch einmal durch.
▸ Schau dir die Übung 5 im Practice-Teil (S. 62 und 101) an und umschreibe die Wörter in den grünen Kästen.

▸ Sieh dir die S. 56 und 158–160 in deinem Buch noch einmal an, um die ‚Sport'-Wörter zu wiederholen.

▸ Suche in Unit 3 oder im Internet nach interessanten Informationen über das Thema Sport/Sportarten und bring deine eigene Meinung ein.
▸ Schau dir im Skills File die S. 140 an, um deinen Text besser strukturieren zu können.

1 Name the activities.

1 hunting
2 camping
3 canoeing
4 snowshoeing

5 P. 5 fishing

2 Complete with: ...

Robert is ill. He _isn't allowed to_ go out today.

He _has to_ stay in bed, but he _is allowed to_

watch TV and he _doesn't have to_ do

4 P. homework.

3 Underline the correct word.

1 (them/<u>themselves</u>)

2 (him/<u>himself</u>)

3 P. 3 (<u>herself</u>/her)

4 Complete the words.

old-fashioned

strict   grounded

rules   jewellery

dress code

blame

8 P. stage

Now you (Ideas)

population/geography/what Canadian teenagers like to do in their free time/famous Canadian singers/Canadian sports and activities/French in Canada/First Nations people/Canadian history

Ich habe [   ] Punkte von 20.

20–18   Sehr gut. Weiter so!
17–14   Schon recht gut.
Unter 14 Genauer lernen!

Falls du Probleme hattest:

▸ Lies dir im Skills File die S. 129 noch einmal durch.
▸ Lern die Wörter mithilfe der S. 69 und 161–162 in deinem Buch.

▸ Wie du Ersatzverben für modale Hilfsverben verwendest, zeigt dir das Grammar File 5 (S. 146).
▸ Schau dir auch den blauen Kasten im Vocabulary (S. 162) zu ‚können' und ‚dürfen' an.
▸ Üben kannst du den Einsatz von Ersatzverben, indem du die Aufgabe 4a im Practice-Teil (S. 77) noch einmal löst.

▸ Wie du _reflexive pronouns_ verwendest, kannst du im Grammar File 6 (S. 147) nachlesen.
▸ Schau dir dazu auch im Vocabulary den blauen Kasten auf der S. 163 an (_Reflexive pronouns_).
▸ Wiederhole die Übungen 5 und 6 im Practice-Teil (S. 77).

▸ Diese Wörter kannst du dir auf den S. 70 und 162–164 in deinem Buch anschauen und lernen.
▸ Löse die Aufgabe 3a im Practice-Teil (S. 76).

▸ Durchsuche die Unit 4 nach interessanten Dingen zu Kanada.
▸ Schau dir im Practice-Teil die Übung 7 (S. 78) noch einmal an, um zu erfahren, wie man einen interessanten Text schreiben kann.
▸ Auch das Skills File (S. 140) kann dir behilflich sein.

1 Complete the words.

What do you need to produce a teen magazine?
You need people who can write good articles
about popular topics. You need photographers
for cool photos, artists and an editor for
each section, like sports, music, fashion, hobbies
or movies .

7 P.

Falls du Probleme hattest:

▶ Lern die Wörter mithilfe des Vocabulary (S. 165).

2 Add reflexive pronouns (myself, etc.).

themselves

himself   herself

5 P.

myself   ourselves

▶ Lies dir Grammar File 6 (S. 147) zu den *reflexive pronouns* durch.
▶ Schau dir auch im Vocabulary den blauen Kasten auf der S. 163 an (*Reflexive pronouns*).

3 What are they doing next Saturday?

1 is DJing

2 P.

2 are playing the fiddle

▶ Im Grammar File 7 (S. 148) erfährst du mehr zum *present progressive* mit futurischer Bedeutung.
▶ Wiederhole die Übung 4a im Practice-Teil (S. 95).

4 Put the letters in the right order.

1 popular

2 vacation

3 roles

4 career

5 publish

6 P.

6 least

▶ Lern die Wörter mithilfe des Vocabulary (S. 165–166).

Now you (Ideas)

articles about famous people/because teenagers who
buy teenage magazines like to read about their
favourite pop stars, film stars/interesting photos of
bands, sports events, stars/interviews with stars/tips
about new films, new books, new computer games/
section on fashion/problem pages/interesting web
links/useful web addresses/stories from readers/
letters from readers

▶ Um Ideen zu sammeln, kannst du dir die Unit 5 noch einmal anschauen.
▶ In der Übung 7 im Practice-Teil (S. 97) erfährst du, wie du deinen Text überprüfen und korrigieren kannst.
▶ Die Zusammenfassung des *Writing Course* im Skills File (S. 140–141) zeigt dir, wie man einen interessanten und gut strukturierten Text schreiben kann.

Ich habe _____ Punkte von 20.

20–18   Sehr gut. Weiter so!
17–14   Schon recht gut.
Unter 14 Genauer lernen!

Unit 1

GF 1 The present perfect and the simple past ▶ GF (p. 143)

a) REVISION The simple past

Last weekend Robert **went** to London with his parents.

In the afternoon they **visited** the Tower, and then they **took** the Tube to Waterloo.

Asif **met** them at the London Eye and they all **had** a great time.

Mit dem *simple past* berichtest du über Vergangenes – z.B. wenn du eine Geschichte erzählst.
Das *simple past* drückt aus, dass etwas zu einem **bestimmten Zeitpunkt** oder **in einem bestimmten abgeschlossenen Zeitraum** in der Vergangenheit geschah. (Frage: **Wann?**)
Daher findest du in *simple past*-Sätzen oft **genaue Zeitangaben** wie *last weekend, yesterday, a week ago, in 2005.*

b) REVISION The present perfect

Asif **has** already **visited** the London Trocadero.
... hat schon mal ... besucht

He **has** always **wanted** to go on the London Eye, but he **hasn't done** that yet.
... hat schon immer ... gehen wollen
... hat ... noch nicht getan

He and his friends **have** often **been** to Brick Lane Market.
... sind schon oft ... gewesen

Mit dem *present perfect* drückst du aus, dass etwas <u>**irgendwann** in der Vergangenheit</u> geschehen ist.
Daher findest du oft **Adverbien der <u>unbestimmten</u> Zeit** in *present perfect*-Sätzen, z.B.

already	schon (mal)	*always*	(schon) immer
just	gerade (eben)	*never*	(noch) nie
not ... yet	noch nicht	*often*	(schon) oft
ever?	jemals?	*yet?*	schon?

! Beim *present perfect* ist der genaue Zeitpunkt des Geschehens nicht wichtig oder nicht bekannt.

c) Extra Present perfect or simple past?

1 **Have** you ever **tried** Turkish food?

Yes, I have.

2 And when **did** you **try** it?

3 We **went** to a Turkish restaurant last Saturday.

◀ 1 Asif fragt, ob Robert **überhaupt schon mal** türkisch gegessen hat – also *present perfect*:
Have you ever **tried** Turkish food?

◀ 2 Dann möchte er wissen, **wann** das war, und er fragt daher im *simple past*:
And when **did** you **try** it?

◀ 3 Robert antwortet im *simple past*, weil er den **genauen Zeitpunkt** nennt:
We **went** to a Turkish restaurant *last Saturday*.

Unit 2

GF 2 REVISION The *will*-future ▶ GF (p. 144)

Katrina's mum (Vorhersage)	Hurry up, Katrina! We'**ll be** late for the ferry.
Katrina (Vermutung)	No, we **won't**. I'm ready now. And I think the ferry **will be** a few minutes late anyway.

Mit *will* + Infinitiv kannst du über die Zukunft sprechen. Du verwendest es für Vorhersagen und Vermutungen.

Die Kurzform von *will not* heißt *won't*.

GF 3 Conditional sentences ▸ *GF (p. 144)*

a) REVISION Conditional sentences (type 1)

Alison If they **choose** you, you'**ll be** a star.
Wenn sie dich wählen, bist du … /
Wenn sie dich wählen, wirst du … sein.

Linda If **I don't get** to the shop soon,
they **won't have** those trendy new bags
any more.

Du kennst bereits Bedingungssätze vom Typ 1
(„**Was <u>ist</u>, wenn …**"-Sätze).
Sie sagen aus, was unter bestimmten Bedingungen
geschieht oder nicht geschieht:

if-Satz (Bedingung)	Hauptsatz (Folge)
If they **choose** you,	you'**ll be** a star.
simple present	**will-future**

b) Conditional sentences (type 2)

If a film-maker **chose**
me for one of his films,
I **would be** famous.

Wenn ein Filmemacher mich für
einen seiner Filme auswählen würde,
wäre ich berühmt / würde ich berühmt.

I **wouldn't live** here
if I **was** rich and famous.

Ich würde nicht hier wohnen,
wenn ich reich und berühmt wäre.

Bedingungssätze vom Typ 2 sind „**Was <u>wäre</u>, wenn …**"-Sätze.
Sie drücken aus, was unter bestimmten Bedingungen **sein
würde**, aber doch eher unwahrscheinlich ist (oder sogar
unmöglich):
Es ist unwahrscheinlich, dass Fiona von einem Filmemacher
ausgewählt werden wird. Also wird sie wahrscheinlich auch
nicht berühmt.

if-Satz (Bedingung)	Hauptsatz (Folge)
If a film-maker **chose** me,	I **would be** famous.
simple past	**would + infinitive**

(Kurzform von *I/you/he/… would*: *I'd / you'd / he'd / …*)

! Im *if*-Satz steht **kein *would***. Also nicht:
If a film-maker ~~would choose~~ me, …

If I **had** enough money, I could **buy** a new bike.
…, könnte ich mir ein neues Rad kaufen.

Im Hauptsatz kann auch *could* („könnte") stehen.

Unit 3

GF 4 Relative clauses ▸ *GF (p. 145)*

The **girl** who plays for United U14s is Latisha.
Das Mädchen, das für die U14 von *United* spielt, …

Banglaboy is **a boy** who Latisha knows from
the festival in Birmingham.
… ein Junge, den Latisha vom Festival … kennt.

Are there **things** that you don't like?
… Sachen, die du nicht magst?

Mrs Byrd has cooked **a dish** that Philipp likes.
… ein Gericht, das Philipp mag.

Mit Relativsätzen sagst du genauer,
wen oder was du meinst.

◂ In Relativsätzen, die **Personen** beschreiben,
verwendest du ***who***:
     the man / the woman / people who …
     der Mann, der … / die Frau, die … / Leute, die …

◂ In Relativsätzen, die **Dinge** (und Tiere) beschreiben,
verwendest du ***that***:
     things / the dish / an animal that …
     Sachen, die … / das Gericht, das … / ein Tier, das …

… **things** which you don't like
The **girl** that plays for United U14s …

Für Dinge (und Tiere) wird auch *which* verwendet.
Und manchmal findest du auch *that* für Personen.

The girl   **who plays**   football …

Das Mädchen, **das   Fußball spielt** …

! Beachte die unterschiedliche Wortstellung in englischen und
deutschen Relativsätzen.

Unit 4

GF 5 **Modals and their substitutes** ▶ *GF (p. 146)*

Wenn du sagen willst, dass jemand etwas tun **kann, darf** oder **muss**, dann verwendest du *can, may, must* oder ihre **Ersatzverben**:

a) „können": *can – (to) be able to*

Katrina can play the fiddle.
Robert doesn't play an instrument,
but he's able to DJ.   kann auflegen

– **Gegenwart** (wenn jemand etwas tun **kann**):
  can und *am/is/are able to*

Robert was ill last Saturday,
so he wasn't able to DJ.   konnte nicht auflegen

– **Vergangenheit** (wenn jemand etwas tun **konnte**):
  was/were able to

Do you think he'll be able to DJ
next Saturday?   wird auflegen können

– **Zukunft** (wenn jemand etwas tun **können wird**):
  will be able to

I could **hear** music, but I couldn't **see** anybody.
Ich konnte Musik hören, aber ich konnte niemanden sehen.

Zu *can* gibt es auch die Vergangenheitsform *could*. Sie steht vor allem in verneinten Sätzen und Fragen und mit Verben der Wahrnehmung *(see, hear, ...)*.

b) „dürfen": *can, may – (to) be allowed to*

Can/May I go to Ashley's party, Mum?
Are you allowed to go to Ashley's
party on Saturday?   Darfst du ... gehen?

– **Gegenwart** (wenn jemand etwas tun **darf**):
  can, may und *am/is/are allowed to*

Emily wasn't allowed to go to the
youth centre last month.   durfte nicht gehen

– **Vergangenheit** (wenn jemand etwas tun **durfte**):
  was/were allowed to

But she'll be allowed to go to Ashley's
party on Saturday.   wird gehen dürfen

– **Zukunft** (wenn jemand etwas tun **dürfen wird**):
  will be allowed to

c) „müssen": *must – (to) have to*

'OK, you can go. But you must be back by ten.'
Emily can go to the party,
but she has to be back by ten.   muss zurück sein

– **Gegenwart** (wenn jemand etwas tun **muss**):
  must und *has/have to*

Emily was allowed to go to the party, but
she had to be back by ten.   musste zurück sein

– **Vergangenheit** (wenn jemand etwas tun **musste**):
  had to

Emily will have to stay at home tomorrow
evening.   wird bleiben müssen

– **Zukunft** (wenn jemand etwas tun **müssen wird**):
  will have to

GF 6 **Reflexive pronouns** ▶ *GF (p. 147)*

Teachers are too strict. I often ask **myself** why we need a dress code.

I don't agree. **People** can only blame **themselves** if teachers are strict.

Reflexivpronomen *(myself, themselves, …)* bezeichnen dieselbe Person oder Sache wie das Subjekt *(I, people, …)*:

Subjekt		Reflexivpronomen
I	*often ask*	*myself* …
People	*can only blame*	*themselves* …

Ich frage mich oft, …
Die Leute können sich nur selbst die Schuld geben, …

Reflexive pronouns

Singular			Plural		
myself	(ich) mir/mich		**ourselves**	(wir) uns	
yourself	(du) dir/dich		**yourselves**	(ihr) euch	
himself	(er) sich		**themselves**	(sie) sich	
herself	(sie) sich				
itself	(er/sie/es) sich				

Relax! What are you **arguing** about? Some of us **feel** OK in a school uniform, others like jeans and T-shirts better.

! Es gibt eine Reihe von Verben, die im Deutschen mit „sich" gebraucht werden, im Englischen aber ohne Reflexivpronomen.

Beispiele:
(to) argue	<u>sich</u> streiten
(to) feel	<u>sich</u> fühlen
(to) meet	<u>sich</u> treffen
(to) move	<u>sich</u> bewegen
(to) relax	<u>sich</u> entspannen
(to) remember	<u>sich</u> erinnern

Did you **enjoy yourselves** at the party?
Habt ihr **euch** gut **amüsiert** auf der Party?

The food is on the table – just **help yourself**.
Das Essen steht auf dem Tisch – **bedien dich** einfach.

! Merke dir die Wendungen
– *Enjoy yourself.*
   „Viel Spaß!" / „Amüsier dich gut!"

– *Help yourself.*
   „Greif zu!" / „Bedien dich!"

GF 7 **The present progressive with future meaning** ▶ *GF (p. 148)*

I can't come to the phone. **I'm washing** my hair.
… Ich wasche mir gerade die Haare.

Das *present progressive* verwendest du, wenn jemand gerade dabei ist, etwas zu tun.

Robert **is doing** a gig on Friday, and he and his parents **are driving** to their cabin on Saturday morning.

So Robert **isn't going** to Ashley's party at the weekend.

Robert hat am Freitag einen Auftritt, und er und seine Eltern fahren am Samstagmorgen zu ihrer Hütte.

Daher wird Robert am Wochenende nicht zu Ashleys Party gehen.

Du kannst mit dem *present progressive* auch über **feste Pläne** und **Verabredungen** sprechen.

Dabei muss klar sein, dass es sich um etwas Zukünftiges handelt, z.B. durch eine Zeitangabe wie *on Friday, next week, at the weekend, tomorrow.*

Illustrationen

Roland Beier, Berlin (S. 10; S. 13–21; S. 27–28; S. 31–32; S. 39; S. 45–47; S. 51 unten Bild 1–6; S. 55 Bild 1–5, Schiefertafel; S. 63–65 oben; S. 71–74); Constanze Schargan, Berlin (S. 25; S. 30; S. 38; S. 49–51 oben Bild 1–6; S. 55 unten–61; S. 65 unten)

Bildquellen

action press, Hamburg (S. 62 unten: All Action); Alamy, Abingdon (S. 5 li.: PhotosIndia.com LLC; S. 7 Bild 3: Cloe Johnson, Bild 4: Ashley Cooper; S. 8 Trocadero: Andrew Holt, Brick Lane: Marion Bull; S. 11 Bild 1: Peter Forsberg; S. 13 Bild 5: Trevor Smithers ARPS; S. 14 oben Mitte: PhotosIndia.com LLC/Batch 7, unten: Alex Segre; S. 17 Bild D: Bettina Strenske; S. 26: JUPITERIMAGES/BananaStock; S. 29 li.: Pictoral Press Ltd, re.: Michael Jenner; S. 47: ACE STOCK LIMITED; S. 49: Design Pics. Inc/Carson Ganci); Britta Bensmann, Berlin (S. 13 Bild 1); John Birdsall Social Issues Photolibrary, Nottingham (S. 1–2; S. 5 re.; S. 6 Bild 2 u. 3; S. 7 Bild 5; S. 14 oben li. und re.; S. 18; S. 39; S. 48); Gareth Evans, Berlin (S. 23); Getty Images, München (S. 11 Bild 2: Ian Kckinnell); iStockphoto, Calgary (S. 17 Bild G: Juanmonino); Picture Alliance, Frankfurt/Main (S. 61: dpa/Keystone USA k03; S. 62 oben: dpa-Report/Walt Disney Pictures); Jennifer Seidl, München (S. 9 oben; S. 17 Bild C u. F; S. 40–41); Shutterstock, New York (S. 6 Bild 1: Stuart Miles, Bild 4: Tracy Whiteside; S. 7 Bild 1 (M) violin case: Laura Frenkel, bags: maxstockphoto, Bild 2: Vivek Agrawal; S. 8 Tower of London: Lance Bellers, London Eye: photogl; S. 10: Bryan Busovicki; S. 11 Bild 3: Andy Lindon, Bild 4: martin garnham; S. 12 li.: Andrew Skinner, re. (u. 17 Bild A): Jarno Gonzalez Zarraonandia; S. 13 Bild 1 postcard: Bartlomiej K. Kwieeiszewski, Bild 2: Timothy Large, Bild 3: Louis Michaud, Bild 4: Olga&Elnur, Bild 6: Elnur; S. 17 Bild B und E: Michal Rosak; S. 20: David Woods; S. 22 li.: Kristofer Keane, re.: Mark Burrows (Nottingham, UK); S. 31 Bild 1: Marco Regalia, Bild 2: Galina Barskaya, Bild 3: Adrian Phillips, Bild 4: Péter Gudella, Bild 5: vladimir maravic, Bild 6: Hazan; S. 37 (u. 56) British flag: Chris Harvey, German flag: Kurt De Bruyn; S. 42 li.: Magdalena Bujak, re.: Anthony Monterotti; S. 46: oksanaperkins; S. 52: marianad; S. 54: Mike Rogal; S. 56: Natalia Bratslavsky); Transport for London, London (S. 9 unten)

Titelbild

Alamy, Abingdon (London Eye (M): Ian MacPherson); Corbis, Düsseldorf (bus (M): Royalty-Free); IFA-Bilderteam, Ottobrunn (Union Jack: Jon Arnold Images)

inhalt

Liebe Leserinnen und Leser,

„Geld regiert die Welt" heißt es, aber auch, fast paradox: „Über Geld spricht man nicht." Obwohl Geld doch ganz offensichtlich von zentraler Bedeutung für unser aller Wohlergehen ist und die bewusste Auseinandersetzung mit ihm von daher einen ebenso zentralen Inhalt der Individuation ausmachen müsste, unterliegt auch dieses Thema – wie das Thema Macht im Heft 28 – einer merkwürdigen Tabuisierung.

Es scheint, als solle uns das Thema Geld und welche große Rolle es in unserem Leben spielt, irgendwie unbewusst bleiben. Wir reden nicht oder kaum über unser Geld, obwohl wir vielleicht mehr daran denken als an die uns nahen Menschen, und wir verschweigen Fantasien, Emotionen, Ängste, Wut u. a., die sich um unser Geld drehen. Wir fassen unser Geld und Gold gerne an, wir blättern gerne unsere Vermögensübersichten durch und überlegen uns, wie unsere Finanzsituation in der Zukunft aussehen wird. Aber darüber zu sprechen oder über unser Interesse am Besitz, am Reichtum und an der Macht, ist uns meist sehr unangenehm und peinlich. Unsere Beziehung zum Geld ist offenbar etwas sehr Intimes und ein sehr sensibler Teil unserer Identität. Wer mehr als andere verdient, fürchtet beneidet zu werden, wer weniger verdient, schämt sich, fühlt sich als Versager: „Haste was, biste was!"

Der Begriff Geld stammt vermutlich vom althochdeutschen „gelt" ab, der auch z. B. in gelten und vergelten steckt. Wer Geld hat, der gilt etwas und der muss nichts schuldig bleiben.

Das Geldthema berührt somit Selbstwert-, Leistungs-, Rivalitätskomplexe und provoziert vielfältige Beziehungskonflikte, die aus den mit diesen verbundenen allgemeinmenschlichen Komplexreaktionen hervorgehen.

Hinzu kommt: Obwohl Geld – zumindest für die „Geldmenschen" – ja nicht „stinkt", hat es – besonders für die „Gutmenschen" – doch auch einen deutlich „anrüchigen", „schnöden", „schmutzigen" Charakter. Das könnte mit dem von der Psychoanalyse gesehenen Zusammenhang von Geld, Gold und Kot (Kot als frühe Form eigenen Besitzes und eigener „kreativer" Produktion) und der Konfliktdynamik von Hergeben, Schenken versus Zurückhalten und Behalten zusammenhängen; oder mit dem von der christlichen Tradition her behaupteten Zusammenhang zwischen dem Geld, dem Seelenverlust und dem Teufel (der den Menschen ja zu Macht und Reichtum verführen will).

Auch in philosophischer Hinsicht wurden Geld, Kapital und Besitz immer wieder „verteufelt". Kaum jemand hat den „bösen", entfremdenden Charakter des Geldes vehementer angeprangert als Karl Marx: „Das Geld ist der allgemeine, für sich selbst konstituierte Wert aller Dinge. Es hat daher die ganze Welt, die Menschenwelt wie die Natur ihres eigentümlichen Wertes beraubt. Das Geld ist das dem Menschen entfremdete Wesen seiner Arbeit und seines Daseins, und dieses fremde Wesen beherrscht ihn, und er betet es an." Die Lösung, die der Kommunismus anstrebte, um diese Entfremdung des Menschen aufzuheben, scheint aber nicht tragfähig zu sein, vermutlich auch, weil er die Stärke des Prinzips „Eigennutz" im Menschen unterschätzt.

Diese und andere Zusammenhänge mögen also dazu beitragen, dass man über Geld nicht sprechen und sich seine Beziehung zu ihm nicht wirklich bewusst machen darf. Das hat aber wahrscheinlich schlimmere Folgen, als wir ahnen. Möglicherweise sind die großen Wirtschafts- und Finanzkrisen, von denen wir auch in diesem Heft immer wieder lesen, auch zu einem guten Teil „unserer aller Schuld" – ein Resultat unseres Unbewusstbleibens gegenüber der immensen Bedeutung des Geldes für uns und unseres naiven, oft magisch-wundergläubigen Umgangs mit ihm.

Gut denkbar ist ja, dass die „machthungrigen und geldgeilen Ausbeuter und Teufel" der Großbanken und Finanzdienstleister, das Unbewusstlassen und Tabuisieren unserer eigenen diesbezüglichen Schattenseiten gehörig ausnutzen, um uns für ihre Zwecke zu ködern und zu manipulieren. Weil wir selbst mit diesem „schmutzigen Geschäft" nichts zu tun haben wollen, lassen wir es vertrauensvoll von denen „verrichten", die damit keine Skrupel haben. Und natürlich tarnen diese ihr „Geschäft" und ihre heimlichen „Machenschaften" so sehr, dass wir keine Chance mehr haben, die genauen Zusammenhänge zu verstehen. So können sie uns richtig „verscheißern."

Die Hoffnung, aus „Scheiße" bzw. „Beschiss" könne Gold gemacht werden, ist eine alte alchemistische Vorstellung. „In stercore invenitur" (sinngemäß: im Dreck auf der Straße wird der Stein der Weisen gefunden - damals lief in den Städten noch der ganze menschliche Unrat über die Straßen) heißt einer ihrer zentralen Sätze. In dem Werk „Psychologie und Alchemie" von C. G. Jung finden wir folgenden kurzen Traum eines Klienten von Jung (vgl. GW 12, 18. Traum, S. 102ff.): „Ein Mann bietet ihm auf der flachen Hand Goldmünzen an. Der Träumer aber wirft sie entrüstet zu Boden und bereut seine Handlung unmittelbar hernach aufs tiefste. Dann findet auf abgegrenztem Platz eine Varietévorstellung statt."

Im Traum geschieht etwas durchaus Typisches für „Gutmenschen" mit „aufgeklärtem", intellektuellem und religiösem Bewusstsein. Münzen werden entrüstet weggeworfen, als seien sie unter der Würde des Träumers zuviel Materielles, zuviel Profanes, zuviel Triebhaftes und Gieriges. Jung meint, dass die Münzen, „die grobe Materialität des gelben Metalls mit seinem odiosen Beigeschmack ..." weggeworfen werden, könne uns zeigen, wie schwer es unserem Bewusstsein manchmal fällt, den „lapis" zu finden, weil er „exilis", unansehnlich, sei, weil er das Billigste sei, das überall vorkommt ..." Dazu passen auch unsere umgangssprachlichen Namen für das Geld: Asche, Koks, Flöhe, Kröten, Mäuse, Kies, Kohle, Lappen, Heu, Moos, Pulver, Schotter, Steine etc.

Die heftige Reue des Träumers sei eine Reaktion darauf, dass „das kostbare Geheimnis verworfen und damit die Sphinxfrage unrichtig beantwortet wurde." Dass das Gold geprägt sei, das heißt geformt, abgestempelt und bewertet, könne darauf hinweisen, dass Formung und Benennung für die Psyche und die Entwicklung des Menschen zentral seien: „Der natürliche Mensch ist kein Selbst, sondern Massenpartikel und Masse, ein Kollektivum bis zu dem Grade, dass er seines Ich nicht einmal sicher ist. Darum bedarf er schon seit uralten Zeiten der Wandlungsmysterien, die ihn zu ‚etwas' machen und damit der tierähnlichen Kollektivpsyche, die ein bloßes Vielerlei ist, entreißen. Wird aber das unansehnliche Vielerlei des ‚gegebenen' Menschen verworfen, so wird auch seine Integrierung, die Selbstwerdung, verunmöglicht."

Warum ist die „Sphinxfrage" vom Träumer unrichtig beantwortet worden? Das Rätsel der Sphinx drehte sich bekanntlich um die Frage des Menschseins. Und in der Analytischen Psychologie ist klar, dass es bei dieser Frage um den Sinn der menschlichen Existenz, die Individuation und immer um den vollständigen Menschen geht, um den ganzen Menschen mit „Herz" und Verstand, mit „Tierischem" und „Göttlichem", mit Bewusstem und Unbewusstem, mit „Geistigem" und „Materiellem", mit Dunklem und Hellem.

Es hilft einfach nicht, einen psychischen Inhalt – und scheint er noch so banal, primitiv und gewöhnlich wie unser Interesse am Besitz und Geld – einfach entrüstet „wegzuwerfen", das heißt zu verleugnen, zu unterdrücken oder zu verdrängen, um ihm seine Energie zu nehmen. Denn es sind ja gerade auch diese „primitiven", „archaischen" Energien, die uns in der Evolutionsgeschichte geholfen haben, unsere Existenz zu sichern, zu überleben und uns fortzupflanzen. Sie sind und bleiben von äußerster Vitalität und Stärke, auch wenn unser „reifes" Bewusstsein sie gerne verleugnen oder überwinden möchte.

So scheint es nach tiefenpsychologischer Erkenntnis nur einen guten Weg zu geben: den der Integration dieser Energien. Das bedeutet ein Bemühen um eine weitgehende bewusste Auseinandersetzung mit unseren Sicherheits-,

Besitz-, Macht- und Geltungstendenzen, mit ihren positiven wie negativen Seiten. Erst daraus kann sich ein verantwortlicher, bewusster Umgang mit ihnen entwickeln.

Und eine solche Auseinandersetzung muss natürlich auch ganz besonders mit dem Geld geschehen, da es doch außerweltlich und innerpsychisch einen „höchsten Wert", die „schwer erreichbare Kostbarkeit" darstellt und symbolisiert. Umso mehr noch, wenn man bedenkt, dass Geld eine Sache ist, in der sich ein großer Teil unserer Lebensenergie und Lebenszeit - das Wichtigste, was wir haben – sublimiert und verdichtet.

Von daher müsste doch die Frage, wieviel wir von unserer Lebensenergie und Lebenszeit durch Arbeit in Geldenergie umwandeln und wieviel wir davon unmittelbar, direkt und konkret leben und nicht auf die „lange Bank" schieben wollen, ganz elementar für uns sein!

Apropos „Umwandlung": In der Alchemie war ein zentrales Symbol für die „Wandlungssubstanz", also die Sache, die sich von der unansehlichen schmutzigen Ausgangssubstanz, der „prima materia", zum „Stein der Weisen" oder „lapis philosophorum" transformierte, die mythische Gestalt des Hermes-Mercurius.

Mit diesem trickreichen, kaum fassbaren, flügelfüßigen Götterboten, dem Gott der Kaufleute und Händler, der Reisenden, Diplomaten und Vermittler, dem Herrn der Wege und Kreuzungen, aber auch der Gaukler, Lügner, Betrüger und Illusionskünstler aller Art müssen wir uns dringend beschäftigen, wenn wir etwas von der Welt der Banken, der Medien und Informationen, des „Entertainment", der Politik und der Vielgestaltigkeit und Wandlungsfähigkeit der Psyche verstehen wollen. Denn auf allen diesen Gebieten mischt Hermes kräftig mit. Nur wenn wir etwas mehr von den Künsten des Hermes in uns kennen, können wir auch auch etwas besser dem Hermes draußen begegnen.

Interessanterweise taucht in dem oben beschriebenen Traum am Ende ja auch eine Varietéverstaltung auf. Zirkus, Theater und Varieté (franz. bunte Vielfalt) bieten gesellige Unterhaltung, in der sich Geschick und Können oft genug mit Schein und Täuschung verbinden und von „fahrendem Volk", den Schützlingen des Hermes, betrieben werden. Und zwischen diesem vergnüglichen, schattenhaften, bunten „fahrenden Volk" und der Welt der „grauen Herren" der Banken und der Politik mit ihren weißen Hemden und Krawatten, die uns den Anschein besonderer Seriosität geben sollen, lassen sich etliche Gemeinsamkeiten auffinden, wenn man genauer hinschaut und die Tricksterhaftigkeit des Hermes dahinter sieht.

Ihre
Anette und Lutz Müller

Vielleicht verdirbt Geld den Charakter.
Auf keinen Fall aber macht Mangel an Geld ihn besser.

(John Steinbeck)

Geld und Seele

Eine tiefenpsychologische Annäherung an das Phänomen des Geldes

Dieter Knoll

Geld bewegt die Welt – der energetische Beweger

Als Lebenselixier und Weltbeweger besingt Liza Minelli in dem Film „Cabaret", das Geld mit dem Satz: „Money makes the world go round." Tatsächlich kann man wohl sagen, dass die Entwicklung des Geldverkehrs in der Geschichte sowohl für den Warenverkehr als auch die Begegnungs- und Entwicklungsmöglichkeiten der Menschheit ein erheblicher Motor war. Was dabei von vielen Ökonomen bis heute eher übersehen wird, ist die destruktive Seite dieser Dynamik.

So weist zum Beispiel André Amar darauf hin, dass beim Börsencrash an der Wall Street 1929 zwar durch Finanztransaktionen die Verarmung einer ganzen Nation ausgelöst wurde, auf der anderen Seite jedoch die gesamte wirtschaftliche Produktion, die Landwirtschaft sowie alle menschliche Arbeitskraft noch genauso zur Verfügung standen wie am Tag zuvor (vgl. Amar 1977, S. 399). Es handelte sich um Verarmung auf einer Abstraktionsebene, die mit dem produktiven Sektor und der konkreten Arbeit nichts zu tun hatte, sondern offensichtlich mit ganz anderen Mechanismen zusammenhing.

Das Geld macht also einerseits, dass die Welt rund läuft, es kann sie aber auch andererseits in kürzester Zeit erheblich aus dem Ruder laufen lassen. Wir erleben das derzeit auch in der Bankenkrise in den USA und in der Eurokrise hautnah.

Geld, energetischer Beweger, der die Welt in Fahrt gebracht hat, ist mit seinem besonderen

Foto: birgitH (www.pixelio.de)

Fluidum vielleicht eine abstrakte Reinform der Energie überhaupt. Wenn wir es mit Energie, auch unserer psychischen, zu tun haben, sind wir zuweilen nicht Meister, sondern Lehrlinge und müssen zusehen, wie wir sie wieder in den Griff kriegen.

Hier entstehen Fragen: Welche psychischen Mechanismen greifen hier und spielen unbewusst in die Gelddynamik hinein? Wie konnte es dazu kommen konnte, dass Geld, das einmal einfach nur den Warenverkehr erleichtern sollte, so ein dynamisches Eigenleben entwickeln konnte?

Wir wollen uns hier der anderen Dimension des Geldes und der Geldwirtschaft zuwenden, die einerseits auf der Hand liegt, andererseits aber abwegig erscheint – fern jeglicher „Realität" der „hart im Raume sich stoßenden ökonomischen Sachen".

Vom Geld spricht man nicht, Geld hat man.
Was zunächst am Umgang mit Geld auffällt, ist, dass ich eher als von meinem Geld von meinem Auto, meinem CD-Player, meinem Haus, meiner Wohnung oder meiner Frau, meinen Kindern, den familiären Konflikten spreche. Die Papierscheine im Geldbeutel, die Zahlen auf dem Konto haben offensichtlich eine hohe Intimität, sind von einem Tabu umgeben. In vielen Firmen ist es mehr oder weniger offiziell untersagt, mit Kollegen über das Einkommen zu reden.

Geld scheint sehr eng mit dem eigenen Wert verknüpft zu sein. Stellen wir uns vor, unser Gehalt wird gekürzt – wie weit das in persönliche Bereiche reicht. Im Zusammenhang mit Gehalt spricht man im Finanzdeutsch von Zuwendungen. Das Einschätzen des anderen an seinen materiellen Attributen ist ein automatisierter Mechanismus geworden. Bei den Kreditkarten gibt es Kategorien, die auf Gehaltsklassen und Jahreseinkommen hinweisen. Wenn wir mit dem Geldschein ein Buch für 20 Euro kaufen, weiß die Verkäuferin, dass wir 20 Euro besitzen, zahlen wir mit der Karte, sind wir taxierbar.

Neulich sah ich eine Frau Kleingeld wegwerfen – es waren vielleicht Pfennige, ihr Geldbeutel war ihr vielleicht zu schwer geworden. Ich hatte spontan den Eindruck, dass sie da etwas ganz Unanständiges tut: Pures, bares Geld wegzuwerfen, das kommt ja einer Gotteslästerung gleich. So bin ich plötzlich durch diese Beobachtung in einem religiösen Raum gelandet.

Ich habe in der Folge – weil ich mich mit der psychischen Komponente des Geldes beschäftigen wollte – einen Geldschein als Lesezeichen verwendet, 50 alte französische Francs, keine Euro, da hatte ich Hemmungen. Ich hatte immer seltsame Gefühle, wenn ich das Buch aufschlug und den Schein sah. Ich spürte die starke Tendenz, ihn anderswo zu verwahren, Anderen nicht zu zeigen, was ich da tat. Es war, als geschehe etwas Unmoralisches.

Geld und Spiel bilden eine eigene Welt, die bis in die „Spielhöllen" führt, Geld hat zu spezifischen Formen und Ausprägungen des Spiels angeregt und entwickelt dabei eine Dynamik, die uns oft nicht mehr unterscheiden lässt, ob wir mit dem Geld oder ob das Geld mit uns spielt. Sehr früh schon kamen Staaten auf den Gedanken, ihren Haushalt durch Lotterien und Glücksspiel zu sanieren, und bis heute werden viele Bereiche des gesellschaftlichen Lebens durch die Hoffnung auf das große Glück finanziert.

Diese beliebig ergänzbaren alltäglichen Phänomene weisen auf verschiedene, vor allem unbewusste Bedeutungsebenen des Geldes; diese „Sache" ist offensichtlich energetisch hoch aufgeladen.

Geld – Schein und Sein

Es fällt auf, dass im alltäglichen Umgang, in der alltäglichen Einschätzung, das Geld kaum hinterfragt wird, einfach etwas Nüchternes, ganz im Materiellen Bleibendes zu sein scheint, dabei das Selbstverständlichste der Welt, so als sei es ganz logisch, dass ein Stück Papier die Pforten zu den Palästen öffnet. Auch wenn sich in letzter Zeit kritische Stimmen melden und nach Alternativen suchen, hinterfragen, wie gesagt, klassische Ökonomen diese Sicht von der Bedeutung des Geldes kaum oder erst in neuerer Zeit. Sie sehen das Geld sachlich als eine Erleichterung des Wirtschaftskreislaufs und schreiben ihm drei zentrale Funktionen zu: Geld ist eine Recheneinheit, es ist

Foto: S. Hofschlaeger (www.pixelio.de)

ein Wertaufbewahrungsmittel, und es ist ein Tausch- oder Zahlungsmittel.

Dahinter steckt die unausgesprochene Vorstellung, dass durch zahlenmäßiges Erfassen von Abläufen deren Berechenbarkeit, die Kontrollierbarkeit, gewährleistet sei, sozusagen aus dem Warenverkehr eine ganz rationale Sache werde. Die oben dargestellte Kraft und Dynamik des Geldes kommt in dieser Betrachtung nicht vor, scheint abgespalten zu sein oder unbekannt.

Geld scheint wertbeständig zu sein, sicherer als ein Sack Kartoffeln oder ein Auto, die mit der Zeit an Wert verlieren – Geld ist dagegen „hart", besonders früher die „harte Mark", eine Zeit lang auch der stabile Euro. Aber so ganz sicher ist dieser Aspekt nie – Anleger setzen deshalb lieber auf verschiedene Pferde und betonen auch das Materielle in Form der Immobilie oder des Goldes und anderer Sachwerte.

Schon 1907 weist der Philosoph und Soziologe Georg Simmel in seinem umfangreichen Werk „Philosophie des Geldes" auf eine Eigentümlichkeit hin: Nachdem das Geld die Moderne und die Demokratien erst ermöglicht habe, indem es ähnlich der Uhr für die Zeit ein allgemeines Maß für den Wert lieferte, sei dieser zunächst sinnvolle Prozess umgekippt und habe sich in sein Gegenteil verkehrt. Zunächst verlieh es dem Menschen die Macht über sein Schicksal, half, ihn aus Fron und Leibeigenschaft zu befreien und die Aufklärung zu befördern. Dann habe es zunehmend selbst die Macht übernommen und sei zu Gott oder zur Religion geworden. Die Banken seien inzwischen größer und mächtiger als die Kirchen und zum Mittelpunkt der Städte geworden (vgl. Simmel 1989).

Das Mittel wird zum Zweck, Geld selbst zum Zentrum des Interesses und zur Ware. Nicht mehr nur der Mensch, sondern auch das Geld „arbeitet". Die Objektivierung des Verkehrs zwischen den Menschen durch das Geld als notwendigem Fortschrittsprozess habe im Gepäck, dass die Beziehungen sich mehr und mehr auf Geldinteressen reduzieren. Zudem steigere sich das Lebenstempo durch Geld,

denn der Charakter des Geldes sei Bewegung nicht Ruhe, sein grundlegender Sinn liege nur in der Bewegung.

Auf anderer Ebene betrachtet, kann man auch pointieren: Geld ist fast nichts und ermöglicht zugleich fast alles. Geld macht frei und bindet zugleich, es hat die Menschheit aus Bindungen befreit und neue geschaffen.

Wir stoßen also genau an der rationalen Bestimmung und Funktion des Geldes auf seine irrationalen Seiten. Geld besteht – besonders die größeren Summen – nur aus Papier, aus einer Plastikkarte oder einem Buchungsvorgang, ist in materieller Hinsicht fast nichts. Es hat sich im Laufe seiner Geschichte zunehmend entmaterialisiert, entkonkretisiert bis hin zu elektronischen Zahlungssystemen.

Während lange Zeit Geld mit Wertmetall verknüpft oder durch eine Golddeckung abgesichert war, ist dies heute nicht mehr der Fall – wenn auch erneut darüber diskutiert wird, die Golddeckung wieder einzuführen. Es scheint nichts Konkretes mehr zu sein, mehr eine abstrakte, theoretische Größe. In vielen Ländern enthielten lange Zeit die Münzen ihren ungefähren Gegenwert im Metall, im Silber, im Kupfer. Interessanterweise war dies bei uns am längsten in den kleinsten Münzen, den Pfennigen, erhalten.

Ein auch eigentlich ganz irrationales Phänomen ist, dass Geld zu leben scheint. Es kann sich offensichtlich aus sich heraus vermehren – ohne, dass sichtbar menschliche Produktivität beteiligt ist. Wir begegnen heute dem Phänomen, dass Produktivität immer weniger Wert schafft, unproduktive Vermehrungsformen immer mehr.

Eine historische Zäsur ist hier die Entstehung der Aktiengesellschaften, die nach verschiedenen Vorformen insbesondere durch die kapitalbedürftigen Eisenbahngesellschaften Central Pacific und Union Pacific in den USA im 19. Jahrhundert einen großen Aufschwung erlebten. Seither hat der Geldverkehr eine eigene Dynamik und Logik neben dem Produktionssektor und diese beiden stehen zueinander nur partiell in einem harmonisch unterstützenden Verhältnis.

Evelyn de Morgan (1855-1919): Die Anbetung des Geldes

mit Erscheinungen von Obstipation und Zwangsneurose:

In Wahrheit ist überall, wo die archaische Denkweise beherrschend war ..., im unbewußten Denken, im Traume und in der Neurose das Geld in innigste Beziehung zum Drecke gebracht." (Freud, 1968, S. 201 f.)

Die Analität ist nach Freud wiederum verknüpft mit der Erfahrung des Zurückhaltens und Besitzens, d. h. mit ersten Gefühlen von Macht über den eigenen Körper und über die Umwelt – und hier findet sich eine Brücke zu den Phänomenen der Anhäufung von Reichtum, Geiz, Rivalität, Besitzstreben. In der weiteren Entwicklung entsteht aber auch Schuld, die sich aus dem Zurückhalten von Kot und dessen sadistischem Aspekt als Hemmung ableitet, also aus dem ambivalent erlebten Kampf um erste Autonomie.

Diese Deutung Freuds ist deshalb erwähnenswert, weil sich hier eine erstaunliche Parallele zum Geldmarkt zeigt, der ja auf dem Prinzip der Schuld aufgebaut ist. Habe ich Guthaben, dann ist z. B. die Bank mein Schuldner; kaufe ich ein, werde oder bleibe ich schuldig. In jeder Geldbeziehung entsteht zumindest passager Schuld und insgesamt sind wir alle Schuldner des Staates, der sich unseretwegen jährlich zunehmend verschuldet. Kommt hinzu, dass die Gesamtschuld niemals getilgt werden könnte, sondern sich häuft, denn der Gegenwert ist nicht annähernd vorhanden, auch nicht in Form von Schein-Geld.

Andere Autoren verweisen darauf, dass im analytischen Denken die Beziehung zum Geld auch eng verknüpft sein kann mit Störungen in der Oralität, in der das Aufnehmen, Haben-Wollen, Brauchen, Einverleiben, In-Besitz-Nehmen, die Verlustangst etc. im Vordergrund stehen (vgl. Ernest Bornemann 1977).

Geld entfaltet zwischen Menschen eine enorme Dynamik, bringt Gesellschaften und Beziehungen in Wallung, kann Gier hervorrufen. Für Geld wird gemordet, gehasst, geliebt, gestohlen, gelogen, gearbeitet. Und Geld wird zum Suchtmittel, zur Droge, man kann sich an ihm berauschen, darin baden wie Dagobert Duck. Wenn die Ökonomen sagen, Geld habe den Vorteil, dass man nüchtern berechnen könne, so stimmt dies sicher, jedoch steht dem gegenüber, dass berechnende Menschen etwas gar nicht so Nüchternes an sich haben.

Diese beiden Seiten betrachtend, könnte man sagen, Geld sei zugleich etwas Nüchternes und etwas ungreifbar Mystisches, zugleich alles und nichts.

Bricklebrit und der Gold scheißende Esel –
Psychoanalyse und Analytische Psychologie
Sigmund Freud hat das Geld symbolisch in einem engen Zusammenhang mit dem Thema der Analität, der Defäkation gesehen und damit

Der belgische Ökonom und Entwickler von Geldmarktalternativen Bernard Lietaer wiederum bezieht sich in seinem Werk „Mysterium Geld" auf Jung und nennt die Unterdrückung des Mutterarchetyps und die daraus folgenden Schattenphänomene Gier und Angst als Grundlage unseres heutigen ökonomischen Systems und Problems (vgl. Lietaer 2000).

Mit diesen Überlegungen ist dem ökonomischen ein psychologischer Pol der Betrachtung entgegengestellt. Wenn wir in dieser Spur weiter und auf eher symbolischer oder archetypischer Ebene fragen, dann könnte man formulieren, dass gerade die oben dargestellten widersprüchlichen Eigenschaften das Geld zu einem hervorragenden und geheimnisvollen Objekt der Fantasie machen. Es handelt sich sozusagen um ein Ding mit wenig materieller Substanz und viel Verheißung. Es bildet damit eine leere Leinwand für die Projektion zahlreicher Bilder, Wünsche, Sehnsüchte. Es scheint ein indirektes, aber universelles Lebens-Mittel zu sein, das eng verknüpft ist mit der persönlichen Identität: Haben oder Nicht-Haben entscheidet über Sein oder Nichtsein.

Geld und Glück sind aus Flandern, sie gehen von einem zum anderen – Wiedergeburt des Mercurius

Panta rhei – alles fließt, diese Erkenntnis Heraklits gilt in besonderer Weise für das Geld. Der oben dargestellte Aspekt der Bewegung und des ständigen Flusses ist ein Charakteristikum des Geldes. Es kann auftauchen, verschwinden, sich unentwegt verwandeln in ganz andere Gestalten, sich wieder zurück verwandeln, sich im Verwandlungsprozess vermehren oder vermindern oder auch einmal innerhalb kürzester Zeit zu einem wertlosen Nichts zerfallen, um dann mir nichts, dir nichts wieder aufzuerstehen. „Wie gewonnen, so zerronnen" heißt es im Volksmund.

Mit Geld erscheint alles möglich, alles machbar und alles bewegbar. Es ist geradezu, als habe sich unbemerkt der mythische vielgestaltige Wandlungsgott Hermes Mercurius in die materielle Welt geschlichen und treibe nun dort sein Wesen und Unwesen, seine Spiele, Späße und Verwandlungskünste.

Der „spiritus mercurialis" ist der Führer (Hermes Psychopompos ...) und der Verführer des Alchemisten; er ist dessen Glück und Verderben.
(Jung 1984, § 84)

Der so sachlich erscheinende Geldverkehr wird in diesem Licht zum idealen Spielfeld für die Künste des Hermes in einer seiner ureigenen Domänen, dem Handel und Wandel. Ein besonderes Augenmerk verdient dabei der Aspekt der wunderlichen Vermehrung, der – so Hans Christoph Binswanger – den ersten Hauptsatz der Thermodynamik außer Kraft setzt und quasi energetisch „transzendenten, grenzüberschreitenden Charakter, den die Menschen früher in der Religion gesucht haben", gewinnt (vgl. Binswanger 1984, S. 56, 61).

Hier scheint Magie am Werk zu sein und man fühlt sich, mit naivem Blick schauend, aus der sachlichen Welt herausgerissen, mitten in einen alchemistischen Prozess versetzt. In diesem geht es nur vordergründig um die Herstellung von Gold bzw. dem Stein der Weisen aus der Urmaterie über mehrere Wandlungsstufen. Sein Ziel ist symbolisch zu verstehen, und in diesem Prozess hat Hermes Mercurius eine zentrale Rolle inne:

Er taucht überall dort auf, wo es um Auflösung alter, festgewordener Strukturen und Veränderung geht. Sein Lebenselement ist die Dunkelheit der Nacht ..., sein Hauptcharakteristikum ist seine polare, paradoxe Natur ... Dadurch überschreitet er jedes festgelegte, eindeutige und damit einseitige System, sei es nun ein Bewusstseinssystem, ein Normensystem oder ein Gesellschaftssystem.
(Müller 2003, S. 164)

Im Grunde ging es in der Alchemie um die Überwindung der irdischen Gebundenheit, um die Suche nach dem Letztendlichen, dem Vollkommensten, dem „philosophischen Gold" und damit auch um die Verwirklichung des Absoluten und Ewigen im Rahmen des diesseitigen menschlichen Lebens, um die Überwin-

Rückseite einer Dollarnote. Interessant die freimaurerische Symbolik (Pyramide, allsehendes Auge Gottes)

dung der Vergänglichkeit. Dies verbindet sich auch mit der ewigen Suche des Menschen nach der Überwindung des Todes oder der Verwirklichung eines Paradieses auf Erden. Die moderne wunderliche Selbstvermehrung des Geldes scheint dieses Ziel in greifbare Nähe gerückt zu haben, gerade so, als habe der Mensch den Schritt über das Irdische hinaus geschafft, könne die körperliche Arbeit hinter sich lassen und es arbeite für ihn nun ein wundersames Prinzip. Damit ist der Mensch zum Schöpfer geworden, zum Demiurgen. Und hier ist wohl, so auch Binswanger als dynamischer Katalysator gerade der Schritt von der Münze zum Papiergeld mit seiner „mercurialen Eigenschaft" entscheidend gewesen, mit allen Folgen der weiteren Entmaterialisierung als „Fortsetzung der Alchemie mit anderen Mitteln". Man kann nachvollziehen, dass es schwer ist, sich der Faszination solcher Dimensionen zu entziehen.

„In God we trust" – Geld als Entwicklungsstufe des Geistes

Im Prozess der Entmaterialisierung und Verselbstständigung wird Geld zu einem Symbol des Geistes. Dazu eignet es sich gerade durch seine Abstraktheit, es hat sich vom Konkreten unabhängig gemacht. So beschreibt Wolfgang Giegerich die Geld-Stufe als „Kompromissbildung", eine Entwicklungsstufe des Geistes, auf der dieser sich seiner selbst noch nicht bewusst ist und damit festgehalten ist in einer eigentlich überholten Stufe, fixiert in der

Geldform (vgl. Giegerich 1994, S. 241 ff.). Er sieht diese Stufe als Vorstufe in der Animus-Entwicklung zur reinen Liebe hin.

So sind wir nun auf der einen Seite bei Hermes Mercurius, der Vergöttlichung des Menschen, wieder bei der Dimension des Göttlichen angelangt und auf der anderen Seite wieder am Anfang der Geschichte des Geldes: Es ist von Anfang an mit dem Göttlichen verknüpft, ragt in göttliche Bereiche hinein.

Es begann als „der Gottheit zu entrichtende Abgabe". Die Münzstätte in Rom war dem Tempel der Juno moneta benachbart. Zu jener Zeit trugen die Münzen nicht Abbilder von Staatsmännern, sondern die Ebenbilder der Götter und waren so die Träger der Kräfte dieser Götter. Und wir wissen inzwischen: Es scheint nur so, als habe das Geld diese göttliche Dimension verloren. Wenn wir genauer hinschauen, so stellen wir fest, dass nichts auf der Welt so sehr die heimliche oder offene Anbetung herausfordert und auch bekommt, wie es Simmel schon beschrieben hat: Moderne Banken oder deren Eingangshallen werden immer deutlicher wie Tempel gestaltet, in den Seitenschiffen stehen die Bankomaten.

Amerikanische Dollarnoten sind mit dem Satz „In God we trust" bedruckt. Münzen dienten oft religiösen und magischen Zwecken, wurden und werden noch als Amulette verwendet, als apotropäisches Medaillon zur Abwehr von bösem Zauber. Im Volksglauben gab es u.a. Weihemünzen, Pestmünzen, Heilmünzen, insbesondere z. B. gegen Epilepsie. (vgl. Bächthold-Stäubli 1987)

Wenn es je eine Psychoanalyse des Geldes geben soll, so muss sie von der Hypothese ausgehen, dass der Geldkomplex im wesentlichen die Struktur der Religion hat – oder, wenn man will, der Verneinung der Religion, also des Dämonischen. Die psychoanalytische Geldtheorie muss von der Voraussetzung ausgehen, dass Geld – nach Shakespeare – der „sichtbare Gott" oder nach Luther „der Gott dieser Welt" sei.
(Braun 1962)

Wohl ist hier der eigentliche und tiefste Grund dafür zu sehen, dass Religion und Geld wie auch Religion und Sexualität eine konfliktreiche Beziehung zueinander haben. Man könnte in Anlehnung an viele der zitierten Autoren sagen, die heute als letzte übrig gebliebene, aber als solche nicht bewusste Religion sei die Anbetung des Geldes. Vielleicht haben wir heute alle unseren persönlichen Gott auf dem Konto.

Beim Geld haben die Projektionen einen besonderen Charakter. Auf Menschen, Freunde oder Feinde, projiziere ich meine Ideale oder meine Mängel, die hellen oder dunklen Schatten oder ich suche in ihnen, was mir fehlt. Beim Geld scheint das noch tiefer zu reichen, es scheint Unendlichkeit, Ewigkeit, ewiges Wachstum, Unsterblichkeit und Seele überhaupt zu enthalten. Der Mensch tritt zu mir in Kommunikation, wird dadurch real, ich muss mich mit ihm auseinandersetzen – dabei relativieren sich die Bilder mehr oder weniger. Geld dagegen wird nicht so konkret, so lebendig, offenbart sein Inneres nicht, lässt Raum für darin verborgene Welten und Wünsche.

A. Guggenbühl-Craig (1981) sagt, neben der Sexualität sei Hauptprojektionsträger der Seele das Geld. Auch Sexualität enthält ja jenen Charakter der Erfüllung, der Vereinigung und Vervollständigung, den auch das Geld trägt. Er sieht in diesen beiden Feldern deshalb auch die größten Gegenspieler der Religion.

Das Gold von Caxamalca
Eine sehr eindrückliche Darstellung dieses Zusammenhangs findet sich in der Novelle „Das Gold von Caxamalca" von Jacob Wasser-

mann. Sie handelt vom Überfall des Conquistadors Francesco Pizarro auf das Inkareich im Jahr 1532, der Gefangennahme und schließlichen Hinrichtung ihres Gottkönigs Atahuallpa, nachdem dieser für seine Freilassung eine unermessliche Menge kunstvoller Gegenstände in reinem Gold beschafft hatte. Eine beeindruckende Szene schildert, wie der König voller Erstaunen und verständnislos dem gierigen Treiben zusieht und im Bewusstsein seines nahen Todes spricht:

„Was ist es für ein Land, in dem eure Heimat ist? Sagt mir doch, wie es beschaffen ist und wie ihr es anstellt, darin zu leben: ohne Sonne?"
„Wie denn, ohne Sonne?", fragte Andrea della Torre verwundert; „meinst du denn, dass bei uns ewige Finsternis herrscht?"
„So muss ich annehmen, da ihr der Sonne den Krieg erklärt habt", antwortete Atahuallpa.
„Du und die Sonne, ihr seid also eins?", rief Don Almagro spottend.
„Seit vielen tausend Jahren", nickte der Inka, „meine Ahnen und ich, seit die Kornfrucht in diesem Lande wächst."
Es entstand eine Stille, in welcher wir den Pater Valverde draußen beten hörten. ...
„Aber ihr antwortet mir nicht", begann er wieder und blickte rundum; „warum schweigt ihr auf meine Frage? Scheint denn bei euch dieselbe Sonne? Ihr müsst euch täuschen, es muss eine andere sein. Ist sie denn nicht erzürnt, wenn ihr die Kleinodien zerstört, die der Fleiß eurer Handwerker geschaffen hat? Verfinstert sie sich nicht, wenn ihr die geheiligten Frauen anrührt? Was habt ihr für Gesetze; was habt ihr für Bräuche? Gibt es Gestalten bei euch, die unberührbar sind? Kennt ihr denn das Unberührbare, da eure Hand doch vor nichts zurückschreckt und alles berührt?" Er streckte beide Hände mit an den Leib gedrückten Oberarmen flach aus wie zwei Schalen, als wolle er die Antwort darin empfangen.
Aber es kam keine Antwort. Es war ein so atemloses Schweigen eingetreten, dass es beinahe gespenstisch wirkte. „Ich wollte ergründen, was euch so stark macht", fuhr er sinnend und mit gesenkter Stirn fort, „und ich glaube, ich habe es ergründet. Es muss das Gold sein. Das Gold verleiht

euch den Mut, alle Dinge zu berühren und euch alle Dinge anzueignen. Und indem ihr die Dinge gewinnt, zerstört ihr jedes Dinges Form. Das Gold verwandelt eure Seele, das Gold ist euer Gott, euer Erlöser, wie ihr es nennt, und wer ein Stück davon besitzt, der ist gefeit, der meint die Sonne zu besitzen, weil er eine andere Sonne nicht kennt. Ich verstehe es nun genau, und ihr dauert mich, ihr Sonnenlosen."

250 g Goldbarren

Das kindliche Erstaunen und Erschrecken des Königs, der offensichtlich noch im Seinsmodus und nicht im Modus des Habens (hier sei auf Erich Fromm verwiesen) und auch noch in einer mythischen Welt lebt, verweist direkt auf die Anbetung des Goldenen Kalbes in der Bibel (2. Mose 32, 1-4), nachdem das Volk Israel unsicher wurde, ob Mose vom Berg Sinai zurückkehren würde und einen anbetungswürdigen Ersatz ersehnte.

Was hilft das Geld in der Kiste, wenn der Teufel den Schlüssel dazu hat?

Es ist bei allem deutlich geworden: Hinter dem Geld-Schein liegt ein vielfältiges symbolisches Sein, das sich jedoch überwiegend im Schattenbereich verbirgt.

Eigentlich könnte alles klar sein: Geld ist positiver Projektionsträger, ist Symbol der Vollkommenheit und Ewigkeit, der ewigen Kraftvermehrung, des endgültigen Wertes etc. Beim Versuch der Verwirklichung der damit verknüpften Fantasien tritt aber eine grundlegende Spaltung ein, die auch das Geld wieder in eine ganz materielle Sache verwandelt, während seine Seele entfleucht.

Geld scheint – wohl aus der von Giegerich beschrieben Kompromissbildung heraus – zielstrebig zu einem in uns liegenden Schisma zu führen, der Sehnsucht nach Entfaltung und Ganzheit einerseits und der materiellen Bindung und Festlegung andererseits, Sehnsüchte nach der Überwindung der kleinen Tode und des großen, um dann mit dem Geld, dem Kaufen, schnell wieder spürbar in der Sterblichkeit zu landen – Fromm (2010) nennt das eine Sein, das andere Haben.

So führt es uns einerseits symbolisch zur Ganzheit hin, andererseits konkret davon weg (vgl. Hillman 1980). Die Bibel enthält viele Stellen, die gerade auf diese Schizophrenie hinweisen: einerseits durch Geld zum ewigen Leben gelangen wollen, es andererseits aber eben dadurch verhindern.

Immer wieder wird gemahnt, dass das Seelen-Heil geschieden werden müsse vom Geld, vom Besitz, immer wieder wird gewarnt vor dem Hängen am Geld. Wir kennen an verschiedenen Stationen unseres Lebens plötzlich auftretende Befreiungsfantasien, die dann besonders durch die Vorstellung der Unabhängigkeit vom Materiellen geprägt sind: Nichts mehr haben, aufs Wesentliche zurückkommen. Erfahrungen der Zerstörung von Hab und Gut lösen oft überraschend Freiheitsgefühle aus.

Viele Orden und Bewegungen der Kirche sind angetreten unter dem Prinzip der Armut, sehen tiefen Glauben nur in Armut als möglich an. Das „verteufelt Göttliche" nennt James Hillman das Geld. Die beiden Seiten weisen auf eine polare Dimension hin, die überhaupt auch für die der Psyche innewohnende Dynamik charakteristisch ist. Grundlegende Dimensionen ordnen sich polar an. Geist und Materie scheinen sich da immer wieder zu scheiden.

Nun ist beim Geld jene beschriebene historische Entwicklung zu erkennen, es hat sich in Gestalt, Funktion und Bindung geändert. Heute lebt es ein scheinbar ganz eigenständiges Leben. Es ist das ganz Besondere, ganz Gesonderte. Es ist für unser Bewusstsein überhaupt nicht Psyche, sondern nur Materie, obwohl es eben real gar nicht Materie ist oder nur zum geringsten Teil. Hätten wir ein Stück Gold in der Hand – das noch viel mehr Materie ist als das Geld, so käme sofort die psychische Dimension wieder spürbar hinzu. Wir können Gold kaum betrachten ohne das Gefühl eines Besonderen, eines Reinen. Diese Entwicklung des Geldes zu beklagen ist müßig, es geht darum, sie zu verstehen, sie hat ja in der Entwicklung der Gesellschaften und Sozialwesen neben vielen Gefahren auch enorme Fortschritte bedeutet.

Es sei hier der abenteuerliche Versuch unternommen, diesen Prozess als einen Aspekt der kollektiven geistigen Individuationsgeschichte des Menschseins zu betrachten. Ausgehend von dieser Sicht stellt sich die Frage, auf welcher Stufe wir nun stehen, die Frage nach Gewinn und Verlust oder nach Licht und Schatten.

Beim Geld scheint derzeit der psychische, symbolische und geistige Aspekt noch abgespalten zu sein. Die Entmaterialisierung vom Gold zum Schein hat die Abspaltung des psychischen Faktors ermöglicht. Er ist dadurch aber nicht verschwunden, sondern unbewusst weiter wirksam, wird sozusagen zum unbewusst wirksamen Seelenelixier oder zum Geldkomplex.

Solche Komplexe haben die Eigenart, uns hinterrücks zu überfallen, plötzlich ins Bewusstsein einzubrechen und uns zu besetzen. Wir kennen das z. B. vom Erleben einer überraschenden Angst oder Wut, die uns nicht mehr loslassen wollen. Neid, Habgier, Manie, Verarmungswahn im Zusammenhang mit Geld machen deutlich, wie viel Energie hier schlummert.

In Bezugnahme auf Goethes Faust spricht Binswanger auch von der Zunahme der Sorge als Begleiterscheinung zunehmenden Reichtums und von den Kräften, die „bei der alchemistischen Schaffung des Eigentums mitwirken: Raufebold, Habebald, Eilebeute und Haltefest". (vgl. Binswanger 1984)

Paul Getty soll einmal gesagt haben: „Wenn man kein Geld hat, denkt man immer an Geld, wenn man Geld hat, denkt man nur noch an Geld."

Geld allein macht nicht unglücklich

Wären wir uns dieses verborgenen schattenhaften Aspekts des Geldes bewusst, könnten wir damit wohl besser umgehen. Wenn wir noch wüssten, dass trotz aller wunderlichen Geldvermehrung die produktive Arbeit immer Grundlage persönlichen und gesellschaftlichen Wachstums bleiben wird, wenn wir wieder wüssten und spüren könnten, dass es eigentlich beim Geld immer um mehr geht, um Verwirklichung, Vervollkommnung des Lebens, dann könnten wir vielleicht einen anderen Umgang mit diesem mercurialen Medium gewinnen, denn es geht bei den Kräften, die wir befreit haben, um uns zu befreien, ja nicht darum, sie wieder zu vernichten, sondern sie nutzbar zu machen und die Entscheidung darüber zu behalten, wer Herr/Frau im Haus ist, so wie es in einem alten Spruch heißt: „Man muss dem Gelde gebieten, nicht gehorchen."

Es gibt in neuerer Zeit wieder vermehrt Bewegungen, die nach Alternativer zu heutigen Wirtschafts- und Geldmarktformen suchen, wie z. B. Privatkreditorganisationen, Sharingmodelle, alternative Währungsmodelle.

Wenn wir uns ehrlich prüfen, müssen wir hier innere Grenzen überwinden und große Schritte tun. Zunächst neigen wir dazu, reich sein zu wollen als natürliches Bedürfnis zu nehmen. Überdeutlich scheint es aber beim Ansammeln vom Geld gar nicht primär um den Reichtum zu gehen. Oft fragen wir uns, was das Motiv bei einem Menschen sei, immer mehr Geld zu horten. Es scheint eben mehr zu sein als die Materie, es scheint eine Dynamik darin zu liegen, die uns mehr verheißt als Wohlstand. Die Dimension der Unendlichkeit ist angesprochen, der unendlichen Vermehrung des Seins, der Lebenskraft und der Macht über den Tod.

Literatur und Hintergrundquellen

Amar, A. (1977): Psychoanalytischer Versuch über das Geld. In: Bornemann 1977 (s.u.).

Bächthold-Stäubli, H. (Hrsg.) (1987): Handwörterbuch des deutschen Aberglaubens. Berlin: Walter de Gruyter.

Binswanger, H. (1984): Geld und Magie. Stuttgart: Weitbrecht.

Bornemann, E. (1977): Psychoanalyse des Geldes. Frankfurt/M.: Suhrkamp.

Braun, N., Braun, O. (1962): Zukunft im Zeichen des Eros. Pfullingen: Neske.

Freud, S. (1968): Charakter und Analerotik. Gesammelte Werke. Frankfurt/M: Suhrkamp.

Jung, C. G. (1984): Psychologie und Alchemie. GW 12. Freiburg: Olten.

Fromm, E. (2010): Haben oder Sein. München: dtv.

Giegerich, W. (1994): Animus-Psychologie. Frankfurt/M.: Peter Lang.

Guggenbühl-Craig, A. (1981): Seele und Geld. Gorgo 1/1981.

Hillman, J. (1980): Seele und Geld. Gorgo 4/1980.

Lietaer, B. A. (2000): Mysterium Geld – Emotionale Bedeutung und Wirkungsweise eines Tabus. München: Riemann.

Müller, L. (2003): Hermes-Mercurius. In: Wörterbuch der Analytischen Psychologie. Düsseldorf: Walter.

Simmel, G. (1989): Philosophie des Geldes. Frankfurt/M.: Suhrkamp, (Erstausgabe 1907).

Dieter Knoll
Dr. rer. soc., Analytischer Psychotherapeut in freier Praxis.

1. Gold und Silber lieb' ich sehr,
kann's auch gut gebrauchen,
hätt' ich nur ein ganzes Meer,
mich hineinzutauchen;
braucht ja nicht geprägt zu sein,
hab's auch so ganz gerne,
sei's des Mondes Silberschein.
sei's das Gold der Sterne.

2. Doch viel schöner ist das Gold,
das vom Lockenköpfchen
meines Liebchens niederrollt
in zwei blonden Zöpfen.
Darum, du, mein liebes Kind,
lass' uns herzen, küssen,
bis die Locken silbern sind
und wir scheiden müssen.

3 Seht, wie blinkt der goldne Wein
hier in meinem Becher;
horcht, wie klingt so silberrein
froher Sang der Zecher!
Dass die Zeit einst golden war,
will ich nicht bestreiten,
denk' ich doch im Silberhaar
gern vergangner Zeiten.

(Volkslied, 19. Jahrhundert)

Mammon – Gott oder Teufel?

Zur archetypischen Bedeutung des Geldes

Roland Heinzel

**„Wirtschaftswissenschaften ohne Berücksichtigung der Psychologie ist,
wie wenn man Technik betreibt, ohne die Gesetze der Physik zu beachten."
(Wesley Clair Mitchell, National-Ökonom)**

*„Ihr könnt nicht Gott dienen und
dem Mammon."
(Matthäus 6, 24)*

Tiefenpsychologie und Geld

Man hat C. G. Jung nach 1945 vorgehalten, er habe die zerstörerische Wucht des Nationalsozialismus, hinter dem er u. a. den archetypischen germanischen Gott Wotan sah, unterschätzt und sei teilweise seiner Faszination erlegen.

Heute geht es nicht mehr um den NS-Terror, sondern um die Macht der Finanzmärkte, nicht mehr um den Gott Wotan, sondern um den Gott Mammon, der dabei ist, immer mehr Lebensbereiche zu beherrschen. Und wie damals ist die Tiefenpsychologie dazu aufgerufen, die unbewussten Kräfte, die dieses globale Drama steuern, nach und nach zu erforschen. Wir sollten uns bemühen zu verstehen, wie wir selbst, jeder und jede von uns, dieses System durch unser Denken und Verhalten aufrechterhalten. Und als Analytiker sollten wir uns, genauso wie bei unseren Patienten, darum kümmern, wie sich die Menschen ablenken, verführen und manipulieren lassen – auch wir selbst!

Nicolas Poussin (1594 – 1665): Die Anbetung des goldenen Kalbes (www.wikimedia.org)

Bei Kontakten mit und bei der Lektüre von Volkswirtschaftlern drängt sich mir immer wieder die Vermutung auf, dass diese Wissenschaftler erstaunlich wenig über das Thema Geld und Finanzen wissen. Sie befassen sich mit Markt-Mechanismen, Konjunkturzyklen, Arbeitsmarkt usw. – aber über den Kreislauf des Geldes, wo es herkommt, wohin es verschwindet und vor allem: was es psychisch bedeutet und symbolisiert, darüber verlieren weder Ökonomen noch Politiker kaum je ein Wort.

Dabei wäre das angesichts der Euro- und Schuldenkrise doch dringend geboten! Laut Angaben des Statistischen Bundesamtes betrug der aktuelle Schuldenstand der Bundesrepublik Deutschland am 31. März 2012 2.042 Mrd. €, davon entfielen 1.286 Mrd. auf den Bund, 622, 7 Mrd. auf die Länder und 133 Mrd. auf die Kommunen. Die Pro-Kopf-Verschuldung lag Ende 2010 bei ca. 24.600 €. Auf den Bund entfallen 63 % der Staatsschulden, auf die Länder 30 %, auf die Gemeinden 7 %.

Und dank dem Armuts-Reichtums-Bericht wissen wir ja, dass das Gesamtvermögen der Deutschen bei ca. 10 Billionen liegt, allerdings sehr ungleich verteilt !!

Wie das Geld in die Welt kam

Die Phönizier haben das Geld erfunden – aber warum so wenig? (Nestroy)

Mit dem Geld ist es wie mit der Atemluft, dem Blut oder unserer Gesundheit: Solange wir die haben, fragen wir nicht danach, erst wenn sie knapp werden oder geschädigt sind, wachen wir plötzlich auf – aber dann ist es oft zu spät.

Deshalb sollten wir uns kurz vergegenwärtigen, wie alles begann:

Noch vor dem Tauschhandel (und heute in archaischen Gemeinschaften, die in lebensfeindlicher Umgebung überleben) schenkte man sich das Notwendige gegenseitig. Alle waren aufeinander angewiesen, jeder wusste: Wenn er etwas braucht, bekommt er es von anderen. Als Nächstes kam der Tauschhandel, nach dem Motto: Hungriger Schneider trifft frierenden Bauern. Aber was, wenn der Bauer im Winter friert und kein Brot hat? Deshalb benutzte man schon bald beständige, schwer zu imitierende Gegenstände wie Kaffeebohnen, Muscheln oder Rinder als Tauschmittel. Nun konnte man Anbieter und Nutzer einer Ware oder Dienstleistung auch über räumliche und zeitliche Entfernungen zusammenbringen.

Zur Zeit der Sumerer wurde dann das Münzgeld erfunden, dessen Metall lange Zeit auch den Wert hatte, der draufstand. Zur Zeit der Industriellen Revolution wurde dann von einem Schotten namens John Law das Papiergeld erfunden. Hier ist der materielle Wert gleich Null, sein Wert basiert nun auf Vertrauen des Empfängers und Vertrauenswürdigkeit der Institution, die es in Umlauf bringt. Im Lauf des 20. Jahrhunderts wurde das Abstraktionsniveau immer höher: erst das Buch- oder Giralgeld, dann Pfandbriefe, Aktien, Schuldverschreibungen, und schließlich die berühmten „Derivate", „Futures", „Optionen" usw., die inzwischen für die Aufblähung („In-flation") des Geldmarktes sorgen. Und durch die Geldschöpfung aus dem Nichts (FIAT-Geld) stieg die Gefahr einer echten Inflation. In der Schweiz z. B. sind 80 – 90 % des Geldes nur noch elektronisch vorhanden. Die EDV erleichtert Spekulation bei zwischenstaatlichen Transaktionen und bevorzugt kurzfristige Investitionen, die schnellen Profit bringen – zulasten langfristiger Projekte. Mit der Globalisierung durch das Internet seit den 90er Jahren entstand die Möglichkeit der elektronischen Verschiebung beliebig großer Geldmengen rund um den Globus in Millisekunden. Damit begann die Übermacht der Finanzmärkte und das gefährliche Auseinanderklaffen der „Schere" zwischen Arm und Reich.

Bedrohung durch die sogenannte Finanzkrise
Die Gefahr der gesellschaftlichen Spaltung und die Bedrohung der Demokratie wird bei uns erst allmählich zum zentralen Thema, aber Versorgungs-Mentalität, Egoismus, Konkurrenzdenken, Manager-Boni und die Unzufriedenheit der Menschen, die sie mit Konsum kompensieren, haben sich ja lange vor der Finanzkrise entwickelt. Das Problem sind sogar weniger die Manager, die für ihren Konzern Gewinne und Arbeitsplätze schaffen, sondern Investoren und Spekulanten, die Firmen „filetieren" oder gar zugrunde richten – und vor allem die, die viel höhere Gewinne einstreichen als die arbeitenden Manager, wie z. B. die Familie Quandt, die 2012 (im Unterschied zum BMW-Vorstandsvorsitzenden Reithofer, der 6 Millionen verdiente) einen Gewinn von 703 Millionen € bekamen – ohne etwas zu tun! George Soros soll sinngemäß gesagt haben: Ein Sys-

tem, in dem ich gegen das englische Pfund wetten und dabei Milliarden gewinnen kann, muss krank sein.

Täglich werden so ca. eine Milliarde Euro von „unten" nach „oben" verteilt – dorthin, wo die wahren „Transfer-Empfänger" sitzen. Der größte Anteil an Geldverleihern sind große Banken, multinationale Konzerne, Versicherungen, Milliardäre, Investmentfonds, Spekulanten. Ein kleinerer Teil sind private Anleger, die aber meist mehr gefährdet sind, weil sie Informationen später bekommen. Fast nie werden die wahren Mächtigen und Nutznießer der Misere beim Namen genannt, ihnen gelingt es meistens, anonym zu bleiben. Die Politiker lassen sich von Lobbyisten beeinflussen und zu neuen Gesetzesvorhaben „beraten".

Dass die 2008 ausgebrochene Krise nicht überwunden ist, hat sich herumgesprochen. Die meisten Fachleute sind sich einig, dass viele der darin enthaltenen Chancen vertan wurden. Die Märkte sind weiter „dereguliert", eine europäische Bankenaufsicht oder gar eigene Rating-Agentur ist noch in weiter Ferne. Und eine immer schädlicher werdende und den Markt verfälschende Wirkung des Geldes entsteht durch die wachsende Bedeutung von Zins und Zinseszins. Die Exponentialfunktion, der der Zinseszins folgt, hat eine lebensfeindliche Dynamik wie Lawine, Krebs und Atombomben-Explosion.

Allerdings: Jede Bedrohung resultiert wie jede Infektion aus mindestens zwei Faktoren, der Virulenz des Erregers und der Resistenz oder Resilienz des gefährdeten Organismus. Dass aber offenbar trotz Aufklärung die Menschen heute noch infizierbarer durch die Verlockungen des Mammon sind als früher, hängt sicher vor allem mit der gesamtgesellschaftlichen Entwicklung zusammen: mehr Flexibilität, lockere Beziehungen, Verringerung des familiären Rückhaltes usw. Dadurch nimmt die Neigung zu „Ersatzbefriedigungen" durch Konsum und Medien zu.

Dazu sagt der Sozialwissenschaftler Oskar Negt, Bindungslosigkeit sei die Voraussetzung für den neoliberalen Kapitalismus. Der bindungslose, enttraditionalisierte, wertfreie, au-

ßengeleitete Mensch handelt „marktgerecht" und ist im Sinne von Märkten, internationalen Konzernen und Werbung usw. manipulierbar.

Die neuseeländische Psychologin Nicola Gavey hat 2012 auf dem Psychologen-Weltkongress in Kapstadt in ihrem Vortrag „The Neoliberal deceit" (Betrug!) die Grundannahmen und Methoden des neoliberalen Kapitalismus aufgezählt:

1. Die Idee und trügerische Vision eines „freien Individuums"
2. Deregulierung der Finanzmärkte, Banken, multinationalen Konzerne
3. Privatisierung bislang öffentlicher Institutionen
4. Schwächung und Entwertung öffentlich-rechtlicher Institutionen und Projekte

Durch den Wandel von „having" a market society zu „being" a market society würden Schritt für Schritt Würde und Freiheit des Einzelnen in Geiselhaft genommen ("hijacked") und durch das scheinbare Ziel materiellen Wohlstands viele Teile der Gesellschaft dem Profitstreben untergeordnet. Durch das Angebot von anscheinend grenzenlosen Möglichkeiten und „Optionen" (opportunities) werde es besonders für Jugendliche immer schwieriger, eine eigene Kontur und Identität zu finden und aufrechtzuerhalten. Der „Betrug" bestehe darin, dass mit der Vorspiegelung von Autonomie und Freiheit und durch die Verlockungen der Werbung im Grunde die Bedingungen für dieses Finden von Kontur („shaping") im individuellen und intimen Leben beeinflusst werden. Gavey nennt dies „marketization".

Es werden den Menschen bezüglich Schönheit, richtiger Sexualität, Alkoholgenuss, Kosmetik, Fitness usw. Idealvorstellungen eingeflößt, durch Standards, „Normen", die bewusst oder unbewusst von immer mehr Bürgern akzeptiert werden, die damit abhängig von der Industrie bleiben. Schlimmer noch: Die Einflussnahme erstreckt sich sogar auf den medizinischen Bereich, wenn z. B. Normwerte wie Blutdruck, Cholesterin usw. weitgehend von Wissenschaftlern definiert werden, die (direkt oder indirekt) unter dem Einfluss der Pharma-Industrie stehen.

Eine zentrale Rolle bei der allmählichen weltweiten „Machtergreifung" durch die sogenannten Finanzmärkte spielt der „Konsens von Washington", der dem Neoliberalismus der Chicagoer Schule (Milton Friedman) zum Durchbruch verhalf. In ihm taten sich zur Lösung der lateinamerikanischen Schuldenkrise in den 1980er Jahren IWF und Weltbank mit dem US-Finanzministerium und anderen US-dominierten Institutionen zusammen, um Kredite an lateinamerikanische Länder zu vergeben, unter der Bedingung, dass diese Länder „Strukturanpassungen" durchführten, die aber später in vielen Ländern zu mehr Armut geführt haben, wie Josef Stiglitz (2004) und andere Wirtschaftsfachleute kritisiert haben. Auch andere monierten, die Regierungen seien dadurch zu Getriebenen der Finanzmärkte geworden. Dies formulierte radikal der ehemalige Präsident der Deutschen Bundesbank, Hans Tietmeyer, beim 3. Weltwirtschaftsforum Februar 1996, indem er zu den versammelten Staatsoberhäuptern sagte: „Von nun an stehen Sie unter der Kontrolle der Finanzmärkte." (vgl. Ziegler (2005)

Die unbewussten Wirkungen einer Ersatzreligion
Warum heißt es „Geld regiert die Welt"? (Und wer regiert das Geld?)

Es ist höchste Zeit, sich mit den unbewussten und archetypischen Kräften hinter der Macht des Geldes zu befassen, die nicht nur bei „Eliten" und Machthabern, sondern auch bei normalen Bürgern wirksam sind, so dass diese entweder nicht merken, dass sie manipuliert werden, oder mit dem System zufrieden sind – oder gar, weil sie die Macht der „Märkte" und der „Globalisierung" zwar erkennen, aber jeden Widerstand dagegen aufgegeben haben. Woher kommt die Unterwerfung?

Eine sehr plausible Hypothese stellt der französische Sozialphilosoph Dany Dufour in seinem Buch „Le divin marché" (Der göttliche Markt) vor. Er vermutet, der „Markt" sei ein Nachfolger transzendenter Gottheiten, mit

einem ähnlichen (zumindest vorgegaukelten) „Erlösungspotenzial": Dies erscheint plausibel, denn nachdem die Bürger der am weitesten „entwickelten" Nationen seit zwei Jahrhunderten mehrheitlich immer weniger Zugang zu ihren geistigen und spirituellen Wurzeln haben, sammelt sich, worauf v. a. C. G. Jung immer wieder hingewiesen hat, im Unbewussten ein Defizit an Sinnerleben an. Dadurch entsteht, über die vordergründige Befriedigung von echten und künstlich erzeugten Bedürfnissen hinaus eine Sehnsucht nach Einbettung in einen größeren Zusammenhang, verbunden mit dem Wunsch des „erschöpften Selbst" (Ehrenberg 2008) nach Erlösung – danach, von der Last der Eigenverantwortung befreit zu werden.

Beim näheren Hinsehen werden wir bald konfrontiert mit einer immer stärker werdenden Schieflage unserer „modernen" Industrie-Gesellschaften, die sich seit 2000 Jahren anbahnt und seit der Aufklärung zuspitzt: eine Asymmetrie zwischen einem aufstrebenden, immer besser organisierten, immer effizienteren rationalen Bewusstsein einerseits und einem immer mehr unterdrückten, entwerteten, abgespaltenen und manchmal auch dämonisierten Unbewussten. Dies hatte weitere Asymmetrien zur Folge: Überbetonung der Denkfunktion vor der Fühlfunktion, der Extraversion vor der Introversion, des archetypisch Männlichen bzw. des Animus vor dem archetypisch Weiblichen bzw. der Anima, schließlich mit der Zeit eine Überbewertung progressiver Impulse und Entwicklungen vor den regressiven, Aktionismus vor Kontemplation.

Dies wäre nun für sich noch nicht so schädlich gewesen, wenn nicht die weniger geachteten, ja sogar entwerteten Tendenzen und Kräfte individuell und kollektiv in den Bereich des Schattens „abgewandert" wären. Das bedeutet, dass sie weniger differenziert wurden, dass sie auf die Frauen projiziert und – z. B. in Hexenprozessen – dort bekämpft wurden. Aber wie das immer mit Verschiebungen von Seelenanteilen in den Schatten ist: Die dreizehnte Fee, die nicht eingeladen wurde, rächt sich bitter. So kam es in den verschiedenen Epochen zu ganz unterschiedlichen destrukti-

ven Entwicklungen, von denen die Glaubens-
kriege, die Kreuzzüge und die Inquisition nur
die „Spitzen des Eisbergs" sind.

Erich Neumann hat diese Entwicklung in seinem Buch „Tiefenpsychologie und neue Ethik"
auf den Punkt gebracht. Er betonte, dass
durch das Wertesystem, das er „alte Ethik"
nennt, allgemeine Normen verbindlich wurden
und das Objektive über das Subjektive gestellt
wurde, aber auch ein großer Anpassungs-
zwang entstand. Dadurch habe sich einerseits
die äußere Form des Individuums, die Per-
sona, gebildet, die den Regeln des Kollektivs
entsprach und verschiedene Rollen übernehmen konnte, aber andererseits habe sich aus
den nicht angepassten, gefährlichen und deshalb verleugneten Seelenanteilen der Schatten
herausgebildet, der aus vielen verschiedenen
Kräften und Tendenzen besteht, die im Unter-
grund verharren, bis sie auf andere projiziert
werden oder zu anderen pathologischen Verhaltensweisen führen.

Die Große Mutter
Den zentralen Aspekt dieses gesamten Ver-
schiebungs- und Spaltungs-Vorgangs beschreibt m. E. sehr eindrücklich der Finanzex-
perte und Jungianer Bernard Lietaer: Er zeigte
schon im Jahr 2000, wie die „drei großen Tabus der westlichen Gesellschaft: Sex, Tod und
Geld", die sich miteinander entwickelten, jetzt
innerhalb einer Generation in Frage gestellt
werden.

Er greift die Idee des Schattens auf und
schildert im Jahr 2000, also lange vor der jetzigen Finanzkrise, wie die Menschheit, vor allem die des „Westens" durch diese Verdrän-
gungen des Gefühlsbereichs, der Intuition und
des subjektiven Individuums – kurzum, des Archetyps der Großen Mutter – in eine Schieflage kam, die schließlich zu den Verwerfungen
des Finanzsystems geführt hat. Er weist darauf hin, dass der Schatten der Großen Mutter
in der Gier („Yang-Schatten") und – komple-
mentär dazu – die Angst vor Knappheit („Yin-
Schatten") besteht.

Damit sind wir schon bei einer frühkindlichen
Prägung: Wenn – was bei vielen Menschen der

Fall war, vor allem nach dem Krieg – in der frühen Kindheit eine äußere oder seelische Armut herrschte, wenn es wenig Spiegelung und
emotionalen Rückhalt gab, dann neigt das betroffene Individuum dazu, vorzusorgen, sich
abzusichern und immer mehr zu wollen. Eine
Parallele zur Sucht wird hier erkennbar. Denn
dass mit Geld, Konsum, Detailwissen statt Bildung und Machtausübung das ursprüngliche
Bedürfnis in keiner Weise befriedigt wird, wissen wir ja. Deshalb ist ja eine stetige Erhöhung
der „Dosis" des Suchtmittels nötig. Und der
Kapitalismus lebt davon, künstliche und unna-
türliche Wünsche zu erzeugen, wenn die natürlichen erfüllt sind. (vgl. Zinn 2003)

Reichtum gleicht dem Seewasser: Je mehr man da-
von trinkt, desto durstiger wird man. (Schopen-
hauer 1973)

Beim Schatten der Großen Mutter ist eine
Parallele zu H.-J. Maaz (2012) erkennbar: Er
beschreibt, dass die narzisstische Kompen-
sation einer frühen Mangelsituation in zwei gegensätzlichen Richtungen pathologisch kompensiert wird: Durch Selbstüberschätzung (bis
zum Größenselbst oder Größenwahn - die typische „narzisstische" Einstellung), was der
Gier entspricht, und durch Unterwerfung und
Minderwertigkeit, also die Neigung, keine Verantwortung zu übernehmen, sich helfen zu
lassen, ggf. als „Sozialschmarotzer", entsprechend der Knappheit.

Lietaer (2000) fasst im gleichen Buch seine
Erkenntnisse über diese Entwicklung wie folgt
zusammen:

Mit unseren heutigen Kenntnissen der Archety-
pen-Psychologie lässt sich vorhersagen, dass ein
Währungssystem, das aus einem kollektiven Un-
bewussten heraus entsteht, in dem der Archetyp der
Großen Mutter unterdrückt wird, von den Schat-
ten dieses Archetyps geprägt ist. Das moderne Wäh-
rungssystem bietet denen, die bereit sind, Geld an-
zusammeln, eine spezielle Belohnung (Verdienste
durch Zinsen) und bestraft rücksichtslos diejenigen
(durch Bankrott, Armut), die das Spiel nicht mit-
machen. Wir spielen dieses Spiel heute noch.

Und ich füge hinzu: Der Mann, der das Spiel mitmacht und meint, er könne es ewig weiterspielen ohne Nachteile, ohne Verantwortung – das ist der „puer aeternus".

Und diesem puer fehlt offenbar ein guter Vater als Leit- und Vorbild, an dem er sich messen und selbst strukturieren kann. Das führt uns zum:

Monetarismus als Schatten des Vater-Archetyps

Da auch Mutter- und Vater-Archetyp wie kommunizierende Röhren sind, dürfte der heutige Schwerpunkt auf die Macht und Gier der Spekulanten und Investoren aus diesem Schattenbereich kommen: Der „gute" Vater gibt Orientierung, Leistungs-Bereitschaft, mit ihm kann man als Sohn konkurrieren und als Tochter flirten. Aber die abstrakte Welt der „Derivate", „Futures" und „Credit Default Swaps" zeigt eher einen Mangel an guter Väterlichkeit. Hier wird eher der Macht-Komplex „gefüttert" – und der wird durch den „Gott Mammon" perfekt verkörpert (der in der Mythologie allenfalls ein Dämon ist und nur in der Dichtung zum „Gott" stilisiert wird).

Adam Smith mit seinem Hinweis auf die unsichtbare Hand gilt als Erfinder der modernen Ökonomie. Dabei wird meistens nicht erwähnt, dass er als Theologe von einem ethischen Standpunkt aus argumentierte. Dieser ist heute weitgehend verloren gegangen, stattdessen ist die undifferenzierte Gier auf allen Ebenen im Vormarsch, wobei die Renditejäger von oben und die Schnäppchenjäger von unten perfekt ineinandergreifen.

Eine besonders beeindruckende Untersuchung zu diesem Schattenbereich stammt von dem Psychoanalytiker und Finanz-Kenner David Tuckett (2011), der viele Banker und Top-Manager interviewt hat. Er sagt sinngemäß, es handle sich bei ihren unbewussten Entscheidungs-Voraussetzungen oft um Idealisierungen, ambivalente Objektbeziehungen, Machtgier, Liebe und Hass – und v. a. abgespaltene, unreflektierte Gefühle. Typischerweise wird nach seinen Ermittlungen bei einem lockenden Geschäft (und Bonus) das Bewusstsein

des Risikos ausgeschaltet. Oft werden logisches Denken und Intuition nicht integriert zu einem angemessenen Empfinden für die Außenrealität, sondern gesteuert von unerfüllten Wünschen, (Sehn-)Sucht nach Anerkennung, narzisstischen Bedürfnissen – auch wieder im Sinne einer Ersatzbefriedigung. Sind das dann nicht auch wahrhafte „pueri"?

Unnachahmlich schildert Christa Wolf in ihrem Roman den Schatten des Vaterarchetyps, den unheilvollen „Sieger": Darin hält die Seherin mit einem Wagenlenker der „Siegermacht" einen oft zitierten Dialog, den ich gekürzt wiedergebe:

Seherin: „Wenn ihr aufhören könnt zu siegen, wird diese eure Stadt bestehn." Wagenlenker: „... Du glaubst nicht dran." „Woran?" „Dass wir zu siegen aufhören können." „Ich weiß von keinem Sieger, der es konnte." Wagenlenker: „So ist, wenn Sieg auf Sieg am Ende Untergang bedeutet, der Untergang in unsere Natur gelegt." Seherin: „... Ich glaube, dass wir unsere Natur nicht kennen ... So mag es, in der Zukunft, Menschen geben, die ihren Sieg in Leben umzuwandeln wissen."

Goethes Faust: Die Wirtschaft als alchemistischer Prozess

C. G. Jung sah in Goethes Faust vor allem ein Werk der Alchemie. Ganz in diesem Sinne schildert der Wirtschaftswissenschaftler Hans Christoph Binswanger, wie Goethe in Weimar als zuständiger Minister für Wirtschaftsfragen die Anfänge der industriellen Revolution miterlebt und deren Konsequenzen vorausgesehen hat. Er erkannte die psychologische und mystische Bedeutung der Wirtschaft als alchemistischen Prozess: die Suche nach dem „künstlichen Gold", die sich bei dem, der sich ihr (und damit dem Teufel) verschrieben hat, schnell in eine Sucht verwandelt. Hinter der vorgeblichen Suche nach Wissen und Weisheit, für die sich Faust „der Magie ergab", steckte also sicher auch ein archaisches Bedürfnis, das dem vieler heutiger Spekulanten, Bankern und Konzernherren sehr ähnlich ist ... Die Schöpfung des Geldes aus dem Nichts entspricht der Erschaffung des „künstlichen Goldes" – in Faust II eine Idee von Mephisto. Von wem sonst? Hier begegnet uns wieder ein Schattenaspekt des Vater-Archetyps, der Magier: Mephistos Spruch „Ich bin ein Teil von jener Kraft, die stets das Böse will und stets das Gute schafft!" – erinnert uns der nicht an die trügerische Argumentation von Investoren, die Gier, Reichtümer anzuhäufen und Konzerne aufzubauen, würde Wachstum schaffen und damit Arbeitsplätze?

Die zerstörerische Magie der künstlichen Geldschöpfung wird deutlich, wenn man bedenkt, dass heutzutage dem weltweiten Bruttosozialprodukts von ca. 70 Bill. $ schon im Derivate-Markt über 700 Bill. $ und im Devisenmarkt über 1000 Bill. $ gegenüberstehen. Die Magie der wundersamen Geldvermehrung und des durch den Zins und Zinseszins vorangetriebenen Wachstumswahns gehen von unbegrenzten Ressourcen aus – wieder eine Missachtung der „Mutter Erde". Binswanger (2005) schreibt:

Goethe deckt durch die alchemistische Deutung der Wirtschaft Kräfte auf, die in ihr wirken, die aber von der herrschenden – der klassischen und der modernen – Nationalökonomie totgeschwiegen werden. Die Natur ... kommt in der grundlegenden Produktionsfunktion der Nationalökonomie nicht zum Vorschein.

Immer deutlicher wird, dass die Magie der Geldvermehrung durch Fortschrittsgläubigkeit; Machbarkeitswahn und Machtkomplex zur Hybris, zur „Gottähnlichkeit" verführt. Das opus magnum soll den Schöpfungsakt weiterführen, ja den faustischen Menschen „unsterblich" machen, wenigstens in seinen Werken. Diese Verlockung war im zweiten verbotenen Baum des Paradieses, dem Baum des Lebens, enthalten, den Adam und Eva nicht angerührt haben.

Wenn man ihr folgt, kann man unversehens zum Opfer des Mephisto werden, der in der Studierstube, als Faust gerade abwesend ist, dem unbedarften Studiosus leise hinterher sagt: „Folg nur dem alten Spruch und meiner Muhme, der Schlange, dir wird gewiss einmal bei deiner Gottähnlichkeit bange!"

Der kollektive und individuelle Motor, der treibende Blutkreislauf dieser „Gottähnlichkeit" und Hybris des Ich ist spätestens seit der Aufklärung, als die „echten' Götter nach und nach aufs Altenteil geschickt wurden, das Geld. Aber wie bei jeder Inflation kann es nie ein Gleichgewicht oder eine zirkuläre Entwicklung geben. Das neue Paradigma ist „Wachstum", aber das führt nicht zum „Er-wachsen"-Werden, wie in der Natur, sondern ist leider exponentiell, schon aufgrund des Zinseszinses. Dazu noch einmal Binswanger:

Durch die Faszination des unendlich Vermehrbaren und ewigen Fortschritts gewinnt die Wirtschaft den transzendenten, das heißt, Grenzen überschreitenden Charakter, den die Menschen früher in der Religion gesucht haben.

In seiner Abhandlung „Psychologie und Alchemie" vergleicht Jung die „neue" Alchemie dieser „inflationierten" Wirtschaft mit den alten Alchemisten :

In einem gewissen Sinne standen die alten Alchemisten der seelischen Wahrheit näher als sie den feurigen Geist aus chemischen Elementen erlösen wollten und das Mysterium behandelten, als ob es im Schoße der dunklen und stummen Natur läge. Es war noch außer ihnen. Die aufwärts drängende Entwicklung des Bewusstseins aber musste einmal diese Projektion aufheben und der Seele zurückgeben, was von Anfang an seelischer Natur war. Was war aber die Seele seit den Zeiten der Aufklärung und in den Zeiten des wissenschaftlichen Rationalismus? Sie war identisch mit dem Bewusstsein geworden. Seele wurde das, was ich weiß. Seele war nirgends außerhalb des Ich ... Das Feuer erkaltete zu Luft und die Luft wurde zum Winde des Zarathustra und verursachte eine Inflation des Bewusstseins ... Ein aufgeblasenes Bewusstsein ist immer egozentrisch und nur seiner eigenen Gegenwart bewusst. Es ist unfähig, aus der Vergangenheit zu lernen, unfähig, das gegenwärtige Geschehen zu begreifen, und unfähig, richtige Schlüsse auf die Zukunft zu ziehen. Es ist von sich selber

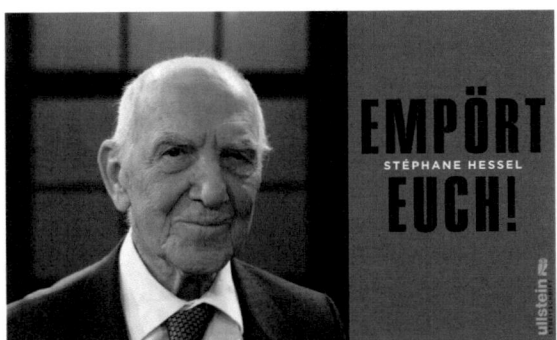

Stéphane Hessel (1917 – 2013) war ein französischer Résistance-Kämpfer, Überlebender des Konzentrationslagers Buchenwald, Diplomat, Lyriker, Essayist und politischer Aktivist. Große Aufmerksamkeit erregte 2010 Hessels Essay „Empört Euch!", in dem er harsche Kritik an verschiedenen aktuellen politischen Entwicklungen übt und zum Widerstand aufruft. (www.wikipedia.org)

hypnotisiert und lässt darum auch nicht mit sich reden. Es ist daher auf Katastrophen angewiesen, die es nötigenfalls totschlagen. "

Ist es nicht beklemmend, wie genau und wie früh Jung die Finanzkrise und globalisierte Übermacht des neoliberalen Raubtier-Kapitalismus vorhergesehen hat?

Alte und neue Helden

Und wer ist schuld an der Verdrängung der Großen Mutter? Welcher Archetyp? Natürlich der Archetyp des sogenannten „Helden", der den Drachen (also den dunklen Aspekt der Großen Mutter) tötet, anstatt ihn zu zähmen und sich mit seinen Kräften zu verbünden! Dieser Held ist noch nicht erwachsen, es ist heute immer noch der PUER !!!! Da wir uns mit „unreifen Helden" der heutigen Gesellschaft und Wirtschaft schon genug beschäftigt haben, möchte ich – für eigene Recherchen der Leser – im Anhang als Beispiele für „wahres Heldentum heute" einige Projekte und Namen nennen, die uns allen Hoffnung auf eine humanere, nicht ausschließlich monetär orientierte und nachhaltigere Wirtschaft geben können.

Beim Zerfall der meisten Kulturen in der Welt war einer der wesentlichen Ursachen der extreme Reichtum einerseits und die Verarmung der großen Mehrheit (vgl. Toynbee 1979). Nicht nur in den sogenannten „entwickelten" Ländern ist es mittlerweile vermutlich der aufge-

blähte deregulierte Finanzsektor, der die Systeme an den Rand ihrer Selbstregulationsfähigkeit bringt. Während unseren Patienten der Leidensdruck die Motivation zur Therapie bringt, entsteht auf unserem Globus der Leidensdruck hauptsächlich bei denen, die nichts ändern können, und umgekehrt.

Stephan Heinzel weist im Hinblick auf dieses Gefälle darauf hin, dass sowohl Ausblendung von Problemen als auch Panikmache bewirken, dass sich nichts ändert. Wir müssen uns also in einem „mittleren Angstniveau" halten, in dem wir durch die Sorge motiviert werden, z. B. den Bankberater zu fragen, wo unser Geld angelegt wird, oder beim Kauf einer Jeans, wo sie herkommt und warum sie so billig ist. Die Probleme sind nicht weit weg. Wir sollten nicht dem NVMH-Syndrom anheimfallen („Nicht vor meiner Haustür"), das Al Gore in seinem Buch „Wege zum Gleichgewicht. Ein Marshall-Plan für die Erde" beschrieb: Das Buch war ein Auslöser für die Gründung der Global Marshall Plan Initiative!

Besorgnis „an sich heranlassen" bedeutet, gegen die Verdrängung zu wirken und für eine moderate Bewusstmachung, unsere Empathie und Beziehungsfähigkeit stärken, so wie unsere Wertvorstellungen und Sinnerleben, uns in Gruppen solidarisch zusammenfinden und in uns eine spirituelle Tiefendimension wieder finden – alles in allem: Der Liebe wieder eine Chance geben!

Nach allen Erfahrungen mit Krisen braucht es für Veränderungen eine „kritische Masse". Franz Alt hat mir einmal am Rande einer Jung-Tagung gesagt, dafür würden nach seinen Erfahrungen 20 –25 % reichen. Aber weil die Armen ihren Alltag bewältigen müssen und die Reichen kein Interesse an Veränderungen haben, muss ein Wandel aus der Mitte der Zivilgesellschaft kommen – diese Masse muss „kritisch" werden!!! Dazu helfen Aufrufe wie die von Stéphane Hessel . Wie ein solcher Wandel vom Monetarismus zu mehr Achtung „wahrer Werte" und unserer Mutter Erde geschehen kann, zeigt ein Beispiel aus der Natur, das ich dem Biologen und Kämpfer für Nachhaltige Entwicklung Geseko von Lüpke) verdanke:

Aus einer Raupe wird nicht ganz allmählich ein Schmetterling. In der Puppe entstehen irgendwann ein paar „IMAGO-Zellen", die vom Immunsystem der Raupe sofort als fremd erkannt und vernichtet werden. Aber nicht alle! Einige überleben und vermehren sich wieder. Das passiert so einige Male, aber immer mehr dieser Imago-Zellen schaffen es, am Leben zu bleiben und sich schließlich zu vernetzen. Dann gewinnen sie die Oberhand und verdrängen als neue „Schmetterlingszellen" die alten Raupen-Zellen. Danach dauert es noch vier Tage, bis der Schmetterling schlüpft.

Literatur

Binswanger, H. C. (2005): Geld und Magie. Eine ökonomische Deutung von Goethes Faust. Hamburg: Murmann.

Dufour, D.-R. (2007): Le divin marché, la révolution culturelle libérale. Paris: De noël.

Ehrenberg, A. (2008): Das erschöpfte Selbst. Suhrkamp.

Freud, S. (1932): Neue Folge der Vorlesungen zur Einführung in die Psychoanalyse. GW 15. Suhrkamp,

Friedman, M. (1992): Geld regiert die Welt. Econ.

Gavey, N. (2012): The intimate intrusions of the neoliberal deceit. Vortrag auf dem Welt-Psychologen-Kongress ICP in Kapstadt 25.07.12.

Gore, A. (1992): Wege zum Gleichgewicht. Ein Marshallplan für die Erde. Fischer.

Heinzel, S. (2008): Schmetterling und Stacheldraht. In: Schönberger, P. u. a. (Hrsg.): Energie, Klima & Politik – Gesellschaftliche Herausforderung des 21. Jahrhunderts. Berlin: Wissenschaftlicher Verlag.

Hessel, S. (2011): Empört euch ! Ber in: Ullstein.

Jung, C. G. (1944): Psychologie und Alchemie, Rascher.

Lietaer, B. (2000): Mysterium Geld. Emotionale Bedeutung und Wirkungsweise eines Tabus. Mönchengladbach: Riemann.

Lüpke, G. von (2012): Der Erde eine Stimme geben. Vortrag auf der Tagung der Internationalen Gesellschaft für Tiefenpsychologie, Lindau 2012.

Maaz, H.-J. (2012): Das Gier-Syndrom. Hospitalhof in Stuttgart am 20.09.12.

Neumann, E. (1973): Tiefenpsychologie und neue Ethik. München: Kindler.

Radermacher, F. J. (2004): Global Marshall Plan. Wien: Ökosoziales Forum Europa.

Schopenhauer, A. (1973): Aphorismen zur Lebensweisheit, München: Goldmann.

Stiglitz, J. (2004): Die Schatten der Globalisierung. München: Goldmann.

Toynbee, A. J. (1979): Menschheit und Mutter Erde. Claassen.

Tuckett, D. (2011): Minding the Markets. Vortrag bei der DGPT-Jahrestagung 2011, Buch: hrsg. v. CPI Anthony Rowe, Chippenham 2011.

Wolf, C. (2008): Kassandra. Frankfurt/M.: Suhrkamp.

Ziegler, J. (2005): Die neuen Herren der Welt und ihre globalen Widersacher. 8. Aufl. 2005. München: Goldmann.

Zinn, K. G. (2003): Wie Reichtum Armut schafft. Köln: PapyRossa.

Anhang

Einige subjektiv ausgewählte alternative Gruppen, Organisationen und Projekte für nachhaltiges Wirtschaften, teilweise mit Namen von Gründern oder Repräsentanten (für eigene Recherchen der Leser):

Global Marshall Plan Initiative (Franz Josef Radermacher) „GMP" – FÖS (Forum Ökosoziale Marktwirtschaft, vereinsrechtliche Basis für GMP) – Attac – Gesellschaft für Psychohistorie und Politische Psychologie (Uwe Langendorf) (www.psychohistorie.de) – Agenda 21 – Gruppen (regional) – Gemeinsames Projekt vieler NGOs: „Umfairteilen" – Gemeinwohl-Ökonomie (Swen Giegold) – NWI - Nationaler Wohlfahrts-Index (Hans Diefenbacher) – Forschungszentrum für Umweltpolitik (FFU, Berlin); Roland Zieschank – Greenpeace – Fairconomy – INWO – BUND (Friends of Earth), NABU – AVAAZ (weltweite Internet-Gemeinschaft von 20 Millionen Teilnehmern) – Campact (Internet-Gemeinschaft, Plattform) – Equilibrismus (u. a. Tahiti-Projekt) – Transition-Towns (Rob Hopkins) – Tiefen-Ökologie (Geseko von Lüpke) – Bruttosozialglück (König von Bhutan) – Club of Rome / Club of Budapest (Stefan Brunnhuber) – Bedingungsloses Grundenkommen (Götz Werner) – Transparency International – Tax-Justice-Network – Finance Watch (Gründer u. Generalsekretär: Thierry Philipponnat) – Omnibus – Initiative „Mehr Demokratie" (Für mehr Volksentscheide) – Tauschringe (regional) – Alternativ- und Regionalwährungen (Margrit Kennedy, Helmut Creutz) – Stiftung Forum für Verantwortung – Clean Clothes Campaign – Germanwatch – B.A.U.M. – Rat für Nachhaltige Entwicklung – Nachhaltigkeitsstrategie Baden-Württemberg – Gutes vom See (Bodensee-Initiative) – Deutsche Umwelthilfe – oekom research – Stiftung Weltethos (Hans Küng) – Alternativer Nobelpreis/ Right Livelihood Award – Foodwatch – GLS-Bank (Gemeinschaft Leihen und Schenken) – Banking on Values (international) – Weltagrarbericht für nachhaltige Landwirtschaft (Benny Haerlin) – Gewerkschaften, Arbeitnehmerverbände Kirchen – ILO (International Labour Organisation) – und viele weitere NGOs (Nicht-Regierungs-Organisationen).

Roland Heinzel
Dr. med. Dipl, -Psych., Facharzt f. Neurologie, Psychiatrie und Psychosomatische Medizin, Psychoanalyse, Gruppentherapie, Bioenergetische Analyse, Supervision.
www.psychotherapie-heinzel.de.

Gold und Silber lieb' ich sehr ...

Gold und Silber sind die zwei am längsten bekannten Edelmetalle. Beide werden seit etwa dem fünften vorchristlichen Jahrtausend von Menschen bearbeitet, früheste Goldfunde werden auf etwa 4500 Jahre v. Chr. datiert. Gold und Silber sind schwer, korrodieren praktisch nicht, wegen ihrer Weichheit waren sie für die Herstellung handwerklicher Arbeitsgeräte und Werkzeuge weniger geeignet. Sie haben einen wunderbar funkelnden Glanz und wurden deshalb immer mit höchstem und unvergänglichem Wert gleichgesetzt. Das Gold geht dabei dem Silber voraus, ist das wertvollere der beiden. Der Goldpreis liegt (bis auf wenige Ausnahmen im Verlauf der Geschichte) über dem des Silbers. Die Goldmedaille ist das Zeichen für den Sieg, die Silbermedaille für den zweiten Platz. Silberschmuck stand z. B. im Mittelalter dem Bürgertum zu, Goldschmuck dem Adel. In der ägyptischen Mythologie stand das Silber für die Knochen, das Gold für das Fleisch der Götter. Silber kommt in der Erde etwa 20 mal häufiger vor als Gold.

Gold und Silber waren immer schon Sinnbild von Reichtum, Macht und Herrschaft. Aus Gold wurden die Insignien der Macht z. B. Kronen, Zepter, Reichsapfel und Amtsketten, wie auch Kunst- und Ritualgegenstände gefertigt. Gold ist in fast allen Kulturen mit dem Göttlichen und der Sonne verbunden, wirkt warm schimmernd. Es zu tragen und zu benutzen war im sakralen wie im profanen Raum lange Herrschaftsrecht. Das weiß schimmernde Silber wird bereits im alten Ägypten dem Mond zugeordnet, hat einen kühleren und reineren Charakter.

In der Literatur und Mythologie ist eine der ältesten Geschichten zur Goldsuche die über die Seefahrt der Argonauten zum Goldenen Vlies. Das Goldene Vlies war nach der griechischen Mythologie das Fell des goldenen Widders Chrysomeles, der fliegen und sprechen konnte. Dieser wurde den Göttern aus Dankbarkeit geopfert und im Hain des Hades aufgehängt. Dort raubten die Argonauten, voran Jason mit Hilfe von Medea, das Vlies. Nachdem Medea von Jason verlassen wurde, rächte sie sich an ihrer Nachfolgerin Glauke: Sie ließ ihr ein herrliches Gewand mit goldenem Geschmeide schmieden und als diese es anzog, verbrannte sie jämmerlich am von Medea beigegebenen Gift.

Dann gibt es die goldenen Äpfel der Hesperiden in deren wunderschönen Garten. Gaia ließ den Baum mit den goldenen Äpfeln für Hera zu ihrer Hochzeit mit Zeus wachsen. Die Äpfel verliehen den Göttern ewige Jugend, weshalb der Baum durch den hundertköpfigen Drachen Ladon bewacht werden musste. Nur Herakles war in der Lage, die Äpfel zu rauben.

Eine weitere bekannte Geschichte aus dem antiken Griechenland ist die des habsüchtigen Königs Midas, der sich von Dionysos wünschte, dass alles, was er berührte, zu Gold würde. Also verwandelte sich auch seine Tochter in Gold, als er sie berührte, sein Essen und Trinken wurden zu Gold, und schließlich flehte er Dionysos an, ihm diese Gabe wieder zu nehmen.

In der Thora wird über das Goldene Kalb als Abgott berichtet. Im Neuen Testament ist das Gold neben Weihrauch und Myrrhe aber auch eine Gabe der Weisen aus dem Morgenland an den neugeborenen Jesusknaben.

Silber in Form der Silberlinge ist der Verräterlohn des Judas in der Passionsgeschichte. Silber kann überhaupt in christlichen mythologischen Bildern und Geschichten für Verrat und die dunklen Seite der Seele und auch als Bild für deren Läuterung stehen.

Silber gilt in Sagen und mythologischen Geschichten sowie im Volksglauben als das einzige Metall, das in der Lage ist, Werwölfe, Vampire und andere mythologische Wesen zu töten, z. B. wenn es zu Silberkugeln verarbeitet ist.

Macht und Magie des Geldes – Heiligtum und Fetisch

Claudia Nagel

geld

Foto: merappletre (www.flickr.com) Der Bulle im Bowling Green Park nahe der Wall Street als Zeichen für den Optimismus der Börse

Willst Du den Wert des Geldes erkennen,
versuche, Dir welches zu borgen.
Benjamin Franklin

Nach Gold drängt,
am Golde hängt doch alles.
Ach, wir Armen!
Margarete, „Faust", J. W. von Goethe

Margaretes Ausspruch fasst die besondere Bedeutung des Goldes und des Geldes zusammen: Wir wollen es besitzen, aber letztlich werden „wir Armen" eben auch besessen vom Gold, es macht uns abhängig und unglücklich. Und das, obwohl doch viele die Hoffnung ha-

ben, dass es uns glücklich macht, weil wir uns mit dem Geld Wünsche erfüllen können.

Als ehemalige Bankerin und Psychoanalytkerin habe ich mich schon lange mit Geld und seiner Bedeutung für den Einzelnen und für die Gesellschaft beschäftigt. Es interessiert mich, warum das Geld so eine große Faszination auf viele von uns, wenn auch nicht auf alle, ausübt. Diese Faszination bleibt auch dann erhalten, wenn wir die unbewussten Wirkmechanismen kennen. Vielleicht, weil die Ursachen so vielfältig sind und es keine einfache Gleichung gibt, auch wenn Geld = Macht = Liebe den Kern der Bedeutung gut zusammenfasst.

Beginnen wir bei einer Situation, die uns alle in den letzten Jahren beschäftigt hat und noch beschäftigt: bei der Finanzmarktkrise. In ihr sind viele Faktoren zusammengekommen, so dass sich eine gesellschaftliche Sogwirkung entfaltet hat, der sich manche dann gar nicht mehr entziehen konnten. Auf gesellschaftlicher Ebene kann man von einem „perversen Geisteszustand" ausgehen, in dem Geld die Rolle eines Fetisch oder eines „fantastischen Objektes" spielt. Entscheidender Ausgangspunkt war neben dem amerikanischen Häusermarkt und der Niedrigzinspolitik der sogenannte globale Finanztopf auf der Suche nach risikoarmen und ertragreichen Anlagemöglichkeiten. Institutionelle Investoren wie Versicherungen, Pensionskassen, Fonds, Hedge Fonds oder auch Family Offices von großen Privatvermögen verfügten 2007 über 70.000 Mrd. $ (70.000 Mrd. entspricht einer Zahl mit 13 Nullen: 70.000.000.000.000 US $) (o.V. 2001, Blumberg 2009).

Innerhalb von 27 Jahren (von 1980 bis 2007) hat sich der „Globale Finanztopf" verdreiundzwanzigfacht. Und irgendwie und irgendwo musste das Geld angelegt werden. Zu den vermeintlich risikolosen Anlagen gehörten damals CDOs. Sie entstanden aus gebündelten Immobilienkrediten. In der Boomphase des amerikanischen Häusermarktes – der vor allem durch eine Niedrigzinspolitik der amerikanischen Regierung und Notenbank verursacht war, machten alle mit: Privatleute kauften Häuser, Makler makelten, Hypothekenbanker finanzierten, Geschäftsbanker refinanzierten, Investmentbanker bündelten die Kredite und verkauften sie als Credit Default Obligations, kurz CDOs, an diesen nimmersatten Finanztopf. Alle wollten mitmachen, das schnelle Geld risikolos verdienen und vor allem: Sie schauten weg – was die damit verbundenen Risiken und offenen Fragen anging.

Die Krise begann, als überforderte Hausbesitzer ihre Kredite nicht mehr zurückzahlen konnten. Denn viele Hausbesitzer hatten einen Kredit aufgenommen oder besser aufgeschwatzt bekommen, obwohl sie weder die Möglichkeiten zur Rückzahlung hatten, noch andere Vermögensgegenstände besaßen, die sie hätten veräußern können.

Durch den Konkurs von Lehman Brothers bekam die Krise dann ein gigantisches Ausmaß. Denn der plötzlich auftretende und totale Vertrauensverlust zwischen den Finanzinstitutionen legte den Interbanken-Kreditmarkt lahm – dieser Vertrauensverlust war ungeheuerlich und hatte eine verwirrend irrationale Dimension. Aus „Alles ist möglich" wurde plötzlich, quasi über Nacht, „Nichts geht mehr". Der daraus folgende Zusammenbruch des Wertpapiermarktes macht aus der Krankheit eine Epidemie.

Die Credit Default Swaps, kurz CDS, die eigentlich als Kreditversicherung für Unternehmensanleihen gedacht waren und die die zweite treibende Kraft in der Finanzmarktkrise darstellten, hatten sich nämlich auch ganz wunderbar zur Spekulation geeignet – da hat man allerdings ebenfalls nicht so genau hingeschaut, denn der Hebel war groß, der Markt völlig unreguliert, jede Bank sicherte ihre Emission bei einer anderen Finanzinstitution ab. Diese Vernetzung der Marktteilnehmer wurde dem Markt zum Verhängnis.

Wenn man heute über die „Casinomentalität" der damaligen Zeit spricht, verweist das sehr deutlich auf die Gefühle von Lust an der Wette und am Spiel, die zu Spekulationszeiten in den Bankhäusern herrschte.

Aufgrund dieser komplexen Dynamik ist es schwierig, einen Urheber der Krise festmachen zu wollen. Es handelt sich eher um ein systemisches Problem, das auf einem Geisteszustand (state of mind) einer Gesellschaft fußt. Dabei wird eine Psychodynamik wirksam, die es dem Individuum schwer macht, sich ihr zu entziehen und anders zu handeln.

Die in der Krise wirksam gewordene Dynamik weist Grundzüge einer Perversion auf, Guggenbühl-Craig spricht in diesem Zusammenhang auch von Psychopathie. (vgl. Guggenbühl-Craig 1980, Wurmser 2002). Die Dynamik besteht aus einer Reihe von Bausteinen:

- Leugnung der Realität bei gleichzeitigem Erkennen von deren unheilvoller Wirklichkeit (Spaltung)

- Instrumentalisierung des Anderen als Objekt,
- Illusionen z. B. über die eigene Grandiosität und Allmacht und
- die Befriedigung von Lust durch einen Fetisch.

Die Spaltung ist ein durchgängig die Perversion kennzeichnendes Merkmal. Im Gegensatz zur horizontalen Spaltung der Verdrängung, in der ich-dystone Reaktionen vom wahren Selbst abgespalten werden, wird hier ein vertikaler Spaltungsmechanismus verwendet, d. h., es entsteht ein unverbundenes Nebeneinander entgegengesetzter unbewusster Ich-Anteile, die auf unterschiedliche Art Befriedigung suchen und verschiedenen moralischen und ästhetischen Werten nachstreben.

Die Spaltung ist Ausdruck mangelnder Integration und wird in der Selbstpsychologie als Störung des Selbst oder auch als narzisstische Störung verstanden. Das Fehlverhalten und die Aktivität des abgespalteren Sektors sind vorwiegend Ausdruck eines strukturellen Defizites. Das wesentliche Defizit liegt dann in der Spaltung, diese braucht die Heilung bzw. Überbrückung (Goldberg 1998).

Anders formuliert, es liegt der Perversion eine narzisstische Störung im Sinne einer frühen strukturellen Störung zugrunde. Der Fetisch dient zur Überbrückung der Spaltung, er ersetzt das fehlende Teil, während die Instrumentalisierung des Anderen und Allmachtsillusionen klassische Ausdrucksformen und Problemlösungen der narzisstischen Problematik sind.

In der Entwicklung der Krise lassen sich diese vier Merkmale bei allen Marktteilnehmern relativ durchgängig finden. Basis dieser Psychodynamik ist eine bereits vorhandene narzisstische Struktur der Gesellschaft; Ziel ist es, das Selbstwertgefühl zu erhöhen und dem eigenen Leben Bedeutung zu verleihen. Dieser letzte Punkt spielt eine entscheidende Rolle für die Psychodynamik des Geldes, er ist es, der die Grundlage für die Wirksamkeit der Magie des Geldes bildet.

Der Fetischcharakter des Geldes wird in der sinnlich erlebbaren Lust an der Spekulation erkennbar. Die „Arbeit" mit dem Geld verschafft nämlich, wie Sie vielleicht selbst beim Wetten oder Spekulieren schon einmal gemerkt haben, durchaus eine lustvolle Befriedigung. Dabei wird - statt eines reifen Umgangs mit Geld

John William Waterhouse (1849 –1917): Echo und Narziss, Walker Art Gallery, Liverpool

durch Nutzung seines inhärenten Symbolcharakters - das Geld zu Kompensationszwecken eingesetzt.

Vielleicht kennen Sie die Geschichte von Narziss, der sich in sein eigenes Spiegelbild verliebt, das er im Teich erblickt? Er möchte so gern eine wirkliche Beziehung zu diesem Anderen, den er im Teich sieht, und immer dann, wenn er das Bild berühren möchte, wird es zerstört. Das ist unglaublich tragisch und führt zum Tod von Narziss. Der Begriff des Narzissmus stammt von dieser Fabel ab und macht die besondere Tragik deutlich: Es sieht so aus, als wäre der Narziss in sich selbst verliebt, dabei ist er voller Sehnsucht nach einer wirklichen Beziehung mit einem echten Gegenüber, die aufgrund seiner Geschichte nicht gelingen kann. Geld ist sozusagen der Spiegel des Narziss, es hat eine ähnliche Qualität wie dieser, man kann es aber auch als einen Fetisch oder auch als ein fantastisches Objekt verstehen.

Als solches erfüllt das Geld viele Wünsche, die auf es projiziert werden können. Mit Geld kann man sich ja nicht nur Essen und Trinken, Wohnen, Kleidung, Reisen und anderes kaufen. Damit trägt Geld zu einem Gefühl von Sicherheit und Geborgenheit bei. Durch das Geld erwirbt man aber nicht nur die Güter, sondern es geht eigentlich um die damit verbundene soziale Wirkung, die diese Güter direkt oder indirekt haben, es geht also um Schönheit, Ansehen, Status, Macht, um (käufliche) Liebe.

Wie bei Aladins Wunderlampe, deren Geist durch Reibung entschwebt und Wünsche erfüllt, so ist mit dem Einsatz des Geldes auch die Erfüllung von Wünschen und Hoffnungen verbunden. Es hat eine magische Qualität, und immer beziehen sich diese Wünsche auf den oder die Anderen. In den Augen des Anderen möchte man besonders, besonders schön, besonders einflussreich, besonders machtvoll oder besonders wertvoll sein. Der äußere Wert eines Menschen wird mit dem inneren verwechselt und macht gerade das unmöglich, was sich der „Reiche" wünscht: eine echte Beziehung, in der er nur um seiner selbst Willen gemocht und wertgeschätzt wird. Aber die

Ummantelung des eigenen Selbst mit einem äußeren Wert verschließt den Weg zum wahren Wert eher, als dass sie ihn öffnet. Das ist die der Magie des Geldes innewohnende Tragik.

Es ist vor allem seine archetypische Qualität, die einen entscheidenden Beitrag zu seiner Anziehungskraft leistet. Es ist gerade diese sich bildhaft erschließende, kollektive, alle Lebensbereiche durchziehende, zwar ambivalente, aber dadurch auch faszinierende Bedeutung des Geldes, die seine Betrachtung als Archetyp nahelegt. Geld zeichnet sich vor allem durch zwei archetypische Aspekte aus, die sich in Analogie zu Neumanns Archetyp der Großen Mutter als Elementar- und Wandlungscharakter verstehen lassen. (vgl.Neumann 1956/1985)

Denn in seinen kreditwirtschaftlichen Funktionen ist das Geld zum einen „Wertaufbewahrungsmittel" und zum anderen „Tauschmittel". Archetypisch gesprochen hat das Geld in der Möglichkeit des Hortens eine elementare, etwas haltende und in der Möglichkeit des Tauschens eine transformatorische, sich (und vielleicht auch den Besitzer) wandelnde Qualität. Beide archetypischen Qualitäten haben jeweils eine positiv und eine negativ ausgeprägte Seite, denn es ist das paradoxe Wesen eines jeden Archetyps, Positives und Negatives in sich zu vereinigen. So kommt auf der positiven Seite die schöpferische und heilige Qualität, auf der negativen Seite die teuflische und abhängig machende Qualität des Geldes zum Ausdruck.

Erste Tausch- und Horthandlungen mit besonders begehrenswerten, kostbaren Gegenständen wie Muscheln, Fellen oder Amuletten bilden eine wichtige Vorstufe zur Entstehung des Geldes. Deren Bedeutung wird zum einen dem angeblich ursprünglichen menschlichen Schmuck- und Geltungsbedürfnis zugeschrieben. Plakativ gesprochen: „Die Frau erfand den Schmuck, der Mann machte das Geld daraus." (Gerloff 1952)

Als Schmuckstücke wurden vor allem Muscheln und Zähne, aber auch Teile aus Metall wie Gold, Eisen, Kupfer und Zinn verwendet.

Der Schmuck hatte auch eine magisch-mystische Bedeutung. Mit dem Tragen des Schmuckes sollte der Träger symbolisch Stärke und göttliche Kraft in sich aufnehmen. Er diente damit zur Abwehr böser Geister oder zur Bindung an gute Geister, Götter und Kräfte. Vor allem auch aus dieser magischen Kraft heraus entstanden der Wert und die Besonderheit des Gegenstandes. Auf dieser ursprünglichen, magischen Wirkung und dem damit verbundenen Wert des Geldes/Goldes beruhen dessen besondere Anziehungskraft – anhand der Entstehung des Geldes aus dem Stieropfer lässt sich das zeigen.

Vor Tausenden von Jahren wurden der Großen Mutter, der Mutter Erde, Blutopfer gebracht, um sie zu befruchten und dadurch eine gute Ernte zu erhalten. Diese Opfer können wohl auch als erste Tauschhandlungen verstanden werden, wenn man die Opfergaben als eine „der Gottheit zu entrichtende Abgabe" (Laum 1924) begreift.

Später dann, in frühgriechischen und -römischen Zeiten wurden die Opfertiere auf einem hauseigenen Altar oder aber im Rahmen einer staatlichen Feierlichkeit geschlachtet. Während ein Teil des Opfertieres gänzlich verbrannt wurde, war der große Rest für gemeinschaftlichen Verzehr bestimmt. In diesem zentralen religiösen Ritual verbanden sich die Opfernden über das Opfertier mit dem verehrten Gott und erwarben durch den Verzehr des Opfertieres seine göttlichen Kräfte. Als Opfertier spielte vor allem der Stier insbesondere in der Kultur des Abendlandes eine besondere Rolle, häufig repräsentiert er die höchste Gottheit (z. B. in Syrien: Il, in Ägypten: Apis, in Griechenland: Zeus als Stier). Aufgrund seiner besonderen Rolle als Opfertier wurde der Stier auch als Rechen- und Tauscheinheit genutzt (Waffen, Sklaven und Kunstgegenstände wurden gegen Stiere getauscht) und Reichtum wurde in Rinderherden gemessen.

Beim Stieropfer nun wurde das Fleisch des Tieres (auch bei Indern, Römern und Kelten) an einem Spieß gebraten. Sowohl die am Spieß gebratenen Fleischportionen als auch der Spieß selbst hießen „obelos". Das heutige Wort Obolus/Obulus („kleine Geldspende", ursprünglich „spitziger Stab") geht auf diesen Zusammenhang zurück. Die bekannteste kleine griechische Münze heißt ebenfalls Obulus. In antiken Tempelinventaren finden sich häufig eine große Anzahl von Spießen/Obeloi und man geht daher davon aus, dass die Tempel die erste, vorwirtschaftliche Tauschstätte waren. In den Tempeln wurde mit den Fleischspießen, aber auch mit Votivtafeln und Tieridolen gehandelt. Diese wurden statt der ursprünglichen Opfertiere erworben und geopfert.

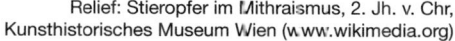

Relief: Stieropfer im Mithraismus, 2. Jh. v. Chr, Kunsthistorisches Museum Wien (www.wikimedia.org)

geld

John Collier (1850 – 1934), Lilith,
The Atkinson Art Gallery, Southport

Justus van Gent (ca. 1430 – nach 1480),
Augustinus, Louvre, Paris

Das erste Geld war also ursprünglich sakraler Natur, auch die späteren ersten Münzprägestempel zeigen häufig einen Stier. Diese Stempel haben sich über Siegel aus dem Amulett entwickelt, das die magischen Kräfte des Totemtieres besitzen soll. In dem Münzprägestempel mit dem Abbild des Opfertieres wird so eine Verbindung hergestellt zwischen dem abgebildeten Opfertier und dem Ersatzopfer in Form der Münze. Auch heute noch spielt das Symbol des Stieres als Zeichen der wirtschaftlichen Fruchtbarkeit eine Rolle: Es verkörpert die Hausse bzw. positive Kursentwicklung am Kapitalmarkt und steht für Wachstum und Gewinne (im Gegensatz zum Bären, der für die Baisse steht).

Tiefenpsychologisch ergeben sich aus der Verbindung des Stieropfers mit dem Geld eine Reihe von Deutungsmöglichkeiten. In jedem Opfer soll letztlich immer auch an die Ahnen erinnert werden, die eigenen Vorfahren sollen günstig gestimmt werden. Daher deutet die klassische psychoanalytische Forschung den Wunsch nach Geld als Wunsch nach Elternliebe und nach Vereinigung mit der Urmutter.

Dieser Vereinigungswunsch steht für Aufgehoben-Sein in urmütterlicher inniger Geborgenheit und totaler, emotionaler Sicherheit. Die Sicherheit und Geborgenheit werden auf das Geld übertragen und von ihm erwartet. Es vermittelt materielle (mater = Mutter = Materie!), urmütterliche Sicherheit im doppelten Sinne des Wortes.

Die Vereinigung des männlichen Stierblutes mit der weiblichen Erde im Stieropfer steht auch für eine schöpferische Vereinigung als Wunsch nach kreativer schöpferischer Kraft an sich und deutet auf den Prozess der Selbst-Werdung hin. Erst durch die Vereinigung der beiden seelischen Kräfte entsteht die eigentliche schöpferische Kraft (des Geldes), die auf dem sakralen Entstehungsgrund fußt, die aber heute in Vergessenheit geraten ist. Nicht nur das Stieropfer, sondern auch mythische Geschichten aus anderen Teilen der Welt (wie z. B. El Hombre Dorado und die schöne Guatavita aus Südamerika) verweisen auf diesen sakralen Zusammenhang (vgl. Krickeberg 1972; Ocampo López 1988; Pérez de Barradas 1955).

Allerdings hat das Geld eben auch eine andere „teuflische" Seite, die von einem Besitz ergreifen kann. Freud selber hatte die Geld = Faeces-Gleichung in alten Teufels- und Hexensabbatgeschichten entdeckt und bereits Goethe hatte damit gespielt, als er Faust dem Gretchen ein Kästchen schenken lässt, dessen Geruch Margarethe sofort irritiert und an „nichts Gutes" denken lässt. Diese teuflische schmutzige Seite hat vermutlich ihren Ausgang im Leib-Seele-Dualismus, der im frühen Christentum seinen Anfang mit Augustinus nahm.

Im Leib-Seele-Dualismus wird getrennt zwischen „gutem" Geist und „schlechter" Materie, zwischen dem Spirituellem und dem Körper, er ist für das Abendland und das Christentum charakteristisch und hatte große Auswirkungen auf das Verständnis von Geld und den Umgang mit ihm. Für Augustinus ist nur in der Seele die göttliche Wahrheit zu erfassen.

So werden im Unterschied zum griechischen Denken Leib und Seele in ein hierarchisches Verhältnis gebracht. Zentrale Merkmale der Gnosis – Augustinus war ein konvertierter Manichäer (einer wichtigen Strömung des Gnostizismus) – als Vorläufer des Christentums sind eine noch stärkere Leibfeindlichkeit und Askese und die Ablehnung von Fortpflanzung und Sexualität. Der wahre Mensch sei der Mensch abzüglich seines Leibes, das Zentrum des Menschen ist seine nach innen und zum göttlichen Licht gewandte Seele.

Christlich legitimierte Fortsetzung findet die Ablehnung von Leiblichkeit, Körperlichkeit und allem Materiellen als vom Teufel bzw. Satan geschaffen in den Hexenverfolgungen im Mittelalter. Zwar sah sich die christliche Kirche von der Hexensekte in ihrer Existenz bedroht, aber über vierhundert Jahre waren die Menschen über den Satan und alle mit ihm verbundenen Aspekte besser informiert als über den christlichen Katechismus. Über diese Hexenverfolgungen wurde der Leib-Seele-Dualismus sozusagen in die Neuzeit transportiert.

Mit Martin Luther, der als Augustinermönch seine Theologie des sola fide auf der Lehre des heiligen Paulus aufbaute, blieb die Vorstellung des Leib-Seele-Antagonimus in der christlichen Theologie erhalten.

Auf der Basis der bisherigen Betrachtungen lässt sich also zusammenfassend annehmen, dass in der vorchristlichen Zeit im Geld materielle und spirituelle Aspekte miteinander verbunden waren. Erst zu Beginn des Christentums wurde die Trennung von Geist und Materie gefordert. Sie hat sich auf die Bedeutung des Geldes als der materiellen Welt zugehörig ausgewirkt. Der ursprüngliche, geistig-spirituelle Aspekt lässt sich jedoch als archetypische Dimension auch heute noch nachweisen und ist sicherlich Teil seiner magischen Anziehungskraft.

Literatur
Gerloff, W. (1952): Geld und Gesellschaft. Versuch einer gesellschaftlichen Theorie des Geldes. Frankfurt/M.: Vittorio Klosterman.
Guggenbühl-Craig, A. (1980): Seelenwüsten. Betrachtungen über Eros und Psychopathie. Km Guggenbühl.
Krickeberg, W. H. (1972): Märchen der Azteken und Inkaperuaner. Maya und Muisca. Düsseldorf und Köln: Eugen Diederichs.
Laum, B. (1924): Heiliges Geld. Eine historische Untersuchung über den sakralen Ursprung des Geldes. Tübingen: Mohr.
Neumann, E. (1956/1985): Die große Mutter. Eine Phänomenologie der weiblichen Gestaltungen des Unbewussten. Olten: Walter.
Ocampo López, J. (1988): Mitos columbianos. Bogotá.
Pérez de Barradas, J. (1955): Les Indiens de l'Eldorado. Étude historique et ethnographique des Muiscas de Colombie. Paris: Payot.
Wurmser, L. (2002): Ein bedeutendes Stück fehlt. Ein Beitrag zur Psychoanalyse der Charakterperversion. Jahrbuch der Psychoanalyse, Band 44.

Claudia Nagel
Dr. phil., Organisationsberaterin, Psychoanalytikerin nach C. G. Jung (ISAP Zürich), leitet derzeit die NAGEL & COMPANY Management Consulting, www.nagel-company.com.

geld

... kann's auch gut gebrauchen ...

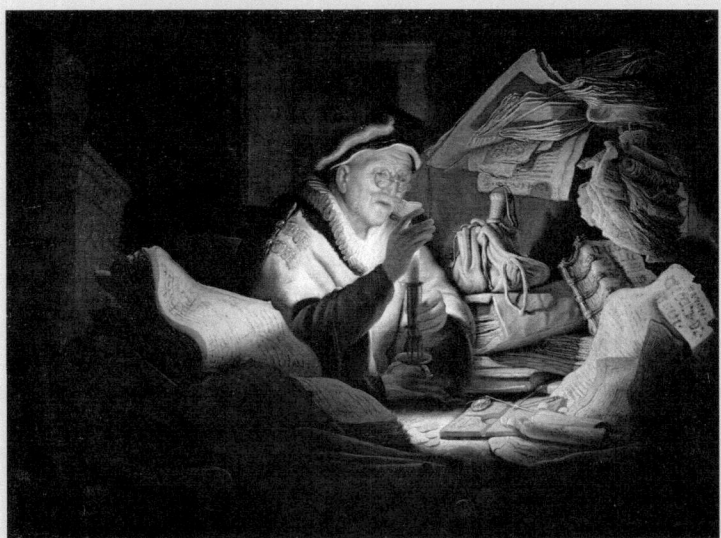

Rembrandt, Der reiche Narr, 1627, Berliner Gemäldegalerie

Das alte Motiv eines reichen Mannes, der sich mit seinem Tod konfrontiert sieht, wurzelt sowohl in christlichem wie in buddhistischem Weltverständnis. Rembrandts Gemälde vom reichen Narren interpretiert das Gleichnis vom reichen Kornbauern aus dem Neuen Testament (Lukas 12 ff.): „Dies will ich tun: Ich will meine Scheunen niederreißen und größere bauen und will dahin all mein Korn und meine Güter einsammeln; und ich will zu meiner Seele sagen: Seele, du hast viele Güter liegen auf viele Jahre. Ruhe aus, iss, trink, sei fröhlich! Gott aber sprach zu ihm: Du Tor! In dieser Nacht wird man deine Seele von dir fordern. Was du aber bereitet hast, für wen wird es sein? So ist, der für sich Schätze sammelt und nicht reich ist im Blick auf Gott."

Eine märchenhaft ausgestaltete indische Legende zum Buddhaleben aus dem 6. vorchristlichen Jahrhundert wurde im 9. und 10. nachchristlichen Jahrhundert sowohl ins Christliche wie ins Arabische aufgenommen als Legende bzw. Roman von Baarlaam und Josaphat. Der Einsiedler Barlaam erzählt dem Prinzen Josaphat von Buddha und Parabeln über die Vergänglichkeit der Welt und ihrer Güter.

Im Mittelalter und im Zeitalter des Barock wird das Motiv in Mysterienspielen, Romanen, Gedichten sowohl in Deutschland wie in anderen Ländern vielfach ausgestaltet. Als „Everyman" erscheint der erste „Jedermann" z. B. in England zum Ende des 16. Jahrhunderts. Menschliche und allegorische Figuren (Freundschaft, Reichtum/Mammon, Gute Taten, Reue und Buße etc.) treten nebeneinander auf: Freundschaft und Reichtum verlassen Everyman angesichts des bevorstehenden Gerichts Gottes, Gute Taten ist zunächst nicht stark genug, um vor dem Gericht zu bestehen, weist Everyman aber weiter zu Reue und Buße. Auf dem Weg der Buße erstarkt Gute Taten, so dass Everyman Vergebung erfährt und in den Himmel kommt.

1911 erscheint der „Jedermann – Das Spiel vom Sterben des reichen Mannes" von Hugo von Hoffmannstal. Das Theaterstück hatte am 22. August 1920 in der Inszenierung von Max Reinhardt bei den Salzburger Festspielen Premiere und wird seither regelmäßig aufgeführt wird:

Gott sieht, dass man ihn auf der Erde nicht mehr schätzt. Er beschließt, die Menschen durch den Tod wieder an seine Macht zu erinnern. Er trägt dem Tod auf, zu Jedermanns Haus zu gehen und ihn vor das göttliche Gericht zu rufen. Die Personifikation „Werke" weist Jedermann auf den Weg zu ihrer Schwester „Glauben". Sie ermutigt ihn zum Glauben an die unendliche Liebe und an die Gnade Gottes. Der Teufel, der kommt, um die schuldbeladene Seele Jedermanns zu holen und mit ihr zur Hölle zu fahren, geht schließlich leer aus, weil Jedermann der Gnade Gottes zuteil geworden ist und mit ruhigem Gewissen vor Gottes Richterstuhl treten kann.

Die Liebe und das liebe Geld

Roland Weber

Foto: auremar (www.fotolia.com)

Wenn Paare ums Geld streiten, sind auch immer Gefühle im Spiel – viel mehr als diese wahrhaben wollen. Hört beim Geld die Liebe auf? Häufig ja, die gute Botschaft gleich vorneweg: Das muss aber nicht sein.

Streitszenen

Jede Liebesbeziehung wird auch davon geprägt, welche Einstellung das Paar zum Geld findet. Dabei ist der enge Zusammenhang zwischen Geld und Macht offensichtlich, weniger offensichtlich ist der zwischen Geld und Liebe, weil in einem romantischen Verständnis von Liebe sich Geld und Liebe ausschließen. Das macht das Thema Geld jenseits aller Machtaspekte zum Tabuthema.

Geld ist ein sehr gefährlicher Zündstoff und das nicht nur in den Fällen, wo zu wenig davon da ist. Streit gibt es im Wesentlichen wegen der gegensätzlichen Interessen beim Geldaus-geben. Das schafft ein Konfliktpotenzial, mit dem viele Paare nicht gerechnet haben.

Finanziell allzu ungleichgewichtige Beziehungen sind schwer zu balancieren. Schnell fühlt sich derjenige Partner minderwertig, der dem anderen auf der Tasche liegt und der andere sich schuldig, weil er mehr verdient. Viele Frauen und Männer fühlen sich unbehaglich in einem rollenverkehrten Abhängigkeitsverhältnis, in dem die ökonomische Situation der Frau stärker ist als die des Mannes. Reichlich Zündstoff gibt es auch in Zweitfamilien, wo die neuen Partner ihre neue Liebe und ihr neues Glück nicht frei von alten Pflichtdebatten um Haushalt und Unterhalt leben können. Vererbtes Vermögen vom geschiedenen Partner sowie Rentenansprüche können von heute auf morgen ungleiche Verhältnisse in der neuen Liebe schaffen.

Vor allem für Geschwisterbeziehungen kann der Erbfall zum Testfall werden; er hat die Kraft, die alten Familienkonflikte nochmals auferstehen zu lassen, er schwemmt längst vergeben und vergessen geglaubte Erinnerungen machtvoll nach oben. Und diese Dynamik kann die Partnerschaft erheblich belasten. Eine weitere Facette: Es gibt immer noch viele Frauen, die nicht wissen, was ihr Mann verdient.

Foto: phloxii (www.fotolia.com)

Die größte Auseinandersetzung über das Geld gibt es natürlich bei Trennungen. Geld eignet sich hervorragend dazu, dem Partner all das heimzuzahlen, was man erlitten hat.

Einflussfaktoren

Der Umgang eines Paares mit Geld wird von mehreren Faktoren beeinflusst:

- gesellschaftliche Einflüsse
- familiäre Prägungen
- Geschlechterunterschiede
- Macht und Status

Gesellschaftliche Einflüsse

Auf den ersten Blick scheint Geld eine private Angelegenheit zu sein, die z. B. durch die persönliche Einstellung zum Geld bestimmt wird. Demgegenüber halte ich es mit einem alten Engels-Zitat, nachdem das „Private politisch und das Politische privat" ist. Paarbeziehungen stehen heute unter einem hohen Gerechtigkeits- und Gleichberechtigungsanspruch. Jeder Partner hat den Anspruch auf Gerechtigkeit und aus dem Anspruch auf Gleichberechtigung müssen Beziehungen egalitär und symmetrisch sein. (vgl. Schuldt 2004)

Dazu gehört auch der Anspruch auf Herrschaftsfreiheit. So vielfältig mittlerweile die Beziehungsformen sind, so vielfältig sind auch die finanziellen Szenarien und Spielfelder. Bei nicht wenigen Paaren haben sich die Verhält-

nisse umgekehrt: Die Frau verdient mehr als der Mann und rückt damit selbst in die Versorgerrolle. Einige Paare versuchen eine moderne Lösung des Problems, indem jeder sein Geld behält und gemeinsame Kosten aus einem gemeinsamen Topf bezahlt werden. Das Modell getrennte Kassen setzt auf Autonomie, kann aber auch auf Dauer von einem oder beiden Partnern als mangelnde Verbindlichkeit und Risikofreude empfunden werden – zumal dieses Modell auch in anderen Bereichen der Beziehung auf Unabhängigkeit setzt.

Finanziell unabhängig vom Partner zu sein ist ein hohes Ideal, was sich aus den Gleichheits- und Gleichberechtigungsansprüchen ableitet, das nicht leicht umzusetzen ist. Besonders schwierig ist die Realisierung dann, wenn die Gleichberechtigung zwar gewählt wird, aber aus äußeren Gründen nicht praktikabel ist. Der Versuch, wenigstens den Anschein der Gleichberechtigung zu wahren, geht dann oft in die Richtung, dass die Frau zusätzlich nebenher noch arbeitet. Weil das gemeinsame Geld der Familie aber vor allem sein Geld ist, führt auch dieses Modell dazu, dass traditionelle Rollen verfestigt werden. Drei Jahre nach der Geburt des ersten Kindes ist jede zweite Frau ohne eigenes Einkommen und der Mann engagiert sich als Alleinversorger stärker als zuvor. Die bei vielen modernen Paaren bestehenden gleichberechtigten Wunschvisionen scheitern vor allem an finanziellen Hindernissen. Nur jedes zehnte Paar, das sich gleichberechtigte Verhältnisse vorgenommen hat, kann sie auch umsetzen. Weil sämtliche denkbaren Lösungen nicht konfliktfrei über die Bühne gehen, ist auch das alte Rollenverteilungsmodell noch weiterhin eine Option, auch wenn die Frau hier vom Mann finanziell abhängig ist.

Heutige Gleichheitsansprüche haben einen doppelten Effekt. Sie führen einerseits zu größerer Sensibilität und Bewusstheit bezüglich partnerschaftlicher Willkür, Unterdrückung und Machtspielen, andererseits zu hohen und teilweise unrealistischen Gerechtigkeitserwartungen. Die beste Liebeslösung in Sachen Kinder, Geld und Karriere scheint deshalb in der doppelten Gleichberechtigung zu liegen. Beide Partner nehmen abwechselnd Karriereeinschränkungen hin und kümmern sich zu gleichen Teilen um Beruf, Haushalt und Kinderbetreuung. Leider ist die Zahl der Paare rar; in Deutschland spielen nur zwei Prozent aller Paare diese familiäre Vorreiterrolle.

Familiäre Prägungen

Ein weiterer Einflussfaktor sind die familiären Prägungen, die die Partner in ihre Beziehung einbringen. Am Umgang mit Geld spüren die Partner die Lebensgewohnheiten, sie sehen durch das Konsumverhalten des Partners, welche Werte er wirklich hat. Und häufig bewerten die Partner das Konsumverhalten des Partners mit den moralischen Einstellungen, die sie bezüglich des Geldes in ihren Herkunftsfamilien vermittelt bekommen haben.

Familiäre Prägungen in puncto Geld können besser oder schlechter harmonieren. Heiraten zwei Begüterte, passt es meistens; heiraten zwei weniger Begüterte, passt es auch, es sei denn, der eine von beiden will daran etwas ändern, der andere aber nicht. Heiratet ein wohlhabender Partner eine weniger wohlhabende Partnerin, aktiviert er unter Umständen den Märchenprinzfaktor im Herzen seiner Partnerin. Heiratet ein weniger finanzstarker Partner eine wohlhabende Partnerin, zweifelt sie möglicherweise an der Aufrichtigkeit seiner Absichten.

Wichtiger noch als der zahlenmäßige Umfang der gewohnten Finanzmittel ist die persönliche Bedeutung, die diese für die Partner haben (vgl. Lehnert u. Lehnert 2007): War das Geld Status- und Machtmittel, wichtig oder einfach nur da? Und wofür wurde es vornehmlich ausgegeben? War in der Herkunftsfamilie von Partner A zwar immer Geld da, war aber niemals wirklich Thema? War in der Herkunftsfamilie von Partner B zwar niemals Geld da, dafür aber, oder gerade deswegen, ständig Thema?

Wer als Kind erlebt hat, dass er kein Recht auf eigene Bedürfnisse hat, dem fällt es womöglich bis heute schwer, seine finanziellen Rechte und Interessen zu schützen. Wer ständig Geld zu haben als völlig normal empfindet, geht anders damit um, als wenn er mit der Erfahrung aufgewachsen ist, dass nie Geld da war.

Prägend ist auch, wofür das Geld in erster Linie ausgegeben wurde. Auch wenn in beiden Fällen das Gleiche draufsteht, heißt es noch lange nicht, dass auch das Gleiche drinnen ist, weil die innere Haltung zu Status und Besitz in den Herkunftsfamilien der Partner sehr unterschiedlich sein kann. Wenn beide aus finanziell begüterten Verhältnissen stammen, finden es beide völlig normal, ständig Geld zu haben, gehen aber trotzdem möglicherweise unterschiedlich damit um: Der eine hält es zusammen, der andere gibt es aus

Die Loyalitäten an diese Prägungen und darüber an die eigene Herkunftsfamilie können hier sehr stark sein und Veränderung wie ein Loyalitätsbruch erlebt werden. Die meisten Paare reden zu wenig über ihr Geldverhalten und auch nicht über ihre finanziellen Verhältnisse. Es scheint viel leichter zu fallen, über Börsenkurse, Steuern und gestiegene Preise zu reden, als über die eigene Einstellung zum Geld und unsere finanziellen Verhältnisse.

Dadurch bleibt vieles im Unbewussten. Viele Paare ahnen instinktiv, dass hier viel Sprengstoff enthalten ist, und mogeln sich an dieser Problematik vorbei.

Geschlechterunterschiede

Ein weiterer Faktor sind traditionelle Geschlechterunterschiede und -stereotype. Männern geht es bei dem Thema Geld häufig um Macht und Prestige, Frauen um Sicherheit und Zuwendung. Frauen verfügen offensichtlich über eine entspanntere Einstellung gegenüber dem Geld. Für sie ist es eher Mittel zum Zweck und nicht wie oft bei Männern der Zweck selbst. Männer setzen Geld oft mit Macht und Kontrolle gleich. Das zeigt sich eindrücklich in der Trias von Schweigen, Kontrolle und der Überschätzung des Geldes. (vgl. Krüger 2006)

Wenn Männer ihren Frauen keinen Einblick in ihr Einkommen geben, kann dies verschiedene Ursachen haben: Männer wollen über das ei-

Foto: ArTo (www.fotolia.com)

gene Geld vollständig selbst entscheiden und damit die Verfügungsmacht haben. Näheprobleme: Der Mann will nicht, dass aus zwei verliebten Menschen ein gemeinsames Wir entsteht. Geschlechterstereotype: die Überzeugung, dass ein Mann einer Frau keine Rechenschaft hinsichtlich des Geldes schuldig ist.

Für das Selbstbewusstsein der Männer spielt das Geld traditionell eine wesentlich größere Rolle als für Frauen. Von vielen Männern wird das von den Frauen verdiente Geld eher als Zuverdienst angesehen.

Männer neigen dazu, den höheren Anteil ihres Einkommens für persönliche Anschaffungen einzusetzen, während Frauen ihr Geld für die persönlichen Bedürfnisse der Familie ausgeben. Viele Paare bewegen sich hier auf dünnem Eis zwischen Tradition und Modernität.

Macht und Status

Wenn der Mann der alleinige Geldverdiener ist, besteht immer die Gefahr, dass er selbst das Gefühl hat, es handle sich um sein Geld. Das kann lange Zeit gut gehen, bis im Streit-

fall auch das Geld zur Waffe wird. Allerdings ist die Machtverteilung in Beziehungen immer kompliziert und es kann nicht davon ausgegangen werden, dass automatisch der Mehrverdiener die Macht in der Beziehung hat. Die Macht ist nie und ganz auf einer Seite. Mehr als die Hälfte aller Kaufentscheidungen werden gemeinsam von Frauen und Männern getroffen. Auch legen die meisten Paare das Geld weitgehend oder völlig zusammen. Und oft wird das Geld eher von den Frauen als von den Männern verwaltet. Am häufigsten äußert sich die Macht der Männer darin, dass sie die Geldausgaben kontrollieren.

Ungleicher Zugang der Partner zu unterschiedlichen Bereichen schafft potenzielle Machtpositionen. Man kann grob zwischen äußeren und inneren Machtquellen unterscheiden. Zu den äußeren Machtquellen zählen: Einen Arbeitsplatz haben und am Arbeitsleben teilhaben, einen gesellschaftlichen Status haben, Geld verdienen. Geld ist eine weitere Machtressource. Ob durch hohes Einkommen, vorhandenes Vermögen oder Erbe, es hat Bedeutung für die Machtverteilung. So kann der Ehemann vielleicht ein lieber und sanfter Mensch sein, aber er hat die geballte Finanzkraft und ist damit machtvoller ausgestattet als seine Frau. In diesem Bereich ist das weibliche Geschlecht traditionsgemäß oft in der schwächeren Position.

Der Zugang zu Informationen über Konten, Verträge, Versicherungen stellt eine Machtressource dar, wenn er nicht bei beiden Partnern im gleichen Maße zur Verfügung steht. Auch dieser Bereich ist in vielen traditionellen Partnerschaften immer noch die alleinige Domäne des Mannes. Zeit und Netzwerke können als weitere Quellen von Macht genannt werden. Die inneren Bereiche der Macht beziehen sich auf Wissen; spezifische Fähigkeiten und besondere Begabungen stellen Machtressourcen in einer Partnerschaft dar. Auch Unterschiede in Bezug auf physische Kraft und gesundheitliche Fitness schaffen ein Gefälle.

Sprache kann ein weiterer Machtfaktor sein. Erotische Attraktivität ist ebenfalls eine Machtressource. Ferner können persönliche Ausstrahlung und charakterliche Stärken zu Machtungleichgewicht in einer Partnerschaft führen.

Für wen viel ausgegeben wird, der fühlt sich begehrt, wer viel ausgeben kann, fühlt sich potent. Geld bedeutet Macht, und ob es uns gefällt oder nicht, in verschiedene Richtungen: als Behinderungsmacht, wodurch der Partner oder die Partnerin von dieser Machtquelle abgeschnitten wird, als Begrenzungsmacht oder als Ermöglichungsmacht. Von Ermöglichungsmacht kann man dann sprechen, wenn ein Partner dem anderen Spielräume eröffnet und ihn in seinen Wünschen und Möglichkeiten nachhaltig unterstützt.

Sowohl mit dem Geld als auch mit der Liebe können wir knausern oder großzügig sein.

Stellvertreterkonflikte

Hinter den Zielkonflikten in einer Partnerschaft verbergen sich sehr oft unterschiedliche Charaktereinstellungen. Ein extrem sparsamer Mensch wird daher nie mit einem ausgeprägten Genießer harmonieren. Geld fordert Konflikte geradezu heraus. Es ist ein universelles Machtmittel, es erhält erst durch die Partner seinen Wert.

Wenn es Auseinandersetzungen über das Geld gibt, stellt sich immer die Frage: Worum geht es wirklich? Geht es hier vordringlich um sachliche Auseinandersetzungen, um Macht oder um Kränkungen? Werden hier alte Gefühlsrechnungen beglichen? Unter dem Deckmantel der Finanzen werden dann Forderungen aufgestellt, die aus emotionalen Enttäuschungen stammen.

Es fällt Partnern oft leichter, Geldforderungen zu stellen, als sich die Blöße zu geben, die eigene Bedürftigkeit preiszugeben. Oft monieren Männer die Telefonrechnung und regen sich in Wirklichkeit darüber auf, dass die Partnerin so lange mit Freundinnen telefoniert. Sie kritisiert, dass er sich ein GPS-Gerät angeschafft hat. Doch was sie wirklich ärgert, ist die Tatsache, dass ihr Partner dann wieder nicht mit ihr reden wird. Das eigentliche Thema ist also Eifersucht bzw. das Bedürfnis nach Zuwendung und Aufmerksamkeit. Oft geht der Zusammenhang zwischen Beziehungsfrust und Kritik am Konsumverhalten weit zurück. Dann liegen jahrelange Kränkungen und Enttäuschungen vor, es entsteht eine innere Negativbilanz mit offenen Forderungen oder auch dem Bedürfnis nach Rache. Solange diese verdeckten Motive und Bedürfnisse nicht auf dem Tisch sind, ist eine Klärung auf der Sachebene nicht möglich. Der finanzielle Zankapfel kann auch ein Zeichen dafür sein, dass man sich nichts mehr zu sagen hat.

Beziehungsethik

Eine Grundhaltung, welche auf Maximierung der eigenen Selbstbehauptung und des Sichdurchsetzens ausgerichtet ist, wird sich auf das Zusammenleben destruktiv auswirken. Der Eigennutz muss aus eigennützigem Interesse auch dem Fremdnutz, den Ansprüchen des Partners, genügen. (vgl. Willi 1991) Es ist die der Beziehung innewohnende Gerechtigkeitsbalance und Gleichwertigkeitsbalance zu beachten. Dies ist der Kern einer Beziehungsethik, also nicht bloß um moralische

Fragen, die in einer Beziehung berücksichtigt werden können oder nicht, sondern um Prinzipien, die allen engen Beziehungen innewohnen, nämlich um Ansprüche um Gerechtigkeit, Fairness, Verlässlichkeit, Vertrauenswürdigkeit, gegenseitige Verfügbarkeit und persönlichen Einsatz.

Über diese Prinzipien kann nicht hinweggegangen werden, ohne dass es zu destruktiven Auswirkungen kommt. Während es bei der Gerechtigkeitsbalance um Fairness und Gerechtigkeit in Liebesbeziehungen geht, geht es bei der Gleichwertigkeitsbalance um den Selbstwert der Partner. Für das Gelingen einer Beziehung ist es wichtig, dass das Selbstwertgefühl beider Partner innerhalb des Zusammenlebens immer wieder ausbalanciert wird. Zwischen Gerechtigkeitsbalance und Gleichwertigkeitsbalance besteht insofern ein enger Zusammenhang, als das Selbstwertgefühl gestärkt wird, wenn man sich vom Partner fair behandelt fühlt und die eigenen Leistungen von ihm anerkannt werden.

Lösungen

Als allgemeine Faustregel gilt aus meiner Sicht: Partner sollten realistisch mit der Liebe und gefühlvoll mit dem Geld umgehen. Und das nicht erst nach vielen Ehejahren, sondern am besten gleich von Anfang an. Darüber hinaus ist es wichtig, der romantischen Vorstellung zu widerstehen, dass beim Geld die Liebe aufhört. Am Geld wird die Liebe deutlich. Auch sollte man sich von der Illusion verabschieden, über Geld nicht zu streiten.

Der Streit ums Geld fällt geringer aus, wenn die Partner hinsichtlich des Geldes halbwegs ähnliche Auffassungen haben und diesbezüglich übereinstimmende Ziele. Das Handling wird auch erleichtert durch ähnliche Charaktereinstellungen. So wird ein sehr sparsamer Mann schwer mit ausgeprägten Genießerin auskommen. Sie wird ihn als geizig, er sie als Verschwenderin empfinden. Doch auch ähnliche Charaktere sind natürlich keine Garantie dafür, dass es keine Konflikte gibt.

Eine wirkliche Partnerschaft ist nur möglich, wenn jeder seine Vermögensverhältnisse offenlegt und man sich einigt, wie man gemeinsam mit dem Geld umgeht. Damit bei Geld nicht zu starke Konflikte entstehen, hat sich in den meisten Partnerschaften die Dreierkontenvariante bewährt. Jeder hat ein eigenes Konto für seine persönlichen Ausgaben zur Verfügung. Die Miete, regelmäßige Ausgaben für den Haushalt, das Auto, Versicherungen und Reisen werden dann vom gemeinsamen Konto abgebucht.

Wenn der Mann Hauptverdiener ist, sollte er die Hälfte seines Gehaltes auf das Konto seiner Frau überweisen, damit sie vollkommen freie Verfügung darüber hat. Nur ein Zugangsrecht zu seinem Konto genügt nicht, denn es bleibt und ist ein unwürdiges Gefühl, vom Konto eines anderen Geld nehmen zu müssen. Zur Absicherung der erwerbslosen Frau sollte sie auf eine eigene Altersvorsorge bestehen. Da, wo es für Paare nicht möglich ist, Gleichwertigkeit und Gerechtigkeit durch ausgeglichene Machtverhältnisse herzustellen, ist die Lösung der Machtausgleich. Beide überlassen sich die jeweiligen Bereiche und wertschätzen, was der andere tut. Wer dem anderen etwas voraus hat, der verfügt über bessere Ressourcen in diesem Bereich. Wie Beispiele zeigen, kann dieses Modell funktionieren, wenn beide Partner wertschätzend damit umgehen und dankbar dafür sind, was der andere als seinen Teil einbringt und diesen nicht als selbstverständlich ansieht. Dies gelingt dann am besten, wenn die Frau ihre „Nur"-Hausfrauenrolle befriedigend findet und der Mann seine Hauptenährer-Rolle nicht zur Ausübung von Macht benutzt.

Liebe ist heute das zentrale Motiv, um eine Partnerschaft einzugehen und sie wieder aufzulösen. Die Handlungslogik der Liebe kennt nur eine Lösung in puncto Geld: Behandle es wie die Liebe selbst als „Gabengeschenk" und nicht als Tauschgeschäft, das nur so lange hält, wie beide Seiten davon etwas haben.

Literatur

Krüger, W. (2006): Liebe, Macht und Leidenschaft. Freiburg: Herder Verlag.

Lehnert, V. A./ Lehnert, F. A. (2007): Ehe und Elternhaus. Neukirchen-Vluyn: Aussaat Verlag.

Schuldt, Chr. (2004): Der Code des Herzens. Weingarten: Eichborn Verlag.

Weber, R. (2007): Wenn die Liebe Hilfe braucht Stuttgart: Klett-Cotta.

Willi, J. (1991): Was hält Paare zusammen? Berlin: Rowohlt Verlag.

Roland Weber
Dipl.-Päd. Dr. Paar- und Familientherapeut. In eigener Praxis in Ammerbuch tätig. Fach- und Sachbuchautor.

geld

Liebe allein versteht das Geheimnis, andere zu beschenken und dabei reich zu werden.

(Clemens von Brentano)

... hätt' ich nur ein ganzes Meer,
mich hineinzutauchen ...

In der 1682 geschriebenen Komödie „Der Geizige" von Moliere wird in der Gestalt des Harpa-gon, Witwer und Vater einer erwachsenen Tochter und eines erwachsenen Sohnes, ein Mann beschrieben, der nichts mehr liebt als sein Geld. Damit es nicht gestohlen wird, hat er es in ei-ner Kiste im Garten vergraben, von deren Vorhandensein er sich regelmäßig überzeugt. All seine Sorge gilt seiner Schatulle, alles andere ist dem untergeordnet. Er scheint alles im Wert des Gel-des wahrzunehmen und zu berechnen.

Tochter und Sohn sind unglücklich und leiden unter ihrem reizbaren, herrschsüchtigen, ge-rissenen Vater, passen sich seinen Launen zwar an, sind von ihm abhängig, protestieren aber heimlich durch Vergnügungen, von denen der Vater nichts weiß. Der Sohn lebt z. B. verschwen-derisch. Auch die Heirat seiner Kinder plant der geizige Harpagon aus Kosten-Nutzen-Gesichts-punkten: Aus Angst davor, Mitgift zahlen zu müssen, soll seine Tochter einen Greis heiraten und sein Sohn eine alte Witwe. Mit den Mitteln der Komödie, durch Überzeichnung der Laster und Schwächen der beteiligten Personen bis hin zum Absurden kann Molière zugleich Lachen und Kritik ermöglichen. Harpagon ist starr, eigensinnig, völlig unflexibel, sein Geld prägt seine Be-ziehungen. Sein Selbstbild scheint sein einziger Freund, und so gerät er völlig in Konfusion und Panik, als seine Geldkassette gestohlen wird: „Man hat mich erdrosselt, man hat mir mein Geld genommen." Das Stück endet damit, dass Harpagon seine Geldkassette wiederbekommt und seine Kinder diejenigen heiraten, in die sie sich verliebt haben. Sie verzichten darauf, dass ihr Vater ihnen ein Hochzeitsfest ausrichtet bzw. eine Mitgift zahlt.

1843 schreibt Charles Dickens „A Christmas Carol" (eine Weihnachtsgeschichte) mit Ebenezer Scrooge, der sich vom herzlosen Geschäftemacher und Weihnachtsverächter zum alten, gütigen Herren wandelt, nachdem er vier Geistern begegnet ist, die ihm seine Vergangenheit und seine Zukunft vor Augen führen.

Dagobert Duck, im englischen Original Scrooge McDuck oder Uncle Scrooge bzw. $crooge Mc-Duck, Uncle $crooge; Kosename Scroogey) ist eine Comicfigur in Entengestalt, erfunden 1947. Sie trägt Züge von Ebenezer Scrooge, es erfolgt allerdings in den Comics keine Wandlung der Fi-gur. Dagoberts „Sparsamkeit" gilt als zentral für seinen Reichtum: So verzichtet er auf unnötige Ausgaben, indem er sich aus Zeitungen infor-miert, die andere weggeworfen haben. Beson-ders zeigt sich sein Geiz im Umgang mit seinen Angestellten und Neffen. Dagobert ist für Viele Verkörperung rücksichtslosester kapitalistischer Methoden, andere gestehen ihm durchaus auch Liebenswürdigkeit zu, und seine Marotte, in sei-nem Geld zu baden, das in einem Geldspeicher lagert, lässt viele verständnisvoll lächeln.

Dagobert Duck, die reichste Ente der Welt. © Disney

Wirf Gold und Silber über mich

Zur Symbolik des Goldes im therapeutischen Sandspiel

Linde von Keyserlingk

In der Nähe von Nagold wurden im Mittelalter fingerkuppengroße Goldmünzen gefunden. Sie waren beim Pflügen des Ackers an die Oberfläche gekommen und vom Regen blank gewaschen: Kleine goldene Schüsselchen, mit allerlei Schnörkeln und Gesichtern verziert. Wo waren sie plötzlich hergekommen?

Die Menschen jener Zeit, die noch nichts von den Kelten wussten, die vom zweiten bis ersten Jahrhundert v. Chr. hier gelebt hatten, nahmen diesen Fund mit ihrer mythenbildenden Seele auf. Eine Legende entwickelte sich, die erzählte, die Goldstückchen seien vom Regenbogen herabgetropft und an seinem Fuße liegen geblieben: Regenbogenschüsselchen, die als Amulett getragen Glück, Schutz und Heilung von vielerlei Krankheiten bringen sollten. Ein himmlischer Segen also, der vielleicht auch der Ursprung des Märchens vom Sterntaler sein könnte.

An diesen kleinen Goldstückchen, die man übrigens in der Keltenausstellung im alten Stuttgarter Schloss besichtigen kann, zeigt sich sehr schön die Doppelbedeutung des Goldes, um die es hier gehen soll. Hergestellt wurden Münzen mit dem Ziel, Waren dafür einzutauschen. Gold als Geld, als Zeichen von Besitz und Macht. Begehrlichkeit wird geweckt, Kriege darum geführt. Geld spaltet die Menschheit in reich und arm. „Am Golde hängt, zum Golde drängt doch alles." Auch das Gold als Symbol in Krone, Zepter und Tiara bedeutet Macht und Reichtum, erworben meist mit Schweiß und Blut der Armen und verteidigt mit Gewalt.

keltische Regenbogenschüsselchen (www.wikimedia.org)

Anders bei den Regenbogenschüsselchen! Sie tropfen einfach so vom Himmel, unverdient, aus Güte. Die Materie Gold bekommt eine ganz andere Bedeutung: Gnade, Güte, Liebe, Heiligkeit. Man kann es nicht verdienen, erwerben oder stehlen. „Meiner Liebsten will ich's schenken, zu einem Goldringelein." Der Liebste wird auch als Goldschatz bezeichnet und gute Menschen haben ein Herz aus Gold. Die Heiligen tragen einen goldenen Schein, ja, alle Heiligen und ihre Legenden wurden auf Goldgrund gemalt.

Dies geschah seit dem 4. Jahrhundert nach Christus und wurde lange Zeit so beibehalten. Erst im späten Mittelalter und in der Renaissance wendeten sich die Menschen und Maler ihrer Umgebung und Außenwelt zu, stellten die Figuren vor Landschaften und, nach der Erfindung der Zentralperspektive, auch in Innenräume. Raum und Zeit wurden erkennbar und messbar, festgelegt und begrenzt. Goldgrund dagegen kennt in seiner Feierlichkeit weder Raum noch Zeit, ist grenzenlos wie die Ewigkeit, eine Seelenwelt. „Wie auf Goldgrund gemalt", sagt man und meint etwas besonders Edles, Schönes und Gutes. Ein auf Blattgold dargestelltes „goldenes Zeitalter", wie es niemals war noch sein wird, außer in unseren Träumen als „désire permanent de l'âme". Und magisch angezogen erwärmen wir uns noch immer nur allzu gern am Anblick alter russischer und byzantinischer Ikonen.

Im Gegensatz dazu die Goldbarren! Zu Hunderten liegen sie in dunklen Kellern, sehen nie das Sonnenlicht und werden bewacht wie gefangene Schwerverbrecher. Sie sollen den realen Gegenwert unseres Geldes garantieren, eigentlich wie Geiseln. Aber gibt es sie wirklich? Und wozu sonst sind sie gut? Fiele mir so ein Goldbarren vor die Füße, ich könnte damit nichts anfangen, denn Gold ist ein Kommunikationsmittel.

Gold braucht viele Menschen, die es bearbeiten und nutzbar machen, mit anderen eintauschen oder auch horten, immer mehr und mehr; die es bei anderen als Reichtum würdigen, bewundern, verehren oder neiden. Allein im dunklen Keller bewirkt es gar nichts. Da liegt es wie einst in dunkler Erde, unentdeckt und nur vom Hörensagen bekannt. Allerdings kann man aus „Hörensagen" oft auch viel Kapital schlagen. Wie war das doch mit dem Mythos von sagenhaften Städten, wo das Gold „auf der Straße liegt"?

Schon die Bibel erzählt von so einem Ort, Ophir genannt. Ganze Heerscharen von Menschen wurden durch solche Gerüchte zu abenteuerlichsten Wanderungen und Lebensveränderungen getrieben. Dies geschah im 19. Jahrhundert, der „Goldrausch" begann, der eigentlich „Gold rush", Goldhetze heißt. Viele wurden reich, aber Tausende fanden dabei einen bitteren Tod. Das Antlitz der Erde veränderte sich, in Kalifornien, Nevada, Colorado, Alaska, Klondike und auch in Australien. Viele indigene Völker, die auf ein harmonisches Leben mit der Natur angewiesen waren, wurden ihres Lebensraumes beraubt. Eines der schrecklichsten Beispiele ist das der Vertreibung der Cherokee, als in Georgia und Colo-

rado Gold gefunden wurde. „Weg der Tränen" nannte man später ihren Marsch in die Verbannung. 1838-39 starben dabei 4000 Cherokee. Und das alles wegen der Gier nach Gold?

Mit Recht fragten die Indianer, wann die Weißen wohl merken würden, dass man Gold und Geld nicht essen kann. Wir haben es immer noch nicht begriffen und, wie es schon die alten Märchen erzählen, verkaufen wir noch immer für Reichtum und Macht unsere Seele dem Teufel; das heißt, als drittgrößter Waffenlieferant der Welt betreibt Deutschland ein „goldgieriges" Geschäft durch den Verkauf von Kriegswaffen an Diktaturen und verursacht damit wiederum den Tod indigener Völker. Und das alles wegen der Gier nach Gold?

Gold gehört mit Kupfer zu den ältesten Metallen, die von Menschen bearbeitet wurden. Es findet sich gediegen, also als Element in der Erde, korrodiert nicht, ist scheinbar unvergänglich und unzerstörbar und auffallend schwer. Es lässt sich leicht mechanisch bearbeiten, hat eine warm-glänzende Farbe, wird als selten und sehr kostbar angesehen. Es wurde in alten Kulturen vor allem für rituelle Gegenstände verwendet. Es ist bemerkenswert, dass man an der Bewertung und Verwertung des Goldes die Enkulturation, sowie den fortschreitenden Materialismus der Menschheit ablesen kann, angefangen bei der „Himmelsscheibe von Nebra" bis hin zur Prägung der Goldmark und den Goldbarren im Keller.

Aber die Beschäftigung mit Gold ging auch immer noch andere Wege. Ein lohnender Geheimtipp ist das goldene Gässchen, „Zlatá ulicka", das sich an der Burgmauer des Hradschin entlangzieht und auf die Goldene Stadt Prag herunterschaut. Die Häuschen stammen aus dem 16. Jahrhundert und dort hatten einst die Alchemisten ihre Zauberküchen. Kaiser Rudolf II. hatte sie hierhergeholt. Wie der König im Märchen vom Rumpelstilzchen daran glaubte, dass man Stroh zu Gold spinnen könne, so glaubte Rudolf II., der wie so viele nie genug Geld zu haben schien, daran, dass man Blei zu Gold kochen könne. Nur fehlte zum Gelingen offenbar hier die schöne Müllerstochter. Jedermann weiß, dass die Alchemisten bemüht waren, niederes Material in Gold zu verwandeln. Aber welches Gold war damit gemeint? Sicher nicht das von Kaiser Rudolf II. Aber auch hier versuchten die Menschen, und auch Alchemisten gehören dazu, aus dem „Hörensagen" Geld zu schlagen.

Wenn uns heute die alchemistischen Geschichten so faszinieren, so ist es nicht der dingliche Vorgang, sondern der Hinweis auf das Goldwerden der Seele, das Entstehen von etwas Höherem, Verfeinerten aus der prima materia. Es ist die Beschreibung der Fähigkeit jedes Menschen zur Symbolbildung, die seine Selbstheilungskräfte erweckt. Ist das vielleicht mit dem „Stein der Weisen" gemeint?

Die Alchemie und ihre Symbolik ist für Sandspieltherapeuten äußerst interessant, denn auch im „Behälter" des Sandkastens soll und kann Wandlung geschehen und sich zeigen. Ähnlich einer Destillation zeigt sich allmählich ein Bewusstwerdungsprozess der kleinen und großen Klienten auf verschiedenste und individuellste Weise. Wir betrachten das mit Staunen und Ehrfurcht. Zeigt sich darin doch ein archetypisches Wissen, wenn man es als "Wissen" bezeichnen will. „

So schreibt der bekannte Physiker Wolfgang Pauli (1952):

Es muss so etwas wie ein Denken in Bildern geben. Diese Urbilder, welche die Seele mithilfe eines angeborenen Instinktes wahrnehmen könne, nennt Kepler archetypisch. Die Übereinstimmung mit den von C. G. Jung in die moderne Psychologie eingeführten ... Archetypen ist eine sehr weitgehende ... Die moderne Psychologie ... hat die Aufmerksamkeit wieder auf die vorbewusste, archaische Stufe der Erkenntnis gelenkt. Auf dieser Stufe sind anstelle von klaren Begriffen Bilder mit starkem emotionalem Gehalt vorhanden, die nicht gedacht, sondern gleichsam malend geschaut werden.

Und in dieser Bilderwelt spielt auch das Gold und seine Darstellung oft eine bedeutende Rolle, wie noch zu berichten ist.

Die ganze Weisheit und allegorische Bilderwelt der Alchemie ist, wie wir wissen, sehr umfangreich und kompliziert. Vielleicht wurden

ihre Texte auch so schwer verständlich formuliert, um sie vor Unbefugten zu schützen. Niemals wird man müde, sich mit ihnen zu beschäftigen und sich über sie zu wundern. Die Alchemisten der frühen Tage kannten den Unterschied von toter und belebter Materie noch nicht. Für sie war alles belebt. Gold wuchs und bildete sich in Mutter Erde, wie das Ungeborene im Mutterleib. Erforschte man nur wie, so könnte man den Prozess wohlmöglich nachahmen und auch Gold „gebären". Eigentlich eine Vorstellung, die sich bis hin zur Genmanipulation, dem Klonen und dem Retortenbaby erhalten hat.

Therapeuten interessiert neben der reichen Symbolik vor allem eine Gestalt in der Alchemie, deren sagenhaften Ursprung man in einer Pyramide des alten Ägyptens ortete: Hermes Trismegistos. Auf „Grünem Stein", der „Tabula Smaragdina", soll er seine Weisheiten niedergelegt haben. Sein Wort „Was unten ist, ist wie das, was oben ist, und das, was oben ist, ist wie das, was unten ist, ein dauerndes Wunder des EINEN", ist wohl das bekannteste und drückt den Wunsch aller Sinnsuchenden nach der „Alleinheit" aus. Die Tabula Smaragdina ist ein grundlegendes Werk der Alchemie und vieler okkulter Strömungen (Hermetik) und fasziniert bis auf den heutigen Tag.

Hermes Trismegistos, in dem auch der Gott Merkurius verkörpert gesehen wird, kann Sandspielern ein Psychopompos, ein Seelenführer werden, gerade weil er so mythisch zeitlos, bildhaft und in vieler Hinsicht umfassend ist: „Ein ewig dauerndes Wunder des Einen", nämlich der Individuation, wie C. G. Jung sie uns erklärt hat. Und das, wiederum, hat viel mit dem Wunsch nach Gold, dem Symbol für „das höchste Gut des Menschen" zu tun.

Bei der Durchsicht meiner Sandbildsammlung im Hinblick auf Gold und Schätze machte ich eine interessante Entdeckung. Wie einst Jason auf der Reise zum Goldenen Vlies machten sich alle Jungen auf den Weg, um Schätze zu suchen, zu erkämpfen und zu erobern. Dazu brauchten sie natürlich viel Mut, um das Unmögliche möglich zu machen, um sich gegen eine Übermacht von Feinden oder

geld

Bild 1

Bild 2

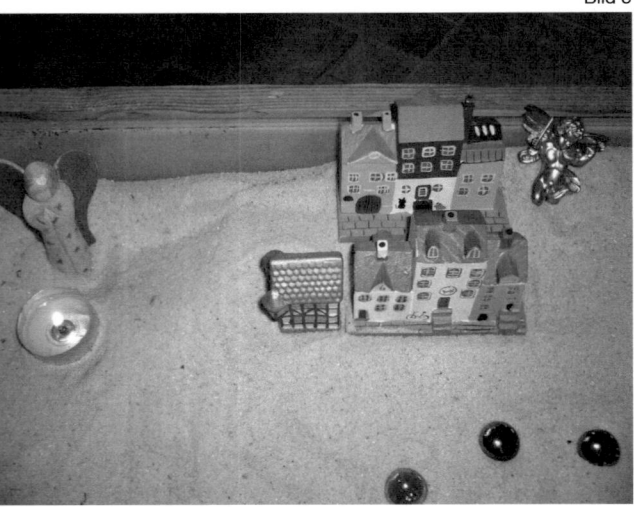

Bild 3

einen Feuer speienden Drachen zu behaupten. Nicht immer schien es zu gelingen. Wie einst Sindbad der Seefahrer sieben Reisen unternahm, bis er seine Schätze würdigen und behalten konnte und „sich selbst fand", so bauten sie oft Bild um Bild zum gleichen Thema und manchmal schien es, als würde die Therapeutin eher geneigt sein, die Hoffnung auf ein endliches Gelingen aufzugeben, als die kleinen Helden selbst.

Helden brauchen natürlich Hilfe. Sie brauchen z. B. das beste Fohlen oder den Rat von der Babajaga, für die sie schwierige Aufgaben der Selbstbeherrschung zu erledigen haben. Oder sie brauchen den roten Faden und die Liebe eines Mädchens, das sich dann als ihre Prinzessin herausstellt. All ihr Wünschen und Handeln ist darauf gerichtet, etwas zu erwerben, das sie nicht besitzen und das ihnen auch nicht geschenkt wird. Gewinnen sie es endlich, sind sie mit Stolz erfüllt und finden dabei sich selbst oder ihr Selbst und integrieren ihre weibliche Seite, die Prinzessin, ihre Anima. Manchmal gewinnen sie damit auch ein Königreich oder wenigstens ein halbes und werden vom Prinzen zum König, vom Kind zum Mann.

Eine uralte, sich tausendfach wiederholende Geschichte der Individuation, in Märchen und Sagen erzählt und ebenso auf erstaunliche Weise auch in den Sandbildern. Marie Luise von Franz, die große Frau der Märcheninterpretationen, schrieb einmal dazu:

Nachdem ich jahrelang auf diesem Gebiet gearbeitet habe, bin ich zu dem Schluss gekommen, dass alle Märchen danach streben, ein und dieselbe psychische Tatsache zu beschreiben, eine Tatsache aber, die so komplex und weitreichend und für uns in allen Aspekten so schwer zu erkennen ist, dass es Hunderte von Märchen und Tausende von Wiederholungen braucht, bis diese unbekannte Tatsache dem Bewusstsein vermittelt ist, und selbst dann ist das Thema nie erschöpft. Diese unbekannte Tatsache nennt C. G. Jung das Selbst." (v. Franz, 1985)

Da sehen wir zum Beispiel einen mächtigen Drachen und seinen Kumpanen von Feuer um-

ringt, schier unzugänglich (vgl. Bild 1). Mit einer kostbaren Perle in der Pfote hockt er auf
dem Schatz und fletscht die Zähne. Wird es je
gelingen, ihm den Schatz zu entreißen? Viele
haben es anscheinend schon versucht. Sieht
man in dem Symbol des Drachen die Mutter,
die die Lebensschätze besitzt und nicht hergeben mag (was bleibt ihr dann noch?), so
braucht es für einen Jungen tatsächlich oft
vieler Kämpfe, um selbst-ständig zu werden.
Andere hingegen wären froh, wenn sie eine
Mutter hätten, mit der sie sich auseinandersetzen könnten.

In einem anderen Sandkasten liegt auf hoch-
aufgehäuften Felsen in der „Zukunftsecke" die
Goldene Stadt, fast uneinnehmbar (vgl. Bild 2).
Hier wohnen die goldenen Götter. Das erinnert
an den „Berg der Adepten". Am wichtigsten ist
der goldene Pfau, der auf einem Kristall thront.
Nach hartem Kampf ist es einem Helden gelungen, in die Stadt zu gelangen. Stolz stützt
er sich auf sein Schwert. „Da bekommt er die
Krone des Lebens", sagt das Kind und setzt
sie ihm extra auf. Das ist die Weisheit eines
Achtjährigen und nur wir Erwachsenen brauchen unser Wissen an Symbolik, um diesen
Prozess der Verarbeitung eines schmerzlichen
Verlustes durch Tod und den Weg aus Trauer
und Wut zurück zu sich selbst zu verstehen
und angemessen zu begleiten.

Ganz anders die Mädchen. Sie ziehen nicht
in die Welt und suchen nicht nach Gold, sie
besitzen es. Sie wohnen im Häuschen mit
goldenem Dach und haben goldene Schutz-
engel (vgl. Bild 3). Und wenn es im Märchen
so scheinen mag, als hätten sie nichts, dann
haben sie immer noch ein goldenes Strumpf-
band. Oder sie brauchen nur zu sagen:
„Bäumchen rüttle dich und schüttle dich, wirf
Gold und Silber über mich." Und schon haben sie ein Kleid, so golden wie die Sonne,
so silbern wie der Mond oder so glänzend wie
die Sterne. So kann jedermann sehen, dass
sie ganz eigentlich eine Prinzessin sind und
kein armes Aschenputtel. Oft haben sie goldene Nüsse, in denen wundersame und helfende Dinge verborgen sind, ein Spinnrad,
eine Haspel, ein Ringlein.

Bild 4

Bild 5

Bild 6

Sie haben auch oft eine erstaunliche Gabe sich abzugrenzen und verarbeiten den Tod eines Lieben ganz anders als Knaben (vgl. Bild 4). Hinter der schützenden Hecke verborgen liegt der Friedhof. Aber davor bilden helfende Frauengestalten (zwei Elfen, Maria, Briviba die Freiheit, die goldene Isis) und goldgelbe Blüten einen schützenden Kreis um eine kostbare Kugel, das Symbol der Kindheit.

Überhaupt scheint es bei ihnen Gold und Schätze immer im Überfluss zu geben (vgl. Bild 5). Mit Edelsteinen ist hier ein ganzer Weg gepflastert, der von einer großen Abalone Muschel zur Göttin Kwan Yin führt. Hinten wächst ein Glücksbaum, der statt Blätter Edelsteine trägt und in der Mitte steht auf einem grünen Stein (der Tabula Smaragdina) eine goldene Waage. (Wer besitzt wohl eine goldene Waage?) Sie wiegt das Gute, ein weißes Steinchen und das Schlechte, ein schwarzes Steinchen.

Das erinnert an ein Wort des Hermes Trismegistos: „Es ist wahr, ohne Lüge und ganz gewiss." Kinder, denen wichtige Fakten der Familiengeschichte vorenthalten werden, deren Unbewusstes beschäftigt sich oft immer wieder mit diesem Thema: Was ist wirklich wahr? In der linken hinteren Ecke thront der goldene Pfau, der Seelenvogel. So baut ein Mädchen in der Vorpubertät.

Ich könnte ihr natürlich viel über Kwan Yin, den weiblichen Buddha, der Göttin des unendlichen Mitleids erzählen und auch über all die anderen schönen Symbole. Aber wäre das sinnvoll? Ich lausche lieber auf ihre Erzählungen. C. G. Jung sagt dazu: „Ich leihe den wunderlichen Mythen der Seele ein aufmerksames Ohr", und dieses Fabulieren nannte er „mythologein".

Für den Verstand ist das „mythologein" eine sterile Spekulation, für das Gemüt aber bedeutet es eine heilende Lebenstätigkeit; sie verleiht dem Dasein einen Glanz, welchen man nicht missen möchte. Es liegt auch kein zureichender Grund vor, warum man ihn missen sollte. Denn der Mensch, welcher an eine wie immer geartete Ewigkeit und ein wie immer geartetes Sein nach dem Tod glaubt, befindet sich im Einklang mit den Urbildern in seiner Seele."

Die Therapeutin sieht das Miterleben dieser geheimnisvollen Mythen im Sand als Privileg, als wunderbares Geschenk.

Noch ein letztes Bild eines Mädchens am Ende seiner Therapie (Bild 6). In der Mitte ein Mandala ähnlicher Teich und im Hintergrund „haufenweise" Gold. Zwischen Sonne, Mond und Sternen tanzt Shiva, der Gott von Zerstörung und Neuanfang. Was für ein schönes Bild für das Ende einer langen, mit viel Geduld erarbeiteten Therapie! Und wieder denke ich an die Worte des Hermes Trismegistos: „Scheide die Erde vom Feuer, das Feine vom Groben, sanft und mit großem Verständnis."

Literatur
Pauli, W. (1952): Naturerklärung und Psyche. Zürich: Rascher.
Von Franz, M.-L. (1989): Psychologische Märcheninterpretation. München: Droemer Knaur.
Jung, C. G. (1962): Erinnerungen, Träume, Gedanken. Zürich: Rascher.
Jung, C. G. (1968): Der Mensch und seine Symbole. Freiburg: Walter.
Jung, C. G. (1978): Studien über alchemistische Vorstellungen. GW, Bd. 13. Freiburg: Walter.
Bradway, Kay et all (1987): Sandplay, the silent workshop of the Psyche. London: Roudledge.
Bradway, Kay, et all (2005): Sandplay in three voices. New York: Roudledge.

Linde von Keyserlingk
Autorin, Psychotherapeutin (EAP/DGSF), Dozentin und Lehrtherapeutin für Sandspieltherapie (ISST/DGST). Sie leitet Ausbildungen im Sandspielhaus in Apfelstetten, in Riga und in Szczecin. Von 2005-2011 war sie Vorsitzende der Deutschen Gesellschaft für Sandspieltherapie und Herausgeberin der Zeitschrift „Sandspiel-Therapie" (2001-2011).

Geld und Gold im Märchen

Irene Berkenbusch

„Der hat kürzlich einen Gewinn gemacht – märchenhaft!" Oder: „Die Heirat hat ihr einen märchenhaften Reichtum beschert." – Wir kennen und verwenden alle immer wieder solche Redensarten. Der Vergleich mit dem Märchen drückt zum einen unseren Zweifel an der Wahrheit aus: „Das kann doch gar nicht wahr sein!" Zum anderen wird die Vorstellung eines unangefochtenen, wunderbaren Reichtums und seiner Möglichkeiten im Märchen zum Ausdruck gebracht.

Aber sind unsere Märchenvorstellungen da nicht zu „märchenhaft" und unrealistisch?

Wie finden wir die Verwendung von Geld und Gold im Märchen vor?

Zunächst mutet das Thema ambivalent an, sehr materialistisch, wobei die Assoziationen, die einem zu „Gold" einfallen, ja noch ganz erfreulich sind, wie hoher Wert und Reichtum, auch ideell verstanden, oder Glück sowie Schönheit bis hin zur tiefenpsychologisch-symbolischen Bedeutung vom Selbst, das jemand auf dem Weg der Individuation findet.

Aber Geld? Kommen uns da nicht eher Assoziationen von Gier, Angeberei, Korruption, Ausbeutung der Armen bis hin zu Raubtierkapitalismus und Kriminalität?
Der Verweis auf das Märchen als Fundort rückt die genannten Elemente aber sogleich in ein milderes Licht. Denn im Märchen können sie, vor allem das Geld, doch nur in symbolischer Weise verstanden werden, so meinen wir, und die Symbolebene hebt doch alles über die krude Realebene des konkreten Lebens hinaus.

Sozialgeschichtlicher Kontext der Grimm'schen Märchen

Aber trifft die genannte Vorstellung wirklich zu? Die Märchen sind ja nicht im „luftleeren"

Märchenbrunnen „Hans im Glück"
im Volkspark Friedrichshain, Berlin

Raum entstanden, sondern sie sind eingebettet in einen sozialgeschichtlichen, nicht immer problemlosen Kontext und müssen auch vor diesem Hintergrund gelesen werden.

Die Brüder Grimm, die die von ihnen so titulierten Kinder- und Hausmärchen, in der Forschung als KHM abgekürzt, sammelten bzw. sie sich erzählen ließen, lebten vom Ende des 18. bis zur Mitte des 19. Jahrhunderts. Die Märchen erschienen in zwei Bänden zwischen 1812 und 1819. Auffällig ist, dass die in den Märchen auftretenden Personen fast immer entweder der sozial benachteiligten Schicht der Handwerker, Waldarbeiter und Bauern bis hin zu bettelarmen Dörflern oder der herrschenden Schicht der

Hänsel and Gretel; Darstellung von Alexander Zick (1845 - 1907) (www.wikimedia.org)

Monarchen und der Adligen angehören. Eine bürgerliche Mittelschicht fehlt gewöhnlich. Somit haben wir es, sozialgeschichtlich gesehen, in den Märchen mit einem Feudalsystem zu tun. In der Regel geht es den Armen wirklich schlecht, und sie wissen nicht, wie sie am nächsten Tag ihre Familie durchbringen sollen. Denken wir beispielsweise an das Märchen „Hänsel und Gretel", das damit beginnt, dass eine Mutter aufgrund der bitteren Armut sich dazu gezwungen sieht, ihre Kinder im Wald auszusetzen und den wilden Tieren zu überantworten, weil es am nächsten Tag nichts mehr zu essen gibt. Das Märchen vom „Gevatter Tod" beginnt auf ganz ähnliche Weise mit der Situation eines armen Mannes, der für seine Kinder nicht mehr genug zu essen hat.

Diese Erzählungen stammen zumeist aus der Zeit der langen Wirtschaftsdepression im 17. Jahrhundert. Auch die Märchensammlung „Contes de Fées" von Charles Perrault, die als Repertoire für die bis zu den Grimms gelangte mündliche Tradierung der deutschen Märchen diente, spiegelt eine sozialhistorisch gesehen problematische Zeit wieder. Es war die Zeit des Absolutismus und der Fürstenwillkür, verbunden mit einem verschwenderischen Lebensstil, so dass es der Bevölkerung großenteils ziemlich schlecht ging.

Auch die Brüder Grimm haben eine politisch und wirtschaftlich schwierige Zeit erlebt, was sicherlich mit dazu führte, dass sie für die in den Märchen dargestellten Probleme von Ungerechtigkeit, Bedrückung und Armut ein besonderes Verständnis entwickelten. Geld und Gold spielen daher in den Märchen auch keinesfalls nur eine ambivalente oder kritikwürdige Rolle, sondern sie bedeuten oft das unverzichtbare Mittel zum Überleben.

Die historischen Erfahrungen, die auch die Lebenszeit der Grimms berührten, wie die Folgen der Französischen Revolution, die Napoleonischen Kriege, das Ende des Heiligen Römischen Reichs Deutscher Nation, die Gründung des Deutschen Bundes, dann neben der Begrüßung neuer nationaler, liberaler und demokratischer Ideen auch die Erfahrung von Despotie und Willkür, etwa gegen die „Göttinger Sieben", all das dürfte bei den Brüdern Grimm mit das Interesse an alten, kollektiven Mythen geweckt haben, die vor dem Vergessen zu retten seien. In seiner Autobiografie von 1831 schreibt Wilhelm Grimm: „Wir fühlen es nicht immer, wie unaufhaltsam alles versinkt, aber ich kann mich der Bewegung nicht erwehren, wenn eine Erinnerung mich auf einen Augenblick in eine längst untergegangene Zeit, die andern Schmerz und Freuden hatte, mitten hinein rückt". (vgl. Martus 2012, S. 20)

Das Interesse der Grimms war somit sicher auch gespeist durch das Gespür für die archetypischen Schichten und Symbole in den Märchen, die ihnen wie die Erzählungen uralter Menschheitserfahrung erschienen. Auch für uns, vor allem im therapeutischen Zusammenhang, sind die Märchen in dieser Bedeutung wertvoll und wichtig. Wie wir wissen, werden nach C. G. Jung Archetypen (Urbilder der Seele) im Märchen symbolisiert. Märchen sind demnach kollektive Träume der Menschheit, und die Symbole in den Märchen enthalten verborgene innere Aussagen, die verschlüsselt sind.

Wir wollen daher unser Augenmerk auch nicht so sehr auf die sozialgeschichtlichen Komponenten als vielmehr auf den symbolischen und tiefenpsychologischen Gehalt der Märchen richten.

Neben den Märchen der Brüder Grimm werden zwei andere europäische Märchen zum Thema Geld und Gold zur Sprache kommen.

Märchen vom Geld

Schon immer bedeutete das Streben nach Geld und Reichtum neben dem Streben nach Macht und Ruhm oder nach Liebe und Sex eine besondere Antriebsfeder für Handeln und Intentionen der Menschen. Diese Ziele zu erreichen, war und ist für viele der Inbegriff des Glücks. „Aus dem durchaus ehrbaren Streben nach den Glücksschlüsseln Geld, Macht und Liebe werden aber allzu oft und in tückischer Weise unmerklich fließenden Übergängen Geldgier, Machtbesessenheit, Geilheit und Eifersucht. Eigenschaften, die als idealer Nährboden für alle erdenklich moralischen Entartungen und kriminellen Auswüchse gelten." (Westenberger 1998, S. 187)

Werden wir gegenwärtig nicht ständig von Nachrichten über Finanzskandale, Bankenbetrug, Turbulenzen im Euroraum, Ausbeutung der Armen, ganz zu schweigen von den stereotypen Börsenmitteilungen überschüttet? „Geld regiert die Welt", so lautet ein bekanntes Sprichwort, und wir müssen ihm zustimmen, wenn wir beobachten, wie das Geld, die globale Gier nach schnellem Profit und finanzielle

Umstände menschliche Beziehungen – sowohl Familie, Freundschaft und Partnerschaft als auch Arbeitsverhältnisse – bestimmen und zerstören können. Auch davon handeln bereits zahlreiche Märchen.

Sprachgeschichtliches zu „Geld" und Gold"

Was ist überhaupt „Geld"? Die Sprachgeschichte (Etymologie) des Wortes gibt uns darüber ein wenig Aufschluss. Dabei ist zunächst interessant, dass „Geld" und "Gold", entgegen der naheliegenden Annahme, sprachgeschichtlich nichts miteinander zu tun haben. „Geld" ist abzuleiten von Althochdeutsch (8. Jh.) und Mittelhochdeutsch (11.-15. Jh.) „gelt", was im Sinne von „Vergeltung, Vergütung, Einkommen, Wert, Entgelt und Belohnung" verwendet wurde. Die Bedeutung „geprägtes Zahlungsmittel" ist erst seit dem 14. Jahrhundert gebräuchlich. Das Wort „Gold" dagegen existierte bereits im Althochdeutschen und Mittelhochdeutschen als „gold" und hat ursprünglich mit der Bedeutung „gelb" zu tun. Das Gold ist also das gelbe Metall. (vgl. Kluge 1963, 1999.

Betrachten wir die zahlreichen Wortzusammensetzungen mit „Geld" – wie Geldwirtschaft, Geldadel, Geldheirat, Geldsorgen u. v. a. m. oder auch Begriffe mit nachgestelltem „Geld" wie Schmerzensgeld, Falschgeld, Lösegeld, Bargeld, Blutgeld, Arbeitslosengeld etc. – dann wird deutlich, welche zentrale Rolle das Geld in unendlich vielen Bereichen des menschlichen Lebens spielt.

Die Märchen weisen dem Geld zunächst eine moralisch neutrale Rolle zu, oft sogar eine positive. Sein Besitz ist für ein einigermaßen erträgliches Leben unverzichtbar. Geld führt dazu, dass die Not ein Ende hat. Somit halten sich die Ansichten über Gut und Böse, Fluch und Segen von Geld und Reichtum im Märchen die Waage. Entscheidend ist, wie der Mensch mit Geld und Besitz umgeht. In einem alten deutschen Sprichwort heißt es treffend: „Geld ist weder bös noch gut, es liegt an dem, der's brauchen tut". (vgl. Lipperhe de 1907)

Die in diesem Artikel getroffene Auswahl an Märchen zeigt die ganze Bandbreite der verschiedenen Möglichkeiten, mit Geld und Besitz umzugehen. Es wird vor dem Missbrauch und der Charakterverderbnis durch Reichtum gewarnt, andererseits werden aber auch Glück und Freiheit durch Freigebigkeit und Großzügigkeit in den Märchen lebendig, ganz abgesehen von der darin tiefenpsychologisch aufschlussreichen symbolischen Bedeutung des Geldes.

Die Märchen und das liebe Geld

Wie oben bereits angedeutet, bewerten die Märchen Geld und Besitz in ambivalenter Weise, verfolgen aber auch den moralisch-pädagogischen Zweck, vor Geldgier, Korruption und Machtmissbrauch zu warnen. Das russische Märchen „Wer das Geld erdacht hat" z. B. nennt als Urheber des Geldes den Teufel. Demnach besteht das Geld aus Blut, Schweiß und Tränen der hart arbeitenden Bevölkerung. Die ausbeuterischen Mächtigen eignen es sich, verführt durch den Teufel, an und bereichern sich daran. Hier führt das Geld den Menschen in Korruption und Verderben. (vgl. Marzi/Westenberger 1998, S.109 ff.)

Der missbräuchliche und eigennützige Umgang mit Geld wird im Märchen deutlich, manchmal scharf, geahndet. Als Strafe für die Unterschlagung zweier Heller findet ein Kind, das sich mit dem Geld einen Zwieback kaufen wollte, im Grabe keine Ruhe, wie es das Märchen der Brüder Grimm „Von dem gestohlenen Heller" (KHM I-7) schildert, womit das Märchen mit dem kindlichen Täter doch sehr hart umgeht. Erst als die Eltern das Geld einem Armen geben, erscheint der Geist des Kindes nicht mehr.

Geld als Hilfe in der Not und als Belohnung für die uneigennützige Hilfsbereitschaft des Mädchens, das noch sein „letztes Hemd" an ein frierendes Kind weggibt, schildert das bekannte Grimm'sche Märchen „Das arme Mädchen" (KHM I-83), uns bekannt unter dem Titel „Sterntaler". Es kommt uns fast wie zu viel an Gottvertrauen und Selbstaufgabe bei dem Mädchen vor, das dann aber durch das geschenkte linnene Hemd, in dem es die vom Himmel regnenden Taler auffangen kann, reich

wird und für sein Leben ausgesorgt hat. Die Handlungsweise des Mädchens wird also bestätigt. Symbolisch bzw. tiefenpsychologisch gesehen verlässt sich das Mädchen nicht auf das äußere Materielle. Es setzt seine bisher besessene Energie, das „letzte Hemd" als seine Lebenskraft verstanden, bis zum äußersten ein und erhält dafür neue, für ein zukünftiges Leben ausreichende Energie, sofern wir „Geld" symbolisch als Energie interpretieren.

Nicht zu vergessen, dass das Mädchen eine Waise ist und somit äußeres und inneres Zuhause verloren hat. Das „allerfeinste Linnen" und die goldenen Dukaten sind somit symbolisch als neues „Seelenkleid", als bei sich zu Hause sein und als innerer Reichtum zu deuten.

Auch in dem schlesischen Märchen „Der wunderliche Geldbeutel" (entnommen aus Marzi/Westenberger, S. 135 ff.) besitzt das Geld eher eine symbolische Bedeutung. Als Belohnung für eine gute Tat an einer alten Kräuterfrau, die hilflos am Wegesrand sitzt, erhält ein Schmied einen ledernen Geldbeutel als Geschenk. Dieser füllt sich jedes Mal, wenn der Schmied eine gute Tat vollbringt, bei schlechten, verwerflichen Taten bleibt der Geldsegen aus. Das zeigt sich, als er in die Gesellschaft von zwielichtigen, kriminellen Halunken gerät, nicht wahrnimmt, auf wen er sich da eingelassen hat und zu guter Letzt im Spielrausch alles verliert.

Das Geld wirkt hier auf doppelte Weise: Es hat eine moralische Funktion, indem es die Taten und den Lebenswandel des Schmieds durch Belohnung oder Bestrafung bewertet und darüber hinaus dem Schmied Einblick in die dunklen Seiten seiner Psyche gewährt, die ihm bisher nicht bewusst waren. Denn – so das Märchen – er hielt sich immer für einen fleißigen, erfolgreichen und moralisch einwandfreien jungen Mann mit einem „sonnigen Gemüt".

Der Beutel mit dem Geld lässt sich also deuten als Behältnis psychischer Energie, vor allem aber des Unbewussten, zu dem der Träger des „Beutels" vordringen muss, um auf seinem Individuationsweg voranzukommen. Das vermittelt ihm die notwendige Lebensenergie

Goldmarie aus dem Märchen „Frau Holle", Illustration von Hermann Vogel (1854-1921) (www.wikimedia.org)

und seelische Kraft, um an sein Ziel zu gelangen, das sich in der Hochzeit mit einem schönen Mädchen erfüllt.

Gold im Märchen

Geld und Gold werden in den Märchen teilweise synonym gebraucht. Wir sahen das bereits im „Sterntaler"-Märchen, ähnlich nachweisbar ist dies in anderen Märchen. Darüber hinaus hat es den Anschein, dass es im Vergleich zum Geld mehr Märchen gibt, in denen Gold eine Rolle spielt. Gold löst vermutlich noch stärker als Geld die Assoziationen von hohem, unerreichbarem Wert aus, von etwas Schönem, von Sonne, Kraft und Leben. Vielleicht denken wir auch an das „Gold der Weisheit" oder an das „goldene Zimmer der Dreieinigkeit" in verschiedenen Märchen und Mythologien.

Zunächst beschreiben die Märchen das Gold als wertvolles Metall, das Reichtum gewährt, weiterhin als höchstes Gut und Glück, als Schatz, auch symbolisch verstanden, und nicht zuletzt als Zeichen für eine besondere Stellung oder als Inbegriff positiver Eigenschaften, als innere Werte eines Menschen oder als edlen Charakter einer Märchenfigur.

Gold als gerechter Lohn, aber nicht nur das

Im Märchen „Des Teufels rußiger Bruder" (KHM II-14) wird dem Märchenhelden, hier einem Soldaten, für treue Dienste beim Teufel ein Rucksack voll schmutzigen Inhalts geschenkt, der sich aber später in Gold verwandelt. Zwei Aspekte sind hier interessant: Einmal geht es um die Symbolik der Verwandlung, der Dreck wird zum Gold (wir denken hierbei an entsprechende Versuche der Alchemisten), wobei das Märchen auf der Symbolebene wohl darauf verweist, dass das, was im Bereich des Bewusstseins wertlos erscheint, vom Unbewussten als wertvoll erkannt werden kann. Der Märchenheld findet aus Gefahr und Bedrohung den Weg zum Gelingen des Lebens. Zum Zweiten bedeutet das Gold aber auch konkret verstanden den gerechten Lohn und vermittelt dem Soldaten Reichtum für seine gesamte Zukunft.

Äußerlich gesehen geht es auch bei „Frau Holle" (KHM I-24) um gerechten Lohn für das tugendhafte, fleißige Mädchen, das alle Bewährungsproben und Aufgaben vollständig erfüllt hat, wenn es am Schluss unter dem Tor, durch das es gehen muss, über und über mit Gold bedeckt wird. Symbolisch und analytisch betrachtet geht es bei dem Mädchen um einen Individuationsweg der Reifung zur erwachsenen Frau. Das Gold symbolisiert die neue Lebensstufe, die das Mädchen erreicht hat.

Dass die besondere Stellung einer Person durch die Erlangung von Gold gemeint sein kann, wird im Märchen „Das Rätsel" (KHM I-22) dargestellt. Auch hier muss der Märchenheld sich bewähren, indem er eine Reihe von lebensbedrohlichen Gefahren zu bestehen und zum Schluss eine tricksterhafte, sich auf Rätsel verstehende Königstochter zu entlarven hat. Nach Gelingen aller Bewährungsproben heißt es am Ende des Märchens auf die bis zum Schluss trickende Königstochter bezogen: „Lasst den Mantel sticken mit Gold und Silber, so wird's Euer Hochzeitsmantel sein."

Es endet also mit dem Lohn für die überstandenen Gefahren und die Klugheit des Märchenhelden. Seine bisherige Lebensfahrt wird durch die Hochzeit mit der eigenwilligen Königstochter gekrönt. Die Hochzeit symbolisiert in vielen Märchen die Verbindung des Gegensätzlichen (bei C. G. Jung die „coniunctio"), die erst durch zahlreiche Proben und Hindernisse erlangt werden kann.

Auch im Märchen „Schneeweißchen und Rosenrot" (KHM III-161) geht es um die Wandlung eines in die Gestalt eines Bären verwunschenen Königssohns, der am Schluss als „schöner Mann, ganz in Gold gekleidet" dasteht. Hier symbolisiert das Gold (neben anderen Möglichkeiten der Interpretation) die Integration des unedlen, wilden Persönlichkeitsanteils, die Rückgewinnung des Schatzes (des wahren Selbst) und damit die Wandlung zur Ganzheitlichkeit der Person.

Gold als Abglanz des Himmlischen

Für viele Märchen kann die himmlische Sphäre nur durch das edelste aller Metalle, das Gold, charakterisiert werden. Das finden wir z. B. im Märchen „Der getreue Johannes" (KHM I-6), in dem es um eine überirdische Königstochter geht („die Königstochter vom goldenen Dache"), deren Bildnis „herrlich war und von Gold und Edelsteinen glänzte" und die nicht vor der Zeit vom Königssohn erblickt werden durfte.

Auch im Märchen „Marienkind" (KHM I-3) besteht das dreizehnte Zimmer, in dem die Dreieinigkeit sitzt und das nicht betreten werden darf, vollständig aus Gold. Marienkind, im Himmel lebend und selbst mit goldenen Kleidern angetan, sieht, als es die Tür aufschließt, dort die Dreieinigkeit im Feuer und Glanz sitzen. Ein auch hier auftretendes Merkmal für die verbotene Berührung mit dem Überirdischen, das in zahlreichen Märchen erscheint, ist der vom himmlischen Glanz golden gewordene Finger, der später die Übertretung verrät.

Gold und Silber als Ausdruck der inneren Werte eines Menschen

Dass Gold über die alltägliche Sphäre hinausweist, sahen wir bereits in verschiedenen Märchen. „Aschenputtel" (KHM I-21), ein häufig genanntes „Lieblingsmärchen" der Kindheit, führt uns das in besonderer Weise vor Augen. Aschenputtel, als Halbwaise von ihrer Stiefmutter und den Stiefschwestern verachtet und zur Dienstmagd degradiert, findet sich, um ihre verstorbene Mutter trauernd und von allen verstoßen, buchstäblich „in der Asche" wieder. Der ihr vom Vater nach einer Reise mitgebrachte und von ihr auf das Grab der Mutter gepflanzte Haselnusszweig wächst zu einem großen, kräftigen Baum heran. Auch Aschenputtel möchte zu dem vom König des Landes veranstalteten großen Fest gehen, wozu sie aber das passende Kleid benötigt. Dieses wird ihr geschenkt, indem der Haselbaum immer wieder Kleider von Gold und Silber, eins immer prächtiger als das andere, dazu erst silberne,

Foto: Sinisa Botas (www.fotolia.de)

dann goldene Pantoffeln für das arme Mädchen herunterwirft. Die Hochzeit mit dem Prinzen, dem die Schönheit des Mädchens nicht verborgen geblieben ist, steht am Ende des Märchens. Abgesehen davon, dass es in diesem Märchen auch um den Individuationsweg eines jungen Mädchens geht und das Fest „die Mitte und Fülle des Lebens" symbolisiert, weisen die schönen, silbernen und goldenen Kleider darüber hinaus auf „ihr Wesen, die innere Schönheit" der jungen Frau hin. „Aus Aschenputtel wird eine strahlende junge Frau, die allein zum Fest geht, sich dort zeigt, mit dem Prinzen in Beziehung tritt, letztlich Königin wird und so ihr eigenes Leben – ihr Königreich – gewinnt." (vgl. Dorst 2007, S. 95 f.)

Der goldene Schlüssel
Der Schlüssel aus Gold findet sich als Motiv in zahlreichen Märchen. Wer ihn besitzt, kann damit – allerdings meist verbotenerweise – die bewusste dreizehnte Tür oder einen dem Märchenhelden unbekannten, alten Kasten aufschließen. Es geht dabei um Geheimnisvolles, Numinoses, das nicht erkannt oder entdeckt werden darf. Der Schlüssel vermittelt Macht und den Zugang zum Unbekannten. Dass er golden ist, unterstreicht seine besondere Bedeutung. Wenn dem Märchenhelden ein Schlüssel übergeben wird, dann bedeutet das für ihn eine besondere Verantwortung, eine Prüfung oder eine Entwicklungs- und Reifungsaufgabe („die dreizehnte oder verbotene Kammer").

Diese Situation finden wir z. B. im bekannten Märchen „Blaubart" (KHM I-62) vor. Blaubart übergibt vor einer längeren Reise dem jungen Mädchen ein Schlüsselbund mit den Worten: „Da hast du die Schlüssel zu dem ganzen Schloss, du kannst überall aufschließen und alles besehen, nur die Kammer, wozu dieser kleine goldene Schlüssel gehört, verbiet' ich dir; schließt du die auf, so ist dein Leben verfallen." Wir wissen, dass gerade dieser Schlüssel, auch bei Lebensgefahr, benutzt und die verbotene Kammer aufgeschlossen werden muss, um Erlösung, Wandlung und Veränderung zu bewirken. Im „Blaubart"-Märchen geht

es um den psychischen Entwicklungsprozess, für den das Mädchen „aufgeschlossen" werden soll.

Auch das Märchen „Vogel Phönix" (KHM I-75) enthält neben der Titelfigur des Vogels als zentrales Motiv einen goldenen Schlüssel.

Hier geht es darum, dass ein junger Mann, um die Tochter des Verwalters eines reichen Mannes heiraten zu können, von deren Vater die Aufgabe erhält, drei Federn vom Vogel Phönix beizuschaffen. Der Vogel befindet sich in einem Schloss, dessen Tor nur mit einem goldenen Schlüssel geöffnet werden kann. Durch hilfreiche Tiere gelangt der junge Mann an den goldenen Schlüssel und kann somit zum Phönix vordringen und ihm, wiederum mit Hilfe, diesmal eines alten weißen Mütterchens, die drei Federn entwenden. Somit findet das Märchen mit der Hochzeit ein glückliches Ende. Der Märchenheld findet, symbolisch gesehen, den Schlüssel zu seinem Glück und zu seiner Lebensbestimmung.

Foto: Romy2004 (www.pixelio.de)

Das Märchen „Der goldene Schlüssel" (KHM II-70) hat das zentrale Symbol bereits in den Titel hineingenommen. Das Märchen erscheint in manchen Ausgaben der Grimm'schen Märchen unter dem Obertitel Rätselmärchen, obwohl es eigentlich ein Weisheitsmärchen ist, da es um einen armen Jungen geht, der den goldenen Schlüssel zu einem Kästchen findet, dieses auch aufschließt, dann den Hörer oder Leser aber auf die Entdeckung des Inhalts warten lässt. Dieser wird nicht verraten, der Leser soll sich selbst darüber Gedanken machen, was in dem Schatzkästchen verborgen sein könnte, soll somit die Frage auf sich selbst beziehen. Welche unbekannten, vielleicht wunderbaren Dinge hält mein „Schatzkästchen" verborgen, zu dem ich nun den Schlüssel besitze und das ich nur aufzuschließen brauche, um den schon

Rumplestiltskin, Illustration von Anne Anderson (1874 – 1930)

Nahrung, verweist durch den Beruf des Vaters gleich zu Beginn auf den mütterlichen Bereich mit dem Wandlungsaspekt der Nahrung. Auch das (Mühl)-Rad ruft die Assoziation von Verwandlung, von Bewegung und gemächlichem Zeitablauf hervor. Somit können wir die Ausgangssituation im Bereich der Mutter, des Nährenden und der Wandlung ansiedeln. Dennoch wird der Müller als arm beschrieben, d. h., er befindet sich im Defizit, er ist arm im mütterlichen Bereich. Es fehlt ihm an mütterlichen, emotionalen Qualitäten. Ein negativer Mutterkomplex ist konstelliert. Die Tochter verspricht neue weibliche Lebens- und Entwicklungsmöglichkeiten, wodurch ein Potenzial an Gefühl und neuem Leben anvisiert wird. Der Vater hat die Hoffnung, dass durch die Tochter die gegenwärtige (Gefühls)-Armut, d. h. die Depression, überwunden werden kann.

Auch das Stroh, das einmal Fruchtträger war, jetzt aber die Form ohne Inhalt darstellt, verweist auf die „ausgebrannte", depressive Situation. Der Müller verspricht nun, aus einer Form ohne Inhalt das Höchste, den höchsten Wert herstellen zu können. Mit der Tochter wird das Gefühl in den Dienst gestellt, wird instrumentalisiert, um aus dem ausgebrannten mütterlichen Element (Stroh) Gold zu machen. Somit wird das Gold hier als ein Produkt aus dem mütterlichen Bereich gesehen, Mutter Erde kann Gold machen.

In dem Augenblick, als die Müllerstochter zu weinen anfängt, d. h. in ihrer Gefühlsäußerung eine authentische Reaktion zeigt, erscheint das Rumpelstilzchen. Anders als Symbol für den fordernden Leistungskomplex können wir hier das Rumpelstilzchen als Teil einer bergenden, schaffenden Macht sehen und dahinter die große Mutter erkennen. Der kleine Kobold backt und braut, womit Wandlungsprozesse im mütterlichen Bereich symbolisiert sind, er hat Feuer und lebt im Wald – wie die große Mutter. Der König und der Müller kennen das

lange für mich bestimmten Schatz zu heben? Vielleicht stoße ich auch auf wichtige Lebensfragen, die mich vorantreiben, so dass ich eine Lösung finden kann.

Eine andere, bisher noch nicht erwähnte Möglichkeit, „Gold" im Märchen zu interpretieren, bietet das Märchen „Rumpelstilzchen" (KHM I-55).

Als männliche Protagonisten erscheinen der Müller, der Vater des Mädchens, und der König, dann natürlich auch die Figur des Rumpelstilzchens. Auf den ersten Blick scheint das weibliche Element, die Mutter, wie in vielen Märchen, auch in diesem, zu fehlen. Das Märchen wird dementsprechend, was auch stimmig erscheint, meist unter dem Aspekt des fordernden Vaterkomplexes und des Leistungsanspruchs des Mädchens interpretiert. Bei genauem Hinsehen sind aber auf symbolischer Ebene zahlreiche Anklänge an das weibliche bzw. mütterliche Element zu finden. Das Mahlen des Korns, die Transformation der

Rumpelstilzchen nicht, haben von ihm keine Ahnung, d. h., sie sind sich ihres weiblichen Anteils und des Gefühlsbereichs nicht bewusst.

Auch Rumpelstilzchens Mitleid zeugt von emotionaler Fähigkeit, was dazu führt, dass es zur Rettung der Situation beiträgt, indem es der Müllerstochter die Aufgabe stellt, seinen Namen herauszufinden. Darin ist der Auftrag der Bewusstwerdung verborgen, im Sinne von „Werde dir bewusst, wer ich bin und was ich bin, nämlich ein Anteil deines Unbewussten, der zu deinem positiven Mutterkomplex gehört." Das würde dann aber zu der ungewöhnlichen Interpretation führen, dass das Rumpelstilzchen nicht sterben sollte, um der Müllerstochter den Zugang zum Gefühl, zur Liebe nicht zu entnehmen.

Das Gold, zum mütterlichen, gefühlsbezogenen Bereich gerechnet, wird schließlich auch dem König zuteil, was damit analytisch verstanden, die Ganzwerdung seiner Person symbolisiert. Für die Müllerstochter bedeutet die Verwandlung von Stroh zu Gold den Aufstieg aus ihrer sozial niedrigen, unselbstständigen Position in die höchste, angesehenste Stellung als Königin, was zudem die Erlangung von mehr Autonomie bedeutet.

Das Märchen, so verstanden, verweist auf die Notwendigkeit der Integration und Vitalisierung des Weiblichen und des Mütterlichen, um die Dominanz des Männlichen und rational Machbaren zu entthronen.

Hans im Glück – ein Antimärchen?

Bei der Interpretation des Märchens „Hans im Glück" (KHM II-83) schwanken wir zwischen einem positiven und einem eher abwertenden Verständnis des Geschehens, das Hans als dummen, naiven Menschen versteht, der seinen kostbaren, schwer verdienten Lohn, nämlich einen Goldklumpen, leichtfertig verschleudert, indem er sich ständig übers Ohr hauen lässt. Vielleicht aber handelt es sich tatsächlich um ein sog. Antimärchen, das uns darüber belehren will, dass es hier, anders als sonst, nicht um Gewinn und Reichtum geht, sondern um Freiheit durch Loslassen. Indem Hans Besitz als Ballast abwirft, gewinnt er Glück, Freiheit und Sorglosigkeit. Er lebt für den Augenblick und bewertet die Dinge nach ihrem momentanen Nutzen. Immerhin steigert sich nach jedem Tausch sein Glücksgefühl. Er ist am Schluss ohne jeden materiellen Besitz im wahrsten Sinne „wunschlos glücklich". Dies ist für ihn mehr wert als alles Gold der Welt. Damit wird die Geschichte tatsächlich zum Antimärchen, indem sie sich gegen die allgemein verbreiteten Vorstellungen richtet, dass Geld reich und glücklich macht und viele Besitztümer zu Statussymbolen dazugehören. Es geht um das von Erich Fromm in einer seiner Buchtitel so benannte „Haben oder Sein". Somit kann das Märchen uns einen heilsamen Impuls zum Nachdenken vermitteln über unsere Bindung an konventionelle Vorstellungen von materiellem und immateriellem Besitz und über den Sinn des Loslassens.

Fazit

Wie wir gesehen haben, werden Geld und Gold im Märchen zwar öfter synonym gebraucht (so ist beispielsweise im Niederländischen der Gulden ein Geldstück), dennoch haben sich essentielle Unterschiede zwischen beiden Elementen gezeigt. Gold besitzt in der Regel einen höheren Wert und eine bedeutendere Symbolik als Geld. Das mag historisch damit zusammenhängen, dass Geld entwertet werden kann, auch oft im Verlauf der Geschichte entwertet wurde, Gold dagegen beständig ist und einen unantastbaren Echtheitswert besitzt. Es ist somit naheliegend, Gold als Attribut zu verwenden, das die Aufwertung der Persönlichkeit symbolisiert und den inneren Wert des Menschen widerspiegelt, ja sogar den bleibenden Sinn darstellt, den ein Mensch auf seinem Lebensweg finden kann.

Aus der Sicht der Analytischen Psychologie verstehen wir Märchen als symbolische Darstellung von Reifungs- und Individuationswegen, wie auch von Problemsituationen und deren Lösungsmöglichkeiten. Um diese Wege zu gehen und in der Sinnsuche erfolgreich zu sein, braucht der Mensch seelische Energie und Ressourcen in seiner Tiefenperson. Individuation ist untrennbar mit Wandlung verbunden, Altes muss losgelassen, Neues dadurch gewonnen werden. Geld und Gold stellen im Märchen zahlreiche Symbolisierungen für diese Vorgänge bereit: Geld wird als Lohn oder durch Tausch erworben und bedeutet häufig Energie. Es geht hier um einen psychologisch wichtigen Vorgang, dass der für andere hingegebenen, verbrauchten Energie durch neue entsprochen werden muss; es muss ihr wieder neue Energie zuströmen, symbolisiert durch das Geld. Gold hingegen stellt eher das Symbol für den höchsten Wert, für den Sinn und das Selbst dar.

Weiterhin lässt sich im Märchen zu allem, was wir bisher gesehen haben, eine andere, wichtige Beobachtung machen, nämlich, dass Erwerb von Geld und Gold häufig mit Beziehung zu tun hat. So erhält das Mädchen in „Sterntaler" den Geldsegen vom Himmel für die armen Menschen erwiesene Barmherzigkeit. Ähnlich verhält es sich im Märchen vom „Wunderlichen Geldbeutel", der sich immer wieder dann füllt, wenn sein Besitzer über sich hinaus auch den anderen Menschen wahrzunehmen vermag.

Auch heute lässt sich oft beobachten, dass es beispielsweise bei Erbstreitigkeiten nicht in erster Linie um die Verteilung von Geld und Besitz geht, sondern um Beziehung. Häufig stehen alte Ressentiments und ungelöste Spannungen bis hin zu blankem Hass innerhalb des Beziehungsgeflechts der Familie im Vordergrund. Auch wenn der Akzent im Märchen ein etwas anderer ist, so besteht doch das tertium comparationis im Beziehungsaspekt, der in beiden Fällen erkennbar ist. Schon immer haben die Menschen nach Geld und Gut gestrebt, um möglichst viel davon anzusammeln. Bis zu einem gewissen Grad, so zeigt es auch das Märchen, ist dies vernünftig und akzeptabel, wenn es z. B. um die Überwindung von Armut, Schaffung von Rücklagen oder um Vorsorge geht. Aber nicht zu selten endet dies in einer rein materialistischen Lebensorientierung, und davor warnt auch das Märchen.

Geld und Reichtum haben heute ihre tiefe symbolische Bezogenheit, wie das Märchen sie noch sieht, verloren, haben sich demgegenüber verselbstständigt und veräußerlicht und rangieren vornehmlich als Status- und Machtsymbole. Und lässt sich die Anhäufung von Besitz bis hin zur Geldgier gegenwärtig nicht auch als eine ins rein Materielle pervertierte Sinn- und Selbstsuche deuten?

Literatur
Bonin, F., v. (2009): Wörterbuch der Märchensymbolik. Ahlerstedt: Param-Verlag.
Brüder Grimm, Kinder- und Hausmärchen, in drei Teilen, Frankfurt: zweitausendeins.
Dorst, B. (2007): Therapeutisches Arbeiten mit Symbolen. Wege in die innere Bilderwelt. Stuttgart: Kohlhammer.
Drewermann, E. (2009): Von der Macht des Geldes oder Märchen zur Ökonomie. Freiburg: Herder.
Gutdeutsch, W. (2013): Die vergessene Sprache der Märchen. Die Märchen als Träger überzeitlicher Wahrheiten. Zum Märchen Der goldene Schlüssel. www.neueakropolis.de/index.php?option=com.
Jung, C. G. (1935/1954, 1976): Über die Archetypen des kollektiven Unbewussten. In GW 9/1, Olten: Walter.
Jung, C. G. (1979): Der Mensch und seine Symbole. Olten: Walter.
Lipperheide, F. Frhr. v. (Hrsg. 1907): Spruchwörterbuch. Sammlung deutscher und fremder Sinnsprüche. München: Bruckmann.
Martus, S. (2012): Revolutionäre wider Willen. In: DIE ZEIT Geschichte 4/12, 200 Jahre Grimm'sche Märchen. Die Brüder Grimm.
Marzi, H. und Westenberger, G. (Hrsg.) (1998): Märchen von Gold und Geld. Frankfurt: Fischer Taschenbuch.
Kluge, F. (1963, 1999): Wörterbuch der deutschen Sprache, 23. erweiterte Aufl., bearbeitet von Elmar Seebold. Berlin: Walther de Gruyter.
Westenberger, G. (1998): Nachwort. In: Märchen von Gold und Geld. Hrsg. und mit Nachworten versehen von H. Marzi und G. Westenberger. Frankfurt: Fischer.

Irene Berkenbusch-Erbe
Dr. phil., Analytische Psychologin (DGAP, IAAP), Dozentin und Lehranalytikerin am ISAP Zürich, Dozentin am C. G. Jung-Institut Stuttgart. Arbeit in freier Praxis in Ludwigshafen a. Rhein. Veröffentlichungen auf psychologischem und literarischem Gebiet.

„Es fehlt das Geld, nun gut, so schafft es her"

Maretta Steigenberger

„Es fehlt das Geld, nun gut, so schaff es her!", sagt der Kaiser zu Mephisto im 2. Teil des Fausts und das ist auch die Überschrift eines Interviews mit Josef Ackermann, dem früheren Chef der Deutschen Bank und seinem Doktorvater Binswanger in der FAZ vom 30.06.2009.

Ich war ganz angeregt und neugierig, "Faust II" aus dem Blickwinkel von Binswanger zu lesen: die Wirtschaft als alchemistischer Prozess, die Dynamik der modernen Weltwirtschaft vorausnehmend.

Soweit meine Wirtschaftskenntnisse reichen, konnte ich Binswangers Ideen, die er ausführlich in seinem Buch „Geld und Magie" beschreibt, gut nachvollziehen, nachdem ich wieder im "Faust" gelesen hatte.

Vielleicht erinnern Sie sich: Mephisto hat eine durchschlagende Idee, die alle Probleme des verarmten Kaisers lösen soll und im Verlauf auch löst:

Papiergeld wird gedruckt und vom Kaiser signiert:

So hört und schaut das schicksalsschwere Blatt,
das alles Weh in Wohl verwandelt hat. [...]
Der Zettel hier ist tausend Kronen wert.
Ihm liegt gesichert als gewisses Pfand,
Unzahl vergrabnen Guts im Kaiserland.
(S. 370).

Ein solch Papier, an Gold und Perlen Statt,
Ist so bequem, man weiß doch, was man hat.
Man braucht nicht erst zu markten und zu tauschen,
Kann sich nach Lust in Lieb' und Wein berauschen.
(S. 372)

preist Mephisto die Vorteile und lockt ins üppige Leben. Wertlose Papiere als scheinbar wertvolle Tauschmittel (heute sind es meist keine Papiere mehr, sondern nur fiktive Zahlen, nicht greifbar, immateriel, sich ständig verändernd) vermehren sich wie wundersam weiter – wie im Aktienmarkt, aus wenig kann plötzlich ganz viel werden …

Passenderweise geht bei Goethe ein Mummenschanz der Papiergeld-Schöpfung voraus.

Als ob sich alles im Bereich von Fantasie und Illusion bewegt …

Aber: egal, wie: Es zeigt Wirkung und darauf kommt es an. „Wirklich ist, was wirkt", meint Mephistopheles. Und wie es wirkt, überall:

Damit die Wohltat allen gleich gedeihe,
So stempelten wir gleich die ganze Reihe:
Zehn, Dreißig, Fünfzig, Hundert sind parat,
Ihr denkt nicht, wie wohl's dem Volke tat.
Seht Eure Stadt, sonst halb verschimmelt,
wie alles lebt und lustgenießend wimmelt!
(S. 370)

Der Krämer schneidet aus, der Schneider näht.
Bei „Hoch dem Kaiser!" sprudelt's in den Kellern,
Dort kocht's und brät's und klappert's mit den
Tellern. (S. 371)

Und hurt'ger als durch Witz und Redekunst
Vermittelt sich die reichste Liebesgunst. (S. 371)

Der Kreislauf des eigentlich wertlosen Geldes lässt die Konjunktur blühen. Gedeckt ist es durch die Schätze der Erde – so wie heute durch die Möglichkeit, aus den Ressourcen der Erde Warenwerte zu „schöpfen".

Nun entdecken wir hienieden
Eine Quelle wunderbar,
Die bequem verspricht zu geben.
(S. 365)

Das Übermaß der Schätze, das, erstarrt,
In deinen Landen tief im Boden harrt,
Liegt ungenutzt. Der weiteste Gedanke
Ist solchen Reichtums kümmerlichste Schranke;
Die Phantasie, in ihrem höchsten Flug,
Sie strengt sich an und tut sich nie genug.
Doch fassen Geister, würdig, tief zu schauen,
Zum Grenzenlosen grenzenlos Vertrauen.
(S. 371)

Liquidität, Verflüssigung der vergrabenen Schätze geschieht im schnellen und immer schnelleren Umlauf des Geldes.

Aus dem Nichts, der Hoffnung und dem Glauben an den Wert, entwickelt sich der Prozess immer weiterer Wertschöpfung und „Libido-Bewegung".

Die Hoffnung ist das Bewegungsprinzip und lässt aufblühen. Wundersame Beschleunigung geschieht über das Geld wie von magischer Hand, mühelos wie Aktiengewinne … und „Blasen", Luftblasen, die platzen können.

Aber wie es bei Magie und Zauberei so ist, versteht man es nicht recht, es lässt sich nicht berechnen und darauf bauen, und wir überlassen es den „Magiern" der Wirtschaft, Banken, Börsen.

Das alles schafft der hochgelahrte Mann,
der das vermag, was unser keiner kann.
(S. 334)

Fantasie, Luft, Flüchtigkeit, ein wechselndes Spiel. – Wert kann sich in der Inflation, im Bankenkollaps, im Wertverlust der Versicherungen … plötzlich wieder auflösen – oder unverhofft vermehren: Aktien steigen und fallen … fast wie Würfelglück oder Pech.

Nicht mehr primär aus Arbeit, Anstrengung, Sparen entsteht nach Binswanger im modernen Wirtschafts- und Geldsystem Gewinn, sondern aus der Fiktion, aus der Hoffnung auf späteren Umsatz, Wertschöpfung, die aber

doch wirklich, zumindest wirksam ist, da man in Folge dann reale Güter und Produktionsmittel erwerben kann.

Binswanger verbindet diese Dynamik mit dem alchemistischen Prozess: Aus eigentlich Wertlosem wird Wertvolles, „Gold", Grenzen werden überschritten, Wandlung geschieht, Energie vermehrt sich scheinbar wie von selbst in einem stetig wechselnden, flüchtigen Prozess. Da ist es vielleicht klüger, es zu machen wie der Narr im „Faust", der wie so oft der Klügste scheint, und die Scheine und fiktiven Zahlen in Reales, Immobilien umzusetzen, so wie es heute auch viele versuchen. Der Narr fragt:

Und kaufen kann ich Acker, Haus und Vieh?

und Mephisto antwortet ihm:

Versteht sich,
Der Narr ist klug in der Geldanlage.
Heut abend wieg' ich mich im Grundbesitz!
(S. 374)

Die Angst wird gebunden – Sicherheit wird im doch Greifbaren bei Mutter Erde gesucht als Gegenpol zu dem Geistig-Luftig-Flüchtigen, nicht Fassbaren, das sich jederzeit entziehen und wandeln kann. Geld, eine flüchtige Substanz, die von der Hoffnung lebt und ihren Wert gewinnt.

Dieser Dynamik begegnen wir im Großen und im Kleinen, auch im therapeutischen Alltag.

Wenn die Therapeuten vor Jahren mit dem Therapeutengesetz eine Praxis eröffnen konnten, kostete dieser Kassensitz zunächst nichts. Wie von selber – in der Dynamik von Angebot und Nachfrage – ist inzwischen ein Kassensitz etwas, aus dem bei Verkauf Kapital geschöpft wird. Wertschöpfung hat sich, wie von selbst und ohne eigenes Zutun, dank der Dynamik von Angebot und Nachfrage, ereignet. Eine Blase, die bei Veränderung der Bedingungen wieder platzen kann.

Diesem Spiel des Geldes und Marktes können wir uns kaum entziehen. Dazu Gretchen im ersten Teil des Faust:

Nach Golde drängt,
am Golde hängt
doch alles.
(S. 252)

Und doch taucht am Ende von
Faust II die Sorge auf:

Und er weiß von allen Schätzen
Sich nicht in Besitz zu setzen.
Glück und Unglück wird zur
Grille,
Er verhungert in der Fülle.
(S. 559)

Damit stellt die Sorge die Frage
nach Grenze, Maß, Beschränkung versus Grenzenlosigkeit
und Fortschritt, Vermehrung.

Mit dieser Polarität schließt
auch das anfangs zitierte Interview:

„An dem Schöpfungsprozess der Wirtschaft
mitzuwirken übt eine große Faszination aus",
sagt Ackermann und zitiert dazu Goethe: „Das
ist der Weisheit letzter Schluss", heißt es bei
Goethe. „Nur der verdient sich Freiheit wie das
Leben, der täglich sie erobern muss." – Vergisst Ackermann dabei, dass es der schon
blinde Faust ist, der dies sagt?

„Wir müssen uns der ‚Sorge' stellen, der
Sorge für den Erhalt der Natur, der Heimat und
des Maßvollen." Damit schließt Binswanger.
Dem Glauben an den Ich-Helden der Expansion, Welteroberung, des immerwährenden
Fortschritts, der Tat stellt er Sorge, Begrenzung und Mäßigung gegenüber.

Wir bewegen uns gesellschaftlich, politisch,
persönlich, im Außen und im Innen in dieser
archetypischen Polarität, die nicht lösbar ist.

Die Frage ist: Was ist im Schatten und
braucht mehr Raum und „Licht"? Aktuell ist sicherlich auf allen Ebenen die Versuchung der
Geldvermehrung um jeden Preis, Progression,
im Vordergrund, die Beschränkung im Schatten. Dazu zum Abschluss ein aktuelles kleines
alltägliches Beispiel zur Dynamik des Geldes
und der Wirtschaft, der Spannung zwischen
Expansion und Maß, Sorge, „Faust" im Alltag:

Bühnenbildentwurf von Helmut Jürgens für „Faust II" von J. W. Goethe, Aufführung
München 1949 (www.wikimedia.org)

Im Zuge der Planung von neuen Baugebieten
will die Stadt Esslingen einer Teil der Streuobstwiesen in Oberesslingen als Baugebiet
ausweisen. Denken wir da nicht an Philemon
und Baucis und hören Faust (Gemeinderat/
Bürgermeister?):

Die Alten droben sollen weichen,
Die Linden wünscht' ich mir zum Sitz.
Die wenig Bäume, nicht mein eigen,
verderben mir den Weltbesitz.
Dort wollt' ich, weit umher zu schauen
Von Ast zu Ast Gerüste bauen,
Dem Blick eröffnen weite Bahn,
zu sehn, was alles ich getan,
zu überschaun mit einem Blick
des Menschengeistes Meisterstück,
Bestätigend mit klugem Sinn
Der Völker breiten Wohngewinn.
(S. 551)

Die Streuobstwiesen, auf denen ich seit Jahrzehnten spazieren gehe, sollen beschnitten
werden, damit die Stadt Esslingen mehr Ein-
wohner anzieht und mehr Steuereinnahmen,
Geld hat über Tat, Ausweitung, Landgewin-
nung wie im „Faust"?

Ich unterstütze das Aktionsbündnis für den Erhalt der Streuobstwiesen.

Das Widerstehn, der Eigensinn
Verkümmern herrlichsten Gewinn.
(S. 552)

Ich besitze aber auch kein „Stückle" dort. Und bin (glücklicher – unglücklicherweise?) nicht in der Versuchung, über eine unverhoffte Geldvermehrung aus der Wertschöpfung des bis dahin verborgenen Schatzes Baugrund, der jetzt gehoben und in Geld umgemünzt werden soll, dem „Golde" zu verfallen.

Denn: Wer ist schon so standhaft wie Philemon und Baucis im „Faust" und kann die Mäßigung bei lockendem Gewinn, der sich aus den Schätzen der Erde, „der bequemen Quelle", schürfen lässt, halten, der Verlockung von Gewinn, Geldvermehrung ohne Anstrengung widerstehen?

Ich habe keine Antwort auf diese Frage und möchte mit Mephisto schließen:

Was soll uns denn das ewge Schaffen!
Geschaffenes zu nichts hinwegzuraffen!"
(S. 564)

Literatur
Binswanger, H.C. (1984): Geld und Magie. Stuttgart: Weitbrecht.
Goethe, J. W. von (1981): „Faust", in „Goethes Werke". Weimar: Aufbauverlag Berlin.

Maretta Steigenberger
Analytische Kinder- und Jugendlichenpsychotherapeutin in eigener Praxis, Dozentin und Supervisorin am C. G. Jung Institut Stuttgart.

Es ist gesagt worden,
dass die Liebe zum Geld die Wurzel alles Bösen sei.
Für den Mangel an Geld ist das ebenso wahr.

(Samuel Butler, 1835–1902)

Geld und Transzendenz

Ein Essay von Reiner Manstetten

Transzendieren heißt: Überschreiten und Übersteigen. Wenn Transzendenz sich auf das bezieht, was die Grenzen der Welt zwischen Geburt und Tod überschreitet und alle Vorstellungskraft übersteigt: auf Gott, Paradies, Nirvana, Reines Land – dann scheint klar: Dollar, Euro, Rupie, Yuan etc. zählen dort nicht. Wer mit Gott Geschäfte machen will, der ist an solchem Handel betrogen, sagt der mittelalterliche Mystiker Meister Eckhart: Für alles, was man zu leisten vermag, bekommt man dort nichts, denn Gott gibt nur gratis. (Meister Eckhart 1993, S. 13) Für das Gegenteil von Transzendenz jedoch, für die Immanenz, für das In-sich-Bleiben der Welt, scheint Geld äußerst wichtig, ja, es erscheint vielen als das Mittel für eine erträgliche Bleibe im irdischen Leben.

Aber Geld ist kein normaler Teil dieser Welt. Denn was sonst ihre Gegenstände auszeichnet – Materialität, die unseren Sinnen oder Messapparaten wahrnehmbar ist – das geht dem Geld ab. Gewiss, es gibt Geld in Form geprägter Metalle. Aber im Papiergeld und vollends im virtuellen Geld, das in den gigantischen Finanzströmen der Gegenwart fließt, drückt sich aus, was für Karl Marx jedes Tauschmittel zu einem sinnlich-übersinnlichen Gegenstand macht: Es stellt Wert dar. Kein Messinstrument kann, was das Geld leistet: Es misst die Werte (fast) aller Dinge, und zugleich ist es selbst Wert.

Geld macht Dinge im Hinblick auf unser Interesse berechenbar und, wenn auch nur zum Teil, erreichbar. Zugleich ist es allerdings für sich nichts wert. Sein eigener Wert existiert nur als der potenzielle Gegenwert an Dingen

Trinity Church, von der Wall Street aus gesehen, New York

und Leistungen, den es für seinen Besitzer repräsentiert: Der Wert des Geldes ist daher ein Versprechen, die Verheißung von etwas, was nicht hier ist, aber ins Hiersein gebracht werden könnte. Er beruht nicht, wie bei einem Gebrauchsding, auf konkreten Eigenschaften, sondern auf dem im Geld gleichsam gespeicherten Vertrauen, das Versprechen, mit ihm zu erwerben, was man begehrt, sei jederzeit erfüllbar.

Die Möglichkeit der Aneignung von Dingen und Leistungen ist jedoch nur die Oberfläche des Geldwertes. Unter ihnen verbirgt sich, was Menschen eigentlich beschäftigt: Lebensmöglichkeiten und Lebensängste, Entwürfe, Träume und Visionen eines ungelebten Lebens. Dass (unter günstigen Umständen) etwas von den erwünschten Möglichkeiten Wirklichkeit wird, dazu hilft das Geld. Die Wirtschaft als eine Praxis der wechselseitigen Stimulation von Leistungen, des Wertens, des In-Besitz-Nehmens oder Weggebens, des Bevorzugens und Zurückweisens von Lebensmöglichkeiten bedarf des Geldes als einer Art Betriebsmittel für eine ungeheure Bewegung, wie sie der außermenschlichen Natur und vielen vormodernen Kulturen fremd ist: Money makes the world go round: Geld hält die Welt, wenigstens die ökonomische Welt in Gang – der Umlauf des Geldes und der ihm entgegenlaufende Strom an Gütern und Dienstleistungen machen den Kreislauf der Wirtschaft aus.

In der modernen globalen Wirtschaft gilt nicht das Prinzip der zyklischen Wiederholung, sondern das des Wachstums, genauer, das der schöpferischen Zerstörung. Mit diesem Titel wies Josef Schumpeter (1950) darauf hin, dass die Dynamik der modernen Weltwirtschaft zwar technischen Fortschritt und ständige Gütervermehrung erzeugt, aber zur Entwertung bestehender Technologien, Produktionsanlagen und menschlicher Qualifikationen sowie, wie wir heute wissen, ungeheurer Naturzerstörung führt: Wo neue Lebensmöglichkeiten wirklich werden, geht, was zuvor galt, zugrunde.

Beim Übergang vom Alten zum Neuen spielt Geld eine entscheidende Rolle, ja, es wirkt geradezu schöpferisch. Seit der Erfindung des Papiergeldes ist Geldschöpfung, wie H. Ch. Binswanger (1985) gezeigt hat, eine Art Schöpfung aus dem Nichts, und mit ihr wird gleichsam die Welt selbst immer wieder neu geschaffen. Wer Neues schaffen will, braucht Kapital in Form von Geld, das man ihm anvertraut. Solches Kapital wird einem Unternehmen von Anlegern (bzw. Banken) als Kredit (creditum ist das Anvertraute) überlassen, damit es (idealerweise) mit einer bestimmten Verzinsung zurückgezahlt wird.

Vertrauen einerseits und das Verlangen, aus Geld mehr Geld zu machen, andererseits sind die Motive der Kreditgeber. Die Bewegung von Geld in solche Unternehmungen hinein, seine Vermehrung innerhalb ihrer Prozesse und Handlungen und seine Rückkehr in die Hände der Anleger, mit einem bestimmten Profit, das ist eine Elementarform wirtschaftlicher Abläufe im Kapitalismus. In dieser Bewegung kann sich der Mensch als Schöpfer erfahren: Er überschreitet und übersteigt die Welt, die er vorfindet, um eine neue, mit besseren Technologien und größeren Gütermengen ausgestattete zu schaffen.

Geld repräsentiert damit gleichsam die Transzendenz der Immanenz. Man bleibt wohl in der Welt, aber in einer Welt, in der sich fast alles ändert und fast nichts bleiben kann, wie es ist. Geld ist Treibmittel eines immer schnelleren Fortschritts, der verspricht, bereits diese Welt zum Paradies, zu einem Reich der Freiheit und Glückseligkeit zu machen. (vgl. Faber, Manstetten 2003, S. 109)

Die moderne Wirtschaftswelt offenbart, wie bereits 1848 festgestellt wurde, „was die Tätigkeit der Menschen zustande bringen kann. Sie hat ganz andere Wunderwerke vollbracht als ägyptische Pyramiden, römische Wasserleitungen und gotische Kathedralen, sie hat ganz andere Züge ausgeführt als Völkerwanderungen und Kreuzzüge." (vgl. Marx u. Engels 1972)

Geld treibt den Lauf einer Welt an, die die moderne Medizin und Computertechnologie hervorgebracht hat und ständig mehr Nahrung und nutzbare Energie produziert. Freilich gehört zu ihr auch, wie das soeben zitierte Kommunistische Manifest hervorhebt, die „fortwährende Umwälzung der Produktion, die ununterbrochene Erschütterung aller gesellschaftlichen Zustände, die ewige Unsicherheit und Bewegung". Die Geldwirtschaft in ihrer modernen Form existiert nicht ohne eine ungeheure Gewaltanwendung gegenüber der Natur, nicht ohne das Leid und Elend all derer, die an ihren Aktivitäten, Befriedigungen und Verheißungen nicht oder kaum teilhaben können. (Faber, Manstetten 2007)

In Gang gehalten wird diese Wirtschaft durch eine bestimmte Motivation: „die rastlose Bewegung des Gewinnens, dieser absolute Bereicherungstrieb, diese leidenschaftliche Jagd auf den Wert" (Marx 1972, S. 168).

Dies alles läuft, laut Marx und Engels, auf eine Gesellschaft hinaus, in der Beziehungen, selbst in der Familie und im Freundeskreis, zusehends auf das „reine Geldverhältnis" (vgl. Marx u. Engels, S. 465) reduziert werden: Andere Menschen interessieren nur, insofern man sie für die eigenen Interessen instrumentalisieren kann.

Geld, das Maß berechenbarer Werte, erregt vielfach eine maßlose Gier nach Mehrwert. Das Mehr-Haben-Wollen, für Platon, Aristoteles oder das Neue Testament eine Wurzel aller Ungerechtigkeit, ist zu einem elementaren Antrieb der Lebensführung in der modernen Welt geworden. Geld scheint grenzenlos vermehrbar, und merkwürdigerweise erweckt es, wie vor über zweitausend Jahren Aristoteles bemerkte, bei vielen Menschen die Vorstellung, als sei der Reichtum, den man erwerben könnte, grenzenlos. Das glaubt in der Darstellung Goethes auch Faust, der anlässlich der Erfindung des Papiergeldes durch Mephisto, den Geist aus der Unterwelt, ausruft:

Doch fassen Geister, würdig, tief zu schauen,
Zum Grenzenlosen grenzenlos Vertrauen.
(Faust 2)

Die dem Geld eigentümliche Wirkung des Transzendierens oder Übersteigens hat eine Wurzel im Menschsein selbst. Als einziges unter den Lebewesen unfähig, sich bei Gegenwärtigem zu bescheiden, neigt der Mensch dazu, ins Ungegenwärtige, wenn man so sagen darf, zu transzendieren. So stellt man sich jenseits der Schranken des Anwesenden gerne abwesende Lebensmöglichkeiten vor. Geld aber verspricht einem jeden, davon das, wonach es einen gelüstet, in seine Macht zu bringen, und je mehr Geld man hat, desto größer erscheint die Macht, desto reicher das mögliche Leben, das Wirklichkeit werden könnte. Nicht gegenwärtiger Besitz und Genuss, sondern die Vorstellung der Macht über Zukünftiges macht den Zauber des Geldbesitzes aus.

Wenn Immanenz das In-der-Welt-Bleiben bedeutet, dann ist Geld ständiger Anlass für eine Verführung zur Weltflucht: Es entfernt den, der sich mit ihm beschäftigt, aus dem Wirklichen und stellt ihn in einen imaginären Raum von Möglichkeiten. Dass alle Maßnahmen zur Geldvermehrung nicht in diesem imaginären Raum bleiben, sondern irgendwo in der Welt massive, oft destruktive Auswirkungen auf das Leben von Menschen haben, wird den, dessen Bewusstsein in diesem Raum gefangen ist, kaum berühren, denn er hat, ohne es zu merken, den Eintrittspreis schon gezahlt: Er verliert die gelebte und erlebte Gegenwart und die lebendige Verbundenheit mit dem Leben der Anderen.

In diesen imaginären Raum werden heute auch Krankenhäuser, Pflegeeinrichtungen, Bildungsinstitutionen und Kirchen mehr und mehr hineingezogen: Überall, wo von Kosteneffizienz die Rede ist, ist zu erwarten, dass reale Leistung – die Bemühung um leidende und bedürftige Menschen, die Freude des Lehrens und Lernens, die Sorge um das Heilsein der Seele – entwertet wird zugunsten ihrer verzerrten Spiegelung im Medium der Rechnung, des Geldes.

Diese wirklichkeitslose, ja weltlose Welt zieht nicht nur Spekulanten, Banker und Finanzmagnaten, sondern fast alle Menschen, die am Wirtschaftsleben teilhaben, in ihren Strudel. Ihr kommt ein Zug im Menschsein selbst entgegen, wie ihn schon der griechische Dramatiker Aischylos erkannte, als er im Drama Prometheus den mythischen Stifter der Technik sagen lässt, er habe die Menschen nur dadurch zu kreativer Tätigkeit anhalten können, dass er ihnen das Bewusstsein des Sterbenmüssens genommen und dafür eine Fülle blinder Erwartungen gegeben habe. Die Illusion, aus seinem Leben etwas Beständiges und Reichhaltiges machen zu können, sich abzusichern gegen alle Unbeständigkeit, ist ein Motor aller wirtschaftlichen und technischen Entwicklung, und ihr Inbegriff ist das Geld.

In den großen Religionen hat man die Wurzeln der weltverneinenden und wirklichkeitszerstörenden Macht des Geldes erkannt. Die Weherufe über die Reichen bei den Propheten der Bibel bedeuten weniger moralische Ermahnungen als Hinweise auf ein in sich verfehltes Leben: Unter dem Anschein des Vertrauens, das das Wesen des Geldwertes ist, lauert die Sorge, die jede Gegenwart verstellt. Ihr entspricht ein Leben, das orientierungslos an eine in der Unruhe der Geldwirtschaft treibende Welt preisgegeben ist und der Verfallenheit an Leid und Tod doch nicht entgeht.

Aber was bleibt, wenn das Vertrauen in das Geld als nichtig und alles Sorgen im Letzten als vergeblich erkannt wird? Nur, wie Prometheus meint, Verzweiflung über die Nichtigkeit allen Strebens angesichts der Gewissheit des Todes? Eine solche Verzweiflung ist, was ihre gedankliche Basis angeht, unwiderleglich. Aber sie muss nicht das letzte Wort haben. Ich möchte ihr abschließend ein Vertrauen entgegen stellen, das zwar unbeweisbar, aber ebenfalls unwiderleglich ist. Es ist die Grundlage dessen, was in den Religionen Glaube heißt. Religiöser Glaube ist vielen fremd. Wie aber, wenn seine Grundlage, ein fundamentales Vertrauen, zwar bei vielen verschüttet, aber im Menschsein selbst angelegt wäre? Das behauptet Joachim Neander (1650-1680), für den Gott nicht erdachte, sondern erfahrene Wirklichkeit war, von der er sagen konnte: „Der dich erhält, wie es dir immer gefällt: Hast du nicht dieses verspüret?" (vgl. Evangelisches Gesangbuch)

Nein!" würden hier jedoch viele von uns antworten wollen, und „Nein!" hätte bereits das

nach dem Auszug aus Ägypten in der Wüste hungernde Volk Israel antworten können. Sein Verhalten zeigt, wie schwer es fallen kann zu verspüren, was Neander verspürt hat. Als dem Volk das Manna, das Brot vom Himmel, gegeben wird, sagt Moses:

„Das ist's aber, was der HERR geboten hat: Ein jeder sammle, soviel er zum Essen braucht, einen Krug voll für jeden nach der Zahl der Leute in seinem Zelte." Und die Israeliten taten's und sammelten, einer viel, der andere wenig. Aber als man's nachmaß, hatte der nicht darüber, der viel gesammelt hatte, und der nicht darunter, der wenig gesammelt hatte. Jeder hatte gesammelt, soviel er zum Essen brauchte. Und Mose sprach zu ihnen: „Niemand lasse etwas davon übrig bis zum nächsten Morgen." Aber sie gehorchten Mose nicht. Und etliche ließen davon übrig bis zum nächsten Morgen; da wurde es voller Würmer und stinkend. (2. Mose 16, 16–20)

Das Volk ist mit den Formen des Viel und Wenig vertraut, und mit der Sorge, die lehrt, dass man mit dem morgigen Tag rechnen muss. Daher kann es nicht verstehen, dass der Mensch, was ihn wahrhaft nährt, nur jenseits solcher Gewohnheit in einem hingebungsvollen Vertrauen in die Gegenwart finden kann. Allerdings muss dieses Vertrauen geübt werden: Denn es gründet in der Erfahrung einer Gegenwart, die nicht als der flüchtige Augenblick, sondern als das ständige Nu der Ewigkeit (Meister Eckhart) erlebt wird, in dem menschliches Dasein unzerstörbar gehalten ist.

Hier zeigt sich: Es ist nicht das Geld als solches, das die Entwirklichung der Welt bewirkt. Die Abschaffung des Geldes, schon an sich schädlich, würde nicht die Wurzel ausreißen, aus der seine Auswüchse treiben. Was seiner Verselbstständigung Raum gibt und die Gegenwart entgleiten lässt, ist die Dominanz von Einstellungen wie Berechnen, Vergleichen, Werten, Sorgen, Kümmern, Ängstigen und Nicht-genug-Haben-Können. Eine Heilung von der Macht des Geldes ist nur von einer Wandlung der Dispositionen zu erhoffen, die sie beständig nähren. Die Macht des Geldes kann transzendiert werden nur von Menschen, die sich darin üben, letztlich „alle Dinge gleich zu nehmen, ohne Mehr oder Minder" wie Meister Eckhart lehrt. (vgl. Meister Eckhart, S. 79)

Weil die Menschen aber nicht darauf vertrauen, dass das Reich Gottes in ihnen ist, können sie nicht „das Nahe achten und suchen die Wahrheit in der Ferne – wie einer der mitten im Wasser aufschreit vor Durst, wie einer aus wohlhabendem Haus, der suchend unter den Armen weilt." Das sagt der Zen-Meister Hakuin (1680-1769), der darauf vertraut, dass das Reine Land, die vollendete Transzendenz, hier an diesem Ort und in diesem Augenblick wirklich ist. (vgl. Tanahshi 1989)

Das Ankommen an diesem Ort bedarf jedoch, wie derartige Lehren wissen, der lebenslangen Übung, des Gebetes, der Meditation, der Versenkung. Solche Übung lohnt über alles berechnende Maß hinaus. Denn nur an diesem Ort wird die Stimme vernommen, die Befreiung von allen Illusionen des Geldes verkündet:

Wohlan, alle, die ihr durstig seid, kommt her zum Wasser! Und die ihr kein Geld habt, kommt her, kauft und esst! Kommt her und kauft ohne Geld und umsonst Wein und Milch! Warum zählt ihr Geld dar für das, was kein Brot ist, und sauren Verdienst für das, was nicht satt macht? Hört doch auf mich, so werdet ihr Gutes essen und euch am Köstlichen laben. Neigt eure Ohren her und kommt her zu mir! Höret, so werdet ihr leben! (Jes. 55, 1–3)

Literatur
Binswanger, H. C. (1985): Geld und Magie. Deutung und Kritik der modernen Wirtschaft anhand von Goethes Faust. Stuttgart.
Faber, M., Manstetten, R. (2003): Mensch – Natur – Wissen. Grundlagen der Umweltbildung, Göttingen.
Faber, M., Manstetten, R. (2007): Was ist Wirtschaft? Von der Politischen Ökonomie zur Ökologischen Ökonomie. Freiburg.
Marx, K. u. Engels, F. (1972): Manifest der Kommunistischen Partei. in: Werke Bd. 4, Berlin.
Marx, K. (1972): Das Kapital. in: Marx/ Engels, Werke Bd. 23, Berlin.
Meister Eckhart, Werke I, Frankfurt/M.
Schumpeter, J. A. (1950): Kapitalismus, Sozialismus und Demokratie. übers. v. S. Preiswerk, München.
Tanahashi, K. (1989): Der Zen-Meister Hakuin Ekaku. Köln.

Reiner Manstetten
P. D. Dr., Lehrer für christliche Kontemplation in verschiedenen Klöstern und Bildungshäusern, Lehraufträge an verschiedenen Universitäten. Gegenwärtige Forschungsinteressen: philosophische Mystik, kontemplative Bibelauslegung, Wirtschaft und Religion, Wirtschaftsethik, Ökologische Ökonomie.

Siehst du ein, dass du genug hast, dann bist du wahrhaft reich.

(Laotse)

... braucht ja nicht geprägt zu sein, hab's auch so ganz gerne ...

Der Stein der Weisen

Für die alten Alchemisten hatte das Endziel ihres langwierigen Bemühens viele Namen, z. B. Quinta Essentia, Stein der Weisen, philosophisches Gold, Lebenselixier, Hermaphrodit, der Sohn des Kosmos (Filius Macrocosmi). Vom Stein der Weisen wurde gesagt, er werde überall gefunden, von den Dummen verachtet und in den Dreck getreten, aber von den Weisen geliebt und hoch geachtet (C. G. Jung: dieser verachtete Ort sei die Psyche des Menschen, insbesondere auch in ihren unbewussten Aspekten).

Der Stein habe tausend Namen, weil er unfassbar sei. Er stamme vom Himmel und aus der Tiefe. Sein Vater sei die Sonne, seine Mutter der Mond. Er sei im Inneren des Menschen verborgen, ein Geheimnis, ein göttlicher Anhauch, durch göttliche Erleuchtung sichtbar und von unaussprechlichem Licht durchflutet. Er sei ein Mikrokosmos im Makrokosmos. Er sei verborgen, könne mit den Sinnen nicht wahrgenommen werden, nur durch Inspiration und göttliche Offenbarung oder die Lehre der Weisen. Er sei dem Golde eingeboren, es unterscheide sich aber von dem gewöhnlichen Gold („aurum vulgi") und heiße deshalb „unser Gold" (aurum nostrum). Der Stein wird auch in Beziehung zu Christus wie zu Hermes-Mercurius gesetzt. Er sei wunderbar in seiner Empfängnis, in seiner Geburt, in seinem Namen, in seiner Gestalt, in seiner Erkenntnis, in seiner Wiedergeburt, „kurzum in allem wunderbar". (H. Khunrath)

Für C. G. Jung symbolisierte der Stein der Weisen das Selbst, die bewusst-unbewusste, personal-transpersonale, körperlich-seelisch-geistige Einheit und Ganzheit des Menschen. Den alchemistischen Prozess und dessen Symbolik sah er in einem engen Zusammenhang zur Symbolik der Bewusstwerdung, Reifung und Selbst-Verwirklichung der Persönlichkeit (Individuation).

Die untenstehende Abbildung aus einem alchemistischen Werk (J. D. Mylius: Philosophia reformata, Frankfurt, 1622) symbolisiert die „multiplicatio." Der Stein der Weisen - hier als Goldmünzen dargestellt - wird verteilt, d. h. seine Wirkung vermehrt und potenziert sich.

Das Ich als Ware

Die Ökonomie der Aufmerksamkeit und Buddhas Praxis der Achtsamkeit

Franz-Johannes Litsch

In der ersten Lehrrede nach seinem Erwachen kennzeichnete Siddhartha Gautama Buddha den Menschen als ein Wesen, das von „Durst" (tanha) getrieben ist. Er meinte damit nicht nur den körperlichen Nahrungsbedarf aller Lebewesen, sondern mehr noch den Durst nach Sein (bhava) oder Nichtsein (abhava), nach Haben-wollen (Begehren, lobha) und Nicht-haben-wollen (Abneigung, dosa); vor allem aber den Durst nach Ichsein, nach Abgrenzung, Verewigung und Bestätigung seines Selbst (atta).

Buddha nahm damit vor 2500 Jahren eine Einsicht vorweg, die auch für die moderne Ökonomie, Soziologie und Psychologie zentral ist. Hier wird der Mensch als ein „Mängelwesen" beschrieben, als ein Lebewesen, das durchgehend geleitet ist von „Bedürfnissen" und „Trieben", vom Verlangen nach Nahrung, Kleidung, Behausung und Sexualität. Sind die Primärbedürfnisse gestillt, gewinnen die immateriellen Bedürfnisse umso mehr an Bedeutung (siehe Maslowsche Bedürfnis-Pyramide). Es wird wichtig, Beachtung zu finden, Anerkennung und Erfolg zu haben oder Wissen, Macht, Reichtum oder Ruhm zu erlangen. Vor allem geht es darum, eine „Identität" zu „besitzen."

In den reichen Industrieländern werden die grundlegenden materiellen Bedürfnisse der Menschen heute im Allgemeinen befriedigt. Zwar in wachsendem Maße nicht mehr so abgesichert und ausreichend wie noch vor wenigen Jahrzehnten, doch für die meisten noch genügend, für etliche geradezu im Überfluss.

Der Wirtschaft fehlt es auch nicht an Angeboten und Produzenten, sondern an Käufern und Konsumenten. Sie leidet nicht, wie einst in den Ländern des sog. Sozialismus, an einer Unterproduktion sondern an einer Überproduktion von Waren. Darum müssen die Menschen dazu gebracht werden, mehr zu kaufen und mehr zu verbrauchen. Werbung und Marketing haben in der industriellen Überproduktionsgesellschaft darum eine riesige Bedeutung gewonnen.

Da wir zudem vom ökonomischen Zwangskonzept des endlosen Wirtschaftswachstums beherrscht sind, ist es nötig, fortlaufend neue Wünsche, Bedürfnisse, Begierden, Ansprüche zu wecken. Das zwingt die Firmen, mit ihren Produkten ständig neu öffentliche Aufmerksamkeit zu erlangen. Und so ist neben der Ökonomie der materiellen Waren eine zweite Ökonomie entstanden, die „Ökonomie der Aufmerksamkeit." Die funktioniert in vielem wie die erste – nur sind ihre Waren immateri-

Zustand weltweiter bedrohlicher Gewalt-Eskalation geraten. Die heutige Jugendgewalt, der Terrorismus, wie auch der Krieg gegen diesen sind direkte Folgen der Ökonomie der Aufmerksamkeit, daran zu erkennen, wie sehr die Täter darauf bedacht sind, sich medienwirksam (über TV, Video, Internet, Handy usw.) in Szene zu setzen.

Dennoch, die Produktion weiterer Aufmerksamkeit auf diesem Wege hat ebenfalls ihre Grenze erlangt. Auch hier befindet sich die moderne Gesellschaft in einer Überproduktionskrise. Die Vordenker unserer Ökonomie haben sich darum auf die Suche nach neuen Wegen der Aktivierung unseres Durstes gemacht. Die vor wenigen Jahrzehnten gefundene Antwort prägt – von den meisten Menschen kaum bewusst wahrgenommen – zunehmend unsere soziale und kulturelle Wirklichkeit. Sie heißt: Wir produzieren und verkaufen keine dinglichen Waren mehr, sondern wir verkaufen Lifestyle, Profil, Image, Identität.

ell. Sie produziert geistige Güter, nämlich Aufmerksamkeit, Beachtung, Bekanntheit. Und wie in der herkömmlichen Wirtschaft gibt es auch hier erbitterte Konkurrenz: den Kampf um Wahrnehmung (Einschaltquoten, Auflagenhöhe, Nachfrage). In gleicher Weise gibt es hier Reiche und Arme; wird bei den einen Aufmerksamkeitskapital akkumuliert – bei den Promis und Medienstars – und fallen andere in Armut – die Anonymen, Vergessenen, Überflüssigen.

Längst werden wir, wie von Waren, auch von Werbung, Scheininformation, Entertainment und „Kommunikationsdesign" überschwemmt und die Welt der technischen Medien nimmt den Charakter von permanenter Allgegenwart an. Wir sind zur virtuellen Medien- und Kommunikationsgesellschaft geworden. Um in dieser noch die Aufmerksamkeit der Menschen zu erlangen – die eine ebenso knappe Ressource ist, wie die Kaufkraft der Menschen – müssen die Mittel immer raffinierter und extremer werden. Eine grenzenlose Eskalationsspirale um Aufmerksamkeit ist im Gang. Provokation, Aggression, Gewalt und Sex haben den meisten Erfolg. Die ignorierten gesellschaftlichen Folgen zeigen sich gelegentlich in schockierenden Ereignissen und Tragödien, die sich ihrerseits wiederum profitträchtig vermarkten lassen und den Kreislauf zusätzlich vorantreiben. Auf diese Weise sind wir in einen

Nichts steht für den modernen Menschen so sehr im Zentrum seines Interesses wie das eigene Ich. Mit unserem Ich befinden wir uns nun alle auf dem globalen Markt der Aufmerksamkeit. Ob es um den Job, die Wohnung, den Partner, die Freunde, die Freizeit, das Lebensglück geht – in dieser Ökonomie ist nur erfolgreich, wer sich attraktiv macht und selbst vermarktet. Der Begriff „Ich-AG" kennzeichnet die Situation treffend. Das neue marktgemäße Ich hat man nicht mehr einfach, man muss es sich erwerben. Der moderne Mensch muss „etwas aus sich machen", muss sich sein Selbst, seine Identität, seine Individualität „hart erarbeiten", er muss sich profilieren, „sich selbst verwirklichen." „Design yourself" wird uns von den Plakatwänden gesagt. Nur als Produkt gelingt die Vermarktung des Ich.

Dies macht den Hauptinhalt der heutigen, globalisierten Ökonomie des Neoliberalismus aus. Der neue Kapitalismus hat sich die anarchische Selbstbestimmungs-Rebellion der 68er zu eigen gemacht. An ernsthafte Selbstverwirklichung im Sinne der Befreiung von Selbsttäuschung oder Unmündigkeit ist dabei jedoch nicht gedacht. Im Gegenteil, es geht um die Stabilisierung und Ausweitung unserer Ich-Illusionen. Darum entwirft die neue Ökonomie die erwünschten Identitäten auch gleich selber, erstellt komplette Images und Persönlichkeitsentwürfe von marktkonformen Ichs auf professionelle, massenhafte und konsumierbare Weise.

Den größten Erfolg und Einfluss kann sie natürlicherweise unter den heranwachsenden, noch auf der Suche nach sich selbst befindlichen Jugendlichen verzeichnen. Was da einstmals als Turnschuh-, T-Shirt- oder Telefon-Produzent begann, ist heute zur Lebensform, zur Ersatzidentität, zur pseudoreligiösen Kultgemeinde gediehen. Wer im jeweiligen Jugendkollektiv nicht über das angesagte Outfit oder Handy verfügt, wird zum sozialen Paria. Aber auch wer unter den Älteren noch cool, sexy, geil, fit und erfolgreich sein will, muss

sich dem herrschenden Jugendlichkeitskult unterwerfen – auch sprachlich.

Von ihrem enormen Erfolg getragen, haben sich etliche Firmen des neuen Kultmarketings von der materiellen Produktion völlig verabschiedet, lassen diese nun – steuerbefreit und alle westlichen sozialen und ökologischen Standards missachtend – über befristete Unteraufträge von Billigproduzenten (meist jungen Frauen) in Dritte-Welt-Ländern erledigen, während sie sich selbst als die gesellschaftlich maßgebenden Ideengeber, Visionäre, Sinnstifter, Glücksbringer verstehen. Bekleidungsfirmen treten mit einem „spirituellen" Lebensmotto auf, Design und Präsentation nehmen versteckt religiöse Formen und Motive auf, Shopping-Center werden insgeheim nach dem Vorbild christlicher Kirchen gestaltet. Das Wort vom „Konsumtempel" und „Kapitalismus als Religion" wird ganz bewusst eingelöst.

In der Markenwirtschaft kommt es nicht mehr darauf an, um welches Produkt es sich handelt, ob es seinen praktischen Zweck erfüllt, ob sein Preis angemessen und realistisch ist, was „zählt", ist, dass das Objekt das Image transportiert, mit dem der Käufer soziale Anerkennung und Selbstbewusstsein erfährt. Das äußere Design, die Kultästhetik wird zum „emotional design". „Branding" (Brandmarken) heißt die angestrebte emotionale Bindung des Kunden im einschlägigen Jargon. Die Marke, das Logo ist die eigentliche Botschaft, sie verspricht die erfolgreiche Selbstvermarktung des Konsumenten.

Der Trend zur Selbstvermarktung hat unsere Gesellschaft mittlerweile rundum erfasst. Ganz oben steht das Körperdesign in Form zahlloser Techniken und Mittel der Gestaltung, Verschönerung, Leistungssteigerung, Perfektionierung und Inszenierung des Körpers. Für viele ist der eigene Körper zum Hauptinhalt der Identität, Aktivität und des Lebens geworden. Öffentliche und virtuelle Märkte der Selbstinszenierung genießen höchstes Interesse und Massenzulauf. Mehr geistorientierte Menschen surfen auf den Wellen der psychomentalen Selbstverbesserung im Warenangebot des therapeutischen und spirituellen Su-

permarkts. Auch hier geht es zumeist darum, das „kleine Ich" durch das „höhere Ich" oder „wahre Selbst" zu ersetzen.

Das Gegenbild dazu ist das stark um sich greifende Phänomen allgemeiner Erschöpfung und Überforderung, die zahllosen Burnout-Erkrankungen und psychosomatischen Stressreaktionen, hyperaktive Kinder, Magersucht und Bulimie, wachsende Existenzangst, die Tatsache, dass Depression mittlerweile in allen Konsumgesellschaften zu der Massenkrankheit geworden ist. Depression ist hilflose Flucht aus der zum Zwang gewordenen permanenten Selbstbestimmung, Selbstgestaltung, Selbstvermarktung, Selbstverwirklichung. Depression ist der Umschlag in die Handlungslähmung, die Unfähigkeit überhaupt noch irgendetwas zu wollen und tun.

Andere, vor allem Jugendliche und schon die Kinder flüchten sich vermehrt in blinde Aggression und Gewalt. Die mächtigste und häufig letzte Flucht aus der Wirklichkeit ist die in den Drogenkonsum. Die Droge ist der Weg in die Selbstzerstörung, in die Auflösung und Vernichtung des Ichs.

Die Frage des Ich, des Selbst, der Identität gilt der Kultur des Abendlands als die zentrale Frage des Menschseins. Dabei bildeten sich unterschiedliche Ich-Konzepte heraus, die zu Grundlagen der zivilisatorischen Entwicklung

wurden. Drei davon waren für ganze Epochen prägend:

In der Spätantike und im Mittelalter war das Ich durch die Religion und die Kirche definiert: Es wurde als von Gott gegebene „unsterbliche Seele" gesehen. Als solches war es unveränderlich und stabil, verborgenes, substanzielles, inneres „Wesen". Es war ein „religiöses Selbst".

Die Neuzeit wandte sich vom Christentum ab und der Philosophie und Wissenschaft zu. Das Ich wurde nun philosophisch definiert: Es wurde zum „Subjekt der Vernunft" (Descartes „Ich denke, also bin ich") und unterwarf sich die Natur, die Welt, die Objekte. Es war ein „philosophisches Selbst".

Unverkennbar leben wir heute in einem neuen Zeitalter und erleben die grenzenlose Ökonomisierung aller Bereiche der Wirklichkeit, die Herausbildung einer globalen Welt der Ökonomie des Geldes und der Aufmerksamkeit. Die erschafft sich ein neues Ich: den „Homo oeconomicus", das Ich als Marke oder Ware der Produktion und des Konsums. Es ist ein „ökonomisches Selbst".

Das postmoderne Ich ist nicht mehr dauerhaft und ursprünglich da, sondern muss marktgemäß ständig neu und wandelbar hergestellt werden. Es ist ein flexibles, multiples Ich. Dies stellt eine dramatische kulturelle Veränderung dar. Eine westliche Psychotherapie und Spiritualität, die das nicht wahrnimmt, muss unweigerlich in die Falle der Ökonomie der Aufmerksamkeit und des Ichs als Ware geraten.

Der Buddha sah die Fallen des Selbstkonzepts bereits vor 2500 Jahren. Er erkannte sie als Folge illusionärer Selbstsuche, die zu identifizierender Attraktion und Aversion und damit zu Leiden führt. Der Ausweg, den er uns zeigte, heißt Erwachen. Er ist Befreiung vom Perfektheitsanspruch, von Identitätsvorgabe und Selbstverwirklichungszwang. Erwachen war für ihn Erkenntnis, dass es im Dasein nichts Beständiges (anicca), nichts endgültig Zufriedenstellendes (dukkha), nichts wirklich Greifbares, Herstellbares, Besitzbares gibt (anatta); die Einsicht, dass alle Phänomene letztlich offen – leer (sunya) – sind.

Die Befreiung des Buddha ist Loslassen dessen, was wir meinen, haben und sein zu müssen – und Annehmen-können dessen, was da, was gegenwärtig ist. Wir können loslassen, indem wir – anstatt nach Aufmerksamkeit zu dürsten – Achtsamkeit (sati) entfalten. Achtsamkeit nimmt wahr, was unseren Sinnen gegenwärtig ist, ohne daran festzuhalten. Es wird unnötig, um Beachtung zu kämpfen, wenn wir uns selbst und anderen Achtsamkeit schenken. Achtsamkeit lässt uns erfahren, dass wir in jedem Augenblick angenommen, von anderen unterstützt und untrennbar miteinander verbunden sind. Achtsamkeit befreit uns vom endlosen Kampf auf dem Markt der Aufmerksamkeit. Anstatt immerzu nach dem utopischen perfekten Selbst zu suchen, leben wir in der Achtsamkeit ganz in diesem Augenblick.

Franz-Johannes Litsch
Franz-Johannes Litsch, geb.1945, Architekt im Umweltschutz, befasst sich seit 50 Jahren mit abendländischer wie buddhistischer Philosophie und Kulturgeschichte. Er war deutscher Vertreter des International Network of Engagad Buddhists (INEB), Mitglied des Rates der Deutschen Buddhistischen Union (DBU) und ist Mitgründer und Vorstandsmitglied der Buddhistischen Akademie Berlin.

Der Weise achtet sich keinerlei Gaben des Zufalls unwert.
Er liebt die Reichtümer nicht,
aber er zieht sie der Armut vor;
er nimmt sie nicht in seine Seele,
wohl aber in sein Haus auf.

(Seneca)

... sei's des Mondes Silberschein, sei's das Gold der Sterne ...

Das Momo-Prinzip

In Michael Endes märchenhafter Erzählung sind „graue Herren" aufgetaucht. Diese rechnen den Menschen vor, mit welchen unproduktiven Aktivitäten sie einen Großteil ihres Lebens verbringen und verführen sie dazu, ihre Zeit zu sparen. Die Menschen sollen auf alle scheinbar unnützen und uneffektiven Aktivitäten verzichten und ihre Zeit nach der Formel „Zeit ist Geld" genau planend strukturieren und nur noch das tun, was unmittelbaren, greifbaren (finanziellen) Gewinn bringt.

Die dadurch gewonnene Zeit sollen sie auf der Zeitsparkasse sparen und sie würden diese Zeit dann später mit Zins und Zinseszins zurückbekommen, wenn sie sie im Alter brauchen. Die meisten Menschen verfallen den vernünftig und logisch erscheinenden Argumenten der grauen Herren, was zur Folge hat, dass ihr Leben immer hastiger, leerer, unbezogener, unbefriedigender wird. Nur ein Mädchen namens Momo erweist sich dem Einfluss der grauen Herren gegenüber eigentümlich immun. Ihr gelingt es schließlich auch, die grauen Herren aufzulösen und die verlorene Zeit der Menschen zurückzuholen.

Die grauen Männer stellen alle jene unsere Einstellungen, Haltungen und Werte dar, die uns, mit dem Versprechen auf ein befriedigendes Leben in der Zukunft, daran hindern, schon hier und jetzt, in der Gegenwart, zu einem erfüllten Leben zu finden. Die grauen Männer sind aber nicht wirklich unmenschlich oder bösartig. Hinter ihrer maskenhaften Uniformität, ihren versteinerten Gesichtszügen, ihren Statussymbolen und in ihrem sehn-süchtigen Saugen an ihren Zigarren wird ihre Angst, ihre Verzweiflung und ihre Einsamkeit für uns deutlich spürbar. Sie stellen jene existenziellen Ängste und Unsicherheiten in uns dar, die uns dazu verführen, hauptsächlich nach Besitz, Geld, Macht, Prestige und Erfolg zu streben und dabei das Wunder des Lebens nicht zu erkennen.

Momo symbolisiert das Innere (und auch Göttliche) Kind in uns. Auf die Frage, wo sie herkommt, macht sie eine unbestimmte Bewegung, die irgendwohin in die Ferne deutet: „Soweit ich mich erinnern kann, war ich schon immer da." Wo sie ist, da ist sie zu Hause. Sie hat keinen besonderen Status, kein Geld, keinen Besitz, sie kann nicht lesen und schreiben. Sie hat keine Wunderkräfte oder sonstige übermenschliche Fähigkeiten. Aber was sie kann, ist: Sie kann zuhören und akzeptieren, was jeweils gerade ist, sie kann einfach da sein, ganz gewöhnlich und selbstverständlich sie selbst sein, in der jeweiligen Gegenwart. Dadurch steht sie sich mit nichts selbst im Wege und deshalb kann sie offen sein für die Erfahrung der jeweiligen inneren und äußeren Wirklichkeiten. Sie ist durchlässig für das jeweils real und konkret Gegebene der äußeren Wirklichkeit wie für die Fantasie und die transpersonale Wirklichkeit. Sie ist immun gegen die Macht der grauen Herren, weil ihr das Leben selbst, die Freundschaft, die Beziehungen, das „lieb haben und lieb gehabt werden" die höchsten Werte sind.

Das Momo-Prinzip, wie es Sabine Hertweck aus Michael Endes Buch ableitet und in ihrem Büchlein (Hertweck, Das Momo-Prinzip, opus-magnum 2013) beschreibt, beinhaltet u. a. folgende Aspekte: Sich Zeit nehmen - Die Lebendigkeit des inneren Kindes bewahren - Sich dem gegenwärtigen Augenblick öffnen - Zuhören - Anderen Menschen offen und freundlich begegnen - Seine Arbeit achtsam und gut verrichten - Sich selbst treu bleiben - Sich des kosmischen Ursprungs und der Verbundenheit mit allem bewusst bleiben - Dankbarkeit. Diese Aspekte scheinen diejenigen zu sein, die den destruktiven Auswirkungen der Zeit=Geld-Formel am besten entgegen zu wirken vermögen.

Warum und wie lege ich mein Geld ethisch – ökologisch an?

Johannes Hoffmann

Woher kommt das Interesse an ethisch-ökologischer Geldanlage?

Es entwickelt sich das Bewusstsein von der Notwendigkeit, gemeinsam der Banalität des Weitermachens durch kreative Veränderung zu widerstehen. Als Sozialethiker bin ich auf die Frage nach ethischer Orientierung bei der Geldanlage durch drei Bankmanager der Deutschen Bank gestoßen. Deren Hintergrund der Überlegungen war, dass es einerseits ethisch motivierte Investoren gebe, die sich diese Fragen stellten, andererseits hätten institutionelle Anleger wie z. B. Diözesen und Orden bei der Deutschen Bank Geld in zweistelliger Milliardenhöhe angelegt, ohne zu wissen, was mit dem Geld geschehe, ob möglicherweise der Schaden, der durch die Art der Anlage entstehe, nicht größer sei als der Nutzen, den man mit den Gewinnen erzielen könne.

Kapitalismus als Kontext des Ethischen Investments

Im Grunde hat dies bereits Aristoteles vor Augen, wenn er zwischen Geld als Tauschmittel und Geld als Geldkapital unterschied und daraus folgerte, dass sich aus der Rolle des Geldes als Kapital eine ganz andere Wirtschaftsweise ergibt, nämlich Kapitalismus. Dieser bedeutet eine Absolutsetzung des Geldes. Geld wird zum letzten Bezugspunkt aller Werte

Foto: Dmitry (www.fotolia.de)

– biblisch gesprochen zum Mammon –, also zum Götzen erhoben. Wer das Geld zu seinem letzten Bezugspunkt macht, der betreibt eine Umwertung aller Werte. So wird z. B. das Verhältnis zwischen Personen zu einem durch Geld vermittelten Verhältnis, weil sich zwischen die Personen das Geld schiebt und der jeweils Andere vorrangig an seinem Geldwert gemessen wird. Geld wird auf diese Weise verwandelt von einem Mittel zum letzten Zweck.

Damit nimmt das Geld quasi religiöse Züge an. Ja, es übt kultische Faszination aus, es verlangt Verehrung, Feste und Events. Das Bereicherungsprinzip wird unausweichlich. Das Hauptgebot des Götzen Geld fordert von den Menschen ständige Leistungssteigerung bis an die Grenze der Belastbarkeit, Wachstum, Modernisierung etc. Wenn wir das alles befolgen, wird uns vom Götzen Geld Reichtum, Glück, Freiheit, Bewunderung und Erfolg verheißen.

Stattdessen empfinden laut Statistik acht von zehn Deutschen ihr Leben als stressig. Geld muss ein Mittel dafür bleiben, das alle Menschen gebrauchen, um die Versorgung aller mit Gütern für eine menschenwürdige Lebensweise zu ermöglichen. Niemand darf die Güter dieser Erde als absolutes Privateigentum betrachten. Das Adjektiv „privat" kommt bekanntlich von „privare" und das heißt „rauben". Die private Zuteilung der Erdengüter ist nur dann erlaubt, wenn – und solange – dadurch der Gemeingebrauch der Güter für alle besser ermöglicht werden kann. Im Grunde spiegelt sich diese Grundauffassung auch im Konzept vom Geld in einer sozialen Marktwirtschaft wider: Geld ist danach eine soziale Institution, von der Regierung eines Staatswesens geprägt und von der Arbeitsleistung der Vielen in seinem Wert erhalten. Das Konzept nachhaltiger Geldanlagen ist daher von dem Bestreben und der Vision getragen, unsere Wirtschaft zukunftsfähig zu machen.

Welche Folgerungen ergeben sich daraus für den Umgang mit Geld?

Wie uns die Finanzkrise lehrt, leben wir in einem kapitalistischen Wirtschaftssystem, d. h. in einem System, in dem das Geldkapital Vorrang hat vor allen anderen Werten, vor Natur, Mensch, Arbeit, etc. Kapitalismus ist wie alle Systeme oder auch Mechanismen Ergebnis sozialer Prozesse in unserer Kultur und der Weltgesellschaft. Daher kann er durch soziale Prozesse in den Kulturen geändert werden. Jeder/jede von uns kann dazu einen Beitrag leisten. Wir müssen es nur wollen.

Denn Kapitalismus ist nicht Marktwirkschaft. Er bedient sich nur ihrer und missbraucht sie. Kapitalismus ist eine Wirtschaftsordnung, in der die Bewertungen und Handlungen der Wirtschaftssubjekte von den Gesetzen der Kapitalverwertung bestimmt werden. Mit dem Begriff „Kapital" ist zunächst Finanz-

bzw. Wirtschaftskapital gemeint. Im Kapitalismus genießt das Wirtschaftskapital unglaubliche Privilegien, nämlich eine Monopolpräferenz und ein Expansionsprivileg. Darin liegt die Ursache für die weltweite Bedrohung von Mensch und Natur.

Nun ist es zwar eine historische Tatsache, dass die Priorisierung des Finanzkapitals immer wieder mit einer Aufzehrung des Naturkapitals, des Sozialkapitals und des Kulturkapitals einhergegangen ist. Und es ist ebenso wenig zu bestreiten, dass die Expansion des Wirtschaftskapitals zum Teil auf Kosten des Sozialkapitals geht mit erheblichen Folgen für die Lebensgestaltung und das Zusammenleben der Menschen in Gesellschaften. Wie kann das geändert werden? Die ethisch-ökologische Geldanlage ist dafür eine Möglichkeit.

Welche Instrumente habe ich, wenn ich mein Geld ethisch anlegen will

Mit dem 1997 durch die Projektgruppe Ethisch-Ökologisches Rating (EÖR) veröffentlichten Frankfurt-Hohenheimer Leitfaden (FHL) wurde eine differenzierte weltweit in ihrer Art einmalige theorie- und methodengestützte Kriteriologie für ethisch-ökologische Bewertungen von Unternehmen und Kapitalanlagen der Öffentlichkeit vorgestellt. Der FHL beruht auf drei Bewertungsdimensionen Kultur-, Sozial- und Naturverträglichkeit, welche durch eine Vielzahl von Unterkriterien konkretisiert und operationalisiert werden.

Mit der Dimension Kulturverträglichkeit wird geprüft, ob bzw. inwieweit ein Unternehmen die Mitverantwortung für den Bestand und die Stärkung des kulturellen Ordnungswissens übernimmt und dementsprechend im Einklang mit den moralischen Werten einer Gesellschaft agiert. Solche Werte wie Wahrhaftigkeit, Vertrauen etc. sind Voraussetzung wirtschaftlichen Handelns, die vom Wirtschaftssystem selbst nicht erzeugt, wohl aber beschädigt werden können.

Im Gegensatz zu den Tieren ist der Mensch in der Steuerung seiner Antriebe nicht durch Instinkte bestimmt. Als mit Vernunft begabtes Wesen ist er von seinem ganzen Entwurf ein normatives Wesen und im Rahmen seiner naturalen Gegebenheiten und Antriebe auf Deutung und Selbststeuerung angelegt.

Ohne hier auf Einzelheiten des Aufweises dieser auf Steuerung angewiesenen naturalen Potenzen einzugehen: dazu gehören die Aggressionspotenz sowie der Grundantrieb sozialer Bindungswille, der das Miteinander im Gegeneinander zu sichern vermag. Nach Wilhelm Korff (1973, S. 88)

... erweist sich menschlicher Bindungs- und Vergesellungswille seinen naturalen Ursprungswurzeln nach als eine nicht minder spontane, in sich konsistente und als solche kaum weniger schwer unterdrückbare oder gar eliminierbare Antriebskraft wie die im Dienst der Selbstdurchsetzung und Selbstbehauptung des Individuums stehende Aggression. Bindungswille und Aggression stehen sonach in einem antagonistischen Zuordnungsverhältnis. Indem nun aber der Bindungswille die bare antisoziale Destruktionspotenz der Aggressionsneigung in Schranken weist, ohne sie doch selbst ganz auslöschen zu können, transformiert sich Aggression ihrerseits zu einer konstruktiven Komponente auch im Hinblick auf den Aufbauprozess menschlicher Sozialisierung: Im Brechungswinkel beider formiert sich jenes antagonistische Antriebsfeld, mit dem überhaupt erst Individuierung in Vergesellschaftung und Vergesellschaftung als Vergesellschaftung von Individuen möglich wird. Insofern ist es also erst die Spannungseinheit beider Komponenten zusammen, die das Wesen des Sozialen ausmacht und definiert. Allerdings hat der Bindungs- und Vergesellungswille zwei Wurzeln, „nämlich einmal die Vergesellungsform des reinen Miteinander [...] und die Vergesellungsform des eigentlichen Füreinander."

Damit ergibt sich von der naturalen Bedingungslogik für menschliches Sein und Mit-Sein eine Trias der Antriebe: „Der Mensch ist dem Menschen Bedürfniswesen, Aggressor und Fürsorger zugleich." (Korff, 1973, S. 90)

Dabei gilt für eine psychisch ausgewogene Lebensgestaltung jedes Menschen, dass er für die Realisierung seiner selbst als Mensch die gleichzeitige Teilverwirklichung aller drei Antriebe anstreben muss. Was auf der individuellen Ebene für ein gesundes Leben anzustreben ist, hat seine Entsprechung auch im gesellschaftlichen Zusammenleben. Auch hier darf es keine Normierung geben, die einem naturalen Impuls – z. B. der Aggression – den Vorrang gibt. Wer daher dem Wettbewerbsprinzip in der Marktwirtschaft den Vorrang gibt, bewirkt, dass Fairness gegenüber Konkurrenten und Rücksicht gegenüber Natur und Mitwelt auf der Strecke bleiben. Soziale Verwerfungen und Umweltzerstörung, wie wir sie in der Gegenwart erleben, sind die Folge.

Fazit

In sechs humanen Grundorientierungen wird in der Kriteriologie des FHL darauf Bezug genommen.

Diese beschriebene Polarität findet ihre Normierung beispielsweise durch „Rücksicht und Fairness trotz Konkurrenz", durch „Diskursbereitschaft statt Positionalität", „Begrenzung partieller Interessen durch Respekt vor dem Gemeinwohl", „Selbstbegrenzung im Wachstum", „Verzicht auf das Recht des Stärkeren" etc.

Alles in allem hat die Projektgruppe EÖR (www.ethisches-consulting.de) zusammen mit der oekom research AG (www.oekom-research.com) das Know-how geliefert, um feststellen zu können, ob Unternehmen mit ihren Produktionsverfahren und mit ihren Produkten Menschwerdung in Gemeinschaft im Mitsein mit der Schöpfung fördern oder behindern.

Grenzen des Ethischen Investments

Auch wenn sich das Interesse an ethisch-ökologischen Investments verbreitet hat, so darf uns das nicht darüber hinwegtäuschen, dass damit zwar ein wichtiges aber noch kein hinreichendes Instrument gewonnen ist, unsere Marktwirtschaft zukunftsfähig zu machen und an ethisch-ökologischen Nachhaltigkeitskriterien auszurichten. Zwei Beobachtungen machen das deutlich. Einerseits wird mit ethischer Motivation von Investoren lediglich ein Bruchteil des gesamten Finanzkapitals erreicht, vermutlich rund zehn Prozent. Andererseits bewerten oft Ratingagenturen, die mit dem Etikett „Nachhaltigkeit" firmieren, lediglich ökonomische Nachhaltigkeit. Nach Untersuchungen von Henry Schäfer vom Finanzwissenschaftlichen Institut der Universität Stuttgart gehören von den rund sechzig Bewertungsagenturen nur wenige in diese Kategorie. Nur wenige können als „wertorientierte" Agenturen eingestuft werden.

Claudia Döpfner und Hans Albert Schneider (2011) haben im Anschluss an diese Studie Qualität und Vergleichbarkeit der wertorientierten Agenturen untersucht und zeigen, dass auch unter diesen Agenturen ein beachtliches Gefälle besteht. Wenn also Anleger in ethisch-ökologische Produkte investieren wollen, sollten sie darauf achten, mit welchem Bewertungskonzept und mit welcher Agentur die Anbieter arbeiten.

Für einen ethisch orientierten Investor ist es daher wichtig, dass er eine Bank wählt, die nicht nur bei einem Produkt, z. B. einem Fonds, sondern in all ihren Produkten und ihrem gesamten Geschäftsgebaren ethisch-ökologische Bewertungskriterien beachtet. Inzwischen gibt es eine Reihe alternativer Banken, mit denen ethisch orientierte Investoren zusammenarbeiten können. Um nur einige ohne Anspruch auf Vollständigkeit beispielhaft zu nennen: die GLS-Bank in Bochum (www.gls.de), wohl die älteste Nachhaltigkeitsbank in Deutschland mit anthroposophischem Hintergrund; die Umweltbank in Nürnberg (www.umweltbank.de), die laut Satzung alle Kredite unter Berücksichtigung ökologischer Gesichtspunkte vergibt; die Bank für Orden und Mission (www.ordensbank.de), die den Investoren nicht nur die übliche Rendite bezahlt, sondern bis zu dreißig Prozent des Gewinns für soziale und Eine-Welt-Projekte zur Verfügung stellt.

Schließlich ergibt sich aus der Tatsache, dass mit ethischem Investment bei Anwendung strenger Kriterien nur rund zehn Prozent des Finanzkapitals erreicht wird, zur Erreichung des noch fehlenden Anteils von neunzig Prozent gesetzliche Rahmenbedingungen geschaffen werden müssen.

Die Projektgruppe EÖR hat sich darüber Gedanken gemacht und schlägt in einem Appell an die Abgeordneten des Deutschen Bundestages und die Abgeordneten des Europaparlaments folgende Gesetzesänderungen vor:

Unsere Wirtschaftsordnung erlaubt es, die Gemeingüter zu übernutzen, die unsere gemeinsamen Lebens- und Produktionsgrundlagen bilden. Denn das Recht der Privateigentümer, über ihre Grundstücke, Produktionsanlagen usw. nach Belieben zu verfügen, endet nicht konsequent dort, wo aus dem privaten Eigentum heraus ungezügelt auf die Gemeingüter zugegriffen wird.

Es gibt Ausnahmeregeln, im Allgemeinen aber dürfen Gemeingüter übernutzt werden, als seien z. B. reines Wasser, fruchtbarer Boden etc. noch im Überfluss vorhanden. Das sind sie nicht mehr. Doch nach dem Prinzip „höchste Rendite in kürzester Zeit" werden zulasten der Gemeingüter Kosten gespart und dadurch Preise verbilligt.

Durch Übernutzung und Externalisierung wird Raubbau und Substanzverzehr an allen Gemeingütern betrieben. Doch noch immer schützt das Wettbewerbsrecht Wettbewerber auch dann, wenn sie sich durch Externalisierung Vorteile gegenüber jenen Mitbewerbern verschaffen, die die Kosten selbst tragen, um die natürlichen und sozialen Lebensgrundlagen zu erhalten.

Kosteneinsparung zulasten von Gemeingütern muss als unlauterer Wettbewerb gesetzlich sanktioniert werden. Das entspricht dem Verfassungsauftrag, die Sozialpflichtigkeit des Eigentums zu verwirklichen. Artikel 14 Absatz 2 des Deutschen Grundgesetzes fordert den Gesetzgeber auf, den Gebrauch des Privateigentums so zu regeln, dass er zugleich dem Wohl der Allgemeinheit dient. Ähnlich fordert Artikel 17 der Europäischen Grundrechtecharta den Gesetzgeber auf, die Nutzung des Eigentums zu regeln, soweit dies für das Wohl der Allgemeinheit erforderlich ist.

Dazu konkrete Vorschläge für Gesetzesänderungen:

BGB: Die beliebige Verfügung über das Privateigentum nach § 903 des Bürgerlichen Gesetzbuchs sollte ausdrücklich unter den Vorbehalt gestellt werden, dass der Eigentümer keine Kosten auf das Natur- und Sozialkapital abwälzt. § 903 BGB sollte etwa folgendermaßen gefasst werden: „Der Eigentümer einer Sache kann, soweit nicht das Gesetz, Rechte Dritter oder zwingende Erfordernisse des Schutzes der natürlichen Gemeingüter oder der Volksgesundheit entgegenstehen, mit der Sache nach Belieben verfahren und andere von jeder Einwirkung ausschließen."

UWG: Externalisierung sollte in die verbotenen Wettbewerbshandlungen nach §§ 3-4 des Gesetzes gegen den unlauteren Wettbewerb aufgenommen werden.

Ein neuer Absatz 12 in § 4 sollte bestimmen, dass auch derjenige unlauter im Sinne von § 3 handelt, der sich durch Abwälzung von Kosten auf Umwelt und Gesellschaft Vorteile gegenüber Mitbewerbern verschafft. § 4 UWG sollte wie folgt ergänzt werden: „Unlauter im Sinne von § 3 handelt (und kann deshalb auch von einem Wettbewerber auf Unterlassung in Anspruch genommen werden) insbesondere, wer [...] 12. sich dadurch einen Wettbewerbsvorteil verschafft, dass er ‚zwingende' (oder auch anerkannte) Erfordernisse des Schutzes der natürlichen Gemeingüter oder der Volksgesundheit missachtet."

Literatur

Döpfner, C. Schneider, H. A. (2011): Welche Nachhaltigkeit wird tatsächlich bewertet? Studie zu Charakter, Qualität und Vergleichbarkeit von Nachhaltigkeitsratings, hrsg. von der Projektgruppe Ethisch-Ökologisches Rating der Universität Frankfurt.
Hoffmann, J., Ott, K., Scherhorn, G. (Hg.) (1973): Ethische Kriterien für die Bewertung von Unternehmen. Frankfurt-Hohenheimer Leitfaden, Frankfurt a. M/London
Korff, W. (1973): Norm und Sittlichkeit. Untersuchungen zur Logik der normativen Vernunft, Mainz.
Schäfer, H., Beer, J., Zenker, J., Fernandes, P. (2006): Who ist who in Corporate Social Responsibility Rating? A Survey of internationally established rating systems that measure Corporate responsibilty, Stuttgart.

Johannes Hoffmann
Dr. Prof. em., lehrte seit 1976 Moraltheologie und Sozialethik am Fachbereich Katholische Theologie der Universität Frankfurt. Seit über zehn Jahren leitet er das Projekt „Ethisch-Ökologisches Rating" und bekleidet in diesem Zusammenhang verschiedene Ämter; er ist erster Vorsitzender des „Corporate Responsibility Interface Center" (CRIC), ein Verein für ethisch orientierte Investoren.

Anhang (siehe nächste Seite)
Es ist das Ziel der Projektgruppe EÖR, in einer Kampagne den erforderlichen kulturellen Druck aus der Zivilgesellschaft zu erzeugen, damit dieses Anliegen in den Koalitionsverhandlungen zum nächsten Bundestag aufgenommen wird. Dazu gibt es eine Unterschriftenaktion. Mehr dazu unter: www.nehmenundgeben.de.

Das ist es, was der Himmel wünscht:
Wer Kraft hat, soll anderen helfen;
wer Weisheit besitzt, andere lehren;
wer Reichtum erwirbt, ihn mit anderen teilen.

(Alte chinesische Weisheit)

PROJEKT: ETHISCH-ÖKOLOGISCHES RATING

Die Schöpfung bewahren wir erst, wenn der Wettbewerb nachhaltig wird!

Bisher bewirkt der Wettbewerb, dass wir die Schöpfung zerstören – durch klimaschädliche Emissionen, Überfischung der Meere, Bodenerosion, Verzehr knapper Rohstoffe u.v.a. Denn die Gemeingüter werden verbraucht, meist ohne sie zu schonen oder wiederzuherstellen. Wer sie freiwillig schont, hat höhere Kosten und kann im Wettbewerb nicht mithalten.

Damit sich das ändert, müssen alle Unternehmen gesetzlich verpflichtet werden, die Gemeingüter zu erhalten, so dass sie die Sicherheit haben, dass die anderen es auch tun. Für diese Rechtssicherheit setzen wir uns ein. Die Forderung des Grundgesetzes „Eigentum verpflichtet" muss im bürgerlichen Recht und im Wettbewerbsrecht verankert werden. Dann zwingt der Wettbewerb die Unternehmen, die Schöpfung zu bewahren.

Dazu muss vor allem in § 903 BGB ein Absatz 2 eingefügt werden mit etwa diesem Wortlaut: „Der Eigentümer kann die ihm zugänglichen natürlichen Lebensgrundlagen als Gemeinressourcen nutzen, muss aber eine dadurch entstehende Verminderung oder Verschlechterung durch Ersatzinvestitionen ausgleichen."

Mehr auf: **www.nehmenundgeben.de.**

Bitte unterstützen Sie die Initiative mit Ihrer Unterschrift!

Mit uns treten die folgenden Organisationen und Personen für die Gesetzesänderung ein:

*Der Anfang eines schönen Lebens
und höchster Reichtum ist die Weisheit.
Daher ist auch Weisheit
die wertvollste Frucht aller Philosophie.*

(Epikur)

Die Griechen und das Geld –

Eine archetypische Sicht auf die Probleme Europas

Volker Münch

Griechenland – wie viele positive Assoziationen fielen den meisten von uns dazu bis vor einiger Zeit noch ein: Wiege des abendländischen Geisteslebens, große Kulturnation, wunderbare Landschaften, nette Menschen, eine anregende Küche …

Und nun? Jeden Tag aufs Neue jagen sich die Meldungen über die Unfähigkeit des griechischen Staates, Jagd auf seine Steuersünder zu machen, über einen aufgeblähten Verwaltungs- und Beamtenapparat und Demonstrationen, auf denen die deutsche Europapolitik mit unserer Nazi-Vergangenheit in Verbindung gebracht wird.

Die meisten von uns fühlen sich irritiert bis überfordert mit den immer neuen „Rettungsschirmen" und „Schuldenschnitten", haben wohl innerlich abgeschaltet.

Doch was könnte über das menschliche und finanzielle Versagen hinaus wirksam sein? Wie können wir die politischen Vorgänge verstehen, deuten, mit einer Bedeutung versehen, von einer inneren Logik her begreifen? Dazu bietet die Analytische Psychologie und gerade die archetypische Psychologie in der Weiterentwicklung von Jungs Gedanken eine Reihe von Ideen an.

Was fehlt? – Geld oder eher ein neuer Umgang damit?

Wichtig für unser Verständnis der Vorgänge ist die symbolische Funktion des Geldes als eines Trägers von Macht, Vermögen (Können) und als ein Mittel, die Dinge zu bewegen, „flüssig zu sein", wie man auch sagt. Geld ist Abkömmling auch der Opfergaben an die Göt-

Euro-Symbol in der Gallusanlage mit dem Gebäude der Europäischen Zentralbank (EZB) in Frankfurt am Main (www.wikimedia.org)

ter, die man gewogen stimmen musste, sollte das Leben im Gleichgewicht bleiben. Martin Spura hat in seinem Buch „Das verweigerte Opfer des Prometheus" auf die tragischen Folgen der verbreiteten besitzfixierten Haltung hingewiesen und seine weitreichenden negativen Folgen für die Geschichte der bislang vom Westen wirtschaftlich dominierten Welt beschrieben.

Lassen wir uns auf die Geschichte und Bedeutung Griechenlands näher ein, dann könnte uns folgender Gedanke kommen: In der Art und Weise, wie uns der latent drohende Finanzkollaps eines Mitgliedes der Europäischen Gemeinschaft dazu bringt, immer mehr Geduld aufzubringen, uns selbst auch zu hinterfragen, ob es uns nicht möglich sein könnte, mehr von dem abzugeben, was wir an materiellem Reichtum angehäuft haben, kann uns die Dynamik des Geschehens lehren, genau jene Eigenschaften als Kollektiv und dann auch als Einzelne ins Bewusstsein zurückzuholen, die über dem rasanten Aufstieg des Neoliberalismus und dem Glauben an die Macht des Geldes, auch sichtbar in dem Vorzug, dem man der monetären Einheit mit der Euroeinführung gegeben hatte, vorübergehend verloren gegangen zu sein schienen.

Man könnte also in dem Geschehen auch die Wirksamkeit archetypisch verfasster Kräfte, die auf einen Gegensatzausgleich aus sind, vermuten. Insofern wäre dann auch die manchmal quälende Langsamkeit der Ereignisse und der immer vorübergehende Charakter der Entscheidungen nicht ein Problem, sondern selbst schon die Lösung: ein der Situation angemesseneres, langsameres Vortasten und keine überschwängliche Identifizierung mit glorreichen, grandiosen Visionen einer Auflösung von Gegensätzen in einem Europa einer einheitlichen Währung.

Die wahre Spaltung Europas

Die Mentalitäten der unterschiedlichen Mitgliederländer, namentlich der immer wieder benannten Differenzen zwischen den Ländern des europäischen Nordens und des mediterranen Südens geraten wieder mehr in den Blickpunkt.

Der archetypische Psychologe James Hillman hat bereits in „Re-Visioning Psychology" die unterschiedliche geistige Entwicklung der beiden Hemisphären beschrieben. Hillman konstatiert, dass sich in den Ländern, in denen sich der Protestantismus, als ideale Ergänzung des kapitalistischen Systems, nicht habe durchsetzen können, nämlich in den dem „Heidentum" paradoxerweise näher stehenden Ländern des katholizistischen Südens, eine näher am Unbewussten, am Menschenmöglichen orientierte Mentalität erhalten konnte, und er bringt diese auch in Verbindung mit der Entwicklungslinie der geistigen Strömungen, wie sie vom antiken Griechenland ausgegangen seien.

Der in einem weiteren Sinn verstandene Begriff „Griechenland" verweist Hillmans Sicht zufolge auf eine polytheistische Weltsicht. Die antike griechische Sichtweise impliziert, dass es archetypische Kräfte sind, denen wir als Menschen Tribut zu zollen haben, in der Mythologie sind sie dort als Götter verfasst. In dieser alles umfassenden Sichtweise sind die Götter überall und in allem, was wir tun. Es gibt auch keine Trennung zwischen Staat und Kirche, zwischen dem, was ich glaube und dem, was ich tue. Genau diese Spaltung aber mache uns zu schaffen, woran wir nicht zuletzt anhand des dramatischen Auftretens von Fanatikern einer uns fremden Religion (Islamismus) erinnert würden. (vgl. Hillman 1974 Der Europäer sei in seiner Seele gespalten: Auch die Einseitigkeit, mit der in der akademischen Psychologie Menschenforschung betrieben werde, sei kennzeichnend. Sie verleugne die Tradition des Hellenismus, der neoplatonischen Renaissance, des Polytheismus als Denkform.

Was wir in den letzten Jahren alles über die scheinbar so renitenten und nicht lernwilligen, ja unehrlichen bis faulen Griechen gehört haben, spricht Bände. Aber nicht, dass man es als bare Münze nehmen sollte. Eine archetypische Sichtweise lässt uns erahnen, dass vielleicht auch ganz andere Dinge am Werke sein könnten als Schlamperei, Schuldenmacherei und Unangepasstheit.

Mich lässt die Erwähnung Hillmans, der schreibt, dass wir nördlich der Alpen uns ganz dem Puritanismus der Wissenschaften verschrieben hätten, ins Nachdenken kommen. Bereits Mitte der 70er Jahre beklagt er eine einseitige, moralisch überhebliche Haltung des Nordens gegenüber dem mediterranen Süden. Dies betreffe auch und gerade jene zeitgeschichtliche Phase am Ausgang des Mittelalters, die ebenfalls immer wieder missverstanden werde: die Renaissance, wie sie vor allem in Italien ihren Anfang nahm.

Die Krise als Chance der Überwindung einer alten Spaltung

Die Werte, die Hillman beschreibt, sind sämtlich vom Verschwinden bedroht. Allein, nach den Annahmen der archetypischen Psychologie bringen sie sich ins Bewusstsein gerade durch die gegenwärtige Krise, ihre Bedrohlichkeit, die durch sie ausgelösten Verwerfungen und Ängste. Hinweis auf das Spiel der Archetypen wäre dann aber auch die Unentschiedenheit, das Hin und Her in politischen und wirtschaftlichen Entscheidungen, die Wahrnehmung, dass sich unter der immer mehr wahrnehmbaren Komplexität des Lebens alles zunehmend immer weiter dem Zugriff entzieht, und das genau in dem Maße, wie man es eigentlich zur eigenen Beruhigung und Versicherung so dringend benötigte?

Könnte es nicht sein, dass es angesichts der uns bedrohlich erscheinenden Visionen einer allseits von kapitalistischen und technokratischen Werten bis hin in unseren Alltag (Beziehungen, Mediengebrauch) dominierten Welt einen Gegenpol benötigt? Sinnigerweise, so finde ich, wird er von den Griechen verkörpert und sagen wir psychoanalytisch, aufs Feinste, ausagiert. All das, was wir meinten, aus unserer wohlkalkulierten Welt ausgeschlossen zu haben, nämlich die stille Opposition, wie sie sich in dem jugendlich-rebellisch anmutenden Verhalten Griechenlands zum Ausdruck bringt, fordert ihren Wiedereinzug ins kollektive Bewusstsein.

Wir hören von Fischern, die, offenbar ganz zu Recht, irrwitzige Summen zur Stilllegung ihrer Kutter abkassieren und sich am Strand liegend interviewen lassen. Wir erinnern uns auch daran, dass uns die Griechen vor allem geistige Geschenke gemacht haben, schwerpunktmäßig vor über zweitausend Jahren in Form ihrer Denker und Dichter, für die wir ja als Deutsche interessanterweise und nicht zu Unrecht auch selbst gern gehalten werden. Es gibt also eine ganz spezielle Beziehung zwischen dem, der hier offenbar nur nehmen will und dem, der eventuell etwas geben muss.

Was sich also in dem bisherigen Verhalten Griechenlands artikuliert, ist die Verachtung des Materiellen, das Lob der Idee, des Gedankens, des Geistes. Will dieses sich in Erinnerung rufen? Wiederholt sich die Geschichte Europas, als derjenigen, die von Zeus entführt und zu ihrem Glück gezwungen wurde? Sollten wir uns nicht mehr auf unsere Wurzeln in Griechenland besinnen? Fehlt uns nicht das einigende geistige Band in Europa angesichts des drohenden Scheiterns der Währungsunion?

Um welche Werte geht es eigentlich? Demokratie wird umso mehr beschworen, je mehr sie sich offensichtlich bereits zur Geisel der Finanzmächtigen gemacht hat. Freiheit des Geistes wird heute oft nur als Möglichkeit erlebt, möglichst lange undefinierte, möglichst jugendkompatible Lebensweisen zu fördern und nicht im Sinne eines „Erkenne dich selbst" in sich zu gehen und sich anders als durch seine kontextuelle, monetäre, soziale Eingebundenheit in die vorfindbare Welt zu verstehen.

Gibt es eine Verbindung Athen-Florenz-Brüssel?

Hillman sieht auch in den Schattenaspekten der Renaissance als einer Zeit der Machtränke, der großen gesellschaftlichen Spannungen, der nackten Tatsachen und dem Spiel mit dem Todesthema ein wichtiges Ingredienz eines archetypischen Verfasstseins von Psyche in der Geschichte. Gerade in der gelebten Spannung von Persephones Beziehung zu Hades kommt nach seiner Meinung zum Ausdruck, dass es nicht ohne die Akzeptanz des Schattens, des Todes geht.

Kann heißen, angewandt auf die heutige Situation der Europäer, dass die Anerkenntnis von Begrenzung, drohendem Zerfall und der Notwendigkeit von Erneuerung eine Forderung des Lebens an uns darstellt, der wir auch in diesem Fall nicht entkommen können. Es geht darum, Grenzen zu sehen und zu akzeptieren, Bewusstsein zu fördern, Transparenz zu schaffen, um nachhaltigere Entscheidungen treffen zu können. Es geht darum, nicht über Unterschiede hinwegzusehen, sondern sie zu benennen, ohne zu verurteilen, es geht darum, idealistische Vorstellungen aufzugeben zugunsten des Erhalts umfassenderer Ideale. Die Vorteile, die Europa für uns in den vergangenen Jahrzehnten gehabt hat, werden von vielen Menschen immer noch zu wenig gespürt, da sie Alltag sind. Insofern könnten die Bedrohungsszenarien dieser Tage dazu beitragen, auch ein Bewusstsein für die Gefährdung dieses zur Gewohnheit gewordenen gesellschaftlichen Rahmens entstehen zu lassen.

Noch einmal zurück ins „alte" Griechenland: Die Klarheit, mit der sich archetypische Figurationen dort in Philosophie, Drama und anderen Künsten artikuliert hätten, fänden nach Hillman eine Entsprechung im florentinischen Italien der Renaissance. Wie auch Richard Tarnas dargelegt hat, kann man in der Gegenwart, vor allem seit den Sechzigerjahren des 20. Jahrhunderts, Elemente einer deutlicheren Artikulation von Veränderungsstrebungen in vielen gesellschaftlichen Bereichen erkennen, die sich ebenso als Wiedergänger von bekannten Motiven aus der griechischen Geisteswelt verstehen ließen. Viele Menschen, die sich mit dem hier nur kurz skizzierten gesellschaftlichen Umbruch der Sechzigerjahre des letzten Jahrhunderts befasst haben und befassen, erwarten auch für die Zukunft noch weitere einschneidende Veränderungen. Zweifelsfrei leben wir heute in einer Zeit der heftigen, impulsartig auftretenden Veränderungen, sei es sozialer, technischer oder auch weltanschaulicher Art.

Mein Ziel war es, den Blick auf einen Prozess der möglichen Integration von Schattenseiten der europäischen Einigung zu richten, der uns sehr ängstigend und unliebsam erscheint, aber genau jenen Idealen entspricht, die von gesellschafts- und kapitalismuskritischen Kräften seit Langem angemahnt werden. Das bewusstere Hinschauen, das kritischere Hinterfragen, die Geduld mit dem Anderssein des Anderen, die Frage der Nachhaltigkeit beschäftigen uns so „Not - gedrungen". Die Krise treibt uns vor sich her, aber genau darin liegt eine große Chance, unsere Staatengemeinschaft auf eine noch viel breitere, not - wendige, Basis zu stellen und die unselige alleinige Identifikation mit dem Geld zu relativieren. Die von vielen gescholtene Angela Merkel hat dafür die Worte gefunden, dass wir noch viele Jahre in dieser „Euro-Krise" verbleiben werden müssen, um genug gelernt zu haben.

Die Krise des Geldes ist eben immer auch eine des Geistes, und hier geht es um Fragen des Selbst-Verständnisses, des Selbst-Wertes.

Giegerich, ein weltweit renommierter jungianischer Autor spricht übrigens vom Geld als einer Kompromissbildung zwischen einer geistigen Errungenschaft, also der Vergeistigung des Konkreten, bescheinigt unserem Umgang damit jedoch noch ein Verhaftetsein auf der Anbetungs-, also der Animastufe (vgl. Giegerich 1994, S. 242). Die Euro-Krise wäre mithin nicht nur keine Krise, sondern ein Zeichen für eine fruchtbare, kreative Wandlung, freilich nicht ohne Nebenwirkungen, ohne Leid, Verluste, finanzielle und existenzielle Ängste und Nöte für viele.

Literatur
Hillman, J. (1974): Re-Visioning Psychologie. Harper and Row.
Giegerich, W. (1994): Animus-Psychologie. Bern: Lang.
Spura, M. (2009): Das verweigerte Opfer des Prometheus. Würzburg: Königshausen und Neumann.
Tarnas, R. (2007): Cosmos and Psyche. Plume.

Volker Münch
Dipl. Psych., Psychoanalytiker in Germering b. München, Mitglied der C. G. Jung-Gesellschaft München, Dozenten- und Vortragstätigkeit. Interessenschwerpunkte: Gesellschaft und Psychoanalyse, Film und Psychoanalyse, Astrologie.

Schnelles Geld

Zum Verhältnis von Ökonomie und Psychoanalyse

Uwe Langendorf

„Dass Psychoanalytiker mit ihren politischen Diagnosen oft auf Ablehnung stoßen, ist auch dadurch bedingt, dass sie nutzlose Texte produzieren, die wissenschaftlich unhaltbar sind", schreibt H. D. König in „Psychoanalyse und Kritische Theorie". (vgl. König 2012, S. 47).

Er bezieht sich auf Analytiker, die sozialpolitische Probleme analytisch deuten, ohne deren Komplexität zu berücksichtigen.

Nun scheinen sich in den letzten Jahren Anzeichen einer sozialpolitischen Krise zu vermehren. Dazu gehören: das Auseinanderklaffen der „sozialen Schere", die Konzentration von Reichtum an der Spitze der Gesellschaft und zunehmende Armut der unteren Bevölkerungsschichten, wachsende Staatsverschuldung und die Gefahr, dass der Zusammenbruch von Großbanken eine weltweite Wirtschaftskrise auslösen könnte.

In einigen europäischen „Krisenländern" hat vor allem die Jugendarbeitslosigkeit bedrohlich zugenommen und niemand weiß, ob dies eines Tages zu sozialen Unruhen führen wird.

So schreibt Gero von Randow: „Fast jeder vierte junge Europäer in erwerbsfähigem Alter ist inzwischen arbeitslos, ein Acht-Millionen-Heer junger Bürger ohne Arbeit ist entstanden. Es könnte sich in Richtungen bewegen, die zu nichts Gutem führen." (von Randow 2013, S. 21)

Analytische Deutungen gesellschaftlicher Krisen können, so König, nur dann von Nut-

Cartoon von Waldah (www.wikipedia.org)

zen sein, wenn ihre sozialpolitischen Zusammenhänge in ihrer Komplexität berücksichtigt werden.

Als Erstes sind zwei Begriffe zu klären, die in der öffentlichen Debatte zu Schlagwörtern mit negativem Anklang verkommen sind: „Globalisierung" und „Neoliberalismus".

Globalisierung

„Globalisierung" bezeichnet die neue Weltwirtschaftsordnung, die 1994 von den führenden Wirtschaftsmächten vereinbart wurde und frühere Regelungen liberalisierte. Durch Aufhebung bisheriger Beschränkungen sollte der Welthandel gefördert werden, was allen Beteiligten zugutekommen werde, wie erwartet wurde. Man sprach von „der steigenden Flut,

Die Weltwirtschaftskrise stürzte viele Familien in bittere Not: die Wanderarbeiterin Florence Owens Thompson, Kalifornien 1936, Fotografin: Dorothea Lange (www.wikipedia.org)

die alle Boote emporheben wird" (Mander 2002, S. 10). Dieser Strukturwandel des Welthandels hat erhebliche Folgen für die soziale Situation in einzelnen Gesellschaften, ist aber in größerem Zusammenhang zu verstehen. Nach Butterwegge wird der Sozialstaat, dessen Anfänge auf die sozialen Sicherungssysteme Otto von Bismarcks zurückgehen, „seit Mitte der 1970er Jahre restrukturiert und demontiert [...] Die neoliberale Wende bringt [...] das Ende des Wohlfahrtsstaates, wie ihn die „alte" Bundesrepublik kannte, mit sich; eine Hochleistungs-, Konkurrenz- und Ellenbogengesellschaft nach US-amerikanischem Muster." (Butterwegge 2005, S. 9)

Die derzeitige gesellschaftliche Situation lässt sich als Übergang von einer Solidargesellschaft zu einer Selektionsgesellschaft begreifen. Dieser soziale Wandel steht in engem Zusammenhang mit [...] den Konzepten des Neoliberalismus, wie weiter unten dargelegt werden soll.

Wo liegen die Ursprünge der Globalisierung? Im Laufe der letzten Jahrzehnte hat in der „westlichen Welt" ein Umdenken begonnen. Es wurde befürchtet, die Soziallasten würden die Gesellschaft zu sehr belasten und Abhängigkeiten und Untätigkeit fördern. Das Prinzip der Eigenleistung und der Konkurrenz sollte stärker hervortreten. Wir beobachten nun Schritt für Schritt einen gesellschaftlichen Umbauprozess mit Reduzierung staatlicher Sozialleistungen, was zur Entstehung eines „abgehängten Prekariats" (Bude 2008, S. 9) führte. Diese Entwicklung wird politisch begründet mit dem angeblich international gestiegenen Konkurrenzdruck im Zusammenhang mit der Globalisierung und dem Kampf gegen Inflation und Staatsverschuldung. Die getroffenen Maßnahmen seien unvermeidlich. Bekannt ist der Slogan von Margret Thatcher „There is no alternative" (TINA-Prinzip). Wie weit diese Begründungen stichhaltig sind, kann hier nicht untersucht werden. Theoretisch begründet wird der Strukturwandel mit der Gesellschaftstheorie des „Neoliberalismus" (s. u.), ermöglicht, gefördert und verfestigt durch die Expansion der Informationstechnologie.

Wir beobachten eine Veränderung des gesellschaftlichen Klimas, von der unsere Patienten und wir selbst betroffen sind. Daher gibt es für uns Analytiker gute Gründe, uns mit diesem Wandel auseinanderzusetzen, was wir bisher weitgehend vermieden haben.

Das Geld, sein Wert, seine Krisen

Wirtschaftskrisen sind in der europäischen Geschichte immer wieder aufgetreten, seit es die Möglichkeit gibt, mit Wirtschaftsgütern zu spekulieren. Erwähnt seien nur die holländische „Tulpenkrise" von 1637, der „Börsenkrach" zu London von 1721, dem auch Swift zu Opfer fiel, oder der „Gründerkrach" von 1873, der alle großen Börsenplätze der damaligen Finanzwelt erfasste. Jede dieser Krisen hatte gewaltige soziale Auswirkungen (vgl. Langendorf 2009, S. 50 f.). Am bekanntesten und vielleicht folgenreichsten war der „Große Crash" von 1929, den Galbraith (2008) in dem gleichnamigen Buch analysiert hat.

Karl Marx vertrat die These, dass Wirtschaftskrisen mit dem Wesen des Kapitalismus untrennbar verbunden seien. So schreibt er im „Manifest der Kommunistischen Partei" 1848:

Wodurch überwindet die Bourgeoisie die Krisen? Einerseits durch die erzwungene Vernichtung einer Masse von Produktivkräften; andererseits durch die Eroberung neuer Märkte und die gründlichere Ausbeutung der alten Märkte. Wodurch also? Dadurch, dass sie allseitigere und gewaltigere Krisen vorbereitet und die Mittel, den Krisen vorzubeugen, vermindert. (Marx 1969, S. 30)

2007 stürzte der Zusammenbruch der Lehman-Brothers-Bank die Welt in eine Wirtschaftskrise, deren Folgen noch immer nicht überwunden scheinen. Noch größere Zusammenbrüche werden mit gewaltigen finanziellen Anstrengungen, „Rettungsschirme" genannt, aufgehalten. Doch das Gedächtnis der Menschen ist kurz. Wer erinnert sich noch an die Krisen der 90er und frühen 2000er Jahre (Dotcom-, Asien-, Russland, Argentinienkrise, IT-Blase in den USA usw.)?

Neu ist an diesen Krisenerscheinungen, dass die Transaktionen heute mit zunehmender Beschleunigung ablaufen.

Beschleunigung

Die Entwicklung der Informationstechnologie hat zu einer exponentiellen Akzeleration der finanziellen Transaktionen geführt, was Entstehung, Verlauf und Risiken von Finanzkrisen veränderte und dramatisierte.

Christian Tenbrock schreibt in „Börsenentschleuniger":

Verantwortlich für die fulminante Beschleunigung des Börsengeschäfts sind in erster Linie spezialisierte Hochgeschwindigkeitshändler, die mithilfe von Computerprogrammen in Sekundenbruchteilen Aktien, Anleihen oder Devisen kaufen und verkaufen und dabei aus kleinsten Preisdifferenzen Profit

schlagen. Fundamentale Daten über den wahren Wert eines Wertpapiers – und damit über den Zustand des dahinter stehenden Unternehmens oder Landes – spielen für ihren Arbitragehandel praktisch keine Rolle mehr." (Tenbrock 2013, S. 33)

Heute wird der Handel von Computern gesteuert, die inzwischen in Intervallen von Mikrosekunden interagieren. Kein Mensch könnte so schnell reagieren oder den Vorgängen folgen. Die schnellste menschliche Reaktion liegt bei 140 m/sec. (vgl. Mackenzie 2012, S. 24 ff.)

Die Abläufe lassen sich am ehesten mit Periodiken der Chaostheorie darstellen. Die verschiedenen Handelscomputerprogramme, die aufeinander reagieren, können wie beim traditionellen Aktienhandel Maxima und Minima bilden, nur eben in winzigen Zeitabschnitten. Dadurch können in Sekunden Kaskaden von Zusammenbrüchen entstehen. Dagegen werden Sicherheitsprogramme eingesetzt, die solchen Kaskaden gegensteuern. Es kann aber nie ausgeschlossen werden, dass in diesem System von Kontrolle und Gegenkontrolle wiederum unvorhersehbare Ereignisse vorkommen. Mackenzie zitiert Steve Wunsch, einen der Pioniere der elektronischen Börsen,

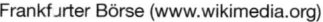

Frankfurter Börse (www.wikimedia.org)

der Aktienhandel in den USA sei: „heute ein so komplexes System, dass niemand vorhersagen kann, was passieren wird, wenn ihm etwas Neues hinzugefügt wird, ganz gleich, wie viele Sicherheitsüberprüfungen vorgenommen werden" (a. a. O., S. 27).

Der Hochfrequenzhandel kann als ein Kennzeichen einer allgemeinen Beschleunigung unseres gesellschaftlichen Lebens aufgefasst werden. Die Zeitschrift „Psyche" hat ihr Novemberheft 2011 ganz der Frage der Beschleunigung gewidmet. Hartmut Rosa spricht in seinem Buch „Weltbeziehungen im Zeitalter der Beschleunigung" von der „dromokratischen Revolution". (vgl. Rosa 2012, S. 190)

Zwar ist die Annahme einer „Universalbeschleunigung" der Moderne, wie Rosa in „Beschleunigung und Depression" schreibt, eine Modediagnose und sicherlich falsch. Am eindrucksvollsten scheint ihm die technische Beschleunigung, in der „die Fortbewegungsgeschwindigkeit sich seit der industriellen Revolution mindestens verhundertfachte, die Datenverarbeitungsgeschwindigkeit sich verhunderttausendfachte und das Tempo der Informationsübermittlung um einen sieben- bis zehnstelligen Faktor anstieg". (vgl. (Rosa 2011, S. 1043 f.)

Dagegen nimmt er an, dass der soziale Wandel und das Lebenstempo sich ebenfalls, aber weitaus weniger beschleunigten, manche Vorgänge auch gleich blieben oder sich verlangsamten. Dennoch scheint ein allgemeines Lebensgefühl zu herrschen, als müssten wir immer schneller laufen, nur um unseren Stand zu halten und nicht zurückzufallen. „In allen Lebensbereichen" schreibt Rosa (a. a. O., S. 1045) „geraten wir in Gefahr, nicht mehr auf dem Laufenden zu sein."

Die psychotherapeutisch relevante Frage dürfte aber sein, ob das beschleunigte Tempo die Menschen überfordert, so dass immer mehr Menschen sich verausgaben, ausbeuten, ausbrennen.

Hierzu schreibt Bohleber: „Das spätbürgerliche Individuum scheint abgelöst durch ein Individuum, das die Vorstellung hat, ‚alles ist möglich', und geprägt ist von der Angst um seine Selbstverwirklichung, die sich leicht zum Gefühl der Erschöpfung steigern kann." (Bohleber 2005, S. 782)

Damit wird in Zusammenhang gebracht, dass die Diagnose „Burn-out" immer häufiger gestellt wird. Dies scheint im Zusammenhang mit der erörterten sozialen Entwicklung zu stehen, die als „Globalisierung" bezeichnet wird.

Sozialpolitisch sind die gesundheitlichen Folgen von „Burn-out" von zunehmender Bedeutung. Michael Zaudig schreibt über den „Burn-out des optimierten Menschen":

Veränderte Umweltbedingungen führen zu erhöhter Anpassungsleistung und zu forcierter Optimierung z. B. durch Leistungssteigerung unter Zuhilfenahme von Medikamenten. In Deutschland gilt mehr als ein Drittel der Werktätigen als Burnoutgefährdet; alle aktuellen Gesundheitsberichte der Krankenkassen belegen, dass psychische Krankheiten in den letzten 20 Jahren dramatisch zugenommen haben, vor allem Depressionen und Anpassungsstörungen [...]. Laut Barmer/GEK-Report 2011 ergab sich in den letzten 20 Jahren eine Zunahme psychischer Erkrankungen von 57%. Die wesentlichen Einflussfaktoren auf den Krankenstand waren Arbeitslosigkeit, hohe Arbeitsbelastung und schlechtes Betriebsklima. Nahezu alle Krankenkassenstudien zu Burnout sehen als Ursache eine extreme Verdichtung des Arbeitsprozesses, der immense, kaum zu bewältigende Informationsfluss, hohe Anforderungen an Flexibilität und Mobilität, Verschärfung der Spielregeln in der Arbeit, mit vermehrten Konflikten, mangelnde Anerkennung und immer weniger Handlungsspielräume. (Zaudig 2013, S. 1 ff.)

Neoliberalismus

Aus dem erhöhten Konkurrenzdruck leiten sich die Forderungen nach ständiger Effizienz- und Produktivitätssteigerung ab, die vor allem von neoliberal orientierten gesellschaftlichen Kräften erhoben werden. Es geht bei dieser neuen Denkrichtung um Flexibilisierung, Deregulierung, Individualisierung und eben wieder Beschleunigung. Das führt dazu, dass Wissen und Können schneller veralten und neu erworben werden müssen.

Aus dem Regierungsprogramm der SPD von 2002: „Lebensbegleitendes Lernen muss zu einem Grundprinzip der Bildungspolitik werden" „Schon im Kindergarten werden die entscheidenden Weichen für die Chancengleichheit auf dem späteren Bildungsweg gestellt und die Fähigkeit zum lebenslangen Lernen angelegt" (a. a. O., S. 30 ff.) Ulla Schmidt: „Lebensbegleitendes Lernen wird zum lohnenden Freizeitspaß." (Schmidt 2001, S. 11)

Es zeichnet sich eine gesellschaftliche Entwicklung ab, die weg von einer Solidargesellschaft hin zu einer Selektionsgesellschaft führt. Es scheint, als könnten nicht mehr alle Mitglieder unserer Gesellschaft „mitgenommen" werden, als bleibe ein Teil zurück als „abgehängtes Prekariat" wie es Bude in seinem Buch „Die Ausgeschlossenen" beschreibt. Dies könnte in Zusammenhang gebracht werden mit der weitverbreiteten Durchsetzung „neoliberaler" gesellschaftlicher Konzepte, die in vielen Teilen der Welt zu beobachten ist. Auch hier muss „neoliberal" vom Schlagwort zum erklärbaren Begriff gebracht werden. Unter neoliberal versteht man ein ganzes Bündel von ökonomischen Theorien und „Schulen". Der Übersichtlichkeit halber beziehe ich mich nur auf Friedrich August von Hayek (1899 – 1992), der das vielleicht prägnanteste und durchschlagkräftigste Konzept vorgelegt hat. Ich möchte seine Auffassung – notgedrungen vereinfacht – in einigen Punkten zusammenfassen:

1. Allgemeine Gleichgewichtstheorie (AGT): Die Prozesse des Marktes tendieren immer dazu, ein optimales Gleichgewicht der Kräfte herzustellen, wenn sie nicht von außen abgelenkt werden. (vgl. Schui 2002, S. 85)
2. Beschränktes Wissen: Alle Marktteilnehmer verfügen nur über unzureichende Informationen, auf Grund derer sie handeln. Im Marktprozess kommen die gegenseitigen Informationsbestände optimal zum Tragen, besser jedenfalls als in einer Planwirtschaft, die ihrerseits nur von beschränktem Wissen ausgehen kann. (vgl. a. a. O., S. 93)
3. Spieltheorie: Der Markt verläuft wie ein globales und nie endendes Spiel (der Kräfte). Er entwickelt sich optimal (unter den jeweiligen Möglichkeiten), wenn sich jeder Spieler auf seine Spielaufgabe beschränkt, gewinnen zu wollen. Der Staat bewacht den Rahmen des Spiels, die Regeln, greift aber in den Spielablauf selbst nicht ein. (vgl. a. a. O., S. 95)
4. Evolution und Unterwerfung: Da das Spiel des Marktes die jeweils optimale Lösung der jeweiligen Situation darstellt, also den möglichen Ausgleich herstellt, verbessert sich der Informationsstand und damit die Lösungsmöglichkeit der Gesellschaft im Laufe der Entwicklung. Die Evolution stellt also den jeweils optimalen Zustand her, dem man sich unterwerfen muss, auch wenn Sinn und Ziel der Entwicklung nicht verstanden werden kann (vgl. a. a. O., S. 102 f.).
5. Fazit: Es gibt nichts Besseres, als die Marktkräfte frei und ungehindert aufeinander einwirken zu lassen.

Kritisch ist zu diesem in sich schlüssigen Konzept einzuwenden, dass der Markt als absolute Größe aufgefasst wird und seine Effektivität mehr Gewicht bekommt als soziale Gerechtigkeit und die Bedürfnisse der Menschen.

Die Verabsolutierung des Marktes hat dazu beigetragen, dass der Realnutzen eines Produkts mit seinem Gewinnnutzen gleichgesetzt wurde und in der Folge durch Bündelung von Risiken hochkomplexe Handelsderivate gebildet wurden, „Derivate zweiter, dritter und weiterer Ordnung", deren Gesamtrisiken nicht mehr verstanden und nur noch spekulativ eingeschätzt werden können. (Tuckett 2012, S. 96 ff.)

Was die Finanzwirtschaft vor allem auszeichnet, ist die rasende Beschleunigung in Anlehnung an eine Formulierung von Rosa: „Rasender Stillstand", womit er das Paradox einer Welt benennt, in der alles sich immer schneller bewegen muss, damit alles bleibt, wie es ist.

Diese Beschleunigung gibt den Finanzmärkten eine große Macht, denn keine Regierung irgendeines Staates kann so schnell reagieren, andererseits ist Gedeihen und Wohlfahrt der Gesellschaften von der Entwicklung der Geldwirtschaft abhängig. Die großen transnationalen Finanzinstitute sind so wichtig geworden, dass ihr Zusammenbruch um (fast) jeden Preis verhindert werden muss. Das führt in der Praxis dazu, dass die Verluste der Großbanken von Steuermitteln ausgeglichen werden müssen: „Too big to fail." Weil demokratische Entscheidungen Zeit brauchen, das Kapital aber ungeduldig ist, kann man sich schon fragen, wo denn heute die Macht zu Hause ist. Solche Überlegungen verführen manche Menschen zu Umsturz- und Untergangsfantasien oder zu Verschwörungstheorien. Ich neige mehr zu der Vorstellung, dass es sich bei den heutigen Entwicklungen um Selbstläufer handelt, also um Prozesse, die ihrer eigenen inneren Gesetzmäßigkeit folgen und die niemand wirklich steuern, vielleicht nicht einmal verstehen kann, bei der die scheinbar mächtigen Akteure selbst Getriebene zwangsläufiger Entwicklungen sind.

Wenn ich versuche, das Wesen der heutigen Finanzwelt psychologisch zu verstehen, so fallen mir zwei Begriffe ein: Selbstbeschleunigung und Derealisierung. Auf die Selbstbeschleunigung habe ich schon hingewiesen. Mit Derealisierung meine ich die psychischen Folgen der Virtualisierung, die sich u. a. im virtuellen Charakter der Finanzprodukte zeigt. Vor nicht allzu langer Zeit bezogen sich die finanziellen Träger immer letztlich auf reale Güter. Im Alltag ist das immer noch so. Ob wir einen Geldschein in die Hand nehmen, einen Wechsel, eine Aktie, immer gibt es ein Gut – oder eine beliebige Anzahl davon –, die für das entsprechende Symbol eingetauscht werden können.

Bei den fantastischen Milliardensummen, die heute als Gewinne, Verluste, Rettungsschirme usw. gehandelt werden, gilt das nicht mehr. Es sind virtuelle Größen. Niemand kann erwarten, dass sie sich jemals in reale Güter verwandeln. Sie haben ihren Wert, d. h. ihre Macht, solange mit ihnen gehandelt werden kann, d. h. so lange an sie „geglaubt" wird. Das erinnert

an einen Jongleur, der seine Bälle scheinbar spielerisch in der Luft hält. Von diesem virtuellen Spiel hängt aber der reale Güterverkehr ab, weil die Wirtschaft heute ganz überwiegend auf dem Geben und Nehmen von Krediten aufgebaut ist. Die Krise entsteht durch den Vertrauensverlust. Wenn Verlustangst überhandnimmt und die Finanzinstitute kein Geld mehr verleihen, gibt es eine Kettenreaktion von Zusammenbrüchen, an deren Ende Massenarbeitslosigkeit, Hunger und Staatsbankrott stehen können.

Hinzu kommt die Philosophie des stetigen Wachstums. Wir hören ständig, dass das ganze System nur dadurch im Gleichgewicht bleibt, dass es ständig wächst, d. h. das Bruttosozialprodukt sich ständig vermehrt. Der „Club of Rome" hat schon vor Jahrzehnten vor den „Grenzen des Wachstums" gewarnt (Meadows, 1972). Dem wird entgegengehalten, es gebe diese Grenzen nicht und dürfe sie nicht geben.

Der Widerspruch ist aber nur scheinbar. In der Realität kommt jedes Wachstum an seine Grenze. Anders ist es in der virtuellen Welt. Virtuellem Wachstum sind keine definitiven Grenzen gesetzt. Könnte es nun sein, dass das Vertrauen auf virtuelles Wachstum auf die reale Welt übergreift, so dass auch hier unbegrenztes Weiterwachsen möglich erscheint?

Erst die Entwicklung der Informationstechnologie hat das „rasende Wachstum" in der Finanzwirtschaft und in manchen anderen Bereichen ermöglicht. Das Internet selbst, ohne das diese Entwicklungen nicht denkbar wären, weist ein exponentielles Wachstum auf. Dies könnte wesentlich dazu beitragen, die Philosophie des unbegrenzten Wachstums in die reale Welt zu übertragen.

Dass Fortschritt und Wachstum unser Glück bedeuten und dass wir immer mehr schaffen, erreichen, uns übertreffen müssen, einfach um nicht zurückzubleiben, abgehängt zu werden, scheint eine weitverbreitete Maxime. Die reale Welt hat Grenzen, die virtuelle Welt ist grenzenlos und die Grenze zwischen beiden scheint immer durchlässiger zu werden. Vielleicht ist der Tod die letzte Grenze, die die

Natur uns setzt und die wir nicht überschreiten können? Und die wir nach Kräften zu ignorieren suchen?

Die virtuelle Welt, die sich durch die Informationstechnologie eröffnet hat, verspricht uns grenzenlose Expansion. Oder hat das Verlangen nach Grenzenlosigkeit dazu geführt, die Informationstechnologie zu erfinden und so rasant zu entwickeln? Niemand kann wissen, wohin diese Entwicklung führen und was sie in der menschlichen Psyche bewirken kann. Die junge Generation scheint sehr viel leichter und unbeschwerter diese Möglichkeiten zu ergreifen. Schon in frühem Alter werden die Kinder, die jetzt aufwachsen, mit diesen Gegebenheiten in Berührung gebracht. Was macht das mit ihnen? Wie wird sich ihr Selbstbild verändern? Welche Strukturen werden in der schönen neuen Welt des Internet Erfolg haben und sich behaupten? Werden es die Spielertypen sein, wie Rosa vermutet? Man spricht heute davon, dass zusammenhängende Lebensläufe am Schwinden seien und die „Patchworkbiografien" häufiger werden. Welche Selbstkonzepte könnten hieraus entstehen? Werden es fraktionierte Identitäten sein, Lebensabschnittsidentitäten? So wie man heute vom „Lebensabschnittsgefährten" spricht?

Werden die Menschen der kommenden Generationen nicht mehr sich selbst erleben, ihr Unbewusstes entdecken, sondern ihre Psyche programmieren, für ihre „Performance" ein marktgängiges „Design" kreieren wollen? Werden sie nicht mehr ihren persönlichen und intimen Bereich bewahren wollen, sondern wünschen, ihr Persönliches unbegrenzt auszubreiten? Es ist schon aufgefallen, dass jüngere Leute übers Netz mithilfe entsprechender Anbieter scheinbar unbekümmert persönliches und intimes Wissen über sich offenlegen bis hin zum „Cybersex". Die Werbung verrät viel: Mit Flatrate telefonieren ohne Ende, mit Facebook Hunderte neue Freunde gewinnen. Der Trend geht hin zur Endlosigkeit. Das Wort „flatrate", das vor einigen Jahren niemand kannte, scheint diesen Trend präzise auszudrücken.

Jürgen Hardt untersucht in „Psychoanalyse in der virtuellen Welt" die Verbreitung und Bedeutung der „Internet-Therapie" und kommt zum Schluss, dass die Realität durch beliebig variable, plastische Bilder von Pseudorealität ersetzt wird.

„Die aufgeklärte Moderne geht insgesamt mit einer zunehmenden Entwirklichung einher [...]. Das „Hinzunehmende" wurde immer weiter zurückgedrängt und es entstand ein scheinbar unendlicher Platz für das „Machbare"[...] Dabei ist der Entzug der Wirklichkeit mit einem Versprechen zunehmender Freiheit und zugleich einer Verunsicherung in Beliebigkeit verbunden" (Hardt 2012, S. 125): „Damit wird die Wirklichkeitserfahrung zu einem Spiel und verliert alle Züge der Not. Diese unverbindliche Beliebigkeit ist zugleich eine Infantilisierung jeglicher Welterfahrung" (a. a. O., S. 126).

Was hat nun die virtualisierte Welt mit dem „schnellen Geld" zu tun? Offensichtlich sehr viel. Denn das „schnelle Geld", das ungeduldige Kapital ist immer auf der Jagd nach neuen Märkten. Die Expansion der Informationstechnologie erlaubt nicht nur, Marktprozesse extrem zu beschleunigen, sondern neue Märkte zu erschließen, neue Konsumenten zu gewinnen. Die virtuelle „Cyberworld" bietet nun gerade die unbegrenzten Marktchancen, die expansives Gewinnwachstum versprechen.

Diese Überlegungen müssen nicht notwendigerweise zu Untergangsstimmung (ver)führen. Die neue Technologie bietet viele Möglichkeiten, Menschen und Umwelt zu schützen und zu helfen. Andererseits wird es immer schwerer, die sichtbaren und noch mehr die unsichtbaren Folgekosten abzuschätzen. Die Gefahr sehe ich in der Verabsolutierung des Kreditwesens. Kredite sind für die heutige Wirtschaft unverzichtbar, aber die ungebremste Expansion der Spekulation führt zu unkontrollierbaren Risiken.

Die virtuelle Welt verspricht nicht nur unbegrenzte Expansion, sondern auch lückenlose Kontrolle und Selbstkontrolle. Wenn das Virtuelle das Reale durchdringt und teilweise ersetzt, könnte auch unser Selbstbild sich wandeln in Richtung virtueller Beliebigkeit und Plastizität. Vieles scheint mir dafür zu spre-

geld

Während des bundesweiten Aktionstages „UMfairTEILEN - Reichtum besteuern" hält dieser hannoversche Aktivist, ausgestattet mit einem Einkaufswagen und Kartons mit den Auf- und Überschriften einzelner Posten des sogenannten „Warenkorbes" für Hartz-IV-Empfänger, den Posten Bildung in die Luft und fragt die Passanten: „Wieviel können Sie für Bildung ausgeben? ... (www.wikipedia.org)

chen, dass wir Analytiker uns ernsthaft mit Gegebenheiten, Chancen, Risiken und Nebenwirkungen der neuen Virtualisierung auseinandersetzen sollten.

Zur gesellschaftlichen Realität, die uns Analytikern leicht aus dem Blick gerät, gehört auch die reale und oft brutale Armut sowie die Diskrepanz zwischen Arm und Reich, die sich in Deutschland beständig erweitert hat.

Wenn wir diese Entwicklung zulassen, akzeptieren wir auch, dass eine gewisse Anzahl von Verlierern am unteren Ende der Gesellschaft zusammenfindet. Es ist damit zu rechnen, dass die Betroffenen vermehrt unter psychischen Problemen leiden werden. Wie Bruder-Bezzel anmerkt, ist Arbeitslosigkeit ein krankmachender Faktor. (vgl. Bruder-Bezzel 2005, S. 54). Wenn Ulla Schmidt das „lebensbegleitende Lernen" zum „lohnenden Freizeitspaß" erklärt, dann kann das nur auf diejenigen zutreffen, die in der Lage sind, lebenslang mitzuhalten. Folgt daraus, dass das Glück allein dem Tüchtigen gehört?

Zweifel sind angebracht. Es gibt ökonomische Entwicklungen, die bestimmte Gruppen von Menschen in Armut stürzen, unabhängig von ihrer Leistungsbereitschaft und -fähigkeit. Wenn in einigen Ländern eine Jugendarbeitslosigkeit von 25-50 % herrscht, nützen auch beste akademische Abschlüsse wenig. Oft scheint es mehr vom Vermögensstand abzuhängen, ob jemand sich sozial durchsetzen kann oder nicht. Es besteht die Befürchtung, dass in unserer Gesellschaft am „oberen Ende" Reichtum und Erfolg, am „unteren Ende" Armut und Verlassenheit sich verfestigen. Wenn das so ist, entfernt sich unser Sozialleben immer weiter vom Ideal sozialer Gerechtigkeit, die doch ein Grundprinzip unserer Gesellschaft sein sollte.

So könnte eine Situation eintreten – und sie tritt manchmal bereits ein – in der Analytiker es für ihre Pflicht halten werden, den Widerstand gegen diese Ungerechtigkeit zu bestätigen und zu unterstützen. Stellt es einen Bruch unserer Abstinenzregel dar, hier gegenüber Betroffenen wie in der Öffentlichkeit klar und eindeutig Stellung zu beziehen? Mir scheint, dass wir die meiste Zeit solche klaren Positionen vermeiden.

Wenn individuelle Konflikte von sozialen Problemlagen nicht zu trennen sind, beziehe ich mich in der Abwägung zwischen technischer Neutralität und empathischer Partizipation auf eine Formel, die David Becker mit seinem Behandlungsteam für die Arbeit mit chilenischen Folteropfern entwickelt hat: „vinculo comprometido" übersetzt als „sich einlassende Bindung". Er schreibt: „Der vinculo comprometio definiert eine ganz bewusste, nicht neutrale und nicht passive Haltung des Therapeuten, der therapiert." (Becker 1989, S. 48 f.) Es geht zunächst um Erfassung der Realität ohne

Beschönigung, auch ohne abwehrende „Verlagerung ins Innere". Dann aber muss die Interaktion mit der prätraumatischen Persönlichkeit bearbeitet werden, also die individuell erworbene Struktur, mit der ein Mensch auf die von außen vorgegebene Situation reagiert. Ich bin also weder unbeteiligter Beobachter noch Parteigänger.

Vielleicht ist die analytisch-therapeutische Praxis weiter als die Theorie. Dank der Kassenfinanzierung können auch Menschen aus gesellschaftlichen „Problembereichen", aus dem Prekariat und aus Migrantengettos behandelt werden. Die analytische Theorie aber hat die Komplexität von individueller Entwicklung und sozialer Repression bisher weitgehend vernachlässigt. Analog zu den theologischen Forderungen nach einer „Kirche von unten" oder einer „Theologie der Befreiung" könnte auch eine „Analyse von unten" und einer Psychotherapie der Befreiung" nachgefragt werden.

Noch ein Gedanke zum Schluss: Unsere Lebenswelt scheint in einer entkoppelten Beschleunigung begriffen. Ein entfesselter Kapitalismus, der jeder Kontrolle vorauseilt, eine Klimaveränderung, die nicht mehr aufgehalten werden kann, Staatsverschuldung und Generationenverschuldung ohne Deckung und Deckelung: All dies in die Zukunft weiter gedacht ergibt das „apokalyptische" Bild einer Welt, die auf ihr Ende zurast, die kommenden Katastrophen nur verzögert, um sie zu vergrößern. Bude stellt in seiner Schrift „Generationengerechtigkeit" (Bude, 2013, S. 23) der „apokalyptischen" eine „messianische" Zeit gegenüber, die „erst dadurch geschichtliche Zeit wird, dass sie als „existentielle Zeit" erfahren wird, eine Jetztzeit, in der jede Generation ihre Zeit findet, die sie zu verantworten hat."

Jede Generation hätte mit einer Verantwortung zu leben, die über sie hinausreicht. Eine solche Haltung steht zwischen einem zynischen Optimismus „Es kann nur besser werden" und einem zynischen Pessimismus „Es geht ohnehin alles zugrunde." Es lohnt sich, über die Alternative nachzudenken.

Literatur

Becker, D. (1989): Psychoanalytische Sozialarbeit mit Gefolterten in Chile. In: psychosozial Nr. 37, München.

Bohleber, W. (2005): Zur Psychoanalyse der Depression. Psyche–Z Psychoanal 59. Jg.

Bude, H. (2008): Die Ausgeschlossenen. Das Ende vom Traum einer gerechten Gesellschaft. München.

Bude, H.: Generationengerechtigkeit? Eine unbrauchbare Formel als Indiz eines verlorenen Zukunftsglaubens. Lettre International Nr. 100.

Butterwegge, C. (2005): Krise und Zukunft des Sozialstaates. Wiesbaden.

Galbraith (2008): Der große Crash 1929. München.

Hardt, J. (2012): Psychoanalyse in der virtuellen Welt. In: Springer, A. u. a. (Hrsg.): Nutzt Psychoanalyse?! Gießen

König, H.-D. (2012): Psychoanalyse und Kritische Theorie. In: Springer, A. u. a. (Hrsg.): Nutzt Psychoanalyse?! Gießen.

Langendorf, U. (2009): Die große Depression. In: Nielsen, B. u. a. (Hrsg.): Psychologie der Finanzkrise. Jahrbuch für psychohistorische Forschung Bd. 20. Heidelberg: Mattes.

Mackenzie, D. (2012): Elektronische Börsen. Lettre International Nr. 99.

Mander, J., Goldsmith E. (Hrsg.) (2002). Schwarzbuch Globalisierung. München.

Marx, K., Engels. F. (1969): Manifest der Kommunistischen Partei. Stuttgart: Reclam.

Meadows, D. (1972): Die Grenzen des Wachstums. Stuttgart

Von Randow, G.: Helft ihnen jetzt. DIE ZEIT Nr. 15.

Rosa, H.: Beschleunigung und Depression. In: Psyche. Z Psychoanal 65, 2011.

Rosa, H. (2012): Weltbeziehungen im Zeitalter der Beschleunigung. Berlin

Schmidt, U. (2001): Lebensbegleitendes Lernen: Herausforderung für die Politik. In: Friedrich-Ebert-Stiftung, Gesprächskreis Arbeit und Soziales Nr. 99, Bonn.

Schui, H., Blankenburg, S. (2002): Neoliberalismus: Theorie, Gegner, Praxis. Hamburg.

SPD: Regierungsprogramm 2002–2006: Erneuerung und Zusammenhalt.

Tenbrock, C.: Börsenentschleuniger. DIE ZEIT Nr. 9.

Tucket, D. (2012): Minding the markets. In: Springer, Anne u.a. (Hrsg.): Nutzt Psychoanalyse? Gießen.

Zaudig, M.: Der Burn-out des optimierten Menschen. Neuroaktuell vom 2.04.2013.

Uwe Langendorf
Dr. med., geb. 1941, Facharzt für psychosomatische Medizin. Analytiker in eigener Praxis. Dozent am C. G. Jung-Institut in Berlin. Interessengebiete: Ethnologie, Psychohistorie, Probleme der Migration, Globalisierung, Dynamik von Wirtschaftskrisen, Neoliberalismus.

geld

Impressum

Jung-Journal
Forum für Analytische
Psychologie und Lebenskultur
16. Jahrgang Heft 30, August 2013
ISSN: 1867-4690
ISBN: 978-3-939322-30-9

Herausgeber
C. G. Jung-Gesellschaft Stuttgart
Alexanderstr. 92, 70182 Stuttgart
www.jung-journal.de

Bankverbindung:
opus magnum, Postbank Stuttgart
BLZ: 60010070, Konto-Nr.: 570344702
IBAN: DE60 6001 0070 0570 3447 02
BIC: PBNKDEFF

Erscheinungsweise, Abo, Vertrieb
Halbjährliches Erscheinen im Februar und August
Ein Jahresabonnement mit 2 Heften kostet
z. Zt. € 15, - incl. Versandkosten.
Bestellungen über:
Internet: www.jung-journal.de
E-Mail: mail@jung-journal.de
Fax: +49 (0)711 678 85 49
Postadresse: opus magnum
Hirsauer Str. 39, 70569 Stuttgart

Redaktion
Dr. Lutz Müller, Anette Müller, Bernd Leibig,
Margarete Leibig, Dieter Volk

Layout
Barbara Fischer, Dr. Lutz Müller

Beiratsmitglieder der C. G. Jung-Gesellschaften
Dr. Irene Berkenbusch (ISAP Zürich)
Dolores Henke (CGJ-Forum Freiburg)
Esther Böhlcke (CGJ-Gesellschaft Hannover)
Dr. Renate Daniel (CGJ-Institut Küsnacht)
Christiane Neuen (CGJ-Gesellschaft Köln)
Ursula Arlart (CGJ-Gesellschaft Ulm)
Susanne Lindtberg (Psycholog. Gesellschaft Basel)
Volker Münch (CGJ-Gesellschaft München)
Dieter Schnocks (CGJ-Gesellschaft Stuttgart)
Dr. Andreas Schweizer (Psychologischer Club Zürich)
Dörte Wrede (CGJ-Gesellschaft Hamburg)

Webmaster
Walter Fleritsch

Druck
Kohlhammer Stuttgart

Verlag
opus-magnum, Stuttgart, www.opus-magnum.de
Die Inhalte der Artikel geben nicht unbedingt die
Meinung der Redaktion wieder. Für unverlangt einge-
sandte Manuskripte übernehmen wir keine Haftung.

Im Oktober werden Wunder wahr

Ein Film von Daniel und Diego Vegas

Dieter Volk

Geld und Finanzen – seit geraumer Zeit verbinden wir damit Begriffe wie Krise, Blase, Spekulation, Gier. Unsere Assoziationen landen bei den Banken und Börsen in New York, London, Frankfurt, den ominösen „globalen Märkten", bei Hedgefonds und Rating-Agenturen, und als Agierende wirken maßgeblich mit: Makler und Spekulanten, Börsenhaie und -betrüger, Analysten und Finanzmagier, all jene Protagonisten, die dort als „Masters of the Universe" das große Rad drehen.

Diese Welt, gigantisch und von vermeintlicher Omnipotenz, geheimnisvoll, undurchsichtig, bevölkert von Genies und Schurken, Glücksrittern und Gierhälsen, ist wie gemacht für die großen Dramen des Hollywoodkinos – und klar hat sich dieses den Machenschaften der Wall Street ausgiebig gewidmet: „Wall Street", „Der große Crash", „Das schnelle Geld", um nur drei der fast unzähligen Titel zu nennen.

Und dennoch – kein Hollywoodfilm soll hier vorgestellt werden, kein Film aus der Produktion der Großen und Mächtigen, keiner der die aufgeregte Diskussion um die Macht der Märkte, den Fluss der gigantischen Finanzströme in oft ebensolcher Machart darstellt. Selbst Insidern wie Steven Spielberg und George Lucas drängt sich inzwischen der Eindruck auf, als wären Hollywoodfilme häufig nicht mehr in erster Linie Erzählungen, sondern würden zunehmend zu aufgeblähten Produktionen mit trickreichem Geprotze, würden auch sie Spekulationsprodukte oder Warentermingeschäfte.

Eine Welt jenseits von Hollywood

Vielleicht ist es reizvoller, Produktionen Aufmerksamkeit zu schenken, die aus einer an-

deren Ecke der Welt kommen und von anderer Machart sind. Auch wenn wir Gefahr laufen, es aus den Augen zu verlieren, es gibt sie auch und immer noch: die Welt jenseits von Wall Street und Hollywood, jenseits jener Welt des vermeintlichen oder tatsächlichen Überflusses, eine Welt, wo nicht das „große Spiel" gespielt wird. In diese Welt der Kargheit, der Armut und Not der kleinen Leute führt insbesondere das Kino Lateinamerikas. Obwohl seine Filme lange Zeit bei uns eher selten zu sehen waren, finden sich Produktionen aus Südamerika immer öfter unter den Preisträgern internationaler Festivals, und inzwischen haben es doch etliche in unsere Kinos geschafft. So z. B. der Siegerfilm der Berlinale 2009 „Eine Perle Ewigkeit" oder das in Cannes 2010 ausgezeichnete Werk „Octubre – Im Oktober werden Wunder wahr".

Immer sind es kleine Produktionen, meist in der knappen Ästhetik des neuen lateinamerikanischen Films, welche häufig sowohl in ihrer Thematik als auch in ihrem sparsamen Stil an die Filme des Finnen Aris Kaurasmäki („Lichter der Vorstadt", „Le Havre") erinnern. Ganz dieser Tradition verpflichtet präsentieren die Brüder Daniel und Diego Vegas in „Octubre", ihrem Filmdebüt, eine Episode aus ihrer peruanischen Heimat, die näher zu betrachten lohnt.

Das Leben – ein strikt kalkulierbares Tauschgeschäft

In „archaischen Zeiten" des Finanzkapitalismus kannte man die Figur des Pfandleihers, auch die des Wucherers – und eben ein solcher steht im Zentrum dieses Films. Im Leben des verschlossenen und wortkargen Clemente, Pfandleiher mit einem „Händchen" für Geld, geht es geregelt zu. Er lebt zurückgezogen nach einem klaren, immer gleichen Tagesablauf. Tagaus tagein kommen die Armen aus seinem Viertel und bitten ihn um Geld, kleine Beträge nur, und diesem Geschäft geht er penibel nach. Sorgsam trägt er die Kreditbeträge in sein Buch ein, zahlt das Geld aus und lässt sich dafür entsprechende Sicherheiten geben. Sein Geld und die „Wertsachen" hat er in einer Schatztruhe unter dem Ofen verstaut. Es scheint, als wäre er mit diesem monotonen Leben zufrieden.

Wenn Clemente seinen immer gleichen Geschäften nachgeht, wenn er seine Kunden ohne Gefühlsregung empfängt und verabschiedet, wenn er ihnen am Tisch gegenübersitzt, Geld gibt und Pfänder nimmt, findet dies seine konsequente Entsprechung in der Ästhetik der Bilder des Films. Die stark symmetrische Bildgestaltung, die statischen Kameraeinstellungen, das blässlich-blaue Licht zeigen nicht nur unmittelbar die äußere und innere Ordnung, die Tristesse und Zwanghaftigkeit, die Kühle und Erstarrtheit des Protagonisten,

sie sind darüber hinaus von einer besonderen Schönheit.

Clementes Philosophie basiert auf Handel. Überhaupt versteht er das Leben als strikt kalkulierbares Tauschgeschäft. Seine Bedürfnisse nach körperlicher Zuneigung und Nähe erledigt er ebenso geschäftsmäßig und wortlos im Rotlichtviertel seiner Stadt. Man sieht, alles hat seine Ordnung, klar geregelt, geradezu eine symmetrische Ordnung, auf welche die Regisseure – wenngleich teilweise fast maniert geradezu versessen sind.

Eine unsichere Balance

Dennoch ist bald zu bemerken, dass es kleine Unstimmigkeiten in der Symmetrie der Bilder gibt. Wenn z. B. bei der Abwicklung eines Kreditgeschäftes der Kunde niedrig auf einem „Armesünderstühlchen" sitzt, dem gegenüber Clemente geradezu thront, zeigt dies zwar die tatsächlichen Machtverhältnisse, aber in solchem Bild ist auch verborgen, dass da etwas recht instabil ist, dass etwas aus der streng geregelten Balance geraten könnte.

Und tatsächlich wird Clementes Leben gehörig durcheinandergebracht, als ihm eines Abends jemand ein Baby vor die Tür gelegt hat. Dieses schreit nach Leibeskräften und will versorgt werden, was Clemente heillos überfordert. Was soll er mit dem Säugling tun? Nicht nur die Nachbarn munkeln, auch er weiß, dass es ein Kind ist, entstanden aus der Verbindung mit einer bezahlten Liebschaft. Dennoch ist er nicht gewillt, die Verantwortung für dieses Kind zu übernehmen. Deshalb ist er wild entschlossen, die Mutter des Kindes schnellstmöglich ausfindig zu machen.

Bis es soweit ist, bittet er seine Nachbarin Sofia, auch sie allein und recht einsam, sich um das Baby zu kümmern – natürlich gegen Bezahlung. Da die Betreuung des Babys einiges an Zeit beansprucht, zieht Sofia, religiös und wundergläubig, kurzerhand samt ihrem Schrein für den „Gott der kleinen Wunder" bei Clemente ein.

Huldigt Clemente dem Kult des Geldes, so huldigt Sofia dem Kult des „Senor de los Milagros", einem in Peru weitverbreiteten Wunderglauben, der im Oktober mit großen und farbenprächtigen Prozessionen gefeiert wird. Ihm verdankt der Film nicht nur seinen Titel, in diesen „Wundermonat" ist er auch eingebettet. Wobei der spanische Titel schlicht „Octubre" heißt, während in der deutschen Umformulierung die Wunder ins Blickfeld gerückt werden.

Das Kind und die Frau

Und es grenzt geradezu an ein Wunder, was durch das unerwartete Auftauchen des Kindes mit Clemente geschieht, welche Dynamik entsteht, wie sich die Ereignisse überschlagen und er in sie verwickelt wird. Obwohl er die Möglichkeit hätte, das Baby in staatliche Obhut zu geben, behält er es bei sich. In berührenden Bildern kann der Zuschauer verfolgen, wie er sich um das Wohlergehen des Kindes bemüht, zwar immer noch in gewohnt erstarrter Manier, aber man spürt, dass da Seiten zum Leben kommen wollen, die dieser einzelgängerische Kauz bisher in rigiden Lebensabläufen festgezurrt hat, unterdrückt, ausgegrenzt und unzugänglich - gut, zu gut verschlossen, wie sein Geld in der Truhe. Vor allem weil man weiß, dass es bislang für ihn selbstverständlich war, die Dinge im Außen und in seinem Inneren strikt geregelt zu bekommen, und er auch jetzt meint, das Babysitten von Sofia könne er, seiner bisherigen Maxime folgend, rein geschäftlich regeln, ist man um so mehr verwundert über die Großzügigkeit, mit der er Sofia in seinem Haus gewähren lässt.

Mehr noch, ohne dass die beiden es merken, entsteht eine Art Familienleben, gegen welches sich Clemente allerdings sträubt, da er nach wie vor davon überzeugt ist, er habe alles unter Kontrolle, auch dass er Sofia geschäftsmäßig nutzen könne, so wie er bisher alle Menschen benutzt hat. Dennoch scheint es, als wäre die Begegnung mit dem Kind von einer überwältigenden, durchaus archetypischen Wirkung auf Clemente gewesen, als habe sie Lebenskräfte in ihm angestoßen, die zwar noch jenseits seines aktuellen Bewusstseins in seiner Einseitigkeit und Begrenztheit liegen, die aber zukünftige Wege und Möglichkeiten der Entwicklung ankündigen.

Auch die Begegnung mit Sofia scheint in ihm bislang unbekannte Animakräfte angetippt und Energien in Bewegung gesetzt zu haben, die darauf drängen, seine Erstarrung zu lösen und Eros und Beziehungsfähigkeit lebendig werden zu lassen, solche, die nach Aufbruch und Abenteuer drängen. Kräfte, die er, davon überzeugt, alles ließe sich mit Geld regeln und unter Kontrolle halten, trotz allen Widerstandes je länger je mehr kaum noch bändigen kann. Und so nehmen die Unwägbarkeiten zu, bricht sich Unkontrolliertes Bahn.

Zwischen Komik und Tragik

Nicht nur das Baby umsorgt Sofia liebevoll, auch gegenüber Clemente ist sie zugewandt und einfühlend, nicht ohne Versuche, ihn zu verzaubern und zu verführen, dabei oft auch – allzu- deutlich in sein Leben eingreifend. So zum Beispiel, wenn er eines Tages seinen Arbeitsplatz dergestalt verändert findet, dass die Kunden jetzt auf einer Höhe mit ihm sitzen.

Solcherlei Hinweise und Angebote, durchaus mit Momenten der Vereinnahmung und Übergriffigkeit, scheinen jedoch an Clementes bemerkenswerter Ignoranz abzuprallen. Zwar sind die Animakräfte dabei, die Erstarrung aufzuweichen, dennoch sind sie für sein Bewusstsein noch nicht produktiv und hilfreich. Dennoch treten diese Energien lediglich durchbruchartig und ungewollt in Erscheinung. Ungereimtheiten, ja Unzumutbarkeiten geschehen ihm, bislang für Clemente sowohl im Privaten als auch in seiner Professionalität undenkbar selbst Falschgeld lässt er sich andrehen und kriegt es nicht mehr los. Derlei Situationen werden mit deutlicher Dynamik in Szene gesetzt, meist angesiedelt zwischen Komik und Tragik und nun auch in Bildern, die plötzlich dabei sind, ihre Statik und Symmetrie aufzugeben. Auch Sofia bleibt von seinen unberechenbaren Durchbrüchen des Rückzugs und der Ablehnung nicht verschont, denn Clemente ist noch weit davon entfernt, Gefühle der Dankbarkeit zu zeigen oder gar Zuneigung und Liebe als Geschenk anzunehmen. Als Clemente eines Tages nach Hause kommt, hat Sofia die Flucht ergriffen und ist samt Baby verschwunden.

Doch allmählich interessiert, ob die beiden wohl zusammenfinden? Der Film verrät uns nicht, wie die Geschichte „ausgeht", und wie so oft müssen sich die Zuschauer das Ende selbst zusammenreimen. Bei aller Rätselhaftigkeit bieten die Regisseure jedoch Schlussszenen an, die ein „gutes" Ende andeuten. Die vorletzte Sequenz zeigt Sofia verzückt lächelnd und inbrünstig betend inmitten der feierlichen Oktober-Prozession zu Ehren des Gottes der kleinen Wunder. Dann im letzten Bild bar jeglicher Symmetrie und voller Bewegung: Clemente inmitten der Prozessionsteilnehmer, er hat sich auf den Weg gemacht, durchstreift die Menge – sich gegen den Strom bewegend, suchend. Doch den letzten Satz in diesem so bildmächtigen aber wortkargen Streifen richtet zuvor schon Clementes Stammprostituierte an ihren Freier anlässlich eines unerwarteten und ihm peinlichen Missgeschicks: „Man muss Veränderungen zulassen!" Geradezu eine Quintessenz.

Die Macht der „Schwarzen Schwäne"

Bei seinem Erscheinen hat „Octubre" im Wesentlichen positive Kritiken geerntet. Meist wird die leise Inszenierung des großen Wandels hervorgehoben, ihre tragikomische Ambivalenz, fern jeglicher Schadenfreude. Immer werden die stiltypischen, stilsicheren Bilder gelobt. Bis auf wenige Ausnahmen sind die Besprechungen fasziniert vom Reduktionismus und Minimalismus des Films, auch wenn er dadurch dem Zuschauer einiges an Geduld abverlange. Eine Kritik meint, man habe es gar mit einem Solitär zu tun.

Sicher ist „Octubre" eine individuelle Wandlungsgeschichte. Interessant aber ist – und das bleibt zumeist unbedacht - dass ihr Held Geldverleiher ist und dass Clemente, der in seinem Viertel gewissermaßen die „Wall Street" der kleinen Leute verkörpert, durch ein nicht kalkuliertes Ereignis in eine Krise geraten ist.

Durchaus möglich, dass die Filmemacher über die individuelle Geschichte hinaus einen Aspekt einfließen lassen wollten, der im Zusammenhang mit der Banken- und Finanzkrise diskutiert wird. Gedanken, die schon 2007 vom ehemaligen Finanzmathematiker Nassim Taleb in seinem Buch „Der schwarze Schwan" dargelegt wurden, in denen er vor allem der Finanzwelt, aber nicht nur ihr, vorhält, sie seien Opfer einer Illusion, indem sie glaubten, alles sei berechen- und mit Hilfe von Statistik und Wahrscheinlichkeitsrechnung strikt kontrollierbar und zu beeinflussen. Gefangen in dieser Ideologie (als gäbe es nur „Weiße Schwäne") ignorierten sie die Möglichkeit unvorhergesehener, unwahrscheinlicher Ereignisse (die „Schwarzen Schwäne"). Anders als in der Finanzwelt, wo das Auftauchen solch "Schwarzer Schwäne" katastrophale Zusammenbrüche zur Folge hatte, brechen bei Clemente durch die Kraft des Eros verwüstete Strukturen auf.

„Im Oktober werden Wunder wahr", ein Film von Daniel und Diego Vegas (2010) in spanischer Sprache mit deutschen Untertiteln, ist als DVD im Handel erhältlich.

Dieter Volk
Analytischer Kinder- und Jugendlichen-Psychotherapeut, Dozent am C. G. Jung-Institut Stuttgart. Dort Initiator der Veranstaltungsreihe „Film im Keller"

Nachruf für Dr. Helmut Hark

04.10.1936 – 28.03.2013

Da ist ein Land der Lebenden und ein Land der Toten,
und die Brücke zwischen ihnen ist die Liebe – das einzig Bleibende, der einzige Sinn.
(Thornton Wilder)

(Helmut Hark in einer Fernsehsendung bei Bibel.tv über Träume als Gottes vergessene Sprache, ausgestrahlt am 13.05.2013. Kann über youtube.de angeschaut werden.)

Dr. Helmut Hark beschrieb selbst seinen inneren Entwicklungsweg vom ehemaligen Seelsorger und evangelischen Pfarrer einer Landgemeinde in Norddeutschland hin zur Tiefenpsychologie C. G. Jungs und schließlich zum Analytischen Psychotherapeuten sehr eindrücklich in einem fiktiven Brief an Jung in dem Werk zu Jungs 125. Geburtstag „Lieber C. G. Jung", Hrsg. Marianne Schiess (Walter, Olten 2000). Der Text sei allen Lesern sehr empfohlen.

Helmut Hark war für mich – wie auch für viele seiner zahlreichen Seminarteilnehmer, für seine vielen Patienten, die Supervisanden zur Zeit seiner Beauftragung für die Psychologischen Beratungsstellen der Badischen Landeskirche, ebenso wie für all die Teilnehmenden seiner vielen Ausbildungskurse und die unzählbaren Leser seiner Bücher – auf vielerlei Weisen ein „großer Meister":

Er war ein **Meister des Brückenbauens, ein Pionier und Brückenschlagender** *zwischen den Welten* der Religion und der Wissenschaft, der Theologie und der Psychologie. Neben seinen vielen Veranstaltungen zu solchen Themen zeugen davon weit über 20 Bücher, wie z. B. Der Traum als Gottes vergessene Sprache (1982), Träume als Ratgeber (1983), Religiöse Neurosen – Ursachen und Heilung (1984), Träume vom Tod – Trauerarbeit und seelische Wandlung (1987), Jesus der Heiler (1988), Mit den Engeln gehen (1993), Den Tod annehmen (1995), Die Heilkraft der Träume (2000), Mit Jung alt werden (2009), (um nur einige davon in ihren Erscheinungsjahren/Erstauflagen zu nennen): alles Veröffentlichungen, die zu ihrer Erscheinungszeit *Neuland* betraten, *Tabus* brachen und durchaus *revolutionär* waren.

Er war ein **Meister der Ermutigung, der Anerkennung, und Stärkung**. Jedermanns kleine und große Gaben hat er in Kursen und Therapien bestätigt, die Menschen zum Weitermachen und Dranbleiben ermutigt und sie unterstützt auf dem Weg der eigenen Ganzwerdung und ihrem Individuationsweg. Auch mir stand er immer wieder mit Rat und Tat zur Seite bei der Entstehung meiner Bücher.

Er war ein **Meister der Behutsamkeit, der Achtsamkeit und des Geltenlassens:** nicht autoritär nur sein Eigenes gelten lassend, konnte er auch Andersartigkeiten ertragen. Einfühlsam, achtungsvoll und vorsichtig bot er Ideen zu den Träumen an, ohne jemandem etwas aufzudrängen, – ganz geduldig abwartend, wann der richtige Zeitpunkt gegeben zu sein schien.

Er war ein *Meister der „Goldgräberarbeit"*: Das Stärkende, Aufbauende im Leben und im Träumen zu suchen und zu finden, war seine besondere Kunst und Berufung. Die *„Traumkraft"* nannte er das. Als Stärkung auch dafür, dass wir uns *auch* dem Schweren und Dunklen stellen können – unserem „Schatten", wie sein Meister C. G. Jung das nannte –, aber nicht ohne das Aufbauen *vorher*. In theologischer Sprache ausgedrückt: erst und *vor allem* das Evangelium.

Er war ein *Meister der Eigenhoheit im Träumedeuten* – ganz gemäß seinem großen Vorbild aus der jüdischen Tradition: Joseph in Ägypten. Der nämlich sagte seiner Zeit zu seinen, ihn um Rat fragenden Mitgefangenen: „Träume deuten steht allein Gott zu. Aber erzählt doch mal …!" (Genesis, 1.Mose 40, 8) Und so erzählten denn auch die Menschen in seinen vielen Gruppen und Kreisen einfach ihre Träume einander. Nicht fremde, theoretische Gedanken, nicht alles Interessante an Einfällen in der Gruppe zählte für Helmut, sondern das Evidenzgefühl der Träumerin oder des Träumers. So wurde er seit vierzig Jahren zum Initiator für eine Laienbewegung in der Traumarbeit: Er bildete im gesamten deutschsprachigen Raum Menschen dazu aus, ganz im Sinne einer „neuen Traumkultur" ohne jahrlange wissenschaftliche Instituts-Ausbildung mit Gewinn in Gruppen Träume zu besprechen und zu bearbeiten.

Er war ein *Meister des Ausgleichens:* verstehen, nicht urteilen, schon gar nicht verurteilen. Als „doppelte Waage" war das manchmal auch eine große Last für ihn selbst. Denn eine damit einhergehende gewisse Konfliktscheu barg manchmal die Gefahr, dass manche Spannungen nicht aufgedeckt, bearbeitet und gelöst werden konnten. Das war wohl – in Jungs Sprache – ein Teil seines „persönlichen Schattens": Er konnte es nicht anders – und auch nicht anders ertragen!

Er war ein *Meister der Aufforderung zur Umsetzung, der Verwirklichung der Traumimpulse und zur Lebensveränderung.* Sie sind nicht einfach Selbstzweck, sondern haben einen Sinn-Grund, eine Absicht, ein Ziel.

Daher ging es ihm nicht nur um kluge und opulente Amplifikationen, sondern um die Lebenspraxis, das heilende neue Tun. Und wenn wir weiterhin wenigstens einander unsere Träume erzählen, in Beziehungen und Familien: Dann verwirklichen wir das, was ja *seine große Vision* war: *eine neue Traumkultur.* So können wir ihn am Leben erhalten!

Er war ein *Meister der Annahme des eigenen Weges, seines persönlichen Schicksals.* Auf meine Klage über so viel Bürokratie, Verwaltungsaufgaben und Gremienarbeit in einer früheren Stelle ermutigte er mich beispielsweise: „Nimm es doch als Chance zu deiner Individuation, auch die Treue im ganz Irdischen und Kleinen zu üben!" So übte er es selbst, besonders in seiner letzten schweren Lebensphase: Er übte sich in „Zufriedenheit und Dankbarkeit" ganz im Sinne jenes alten Liedes: „Gib dich zufrieden und sei stille!"

Zum Schluss – wie könnte es bei einer Würdigung Helmut Harks auch anders sein – noch eine Traumgeschichte, die so gut zu ihm passt: Jahre nach dem Tod einer guten Freundin, die ich meine „Seelenschwester" nannte, träumte ich, sie stehe da wie immer, direkt vor mir, blühend, strahlend und wohlwollend-freundlich. Wir nehmen uns sanft und innig in die Arme und sie sagt nur *einen* Satz: „Hans Gerhard, es geht ja nuuur um die Liebe!" Das Nur mit einem ganz langen, vollklingenden U.

Dieses Thema, die heilende Kraft der Liebe, beschäftigte Helmut Hark in den letzten Jahren ganz besonders: Seine letzte große Tagung hieß: „Die Heilkraft der Liebe". Denn die Liebe ist stärker als alles, sie besiegt sogar den Tod, heißt es in der hebräischen Bibel (Hoheslied 8, 6). Und Paulus erklärt von den Charismen Glaube, Liebe und Hoffnung: „Die Liebe ist die größte unter ihnen." (1. Korinther 13, 13). Und: „Die Liebe hört nie auf" (ebd., Vers 8). Das ist es. Und so ist das auch mit Helmut Hark.

Hans-Gerhard Behringer
Theologe, Diplompsychologe, Psychologischer Psychotherapeut (Approb.), Seminartrainer, Coach, Autor zahlreicher Bücher (siehe www.hgbehringer.de), Davos/Schweiz Institut für Spirituelle Therapie und Entwicklung/Entfaltung der Persönlichkeit (STEP),

C. G. Jung
Schriften zu Spiritualität und Transzendenz
Ausgewählt und herausgegeben von Brigitte
Dorst. Patmos Stuttgart 2013, 256 S.
ISBN: 978-3843602228, € 24,99

In diesem Buch ist es Brigitte Dorst gelungen, C. G. Jung als Suchenden, um Verständnis ringenden, tastenden, auch als forschen-
den Wissenschaftler, oder alten Weisen über
seine Texte lebendig werden zu lassen. „Die
in diesem Band ausgewählten Texte, die zu
sehr unterschiedlichen Zeiten des Jung'schen
Schaffensprozesses entstanden sind, sollen
vor allem eins zeigen: wie Jung nach Einsich-
ten und Erkenntnissen in einem weiten Feld
religiöspsychologischer Fragen und Themen
forscht und sich zeit seines Lebens als einen
Menschen in einem offenen, unabgeschlosse-
nen Suchprozess verstand".

Spiritualität war zu Jungs Zeit ein wenig ge-
bräuchlicher Begriff. Üblich war es, von Religion und Religiosität zu sprechen. Dorst: „Er
setzt sich mit religiöser Erfahrung auseinander, die für ihn ein psychisches Phänomen ist.
C. G. Jung: „Gott hat nie anders zum Menschen gesprochen als in der Seele, und die
Seele versteht es, und wir erfahren es als etwas Seelisches. Wer das Psychologisieren
nennt, leugnet das Auge, das die Sonne sieht."

Dorst weiter: „Jung geht es um den Erfah-
rungsraum des Numinosen, um neue Sichtweisen auf religiöse Phänomene und Erfahrungen."

Die Herausgeberin stellt eindrucksvoll an
verschiedensten Stellen seine geistigen Haltungen vor :

C. G. Jung: „Alles Lebendige wandelt sich.
Wir sollten uns mit unveränderlichen Traditio-
nen nicht zufrieden geben. Oder: „In religiösen
Dingen kann man bekanntlich nicht verstehen,
was man nicht innerlich erfahren hat." Und an
anderer Stelle: „Der Schritt zu höherem Bewusstsein führt aus allen Rückendeckungen
und Sicherungen heraus". In den Aussagen
von C. G. Jung kann man die Einladung spüren, sich auf neue Erfahrungen einzulassen,
gerade in dem Bereich der Transzendenz.

Brigitte Dorst: „In Jungs Menschenbild ist
die Bezogenheit auf das Transzendente der
entscheidende Aspekt des menschlichen Lebens. Von C.G. Jung kennen vermutlich manche LeserInnen den Satz: „Die entscheidende
Frage für den Menschen ist: Bist du auf Un-
endliches bezogen? Das ist das Kriterium seines Lebens. (..) Wenn man versteht und fühlt,
dass man schon in diesem Leben an das Grenzenlose angeschlossen ist, ändern sich Wünsche und Einstellung. Letzten Endes gilt man
nur wegen des Wesentlichen, und wenn man
das nicht hat, ist das Leben vertan." (Jung, Erinnerungen S. 327) In dem Buch werden die
„Transzendente Funktion" angesprochen, die
Einheitswirklichkeit, die Jung „Unus mundus"
nennt, das Jung'sche Selbstkonzept, spirituelle Themen und Sinnfragen in Krisenzeiten
werden als Anruf des Lebens verstanden.

Damit einher geht die Bedeutung der Individuation als „Auseinandersetzung mit Sinn und
Sinnlosigkeit". C. G. Jung: „Wie der Körper der
Nahrung bedarf und zwar nicht irgendwelcher,
sondern nur der ihm zusagender, so benötigt
die Psyche den Sinn ihres Seins".

Brigitte Dorst: „Aussagen über das Göttliche
sind für Jung also Beschreibungen der spirituellen Erfahrungsmöglichkeiten der menschlichen Psyche; sie sind keine theologischen,
sondern psychologische Aussagen. Die psychologische Fragestellung fokussiert, was in
der Seele vorgeht und ihr eigen ist." Dennoch
geht Jung so weit zu sagen: „Auf alle Fälle
muss die Seele eine Beziehungsmöglichkeit,
das heißt eine Entsprechung zum Wesen Gottes in sich haben, sonst könnte ein Zusammenhang nie zustande kommen. Diese Entsprechung ist, psychologisch formuliert, der
Archetypus des Gottesbildes."

Das Buch befasst sich mit Texten von Jung zu Themen über religiöse Symbolik, Psychotherapie und Religion, spirituelle Wege und östliche Weisheit, mit einem psychologischen Kommentar zu: Das tibetische Buch der großen Befreiung, mit Yoga und der Westen, mit einem Vorwort zum I Ging, zur Wirklichkeit und Transzendenz der Psyche, über Synchronizität, über die Seele und den Tod.

Hintergrund der Arbeit von Brigitte Dorst an diesem Buch ist auch, dass „im Gesundheitsbereich ist die Spiritualität von wachsender Bedeutung. Krankheit und Gesundheit betrifft alle Seinsebenen. Spiritualität wird als vierte Dimension der Gesundheit herausgearbeitet".

Das Anliegen von Brigitte Dorst ist, dass Menschen über die Lektüre des Buches in „vertiefendes Fragen" finden, und sich in die seelischen Innenräume weiterwagen und mit Jungs Gedanken in Resonanz gehen. Dies wird in dem Buch ganz erfüllt.

Sind Sie neugierig geworden? Es ist ein besonderer Gewinn der Tiefe und Weite sich diesem Buch zu öffnen und es mit dem Herzen und dem Verstand zu lesen. Ich empfehle es sehr gerne.

Margarete Leibig

Frank Schirrmacher
EGO – Das Spiel des Lebens
Blessing-Verlag, München 2013, 352 Seiten
ISBN: 978-3-89667-427-2, € 19, 99

Bloß nicht die „Märkte" beunruhigen

Frank Schirrmacher, ehemaliger Feuilletonist und aktueller Mitherausgeber der FAZ, hat nach seinen ebenfalls mahnenden Bestsellern „Das Methusalem-Komplott" und „Payback" eine neue sozialkritische Analyse, diesmal des uns zunehmend dominierenden Einflusses der Algorithmen des Wirtschafts- und Finanzlebens vorgelegt, die frösteln macht. In essayistischer Form und anhand vieler Verweise aus Ökonomie, Computer- und Finanzwelt will er die „Quants", die Zahlenzauberer an der Wall Street, als neue Alchimisten, als Magier sehen, die uns Dinge glauben machten, die sie eigentlich, wie die nur wenigen noch verständlichen Finanzprodukte, aus dem „Nichts" erschaffen hätten.

Die ständige Beteuerung und Wiederholung der Protagonisten dieser unser aller Alltag mittlerweile stark prägenden Weltsicht, dass nur ein objektives, vernunftgeleitetes und an seinem persönlichen Vorteil interessiertes Subjekt als realistisch und insbesondere funktionierend angesehen werden könne, strafe, so Schirrmacher, die Realität der Bankenzusammenbrüche und die Tatsache der inzwischen über mehr Finanzkraft als Staaten verfügenden multinationalen Kommunikationskonzerne aber bereits immer öfter Lügen.

Schirrmacher präsentiert den bestechenden und erschreckenden Gedanken, dass jene intellektuellen Kräfte, die im Kalten Krieg die spieltheoretischen Annahmen, dass jeder nur an seinen eigenen Vorteil denke, geprägt hätten, seit dem Fall der Mauer in der Finanzwelt Anwendung fänden. Er belegt dies mit der nachgewiesenen Abwanderung von vielen Physikern und Computerwissenschaftlern aus der Rüstungsindustrie an die Zentren der Hochfinanz. Deren Modelle sprächen die eindeutige Sprache eines Menschenbildes, das uns ganz auf eine transparente, manipulierbare Datenquelle und -verarbeitungsmaschine reduziere, allein um des Profits willen. Sämtliche Suchmaschinen speicherten längst alle verfügbaren Daten über uns und das Ziel dieser Datensammelwut sei es, so wird es in diesen Kreisen unumwunden bestätigt, dass der Mensch sich der Maschine anzupassen habe, da sie der derzeit einzig wahre Garant für das Fortbestehen von Wachstum und Wohlstand sei. Wie sehr sich die Politik bereits als Geisel für diese Ideologie zur Verfügung stellt, zeigen die täglichen Meldungen über Rettungsschirme und drohende Staats- und Bankenpleiten.

Der Mensch als Wesen aus Einsen und Nullen

Problem sei nun, dass „die Modelle unserer Rationalität uns so sehr reduziert haben, dass wir glauben, dass wir nicht mehr in der Lage sind, selbst herauszufinden, was wir wollen" (Schirrmacher). In systematischer Form werde ein Modell von Identität propagiert, dass die uns bekannte Kontinuität und Kohärenz auflöse und das Bild des Menschen „verflüssige", damit es in eben jene Datenströme sich sinnvoll, sprich monetär sich auszahlend diffundiere. Die althergebrachten Modelle von Identität wurden ja, zeitgleich mit der beschriebenen wirtschaftlichen Erfolgsstory spätestens seit Beginn der Neunziger auch in der Psychologie umgeschrieben. Dies wird dann dem „Zeitgeist" geschuldet und man fühlt sich ganz auf der Höhe des aktuellen Diskurses und die Psychoanalyse wieder für wissenschaftlich anschlussfähig. Doch von der Warte der vorgebrachten Thesen aus beschleicht einen doch wachsendes Unbehagen angesichts der auch im psychologisch-psychoanalytischen Bereich beobachtbaren Ausbreitung spieltheoretischer Sichtweisen des Menschen. Allzu nahe bewegen sich manche Modelle von Multiplizität, Kontextualität und Flexibilität am Denken der spieltheoretischen Thinktanks von Finanz- und Computerwelt.

Warten auf die Wiederkehr des Verdrängten

Wenn Schirrmachers Text vor allem die Geschichte der Entwicklung des spieltheoretischen Denkens und dessen Anwendung skizziert und dabei vor allem eine warnende und beschwörende Stimme erhebt, so kommt er doch gelegentlich, wie ich finde jedoch wenig ausformuliert, zu dem Gedanken, der uns als Analytische Psychologen angesichts der Einseitigkeit des Denkens und der Vernunftbetonung vielleicht am ehesten erscheint, nämlich dem, dass es kompensative Mechanismen geben muss, die irgendwann auf den Plan treten werden, vielleicht gar schon unterschwellig wirksam sind.

In Schirrmachers Welt ist es ja die zutiefst unrealistische, nicht humanistische Sicht des Menschen, die er mit dem nun auf andere Weise offenbar gelungenen Werk der Alchimisten, mit Magie gleichsetzt. Diese betreffe eben auch hier nicht nur die Wandlung der Materie zu Gold, sondern die Wandlung des Menschen zu einem ganz nach den Regeln der Spieltheorie handelnden Wesen, das noch dazu zufrieden mit dieser Reduktion zu sein scheint, da sie offenbar genügend Vorteile mit sich bringt.

Warum uns dies alles zu interessieren hat, könnte man sich fragen, fühlen sich doch gerade viele ältere Menschen, aber auch vor allem im therapeutischen Bereich tätige, nicht sehr technikaffin?

Ich denke, und da möchte ich mich Schirrmacher prinzipiell anschließen, es geht um die Frage und das Hinterfragen unseres sich fast unbemerkt quasi unter unseren Füßen wandelnden impliziten Menschenbildes. Und dies ist nicht nur aktuell, weil wir alle in unserem Berufsleben, Stichworte Qualitätsmanagement und Regelleistungsvolumen, Budgetierung und Online-Abrechnung, oder im Privatleben, Stichwort soziale Netzwerke, Online-Banking, Google-Recherche u.v.m. auf eben dies seelenlos sortierte Wissen im Netz zurückgreifen. So wollen wir doch noch kaum wahrnehmen, dass uns die Algorithmen der Anbieter längst zu ebensolch seelenlosen Informationsbits reduzieren, zu Menschen, von denen lediglich deren Handlungen interessieren, deren Entscheidungen, deren likes und Vorlieben, aus naheliegenden Gründen. Selbst wenn wir über eine gute Abgrenzungsfähigkeit verfügen, unseren Konsumhunger unter Kontrolle und unsere Firewalls in Schuss haben, so sollten wir nicht unterschätzen, so mahnt uns Schirrmacher, was es bedeutet, sich auf dieses von vielen von uns sicher sehr kritisch bewertete Spiel einzulassen. Wollen wir das wirklich, was da stattfindet, lautet seine Frage. Erste Einsicht wäre, doch die kommt selbst bei Schirrmacher zu kurz, denn er versteht es vor allem zu alarmieren, dass uns die Informationsmaschine Internet eben oft auch falsche, da unvollständige, da von Interessen manipulierte und oft einseitige „Informationen" überlässt. Wie kritiklos Informationshäppchen rezipiert werden, zeigen die sich oft an kleinen „Verfehlungen" aufhängenden „shitstorms": Der entfesselte, dumme Mob ist inzwischen an der Tagesordnung, ja er wird selbst zum „event", sollte er doch eigentlich ebenfalls einen „Anti-shitstorm" auslösen.

Killerspiele nicht nur im Kinderzimmer

Wohlgemerkt: Es sind die Maschinen, also die Computer, die aufeinander „losgelassen" worden sind. Ein Beispiel wird genannt: So beträgt die durchschnittliche Haltezeit einer Aktie an der Wallstreet 22 Sekunden, vier Jahre davor waren es noch zwei Monate gewesen. Die Computer, die hier miteinander kommunizieren, seien wie erwähnt von eben den Nachfolgern derjenigen Technikelite programmiert, die noch im Kalten Krieg die Befehlszentralen der Atomstreitkräfte steuerten. Dabei ging es damals wie heute darum, einem Gegner denselben Egoismus (auch Überlebenswillen) zu unterstellen, den man selbst an sich feststellte. Aus sämtlichen Reaktionsvarianten wird so in immer schnelleren und abstrakteren Rückkopplungsschleifen berechnet, ob die Maschine nun sinnvollerweise schießt oder stillhält, verkauft oder kauft. Allein die Wortwahl der Börsenmakler spreche Bände, hier sei die Rede von „kills", feindlichen Übernahmen und anderem kriegerisch sich Gebendem und Verstehendem. Sinnigerweise haben wir den nicht stattgehabten Atomkrieg, wie man heute weiß, nur einem russischen Offizier namens Petrow zu verdanken, der eine Systemmeldung, die einen amerikanischen Angriff meldete, schlicht als unwahrscheinlich einstufte und den Gegenschlag nicht einleitete. Es stellte sich heraus, dass die Spionagesatelliten Wolkenspiegelungen für den Düsenstrahl von Gefechtsraketen ausgegeben hatten. Was nun, und manches spricht dafür, dass dies schon stattfindet, etwa in unerklärlichen „Mikro-Crashs" an den Bör-

sen in jüngster Zeit, wenn solches im Finanzwesen sich häuft?

„Schöne Seelen" oder menschliche Wracks?

Wer wie der Autor von „EGO" in der Geschichte der Spieltheorie und deren Vertretern in Technik und Finanzwelt forscht und Fragen stellt, der stößt auf Namen wie den von John Nash, jenem genialen, aber auch schizophrenen Mathematiker, dem Ridley Scott mit „A beautiful mind" ein oscarprämiertes Denkmal gesetzt hat. Fast in allen Feldern habe man es mit jenem „Nash-Equilibrium" zu tun, das beschreibt, wie der Kompromiss von zwei Spielern, die übereinander das Schlechteste denken und nicht kommunizieren, aussehen wird. In fast allen Algorithmen fänden sich Spuren davon.

Der Spieletheoretiker Ken Binmore habe zu einem unter oben benannten Vorzeichen bemerkenswerten Zeitpunkt bereits ein Jahr nach dem Mauerfall Nash für den Nobelpreis vorgeschlagen. Binmore schreibe: „Gier und Furcht sind ausreichende Motivationen; Gier nach den Früchten der Kooperation und Angst vor den Konsequenzen, wenn man die kooperativen Angebote anderer nicht annimmt."

Dies bedeute, dass der „homo oeconomicus", der ökonomische Agent, zu dem wir alle werden sollten, der aber bereits in der Maschine, im Computer seine Realisierung finde, im Sinne des Systems der Profitmaximierung gut funktioniert. Tun und Denken, so Schirrmacher, würden in den Augen dieses Systems Spielzüge, die es nur auszuwerten gelte. Er berichtet von Firmen, die dies bereits im großen Stil, oft für staatliche Institutionen und vor allem bereits in den USA, mit großem Erfolg täten.

Schirrmacher äußert die verschämte Hoffnung, dass es uns Europäern aufgrund unserer Geschichte schwerer fallen könnte, uns auf dieses Szenario einzulassen. Und in der Tat: Kürzlich gab es einen Aufschrei, als bekannt wurde, dass die Bahn die Daten ihrer Bonuskunden verkaufen wollte, mit nachteiligen Folgen für die Kunden, sollten sich diese dagegen sperren. Die gegenwärtige Euro- und Finanz-krise in Europa stellt für Schirrmacher auch ein Indiz dafür dar, dass es bei der Implementierung der skizzierten Datenflüsse erheblich mehr Probleme gebe als im angloamerikanischen Raum, hierzulande würden moralische Aspekte und Gründe des Persönlichkeits-schutzes noch weitaus schwerer wiegen.

Schirrmachers Buch ist wichtig, wenngleich es den gravierenden Mangel hat, dass es weitgehend auf psychologische Betrachtungen verzichtet. Zwar beschwört auch er die Monster, die das System gebiert und widmet sich so gesehen auch dem Schatten. Dass es diese Monster sind, die auch wieder einen Ausgleich herbeizuführen in der Lage sind, sieht er noch nicht.

Wir alle wissen, dass es aus menschengegebenen Gründen auch für das infrage stehende, massiv kritisch gesehene System eine Halbwertszeit gibt. Noch gibt es genügend Illusionen, so dass man sich selbsttröstend und hoffend über eigene Niederlagen und Einschnitte hinwegtäuschen kann, indem man sich selbst die Schuld für mangelnden Erfolg zuzuschreiben hat. Die systemimmanente Aufforderung „Du sollst dein Leben ändern" (vgl. Sloterdijk), die mangelnde Übe-Disziplin als ausschlaggebend für Misserfolg ansieht, betont ja einerseits die Anstrengungsverpflichtung des Individuums; an anderer Stelle wiederum wird diesem aber abverlangt, dass es sich je anders zu verhalten, anzustrengen, zu disziplinieren habe, soll der stets neu definierte Erfolg nicht in allzu aussichtslose Ferne entrücken.

Das moderne Manager-Ich
Die Gefahr der Verwandlung des Menschen in eine Maschine oder zumindest die einer äquivalenten Selbst-Definition ist real. Doch drückt sich auf eine verzweifelte und tragische Weise hier nicht auch die fehlgeleitete Suche nach der Wandlung des Menschen aus? Statt einer Höherentwicklung, eines „Weiter" sprechen wir nur noch von einem „Mehr" und „Besser". Die extreme Extraversion des seelischen Geschehens weist ja auf die immense Macht der im Schatten agierenden unbewussten Kräfte. Die

Umwertung von Gier, Neid und Habsucht zu wünschenswerten Eigenschaften bewirkt die zunehmende Zersetzung von menschlichen Bindungen, Regungen und auch menschlicher (Muße-)Zeit, die keinem Ziel dient.

Die Folgen spüren moderne Gesellschafter schon jetzt deutlich: Erkrankungen wie Mobbing, Burn-out und ADHS verweisen auf den immer öfter scheiternden Versuch der Identifikation mit einem unerreichbaren Ich-Ideal. Das als obsolet angesehene Selbst magert ab auf die Form einer sich als „Ich-AG" verstehenden Selbst-Management-Fabrik mit immer in Bewegung und Veränderung befindlicher Rest-Identität.

Benutzen wir einerseits noch heute sprichwörtliche Allegorien aus der Maschinenwelt, wie „ich stehe unter Dampf" oder „ich bin geladen" oder „ich muss meine Batterien aufladen", so sind es heute mehr die Angebote der Maschinen selbst, die uns neue Gewohnheiten antrainieren. Oder konnten sie vor fünfzehn Jahren eine Vielzahl von Daten und Kontakten mittels eines internetfähigen Smartphones „managen"?

Die Grenze zwischen der Maschine und uns verschwindet zunehmend. Das Problem dabei ist vor allem die doch sehr einfache Funktionsweise der Maschine: Sie versteht nämlich nur ein oder aus, nur eins oder null, die ganze Welt besteht für sie aus diesen zwei Werten. So gesehen wäre dies eine implizite „Borderline"-Verfasstheit der digitalen Abbilder unserer analogen realen Welt.

Doch zurück zu unserem modernen Selbst-Verständnis: Wir alle wissen auch, dass kollektive und lebenserfahrungsbezogene Prägungen nicht ohne Symptome und Wiederholungszwänge verdrängt werden können. Man könnte darin angesichts dessen, was Schirrmachers Protagonisten planen, sogar einen Hoffnungsschimmer sehen. Man sollte annehmen, dass auch bei nachlassender staatlicher Kontrolle Zivilgesellschaften nur ein bestimmtes Maß an Toleranz für die von ihnen geforderte Selbst-Verleugnung aufbringen werden. Grundlegende Werte wie Sehnsucht nach Sinn, Tiefe, Liebe und danach, Bedeutung für

Andere zu haben können dauerhaft nur schwer in oberflächlicher Weise und billig verbrämt („I like") imitiert werden.

Unklare Fronten: Was nützt, ist auch gefährlich.

Es ist schwierig zu sagen, womit wir es eigentlich zu tun haben, denn das Gesicht auch dieses Fortschrittes ist janusköpfig. Gerade in dem Maße, in dem sich etwa junge Menschen zu einer großen Facebook-Gemeinschaft verlinken, entsteht zwar viel Kommunikation; dennoch kann die unter diesem Dach eines weltumspannenden, aber nicht mehr sichtbaren, da so in den Alltag der Menschen integrierten Unternehmens, und dies ist das wirklich neue Phänomen, geteilte „Information" natürlich im Sinne des Systems missbraucht werden. Und dies ist keine Zukunftsmusik, es geschieht bereits in uns nicht vorstellbarem Ausmaß.

Dem, der dies kritisch betrachtet, geht es um folgende Perspektive: Es geht um den Einzelnen und wie er sich im Kollektiv und zuweilen auch gegen das Kollektiv positioniert. Ähnlich wie es notwendig ist, mit den unbewussten Kräften im Innen umgehen zu lernen, werden wir, so darf man hoffen, im Laufe der Zeit lernen, auch mit den uns im Außen, in der Technik sich manifestierenden archetypischen Kräften in eine kreative Auseinandersetzung zu kommen und sie für eine Weiterentwicklung des Menschen jenseits von Schirrmachers „Informationsmarkt-Ökonomie" einsetzen.

Die Stärkung der Bewusstheit im Individuum

Die Irrationalität also letztlich einer Weltanschauung und eines Selbstverständnisses, das den Menschen als reines digital zu vermessendes und daher rational beherrschtes und zu beherrschendes Wesen sieht, spricht so gegen sich selbst. Die starke Irrationalität der Prozesse, so müssen wir annehmen, ist natürlich zugleich auch deren noch zu erforschende Triebfeder. Dass wir uns auf einem einseitigen Weg befinden, ist offensichtlich, wie die zu erwartenden Korrekturen aussehen werden, ist ungewiss. Doch wer die menschliche Potenz zu Veränderungen kennt, wird auch dieses Mal nicht in Negativismus und Pessimismus versinken müssen. Bewusstheit und nicht Verleugnung der hier beschriebenen Prozesse wäre jedoch eine conditia sine qua non für ein Weiterkommen in diesem Sinn.

Beunruhigen wir also ruhig die Märkte ein wenig, oder hoffen wir zumindest, dass der Drache, in dessen Höhle man sich es bequem gemacht hat, nicht mehr allzu lange braucht, bis er erwacht.

Volker Münch

Neuerscheinungen

Müller, Lutz
Der Held – Jeder ist dazu geboren. Die universale Heldenreise als Prozess der Selbst-Erfahrung
2. überarbeitete und erw. Aufl., mit zahlreichen Abbildungen. opus magnum 2013, 152 S., ISBN 978-3939322641, € 12,90

Alle großen Religionen, Mythen und Geschichten der Menschheit berichten von den Großen Einzelnen, die es wagen, sich selbst treu zu sein, dem Ruf ihrer inneren Wahrheit zu folgen, zu eng gewordene Begrenzungen zu überwinden und neue Dimensionen zu erschließen.

Die Wege dieser hervorragenden Menschen zeigen bei aller Einzigartigkeit doch auch überraschende Gemeinsamkeiten, aus denen sich Vorbildliches für unser alltägliches Leben und für unseren Prozess der Selbst-Verwirklichung lernen lässt.

Dieses Buch ermutigt, der positiven heroischen Energie in uns zu vertrauen und uns von ihr dorthin führen zu lassen, wo unsere tiefste Sehnsucht ihre Erfüllung findet.

Obrist, Willy
Das Unbewusste und das Bewusstsein
Durchgesehene und ergänzte Neuauflage des
Buches „Archetypen: Natur- und Kulturwis-
senschaften bestätigen C. G. Jung. Walter
1990. opus magnum, Stuttgart 2013, ISBN
978-3-939322-77-1, € 16,90

Aus der Verlagsankündigung
Der Arzt und Humanwissenschaftler Willy Obrist hat im Rahmen einer interdisziplinär arbeitenden Forschungsgemeinschaft die vereinzelt vorliegenden Entdeckungen der Pioniere
der Tiefenpsychologie zu einer konsistenten
Theorie aufgearbeitet.

Im ersten Teil des Buches stellt er diese em-
pirisch fundierte Modellvorstellung der unbe-
wusst-bewussten Psyche dar; im zweiten Teil
zeigt er, dass sie sich nahtlos ins heutige Wissen über Lebewesen einfügt.

Am Schluss erläutert er noch in einem Anhang, welche Bedeutung die Entdeckung des
Unbewussten für den Durchbruch bei jenem
fundamentalen Wandel des Welt- und Menschenbildes hatte, der sich in Europa seit Beginn der Neuzeit ereignet hat.

Obrist, Willy
Die Mutation des Bewusstseins
Vom archaischen zum heutigen Selbst- und
Weltverständnis
Durchgesehene Neuauflage des gleichnami-
gen Buches, Bern: Lang 1988, opus magnum,
Stuttgart 2013, ISBN978-3-939322-78-8

Aus der Verlagsankündigung
Heute empfinden viele das von der Naturwis-
senschaft geprägte positivistische Weltbild als
zu eng, können aber auch das archaische Verständnis der „anderen Wirklichkeit", das die
Theologie anbietet, nicht mehr akzeptieren. Ist
dies Symptom eines evolutionären Wandels
des Bewusstseins?

Um diese Frage zu klären, erarbeitet der Autor anhand umfangreichen ethnographischer,
religions- und geistesgeschichtlichen Materials den Verlauf und die Gesetzmässigkeit
der Bewusstseins-Evolution. Dabei zeigt sich,
dass seit Beginn der Neuzeit eine „Mega"-Mu-
tation des Bewusstseins stattgefunden hat.

Diese führte im 20. Jahrhundert zu einer Auffassung der „anderen Wirklichkeit" und des Geistes, die mit unserem
Wissen über die Natur vereinbar ist. Aus
umfassender interdisziplinärer Schau skizziert
der Autor die neue Weltsicht.

„...dieser Band (ist) eines der sensationellsten
Bücher der letzten Zeit." (Jugend und Gesel-
schaft, aus einer früheren Rezension)

Gerhard Wehr
Pioniere des Unbewussten
Gründergestalten der Tiefenpsychologie
opus magnum, Stuttgart 2013, 196 S.,
ISBN: 978-3-939322-68-9, Euro 16,90

Aus der Verlagsankündigung

Friedrich Nietzsche, einer der frühen Pioniere des Unbewussten, erkannte deutlich, dass die Bewusstseinsentwicklung des Menschen nur möglich ist, wenn er sich mit den Tiefen seines Wesen vertraut gemacht hat und sich zu dem bekennt, was er in seiner Ganzheit wirklich ist.

Die Aufforderungen „Erkenne Dich selbst!" und „Sei, der Du bist!" sind bis heute die zentralen und zeitlosen Befreiungsbotschaften der Tiefenpsychologie. Ihre ursprünglichen Modelle wurden natürlich differenziert und weiter entwickelt, aber ihre wesentlichen Aussagen über das lebensbestimmende und kreative Potenzial des Unbewussten werden, nachdem sie viele Jahre verleugnet wurden, heute wieder durch die Neurowissenschaften nachdrücklich bestätigt.

So ist das vorliegende Buch neben seinen spannenden historischen Kontroversen gleichzeitig auch eine kenntnisreiche und ausgewogene Einführung in die Grundeinsichten der Tiefenpsychologie.

Aus dem Inhalt: C. G. Carus – Friedrich Nietzsche – Sigmund Freud an der Seite von Josef Breuer – Elemente der Psychoanalyse – Alfred Adler und die Begründung der Individualpsychologie – Carl Gustav Jung, „Kronprinz" und Erforscher der Archetypen – Anna Freud – Lou Andreas-Salomé – Karl Abaham Sandor Ferenzi – Otto Rank – Wilhelm Reich – Erich Fromm – Viktor E. Frankl – Wilhelm Bitter – Wie Psychoanalytiker übereinander urteilen.

Gerhard Wehr
C. G. Jung und Rudolf Steiner
Konfrontation und Synopse
opus magnum, Stuttgart 2013, 196 S.,
ISBN: 978-3-939322-82-5, Euro 16,90

Aus der Verlagsankündigung

„Aus den Tiefen der Seele müssen die neuen Kräfte heraufgeholt werden. Und einsehen muss der Mensch, wie er in den Tiefen seiner Seele zusammenhängt mit den Wurzeln des geistigen Lebens." Diese Worte von Rudolf Steiner (1919) sind heute noch so aktuell wie damals, sie sind für die Analytische Psychologie C. G. Jungs ebenso gültig wie für die Anthroposophie.

Steiners und Jungs ursprüngliche Visionen, Theorien und Werke sind in ihrer literarischen Gestalt zwar abgeschlossen, aber im Hinblick auf ein zukünftiges neues „Menschen- und Weltbild" keineswegs vollständig verstanden oder gar integriert. Somit ist die Gegenüberstellung dieser zwei großen Persönlichkeiten und ihrer Anschauungen mit Blick auf eine wechselseitige Befruchtung nach wie vor notwendig und hilfreich.

„In dem Augenblicke, wo wir auch nur innerlich unbewusst Dogmatiker sein wollen, können wir das Bewusstsein nicht mehr entwickeln." (R. Steiner, 1918)

Auf eine solche Selbst-Erfahrung und Bewusstseinsentwicklung kommt es aber wesentlich an. Dem sollen Bestrebungen und Versuche dienen, die darauf gerichtet sind, zu einer gegenseitigen Kenntnisnahme und Horizonterweiterung beizutragen. Hierzu will das vorliegende Werk anregen und ermutigen.